瀋陽年鑑

SHENYANG YEARBOOK

（总第三十卷）

2014

沈阳市统计局　编

中国统计出版社
China Statistics Press

图书在版编目（CIP）数据

沈阳年鉴. 2014 / 沈阳市统计局编 . —北京：中国统计出版社，2014 . 9
ISBN 978-7-5037-7208-5

Ⅰ. ①沈… Ⅱ. ①沈… Ⅲ. ①沈阳市—2014—年鉴
Ⅳ. ①Z523.11

中国版本图书馆 CIP 数据核字（2014）第 182557 号

沈阳年鉴—2014

作　　者 / 沈阳市统计局
责任编辑 / 陈越月
责任校对 / 梁家平　阎　力
出版发行 / 中国统计出版社
地　　址 / 北京市丰台区西三环南路甲 6 号
邮　　编 / 100073
网　　址 / http://csp.stats.gov.cn
经　　销 / 新华书店
开　　本 / 890 × 1240 毫米　1/16
字　　数 / 1300 千字
印　　张 / 31.5
版　　别 / 2014 年 9 月第 1 版
版　　次 / 2014 年 9 月第 1 次印刷
定　　价 / 200.00 元

如有印装错误，本社发行部调换。

沈阳数字

国土面积	12860	平方公里
户籍人口	727.1	万人
地区生产总值	7158.6	亿元
第一产业增加值	335.5	亿元
第二产业增加值	3709.2	亿元
第三产业增加值	3113.8	亿元
公共财政预算收入	801.0	亿元
公共财政预算支出	881.3	亿元
固定资产投资额	6383.9	亿元
社会消费品零售总额	3186.1	亿元
外贸进出口总额	143.3	亿美元
新签利用外资项目(合同)	155	个
实际利用外资额	58.1	亿美元
接待国际旅游者	81.0	万人次
城市居民人均可支配收入	29074	元
农村居民人均纯收入	14467	元
城镇非私营单位在岗职工平均工资	52462	元

注:地区生产总值、社会消费品零售总额为快报数。

Liaoning2013
中国 辽宁
“十二运”
民共和国第十二届运动会开幕式

中华人民共和国第十二届运动会

沈阳赛区

由市政府主办、市统计局编辑出版的大型资料工具书——《沈阳年鉴》，创刊于1985年（创刊号为《沈阳经济统计年鉴》，于1992年改刊为《沈阳年鉴》）。在全市各级领导的亲切关怀和各有关单位编撰人员的共同努力下，走过了30年的光辉历程，记载和见证了沈阳市在社会经济发展中取得的辉煌业绩。同时，《沈阳年鉴》的编撰工作也取得了多项殊荣。

《沈陽年鑑》美誉

在第二届全国地方年鉴评奖中，荣获“一等奖”	中国年鉴研究会
在第三届全国年鉴编纂质量评奖中，荣获“框架设计一等奖”	中国年鉴研究会
在第三届全国年鉴编纂出版质量评奖中，荣获“综合奖二等奖”	中国年鉴研究会
在第三届全国年鉴编纂出版质量评奖中，荣获“装帧设计二等奖”	中国年鉴研究会
被授予“中国年鉴资源全文数据库核心年鉴”	中国年鉴研究会
被授予“中国年鉴奖提名奖”	中国年鉴研究会
《沈阳年鉴-1994》荣获“优秀奖”	国家统计局
《沈阳年鉴-1996》荣获乙组“经济效益奖”	国家统计局
《沈阳年鉴-1996》荣获乙组“特等奖”	国家统计局
《沈阳年鉴-1997》荣获乙组“经济效益奖”	国家统计局
《沈阳年鉴-1997》荣获乙组“特等奖”	国家统计局
《沈阳年鉴-1999》荣获乙组“一等奖”	国家统计局
《沈阳年鉴-2000》荣获乙组“二等奖”	国家统计局
《沈阳年鉴-2001》荣获乙组“三等奖”	国家统计局
《沈阳年鉴-2003》荣获乙组“三等奖”	国家统计局
《沈阳年鉴-2003》荣获乙组“装帧设计奖”	国家统计局
《沈阳年鉴-2004》荣获乙组“三等奖”	国家统计局
《沈阳年鉴-2006》荣获乙组“三等奖”	国家统计局
《沈阳年鉴-2009》荣获乙组“三等奖”	国家统计局
《沈阳年鉴-2010》荣获乙组“一等奖”	国家统计局
《沈阳年鉴-2011》荣获乙组“二等奖”	国家统计局
《沈阳年鉴-2012》荣获乙组“二等奖”	国家统计局

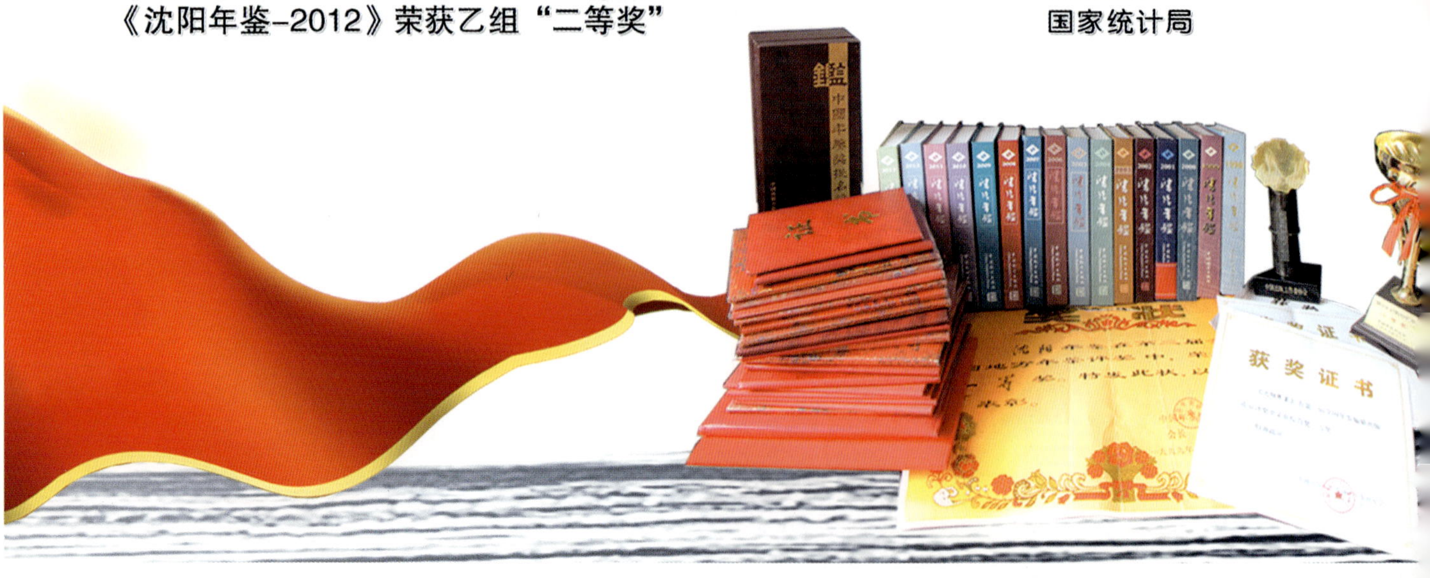

1985–2014
热烈祝贺《瀋陽年鑑》
创刊30周年

有轨电车

沈抚大道新景

保工街加气站

预备役号线路车辆

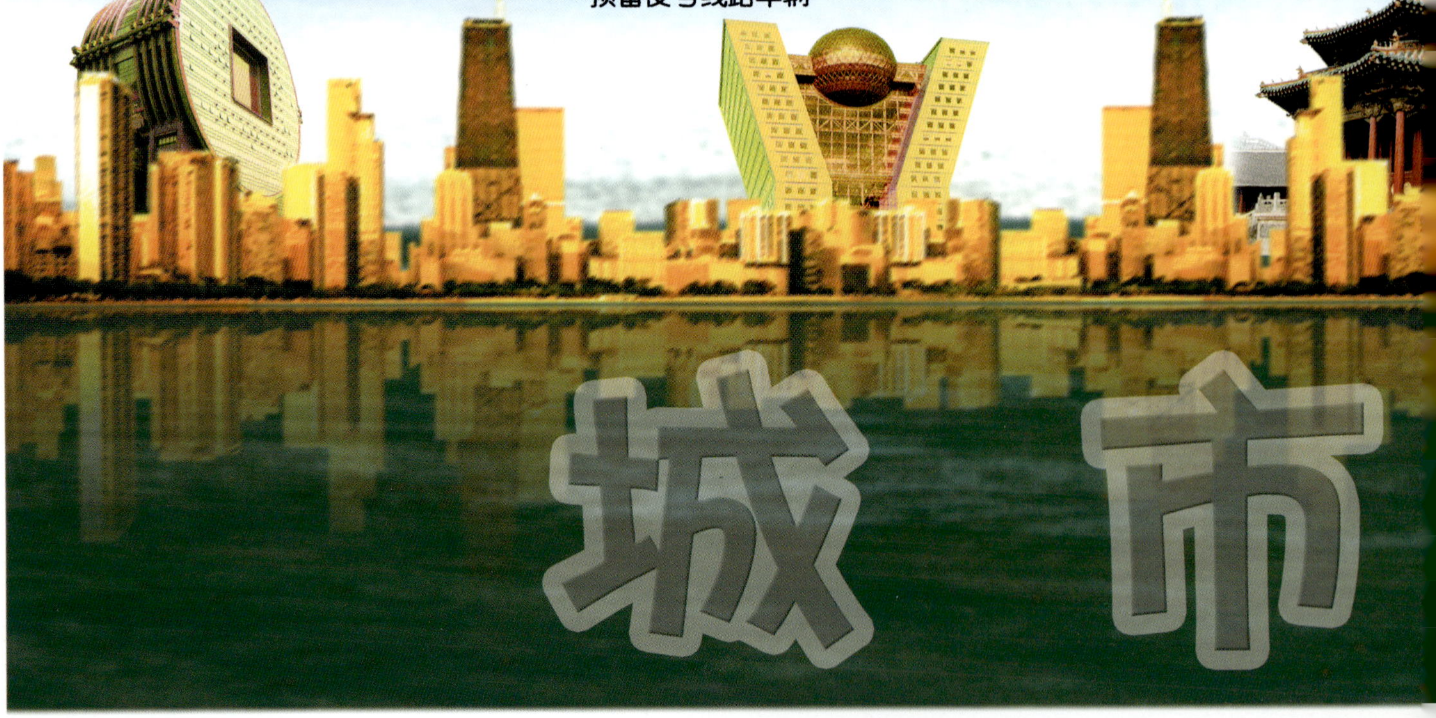

城市

弃管小区整治成果

四环快速路东段

地铁奠基仪式

西站扩建

建设

沈阳国际会展中心大厅

苏家屯区正旺奶牛合作社大型沼气工程

绿色食品水稻生产基地

农博会

制博会

有机稻田

经济发展

统计连着你我他 数据准确靠大家

统计数据要重视，做好工作靠法制。
诚信统计为宗旨，虚加水分真可耻。
要是数据不真实，依法处罚悔已迟。

什么是统计？

在实际应用中，人们对统计一词的理解一般有三种涵义：统计工作、统计资料和统计学：

1、统计工作。指利用科学的方法搜集、整理、分析和提供关于社会经济现象数量资料工作的总称，是统计的基础。

2、统计资料。指通过统计工作取得的、用来反映社会经济现象的数据资料的总称。统计工作所取得的各项数字资料及有关文字资料，一般反映在统计表、统计图、统计手册、统计年鉴、统计资料汇编和统计分析报告中。

3、统计科学。指研究如何搜集、整理和分析统计资料的理论与方法。统计工作、统计资料、统计科学三者之间的关系是：统计工作的成果是统计资料，统计资料和统计科学的基础是统计工作，统计科学既是统计工作经验的理论概括，又是指导统计工作的原理、原则和方法。

统计工作的任务

统计工作的任务体现为统计信息、统计咨询、统计监督三大职能。具体地说统计的基本任务是对经济社会发展情况进行统计调查、统计分析，提供统计资料和统计咨询意见，实行统计监督。

统计工作的过程

统计工作的过程是指统计部门进行统计业务活动的过程。主要分为统计设计、统计调查、统计整理、统计分析四个阶段。

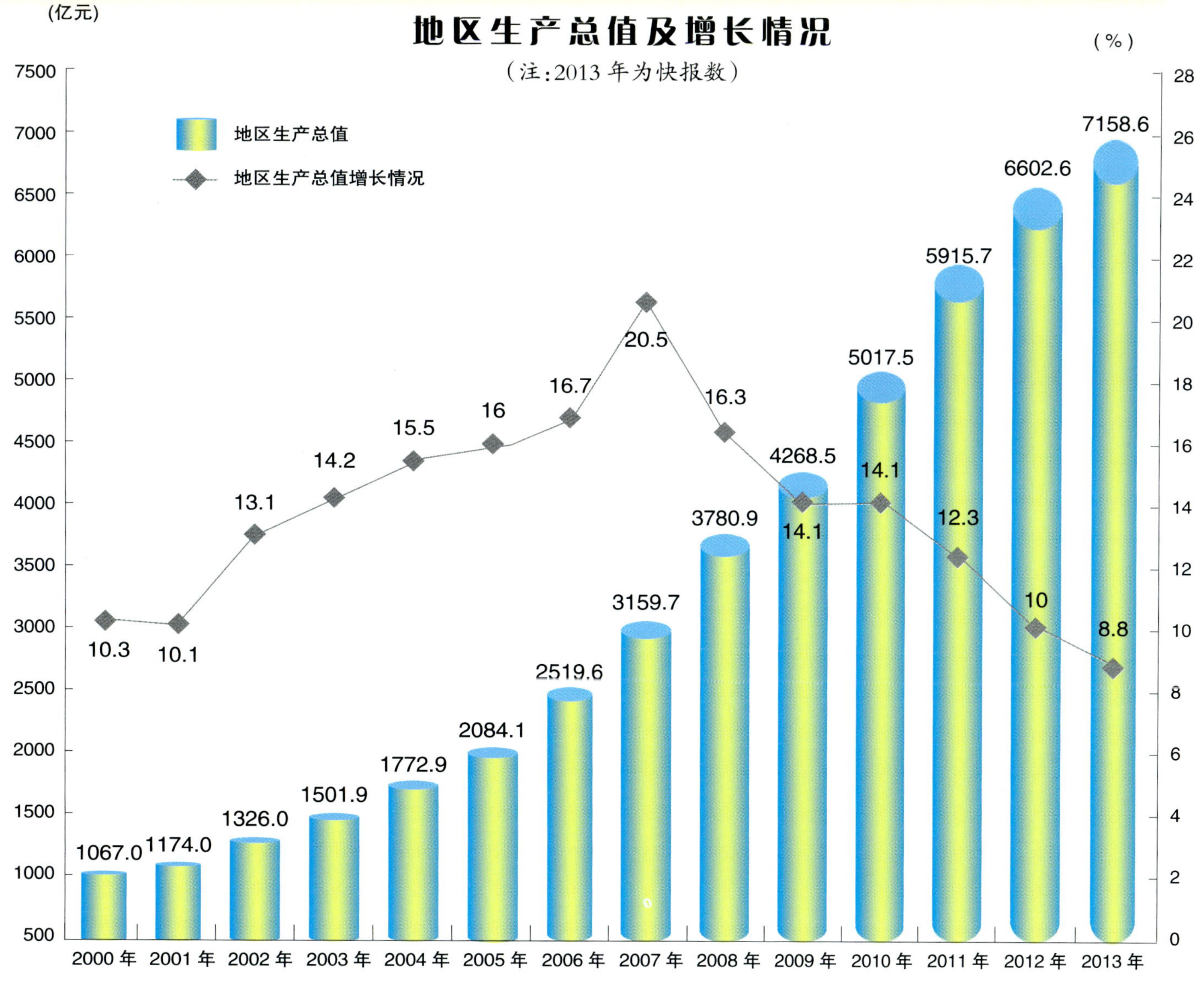

规模以上工业企业增加值及增长情况

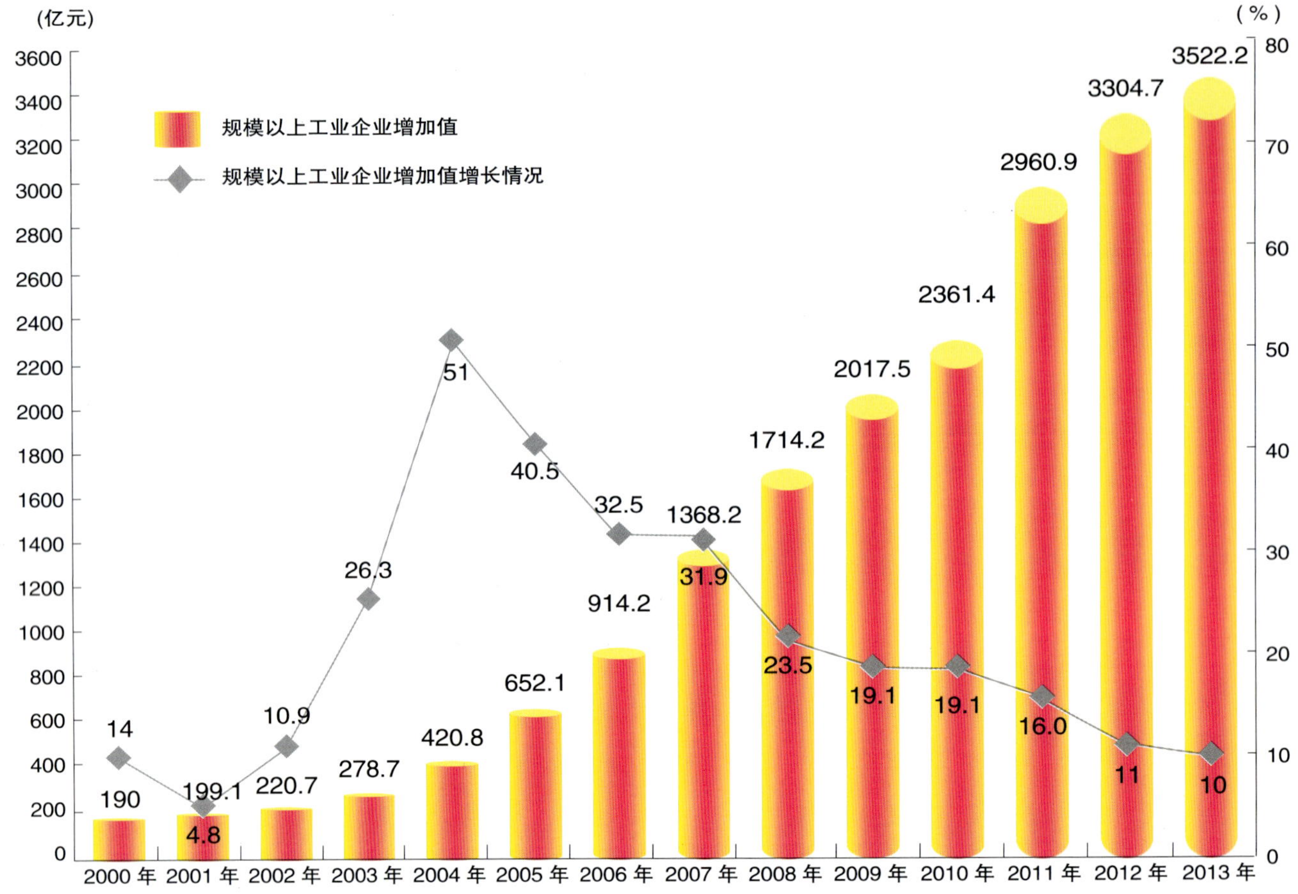

第三产业增加值及增长情况

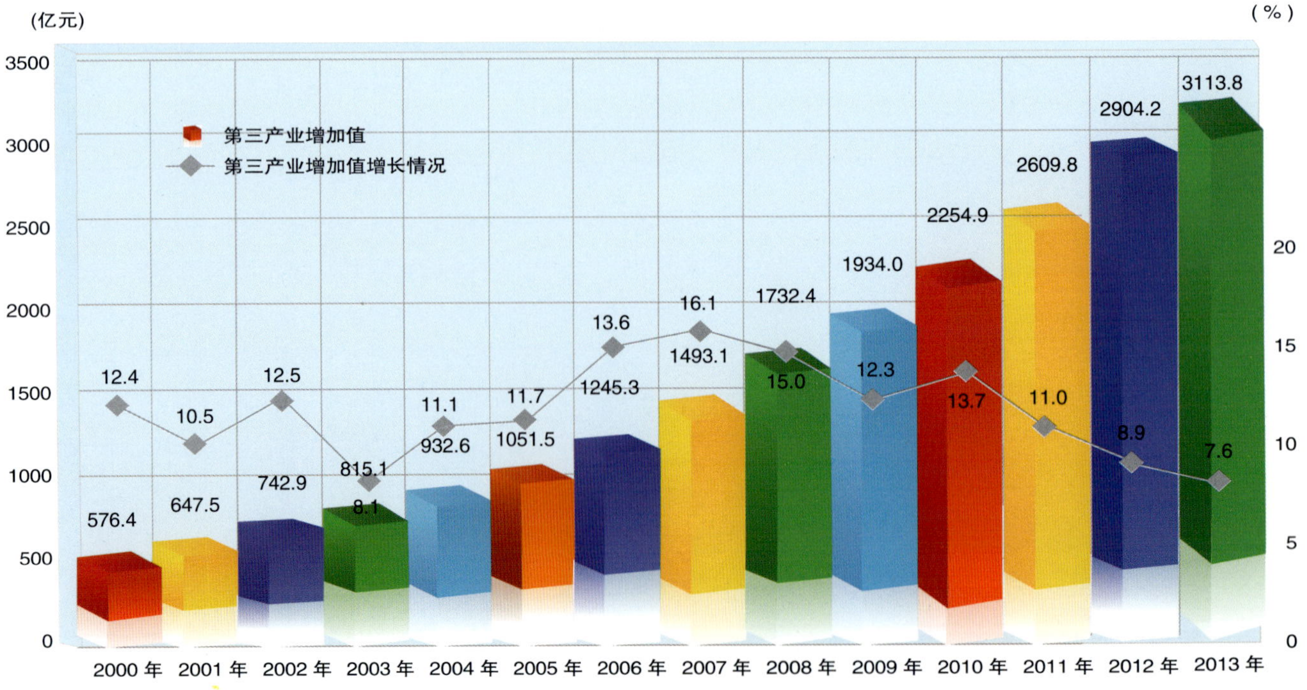

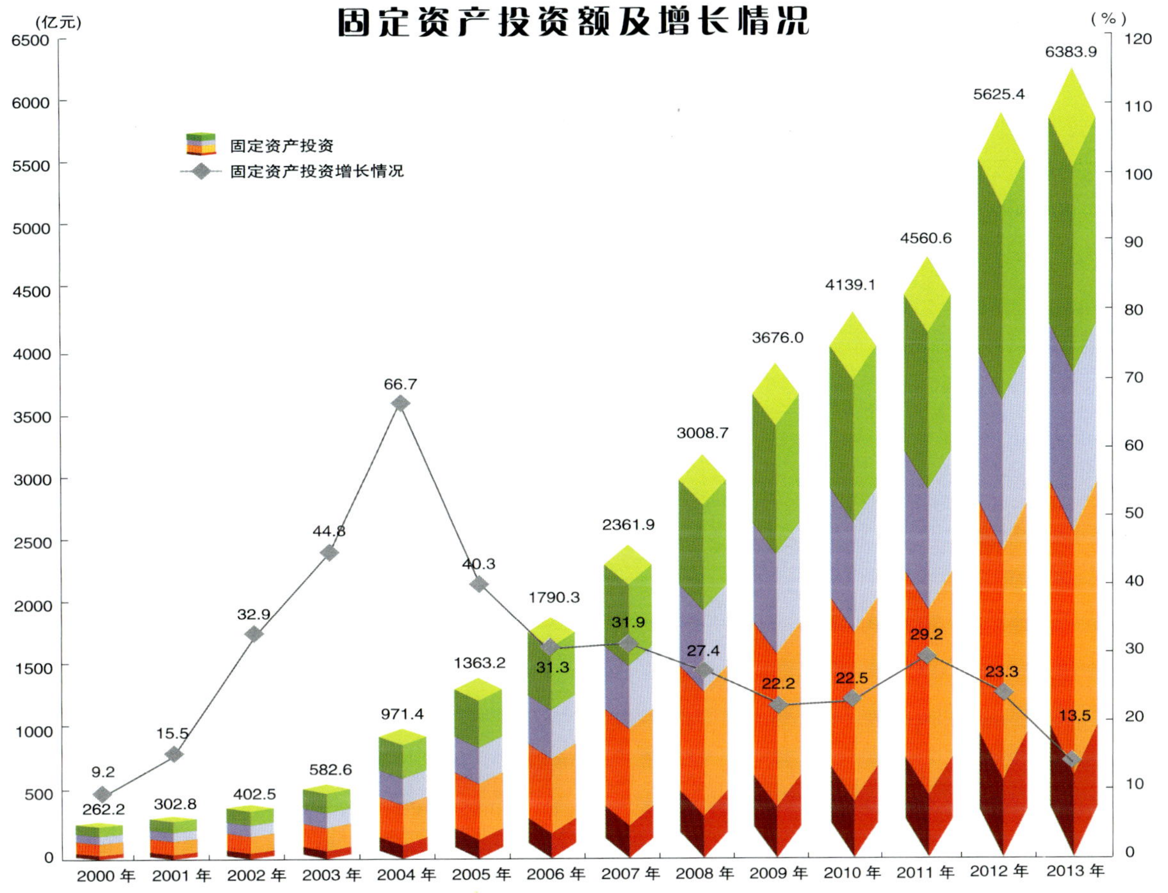
固定资产投资额及增长情况
(亿元)
(%)
固定资产投资
固定资产投资增长情况
262.2
302.8
402.5
582.6
971.4
1363.2
1790.3
2361.9
3008.7
3676.0
4139.1
4560.6
5625.4
6383.9
9.2
15.5
32.9
44.8
66.7
40.3
31.3
31.9
27.4
22.2
22.5
29.2
23.3
13.5
2000 年
2001 年
2002 年
2003 年
2004 年
2005 年
2006 年
2007 年
2008 年
2009 年
2010 年
2011 年
2012 年
2013 年

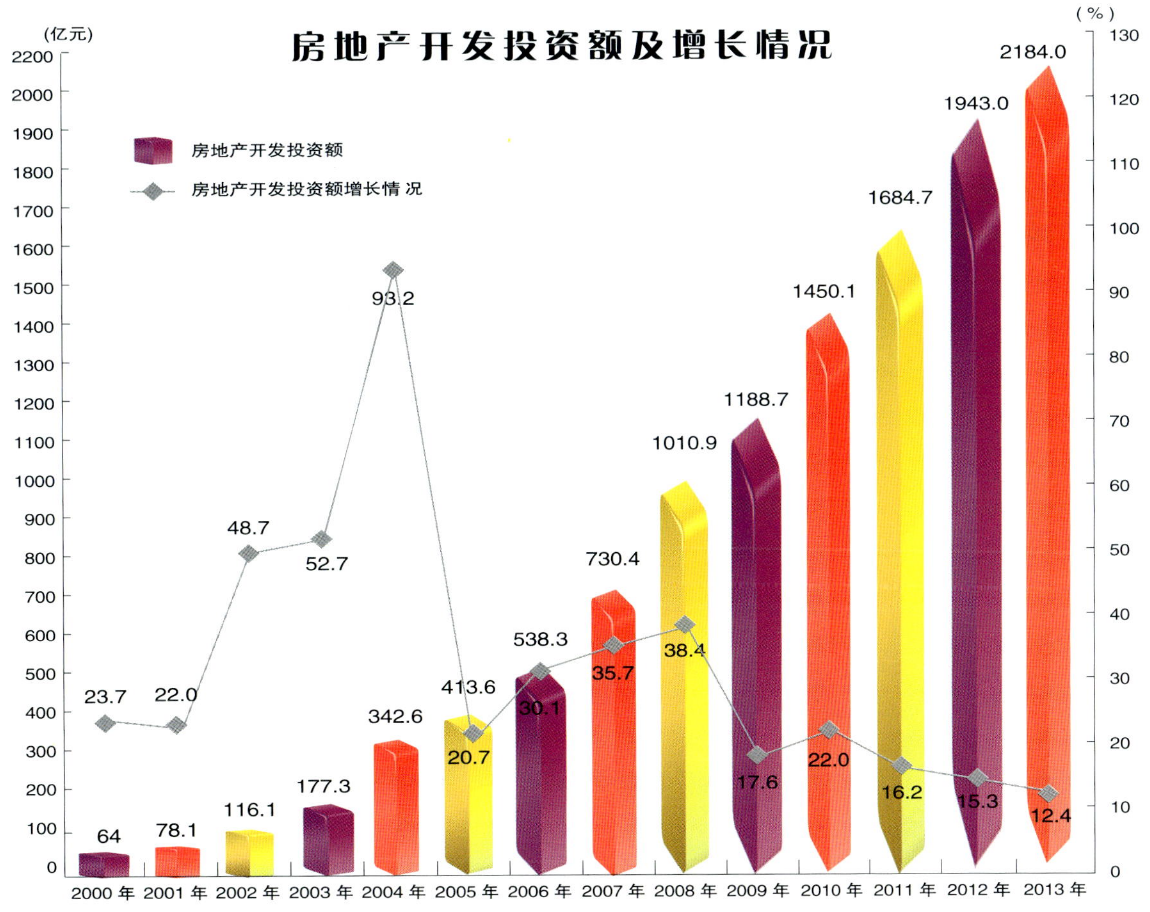
房地产开发投资额及增长情况
(亿元)
(%)
房地产开发投资额
房地产开发投资额增长情 况
64
78.1
116.1
177.3
342.6
413.6
538.3
730.4
1010.9
1188.7
1450.1
1684.7
1943.0
2184.0
23.7
22.0
48.7
52.7
93.2
20.7
30.1
35.7
38.4
17.6
22.0
16.2
15.3
12.4
2000 年
2001 年
2002 年
2003 年
2004 年
2005 年
2006 年
2007 年
2008 年
2009 年
2010 年
2011 年
2012 年
2013 年

·社会消费品零售总额及增长情况

（注:2013 年为快报数）

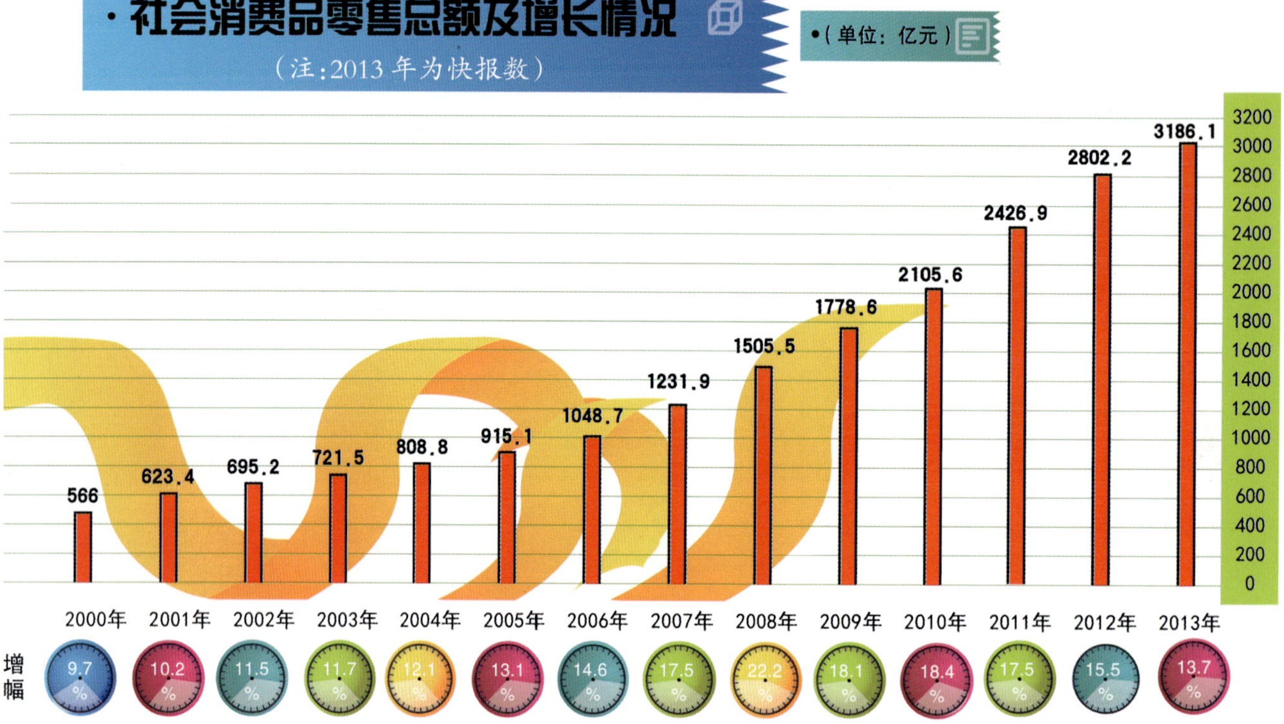

实际利用外资额及增长情况

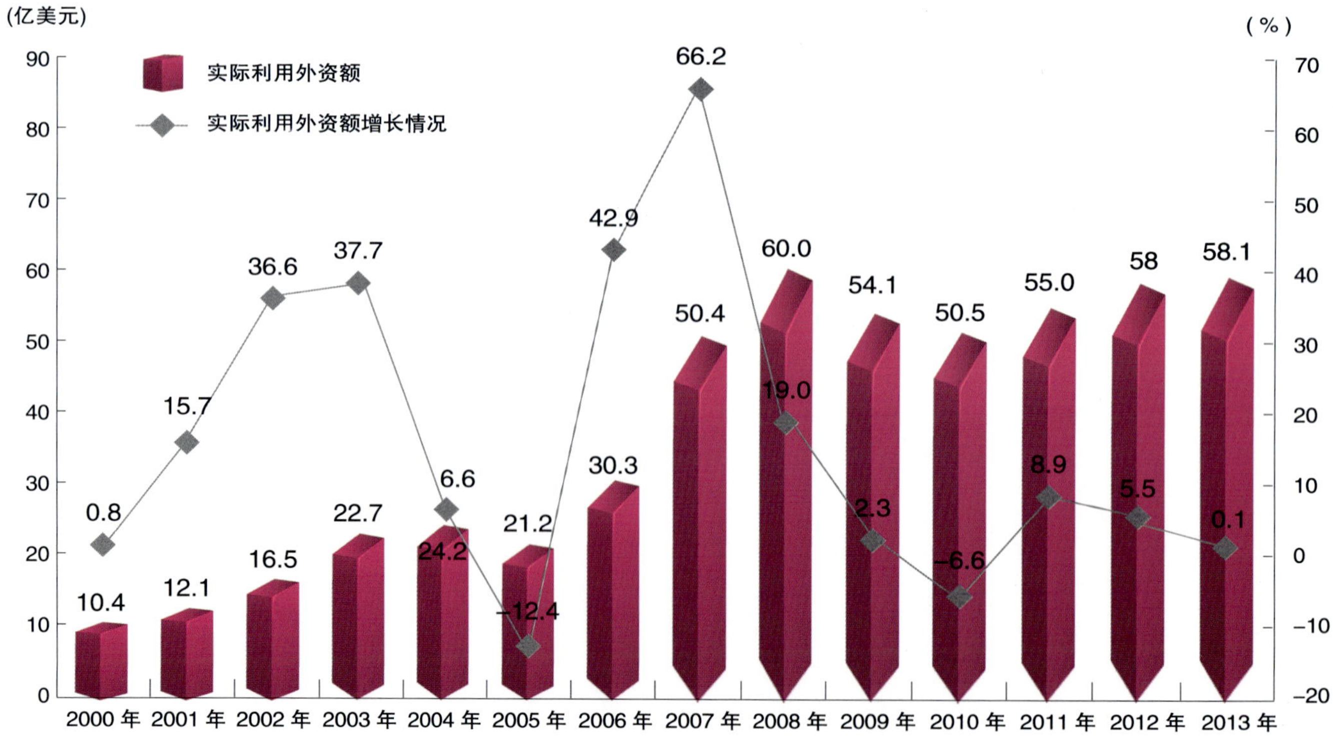

公共财政预算收支

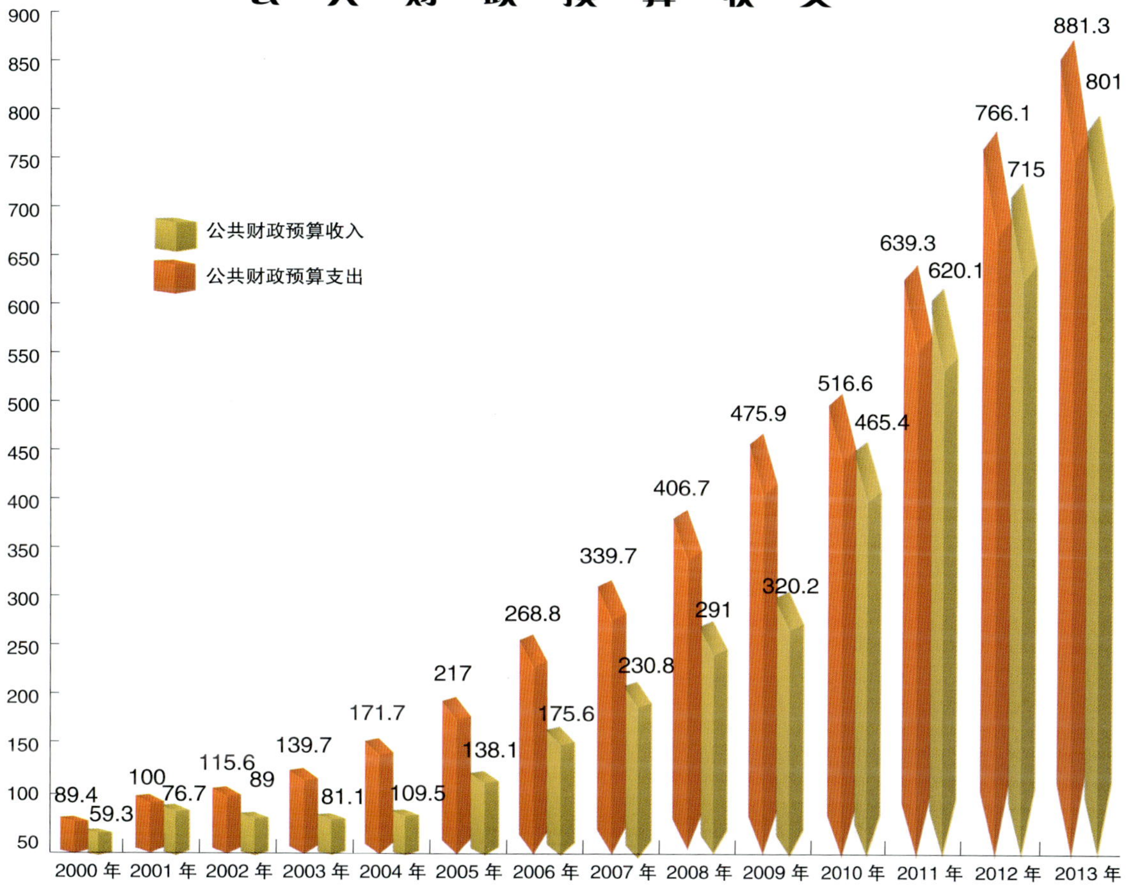

城镇非私营单位在岗职工平均工资及增长情况

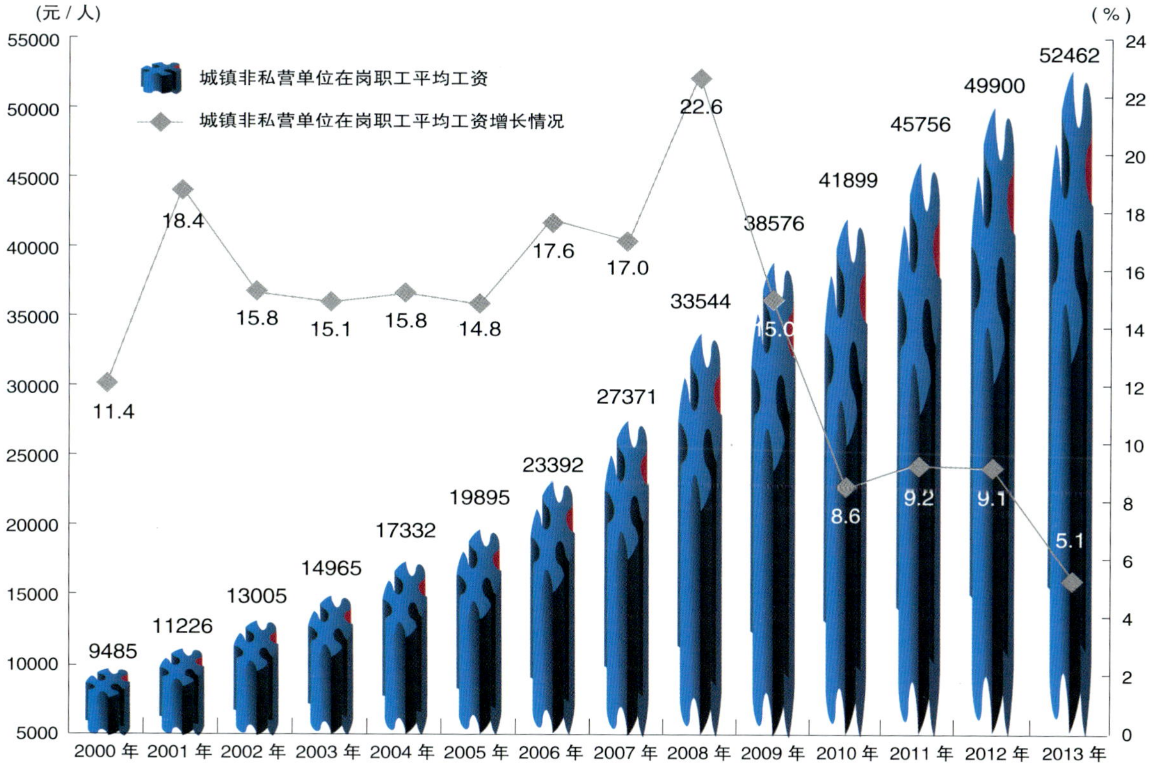

城市居民生活

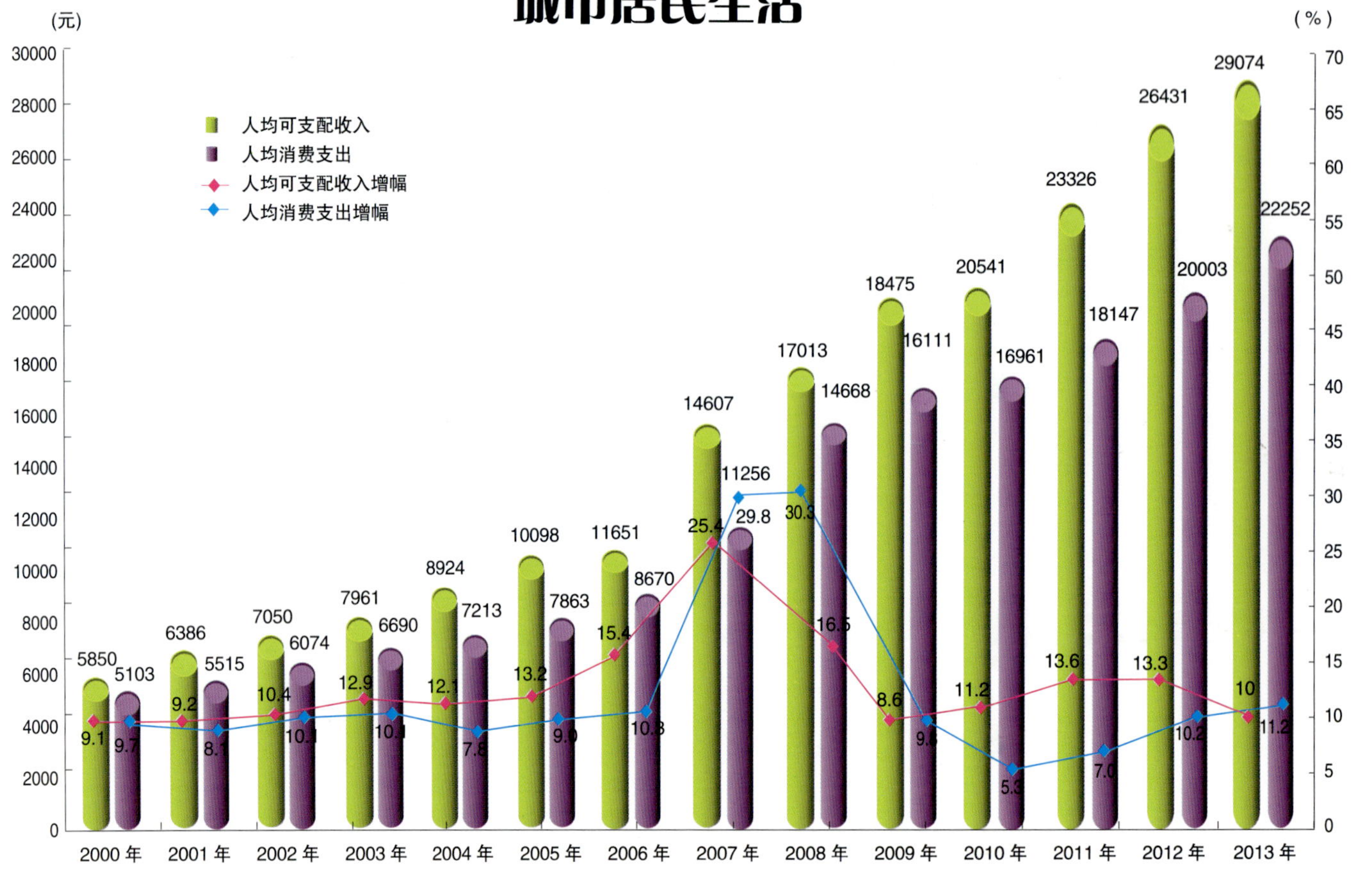

农村居民生活

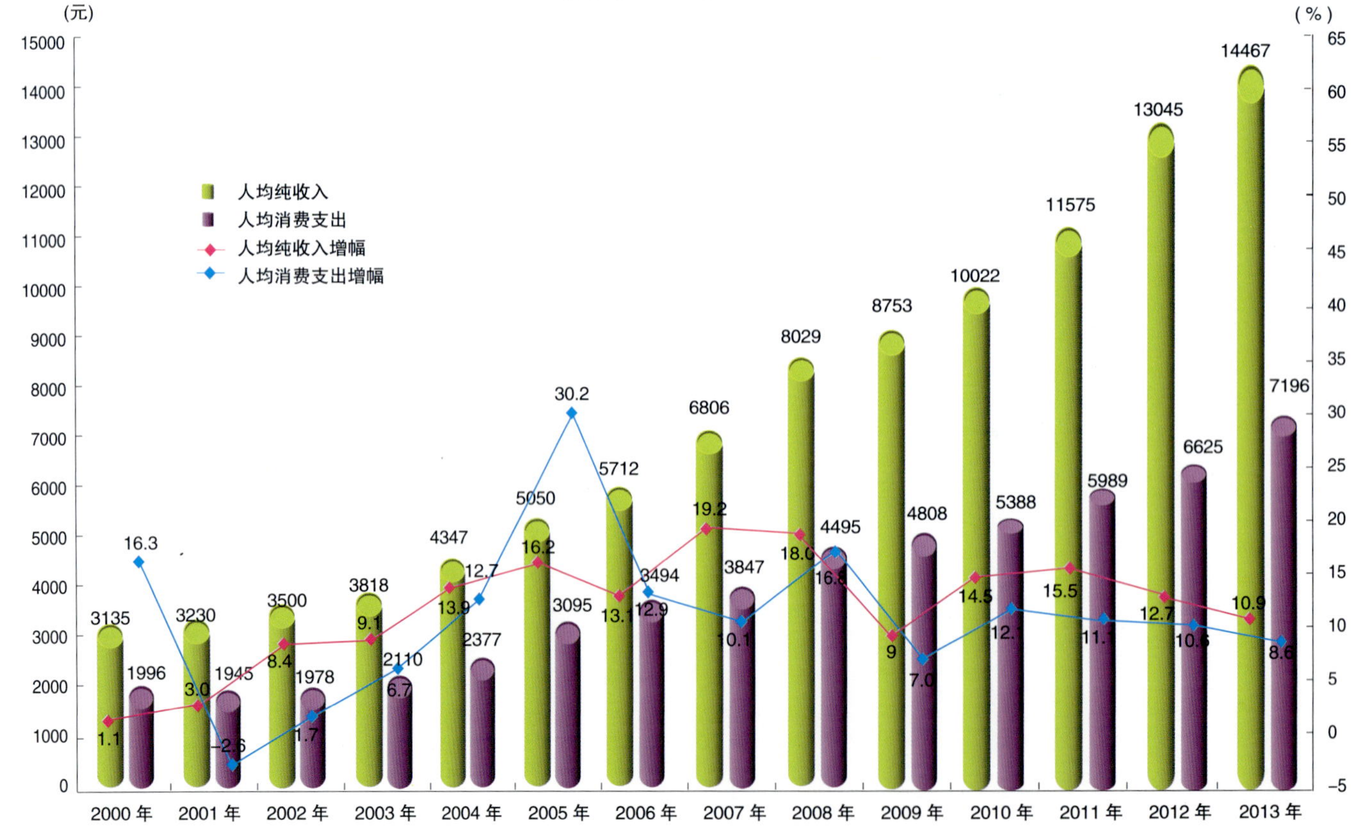

《沈阳年鉴》编纂委员会

主　任：陈海波（市委副书记、沈阳市人民政府市长）
副主任：顾春明（市委常委、沈阳市人民政府常务副市长）
马占春（市委常委、市委秘书长）
张　宁（沈阳市人大常委会秘书长）
连茂君（沈阳市人民政府秘书长）
徐大地（沈阳市政协秘书长）
肖　枫（沈阳市人民政府办公厅主任）
李长斌（沈阳市统计局局长）

编　委：（以姓氏笔画为序）
于振明（沈阳市城乡建设委员会主任）
王克林（国家统计局沈阳调查队队长）
刘伟奇（沈阳市发展和改革委员会总经济师）
许艺伟（沈阳市工商行政管理局局长）
李争时（沈阳市统计局副局长）
苏文捷（沈阳市教育局局长）
宋锡坤（沈阳市科学技术局局长）
陈　勇（沈阳市财政局局长）
陈伟昌（沈阳市统计局副局长）
张宝钥（沈阳市地方税务局巡视员）
张振川（沈阳市统计局副巡视员）
明戈晖（沈阳市国家税务局副局长）
郭向文（沈阳市农村经济委员会主任）
隋　莉（沈阳市经济和信息化委员会主任）
康　勇（沈阳市统计局副巡视员）
董　玥（沈阳市统计局副局长）

《沈阳年鉴》编辑部

《沈阳年鉴》编辑部

地址：沈阳市沈河区奉天街305号

邮编：110013　电话：(024)22739160

E—mail：nj. sy@163. com

编 辑 说 明

一、《沈阳年鉴》是沈阳市人民政府主办、由沈阳市统计局负责编辑出版的综合性地方年鉴。自1985年创刊以来，已连续出版30卷。是国内外公开发行的集知识、信息、资料为一体的具有公报性、资料性、权威性的工具书。

二、《沈阳年鉴－2014》旨在全面、系统、翔实地记载2013年沈阳市社会经济和社会发展的基本情况和基本资料，为海内外各界人士了解沈阳、研究沈阳和建设沈阳提供翔实的资料和信息，为"让沈阳走向世界，让世界了解沈阳"提供窗口，发挥桥梁作用。

三、《沈阳年鉴－2014》在编纂体例上基本保持了类目的相对稳定。全书共设27个部类：(1)特辑；(2)沈阳概貌；(3)党政机关；(4)群众团体；(5)地方军事；(6)政法；(7)工业；(8)民营经济；(9)交通·邮政；(10)城乡建设和管理；(11)商务；(12)旅游；(13)农村经济；(14)经济管理；(15)财政·税收；(16)金融；(17)科学技术；(18)教育；(19)文化；(20)卫生·体育；(21)社会·民生；(22)区、县(市)及开发区；(23)人物；(24)统计资料；(25)文献·法规选编；(26)沈阳大事记；(27)附录。

四、《沈阳年鉴》统计资料版采用中英文对照，为海外各界人士了解沈阳经济和社会发展提供方便。

五、《沈阳年鉴》采用分类编辑法，以条目为主体。体例分一、二、三级目。一级目为大类，二级目为分目，三级目为条目，用黑体字加【】号作标题。

六、《沈阳年鉴》采用的稿件均由各有关部门和行业专人撰写，并经撰稿单位领导审定。统计资料由沈阳市统计局提供，其中，2013年地区生产总值、社会消费品零售额和规模以上工业指标为快报数。因统计口径等原因，有关部门所用的个别数据与"统计资料"中的不尽一致，采用时请予注意。

七、《沈阳年鉴》的编撰工作得到了沈阳市各级领导和社会各界的大力支持，在此谨表谢意。并恳祈各界人士继续给年鉴工作以更多的支持和帮助，对书中错漏之处给予批评指正，以期不断完善提高。

目　录

特　辑

·党和国家领导人来沈视察·

·专　　文·

·重大活动·

·沈城美誉·

·"十二运"沈阳赛区·

沈阳概貌

·自然概况·

·国民经济与社会发展·

·精神文明建设·

·经济协作·

党政机关

·中共沈阳市委·

市委常委会议

重要会议

组　织

宣　　传

统　　战

政策研究

对台工作

交通·邮政

·铁路运输·

·公路建设·

·道路运输·

·城市公共交通·

·航空运输·

·邮　　政·

城乡建设和管理

·综　　述·

·建　　筑·

·房　地　产·

·规划和国土资源管理·

·环境保护·

商　务

·国内贸易·

综　述

商品市场

市场流通

粮食市场

供销社商业

·对外贸易·

·农业科技·

·农业监管·

·种　植　业·

·林　业·

·畜牧业·

·水产业·

·农机化发展·

·水　利·

经济管理

·综　述·

·国　　税·

·地　　税·

金　　融

·综　　述·

·银　　行·

人民银行

中国银行

工商银行

农业银行

盛京银行

交通银行

招商银行

·地　　震·

教　　育

·综　　述·

·学前教育·

·基础教育·

·职业教育·

·高等教育·

·终身教育·

·民办教育·

·民族教育·

文 化

·综 述·

·群众文化·

·文艺创作与表演·

·文物保护·

·文化市场管理·

·档 案·

·新闻出版·

·广播电视·

沈阳广播电视台

卫生·体育

·卫　生·

·体　育·

社会·民生

·百姓关注·

·人口与计划生育·

·人力资源管理·

·社会保障·

·民　政·

·民　族·

·宗　教·

区、县(市)及开发区

·和　平　区·

·沈　河　区·

·大　东　区·

·沈阳金融商贸开发区·

人 物

·新任副市级领导·

·感动沈阳人物·

·市管领导干部名单·

·光荣榜·

统计资料

·综合平衡·

·人口与就业·

·农村经济·

·工业、能源、物资、交通、邮电·

·固定资产投资·

·国内贸易·

·外经外贸、旅游业·

·财政、金融·

·教育、文化、卫生·

·城市建设、环境保护·

·其他经济指标·

文献·法规选编

·文　　献·

·法规·规章·

沈阳大事记(2013年)

附　录

CONTENTS

PRIVATELY MANAGED ECONOMY

TRANSPORTAION AND POSTAL SERVICES

CITY AND VILLAGE CONSTRUCTION and Management

DOMESTIC TRADE

FOREIGN ECONOMY TRADE

TOURISM

RURAL ECONOMY

ECONOMY MANAGEMENT

FINANCE AND TAX

BANKING AND INSURANCE

SCIENCE RESEARCH AND COMPREHENSIVE TECHNOLOGY SERVICE

EDUCATION

CULTURE

PUBLIC HEALTH AND SPORTS

SOCETY AND LIFE

SURVEY OF DISTRICTS

FIGURES

STATISTICAL DATA

SELECTED DOCUMENTS AND LOCAL LAWS

特　　辑

党和国家领导人来沈视察

【习近平来沈视察】 2013年8月28—31日中共中央总书记、国家主席、中央军委主席习近平在辽宁考察。29日下午，习近平到沈阳军区机关，接见驻沈阳部队师以上干部，听取沈阳军区工作汇报。30日上午，习近平到沈阳市铁西区，观看反映铁西今昔对比、十年巨变的电视片，考察沈阳鼓风机集团股份有限公司、沈阳远大企业集团、沈阳机床（集团）有限责任公司。30日下午，习近平专程到沈河区大南街道多福社区考察产业工人居住条件、就业再就业情况、民生保障等。习近平还考察了沈阳飞机工业（集团）有限公司、沈阳黎明航空发动机（集团）有限责任公司。

8月31日，中华人民共和国第十二届运动会在沈阳市奥体中心五里河体育场开幕。习近平出席开幕式并宣布运动会开幕，王沪宁、刘延东、范长龙、栗战书、王晨等领导同志出席开幕式。当天，习近平在沈阳会见参加全国群众体育先进单位和先进个人表彰会、全国体育系统先进集体和先进工作者表彰会的代表，并发表重要讲话。

（刘晓峰）

【李克强来沈出席“十二运”闭幕式】 2013年9月12日，中共中央政治局常委、国务院总理李克强来沈阳出席第十二届全国运动会闭幕式。

（市政府办公厅）

【王沪宁来沈视察】 2013年8月28日至31日，中央政治局委员、中央书记处书记，中央政策研究室主任王沪宁陪同习近平总书记在辽宁考察，并于8月31日出席第十二届全国运动会开幕式。

（鉴　闻）

【赵乐际来沈视察】 2013年8月6—8日，中共中央政治局委员、中央书记处书记、中组部部长赵乐际在辽宁调研。7日上午，赵乐际在友谊宾馆召开座谈会，下午与省领导个别谈话。8日上午，赵乐际考察民心网，视察民心网诉求中心，观看“民心网工作汇报片”；视察省委组织部，看望机关干部；视察沈阳市政务服务中心；考察沈阳鼓风机集团股份有限公司、观看反映铁西今昔对比、十年巨变的电视片“沧桑巨变—沈阳铁西十年振兴发展纪实”，并视察转子和定子车间。省委常委、纪委书记王俊莲、省委常委、沈阳市委书记曾维、省委常委、组织部长辛桂梓，市委常委、组织部长吴汉圣、市委常委、铁西区委书记李继安陪同视察。

（刘晓峰）

【刘延东来沈视察】 2013年8月24日，中共中央政治局委员，国务院副总理刘延东来辽宁检查第十二届全运会筹办工作。刘延东视察全运村、沈阳奥体中心体育场、综合训练馆、沈阳大学体育馆并召开会议，听取辽宁省关于第十二届全国运动会筹办工作的汇报。8月30日至31日，来沈阳考察并出席第十二届全国运动会开幕式。其间，8月30日，刘延东视察中国医科大学附属盛京医院、中国医科大学艾滋病研究所。8月31日，刘延东视察东陵区深井子镇中心卫生院、沈河区大南社区卫生服务中心并出席第十二届全国运动会开幕式。

9月11日至12日，来沈阳考察并出席第十二届全国运动会闭幕式。其间，9月11日，刘延东视察东北大学。9月12日，刘延东视察辽宁省高等专科学校、沈阳鼓风机集团有限公司、沈阳机床（集团）有限责任公司并出席第十二届全国运动会闭幕式。

（市政府办公厅）

【范长龙来沈视察】 2013年8月28日至31日，中央政治局委员，中共中央军事委员会副主席，中华人民共和国中央军事委员会副主席范长龙陪同习近平总书记在辽宁考察，并于8月31日出席第十二届全国运动会开幕式。

（鉴　闻）

【栗战书来沈视察】 2013年8月28日至31日，中央政治局委员、中央书记处书记，中央办公厅主任栗战书陪同习近平总书记在辽宁考察，并于8月31日出席第十二届全国运动会开幕式。

（鉴　闻）

【马凯来沈视察】 2013年7月8日至10日，中共中央政治局委员，国务院副总理马凯来辽宁进行调研，听取辽宁省经济形势工作汇报并召开金融形势座谈会和工业运行形势座谈会。其中，7月8—10日在沈阳调研。

7月8日，马凯视察沈阳新松机器人股份有限公司、中国科学院沈阳科学仪器研制中心有限公司、东软集团（在东软集团召开座谈会）；7月9日，马凯视察沈阳飞机工业（集团）有限公司、市人才市场、特变电工沈阳变压器集团有限公司、沈阳机床（集团）有限责任公司、华晨宝马汽车有限公司铁西新工厂、沈阳鼓风机集团股份有限公司（在沈鼓集团召开座谈会）、北方重工集团有限公司；7月10日，马凯视察中航工业沈阳黎明航空发动机（集团）有限责任公司。

（市政府办公厅）

【杨晶来沈视察】 2013年9月12日，中共中央书记处书记、国务委员、国务院秘书长杨晶来沈考察铁西区工人村棚户区、工人村生活馆并出席第十二届全国运动会闭幕式。

（市政府办公厅）

【陈昌智来沈出席“十二运”闭幕式】 2013年9月12日，全国人大常委会副委员长，民建中央主席陈昌智来沈出席第十二届全国运动会闭幕式。

（鉴　闻）

【马培华来沈视察】 2013年9月13日，全国政协副主席、民建中央常务副主席马培华一行来沈调研。在座谈会上民建沈阳市委汇报了近年来的工作，与会民建市委班子成员和会员进行了发言。马培华与会员就基层组织建设、社会服务和会员企业发展等问题进行了亲切交流,并发表了重要讲话。他对民建沈阳市委的工作给予充分肯定,要求在今后的工作中继承优良传统,弘扬时代精神;加强组织建设,夯实组织基础;发扬团队精神,认真履行职能。马培华一行还参观了会员企业沈阳全密封变压器股份有限公司。

(朱佳音)

【王正伟来沈视察】 2013年7月13日,全国政协副主席、国家民委主任王正伟在桓仁满族自治县出席第三届全国民族自治县(旗)科学发展经验交流会(北方片会)后,来沈进行调研考察。副市长黄凯、市政协副主席李卓然、市民委主任任桂芳等陪同,并简要汇报了沈阳市民族工作情况。调研期间,王正伟参观了全国仅存的中国少数民族地方政权宫殿沈阳故宫和全国重点文物保护单位张氏帅府,并对沈阳市启动方城工程,依托沈阳故宫打造前清文化街、满族一条街,推动满族优秀传统文化传承发展的做法予以充分肯定。

(华明伟)

专 文

深入开展党的群众路线教育全力完成今年各项工作任务

——曾维同志在中共沈阳市委十二届七次全体会议上的报告

(2013年7月17日通过)

各位委员、同志们:

现在,我受市委常委会委托,向全会报告工作。

一、上半年的工作总结

年初以来,在省委的正确领导下,市委团结带领全市广大党员、干部和群众,按照市委十二届五次全会的部署,坚持用党的十八大精神统一思想,用中国特色社会主义理论体系武装头脑,用科学发展观指导全部工作,牢牢把握稳中求进的总基调,扎实推进"稳增长、办全运、惠民生、抓党建"四项重点工作,经济社会继续保持了平稳较快发展的良好势头。预计上半年,全市实现地区生产总值3525亿元,同比增长9%;公共财政预算收入401.3亿元,增长5%;固定资产投资3184.7亿元,增长20.5%;社会消费品零售总额1498.9亿元,增长12.9%;城市居民人均可支配收入14323元,增长9.6%;农民人均现金收入10021元,增长10%。

1. 全力稳增长,经济保持平稳较快发展。在宏观经济形势持续趋紧的情况下,我们坚持把"抓项目促调整、抓创新促提升、抓改革促转变"贯穿于稳增长的全过程,积极强化经济运行的组织协调,大力开展"双进双解"活动,有力地推动了经济持续健康发展和发展方式转变。华晨宝马等一批重大项目建设加快推进,总投资70亿元的上通北盛三期即将竣工投产,经济发展后劲进一步增强。三次产业协调发展,装备制造、汽车及零部件、现代建筑等重点产业支撑作用明显,现代服务业全面提速,县域经济稳步发展,非公经济贡献度进一步提升。创新驱动发展战略深入实施,我市荣获中国十大创新型城市奖。新型工业化综合配套改革继续深化,"两化融合"、优化金融生态、统筹城乡发展等各项改革取得积极进展,为稳增长注入了强劲动力。

2. 倾力办全运,城市功能品位显著提升。我们紧紧抓住办全运的重大机遇,以更大力度完善城市功能、改善生态环境、提升城市品位,塑造了城市的良好形象。40个全运场馆和全运村、运行中心建设全面完成,17个市区两级全民健身中心全部竣工,竞赛组织有序展开,部分赛事圆满结束,安全保卫井然有序,服务保障有条不紊,办好全运热情持续升温。城市重大基础设施建设步伐加快,道路建设改造力度空前,绿化、亮化、美化水平大幅提升,市容环境综合整治成效显著。国家生态市和全国环境建设样板城创建工作扎实推进,生态环境明显改善。以"群众意愿为导向、群众满意为标准"的服务意识进一步增强,城市发展软环境持续优化。创城工作取得阶段性成果,市民文明素质和城市文明程度不断提升。

3. 着力惠民生,和谐稳定局面得到巩固。我们坚持从维护群众根本利益和现实利益出发,大力实施以"办实事"为重点的民生工程,不断加大社会管理创新力度,切实让人民群众共享振兴发展成果。促进就业和扶持创业工作成效明显,和谐劳动关系进一步巩固。覆盖城乡的社会保障体系加快完善,新农合财政补助标准增至每人280元,保障能力和救助水平不断提高。保障性住房建设步伐加快,"节能暖房"改造进展顺利。教育强市创建工作不断深化,群众文化事业繁荣兴旺,公共卫生服务均等化水平进一步提升。平安沈阳建设扎实推进,社会矛盾化解成效显著,打击犯罪效能不断提高,公共安全管理全面加强,人民群众的安全感不断增强。

4. 合力抓党建,执政能力和领导水平不断提高。我们坚持用中国特色社会主义理论武装头脑,组织多种形式的教育培训,广泛开展"中国梦"宣讲活动,使党的十八大精神日益深入人心。市级人大、政府、政协换届工作圆满完成,年轻干部培养选拔工作力度不断加大,各级领导班子结构得到进一步优化。各类人才队伍建设统筹推进,一批紧缺的高层次、创新型人才加快引进。创先争优活动走向常态化、长效化,基层党组织的战斗堡垒作用和党员的先锋模范作用得到充分发挥。认真贯彻落实中央八项规定,勤俭节约成为社会新风。党风廉政建设和反腐败斗争取得明显成效,风清气正的良好环境进一步形成。

在充分肯定成绩的同时,我们也必须清醒地看到存在的差距和不足,主要表现在:产业结构调整进展还不快,自主创新能力还不强,持续健康发展的基础还不牢,加强和创新社会管理任务仍很繁重,维护稳定压力仍然很大,少数领导干部精神状态和工作作风需要进一步改进,抓落实的力度还需进一步加大。

二、下半年的主要任务

下半年,我们虽然具有做好工作的诸多有利条件,但也面临许多严峻挑战。从国际上看,世界经济复苏进程艰难曲折,仍存在诸多不确定、不稳定因素,增长动力依然不足。从国内来看,改革发展稳定任务依然艰巨繁重,经济企稳回升的基础还不稳固,经济下行压力仍然较大,特别是工业效益和增速下滑已从上游的原材料产业,传递到下游的装备制造业,对经济的影响有可能更大更持久；企业投资信心和能力有待恢复，资源环境约束持续趋紧，继续保持经济平稳较快增长的难度越来越大。全市上下一定要保持清醒头脑，增强忧患意识和风险意识，增强工作的前瞻性、主动性、创造性，按照省委十一届六次全会的要求，深入贯彻落实市委十二届五次全会的部署，针对存在的突出问题，统筹推进四项重点工作，保持昂扬激情，坚定必胜信心，在不断战胜困难和挑战中，继续保持良好发展态势，圆满完成年初确定的各项任务。为此，我们要着力抓好以下六个方面的工作：

1. 切实把稳增长作为首要任务抓紧抓好。要密切关注宏观经济发展态势，进一步加强对全市经济运行的跟踪调度和监测分析，尤其是对当前出现的一些倾向性和苗头性问题，要高度重视，采取切实有效措施认真加以解决，确保经济实现平稳较快增长。充分利用好第三季度项目建设的黄金季节，加大项目建设力度，严格落实项目推进责任制，加快华晨宝马扩建、上通北盛三期扩建、辉山乳品城等重大项目建设进度。进一步加大招商引资力度，完善沈阳综合保税区功能，加强项目储备，强化跟踪落实，保障土地、资金等要素供给，力争让更多投资体量大、牵动作用强、科技含量高的重大项目落户沈阳，不断增强发展后劲。坚持以高端化引领结构调整、带动产业升级、提高质量效益，在加快改造提升传统产业，切实提高产品成套化、配套化水平的同时，大力发展高端装备制造、IC装备、民用航空、生物医药等战略性新兴产业，紧紧抓住国家扩大电子信息业投资的机遇，加快发展电子信息产业，加快推进国家大学科技城、金属新材料产业园、泗水科技新城、现代建筑产业园、航空产业园、手机产业园、特种机床城等重点园区建设。加快服务业聚集区建设，重点发展研发设计、软件信息、金融物流、商务会展等生产性服务业，积极培育新的消费热点，引导餐饮、零售、网购等服务型企业开拓大众消费市场，努力打造新型健康、休闲、旅游等新兴业态，培育壮大文化产业，保持房地产业平稳健康发展的良好态势。继续保持县域经济发展的良好势头，加快推进蒲河生态经济带和沈康高速现代农业示范带建设，培育壮大现代都市农业，做大做强特色产业集群。要更加注重软环境建设，继续深入开展"双进双解"活动，尽心竭力为企业排忧解难，帮助企业特别是中小微企业解决生产经营中遇到的各种困难和问题。同时，要多做打基础、利长远的工作，加快转变经济发展方式，切实打牢经济持续健康发展的根基。

2. 精心办好全运盛会。全运会各项筹备工作目前已进入最后冲刺阶段。要继续坚持节俭全运、全民全运、文明全运、绿色全运的理念，进一步突出重点，统筹兼顾，注重细节，着力抓好全运场馆和全运村运行保障，扎实做好竞赛组织、医疗卫生、食品安全、交通疏导、志愿者服务、社会动员等各项工作，特别是要紧紧围绕"平安全运"这个总体目标，严格落实好各项安全保卫措施，全方位做好开闭幕式、各项赛事、大型活动等整个全运安保工作，确保每一个环节都万无一失，确保实现"六个坚决防止"的工作目标。要严格落实责任，细化完善各项工作方案和应急预案，抓紧进行实战演练，确保遇到突发情况能够快速反应，妥善处置。超前谋划好全运场馆赛后经营管理和招商引资工作，切实盘活资源，更好惠及民生。要加强新闻宣传、社会宣传和舆论引导，在全市上下营造人人关心全运、支持全运、参与全运、奉献全运的浓厚氛围，努力办出一届特色鲜明、节俭惠民、开创新风的全运盛会，充分展示沈阳人民热情友善、开放包容、积极向上的良好形象，向人民交上一份满意的答卷。

3. 深入推进各项改革。坚持把新型工业化综合配套改革贯穿于经济社会发展的全过程，注重改革的连续性、系统性和前瞻性，对过去已进行的改革要继续深化，对当前作出部署的改革要率先推进，对符合未来发展方向的改革要积极探索，努力在重点领域和关键环节上实现新的突破。不断优化金融生态，进一步完善区域空间规划和产业发展规划，支持地方金融机构做大做强，完善区域股权交易市场，加快东北区域金融中心建设。加速推进信息化和工业化深度融合，加强市级试验区、产业集群、龙头企业、公共服务平台和重点项目建设，确保"两化"融合整体水平走在全国前列。深化行政管理体制改革，稳步推进政府机构改革，大力推行网上审批和并联审批，减少审批环节，提高行政效能，改善投资环境。积极推进沈抚新城管理体制改革，以沈抚同城化为突破口，加快沈阳经济区一体化进程。深入推进沈北新区综合配套改革、于洪区统筹城乡发展、苏家屯区新型城镇化建设工作，积极探索法库县新型工业化与城镇化统筹发展试点，确保各项改革取得实质性突破。

4. 进一步提升城市建设管理水平。要抓紧完善交通基础设施和城市公用设施，加强排水管网改造和维护，加快地铁九号线、十号线和二号线北延长线建设进程。全面加强公共场所、主要街路、居民小区等重点区域、重点部位环境综合整治，加强污染减排、流域治理和大气污染防治，切实做好城市防汛工作。坚持建管并举，积极整合资源，创新体制，努力把城市建设管理提高到一个新水平。进一步巩固提升全国文明城市创建成果，紧紧围绕践行"热爱祖国、孝敬父母、关爱他人"基本道德准则，在全市广泛开展"立德修身"教育活动，加强公民社会公德、职业道德、家庭美德、个人品德教育，使基本道德准则真正深入人心，成为沈城人民的自觉行动。以"做谦恭有礼的沈阳人"为主题，大力实施文明交通、文明旅游、文明餐桌、文明礼仪等行动，加强道德领域突出问题专项治理，全面提升城市文明程度和市民文明素质。全力做好第二次测评迎检工作，确保沈阳如期进入全国文明城市行列。

5. 大力加强和创新社会管理。要充分发挥各级党政组织、群团组织和社会组织的作用，以"方便群众、服务群众、造福群众"为出发点和落脚点，优化服务，细化管理，狠抓各项任务的落实，努力使社会管理创新工作迈上一个新台阶。适时召开全市社区工作会议，规范社区工作职能，加强社区基础设施建设，不断提升社区服务民生、服务社会、服务经济发展的能力。加快推进社会管理信息化建设，积极构建基层社会管理服务综合平台，努力为群众提供近距离、一站式、一条龙服务。加强市场监管，重拳打击食品、药品等领域违法违规行为。全面推进平安沈阳建设，强化源头治理、系统治理、综合治理和依法治理，积极预防和化解各类社会矛盾，不断深化"大巡逻、大防控"工作，坚持不懈地严厉打击各种犯罪活动，有效预防、坚决打击各种暴力恐怖袭击事件，创造稳定的社会环境。要高度重视安全生产工作,加强消防安全、特种设备及危险品监管,全面排查治理各类事故隐患,确保人民群众生命财产安全。

6. 全力抓好各项民生工程。坚持一切为了群众,认真办好年初确定的惠民实事,如期兑现对全市人民作出的庄严承诺。严格落实各项就业政策,切实打好大学生就业"攻坚战",确保就业困难群体稳定就业。全面落实最低工资标准,深入推行企业工资集体协商制度,大幅增加城乡居民收入水平。健全全民医疗保险体系,加大职工养老保险、新农保、城镇居民养老保险扩面征缴力度,提高城乡居民最低生活保障标准,加快发展老龄、残疾人等社会福利事业,构建更加完善的社会保障安全网。积极探索社会化养老新模式,加速构建居家养老、社区养老、机构养老和企事业单位养老"四位一体"的养老服务体系。进一步完善弃管小区改造工作,强化弃管小区后续管理,继续抓好"节能暖房"工程,加强保障性住房建设、分配和管理,不断改善人民群众的生活环境和居住条件。强力推进教育强区县创建工作,抓好百所学校提升工程,缩小办学差距,促进教育公平,推动义务教育高水平均衡发展,切实提高各级各类教育的质量和水平。全面加强医疗机构管理,深入推进县级公立医院改革,努力为群众提供质优价廉的医疗卫生服务。深入实施文化惠民工程,加快公共文化服务体系建设,不断丰富人民群众的精神文化生活。加快城乡公共体育设施建设,降低市民出入学校和社会公共体育设施门槛,努力在体育惠民上取得新突破。

三、深入开展党的群众路线教育实践活动

全面完成今年各项任务,夺取沈阳老工业基地全面振兴的新胜利,关键在党,关键在人。前不久,中央先后召开了党的群众路线教育实践活动工作会议和全国组织工作会议,习近平总书记发表了重要讲话,我们一定要认真学习贯彻,牢牢把握加强党的执政能力建设、先进性和纯洁性建设这条主线,深入开展党的群众路线教育实践活动,全面加强党的建设,着力提升党员干部思想政治素养,着力弘扬党的优良作风,着力形成科学有效的选人用人机制,着力增强各级党组织的发展活力,为实现全年目标提供坚强保证。

1. 确保教育实践活动取得扎实成效。开展以为民务实清廉为主要内容的党的群众路线教育实践活动是全党政治生活中的一件大事,也是今明两年我市的一项重点工作,市委已经召开专门会议进行动员部署。我们必须深刻认识开展教育实践活动的重大现实意义和深远历史意义,不断增强政治责任感和现实紧迫感,紧紧围绕保持党的先进性和纯洁性,认真落实"照镜子、正衣冠、洗洗澡、治治病"的总要求,高起点、高标准、创造性地开展好"三深入三提升,做合格人民公仆"活动,确保教育实践活动取得扎实成效。要紧密结合沈阳实际,坚持领导带头,加强调查研究,找准突出问题,制定整改措施,强化制度建设,切实把反对形式主义、官僚主义、享乐主义和奢靡之风这"四风"贯穿始终,着力解决事关群众利益、群众反映强烈的重点难点问题,健全完善党和政府主导的维护群众权益机制,确保教育实践活动取得让群众看得见、让群众真满意的效果。正确处理好开展教育实践活动与做好当前工作的关系,把扎实开展教育实践活动与深入贯彻落实党的十八大精神紧密结合起来,与全面做好今年四项重点工作紧密结合起来,切实做到统筹兼顾、协调推进,以各项工作的实际成果检验教育实践活动取得的成效。

2. 着力打造过硬的领导班子。上半年,市委对换届后的各区县和市直部门领导班子进行了调整充实,一批年富力强的同志走上了新的领导岗位。当前,摆在各级领导班子面前的一项重要任务,就是要加强自身建设,放手大胆工作,谋划创新举措,狠抓任务落实,不断开创振兴发展的新局面。越是困难的时候,越是需要良好的精气神,各级领导班子和领导干部要保持昂扬向上、奋发有为的发展激情,克服厌战思想,树立必胜信心,把全部心思和精力用到谋发展、促振兴上来。要发扬勇于担当、求真务实的可贵精神,坚持深入基层、深入实际、深入群众,敢于面对矛盾,善于解决问题,在改革发展的主战场、维护稳定的第一线、服务群众的最前沿砥砺品质、提高本领。要认真落实中央八项规定、省委十项规定和市委有关规定,坚决反对铺张浪费,切实形成勤俭办一切事情的良好风气。

3. 继续推进基层服务型党组织建设。要扎实做好抓基层、打基础工作,重视基层、关心基层、支持基层,加强带头人队伍建设,确保基层党组织有资源、有能力为群众服务。通过制定考核评价办法、推行专项述职、实施项目化管理等措施,认真落实党委书记抓基层党建工作责任制。不断提高机关、农村、社区、国企、"两新"组织等领域党建工作整体水平,适时召开全市非公有制企业党建工作会议,进一步加大非公企业党建工作力度。继续深入开展向罗阳、那洪宇等优秀共产党员学习活动,进一步引导全市广大党员干部坚定理想信念,牢记责任使命,更加自觉地投身沈阳振兴发展的伟大实践。

4. 坚决惩治和有效预防腐败。从严治党,关键在从严治吏。要坚持从严教育、从严管理、从严监督,引导党员领导干部自觉遵守廉洁从政各项规定,筑牢拒腐防变的思想道德防线。进一步推进"五大系统"建设,加快形成不敢腐败的惩戒机制、不能腐败的防范机制、不易腐败的保障机制,把权力关进制度的笼子里。坚持对腐败行为"零容忍"态度,做到有案必查、有腐必惩,继续深入开展征地拆迁中违纪违法问题的专项治理,着力解决发生在群众身边、严重损害群众利益的腐败案件,始终保持惩治腐败的高压态势。

同志们,为了不辜负国家对沈阳的期待、省委省政府的要求和广大人民群众的热盼,市第十二次党代会适时提出了建设国家中心城市的奋斗目标,这是我们对历史和过去的认识与尊重,对现在和未来的思考与追求,在全市上下形成了广泛共识。为了进一步推动国家中心城市建设,在国家振兴东北战略实施十年即将完成、新的十年即将开始之际,市委专门制定了《沈阳市加快国家中心城市建设规划纲要》,提请本次全会进行审议。加快国家中心城市建设是沈阳振兴发展的必然选择,作为沈阳经济区的核心城市、东北地区的中心城市,我们一定要扛起建设国家中心城市的旗帜,叫响建设国家中心城市的口号,用加快国家中心城市建设来聚焦"三大目标"、统领"五大任务",团结带领广大干部群众,以只争朝夕的精神、志在必得的勇气,切实肩负起时代赋予沈阳的新的历史使命。让我们更加紧密地团结在以习近平同志为总书记的党中央周围,在省委的坚强领导下,开拓进取,扎实工作,坚决完成全年各项任务,为加快建设国家中心城市而努力奋斗!

深入贯彻党的十八届三中全会精神把沈阳老工业基地振兴发展推向新阶段

——曾维同志在中共沈阳市委十二届八次全会暨经济工作会议上的报告

(2013年12月20日通过)

各位委员、同志们:

现在,我受市委常委会委托,向全会报告工作。

一、2013年的工作总结

年初以来,在省委的正确领导下,市委团结带领全市广大党员、干部和群众,深入贯彻落实党的十八大精神,牢牢把握稳中求进工作总基调,扎实推进"稳增长、办全运、惠民生、抓党建"等重点工作,迎难而上,埋头苦干,合力攻坚,经济社会继续保持了平稳较快发展的良好势头。

经济运行稳中向好。优势产业支撑作用明显,装备制造业快速发展,汽车及零部件产业迅速壮大,现代建筑产业成为新的支柱产业,一些新兴高端产业正在加紧培育,现代服务业发展步伐加快。重点项目建设成效显著,投资结构进一步优化,经济发展后劲不断增强。经济运行质量显著提升,税收收入占公共财政预算收入比重持续提高。空间布局进一步优化,城区和县域经济继续保持稳定增长。新型工业化综合配套改革全面推进,"两化融合"取得实质性进展,经济发展动力和活力进一步增强。

全运盛会圆满成功。经过全市上下的共同努力,第十二届全运会沈阳赛区各项工作取得了圆满成功,彰显了节俭惠民、开创新风、平安顺利的赛会特色,赢得了各方面的高度评价,向党中央、国务院和全国人民交上一份满意的答卷,充分展示了沈阳人热情友善、开放包容的良好形象和积极向上、勇争一流的精神风貌。同时,紧紧抓住办全运的重大机遇,加快城市基础设施建设,城乡面貌焕然一新,综合服务功能不断完善,生态环境得到改善,城市管理迈上新台阶。创城工作取得阶段性成果,城市文明程度和市民文明素质全面提升。

民生改善成效显著。民生投入力度继续加大,以"办实事"为重点的民生工程全面实施。促进就业和扶持创业工作成效明显,和谐劳动关系进一步发展。覆盖城乡的社会保障体系加快完善,保障能力和救助水平全面提升。保障性住房建设步伐加快。教育、文化、卫生、体育等社会事业快速发展。平安沈阳建设扎实推进,社会矛盾化解成效显著,公共安全管理全面加强,人民群众的安全感不断增强。

党的建设全面加强。按照"照镜子、正衣冠、洗洗澡、治治病"的总要求,高起点、高标准、创造性地开展了第一批党的群众路线教育实践活动,认真查摆问题,深入剖析原因,广泛开展批评与自我批评,积极进行整改,建立长效机制,反"四风"、转作风取得重要阶段性成果。年轻干部培养选拔工作力度不断加大,各类人才队伍建设统筹推进,基层党组织的战斗堡垒作用和党员的先锋模范作用得到充分发挥。党风廉政建设和反腐败斗争取得明显成效,中央八项规定等一系列改进作风的新要求得到全面落实,风清气正的良好环境进一步形成。

在宏观经济形势趋紧、全运筹办任务繁重、热点难点问题增多、生态环境压力加大的情况下,我市之所以能够经受住考验,继续保持经济社会平稳健康发展的良好态势,主要得益于党中央、国务院和省委、省政府的亲切关怀、正确领导,得益于各级党政组织、广大党员干部和群众的团结一心、奋力拼搏,得益于社会各界的广泛参与、大力支持。在此,我代表市委向所有为沈阳振兴发展付出辛勤汗水和作出突出贡献的同志们、朋友们表示衷心的感谢,并致以崇高的敬意!

在即将过去的一年中,虽然各项工作都取得了很大成绩,但仍然存在不少差距和不足,通过开展党的群众路线教育实践活动,我们对此有了更加清醒的认识。一是改革创新意识不够强,领导经济工作的方式方法还不适应形势发展要求,转方式、调结构的力度不够大,经济运行质量和效益不够高,重大项目引进效果不够明显,新的经济增长点不足,新兴产业、支柱产业发展不够快,成套、配套能力不够强,国有企业改革还不到位,非公经济发展活力不足、单体规模较小;二是统筹协调、具体指导不够,经济社会之间、城乡之间、区域之间发展不平衡,制约产业发展的体制机制障碍仍很严重,还存在着产业水平不高和个别产业结构性产能过剩的现象;三是联系群众不够密切,为民排忧解难不够主动,群众反映强烈的热点难点问题没有及时发现和很好解决,不稳定因素依然突出,出行难、停车难等问题没有根本缓解,城乡居民收入水平明显偏低;四是部分基层组织软弱涣散,少数领导干部精神状态和工作作风需要进一步改进,艰苦奋斗的精神有所减弱,狠抓工作落实不够到位,弄虚作假、不讲诚信的行为时有发生,效率低下、庸懒散奢现象仍然存在,"衙门"作风依然较重,损害发展软环境的行为屡禁不止,抵制不良风气不够坚决,腐败案件仍有发生。这些问题需要我们在今后工作中认真加以解决。

二、新形势与新要求

做好明年及今后一个时期的工作,必须对当前面临的形势有一个科学的判断和准确的把握。世界经济持续缓慢复苏,仍处于深度调整期,不稳定不确定因素依然存在,国际金融危机正在催生一场新的科技革命,以绿色、低碳、智能、可持续发展为特征的新一轮国际竞争已经开始。国内经济正处于转型升级的阵痛期,一些先进地区正在抓紧利用金融危机形成的倒逼机制,加快转方式、调结构的步伐,精心谋划全面深化改革的新思路新举措,加快构建有利于科学发展的新体制新机制,努力抢占新一轮发展的制高点。沈阳已经走过了老工业基地振兴发展的前十年,取得了令人瞩目的巨大成就,今天又站在了新的历史起点,迈入了振兴发展的新十年。能否再造新优势、再创新辉煌,是对我们的重大考验。我们一定要切实增强责任感和紧迫感,抢抓机遇,奋发有为,以更大的决心和力度,把沈阳老工业基地振兴发展推向新阶段。

把振兴发展推向新阶段,必须始终坚持科学发展观不动摇。科学发展观是中国特色社会主义理论体系最新成果。中央实施振兴东北地区等老工业基地战略十年来,特别是党的十七大以来,我们自觉用科学发展观武装头脑、指导实践、推动工作，坚持把完成“五大任务”、实现“三大目标”作为沈阳贯彻落实科学发展观的生动实践和具体体现，推动老工业基地振兴发展取得了重大阶段性成果。党的十八大以来，以习近平同志为总书记的党中央对实现科学发展提出新的更高的要求，强调面向未来，深入贯彻落实科学发展观，对坚持和发展中国特色社会主义具有重大现实意义和深远历史意义，必须把科学发展观贯彻到我国现代化建设全过程、体现到党的建设各方面。我们必须坚持以科学发展观指导全部工作，使之贯穿于经济社会发展的各个领域各个环节，多做打基础、利长远的事情，更加注重经济有质量、有效益、可持续发展，更加注重民生改善、环境保护和社会和谐稳定，更加注重保持工作的稳定性和连续性，让科学发展观在振兴发展的伟大实践中显示出强大的真理力量。

把振兴发展推向新阶段，必须始终坚持全面深化改革不停步。党的十八届三中全会作出的《决定》，是我们党在新的历史条件下全面深化改革的总部署、总动员。回顾过去，我们之所以取得巨大成就，根本动力在于不断深化改革；展望未来，把振兴发展推向新阶段，根本出路也在于全面深化改革。我们必须始终高举改革旗帜，把深入贯彻落实党的十八届三中全会精神，作为推动沈阳振兴发展的最大机遇、最大动力，切实把全市上下的思想和行动统一到全会精神和《决定》部署上来，坚定改革信心，凝聚改革力量，以更大的政治勇气和智慧冲破思想观念的障碍，以更大的决心和魄力突破利益固化的藩篱，以更加有力的措施和办法全面深化改革。只要有利于解放和发展社会生产力，只要有利于推动经济社会持续健康发展，只要有利于实现好维护好发展好最广大人民根本利益，就要解放思想、实事求是，大胆地试、大胆地闯，努力趟出一条符合中央精神、富有沈阳特色、顺应人民期盼的改革新路，为推动老工业基地振兴发展注入新的动力与活力。

把振兴发展推向新阶段，必须始终坚持建设国家中心城市目标不放松。加快国家中心城市建设，是沈阳贯彻落实国家总体发展战略的客观要求，是准确把握城市发展新趋势的战略举措，是把振兴发展推向新阶段的必然选择。为了顺应国家对沈阳的期待、省委省政府的要求和广大人民群众的热盼，市第十二次党代会适时提出了建设国家中心城市的奋斗目标，并在实践中全力加以推进，使城市的吸引力、竞争力、影响力明显增强。在步入振兴新十年这一承前启后、继往开来的历史时刻，沈阳必须主动承担责任，施展更大作为，用加快国家中心城市建设聚焦“三大目标”、统领“五大任务”，不断拓展城市发展新优势，把城市实力做强、功能做优、环境做美，切实提高城市的影响力、辐射力和带动力，使沈阳在全国发展大格局中担当更大使命，在参与国际合作与竞争中发挥更大作用。建设国家中心城市是一个长期的过程，我们必须脚踏实地细化举措，坚定不移地朝着这个目标奋力前进，为实现中华民族伟大复兴的中国梦作出应有的贡献。

三、2014 年的主要任务

明年是深入贯彻落实党的十八届三中全会精神、把沈阳老工业基地振兴发展推向新阶段的起步之年，是实施“十二五”规划、全面建成小康社会的关键之年。明年工作的总体要求是：坚持以邓小平理论、“三个代表”重要思想、科学发展观为指导，全面贯彻落实党的十八大、十八届二中、三中全会和中央经济工作会议精神，按照省委的要求和部署，继续坚持稳中求进工作总基调，以改革创新为动力，以加快转变经济发展方式为主线，以增进人民福祉为出发点和落脚点，突出抓好深化改革、稳定增长、改善民生、优化环境等重点工作，全面加强党的建设，促进经济持续健康发展、社会和谐稳定，把沈阳老工业基地振兴发展推向新阶段。

（一）深化改革

党的十八届三中全会作出的《决定》对正确处理好政府与市场、政府与企业、城市与农村、当前与长远等一系列重大关系提出了明确要求，我们要全面抓好贯彻落实，立即着手起草实施意见，对全市的改革工作作出全面安排和部署。明年，要继续深化新型工业化综合配套改革，努力在以下十个方面取得新突破，为全面深化改革奠定坚实基础。

1. 在行政体制改革上，要继续做好转变职能简政放权工作，最大限度地减少行政审批事项，积极稳妥推进大部门制改革和事业单位分类改革，进一步规范各类开发区管理机构设置，实施计划用编申报审批制度，严格控制机构编制，不断提高行政效能。

2. 在国有企业改革上，要鼓励支持国企大胆改革，推进机床、沈鼓、北方重工、东药等大型国企加快完善现代企业制度，创造条件组建国有资本投资公司，鼓励引入战略投资者，吸纳非国有资本参股，积极组建混合所有制企业。

3. 在非公经济改革上，要创造市场公平竞争的政策环境，废除对非公经济各种形式的不合理规定，消除各种隐性壁垒，保证依法平等使用生产要素、公平参与市场竞争、同等受到法律保护。探索制定非公经济市场准入的负面清单和进入特许经营领域的具体办法，推动非公经济加快发展。

4. 在统筹城乡区域改革上，要坚持统一规划，构建全市城乡统筹发展的基础设施建设格局，完善新城新市镇功能，逐步推进城乡基本公共服务均等化。积极争取农村土地制度改革试点。深化分配制度改革，增加城乡居民收入。完善区域合作机制，打破行政壁垒，培育共同市场，加快沈抚同城化步伐，推进沈阳经济区一体化进程。

5. 在金融体制改革上，要鼓励和支持民间资本参股地方金融机构、担保机构和股权投资机构，支持设立民营银行，发展小额贷款公司和融资担保机构，加快企业上市步伐，组建沈阳联合产权交易所集团，吸引更多企业挂牌交易。积极整合资源，推动金融与产业结合。加强源头规范，严格控制地方政府性债务。

6. 在科技创新体制改革上，要强化企业在技术创新中的主体地位，支持企业加大研发投入，不断提升自主创新能力。加大资源整合力度，加快公共研发服务平台和金融服务平台建设。积极探索民营科技创业园知识商品化、终生受益的新模式，进一步促进科技成果产业化、市场化。

7. 在民主政治制度建设上，要健全人大讨论、决定重大事项制度，加强人大预算决算审查监督、国有资产监督职能。推进协商民主广泛多层制度化发展，制定并组织实施协商年度工作计划，就一些重要决策听取政协意见。健全基层选举、议事、公开、述职、问责等机制，推进基层协商制度化。加强“两代表一委员”工作室建设，努力为他们履职创造条件。

8.在教育文化卫生事业改革上，要积极推进教育管理、办学体制、育人模式、招生考试办法和评价方式改革，促进教育健康发展。加快构建现代公共文化服务体系和现代文化市场体系，大力发展文化事业和文化产业，不断增加社会文化产品供给。深化公立医院改革，使其回归公益性质，鼓励和引导社会资本高起点办医，为人民群众提供便捷的医疗服务。

9.在创新社会治理体制上，要健全党委领导、政府主导、社会各方面广泛参与的社会治理体系。加强城乡社区建设，夯实社会治理的基层基础，更好发挥依法自治的作用。大力培育发展各类社会组织和志愿服务组织，拓宽和提高社会组织参与社会治理的途径和能力。

10.在生态文明体制改革上，要加强源头保护、损害赔偿、责任追究和生态修复制度建设，制定生态功能区准入政策，划定严格的生态保护红线，逐步实施生态补偿制度。切实加强领导干部环境绩效综合考核，积极探索自然资源资产任中和离任审计，强化政府监管和社会监督。

（二）稳定增长

稳定增长是明年工作的重中之重，必须以调结构、转方式为主线，优化存量，扩大增量，夯实基础，释放潜力，不断提升经济发展的质量和效益。

1.加快工业经济转型升级。坚持走新型工业化道路，深入推进“两化融合”，加快三大聚集区和两大配套区建设，支持重点骨干企业做大做强，提高产品系统集成能力，推动装备制造业向智能化、高端化、标准化、成套化发展，打造沈阳装备制造业升级版。巩固提升汽车及零部件、机械装备、农副产品加工等5大超千亿产业集群优势，加快培育新的千亿产业集群。大力发展现代建筑产业，完善政策措施，积极开拓市场，强化产业配套，不断壮大产业规模，力争早日成为国家现代建筑产业化示范城市。加快发展战略性新兴产业，提高航空产业园、浑水科技城、金属新材料产业园等新兴产业基地建设水平。加快建立以市场为导向，政府主导、企业主体、面向应用、金融参与、中介服务为一体的科技创新体系，建立产学研协同创新机制，为产业转型升级提供强大支撑。

2.大力发展服务业。采取有力措施进一步加快服务业发展，积极促进服务业与制造业融合发展，加快生产性服务业强市建设步伐。加强金融核心功能区建设，引进各类金融机构总部、销售总部、区域总部，加快建设东北金融后援基地，构建完整的金融产业链条。积极发展电子商务，努力打造全国电子商务示范城市。着眼于提升中心城市综合服务功能，加快发展法律咨询、中介服务、商务会展等现代服务业，大力发展旅游业、养老产业和健康服务业。进一步优化消费环境，加快培育消费新增长点。合理引导住房需求，促进房地产业健康发展。优化城市综合体业态布局，防止出现结构性过剩。推进国际会展商贸城建设，引导传统商贸服务业改造升级。

3.不断增强县域经济实力。科学安排重大产业项目向县域布局，有序引导和推进市区工业企业向县域转移。完善县域工业园区基础设施，加强服务平台建设，做大做强重点产业集群，加快培育县域发展新的增长点。依托蒲河生态经济带、沈康现代农业示范带、环城都市农业示范带建设，调整优化农业产业布局，加强农业标准化、品牌化建设，大力发展现代都市农业和生态友好型农业。加强农田水利基础设施建设，稳定粮食生产。健全完善农业社会化服务体系，鼓励发展规模化、专业化、现代化经营。总结推广于洪区统筹城乡发展模式，积极稳妥推进以人为核心的城镇化，推动产业和城镇融合发展，促进城镇化和新农村建设协调推进。

4.进一步扩大对内对外开放。拓宽引资渠道，加大招商选资力度，促进境内外资金投向现代服务业、先进制造业和战略性新兴产业。加强土地、资金等要素供给，推进重点项目特别是投资超百亿元的重大项目建设，加快汽车、民用航空、新型化工、新型材料、IC装备、健康医疗及金融物流等一批重大产业项目建设进度，努力培育新的经济增长点。创新综合保税区管理模式，推动保税园区转型发展，积极开展自由贸易园区申报工作。建立多层次、宽领域的经贸合作交流机制，鼓励企业出口从传统的生产成本优势向技术、品牌、质量、服务为核心的新优势转化。支持有条件的企业积极开拓海外市场，增强国际化经营能力。

（三）改善民生

牢固树立抓民生就是聚民心的理念，大力实施以“办实事”为重点的民生工程，下大力量解决好群众关心的热点难点问题，努力让人民群众过上幸福美好生活。

1.实施更加积极的创业就业政策。集中力量抓好重点群体就业，深入开展高校毕业生创业就业百日攻坚、困难群体就业援助、普惠制就业培训活动，多渠道开发公益性岗位。完善创业优惠政策，降低创业门槛，加快形成政府激励创业、社会支持创业、劳动者勇于创业的良好局面。全面推行劳动合同制度和劳动用工备案制度，推进工资集体协商和企业民主管理，切实维护劳动者合法权益，构建更加和谐的劳动关系。

2.提高社会保障水平。加大各项社会保险扩面征缴力度，逐步完善养老保险政策和重特大疾病保障制度，畅通养老保险关系转移接续渠道，稳步提高各类参保人员待遇水平。更加关注弱势群体，进一步提高城乡居民救助标准，确保城乡困难群众应保尽保。提高住宅小区物业管理水平，继续实施旧城区拆迁改造、老旧小区环境改造和节能暖房工程，强化供水、供电、供气、供暖工作，加强电梯安全监察和事故应急救援，加大保障房建设力度，搞好生活必需品价格监测和市场监管，保障居民群众的基本生活。

3.加快发展各项社会事业。大力发展公办学前教育，高水平均衡发展义务教育，优质特色发展普通高中教育，创新发展职业教育，完善终身教育体系，支持在沈高校发展，加快教育现代化进程。进一步扩大艺术惠民“双百万”工程覆盖范围，实施文化设施提升工程，不断满足人民群众日益增长的精神文化需求。加快卫生信息化建设，健全网络化城乡基层医疗卫生运行机制，完善合理分级诊疗制度，建立社区医生和居民契约服务关系，切实保障人民群众身体健康。加快推进养老服务体系建设，争取国家养老产业综合改革试点。促进群众体育与竞技体育、城市体育与乡村体育同步发展，提高全民身体素质。

4.全面推进平安沈阳建设。加强重大决策社会稳定风险评估，完善网上受理信访制度，着力解决群众反映强烈的热点问题，有效预防和化解社会矛盾。加强食品药品全过程监管，切实保障食品药品安全。完善突发事件应急机制,坚决遏制重特大安全事故发生。加强社会治安综合治理,创新立体化社会治安防控体系,依法严密防范和惩治各类违法犯罪活动,确保人民安居乐业、社会安定有序。

(四)优化环境

以创建全国文明城市为契机,切实加强后全运时期城市建设和管理,不断提升生态文明水平,全面提高城市文明程度和市民文明素质,努力营造更加适宜人居、创业和发展的良好城市环境。

1. 不断加强城市建设管理。加强交通基础设施建设,全面推进地铁工程和城市快速路系统建设,加大城际道路建设力度。政府主导、科学有序开发利用地下空间,加强燃气、供热等地下管网改造,完善城镇供排水系统。进一步加大停车设施配建力度,努力缓解停车难问题。继续实施公交优先发展战略,优化公交出行环境,加快创建国家公交都市。加强社会公益性基础设施建设。健全城市建设管理长效机制,推进城市建设管理科学化、规范化、标准化和精细化。

2. 大力改善生态环境质量。巩固提升辽河、浑河、蒲河等重点河流、水系生态建设成果,全力推进卧龙湖生态区建设。深入实施"青山"、"碧水"、"蓝天"工程,加强大气、污水和生活垃圾处理及再生利用设施建设,强化污染源治理和环境保护监管。加快推进农村人居环境整治,全面改善农村生产生活条件,积极稳妥推进美丽乡村建设。深入推进节能减排,确保完成全年目标任务。巩固提升国家生态市创建成果,推进生态文明建设试点工作,不断提升全市生态文明水平。

3. 努力提高城乡文明程度。践行"热爱祖国、孝敬父母、关爱他人"基本道德准则,扎实推进公民道德建设,积极培育社会主义核心价值观。深化文明单位、文明社区创建,扎实开展讲文明树新风活动,不断提升市民文明素质。把握正确舆论导向,认真贯彻团结稳定鼓劲、正面宣传为主的方针,切实做好舆论引导工作,构建良好网络生态环境,弘扬主旋律,集聚正能量。扎实做好创城迎检工作,确保如期进入全国文明城市行列。

4. 切实优化发展软环境。落实好简政放权各项规定,加强政务服务体系建设,推行网上审批,打造便捷高效的政务服务平台,提升服务企业、服务基层的质量和效率。加快法治政府建设,提高依法行政水平。加大对司法工作的监督力度,促进社会公平正义。加强社会诚信体系建设,强化市场监管,为各类市场主体创造诚信有序、公平竞争的良好发展环境。加强对软环境建设的社会监督和考核评价,对乱作为、不作为,滥收费、高收费和"吃拿卡要"等损害发展软环境的行为严格问责,切实改善发展环境。

(五)全面加强党的建设

把沈阳老工业基地振兴发展推向新阶段,关键在党。要坚持以深入开展党的群众路线教育实践活动为动力,以改革创新精神全面推进党的建设新的伟大工程,不断提高全市党的建设科学化水平。

1. 继续开展好群众路线教育实践活动。当前,全市第一批开展的教育实践活动已经进入收尾阶段,第二批开展的教育实践活动即将全面启动。必须按照中央和省委的部署,坚持把"照镜子、正衣冠、洗洗澡、治治病"的总要求贯穿始终,继续深化"三深入三提升,做合格人民公仆"活动,确保群众路线教育实践活动取得扎实成效。要自觉贯彻落实中央、省委和市委关于改进作风的各项规定,坚决摒弃形式主义、官僚主义、享乐主义和奢靡之风,大力弘扬脚踏实地、埋头苦干、求真务实、艰苦奋斗的优良作风,说老实话、办老实事、做老实人,做讲诚信、懂规矩、守纪律的表率,切实做到重实际、求实效,敢作为、勇担当,以踏石留印、抓铁有痕的精神抓好各项工作的落实。

2. 努力建设高素质干部人才队伍。要组织广大党员干部深入学习马克思主义经典著作、中国历史和中共党史、中国特色社会主义理论体系、党的十八大和十八届三中全会精神特别是习近平总书记一系列重要讲话精神,促进党员干部进一步提高理论水平、坚定理想信念。坚持民主、公开、竞争、择优的方针和德才兼备、以德为先的用人标准,完善竞争性选拔干部方式,切实解决唯票取人、唯分取人等问题,不断提高选人用人的公信度,真正把信念坚定、为民服务、勤政务实、敢于担当、清正廉洁的干部及时选拔上来。健全干部贯彻落实科学发展观综合考核评价体系,引导广大干部牢固树立正确的政绩观。大力培养选拔优秀年轻干部,抓好后备干部队伍建设,鼓励年轻干部到艰苦地区和复杂环境锤炼作风、砥砺品质、增长才干。继续实施人才优先发展战略,统筹推进各层次、各类别人才队伍建设,为沈阳振兴发展提供人才保障和智力支持。

3. 大力加强基层党组织建设。坚持以创建基层服务型党组织为目标,积极创新基层党建工作,深入开展具有沈阳特色的"共产党员工程"、"为民服务全程代理"等活动,不断扩大党的组织和工作覆盖。加强基层党组织带头人队伍建设,切实把党性强、改革意识强、服务能力强的优秀党员充实到基层党组织领导岗位,把好选人用人关。大力加强党员队伍建设,把好入口、疏通出口,强化教育管理,使党员队伍始终充满生机活力。积极创造条件,努力为基层党组织更好发挥作用提供有力保障。

4. 深入推进反腐倡廉建设。全面推进惩治和预防腐败体系建设,健全反腐败领导体制和工作机制,落实党风廉政建设责任制,确保惩治更加有力、预防更加有效。加强反腐倡廉教育和廉政文化建设,突出抓好政德教育、岗位廉政教育和警示教育,筑牢拒腐防变的思想防线。加快构建决策科学、执行坚决、监督有力的权力运行体系,进一步规范领导干部的从政行为。继续保持惩治腐败的高压态势,坚决遏制腐败蔓延。深入开展纠风治乱和专项治理,坚决整治损害群众利益的不正之风,以反腐倡廉的实际成效推进廉洁政治建设。

把沈阳老工业基地振兴发展推向新阶段,需要全市人民同心协力、不懈奋斗。要更好地发挥党委总揽全局、协调各方的领导核心作用,不断巩固和发展民主团结、生动活泼、安定和谐的政治局面。要坚持和完善人民代表大会制度,支持人大及其常委会依法履行立法、监督、决定、任免等职权。充分发挥人民政协作为协商民主的重要渠道作用,推进政治协商、民主监督、参政议政制度化规范化程序化。更好地发挥各民主党派、工商联、无党派人士的积极作用,支持工会、共青团、妇联等人民团体依照法律和各自章程开展工作。要调动一切积极因素,凝聚各方智慧力量,形成共谋发展、共促振兴的生动局面。

同志们,实干成就伟业,拼搏铸就辉煌。让我们更加紧密地团结在以习近平同志为总书记的党中央周围，在省委的坚强领导下，团结带领全市广大党员、干部和群众，鼓足干劲，开拓进取，扎实工作，全面完成明年各项任务，为加快国家中心城市建设、把沈阳老工业基地振兴发展推向新阶段而努力奋斗！

沈阳市人民代表大会常务委员会工作报告

——2014年1月10日在沈阳市第十五届人民代表大会第二次会议上

沈阳市人民代表大会常务委员会主任
赵长义

各位代表：

我受市人民代表大会常务委员会的委托，向大会报告工作，请予审议。

2013年的主要工作

过去一年在市委的正确领导下，市人大常委会认真贯彻落实党的十八大精神和市委决策部署，坚持围绕中心，服务大局，依法履行地方国家权力机关职责，为加快沈阳全面振兴、推进社会主义民主法制建设发挥了应有作用。

一、突出地方特色，注重管用有效，提高地方立法质量

常委会认真贯彻落实党的十八大关于全面推进依法治国和加强立法工作的要求，召开了全市立法工作会议，确定了本届人大加强和改进立法工作的主要任务和原则方向，突出强调“注重管用有效、突出地方特色”和“针对问题立法、立法解决问题”的理念和思路，引领和推动我市立法工作健康发展。

一年来，共完成4件立法项目，其中制定3件，修改1件。职业病防治直接关系到劳动者的身体健康和生命安全，在职业卫生监督管理条例中，重点强化了对劳动者权益的保护，建立完善了劳动者职业培训、个人防护、健康检查、职业病危害事故救助等相关规定，为加强和规范我市职业卫生监督管理提供了有力的保障。为维护残疾人合法权益，新制定的残疾人保障条例，拓展了公共服务对残疾人的优惠范围，细化了残疾预防和康复工作等内容，从立法层面保障残疾人共享经济社会发展成果。为满足人民群众日益增长的体育健身需求，制定了公共体育设施条例，从规划与建设、使用与管理、资金保障以及向社会开放等方面做出了具体规范。修订后的邮政管理条例，增加了对邮政和快递服务的监管，特别是细化了对社会普遍关注的老旧居民楼、公共场所信报箱的设置和维修管理，使条例更加适应我市邮政业发展的实际需要。

常委会注重发挥在地方立法中的主导作用，积极推进科学立法和民主立法。着眼加强对全市立法工作的组织协调和规划指导，编制了五年立法规划，使年度立法计划、调研项目得到科学衔接和有序推进。在人大提出地方性法规案方面取得新的突破，去年所完成的立法项目中，有2件由市人大专门委员会提出。在发挥专门委员会专业优势和法制委员会统一审议作用的同时，注重发挥“外脑”作用，聘请了20名常委会立法顾问和5个立法顾问单位。为了充分体现立法的民主性，坚持所有法规草案向社会公开，并通过座谈会、论证会等方式，广泛听取利益相关群体、人大代表、专家学者和区县（市）人大的意见建议，使制定的法规更加符合客观实际和人民意愿，确保立有用之法。

二、坚持围绕中心、服务大局，增强监督工作实效

常委会紧密围绕全市“稳增长、办全运、惠民生”等重点工作，认真履行监督职责，努力推动经济社会的科学发展和可持续发展。

一是以建立和完善全口径预算决算审查监督制度为重点，加强了对政府预算决算执行情况的监督。听取审议了2012年市本级决算和2013年上半年预算执行及审计工作报告，审查批准了2012年市本级决算，督促市人代会预算决议的落实，认真解决财政资金使用和管理方面存在的问题，切实管好人民的“钱袋子”。听取审议了审计问题整改情况的报告，对2012年市本级预算执行和其他财政收支审计所发现的问题，进行了跟踪问效。全口径预算决算审查监督工作稳步推进，出台了加强全口径预算决算审查监督工作若干意见，将政府管理的财政资金全部纳入人大审查监督范围，规范细化了预算决算编报、初审、审查、批准的内容和方式，理顺了开发区财政预算监督体制，设立了预算草案电子查询终端，首次将20个一级预算单位汇编成册，提交本次大会审议，并对2个一级预算单位的部门预算进行专题审议，推动预算决算的监督管理从部门扩大到整体、从工作层面上升到制度层面、从程序性监督步入实质性监督。

二是以推动解决经济社会发展中的重大问题为重点，加强了对经济工作的监督。听取审议了2013年上半年国民经济和社会发展计划执行情况报告及“十二五”规划实施中期评估报告，促进政府正确处理稳增长与调结构的关系，确保全年经济社会发展目标的实现，推动“十二五”规划科学实施。听取审议了我市贯彻中央1号文件情况报告以及现代农业示范区建设情况的汇报，先后两次视察创新农业生产经营体制情况，推进我市农民经济合作组织建设，提升现代农业的规模化和产业化水平，增强农村发展活力。听取审议了我市贯彻实施省旅游条例、推进旅游业发展情况的报告，视察了重点旅游景区以及旅游公共服务平台建设和管理情况，促进我市加快旅游载体和旅游聚集区建设。

三是以解决群众切身利益问题为重点，加强了对民生保障的监督。为推动解决食品安全监管方面存在的问题，对我市贯彻实施食品安全法情况进行了持续监督，督促政府落实监管责任，对重点领域和重点环节食品安全进行专项整治。为回应百姓对教育公平的关切，听取了义务教育均衡发展工作情况的汇报，选择各种类型幼儿园进行了集中视察，推动解决影响和制约我市学前教育发展的突出问题，促进优质教育资源的公平共享。为回应百姓喝上干净水、放心水的期盼，结合议案督办，通过专题调研、集中视察、听取专项汇报等形式，督促政府切实做好饮用水水源保护、供水管网改造、农村饮水安全工程等重点工作。听取审议了加强全民健身设施建设情况的报告，促进体育健身设施的建设管理和有效利用。听取了我市贯彻实施归侨侨眷权益保护法情况的汇报，依法维护和保障归侨侨眷的权益。对重点信访事项加强转办督办，推动解决人民群众的合理诉求。

四是以城乡垃圾无害化处理为重点，加强了对生态环境保护工作的监督。针对社会普遍关注的垃圾污染问题，对城市市容和环境卫生管理条例的实施情况开展了执法检查，多次实地视察城乡垃圾收集和无害化处理情况，从强化规划引导和责任落实，加快形成垃圾分类、资源化利用以及无害化处理的完整体系等方面提出意见建议，市委就此组织各位常委对垃圾无害化处理工作进行专题视察调研，市政府专门召开会议加以研究落实。常委会还对农村面源污染治理、污泥无害化处理等重点问题进行了连续视察检查。开展了“治理大气污染、建设生态家园”的环保世纪行宣传活动，并配合省人大对大气污染防治法在我市的实施情况进行了执法检查。

五是以提高执法和司法公信力为重点，加强了对依法行政和公正司法的监督。听取审议了市政府依法行政工作的专项报告，加快法治政府和诚信政府建设。制定了市人大常委会监督司法工作规定和实施细则，将行之有效的经验和做法上升为制度规范。听取审议了市法院深化执行工作改革、创新执行机制的报告以及五年发展规划的汇报，促进“执行难”问题有效解决，推动法院工作科学发展。听取审议了市检察院审查批捕和起诉工作的报告，支持和督促检察机关充分履行相关职责，维护司法公正。常委会还听取了我市贯彻实施村民委员会组织法、省村民委员会选举办法的情况汇报，推进了农村基层民主法制和村民自治建设。视察了宗教活动场所，促进我市宗教事务和宗教场所的规范管理。开展了规范性文件备案审查工作，对政府提报的5件规章进行了备案审查。

三、依法行使重大事项决定权和人事任免权，保障和促进全市重大决策部署的有效落实

常委会将讨论决定重大事项与开展监督工作有机结合，选择事关全市工作大局和群众切身利益的软环境建设、预算决算审查监督、政府重点建设项目、重点民生工程、农村改革发展等重大事项，依法进行了审议。先后就推进新型工业化综合配套改革、旅游一体化建设、现代服务业、高端装备制造业以及汽车产业发展情况等一系列重大问题，深入开展视察调研，提出意见建议，推动了全市重点工作落实。尤其是结合听取市政府关于软环境建设情况汇报，对我市近年来软环境建设情况进行了专项调研，并在市委为此专题召开的座谈会上做了全面汇报，为市委决策部署提供了依据。为加快推进人大及其常委会对政府投资建设项目的审查批准工作，听取了2014年政府重大项目和城建计划安排情况的汇报，促进政府科学合理安排项目建设资金，提高投资决策的科学化水平。

在行使人事任免权方面，常委会坚持党管干部和人大依法任免相统一，充分保障组成人员在干部任用上的知情权、表达权，全年共依法任免了189名国家机关工作人员，为“一府两院”开展工作提供了组织保障。

四、尊重代表主体地位，强化服务保障，加强和改进代表工作

针对换届后新当选代表占半数以上的实际，先后举办两期基础性和实用性的代表专题知识培训，对省市人大代表小组和专业代表小组组长、乡镇人大主席以及代表建议承办部门人员开展了相关业务培训，实现了市人大代表履职培训的全覆盖。尤其是为了提高代表议案建议的质量，解决“重提出、轻质量”问题，在专项工作会议上，对提出议案建议的范围程序、加强指导和服务等方面提出了具体要求，引导代表提高议案建议水平。深入开展“三深入”活动、代表与人民群众见面日活动，全年组织了300余名省市人大代表深入基层，面对面听取意见，提出建议39件，形成调研报告32篇，促进“一府两院”努力解决人民群众反映的突出问题。注重发挥代表小组尤其是专业代表小组的作用，组织开展代表活动130余次，代表活动网络更加完善。坚持定期向代表印发常委会工作信息，通报“一府两院”重要工作情况，提供政情社情资料，为代表知情知政创造条件。代表对常委会工作的参与范围不断扩大，全年共有60余名代表列席常委会会议，210多人次各级代表参与了执法检查、工作视察和调研活动，代表主体作用得到进一步发挥。

代表议案建议督办工作成效显著。常委会就市十五届人大一次会议主席团交付的4件议案，分别听取审议了专门委员会议案审议结果和市政府关于议案办理情况的报告，多次组织专题视察检查，议案所提出的各项工作任务得到了积极推进和有效落实。如为办理好推进学前教育的议案，市政府制定了学前教育三年行动计划，常委会也将制定学前教育条例列入今年立法计划，使解决学前教育现实问题和长远发展都有了可靠保障。为落实好保障城乡百姓喝上干净水、放心水等3件议案，市政府计划用三年时间对居民小区的供水管网和老旧小区楼内上水管线进行改造，并通过实施农村饮水工程，进一步解决农村饮水安全问题。对750件代表建议，常委会认真转办交办，并对其中21件建议进行了重点督办。在“一府两院”各承办单位的共同努力下，目前有607件代表建议已经解决或基本解决，占81%；列入计划解决的85件，占11.3%；因政策或客观条件所限暂不能解决、并已向代表说明的58件，占7.7%。推进解决了代表反映集中、群众普遍关注的一些难点和热点问题。

五、加强常委会自身建设，切实改进工作作风，提高依法履职能力和水平

常委会以开展党的群众路线教育实践活动为契机，认真落实中央关于改进作风的“八项规定”和廉洁从政的各项要求，深入分析查找和认真整改在“四风”方面存在的突出问题，使工作作风和精神状态发生了较大改观。为加强常委会的学习，坚持会前结合审议议题进行一事一训，邀请专家学者就发挥常委会职能作用、全口径预算决算审查监督、固体废物污染防治等内容，共组织了5次专题讲座，使学习更具针对性。为提高常委会审议质量，坚持在审议前组织专题调研和专项视察，全面了解实际情况，使审议工作的方式方法有了新的改进。加强了人大重要工作、重大活动和优秀履职代表的宣传，人大工作更加公开透明，社会影响力进一步扩大。首次以常委会名义从高校院所、金融机构、财税部门中，聘请了10名财经咨询专家，为常委会有效开展监督工作提供了智力支撑。市与区县（市）人大常委会工作联系更加紧密，坚持在一些重点工作上实施联动，加强沟通交流和业务指导，全市人大工作整体合力得到进一步增强。成功承办了东北四个副省级城市人大工作研讨会，密切了与兄弟城市人大的工作交流。积极开展同国外友好城市议会交往，先后推进签署我市与俄罗斯新西伯利亚市建立了友城关系，尤其是与拉脱维亚尤尔马拉市建立了友好合作关系，填补了我市在波罗的海沿岸国家友好城市的空白。

各位代表：常委会的各项任务已经全面完成，但结合党的群众路线教育实践活动的问题查摆与整改，使我们更加清醒地认识到工作中所存在的问题。如,常委会工作中还存在"重程序、轻落实"的现象,尤其是对政府专项资金使用、重大投资项目管理、审计查出问题整改、审议意见落实的持续监督和跟踪问效还不够;对讨论决定重大事项制度落实中的一些问题缺乏深入研究,对已明确的讨论决定重大事项的规定落实得还不够到位,讨论决定重大事项职权行使得还不充分;对一些事关民生的地方性法规实施情况监督检查的力度不够。在密切人大与人民群众联系、常委会组成人员与代表之间的联系以及代表与选举单位和选民的联系方面,方式还不够多、渠道也不宽,还没有更好地"接地气"。此外,在为代表提供服务、提高议案建议质量、督办建议落实上,还应做更多的努力。对这些差距和不足,我们将在今后工作中要认真加以改进。

2014 年的主要任务

今年是全面深化改革之年,也是沈阳加快全面振兴,实现全面建成小康社会目标的关键之年。市人大常委会工作总的思路是:深入贯彻党的十八届三中全会精神和市委全会部署,紧密围绕全市"深化改革、稳定增长、改善民生、优化环境"的工作大局,认真履行法定职责,充分发挥代表主体作用,积极反映民意、汇聚民智、维护民利,努力推动人大工作与时俱进,为把沈阳老工业基地振兴发展推向新阶段,创造良好的民主法治环境。

第一,在立法工作方面,要重点加强民生保障和生态环境保护方面的立法,着力解决我市经济社会发展中亟须通过立法来规范的现实问题。为从法规层面回应广大人民群众对解决"入园难"、"入园贵"的诉求,满足社会对优质教育资源需要,推进我市学前教育均衡健康发展,拟制定《沈阳市学前教育条例》。要高度关注城乡垃圾无害化处理、农村生态环境、水利基础设施监管、政府性投资管理等方面的地方立法,深入开展调研论证,本着条件成熟、急需为先的原则,适时列入常委会立法项目。坚持立、改、废并重,继续开展对现行有效的地方性法规特别是行政许可事项的清理工作。要把"管用有效"作为衡量立法质量的重要标准,不断提高立法的科学性、扩大立法的民主性、增强人大立法的主导性。坚持"问题引导立法、立法解决问题",在制定好"关键几条"上下工夫,突出现实性,兼顾前瞻性。进一步完善立法工作的组织协调机制,做好法规立项、起草、审议各个环节的衔接,适时开展立法评估,增强法规的针对性和可操作性。继续扩大公民有序参与立法途径,充分发挥人大代表、专家学者和立法顾问的作用,最大限度地兼顾不同群体的利益诉求,切实防止和克服部门利益法制化问题。加大对新制定法规的宣传,夯实法规贯彻实施的群众基础。

第二,在监督工作方面,综合运用多种法定形式,加强对经济社会发展重点领域、重大事项的监督。要围绕发展成果考核评价体系和权力运行制约监督体系的建立完善以及推进城乡一体化统筹协调发展、加强大气污染治理等重大问题,深入开展调查研究,提出意见建议。听取我市推进新型工业化综合配套改革情况的汇报,促进我市尽快在两化融合、工业转型升级、打造企业社会化服务平台、发展混合型所有制经济、企业机制体制创新等方面率先破题。视察促进中小企业发展条例的实施情况,加快推动非公经济发展。要积极回应市民对解决"出行难"问题的诉求与期盼,听取审议我市公交体系规划建设和管理情况的报告。要持续推动我市农田水利基础设施建设和农业产业化龙头企业发展,通过听取审议专项工作报告,组织专题视察,促进解决影响农村经济发展的突出问题。听取审议推进沈阳经济区旅游一体化发展情况的报告,推动"大沈阳旅游圈"建设。听取我市民族工作情况的汇报,促进民族事业全面发展。要强化对计划和预算决算执行情况的监督。从今年开始,在常委会上要将本级预算执行和决算报告分开审议,逐步实现对预算进行精细化和实质性审查。要充分利用在人大常委会设立的国库集中支付系统查询端口,加强对市本级重点资金安排以及拨付使用情况的在线监督。要积极推进全口径预算决算的审查监督工作,不断深化部门预算审查监督,加快建立政府重大投资项目监督审查机制,适时听取我市 2015 年度政府投资建设项目计划安排情况的汇报。要加强对重点民生资金、重大投资项目、国有资产管理的审查监督,尤其要督促政府加强和规范政府性债务管理,建立风险可控、规模适当的债务管理制度和运行机制,防止和化解政府性债务风险。加强对审计发现问题特别是违规使用资金问题的监督,促进政府及有关部门切实把挤占挪用的钱归位,把"跑冒滴漏"的钱堵住,把闲置、沉淀的财政资金管好用好,不断提高财政资金的使用效率。要积极推动解决生态环境保护、学前教育、医疗、养老、就业以及供暖等重点民生问题,督促政府把顺民意、解民忧、惠民生的各项实事办好、办到位,让振兴发展成果更多更公平地惠及全市人民。听取我市城乡垃圾分类及无害化处理工作进展情况的汇报,持续推动垃圾无害化处理工作。对物业管理条例实施情况开展执法检查,推动解决我市物业管理中存在的突出问题。关注文化惠民,听取审议我市公共文化基础设施建设情况的报告,促进城乡公共文化服务体系的协调发展。听取审议我市社区建设工作情况的报告,提升社区建设、管理和服务水平。听取城乡基层医疗卫生服务体系建设情况的报告,促进基层医疗保障条件加快改善。

第三,在代表工作方面,将适时召开全市人大代表工作会议,在全面总结代表工作经验的同时,研究和明确新形势下发挥代表主体作用、加强和改进代表工作的思路与举措。要对代表闭会期间履职活动的内容、方式以及服务保障等进行全面规范,完善相关制度措施,继续开展好代表"三深入"活动。要以市人大代表培训中心为平台,开展形式多样的专题学习培训,增强培训的鲜活感和吸引力。要建立完善代表履职激励约束机制,认真落实代表执行职务写实制度,积极推进代表向选举单位述职,组织开展履职优秀代表和先进代表小组以及年度优秀代表议案建议评选表彰活动,探索建立人大代表退出机制,激发代表履职的积极性。要强化对代表提出议案建议工作的指导和服务,加大代表议案建议督办力度,努力把代表议案建议落到实处。要拓展代表知情知政的广度和深度,扩大代表对常委会各项工作参与,密切与代表的联系,并配合有关部门,做好"两代表一委员"工作室建设,为代表履职提供有力保障。

第四,在常委会自身建设方面,要巩固党的群众路线教育实践活动成果,认真抓好"四风"问题整改落实,健全完善学习培训、提高审议质量、改进会风文风等一系列制度,形成加强常委会自身建设的长效机制。要推进讨论决定重大事项制度的落实，对市人大常委会讨论决定重大事项规定的实施效果进行检查评估。要不断改进视察调研方式，坚持贴近实际，努力增进实效。要强化专门委员会专题调研、报告初审、跟踪监督常委会决议决定和审议意见落实等方面的工作，充分发挥专门委员会及专职委员的作用。要重视发挥现代传媒的作用，扩大人大宣传工作的覆盖面和影响力。要加强机关科学化、精细化管理，严格落实经费使用、外出考察、公务用车等各项规定，切实把勤俭节约、"过紧日子"的要求落到实处。要密切与区县(市)人大常委会的工作联系，加强与兄弟城市人大的学习交流，特别是要把开展与国外地方议会的友好交往作为扩大开放、促进交流合作的重要渠道，发挥好人大对外交往的独特优势。

各位代表：沈阳振兴发展又站在了新的起点，新形势、新任务对人大工作提出了更高要求。让我们紧密团结在以习近平同志为总书记的党中央周围，在市委的正确领导下，凝心聚力，扎实工作，为把沈阳老工业基地振兴发展推向新阶段作出更大的贡献！

政府工作报告

——2014年1月8日在沈阳市第十五届人民代表大会第二次会议上

沈阳市人民政府市长陈海波

各位代表：

现在，我代表市政府向大会报告工作，请予审议，并请市政协各位委员提出意见和建议。

一、2013年工作回顾

过去一年，在市委的正确领导下，在市人大及其常委会依法监督和市政协民主监督下，市政府团结带领全市人民，全面贯彻落实党的十八大精神，扎实推进"稳增长、办全运、惠民生"等重点工作，圆满完成了市十五届人大一次会议确定的各项任务。

——经济综合实力持续攀升。预计全市地区生产总值实现7223.7亿元，比上年增长10%；公共财政预算收入完成801亿元，增长12%；固定资产投资完成6470亿元，增长15%；社会消费品零售总额实现3222.2亿元，增长15%。

——产业升级步伐不断加快。规模以上装备制造业产值占工业比重由上年的47.1%提高到50.9%；高新技术产品增加值占工业比重由43.4%提高到44.2%；现代服务业增加值占服务业比重由53.1%上升到53.9%。

——城乡环境面貌明显改观。一批重点基础设施和配套设施项目相继竣工，市容环境治理和生态环境建设取得新成效，全市单位地区生产总值能耗下降3.77%，化学需氧量、二氧化硫排放总量分别下降2.5%和1.5%。

——全运筹办任务圆满完成。全面完成沈阳赛区场馆建设、赛事组织、大型活动、运行保障、安全保卫等工作，充分展示了沈阳良好的城市风貌。

——人民生活水平稳步提高。教育、社保、医疗等民生支出实现489.7亿元，占公共财政预算支出的55.5%。城市居民人均可支配收入实现29340元，增长11%；农民人均纯收入实现14610元，增长12%。

一年来，我们主要抓了以下几方面工作。

(一)全力以赴稳增长，经济保持平稳健康发展

坚持稳中求进，强化经济运行组织调度，推进重大项目加快建设，深入开展"双进双解"活动，促进了经济稳定增长和质量效益提升。

工业继续保持较快增长。深入实施工业"五项工程"，加快装备制造业聚集区和配套区建设，规模以上工业总产值实现13750亿元，增长14%。汽车及零部件、机械装备、现代建筑等优势产业支撑作用明显，米其林轮胎新工厂、五洲龙新能源汽车等项目投产，华晨宝马新工厂二期、上通北盛三期等项目试生产，华晨宝马发动机、沃得农机产业园等项目加快建设，全市汽车整车产量突破100万辆，手机产量突破3000万部。沈阳汽车城、铁西滨河新城、于洪永安新城等重点园区建设加快，美国安博、澳大利亚嘉民、新加坡普洛斯、意大利维龙等世界工业地产5强企业落户沈阳，25个重点产业集群销售收入实现7500亿元，沈飞、沈鼓等重点骨干企业保持较快增长，一批重大装备国产化实现新突破。

服务业发展水平稳步提高。服务业增加值实现3129.7亿元，增长8%。香格里拉酒店、君悦酒店、奥体万达广场、亿丰不夜城等项目竣工营业，乐天世界、华强商业金融中心、宝能环球金融中心等项目加快建设，金廊中央商务区功能进一步提升。浑南国家电子商务示范基地建设成效显著，中兴大厦、商业城等大型商业企业和五爱市场、二手车市场等专业市场积极开展网上营销，京东商城、苏宁易购等全国10强电商企业入驻沈阳。加快传统商业街区改造升级，鼓励企业开展延时服务，夜间经济更加活跃。加快东北区域金融中心建设，新增浙商银行等35家金融和投融资机构，辽宁股权交易中心正式运营。物流、会展、文化、旅游产业加快发展，房地产市场保持平稳健康发展。

农业和农村经济实力不断增强。强化农业基础地位，粮食总产量实现82.1亿斤，创历史新高。加快发展现代农业，全面推进蒲河生态经济带、沈康现代农业示范带、环城都市农业产业带建设，全市新开工规模以上农事项目117个，新建改造设施农业9.5万亩，高效特色农业稳定在300万亩以上，农业机械化综合水平提高到75.5%。县域工业不断壮大，法库辉山乳业婴幼儿配方奶粉加工项目建成投产，新民玖龙纸业项目加快建设，新增辽中有色金属、新民灯饰灯具2个百亿产业集群。县城和中心镇建设步伐加快，新型城镇化稳步推进。

新兴产业加快发展。IC装备产业位列全国三甲，新松机器人企业规模进一步扩大，东软、先锋、天久、易迅、晨讯等5家企业跻身中国软件业百强，全市软件服务业收入实现1300亿元。国家大学科技城、泗水科技城、金属新材料产业园等重点园区建设步伐加快。高档数控机床、重型燃气轮机等重大专项实现新突破，搭载I5系统的ETC数控车床实现量产，首台高性能12英寸PECVD设备达到国际先进水平。

(二)加大城乡建设管理力度，城市功能环境得到提升

以筹办全运会为契机，加大城乡建设管理力度，城市功能品位进一步提升。全年城建投资完成400亿元。

基础设施建设迈上新台阶。四环快速路全线通车，南二环快速路、三环高速路、伯官桥、北海高架桥等路桥建设改造竣工通车，整修261条主次干道，维修改造60条小街小巷，新建改造维修农村公

路929.9公里。地铁9号线、10号线开工建设，浑南现代有轨电车试运营，桃仙机场T3航站楼、沈阳北站南广场、沈阳站东广场等重点工程投入使用。黄河大街北出口排水系统、三好排水泵站及配套工程基本完成，供热管网互联工程启动实施，康平燃气工程竣工送气，城市运行保障能力进一步增强。

生态环境持续改善。大力实施“青山工程”，全面开展城乡绿化，棋盘山、卧龙湖生态保护利用稳步推进。大力实施“碧水工程”，辽河、浑河、蒲河等重点流域治理扎实推进，实施封井压采，地下水资源保护得到加强。大力实施“蓝天工程”，制定出台重污染天气应急预案，电厂脱硝改造、企业“煤改气”、机动车尾气和扬尘治理等专项工程积极推进。南部污水处理厂通水运行，城市污水处理能力达到100%。生态市建设扎实推进，沈阳经济技术开发区成为东北首个国家生态工业示范园区，法库经济开发区成为国家循环化改造示范试点园区。

城市管理水平不断提升。开展“清洁沈阳”活动，加大拆违治乱力度，加强农村环境连片整治，城乡人居环境进一步改善。加强交通组织管理，新建97处公共停车场和10处行人过街设施，新增更新公交车1000辆，更新出租车3000辆，新开调整公交线路20条，沈阳获批国家“公交都市”创建城市。推进“数字沈阳”建设，规范设置公共信息标志，城市管理的科学化、信息化水平进一步提升。

(三)全面推进改革开放，经济社会发展活力不断增强

以综合配套改革为统领，着力推进改革开放，进一步激发了老工业基地振兴的内在动力和发展活力。

重点领域改革不断深化。国家新型工业化综合配套改革迈出坚实步伐，沈阳经济区优化金融生态改革试验专项方案获得国家批准，我市以第一名的成绩通过国家级两化融合试验区验收，大东区获批省级综合配套改革试验区，于洪区成为年度全国十大改革区(县)。机床、东药、沈鼓、北方重工等重点国有企业改革扎实推进，大型骨干企业分离生产性服务业取得积极进展。实行国有企业负责人经营业绩考核新办法，国资监管体制进一步完善。支持企业上市融资，沈机股份完成定向增发，辉山乳业在香港联交所上市。鼓励支持非公有制经济发展，加快中小企业服务平台建设，非公有制经济占全市经济比重为65.8%。土地经营权确权登记等农村综合改革继续深化。改革财政资金投入方式，整合完善公共资源交易中心，大力推进向市场、向社会、向下级政府放权，发展软环境进一步优化。

对外开放水平不断提高。全市实际利用外资58.2亿美元，实际到位内资1757亿元，进出口总额实现141.1亿美元，新签超千万美元境外工程项目35个。沈阳综合保税区加快建设，营口港法库陆港启动运营，辉山经济开发区晋升为国家级开发区。开通沈阳至新加坡等6条国际及地区航线，沈阳成为72小时过境免签城市，与俄罗斯新西伯利亚市、韩国大田市结为友好城市。

沈阳经济区一体化建设步伐加快。实施东陵区(浑南新区)与棋盘山旅游开发区合并，为加快建设沈抚新城和加强棋盘山生态保护提供了有利条件。加快城际连接带建设，中心城市聚集辐射能力进一步增强。

(四)认真做好“十二运”筹备工作，沈阳赛区服务保障任务圆满完成

全面完成沈阳赛区各项承办任务，为办成一届文明节俭、热烈精彩、开创新风的体育盛会作出了积极贡献。筹办工作和赛事组织扎实有序。高水平推进浑南新城和全运村建设，高质量完成25个市属场馆和17个市、区两级全民健身中心建设改造。圆满完成火炬传递、开闭幕式及沈阳赛区各项赛事的组织保障工作，实现了“零事故、零差错、零失误”目标。全运期间，共接待国内外嘉宾万余人，为运动员、教练员、技术官员、媒体记者等宾客提供参观游览、公交出行等便利服务，赢得了各方赞誉。

城市运行保障高效有力。实施全运场馆周边等重点区域环境综合整治，开通公交专线、循环班线，组织各类车辆3.3万台次，全力做好水、电、气、通信等各项公共服务，为赛事成功举办提供了重要保障。出色完成安保工作。强化治安综合治理，严查严管食品药品安全，采取前端安检、驻地安保等有力措施，有效保证了各项赛事和活动的顺利进行，实现了“平安全运”目标。

三年来，全市人民齐心协力，参与全运、奉献全运，洒下了辛勤汗水。全运会的成功举办，为我们这座城市赢得了荣誉，留下了宝贵的精神财富，值得我们倍加珍惜。

(五)加大民生工作力度，社会更加稳定和谐

着眼于解决关系人民群众切身利益的实际问题，进一步加大民生投入，11件35项民生实事全部完成。民生工作扎实推进。出台全民创业援助行动三年计划实施方案，困难家庭高校毕业生全部就业，零就业家庭保持动态为零，全市实名制就业21万人。城镇职工、城乡居民养老和医疗保险覆盖面不断扩大，企业退休人员基本养老金标准进一步提高，城镇居民医保和新农合年人均补助标准由240元提高到280元。提高最低工资、失业保险金、城乡低保标准，启动新农合大病保险，取消医疗救助最大封顶限额和定点医院限制。新增100个社区日间照料站，新增养老床位7000张，市养老服务中心二期主体完工。完成100个社区和4707户残疾人家庭无障碍改造，沈阳盲文图书馆和无障碍影院投入使用。完成保障性住房3.89万套，改造农村危房3608户，实施节能暖房工程408万平方米，新建改造76个菜市场，解决了15万农村人口饮水安全问题，减少农村低收入贫困人口2万余人。

社会事业全面发展。出台促进现代职业教育发展若干意见，调整完善中考制度，建立学前教育奖补机制，改扩建50所幼儿园，改造建设100所学校操场和14所特殊教育学校，和平区、铁西区成为国家级义务教育均衡发展示范区。医药卫生体制改革取得新进展，完成新民县级公立医院改革，启动康平县级公立医院改革，基层医疗卫生服务机构全部配备使用国家基本药物，并实行零差率销售，看病难、看病贵问题逐步得到缓解。繁荣艺术精品创作，发展多元化演出市场，实施艺术惠民工程，新编历史京剧《将军道》获年度国家舞台艺术十大精品工程奖，沈阳评剧院被评为全国地方戏创作演出重点院团，社区文化建设“五个一”工程运作模式成为国家公共文化服务体系示范项目，中国工业博物馆全部开放。建成一批市民休闲健身场所，开放104所中小学体育设施，全民健身掀起新热潮。

社会管理不断加强。出台加强社区建设若干意见，改善城乡社区服务设施，

圆满完成第十一届村委会换届。加强社会治安立体防控,严厉打击违法犯罪,稳步推进"平安沈阳"建设。健全社会稳定风险评估机制,深入开展矛盾纠纷排查化解,强化安全生产和食品药品安全监管,有效应对 H7N9 禽流感疫情。全面推进文明城市创建,城市文明程度和市民文明素质进一步提升。

过去一年,我们坚持依法行政,积极转变政府职能,深入开展党的群众路线教育实践活动,努力改进工作作风,政府自身建设取得新成效。国防动员、人防和民兵预备役建设进一步加强,双拥创建工作全面推进。民族团结进步事业不断发展,对口支援工作成效显著。国家安全、保密、统计、审计、物价、工商行政管理、参事、宗教、侨务、贸促、广播电视、新闻出版、气象、防震减灾、档案、修志、文史、人口与计划生育、红十字会和慈善事业等工作都取得了新成绩。

各位代表,过去一年所取得的成绩来之不易,这是市委正确领导的结果,是全市人民团结一心、努力拼搏的结果。在此,我代表市政府,向全市各族人民致以崇高的敬意!向人大代表、政协委员,向各民主党派、工商联、无党派人士和各人民团体,向驻沈人民解放军、武警部队官兵和中、省直单位,向所有关心、支持沈阳的港澳台同胞、海外侨胞和国际友人表示衷心感谢!

在总结成绩的同时,我们也清醒地看到,全市经济社会发展还面临着一些突出的矛盾和问题。一是产业结构调整力度还不够大,经济运行质量和效益有待进一步提升;二是国家中心城市建设步伐还不够快,城市建设管理精细化水平需要进一步提高;三是一些关系人民群众切身利益的问题还没有解决到位,保障改善民生任务依然繁重。对上述问题,我们将采取有力措施认真加以解决。

二、2014 年工作安排

今年是深入贯彻落实十八届三中全会精神的第一年,是确保完成"十二五"规划的关键之年,做好今年各项工作意义重大。今年政府工作的总体要求是:认真贯彻落实党中央、国务院和省委、省政府的决策部署,按照市委十二届八次全会要求,紧紧围绕"三大目标"、统筹推进"五大任务",突出抓好深化改革、稳定增长、改善民生、优化环境等重点工作,加快转方式调结构步伐,努力提高经济增长质量和效益,促进经济平稳健康发展、社会和谐稳定。

今年全市经济社会发展的主要预期目标是:地区生产总值增长 9%,固定资产投资增长 15%,公共财政预算收入增长 9.5%,社会消费品零售总额增长 13%,城市居民人均可支配收入增长 9%,农民人均纯收入增长 10%,城镇登记失业率控制在 4% 以内。

今年,我们要着力抓好以下几方面工作。

(一)推进经济平稳健康发展

坚持稳中求进工作总基调,把稳定增长作为经济工作的首要任务,强化经济运行组织协调,努力保持经济增长的稳定性、协调性和可持续性。

加大项目建设力度。充分发挥投资的关键作用,突出抓好以 290 个市级重点项目为代表的一批重大产业项目。强化项目前期工作,做好土地、资金等要素保障,继续开展"双进双解"活动,及时提供各项服务,确保招商项目早日落地开工、在建项目早日竣工投产,尽快形成新的经济增长点。强化项目储备和跟踪落实,为未来发展积蓄后劲。

着力提升工业发展水平。瞄准建设具有国际竞争力的先进装备制造业基地,深入推进工业"五项工程",实施创新驱动,深化两化融合,增强企业核心竞争力,规模以上工业增加值增长 10%。加快装备制造业三大聚集区、两大配套区建设,提升汽车及零部件、机床及功能部件、电力电气、通用及专用机械、现代建筑、农产品加工、医药化工、手机等优势产业发展水平,积极创建国家现代建筑产业化示范城市。支持优势骨干企业做大做强,重视和关心中小微企业发展,进一步减轻企业负担,帮助企业解决多元融资、市场开拓、技术创新、人才引进等方面困难。实施战略性新兴产业发展三年行动计划,加快铁西、浑南、沈北三大新兴产业聚集区建设,培育壮大民用航空、IC 装备、智能制造、电子信息、生物医药等新兴产业。加快重点园区和重大项目建设,大力发展工业地产,吸引配套企业加速集聚,进一步壮大产业集群。

大力发展服务业。围绕加快建设东北区域金融中心和物流、信息、科技创新中心,进一步完善政策体系,促进现代服务业特别是生产性服务业加速发展。支持沈阳金融商贸开发区、和平金融街和皇姑北站北等金融集聚区发展,大力引进各类金融机构,加快东北金融后援基地建设。加快沈阳国际物流港等 7 大物流集中发展区建设,提升物流业发展水平。推进浑南国家电子商务示范基地建设,鼓励支持企业发展电子商务,积极引进和设立区域性营运中心、结算中心,努力打造全国电子商务示范城市。积极引进大型商贸综合体项目,加快国际会展商贸城建设,办好制博会等品牌展会。推进国家级文化与科技融合示范基地建设,积极开发特色旅游资源,促进文化与科技、文化与旅游互动发展,提升城市文化软实力。继续保持房地产市场平稳健康发展。加快金廊建设步伐,努力打造高端中央商务区。推动太原街、中街等传统商业街区业态升级,大力发展夜间经济,积极培育健康养老、文化娱乐、信息服务等新的消费增长点。

加快发展农业和农村经济。落实强农惠农各项政策,促进农业发展、农民增收、农村和谐。加强农业基础设施建设,创建 20 万亩粮油高产综合示范区,保障粮食和主要农产品有效供给。大力发展县域经济,加快调整农业产业结构,开工建设 80 个规模以上农业产业化项目,支持辉山乳业集团建设世界级企业。抓好蒲河生态经济带、沈康现代农业示范带、环城都市农业产业带建设,发展现代都市农业和生态友好型农业,加快农业标准化、品牌化建设步伐。充分发挥比较优势,大力发展县域工业,不断壮大产业集群。推进"新网工程"建设,促进城乡市场有效衔接。加快县城和新城新市镇基础设施、市政配套设施和公共服务设施建设,增强城镇产业、人口聚集功能。

(二)提高城乡建设管理水平

坚持以完善城市功能为目标,以加强精细化管理为重点,进一步增强城市综合承载力,加快国家中心城市建设步伐。

加大基础设施建设力度。启动二环快速路二期、迎宾路高架桥、怒江北街三环公铁桥、云龙湖跨浑河桥、陵园街三环连接线建设和南北二干线快速路建设前期工作,续建谟家堡跨三环桥、东望街延长线、昆山东路延长线,加快地铁 9 号线、10 号线和 2 号线北延线建设,推进地铁 4 号线和沈阳至新民、沈阳至辽中城际铁路建设前期工作。推进沈彰连接线改扩建、沈铁 2 号公路建设,启动京沈客专铁路建设。开工建设辽中绕城环线工程。实施沈阳北站北广场改造，加快新沈阳南站枢纽建设。实施浑河城市段南北两岸堤防工程，完善城市排水防涝体系，建设改造20个泵站，改造市区60处积水点，启动方家栏地区雨污分流工程。加快输水管道、配水管网等工程建设，实现大伙房水库输水工程一期90万吨供水目标，启动131万吨供水工程。推进大型热源建设和供热管网互联工程，加强地下管网建设、改造与管理。

继续改善生态环境。深入实施"蓝天"、"碧水"、"青山"工程，加强生态建设和环境治理。实施区域一体高效供热、气化沈阳、工业企业治理、城市抑尘、绿色交通、管理减排增效、大气监控预警等7项工程，积极采取措施，强化雾霾天气应对。巩固提升辽河、浑河、蒲河生态化治理成果，实施棋盘山秀湖综合环境整治，加强康平卧龙湖生态保护利用，启动细河、满堂河截污工程。推进垃圾分类、无害化处理、回收再利用，实施西部25万吨/日污水处理、祝家1000吨/日污泥处置、老虎冲垃圾渗沥液处理等项目，启动垃圾焚烧发电工程。完成三、四环沿线生态绿带和城区100条主要街路行道树补植。加大农村环境综合治理力度，完成农村环境连片整治示范工程。提高市、县(市)两级财政投入比重，确保"一市三县"垃圾收集处理系统稳定运行。完成全年节能减排任务。

提升城市精细化管理水平。进一步完善数字化城管系统，加大市政设施养护力度，打造50条高标准保洁精品街路。加快停车场、过街设施建设，继续更新公交车辆，积极创建"公交都市"。巩固提升机场、火车站、长途客运站、旅游风景区等窗口地区环境面貌，拆除违章建筑，规范广告牌匾，整治占道经营，开展历史文物挂牌及引导标识建设工作。继续推进文明城市创建，进一步提高城市文明程度和市民文明素质。

(三)扎实推进改革开放

坚持以改革增动力、增活力，以开放促改革、促发展，不断破除各方面体制机制弊端，进一步释放改革红利。

全面深化改革。深入推进新型工业化综合配套改革，提高改革的系统性、整体性和协同性，努力在行政体制、国有企业、非公经济、统筹城乡区域、金融体制、科技创新体制、民主政治制度建设、教育文化卫生事业、创新社会治理体制、生态文明体制等十个方面改革取得新突破。加快铁西区、东陵区(浑南新区)两化融合示范区建设，推进10大类公共服务平台、20户重点企业示范项目建设，着力打造国家级两化融合示范区。全面启动优化金融生态改革试验，深入开展金融创新，大力发展产业金融。推进大型国有企业完善现代企业制度，加快主辅分离，健全国有企业监管考评体系和激励约束机制，加快国有企业股权多元化改革，积极发展混合所有制企业。扩大市场准入，支持非公有制经济健康发展，不断激发市场活力。全面推进"低效用地"再开发，启动农村宅基地和集体建设用地使用权确权登记发证工作。发挥于洪统筹城乡发展、苏家屯新型城镇化、法库新型工业化和城镇化统筹发展等改革的示范作用，稳步推进新型城镇化。

着力增强自主创新能力。加快国家大学科技城建设，推进以企业为主体、以市场为导向、以高校院所为依托的产业技术创新战略联盟建设，鼓励自主创新，推进协同创新。加大科技研发投入，深入实施重大科技专项，进一步提升核心技术研发能力和科技成果转化能力。健全技术创新激励机制，促进科技成果资本化、产业化。加大领军人才和研发团队引进力度，为实现创新驱动发展和加快国家创新型城市建设提供有力支撑。

提高对外开放水平。加大对世界500强、行业领军企业和知名工业地产企业的招商力度，鼓励支持大企业(集团)在沈阳设立总部(区域总部)和研发中心，实现利用外资和吸引内资稳定增长。进一步提升沈阳综合保税区功能，加快出口基地建设。扶持本地企业做大做强，支持和帮助企业开拓海外市场、参与国际竞争。以沈抚、沈辽鞍海等城际连接带建设为重点，携手周边城市共同推动沈阳经济区一体化。

(四)着力保障改善民生

坚持以人为本，加大民生投入，继续为城乡群众办好一批实事，让全市人民共享振兴发展成果。

推动实现更高质量的就业。进一步完善就业创业扶持政策，拓宽高校毕业生创业就业渠道，全市实名制就业20万人。深入开展普惠制就业培训和农村转移劳动力就业培训，进一步提高复转军人创业能力，不断提高农民工就业能力。继续推进工资集体协商，推行集体合同制度，构建更加和谐的劳动关系。

完善多层次社会保障体系。进一步扩大社会保险覆盖面，提高城镇居民医保和新农合补助标准，启动城镇居民大病保险工作。提高城乡居民最低生活保障水平和助学、养老等专项救助标准。探索多渠道养老保障和服务方式，推动老龄事业健康发展。继续加大扶贫开发力度，大力发展社会福利和慈善事业。落实《沈阳市残疾人保障条例》，出台特殊贫困残疾人群体救助帮扶政策。

改善城乡居民生活条件。完成保障性住房2.37万套，改造21片零星棚户区和774户农村危房。实施650万平方米节能暖房工程，加强供热旧管网改造，提升供热服务水平。加强居民小区供水内网改造，继续实施法库新城及经济开发区给水配套工程，完成18.2万农村人口安全饮水改造任务。改善提升100个旧住宅小区环境质量，进一步提升旧住宅小区管理水平，完善新建住宅小区市政基础设施配套，新开调整10条公交线路，建设80处公交站务室、140处环卫工人休息室。继续整修小街小巷，改扩建500公里农村公路，新建150公里自然村之间柏油路，让城乡居民出行更便捷。

大力发展社会事业。全面启动教育现代化建设，继续实施百所幼儿园、百所义务教育学校提升工程，提高普通高中、职业教育发展水平，支持在沈高校发展。深化医药卫生体制改革，启动辽中、法库县级公立医院改革，加快卫生信息化建设，推进健康服务业发展。加快市一院二期、儿童医院二期、公共卫生服务中心等重点项目建设，不断提升专科医院诊疗水平。实施公共文化设施提升工程，改扩建市老年人大学和市少儿图书馆，新建市青少年活动中心和市妇女会馆，启动建设盛京博物馆，市艺术大厦、盛京文化艺术中心和宋雨桂艺术馆年内投入使用。完成万柳塘公园、八一公园、怒江公园景观提升及设施维修改造，开工建设舍利塔盛京碑林公园。建设15处市民休闲广场、18个乡镇文化站和117处农村社区文体广场，建成市全民健身室外运动广场，推动全运场馆加速向市民开放。

努力提高社会治理水平。改进社会治理方式，创新有效预防和化解社会矛盾体制机制，进一步健全公共安全体系。加大农村社区服务设施改造力度，加强城乡社区服务体系建设。提高企业安全生产标准化水平，推进安全生产网格化建设，强化电梯等公共设施规范管理和安全监察，有效防范重特大事故发生。着力构建长效监管机制，保障食品药品安全。健全社会治安防控体系，依法防范和惩治各类违法犯罪活动。加强诚信体系建设，营造良好发展环境。继续深化双拥共建，推进军民融合发展，加强国防后备力量建设，争创全国双拥模范城“八连冠”。

（五）加强政府自身建设

坚持以建设法治政府和服务型政府为目标，加快转变政府职能，加强公务员队伍建设，不断增强政府的公信力和执行力。

进一步提高依法行政水平。建立健全科学民主决策机制，完善重大公共决策群众参与制度，确保各项决策体现民意、符合实际。加强政府立法工作，强化行政执法监督，加大政务公开力度，自觉接受市人大及其常委会的依法监督和市政协的民主监督，坚持向人大报告工作和向政协通报工作，认真办理人大代表建议、议案和政协提案。

进一步转变政府职能。创新公共服务和社会管理体制机制，推动政府职能向创造良好发展环境、提供优质公共服务转变，进一步提高行政效能和服务水平。大力实施简政放权，优化行政审批流程，加强市、区县（市）、乡镇三级服务体系建设。健全有利于科学发展的考评机制和绩效管理体系，建立规范合理的政府债务管理和风险预警机制，更加注重发展质量、发展方式和发展后劲，不断提高推动科学发展的能力和水平。

进一步转变工作作风。政府各级领导干部要带头反“四风”、转作风，进一步增强服务意识，恪守为民之责，坚持求真务实，把精力用在干事业上。要直面矛盾，勇于担当，顾全大局，真抓实干，以奋发有为、昂扬向上的精神状态，努力开创各项工作的新局面，做出经得起实践、人民和历史检验的新业绩。

进一步加强廉政建设。建立健全惩治和预防腐败体系，增强制度约束力。严格遵守各项规定，厉行节约、反对浪费，严格控制三公经费支出。强化行政权力运行监督，严厉查处违法违纪案件。政府各级领导干部和全体公务员要进一步增强廉洁自律意识，提高拒腐防变能力，克己奉公，勤勉尽责，努力做人民满意的公仆。

各位代表，2014年是充满机遇和挑战的一年。让我们在市委的正确领导下，在市人大及其常委会依法监督和市政协民主监督下，锐意进取，埋头苦干，努力把沈阳老工业基地振兴发展推向新阶段！

中国人民政治协商会议沈阳市第十四届委员会常务委员会工作报告

——2014年1月7日在政协沈阳市第十四届委员会第二次会议上

沈阳市政协主席　姜宏

各位委员：

现在，我代表市政协常委会作工作报告，请予审议。

一、2013年工作回顾

2013年是本届政协的开局之年。在中共沈阳市委的领导下，市政协认真学习贯彻中共十八大和十八届三中全会精神，组织参加政协的各民主党派、人民团体和各族各界人士，围绕中心，服务大局，全面履行政协职能，为推进全市经济、政治、文化、社会和生态文明建设发挥了积极作用。

一年来，常委会牢牢把握团结和民主两大主题，坚持正确的政治方向，在全市发展与振兴的大局中谋划和开展政协工作，紧紧围绕全市“稳增长、办全运、惠民生”等重点工作履职建言，在加快国家中心城市建设中，会聚专家学者促进规划纲要的完善；在贯彻国家“创新驱动”战略中，力促企业成为自主创新主体；在生态文明建设中，助推城市环境质量的改善；在商贸中心城市建设中，推进大型商业街区提升集聚辐射功能；在开展行政审批工作和公共交通建设民主评议中，发挥政协民主监督作用；在成功举办全运会中，营造文明、安全、有序的和谐氛围。市委、市政府主要领导同志分别参加市政协专题常委会议、专题主席会议，听取和采纳委员的意见建议，对市政协开展工作、发挥作用，给予有力支持，创造了良好环境。

（一）主动协商建言，凝聚共识促进发展。一年来，市政协积极发挥人民政协协商民主重要渠道作用，聚焦事关沈阳发展和改善民生的重要问题，开展协商议政，促进科学发展。

推进企业成为自主创新主体。市政协围绕贯彻“创新驱动”战略，加快科技创新步伐，组织部分民主党派，与区县（市）政协联动，开展推进企业技术创新环境建设、创新投入、健全企业研发机构、产学研协同创新、技术服务平台建设、人才培养使用等六个方面的专题调研。深入企业摸清实情，多方座谈分析症结，提出有针对性的建议。市委主要领导给予高度评价，认为市政协为推进沈阳制造、沈阳创造、打造“大国重器”，发挥了人才智力优势。市委将《关于促进提高我市企业自主创新能力，为沈阳经济发展提供有力支撑的调研报告》转发各级党委、政府及有关部门，作为科学决策、推动工作的重要参考依据。

推进我市生态文明建设。针对“环境与生态”这个既关乎沈阳发展，又回应群众热切期盼的问题，市政协多方联合、上下联动，与部分民主党派和区县政协组成五个课题组，重点对水系、大气、农村环境、城市卫生及林业生态开展调研论证，进行前瞻性研究、动态性分析，提出加强环境治理体制机制创新、优化产业和能源消费结构、实施环境治理重点工程、增进区域协同合作等可操作的意见建议，助推“碧水”、“蓝天”、“青山”工程建设，提升生态文明水平，建设宜居城市。

推进重点提案的办理和落实。召开重点提案办理协商专题主席扩大会议，组织提案方、承办方和市民代表先见面、后视察、再协商，实地视察我市老旧小区供水管网改造工程等重点提案的办理情况，在视察中交换意见，在协商中增进共识，有效提升督办质量，推动政协提案在促发展、惠民生中发挥作用。

（二）积极议政献策，服务振兴施展作为。市政协紧扣全市中心工作，积极选择全局性、前瞻性课题开展专题调研，为推动发展和服务振兴议政建言，贡献才智。

关注国家中心城市建设。随着沈阳经济区地位的确立，进一步在国家发展战略中发挥更大作用，成为沈阳推动城市发展进入上升周期的必然选择。市委审时度势，确定加快建设国家中心城市的战略目标。市政协发挥优势、主动作为，围绕制定和完善《沈阳市加快国家中心城市建设规划纲要》，组织二十余名省市政协委员、专家学者深入座谈，建言立论，提出高起点制定战略规划、推动核心产业优化升级、提升城市集聚辐射功能、扩大对外交流等百余条建议，彰显政协汇聚多方智力谋大事的优势。

促进商贸中心城市建设。市政协持续跟踪推进我市服务业发展，针对提升大型商业街区集聚辐射功能，促进商贸中心城市建设这一重要议题，组织部分民主党派、工商联和城区政协深入调研、充分论证，形成40篇调研报告和专题建议共24万字。重点从增强规划指导、发展新兴业态、推动产业互动发展、加快配套设施建设、提升管理水平等五个方面提出意见建议，引起市政府高度重视，积极吸纳政协调研成果，采取有力措施完善商业街区功能。助推全运会的成功举办。市政协紧紧围绕"办全运"这一重点工作，组织省市政协委员到全运会场馆建设现场专题视察，围绕"节俭办全运、安全办全运"，提出加强全运期间清真食品管理、搞好全运场馆后续综合利用、借全运会契机提升市民文明素质等意见建议，积极营造文明、安全、有序的和谐氛围。

推进浑水科技新城建设。浑水科技新城是沈阳向东、向北发展的一个前沿地区。市政协组织委员和专家学者开展专题调研，围绕完善浑水科技新城发展目标和规划，形成专题调研报告，提出40多条前瞻性、建设性的意见建议，推进环境优美、产业高端、舒适宜居、功能完善的科技新城建设。

（三）深化民主监督，促进政风行风转变。一年来，市政协拓宽渠道、完善机制，促进党政部门改进工作，在全市监督工作体系中发挥政协民主监督作用。

围绕深化行政体制改革中的审批工作开展民主评议。市政协会同部分民主党派、工商联和区县（市）政协，对市区两级行政审批工作机制、项目设定、队伍建设、设施建设进行深入调研。组织委员对市区两级审批大厅进行20余次明察暗访，查找问题，分析原因，提出削减审批项目、简化审批流程、提升服务质量、完善配套设施等建议。市政府领导和33个具有审批监管及审批权限的市直部门领导到政协参加会议，认真听取评议意见。市政府将评议组提出的19个建议分解到相关部门，大力推进全市行政审批工作更好地便企利民。

围绕群众普遍关注的公共交通建设开展民主评议。组织委员、部分民主党派和专家学者，到公交场所、交通枢纽及维修车间实地视察，分别召开不同群体座谈会、在市民中进行问卷调查，针对我市公共交通存在的问题进行重点剖析、座谈听证、专项评议，提出整合资源、统筹规划、加大投入等建议。市政府及相关部门充分采纳，推动我市优先发展公共交通，加快打造"公交都市"。围绕政风行风建设发挥民主监督员作用。选派232名委员担任33个政府部门和"两院"系统的民主监督员。建立了配套工作制度，举办民主监督员培训班，支持民主监督员反映社会各阶层群众呼声，提出批评和建议，强化民主监督效力。

（四）丰富履职活动，发挥委员主体作用。市政协积极拓展和完善履职载体，坚持聚力谋发展、着力惠民生、协力促和谐，使广大委员在政协工作中的主体作用，从整体上得到有效发挥。

积极搭建委员履职服务平台。强化委员服务、权益保护、履职管理工作。修订《关于加强与委员联系的意见》等制度，为激发委员履职的积极性、主动性、创造性提供制度保障。组织委员培训、市情通报、委员大视察等主题活动，为委员知情明政、履行职能创造条件。

开展专题视察和界别活动。各专门委员会组织委员开展促进信息化和工业化融合、农产品出口、文化遗产保护、生态旅游、创建和谐寺观教堂、民族团结进步进社区等30余项内容丰富的调研视察活动。加强与海内外人士的联络联谊，组织港澳委员学习培训、来沈考察，通报我市经济社会发展情况，发挥港澳委员在沈阳对外开放、促进地区经济发展和联谊交流中的重要作用。

重视发挥各民主党派、工商联参政议政作用。组织专题调研，安排民主党派、工商联在政协重要会议上作30余次专题发言，督办党派团体提案70余件，积极营造民主协商、合作共事的浓厚氛围。

采用多种形式反映社情民意。定期组织委员走进广播电台直播间，参加"委员在线"节目，接听热线电话，为群众排忧解难。定期召开政协委员反映社情民意座谈会，反映群众的呼声。通过《社情民意专报》先后将简化群众办事程序、保障城市居民供暖、注重食品安全、延长部分公交车线路等数百条意见建议报送党政领导，推进解决人民群众普遍关心的衣食住行等方面的问题。

开展惠及民生的履职活动。多次组织委员对完善城市医保运营及付费方式改革、中小学生身体健康、流动人口管理、宗教教职人员参加社会保险、预防未成年人犯罪等群众关心的问题，组织专题调研和视察。积极开展地方法规立法前协商，为促进社会和谐发挥了积极作用。

向贫困群体和灾区奉献厚爱真情。广大委员积极深入社区、村镇为困难群众送温暖。在抚顺发生洪灾之际，多名政协委员赶赴灾区送去价值百万元的衣物、食品和学习用品，表达委员救灾解难的真挚爱心。

一年来，广大政协委员肩负重托，不辱使命，共提出735件提案；提交326篇大会发言、调查报告、专题建议和社情民意信息；参加各项履职活动5000多人次，充分发挥了政协履职中的主体作用、界别群众中的代表作用，在人民群众中树立了良好形象。

（五）加强自身建设，激发政协工作活力。一年来，市政协加强理论学习，畅通联系渠道，大力推进自身建设，不断提高履职水平。

坚持把理论学习放在首位。组织委员深入学习贯彻中共十八大精神和十八届三中全会《决定》，通过理论中心组学习、专题报告、座谈研讨和编发学习参考资料等富有特色的主题活动，紧紧围绕"两个一百年"奋斗目标和实现"中国梦"，巩固团结奋斗的共同思想基础。

扎实开展"党的群众路线教育实践活动"。按照中共沈阳市委统一部署，认真学习习近平总书记一系列重要讲话精神，通过深入基层调研、召开座谈会、面对面谈心、发征求意见信函，广泛听取政协委员、各民主党派、工商联、区县（市）政协和各界群众的意见，以整风精神开展批评与自我批评，从思想上和作风上保证政协党组领导核心作用的发挥。

加强人民政协理论研究。围绕发挥人民政协协商民主重要渠道作用，组织重点课题立项招标，形成18个研究成果，征集论文近百篇，积极申报协商民主软科学课题，与省政协联合召开健全协商民主制度专题座谈会，推进人民政协理论创新、工作创新。

加强政协宣传和文史工作。进一步办好沈阳日报《政协园地》专版、《沈阳政协》期刊和政协网站，密切与新闻媒体的合作，在中央、省市级媒体共发稿613篇，通过多种渠道扩大政协的社会影响。举办全市政协新闻宣传和文史工作培训班。征集《沈阳地名》等专题史料120万字，出版《沈阳知青》等书籍。

加强对区县（市）政协联系和指导。不断完善专题调研联动机制，合力提高市区两级政协的建言质量。邀请区县（市）政协主席参加市政协常委会议、主席会议和重要活动，探讨研究政协工作，推动全市政协工作共同发展。

政协机关建设进一步加强。深入开展学习型、服务型、创新型机关建设，加强机关干部的教育、培训、选拔和交流工作。转变作风，强化服务，增强讲诚信、懂规矩、守纪律的自觉性，营造勤奋工作、主动学习、积极向上、团结和谐的氛围，为政协履行职能提供有力保障。

各位委员，一年来市政协工作取得的成绩，是市委正确领导和市政府大力支持的结果，是参加市政协的各民主党派、工商联、各人民团体、区县（市）政协和广大委员共同努力的结果，是我市各级党政部门和全社会关心、帮助的结果。在这里，我代表市政协常委会，向大家表示衷心的感谢！

回顾过去一年的工作，我们深刻地感到，做好新形势下政协工作，要坚持中国共产党的领导，使政协工作始终沿着正确的政治方向发展和前进；要重视委员的主体作用，为委员施展聪明才智、真实反映民声、发表真知灼见，提供有效平台；要牢牢把握全市工作主线，把党委政府高度重视、人民群众普遍关注的问题作为政协履职重要选题；要突出工作重点，组织好重大履职活动的联动，更好地发挥人民政协的整体优势；要坚持创新精神，体现时代要求，突出政协特色，使人民政协事业保持蓬勃生机和旺盛活力。

在总结工作成绩的同时，我们也清醒地认识到，在协商民主制度化建设、创新开展界别活动、更好地发挥委员主体作用等方面，我们的工作还存在差距和不足。对此，常委会将切实采取措施，有效加以解决。新的一年，我们有责任、更有信心把工作做得更好。

二、2014年工作安排

2014年是深入贯彻落实中共十八届三中全会精神、全面深化改革的起步之年，是实施“十二五”规划、全面建设小康社会的关键之年。我们要在中共沈阳市委的领导下，以邓小平理论、“三个代表”重要思想、科学发展观为指导，深入学习贯彻中共十八大和十八届三中全会精神，按照中共沈阳市委十二届八次全会的总体部署，围绕全市“深化改革、稳定增长、改善民生、优化环境”等重点工作，认真履行政协主要职能，为加快沈阳老工业基地振兴发展做出新贡献。

（一）积极为促进深化改革凝心聚力。全面深化改革，蓝图宏伟、任务艰巨。我们要认清人民政协所担负的责任和使命，充分发挥人民政协协调关系、汇聚力量、建言献策、服务大局的作用。

广泛凝聚深化改革的思想共识。要把深入学习贯彻中共十八届三中全会精神作为首要政治任务，切实组织好各项学习活动，牢牢把握改革的总目标、总要求、总部署，深刻理解全会决定提出的新观点、新论断、新任务，为履行好政协职能打下坚实的思想基础。深入贯彻中共沈阳市委十二届八次全会精神，把思想统一到市委全会的要求部署上来，把改革的政策措施理解好、宣传好，形成推进改革的强大思想合力。

围绕深化改革的重要问题建言献策。要发挥政协人才荟萃的优势，协助市委、市政府在重点领域的改革上取得新突破。根据市委的部署，今年重点针对推进城乡一体化深入开展调查研究，召开专题常委会议进行协商讨论，提出意见和建议；发挥政协界别优势，针对我市深化司法改革开展民主评议；针对县级公立医院改革、低效用地再开发试点改革、推进文艺演出市场多样化等问题开展对口协商；针对我市开发区建设开展专题调研，积极建言献策。

落实政协协商的年度工作计划。按照中共十八届三中全会关于协商民主的总体部署和具体要求，进一步发挥政协协商民主重要渠道作用。在中共沈阳市委的领导和市政府的支持下，搞好全市重要决策的协商讨论；进一步完善政协制度体系，推进政治协商、民主监督、参政议政的制度化、规范化和程序化；进一步拓展政协协商民主形式，增加协商密度，提高协商成效。

（二）积极为我市加快发展履职建言。我们要进一步增强大局意识和服务意识，加强对我市经济运行中重要问题的研究，广泛组织各民主党派、人民团体和各族各界人士，为共促沈阳振兴发展贡献智慧和力量。

围绕加快工业经济转型升级，广泛组织委员针对我市战略性新兴产业发展、加快“两化”融合步伐、推进新型工业化发展、促进沈阳东北地区金融中心建设、促进中小企业和民营经济发展、促进科技公共服务平台建设等问题开展对口协商议政。

围绕大力发展服务业，充分利用我市作为国家现代服务业综合试点城市的契机，积极促进生产性服务业强市建设，重点针对大力发展电子商务、构建现代产业体系开展专题调研，召开专题常委会议进行协商建言。

（三）积极为改善民生反映社情民意。巩固群众路线教育实践活动的成果，进一步转变工作作风，密切联系群众，切实把维护群众根本利益作为政协工作的出发点和落脚点，协助市委、市政府做好抓民生、聚民心的工作。

围绕城市建设与管理，开展对我市地下排水管网设施建设、改善城市排水情况专题调研。在此基础上，召开专题主席会议进行协商讨论。开展改善空气质量、城市环境及城市垃圾处理等方面专题调研，把推进城市环境治理作为改善民生的重要议题持续关注。围绕就业、保障、教育、医疗等事关群众切身利益的重要问题，广泛反映群众的要求和期盼，并提出意见和建议。针对我市就业和社会保障平台建设、居民保障性住房建设、外来流动人口均等化服务、加强医药市场监管等问题，建利民之言，谋惠民之策。

发挥政协联系广泛、上通下达的优势，进一步畅通倾听民声的渠道，坚持和完善联系界别制度和定期听取委员反映社情民意制度，深入了解人民群众的愿望、意见和诉求，积极推进解决群众反映的热点难点问题。要始终如一地关注社会困难群体，积极帮助群众排忧解难，促进发展成果更多地惠及人民群众。

积极协助市委、市政府做好民族宗

教工作,促进民族团结进步进社区和少数民族经济发展工作;不断增进宗教团结和睦,积极反映宗教界人士的意见和要求,促进宗教界人士在社会公益事业中发挥作用。

(四)积极为委员发挥主体作用创造条件。以拓展委员界别活动为重点,扩大委员参加政协经常性工作的覆盖面,让各界别委员在政协履职活动中各尽所能、各显其才。

不断拓展委员知情明政渠道。加强委员对沈阳市情的了解,坚持定期通报制度,举办政协"知政讲坛",邀请党政部门负责人介绍情况,扩大委员对全市重大决策的知情权、参与权和建议权。

扎实做好政协提案工作。坚持以提高提案质量为核心,通过开展"提案质量年"活动,引导政协各参加单位和广大委员深入实际调查研究,提出更具科学性、可行性的提案。要在增强提案办理实效上下功夫,创新督办方式,推进提案办理联动,完善提案办理协商工作机制。

认真做好政协海外联谊和外事工作。积极扩大对外交往,探索海外侨胞参加政协活动的新渠道;继续做好市政协组团出访和海外团组来访接待工作;关注我市外贸出口企业发展情况,积极帮助解决实际问题。

活跃政协专门委员会工作。探索发挥委员主体作用的新方法和新途径,丰富委员活动内容。继续推进委员担任民主监督员的工作。认真做好委员学习培训工作,提高参政议政能力和水平。

以庆祝人民政协成立65周年为契机,开展主题系列活动。加强人民政协工作的理论研究,为政协履行职能奠定理论基础。增强政协新闻宣传的广度和深度,继续做好与新闻媒体联办的"政协园地"专版和"委员在线"节目,扩大政协工作影响。积极推动历史文化遗产保护工作,开展辽沈地区特色文化研究;认真做好"委员故事"等文史资料征集编辑工作。

进一步加强政协组织间的经常联系和工作联动,共同开展重要调研、视察活动。协助全国政协、省政协做好委员属地管理工作,发挥驻沈全国政协委员和省政协委员在沈阳工作大局中的作用。

各位委员,我们正处在一个前景光明、大有作为的新时期。让我们更加紧密地团结在以习近平同志为总书记的中共中央周围,在中共沈阳市委的正确领导下,进一步解放思想、振奋精神、开拓进取、扎实工作,努力开创政协工作新局面,为我市全面深化改革,加快经济社会发展,为把沈阳老工业基地振兴发展推向新阶段做出更大的贡献。

重大活动

【第十二届中国国际装备制造业博览会】　由商务部、国家发展和改革委、工业和信息化部、科技部、中国贸促会和辽宁省政府主办,沈阳市政府承办的第十二届中国国际装备制造业博览会(简称:中国制博会),于2013年9月13日至17日在沈阳国际展览中心成功举办。

本届中国制博会展出面积10万平方米,共设置装备制造业国际展区、机床及其附件展区、重型工业装备展区、新能源与电力设备展区、工业自动化展区、通用和专用设备展区、特种车辆展区。展位3626个,参展企业737家,采购商和专业观众达9.7万人次。参展企业分别来自中国、美国、英国、德国、日本、韩国、瑞士、瑞典、印度、比利时、意大利、俄罗斯、新加坡、香港、台湾等15个国家和地区,以及北京、上海、天津、辽宁、吉林、黑龙江、湖北、河南、河北、广东、广西、福建、山东、陕西、四川、江苏、浙江、重庆、青海、内蒙古、安徽、云南等国内22个省、市、自治区。

1. 展会成果显著,企业收获颇丰。本届中国制博会,现场成交额3.2亿元人民币、签订意向合同金额为4.1亿元人民币。制博会已经成为国内外装备制造企业产品展示、信息交流和贸易成交的重要平台。

2. 国际化和现代化水平有所提高。参展的境外和外商投资企业质量和档次有所提高。日本三菱、山崎马扎克,韩国斗山、现代威亚,美国赫克,德国蔡司,瑞典海克斯康,瑞士阿奇夏米尔,台湾友嘉,沈阳机床等64家世界500强企业及跨国公司(包括16家世界著名机床企业)和31家国内知名装备制造企业都推出具有世界先进水平的设备参展。

3. 展会的市场价值进一步提升。日本川崎市政府、台湾区电机电子工业同业公会,四川省、浙江省、江苏省、贵州省、内蒙古自治区及杭州市、青岛市、昆山市、宜宾市、义乌市、东莞市等海内外政府部门、商务机构都被展会的巨大影响力所吸引,充分利用展会搭建的展览展示、经贸合作、招商引资等重要平台,组织相关企业和协会参展或举办招商会、推介会、说明会等活动。

4. 沈阳重点装备制造业企业全部亮相,充分展示老工业基地十年发展成就。2013年是国家实施东北地区等老工业基地振兴战略十周年。为宣传展示十年来沈阳装备制造业通过转型升级、两化融合发生的翻天覆地的变化,沈阳机床、北方重工、特变电工、三一重装、沈鼓集团、泰豪电机等128家企业参展。沈阳IC产业装备基地携一批高端企业首次参展,提升了展会高端装备制造业的整体形象,全面展示了国家老工业基地战略实施十年来企业发展取得的辉煌成就。

5. 专业活动增多,政务活动减少,更加贴近市场。展会期间,先后举办了采购商大会、液压技术应用论坛、杭州装备制造业产业集群品牌推介会、四川宜宾装备制造业推介会、义乌装博会与中国制博会交流会、约翰内斯海德汉博士公司产品介绍交流会、装备制造业招才引智系列活动和职业技能焊工比赛等活动,以及多项专业技术论坛和产品技术说明会。本届展会还预先发布了300多个采购项目,邀请了1500多家采购商,有700多家参展企业在采购商大会现场或展位,与买家就相关项目进行了一对一的洽谈。

中国制博会还本着"公平、公开、公正"的原则对展品进行了评奖。共评出特别奖2个、金奖4个、银奖8个、铜奖12个、优秀组织奖15个、最佳展示奖15个,同时对连续参加十二届制博会的11家企业颁发了纪念奖。

6. 坚持勤俭节约,落实中央八项规定。为落实党中央关于转变工作作风的八项规定,本届中国制博会本着勤俭节约的精神,落实各项筹备工作和安排大会活动。削减了参与筹备工作的单位和人员,大幅度缩小了开幕式规模及配套活动的数量,大大降低了各项筹备工作费用,展会商业氛围更加浓厚。

7. 借势全运,展会的硬件环境和服务质量进一步提升。借助于第十二届全运会的举办，沈阳进行了城市改造和服务升级。展馆附近新修建了有轨电车与地铁线路接轨，周边环境进行了美化装扮。包括住宿餐饮、物流仓储、报关报验等各项服务接待工作全面升级。展会现场餐饮种类丰富、信息服务便捷、医疗救护及时、知识产权投诉渠道畅通。此外，为了更好的服务参展商和采购商，大会特别在展馆装载了一款软件，进入展馆手机会提示下载一个软件，安装后可享受无线上网服务，即时查询大会的各项服务信息。

8. 展会受到众多媒体关注。人民日报、新华社、经济日报、光明日报、中央电视台、中央电台、中国日报、中新社、中国工业报、中国冶金报、香港大公报、香港文汇报、辽宁电视台、沈阳电视台、沈阳日报、沈阳晚报、辽宁电台、沈阳电台等43家专业和网络媒体，对展会进行现场采访，作了全方位报道，展会期间发表和转载稿件数千篇。

（李颂东）

【2013 中国沈阳韩国周】 2013 中国沈阳韩国周于7月5日至9日在沈阳举行，主要活动共有13项，分别由和平区政府、韩国驻沈总领馆、沈阳韩国商会以及相关区政府负责实施，活动包括：第二届沈阳西塔美食文化节、东北三省中韩企业家交流会、和平区现代服务业投资推介会、沈阳经济技术开发区韩国企业恳谈会、大东区韩国汽车零部件投资采购洽谈会、东陵区（浑南新区）高新技术产业和现代服务业招商推介会、皇姑区明廉特色商业区招商推介会、韩国商品展销会、韩国电影周和中韩校园文化交流、健身走、高尔夫球赛、网球赛等，出席各项活动的韩国来宾达300多人。

1. 经贸活动更加务实、内容丰富、成效显著。2013年韩国周经贸活动以和平区活动为龙头，各区活动为主体，充分利用韩国企业家和各界人士集中来沈的有利时机，广泛深入地开展经贸交流与洽谈活动，全力挖掘和推进对韩招商项目，创新和丰富了韩国周经贸活动。韩国周期间共举办8项经贸活动，有400余人次韩国来宾参加各区组织的经贸活动。

2. 文化体育活动精彩纷呈，市民参与热情空前高涨。在第二届沈阳西塔美食文化节上，首日举办的“欢聚西塔无眠今宵”——中韩摇滚组合竞歌赛、西塔朝鲜族民俗文化展、西塔中韩风味美食展、韩国商品展和韩鲜巨型拌饭制作展演、朝鲜族泡菜制作展演、朝鲜族民间艺术大巡游和中韩歌唱比赛等活动，使魅力西塔天天成为欢乐的海洋。

由韩国驻沈总领馆主办的中韩健身走活动吸引了1200多名中韩两国体育爱好者参加，韩国电影周共有《这就是我》、《摩天楼》、《车警官》、《双面君王》和《舞蹈皇后》等五部韩国热播影片首次与沈城观众见面，到现场观看影片的观众达到6000多人次。中韩网球赛、中韩高尔夫球比赛、中韩校园文化交流活动和韩国商品展销会，使广大市民不用出国，就可以感受到韩国周的精彩氛围。

3. 开幕式简朴创新，韩国各界积极参与，省市领导高度重视。本着“注重实效，厉行节约”的原则，韩国周开幕式与第二届沈阳西塔美食文化节开幕式合并举办，韩国周开幕仪式简短、简朴，但却充满新意。沈阳市政府市长陈海波、副市长黄凯等领导及包括韩国国会议员金武星、总领事赵百相等24名韩国贵宾出席了开幕式。中韩领导和贵宾以共切友谊糕的方式宣布2013中国沈阳韩国周开幕。开幕仪式后，来自中韩两国文艺团体表演了具有浓郁民族特色的歌舞。

4. 转变举办思路，发挥各方作用，加大市场化运作力度。在韩国周的筹备和实施过程中，按照市政府的有关要求，积极寻求举办大型活动的新思路，努力探索和转变以政府为主导的传统模式，通过宏观引导和统筹协调的组织实施体系，通过组委会对韩领馆、韩商会和韩国企业独立组织各种经贸和文化交流活动的全力支持，通过与韩国在经贸和文化领域有着密切交往的各区和企业主动开展的务实交流活动，使得各项活动逐步走向市场化运作模式，使得韩国周活动更具生命力和活力。韩国周各项活动经费分别由韩领馆、韩国相关组织以及通过市场化运作方式解决，各区政府只承担各自经贸招商活动费用，沈阳市政府只对重要活动给予一定补贴。

（赵建光）

【第八届中国（沈阳）国际农业博览会】 由辽宁省政府主办，沈阳市人民政府和辽宁省农村经济委员会承办的第八届中国辽宁（沈阳）国际农业博览会（以下简称农博会）于2013年9月23日至26日在沈阳国际展览中心举行。展会以“绿色、和谐、创新、发展”为主题，以展示辽沈地区农业发展为核心，以打造农业招商平台和宣传龙头企业为重点，在展会运营模式、国际化招展、专业化推进和主体活动创新等诸多方面取得了巨大成功。

本届农博会展出面积6万平方米，设置国际标准展位2000个，国内外参展企业1468家，其中包括8家国家级龙头企业、42家省级龙头企业和74家市级以上龙头企业。展会首次设立“一县一业”展区，突出展示了辽宁省16个县（市）“一县一业”发展成果。在国际展区共有33个国家和地区牵手本届农博会。展会接待专业观众5万人次，普通观众27万人次，展会现场交易额1.2亿元，签订交易合同98个，合同交易额24.5亿元。

本届农博会同时按照节俭办展会的原则，精减办展程序，压缩经费开支。一是取消了招待宴会、开幕式、文艺演出等活动。二是通过网站、QQ群、微信平台开展无纸化办公，减少筹备会及办公经费支出。三是严格落实财务制度和外出标准，压缩外出招展经费开支。四是按照简洁、通透、环保、节俭的原则进行特装搭建。最终展会在规模比上届扩大的情况下，经费却比上届压缩了近1/3。

本届农博会求真务实，把为参展企业、农民和市民服务放在第一位，精心设计了采购商大会、投资农业说明会、国际展商交流会、“澳辽合作，共促商机”推介会、农企人才对接会、农业招商推介会等多项主体活动。同时安排了大量工作人员和志愿者，重点做好参观引导、问题解答等工作。以此打造高档次的招商平台，使产品展示、交易、招商一举三得，并取得了厂家、商家和消费者的三方共赢，使展会生命力和影响力不断提升。

（张春昕）

【举办 2013 中国沈阳国际旅游节】 2013中国沈阳国际旅游节是由市政府主办的七项大型活动之一。本着“百姓参与、创新方式、增强实效”的原则，制定了旅游节工作方案，共策划了2013中国沈阳国际旅游节开幕式暨中国沈阳国际啤酒节、沈阳旅游招商项目宣传周、“老百姓最喜欢的沈阳旅游名品”有奖征集活动、中街文化旅游购物节、辽中湿地旅游文化节、新民荷花节、五龙山葡萄节等16项市级活动，旅游节期间，各区、县(市)举办60余项丰富多彩的旅游活动。

本届旅游节呈现以下特点：

一是旅游节活动丰富性、时间跨度性突出。本届旅游节共举办75项活动。时间跨度从6月份持续到年底。以活动为载体，多形式、多渠道塑造品牌、推介资源、拓展市场。在往年传统活动的基础上，增加了举办“老百姓最喜欢的沈阳旅游名品”有奖征集活动、“聚焦中国梦”中国沈阳旅游摄影大展等主题活动，再现沈阳风采，彰显狂欢节激情，为广大市民和游客带来了文化和视觉的盛宴。

二是国际盛会，百姓参与性、互动性明显。中国沈阳国际旅游节，始终秉承“惠民生、拓市场、扩消费”的宗旨，在发展中创新，在创新中发展，成为游客和市民期盼的旅游精品盛宴。本届旅游节开幕式，世界上最大的啤酒大篷亮相沈城，来自德国、美国、比利时、荷兰等10个国家100余种啤酒国内外各大啤酒商展示和销售，所有参加游客都可以畅饮。

三是经济区联动，推动一体化进程。本届旅游节由沈阳经济区八城市共同联办，这是《推进沈阳经济区旅游一体化工作2013年行动计划》中六大行动计划之一。通过举办旅游节系列活动，吸引更多的海内外游客来沈阳经济区观光旅游，吸引更多的市民走出家门参与旅游，亲近自然、共享快乐。

四是创新招商方式、突出招大引强相融合。本届旅游节创新形式，紧扣“节会招商”，首次将旅游项目招商与节庆活动有机结合，充分利用沈阳国际旅游节品牌效应，以各项活动为依托，为企业提供展示自我，扩大交流与合作的平台。在开幕式现场设立沈阳旅游招商项目展示区，用54块展板集中展示54个旅游招商项目，推出优惠政策，搭建招商引资平台。

旅游节开幕式期间，沈阳旅游局与沈阳报业集团、市城建局、市文广局、农经委、市体育局紧紧围绕《国民旅游休闲纲要》，共同签署《沈阳市促进旅游业发展战略合作协议》，打造一批文化旅游精品、节庆品牌和活动品牌，为做大做强沈阳旅游业共同努力。

（梁　凯）

【2014中国沈阳国际冰雪节】　2014年中国沈阳国际冰雪节于2013年12月拉开序幕，冰雪节期间共举办冰雪、温泉、灯会、庙会、购物、美食、娱乐等活动200余项，活动内容丰富，精彩不断，高潮迭起，得到了省、市政府主要领导的充分肯定和高度评价。冰雪节期间，接待海内外旅游者近千万人次，实现旅游收入4.5亿元。

本届冰雪节，在策划理念、活动内容、工作方式三个方面实现了创新与突破。

一是策划理念创新。把以往将各区、县(市)举办的冬季旅游活动，简单地整合为全市冰雪节子项活动的模式，改变为：明确活动主题，做好顶层设计，根据各区、县(市)不同的资源特色，逐一具体指导的方式，进行活动的整体策划、包装并组织实施。

突破以往只在主要冰雪温泉场所开展活动的形式，通过在市内五区建设冰雪乐园，开展冰雪嘉年华；在大东广场、中山广场、太原街等主要广场、商业街开展不同主题的冰雕展示活动；在主要街路、楼体开展灯饰亮化工程；围绕“激情欢乐健康游、满城尽是冰雪节”的主题，将整座城市都包装成冰雪节的舞台。

打破以往“将资金集中用于举办大型开幕式”的惯例，创新利用现代传媒技术启动冰雪节活动。提前录制“冰雪节广告宣传片”，通过电视台、网络等现代传媒手段，向市民、游客宣布冰雪节开始了，起到了少花钱、办实事、宣传广、百姓赞的良好效果。

改变冰雪节活动由政府财政投入为主，向以政府主导下、市场化运作，企业参与为主转变。沈河盛京城庙会·灯会、和平皇寺庙会、苏家屯孔雀城冰雪大世界、康平卧龙湖冰雪嘉年华、沈北冰雪丽人大赛、东陵(浑南)亿丰时代广场冰雕展、市内冰雪乐园以及大型商场室内滑冰等活动，实现了全部或部分市场化运作。本届冰雪节市场化运作资金超过1200万元，占总投资额的50%以上。

二是活动内容创新。本届冰雪节，通过加强与政府部门间，与媒体，与企业三个方面资源的有效整合，实现融合发展。与市委外宣办联合召开冰雪节新闻媒体通报会，在全市迎新春多部门联合新闻发布会，以及专题召开的沈阳市正月十五系列活动新闻发布会，借势开展宣传。与服务业委、城建局、文广局、体育局、沈阳报业集团、腾讯网、新浪网等多个单位合作，共同开展冰雪节相关活动，将本届冰雪节各项主题活动与体育、文化、商业、美食、工业、民俗等领域相融合，打造出主题鲜明、内容独特、形式多样的活动内容。

活动内容由往届以政府活动为主，向市民、游客参与、互动为主转变。在以往活动的基础上，增加市内冰雪乐园、广场冰雕雪塑、景观亮化、室内滑冰、商场购物、特色美食等具有地方特色、文化品位、具有艺术观赏性、参与体验性的冬季旅游活动。特别是在沈河区举办的盛京城庙会灯会实现数量、种类最多，除了看灯，市民游客还可以在灯会上看到皇家礼仪巡游，民间绝活展示等。组织全市旅游企业在做好优质服务的同时，在平安夜、元旦、春节、元宵节等主要时间节点开展丰富多彩的活动，重点突出趣味性和参与性，市民、游客可选择的空间大，便于参与，提高了本届冰雪节活动的参与度。

三是工作方式创新。本届冰雪节组委会成员单位达34家，遍及全市多个行业主管部门，涉及所有区、县、(市)政府，参与部门创历届活动之最。组委会创新沟通机制，制作《承担任务分解表》、《活动对接回执单》等，对活动各成员单位做了详细、科学的任务分解，将各区、县(市)承担的工作任务列为年度绩效考评内容。城区政府高度重视，召开专项会议、调拨专项资金，开展冰雪节乐园，广场冰雕展示。通过统一调度、逐一协调、即时联络、无缝对接、全程跟踪，确保各项活动得以顺利实施。

采取有效措施，拓展媒体、社会、行业三种宣传推广渠道，使活动有声、有色、有气势。媒体方面，媒体宣传报道的侧重点由以往重点宣传开幕式等活动，向宣传产品、惠及民生、服务市场为主转变。在沈阳日报用两个整版，重点推出冰雪节各项活动及精品线路。与沈阳电视台策划拍摄冰雪节专题宣传片，于1月11日至正月十五在沈阳电视台新闻频道各栏目播出；在腾讯大辽网、QQ大辽网迷你页、大辽社区置顶等重点区域推介冰雪节系列活动，让网友参与到冰雪节活动中。各媒体共刊(播)冰雪节新闻和宣传稿件近千篇(条)，视(音)频播发时长超过1000分钟，图片500余幅，并被众多网站转载，通过百度、谷歌、

360 可以搜索到 300 万条宣传冰雪节活动的链接。

冰雪节期间，市旅游局首次以丰富多彩的冰雪、温泉活动为基础，将各区、县(市)推出的冬季旅游活动、全市冬季旅游产品串成线路，向市民和游客推出 17 条一日游、两日游、三日游的旅游精品线路。同时，组织旅行社进入到宣传营销冰雪节的主战场，成为宣传冰雪节、开展冬季旅游招徕的主力军，82 家旅行社印制了冰雪节活动的宣传品，53 家旅行社结合实际，编排出可操作的旅游线路，面向游客及海内外旅游同行开展宣传招徕。

(佟胜富)

【法库国际陶瓷博览交易会】 2013 年 9 月 5—7 日，第七届沈阳法库国际陶瓷博览交易会在中国陶瓷谷大市场隆重举行。

交易会共设六个展区：主要在开发区中央大街两侧分别展出建筑瓷、日用瓷、卫生洁具、陶瓷配套、陶瓷原料等"中国瓷谷"和国内外陶瓷主产区陶瓷生产及配套企业产品。展区面积共计 10 余万平方米，包括联合宝利、大东北陶瓷城、中冠陶瓷市场、王者陶瓷、恒大陶瓷市场、法库陶瓷文化创意展示中心以及部分陶瓷企业分展厅。展品种类：建筑陶瓷、艺术陶瓷、日用陶瓷、工业陶瓷、精细陶瓷和陶瓷配套等。

法库陶瓷产业集群已成为全国五大陶瓷生产基地之一，中国陶瓷谷大市场已入驻商户近千家。2013 年，陶瓷园区被国家发改委批准为辽宁省惟一的国家级循环化改造示范园区。法库县陶瓷产业集群已引进陶瓷生产及配套企业 186 家，建成区 20 平方公里，直接安排就业 7 万人，年创产值 450 亿元，成为东北亚地区最大的领军型陶瓷生产、研发、销售基地。法库县已研发先进陶瓷项目 20 个，申报发明专利 15 项，注册了 70 多个法库自主品牌，形成了 12 大类 27 个品种的现代陶瓷生产体系。"中国陶瓷谷大市场"已汇集全国建筑陶瓷、卫生洁具知名品牌近百个，入驻商户达 715 家，年销售收入已突破 100 亿元，市场覆盖吉林、黑龙江等地区，产品远销俄罗斯、美国、蒙古、韩国等多个国家和台湾、香港等地区，成为中国黄河以北最大陶瓷产地，"买全国、卖全国"的格局基本形成。

9 月 7 日，沈阳法库国际陶瓷博览交易会在新广地大酒店举行闭幕式。参加本届陶博会的各级领导、国内外嘉宾达 3000 余人，展会期间客流量达 12 万人次。来自世界各地的 5 万多名经销商到会洽谈合作，交易总额达 45 亿元(其中，现场交易额 22 亿元，达成意向 23 亿元)，促进了法库与世界各地的交流与合作。会上，中国建筑材料联合会正式授牌法库县为"中国瓷谷"。

(法库县志办)

【2013 沈阳法库国际飞行大会】 2013 年 9 月 20—22 日，由沈阳市人民政府主办，法库县人民政府、沈阳法库通用航空产业基地管委会、中国贸易促进委员会沈阳市分会、中航天宇通用航空集团承办的《2013 沈阳法库国际飞行大会》在财湖机场成功举行，此次大会是以发展通用航空为主题，打造北方通航产业基地为目的国际性航空盛会。

9 月 20 日下午 2 点在沈阳法库财湖岸边的通用航空产业基地，"第二届沈阳法库国际飞行大会"激情开幕。市长陈海波出席了首飞仪式，副市长黄凯致辞并宣布大会开幕，县委书记冯守权主持了首飞仪式，县长陈佳标等县领导出席。在会上成功举办了航空表演、通用航空产品博览会、招商项目推荐会(签约仪式)、国际美食节、水上摩托艇表演、空中婚礼、首届财湖驴友大会(露营节)、摄影大赛、视频集锦大赛、财湖环湖游赏、财庙开光法会、科普教育体验和拍摄微电影等活动。来自瑞典、立陶宛、法国、匈牙利、南非、英国、德国、美国等 20 多个国家近 200 人参加了飞行表演，参与飞行表演及静态展览的航空飞行器达 300 余架(具)，观众超过 40 万人次。大会期间，中央电视台黄金时进行直播；来自国内外 90 余家媒体记者一起见证并进行及时广泛且深入宣传。还首次开通新浪官方微博和腾讯微信进行现场直播，粉丝数、关注度突破 10 万，微博转发近万条。

22 日下午，大会举行了闭幕式。沈阳法库财湖机场现已成为中国第一个由国家空管委批准的低空空域航空服务站试点，国家民航总局确定的东北地区第一个通用航空 ADS－B 安全运行试点，通飞泰克纳姆、亿家飞机运营、通航简十、铁鹰航空俱乐部等一批产业项目进展顺利，法库通航相关产业项目签约额近 70 亿元。大会圆满成功，为进一步明确法库通航产业未来发展方向和促进法库通航产业发展，打造"北方通航"，加快建设东北亚通航产业新城，中国的"威奇塔"奠定了坚实基础。

(法库县志办)

【第五届中国东北文化产业博览交易会】 由文化部、国家新闻出版广电总局和辽宁、吉林、黑龙江三省人民政府主办，沈阳市人民政府承办的第五届中国东北文化产业博览交易会，于 2013 年 9 月 20 日至 24 日在辽宁工业展览馆成功举办。

展会设 1 个主会场、6 大展区和 11 个分会场，展位数 6500 个，展览面积达 15 万平方米。共有来自东三省、内蒙古及俄罗斯、港澳台 3200 余个参展商参展，观众累计 150 余万人次。参展本届文博会的各省市文化机构，展出的文化产品和文化服务 8 大门类 5 万余种，涵盖了广播电视、工艺美术、网络文化、文博旅游、文化用品等方面；展场零售文化商品额突破 1000 万元，大宗合同购销实现 2400 余万元。推介会现场推出文化产业招商项目 250 余项，项目签约额达 427 亿元，比第四届文博会签约额增长 58%。本届展会吸引了 200 多名境内外媒体记者采访报道，数十家网站广泛转载了文博会盛况，极大地提升了东北文博会的形象力和影响力。

(李笑逸)

【第二届中国(沈阳)国际现代建筑产业博览会】 2013 年 5 月 20—22 日，"2013 中国(沈阳)国际现代建筑产业博览会"在沈阳国际展览中心隆重举办。这是继 2012 年成功举办首届博览会后，沈阳市推进现代建筑产业、引领新型建筑工业化发展的又一次盛会。

本届展会以"建筑科技与新型建筑工业化"为主题，分为：装配式建筑样板房展区，预制混凝土结构、钢结构、木结构展区，建筑节能及新型建材展区，全装修展区，建筑建材装备展区，建筑新能源、照明展区，房地产、现代建筑服务展区七大展区，展出面积达 6 万平方米，展位数量 3000 个。展会汇聚了德国拜耳、三一重工、鹿岛建设、日本积水、远大集团、三洋重工等 615 家中外知名企业及 2000 多个具有世界一流技术水平的展品参展。展会期间，还举办了现代建筑产业国际研讨会等 19 项专题会议和活动。展会参观量达5.5万人次，其中专业观众参观量3万人次，比2012年增加了近四成，成为了全国现代建筑产业化领域名副其实的第一展。

进一步增强了辐射力和影响力。本次展会吸引了上海、重庆、江苏、湖南、内蒙古，深圳、西安、长春等省市及省内中部七城市组团来沈参加博览会，济南、乌兰察布等城市更是由常务副市长亲自带队参展。沈阳作为区域性中心城市，充分体现了在现代建筑产业领域重要的辐射作用。

形成了技术产品和项目的集散地。本次展会通过组织各项对接活动，达成签约意向项目300多个，多个城市期望在沈企业能到当地投资建厂。德国艾巴维建筑机械集团、日本积水住宅株式会社、意大利泰克建筑集团等企业表示将不断深化与沈阳合作，把更多世界先进的建筑装备制造技术和产品带到沈阳，引领沈阳的现代建筑产业发展。

拓宽了现代建筑产业发展思路。在展会期间，特别举办了2013中国（沈阳）现代建筑产业国际研讨会、沈阳市城建城管系统建设科技创新大会等一系列活动，众多国内外专家为沈阳现代建筑产业提出了具有前瞻性的发展思路。比如：发展现代建筑产业要从长期的战略角度统筹考虑，注重现代建筑产业化技术在节能、抗震、安全等方面的技术积累和支撑；要加大在现代建筑技术培训、教育、科研方面长期的投入；要重视对建筑装备制造等上游产业链技术和产品的引进、生产和研发等。为全国现代建筑产业持续健康发展提供了宝贵经验。

（付　欣）

【2013年东北（沈阳）专利技术对接洽谈会】　以“创新、低碳、绿色、健康”为主题的2013年东北（沈阳）专利技术对接洽谈会”（以下简称“专洽会”），于2013年9月23—25日在沈阳隆重举办。通过举办中韩生物材料包装企业座谈会、芬兰科技日、中韩科技企业座谈会等专利技术展示、交易、对接、洽谈活动，加强国内外产学研合作，推动国内外健康产业及节能环保产业技术交流与合作，促进相关战略新兴产业专利技术转化，进一步增强企业核心技术的创新力与国际竞争力。本次“专洽会”不仅组织了东北三省生物医药、新材料、新能源、健康产业及节能环保等技术领域174家企业参展，还邀请了韩国、俄罗斯、芬兰、瑞典、加拿大、美国、智利等7个国家和地区的58家研究机构、企业携带150项专利技术和最新研究成果参会。

（孙　凯）

【第三届中国沈阳古玩艺术品博览会】　2013年5月17日至19日，第三届中国沈阳古玩艺术品博览会在沈阳鲁园盛大召开。本届博览会设有海外回流、古玩精品、辽瓷精品、现代艺术品专题、名人名家字画、古玩杂项精品、文物总店精品等展区，国际标准展位200余个，同时还设置了数千个免费展位，规模、参展人数均创东北地区之最，参观人次达到了15万人次，总交易额2.5亿元人民币。本届博览会首次推出的“2013中国·沈阳典藏大宅评选”活动更是受到了广泛的关注和欢迎，由辽沈地区知名房地产专家、艺术家、收藏家组成的专家组及市民代表参与甄选出的沈阳十大典藏大宅璀璨登场。这是沈城楼盘首次以古玩艺术藏品的身份入驻博览会，也是收藏与房产、文化与建筑的一次完美融合，为广大收藏爱好者和沈阳市民奉献了一场视觉盛宴。

（吕晓波）

【首届沈阳国际啤酒节】　2013年6月28日至7月9日，首届中国沈阳国际啤酒节在沈北新区方特欢乐世界广场盛大举行。本届啤酒节是由沈阳市人民政府、辽宁省服务业委员会、中国食文化研究会共同主办，沈北新区人民政府承办的沈阳市首次大型城市狂欢活动。啤酒节包括九大展区：啤酒大篷、啤酒花园展区，占地面积3万平方米；白酒展区，占地面积6000平方米；以“陈酿记忆展”为线索针对白酒展开寻找、展示、鉴赏、拍卖等一系列活动；红酒展区，澳洲红酒、法国红酒、智利红酒、西班牙红酒齐聚沈城；洋酒展区，苏格兰威士忌、美国鸡尾酒、俄罗斯伏特加酒以及英国金酒等数十种知名洋酒参展；其他饮品展区；美食展区；房产展区；汽车展区和其他展区（如婚纱摄影、金融机构等）。啤酒节选址在总面积达到7.5万平方米的方特欢乐世界广场，是目前国内最大的啤酒节场地。9座大篷总面积1.9万平方米，每座大篷每天都有精彩纷呈的演出。共有20余万人次参加本届啤酒节。

（吕晓波）

【2013中国沈阳国际汽车博览会】　2013年10月23日至28日，由中国汽车流通协会、中国国际贸易促进委员会辽宁省分会主办，沈阳汽车流通协会协办，辽宁省人民政府支持的2013中国沈阳国际汽车博览会在沈阳国际展览中心隆重举行。本届车展以“科技·创造美丽生活”为主题，以“开拓汽车市场、创新汽车技术、交流汽车信息、引领汽车未来”为宗旨，车展总面积达到14万平方米，国内外主流汽车集团和汽车品牌全部参展参展商达117家，参展车辆达1003辆，展出新款车数量达到63.5%，参展观众达49万人次，共销售各种车辆11324辆，现场提车7675辆，实现购车交易额21亿元人民币，辽宁省内及国内主流到会媒体达687家。本届车展体现如下特点：一是展览规模、参展企业、参观人数和到会媒体人数实现大幅增长，沈阳国际车展的区域影响力进一步提升；二是豪华车、概念车、首发车、新能源、新动力车交相辉映，彰显了沈阳国际车展的档次和国际影响力；三是经贸交流活跃，实现了经济和社会效益的双丰收；四是汽车文化和汽车运动相互交融，突出了沈阳国际车展的特色和魅力；五是展馆设施进一步完善，展会管理和服务再上新水平。

（吕晓波）

沈城美誉

【沈阳市荣获“中国十大创新型城市奖”】　2013年4月18日，由经济日报社主办的第三届中国自主创新年会在北京人民大会堂举行。本届年会的主题是“全球视野，创新驱动”，会上，沈阳市荣获了“中国十大创新型城市奖”，沈阳机床集团董事长、总经理关锡友荣获“中国十大创新人物奖”，华晨汽车集团控股有限公司荣获“最具成长力创新型企业奖”。年会发布了经济日报“创新型城市、创新型企业与创新人物评价体系”，共表彰中国十大创新型城市、十大创新型企业、十大创新人物，以及一批最具成长性和产业创新活力的创新型城市、城区和企业。与沈阳并列入选中国十大创新型城市的其他九个城市分别为：深圳、成都、无锡、青岛、长沙、苏州、大连、广州和西安。关锡友、“蛟龙号”

科研团队、北斗卫星导航系统研发团队、马云、马化腾等跻身中国十大创新人物。

（鉴 闻）

【沈阳市获批国家"公交都市"创建城市】 2013年11月21日，交通运输部正式发布，沈阳等22个城市被评为第二批国家公交都市创建城市。公共汽车线网密度将从2012年的1.69公里/平方公里提高到3公里/平方公里；中心城区公共交通站点500米覆盖率从2012年的72.5%提高到100%；万人公共交通车辆保有量从2012年的18.7标台提高到20标台以上；绿色公交车辆比率从2012年的17.1%提高到70%。

国家公交都市由交通运输部在2011年启动，是以"公共交通引领城市发展"为战略导向，通过科学规划和系统建设，建立以公共交通为主体的一体化城市交通体系，并辅以必要的交通需求管理手段，从而确立公共交通主导的交通出行结构，扭转城市公共交通被动适应城市发展的局面，实现公共交通与城市的良性互动、协调发展。沈阳市此次申报的是第二批国家公交都市创建城市，也是"十二五"期间的最后一批。

沈阳市通过创建国家公交都市，将进一步发挥公共交通高效、便捷、低碳、安全、环境友好等方面的优势，为建设国家中心城市提供坚实的交通保障。通过创建国家公交都市，还可以发挥区域优势，推动沈阳经济区发展；完善公交布局，优化城市发展空间；缓解交通拥堵，推进资源节约型、环境友好型社会的建设。

沈阳市创建国家公交都市的总体目标是：到2017年，基本建成以轨道交通等为骨干、以清洁能源常规公交为主体，公共自行车等其他交通方式为补充，设施完善、网络均衡、运行高效、政策到位、运管智能、绿色环保，多模式、一体化的现代公共交通体系，实现"五高、三低、两适应"的城市公共交通发展目标。其中，"五高"：即建设高通达、高覆盖率的一体化公共交通线网，高品质、高效率、高科技的多模式运营服务系统；"三低"：即低能耗、低事故率、低运营成本；"两适应"：即适应广大人民群众日益增长的出行需求，适应沈阳建设国家中心城市的发展需求。

（陈千城）

【沈阳市获得"2013年中国十佳品牌会展城市"称号】 2013年12月14日至16日，在"2013年中国会展业年度研讨会暨昆山会展经济论坛"和"2013第三届中外会展项目合作洽谈会"两项国内会展业收官活动中，沈阳市获得"2013年中国十佳品牌会展城市"称号。同时，沈阳国际展览中心获得"中国十佳品牌会展中心"称号，沈阳华鼎展览展示工程有限公司获得"中国十佳品牌展览工程企业"称号；在《中外会展》杂志社举办的"2013第三届中外会展项目合作洽谈会"发布的"2013年度中国会展业金五星奖"评比活动结果中，沈阳展览业协会获得"中国优秀会展行业协会"奖和"中国会展行业优秀人物"奖，沈阳国际展览中心获得"中国优秀会展场馆"奖。2013年，沈阳市会展工作围绕建设国家中心城市，积极推进全市会展业向市场化、专业化、国际化方向发展，努力追求会展创新和品质提升，加快转变管理模式和办展协调机制，会展经济呈现出成熟、健康、稳步发展的态势。

（吕晓波）

【沈阳市成为国家一级物流园区布局城市】 2013年9月，国家发改委、国土资源部、住房城乡建设部等12部委联合发布《全国物流园区发展规划》（发改经贸[2013]1949号）。这是我国首部国家级物流园区专项规划，规划期为2013年－2020年。沈阳市被列为一级物流园区布局城市。

此次《规划》按照物流需求规模大小以及在国家战略和产业布局中的重要程度，将物流园区布局城市分为三级，确定一级物流园区布局城市29个，二级物流园区布局城市70个，三级物流园区布局城市具体由各省（区、市）根据本省物流业发展规划具体确定，原则上应为地级城市。布局节点城市的选取充分考量了城市的经济发展潜力、物流需求增长空间以及对周边地区的辐射带动作用。

近年来，沈阳市委、市政府高度重视物流业在促进现代服务业发展中的重要作用。2013年，根据全市重点工作部署，沈阳市充分发挥区位和产业优势，扎实推进重点物流项目建设，稳步开展A级物流企业申报，大力推动现代物流业发展，加快优化行业发展环境。全市物流业发展呈现出良好的态势。

一是重点物流项目建设全面提速。2013年，全市物流业固定资产投资增长较快，投资总额实现360.5亿元。京东商城、苏宁云购、华强电子等一批国内知名电商物流项目接连启动，加速对东北三省电商物流市场的战略布局；润恒农产品冷链物流（一期）、东北冷鲜港、海吉星（二期）、清宇鹅业等冷链物流项目加快建设，为全市物流发展增添新的动力。二是A级物流企业申报工作取得新成果。2013年，共有4家物流企业获评为全国第十六批A级企业，其中，2家为5A级企业，分别是：中铁物资集团东北有限公司、沈阳铁道物流集团有限公司；2家为4A级企业，分别是：沈阳铁道煤炭集团有限公司、沈阳铁道金属物资有限公司。三是荣获国内物流领域行业大奖。经中国国际物流节组委员会积极评定，2013年11月，沈阳市被评为"2013中国商贸物流先锋城市奖"，通过此项活动，不仅全面提升了城市的对外影响力和竞争力，而且加速拓宽了物流企业经贸合作的平台，完善了物流业发展高效优质服务环境。

（闫 宁）

【沈阳市入选全国少数民族流动人口服务管理体系建设试点城市】 根据国家民委办公厅3月18日印发的《关于开展第四批城市少数民族流动人口服务管理体系建设试点工作的通知》（民办发〔2013〕19号），包括沈阳市在内的6个城市被国家民委列为该批试点城市。通知要求，试点工作必须坚持从实际出发，统筹兼顾，综合规划，不断完善体制机制，发挥各相关部门和社会力量的合力，切实提高服务管理水平，针对少数民族流动人口的特殊困难和需要，积极给予引导和帮助。

近年来，沈阳市少数民族流动人口增长迅速，截至2013年初达28万人。市民委积极协调相关部门和地区，对少数民族流动人口基本情况进行调查统计，在28个社区成立"少数民族一家亲"服务站，为少数民族群众的就业培训、法律咨询、入学就医等提供服务。沈阳市将按照试点城市要求，结合实际，加大市区两级政务大厅少数民族服务窗口指导，在法律援助、权益保障等方面提供更加贴心、周到的服务；开展少数民族流动人口现状、趋势、需求和完善服务体系建设课题调查研究，建立完善信息系统和服务管理平台；深化民族团结宣传教育和创建活动，汇聚各方力量，共同做好少数民族流动人口服务管理等工作；全面正确贯彻落实民族政策，促进民族团结进步事业不断发展。

（华明伟）

【沈阳成为全国青少年权益工作创新试点城市】 根据共青团中央办公厅下发的《关于印发全国"青少年权益工作创新"试点城市（区）名单的通知》，沈阳市被团中央确定为全国青少年权益工作创新试点城市，未来将开展为期两年的试点工作。团市委将认真梳理总结近年来沈阳市在青少年维权工作方面的有益探索和实践经验，围绕选定的"探索建立社会化的维权工作体系、完善青少年权益工作的组织化机制、探索建立青少年权益典型案件和热点事件响应机制、建好用好青少年权益工作网络和新媒体平台"等四个试点方向，全面营造"大维权"的权益工作氛围。

（宋肖雄）

"十二运"沈阳赛区

【竞赛组织】 沈阳赛区做为"十二运"的主赛区，承担了19个大项218个小项的比赛任务。2011年4月，十二运沈阳赛区组委会在体育系统抽调30余名业务骨干组建了以综合处、单项竞委会管理处、场地器材处、竞赛信息与编排处、颁奖礼仪处为主的十二运沈阳赛区竞赛组织部。2012年12月，各单项竞委会筹备组过渡到9个单项竞委会，并由原来"一室两处"形成"一室十四处"的格局。2013年3月，9个单项竞委会的工作人员开始集中办公。同时，沈阳赛区竞赛组织部建立健全了各项规章制度、工作流程，为竞赛组织筹备工作的全面开展奠定了良好基础。

4月20日，竞走测试赛打响全运会市属场馆测试赛的第一枪，并取得了"开门红"的良好局面，标志着沈阳赛区测试赛工作拉开了序幕。7月21日，作为最后一项的高尔夫球测试赛圆满结束，标志着竞赛组织工作由测试赛阶段向正式比赛阶段转变，进入赛前完善阶段。期间，沈阳赛区市属场馆共10项测试赛和2项正式比赛的竞赛组织工作取得了圆满成功。

在赛事组织过程中，竞赛组织部主要指导9个单项竞委会完善了竞赛组织运行方案和竞赛流程，完成了运动员、教练员等各类人员的信息采集，编制了单项比赛秩序册和竞赛工作手册。组建了9个项目的接待团队，强化了与全运村、代表队的对接，确保了运动员、技术官员准时到达比赛现场。配置16大类7万余件竞赛器材，全部达到比赛标准。组织了赛区22个项目的颁奖礼仪工作，选拔了190名颁奖礼仪人员，组织颁奖220余场次，协调颁奖嘉宾460余人次，确保了颁奖过程零差错。赛事期间，共举办9个项目233个小项500余场次的比赛，有3000余名运动员和1000余名技术官员、裁判员参与比赛。9个单项竞委会的竞赛组织工作均受到了国家体育总局的好评。沈阳赛区竞赛组织部在克服急难险重任务中圆满完成了沈阳体育史上最艰巨的工作任务，实现了"打造一流的赛事组织、建设一流的场馆设施、营造一流的环境氛围、提供一流的服务保障、实现一流的盛会效果"的工作目标，兑现了举办一届节俭务实、开创新风的庄严承诺，向全市人民交上了一份满意的答卷。

（高兆铭）

【"十二运"火炬传递】 经全国组委会安排，2013年8月28日在沈阳进行火炬传递，参加传递的火炬手235名。按照省公安厅关于沈阳、大连火炬传递路线不能超过10公里的要求，沈阳的火炬传递路线为8.8公里，起点、终点均设在沈阳奥体中心南广场。整条路线地处浑河两岸，途经浑河大桥、五里河公园、富民桥和宽阔通畅的浑南中路。全程充分展示了宏伟的十二运"一场三馆"、沈阳金廊的建设成果、风景如画的五里河公园，以及迅速崛起的浑南新区。

沈阳赛区在火炬传递工作上主要制定火炬传递工作总体方案、火炬手选拔方案和火炬传递路线编制方案，挑选出火炬传递的3条备选路线，组建了火炬传递工作团队，并请全国组委会火炬传递运行中心来沈指导工作。细化、完善了点火和收火仪式流程，并与安保、医疗等部门进行现场对接。召开火炬手选拔工作会议，选拔培训火炬手、护跑手，适时进行模拟演练。召开火炬传递工作部署会，落实火炬传递的各项工作任务，为顺利推进火炬传递工作奠定了坚实基础。完成群体展演和全国群先代表在沈阳视察和观摩活动，组织迎全运群众体育精品展示活动。

（高兆铭）

【开闭幕式】 2013年8月31日16:00时，中华人民共和国第十二届运动会在沈阳市隆重开幕；9月12日17:00圆满闭幕。开闭幕式保障部于2013年4月正式组建，内设8个处室，主要承担十二运组委会赋予的开幕式场馆改造、场地保障、当日保障及属地保障等四大类8项工作任务。同时，还承担闭幕式的安全保卫、观众组织、医疗卫生、食品安全、交通运输、信访稳定、志愿服务和周边环境等属地保障任务。随着开闭幕式工作的不断深入与十二运组委会开幕式机构的升级，开幕式工作已成为十二运筹备工作的重中之重，陈政高省长亲自担任开幕式总指挥，主抓各项工作。为此，沈阳赛区开闭幕式保障部也适时升级，8月16日，陈海波市长亲自担任沈阳赛区总指挥。沈阳赛区开闭幕式保障工作总指挥部下设12个专业保障组、17支保障团队。开幕式当日，开展应急抢修23次，更换各类备件17个；配备移动公厕3台；清运垃圾165吨。闭幕式当日，为闭幕式场馆配备了8台供水维修和排水保障车辆，从奥体中心支援闭幕式馆10个UPS并安装到位；同时按既定时间节点，与闭幕式演出同步熄灭了熊熊燃烧了12天的全运会火炬。开闭幕式当日，沈阳赛区有组织观众到位率100%，圆满完成了观众组织工作任务。1936名志愿者和相关工作人员为参加开闭幕式的6万余名观众提供周到热情服务，赢得了群众普遍赞誉。

（高兆铭）

【第十二届全运会宣传】 2013年，市属各新闻媒体开设第十二届全运会专版、专栏、专题，全面加强对沈阳赛区工作的宣传报道力度，宣传好全运会对于促进全市经济社会又好又快发展、提升城市文明程度、扩大对外影响、加快实现老工业基地全面振兴的重要意义，做好宣传市委、市政府为办好全运而制定的各项政策、具体措施和工作部署，及时宣传全运会场馆和运动员村、媒体村及相关配套设施和全民健身场所建成和投入使用的情况，大力宣传丰富多彩的群众体育活动，重点宣传全运会倒计时等庆祝活动，广泛宣传全运会相关知识及会徽、吉祥物、会歌和公益广告等。沈阳日报在头版开设《全运百日谈》评论专栏，在正确把握导向的同时，从多种视角刊发评论文章，营造喜迎全运、健康生活的舆论氛围。沈阳广播电视台为做好全运会报道工作，加大采编力度，精心策划选题，选派优秀新闻记者，重点针对在沈阳市举办的全运会测试赛和其它比赛项目等重大活动进行报道，全面展示各项赛事的精彩内容。“全运会百日谈”刊发28篇。涉及全运会各项新闻报道400余条，广播电视播发时长700余分钟。

（王化镭）

【“十二运”安全保卫】 2013年，全市公安机关始终围绕“平安全运”的总目标，恪尽忠诚、顽强拼搏圆满完成了开闭幕式、火炬传递等大型活动和19个大项、22个分项、218个小项比赛及全运村、新闻中心和27家签约宾馆的安保任务，确保了全国38个代表团、11522名运动员、教练员、技术官员、4000余名注册记者、57万观众和110余万中外游客的绝对安全，实现了平安、和谐、万无一失的目标，夺取了全运安保的全面胜利，赢得了组委会、国家体育总局、公安部等各级领导的充分肯定和社会各界的广泛赞誉，省公安厅专门发来贺电，对沈阳赛区安保工作予以高度评价。一是加强了组织领导。市公安局党委坚持每天早晚两次听取各单位工作汇报，两级安保部门及各单位主要领导实行封闭办公，形成了众志成城、捍卫全运的决战氛围。二是构建了大安保格局。成立了由许文有副市长任总指挥、7名党委委员专职负责的安保战时指挥部，高标准组建了37个专职场馆安保团队和22个项目竞委会安保处，实现了全运安保工作的全覆盖。三是完善了安保方案。围绕比赛场馆、要人警卫、交通、消防、反恐处突和社会面管控等工作，制定完善了安保工作总体方案、专项方案、应急处置预案等六大类安保方（预）案，累计达1789份。四是形成了临场指挥体系。实行决策层、指挥层、执行层三级指挥模式，制定了“七条”指挥工作纪律，规范了赛事活动现场指挥层级，实现了点对点、全方位指挥调度。五是构筑了九道防线。在开闭幕式安保工作中，按照“由外及内、环式封控，等级布警、联勤联动”的原则，设置了高速公路堵卡点、社会面防控、奥体中心外围交通管控、人员和周边制高点管控、入场安检、院内秩序控制、维护环廊和看台区秩序、维护场地和一层工作区秩序、要人警卫核心区等九道防线，重点落实了背景审查、证件管理、安检排爆等15项专项工作。六是创新了大型活动安保模式。周密策划了一整套“全组织、全背审，实名制发票、实名制入场”的观众组织模式，建立了由观众集结地属地民警、交警、安检民警、看台区民警及观众组织单位负责人组成的“五位一体”观众组织工作体系，共组织开闭幕式、火炬传递观众8万余人（次），确保了绝对安全。

（贾远航）

【全运会食品药品安全保障】 精心组织，抽调业务骨干，重点保障“十二运”食品药品安全。累计安全保障运动员、裁判员、技术官员以及国家领导人、重要来宾、志愿者等各类人员就餐96万人次，依法查处药械违法违规案件595起，做到监管辖区无盲区、监管单位无盲点、监管环节无断层、监管分工无缝隙、监管品种无遗漏，实现了全运会食品药品安全突发事件与食源性、药源性兴奋剂事件为零的目标，受到国家、省市领导及广大人民群众的充分肯定和高度评价。

（傅永忠）

【“十二运”沈阳赛区城市志愿者骨干培训】 2013年沈阳市团校（沈阳市青年志愿者学院）开展全国十二运沈阳赛区城市志愿者骨干培训班11期，每期培训两至三天，包含业务培训和团队培训。

业务培训通过文字和视频相结合的方式向城市志愿者介绍了V爱驿站管理，细化了志愿服务规范。同时结合V站实际情况，围绕如何将志愿服务系统化进行了深入交流；团队培训则通过拓展训练培养志愿者团队意识、合作意识、奉献精神等，增进彼此间的沟通。

培训为十二运沈阳赛区打造了一支训练有素、素质过硬的城市志愿者骨干队伍，赛会期间提供了优质、高效、专业的志愿服务。

（马连生）

【“十二运”病媒生物防制】 全运会病媒生物防制工作实现了零投诉。一是加强领导，落实责任。建立了第十二届全运会沈阳赛区病媒生物防制市、区、街、单位四级工作组织网络。严格落实市爱卫办全市统筹协调、各区爱卫办实行属地管理的责任体系。二是制定措施，科学指导。下发了全运病媒生物防制指南、工作方案、防制标准、技术方案、应急预案、监测实施方案等，为科学开展全运会病媒生物防制工作提供了依据。三是科学论证，合理用药。市爱卫办多次聘请省、市病媒生物防制专家对全运村和开闭幕式场馆用药进行论证和评审，所用药品严格遵循省爱卫办推荐的全运会药品使用名录。同时，监督、指导各区按照病媒生物防制指南科学、合理用药。四是建立队伍，确保防制。成立了由主管副市长任组长，爱卫会各委员部门组成市级病媒生物防制领导小组；聘请了省、市疾控中心病媒生物专家，组成市级专家队伍；组建专业消杀队伍，采取政府购买服务的方式，由专业消杀公司组成20家消杀队伍，承担全运会病媒生物控制任务；由疾控部门、爱卫部门和优秀的专业消杀人员等部门组成11支应急队伍，承担在赛事期间的应急工作。五是专业培训，提高服务。市、区两级爱卫办按照分级培训的原则，分别对各区、街道办事处、相关委员部门、全运重点场所人员、全运场馆PCO专业人员进行了培训。六是密度监测，技术支撑。积极协调市疾病预防控制中心，对所有全运场馆、全运村及其周边环境病媒生物种类、密度状况等监测工作进行了现场布点调查，根据四害消杀时间，市、区两级疾控部门分别在灭前、灭中、灭后开展了3次密度监测工作，经监测四害密度均达到省组委会要求。七是统一消杀，打牢基地。组织全市开展了春秋两季灭鼠及熏杀越冬蚊蝇、夏季灭蚊蝇等5次大型消杀活动，重点对全运场馆周边的居民小区、人防工程、下水道、暖气沟进行了消杀，对有效降低媒生物密度起到了事半功倍的作用。

（白俊珊）

【全运会环境保障】 围绕全运会，编制了《第十二届全国运动会沈阳赛区环境卫生保障工作体系》和《第十二届全国运动会沈阳赛区环境卫生工作应急预案》，建立了全方位环境卫生保障应急体系，对主要街路、全运场馆等重点区域实行“定人、定位、定时”的24小时清扫保洁责任制度。一是组织全市环卫工人和环卫机械设备从3月初开始，开展了春季环境卫生集中整治活动，全面清理街路绿地、背街小巷、居民小区内的越冬垃圾、残冰积雪，共清除越冬垃圾、残冰积雪3250吨，清理卫生死角320处，为迎全运环境卫生提升奠定了坚实的基础。二是从各区环卫部门抽调人员成立环境卫生督导组，对全市环境卫生实行全覆盖、不间断地检查考核，实行每半月考核通报一次。组织市环卫部门开展了3次针对涉运场馆的重要区域的环境卫生应急演练，检验了全市环卫队伍的应急能力，提高了环卫部门协同作战的能力。三是强化奥体场馆保洁作业管理。从4月开始，围绕奥体场馆环境卫生质量提升，对场馆内外卫生环境薄弱环节进行全面排查，针对实际情况制定了奥体场馆环境卫生工作方案、作业标准及整治措施，建立了三级保洁作业管理模式和规范的清扫保洁作业流程；组织600名环卫专业人员在开闭幕式训练、彩排阶段出动20台垃圾运输车、10台湿式扫路车对体育场内进行彻底清洗；在全运会开幕前夕，组织1000名环卫工人及60台清洗车辆，采取分区包片包干方法对各个楼层及通道，尤其是外部走廊及阶梯地面、边石、墙面的污渍、油渍进行了人工刷洗、擦洗，对路面、方砖实施了机械冲洗。四是每天由124名环卫专业人员及65台各种清扫刷洗车辆组成的机械化扫保队伍，对奥体中心周边108万平方米的外环境进行24小时作业管理。五是从全运会筹办、预赛、竞走、火炬传递、彩排及正式开幕比赛阶段，调集10台（46个蹲位）流动公厕为全运会服务，实行高标准开放管理，为全运会成功举办提供了服务保障。

（蓝　飞）

【全运场馆保障】　40个全运场馆和17个全民健身中心全部按期投入使用。全运期间，各场馆的场地设施保障均有序进行，为全运会的顺利举办奠定了坚实基础。

快速交通系统工程。三环、四环快速路、伯官桥、陵园街贯通（沈北新区段），北海高架桥加宽等路桥工程完工通车；地铁二号线北延线3站3区间投入运营，九、十号线进展顺利，城市快速交通体系已经形成。

城市道路整修工程。高标准完成了青年大街等261条道路整修，实施了昆山路东延长线等道路改扩建工程和黄河北大街三环南北跨线桥等重要节点改造，缓解了区域交通压力，使主干道系统更加通畅。

交通枢纽改造工程。市建委组织协调的沈阳北站南广场、沈阳站东广场、桃仙机场T3航站楼等重要交通枢纽项目投入使用，焕然一新的站房和宽敞明亮的候机大厅成为沈阳的新名片。

公用设施保障工程。各项赛事活动的供水、供电、供气保障工作圆满完成。大伙房日供水量进一步提高，改造供水内网130公里、排水管线189公里；实施全运会输变电配套电网工程，排查了所有场馆的输变电设备安全隐患；开幕式主火炬采用了双路气源和双路管网燃气供应，确保火炬点火万无一失。

生态环境提升工程。新增绿地8平方公里、完成植树326万株，实施环城水系提升改造、广告牌匾、楼体景观照明整治。着力提升空气环境质量，有效控制了市政道桥工程、建筑施工现场扬尘污染。此外，完成浑河沿线、市府广场、中街方城等重点区域的景观提升工程。

（孟　旭）

【迎全运园林绿化保障体系】　为保障在全运期间的绿化形象，完善全市绿化应急保障责任体系，每条主要街路、全运场馆、重点绿地、公园广场均有明确责任人，均能确保异常天气和突发情况处置及时到位。同时，从7月20日到8月10日组织各区及市属绿化专业队伍开展为期20天的绿化整治专项行动，重点排查绿地裸露、边石倾斜缺失、枯死树及树桩留存等影响绿化景观的各类问题并及时处置。各区综合监管中心及各区绿化养护人员全力开展相关问题的排查工作，确保及时整改到位，全力做好全运绿化保障工作。

（关庆伍）

【迎全运道路环境保障】　组建了迎全运城市管理综合保障工作监督组，对重要政务路线环境保障工作开展巡视监管，并将每日巡视结果汇总形成《每日综合巡视监管动态信息》呈报主管市长、市政府办公厅城建处、沈阳市城市建设管理局主要领导，并下发各区城建（管）局。依据媒体负面报道登记备案制度、领导批示、批评登记备案制度、不定期抽检网格化综合巡视监管落实情况制度，对信息倒流问题，实施内部倒查追究机制，采取定期和不定期抽查相结合的办法进一步加强各城区监管中心的考核，保证了全运期间监管信息快速稳定传递。同时，重点加强了172条迎全运重点环境整治街路、桥梁和十二运沈阳赛区场馆周边、沿线等重点区域的安全巡视监管、城区安全防汛、重要政务活动安全保障，以及应急突发事件预警和应急抢险演练等工作，成功保障了全运会顺利举办。

（付贵山）

【迎全运灯光秀】　为迎接全运会的召开，丰富活动气氛，凸显“依托科技文化打造生态美丽沈阳”宗旨理念，在重点街路景观照明建设科普公园节点开展了由中国照明学会、辽宁省住建厅、沈阳电力公司与沈阳市城市建设管理局联合举办，沈阳市市容环境发展协会、沈阳市路灯局共同承办的迎全运“沈阳市科技灯光秀”活动。本次迎全运沈阳市科技灯光秀活动将科普公园内的建筑、广场、桥梁、绿地、水系等作为设计载体，分为盛京古韵、桃园仙境、科技之光、绿茵英姿四大板块，突出“和谐、自然、科技、发展”的城市建设理念，采纳我国多位高级照明规划设计师精心创作的作品40余组，将科技与自然结合，打造清新靓丽的夜景风光，为广大市民休闲提供视觉欣赏。8月27日，迎全运沈阳市科技灯光秀在科普公园隆重开幕，中国照明学会理事长徐淮、省住建厅副厅长张殿纯、副市级干部佟晶石等领导参与了灯光秀活动的开幕式，活动为期15天，并于9月10日举办了景观照明专家论坛和闭幕式。本次迎全运沈阳市科技灯光秀活动受到了沈城群众的热烈欢迎，得到了省市领导的高度赞许，赢得了同行业人员的充分肯定。

（李　兵）

【全运会市容环境整治】　为做好全运会市容环境整治工作，提升市容环境整体形象，组织开展市容环境整治一系列工作。一是牌匾改造提升整治。组织大东、皇姑、沈河等市内七区市容管理部门对辖区内重点街路沿线、全运场馆周边和通往场馆及全运村主要道路沿线牌匾进行综合整治，对青年大街、北京街等110条街路进行了整治，整治牌匾1.11万块，城市主要街路沿线设置的牌匾得到较大提升。二是清理整治违规户外广告设施。按照2013年第一次户外广告规委会会议确定的会议要求和市领导指示精神，加强违规户外广告设施的整治力度，配合执法部门做好户外广告拆违工作，已将未经市场化方式运作的需拆除户外广告设施245处函告市行政执法局,依法履行程序,实施拆除,并于4月22日在沈阳日报与市行政执法局联合发布限期拆除违规户外广告设施明细(第一期),共79个点位,114块违规户外广告设施。三是全面完善招贴喷涂清理覆盖工作。全市共清理街路两侧各类招贴约289万处,各类喷涂约66.5万处,全面提高了各类招贴喷涂的清除及时率和机械化清除率,做到主要街路两侧无招贴喷涂、无清除覆盖不彻底、无覆盖颜色不统一,经过共同努力市容环境得到全面提升。

(李　兵)

【服务保障“十二运”】 为保障“十二运”的顺利进行,建立了食品生产、特种设备、认证监管、计量检定和标准化服务“五位一体”的安全保障模式,出动行政监察人员、检验人员4000余人次,对全市44个比赛训练场馆、24个接待宾馆的特种设备和8家签约食品供应企业实施跟踪服务,对30个比赛场馆的强制认证产品和赛区28家定点医院医用计量器具进行执法检查,实现零投诉、零事故。检查、验收公共信息标志7370块,新增3237块,全市标志水平整体跃升。参与应急演练竞赛,获得辽宁省“十二运”食品安全事故应急演练第一名。圆满完成大连、铁岭、锦州分赛场食品移动检验任务,彰显了沈阳质监技术实力和精神风貌。

(胡　宁)

【十二届全运会农产品质量安全保障】

中华人民共和国第十二届运动会(以下简称“十二运”)沈阳赛区农产品质量安全保障是2013年市政府的一项重点工作。为确保“十二运”期间的农产品供应和质量安全,沈阳市对所有供应基地采用全程监督管理方式,实行监督员24小时驻点监管,重点抓好生产、收获、供货三个环节,建立了产品溯源、基地自检、批次检测、远程监控四大体系,加强对农产品整个供应链条的监管。

1. 在生产环节建立农产品质量安全溯源平台。通过手持手机终端,记录田间管理、施肥用药等农事操作信息,实现生产全过程的跟踪,时时动态地掌握农产品生产过程的完整信息。

2. 在采收环节建立基地农产品自检体系。在采收前,驻场监督员和基地检测人员对准备收获的农产品进行抽样检测,经检测合格后方可采收。

3. 在供货环节建立批次检测制度和远程监控系统。一是在生产基地配送中心、检测室安装监控设备,远程实时监控供货全过程,强化对产品包装过程、配送供货进程和监督员检测流程的监督。二是为供应基地和企业新东胜、绿禾、小韩村、永祥和、银达利和麦德龙配备专业检测人员、农药残留快速检测仪等检测设备和仪器,供全运会农产品进行批次检测,做到“逢出必检”。全市共出动监督人员1072人次,全运会专用监管车辆19台,投入监管资金147万,检测蔬菜、水果、水产品样品1720批次,数量达21.2万公斤,有效保障了供全运会农产品的质量安全。三是通过电子身份证应用,即对经过检测合格的供应产品粘贴二维码,包含农产品品类数量、产地、生产日期、供货商名称、检验结果等信息,实现供应农产品的可追溯。

(张姝楠)

【全运会无线电安全保障】 全面完成了全运会火炬传递、开闭幕式、沈阳赛区7个测试赛、22个比赛项目、新闻采访线、全运村及中央电视台现场直播等无线电安全保障任务。全运会期间,共受理频率申请85个,发放频率许可89个,指配单工频率287个、双工频率55对、无线航拍频率5个、无线摄像频率23个、350MHZ集群3套,图传15套、调频5个,协调广播频道25个,检测设备1876部,粘贴进场设备专用标签9649个,举办无线电安全保障实战演练2次,技术培训5次,发放宣传资料1万余册。

(郝维仁)

沈　阳　概　貌

自然概况

【位置与地貌】 沈阳位于中国东北地区的南部，辽宁省的中部，在东经122度25分9秒—123度48分24秒、北纬41度11分51秒—43度2分13秒之间。东西长115公里，南北宽205公里。

沈阳市国土总面积为12860平方公里，其中建成区面积430平方公里。沈阳地区以平原为主，地势平坦，平均海拔50米左右，山地丘陵集中在东北、东南部，属辽东丘陵的延伸部分。西部是辽河、浑河冲积平原，地势由东向西缓缓倾斜。全市最高海拔高度为447.2米，在法库县境内；最低海拔高底为5.3米，在辽中县于家房镇。

沈阳市现有林木面积42.8万公顷，林木绿化率为33%，水资源总量为31.7亿立方米，地下水资源量为24.67亿立方米，地表水资源量为17.51亿立方米，沈阳的周围有风景秀丽的辉山、天柱山和碧波荡漾的浑河、辽河、北沙河、新开河、南运河等。

（鉴　闻）

【历史沿革】 沈阳市位于浑河北岸，浑河古称沈水，因古代以水北为阳，故称沈阳。沈阳历史悠久，2012年8月至2013年9月，沈阳市文物考古研究所与吉林大学边疆考古研究中心组成旧石器联合考古队，先后两次对沈阳农业大学后山旧石器时代遗址进行考古发掘，发掘面积109平方米。通过近7米深的发掘，该遗址中发现了5个连续分布的旧石器文化层，通过科学的光释光测年、沉积学检测分析，确定其年代距今1.5～11万年。出土了620余件古人类加工和使用过的打制石器，包括手镐、盘状石核、尖状器、砍砸器、刮削器、雕刻器、石核、石片等。揭示出的一组古人类建造和使用的建筑遗迹，推测其可能与古人类在野外搭建的窝棚式建筑有关，测定该遗迹的年代距今7～7.3万年。通过发现的5个旧石器文化层，确立了沈阳地区旧石器时代中晚期的文化序列，并将沈阳地区有人类活动的历史从新乐文化的7200年，提前至距今11万年左右。公元前300年（燕昭王十二年），燕国名将秦开在此屯兵戍边，设立侯城，为沈阳建城之始。秦始皇统一六国后，分天下为36郡，沈阳属辽东郡境。西汉时沈阳是东北的军事重镇，为中部都尉治所，已初具县邑规模。公元前108年（汉武帝元封三年）设玄菟郡。经魏晋至隋唐，沈阳地区部分属辽东郡，部分为玄菟郡所辖。公元668年（唐总章元年）后，隶安东都护府。公元921年（辽神册六年），在沈阳境内设置沈州，筑有土城。1116年金太祖完颜旻攻克沈州后，在境内设驿站多处，扼守交通，并发展了瓷器、铜镜等手工业。13世纪初元金交兵时，沈州土城被毁。1296年（元元贞二年），元改沈州为沈阳路，至此沈阳见于史册，并重筑土城，沈阳已成为关内外交通要冲、商品交易集散地和文化联系纽带，是东北重镇之一。1372年（明洪武五年）明军攻克沈阳，1386年改沈阳路为沈阳中卫。为加强防御，1388年在元代土城基础上新建砖城，设东南西北4门，并在城内修“十”字街通向各门。此时，在沈阳附近有开原、广宁、抚顺3大马市，促进了沈阳商业、手工业发展。1621年（清天命六年），后金汗王努尔哈赤领兵攻占沈阳，1625年把都城从辽阳迁至沈阳，将明代砖城加宽加高，改4门为8门，将城内“十”字街改为“井”字街，并大兴土木，修建了融汉、满、蒙、藏等各族文化艺术特色的宫殿及寺塔。1634年（清天聪八年），皇太极改沈阳为盛京（汉文为天眷盛京、满文音为谋克敦、英译MUKDEN）。1644年（清顺治元年）迁都北京后，清以沈阳为陪都，并于1657年（清顺治十四年）以“奉天承运”之意在沈阳古城区设奉天府，这便是沈阳又名奉天的由来。19世纪中后期，沈阳城内民族手工业和工商业迅速发展，关内外交往规模不断扩大，沈阳逐渐成为关外政治、经济、文化中心。1911年辛亥革命后，沈阳成为奉系军阀首领张作霖统治东北的中心，修铁路、开矿山、办工厂、建银号，使沈阳近代工业得到长足发展。1923年8月，奉天省划沈阳县城区及商埠地一带为市区，正式设立奉天市政公所，沈阳首次出现市的建制。1928年6月3日，张作霖被日军炸死于皇姑屯三洞桥后，张学良执政，于同年12月29日在沈阳宣布“东北易帜”，并于1929年4月2日将奉天市改名为沈阳市。1931年日本帝国主义发动“九一八”事变并侵占沈阳，将沈阳市改为奉天市。1945年8月，抗日战争胜利，八路军进驻沈阳，奉天市恢复沈阳市名称。10月10日，沈阳市民主联合政府成立，白希清任市长，焦若愚任副市长。1946年3月，国民党军队进驻沈阳并发起内战。1948年11月2日，沈阳获得解放。11月3日，沈阳特别市政府成立，隶属东北行政委员会，朱其文任市长，焦若愚任副市长兼秘书长。同月20日，市政府决定将市内22个区合并为沈河、大东、北关、北市、南市、铁西、皇姑、和平8个区。1949年5月1日，沈阳特别市政府改为沈阳市人民政府，同年8月，沈阳市隶属东北人民政府领导。1953年2月，苏家屯镇改为苏家屯区，沈阳市辖区增至9个。1953年3月12日，沈阳市改为中央直辖市。1954年8月11日，沈阳市改为辽宁省辖市。1955年1月21日，沈阳市人民政府改称沈阳市人民委员会。1959年1月1日，辽宁省人民政府决定将原铁岭地区的铁岭、法库、康平、开原、昌图、西丰和原辽阳专区的沈阳、辽中、新民、台安10个县划归沈阳市领导，沈阳市共辖9个市区、10个县。同年2月24日，市人民委员会撤销北市、南市、北关3个区的建制，并入和平、沈河、大东等区。同年12月31日，撤销沈阳县建制，其所辖地区分别划入市内邻近各区，并设立新城子区。1964年3月16日,中共辽宁省委决定设立沈阳专区,将沈阳市所辖的铁岭、法库、康平、昌图、开原、西丰、新民、辽中、台安9县划归沈阳专区领导。1964年3月24日,市人民委员会决定设立东陵、于洪2个郊区。1968年5月10日,沈阳市革命委员会成立。1969年12月26日、1970年1月1日,辽中县、新民县分别划归沈阳市领导。1980年4月19日,沈阳市革命委员会改为沈阳市人民政府。1993年1月1日经国务院批准,原铁岭市的法库、康平县划归沈阳管辖。同年经国务院批准,新民县撤县设市。至2004年末,沈阳市辖和平、沈河、大东、皇姑、铁西、于洪、苏家屯、东陵、新城子9个市区以及新民、辽中、法库、康平4个县(市)。2006年10月8日,经国务院批准将新城子区和辉山农业高新技术开发区合并,成立沈北新区。

(*鉴　闻*)

【经济地理位置】 沈阳地处东北地区的南部,辽宁省的中心。她背倚长白山麓,面向渤海之滨,是辽东半岛的腹地。在以沈阳为中心的150公里半径内,有中国著名的钢都鞍山、煤都抚顺、煤铁之城本溪、煤电之城阜新、石油之城盘锦、轻纺之城丹东、化纤之城辽阳和粮食煤炭基地铁岭,这些资源丰富、实力雄厚的辽宁中部工业城市形成了世界上罕见的城市群。沟通世界各大港口的大连港,正在开发的营口新港和锦州港、距沈阳不超过400公里。

沈阳作为中国东北地区最大的经济中心城市和通往中国长城以南地区必经之路,长期的经济发展,形成了密如蛛网的航空、铁路、公路运输网络。

中国南方航空股份有限公司北方分公司(以下简称南航北方分公司)前身系原中国北方航空公司。2004年底,经国家有关部门批准,北方航空公司正式将航空主业资产注入中国南方航空股份公司。作为中国南方航空股份公司在沈阳设立的分支机构,南航北方分公司从2005年1月1日起,正式按照分公司模式运营,该分公司位于沈阳东塔机场,以沈阳桃仙国际机场为基地机场,主要经营沈阳出港至国内外大中城市的航线。2013年底,北方分公司拥有A320系列运输飞机26架,经营沈阳始发航线64条,国际航线连通日本、韩国、新加坡等多个国家。

沈阳的铁路是东北地区最大的铁路枢纽,沈山线、沈吉线、长大线、沈丹线、苏抚线等铁路干线,沟海线、辽溪线、开本线、溪田线、铁法线、丹大线等支线都交汇在沈阳。

沈阳的公路四通八达。不仅农村实现了村村通公路,而且与大连、本溪、抚顺、铁岭、锦州等省内城市全部实现高速公路化,形成了全国少有的高速公路网络。

(*鉴　闻*)

【气候】 沈阳地处中纬度欧亚大陆东岸,属于北温带半湿润大陆性季风气候。按照气候学划分四季标准,日平均气温稳定在10℃以下算作冬季,日平均气温稳定通过22℃算作夏季,在10~22℃和22~10℃之间分别算作春季和秋季,沈阳春季始于4月中下旬,夏季始于6月中下旬,秋季始于8月末,冬季始于10月中旬,四季中冬季长达6个多月,春、夏、秋季各为2个月左右。主要气候特点:冬冷夏暖,寒冷期长;四季分明,雨热同季;南湿北干;降水集中;日照充足;温差大;春秋短促多风。

全年平均气温8.2℃,历史最高值9.7℃(1998年),历史最低值6.2℃(1956年)。全年气温分布由南向东北方向递减,年平均气温北部地区7.1~7.4℃,南部8.2~8.5℃。全年中1月份气温最低,7月份气温最高。沈阳市区极端最低气温为-33.1℃(出现在1950年1月6日和2001年1月15日),2001年是沈阳地区建国以来最冷的一年,2001年1月11-16日连续日最低气温低于-30.8℃,创沈阳百年气象史"最冷天气"之最。沈阳极端最高气温为39.3℃(出现在1920年6月30日),建国后沈阳极端最高气温为38.3℃(出现1952年7月18日)。

年平均降水量为625.8毫米,历史最高值出现在2012年,为977.7毫米,最低值为437.6毫米,出现在2006年。市区降水量历史最高值是1923年最多,达到1064.5毫米,建国以来1953年降水量最多,为1055.3毫米;历史最低值1913年降水量最少,只有341.1毫米,建国以来最少年是1965年,年降水量为445.0毫米,多雨年和少雨年相差600多毫米。沈阳地区全年平均降水量在520~700毫米之间,降水分布不均,干旱、夏涝时有发生。受太平洋副热带高压南进北退影响,沈阳地区降水分布是由东南向西北递减。

全年总日照时数平均为2468小时,历史最高值2805.5小时,历史最低值1996小时。年日照时数北部多于南部,日照分布由北向东南方向减少。全年平均相对湿度为65%,春季是全年最干燥的季节,相对湿度最小;夏季是全年最湿润的季节;冬季水汽含量最少,但气温低,相对湿度大于春季。沈阳夏半年以西南季风为主,冬半偏北风势力较强,是我国几个大风多发区域之一。

沈阳地区正常情况下10月上旬出现初霜,但北部地区最早9月10日出现,南部最早9月20日出现;终霜结束在4月下旬,无霜期在153~166天之间,年平均无霜期为163天。≥10℃积温为3183~3800℃.天;≥20℃积温为1735-2492℃.天。大田农作物以一年生的水稻、玉米为主。

(*张　菁*)

【人口】 人口2013年,沈阳市总户数为260.2万户,户籍人口为727.1万人,比2012年分别增加2.6万户和2.3万人。其中市辖区户数为190.4万户,占全市总户数73.2%,人口为524.6万人,占全市总人口的72.1%。在全市十三个区、县(市)中,铁西区人口最多,为89.7万人,东陵区人口最少,为31.3万人。

在总人口中,男性人口为360.9万人,占总人口的49.6%,女性人口为366.2万人,占总人口的50.4%,性别比为98.5。出生人口中,男性人口30105人,女性人口27951人,性别比为107.7。2013年,全市出生人口58056人,出生率为8.00‰,比上年下降0.65个千分点,死亡人口57205人,死亡率为7.88‰,比上年下降0.86个千分点,自然增长率为0.12‰。全市共迁入人口5.3万人,比上年减少0.4万人。其中,省内迁入人口2.7万人,省外迁入人口2.6万人;迁出人口3.1万人,比上年减少0.4万人。其中,迁往省内人口0.9万人,迁往省外人口2.2万人。全年人口机械增加2.1万人,比上年减少0.1万人。

人口年龄结构与上年相比变化不大,2013年全市18岁及18岁以下人口90.8万人,比上年增加0.1万人,占总人口的12.5%,比重与上年持平;19—35岁人口173.3万人,减少6.3万人,占总人口的23.8%,比重下降1个百分点;36—60岁人口320.3万人,增加0.7万人,占总人口的44.0%,比重下降0.1个百分点;60岁以上人口142.7万人,比上年增加7.7万人,占总人口的19.6%,比重比上年提高1个百分点,人口老龄化程度愈发严重。

(赵艳霞)

【行政区划】 2013年7月2日,经市人民政府批准,对苏家屯区八一、林盛街道办事处行政管辖范围进行调整。将八一街道办事处的大双村所属大古家子自然村整体划入林盛街道办事处。调整后,八一街道办事处行政管辖范围为:东至林盛街道文成堡村,南至红菱街道宛庄村,西至王纲街道大庄科村,北至临湖街道代古家子村,下辖1个社区、9个村,区域面积52.73平方公里,实行街道管村体制,办公地址不变;林盛街道办事处行政管辖范围为:东至沙河街道东大房身村,南至十里河街道柳塘沟村,西至红菱街道张良堡村,北至民主街道红星村,下辖2个社区、12个村,区域面积48.84平方公里,实行街道管村体制,办公地址不变。

9月30日,经省人民政府批准,调整法库县部分乡镇行政区划。将法库镇新城堡村、大泉眼村,十间房镇陶屯社区、石岗子社区、阎家窝堡社区、魏家楼村、四台子村、秋皮沟村,慈恩寺乡任家窝堡村等9个村(社区)划入五台子镇;将孟家镇羊草沟村、黄花岭村、小房申村,柏家沟镇东二台子村、夏堡村,十间房镇南门社区、周地沟社区、西门社区、马家店社区、榆树底村等10个村(社区)划归法库镇;将大孤家子镇方石砬子村、山嘴子村等2个村划入十间房镇。

截至2013年底,沈阳市辖和平区、沈河区、大东区、皇姑区、铁西区、苏家屯区、东陵区、沈北新区、于洪区9个区,辽中县、康平县、法库县、新民市4个县(市)。区、县(市)下设18个乡,55个镇,141个街道办事处。

(胡志英)

【民族】 截至2013年底,全市有17个少数民族相对聚居的街道,具体是:和平区西塔街道、浑河站西街道,沈河区朱剪炉街道,皇姑区明廉街道,铁西区大青街道,沈北新区黄家街道、石佛寺街道、兴隆台街道、尹家街道,于洪区大兴街道,东陵区(浑南新区王滨街道、祝家街道、汪家街道、浑河站东街道,棋盘山开发区满堂街道、高坎街道、英达街道。全市有少数民族相对聚居的社区190个。

全市有5个民族乡:法库县四家子蒙古族乡,康平县西关屯蒙古族满族乡、沙金台蒙古族满族乡、柳树屯蒙古族满族乡、东升满族蒙古族乡。全市有少数民族村261个(锡伯族人口比例超过20%或少数民族人口比例超过30%),其中满族村104个,蒙古族村53个,朝鲜族村42个,回族村16个,锡伯族村46个。人口总数36.45万人,其中少数民族人口19.01万人,占总人口的52.16%。

(华明伟)

【宗教】 沈阳市有佛教、道教、伊斯兰教、天主教、基督教五种宗教,全市性爱国宗教团体7个(佛教协会、道教协会、伊斯兰教协会、天主教爱国会、天主教教务委员会、基督教"三自"爱国运动委员会、基督教协会),信教群众41.5万人。经政府登记的宗教活动场所338处(甲类寺观教堂95处、乙类固定处所243处),宗教教职人员558人。

佛教于魏晋时传入沈阳,全市现有寺庙及固定处所58处,宗教教职人员170名,信教群众约15万人。道教于唐代传入沈阳,全市现有宫观及固定处所10处,全真派乾、坤道33人,信教群众约1万人。伊斯兰教传入沈阳的最早文字记载始于1352年,全市现有清真寺23座,阿訇35人,穆斯林群众约8万人。天主教于1696年传入沈阳,现有教堂14处,天主教教职人员22人,信教群众约1.5万人。基督教于鸦片战争后传入沈阳,全市现有教堂及活动点223处,基督教教职人员182人,信教群众约15万人。

(华明伟)

国民经济与社会发展

【经济总量】 2013年,全市地区生产总值(GDP)7158.6亿元,按可比价计算,比上年增长8.8%。其中,第一产业增加值335.5亿元,增长4.7%;第二产业增加值3709.2亿元,增长10.1%;第三产业增加值3113.8亿元,增长7.6%。按常住人口计算,人均GDP为86850元,增长8.2%。

2013年,四县(市)实现生产总值1338.1亿元,比上年增长8.7%。实现规模以上工业增加值1078.9亿元,增长11.6%;固定资产投资1323.9亿元,增长18.4%;社会消费品零售总额286.1亿元,增长14.1%;实际利用外资2.8亿美元,增长9.7%;公共财政预算收入99.3亿元,增长12.9%;地方税收收入79.4亿元,增长14.8%。

(苏堪成)

【农业】 全年农林牧渔业总产值643.3亿元,比上年增长4.9%。其中,种植业产值253.9亿元,林业产值10.9亿元,畜牧业产值329.3亿元,渔业产值25.8亿元,农林牧渔服务业产值23.3亿元。

全市农作物播种面积67.8万公顷,其中粮食作物播种面积51.5万公顷。粮食总产量410.6万吨,实现了连续十年粮食生产丰收,其中水稻产量102.9万吨,玉米产量291.5万吨。水果产量27.8万吨,比上年增长13.6%;蔬菜产量576.1万吨,增长14.8%;肉类总产量105.9万吨,增长6.0%,其中猪、牛、羊肉分别增长7.2%、6.8%和4.8%;禽蛋产量79.3万吨,增长5.9%;牛奶产量50.8万吨,增长5.6%。

水利基础设施建设继续加强,石佛寺中型灌区改造等工程完工。全年农业机械总动力343.63万千瓦,比上年增长5.3%,农业机械化综合水平提高到75.5%。农用化肥施用量(折纯)20.7万吨,地膜覆盖面积6万公顷。

全市市级以上农业产业化龙头企业280个,其中省级以上重点龙头企业60个。农民专业合作社4378个,带动农户27万户。新增设施农业面积0.2万公顷,累计达到12.87万公顷;高效特色农业面积累计达到20.5万公顷。争取国家、省级玉米、水稻等粮油作物高产创建示范区98个。新建农村饮水安全工程105处。到2013年末,61个乡镇达到"一乡一业"标准,新民"梁山西瓜"、法库"牛产业"跻身省级"一县一业"示范县。

(苏堪成)

【工业】 全市规模以上工业增加值3522.2亿元,比上年增长10.0%。其中,重工业增加值2583.3亿元,增长

10.9%；轻工业增加值939亿元，增长7.4%。装备制造业实现增加值1743.7亿元，增长12.1%，占全市规模以上工业增加值的49.5%。汽车及零部件、建筑产品、农副产品加工、化工产品制造业、钢铁及有色金属冶炼及压延业等五大优势产业实现增加值1807亿元，增长11.0%。规模以上工业实现高新技术产品增加值1615.4亿元，增长16.2%，占全市规模以上工业增加值的45.9%。工业出口产品交货值280.9亿元，下降0.3%。

全市规模以上工业企业实现利税总额1166.9亿元，比上年增长10.9%；利润总额760亿元，增长11.6%。工业经济效益综合指数391.28%，比上年提高40.36个百分点；工业产品产销率98.5%，下降0.1个百分点。

（苏堪成）

【建筑业及固定资产投资】 全市建筑业增加值360.7亿元，按可比价计算，比上年增长11.0%。资质等级以上建筑业企业完成总产值2005.9亿元，增长17.9%。

全年固定资产投资6383.9亿元，比上年增长13.5%。从投资主体看，国有经济投资1056.4亿元，增长2.1%；外商及港澳台经济投资998.5亿元，增长7.6%；民间投资4329.1亿元，增长18.2%。从产业分布看，第一产业投资77.9亿元，下降17.1%；第二产业投资2205.9亿元，增长15.1%，其中工业投资2149.5亿元，增长15.5%；第三产业投资4100.1亿元，增长13.4%。全年新增固定资产3731.4亿元，增长16.1%。

全年房地产开发投资2184亿元，比上年增长12.4%，其中住宅建设投资1574.6亿元，增长18.3%。房屋施工面积11568.3万平方米，增长5.1%；房屋竣工面积1459.8万平方米，下降29.4%，其中住宅1230.3万平方米，下降25.2%。商品房销售面积2262.3万平方米，下降8.4%，其中商品住宅销售面积2017.4万平方米，下降8.4%；商品房销售额1436.1亿元，下降8.0%，其中商品住宅销售额1225.3亿元，下降7.1%。

（苏堪成）

【国内贸易】 全年社会消费品零售总额3186.1亿元，比上年增长13.7%。按地区分，城镇零售额3074.4亿元，增长13.3%；乡村零售额111.7亿元，增长25.5%。

限额以上批发零售贸易企业实现零售额1693.9亿元，比上年增长16.8%。其中汽车类零售额436.5亿元，增长11.3%；服装、鞋帽、针纺织品类零售额219.3亿元，增长13.8%；中西药品类零售额224.4亿元，增长30.6%；食品、饮料、烟酒类零售额145.8亿元，增长20.0%；家用电器和音像器材类零售额124.6亿元，增长25.2%；日用品类零售额61亿元，增长10.5%；通讯器材类零售额69亿元，增长50.1%；建筑及装潢材料类零售额30.6亿元，增长4.1%。全年成交额超亿元的商品交易市场57个，交易额1554.6亿元。

（苏堪成）

【对外经济贸易与旅游】 全年进出口总额143.3亿美元，比上年增长12.4%。其中，进口总额73.3亿美元，增长8.1%；出口总额70亿美元，增长17.3%。

全年新签外商投资合同项目155个，合同外资额27.3亿美元，实际利用外资额58.1亿美元，比上年增长0.1%。全年对外承包工程与劳务合作合同金额15.2亿美元；实现营业额10.2亿美元，增长5.0%；外派人员0.4万人次。

全市国家A级旅游景区54家，旅行社188家，星级饭店98家。全年旅游总收入932.3亿元，比上年增长12.8%。其中，国内旅游收入890.7亿元，增长13.0%，外汇收入6.6亿美元，增长10.8%；接待国内外旅游者7503万人次，增长8.0%，其中，国内旅游者7422万人次，增长8.0%，入境旅游者81万人次，增长8.0%。

（苏堪成）

【财政、金融】 全年公共财政预算收入801亿元，比上年增长12.0%，其中各项税收650.9亿元，增长13.1%。在各项税收中，增值税65.4亿元，增长25.5%；营业税195.7亿元，增长8.5%；企业所得税81.6亿元，增长9.0%；个人所得税19.8亿元，增长12.3%；土地增值税58.5亿元，增长17.0%；耕地占用税38.5亿元，下降13.1%；契税62.7亿元，增长24.4%。

公共财政预算支出881.3亿元，增长15.0%。其中，住房保障支出增长70.2%，城乡社区事务支出增长33.3%，交通运输支出增长17.7%，科学技术支出增长12.8%，教育支出增长10.2%。

到2013年末，全市银行机构及网点1371家，金融机构本外币存款余额11576.6亿元，比年初增长10.9%，其中个人储蓄存款余额4821.6亿元，增长10.4%；本外币贷款余额9128.7亿元，比年初增长13.0%。

全市证券营业部76个。全年证券交易额12698.3亿元，比上年增长46.0%。其中，股票交易额7999.3亿元，增长34.7%；基金交易额337.1亿元，增长49.5%。

全市保险机构及网点290余家。全年保费收入147.6亿元，比上年增长3.4%。其中，国内财产险保费收入56亿元，增长16.5%；人身险保费收入89.8亿元，下降2.7%。全年赔付及给付支出58.8亿元，增长26.7%，其中国内财产险赔款支出31.7亿元，增长30.6%；人身险赔付金额26.3亿元，增长23.2%；农业险赔款支出0.8亿元。

（苏堪成）

【交通运输、邮政和信息传输业】 全年货物运输总量2.15亿吨，比上年下降1.1%。其中，铁路530万吨，增长16.0%；公路2.10亿吨，增长1.4%；民用航空4.4万吨，下降1.5%。全年旅客发送量2.45亿人次，增长5.2%。其中，铁路3815.8万人次，增长14.0%；公路2.03亿人次，增长3.7%；民用航空413.4万人次，增长3.5%。

年末，全市民用汽车保有量125.3万辆，比上年末增长11.0%。其中，载客汽车109.3万辆，载货汽车14.7万辆。私人汽车保有量96.2万辆，增长18.5%。

沈阳与国际19个城市、国内71个城市（地区）通航。沈阳机场航线达到147条，其中国际航线23条，国内航线124条。运输飞机起降9.1万架次，增长11.9%；机场旅客吞吐量1210.7万人次，增长9.9%。全年邮电业务总量131.3亿元。其中，邮政业务总量13.7亿元，电信业务总量117.6亿元。年末固定电话交换机总容量280.3万门。城乡固定电话用户268.7万户，下降4.4%。移动电话交换机总容量1330.4万户。移动电话用户1015.9万户，新增20.3万户。国际互联网络登记注册用户152.7万户，减少23.2万户，其中宽带接入用户151.1万户，增加7.1万户。固定电话普及率32.5部/百人，移动电话普及率123部/百人。

（苏堪成）

【城市建设】 2013年城建投资完成400亿元。四环快速路全线通车，南二环快速路、三环高速路、伯官桥、北海高架桥等路桥建设改造竣工通车。全面完成二、三、四环路、重点街路、全运会主功能区绿化等工程。地铁9、10号线开工建设，浑南现代有轨电车正式运营，桃仙机场T3航站楼、沈阳北站南广场、沈阳站东广场等重点工程投入使用。黄河大街北出口排水系统、三好排水泵站及配套工程基本完成，供热管网互联工程启动实施，康平燃气工程竣工送气。

年末城市公交运营线路215条，其中新开、调整公交线路21条，延时20条；增加运营里程138.9公里，公交运营线路长度达到4096.3公里；年内新增、更新公交车辆1000台，其中清洁能源车辆899台；更换公交站牌2000个，改造候车廊920个。全年公共交通客运总量11.5亿人次。地铁1、2号线运营里程达到465.1万列公里，客运量2.24亿人次。浑南有轨电车于8月中旬起正式运行，到12月末共完成运营里程55.64万列公里，客运量163.37万人次。年末全市出租汽车2.18万辆，其中市区（不含苏家屯区和沈北新区）1.78万辆，年内更新出租汽车3000台，全年客运量5.3亿人次。

年末市区道路总长度3526.7公里，总面积7777.26万平方米。路灯24.28万盏，永久性桥梁337座。全年新增供水管网266公里，供水管道总长度3422.2公里，供水量5.49亿立方米。供热管网总长度9210公里，新增供热能力2100兆瓦，全市供热面积达到2.59亿平方米。天然气供气管道总长度5400公里。建成区绿化覆盖率42.22%，城区人均公园绿地面积12.39平方米。

（苏堪成）

【环境保护】 实施青山、碧水、蓝天工程，全面开展城乡绿化，棋盘山、卧龙湖生态保护利用稳步推进；辽河、浑河、蒲河等重点流域治理扎实推进，南部污水处理厂、沈北蒲河北污水处理厂投入运行；拆除10吨以下供暖锅炉48台，关停11家高污染企业，电厂脱硝改造、企业“煤改气”、机动车尾气和扬尘治理等专项工程积极推进。实施封井压采，地下水资源保护得到加强。全年环境空气质量优良天数215天，机动车尾气检测率90%以上，水源地水质达标率100%，城市污水处理能力达到100%，医疗废物无害化处置率100%，主要污染物化学需氧量、氨氮、二氧化硫、氮氧化物排放总量分别比2012年削减2.5%、2.6%、1.5%、1.9%。沈阳经济技术开发区成为东北首个国家生态工业示范园区，法库经济开发区成为国家循环化改造示范试点园区。

（苏堪成）

【人口与就业】 2013年末，全市常住人口825.7万人，比上年增长0.35%。户籍人口727.1万人，增长0.4%。其中，市区人口524.6万人，县（市）人口202.5万人；男性人口360.9万人，女性人口366.3万人。人口出生率8.00‰，降低0.65个千分点，出生人口性别比107.7；人口死亡率7.88‰，降低0.86个千分点。人口自然增长率0.12‰，回升0.21个千分点。计划生育率98.13%。

全市城镇非私营单位从业人员152.8万人，比上年增长25.3%，其中在岗职工141.6万人，增长21.9%。在岗职工中，国有经济单位59.6万人，减少3.8万人；集体经济单位5.3万人，与上年持平；其他经济单位76.7万人，增加29.2万人。在岗职工产业分布，第一产业0.3万人，减少0.4万人；第二产业64.6万人，增加19.1万人；第三产业76.7万人，增加6.7万人。全年新增实名制就业21.75万人。援助就业困难群体就业0.65万人。年末，城镇登记失业人员8.43万人，城镇登记失业率3.03%。

（苏堪成）

【人民生活和社会保障】 2013年，城市居民人均可支配收入29074元，比上年增长10.0%；人均消费支出22252元，增长11.2%。农民人均纯收入14467元，增长10.9%；人均生活消费支出7196元，增长8.6%。

到2013年末，全市参加城镇基本养老保险345.9万人，比上年末增加25.2万人；城镇居民养老保险7.65万人，增加0.3万人；参加城镇职工基本医疗保险357.87万人，增加6.65万人；城镇居民基本医疗保险122.89万人，增加12.1万人；失业保险134.3万人，增加1万人；工伤保险177.8万人，增加5万人；生育保险284.3万人，增加10.06万人。新型农村社会养老保险参保农民105.76万人，增加2.29万人；被征地农民参加社会保障参保人数19.25万人；启动新农合大病保险，取消医疗救助最大封顶限额和定点医院限制，新型农村合作医疗参合人数228.74万人，参合率99.17%，人均筹资标准提高到350元。

全年发放最低生活保障金4.6亿元。其中，城市发放最低生活保障金3.7亿元，5.7万户、9.4万人享受城市居民最低生活保障；农村发放最低生活保障金0.9亿元，4.3万户、7.9万人享受了农村居民最低生活保障。4273户、9717人享受城市低保边缘户救助；4290户、10021人享受农村低保边缘户救助。

企业退休人员基本养老金人均每月1778元，比上年提高170元。失业保险金人均支出标准为每月965元，提高150元。职工最低工资标准：市区和开发区1300元，四县（市）1050元。城镇居民最低生活保障标准：市区和开发区每人每月490元，四县（市）每人每月420元。农村最低生活保障标准：各区每人每年3420元，四县（市）每人每年2760元。

新增100个社区日间照料站，新增养老床位6739张，市养老服务中心二期主体完工。到2013年末，全市各类收养性社会福利机构164个，床位3.5万张，收养各类人员1.6万人。全年福利彩票销售19.6亿元，筹集福利彩票公益金4.9亿元。全年共募集慈善资金1275.3万元。

（苏堪成）

【社会事业】 2013年末，全市拥有市及市以上独立科学研究与技术开发机构104个；省级以上工程（技术）中心214个，其中国家级14个；省级以上重点实验室261个，其中国家级14个。全年市以上登记认定的科技成果211项，其中应用技术成果190项。应用技术成果中，达到国际水平110项（国际领先18项，国际先进92项）；达到国内水平80项（国内领先69项，国内先进11项）。软科学成果及基础理论成果21项。各类技贸机构技术贸易成交额127.9亿元。专利申请13190件，其中发明专利申请7572件；专利授权6924件，其中发明专利授权1574件。

2013年末，全市普通高等院校46

所(含独立学院5所),招收本、专科学生11万人,在校生38万人,本、专科毕业生9.3万人。普通高等院校和科研机构招收研究生1.6万人,在校研究生4.3万人,毕业研究生1.3万人。普通中学322所,在校生27.2万人;普通中专39所,在校生5.7万人;职业高中44所,在校生2.1万人;技工学校31所,在校生2.5万人。初中毕业生升学率110.6%,高中阶段毛入学率109.2%。小学320所,在校生34.5万人。小学适龄人口毛入学率110.0%。全市学前教育幼儿入园率88.8%。

全年共组织开展各级各类群众文化活动2.3万余场,参与群众达1787万人次,社区文化建设"五个一"工程运作模式成为国家公共文化服务体系示范项目,艺术惠民"双百万工程"等6个项目、作品和个人荣获了第十届中国艺术节"群星奖",二战盟军战俘营旧址陈列馆建成并对外开放。

2013年末,全市卫生机构2106个(不含村级卫生组织)。其中,医院199个;卫生院115个;社区卫生服务机构290个,其中社区卫生服务中心81个、社区卫生服务站209个;疾病预防控制中心(防疫站)17个;妇幼卫生保健机构15个;专科疾病防治机构22个;卫生监督所11个。年末实有病床5.35万张,各类卫生技术人员5.94万人,其中执业医师2.19万人,执业助理医师1503人,注册护士2.54万人。

圆满完成第十二届全国运动会沈阳赛区的竞赛组织、赛事服务、安全保卫等各项工作。完成25个市属场馆和17个市、区两级全民健身中心建设改造和全民健身公共体育设施建设,建成笼式足球场22个、标准篮球场110个。104所学校体育设施对市民开放,方便群众健身。全年累计开展迎全运倒计时100天万人健步走等活动1000场次,参与群众达到400万人次。全年体育彩票销量达到14.94亿元。

(苏堪成)

精神文明建设

【加强公民道德建设】 积极践行"热爱祖国、孝敬父母、关爱他人"基本道德准则,培育社会主义核心价值观。在全市540个社区、20个百人以上窗口单位、40个食品药品企业、全市中小学校和市级以上文明单位开设道德讲堂。全市组织开展3000余场道德讲堂。启动"我推荐、我评议身边好人"暨感动沈阳人物评选活动,通过基层推荐、媒体宣传,每月向"中国好人榜"推荐沈阳好人。每季度评选一批沈阳市身边好人,年底评选表彰20名沈阳市道德模范,并产生10名年度感动沈阳人物,举办颁奖典礼,大力褒奖和宣传道德模范事迹。成立道德领域突出问题专项教育和治理工作领导小组,专题部署在窗口行业、公共场所、食品药品企业开展专项教育和治理工作。组织市民巡访团、人大代表、政协委员对重点行业进行明察暗访,开展道德评议监督活动。打造5条特色诚信商业一条街。在媒体开设"啄木鸟"专栏,对道德失范、诚信缺失现象予以舆论监督。

(杨建学)

【推进讲文明树新风公益广告】 把"讲文明、树新风"公益广告宣传,作为加强社会主义核心价值体系建设的有效载体,紧紧围绕"中国梦"、"勤劳善良中国人"主题,强力推进公益广告宣传。沈阳日报、沈阳晚报、地铁报累计刊播360余条公益广告,沈阳广播电视台新闻广播和新闻频道分别刊播各类公益广告5300余条次和9000余条次。在全市公园、广场、建筑围挡张贴24万张公益海报,在全市60余块大型户外电子屏和万余块电子门楣刊播公益广告,实现时间、空间上的全覆盖。沈阳文明网在首页用醒目标题和大图提示,转载刊播"中国范儿"公益广告。建立网络文明志愿者传播队伍,积极配合重大主题开展网络文明传播工作,网络文明、网络正能量不断激发。

(杨建学)

【开展志愿服务活动】 建立健全学雷锋志愿服务组织,吸纳社会志愿服务组织加入其中,形成合力。全市共有注册学雷锋志愿服务组织1261个,注册学雷锋志愿者达101.23万人,实现了地区部门、行业系统全覆盖。探索学雷锋志愿服务模式,率先打造"一广场、一网、一卡、一站、一学院、一基金"六个一志愿服务工程。建设20个志愿服务广场,打造"百万学雷锋志愿者在行动"品牌,将每周六确定为全民学雷锋志愿服务日。建立为志愿者免费提供60万元人身意外伤害保险等回馈服务办法,激发志愿者服务热情。开展学雷锋志愿服务活动,以"关爱他人、关爱社会、关爱自然"为主题,全市共举行各类志愿服务活动1865场(次),45.6万名志愿者参加活动,累计帮扶对象达19.8万人。积极动员社会志愿者参与全运服务,志愿者人数达25.8万人次,服务时间累计超过238万小时。

(杨建学)

【举办第五届全民读书月】 为贯彻落实市委十二届五次全会精神,推进学习型社会建设,市文明办以"阅读提升和谐"为主题,于4月23日至5月23日举办第五届沈阳全民读书月活动,编辑出版《践行沈阳人基本道德准则——修身经典》图书,向市民免费发送20万条经典解析短信,举办《品读心灵》2013名家名篇音乐朗诵会,开展百万图书捐赠活动,激发市民读书热情,形成"爱读书、多读书、读好书"的社会风尚,促进市民文明素质和城市文明程度提升。

(杨建学)

【深化"我们的节日"活动】 为大力弘扬中华优秀文化、激发民族情感,建设中华民族共有精神家园,市文明办在全市组织开展群众性"我们的节日"系列主题活动,以春节、元宵节、清明节、端午节、中秋节等传统节日为重点,努力培育健康向上的节庆文化,营造喜庆祥和的节日氛围。在铁西区中国工业博物馆一楼大厅举行沈阳市暨铁西区"我们的节日·春节"红红火火过大年志愿服务活动启动仪式。开展大拜年活动,为道德模范代表、低保户代表购置年货、送去新春祝福。开展"三下乡"活动,在节日期间为农民带来欢乐。清明节期间,继续深入推进"告别陋习,文明祭祀"工作,控制烧纸陋习,提升城市文明形象,巩固文明祭祀工作成果,举办多场"共赴文明之约"文明祭祀公益行动,用文明、环保、绿色的方式祭祀先人先烈,缅怀追思。举办"我们的节日·端午——中华长歌行"特别节目,邀请辽沈地区著名主持人共同吟诵古今中外的名篇佳作,进一步激发市民群众爱祖国,爱家乡的热情,共同为建设美好家园而共同奋斗。

(杨建学)

【开展"放下爱车绿色出行"行动】 为

引导市民争做谦恭有礼的沈阳人，全力推进文明交通示范岗（路）建设，打造城市窗口亮点，提升城市文明形象，2013年7月20日，在市府广场举办“放下爱车绿色出行”启动仪式，活动将每月22日定为“绿色出行日”，组建“7天联盟”，7位私家车主一周轮流停开1天私家车，使绿色出行理念深入人心。

（杨建学）

【千场文明礼仪讲堂】 为全面普及文明礼仪知识，倡导文明礼仪之风，以文明礼貌、谦恭有礼的良好形象迎接八方宾朋，展示文明沈阳形象，市文明办成立沈阳市文明礼仪志愿宣讲团，对宣讲团成员进行培训，印发教材、课件，在2013年7月至10月组织开展千场文明礼仪讲座，全面深入机关、企业、学校、社区、军营等开展宣讲。编印《沈阳市民文明礼仪手册》，在全运会开幕式上免费赠送，形成全民学礼浓厚氛围。

（杨建学）

【开展环境大提升创城惠民行动】 2013年5月15，市创城指挥部召开第九次工作会议，在全市部署开展了环境大提升创城惠民行动，对与市民生活密切相关的公园绿地、景区、机场、车站等公共场所，重点从完善设施功能、整治乱扔乱吐、清洗乱张贴涂写、查处损坏花草树木等工作入手，加强建设管理。对确定上报的20条主干道、40条非主干通、40个重要交通路口、20个广场绿地、10个农贸市场等场所进行拉网式排查，对存在问题，督促相关部门及时整改。

（杨建学）

【公共文明指数测评】 扎实做好迎检准备，以责任状、信息表、公示牌为载体进一步明确责任，层层签订创城工作责任状，明确责任人、工作标准，公示监督电话，推动工作落到末端。合力完成迎检任务，成立了由公安、城建、交通、行政执法、卫生、食药监、工商、教育、文化等部门和各区县（市）文明办组成的迎检指挥部，现场调度、统筹协调、快速反应、及时处置各类问题，迎检期间共安排万余名志愿者开展公共文明引导，交警、环卫、公交、出租车、行政执法、文化执法等全员上岗，圆满完成1096个实地考察点位测评、入户160户居民随机问卷、200余卷创城档案检查、13个网站网络调查等测评工作，促进城市公共环境、公共秩序、公益活动不断改善，2013年全国公共文明指数测评，沈阳在全国副省级提名资格城市中排名第四。

（杨建学）

经济协作

【概况】 2013年，沈阳市中小企业局紧紧围绕着“请进来”招商活动、外埠省市政府驻沈办事处机构的衔接、各区域间、城市间的经济交流与合作、组织沈阳市中小企业参加各类展洽活动、推进对外埠机构驻沈办事处服务等五项重点工作，立足经济协作工作重心和任务，以优化对内开放环境，推进国内合作交流为导向，主动拓展区域合作领域，努力营造优良发展环境，使各项经协工作顺利推进，较为圆满地完成了各项工作任务，为下一步开展与沈阳经济区、东北经济区、环渤海经济区区域间的深层次交流和合作，打下良好的基础。

（陈国良）

【“请进来”招商活动】 2013年，沈阳市共举办各类“请进来”招商活动101次，包括深圳华强集团、宝能集团、中水电集团、金辉集团、重庆小天鹅投资控股集团、美的集团、天津鑫茂集团、太平洋建设集团、修正集团、香港新世界集团、积水住宅株式会社、三井住友银行等11家国内、国际500强企业在内的400余家企业、2700余名代表参加了招商活动。共有59个项目签约，投资额达1517.6亿元。其中，省、市主要领导参加的重大活动19次，沈阳市级领导参加的招商活动18次，签约额达1407.2亿元。

（王海庚）

【环渤海区域合作】 2013年5月15日，“环渤海区域合作市长联席会2013年第一次市长特派员集中办公会议”在锦州市成功召开。33个成员市的市长特派员、联络员，部分环渤海区域合作组织代表，企业界及新闻界代表合计90余人参加了会议。7月19日，环渤海区域合作市长联席会第十六次市长会议在内蒙古自治区呼和浩特市召开，会议期间举办了“环渤海区域合作高端对话与交流活动”，邀请国家部委有关领导和知名专家参与，组织众多国内外企业和投资者参加交流活动，就大家共同关心的推动环渤海地区城镇化建设以及建立环渤海高层协调机制等热点问题进行了交流与沟通。沈阳市中小企业局获得2013年度环渤海区域合作工作先进集体，并先后安排接待天津市西青区政府、天津市中小企业局后备干部培训班等三个团组共计58人来沈学习考察活动。

（陈明辉）

【沈阳经济区合作】 随着沈阳经济区一体化进程加快，以沈阳为核心的沈阳经济区8城市正在加速隆起，围绕建设世界先进的装备制造业基地、新型原材料基地和高新技术产业基地，以及东北区域经济中心和金融中心的奋斗目标，沈阳经济区8城市紧紧咬住体制机制改革，力促经济发展方式转变，加速推进信息化与工业化良性互动，用一体化发展提升区域整体竞争实力。10月10日，“沈阳经济区网”开通，标志着沈阳经济区8城市能在共同维护的网站内最大程度地实现资源分担、信息共享。10月下旬，沈阳市与阜新市中小企业局、彰武县政府开展了沈阜一体化对接，实现了互访，建立了信息共享机制，为下一步的深层次合作打下基础。

（王海庚）

【跨地区经济合作】 筹备召开了由七个省（市、自治区）政府驻沈阳办事处主任参加的工作总结会议，通报和交流全市及非公经济发展工作情况及工作安排。9月中旬制博会期间，组织全市10户中小微企业参加了“四川宜宾（沈阳）装备制造产业合作项目对接恳谈会”。为推动沈阳与友好城市间今后在多层次、多领域的经贸合作奠定了良好的基础。

（陈明辉）

【参加国内区域展洽活动】 出色组织完成沈阳市中小企业参加各类展洽活动。组织沈阳敏像科技、沈阳斯林达安科新技术、沈阳宝通门业、沈阳东方钛业有限公司等4户企业参加了9月下旬在广州市举办的“第十届中国国际中小企业博览会”，围绕中博会“展示、交流、交易、合作”的宗旨，开展了多项活动，为促进沈阳市中小企业国际化发展、开拓眼界、做大做强做优提供了探讨与交流的平台，收到了较好的效果，受到各参展企业的充分肯定。

（陈明辉）

【东北区域合作】 国家实施东北老工

业基地振兴战略以来，注重深化东北区域间的经济协作，有效推动区域经济一体化发展；加快推进产业对接和合理分工；增强经济社会发展活力，大力发展非公有制经济和中小企业；全面提升东北地区对外开放水平。沈阳市主要开展了与大连、长春、哈尔滨等副省级城市间非公经济、民营经济统计数据和中小企业局间的沟通与交流。10 月下旬组织沈阳市 10 户创新型中小企业参加了“牡丹江(沈阳)合作交流座谈会”。

(陈明辉)

【外埠企业办事处登记】 2013 年，共办理外埠驻沈办事机构登记备案 76 件(设立 27 件、延期 5 件、变更 25 件、撤销 19 件)；年检 171 件；接待、答复咨询 300 余人次；审批项目合格率 100 %；继续保持窗口服务审批工作“零”投诉的记录。

(杭凤琴)

【对口支援新疆塔城市】 2013 年按照《2013 年沈阳市对口支援塔城市援建专项规划》的具体安排，沈阳市对口支援塔城市重点援建项目为 11 个，共安排援建资金 5279 万元。不断开展“为边疆孩子插上腾飞的翅膀”等各种活动，全年共向塔城市捐赠款物 100 余万元。在沈阳市委市政府的领导下，援疆工作成果显著，近 3 年塔城市整体经济发展水平不断攀升。2011 至 2013 年，塔城市社会生产总值分别为 50.6 亿元、58.7 亿元、68.3 亿元，2013 年比 2010 年增长 64.18%；固定资产投资分别为 22.0 亿元、25.0 亿元、34.2 亿元，2013 年比 2010 年增长 149.64%；地方财政收入分别为 2.7 亿元、2.94 亿元、4.1 亿元，2013 年比 2010 年增长 141.18%；城镇居民可支配收入分别为 14566 元、16600 元、18450 元，2013 年比 2010 年增长 43.13%；社会消费品零售总额分别为 10.6亿元、11.66亿元、14.1亿元，2013 年比 2010 年增长53.26%。

(马万韬)

【对口支援三峡库区忠县】 2013 年对口支援三峡库区忠县工作，沈阳市抓住三峡工程由建设阶段转入后续工作阶段的关键时期，安排 260 万元援助资金主要用于忠县三汇镇金龙村的公共服务中心、忠县官坝镇丰收敬老院民生工程等 9 个援助项目，总投资达 1622.73 万元。各项目基本完成了阶段性的建设任务，部分项目已达到和实现了预期的目的和效果。同时，积极扩大经贸往来，已在绿色果品经销等方面实现了突破。沈阳市将在解决忠县移民技能培训的基础上进一步加强两地经济协作，组织更多的沈阳企业到忠县开展经济技术合作、落户忠县。

(马万韬)

党 政 机 关

中共沈阳市委

【市委十二届六次全体会议】 2013 年 2 月 18 日中共沈阳市委召开十二届六次全会，会议审议通过《关于市委候补委员洪运力同志递补为市委委员的决定》，票决 52 名市管党政正职领导干部，省委常委、市委书记曾维主持会议。

（刘晓峰）

【市委十二届七次全体会议】 2013 年 7 月 17 日中共沈阳市委十二届七次全体会议举行。市委常委会主持会议。省委常委、市委书记曾维代表市委常委会作题为《深入开展党的群众路线教育，全力完成今年各项工作任务》的工作报告，会议审议通过市委常委会工作报告和《沈阳市加快国家中心城市建设规划纲要》。

（刘晓峰）

【市委十二届八次全会暨经济工作会议】 2013 年 12 月 20 日中共沈阳市委十二届八次全会暨经济工作会议举行。市委常委会主持会议。省委常委、市委书记曾维代表市委常委会做工作报告，市委副书记、市长陈海波就 2014 年全市经济工作做出部署。会议审议通过市委常委会工作报告和《关于市委候补委员于振明同志递补为市委委员的决定》，会议还对 2013 年度干部选拔任用工作进行民主评议。

（刘晓峰）

·市委常委会议·

【十二届委员会常务委员会第 51 次会议】 2013 年 1 月 14 日，省委常委、市委书记曾维主持召开中共沈阳市十二届委员会常务委员会第 51 次会议，传达省委常委议军会议和省军区全委扩大会议精神；听取沈阳警备区和预备役一师工作情况汇报；审议《沈阳市贯彻落实中央、省委关于改进工作作风、密切联系群众有关规定的具体办法》；研究干部调整任免问题。

（刘晓峰）

【十二届委员会常务委员会第 53 次会议】 2013 年 1 月 31 日，省委常委、市委书记曾维主持召开中共沈阳市十二届委员会常务委员会第 53 次会议，听取关于 2013 年城建计划预安排情况的汇报；传达贯彻全国和全省组织、宣传、统战、政法和机关党建工作会议精神，听取关于市委有关部门 2013 年工作要点的汇报，研究市委工作会议筹备方案；传达中央纪委全会精神，研究贯彻意见；审议《关于新一届市政府组成人员提名年龄的建议及提名原则》；研究干部调整任免问题。

（刘晓峰）

【十二届委员会常务委员会第 55 次会议】 2013 年 3 月 19 日，省委常委、市委书记曾维主持召开中共沈阳市十二届委员会常务委员会第 55 次会议，传达十二届全国人大一次会议和全国政协十二届一次会议精神，研究贯彻意见；听取关于 2013 年市政府主办类大型活动预安排情况的汇报；听取关于沈阳市促进非公经济发展大会筹备情况的汇报；研究干部调整任免问题；研究有关案件处理问题。

（刘晓峰）

【十二届委员会常务委员会第 57 次会议】 2013 年 4 月 9 日，省委常委、市委书记曾维主持召开中共沈阳市十二届委员会常务委员会第 57 次会议，听取一季度全市经济运行情况汇报，分析当前面临的形势，研究部署下一步重点工作。

（刘晓峰）

【十二届委员会常务委员会第58次会议】 2013 年 5 月 3 日，省委常委、市委书记曾维主持召开中共沈阳市十二届委员会常务委员会第 58 次会议，传达中共中央关于当前意识形态领域情况的通报；研究干部调整任免问题。

（刘晓峰）

【十二届委员会常务委员会第60次会议】 2013 年 5 月 17 日，省委常委、市委书记曾维主持召开中共沈阳市十二届委员会常务委员会第 60 次会议，传达学习习近平同志重要讲话；听取审计有关工作的汇报；听取绩效有关工作的汇报；听取干部有关工作的汇报。

（刘晓峰）

【十二届委员会常务委员会第 61 次会议】 2013 年 6 月 21 日，省委常委、市委书记曾维主持召开中共沈阳市十二届委员会常务委员会第 61 次会议，传达全国开展党的群众路线教育实践活动会议精神，学习习近平总书记重要讲话，研究贯彻落实意见（安排新闻报道）；听取关于沈阳市第二届创新型领军人才和第六届优秀专家表彰情况的汇报；听取关于追授那洪宇同志沈阳市优秀共产党员建议的汇报；研究干部调整任免问题。

（刘晓峰）

【十二届委员会常务委员会第62次会议】 2013 年 7 月 4 日，省委常委、市委书记曾维主持召开中共沈阳市十二届委员会常务委员会第 62 次会议，传达全国组织工作会议精神，研究贯彻落实意见（安排新闻报道）；听取关于党的群众路线教育实践活动筹备工作的情况汇报；研究干部调整任免问题。

（刘晓峰）

【十二届委员会常务委员会第 63 次会议】 2013 年 7 月 12 日，省委常委、市委书记曾维主持召开中共沈阳市十二届委员会常务委员会第 63 次会议，听取关于市委十二届七次全会筹备工作的汇报（审议会议日程和《全会报告》、《规划纲要》）。

（刘晓峰）

【十二届委员会常务委员会第 65 次会议】 2013 年 8 月 16 日，省委常委、市委书记曾维主持召开中共沈阳市十二届委员会常务委员会第65次会议，研究干部调整任免问题；传达全省组织工作会议精神，研究贯彻落实意见。

（刘晓峰）

【十二届委员会常务委员会第66次会议】 2013年8月22日，省委常委、市委书记曾维主持召开中共沈阳市十二届委员会常务委员会第66次会议，听取关于第十二届全国运动会开幕式前沈阳赛区各项准备工作情况的汇报。（①全运会沈阳赛区筹备工作总体情况；②全运村开村试运行情况；③开闭幕式保障工作情况）（安排新闻报道）传达全国宣传思想工作会议精神。

（刘晓峰）

【十二届委员会常务委员会第67次会议】 2013年9月4日，省委常委、市委书记曾维主持召开中共沈阳市十二届委员会常务委员会第67次会议，学习传达习近平总书记在辽宁考察时的重要讲话精神，研究部署沈阳贯彻落实工作。

（刘晓峰）

【十二届委员会常务委员会第68次会议】 2013年9月22日，省委常委、市委书记曾维主持召开中共沈阳市十二届委员会常务委员会第68次会议，审议《中共沈阳市委沈阳市人民政府关于向城区下放经济管理权限的实施意见》（讨论稿）；审议《中共沈阳市委办公厅沈阳市人民政府办公厅关于沈阳市区县（市）党政主要领导干部经济责任同步审计办法（试行）》（讨论稿）。

（刘晓峰）

【十二届委员会常务委员会第69次会议】 2013年10月9日，省委常委、市委书记曾维主持召开中共沈阳市十二届委员会常务委员会第69次会议，研究区划调整问题；研究干部调整任免问题。

（刘晓峰）

【十二届委员会常务委员会第71次会议】 2013年11月1日，省委常委、市委书记曾维主持召开中共沈阳市十二届委员会常务委员会第71次会议，传达学习习近平同志在中央政治局常委会议上关于化解产能过剩的讲话；传达全国第一批教育实践活动工作座谈会议精神，研究贯彻落实意见；研究干部调整任免问题。

（刘晓峰）

【十二届委员会常务委员会第72次会议】 2013年11月15日，省委常委、市委书记曾维主持召开中共沈阳市十二届委员会常务委员会第72次会议，传达中央领导对工会工作的重要指示和中国工会十六大精神，研究贯彻落实意见；传达省委关于加强和改进新形势下宣传思想文化工作的意见，研究贯彻落实意见；审议《关于召开沈阳市第十五届人民代表大会第二次会议的请示》和《关于召开政协沈阳市第十四届委员会第二次会议的请示》；研究干部调整任免问题；研究有关案件处理问题。

（刘晓峰）

【十二届委员会常务委员会第74次会议】 2013年12月11日，省委常委、市委书记曾维主持召开中共沈阳市十二届委员会常务委员会第74次会议，审议《中共沈阳市委常委会党的群众路线教育实践活动整改方案》、《中共沈阳市委专项整治“四风”突出问题方案》和《中共沈阳市委反对“四风”改进作风加强制度建设工作方案》；听取关于研究干部管理有关事项的汇报；研究干部调整任免问题。

（刘晓峰）

【十二届委员会常务委员会第75次会议】 2013年12月18日，省委常委、市委书记曾维主持召开中共沈阳市十二届委员会常务委员会第75次会议，听取关于市委十二届八次全会暨经济工作会议筹备情况的汇报。审议《全会报告》、《讲话》、会议日程；递补市委委员及“一报告两评议”；听取关于全市转变职能简政放权工作情况的汇报；听取关于改革完善工商质监和食品药品监督管理体制情况的汇报；听取关于共青团沈阳市第十五次代表大会筹备情况的汇报；审议《市十五届人大二次会议组织机构建议名单》。

（刘晓峰）

【十二届委员会常务委员会第76次会议】 2013年12月30日，省委常委、市委书记曾维主持召开中共沈阳市十二届委员会常务委员会第76次会议，听取关于2014年市“两会”筹备情况的汇报（审议《市人大常委会工作报告》、《市政府工作报告》、《市政协常委会工作报告》）。印发《计划报告》《预算报告》（送审稿）（安排新闻报道）；听取关于2014年城建计划预安排情况的汇报（安排新闻报道）；听取关于贯彻落实中央关于转变作风、反对浪费一系列新要求，出台进一步反“四风”转作风有关规定的情况汇报。

（刘晓峰）

·重要会议·

【市委工作会议】 2013年2月1日沈阳市召开市委工作会议，认真学习贯彻中央、省委有关会议精神，总结部署全市党委部门工作。省委常委、市委书记曾维出席会议并讲话。市委副书记邢凯主持会议，市领导常明、马占春、王凤波、吴汉圣、汪涛分别做工作部署。市领导杨亚洲、许文有、周维远、张东阳、张景辉，副市级调研员张晨、冯连旗，副市级巡视员鞠保平参加会议。

（刘晓峰）

【农村工作会议】 2013年3月1日沈阳市召开农村工作会议。市长陈海波出席会议并讲话，市委副书记邢凯主持会议，副市级干部沙波涛做全市农业农村工作报告，市领导于波、韩晓言，副市级巡视员赵奎礼参加会议。

（刘晓峰）

【促进非公有制经济发展大会】 2013年3月25日沈阳市召开促进非公有制经济发展大会。省委常委、市委书记曾维出席会议并讲话，市长陈海波主持会议，并就贯彻落实会议精神提出要求。市人大常委会主任赵长义、市政协主席姜宏出席会议。市委副书记邢凯宣读表彰2011－2012年度非公有制经济百强企业和先进个人的通报，副市长黄凯做工作报告。市政协副主席孙红参加会议。

（刘晓峰）

【庆祝“五一”国际劳动节暨“当好主力军、奋战十二五、实现新跨越”推进大会】 2013年4月28日沈阳市庆祝“五一”国际劳动节暨“当好主力军、奋战十二五、实现新跨越”推进大会在八一剧场召开。省委常委、市委书记曾维出席大会，市委副书记邢凯讲话，市委常委、市总工会主席鞠秀礼宣读《关于颁发沈阳“五一”劳动奖状、奖章，命名沈阳工人先锋号和表彰振兴竞赛及技能竞赛先进个人的决定》，李晓亮等300人获沈阳

"五一"劳动奖章,沈阳兴华航空电器有限责任公司等44个单位获沈阳"五一"劳动奖状,特变电工沈阳变压器集团有限公司大型项目公司等50个集体获沈阳工人先锋号。副市长关志鸥主持会议,市领导卞富学、汪涛出席会议。与会领导为获奖代表颁奖。

(刘晓峰)

【全市党的群众路线教育实践活动动员大会】 2013年7月12日市委召开全市党的群众路线教育实践活动动员大会。省委常委、市委书记曾维作动员讲话。省委第一督导组组长常卫国出席会议并讲话。市委副书记、市长陈海波主持会议。市人大常委会主任赵长义、市政协主席姜宏、省委第一督导组副组长赵东岩出席会议。中央督导组有关同志和省委督导组其他成员参加会议。

(刘晓峰)

【全市领导干部大会】 2013年11月15日沈阳市召开领导干部大会,传达学习党的十八届三中全会精神,并结合实际部署贯彻落实工作。省委常委、市委书记曾维主持会议并讲话,市长陈海波,市人大常委会主任赵长义,市政协主席姜宏出席会议。副市级以上领导干部,各区县(市)、综保区党政主要领导,市直部门、市属企业负责同志以及市属高校党委书记参加会议。

(刘晓峰)

【宣传思想工作会议】 2013年11月22日沈阳市召开宣传思想工作会议,贯彻落实全国、全省宣传思想工作会议精神,研究部署沈阳市当前和今后一个时期意识形态和宣传思想工作。省委常委、市委书记曾维出席会议并讲话。市委副书记邢凯主持会议,市委常委、宣传部部长王凤波作工作部署,市领导徐璐、刘慧鸣、李松林、张景辉、庞洪波、邓福林、冯守权参加会议。

(刘晓峰)

【社区工作会议】 2013年12月11日沈阳市召开社区工作会议。省委常委、市委书记曾维出席会议并讲话。市长陈海波主持会议,市委副书记邢凯宣读表彰决定,副市长祁鸣作关于加强社区建设若干意见的说明。市领导常明、王凤波、卞富学、李丰、李松林、张景辉、冯守权、阎秉哲参加会议。会上印发《中共沈阳市委沈阳市人民政府关于加强社区建设的若干意见》及配套文件。

(刘晓峰)

·组　　织·

【召开全市年轻干部座谈会】 2013年11月13日,市委召开全市年轻干部座谈会。市委常委、组织部长吴汉圣出席会议,就"怎样成长为好干部"与年轻干部一起座谈。座谈会上,10名年轻干部代表围绕"怎样成长为好干部",结合自己成长体会先后发言。最后,吴汉圣同志作了重要讲话,寄语年轻干部要坚定政治立场、提升工作能力、养成优良作风。市委组织部常务副部长安俊辉主持会议,来自全市各条战线的80多名年轻干部参加了座谈会。11月14日,《沈阳日报》对本次座谈会进行了报道。

(贾　佳)

【健全授权企业领导人员管理制度】 自2011年11月市委调整沈阳机床、北方重工和沈鼓集团的干部管理权限以来,市委组织部对这3户市管企业按授权管理其经营管理层、党委副书记、纪委书记和工会主席等领导职务的运行情况一直保持着密切关注,认为有必要进一步建立健全工作制度,不断提高其干部工作质量。2013年8月,市委常委、组织部部长吴汉圣批示有关部门就新形势下做好授权企业领导人员管理问题开展专题调研,尽快出台相关制度。经过深入调研并广泛征求意见,市委组织部、市国资委于2013年12月联合下发了《关于印发〈市委授权企业管理的领导人员任免等工作的暂行规定〉的通知》(以下简称《暂行规定》)。《暂行规定》主要分为"适用人员与原则"、"任职条件和资格"、"选拔任用"、"考核评价"、"教育培养"和"退出"等6个部分,重点从制度层面明确了市委授权企业管理领导人员的适用范围、资格条件,以及选拔任用流程、主要环节、方式方法。该文件对公开招聘和定向引进领导人员工作,对授权企业管理的领导人员的考核评价与教育培养,只在原则上提出要求,为企业不断改革创新留出了较大空间。同时还进一步完善了企业领导人员的退出机制,明确了免职(解聘)、撤职、辞职和退休制度,规定了退出的条件和要求。《暂行规定》的出台,为切实推动市管企业领导人员队伍建设,不断提高授权管理干部工作的科学化、制度化、规范化水平,夯实了制度基础,是深化干部人事制度改革、国有企业改革的重要举措和有力保障。

(贾　佳)

【印发《沈阳市2013-2017年干部教育培训规划》】 根据《2013-2017年全国干部教育培训规划》(中发[2013]8号)和《辽宁省2013-2017年干部教育培训规划》(辽委发[2013]20号)文件精神,由市委组织部牵头市委宣传部、市委党校、市人社局、市财政局等相关部门,认真学习文件精神并开展调查研究,详细了解和全面掌握沈阳市干部教育培训工作面临的新问题、新趋势和新要求,认真总结分析近年来干部教育培训工作的创新做法和成功经验,对新形势下如何开展干部教育工作进行深入研讨,并着眼全市未来5年干部教育工作,共同起草了2013-2017年干部教育培训规划,12月30日以市委文件形式印发了《沈阳市2013-2017年干部教育培训规划》(沈委发[2013]19号)。《规划》坚持以需求为导向,进一步强化市委宏观指导,强调围绕党委政府中心工作开展培训,确立了各级党校主体班次培训、依托社会培训机构的高端培训、"名家讲堂"大讲座、干部在线学习等全方位干部培训体系,使干部培训工作的统筹性、科学性和规范性得到有效增强。

(贾　佳)

【全市党的群众路线教育实践活动】 根据中央和省委统一部署,沈阳市于2013年7月12日,召开全市动员大会正式启动了第一批党的群众路线教育实践活动,范围涵盖全市108个市直部门单位,5500多个基层党组织和8万余名党员干部。活动中,认真贯彻落实习近平总书记一系列重要讲话精神,特别是在辽宁考察时关于"讲诚信、懂规矩、守纪律"的重要指示精神,紧紧围绕保持党的先进性和纯洁性,牢牢把握"照镜子、正衣冠、洗洗澡、治治病"的总要求,以为民务实清廉为主要内容,以"三深入三提升,做合格人民公仆"活动为载体,高起点、高标准、创造性地开展教育实践活动,切实做到"学习要抓实,问题要找准,整改要到位",广大党员干部思想认识全面提升,党性修养明显增强,工作作风显著转变,"四风"问题得到有效遏制,思想深处经历了一次普遍的精神洗礼,一批群众关注的热点难点问题得到有效解决,密切联系群众、真诚服务群众的工作机制基本形成,党群干群关系更加密切,党员领导干部为民务实清廉形象进一步树立。中央政治局委员、中组部部长赵乐际同志来沈调研时,对沈阳市教育实践活动给予充分肯定。2013年12月31日,《人民日报》以《抓住群众最反感的问题,一风一风查,一件一件改——辽宁沈阳市:哪不满意就在哪下功夫》为题,大篇幅宣传报道了沈阳市教育实践活动的经验做法。《中央党的群众路线教育实践活动简报》也对沈阳市扎实开展教育实践活动情况进行了宣传推广。

(贾　佳)

【召开全市党的群众路线教育实践活动动员大会】 7月12日,沈阳市召开党的群众路线教育实践活动动员大会,对全市深入开展教育实践活动进行动员和部署。省委常委、市委书记、市委党的群众路线教育实践活动领导小组组长曾维作动员讲话,强调深入开展党的群众路线教育实践活动,是加强党的作风建设、保持党的先进性和纯洁性的必然选择,是密切党群干群关系、巩固党的执政基础和执政地位的内在要求,是加快建设国家中心城市、夺取沈阳老工业基地全面振兴新胜利的现实需要。全市各级党组织和广大党员、干部要充分认识开展教育实践活动的重大意义,迅速把思想和行动统一到中央和省、市委的要求部署上来,以强烈的政治责任感和现实紧迫感,把教育实践活动抓紧抓好抓实。

(贾　佳)

【为教育实践活动开展营造浓厚活动氛围】 在沈阳日报、沈阳广播电视台开设"扎实开展党的群众路线教育实践活动"专栏,保证每天有动态、每周有重点、每月有综述,编发相关报道稿件500余篇28万余字。同时,新浪和腾讯政务微博平台建立"沈阳发布"和"微沈阳"专题活动微博,宣传报道活动进展情况和主要成效,微博点击量达10余万次。注重发挥先进典型的示范带动作用,深入总结和大力宣传了"心系群众、为民谋利、敢于担当、勤政廉政"的农村基层党员干部优秀代表、新民周坨子镇党委第一书记徐占海和"牢记宗旨、拼博实干"的机关党员干部典范、东陵区(浑南新区)浑南新城建设工作领导小组办公室副主任那洪宇等一批叫得响、立得住、群众公认的先进典型,形成了学习先进、争当先进、赶超先进的良好氛围。

(贾　佳)

【"共产党员社区奉献日"活动】 "共产党员社区奉献日"是沈阳市社区党建品牌工作,组织全市各级党组织和广大党员在服务群众、奉献社区中积极发挥模范先锋作用。4月13日开展了以"清洁沈阳作表率,服务社区当先锋"为主题的第14个"共产党员社区奉献日"活动,组织28万余名社区党员和在职党员参加绿化社区、净化社区、美化社区、开展便民服务和党员干部深入基层等活动。当日,共植树2.8万多株,清理垃圾杂物1.6万多吨,平整绿地11万余平方米,清除小招贴23余万张,维修改造各类基础设施2350万处,提供便民利民服务480余项。

(贾　佳)

【选派机关党员干部到社区工作】 2013年4月以来,沈阳市聚焦作风建设,围绕服务人民群众、密切党群干群关系、夯实基层组织目标,扎实开展选派机关党员干部到社区工作。市委组织部专门下发《关于选派机关干部到社区工作的实施意见》,要求严格按照标准选优派好干部,全市共选派875名党建工作经验丰富的区、街机关党员干部到社区担任党组织书记、副书记或第一书记,帮助社区党组织增强组织活力、扩大工作覆盖;发挥党员作用,提升服务水平;完善管理机制,健全各项制度;提升社区文化,促进和谐稳定,为进一步夯实社区基础、壮大社区力量、强化基层工作起到了促进作用。选派到社区工作的机关党员干部在联系群众、服务群众的第一线提升能力、转变作风、砥砺品格,取得了良好效果。

(贾　佳)

【加强农村基层服务型党组织建设】 5月初,召开全市农村基层党建工作座谈会,总结交流了近年来农村基层党建工作的经验做法,认真分析了农村基层党建工作面临的问题,研究部署了新形势下改进农村基层党建工作和加强农村基层服务型党组织建设的具体措施。在全市9个涉农区、县(市)命名16个示范乡镇党委、30个示范村党组织,组织编印了《时代先锋——沈阳市农村基层服务型党组织建设工作成果选编》一书,推广农村基层服务型党组织建设的经验做法。8月26日,新华社《高层参考》第33期刊发了题为《沈阳市多措并举推进农村基层服务型党组织建设》的文章,9月27日,《中国组织人事报》刊发了题为《四强化四破解四提升——沈阳市深入推进农村服务型党组织建设》的沈阳市加强农村基层服务型党组织建设经验做法,《辽宁省组工信息》第74期刊登了《沈阳市多措并举推进农村基层服务型党组织建设》的经验。

(贾　佳)

【深化"在职党员进社区"工作】 全面深化"在职党员进社区"工作,并总结形成全市"在职党员进社区"工作法。召开全市社区党建工作座谈会暨全市党员进社区工作推进会。在全省"在职党员进社区"活动推进会上,沈阳市及基层党组织和个人代表分别在会议上交流发言。迎接中组部组织一局领导到沈阳市调研"在职党员进社区"工作,省委常委、组织部长辛桂梓作出重要批示:"双路社区工作法可以好好总结概括"。9月29日《辽宁日报》在头版头条刊发《沈阳在职党员进社区服务群众》的文章。12月7日,中央电视台《新闻联播》节目对沈阳市"在职党员进社区"活动进行了专题播报。12月9日,《辽宁日报》和《沈阳日报》又分别在头版报道了沈阳市在职党员进社区工作。12月27日,《中国组织人事报》在头版(要闻版)刊发《沈阳力促党员在居住地发挥作用》的文章。新华社、中组部《组工通讯》、中组部"共产党员手机报"、《辽宁工作》和《党建文汇》等多家媒体也专题刊登了沈阳市及基层党组织开展"在职党员进社区"工作的经验和做法。

(贾　佳)

【加强基层组织带头人素质能力培训】

按照培养造就高素质基层干部队伍的工作要求,大力加强农村基层干部队伍培训工作。一是村"两委"换届后,对全市329名新任职村党组织书记开展"提升服务群众水平,增强带头致富能力"专题培训。组织全市1300余名村党组织书记举办了"加强农村基层服务型党组织建设"专题培训班；二是组织全市乡镇党委书记（乡镇长）在清华大学举办了"学习十八大精神，统筹城乡发展"专题高端研修班，聘请国内名校知名专家学者举办专题讲座；三是组织全市农民专业合作社党建示范社党组织书记赴丹东市进行专题培训。组织全市示范乡镇党委、示范村党组织书记赴山东进行培训。《中国组织人事报》刊登了《安装"动力泵"系上"安全带"——沈阳市多措并举加强村党组织队伍建设》的文章，大力宣传沈阳市经验做法。

（贾　佳）

【村级组织活动场所建设】　为贯彻落实好《沈阳市农村社区服务设施建设规划（2012－2014）》，3月初，与市发改委、市民政局等部门联合印发了《关于继续做好2013年农村社区服务设施工作的通知》，及时启动村级组织活动场所建设工作。7月中旬，组织市民政局、市发改委等部门组成联合检查组，对2012年全市农村社区服务中心建设情况和2013年建设进展情况开展联合专项检查，并印发《关于农村社区服务设施建设项目存在问题的整改通知》，对检查出的问题限时整改。投入资金60万元，对部分新建村级组织活动场所为其配备卷柜、书柜、桌椅、打印复印传真一体机、DVD播放器、党旗、国旗等设备。6月25日，《农民日报》头版头条刊登了《聚民心谋发展——沈阳市推进基层服务型党组织建设纪实》，集中宣传报道沈阳市村级组织活动场所建设的经验成果。

（贾　佳）

【村党组织和村民委员会换届选举】　2013年1月31日，召开全市村"两委"换届选举工作会议，村"两委"换届选举工作全面启动。全市涉及村"两委"换届选举工作的区县（市）9个，乡镇（含辖村街道）122个，行政村（包括未完成农村集体经济产权制度改革的社区）1267个，应换届村党组织1241个，应换届村民委员会1211个。截至6月30日，全部完成换届选举工作。换届后村"两委"干部8136人，其中：村党组织书记1223人，村委会主任1196人，村党组织书记和村委会主任"一肩挑"158人，村"两委"成员交叉任职1897人。选出村民代表49490人，重新划分村民小组7134个。3月10日，中组部、民政部联合调研组到沈阳市进行为期一周的村"两委"换届现场观摩指导，对沈阳市换届选举工作给予充分肯定。新民市在中组部、民政部全国座谈会上作典型经验发言。

（贾　佳）

【市直单位党委改建党组】　12月16日，市委组织部下发《关于撤销市民政局等11个市直单位党委改建党组的通知》（沈组通字〔2013〕34号），经市委研究，决定撤销市民政局、市司法局、市城乡建设委员会、市城市建设管理局、市交通局、市房产局、市粮食局、市文化广电新闻出版局、市卫生局、市城市管理行政执法局、市供销社等11个市直单位党委，组建党组；同时撤销纪委，组建纪检组。成立党组后，其机关及所属单位党群工作统一由市直机关工委领导，同时接受本单位党组指导。原所属单位党组织关系隶属于其机关党组织。

（贾　佳）

【基层党建项目】　2013年初，沈阳市在对基层党建情况进行深入调研、广泛征求意见建议和反复论证的基础上，将《实施"四项工程"全面提升非公有制企业党建科学化水平》确定为省委常委、市委书记曾维同志抓基层党建项目。在项目推进过程中，坚持以党的十八大精神为指引，认真总结全市非公有制企业党建工作经验，扎实推进"四项工程"：以"领航工程"为统领，建立健全非公党建体制机制；以"筑基工程"为重点，努力推进非公党建从有形到有效覆盖；以实施"增效工程"为关键，努力确保党组织"两个作用"的发挥；以实施"提质工程"为基础，不断推进非公党建规范化建设。2013年，全市新建非公有制企业党组织317个，新建社会组织党组织22个，全市已建立非公有制企业党组织5378个，覆盖企业9099户，党组织覆盖率为75.4%；新社会组织建立党组织451个，覆盖组织536个，覆盖率为61.6%。

（贾　佳）

【完成2008—2012年公务员记二等功工作】　根据《公务员奖励规定（试行）》的有关政策，市委组织部和市人社局共同组织开展了二等功奖励评选工作。经各单位内部推荐、公示、廉政征询，各区县（市）党委常委会或政府常务会、市直各单位党委（党组）会研究呈报，市委、市政府全面审核等程序，最终确定记二等功人员405人，其中：党群系统115人，政府系统290人，以市委、市政府名义通报表彰，颁发奖励证书、奖章和奖金。

（贾　佳）

【沈阳市公务员招录】　2013年，沈阳市拟招录公务员（工作人员）1114人，其中：政府系统495人，党群系统239人，公安系统360人，监狱劳教系统20人。沈阳考区共设置笔试考点75个，在沈参加考试考生5.5万余人。经笔试、面试、资格复核、体检、考察、公示等程序，全市党群系统最终录用公务员（参公管理人员）213人。

（贾　佳）

【评选"沈阳市第二届创新型领军人才和第六届优秀专家"】　2013年6月18日，经市委常委会审议，沈阳市评选出沈阳市第二届创新型领军人才20名和第六届优秀专家98名。本届领军人才和优秀专家，是按照市委市政府部署，在各地各单位对人选严格把关、择优推荐的基础上，经过资格审查、专业初审、评委会评审、公示等程序评选出的。本次评选结合全市人才现状，紧紧围绕紧缺人才需求和"百名百业"专家结构思路。新一届专家涉及工业、农业、医疗卫生、教育、现代服务业、科学研究、经营管理、文化艺术、新闻传媒、文物出版等领域。

（贾　佳）

【引进长江学者杨悦锁先生】　2013年3月，市人才办会同沈阳大学赴英国、法国、德国开展了高层次人才招聘活动，成功引进了长江学者、英国卡迪尔大学教授杨悦锁教授，杨悦锁于2013年11月来到沈阳大学正式开展工作。杨悦锁是环境工程和水资源领域的优秀专家，其许多学术成果得到国际同行的认可和高度评价，部分成果和设计思想已经完全体现到实际的环境工程项目中，并产生了一定经济和社会价值，其中部分成果成为国际首例，为相关学科的发展做出了重要贡献。杨悦锁及其团队的到来，将对沈阳大学整体科研实力的提升起到至关重要的作用。

（贾　佳）

【远程教育进非公有制企业试点】　在全市范围内精选了100个党建工作基础

较好、党员较多、企业主对党建工作认识较高的非公有制企业党组织作为示范点，建立终端站点并开展远程教育工作。充分发挥远程教育形象、生动、直观等优势，为企业在培训人员、传授技能、组织活动等方面开拓了新阵地，促进了非公企业党建工作和企业健康发展，进一步扩大了远程教育工作覆盖面。

（贾　佳）

·宣　　传·

【概述】 2013年，全市宣传思想文化战线在市委的正确领导下，深入实施学习型党组织建设"排头兵工程"。组织市委中心组集中学习9次。全市各级党委（党组）中心组开展专题学习和研讨活动110多次。深入开展"走基层—学习运用党的十八大、十八届三中全会精神"系列宣讲活动，全年宣讲2850场，直接受众23万人次，收到了很好的效果。扎实推进"百千万"理论传播工程，不断扩大"理尚网来"理论微博影响力、辐射力，充分发挥"全民读书月"、"辽海·沈阳讲坛"、"社会科学百日宣传普及"的作用，受益群众达11万人次，不断推动马克思主义理论深入普及。主流舆论不断壮大。围绕市委"稳增长、办全运、惠民生、抓党建"四项重点工作，精心组织市属媒体开展"落实十八大、夺取新胜利"主题新闻宣传，为沈阳振兴发展聚积起昂扬向上的正能量。继续在央视黄金时段播出"风尚辽宁·微笑沈阳"城市形象广告宣传片，特别是在美国纽约时代广场播出沈阳城市形象宣传片，进一步提升了沈阳的美誉度和影响力。巩固发展网络"五环联盟"协作体，建立全市三级舆情引导处置联动机制。全年，报送舆情信息3357条，居全省首位。文化发展影响广泛。创作推出电影《国徽》和《秀水河子歼灭战》，《国徽》获得"百合奖"。电视连续剧《大路上》完成拍摄。京剧《将军道》获得第十四届文华奖优秀剧目奖。大力推进艺术惠民"双百万"工程向农村覆盖、向网络延伸，投入50万元扶持新民市周坨子新城镇农村文化示范基地建设。全年举办了1000个公益性艺术培训班，公益性文艺演出800场次，实现了累计受益人数1000万人次的目标。成功举办第五届东北文化产业博览会，现场签约额达427亿，同比增长58%。服务全运会、创建文明城效果显著。以"迎全运爱家乡建沈阳"主题教育实践活动为牵引，深入开展绿色、节俭、文明全运形象宣传。广泛开展迎全运宣传教育活动。精心组织了"全民参与、共享全运"市民体验活动。为全运会成功举办营造了浓厚的舆论氛围。深入开展了践行"热爱祖国、孝敬父母、关爱他人"基本道德准则主题实践活动。市委书记曾维作出重要批示"活动开展以来有声有色、效果好、反响好。"在全国率先创新打造志愿服务"六个一"工程，得到了中央文明办充分肯定。广泛开展全民读书活动，营造了浓厚的学习氛围，深入开展"感动沈阳人物"评选活动，学先进、学典型氛围进一步浓厚。以迎接国家第二次城市文明程度指数测评为重点，开展市民素质、公共秩序、社区文明和社会风尚提升行动。沈阳市在2013年省会、副省级提名资格城市中排名第四。

（贾备战）

【学习宣传贯彻党的十八届三中全会精神】 市委中心组带头学习领会三中全会精神，11月26－29日，全市学习贯彻党的十八届三中全会精神专题读书班在市委党校开班，省委常委、市委书记曾维亲自担任专题读书班班长并作动员讲话和结班式讲话。在读书班上，大家通过集中学习、自学和交流讨论等方式，对三中全会精神和《决定》进行了深入学习，同时结合沈阳实际，对做好2014年工作进行了认真思考。12月5－6日，市委宣传部、市委讲师团联合举办学习贯彻党的十八届三中全会精神宣讲培训班暨理论界座谈会。市委讲师团在会上作了三中全会精神宣讲工作部署，辽宁社会科学院副院长梁启东作了专题辅导报告，全市理论界6位专家学者围绕《决定》开展座谈讨论和互动交流，各市直单位理论工作负责人、理论骨干90余人参加了培训班。

（曹金萍）

【中国特色社会主义和中国梦的宣传教育】 6月27日，根据省委宣传部关于《印发〈中国特色社会主义宣传教育实施方案〉的通知》精神，为广泛深入开展中国特色社会主义宣传教育，进一步把学习宣传贯彻党的十八大精神引向深入，结合沈阳实际，印发《中国特色社会主义宣传教育方案》，部署中国特色社会主义宣传教育的重点工作，提出工作要求。9月3日，由市委宣传部主办的"沈阳市党委（党组）中心组学习网络服务平台"正式开通，为各级党委中心组学习中国特色社会主义理论体系和中国梦提供信息资料，这是继"理尚网来"微博后，沈阳市理论传播的又一个崭新平台。以学习型党组织建设"排头兵工程"为载体，继续在领导班子和领导干部中，开展"学经典、重品行、讲奉献"活动，引导党员干部把研读马列主义经典著作与学习习近平总书记一系列重要讲话和中国梦的重要论述结合起来。11月6日，《辽宁日报》第1版"全省宣传思想文化战线典型报道"以《沈阳党员干部深学经典坚定信念》作为首篇，刊发沈阳市开展学习马列经典著作的典型经验。同日，辽宁电视台报道了沈阳市学经典的典型事例，标题为《沈阳党员干部深学经典提高为民服务自觉性》。11月12日，《光明日报》第4版以《沈阳：深入学习经典提高执政本领》为题，介绍了沈阳市学习马列主义经典著作的显著效果。

（曹金萍）

【"落实十八大，夺取新胜利"主题宣传】

市属新闻媒体在市委宣传部的统一领导下，相继推出了"落实十八大，夺取新胜利"重要主题宣传，突出做好典型、经验和阶段性成果的宣传活动。围绕这一主题，市委宣传部重点开展了"稳增长"、"办全运"、"惠民生"、"抓党建"四组系列报道。连续策划了"首季'开门红'"、"我市重大产业项目"、"城市重点项目"、"全市工业地产建设巡礼"、"上半年经济成就系列报道"等一系列大篇幅、大时段、大手笔的报道，刊发了70余篇新闻评论和新闻报导，为继续保持经济发展强势，进一步营造推动经济建设的良好的舆论氛围，积极谋求发展的新思路、新举措和新成就，为完成稳增长、促振兴重要工作任务，营造良好的舆论氛围。

（王化镭）

【"扎实开展党的群众路线教育实践活动"系列宣传】 为全面贯彻落实中央、省、市关于深入开展党的群众路线教育实践活动的决策部署，深入开展舆论宣传工作，从2013年6月22日开始，市属各新闻媒体统一开设"扎实开展党的群众路线教育实践活动"专栏，按照各系新闻刊播规律，结合市委召开多次专题会议、市领导深入联系点活动和各地区和相关部门全面启动教育实践活动宣传工作实际，提前策划报道方案，集中特点，精心策划，科学摆布，周密部署，稳妥有序的全面开展实践教育活动的宣传报道工作。在开展专栏报道同时，组织制作了《人民公仆》专题片，在常委第二次集中学习会议上播放并下发各市直单位。沈阳日报、沈阳广播电视台新闻广播和新闻频道在"扎实开展党的群众路线教育实践活动"专栏下刊发稿件410多篇，已在全市上下营造了浓厚的社会舆论氛围，掀起了一波又一波学习贯彻党的群众路线教育实践活动的舆论高潮，为推动活动深入开展营造浓厚的舆论氛围。

（王化镭）

【"热爱祖国孝敬父母关爱他人"道德准则主题实践活动】 2013年1月初，按照市委宣传部主要领导要求，在全市广泛开展践行"热爱祖国、孝敬父母、关爱他人"沈阳人基本道德准则主题实践活动。利用讲座论坛、新闻宣传、社会宣传等多种宣传载体和活动形式，多措并举，努力推动"知行合一"的道德实践，引导广大人民群众自觉成为道德准则的传播者和践行者，通过一次次的学、讲、做、评、品，使道德准则达到了领、活、实、红、立的效果，在全社会营造了"讲道德，做好人"的浓厚氛围。12月27日，沈阳日报在头版倒头题位置以《凝神聚气身体力行——践行"热爱祖国、孝敬父母、关爱他人"主题实践活动综述》为题，以6000余字的篇幅，对主题实践活动进行了全面总结。主题实践活动得到了广大市民群众的欢迎和好评，也得到了市委主要领导的肯定和认可。年底，主题实践活动被市委宣传部评为部机关2013年十佳重点项目之首。

（白云鹏）

【举办"公益能量美丽沈阳"公益广告大赛】 由市委宣传部与市文明办、市工商局联合举办的"公益能量美丽沈阳"沈阳市首届公益广告大赛于2013年3月7日正式启动。大赛围绕"迎全运、讲文明、树新风"等十大主题及"诚实守信"等十大延伸参考主题面向全市广泛征集公益广告作品。活动开展以来得到了社会各界的热情关注和广泛参与，四个月共征集参赛作品962件。8月5日召开总结表彰大会，市委常委、宣传部部长王凤波、副市长祁鸣出席并为33件优秀作品、97件佳作作品的获奖作者和10个优秀组织单位颁奖。大赛的成功举办以及获奖作品在沈阳广播电视台、沈阳网、沈阳地铁等媒体的展播，在社会上引起良好反响，为成功举办第十二届全运会和创建全国文明城市营造了文明和谐的社会氛围。

（白云鹏）

【命名第六批爱国主义教育基地】 依据中宣部、省委宣传部对爱国主义教育基地的考核和命名办法，通过申报、考核等程序，5月13日以市委宣传部的名义命名沈阳二战盟军战俘营旧址陈列馆、沈阳建筑大学建筑博物馆、沈阳理工大学兵器博物馆、辽宁中医药大学博物馆为沈阳市第六批爱国主义教育基地。同时在市属主要媒体进行连续报道，扩大对爱国主义教育资源的宣传和利用。

（白云鹏）

【实现典型选树及宣传工作常态化】 市委宣传部带领市属媒体记者分别到于洪区、铁西区公安分局召开座谈会，对于洪区城乡管理局局长、党委副书记杜玉潭、原公安局铁西分局群众工作办公室副主任任长林先进事迹进行深入采访，并予以宣传报道。组织召开"微笑的哥——滕家智现象"座谈会，挖掘和总结滕家智先进事迹。继续在沈阳日报开设的《最美沈阳人》专栏中刊登先进典型事迹，使许多平时默默无闻的美德善举被挖掘发现，得以宣传推广。按市委要求，向省委宣传部上报《关于推荐沈阳市新民市周坨子镇党委作为全省推动科学发展、建设社会主义新农村的典型并进行广泛宣传的请示》，建议作为全省推动科学发展、建设社会主义新农村的重大典型进行广泛深入宣传，并上报中宣部。

（白云鹏）

【开展"迎全运、爱家乡、建沈阳"宣传活动】 以"迎全运、爱家乡、建沈阳"为主题，在媒体和户外大屏幕上进行分期分批展播，下发标语口号，完成全市76处工地围档设置公益广告督办任务和路灯旗社会宣传工作。在5月8日世界微笑日当天，举办"礼迎全运·微笑沈阳"摄影展，以微笑照片及每一张照片背后的微笑故事，展示沈阳的城市表情和沈阳人热情、友善、文明的新形象。

（白云鹏）

【开展"辽宁精神"表述语社会宣传活动】 制定社会宣传方案，在全市广泛开展以"天辽地宁、爱国奉献、诚信务实、创新争先"为表述语的辽宁精神宣传工作。下发500张海报、1000张公益宣传片光盘和《宣传读本》等，并利用出租车电子屏等各种载体进行广泛社会宣传，提高市民知晓率。

（白云鹏）

【艺术惠民春节晚会】 2013年1月31日，市委宣传部、市委教科工委、市文广局、市文联在沈阳职工文化体育中心共同主办2013年沈阳市艺术惠民春节晚会，集中展现近三年来沈阳市艺术惠民"双百万"工程的优秀成果。此次艺术惠民春节晚会节目形式多样，内容丰富多彩，既有男女声四重唱《长江之歌》、音乐快板《艺术惠民展风采》、街舞表演《江南 style》等，还有传统国粹京剧《杜鹃山》选段、以罗阳同志先进事迹为典型创作的评书《魂系蓝天》等节目。截至2013年4月，驻沈7所高等院校，市直26个专业院团、群文单位、文艺家协会和文化企事业单位，14个区县（市）及开发区宣传文化部门，以及11个社会团体参与艺术惠民"双百万"工程，直接接受免费艺术培训和观看公益文艺演出的群众达860万人次，在全市建立了150个高标准社区艺术培训服务站、1006支群众合唱团。

（梁　源）

【电影《国徽》获得第十三届电影频道"百合奖"一等奖】 2013年5月3日，由国家广电总局电影频道节目制作中心出品，市委宣传部、泰州数字领海电影科技有限公司、黑龙江电影制片厂有限公司联合摄制的主旋律3D电影《国徽》荣获第十三届电影频道电影"百合奖"一等奖。这是沈阳市继电影《抵抗！抵抗！》之后，二度获此殊荣。电影《国徽》于2012年9月开机拍摄，并于2013年10月1日黄金时间在中央电视台电影频道播出。

（梁　源）

【艺术惠民"双百万"工程工作会议】 5月7日，市委宣传部在法库县召开2013

年沈阳市艺术惠民“双百万”工程工作会议，推动艺术惠民“双百万”工程向农村覆盖、向网络延伸。会上公布了《2013年艺术惠民“双百万”工程实施方案》指出艺术惠民“双百万”工程将重点向农村覆盖、向网络延伸，建立农村文化建设的示范基地。会议期间，与会人员实地参观了东湖社区白鹤民乐合唱队、县艺术辅导员培训班和县文化馆部分业余文艺团队文化活动开展情况，就法库县艺术惠民“双百万”工程实施工作进行了深入调研。

（梁　源）

【组织拍摄电视连续剧《大路上》】　为纪念党中央振兴东北等老工业基地战略实施十周年，深情回眸国有工业企业浴火重生的十年沧桑历程，热情讴歌老工业基地调整改造振兴背景下，国企带头人带领工人、技术人员重建辉煌的艰辛历程，6月30日，由中国电影股份有限公司、市委宣传部、铁西区委、铁西区人民政府等联合摄制的工业题材电视连续剧《大路上》，在中国工业博物馆举行开机仪式。市委副书记邢凯出席仪式并讲话，市领导李继安、王凤波与导演沈好放、主演何政军等剧组人员一同出席活动。市委副书记邢凯指出，在建党92周年和老工业基地振兴战略实施10周年之际，以这部剧来全面展示沈阳老工业基地励精图治、走向振兴的壮美画卷，热情讴歌新中国历代产业工人自强不息、拼搏进取的优秀品质，具有重要的现实意义和深远的历史影响。

（梁　源）

【举办《秀水河子歼灭战》首映式】　7月29日，由国家广电总局电影频道节目中心出品，市委宣传部、法库县联合摄制的电影《秀水河子歼灭战》在法库县举行了首映式。电影《秀水河子歼灭战》讲述了1946年2月东北民主联军在辽宁省法库县秀水河子对国民党军进行的歼灭战。此战东北民主联军共歼敌1600余人，缴获大量军用物资。秀水河子歼灭战是解放战争初期东北民主联军取得的第一个歼灭战胜利，一扫前期屡战不胜的被动局面，为东北解放军树立了战胜美械国民党军队的信心。同时，在此次战斗中，我军“一点两面三三制”战术指导思想第一次贯彻到实战当中，中国国防大学与美国西点军校等世界著名军事院校的教材中，都将此战例、战术列入其中作为范例进行教学。

（梁　源）

【“沈水之阳，沈阳之水”大型美术、书法、摄影、诗歌作品展】　11月22日，“沈水之阳，沈阳之水”大型美术、书法、摄影、诗歌作品展暨大型画册首发式在沈阳日报美术馆举行。市委、市政府提出城市北部蒲河生态廊道建设工程，在水系综合治理改造的同时，着重于开发蒲河的水文化，沈北新区、于洪区、新民市、辽中县，散若群星的一个个生态水景区为广大人民群众提供了四季亲水的优美场所。为纪念东北振兴战略实施十周年，以艺术的形式展现沈阳市全面振兴的生态文明建设成果，市委宣传部、沈阳日报集团、市城建局、市水利局、辽河保护区管理局、市文联共同组织了“沈水之阳，沈阳之水”大型主题创作活动，突出南北两河——浑河、蒲河的建设成果，涵盖辽河、运河等各大水系，全面展示沈阳的文化之水、生态之水、惠民之水。

（梁　源）

【“网艺惠农”沈阳市农村文化活动】　2013年12月25日，由市委宣传部、市委教科工委、市文广局、市文联联合主办的“网艺惠农”沈阳市农村文化活动在东陵区（浑南新区）文化活动中心正式启动。沈阳市“网艺惠农”活动主要有五项内容：一是组织“空中艺课堂”名家在线辅导活动。即组织沈阳市文学艺术界名家、高校艺术培训名师和深受群众喜爱的一线艺术指导员，分类拍摄艺术培训视频，通过网络播出和进行互动交流，力争在国内率先推出一套系统、实用、制作精良、深受群众喜爱的网络艺术培训教程。二是组织“艺术到家，马上出发”下乡培训互动活动。即针对群众需求并结合营造农历马年氛围，组织各门类文艺名家及文化志愿者，走进乡镇，向农村群众面对面地传授才艺，开展惠民演出、作品展览和现场互动，带动和促进文化下乡活动。三是组织“八区八艺”区域特色文化网上展示活动。即与“网艺惠农”覆盖八个郊区县（市）相呼应，在盛京文化网开通“八区八艺”板块，集中展示各郊区县的特色文化项目、文化活动和文艺节目，提供宣传推介及交流互动平台。四是组织“2014沈阳市艺术惠民网络春晚”活动。即以2013年沈阳市艺术惠民工程和文化建设的新成果为主线，以获得国家级奖项的文艺节目和沈阳交响乐团、“盛京红磨坊”、“星期六剧场”代表作品为主要内容，融合艺术展览和群众文化集锦，通过前期摄制、片花集锦、现场录制特别是精心编排，剪辑合成“2014沈阳市艺术惠民网络春晚”，在马年春节前播出，既可在新春佳节为沈阳市民奉上高雅文化的大餐，又力行节俭，走出艺术共享和节俭办晚会的新路子。五是组织“乡村才艺达人秀”选拔展演活动。即伴随“网艺惠农”活动的逐步开展，在盛京文化网上播出各郊区县（市）基层文艺团队或个人的才艺视频，由市民通过网上投票选出最喜爱的8个节目，并组织“乡村才艺达人秀”决赛和网络直播。

（梁　源）

【宣传思想战线“四个一批”人才评选及培训】　按照《沈阳市宣传思想战线“四个一批”人才培养工作实施意见》，2013年5月，市委宣传部组织开展了2013年度沈阳市宣传思想战线“四个一批”人才评选工作，通过基层申报、资格初审、省级专家组评审、单位内部公示等评审环节，经部务会审定，共有40名来自理论、新闻、出版、文艺、经营管理和专门技术等方面的优秀人才被评为2013年度沈阳市宣传文化系统“四个一批”人才。2013年6月24日至29日，在清华大学举办了沈阳市宣传文化系统高级人才培训班暨2013年度“四个一批”人才表彰大会。2013年度沈阳市宣传文化系统“四个一批”人才，市委组织部、市人才办、市编办、市直宣传文化系统各单位领导及部机关有关处室工作人员等共48人参加表彰大会和培训。培训学习内容涵盖了十八大精神解读、媒体关系与危机应对、中国文化与文化中国、国学智慧与领导韬略、互联网发展与党的执政能力建设等方面，培训得到全体学员一致好评，收到较好学习效果。

（刘　刚）

【赴瑞典、丹麦开展经贸招商宣传活动】

2013年5月8—17日，市委外宣办与市友协共同组织沈阳经贸代表团赴丹麦、瑞典开展商贸洽谈和宣传活动。代表团宣传了沈阳市经济社会、发展振兴等方面取得的新成果，进一步提高了沈阳市在欧洲国家的知名度和美誉度，促进了沈阳市与欧洲国家在经济领域的交流、合作与发展。

(陈 华)

【赴南非、阿联酋开展沈阳城市形象对外宣传活动】 10月16—25日，应南非政府宣传部、阿联酋迪拜商会的邀请，市委外宣办组织沈阳市新闻文化交流团，赴南非、阿联酋进行交流访问，举办沈阳城市形象图片展、召开城市形象说明会和新闻工作交流会。这是沈阳市第一次走进非洲和阿拉伯国家开展的外宣活动，受到南非、阿联酋两国各界的热情欢迎，为非洲和阿拉伯世界国家开启了关注沈阳的窗口。

(陈 华)

【开展歌曲《阳光传奇》推广宣传】 4月—10月，“十二运”宣传歌曲《阳光传奇》在全国近百家知名音乐网站和官方微博开展铺歌宣传，在全国279家联播电台播放，在百度、腾讯、酷狗、酷我、搜狐等多家音乐榜上取得“月度冠军”、“季度冠军”，扩大了在流行乐坛的知名度和传唱度。同时，通过LED大屏幕、楼宇电视、地铁车载媒体、旅游景点、宾馆酒店、公园广场、KTV歌厅、电影院线广告、手机座机铃音等方式宣传播放歌曲，把歌曲推介传唱和宣传沈阳紧密结合，进一步宣传沈阳，唱响沈阳。

(陈 华)

【实施外宣精品战略】 围绕“十二运”、国家中心城市建设和沈阳振兴，市委外宣办策划拍摄了《风尚辽宁·微笑沈阳》、《全民参与·全运沈阳》城市广告片，《这里是沈阳》(城市形象版)、《中国沈阳》(经济版)城市宣传片；设计制作了新版《中国沈阳》画册和《阳光传奇》歌曲DVD光盘等系列化、精品化、配套化的城市外宣品。

(陈 华)

【组织建设沈阳城市采访线工程】 全运会期间，为做好记者接待服务工作，以“服务赛事、宣传沈阳、展示成果”为宗旨，以“有特色亮点、有故事点、有新闻点”为原则，经过实地考察、研讨论证和模拟演练，市委外宣办精心设计建设了“全运沈阳、工业沈阳、生态沈阳、宜居沈阳、文化沈阳”等5条主题采访线和15个采访点位，集中组织了210家中央、省、市媒体，600多名记者参观报道，成为展示沈阳城市形象的重要窗口。

(陈 华)

【沈阳宣传片亮相纽约时报广场】 2013年12月，沈阳市委对外宣传办公室、沈阳市人民政府新闻办公室联合沈阳广播电视台、沈阳智为传奇广告有限公司、大连国域无疆传媒集团有限公司，共同摄制完成的《美丽中国·微笑沈阳》(时长10秒)、《魅力中国·活力沈阳》(时长10秒)、《中国沈阳欢迎您》(1分20秒)三部城市形象宣传片，全面展示了沈阳历史文化、旅游风光、经济社会发展、城市建设、良好的投资环境和发展前景等内容，首次在被誉为“世界的十字路口”的美国纽约时报广场精彩亮相，每天循环滚动播出240次。

(陈 华)

【第24届“振兴沈阳好新闻”评选活动】 2013年1月，为表彰和鼓励广大新闻工作者在进一步树立沈阳良好形象，进一步扩大沈阳对外影响工作中做出的突出贡献，外宣新闻处开展了第24届“振兴沈阳好新闻”评选活动。通过各新闻媒体单位推荐，专家评委严格审批，在180余篇入围新闻作品中，评出获奖作品71篇。

(赵 威)

【沈阳市新闻媒体赴台湾开展入岛交流活动】 2013年6月，按照省委宣传部、省台办“关于加强我省新闻媒体入岛交流合作的通知”要求，为推动两岸关系有序、稳定、良性发展、加大沈阳市在台湾宣传和新闻交流合作的力度，应中华广播电视节目制作商业同业公会的邀请，组织沈阳市新闻媒体赴台湾开展入岛交流活动。扩大沈阳对外的影响力，推进沈阳与台湾的全方位合作。

(赵 威)

【“走进全运走进沈阳”采访活动】 8月11—13日，市网信办组织“2013年全国重点网络媒体辽宁行——走进全运走进沈阳”采访活动。采访团一行60人对沈阳市全运会筹备、赛事场馆、全民健身场所等进行了考察采访，全运村相关领导对全运各项工作进行了情况汇报，各级网络媒体对全运给予了高度关注，对全民健身活动给予了充分深入报道，共发布专题16个、原创35篇、转载5篇、图片31张。

(孙 威)

【2013城市互联网工作会议】 8月30日至9月2日，为推进网络“五环”协作体建设，市网信办以“加强城市网络文化品牌合作”为主题，召开2013城市互联网工作会议，全国副省级、省会城市等28个城市的网信办(外宣办)领导30余人参加会议。达成共同推进城市间网络文化资源、网络文化成果共享，提升城市文化交流品牌的共识；同时针对互联网发展形势和网上舆论宣传引导工作需要，建立城市间网络宣传、舆情通报、舆论引导和处置的大格局。

(孙 威)

【腾讯网官方政务微博平台上线开通】 9月27日，腾讯网沈阳市官方政务微博平台“沈阳政务微博发布厅”正式上线开通。沈阳市14家区县(市)、开发区发布、33家市直部门、30所高校及4家市属媒体首批入驻，中共沈阳市委宣传部腾讯政务微博“微沈阳”同步开通。

(孙 威)

【“紫气东来”网络文化系列宣传活动】 12月17日，市网信办在盛京文化网开展“紫气东来”网络文化系列宣传活动。在全市范围内聘请各领域文化专家作为网络文化顾问，邀请驻沈百家网站共同发起“绿色网络文化盛京”倡议，启动“绿色网络、助飞梦想”——网络关爱青少年活动，在线播出“绿色网络书写盛京”系列书法讲座，举办鹏博杯青少年“绿色网络书写盛京”书法征文大赛。积极倡导文明办网、诚信上网，加强网站自律，营造积极向上的网络文化氛围。

(孙 威)

【“沈阳发布”政务微信公众平台上线开通】 中共沈阳市委宣传部、沈阳市互联网信息办公室于12月31日举行了“沈阳发布”政务微信公众平台上线开通仪式。“沈阳发布”政务微信公众平台具有“服务民生建设、畅通民意诉求、发布权威资讯”等主要功能，是在新媒体环境下，党和政府优化政务环境、提供优质便民服务、建立高效服务网络的新举措、新办法。

(孙 威)

【开展走基层——党的十八大精神和中国梦理论宣讲活动】 根据中央和省市委关于做好党的十八大精神和中国梦宣讲工作的部署，按照习近平总书记十八大精神的宣讲要“讲全、讲透、讲实”的要求，市委宣传部、市委讲师团以走基层宣讲十八大精神和中国梦为主题，在全市组织了理论宣讲活动。主要采取座谈、访谈、交谈“三谈”方法，小型化、分众化、互动化“三化”方式，建立由专人负责的75个理论宣讲联系点，以点带面，组织市委宣讲团成员和全市四级宣讲员队伍，到车间班组、田间地头、蔬果大棚、社区文化活动室、学校教室、市民农民家庭、机关办公室，开展面对面接地气式的宣讲活动，通过唠家常、话梦想、谈未来，努力把十八大精神和中国梦的丰富内涵转化为干部群众的统一意志和行动。市委宣讲团成员全年共宣讲十轮，70场，直接听众2100人次；全市四级宣讲员队伍宣讲2850场，听众23万人次。沈阳日报、电台、电视台对理论宣讲活动进行全程跟踪报道，播发稿件41篇次，做到了全年有声、有影、有字。省委宣传部领导评价沈阳市走基层理论宣讲方法，“破解了马克思主义大众化的一个途径问题”。

从2013年11月末开始，组织了党的十八届三中全会精神理论宣讲活动。市委宣传部、市委讲师团发出《关于做好党的十八届三中全会精神宣讲工作的通知》，组织骨干宣讲员参加省里举办的三中全会精神培训班，撰写《〈中共中央关于全面深化改革若干重大问题的决定〉宣讲要点》，编辑《习近平总书记重要讲话辑录(2012.11.8－2013.6.30)》，在此基础上，组织市委宣讲团成员和全市宣讲员队伍走入基层，面向基层党员干部群众开展了三中全会精神的宣讲工作，市属新闻媒体对宣讲活动进行了宣传报道，助推了全市学习宣传贯彻三中全会精神的工作实践。

（薄　洁）

·统　　战·

【开展党的群众路线教育实践活动】 组织全系统100多名党员召开党的群众路线教育实践活动动员大会，并下发《市委统战系统机关党委党的群众路线教育实践活动实施方案》。组织党员干部观看专题教育片，邀请专家学者开展集中授课辅导。广泛征求各区县(市)、各高校、各民主党派和广大党员干部群众对统战部领导班子、统战系统党委的意见建议，共计四个方面，70多条建议。结合意见建议形成了领导班子对照检查材料和领导干部个人对照检查材料。市委统战部领导班子对照“四风”召开了专题民主生活会，并专题召开情况通报会，通报市委统战部领导班子民主生活会情况，系统其他单位民主生活会情况通过会议材料交流。统战系统教育实践成效显著，统战系统党的群众路线教育实践活动的经验和做法先后被省委统战部、市委办公厅、市委党的群众路线教育实践活动领导小组信息简报采用。

（王　飞）

【完善中国共产党领导的多党合作制度】 制定了《2013年中共沈阳市委同各民主党派、工商联、无党派人士进行民主协商的安排计划》，协助市委召开全市文化体制改革、“办人民满意教育”和农业农村及县域经济发展工作情况通报会。以市委文件形式印发《沈阳市关于进一步规范市委同民主党派、无党派人士政治协商的意见》，进一步规范和完善协商程序。积极协调有关方面，认真做好民主党派负责人应邀参加重大内外事活动，落实民主党派负责人参加重要内事外事活动制度。认真贯彻党的群众路线教育实践活动要求，协助做好征求党外人士意见工作。协助市委召开群众路线教育实践活动征求党外人士意见座谈会，组织协调全市各民主党派负责人参加省群众路线教育实践活动督导召开的群众路线教育实践活动党外人士征求意见座谈会。组织协调各民主党派负责人参加了省委统战部召开的群众路线教育实践活动征求意见座谈会。

（赵廷志）

【民主党派建设】 引领各民主党派深入学习贯彻党的十八大和十八届三中全会精神，支持各民主党派进一步改进作风、自觉把思想统一到中央的重大决策和战略部署上来。以纪念中共中央发布“五一口号”65周年为契机，协助市委召开了纪念“五一口号”发布65周年座谈会。各民主党派充分发挥各自的特点优势，深入开展“同心发展工程”、“同心健康工程”、“同心致福工程”等系列社会服务活动。结合新形势，与市委组织部、市社会主义学院联合在北京大学举办党派负责人培训班。按照《辽宁省民主党派组织发展工作细则》要求，坚持“三个为主”的原则，严把质量关，全年民主党派严格按照发展率不超过5%的原则发展成员。认真贯彻落实中央、省委统战部关于民主党派市级组织届中调整工作的部属和要求，积极稳妥地推进民主党派届中调整工作。完成了民进市委增补主委工作，致公党市委、九三学社市委增补专职副主委工作和民革、民盟市委增补兼职副主委工作和民主党派专职副主委的民主测评工作。

（赵廷志）

【规范民族领域】 与市委宣传部、市民委共同制发《关于深化民族团结进步创建活动的实施意见》，细化民族团结进步创建活动。与市民委共同制发《沈阳市城市少数民族流动人口服务管理体系建设试点工作方案》，并进行部署和落实。推荐棋盘山花果山风景区为辽宁省民族团结进步教育示范基地，获省委统战部、省宗教局批准。

（李金良）

【推进宗教领域重点难点问题解决】 积极发挥市宗教工作领导小组会议、市宗教工作联席会议和高校专门协调机制会议作用，理顺宗教领域工作关系，密切协调，争取市委分管领导重视，有效解决北关教堂、实胜寺等突出矛盾和重点难点问题，强化了高校抵御境外宗教渗透和防范校园传教等专项工作，确保“十二运”顺利召开。积极协调，妥善解决了多项涉及宗教领域的历史遗留问题。进一步巩固治理基督教私设聚会点工作成果，加大依法治理非法宗教活动的力度，成功阻止和取缔多起有较大影响的境外敌对势力渗透活动。在全国重点省、市参加的基督教私设聚会点专项治理工作经验交流大会上，沈阳市的经验介绍得到中央统战部和与会代表的高度评价。

（李金良）

【宗教爱国力量建设】 坚持定期、不定期约谈宗教界上层代表人士制度，召开全市宗教界“双文明”活动和依法治理非法宗教活动抵御境外宗教渗透专项治理工作总结表彰大会。组织全市五大宗教、七个爱国宗教团体上层代表人士(共200多人)开展“三看”活动。加强对民族宗教干部的培训力度，在市社会主义学院举办全市150名民族宗教干部培训班，进一步提升民族宗教干部的综合素质。

（李金良）

【开展非公有制经济人士理想信念教育实践活动】 2013年，沈阳市在非公有制经济人士当中广泛开展理想信念教育实践活动，专门成立了该项工作的领导小组，制定下发了相关文件，及时召开了工作动员会，统一印制了2000余册学习材料，组织非公有制经济人士参观践学、“民营企业家与中国梦”专题报告会、系列征文和“深入基层访民情、赠送物资解民困、结对帮扶促和谐”、“我为毕节试验区贫困学生献爱心”等活动，为沈北新区的留守儿童和贫困母亲捐款捐物价值12万余元，与10位贫困母亲和4名贫困学生建立了结对帮扶关系，为60名毕节试验区贫困学生捐款12万元。1.26万名企业家参与理想信念教育实践活动，召开报告会、论坛、讲座共计45次，举办各类培训班25次，组织开展光彩事业、感恩行动、结对共建实践活动33次。沈阳市开展的教育实践活动，得到了省非公有制经济人士理想信念教育实践领导小组和市群众路线教育实践领导小组的充分肯定，并以简报的形式介绍了工作经验。

（石春鹰）

【开展“光彩事业九个一”系列活动】 通过重点指导、设计载体、上下联动等工作方式，确保了“光彩事业九个一”系列活动取得实效。2013年，全市非公有制经济人士为贫困地区修路37条、修桥涵6座、开发项目24个、引进招商项目202个、援建光彩小学7个、帮扶贫困学生和贫困户5414人次、帮扶重点优抚对象266人次，非公有制企业安置职工就业2.3万人次。全年招商引资合同金额共669.24亿元。

（石春鹰）

【开展转方式、促发展专题学教活动】 市委统战部与辽商发展促进会联合举办了辽商发展论坛，并组织60余位非公有制经济代表人士参加。推荐了14位非公有制经济代表人士在省非公有制经济转变发展方式报告会上介绍经验，系统编写了非公有制企业转变发展方式优秀案例，先后在沈阳统一战线、沈阳商会杂志开辟专栏，进行系统宣传。积极帮助和支持市工商联在北京大学举办了非公有制经济人士培训班，近60名非公人士参加了学习。

（石春鹰）

【加强规范化建设】 对《沈阳市区县统战工作规范化指导细则（试行）》征求意见进行修改和完善，推动区县统战工作规范化运行。贯彻落实中央统战部关于加强会计师行业统战工作的意见，起草《沈阳市新的社会阶层人士统战工作联席会议制度》，建立市委统战部牵头，市直有关部门和社团组织为成员单位的工作构架，积极开展新的社会阶层人士统战工作。组织召开市直单位统战部门负责人会议，及时传达贯彻《省委统战部、省直机关工委关于加强新形势下省直机关统一战线工作的意见》精神，推动市直机关统战工作的开展。

（吕　丹）

【加强区县基层统战工作指导培训】 通过统战部长联席会议、组织区县统战部长培训班，加大对区县统战干部培训力度。邀请部领导、省、市社会主义学院专家教授开展统战理论政策与工作实践、十八大精神、统一战线理论、政党制度等专题培训讲座。在2012年选择试点社区和交流推广经验的基础上，深入试点社区实地调研督导检查，根据实际情况推进全市各区三分之一的社区有步骤开展统战工作，形成区域化、社会化的社区统战工作新格局。

（吕　丹）

【加强高校、国企统战工作的协调指导】 全年召开两次高校统战部长联席会议和一次小型座谈会，对整体工作进行部署和有针对性的推进。以落实省委统战部和省高校工委《关于在高等院校统战成员中深入开展“建言献策、建功立业”主题活动的实施意见》为重点，推动高校统战成员积极参与“双建”活动，发挥高校统战成员的智力优势，围绕全市经济社会发展建言献策，在推进高校自身发展中建功立业。开展国有企业统战工作调研，形成国企统战工作情况报告并上报省委统战部，组织部分国有企业代表参加全省国企统战工作座谈会和国有企业统战部长培训班。

（吕　丹）

【加强无党派人士和党外知识分子队伍建设】 以学习“十八”精神为契机，突出政治引导作用。组织无党派人士和党外知识分子积极围绕省情、市情开展调研建言活动，无党派人士撰写调研报告43篇，其中24篇被评选为优秀成果。组织无党派人士研讨市政协十四届二次会议提案议题，做好大会提案准备工作。召开市知联会一届五次理事会，完成各项会议议程。推荐金卫东、刘强参加中央统战部组织的以“新的社会阶层人士为推动城乡发展一体化服务”为题的考察调研，推荐石艳玲、弃冰华等8名无党派代表人士参加了辽宁省第六期无党派人士理论培训班，邀请辽宁大学毕宝魁教授做《儒家文化解读中国梦》的专题讲座。

（吕　丹）

【政协换届】 根据中央、省、市委关于政协换届工作有关文件的要求，在部领导的直接领导下，完成了市政协十四届一次会议主席、副主席、秘书长和常务委员人选的协商、选举工作，并及时向省委统战部上报了全市换届工作总结及相关材料和数据。

（李旭辉）

【党外代表人士队伍建设】 一是党外干部领导职务安排实现了新突破。2013年调整提拔2名党外干部担任了市政府工作部门领导班子成员职务。市党外干部安排比例由原来的28.57%提高到了35.71%。检法两院配备了副职党外干部。二是专项督查。由市委统战部牵头，与组织部、督查室组成联合督察组，以市委名义对全市各区、县（市、开发区）落实市委18号文件情况进行专项督查。三是与市委组织部和市社会主义学院先后于7月11日－17日在北京大学组织民主党派市委领导班子成员共55人参加的培训；9月9日至13日在市委党校对各区县市处级党外干部进行了培训。四是对市政协部分委员、常委进行了届中调整和增补。

（李旭辉）

【“迎全运展风采统战文化宣传品‘法宝扇’设计制作竞赛”活动】 2013年7月—10月，全市统战系统开展了以“喜迎全运盛会、传播统战文化、展示统战风采”为主题的“迎全运展风采统战文化宣传品（法宝扇）设计制作竞赛活动”。市各民主党派、统战团体、区县统战部和部分高校、国有企业参与活动并设计制作了“法宝扇”22 种 11 万柄。“法宝扇”通过三个途径向广大市民和中外游客散发。一是携手全运会主委会通过“爱心驿站”网点散发；二是携手沈阳铁路局在沈阳北站散发。三是各参赛单位组织活动向本系统群众散发。整个活动步骤设计紧凑，宣传声势较大，“法宝扇”也受到广大群众的热烈欢迎。通过开展这项统战文化社会宣传活动，给统战宣传工作注入了更多的文化元素。

（李旭辉）

【统战文化科普暨多党合作制度宣传活动】 沈阳市委统战部以全运会的召开为契机，以省、市社科联举办的社会科学普及活动为平台，在全市范围内开展统战文化科学普及暨多党合作制度宣传活动。市委统战部统一制作了系统介绍我国多党合作制度，市各民主党派、无党派人士和工商联参政议政成果的宣传展板和统战系统喜迎全运的社会宣传品，在全市十三个区、县和沈飞公司巡展，每个基层单位巡展 1 周，“沈阳同舟网”开设专栏，同步进行宣传。各基层单位也发挥各自优势，策划各具特色的宣传活动，与全市的巡展活动配合开展。活动以巡展的方式，向广大群众宣传我国的多党合作，展示了各民主党派、无党派人士和工商联在沈阳城市发展中所作出的贡献，收到良好效果。

（李旭辉）

【贯彻十八大精神协商民主专题研讨会】 2013 年 9 月 26 日，市委统战部以 2013 年统战理论研究课题中期推动为契机，召开了“协商民主”专题研讨会。

党的十八大报告中对“健全社会主义协商民主制度”进行规划和部署，市委统战部将“协商民主”作为了 2013 年理论研究的重点课题，并以此作为统战理论研究课题中期推动工作的重点内容。召开此次专题研讨会的目的，一方面希望 2013 年的统战理论研究能在“协商民主”这一内容上多出精品，以带动全市的统战理论研究工作更上一个台阶；另一方面希望能通过这一内容的深入研究，为市委统战部协助市委在今后更好地贯彻落实协商民主有关政策打好理论基础，真正做到理论指导实践。与会专家分别就各自对“协商民主”的认识、理解以及研究中的观点、方法等进行了交流。

（李明国）

【加强港澳台侨海外代表人士队伍建设】 通过“走出去、请进来”新结识海内外朋友 300 多人，及时整理他们的基础信息，充实海外代表人士队伍数据库。市委统战部联系的港澳台侨海外代表人士已经达 280 人，涉及 36 个国家和地区。其中新增 170 人，涉及 22 个国家和地区。积极向省第四届海外联谊会推荐港澳台海外理事 15 名，内地理事 12 名，2 人当选为副会长，8 人当选常务理事。

（刘任飞）

【拓展海外统战工作领域】 市委统战部与市社会主义学院共同组织统战系统文化交流团赴台湾开展文化交流，这是近年来首次组织入岛交流活动。接待中国和平统一促进会第 12 次海外会长会议代表辽宁参访团，与来自世界 60 多个国家和地区的 110 多位侨领建立了联系。协助省海联会组织 70 多位与会港澳台海外理事参观了中国工业博物馆，考察浑南新区，并就沈阳国家大学城（浑南新城）相关项目进行了推介。组团出席香港港区省级政协委员联谊会庆祝中华人民共和国成立 64 周年暨港区省级政协委员联谊会成立 7 周年活动，广泛走访香港政协委员，加强与港澳代表人士的联系。

（刘任飞）

·政策研究·

【重要会议筹备和重要文稿起草】 市委政研室坚持超前谋划，主动思考，集中骨干力量，认真做好市委十二届七次、八次全会的筹备工作，高质量完成了会议文稿的起草任务，两次全会报告形式新颖、内涵丰富，文风朴实、文字精炼。特别是市委十二届八次全会报告，总结成绩实事求是，指出问题深刻尖锐，部署工作重点突出，更加符合中央精神和沈阳实际，是市委转作风改文风的具体体现，也得到与会同志和各方面的一致好评。同时，圆满完成了全市社区工作会议筹备工作，独立起草了市委主要领导和市政府有关领导在社区工作会议上的讲话，参与起草了《中共沈阳市委、沈阳市人民政府关于加强社区建设的若干意见》及四个相关配套文件，得到市委和市政府领导、相关单位及基层社区同志的高度评价。全力做好市委重要文稿起草工作，先后起草了市委主要领导在全市一季度经济形势分析会上的讲话、在人民日报“声音”栏目刊登的“打基础利长远是政德之要”的署名文章、在省委关于加强作风建设座谈会上的发言、在省委常委会上分析当前全省经济形势时的发言等系列文稿，这些文稿都准确体现了市委决策意图，得到了市委领导的肯定和表扬。

（苏明飞）

【重大战略谋划和重要问题研究】 按照市委主要领导要求，市委政研室对加快推进国家中心城市建设开展了专题研究，会同市发改委、市规划局等部门，赴武汉、北京学习考察，筹备召开了建设国家中心城市与推进新型城镇化建设理论研讨会，起草了市委主要领导在会上的讲话。在深入开展调查研究，广泛征求各方面意见，历经多次修改完善的基础上，起草形成了《沈阳市加快国家中心城市建设规划纲要》，成为沈阳市学习贯彻党的十八大精神的最新成果，成为指导加快国家中心城市建设的纲领性文件。这项工作被市直机关工委评为市直机关 2013 年度精品工程。在全市第一批党的群众路线教育实践活动中，市委政研室作为市委教育实践活动领导小组成员单位，高质量起草了市委主要领导在全市动员大会上的讲话以及在市委常委第二次集中学习时的中心发言，配合市委组织部起草了全市教育实践活动实施方案，配合市委办公厅起草了市委常委领导班子对照检查报告，为全市第一批教育实践活动的顺利开展作出了重要贡献。按照国家审计署的要求和市委的安排，市委政研室与市直有关部门一起，组织专门力量，共同开展研究，起草形成了市委书记、市长工作主要职责、经济责任同步审计办法和综合考核评价办法，县委书记、县长工作经济责任同步审计办法等一系列材料，得到国家审计署和市委领导的充分肯定。

（苏明飞）

【开展调查研究】 市委政研室着眼于事关沈阳振兴发展和民生改善的重大问题，全年共开展重大课题调研 50 个，形成一大批有影响、有分量的精品力作。

其中,配合省委政研室深入总结铁西、沈北、法库等区县振兴发展中涌现出来的重大典型,形成了一批调研成果,在《共产党员》杂志上刊发,对宣传中央振兴战略实施十年来,沈阳老工业基地取得的辉煌成就和发生的巨大变化起到重要作用。配合市委组织部就沈鼓集团开展“共产党员工程”活动情况进行了调研,调查报告上报中组部后被作为重大典型经验向全国推广,并在《光明日报》整版刊登,《辽宁日报》、《沈阳日报》先后转载。同时,《关于加快沈阳市软件和信息技术服务业发展的调研报告》、《关于加快推进我市智能城市建设的研究报告》、《沈抚同城:将沈阳经济区打造成中国经济第四增长极的战略选择》、《关于新民市大民屯镇方巾牛村建设新型城镇化的调查》、《关于沈阳市社区职能履行情况的调查》等15篇调研报告,得到市委主要领导和有关市领导的充分肯定和批示,调研成果向市委决策的转化率进一步提高。

(苏明飞)

【决策咨询和信息编研】 市委政研室圆满完成了市决策咨询委换届工作,遴选了一批知名度高、议事能力强、关心和支持沈阳发展的决策咨询委员,咨询论证能力进一步提升。围绕事关沈阳发展的全局性、战略性、前瞻性重大问题,编辑出版了《智汇振兴——沈阳市2012年决策咨询重大研究课题集》,编发《决策咨询》24期,其中《关于沈阳创新社会管理的对策建议》、《关于后全运时代沈阳体育场馆发展战略的几点思考》等6篇决策咨询得到市委、市政府主要领导和有关市领导的肯定和批示,为市委、市政府决策提供了有力的智力支持。坚持求新、求精、求深的原则,加大了综合性资料信息的编研工作力度,围绕分析判断当前面临的经济形势,跟踪聚焦各地改革和发展中带有方向性、全局性、关键性的问题以及对社会产生较大影响的敏感性问题,形成了信息量较大、针对性和实效性较强的综合性信息36期,其中,《上半年我市主要经济指标完成情况与副省级城市比较分析》、《走生态农业道路促进农业持续稳定协调发展》等4篇综合信息和资料分析报告引起有关市领导的高度关注,为市委、市政府科学研判形势、进行正确决策提供了重要参考。

(苏明飞)

·对台工作·

【对台经济】 构建大合作格局,推动对台经济稳步增长。以市领导赴台开展经贸交流为牵引,以重点项目为突破口,抓好重点台商联络、涉台活动开展、亲商安商等工作,推动对台经济工作稳步增长。一是市领导带队赴台开展招商。2013年,全市组织了4个市级经贸团、37个县区级经贸团、98家企业赴台开展经贸活动。特别是市委、市人大主要领导,市政府主管领导率有关县区赴岛开展系列经贸交流活动,结合沈阳市装备制造业等支柱产业,与岛内工商界知名人士广泛交流、就重点项目深入探讨,逐步构建沈台大合作的格局。二是推进重点在谈在建项目。全年共推进在谈在建台资项目82个。富士康(沈阳)科技工业园、富洋温泉、维华大润发超市、士林夜市、康师傅扩建、恒生生物科技发展食用菌生产、安佑集团猪营养饲料生产等项目都有增资、调资;台湾友嘉集团数控机床、台玻集团建筑玻璃及汽车玻璃生产、义联集团城市综合体、正新轮胎生产基地、乡林集团涵碧楼酒店等项目都有突破性进展。三是大力推进“三个一工程”。按照《辽宁省人民政府关于进一步深化对台经济合作的意见》要求和市领导部署,大力推进沈抚新城海峡两岸科技园、浑南亿丰广场商业一条街、沈阳台商总部大厦和台商科技育成中心大厦等“三个一工程”。四是举办“第十二届台湾周”活动。8月15日至20日,沈阳市举办了“第十二届辽宁台湾周”系列活动,共邀请了海基会董事长林中森、台湾工商建研会、友嘉集团、正新轮胎国际集团、富邦金控集团等共6个参访团50余人来沈参加活动。期间,共推进台资项目6个,其中签约了台湾天福集团东北总部和台湾杰亿系统科技软件外包基地2个项目。

(王 雷)

【台商权益保护】 建立大联动机制,切实做好亲商安商工作。认真贯彻《台湾同胞投资保护法》,由市政府主管领导组织召开台商投诉座谈会,积极深入解决台商反映的问题,收到较好效果。积极协调联动市相关部门经常到台资企业开展走访调研,为台资企业排忧解难,使台商生活安心、工作顺心、投资有信心。加强对台商协会的指导和管理,帮助台资企业研究解决实际问题,并充分利用台商协会和重点台商人脉资源优势,发挥其以商引商作用。全年协调台商投诉案件37件,已解决32件,还有5件正在解决之中。

(王 雷)

【对台交流交往】 形成大交流态势,促进对台交流持续热络。坚持以文化和教育交流为主线,整合资源,拓展领域,开展形式多元的交流活动,逐步形成沈台大交流局面,促进对台交流交往更加热络。一是积极开展沈台文化特色交流。通过组织市陶瓷文化产业交流考察团和市文化创意产业考察团赴台交流考察、参加“2013年台湾新竹灯会”、承办“第四届海峡两岸三馆年会”、成功出版两岸影像画册《台湾新旅》等活动的开展,促进沈台文化交流不断升温。二是深入开展教育领域交流互动。通过组织市第176中学橄榄球队赴台开展英式橄榄球交流,市教育系统3个团组赴台参加活动,2013年度沈阳籍学生赴台就读;接待台中县教育会、台湾交通大学、台湾中华书学会等有关专业人士来沈交流,促进沈台教育领域频繁互动。三是组织国台办重点交流等项目。通过组织国台办重点交流项目台湾中南部工会代表团来沈参访,接待台湾中华基金会南部基层干部代表团和高雄市燕巢乡民众服务社代表团一行来沈参访,进一步做好台湾南部基层民众工作。四是积极促进沈台高层交流互访。通过市委主要领导赴台参访拜会国民党荣誉主席连战、吴伯雄等6位台湾上层人士,接待台湾海基会董事长林中森率团来沈参访,国民党中常委侯彩凤2次率团来沈参访,共同探讨沈台交流合作发展大计,促进沈台两地的深入交流。同时,拓展了沈台体育、卫生、交通等领域的交流。2013年,沈阳成为第三批赴台个人游试点城市。全市居民赴岛4.7万人次,同比增加39.4%。岛内台胞来沈落地签注3269人次,同比增长23.5%。

(王 雷)

【涉台宣传教育】 把握大发展趋势,扎实做好涉台舆论宣传。坚持以“活力沈阳、魅力台湾”为宣传主题,加强对台宣传教育,积极开展入岛宣传,营造有利于沈台交流与合作的良好氛围。一是扎实有效开展涉台教育。围绕"争取台湾民心、争取国际舆论"的对台宣传宗旨，扎实有效开展涉台教育。市台办及和平区、沈北新区、康平县台办被中央台办评为"两刊"宣传工作先进单位。二是积极拓宽入岛宣传渠道。通过推进《今日辽宁》刊物入岛，开展台湾联合新闻网网络宣传活动，做好《新八千里路云和月》专题片拍摄题材推荐工作，以及接待岛内媒体来沈参观采访，拓宽了入岛宣传的渠道。三是组织市属媒体团赴台参访。通过沈阳市新闻媒体交流考察团赴台开展交流，先后考察了台北市新闻记者公会、联合报、中时媒体集团等10多家岛内新闻媒体。与《旺报》就联合举办"两岸一家亲"——(大陆)征文等活动达成合作意见，并与岛内有关新闻媒体达成交流合作共识。全年共接待10家台湾媒体60多人次来沈专题采访拍摄。依托华夏经纬网和中国台湾网等网络平台，发稿300多篇，发稿量继续保持全省前列。

（王　雷）

·保　　密·

【概述】　2013年，市国家保密局紧紧围绕全市"保增长、办全运、惠民生、抓党建"四项重点工作，不断开创保密事业发展新局面。开展"调查研究年"活动，成立调研小组，先后3次召开调研专题会议，明确调研目标，确定调研课题，制定调研方案。共选取53家单位，实地走访27家，召开调研会集中调研和电话咨询26家，先后召开座谈会25次，发放并收回调查问卷300多份，查看定密审批表、定密载体和涉密人员保密承诺书等文件资料2000余份，并在此基础上形成调研报告。加强保密服务和管理，为中国工业博物馆铁西馆建设中的工业及科技展示成果进行信息公开保密审查，指导主办单位对涉密的军事工业及尖端科技等相关内容进行脱密处理，确保展示内容不涉及国家秘密；继续做好涉密项目审查工作，规范涉密工程确认审查程序，确保涉密项目建设安全进行。开展保密普查，在认真总结去年普查试点工作经验的基础上，结合实际，分部门、行业举办了两期专题培训班，并采取电话咨询、上门答疑、走访座谈等多种形式，加强对普查工作的指导，协调解决有关问题，高质量、高效率地完成普查任务。进一步加强涉密(内部)计算机保密管理，重新梳理了涉密(内部)计算机保密监控软件安装情况，要求各单位做到应安尽安、运行正常，严禁私自卸载，并做好台帐备案；加强对新进人员和新使用安装保密监管软件计算机人员的保密教育，确保不出现违规外联情况。加强军工科研生产单位的保密管理，认真做好申请军工认证单位涉密人员培训，提供组织、制度建设、技防保障等方面的咨询、指导与服务。配合省军工认证办完成了首轮和重新认证的现场审查，并将新通过认证的军工单位纳入保密工作活动组管理，搭建活动组成员单位交流的平台，推动新入组单位保密工作的顺利开展。做好保密干部全员培训，分两期对138个区、县(市)保密局和机关单位的277名学员进行了培训，并向考试合格的学员颁发了辽宁省统一制发的《全国保密干部培训结业证书》。坚守党校保密教育阵地，在市管干部、中青后备干部、初任公务员培训等班次开设100多学时保密课，对1000余名领导干部进行保密教育培训。开展保密工作论文征集活动，共征集论文105篇，评选出一等奖2篇、二等奖3篇、三等奖5篇、优秀奖10篇，优秀组织奖5个。开展多种形式保密宣传教育，市中小企业局等20余个地区和单位邀请市国家保密局进行保密业务培训和窃密与反窃密技术演示；市供销社等17个单位组织观看保密警示教育专题片。发挥《保密工作》杂志等刊物宣传作用，全市16个地区和单位的通联工作达到国家标准要求，沈阳市通联工作连续15年荣获全国副省级城市第一名。做好"十二运"期间保密工作，制发了《关于加强"十二运"期间保密工作的通知》，围绕全运会期间涉密要点认真开展自查；市国家保密局对"十二运"沈阳赛区组委会进行了保密检查，提出了整改意见，并督促抓好落实。开展政府信息公开保密审查专项检查，在各地区、各单位自查的基础上，市国家保密局分批进行了抽查，并跟踪整改落实情况，着力建立健全长效机制，从源头上防范失泄密事件发生。开展中高考等国家考试保密检查，加强与教育、招考、司法等部门的配合，抓好各类国家统一考试试卷的保密管理，强化试卷命题、印刷、交接、运输、保管等环节的监管，确保不发生失泄密事件。

（保密局）

【开展"调查研究年"活动】　开展"调查研究年"活动是《中共中央保密委员会2013年工作要点》和中保委会议部署的一项重要工作，市国家保密局对此高度重视，成立了调研小组，先后3次召开调研专题会议，明确调研目标，确定调研课题，制定调研方案。此次调研共选取53家单位，调研小组实地走访27家，召开调研会集中调研和电话咨询26家，先后召开座谈会25次，发放并收回调查问卷300多份，查看定密审批表、定密载体和涉密人员保密承诺书等文件资料2000余份，并邀请部分保密干部到市国家保密局就调研相关问题进行探讨。针对调研中总结出的经验和发现的问题，市国家保密局深入分析，认真研究，集思广益，形成了调研报告。《保密工作》第8期以《沈阳市"调查研究年"活动取得阶段性进展》为题，对开展"调查研究年"的相关工作进行了报道。调研结束后，市国家保密局着力在狠抓落实上下功夫，全力提高保密工作整体水平。

（保密局）

【开展保密普查】　按照中共中央保密委员会办公室、国家保密局有关要求，沈阳市组织相关人员参加了省保密局举办的保密普查动员培训班，进行系统学习，并在认真总结普查试点工作经验的基础上，结合实际，分部门、行业举办了两期专题培训班，并采取电话咨询、上门答疑、走访座谈等多种形式，加强对普查工作的指导，协调解决有关问题，以实现对普查工作的全程管控，确保了高标准、高质量、高效率地完成普查任务。通过开展保密普查，进一步摸清了保密"家底"，真正做到了"知己知彼"，有利于促进保密管理由粗放向精细、由定性向定量转变，实现精细化管理。

（保密局）

【加强涉密(内部)计算机保密管理】
沈阳市自2009年启动计算机保密监管平台建设以来，多数机关单位的涉密(内部)计算机纳入了保密监管平台管理，有效提升了党政机关单位保密技术管理水平。针对日常监管工作和保密检查中发现的个别机关单位存在涉密、内部和外网计算机区分不清、保密监管软件安装不完全、未启动保密监管软件或私自卸载、误删除等现象，重新梳理了涉密(内部)计算机保密监控软件安装情况，要求各单位做到应安尽安、运行正常，严禁私自卸载，并做好台帐备案；加强对新进人员和新使用安装保密监管软件计算机人员的保密教育，确保不出现违规外联情况。

（保密局）

【保密干部全员培训】　为进一步提高沈阳市保密干部保密意识和和业务水平，按照国家、省保密局有关全员培训的要求，市国家保密局积极做好全员培训工作。派9名同志分别参加了全国保密干部全员培训和全省保密系统师资培训，为做好培训工作打下坚实基础。分两期对138个区、县(市)保密局和机关单位的277名学员进行了培训，并向考试合格的学员颁发了辽宁省统一制发的《全国保密干部培训结业证书》。

（保密局）

【开展保密工作论文征集活动】　为进一步深化保密理论研究，加强工作经验交流，提高保密干部的政策理论水平，6至9月开展了保密工作论文征集活动。征文活动紧紧围绕定密工作、涉密人员管理、组织建设、检查查处、技术方法等保密工作重点内容，结合日常保密工作实际，分析原因、查找不足、提出对策。全市各地区、各单位高度重视征文活动，精心做好组织安排。广大专兼职保密干部和涉密人员踊跃投稿，共征集论文105篇。为做好论文评选工作，市国家保密局成立了评审委员会，并特别邀请了省局领导同志担任评委，经认真评选，最终评选出一等奖2篇、二等奖3篇、三等奖5篇、优秀奖10篇，优秀组织奖5个。市国家保密局在全市范围内对获奖的单位和个人进行了表彰，获奖论文报送省保密局参加省保密工作论文征集活动，并向《保密工作》和《保密科学技术》杂志推荐。

（保密局）

【通联发行工作】　不断扩大《保密工作》杂志的覆盖面，充分发挥《保密工作》在宣传保密方针政策、法律法规、普及保密知识和防范技能、交流保密工作经验的重要作用，全市16个地区和单位的通联工作达到国家标准要求，沈阳市通联工作连续15年荣获全国副省级城市第一名。《保密工作》杂志刊发了《中航工业沈飞：转变理念细化流程》、《辽宁省沈阳市委机关规范废旧报刊等纸制品回收工作》和《辽宁省沈阳市举办业务工作培训会》等7篇反映沈阳市保密工作的通讯报道，刊发数量创历史新高。

（保密局）

【“十二运”期间保密管理】　为确保全运会期间不发生重大失泄密事件，市委保密委员会制发了《关于加强“十二运”期间保密工作的通知》，全市各有关地区和单位，加强组织领导，结合工作重点，积极开展保密宣传教育，围绕全运会期间涉密要点认真开展自查；市国家保密局组成检查组，对“十二运”沈阳赛区组委会进行了保密检查，提出了整改意见，并督促抓好落实，消除了泄密隐患，力保全运会的顺利召开。

（保密局）

【开展中高考等国家考试保密检查】加强与教育、招考、司法等部门的配合，抓好各类国家统一考试试卷的保密管理，强化试卷命题、印刷、交接、运输、保管等环节的监管。市国家保密局会同市招办、市卫生局对新增加和改建的试卷保密室进行了检查验收；对中考命题设备进行保密检查和封存，并指派专人入闱中考命题，确保了试卷在各个环节的安全保密。

（保密局）

【开展政府信息公开保密审查专项检查】　按照省委保密委员会的统一部署，全市各区、县(市)和有关市直机关、单位认真开展了政府信息公开保密审查专项检查工作。在自查基础上，市国家保密局按照相关要求进行了抽查，并采取跟踪整改情况、加强宣传教育培训、科学分类指导等有效措施，进一步提高认识、完善制度、落实责任、消除隐患，建立健全长效机制，从源头上防范失泄密事件发生。

（保密局）

·信　　访·

【概况】　2013年，市、区两级信访大厅受理各类诉求15.4万件，化解14.2万件，化解率92%。其中：市信访大厅接待受理初访3.59万件，化解3.48万件，化解率96%；区县信访大厅接待受理初访1.52万件，化解9862件，化解率65%；市民诉求专线受理群众电话、来信、网上投诉、手机短信、微博等各类诉求10.3万件，化解9.2万件，化解率89.3%。收到群众赠送锦旗136面，感谢信378封。排查3288件信访积案，化解2462件，化解率75%。其中：省集中交办352件，息访305件，息访率86.6%；市冬季百日会战交办1335件，息访900件，息访率67.4%；市交办非正常访252件，息访169件，息访率67.1%。积极争取市级财政支出2743.51万元，区县(市)财政累计支出1.34亿元。市向省联席办申请信访专项求助案件21件，涉及救助资金总额212.66万元。其中：使用省级专项救助资金102.83万元，本市配套109.83万元。圆满完成了三级“两会”和“党的十八届三中全会”等特殊敏感时期信访稳定工作任务。全国“两会”期间，省维稳领导小组9次通报表扬沈阳工作，评价“沈阳五有”，即“有一个好的维稳工作领导体系、有一批好的带头人、有一个好的工作队伍、有一套好的工作机制和方法、有一个好的工作基础”。省驻京信访稳定工作小组5次编发《简报》充分肯定沈阳驻京工作组的好做法。出色完成了“中华人民共和国第十二届运动会”期间信访稳定工作，省委、省政府主要领导和分管领导对沈阳市给予充分肯定。市信访局被评为保密工作先进集体；局机关党委被评为先进基层工会红旗单位；局团委被评为沈阳市先进团委；局妇委会被评为省维护妇女儿童权益暨平安家庭创建工作先进单位。

（龚　伟）

【“沈阳经验”——联合接访做法写入中央文件】　2013年12月20日，中共中央办公厅、国务院办公厅印发了《关于创新群众工作方法解决信访突出问题的意见》(中办发〔2013〕27号)。将沈阳信访工作经验“一站式接待、一条龙办理、一揽子解决”的“三个一”联合接访模式写入文件中，要求全国市、县两级全部实行联合接访，减少群众信访成本，提高工作效率。加强对进驻联合接访场所责任部门的动态管理，做到信访问题突出的责任部门及时进驻，信访问题明显减少的责任部门有序退出。同时，市委领导在中央综治办和国家信访局召开的“加强和创新群众工作，预防和化解社会矛盾”座谈会上，以《健全完善联合接访机制，及时就地解决矛盾纠纷》为题，进行专题交流。

（龚　伟）

【电视连续剧《信访局长》成功拍摄】 电视剧《信访局长》于2012年12月20日杀青，标志成功拍摄。市委副秘书长陈国强同志为电视剧主题歌作词，主题歌为《风雨中同撑一把伞》，由其主编的《电视剧“信访局长”采风〈心甘情愿〉》一书在沈阳出版社发行。2013年3月31日至4月3日，国家信访局主持召开了电视剧《信访局长》审片会，对电视剧进一步修改完善，2013年6月26日，电视剧《信访局长》获得发行许可证。2013年8月28日，国务院秘书长杨晶批示：《信访局长》反映基层干部的酸甜苦辣和对事业的忠诚，对增强各级干部的群众观念、增进社会理解支持信访工作、引导群众理性合法信访具有积极教育作用。建议中宣部、央视给予支持；8月29日，国务院副总理马凯批示：报请刘奇葆批示；9月2日，中宣部部长刘奇葆批示：请翟卫华同志商央视提出意见。国家广电总局审定通过，中央电视台已审核并择机播出。

（龚　伟）

【社会稳定风险评估】 认真贯彻中央、省市要求，进一步完善了《沈阳市关于开展重大事项信访稳定风险评估工作的实施细则》。全市开展了“十佳社会稳定风险评估专家”评选活动，评选出10名“十佳社会稳定风险评估专家”和15名“优秀社会稳定风险评估专家”。全年组织对54个项目进行了信访稳定风险评估，整改实施7个项目，下达了12个预警通知单。凡是经过风险评估的项目，没有引发信访问题。在实践中形成了《加快健全社会稳定风险评估机制切实维护人民群众合法权益》一文，在《沈阳日报》刊登，《人民信访》以“兴市惠民的法宝”为题刊载。沈阳市社会稳定风险评估工作得到省里充分肯定。

（龚　伟）

·老干部工作·

【概况】 2013年，全市各级党政组织和老干部工作部门按照党的十八大提出的“全面做好离退休干部工作”的总要求，坚持以让老干部更加满意为目标，深化研究“双高期”老干部新特点，深化排查落实“两个待遇”存在的问题，继续搞好求实、就近和创新服务。全市共组织老干部参观考察144次，3629人次参加；召开形势报告会167场，5836人次参加；组织健康疗养76批，1643人参加；各级老干部工作部门上门服务和走访慰问1671次，受益离休干部2.1万人次；举办各类老干部文体活动677次，1.55万人次参加。市区两级财政和部分有能力的企事业单位共投入1.7亿元，解决了4238名住房面积未达标离休干部的住房补贴；投入543万元，对生活出现困难的离休干部进行帮扶；各单位共投入349万元，用于维护老干部活动中心（室）和老干部大学等阵地设施；向275位年满90周岁离休干部赠送彩电。

截至2013年底，全市共有离休干部1.27万人，其中：市属离休干部1.02万人，中直（驻沈）离休干部2454人。按参加革命时期分：红军时期参加革命8人，占0.08%；抗日战争时期参加革命714人，占7.0%；解放战争时期参加革命9475人，占92.92%。按行政隶属关系分：行政机关1948人，占19.10%；事业单位2702人，占26.50%；企业单位5547人，占54.40%。按职务级别分：正省级单项待遇1人，副省级单项待遇10人，地（厅）级待遇11人，副地（厅）级待遇610人，县（处）级待遇1615人，副县（处）级待遇4490人，正副乡（科）级待遇863人，其它待遇2597人。按年龄结构分：76－79岁311人，占3.05%；80－89岁8802人，占86.32%；90岁以上1084人，占10.63%。平均年龄86岁。党组织建设情况：现有离休干部党员7453人，占73.09%，党支部654个。

（林　琳）

【落实老干部政治待遇】 坚持落实老干部政治待遇的各项制度，特别是在走访慰问、形势报告、参观考察等方面注重改进和创新方式。加大对全市离退休干部党支部建设工作的指导力度，制定出台了《关于进一步加强离退休干部党支部建设的指导意见》，引导全市老干部党建工作在新时期不断作出新判断、树立新理念、制定新举措。在全市推广老干部党建工作的创新经验。实现迁建改造市老干部大学获政府立项，改建后市老干部大学新址占地面积2万多平方米。

（林　琳）

【落实离休干部生活待遇】 离休干部“三个机制”运行良好，离休费按时足额发放；医疗统筹应保尽保，医药费季度内报销；财政支持更加有力。大病医疗费垫付周转资金、医药费节约奖励基金、特困老干部帮扶等机制得到进一步巩固和完善。

离休干部住房货币化补贴工作实现新的突破，全市区属离休干部住房货币化补贴工作进度加快，已解决70%，实现了年初确定的目标。市直企事业单位离休干部住房货币化补贴工作全面启动，形成了《关于解决市直企事业单位离休干部住房货币化补贴的实施意见》，共解决3488人，占应解决总数7128人的49%。为了解决离休干部医疗中出现的新问题，协调有关部门，研究制定全新的《沈阳市市直单位离休干部医疗管理暂行办法》，拟于2014年实施。

下发《关于调整离休干部活动经费标准的通知》，将离休干部活动经费标准由每人每年900元、800元、700元分别调整为1200元、1000元、800元。各区、县（市）根据“双高期”离休干部的身体特点和需求，结合本地区实际，采取有效措施，不断完善和调整符合实际的离休干部医疗管理办法。通过扩大定点医院、放宽转院限制、提高医疗统筹标准、扩大药品报销范围、缩短医药费报销周期等，较好地解决了离休干部医疗中出现的新问题。有的地区在大病提前报销、医药费节约奖励等方面进行了积极的探索和实践，取得了实效。

（林　琳）

【推进“四就近”服务】 各地区、各单位在利用社区资源开展“四就近”工作中，不断创新工作内容，丰富“四就近”工作经验。皇姑区建立“六个一”责任机制，使为老干部服务工作制度化；沈北新区为居住辖区的老干部开设心理咨询服务站，举办健康大讲堂，建立老干部健康档案;和平区创建"四就近"示范社区,总结经验向全区推广;沈河区通过社区服务网格化,使为老干部服务工作全覆盖;铁西区建立工作人员与离休干部一对一结对子服务形式,确保服务工作个性化;苏家屯区通过网络与社区建立联系,及时指导为老干部服务工作。一年来,全市老干部"四就近"工作不断向个性化、制度化和长效化方向发展。

(林　琳)

【加强宣传调研和网络联系】　在全市范围内开展的"沈阳市老干部工作者'走千家、问需求'大型调查活动",为市委、市政府作出重大决策提供依据。开展就离退休干部党支部建设情况、特困企业离休干部管理服务情况等专题调研活动,为有针对性地做好"双高期"老干部工作起到了推动作用。

全市各级党政组织和老干部工作部门重视发挥传统媒体和各级老干部工作部门工作刊物的宣传作用,一年来全市被媒体和刊物采用稿件420余篇,有的还被中组部老干部局《情况交流》、《中国老年报》采用。开通"中共沈阳市委老干部局网站",截至2013年底,网站登载全市各级老干部工作信息1100余条,浏览量达6万人次。建立"沈阳市老干部工作QQ群",吸纳全市100多个老干部工作部门加入,为做好老干部工作发挥了积极的作用。

(林　琳)

纪检监察

【综述】　2013年,全市各级党组织和纪检监察机关认真落实市纪委十二届三次全会的各项工作任务,党风廉政建设和反腐败斗争取得了新的阶段性成效。

全面落实中央八项规定,领导干部作风得到进一步转变。制定了《沈阳市贯彻落实中央八项规定和加强作风建设的监督检查办法》,对"三公"经费、办公用房等情况进行专项检查,对高档酒店、娱乐场所公款消费、公车私用等情况进行明察暗访,狠刹用公款送年货节礼、公款吃喝、公款旅游等不正之风。全市共查处违反八项规定和《廉政准则》案件98起,给予党政纪处分82人,对违反八项规定的213名干部实施了责任追究。在全市党政机关开展会员卡和商业预付卡清退活动,做到了清退对象全覆盖。

严厉惩治腐败分子,保持案件查办工作的强劲势头。全市纪检监察系统共受理信访举报8257件(次),新立案件1042件,给予党政纪处分1071人,移送司法机关95人。查办大案要案351件,其中涉及市管干部12人,处级干部75人,挽回经济损失3.85亿元。市纪委、监察局重点查处了东陵区(浑南新区)委原常委、工会主席张哲,法库县原政协主席彭书国,沈阳医学院奉天医院原院长冯虹等一批典型违纪违法案件。

针对征地拆迁中违纪违法问题、社区卫生和物业服务乱收费问题、惠农政策落实中的问题、公务用车使用管理中的问题以及党政机关和事业单位公有房产、土地使用处置管理问题开展专项治理和清理,重点领域的突出问题得到有效遏制。

坚持以群众满意为标准,加强软环境建设。开展群众选题、创建人民满意窗口等活动,加大对窗口单位的明查暗访力度。开发"市民热线"移动互联网终端,方便市民用手机进行举报投诉、反映问题。通过民心网和"96123市民热线"等渠道受理群众诉求84.97万件,办结率达97.05%。

围绕全市中心工作,不断加大对重大决策部署监督检查的力度。围绕"十二运"沈阳赛区的赛事筹办、赛事组织和赛后资产处置等情况进行全过程、全方位监督,确保全运会的廉洁高效、规范有序。强化对水利改革政策落实和节能减排专项资金使用管理等情况的监督检查,及时发现和纠正了资金管理不到位、项目进度缓慢等26个问题。开展对政府投资超概算项目的监督检查,对问题突出的项目下达了整改建议。建立健全生产安全事故责任追究沟通协调机制,严肃查处了26起生产安全责任事故。

狠抓队伍自身建设,纪检监察干部履职能力得到提升。认真落实中纪委关于转职能、转方式、转作风的要求,将参加的201个议事协调机构清理调整为10个。继续实行执纪执法资格考试和持证上岗制度,增强办案人员的业务能力。开展"重品德、强素质、转作风"活动,通过组织新任职纪委领导干部培训、年轻干部培训、依托中纪委外送培训等形式,提升纪检监察干部的综合素质和履职能力。

(朱鸿雁)

【市纪委十二届三次全会】　2013年2月4日,中共沈阳市第十二届纪律检查委员会第三次全体会议举行。全会回顾总结了2012年全市党风廉政建设和反腐败工作,对2013年反腐倡廉工作进行了全面部署。全会审议通过了市委常委、市纪委书记徐兴华代表市纪委常委会所作的题为《坚持惩防并举,建设廉洁沈阳,为沈阳老工业基地的全面振兴提供坚强保证》的工作报告。

全会认为,2012年全市各级纪检监察机关认真落实市纪委十二届二次全会的各项工作任务,加强对中央和省、市重大决策部署贯彻落实情况的监督检查,强化对党员干部的教育管理,深入查办违纪违法案件,积极推进"五大系统"建设,着力解决群众反映强烈的突出问题,加强纪检监察机关自身建设,党风廉政建设和反腐败斗争取得新的成效。

全会提出,各级纪检监察机关要把建设廉洁沈阳作为当前和今后一个时期反腐倡廉建设的工作目标,扎实推进建设廉洁高效政府、廉洁干部队伍、廉洁城市文化、廉洁诚信社会以及廉洁办好全运,努力使权力运行廉洁程度显著提升,消极腐败现象得到有效遏制,崇廉诚信观念深入人心,城市发展环境整体优化,促进沈阳科学发展、创新发展、和谐发展和廉洁发展。

(朱鸿雁)

【作风建设有关规定执行情况监督检查】　2013年,沈阳市纪委监察局围绕贯彻落实中央八项规定和省委、市委转作风的有关规定,认真履行监督执纪职责,深入开展监督检查。一是紧盯重要节点,严肃纪律要求。从细节抓起,从一点一滴抓起,着力治理节日期间的不正之风。9月16日,下发《关于切实加强中秋国庆期间廉洁自律工作的通知》,要求全市各级党政机关、国有企事业单位严禁动用公款购买、赠送月饼和各种节礼。12月3日,下发《关于抓好元旦春节期间廉洁自律有关工作的通知》,要求各部门高度重视"两节"廉洁自律工作,严禁用公款购买赠送贺年卡、组织各种茶话会等。二是加大监督检查力度,保持高压态势和震慑力。会同市委办公厅、督查室、市直工委等部门,组成5个督查组,同时责成各区县(市)共组成75个督查组,对全市各级党政机关和事业单位落实新年春节有关廉洁自律要求的情况进行了监督检查,对发现的问题进行严肃处理;组织全市各区县(市)和市直各单位纪检监察机关,分别深入到235家所属单位、102处餐饮娱乐场所,对落实"八项规定"情况进行明察暗访,并通过调取餐饮娱乐场所开具税务发票等措施,了解全市各单位到公共餐饮娱乐场所进行公务接待活动的情况,并以廉洁自律通知书的形式反馈给相关单位,要求这些单位就有关情况予以说明。三是明确领导责任,实行严肃问责。将落实"八项规定"作为党风廉政建设责任制的重要内容,对不履行职责、作风存在问题的多名干部实施了责任追究,对全市113个市管班子和1516名市管干部进行述职述廉和民主测评,对406名报告个人重大事项的市管干部进行了核查和备案,对37名市管干部进行了廉政谈话。

（朱鸿雁）

【征地拆迁违纪违法问题专项治理】 2013年4月至9月,沈阳市纪委监察局在全市范围内组织开展了征地拆迁中违纪违法问题专项治理工作,对征收部门及其从事征地拆迁工作的相关人员在征地拆迁中违纪违法以及失职渎职等问题进行集中查处。4月27日,沈阳市召开1500余人参加的动员大会,沈阳市委常委、市纪委书记徐兴华同志亲自对专项治理工作亲自动员部署。在为期一个月的自查自纠阶段,全市参与征地拆迁工作的6575人全部填写了自查登记表。各地区认真组织征地拆迁工作人员观看浑南新城征地拆迁严重腐败案件警示教育片,开展以案说纪教育活动,督促有问题的党员干部主动说清问题、上缴违纪款。从5月20日起,市区(县)两级纪检监察机关集中办案力量,并从公安、检察、审计、土地规划、房产、行政执法等部门抽调专门人员,深入开展问题排查和案件查办工作。专项治理期间,市区(县)两级纪检监察机关共封存查阅补偿卷宗15万份,会同公安、检察机关立案210件、涉及316人,追究了96人的刑事责任,直接收缴违纪违法款6446万元,为国家挽回和避免经济损失15.42亿元。各地区针对暴露出的问题,全面强化整改,制定规范征收行为、强化监督制约等方面的制度40余项。

（朱鸿雁）

【廉政文化作品创作展演活动】 3月至8月,市纪委监察局组织各地区、各部门以"清风送爽、喜迎全会"主题,开展廉政文化文艺作品、廉政书画摄影作品、廉政公益广告创作和展演活动。活动过程中,市纪委监察局加强对基层单位创作和展演活动的督促指导,并从基层创作的作品中精选出《诫子歌》、《不染是风采》、《勤政为民好村官》《老百姓盼的是好风气》等16部优秀作品,会同沈阳电视台和沈阳市文化局的专家和导演,对这些作品进行深度加工和排练,于7月24日、8月6日和7日分别在沈阳体育学院大学生会堂、沈阳广播电视台、铁西区,面向全市广大党员干部进行展演。这些作品,既有世代流传的励志名篇,也有取材于身边真实故事的小品;既有歌曲、舞蹈、合唱,也有小品,快板,特别是由市纪委根据新近查处的沈阳医学院奉天医院院长冯虹违纪违法案件为题材创作的以案说纪情景剧《天使悲歌》,使广大党员的心灵受到强烈的震撼。活动期间,全市共创作节目400余个、书画摄影作品2000余幅、开展各项展演活动30余场次,参与的艺术家、文化专业人士和机关干部、群众等约3万人次。

（朱鸿雁）

【评议窗口和个人活动】 4月9日,市政府纠风办下发了《关于做好2013年创建人民满意窗口开展民主评议工作的意见》,在全市组织开展评议窗口和个人活动。在评议活动中,市政府纠风办注重创新评议方式,拓宽评议范围,将全市4841个窗口单位和1.6万多名审批和执法人员全部纳入被评议范围,为每个窗口和个人都设定一个评议码,将评议对象的信息全部在"96123市民热线"网上公示,企业和群众可以通过上网或发送短信对他们的工作作风、服务态度、执法行为、办事效率等给予"好、中、差"评,评价结果做为各单位管理和考核窗口单位及人员的重要依据。市政府纠风办在"96123"市民服务热线设立"差评榜",定期下发通报,对企业和群众不满意的窗口及人员进行公开曝光。截至12月底,已接到企业和群众有效评议信息5.9万条,企业和群众对窗口单位满意率为98.98%。

（朱鸿雁）

【公有房产、土地使用处置管理专项清理】 2013年,市纪委监察局在全市组织开展了党政机关和事业单位公有房产土地管理使用专项清理工作,重点清理未经审批或备案擅自利用公有房产、土地对外经营,未经批准擅自处置公有房产、土地,公有房产、土地租金偏低、小合同大租金、租赁合同条款显失公允或无效租赁合同,隐瞒、截留、坐支应上缴公有房产、土地使用和处置收益,已竣工投入使用公有房产长期不办理决算、不入账、不建立固定资产卡片、管理混乱以及其他违反行政事业国有资产使用管理规定等五方面问题。追缴房产土地出租处置资金8941万元,对26起违纪违法案件进行了立案查处,移送司法机关4人,党政纪处分12人,对相关责任人提出了责任追究意见。

（朱鸿雁）

【政府投资竣工超概算项目监督检查】 4月24日,沈阳市工程建设领域突出问题治理工作领导小组召开工作会议,对全市政府投资竣工超概算项目监督检查工作进行动员部署。专项检查从2013年4月25日起至年底结束,监督检查的范围为2011年和2012年全市政府投资500万元以上竣工结算(决算)超概算项目,重点检查和纠正超概算项目招投标、施工合同、项目变更、资金使用等方面的违规违纪问题。通过项目单位自查和相关职能部门逐项核查,全市共排查出超概算项目61个,对超出概算10%以上的37个项目,市纪委监察局组织相关部门围绕项目建设程序、招标投标、合同履约、项目变更、资金管理使用等进行实地检查,对检查发现的一些项目擅自停工造成资金浪费、变更虚增工程量及擅自提高建设标准等问题,责令相关部门进行整改,并对有关人员开展责任约谈。

（朱鸿雁）

【节能减排专项资金使用管理情况监督检查】 2013年4—8月,市纪委监察局会同发改、经信、财政、环保、房产、审计等部门,对全市"十二五"以来的节能技术改造、既有居住建筑节能改造、污染减排治理等节能减排专项资金使用管理情况进行监督检查，共检查资金17.61亿元、项目69个，摸清了全市节能减排资金底数，发现和纠正了节能减排项目立项不规范、基本建设程序未履行、资金管理不到位、影响节能减排资金使用效益等方面的问题，对问题集中的6个项目以书面形式下达整改建议限期整改，对问题集中地区的主管领导进行约谈，推动了节能减排专项资金的规范化、高效率使用和节能减排任务的全面落实。

（朱鸿雁）

【惠农政策落实情况专项检查】 按照全省的统一部署，沈阳市成立了以常务副市长和市纪委书记为组长、市直25个部门为成员的领导小组及其办公室，对2010年－2012年惠农政策落实情况特别是惠农资金使用管理情况开展专项检查。通过为期5个月的大量艰苦细致的工作，全市共发现和纠正挪用滞留虚报冒领资金、配套资金不到位、未实行专户管理等违规使用惠农资金问题1134个；发现骗取新农合、计生免费技术服务、农机、家电、粮食直补、设施农业、退耕还林、畜牧养殖小区补贴等违纪违法问题线索151件，立案查处67件，给予党政纪处分50人，移送司法机关13人，收缴违纪资金1633.32万元。

（朱鸿雁）

市人大常委会

【市十五届人大二次会议】 2014年1月8至1月12日，沈阳市第十五届人民代表大会第二次会议隆重举行。会议实有代表525名。1月8日上午，493名代表出席第一次全体会议。市长陈海波向大会作政府工作报告。陈海波在报告中回顾了2013年政府工作。市领导、原市老领导参加和列席了会议；出席政协沈阳市十四届二次会议的全体委员，市法院、市检察院有关领导，市委、市人大常委会、市政府有关部门负责人和有关机关、企事业单位、人民团体负责人，市委、市政府决策咨询委员会、市政府参事，外地驻沈阳办事处和有关商会负责人列席了会议；30名公民旁听了会议。

1月10日上午，举行第二次全体会议。市人大常委会主任赵长义受市十五届人大常委会委托，向大会作《沈阳市人民代表大会常务委员会工作报告》。会议还听取了市中级人民法院院长周维远作的《沈阳市中级人民法院工作报告》、市人民检察院检察长张东阳作的《沈阳市人民检察院工作报告》。会议表决通过了沈阳市第十五届人民代表大会第二次会议选举办法；表决通过了大会总监票人、监票人名单。

1月12日上午，大会举行闭幕式，497名代表出席。大会补选了市十五届人大常委会委员。马丽、邓福林、任桂芳、刘阁臣、周荣生、赵恒志当选为市十五届人大常委会委员，并与代表见面。大会表决通过了关于《沈阳市人民政府工作报告》的决议；表决通过了关于沈阳市2013年国民经济和社会发展计划执行情况及2014年国民经济和社会发展计划的决议；表决通过了关于沈阳市2013年预算执行情况和2014年预算的决议；表决通过了关于《沈阳市人民代表大会常务委员会工作报告》的决议；表决通过了关于《沈阳市中级人民法院工作报告》的决议；表决通过了关于《沈阳市人民检察院工作报告》的决议。

（胡士俊）

·市人大常委会会议·

【第十五届人民代表大会常务委员会第一次会议】 沈阳市第十五届人民代表大会常务委员会第一次会议于2013年2月28日举行，会期一天。市人大常委会主任赵长义、副主任卞富学分别主持了会议期间的两次全体会议。（一）会议审议通过了沈阳市第十五届人大常委会2013年工作要点（草）。（二）会议审议了关于沈阳市和区县（市）及乡镇人民代表大会换届选举工作情况的报告。（三）会议审议通过了沈阳市人大常委会关于撤销沈阳市人大常委会换届选举工作办公室的决定。（四）会议审议通过了沈阳市第十五届人民代表大会常务委员会代表资格审查委员会主任委员、副主任委员、委员名单。（五）会议进行了人事任免事项。决定任命：连茂君为沈阳市人民政府秘书长，王洪涛为沈阳市发展和改革委员会主任，隋莉为沈阳市经济和信息化委员会主任，苏文捷为沈阳市教育局局长，宋锡坤为沈阳市科学技术局局长，任桂芳为沈阳市民族事务委员会主任，许文有为沈阳市公安局局长，李林畔为沈阳市监察局局长，刘祥为沈阳市民政局局长，董开德为沈阳市司法局局长，陈勇为沈阳市财政局局长，徐凤翔为沈阳市人力资源和社会保障局局长，李强为沈阳市规划和国土资源局局长，李超为沈阳市环境保护局局长，于振明为沈阳市城乡建设委员会主任，孙晓光为沈阳市城市建设管理局局长，孙明为沈阳市城市管理行政执法局局长、纪凯为沈阳市房产局局长，李宏德为沈阳市交通局局长，郭向文为沈阳市农村经济委员会主任，衣甫为沈阳市水利局局长，陈建智为沈阳市林业局局长，李四文为沈阳市粮食局局长，王羽轻为沈阳市中小企业局局长，李军为沈阳市服务业委员会主任，顾少清为沈阳市对外贸易经济合作局局长，冯彦为沈阳市文化广电新闻出版局局长，程晓龙为沈阳市体育局局长，于龙为沈阳市旅游局局长，闫石为沈阳市卫生局局长，徐爱秋为沈阳市人口和计划生育委员会主任，韩力为沈阳市审计局局长，陈弘为沈阳市质量技术监督局局长，王黎宁为沈阳市食品药品监督管理局局长，李长斌为沈阳市统计局局长，陈杰为沈阳市安全生产监督管理局局长，方向东为沈阳市政府外事办公室主任，马智天为沈阳市政府金融工作办公室主任，李宏吉为沈阳市政府法制办公室主任，魏海军为沈阳市政府研究室主任，徐学东为沈阳市人民防空办公室主任。

（胡士俊）

【第十五届人民代表大会常务委员会第二次会议】 沈阳市第十五届人民代表大会常务委员会第二次会议于2013年4月25日举行，会期一天半。市人大常委会主任赵长义、副主任徐璐分别主持了会议期间的两次全体会议。（一）会议审议了《沈阳市职业卫生监督管理条例（草案）》和《沈阳市邮政管理条例（修订草案）》。（二）会议审议通过了《沈阳市人民代表大会常务委员会监督司法工作规定》。（三）会议听取审议了市人大环境与资源保护城乡建设委员会关于市十五届人大一次会议主席团交付审议的《关于加快供水管网改造，提高饮用水供给质量，保障城乡百姓喝上干净水、放心水》等三件议案审议结果的报告。（四）会议听取审议了市人大教育科学文化卫生委员会关于市十五届人大一次会议主席团交付审议的《关于加快推进学前教育发展的议案》审议结果的报告。（五）会议审议了市政府关于沈阳市2012年度依法行政工作报告（书面）。（六）会议听取了沈阳市人大常委会代表资格审查委员会关于沈阳市第十五届人民代表大会代表变动情况的报告。（七）会议审议通过了沈阳市人大常委会关于接受孙淑华同志辞去沈阳市第十五届人民代表大会常务委员会委员及市人大环境与资源保护城乡建设委员会副主任委员职务请求的决定，并报沈阳市第十五届人民代表大会第二次会议备案。（八）会议进行了人事任免事项。决定任命：张景辉为沈阳市发展和改革委员会主任、赵斌为沈阳市人民政府研究室主任。决定免去：王洪涛的沈阳市发展和改革委员会主任职务，魏海军的沈阳市人民政府研究室主任职务。

（胡士俊）

【第十五届人民代表大会常务委员会第三次会议】 沈阳市第十五届人民代表大会常务委员会第三次会议于2013年6月26日举行，会期两天。市人大常委会主任赵长义、副主任于波分别主持了会议期间的两次全体会议。（一）会议审议了《沈阳市公共体育设施管理条例（草案）》、《沈阳市残疾人保障条例（草案）》、《沈阳市职业卫生监督管理条例（草案）》和《沈阳市邮政管理条例（修订草案）》。（二）会议听取审议并通过了市政府关于十二运沈阳赛区筹备工作及全民健身设施建设情况的报告。（三）会议听取审议并通过了市政府关于贯彻实施《辽宁省旅游条例》，推进旅游业发展情况的报告。（四）会议进行了人事任职事项。任命吴威为沈阳市人民检察院副检察长、检察委员会委员。

（胡士俊）

【第十五届人民代表大会常务委员会第四次会议】 沈阳市第十五届人民代表大会常务委员会第四次会议于2013年7月24日举行，会期一天半。市人大常委会主任赵长义、副主任聂洪升分别主持了会议期间的两次全体会议。（一）会议听取审议了市政府关于沈阳市2013年上半年国民经济和社会发展计划执行情况的报告。（二）会议听取审议了市政府关于沈阳市2012年市本级决算和2013年上半年全市预算执行情况的报告，审查批准2012年市本级决算。（三）会议听取审议了市政府关于2012年度市本级预算执行和其他财政收支的审计工作报告。（四）会议审议通过了《沈阳市人大常委会关于加强全口径预算决算审查监督工作的若干意见》。（五）会议听取审议了市政府关于市十五届人大一次会议以来代表建议、批评和意见办理情况的报告。（六）会议听取审议了市法院关于市十五届人大一次会议以来代表建议、批评和意见办理情况的报告。

（胡士俊）

【第十五届人民代表大会常务委员会第五次会议】 沈阳市第十五届人民代表大会常务委员会第五次会议于2013年8月21日举行，会期两天。市人大常委会主任赵长义、副主任王开军分别主持了会议期间的两次全体会议。（一）会议审议了《沈阳市公共体育设施管理条例（草案）》（二审）。（二）会议审议通过了《沈阳市残疾人保障条例（草案）》、《沈阳市职业卫生监督管理条例（草案）》和《沈阳市邮政管理条例（修订草案）》。（三）会议听取审议并通过了市政府副秘书长公维伦作的关于贯彻落实中央一号文件情况的报告。（四）会议听取审议并通过了市中级人民法院院长周维远作的关于深化执行机制改革、推动执行工作创新发展的报告。（五）会议听取审议了市人大常委会执法检查组关于检查贯彻实施《沈阳市城市市容和环境卫生管理条例》情况的报告。

（胡士俊）

【第十五届人民代表大会常务委员会第六次会议】 沈阳市第十五届人民代表大会常务委员会第六次会议于2013年10月29日举行，会期两天。市人大常委会主任赵长义、副主任卞富学分别主持了会议期间的两次全体会议。（一）会议审议通过了《沈阳市公共体育设施管理条例（草案）》。（二）会议听取、审议并通过了市政府《关于加快供水管网改造，提高饮用水供给质量，保障城乡百姓喝上干净水、放心水的议案》等3件议案办理情况的报告。（三）会议听取、审议并通过了市政府《关于加快推进学前教育发展的议案》办理情况的报告。（四）会议听取、审议并通过了市政府关于沈阳市国民经济和社会发展"十二五"规划纲要实施情况中期评估报告。（五）会议听取、审议并通过了市人民检察院关于批捕和起诉工作的报告。（六）会议进行了人事任免事项。

（胡士俊）

【第十五届人民代表大会常务委员会第七次会议】 沈阳市第十五届人民代表大会常务委员会第七次会议于2013年12月4日举行，会期一天。市人大常委会主任赵长义、副主任徐璐分别主持了会议期间的两次全体会议。（一）会议审议通过了《沈阳市人民代表大会常务委员会关于召开沈阳市第十五届人民代表大会第二次会议的决定（草案）》会议决定：沈阳市第十五届人民代表大会第二次会议于2014年1月8日召开。（二）会议审议并原则通过了市人大常委会向市十五届人大二次会议所作的工作报告（草）。（三）会议听取审议了市政府关于市十五届人大一次会议以来代表建议、批评和意见办理情况的报告。（四）会议审议了市法院关于市十五届人大一次会议以来代表建议、批评和意见办理情况的报告（书面）。（五）会议审议了市政府关于《2012年度沈阳市本级预算执行和其他财政收支的审计工作报告》提出问题整改情况的报告（书面）。（六）会议进行了人事任免事项。

（胡士俊）

【第十五届人民代表大会常务委员会第八次会议】 沈阳市第十五届人民代表大会常务委员会第八次会议于2013年12月24日举行，会期一天。市人大常委会主任赵长义、副主任于波分别主持了会议期间的两次全体会议。（一）会议审议通过了沈阳市第十五届人民代表大会第二次会议议程（草案）和日程（草案）。（二）会议听取了市人大常委会副秘书长、办公厅主任孟昭贵作的关于沈阳市第十五届人民代表大会第二次会议筹备工作情况的报告。（三）听取审议了市人大常委会副主任聂洪升作的沈阳市第十五届人民代表大会常务委员会代表资格审查委员会关于代表变动和补选代表资格审查的报告。（四）会议审议通过了沈阳市第十五届人民代表大会第二次会议主席团和秘书长、主席团常务主席、副秘书长及列席人员建议名单。(五)会议审议通过了刘慧鸣、张东阳、邓福林、田东泉辞去辽宁省第十二届人民代表大会代表职务。(六)会议补选李松林、赵世宏、陈世海、方铁林为辽宁省第十二届人民代表大会代表,报辽宁省第十二届人民代表大会代表资格审查委员会审查批准。(七)会议进行了人事任免事项。

(胡士俊)

【地方立法】 常委会认真贯彻落实党的十八大关于全面推进依法治国和加强立法工作的要求,召开了全市立法工作会议,确定了本届人大加强和改进立法工作的主要任务和原则方向,突出强调"注重管用有效、突出地方特色"和"针对问题立法、立法解决问题"的理念和思路,引领和推动立法工作健康发展。全年,共完成4件立法项目,其中制定3件,修改1件。职业病防治直接关系到劳动者的身体健康和生命安全,在职业卫生监督管理条例中,重点强化了对劳动者权益的保护,建立完善了劳动者职业培训、个人防护、健康检查、职业病危害事故救助等相关规定,为加强和规范职业卫生监督管理提供了有力的保障。为维护残疾人合法权益,新制定的残疾人保障条例,拓展了公共服务对残疾人的优惠范围,细化了残疾预防和康复工作等内容,从立法层面保障残疾人共享经济社会发展成果。为满足人民群众日益增长的体育健身需求,制定了公共体育设施条例,从规划与建设、使用与管理、资金保障以及向社会开放等方面做出了具体规范。修订后的邮政管理条例,增加了对邮政和快递服务的监管,特别是细化了对社会普遍关注的老旧居民楼、公共场所信报箱的设置和维修管理,使条例更加适应邮政业发展的实际需要。常委会注重发挥在地方立法中的主导作用,积极推进科学立法和民主立法。着眼加强对全市立法工作的组织协调和规划指导,编制了五年立法规划,使年度立法计划、调研项目得到科学衔接和有序推进。在发挥专门委员会专业优势和法制委员会统一审议作用的同时,注重发挥"外脑"作用,聘请了20名常委会立法顾问和5个立法顾问单位。为了充分体现立法的民主性,坚持所有法规草案向社会公开,并通过座谈会、论证会等方式,广泛听取利益相关群体、人大代表、专家学者和区县(市)人大的意见建议,使制定的法规更加符合客观实际和人民意愿,确保立有用之法。

(胡士俊)

【依法监督】 常委会紧密围绕全市"稳增长、办全运、惠民生"等重点工作,认真履行监督职责,努力推动经济社会的科学发展和可持续发展。一是以建立和完善全口径预算决算审查监督制度为重点,加强了对政府预算决算执行情况的监督。听取审议了2012年市本级决算和2013年上半年预算执行及审计工作报告,审查批准了2012年市本级决算,督促市人代会预算决议的落实,认真解决财政资金使用和管理方面存在的问题,切实管好人民的"钱袋子"。听取审议了审计问题整改情况的报告,对2012年市本级预算执行和其他财政收支审计所发现的问题,进行了跟踪问效。全口径预算决算审查监督工作稳步推进,出台了加强全口径预算决算审查监督工作若干意见,将政府管理的财政资金全部纳入人大审查监督范围,规范细化了预算决算编报、初审、审查、批准的内容和方式,理顺了开发区财政预算监督体制,设立了预算草案电子查询终端,首次将20个一级预算单位汇编成册,提交本次大会审议,并对2个一级预算单位的部门预算进行专题审议,推动预算决算的监督管理从部门扩大到整体、从工作层面上升到制度层面、从程序性监督步入实质性监督。二是以推动解决经济社会发展中的重大问题为重点,加强了对经济工作的监督。听取审议了2013年上半年国民经济和社会发展计划执行情况报告及"十二五"规划实施中期评估报告,促进政府正确处理稳增长与调结构的关系,确保全年经济社会发展目标的实现,推动"十二五"规划科学实施。听取审议了贯彻中央1号文件情况报告以及现代农业示范区建设情况的汇报,先后两次视察创新农业生产经营体制情况,推进农民经济合作组织建设,提升现代农业的规模化和产业化水平,增强农村发展活力。听取审议了贯彻实施省旅游条例、推进旅游业发展情况的报告,视察了重点旅游景区以及旅游公共服务平台建设和管理情况,促进加快旅游载体和旅游聚集区建设。三是以解决群众切身利益问题为重点,加强了对民生保障的监督。为推动解决食品安全监管方面存在的问题,对贯彻实施食品安全法情况进行了持续监督,督促政府落实监管责任,对重点领域和重点环节食品安全进行专项整治。为回应百姓对教育公平的关切,听取了义务教育均衡发展工作情况的汇报,选择各种类型幼儿园进行了集中视察,推动解决影响和制约学前教育发展的突出问题,促进优质教育资源的公平共享。为回应百姓喝上干净水、放心水的期盼,结合议案督办,通过专题调研、集中视察、听取专项汇报等形式,督促政府切实做好饮用水水源保护、供水管网改造、农村饮水安全工程等重点工作。听取审议了加强全民健身设施建设情况的报告,促进体育健身设施的建设管理和有效利用。听取了贯彻实施归侨侨眷权益保护法情况的汇报,依法维护和保障归侨侨眷的权益。对重点信访事项加强转办督办,推动解决人民群众的合理诉求。四是以城乡垃圾无害化处理为重点,加强了对生态环境保护工作的监督。针对社会普遍关注的垃圾污染问题,对城市市容和环境卫生管理条例的实施情况开展了执法检查,多次实地视察城乡垃圾收集和无害化处理情况,从强化规划引导和责任落实,加快形成垃圾分类、资源化利用以及无害化处理的完整体系等方面提出意见建议,市委就此组织各位常委对垃圾无害化处理工作进行专题视察调研,市政府专门召开会议加以研究落实。五是以提高执法和司法公信力为重点,加强了对依法行政和公正司法的监督。听取审议了市政府依法行政工作的专项报告,加快法治政府和诚信政府建设。制定了市人大常委会监督司法工作规定和实施细则,将行之有效的经验和做法上升为制度规范。听取审议了市法院深化执行工作改革、创新执行机制的报告以及五年发展规划的汇报,促进"执行难"问题有效解决,推动法院工作科学发展。听取审议了市检察院审查批捕和起诉工作的报告,支持和督促检察机关充分履行相关职责,维护司法公正。

(胡士俊)

【依法行使重大事项决定权和人事任免权】 常委会将讨论决定重大事项与开展监督工作有机结合,选择事关全市工作大局和群众切身利益的软环境建设、预算决算审查监督、政府重点建设项目、重点民生工程、农村改革发展等重大事项，依法进行了审议。先后就推进新型工业化综合配套改革、旅游一体化建设、现代服务业、高端装备制造业以及汽车产业发展情况等一系列重大问题，深入开展视察调研，提出意见建议，推动了全市重点工作落实。尤其是结合听取市政府关于软环境建设情况汇报，对近年来软环境建设情况进行了专项调研，并在市委为此专题召开的座谈会上做了全面汇报，为市委决策部署提供了依据。为加快推进人大及其常委会对政府投资建设项目的审查批准工作，听取了2014年政府重大项目和城建计划安排情况的汇报，促进政府科学合理安排项目建设资金，提高投资决策的科学化水平。在行使人事任免权方面，常委会坚持党管干部和人大依法任免相统一，充分保障组成人员在干部任用上的知情权、表达权，全年共依法任免了189名国家机关工作人员，为"一府两院"开展工作提供了组织保障。

（胡士俊）

【加强和改进代表工作】 针对换届后新当选代表占半数以上的实际，先后举办两期基础性和实用性的代表专题知识培训，对省市人大代表小组和专业代表小组组长、乡镇人大主席以及代表建议承办部门人员开展了相关业务培训，实现了市人大代表履职培训的全覆盖。尤其是为了提高代表议案建议的质量，解决"重提出、轻质量"问题，在专项工作会议上，对提出议案建议的范围程序、加强指导和服务等方面提出了具体要求，引导代表提高议案建议水平。深入开展"三深入"活动、代表与人民群众见面日活动，全年组织了300余名省市人大代表深入基层，面对面听取意见，提出建议39件，形成调研报告32篇，促进"一府两院"努力解决人民群众反映的突出问题。注重发挥代表小组尤其是专业代表小组的作用，组织开展代表活动130余次，代表活动网络更加完善。坚持定期向代表印发常委会工作信息，通报"一府两院"重要工作情况，提供政情社情资料，为代表知情知政创造条件。代表对常委会工作的参与范围不断扩大，全年共有60余名代表列席常委会会议，210多人次各级代表参与了执法检查、工作视察和调研活动，代表主体作用得到进一步发挥。

代表议案建议督办工作成效显著。常委会就市十五届人大一次会议主席团交付的4件议案，分别听取审议了专门委员会议案审议结果和市政府关于议案办理情况的报告，多次组织专题视察检查，议案所提出的各项工作任务得到了积极推进和有效落实。如为办理好推进学前教育的议案，市政府制定了学前教育三年行动计划，常委会也将制定学前教育条例列入立法计划，使解决学前教育现实问题和长远发展都有了可靠保障。为落实好保障城乡百姓喝上干净水、放心水等3件议案，市政府计划用三年时间对居民小区的供水管网和老旧小区楼内上水管线进行改造，并通过实施农村饮水工程，进一步解决农村饮水安全问题。对750件代表建议，常委会认真转办交办，并对其中21件建议进行了重点督办。在"一府两院"各承办单位的共同努力下，有607件代表建议已经解决或基本解决，占81%；列入计划解决的85件，占11.3%；因政策或客观条件所限暂不能解决、并已向代表说明的58件，占7.7%。推进解决了代表反映集中、群众普遍关注的一些难点和热点问题。

（胡士俊）

【加强常委会自身建设】 常委会以开展党的群众路线教育实践活动为契机，认真落实中央关于改进作风的"八项规定"和廉洁从政的各项要求，深入分析查找和认真整改在"四风"方面存在的突出问题，使工作作风和精神状态发生了较大改观。为加强常委会的学习，坚持会前结合审议议题进行一事一训，邀请专家学者就发挥常委会职能作用、全口径预算决算审查监督、固体废物污染防治等内容，共组织了5次专题讲座，使学习更具针对性。为提高常委会审议质量，坚持在审议前组织专题调研和专项视察，全面了解实际情况，使审议工作的方式方法有了新的改进。加强了人大重要工作、重大活动和优秀履职代表的宣传，人大工作更加公开透明，社会影响力进一步扩大。首次以常委会名义从高校院所、金融机构、财税部门中，聘请了10名财经咨询专家，为常委会有效开展监督工作提供了智力支撑。市与区县（市）人大常委会工作联系更加紧密，坚持在一些重点工作上实施联动，加强沟通交流和业务指导，全市人大工作整体合力得到进一步增强。成功承办了东北四个副省级城市人大工作研讨会，密切了与兄弟城市人大的工作交流。积极开展同国外友好城市议会交往，先后推进签署沈阳市与俄罗斯新西伯利亚市建立了友城关系，尤其是与拉脱维亚尤尔马拉市建立了友好合作关系，填补了沈阳市在波罗的海沿岸国家友好城市的空白。

（胡士俊）

沈阳市人民政府

【十九届一次全体（扩大）会议】 2013年7月12日召开。会议的主要任务是总结分析上半年工作，安排部署下半年任务。市长陈海波充分肯定了上半年全市经济社会发展成果，同时指出下半年宏观经济形势依然严峻，稳增长压力将继续加大，要求各级政府和部门要认清形势，坚定信心，迎难而上，进一步增强责任感和紧迫感，坚持稳中求进，稳中有为，全力抓好经济运行、重大项目建设、改革开放、民生保障等重点工作，确保完成全年各项发展目标，努力实现本届政府的良好开局。市委常委、常务副市长顾春明通报了2013年上半年全市经济运行情况及下半年重点工作。

（市政府办公厅综合一处）

【十九届二次全体（扩大）会议】 2013年12月27日召开。会议讨论通过了即将提交市十五届人大二次会议审议的《政府工作报告》。市长陈海波主持会议并就全面完成2013年各项发展任务、认真做好市"两会"参会准备以及2014年元旦、春节期间的重点工作做出部署，要求各级政府和政府部门要认真贯彻落实党的十八大精神，牢牢把握稳中求进工作总基调，积极应对复杂严峻的宏观经济形势，迎难而上、埋头苦干，突出抓好市委十二届八次全会确定的深化改革、稳定增长、改善民生、优化环境等重点工作，扎实推动沈阳老工业基地振兴发展进入新的阶段。市委常委、常务副市长顾春明作了《关于〈政府工作报告〉的说明》。 *（市政府办公厅综合一处）*

2013 年沈阳市政府常务会议

时间	会议名称	主要内容
1 月 14 日	市政府第十九届 1 次常务会议	关于贯彻落实“两会”精神；关于“两会”建议提案办理工作；关于 2013 年城建计划
2 月 26 日	市政府第十九届 2 次常务会议	关于综改试验工作；关于依法行政工作；关于表彰 2012 年度全市安全生产先进单位和个人事宜；关于 2012 年度政府绩效考评结果及 2013 年考评工作安排
4 月 7 日	市政府第十九届 3 次常务会议	关于一季度经济运行情况
4 月 22 日	市政府第十九届 4 次常务会议	关于《沈阳市职业卫生监督管理条例（草案）》和《沈阳市电梯管理办法（草案）》的审办情况；关于违纪干部处理
6 月 4 日	市政府第十九届 5 次常务会议	关于防汛抗旱工作；关于申报第四批市级文物保护单位工作；关于《沈阳市公共体育设施管理条例（草案）》的审办情况
9 月 10 日	市政府第十九届 6 次常务会议	关于修订《沈阳市人民政府工作规则》；关于向城区下放部分经济管理权限；关于区县（市）党政主要领导干部经济责任同步审计；关于 2013 年度沈阳市科技奖励评选工作
10 月 11 日	市政府第十九届 7 次常务会议	关于前三季度经济运行情况及今后一个时期重点工作；关于全市安全生产工作；关于《沈阳市测绘管理办法（草案）》的审办情况
12 月 16 日	市政府第十九届 8 次常务会议	关于 2014 年城建计划预安排；关于全市转变职能简政放权工作；关于改革完善工商质监和食品药品监管体制；关于违纪干部处理
12 月 24 日	市政府第十九届 9 次常务会议	关于《政府工作报告》（讨论稿）、《关于我市 2013 年财政预算执行及 2014 年预算安排情况的报告》（讨论稿）和《关于 2013 年国民经济和社会发展计划执行情况及 2014 年国民经济和社会发展计划（草案）的报告》（送审稿）；关于全力以赴完成年初人代会确定的目标任务；关于贯彻落实省委十一届七次全会暨经济工作会议精神

（市政府办公厅秘书二处）

【建议提案办理】 新一届市政府高度重视建议提案办理工作，将其作为重要的政治任务，以问题解决落实为核心，加强组织领导，落实办理责任，创新工作方式。制定并实行了“建档跟踪、二次反馈、滚动办理”的跟踪办理制度；试行建议提案网上督办考评，探索公开透明、阳光科学的督办考核方式；建立代表委员沟通联系平台，公开了专用邮箱、办公电话、通信地址，打造政府与代表委员沟通联系的桥梁和纽带，建议提案办理工作取得了明显成效。2013 年，市政府系统承办省建议提案 89 件，市建议提案 1267 件，见面率、办复率、满意率均达到百分之百，赢得了代表委员的肯定和好评。

（市政府办公厅秘书二处）

【督查工作】 2013 年市政府督查室紧密围绕“重要决策部署、重大社会事件”等中心任务开展督查督办工作，服务全市经济社会持续发展和重大活动顺利进行。

一是全面做好市政府决策部署的督查督办工作。督查室对全年市政府常务会议、市长办公会议和市长碰头会议等确定任务进行逐项分解和跟踪督办，并采取定期巡查、重点督办、联合督查等形式，实现了决策制定和决策执行的有机统一，确保了市政府重要决策部署“事事有着落、件件有回音”。

二是推进第十二届全运会沈阳赛区部署事项督查落实工作。按照市政府的要求，全面完成了“做好‘节俭办全运’工作部署”、“重要街路绿化和景观亮化工作”、“做好全运会环境空气质量保障工作”、“强化重点地区城市综合管理”、以及“做好基础设施及交通服务保障工作”等十二运沈阳赛区筹备、组织、保障工作的专项督办，督查工作促进了全市服务保障、环境改善和市容整治等城市精细化管理水平的持续提升，也为第十二届全运会最终开成一届节俭、环保、精彩的体育盛会提供了有力支持。

三是进一步加强重点项目建设督查督办工作。督查室在总结已有制度和借鉴先进经验的基础上，创新性地建立了市政府督查室、重点项目办、绩效考核办、政务服务办四部门联合督查工作机制。联合工作组紧扣时间节点，全年累计 3 次深入 13 个地区 138 个项目现场开展督查，及时了解和掌握全市重点项目建设进展和存在问题，检查各地区、各部门为重点项目服务工作的落实情况。同时，结合全市“双进双解”活动的开展，积极帮助重点项目企业排忧解难，督促有关部门做好服务保障工作，确保了全市重点项目行政审批、开复工、投资进度和建设质量工作任务的按期完成。此外，对新招商重点项目在投资进度方面持续发挥协调沟通作用，并助推各责任单位做好在谈项目签约和签约项目落地开工。

四是加大社会民生工作的督查督办

力度。督查室以深入开展党的群众路线教育实践活动和党的十八届三中全会精神为指引，切实履行为人民服务的神圣职责，加强社会民生工作的督查督办，全年相继完成了“全市开栓供热情况平稳实现开门红”、“全市清理拖欠农民工工资情况”、“做好保障性住房建设工作”和“四环路回购资金支付落实情况”等十几项与百姓生活联系密切的督查工作。在保证各项工作稳步推进的同时，注重引入百姓感知评价和时效完成评价来提升社会民生督查工作的服务意识和效果，在维护人民群众切身利益方面发挥了显著作用。

（市政府督查室一处）

【应急管理】 2013年，全市应急管理工作注重夯实工作基础，着重强化应急体系基础建设，先后处置了桃仙机场人工增雨小型飞机坠毁事件、长深高速（康平段）28吨槽罐车粗苯泄漏事故、和平区太原街地下商业街煤气燃爆事故等15起较大以上突发事件，以及管线爆裂、路面塌陷、城区内涝等一般类突发事件92起，圆满完成了“十二运”应急保障任务，切实提升了防范和应对突发事件能力。8月份，完成了市区两级应急领导机构（应急委）的调整工作，规范了突发事件应对工作流程，初步形成了多层次、广覆盖、相互衔接的应急预案体系。全年按计划进行应急预案演练213次。加强应急值班和信息报送工作，着重对全运会安全形势进行了评估，为领导决策提供信息支持。全年共报送市领导应急信息251期，上报省政府紧急重要信息88期，省、市领导批示147次。加强预测预警系统建设，发布各类预警信息6000余条。积极探索和建立符合沈阳实际的应急管理模式，进一步提升了基层单位的应急管理工作水平。8月下旬，全市召开基层应急管理示范点建设暨应急管理干部培训会议，各级应急管理干部100余人参加了培训会议。与会人员观摩了沈北新区和康平县应急管理工作示范点，部分街道（乡镇）交流了创建示范点的经验和体会。全年新建示范街道17个，示范社区25个。同时，加强学习和培训，提高综合应对能力。年内共完成了辽宁行政学院、市委党校学员8批次的教学培训，先后接待各类学习考察人员达350余人；组织了3批次由各地区、应急管理核心部门应急办主任（处长）及业务骨干参加的业务培训，并开展专题讲座培训应急管理干部1000余人次。8月19日—23日，在全市组织开展了以“迎全运，保平安”为主题的第七次应急管理宣传周活动，免费向群众发放防灾救灾手册和宣传单10余万份，增强公众避险自救能力。

（市政府应急办综合处）

【推进基层应急管理规范化建设】 为积极探索基层应急管理有效途径，从2011年开始，全市组织开展应急管理达标建设活动，不断推动基层应急管理规范化建设深入开展。主要分两步实施：第一步是各地选取示范点，探索方法、统一模式、总结经验；第二步是在取得成效的基础上，全面推进规范化建设成果。7月27日，市政府应急办组织召开了应急办主任工作会议，下发了《区（县、市）、街道（乡、镇）、社区（村）三级应急管理达标建设标准》，对前期各地规范化建设取得的经验进行了交流。

（市政府应急办综合处）

【为城乡群众办11件实事】 经过全市上下的共同努力，市政府2013年为城乡群众所办的11件35项实事已于当年全部完成。这11件实事包含事项数多、涉及工程建设量大，件件都关乎百姓的切身利益。各责任单位按照市政府的工作部署，加强工作协调调度，提早动手开展项目立项、预算审核、工程招标等前期工作，保证了各项实事有序开展、快速推进和如期完成。

一是完成“节能暖房工程”270万平方米；二是新开调整20条、延时20条公交线路，新增、更新公交车1000辆；三是对60条街巷路进行了维修改造，新建了10处行人过街设施，新增、更新了5800块地名标识牌，新增了2939块交通指示牌及10个交通导向显示屏；四是新建完成20处乡镇体育健身广场，开放了104所中小学校体育设施，组织开展全民健身活动1271场次，免费培训社会体育指导员1万人；五是新建、扩建了51所普惠性幼儿园、50所学校食堂、100所学校操场，改造了14所特殊教育学校；六是设立1000个公益性艺术培训班，开展公益性文艺演出846场，免费放映电影2.6万场次，举办各类群众文化活动1.5万场次，参与群众达1500万人次；七是在农村免费开展孕前优生优育健康检查，为10087名夫妇进行免费检查；八是共新建了100个社区日间照料站，对100个社区、4700户残疾人家庭实施无障碍改造，免费为10.5万智障人员及70岁以上独居老人配发了实名信息“黄手带”；九是建设完成了机场路、一至四环路生态绿化带，对卧龙湖实施退耕还湿；十是进一步加强了食品安全监管，建立完善食品生产经营单位信用档案，各单位建档率达100%，加大食用农产品、食品监测力度，各相关单位的检测数均超额完成年度目标；十一是完成新建、改造76个便民菜市场，基本形成10分钟买菜圈。

（市政府督查室二处）

【行政审批】 2013年，沈阳市政务服务中心（原名沈阳市行政审批服务中心）迁址东陵区（浑南新区）世纪路1号—21世纪大厦，建筑总面积为4.2万平方米，共23层，A座为行政审批办事区域，现有进驻部门和单位51个，工作人员432名。其中，4－9层为审批窗口，10－18层为驻厅部门集中办公区，19－22层为管理部门集中办公区。

2013年6月20日，沈阳市政务服务中心正式启用了“沈阳市网上审批服务平台”，该系统的最大亮点是面向社会推出“网上审批”的全新服务功能，即依托信息网络技术，申请人通过互联网就可以与政府审批部门进行远程沟通、申请业务办理，审批部门将为企业提供高效、便捷、透明的网上审批服务。涉及发改委等34个部门的309项政务服务事项均可实现网上申报，申请人可在家中或公司里登陆沈阳市网上审批服务平台完成信息咨询、项目申报、进度查询等操作。

（唐御骁）

【政务公开】 2013年，全市各地区各部门通过沈阳政务公开服务网累计公开和更新政府信息3.3万条，规范性文件和政策法规类信息公开和更新率达到100%。按照《沈阳市政府信息依申请公开操作规程》，市政务公开办指导各地区各部门规范申请公开各环节等操作，共备案申请公开249件，群众对答复结果基本满意。

1.推进决策公开和权力运行公开。继续以新闻发布会、听证会、论证会等形式推进行政决策公开，全年组织召开新闻发布会11次。按照权力“取得有据、配置科学、运行公开、行使依法、监督到位”的要求，组织42个市直部门和13个区、县(市)开发区及所属委办局对全市3.24万项行政职权和自由裁量权及其流程图在沈阳市政务公开服务网上主动公开和及时更新。

2. 深化办事公开。一是深化校务公开。将市区中小学全部纳入公开范围，重点公开社会关注的入学、收费等信息；建立校务公开办事公开制度，统一公开标准，提高服务水准。二是规范院务公开。将市区医疗机构全部纳入公开范围，重点公开就医诊治、药品价格、医生从业、医保使用、住院费用等信息；建立院务公开工作监督考核机制，促进医疗机构民主科学管理，提高医疗机构的服务能力，构建和谐医患关系。

3. 巩固并创新公开载体。一是与省政务公开办联合举办了全省第七届“5.15政务公开日”系列活动，全市4万余名群众参与活动，帮助群众解答问题近3万件。二是定期开展政务公开“三深入”活动，与房产、工商、教育、民政等部门深入各区县，为群众解答政策咨询问题。三是与沈阳广播电视台合作设立“政务公开民生面对面”演播间，就社会关注的热点、焦点问题组织相关部门给予积极回应，满足了群众知情权和监督权。

(唐御骁)

【公共资源交易】 2013年，市公共资源交易平台共成交项目5447项，成交金额809.08亿元。其中，市本级成交项目2677项，成交额518.13亿元；区、县(市)开发区成交项目2770项，成交金额290.95亿元。

1. 建立“一委一办一中心”管理体制。按照中省纪委要求，沈阳市认真研究公共资源交易管理体系和工作职责，初步建立了“一委一办一中心”的管理体制。一是成立了公共资源交易管理委员会，负责全市公共资源交易重大事项的决策和管理工作；二是成立了公共资源交易管理办公室，负责全市公共资源交易工作的指导、协调和监督管理；三是成立了公共资源交易中心，负责为公共资源交易活动提供场地、信息和操作服务。

2. 建立集中统一交易场所。将市公共资源交易平台迁至21世纪大厦新址，建设工程招投标、政府采购、土地交易、产权交易等活动实现统一进场。中心建筑面积4万平方米，设有项目受理窗口、开评标、答疑、专家隔夜评审室等区域，配备了远程监控、代理机构选取、综合信息发布、专家抽取等系统，实现了对交易活动即时信息发布、全程监控及综合管理等功能，满足了各类交易活动的需求。

3. 加强对交易活动监管。一是制定了《关于加强市公共资源交易平台招投标监督管理暂行规定》，对政府投资建设项目、评标专家和招标代理机构提出明确要求，确保进场交易活动公平公正。二是建立了重点建设项目联审制，会同监管部门对重点项目招标文件进行抽审，杜绝了“明招暗定”等现象。三是编制了《沈阳市公共资源项目进场交易目录》，明确了交易范围，规范了交易行为。四是继续实行政府投资建设项目摇号选取招标代理机构制度，累计摇号选取招标代理机构367个，涉及金额141.6亿元。

4. 加强网络系统建设。一是对市公共资源交易门户网站进行了改版升级，并根据工作实际对内网的管理系统进行了技术革新，同时建立了招标代理机构管理系统，将摇号选取程序纳入网络管理平台。二是对开、评标区域实施电子化管理，具备了网上发布信息、网上开评标等功能，建立开评标室管理系统，将开评标室预定及信息更新维护纳入网络管理平台。三是建立项目审核录入系统，将基建项目发布公告审核纳入网络管理平台。

(唐御骁)

·外　　事·

【市领导出访】 2013年，市领导率经贸代表团重点访问了澳大利亚、英国、俄罗斯、韩国及香港等国家和地区，举办了形式多样的推介会、洽谈会、座谈会等活动，促进了市重点发展产业与国外知名企业的合作，在生物医药、汽车及零部件、通用航空、装备制造、现代建筑、现代农业、现代服务业等领域推进了一大批重点合作项目。市领导出访积极引进了一批高科技的研发中心项目落户沈阳，有力的促进了产业结构的转型升级，进一步开拓了对外交流渠道，提升了沈阳市与访问国家和地区的交流水平。

(李　丹)

【重要外国团组访沈】 2013年，来访的重要政务团组包括：新加坡总理、泰国国会主席兼下议院议长、安提瓜和巴布达总督、越共政治局委员宣教部部长、韩国国会议员、喀麦隆住房部部长，法国、韩国、新加坡驻华大使，美国犹他州议会参议院、众议院议长，以及日本、韩国、波兰等国的城市政府代表团。来访的重要经贸团组包括：美国微软、加拿大庞巴迪、加拿大GE、法国米其林、法国家乐福、法国迪卡侬、德国宝马、日本藤田建设、日本积水房屋、日本丰田纺织、日本三菱日联银行、香港新世界集团、香港利福集团、韩国大鲜、韩国海外建设协会、英中贸易协会、中欧商会、瑞中协会、日中东北开发协会等。

(李　丹)

【泰国国会主席兼下议院议长访沈】 2013年4月24日至25日，泰国国会主席兼下议院议长颂萨率团访沈，市人大常委会主任赵长义会见颂萨一行。全国人大教科文卫委员会副主任委员吴恒参加会见。赵长义介绍了沈阳市近年来经济社会发展情况。他说，沈阳与泰国之间的经济贸易合作关系源远流长。希望通过颂萨主席此次来沈，能够进一步加深泰国各地各界对沈阳的了解，进一步推动双方沟通交流和务实合作。希望双方能够促进相互之间不断加强经贸往来，拓展合作空间，丰富合作内容，实现共同发展。颂萨称赞沈阳是一个极具能力和潜力的城市，沈阳良好的发展态势给他留下深刻印象。颂萨表示将全力推动双方的沟通交流与务实合作，不断挖掘合作潜力，进一步密切双方经贸合作与友好往来。

(李　丹)

【安提瓜和巴布达总督访沈】 2013年5月22日，安提瓜和巴布达总督莱克塔克率团访问沈阳市，市长陈海波会见莱克塔克一行。陈海波欢迎莱克塔克总督来沈访问，并简要介绍了沈阳市经济社会发展情况。他说，沈阳重视发展与安巴的关系，相信通过总督此次来访，必将增进沈阳与安巴人民之间的了解和友谊，进一步推动双方的友好交往。莱克塔克对沈阳经济社会发展取得的成绩表示赞赏，并希望加强双方在旅游等领域的合作，推动双方友好关系不断发展。

（李　丹）

【喀麦隆住房部部长访沈】 2013年6月25日，喀麦隆城市发展与住房部部长姆博温楚·让·克洛德率团访沈，市长陈海波会见姆博温楚·让·克洛德一行。陈海波说，沈阳市与喀麦隆首都雅温得市缔结友好城市以来，双方多次互访，搭建了交流与合作的平台。代表团此次来访，为增进两市友好交往，促进沈阳企业积极"走出去"创造了良好契机。沈阳国际经济技术合作有限公司正在喀麦隆承包建设1500套社会住房项目，相信这个有着30年历史和良好声誉的企业，一定会信守合同，按时完成项目建设，为喀麦隆建设高品质的住房。姆博温楚·让·克洛德对沈阳经济社会发展给予高度评价，表示将学习沈阳先进经验，做好喀麦隆的城市规划建设。

（李　丹）

【韩国国会议员访沈】 2013年7月5日，韩国国会议员金武星到沈参加"2013中国沈阳韩国周"活动，市人大常委会主任赵长义会见金武星。

（李　丹）

【新加坡驻华大使访沈】 2013年1月10日，新加坡驻华大使罗家良率团访沈，省委常委、市委书记曾维会见罗家良一行。曾维对罗家良大使在促进新加坡企业与沈阳的经贸合作中所作的努力表示感谢。他说，近年来沈阳经济保持平稳较快发展，这得益于我们始终坚持对外开放。沈阳与新加坡的经贸合作关系不断发展，在沈落户的新加坡企业已达286家，投资额在各个国家和地区中排名第7位。沈阳在建设国家中心城市、全面建成小康社会的进程中，将按照科学发展观的要求，加强生态环境建设，我们期待在这方面与新加坡加强合作。希望大使能够为推进沈阳与新加坡在发展实体经济等领域深化合作给予更大支持。罗家良说，沈阳作为东北区域中心城市，巨大的发展潜力吸引着新加坡企业家的目光，相信双方将有更多的经贸合作机会。

（李　丹）

【韩国驻华大使访沈】 2013年10月22日，韩国驻华大使权宁世访沈，省委常委、市委书记曾维会见权宁世。曾维说，韩国是沈阳对外开放的重点国家，多年来众多韩国企业来沈投资，为沈阳经济发展注入了活力。沈阳经济发展势头稳健，特别是借承办十二运的契机，沈阳的城市面貌发生了巨大变化。希望权宁世大使对推动双方经贸合作给予更大的支持和帮助。权宁世感谢沈阳对韩国投资企业和在沈韩国侨民的关心帮助，表示将更多地关注沈阳发展。

（李　丹）

【韩国光阳市市长访沈】 2013年7月24日至25日，韩国光阳市市长李圣雄率团访沈，举办"光阳国际原材料交易基地项目说明会"，市长陈海波会见代表团一行。陈海波说，沈阳和光阳两市自2007年5月缔结为友好合作关系城市以来，始终保持密切交往，并在物流等多个领域进行了深入而富有成效的合作。此次在沈举办"光阳国际原材料交易基地项目说明会"，必将进一步推进两市在建筑材料和物流领域的交流合作。沈阳市政府将全力协助光阳市做好宣传推介，积极鼓励沈阳企业到光阳市投资，同时，也欢迎光阳市投资者来沈发展，共同促进两市在更大范围、更宽领域开展交流合作。李圣雄表示，希望两市今后继续密切合作，促进共同发展。

（李　丹）

【澳大利亚驻华大使馆公使访沈】 2013年5月28日，澳大利亚驻华大使馆公使韩家思访沈，与沈阳市商谈在沈开设总领事馆的有关事宜。韩家思表示，澳方十分重视与沈阳市的友好关系，愿意继续深化在能源、矿产、现代服务业、农业、养老等领域的务实合作。澳方计划于10月左右开始筹备在沈开设总领事管，并将派专业团队赴沈考察总领事馆选址事宜。

（李　丹）

【英国驻华大使馆代表团访沈】 2013年1月24日至25日，英国驻华大使馆代表团访沈。访问期间，双方达成以下合作意向：英方与沈阳市在汽车、能源、文化创意等领域开展合作。英中贸协协助沈阳市接触驻曼彻斯特和利兹两市政府，商讨建立友好城市的有关事宜。英方参与十二运的广告宣传等方面工作，以全运会为依托举办英国相关产业的系列推介活动。双方还将建立定期信息互通机制，推介双方优势产业与合作项目。

（李　丹）

【澳大利亚国库部代表团访沈】 2013年5月9日，澳大利亚国库部驻华高级代表、公使麦烨明率团访沈，主要考察沈阳市经济发展情况，为澳制定对中国东北经贸政策提供参考建议。澳大利亚贸易委员会和阿斯创矿业公司随同来访。麦烨明公使介绍了澳大利亚对华经贸政策，并强调沈阳是澳大利亚非常重视的新兴区域，澳大利亚已经决定在沈阳设立总领事馆。代表团还与北方重工、沈飞集团、华晨集团和远大集团进行了深入交流。麦烨明公使对沈阳机械制造、汽车和建筑行业的快速发展给予了高度评价，表示将创造机会，为沈阳企业赴澳投资搭建平台，并从宏观政策层面为沈阳企业提供指导。

（李　丹）

【德国下萨克森州代表团访沈】 2013年5月20日，德国下萨克森州代表团访沈，在沈阳市经济技术开发区举办了投资推介说明会。市外办、开发区管委会、沈阳大学和相关企业领导出席了会议。活动期间，德方重点对沃尔夫斯堡股份公司、德亚商务公司和下萨克森州管理学院进行了推介，并与沈阳大学国际商学院在互派留学生和引进教育培训机制等方面的交流合作达成共识。代表团一行还拜访了沈阳市人力资源与社会保障局，双方就公务员培训以及企业人才培养等事宜进行了深入探讨。下萨克森州位于德国西北部，是德国面积第二大的联邦州，人口792万。

（李　丹）

【美国美亚基金会组织国会助手代表团访沈】 2013年8月14日至16日，应外交学会邀请，美国美亚基金会组织国会助手代表团访沈，与沈阳市就进一步推动美国与沈阳在经贸等领域的交流与合作进行深入探讨。代表团高度赞赏沈阳市经济建设和城市发展所取得的成就，并表示将会积极向美国国会和美国企业宣传沈阳，推动美国与沈阳在更多领域的交流与合作。一同来访的美亚基金会成员都是来自通用汽车、微软、奥蒂斯等美国知名企业的高层代表，基金会希望把沈阳作为未来对华交流的重要城市，将组织更多官方和企业代表团来访，为中美友谊与地区间的合作搭建平台。访问期间，代表团还考察了沈阳通用北盛汽车公司新工厂，参观了沈阳故宫、“九一八”历史博物馆以及二战盟军战俘营。美亚基金会是由美国国会和美国大企业赞助的非盈利、非官方机构，是美国与亚太地区开展合作的重要桥梁。美国国会助手代表团由美国国会参、众两院重要议员的主要助手组成，分别主管税务、贸易、金融、法律、银行、住房、城市事务等方面工作。

（李　丹）

【韩国仁川市议会代表团访沈】 2013年8月23日，韩国仁川市议会企划行政委员会李龙范委员长率仁川市议会代表团拜会市人大，共同商谈两市议会开展友好交流的相关事宜。市人大向代表团介绍了沈阳市的基本情况和近年来经济社会发展取得的成果，以及沈阳市人大的构成、职能和主要业务，并希望两市议会能够不断加强交流、增进了解、加深友谊。李龙范委员长介绍了仁川市议会的基本情况，也表达了与沈阳市人大开展友好交流与合作的愿望。仁川市拥有韩国最大的国际机场和第二大港口，交通网络发达，与沈阳市交往密切，经济互补性强。

（李　丹）

【美国犹他州议会代表团访沈】 2013年9月1日至2日，美国犹他州参议院议长尼德豪瑟和众议院议长洛克哈特联合率团访沈，进一步推动美国犹他州与沈阳在文化、教育、经贸等各领域的交流与合作。沈阳市人大领导会见了代表团一行，介绍了沈阳市经济、文化、教育、民主建设和对外交流情况，市人大还希望美国犹他州议会和人民能够增进对沈阳的了解。犹他州议会代表团介绍了犹他州的基本情况，尤其是近年来商业投资环境的改善，并表示将进一步推进沈阳与盐湖城市开展友好交流与合作，积极促成双方建立友城关系。访问期间，代表团还参观考察了沈阳市和平区文安路社区、沈阳城市规划展示馆、省实验学校和东软集团。

（李　丹）

【韩国劳动组合总联盟城南支部代表团访沈】 2013年4月15至20日，以韩国劳动组合总联盟城南支部朴仁守局长为团长的城南市工会代表团访沈，与市总工会进行友好交流。访沈期间，代表团参观了沈阳市政府、困难职工帮扶中心、职工文体活动中心等，详细了解了市总工会在困难职工救助、就业、技能培训、大病医疗等方面的措施。2009年，沈阳市总工会与韩国劳动组合总联盟城南支部结为友好工会，并每两年开展一次工会高层互访活动。韩国劳动组合总联盟成立于1960年11月，是官方性质的工会组织。韩国劳动组合总联盟城南支部创立于1978年2月26日，是城南地区工人运动的中心机构。

（李　丹）

【日本佐世保市政府代表团访沈】 2013年11月26日至29日，日本佐世保市政府代表团来沈访问，推进与沈阳市多领域的合作与交流。代表团与沈阳市就如何促进两市友好交往交换了意见，双方表示将进一步加强青少年教育、文化艺术、旅游观光、经济贸易等领域的实质性交流与合作。

（李　丹）

【日本SSK协力事业协同组合代表团访沈】 2013年10月21日至23日，日本SSK协力事业协同组合理事长吉原胜见一行访沈，推动与沈阳市在金属加工及环保领域的技术交流与合作。访沈期间，代表团与中国科学院金属研究所在金属精密加工、防腐蚀技术等方面进行了深入探讨；与沈阳市环保局就开展重金属等有害物质处理技术合作达成共识，双方将建立长效交流机制。代表团还考察了沈阳金属新材料产业园内的两家重点企业，并与产业园就企业合作进行了务实交流。SSK是日本佐世保重工业株式会社的简称，主要进行船舶的建造、修理。SSK协力事业协同组合是为SSK提供配套的船舶、重工业企业的联合组织。

（李　丹）

【日本川崎市教职员联合会代表团访沈】 2013年12月16日至18日，日本川崎市教职员联合会岛田和明副委员长率团访沈。代表团先后访问了和平一校、126中学和东北中山中学，深入了解了沈阳市中小学校的硬件设施、办学特色。代表团还与沈阳市就进一步深化教育领域的交流与合作交换了意见，表示将把沈阳作为川崎市学生修学旅行的目的地。川崎市教职员联合会是由川崎市教职员工组成的工会组织，致力于提高教职员工的待遇和改善教学环境。

（李　丹）

【沈阳与新西伯利亚市正式建立友好城市关系】 2013年5月30日，沈阳与俄罗斯新西伯利亚市签署建立友好城市关系协议书。市人大常委会主任赵长义，新西伯利亚市市长弗拉基米尔·戈罗杰茨基分别代表两市签约并会谈。新西伯利亚市是俄罗斯第三大城市，是俄罗斯重要工业城市，拥有俄罗斯最好的大学、博物馆和剧场。

（李　丹）

【沈阳与大田广域市正式建立友好城市关系】 2013年7月29日，沈阳与韩国大田广域市签署建立友好城市关系协议书。市长陈海波与大田广域市市长廉弘喆分别代表两市签约并会谈。大田广域市是韩国第五大城市，面积540平方公里，人口150万，是韩国的科技中心，有“韩国硅谷”之称，拥有多所知名高等学府。

（李　丹）

【沈阳与贝尔法斯特市建立友好合作城市关系】 2013年11月22日，沈阳与英国贝尔法斯特市签署建立友好合作城市关系协议书，市长陈海波，贝尔法斯特市市长马丁·奥·穆里瓦分别代表两市签约并会谈。英国贝尔法斯特市是北爱尔兰首府，现有人口29万，是北爱尔兰政治、文化中心和最大的工业城市。该市造船业历史悠久，以其建造的泰坦尼克号闻名于世。

（李　丹）

【沈阳与德布勒森市签署友好合作城市关系意向书】 2013年4月22日，沈阳与匈牙利德布勒森市签署建立友好合作关系城市意向书，副市长祁明，德布勒森市副市长保普·拉斯洛分别代表两市签约并会谈。德布勒森是匈牙利的第二大城市，豪伊杜－比豪尔州首府，人口20.4万，面积462平方公里，是匈牙利重要经济和文化中心。

（李　丹）

【沈阳与尤尔马拉市签署友好合作城市关系意向书】 2013年6月3日，沈阳与拉脱维亚尤尔马拉市签署建立友好合作关系城市意向书，市人大常委会主任赵长义，尤尔马拉市市长维索克斯分别代表两市签约并会谈。尤尔马拉市是拉脱维亚第五大城市，人口6.3万，面积100平方公里，是波罗的海国家中最大的海滨度假胜地，该市工业以木材加工和造纸为主。

（李　丹）

【举办“2013中国沈阳—澳大利亚日”】 2013年2月22日，“2013中国沈阳—澳大利亚日”暨建筑设计及项目研讨会在沈阳举办。活动由市外办、市建委与澳大利亚驻华使馆和驻沪总领馆共同举办。澳大利亚驻沪总领馆商务领事陆晓恬率澳贸委城市建设和基础设施团队以及澳大利亚铿晓设计咨询有限公司、五贝国际设计有限公司等8家知名绿色建筑企业出席了活动。沈阳市规划设计研究院、中国建筑东北设计研究院、沈阳市建筑设计院等6家省内知名建筑设计研究院和多家知名房企也出席了活动并与澳方进行了交流。

（李　丹）

【举办“德国北威州沈阳投资推介会”】 2013年3月6日，“德国北威州沈阳投资推介会”在沈阳市举办。活动由市外办、市中小企业局和德国北威州投资促进署共同主办。德国驻沈阳总领事傅培言，以及黎明、华晨等辽沈地区的90余家知名企业与外地驻沈商会代表出席了活动。北威州投资促进署介绍了德国北威州的基本情况和投资优势；德国凯仕(KSP)会计税务审计师事务所详细讲解了在北威州设立公司的程序、签证及纳税事宜；德国莱茵公司说明了为中国企业在德投资能提供的服务项目。德国驻沈阳总领事傅培言希望沈阳企业通过北威州投资署的帮助到德国发展。德国北威州投资促进署署长封兴良表示欢迎包括机械制造、电动汽车、生物工程、新能源等领域的沈阳企业到北威州进行投资，也希望今后能同沈阳在环境治理、可持续发展等方面开展合作。

（李　丹）

【举办“日本智能机器人专家中国行”活动】 2013年3月25日至26日，2013年度中日文化科技交流活动——“日本智能机器人专家中国行”活动在沈阳市成功举办，本次活动由市外办与日本驻沈阳总领事馆共同策划，并得到了日本国际交流基金会的大力支持。日本智能机器人研究领域的专家在东北大学和沈阳航空航天大学举办了两场专题活动，通过主题演讲、现场演示、互动交流等方式向大学生们展示了该公司研发的多款智能机器人，并介绍了智能机器人领域的发展现状及未来趋势。“日本智能机器人专家中国行”活动共分为四站，分别包括沈阳、大连、北京、重庆。

（李　丹）

【举办“俄罗斯文化日”】 2013年3月29日，“俄罗斯文化日”在东北大学举办。该活动由东北大学和俄罗斯驻沈阳总领事馆共同举办。莫斯科州立大学和莫斯科国立纺织品学院派员参加了活动。双方就教育领域交流合作进行了深入探讨，并具体商谈了国际夏令营、互派国际交换生、学历教育合作以及教师交流等方面的有关事宜。

（李　丹）

【举办“沈阳—巨济友好合作日”】 2013年4月15日至17日，韩国巨济市权民镐市长和黄宗明议长率团访沈，并与沈阳市共同举办“沈阳—巨济友好合作日”暨巨济市旅游说明会，沈阳市10家媒体和20家旅行社代表约90人参加活动。代表团详细介绍了巨济市的旅游资源，并与沈阳市旅行社代表及媒体代表进行了深入交流。

（李　丹）

【举办“中美交响乐惠民教学展演”活动】 2013年5月8日至10日，沈阳市友协与沈阳市文联、美国驻沈阳总领事馆共同举办“中美交响乐惠民教学展演”活动，美国“克莱维诺三重奏”演出团应邀出席。活动期间，“克莱维诺三重奏”参加了沈阳市艺术惠民“双百万”工程基地挂牌仪式，在沈阳音乐学院和东北大学进行了专业教学指导，与沈阳交响乐团在东北大学举办了《华美乐章》公益演出。

（李　丹）

【举办“沈阳—奥地利日”】 2013年5月10日，“沈阳·奥地利日”暨农业水利、环境保护、可再生能源领域合作研讨会在沈阳市成功举办。活动由奥地利农林环境水利部、市外办、市环保局、沈阳驻欧洲经贸代表处和沈阳农业大学共同举办。奥地利农林环境水利部环境技术交流司司长库那利斯博士以及沈阳市有关部门120余人出席了活动。活动期间，奥地利农业大学、奥地利技术大学和多瑙河流域管理委员会的专家们分别介绍了奥地利先进农业灌溉技术、城市水资源管理创新和可再生能源利用等方面的情况。奥地利保尔集团、MUT公司和EVN集团分别介绍了现代节能灌溉技术、水处理和土壤治理技术以及绿色城市理念。

（李　丹）

【举办“2013日语文化节”】 2013年5月26日，2013沈阳日语文化节在中国医科大学成功举办，活动由沈阳日本人教师会主办。在沈高校300余名日语专业学生参加了文化节演出。学生们通过日语歌曲、日本传统舞蹈、动漫模仿、空手道、日语短剧等形式，展示了日语学习成果，加深了青年学生们对日本文化的理解。沈阳日语文化节每年举办一届，此次文化节是在沈阳市举办的第十七次日语文化节。

（李　丹）

【沈阳与俄卫国战争纪念馆举办专题互展活动】 为纪念世界反法西斯战争胜利68周年，沈阳“九一八”历史博物馆和俄罗斯卫国战争纪念馆共同举办纪念反法西斯战争胜利专题互展活动。2013年6月18日，《卫国战争的爆发》专题展览在“九一八”历史博物馆举办，俄罗斯驻沈阳总领事谢尔盖·白德福参加活动。展览为期三个月，共展出400余幅历史图片和文物，大多数图片首次在沈阳展出。9月，《中国抗战的起点》专题展览在俄罗斯卫国战争纪念馆举办。

（李　丹）

【举办“沈阳—卡托维茨友好日”】 2013年9月24日至27日，波兰卡托维茨市市长派特·乌斯佐克先生率团访问沈阳，参加“沈阳—卡托维茨友好日”活动，进一步加强两市多领域合作交流。活动期间，卡托维茨市与沈阳市共同举办了“沈阳—卡托维茨友好钢琴演奏会”。市人大常委会主任、市友协会长赵长义会见了代表团一行。

（李　丹）

【举办中法“明日之城·未来市场”活动】 2013年10月17日，由沈阳市与法国驻华大使馆、中国法国工商会共同主办的中法“明日之城·未来市场”活动在沈举办。市长陈海波、法国驻华大使白林、中国法国工商会主席欧技出席活动并致辞。活动期间，16家法国知名企业与沈阳市多家企业进行了对接洽谈。法国企业还与沈阳市发改委、经信委、规划和国土资源局、外经贸局等有关委办局进行了充分沟通,拓宽与沈阳市经贸合作领域。参加活动的法国企业包括全球最大的直升飞机制造商——欧直集团,欧洲零售业巨头——欧尚集团,全球航空、航天、地面交通、国防和安全市场技术领导者——泰雷兹集团,世界顶级楼宇解决方案提供商——罗格朗电气,世界特种轴承研发及生产领域的领航者——德枫丹集团以及来自法国保险、交通、建筑设计、商业资讯、食品、制药、IT等领域的技术领先企业。

(李　丹)

【举办"2013沈阳市外语大赛"】 2013年10月19日至12月24日,"2013沈阳市外语大赛"由沈阳市人民对外友好协会主办,世贸人才国际教育、沈阳国际交流中心共同承办。美、日、韩、法、德、俄六国驻沈总领事馆作为特别支持单位。大赛面向沈阳市的学龄前儿童、小学、中学、大学在读学生以及社会各界人士。共有10个语种5万余人参赛,评选一、二、三等奖各13人。

(李　丹)

【第十一届中韩地方政府交流研讨会】 2013年10月22日至25日,第11届中韩地方政府交流研讨会在沈阳市召开。研讨会由韩国驻华大使馆、韩国全国市道知事协议会和辽宁省人民政府外事办公室共同主办。研讨会主题为"回顾韩中地方政府交流20年,探索未来20年发展方向",来自中韩两国的200余名代表展开了研讨交流,介绍了各自地方政府开展对外交流的工作经验。沈阳市以此为契机,与韩国大田、仁川、大邱、光州、釜山、蔚山、世宗及群山等市进行了深入交流,商讨双方未来交流合作的有关事宜,还与黑龙江、吉林、山东、广州等国内省、市互换了对韩交流经验。中韩地方政府交流研讨会于2002年在广西南宁举办第一届。研讨会以增进中国地方政府国际交流部门与韩国地方政府驻华代表之间的友谊,促进地区发展和相互合作为目的,已成为两国地方政府间交流与共享信息的坚实平台。

(李　丹)

【韩国产业银行沈阳分行正式开业】 2013年4月11日,韩国产业银行沈阳分行举办开业仪式。省、市有关部门领导、韩国驻沈阳总领事,以及中韩金融界和企事业界100余人出席了开业仪式。这是继北京、上海、广州之后,韩国产业银行在中国成立的第四家分行,只开展对公业务,暂不办理个人业务。

(李　丹)

【俄罗斯驻沈阳新任总领事到任】 2013年4月20日,谢尔盖·白德福正式就任俄罗斯驻沈阳总领事。他是俄罗斯驻沈阳总领事馆第七任总领事。谢尔盖·白德福出生于1966年,1990年毕业于莫斯科国际关系学院,通晓汉语和英语。1990年进入俄罗斯外交部。曾先后在俄罗斯驻华大使馆、俄罗斯驻新加坡大使馆、俄罗斯驻上海总领事馆工作。此前任俄罗斯外交部对外政策计划司处长。

(李　丹)

【美国驻沈阳总领事馆新任总领事到任】 2013年8月13日,美国驻沈阳总领事馆新任总领事闻思国到任。闻思国曾在越南、蒙古、澳大利亚、日本等国以及北京、成都任外交官,擅长使用汉语、越南语、蒙语及日语进行交流。

(李　丹)

【日本驻沈阳总领事馆新任总领事到任】 2013年8月14日,日本驻沈阳总领事馆新任总领事大泽勉到任。大泽勉于1957年2月10日出生,东京大学经济系学士,哈佛大学硕士,1979年进入日本外务省,就任日本驻沈总领事前为日本驻维也纳国际机构代表部大使。

(李　丹)

【处理涉外事件】 2013年,市外办依据国家有关政策,坚持以人为本,加强领事保护,严格依规办事,全年共协调处理了在沈外资企业经济、劳资、土地、房产、拆迁等方面的纠纷以及我国境外公民、机构合法权益的保护等各类领事案件27件。

(李　丹)

【开展民间交流】 2013年,在市友协的积极推动下,沈阳市加强文化领域的对外民间交流,与波兰友城卡托维茨市共同举办了"居里夫人杯"物理锦标赛、友好钢琴演奏会、首届微电影大赛等活动,举办了全市规模的外语大赛,与美领馆举办了惠民教学展演,借助文化交流增进了外国有关国家和地区对沈阳市的了解。同时加强人才领域的对外民间交流,积极开展了境外招才引智工作,沈阳大学与法国和德国开展了人才引进合作,与德国不来梅大学进行了教育交流合作,促成了法国勒阿弗尔大学与沈阳师范大学开展教师培训和学生交流的合作。

(李　丹)

【加强因公出国(境)管理】 2013年,共审核审批各类因公出国(境)团组558批1633人次,较2012年同比分别下降24%和28%,其中经贸类团组占全部出访团组的70%。实行计划考核的党政干部保持了零增长。受理因公出国签证864批,2449人次,因公护照收缴率达到98%。进一步加强了非限制国家人员临时来华邀请审批办理工作。

(李　丹)

·机构编制·

【各级党政群机关机构编制情况】 截至2013年12月31日,沈阳市、区、县级市、县、街道、乡镇党政群机关机构总数842个,编制总数27153名,实有在职人数23977人。

1. 市级机关机构编制。沈阳市市级党政群机关机构总数117个,其中:中共党委工作机构总数12个,人大常委会工作机构4个,人民政府工作机构44个,政府派出机构29个,政协工作机构2个,人民法院机构1个,人民检察院机构1个,民主党派机构8个,人民团体组织16个。沈阳市市级党政群机关编制总数8902名,实有在职人数为7605人。

2. 区级机关机构编制。沈阳市辖9个区级党政群机关机构总数357个。其中:中共党委工作机构68个,人大常委会工作机构9个,人民政府工作机构203个,政协工作机构9个,人民法院机构9个,人民检察院机构9个,人民团体组织50个。沈阳市辖9个区级党政群机关编制总数8405名,实有在职人数7874人。

3. 县级市、县级机关机构编制。沈阳市辖1个县级市、3个县级党政群机关机构总数154个。其中:中共党委工作机构29个,人大常委会工作机构4个,人民政府工作机构90个,政协工作机构4个,人民法院机构4个,人民检察院机构4个,人民团体组织19个。沈阳市辖1个县级市、3个县级党政群机关编制总数3075名,实有在职人数2951人。

4. 沈阳市所辖街道机构编制。沈阳市13个区、县(市)所辖街道137个。沈阳市街道办事处机关编制4238名,实有在职人数3789人。

5. 沈阳市所辖乡镇机构编制。沈阳市13个区、县(市)所辖乡镇77个。沈阳市乡镇机关国家核拨行政编制2533名,实有在职人数1758人。

(田　斌)

【各级事业单位机构编制情况】 截至2013年12月31日,沈阳市、区、县级市、县、街道、乡镇事业单位机构总数4669个,编制总数19.23万名,实有在职人数15.62万人。

1. 市级事业单位机构编制。沈阳市市级事业单位机构总数913个,编制总数59058名,实有在职人数41860人。

2. 区级事业单位机构编制。沈阳市辖9个区级事业单位机构总数1999个,编制总数90015名,实有在职人数69821人。

3. 县级市、县级事业单位机构编制。沈阳市辖1个县级市、3个县级事业单位机构总数1175个,编制总数38705名,实有在职人数40853人。

4. 沈阳市所辖街道事业单位机构编制。沈阳市所辖街道办事处事业单位机构总数222个,编制总数2650名,实有在职人数2123人。

5. 沈阳市所辖乡镇事业单位机构编制。沈阳市所辖乡镇事业单位机构总数360个,编制总数1906名,实有在职人数1499人。

(田　斌)

【行政管理体制改革】 一是简政放权工作取得重大进展。配合完成了向城区放权工作,举全办之力牵头组织了向市场放权、向社会组织放权、向下级政府放权工作。深入各地区、各部门进行调研,广泛听取意见和建议,分析对比了国务院、省政府、市政府职权目录,制定出台了《沈阳市人民政府转变职能简政放权实施意见》和《沈阳市人民政府关于取消和下放一批行政职权项目的决定》。全市33个部门共取消和下放行政职权项目225项。其中,取消75项,下放122项,其他28项。加上此前向城区下放的49项权限,共计274项,率先在全省完成了首轮简政放权工作。二是工商质监和食品药品监管体制改革在全省率先展开。着眼于加强食品药品安全的管理,制定出台了《沈阳市改革完善食品药品监督管理体制的实施意见》和《关于改革完善区、县(市)食品药品监督管理体制的指导意见》。工商、质监和食品药品监管体制由垂直管理调整为分级管理,强化了各级政府责任。将工商、质监等部门的食品生产、流通、消费等安全监管职能划入食品药品监管局统一管理,为食品药品安全提供了体制机制保障。各地区、各部门精心组织,实现了无缝衔接、平稳过渡。三是公共资源交易管理体制改革走在全国前列。着眼于构建运作规范、统一监管的公共资源交易管理体制,积极对沈阳市公共资源交易机构进行了整合,真正实现了"一委一办一中心"的科学管理模式。同时皇姑区、于洪区、沈河区、大东区、东陵区(浑南新区)、苏家屯区、沈北新区等相继组建了公共资源交易管理机构,构建了统一、有序、公正、透明的公共资源交易平台。四是棋盘山行政管理体制得到进一步理顺。着眼于加快建设沈抚新城和棋盘山生态保护区,起草了《沈阳棋盘山国际风景旅游开发区管理委员会相关机构编制情况报告》,提出了调整东陵区(浑南新区)、棋盘山开发区管理体制的意见,成立了棋盘山风景名胜区管理局,明确了机构、编制、领导职数、人员调整等事宜,进一步推进碧水、蓝天、青山工程,生态宜居之都和"美丽沈阳"的建设。五是纪检监察机构进一步加强。着眼于构建机构合理,监督有力,反应迅捷的监察机构,按照中央纪委内设机构调整的有关精神,参照省纪委内设机构调整方案,坚持突出主业的原则,对市纪委机关、市监察局的内设机构进行了调整完善,切实使党风廉政建设和反腐败工作得到加强。六是医药卫生体制改革不断深化。新民市、康平县已完成了县级公立医院改革。辽中、法库也相继启动了这项改革。

(田　斌)

【事业单位改革】 按照积极稳妥,扎实有序的原则,稳步推进事业单位改革。一是事业单位分类改革稳中有进。深入事业单位进行调查研究,制定出台了《沈阳市事业单位分类方案》,准确把握分类认定标准,对全市事业单位进行分类。二是登记管理工作扎实有效。对全市4000多家事业单位进行了年检,对不按时年检、变更登记的事业单位,进行了督办和批评教育,维护了登记管理的权威性。"网络红页"开通使用3000家,全市中文域名注册4434家,开通率全省领先,得到国家域名办的表扬。三是法人治理结构试点工作有序展开。积极探索法人治理结构建设,研究出台了《沈阳市事业单位法人治理结构建设试点工作实施方案》。新民市、康平县编委办率先探索建立了事业单位法人治理结构,分别成立了新民市、康平县人民医院第一届理事会、监事会,有效地推进了法人治理结构建设试点工作的有序开展。

(田　斌)

【机构编制管理】 严格管编控编,严控机构编制无序增长,把管理工作的重点放在服务发展上,切实保障中心工作和热点难点工作的需要。一是机构编制控制严格。坚持机构编制集中统一管理和审批制度,严格落实机构编制"限批"、事业单位"冻结"等制度,做到严而有据,宽严相济。全年共回绝76个部门、单位的143项增机构、增编制、增领导职数的要求,在保证改革发展急需的前提下,有效控制住了机关和事业单位人员的无序增长,提升了机构编制管理的科学化、规范化、法制化水平。二是实名制管理日趋完善。动态维护市机构编制管理数据库,及时更新有关内容,随时提供依据和服务。严把核验关,对超编制、超职数、人员结构比例不合理的不予核验。共核验了2576人,其中机关920人,事业单位1650人。三是制度建设不断加强。为进一步促进机构编制管理科学化、规范化、法制化建设,和平区、沈河区、铁西区、法库县、康平县分别建立完善了机构编制管理情况绩效考评细则、机构编制管理办法、机构编制问责制度、用编申报审批制度等,做到了用制度管机构、管编制。于洪区建立机构编制发文台帐检索,对近40年的市区两级编制发文进行全面整理、采集,进一步完善了制度体系建设。东陵区(浑南新区)、沈北新区等地积极探索用人制度改革,制定完善了编外用工审批制度、临时用工使用标准等，实现了政府临时用工管理工作常态化，从源头上遏制了政府工作人员的无序增长。

（田 斌）

政协沈阳市委员会

【市政协十四届二次全体会议】 中国人民政治协商会议沈阳市第十四届委员会第二次会议，于2014年1月7日至10日举行。会议审议并通过了姜宏主席代表市政协十四届委员会常务委员会所作的工作报告和刘慧鸣副主席所作的提案工作情况报告。会议增补了市政协副主席和常务委员。

会议对陈海波市长所作的政府工作报告、沈阳市2013年预算执行情况和2014年预算（草案）报告、沈阳市2013年国民经济和社会发展计划执行情况及2014年国民经济和社会发展计划（草案）报告、沈阳市中级人民法院工作报告和沈阳市人民检察院工作报告均表示赞同。

会议认为，过去的一年，市政协常务委员会在中共沈阳市委正确领导下，坚持团结和民主两大主题，组织全体委员，围绕中心，服务大局，全面履行政协职能，圆满完成了市政协十四届一次会议确定的各项任务，为推进沈阳经济、政治、文化、社会和生态文明建设发挥了积极作用。会议同意常务委员会提出的2014年工作任务，并对进一步做好政协工作提出了建议，希望常务委员会认真抓好落实。

会议要求，市政协各参加单位和全体委员，在新的一年里，要以邓小平理论、“三个代表”重要思想、科学发展观为指导，深入学习贯彻中共十八大和十八届三中全会精神，按照中共沈阳市委十二届八次全会的总体部署，围绕“深化改革、稳定增长、改善民生、优化环境”等重点工作，充分发挥人民政协协商民主重要渠道作用，认真履行政治协商、民主监督、参政议政职能，进一步开创政协工作新局面，为全面深化改革、加快经济社会发展积极贡献力量。

会议号召，全市各民主党派、工商联、各人民团体、各族各界人士和广大政协委员，要更加紧密地团结在以习近平同志为总书记的中共中央周围，高举中国特色社会主义伟大旗帜，在中共沈阳市委的领导下，发扬民主、凝聚共识、开拓创新、扎实工作，为把沈阳老工业基地振兴发展推向新阶段而努力奋斗！

（朱佳音）

【市政协常委会议】 2013年，市政协先后召开5次常委会议。

2013年1月9日，市政协召开十四届一次常委会议，协商通过政协沈阳市第十四届委员会副秘书长名单；协商通过关于政协沈阳市第十四届委员会专门委员会设置的决定和专门委员会主任、副主任名单；讨论通过市政协2013年工作要点。

2013年3月20日，市政协召开十四届二次常委会议，协商通过增补市政协部分专门委员会副主任名单；传达全国政协十二届一次会议精神。

2013年6月27日，市政协召开十四届三次常委会议，听取关于“改善城市环境质量，推进生态文明建设”专题调研情况的汇报，审议通过《关于进一步改善城市环境质量，推进生态文明建设的调研报告》。

2013年8月8日，市政协召开十四届四次常委会议，听取关于“促进提高我市企业自主创新能力，为沈阳经济发展提供有力支撑”专题调研情况的汇报，讨论通过《关于促进提高我市企业自主创新能力，为沈阳经济发展提供有力支撑的调研报告》。

2013年12月5日，市政协召开十四届五次常委会议，听取市党群系统、市政府系统关于市政协十四届一次会议以来提案办理工作情况的通报；审议市法院、市检察院关于市政协十四届一次会议以来提案办理工作情况的通报（书面）；协商通过调整增补市政协委员名单、市政协部分专门委员会主任和副主任名单、市政协副秘书长名单；讨论通过市政协十四届二次会议相关事项。

（朱佳音）

【履行职能】 推进企业成为自主创新主体。市政协围绕贯彻“创新驱动”战略，加快科技创新步伐，组织部分民主党派，与区县（市）政协联动，开展推进企业技术创新环境建设、创新投入、健全企业研发机构、产学研协同创新、技术服务平台建设、人才培养使用等六个方面的专题调研。深入企业摸清实情，多方座谈分析症结，提出有针对性的建议。

推进生态文明建设。市政协与部分民主党派和区县政协组成五个课题组，重点对水系、大气、农村环境、城市卫生及林业生态开展调研论证，进行前瞻性研究、动态性分析，提出加强环境治理体制机制创新、优化产业和能源消费结构、实施环境治理重点工程、增进区域协同合作等可操作的意见建议，助推“碧水”、“蓝天”、“青山”工程建设，提升生态文明水平，建设宜居城市。

推进重点提案的办理和落实。召开重点提案办理协商专题主席扩大会议，组织提案方、承办方和市民代表先见面、后视察、再协商，实地视察老旧小区供水管网改造工程等重点提案的办理情况，在视察中交换意见，在协商中增进共识，有效提升提案督办质量。

关注国家中心城市建设。市政协发挥优势、主动作为，围绕制定和完善《沈阳市加快国家中心城市建设规划纲要》，组织二十余名省市政协委员、专家学者深入座谈，建言立论，提出高起点制定战略规划、推动核心产业优化升级、提升城市集聚辐射功能、扩大对外交流等百余条建议，彰显政协汇聚多方智力谋大事的优势。

促进商贸中心城市建设。市政协持续跟踪推进服务业发展，针对提升大型商业街区集聚辐射功能，促进商贸中心城市建设这一重要议题，组织部分民主党派、工商联和城区政协深入调研、充分论证，形成40篇调研报告和专题建议共24万字。重点从增强规划指导、发展新兴业态、推动产业互动发展、加快配套设施建设、提升管理水平等五个方面提出意见建议，引起市政府高度重视，积极吸纳政协调研成果，采取有力措施完善商业街区功能。

助推全运会的成功举办。市政协紧紧围绕“办全运”这一重点工作，组织省市政协委员到全运会场馆建设现场专题视察，围绕“节俭办全运、安全办全运”，提出加强全运期间清真食品管理、搞好全运场馆后续综合利用、借全运会契机提升市民文明素质等意见建议，积极营造文明、安全、有序的和谐氛围。

推进泗水科技新城建设。泗水科技

新城是沈阳向东、向北发展的一个前沿地区。市政协组织委员和专家学者开展专题调研,围绕完善泗水科技新城发展目标和规划,形成专题调研报告,提出40多条前瞻性、建设性的意见建议,推进环境优美、产业高端、舒适宜居、功能完善的科技新城建设。

围绕深化行政体制改革中的审批工作开展民主评议。市政协会同部分民主党派、工商联和区县(市)政协,对市区两级行政审批工作机制、项目设定、队伍建设、设施建设进行深入调研。组织委员对市区两级审批大厅进行20余次明察暗访,查找问题,分析原因,提出削减审批项目、简化审批流程、提升服务质量、完善配套设施等建议。

围绕群众普遍关注的公共交通建设开展民主评议。组织委员、部分民主党派和专家学者,到公交场所、交通枢纽及维修车间实地视察,分别召开不同群体座谈会、在市民中进行问卷调查,针对公共交通存在的问题进行重点剖析、座谈听证、专项评议,提出整合资源、统筹规划、加大投入等建议。

围绕政风行风建设发挥民主监督员作用。选派232名委员担任33个政府部门和"两院"系统的民主监督员。建立了配套工作制度,举办民主监督员培训班,支持民主监督员反映社会各阶层群众呼声,提出批评和建议,强化民主监督效力。

积极搭建委员履职服务平台。强化委员服务、权益保护、履职管理工作。修订《关于加强与委员联系的意见》等制度,为激发委员履职的积极性、主动性、创造性提供制度保障。组织委员培训、市情通报、委员大视察等主题活动,为委员知情明政、履行职能创造条件。

开展专题视察和界别活动。各专门委员会组织委员开展促进信息化和工业化融合、农产品出口、文化遗产保护、生态旅游、创建和谐寺观教堂、民族团结进步进社区等30余项内容丰富的调研视察活动。加强与海内外人士的联络联谊,组织港澳委员学习培训、来沈考察,通报全市经济社会发展情况,发挥港澳委员在沈阳对外开放、促进地区经济发展和联谊交流中的重要作用。

重视发挥各民主党派、工商联参政议政作用。组织专题调研,安排民主党派、工商联在政协重要会议上作30余次专题发言,督办党派团体提案70余件,积极营造民主协商、合作共事的浓厚氛围。

采用多种形式反映社情民意。定期组织委员走进广播电台直播间,参加"委员在线"节目,接听热线电话,为群众排忧解难。定期召开政协委员反映社情民意座谈会,反映群众的呼声。通过《社情民意专报》先后将简化群众办事程序、保障城市居民供暖、注重食品安全、延长部分公交车线路等数百条意见建议报送党政领导,推进解决人民群众普遍关心的衣食住行等方面的问题。

开展惠及民生的履职活动。多次组织委员对完善城市医保运营及付费方式改革、中小学生身体健康、流动人口管理、宗教教职人员参加社会保险、预防未成年人犯罪等群众关心的问题,组织专题调研和视察。积极开展地方法规立法前协商,为促进社会和谐发挥了积极作用。

向贫困群体和灾区奉献厚爱真情。广大委员积极深入社区、村镇为困难群众送温暖。在抚顺发生洪灾之际,多名政协委员赶赴灾区送去价值百万元的衣物、食品和学习用品,表达委员救灾解难的真挚爱心。

加强政协宣传和文史工作。进一步办好沈阳日报《政协园地》专版、《沈阳政协》期刊和政协网站,密切与新闻媒体的合作,在中央、省市级媒体共发稿613篇,通过多种渠道扩大政协的社会影响。举办全市政协新闻宣传和文史工作培训班。征集《沈阳地名》等专题史料120万字,出版《沈阳知青》等书籍。

(朱佳音)

【学习宣传文史】 邀请专家分别作十八大和十八届三中全会精神辅导报告。先后编印《学习参考资料》6期,约18万字,发放3840册。同时为委员订阅人民政协报、友报和中国政协、纵横杂志等报刊2032份,扩大委员知情明政的视野。分别举办了新闻通讯员和文史工作者培训班,对全市政协系统新闻通讯员和文史工作者进行了培训。切实做好政协宣传工作,突出政协重要会议、履职活动和委员典型事迹的宣传,全年在中央、省市级媒体共发稿610余篇(条),图片80余幅。突出做好"两个载体"的宣传,对与沈阳日报、沈阳广播电视台联合开办的《政协园地》专版、《委员在线》节目进行了进一步的改进,增强了宣传载体的贴近性、互动性,突出了参与委员的界别代表性,放大了委员为民履职,建言为民的声音。全年共刊发《政协园地》8期,发稿22篇条,图片27幅。播出《委员在线》节目16期,参与委员33人次,为民办实事18件。密切与新闻媒体的联系和配合,主动做好媒体记者的联络接洽工作,全年组织协调新闻媒体报道政协会议及调研视察活动80余次。

努力做好文史资料工作。制定了《政协沈阳市第十四届委员会学宣文史委员会文史资料工作规划》,对未来五年市政协"三亲"史料的征编、历史文化等研究作了整体安排,并对加强文史工作队伍建设提出了具体措施。与区县(市)政协、新闻媒体联合等方式,围绕《沈阳知青》、《我的艺术追求》、《沈阳地名》等专题,有计划、有步骤地广泛征集史料。共征集各类稿件340篇,120万字。其中,征集知青史料约310余篇,109万字,从中精选81篇编辑完成《沈阳知青》一书。围绕历史文化遗产保护工作开展视察,对工业文化遗产保护情况进行视察,通过实地考察,座谈交流,较为全面地了解了情况,对工业文化遗产的保护、开发、利用工作提出了建议;对蒲河流域历史文化遗产保护进行专题视察,提出有价值的意见和建议;参加中国世界遗产地政协主席联席会议,提交《充分发挥文化遗产作用,为城市可持续发展服务》交流材料。围绕热点问题反映社情民意,全年共组织委员提交47件提案。协助督办了《关于坚持"引进来"与"走出去"并举,强力推进沈阳装备制造业发展》和《关于借助全运会契机提升市民文明素质》两个重点提案,推动提案都得到相关单位的积极办理和落实。

(朱佳音)

【提案工作】 2013年共提出提案735件,经审查,立案605件。截至2013年12月底,提案全部办复。已解决或采纳的493件,占81.5%;列入计划解决的68件,占11.2%;因政策或条件限制暂时难以解决,留作有关部门工作参考的44件,占7.3%。

紧扣中心工作,促进经济平稳较快

发展。委员们围绕深化“两化”融合、促进装备制造业发展、推动沈阳经济区物流一体化、加快行政审批制度改革等方面提出提案110件。着眼提升品位，推动城市建设和管理迈上新台阶。委员们就加大城乡基础设施建设、完善公共交通体系、改善生态环境等方面提出了许多建设性的意见，市政府统筹规划，对市区主次干道进行了全面整修，四环快速路全线通车。坚持以人为本，助推民生问题有效解决。委员们关注人民群众切身利益的民生问题，围绕提高居民饮用水质量、发展养老事业、加强食品药品卫生监管、加快公共停车场建设、优化交通出行等方面积极通过提案反映百姓呼声。市委市政府将62件有关民生提案纳入“2013年为百姓办好11件实事”中，并将其作为深入开展党的群众路线教育实践活动的重要内容，扎实推进，努力做到让人民群众受益，让提案者满意。突出工作重点，围绕全运盛会献计出力。委员们深入实际调查研究，围绕筹办全运会工作出谋划策，提出了高质量的提案，为十二运组委会提供了有益参考。

抓住关键，着力提高提案质量。坚持把拓宽提案征集渠道、开展委员培训、严格审查立案作为提高提案质量的关键环节。为使政协委员更好地掌握“上情”、了解“下情”，市政协积极向党政部门征集提案参考题目，并通过《沈阳日报》等5家媒体公开向社会各界和市民征集提案线索，为委员撰写提案拓宽了信息渠道。分层推进，切实增强办理实效。坚持把分层次提案督办工作纳入全年提案工作总体部署。会同市委市政府办公厅实施了重点提案、热点提案、同类提案集中办理的工作新格局。统筹协调，注重加强工作联动。坚持把加强与民主党派、区县（市）政协工作联动作为提案工作的重要内容。先后对部分区县（市）政协和民主党派进行了走访调研，及时传达了全国政协会议有关提案工作精神，召开了民主党派、区县（市）政协提案工作研讨会，制定了《沈阳市政协与区县政协提案工作联动方式》。在总结多年来提案工作经验与做法基础上，编纂了《沈阳市政协提案工作手册》，以“百问百答”的形式汇集了提案工作相关知识，为市、区县（市）两级政协委员和民主党派成员学习提案知识、规范开展提案工作提供了参考依据。

（朱佳音）

【海外联谊工作】 采取多种形式，开展港澳台侨联络工作。走访慰问港澳台侨朋友，利用赴港参加“港区省级政协委员联谊会成立七周年纪念活动”的机会，走访了在港的委员，通过座谈、茶话等多种形式向委员介绍了沈阳市一年来经济运行情况和社会发展所取得的成就，通报了市政协全年的主要工作。开展参观考察活动，组织港澳委员参观了中国工业博物馆，对我国工业发展历程有了细致、全面的了解，也对老工业基地的发展变化有了全面的认识。主办了由港澳台侨界委员和海外归国创业人士参加的迎全会2013“沈阳国际软件园杯”羽毛球、乒乓球友谊赛，468人应邀参加了比赛。

选择有效方式，开展建言献策活动。召开港澳委员座谈会，向委员介绍沈阳市经济、社会发展情况和城市建设取得的成就。与会港澳委员就城市建设与管理、打造国际化大都市等方面提出了意见建议。对农产品出口情况进行专题调研。采取个别走访、听取介绍、座谈等方式进行，先后到七个县区的农产品出口基地、农民专业合作社、农产品加工、出口企业进行实地调查，与政府相关部门和企业负责人、国外农产品经销商、政策性银行、商业银行、保险公司负责人等进行了深入座谈交流，全面了解了农产品出口行业的发展状况和存在的主要问题，并有针对性提出七方面，24条对策和建议。对生态旅游、创意农业旅游发展情况进行视察，对进一步发展特色旅游产品，特别是生态旅游、创意农业旅游的发展提出了具有建设性的意见和建议。

通过多种渠道，扩大对外交往。加强与驻沈总领事馆工作联系，十四届一次全会期间，邀请美国、日本、朝鲜、俄罗斯、韩国、法国、德国等七国驻沈总领事馆总领事出席全会开幕式，并向他们介绍了沈阳市一年来经济建设和社会发展取得的成就。做好组团出访和来访接待工作，全年共办理和协助办理4个出访团组，其中赴美国、加拿大经贸考察团，就引进先进肉牛养殖技术、饲养方式等方面与美国、加拿大农业相关部门进行了合作洽谈；全年共接待海外团组、海外朋友、客商52人次。

（朱佳音）

民主党派和工商联

【中国国民党革命委员会沈阳市委员会】 思想建设，2013年年初，市委会制定了“2013年理论学习安排意见”，全市民革基层组织和广大党员按照意见要求，定期召开学习、座谈和研讨会，深刻领会十八大和十八届三中全会的重大意义。全年共确定四个理论研究方向，即统战理论研究、参政党理论研究、自身建设理论研究和辛亥革命理论研究。全年共撰写理论研究文章11篇。9月，市委会举办了“民革沈阳市委2013年骨干党员培训班”，加强了参训党员在参政能力建设、全新领导力和团队精神及中华传统文化等多方面的培训。

组织发展。年内经市委常委会审议通过新党员55人，平均年龄37岁，其中大学以上学历38人。研究生学历、硕士学位10人，博士学位6人。中高级职称23人，民革特色24人，市、区人大代表、政协委员4人。民革市委现有区人大代表13人，区政协委员75人；市人大代表4人，市政协委员22人；省政协委员6人；在职局级领导职务9人；民革中央委员2人。

参政议政。在沈阳市政协十四届一次全会上，市委会共提交集体提案15件，大会口头发言1件，大会书面发言4件。潘玉提出的《关于沈阳市农产品质量安全追溯体系建设的提案》和刘明提出的《建立公民利益诉求新机制的提案》被市政协选作参加全国政协十二届一次全会的大会提案。其中，《关于沈阳市农产品质量安全追溯体系建设的提案》被列为市政协重点提案，参加民革辽宁省委组织开展的“四个一”活动、市政协人口资源环境与城乡建设委员会组织的“改善城市环境质量，推进生态文明建设”的专题调研。全年共完成调研报告26篇，最终转化为市委会集体提案14件，市政协提案答复14件。

社会服务。在2013年“六一”儿童节前夕，妇委会党员前往沈阳市儿童福利院进行慰问调研活动。委员们热心捐款2000元，为孩子们送去生活用品、食品、玩具等节日礼物。妇委会还被沈阳市妇联评为“2013年度沈阳市妇联系统先进集体”。8月，社服委赴沈北新区开展社会服务与调研活动，为当地企业和工人提供法律咨询和援助服务，宣传相关的法律、法规知识，增强企业人员的法制观念及维权意识，并为企业的长远发展出谋献策。8月末，市委会与沈阳音乐学院支部党员一行8人赴法库县教师进修学校开展“音乐送教下乡”活动。活动中，沈音支部党员根据法库县中小学教师进修学校的教学需要教授了合唱、舞蹈等课程，并赠送了二十余套相关教材。10月，民革北方城市旅游风光第十届摄影展在江西南昌举办。民革沈阳市委会展出摄影作品30幅。在基层支部和小组中开展形式多样的“牵手困难群众”活动，在近三个月的时间里，全市民革党员捐款、捐物折合人民币20余万元。市委会于2013年成立了法律援助中心。11月，民革辽宁张正法律援助中心走进沈阳康利托老养护院，开展义务法律咨询服务活动。

祖统工作。通过推进对台企服务、走访在沈台企协会和台籍学生、召开专题茶话会、组织党员赴台交流考察等活动，加强了两岸沟通和交流。市委会积极拓宽祖统工作的新渠道，如制定信息传递工作制度，将台情信息收集工作与沈阳民革网站相结合，帮助台资企业协调解决法律问题等，其中围绕帮助台资企业解决法律问题这一事件，市委会进行了深入细致的调查研究，并撰写了《关于妥善处理台资企业合同纠纷案件的建议》。

宣传报道。在沈阳民革网站开辟“理论专栏”，宣传十八大重要思想。《沈阳民革》全年出刊4期，共发表新闻稿件和信息70余篇，先后被《团结报》、《沈阳日报》、《沈阳政协》、《辽宁民革》、《友报》采用。全年共在《辽宁统一战线》报刊推出高孝杰、刘明等6位爱岗敬业、参政议政的先进典型，社会反响较好。2013年，市委会被民革省委评为“团结报发行工作先进集体”。

（*杨潇音*）

【中国民主同盟沈阳市委员会】 参政议政。2013年，在全国政协十二届一次全会上，民盟市委主委提交了《大力发展机器人产业推动制造业转型升级》等5件提案，受到国家有关部委的重视，相关建议被采纳。在省政协十一届二次全会上，盟员付永全提交的大会发言《提高科技成果转化水平加大科技创新驱动》被评为省政协优秀大会发言一等奖；高丽峰、张献和等人联合提交的大会发言《依托产业支撑择优发展我省小城镇》被评为省政协优秀大会发言二等奖。在市政协十四届一次全会上，民盟市委提交大会提案10件。其中《坚持“引进来”与“走出去”并举强力推进沈阳装备制造业发展的建议》作为大会发言，并被列为重点提案。《关于进一步加快县域经济发展的建议》、《关于建立和完善我市社会养老服务体系的建议》等6件作为书面发言。《关于解决十二届全运会期间交通问题的有关建议》受到市政府重视，并被采纳。在各区召开的两会上，盟员代表、委员积极参政议政，提出了多份议案和提案。其中民盟东陵区（浑南新区）委员会提出的《东陵区（浑南新区）医药和医疗器械产业发展的调研报告》受到副市长杨亚洲及区委、区政府领导重视，并向市、区领导作专题汇报；《关于失地农民与用工单位有效对接的建议》被区政协评为优秀提案。民盟和平区委员会提出的《加快和平区金融产业发展的建议》、《加快金融产业发展，打造现代服务业核心功能区的建议》，民盟铁西区委员会提出的《关注人口老龄化社会养老服务问题的建议》，民盟沈河区委员会提出的《关于加快软环境建设的建议》，民盟大东区委员会提出的《关于治理小河沿路省肿瘤医院路段交通秩序的建议》、《联合路与临河路交叉路口改造的建议》，民盟皇姑区委员会提出的《关于加强特殊教育，解决特殊学校免费午餐的建议》，民盟于洪区委员会提出的《加强土地集约利用统筹中小企业发展的建议》，民盟苏家屯区委员会提出的《加强校车安全管理，关注学生出行安全的建议》均受到区委、区政府的高度重视。

民盟市委主委参加全国政协“科技创新促进产业发展视察团”的专题调研，发表的意见被纳入调研报告之中。民盟市委组织专题调研小组赴沈阳新松机器人自动化股份有限公司进行实地调研。妇委会、科技委分别到沈阳市服务业委、康平县就“沈阳老字号企业传承与发展情况”、“美丽乡村建设情况”进行调研。青委会联合妇委会到沈阳市中小企业局就“我市中小微企业融资情况”开展调研。全年共征集《进一步加强沈阳农村环境综合整治的对策建议》、《关于改善政策环境推动小微企业健康发展的建议》等调研报告41篇，并在此基础上形成了多份政协提案。

自身建设。民盟市委加强思想建设，夯实政治基础。将学习贯彻中共十八大、十八届三中全会精神作为首要政治任务，以学习践行社会主义核心价值体系活动为主线，大力弘扬优良传统，积极践行“同心”思想，凝聚共识，汇聚力量。一是通过主要领导带学、专家学者导学、座谈交流研学等灵活多样的方式加强学习。组织全体机关干部参加“沈阳市统战系统学习中共十八大精神专题培训班”；召开学习中共十八届三中全会精神座谈会；在“沈阳民盟网”开辟“学习贯彻中共十八届三中全会专栏”。二是以理论研究带动基层组织和盟员的理论学习和工作创新。《以中国梦为核心的文化统战模式构建研究》等6个课题获得中共市委统战部批准立项。三是丰富学习践行社会主义核心价值体系活动内容。积极参与中共市委及市委统战部召开的党的群众路线教育实践活动动员会议和专题辅导讲座；开展“中国·沈阳——我的梦”主题征文活动；制作专题片，举办主题座谈会，纪念中共中央发布“五一口号”65周年。

组织发展成果丰硕。盟员数量稳步增长，在职盟员比例逐步上升，盟员队伍结构不断优化。全年共发展新盟员224名，平均年龄32.6岁，硕士以上学历占30.8%，年净发展率6.6%。截至年底，全市盟员总数为3561人，平均年龄54.6岁，其中：高级知识分子2033人，占57.1%。教育界盟员2008人，占56.4%；科技医卫界盟员667人，占19%。在职盟员2333人，占65.5%，同比上升1.3个百分点。民盟中央授予我们“组织发展工作先进集体”荣誉称号。

民盟市委积极加强宣传工作，扩大民盟影响。“沈阳民盟网”和《沈阳民盟》是市盟最重要的宣传平台。2013年进行改版优化，“沈阳民盟网”增设“艺海观澜”、“理论宣传”等栏目，《沈阳民盟》增设“理论研究”、“盟史文献”、“民盟英烈”和“艺海拾贝”等栏目，受到盟员的广泛欢迎和喜爱。为加强“沈阳民盟网”和《沈阳民盟》通讯员及撰稿人队伍建设，民盟市委举办基层通讯员培训班，全面提高宣传和信息工作质量。组织基层通讯员利用YY和QQ群平台进行视频讲座，为建立民盟网络讲师团探索出一条新路。努力搭建对外沟通交流平台，借助外界媒体，宣传报道民盟事业新成就，展示盟务工作新成果，展现民盟成员新风貌。全年向“民盟中央网”、《辽宁盟讯》、“沈阳同舟网”、《沈阳政协》、《沈阳日报》、沈阳广播电视台等报送信息300余篇(次)。

社会服务。民盟市委以“全运年”为契机，举办“庆七一、迎全运”民盟艺术家走进法库大型文艺晚会；组织盟员乘坐浑南有轨电车“领略美丽沈阳感受绿色全运”和“迎全运盛会展民盟风采创环保城市促和谐统一”自行车环浑河骑行活动；在“沈阳民盟网”举办“民盟市委庆全运展风采摄影展”；以青委会为主体，开展以“绿化家园、喜迎全运”为主题的植树活动；参加中共市委统战部“迎全运展风采统战文化宣传品‘法宝扇’设计制作竞赛”，获得一等奖。

8月16日，抚顺市清原县发生特大洪水灾害。民盟市委心系灾区人民，组织盟员向红透山镇中心小学760名学生捐赠了价值25万余元的羽绒服，帮助灾区的孩子温暖越冬。在第22个国际残疾人日，举办“爱之声”综艺音乐会，慰问辽宁特殊教育师范高等专科学校的师生。通过文艺演出唤起更多人对助残事业的关注，给予残疾人更多的关爱、支持和帮助。

持续开展“农村教育烛光行动”，取得了良好的效果。普教委与民盟辽宁省委、民盟铁岭市委联合为铁岭县高中高三学生做高考辅导讲座和考前心理辅导，与来自当地9所高中的教师进行座谈交流，沟通教学体会，探讨提升教学质量的有效形式和方法，促进城乡教育均衡发展。民盟市委将“民盟同馨讲坛”工作重点放在校园，先后七次走进沈阳建筑大学和沈阳师范大学，为大学生送去《学会感恩与大学生成才》、《传统文化与自我完善》等精彩的讲座，得到大学生们的热烈响应和称赞。

民盟市委全体盟员立足本职，建功立业。沈阳农业大学陈温福获得“中华农业科技奖”；沈阳师范大学肖迪获得中国京剧节金奖；药科大学邱峰被教育部评为长江学者特聘教授；辽宁中医药大学曲淑琴获得“全国优秀临床人才”称号；沈阳化工研究院刘长令、沈阳市第四人民医院李若溪被授予“辽宁省优秀专家”称号；辽宁省农科院邹晓锦、中科院沈阳生态所闫巧玲获得辽宁省科技进步一等奖；沈阳工业大学赵立民、沈阳师范大学肖志刚获得沈阳市“五一”劳动奖章；六〇一所王冠男荣获中航工业集团科技进步一等奖；沈阳体育学院邹德新、沈阳药科大学邸欣成功入选第三批辽宁特聘教授；盟员15人获得国家级奖励、37人获得省部级奖励、43人获得市级奖励。申获国家自然基金及省、市基金20余项；盟员主持或参与的各级科研项目110多项。

(白艳立)

【中国民主建国会沈阳市委员会】 2013年，民建沈阳市委荣获民建辽宁省理论研究工作优秀组织奖、参政议政工作先进单位一等奖和中共沈阳市委统战部统战理论研究优秀组织奖，被评为全市统战宣传工作先进单位。

参政议政。民建沈阳市委围绕中小微企业发展、农产品安全、环境污染等问题开展重点调研，完成了多篇较高质量的调研成果。提交市政协十四届二次会议发言材料5篇，集体提案5件。共向有关部门报送社情民意信息110条。民建沈阳市委的多个建议得到有效落实。其中，《关于推行沈阳市公共交通“一卡通”的建议》，经几年来有序推进、分步实施，沈阳城市“一卡通”公交机具已于2013年进行大范围安装，并发行了地铁、公交通用的“盛京通”卡，沈阳市公交地铁真正实现了“一卡通”；《关于以国家重大科技专项为契机，推进沈阳IC装备成果产业化》的建议，被市政府采用并成立了推进该项工作的领导小组。

统战理论研究。民建沈阳市委紧紧围绕中共十八大报告提出的健全社会主义协商民主制度和民建中央理论研究委员会五年工作规划开展工作，并将“协商民主”和“加强民建自身建设”作为年度重点理论研究方向。成立了由会员中的政协委员、人大代表、律师、大学教授和企业家会员组成的理论研究委员会，整合人才资源。多次组织召开理论研讨会，围绕重点课题进行研讨。2013年，共推送优秀理论研究文章34篇，有12个课题被市委统战部立项。民建沈阳市委课题组撰写的《如何把政治协商有效纳入政府决策的思考》一文从建议应纳入协商的事项范围、确定政治协商介入决策的时间、保证协商意见结果的提交与执行等方面系统地阐述了如何将政治协商有效纳入政府决策的做法，被市政协列为重点立项课题，被省民建评为2013年度优秀理论成果，同时获全省统战理论研究优秀成果三等奖。组织撰写的《鉴往知来革故鼎新》一文获民建中央理论研究优秀成果一等奖。

社会服务。组织会员赴民建沈阳市委“同心·发展工程”活动基地康平县召开助推康平县经济发展交流会，并对康平县方家屯镇寒富苹果采摘园进行了调研。为帮助农民减少损失，民建沈阳市委号召会员自愿购买寒富苹果8余吨，为当地农民及时地回收资金投入到再生产起到了促进作用。为帮助会员企业解决法律难题，民建沈阳市委组织召开了会员维权论证会，就会员企业多年未能解决的法律难题进行深入剖析，提出了行之有效的建议，并积极请求上级组织协助会员维权。民建沈阳市委还通过组织会员参加“非公论坛”、“风险投资论坛”、“沈阳宏观经济分析”、“职场阳光心态”、“在国学智慧中践行企业发展之道”等活动为会员提升企业管理水平、加快企业转型升级提供新的理念。

自身建设。民建沈阳市委深入开展以学习贯彻中共十八大和十八届三中全会精神为主线的政治思想教育活动，举办了全市近600名会员、会友参加的培训班，对统战理论和党派知识进行培训。还利用《沈阳民建》大家谈栏目，结合“五一口号”发布65周年等活动开展有针对性的政治思想教育。加强会务宣传，组织报送宣传稿件188篇。全年共发展新会员146人，截至年底，全市共有会员2317人。成立了民建沈阳市理论研究委员会，增补了老龄委员会、经济委员会班子成员，完成了妇女委员会换届工作，组建了民建沈阳师范大学支部，并对民建农业大学支部班子进行了调整。按照民建中央《关于改进工作作风、密切联系群众的通知》的要求，开展了服务型机关建设活动。

（李　阳）

【中国民主促进会沈阳市委员会】 思想建设。市委会充分发挥市委理论学习中心组领学和带动作用，先后就中共十八大精神、中共中央关于改进作风的八项规定、《中共中央关于全面深化改革若干重大问题的决定》等进行专题学习和交流。通过集中学习、辅导报告、网络答题、组织培训、理论研讨等方式，将中共和会中央精神及时传达到基层组织和每名会员，进一步夯实了坚定走中国特色社会主义政治发展道路的思想基础。在纪念"五一"口号发布65周年、中共十八届三中全会召开前，市委会领导均发表署名文章，表明鲜明的政治态度。市委会被会中央授予"民进全国宣传思想工作先进集体"称号。将《理性看，齐心办》一书录入电子版，通过网站、QQ、微信等方式，针对会员关注的热点问题释疑解惑。开展"中国·沈阳—我的梦"征文活动，共征集文章27篇，5名会员在市委统战部征文活动中获奖。以推进学习型参政党建设为主题，编印了《民进沈阳市委2013年统战论文集》，收录会员论文21篇。开展十八大和新会章网上答题活动，会员参与人数达600人次。在"迎全运展风采"统战文化宣传品"法宝扇"设计制作大赛中获二等奖。坚持正面宣传引导，及时报道重点工作和基层信息，沈阳民进网站实现快速更新，《沈阳民进》办刊质量不断提高，《民进沈阳市委信息简报》定位更加鲜明。全年共被《人民政协报》等刊物及民进中央等网络平台采用信息340条，与47个省市民进组织进行会刊交流，宣传信息工作在会省委和全市统战新闻与网络宣传稿件采用排名中均居首位。

组织建设。在民进沈阳市第十三届委员会第三次全体会议上，姜军同志当选为民进沈阳市委主委。王玲同志由于工作变动的原因，不再担任民进沈阳市委主委职务。各基层组织也进一步明确了领导班子职责分工。不断强化政治意识、规则意识和程序意识，完善了"双岗建功"奖励办法等工作制度，根据会中央关于开展创先争优活动的意见，制定了评比方案和先进基层组织先进个人评比表彰办法，推动活动深入开展。在注重界别结构合理与严把质量关的前提下，全年共发展会员113人，总数达到2461人。省市人大代表、政协委员44人，会员获省以上科研奖项38项次。郎亦农、李岩、赵东获"沈阳市五一劳动奖章"，常东、杨丽娟成为十二运火炬手。完成沈阳药科大学支部和棋盘山支部组建工作，8个工委、支部届中调整，全市现有支部126个，分属6个工委、7个总支和28个直属支部管理。组建了沈阳民进企业界会员联谊会筹备委员会、沈阳民进艺术团。举办10个区级（工委）组织、15个高校组织、14个直属联合支部工作交流会。

参政议政。积极参与政治协商，在市委、市政府召开的20余次情况通报会、座谈会、协商会上，市委会分别围绕全面深化教育改革、加快推进教育现代化、加强文化设施建设等提出一系列建议，受到市领导的高度重视，在全市性工作报告中予以采纳。与市政协社会法制委员会联合开展民主评议行政审批工作，完成了《关于沈阳市行政审批队伍建设情况的调研报告》，并在市政协主席会上做专题发言；全年提交市政协大会发言材料5篇、提案7件、转为政协委员提案8件。提交民进辽宁省委提案素材12件，其中6件提案提交省政协，4件提交全国政协。其中《把握历史机遇，全面深化改革，加快推进教育现代化》作为市政协十四届二次会议大会发言，反响积极。市政协《社情民意》发专报35期，其中有民进16期，市领导批示19期，民进占10期。共报送社情民意信息90件，被国家和省信息平台采用113件次，采用率在各民主党派和工商联中排名第一，在会省委反映社情民意信息评比中获一等奖。对各专门委员会进行调整补充，举办培训班，召开参政议政表彰大会，充分调动各方面参政议政积极性。各专委会根据自身特色和专业领域精心选题，优化调研方案，积极组织调研，形成了《沈阳市社区教育现状调研报告》、《加快沈阳经济区旅游业一体化发展的着力点》等一批有研究深度、有理论高度的调研报告，为市委市政府决策提供有益参考。

社会服务。继续扶助新民市柳河沟学校35名家庭贫困学生。在"为了孩子们快乐成长"书画表演及义卖活动中，会员挥毫创作书画作品并进行现场义卖，拍卖所得全部捐给大东区聋校。辽宁中医药大学支部两次到沈河区老年人休养中心义诊，其他基层组织也结合自身特点，因地制宜开展形式多样的社会服务活动。成功举办学雷锋广场志愿服务活动，为市民提供医疗、法律、中考咨询等服务。企业界会员联谊会筹委会向抚顺清原洪涝灾区捐赠5000公斤大米，向沈河区老年人休养中心捐赠毛毯、围巾等生活用品。一年来，全会共开展社会公益活动118次，受益群众千余人，捐赠款物折合人民币50多万元。

机关建设。在机关干部中继续开展讲一堂课、写一篇征文、提一件提案、献一计良策的"四个一"活动。全年在媒体发表文章58篇次，编撰信息112件。建立"走基层、转会风、改作风"长效机制，对专职干事提出量化考核标准，全面加强机关干部与基层组织、会员之间的沟通联络。

（刘庆国）

【中国农工民主党沈阳市委员会】 2013年，农工党沈阳市委主要领导积极参加中共沈阳市委、市政府、市政协举行的各种民主协商会、座谈会、情况通报会，对沈阳市的大政方针及重大决策进行了积极认真讨论和协商。在中国农工民主党第十五届中央专门工作委员会成立大会暨培训工作会议上，沈阳市有6名党员被农工党中央任命为第十五届专门工作委员会委员。

凝心聚智，在人民政协中积极发挥作用。在市政协十四届一次会议上，赵午主委代表农工党沈阳市委作了《关于完善区域卫生规划，整合公立卫生资源的建议》的大会发言；农工沈阳市委向大会提交了《关于尽快制定沈阳市公共场所禁止吸烟地方性法规的提案》等7件提案，6篇作为大会发言载入会议发言文集中；《关于完善医疗纠纷解决机制的建议》的提案收到了可喜的成效，市有关部门成立了"沈阳市医疗纠纷人民调解工作领导小组"，制定了《筹建沈阳市医疗纠纷调解服务中心工作方案》。李铁男等4人被沈阳市政协评为"2011—2012年度优秀政协委员"，赵春杰等3人被沈阳市政协评为"2011—2012年度优秀民主监督员"。在市政协十四届五次主席会议上，农工党沈阳市委完成的《提升中心城市集聚辐射功能加快大型商业街区建设》的调研报告，被编入“提升大型商业街区集聚辐射功能，推进商贸中心城市建设”专题主席会议材料汇编。农工党沈阳市委完成的《城市大气环境污染原因及治理探究》的调研报告，被编入“改善城市环境质量，推进生态文明建设”专题常委会议材料汇编。王莉副主委参加市政推进泗水科技新城建设调研系列活动，并提出要加强泗水科技新城前期规划、力争将新城与沈阳经济区内的抚顺和本溪两城市相连等建议，完成了《关于泗水科技新城生物医药产业发展的建议》和《关于推进泗水中国医疗器械城建设的建议》两个调研报告。与市政协教科文卫体委员会联合召开完善城市医疗保险运营及付费方式改革专题协商会，李铁男副主委代表农工党沈阳市委作中心发言，王莉副主委针对将中医药纳入医保范围、提高中医药报销比例等提出了具体的意见和建议。

积极进取，统战信息工作取得新成绩。年初，农工党沈阳市委统战信息工作取得重大突破，在全市统战系统排第二名，荣获“沈阳市统战信息工作一等奖”。同时，农工党沈阳市委被省委统战部评为“2013年度全省统战信息工作先进基层单位”，被农工党辽宁省委评为“农工党全省社情民意信息工作先进集体”，李铁男、张麓曾、郭书海、张巍然、王俊才、陆啸等6人获得“农工党全省社情民意信息工作先进个人”称号。2013年全年共收到40多个支部、80多名党员报送的84条信息、19条建议和14件提案，向上级有关部门报送社情民意信息16篇。其中，被省政协采用的3篇，被省委统战部采用的2篇，被市委办公厅采用的1篇。

精心组织，统战理论研究取得突破。由农工党沈阳市委与市政协教科文卫体委员会共同完成的市政协理论研究会重点课题——《总结经验把握规律为沈阳科学发展、创新发展、和谐发展做贡献》，荣获“沈阳市人民政协理论研究会优秀论文特别奖”；赵午主委、王莉副主委撰写的论文分获一、二等奖”。赵春杰副主委撰写的《不断加强参政党建设，努力实现新老交替基础上的政治交接》一文，被评为“全省统战理论研究优秀成果三等奖”。朱志安撰写的《关于民主党派组织发展问题研究》一文，被评为“全市统战理论研究优秀成果三等奖”。农工党沈阳市委申报的四项课题被市委统战部确定为2013年统战理论研究立项课题。其中，由马平执笔完成的《关于增强非公有制经济人士的信念、信任、信心问题研究》，被评为“2013年度全省统战理论研究三等奖”和“2013年度沈阳市统战理论研究优秀成果二等奖”；由赵春杰和胡胜执笔的两项课题被评为“2013年度沈阳市统战理论研究优秀成果二等奖”。

汇聚正能量，对外宣传工作取得新成绩。全年在党刊《前进论坛》上发表各类文章4篇，是农工党沈阳市委成立30年来发表最多的一年。为迎接第十二届全运盛会在沈阳召开，精心制作了5000柄“法宝扇”，广泛宣传党的统一战线方针、政策和多党合作制度，农工党沈阳市委被中共沈阳市委统战部授予“统战文化宣传品‘法宝扇’设计制作竞赛优胜单位”。在农工党全国宣传思想工作会议上，农工党沈阳市委再次被农工党中央评为“《前进论坛》发行工作先进单位”。适应宣传思想工作和时事任务需要，全年共编辑出版《沈阳农工》杂志四期。不断加强和完善网站工作力度，及时更新和丰富网站内容，不断扩大网站的影响力，网站的点击率不断提升，2013年底浏览量已近236万人次。农工党沈阳市委被评为“2013年度沈阳市统战宣传工作先进单位”；副秘书长王勇被评为“2013年度统战宣传工作先进个人”。

注重质量，不断提升组织发展工作水平。一是制定入党积极分子联系制度，建立个人档案，不断完善组织发展程序。二是重修入党考核表，进一步细化考核内容。三是创新组织考核方式，实施分类考核管理，调整机关、国有企事业单位入党积极分子与非公有制入党积极分子的考核方式，进一步提高考核工作的质量和水平。全年共发展党员79人，全市现有党员总数为1579人，基层组织46个。

积极募集救灾资金和物资，为灾区恢复重建做贡献。四川芦山4.20地震发生后，立即举行为四川芦山地震灾区捐款活动，全市党员共向灾区捐款6.5万多元，并通过农工党四川省委捐献给灾区，捐款金额排在全省市级组织第一位。抚顺市清原满族自治县遭遇特大洪涝灾害后，迅速组织全市基层组织和广大党员积极开展捐助活动，并将价值3.6万元的多功能病床20张，及时送往农工党定点帮扶乡镇卫生院—清原南口前镇中心卫生院，为灾区恢复重建做出贡献。

发挥自身优势，积极服务社会。与农工党辽宁省委联合在东北农资大市场，组织17名党员医疗专家和100余名党员举行“2013中国环境与健康宣传周”医疗专家健康咨询服务活动，服务群众300余人次。第二十五届中国“国际科学与和平周”期间，组织5个支部9名医疗专家举办以“同心同德、惠民利民、服务百姓健康”为主旨的中国“国际科学与和平周”医疗专家义诊活动，受到群众的欢迎。各支部组织党员面向街道社区、儿童福利院、敬老院、定点帮扶乡镇卫生院及新农村建设等，开展了特色突出、内容丰富、形式多样的社会服务活动。

奋发有为，社会服务工作取得新成绩。在农工党全国社会服务工作会议上，农工党沈阳市委荣获“2010—2012年度全党社会服务先进集体”称号，医药支部荣获“2010—2012年度全党社会服务先进基层支部”称号，东陵区（浑南新区）支部主委朱杰和省人民医院支部主委王英虹荣获“2010—2012年度社会服务先进个人”称号；龚建明副主席在工作报告中对农工党沈阳市委在“定点帮扶乡镇卫生院”工作中所取得的成绩给予高度肯定。同时，农工党沈阳市委定点帮扶乡镇卫生院工作得到了中共中央领导的高度肯定。全运会期间，中共中央政治局委员、国务院副总理刘延东到农工党定点帮扶卫生院——沈阳市东陵区（浑南新区）深井子镇中心卫生院视察，对深井子镇中心卫生院走特色专科发展之路、竞争性用人机制和激励性分配机制等给予了充分的肯定。

（王　勇）

【中国致公党沈阳市委员会】 参政议政。中国致公党沈阳市委员会在市政协十四届一次全会上提出集体提案6件，其中有3件作为大会发言，“关于提高我市金融中心竞争力及推进东北金融中心建设的建议”为口头发言，本党21名市政协委员提出个人提案30件，7名市人大代表个人提出建议14件，与他人合提建议3件。报送致公党辽宁省委提案3件，其中“关于进一步加大扶持帮困力度，努力改善我省低收入群体生活状况的建议”被本党省委选为集体提案并在省政协全会上作为大会发言。由于参政议政工作突出，被致公中央评选为“致公党参政议政工作先进集体”光荣称号。

调查研究。全年召开两次调研和提案工作会议，在第一次会议上确定了“关于创新医疗纠纷鉴定机制，促进社会和谐的调查与研究”为研究重点课题，并将调研成果上报市委政研室。还就如何解决医患之间长期存在医疗纠纷和赔偿问题，开展调查研究，撰写出了“关于提高医疗损害赔偿审判效率化解医患双方矛盾”的调研材料，上报本党省委，作为下一年度的筛选提案。市委领导及部分党员积极参加中共市委统战部组织的关于协商民主专题调研和座谈，并撰写了“关于重视和加强民主党派组织在社会主义协商民主制度中的地位和作用”的调研报告，在省委统战部组织的座谈会上发言。参与市政协对沈阳市及各区的办事大厅的调研评议工作，并提出意见和建议。针对中共十八大报告及十八届三中全会提出的有关“三农”问题及扶持和发展小微企业的问题，撰写了“以‘土地流转’政策为契机推进沈阳市农民持续稳定增收的调查与研究”、“关于促进我省小微工业企业健康可持续发展的调查与研究”等调研报告。

民主监督。致公沈阳市委全年3次参加中共市委统战部组织的情况通报会，分别听取关于文化、教育、农业和农村发展等工作的情况通报。本党市委主要领导12次出席中共市委、市政府、市政协召开的全委会、协商会、通报会，并就全市的经济工作、中共沈阳市委全会工作报告、政治协商、民主监督重大事项、重要人事安排等进行协商议政，提出意见和建议。本党各级社会监督员在各个领域积极开展民主监督工作，如针对教育领域长期存在的教育资源不公平问题，提出均衡发展义务教育，进一步促进教育公平的有关建议。针对大学生就业难的问题，提出如何拓宽思路建立渠道，促进大学生在沈创业就业的建议。针对部分科技成果转化成生产力周期过长的问题，提出关于科技成果如何尽快转化成现实生产力的建议，以及终身教育应该及早立法的建议等都得到了中共市委、市政府的高度重视，特别是“关于新建住宅小区按设计面积建设配套幼儿园无偿交给地方政府建普惠幼儿园的建议”，市政府在上半年即出台法规性文件予以落实。同时就媒体反映的沈阳市公交系统职业队伍待遇低，人员流动大的问题，提出关于稳定公交一线职工队伍，提高公共交通运营能力的建议，以及就迎全运，搞好全市出租车行业行风建设等方面提出了许多好的意见和建议。

社会服务。致公党沈阳市委紧紧围绕本党中央提出的开展“致福工程”活动要求，继续组织中国医科大学支部先后在沈阳、鞍山、抚顺等地举办“光明世界你我同行——年龄相关性黄斑变性防治知识”公益讲座系列活动，所到之处受到热烈欢迎，参加讲座的医务工作者及病患人员达六百多人，分别受到当地统战部门、医疗卫生部门、民政部门的好评，扩大了致公党在社会的影响。八一建军节前组织第四医院支部的部分医疗专家前往武警沈阳指挥学院，开展军民共建活动，为学院官兵进行健康咨询和医疗义诊服务，并送去5000余元的健康体验卡和2000余元药品。重阳节前组织四院支部赴沈北新区养老院为老年人做全面身体检查，同时赠送各类药品价值2000余元，受到沈北新区统战部、民政局、敬老院的一致好评。2013年7月，抚顺市遭受百年不遇的特大洪涝灾害，本党市委及时响应本党省委发出的向抚顺受灾地区开展捐款捐物献爱心活动，发动广大党员开展捐款捐物，共募集现金4.63万元及价值2万余元物资。全运会开幕前，本党市委还响应市委统战部的号召开展为全运送“法宝扇”活动，制作了5000把扇子送给全运组委会。2013年以来本党市委及各支部先后开展各类捐资助学、医疗义诊、扶贫济困、捐款捐物等社会服务活动30余次，累计捐款捐物合人民币20余万元。

全年对65名积极分子进行了考察，发展党员53名，平均年龄33岁，其中博士研究生4人，硕士研究生20人；具有高级职称的10人，中级职称20人；归侨、侨眷25人，留学归国人员7人。截至2013年12月，共有党员655人。完成大东区、苏家屯区支部的换届，生态所、铁西区、皇姑区支部的届中调整。举办基层组织建设经验交流会，直属二等8个支部针对自身特点在会上作了总结交流发言。全年出版《致公简报》10期，《沈阳致公》4期，报送致公党辽宁省委、中共沈阳市委统战部、市政协及各类媒体党务工作信息、党外人士言论、建议信息等80余件，并在媒体上发表。充分发挥“沈阳致公网站”的宣传作用，拓宽市委的宣传工作渠道。

理论研究。王晓等申报的《网络反腐的法律环境的完善建议》被沈阳市社科联列为重点研究课题；富莹撰写的《实现城乡居民收入倍增计划的难点及对策》被“中国发展论坛·2013”论文集采纳；王晓撰写的《中国特色专题协商方式研究》获辽宁省统战理论研究优秀论文二等奖；《专题协商：概念、价值和要素研究》获沈阳市统战理论研究成果一等奖(共10篇)。张霓撰写的《我省应向民间资本开放准公共产品生产领域创新地方政府融资方式》入选《辽宁政协信息》。

(*韩志强*)

【九三学社沈阳市委员会】 参政议政。2013年，社市委把参政议政作为首要任务，在工作中注重发挥整体优势，注重深入调查研究。参加了中共沈阳市委召开的各种通报会、协商会等形式，深入开展调查研究，充分发挥基层组织和广大社员的整体优势，努力提高参政议政水平。重视对重点课题的调研、讨论。社市委围绕中心工作，确定重点，强化过程，保证质量。专门针对“城市化”问题，召开了研讨会，20余名专家学者各抒己见，进行了深入地讨论，最终形成《沈阳市在城市化过程中应该注意的问题》提案。《关于沈阳经济区物流业一体化发展的建议》作为主席督办提案，得到了市发改委的高度重视。重视市政协参政议政渠道。积极发挥市政协委员的作用，调动广大成员的积极性，组织撰写党派提案。共开展了10余次调研活动，形成调研报告、提案材料、信息等共计100余篇。向本届市政协大会提交了11篇提案，其中《关于建设我市装备制造业关键共性技术共享研发平台，推动装备制造业“升级版”发展的建议》作为大会发言提案。重视对提案的研讨以及答复等后续工作。社市委注重提案内容的深入、扩展及答复工作。在市政协举办的提案工作回头看活动中，《关于尽快确定住宅电梯报废年限，设立专项更换基金的建议》得到市安监局的重视，召开专门的座谈会征求提案者的意见，取得了良好的效果。

思想建设。组织召开“九三学社沈阳市委学习十八届三中全会精神”座谈会，同时向基层组织下发了《关于深入学习贯彻中共十八届三中全会精神的通知》。为贯彻落实中共中央统战部《关于开展纪念中共中央发布“五一口号”65周年有关活动的通知》精神，下发系列活动安排并组织召开座谈会；组织开展了“中国·沈阳—我的梦”征文活动。

领导班子建设。社市委领导班子成员分别联系基层组织，每人负责联络3个基层组织，参与基层活动，开展调研活动，就如何搞好基层组织建设、参政议政、社会服务及加强沟通等问题与基层组织交换意见，并与社员们进行深入的面对面交流。

基层组织换届。完成了辽宁经济管理干部学院、辽宁省肿瘤医院、沈北新区3个支社委员会的成立工作，完成了中煤沈阳设计院、大东区、省人民医院、辽宁沈阳国际工程咨询中心4个基层组织的换届工作。和平基层委员会被社中央评为“组织建设先进集体”。

组织发展。坚持注重质量、合理配置成员结构的原则，全年共发展成员107名。平均年龄39岁，其中具有博士学位31人，硕士学位45人；具有高级职称的56人。截至2013年底，全市有社员1958人，基层组织39个，其中基层委员会9个，支社30个。

科技工作委员会利用科技沙龙请沈阳药科大学支社委员会主委李三鸣教授做了题为“药物剂型设计与发展为生命带来的新机遇”的主题讲座。妇女工作委员会在三八妇女节前，向全市女社员发出慰问信；为贫困家庭进行捐助，为鞍山市收养孤儿家庭捐款，为鞍山市岫岩地区贫困家庭捐献衣物；针对辽宁省区域旅游经济发展情况调研，形成了“以沈阳为中心，用创新的理念规划东部区域旅游”的调研报告。统战理论研究会召开了2013年度统战理论研究年会。对外联络工作委员会组织社市委机关及40余名社员考察了浑南“沈阳国家大学科技城”；与科技委员会举办联合义诊活动；联合浑南实验中学，带领学生们参观了辽宁古生物博物馆。一年来，全市各级组织邀请各类专家560余人，助力九三社员爱岗敬业，并开展了各种学术交流活动780余次。

社员在本职岗位中取得优异成绩。其中中国科学院金属研究所支社卢柯院士入选国家万人计划首批杰出人才。中国科学院金属研究所支社成会明研究员当选中国科学院院士。

（马　佳）

【台湾民主自治同盟沈阳市委员会】
参政议政。2013年，台盟沈阳市委领导出席中共沈阳市委、市政府、市政协、市纪委等召开的通报会、座谈会、协商会、征求意见会等20余次。

调研活动及成果。在沈阳市政协组织的提升大型商业街区集聚辐射功能，推进商贸中心城市建设的社会调研中，撰写的调研报告《关于沈阳商业街区定位的几点建议》被收入市政协专题调研集。在沈阳市政协改善城市环境质量，推进生态文明建设调研中，撰写的调研报告《关于绿化沈阳地铁站停车场的建议》被收入其专题调研集。在市政协理论研究活动中，报送《民主党派与协商民主是中国具体国情的产物》论文，获得采纳。在中共沈阳市委统战部理论研究征文活动中，报送《协商民主确立及进一步推进协商民主制度的建设》论文，获得采纳。在市政协十四届一次全会上，台盟沈阳市委副主委赵文江代表台盟市委作了大会发言《借鉴台湾医疗先进经验，探索沈台医学合作新模式》，盟员杨晓健提交的《关于规范沈阳市月嫂行业的提案》被列为市政协重点提案。会上递交大会发言4篇，个人大会发言3篇；台盟集体提案5件；委员提案9件，提案涉及沈台医疗合作、全民健身公共服务体系、亮化沈阳、地铁建设、特色文化村建设等问题，多数得到较好的评价和答复。

信息工作。2013年，台盟领导班子重视机关干部和中青年骨干盟员的培养，充分调动市委委员、机关干部和中青年骨干盟员的积极性，有针对性的开设参政议政、信息工作培训班，邀请盟市委经验丰富的政协委员指导培训，并组织中青年盟员和在沈台生参观调研新民文化产业园。全年提交市委统战部信息18件，采用11件。《沈阳政协》2013年第七期全文刊登台盟沈阳市委会“认真对待我市6万回民关于牛羊肉价格补贴的意见”的信息。

对台工作。一是接待来自岛内的各界台胞进行两岸交流活动。2013年共接待来沈考察团组及返沈探亲台胞7批共计100余人次，在交流期间，共同举办关于沈阳老台胞专题讨论、文艺演出、座谈会和考察活动等。二是组织台盟与在沈的大学生台胞进行联谊活动。端午节慰问中国医科大学在校读书的台湾大学生，并组织部分青年盟员与台湾学生座谈并参观沈阳三农博览园。三是走访市台商投资企业协会；通过协调和平区委统战部、区城管局等部门，为台资企业—金夫人婚纱摄影有限公司解决在经营的过程中遇到的实际困难。为盟市委领导参加盟中央赴台农业交流团办理相关手续等。四是组团入岛访问，拓宽对台联络渠道。3月下旬，由领导班子带队，组织新老盟员及机关干部8人，赴台离岛金门开展沈台两地文化交流活动。回沈后，原主委吴庆元在《沈阳台盟》杂志刊登赴台体会文章《战地黄花分外香》。

宣传工作。依托社区的文化活动平台开展宣传活动。盟市委与党派机关所在的八经街道办事处沈电社区、宝环社区联系，向其提供统战文化宣传品，利用社区在全运期间举办的各类迎全运文化活动，将统战文化宣传工作做到广大社区居民的家门口。借助全运文化平台开展宣传活动。通过积极联系辽宁省图书馆，借助省图书馆在全运期间搭建的“图书馆之夜”、“图书流动车”、“全运图片展览”、“迎全运万人签名活动”等文化活动平台，向市民发放统战文化宣传品，进一步拓宽了统战文化对外宣传的渠道。参与“法宝扇”的设计活动。积极参与市委统战部开展的迎全会展风采统战文化宣传品“法宝扇”的设计竞赛活动，围绕“迎全会、展风采、统战文化”的主题，精心设计，突出特点，主题鲜明，集中体现出统一战线和党派组织的基本内容和特点，较好地完成了“法宝扇”设计任务,并被市委统战部评为竞赛活动三等奖。开展迎全运统战文化宣传活动。“十二运”召开前,由盟市委主要领导带队,到辽宁中医药大学门前迎全运志愿者“爱驿站”,开展盟市委迎全运展风采统战文化宣传活动,与中医药大学的学生志愿者一道,向过往的行人发放“法宝扇”,宣传统战文化及多党合作制度,努力提高统战文化在社会上的认知度。参与同舟网征稿工作。上半年,市委统战部门户网站—同舟网开辟了新栏目《同舟艺苑》,盟市委积极动员盟员,创作诗歌、散文、摄影作品向栏目投稿,在《美文》栏目排行榜中,盟市委推荐的《全运会,辽宁人的梦》从该栏目开通以来一直高居榜首,《生日之歌》、《我与你一同成长》排在第三、四位。还有3件盟市委推荐的摄影作品被摄影栏目选用。全年共向同舟网投稿20余件,其中《关于将地铁通道设施纳入城市立体交通体系的建议得到落实》4件被同舟网评为季度优秀稿件。充分利用《沈阳日报》、在“台盟中央网站”、“同舟网”、《沈阳政协》等,全面及时报道盟市委开展的各项工作。盟市委全年共报送宣传报道稿件(信息、短讯)20余件,其中:《沈阳日报》采用6件、“台盟中央网站”采用10件、盟中央刊物《台盟》采用2件,《沈阳政协》采用4件。

2013年,被市委统战部授予“‘提升文明·微笑沈阳’活动给予表扬单位”称号。按照组织发展程序发展了谢辉、王良玉等2名新盟员。截至2013年底,全市盟员63人。

(董　宇)

【沈阳市工商业联合会】 开展党的群众路线教育实践活动。根据市委开展群众路线教育实践活动的统一部署,研究制定了实施方案,及时做好思想发动工作,认真组织中心组学习和专题讲座,采取设置意见箱、发放征求意见函、召开座谈会等形式,广泛征集意见,梳理归纳出意见建议20条;组织处以上干部开展谈心活动,认真对照检查,深入剖析原因,广泛开展批评与自我批评,制定整改措施,建立长效机制,反“四风”、转作风取得阶段性成果,得到了市委督导组的充分肯定。

参政议政。围绕会员需求、中小微企业发展等课题,深入开展调研活动,形成了促进中小微企业健康发展、推进民营企业文化建设、加快中小微企业社会化服务体系建设、加大中小微企业政策落实力度等多个调研材料。针对中小微企业发展的热点、难点问题,分别就加大政策落实力度、加强文化市场管理、支持工商联履行职能、加强民营企业家培训等方面提出了一批提案和建议。全年,全系统共提交政协发言、提案和建议达240多件,较好地发挥了党委、政府的助手作用。

经济服务。同民生银行沈阳分行签署小微企业互助合作基金协议,成立小微企业互助合作担保基金。大力加强与金融机构的合作,积极为5418家小微企业融资56.8亿元,有力地促进了企业的持续发展。组织会员举办了“财金讲坛”、“东北经济发展高峰论坛”和“北京大学总裁高级研修班”等培训活动。一年来,全系统举办培训班、讲座、报告会等教育培训活动达30多场(次),参加培训人员达5000多人次。会同市人社局等有关部门,举办各类人才招聘活动24场(次),431家会员企业提供了就业岗位5655个,实现就业7128人。大力开展维权工作,妥善处理了强大铝业工程款纠纷、宏田视通被不当处罚等多起案件;全系统共受理维权案件63起,为企业挽回经济损失5400多万元,有效地维护了会员的合法权益。

光彩慈善。深入开展光彩事业“九个一”活动,全年对口帮扶村镇修建道路37条、桥梁6座;援建光彩小学7所;开发龙头项目24个;吸纳安置职工2.3万人;帮扶贫困户、贫困学生5414人。扎实推进“千人复明工程”及双走进活动,免费为200多名企业员工进行眼科检查,南安商会为“千人复明工程”捐款10万元。组织会员为雅安、清原灾区捐款捐物达1188万元。

招商引资。紧紧围绕全市促进增长、增进和谐等中心工作,组织企业参加了第五届东北文博会、中德合作项目阀门行业企业家座谈会以及霍林郭勒市、通辽市、四平市举办的项目推介会;指导宁波商会协助沈北新区政府引进总投资70亿元的工业园项目。组织广东、川渝、福州等基层商会,协助省、市政府开展招商引资工作发挥了积极作用。全年共引进项目26个,合同金额327.4亿元,到位金额142.93亿元。

商会组织建设。按照“坚持标准、积极发展、确保质量”的原则,协助组建了余姚市总商会沈阳商会,吸收黑龙江商会、东阳商会、龙岩商会、朝阳商会为团体会员;区县(市)工商联建立基层商会8家。全系统发展新会员共计1100多名。认真履行经济类社团组织的业务主管单位职责,切实加强对行业、异地和直属商会的管理,修订了《商会管理办法》、《行业商会和异地商会重大事项报告制度》;制定出台了《关于加强各类报告会、研讨会、论坛、讲座和培训工作管理暂行规定》、《市工商联商业展会管理办法》和《市工商联慈善活动和慈善项目管理暂行办法》;有效推动了商会组织运行的制度化、规范化。 *(朱小江)*

群　众　团　体

市总工会

【概况】　2013年，全市各级工会组织贯彻党的群众路线，以职工群众为本，以振兴沈阳为主题，以发展和谐劳动关系为主线，坚持服务为重、维权优先，奋发作为、创新发展，在服务大局、服务职工中，取得了一系列新成果新业绩。特别是基层组织活力进一步激发，职工权益维护尤其是特殊劳动群体权益维护不断深化，劳动争议调解工作取得新进展，弘扬劳模精神和服务管理工作得到新加强，帮扶服务工作拓展延伸，职工队伍整体素质全面提升，领导作风和工作作风进一步转变，为推动全市大局目标的实现作出了突出贡献。全市已拥有工会组织1.45万个，会员139.11万人。在全省工会开展的“六个专项行动”考核验收中，沈阳市名列第一，市总工会荣获“和谐劳动关系建设优秀单位”称号。

（赵　鹏）

【十五届七次全委会】　2013年1月25日，市总工会召开十五届七次全委会议。会议提出，2013年工会工作要以党的十八大精神为指导，贯彻市委十二届五次全会精神和全总、省总部署，紧紧围绕发展和谐劳动关系这条主线，坚持服务为重、维权优先，着力深化工资集体协商、劳动争议预防调解、特殊劳动群体权益维护工作，努力在激发基层活力、延伸帮扶服务、提升职工素质、强化干部培训上实现突破，转变工作作风，推进工作转型，全面提高工会工作质量，充分发挥工人阶级的主力军作用，为推动沈阳科学发展、促进社会和谐作出新的贡献。会议审议通过了关于在全市职工中广泛开展“为沈阳添彩、为全运建功”竞赛活动的决议。

（赵　鹏）

【工会领导干部工作会议】　2013年8月30日，市总工会召开全市工会领导干部工作会议，总结年初以来的工作，分析当前面临的形势，要求各级工会组织密切关注职工权益的实现状况，深入推进行业工资集体协商，加强劳动争议预防调解，加大基层基础工作力度，推动帮扶服务拓展延伸，强化企业文化、职工文化和职工素质建设，动员和引导广大职工为转方式、调结构、稳增长建功立业。会议强调，要深入开展群众路线教育实践活动，对照问题找差距，加大力度促转型，提高直接服务能力，拓展直接服务项目，努力建设学习型服务型创新型职工之家。

（赵　鹏）

【十五届八次全委会】　2013年12月24日，沈阳市总工会第十五届委员会第八次全体会议召开。会议选举市委常委王翔坤为沈阳市总工会第十五届委员会主席，周荣生、张梅、曹洪、王勤为副主席，韩玉芹为兼职副主席。会议作出决议，2014年上半年召开沈阳市工会第十六次代表大会。

（赵　鹏）

【振兴竞赛】　按照转方式、调结构要求，继续组织动员全市广大职工深入开展“当好主力军、奋战‘十二五’、实现新跨越”振兴竞赛活动。完善《振兴竞赛立项台账》，确定了竞赛项目负责人制，建立了网络沟通机制，进一步加大了跟踪考核力度。全年共立项2431项，全市7000多家企业、6万多个班组、近百万职工参与竞赛活动。特别是围绕办好全运赛事，扎实开展“为沈阳添彩、为全运建功”竞赛活动，设立竞赛项目1320项，有效激发了广大职工的劳动热情和创造活力。

（赵　鹏）

【职工素质工程】　继续实施“百千万技能人才培育工程”和职工职业技能竞赛活动，全市相继组织开展了50个工种的竞赛，2.1万余名职工报名参赛，共产生技术大王30名，技术标兵342名，技术能手670名，优秀选手521名。特别是推动各类中小微企业积极参与竞赛，进一步拓宽了竞赛领域，并增加了赛前培训、推广绝技绝活、名师带高徒等环节，重点突出了岗位创新竞赛，有力促进了职工素质提升和企业科技创新。全市职工全年累计申报420项优秀技术创新成果，评选出一等奖项目20个、二等奖项目60个、三等奖项目120个，并有两项技术成果分别荣获省“十大创新成果奖”和第八届海峡两岸职工创新成果展金奖。

（赵　鹏）

【职工技协】　全市11个区、县（市）、产业工会，24个国有企业，15个非公企业建立了技协组织，发展新会员1200名，扩大了职工技协覆盖面。全年共举办技术培训13场，培训会员1100人，交流新技术（操作法）12项。同时，在开展技术创新和难题攻关活动上取得新进展，全市技协会员针对企业技术难题，攻关关键技术450余项，提出合理化建议25万余条，实施合理化建议10.3万条。在市总工会与市经信委联合开展的“沈阳市重大技术难题攻关活动”中，市技协充分发挥各企业专业技术协会的作用，全年共组织职工完成重大技术难题2000项，创造经济价值5.8亿多元。

（赵　鹏）

【劳模管理服务】　全年集中推荐评选市级以上各级“五一”奖章获得者348人、单位（集体）121个，专项评选市级以上各级“五一”奖章获得者326人、单位（集体）27个。选树宣传的“产业报国追梦人”姜妍，作为沈阳市产业工人代表，在人民大会堂作汇报发言并受到习近平总书记的接见。同时，建立起劳模管理工作台账，建立劳模帮扶回访制度。特别是适应劳模实际需求，制定出台了《沈阳市劳动模范帮扶救助工作办法》、《沈阳市劳动模范评选社会责任审查暂行办法》和《沈阳市劳动模范服务管理工作手册》，推出了"在职企业劳模医疗互助保障"服务项目，促进劳模服务管理工作实现制度化、项目化、规范化。

（赵　鹏）

【劳动争议调解】 市总工会联合市人社局、司法局、法院等有关部门出台了《沈阳市关于建立劳动争议调解联动机制的意见》，并召开现场会总结推广了沈北新区劳动争议调解社会化联动试点的经验做法。推动在百人以上企业建立劳动争议调解委员会，在街道、社区和行业组建劳动争议调解组织，企业劳动争议调解组织建制率达到96%。建立劳动争议调解员信息库，对5200名调解员实现了网上实名制管理。落实法律援助律师全程参与劳动争议调解制度，全市基层劳动争议调解组织共调解劳动争议2383起，调解成功率64%。

（赵　鹏）

【集体合同】 坚持"扩面提质、重在质量"的原则，深入开展行业工资集体协商、落实集体合同制度。成功签订了市级建筑、机械装备制造、民办教育行业工资专项集体合同，指导各区、县（市）签订区县级行业工资集体合同61份，占建会行业总数的95.3%。全市集体合同签订率97.8%，集体合同履约率99.1%，职工群众满意率98.9%，同比分别提高0.4、1.4和1.1个百分点。

（赵　鹏）

【民主管理】 注意总结不同所有制、不同类型、不同规模的单位开展民主管理厂务公开的经验与做法，进行交流推广。沈阳市兴大通仪器仪表有限公司工会获得全国"双爱双评"先进工会。总结了苏家屯区、黎明航发集团、经纬客运集团等开展职工代表竞选的经验，出台了《沈阳市关于加强职工代表竞选工作的指导意见》，对职工代表竞选的工作机构、竞选范围、竞选条件、竞选程序等都做了具体规定。

（赵　鹏）

【农民工维权】 适应农民工特别是新时代农民工的新期待，统筹实施系统维权和综合服务，推动将农民工纳入社区管理服务对象，享受沈阳市民待遇。强化"1+N"集体合同与建筑行业工资专项集体合同的衔接工作，进一步规范合同内容和协商签订程序。大力开展农民工工资集中清欠行动，实现了农民工群访息访率100%、农民工返乡过年100%的工作目标，保证了"两节"、"两会"期间社会秩序的稳定。

（赵　鹏）

【就业再就业】 积极开展技能培训促就业活动和家政服务工程，以下岗失业人员、农民工、困难职工家庭高校毕业生等就业困难群体为重点，提升劳动者职业技能。同时，依托工会就业安置基地、职业介绍机构，为培训后人员提供就业安置服务，通过举办区域性、行业性就业洽谈会等形式，为培训后人员与用工单位对接搭建平台。全年组织就业援助专场招聘会45场，实名制培训1.96万人，安置就业6332人。

（赵　鹏）

【帮扶服务】 扎实开展"工会圆你大学梦"、"冬季援助行动"、"在职困难职工综合医疗互助保障"、"唐氏综合征"筛查等帮扶项目，全年发放帮扶资金1991万元，受益职工4.6万人。出台《沈阳市总工会关于进一步加强企业工会帮扶服务站建设的指导意见》，推动建立企业工会帮扶服务站889个。深入开展企业职工服务设施标准化建设活动，参加活动企业1276家，覆盖职工46.58万人，共新建、改（扩）建食堂820个，浴室1263个，职工宿舍6941间，文化活动场所1022个，全市93.03%的规模以上企业和60.94%的规模以下企业达到标准要求，如期完成了三年规划。

（赵　鹏）

【职工慈善】 继续推进"职工一元捐"、"工会干部百元捐"和"企业万元捐"，募集善款705万元。开展抗震抗洪紧急捐药捐物折合人民币57万元。创新开展"爱心助劳模"、"爱心助环卫"、"爱心光明行动"、"爱心康复行动"、"爱心大病、特困救助"等慈善项目，共惠及劳模和困难职工1.77万人。"爱心助环卫"项目获"中华慈善奖"，"爱心助劳模"项目被列为国家支持社会组织开展的示范项目。

（赵　鹏）

【工会组织建设】 充分发挥源头建会机制的作用，新建工会组织1208个，涵盖企业6325户，新增会员11万人，继续保持了基层工会组建的动态全覆盖。全市共建有基层工会组织1.45万个，涵盖企业5.23万户，会员总数139万人。深入开展建会普查，及时更新数据库信息，进一步做实企业工会台账。积极开展街道乡镇工会六好创建活动和区县产业工会达标创优活动，通过下发制式《街道乡镇工会组织工作台账》和《区县产业工会台账》，引导其发挥承上启下重要作用，加强规范化建设。

（赵　鹏）

【基层活力建设】 坚持建会与建家同步、建会与发挥作用同步，企业工会"双亮双履六公开"（工会组织亮牌子、工会主席亮身份；履行工会组织基本职责、履行工会组织承诺；公开工会组织机构、公开工会组织基本任务、公开工会会员权利义务、公开工会组织承诺、公开工会内部事务、公开集体合同文本）达标率81.1%，培养和选树全国模范职工之家11个，促进了工会组织职能作用发挥。企业工会主席直选面继续扩大，国有企业工会分（支）会主席直选面达到72%，非公企业工会主席直选面达到21.2%，进一步塑造了工会组织的新优势。

（赵　鹏）

【干部培训】 修订了《工会干部培训教材》，出台了《沈阳市工会干部教育培训大纲》，建立了工会干部持证上岗制度。加强培训教师的调研和观摩，采取情景式教学、菜单式授课、送培训下基层等办法，提高了师资队伍水平和培训效果。依托市工会干校和各区县党校，对近两年未参加培训的企业工会主席全面进行了培训。年内培训各级工会干部1.1万余名，提高了广大干部运用劳动关系理论指导实践工作的能力。

（赵　鹏）

【企业文化职工文化建设】 出台《企业文化职工文化达标创优活动考核标准》，积极开展企业文化职工文化达标创优活动，召开推进企业文化职工文化建设研讨会，创新实施职工文化建设载体。依托市职工文联，举办了沈阳市第二届职工文化艺术节，重点开展了沈阳市首届职工歌手大赛、职工曲艺精品节目汇演、职工全健排舞大赛等项活动。改版升级沈阳工会网，开通"沈阳工人哥们"官方微信平台，组织职工文化大篷车下企业、到工地巡回演出，新建全国"职工书屋"示范点7个、市级"职工书屋"示范点81个，在丰富职工精神文化生活中促进了职工素质提升和全面发展。

（赵　鹏）

【劳动保护】 加大对工会劳动保护干部和职工劳动安全卫生教育培训工作力度，开展职工安全培训11.08万人次。组织安全生产群众监督检查3034次，排查出各类安全事故隐患5457项，整改5368项，整改率达98%。积极推进"安康杯"竞赛活动，企事业单位和职工参赛率分别比上年增长13.1%，超全省平均增长值3个百分点，非公中小企业、乡（镇、街道）、社区和农民工集聚场所参赛面比上年递增15%。规模以上建会工业企业参赛率达到87%以上。规模以上高危企业劳动安全卫生集体合同签订率达到98%。

（赵　鹏）

共青团市委

【共青团沈阳市十四届六次全委（扩大）会议】 2013年3月5日上午，团市委在辽宁大厦召开了共青团沈阳市十四届六次全委（扩大）会议。市委常委、市总工会主席鞠秀礼出席会议并讲话，团市委书记、党组书记王志刚同志作工作报告，团市委机关干部、市直团干部、获奖单位代表、十二运沈阳赛区赛会志愿者代表、V爱报道团成员代表共计450人参加了会议。会议审议通过了《关于召开共青团沈阳市第十五次代表大会的决议》和《关于在全市广大青少年中开展V奉献示范行动的决议》，表彰了2012年度"沈阳市五四红旗团委"、百优百先、十大重点工作和十大特色活动，完成了委员卸免，举行了十二运沈阳赛区赛会志愿者骨干培训班开班仪式。会上为全国首家青年志愿服务培训机构——沈阳市青年志愿者学院揭牌，为中国联通沈阳分公司、中国电信沈阳分公司，安利（中国）辽宁分公司，沈阳晚报四家单位颁发了机构志愿者牌匾。会后，为纪念毛泽东为雷锋同志题词50周年，与会人员共同观看了电影《青春雷锋》。

（组织部）

【共青团沈阳市第十五次代表大会】 2013年12月25日，共青团沈阳市第十五次代表大会在八一剧场开幕。省委常委、市委书记曾维，市长陈海波，市人大常委会主任赵长义，市政协主席姜宏，市委副书记邢凯，市委常委、市政府常务副市长顾春明等出席大会。来自全市各行各业的380名代表参加了大会。会上，沈阳市妇联主席初立华代表市级群团组织向大会致祝词。团市委书记王志刚代表共青团沈阳市第十四届委员会作了题为《与振兴同步、与时代共进，在沈阳老工业基地振兴发展的新征程中绽放青春梦想》的工作报告。团省委书记田野、市委副书记邢凯分别作重要讲话。为期三天的团代会审议通过了共青团沈阳市十四届委员会工作报告，选举产生了共青团沈阳市第十五届委员会。期间，还开展了青春分享会、"你是青年，你就是沈阳"主题大讨论、"金点子"意见征集等活动，广泛征集团代表在共青团事业发展及青少年工作热点难点问题方面的建议和意见。

（组织部）

【团中央书记处第一书记秦宜智来沈调研】 2013年11月4日，团中央书记处第一书记秦宜智到沈阳市皇姑区青少年服务中心暨青少年社工站调研社工工作，省委常委、省总工会主席赵国红，团省委书记田野，副市长关志鸥，副市级干部、区委书记李松林，团市委书记王志刚等陪同调研。在服务中心，秦宜智书记听取了团区委关于皇姑区青年服务中心暨社工站工作项目的全面介绍，与工作人员进行了亲切交流，对皇姑区开展的对不良行为青少年提供的社工帮教、困难青少年群体帮扶救助、青年就业创业等工作给予高度赞扬和充分肯定。

（鞠　红）

【志愿者参与"十二运"赛事服务】 通过积极的组织发动和广泛的社会化动员，全市共有10万余人报名"十二运"赛会志愿者。严格选拔了6994名赛会志愿者，其中：6060名沈阳赛区赛会志愿者，600名火炬传递志愿者，334名"十二运"组委会赛会志愿者。"十二运"正式赛期间，派遣6994名赛会志愿者为开闭幕式、22个比赛项目、火炬传递、全运村、新闻中心提供志愿服务，服务范围涵盖安全保卫、竞赛组织、观众服务、全运村接待等29个工作岗位，累计提供志愿服务5万余人次，服务时间达40万余小时。

（宣传部）

【第十四届18岁成人节活动】 2013年4月18日，沈阳市第十四届18岁成人节宣誓仪式在沈阳市第一二四中学举行。本届成人节活动旨在扎实推进未成年人思想道德建设工程，树立正确价值导向，引导正向青春文化，让"热爱祖国、孝敬父母、关爱他人"成为青年学生奉行的基本道德标准和行为习惯。市人大办公厅、市委宣传部、团市委、市财政局、市教育局、沈阳日报报业集团、沈阳广播电视台等单位领导出席了仪式。全市约500名年满18岁的学生代表和家长代表参加了宣誓仪式。仪式上，学生自编自演的情景剧，讲述了母爱的辛酸和孩子的不理解，体现出了母亲"平凡中的伟大"形象，希望青少年学生学会懂得父母、感恩父母和关心父母；沈阳市第一二四中学校长向所有即将步入18岁的青年朋友们作青春寄语；播放家长代表对孩子十八岁成人的祝福与期望短片；校团委书记带领全体18岁学生宣誓。沈阳市委常委、市总工会主席鞠秀礼出席仪式并讲话。本届成人节还在全市青少年中开展了"与自我对话"、"与家庭对话"、"与社会对话"主题系列活动，分别以"我的中国梦"为载体、以"孝"为主题、以围绕文明沈阳服务、城市环境保护等开展了"与道德模范话人生"报告会、"中国梦从青春起航"演讲比赛、"家庭交换日"、"五个一"、"绿色全运、生态全运、和谐全运"、"小孝于亲大孝于家"志愿行动等系列活动，并借助微博和微信平台，进行话题微互动、微调查，开展"微孝爱拍达人"活动，用"笑"来传递爱，记录"孝"的记忆。

（学校部）

【大学生知识产权微访谈】 2013年4月26日，沈阳市大学生知识产权微访谈活动在沈阳工业大学举行。本次活动由团市委、市知识产权局、市科技局共同举办。辽宁省知识产权研究院教授易玉和东软集团知识产权办公室主任赵兴华作为微访谈的嘉宾并与微博网友和现场的同学们进行互动交流。沈城高校240余名青年学生代表参加此次活动，其中包括来自各高校58名新媒体记者团成员。活动借助沈阳高校青年新媒体应用联盟腾讯微博平台进行全程"微直播"，向广大青年们展现访谈的现场全景，提供广大青年网友与知识产权方面的专家零距离接触的机会。微访谈前期借助沈阳高校青年新媒体应用联盟微博平台针对“你如何看待‘侵犯知识产权’的案例”、“晒出你的正版出版物”、“你曾经买过盗版的产品，或者用过山寨的假货么?为什么?”等问题进行微调查；微访谈现场主持人与嘉宾进行充分交流，提出青年学生关注的问题；嘉宾现场与微博网友进行微互动。

（学校部）

【“希望工程·青春圆梦”助学行动】 为帮助贫困家庭高考学生解决实际问题，圆高考学子的大学梦，团市委、沈阳市大学生服务中心联合开展了2013年沈阳市“希望工程·青春圆梦”助学行动。全市350名被全国普通高等院校录取的贫困家庭和城市低保家庭的学生受到资助，每名学生获得3000元助学卡。

（学校部）

【大中学生暑期社会实践活动】 2013年暑期，市委宣传部、市文明办、市委教科工委、市教育局、团市委、市学联联合开展了以“激扬青春迎全运励志实践圆梦想”为主题的社会实践活动。全市各大中院校共组建200支市级实践团队，形成了一次影响力大、参与度高、社会反响好的实践活动。东北大学等27家单位被授予“2013年度沈阳市大中学生暑期社会实践活动先进单位”，辽宁大学法学院“心手相连、共筑明天”团队等10支服务团被授予“优秀示范团队”，沈阳农业大学畜牧兽医学院等39个院系被授予“先进集体”，沈阳工业大学孙浩水等106名学生被授予“先进个人”，中国医科大学宝景春等103名教师被授予“优秀指导教师”，沈阳航空航天大学“现阶段农村城市污染现状分析及对策的调研报告”等27篇调研报告被授予“优秀调研报告”，沈阳建筑大学“蒲公英支教小队实践活动案例”等39篇活动案例被授予“优秀活动案例”。

（学校部）

【校园精品微电影创作活动】 10月13日，由沈阳市学生联合会主办的2013沈阳高校青年新媒体联盟峰会——“逐梦青春”校园微电影创作高峰论坛在沈阳师范大学举行。论坛邀请了《钢的琴》、《耳朵大有福》的执行导演卢允（韩国）、辽宁省微电影协会筹备组组长宁延青、点石光影文化传媒创始人马野等知名电影人和权威人士，沈阳高校青年新媒体联盟记者团成员、“逐梦青春”2013沈阳市校园精品微电影创作活动参赛团队成员、爱好微电影创作的大学生等共计200余人参加本次论坛。此次论坛围绕微电影现状、微电影题材、微电影拍摄手法等方面展开交流讨论，北京大学生电影节最佳短片奖获导演孙晓明讲授了微电影拍摄流程及后期剪辑要点。

（学校部）

【高校青年新媒体联盟峰会】 11月16日，由市学联主办，沈阳高校青年新媒体联盟、东北大学团委承办的“2013沈阳高校青年新媒体联盟峰会——新媒体技术交流会”在东北大学大学生活动中心举行。本次交流会邀请了腾讯辽宁公司新媒体应用平台领域的资深专家，沈阳高校青年新媒体联盟记者团成员、各高校负责新媒体平台运营的师生、热爱新媒体的大学生等共计400余人参加了本次交流会。此次交流会围绕微博、微信、微视的基础知识及优化特殊功能运用等方面进行了详细讲解，并以“沈阳青年联盟”为案例，向各高校新媒体负责人介绍了在新媒体工作中的大胆创新和有益尝试。

（学校部）

【开展校企对接、岗位进校园活动】 11月5日，团市委依托高校优质的人才资源和市青联、市青企协丰富的岗位资源，将大学生的求职愿望与企业的用人需求相结合，开展了“筑业梦工场－沈阳工程学院站”活动，实现了沈阳市青联校企的有效对接。活动邀请了市青年联合会副主席、市青年企业家协会副会长、沈阳市振东建设工程监理有限公司董事长柴永江，市青年联合会委员、沈阳市中小企业融资担保有限责任公司执行董事兼总经理刘征，市青年联合会委员、市青年美术家协会副主席、沈阳市荣成园林景观建设工程有限公司董事长赵春艳，市青年联合会常委、市青年企业家协会副会长、沈阳冠亚投资有限公司董事长胡忠伟等4位企业家，企业家们通过讲述亲身创业的事迹、企业成长的经历以及企业现在发展的状况，与大学生面对面地互动交流，同时指导如何更加理性地选择就业。此外，辽宁天华科技发展有限公司、沈阳博荣置业有限公司、辽宁万豪平安客运有限公司等20余家青联、青企协企业，携800个就业岗位进入校园，开展岗位推介招聘活动。沈阳高校新媒体联盟对此次活动进行了微博直播，300余名应届毕业生现场参与，上千名大学生网上微博参与。招聘结束后，共有300余名同学与用人单位达成就业意向。

（学校部）

【“金光杯”沈阳市青少年才艺大赛系列活动】 2013年“金光杯”沈阳市青少年才艺大赛系列活动包括：“金光杯”沈阳市青少年器乐大赛，“金光杯”沈阳市青少年书画大赛，“金光杯”第五届沈阳市少年儿童才艺大赛等三项活动。

“金光杯”沈阳市青少年器乐大赛，参赛项目广泛，囊括西洋乐、民乐、键盘等；专业项目齐全，参赛专业达几十种；参加人员众多，有万余名中小学生报名参赛。

“金光杯”沈阳市青少年书画大赛从120多所中小学、八个少年宫中征集的书画作品中，精选出260幅书画作品，于“六一”儿童节来临之际在沈阳市图书馆举办了“金光杯”沈阳市青少年书画大赛获奖作品展和“金光杯”沈阳市青少年书画大赛颁奖典礼。

“金光杯”沈阳市少年儿童才艺大赛于2013年6月启动，于11月22日落幕。参赛项目以表演、舞蹈、声乐为内容，赛事活动在100余所小学中进行，有万名小学生参加了此项活动。

（团市委）

【青少年发明创造大赛】 2013年，团市委、中科院沈阳分院、市人才办、市科技局、市知识产权局、市教育局、市科协联合开展了以体验·创新·成长为目标的“沈阳市青少年发明创造大赛”活动。

以学校为单位共下发30万份实践发明方案设计表，有28万青少年参加活动。经过严格把关，层层筛选，共有9000余项方案获得优秀设计奖。选拔出1500名青少年参加了科普教育基地体验实践系列活动，参观了辽宁古生物馆、中科院沈阳应用生态研究所树木园、沈阳工业博物馆等15家科普基地。150名优秀青少年在暑假期间参与了赴北京爱国主义科技考察实践活动。此外，在组织青少年参加创新实践活动的基础上，帮助和引导青少年申报发明专利30项、实用新型专利200项。

对2012年青少年发明创造大赛的先进典型进行了表彰，在参评的377所学校中，11家组织单位受到表彰，7名团区委专职干部获"优秀组织个人奖"，253名指导教师获"自主创新优秀辅导员"称号，31项科技作品分别获得一、二、三等奖，东北育才学校被授予"沈阳市青少年知识产权宣传实践模范学校"。

（黄 策）

【网上祭英烈活动】 2013年3月25日至4月25日，在全市中小学基层少先队组织中开展了学习雷锋"做一个有道德的人——网上祭英烈"主题教育活动。各级基层少先队组织结合自身实际情况，制订活动方案，开展了系列活动，如举行升旗仪式、召开主题中队会、网上祭英烈、文明清明志愿服务行动等。各个少先大队、中队还分别开展了"英雄在我心中"为主题的演讲比赛、"缅怀英烈，继承遗志"的征文大赛、"关心生者，关爱逝者，关怀人生"主题赋诗会、清明志愿者劝导队、祭扫烈士陵园、老照片展等特色活动，在队员中树立了"绿色清明"的文明新风尚。

（少年部）

【实名制创建市级"英雄（名人）"中队】

团市委、市教育局、市关工委、市少工委于5月17日联合下发了《关于开展市级"英雄（名人）中队"创建活动的通知》，实名制创建了100支市级"英雄（名人）中队"，并在全市深入开展"红领巾相约中国梦——文明幸福伴成长"主题教育实践活动。组织全市少先队员和少先队辅导员讲解生动感人的历史事件和人物故事，寻找学习身边的榜样典型，了解仁人志士和革命先辈为"中国梦"奋斗的艰辛历程和崇高精神，增进对"中国梦"的理解、认同和情感，激发对党和社会主义祖国的朴素感情。积极开展了"红领巾相约中国梦——文明幸福伴成长"、"知党史，学英雄，做党的好孩子，争当'四好少年'"、"红领巾心向党——学先锋找榜样争四好"、"学习雷锋——做一个有道德的人"等系列主题教育活动；与爱国主义、革命英雄主义等活动有机结合起来，聘请"五老"志愿辅导员定期举办报告会，参加主题队会，与"英雄中队"的少先队员共同创作红色短剧、主题诗歌、儿歌童谣。

（少年部）

【百万青少年减碳行动】 6月5日至7月1日，在全市少先队基层组织中开展了主题为"践行节能低碳共建生态辽宁"的节能低碳进校园活动。全市各少先大队、中队通过升旗仪式、主题队会、队课等形式认真学习减碳知识，了解减碳的涵义以及减碳对于人类生存的重要意义，号召大家共同来做减碳先锋，从身边的小事情做起，做减碳小小宣传员和监督员。同时，通过开展"迎和谐全运，做文明少年"、"大手拉小手，减碳我先行"等擦亮学校、走进社区实践活动，培养少先队员的环境意识，促进生态环境建设，创建文明城市。在全市实名制创建"红领巾环保小社团"100个，覆盖4000名少先队员及家庭。

（少年部）

【开展百名辅导员百日进百校活动】

2013年6月至10月，在全市开展了"队课话人生 成长向梦想"——百名辅导员进百校活动。在全市确定了8所学校作为首批沈阳少先队活动课程指导纲要（试行）试点单位，市少工委先后调研了这8所市级队课试点单位及少先队工作示范校共15所，针对少先队基础建设、辅导员配备、少先队课程落实方面做了细致了解，同时与辅导员、少先队员面对面座谈，掌握了基层工作的第一手材料，并对学校工作欠缺的地方做了一系列指导，取得了良好效果。各县（区）级总队辅导员利用100天的时间，深入基层、深入学校、深入到少先队员中，实地督导所在县（区）的所有中小学校少先队活动课的落实，注重对试点单位开展的少先队活动课提供具体指导。认真填写工作实录，及时总结提炼好的经验和活动案例，确保试点工作取得实效。

（少年部）

【"绿色出行 红领巾在行动"主题活动】

为积极响应"还蓝天给运动"绿色出行大型公益行动，进一步增强中小学少先队员节能低碳、绿色出行的环保理念，在全市中小学中开展了"绿色出行 红领巾在行动"主题活动。通过静美教育集团小东二校开展"绿色出行 红领巾在行动"主题活动启动仪式、主题升旗仪式、创建100个"红领巾环保小社团"等系列活动，将生态文明教育作为素质教育的重要内容及建设校园文化、构建和谐校园的重要载体，落实绿色出行环保公益行动，为打造文明沈阳、生态沈阳做贡献。与此同时，通过微信、微博平台发布活动要求及活动信息，使活动做到有声、有影、有文字。将3万张"绿色出行"明信片发放到全市中小学内，诚邀大家"绿色出行"，倡导环保理念。

（少年部）

市妇女联合会

【各界妇女践行基本道德准则座谈会】

3月8日，沈阳市妇联组织召开各界妇女践行"热爱祖国、孝敬父母、关爱他人"基本道德准则座谈会。省委常委、市委书记曾维出席会议并讲话，他希望全市广大妇女充分发挥"半边天"作用，积极践行基本道德准则，为把沈阳建设得更加文明、幸福、和谐作出新的贡献。参加座谈会的优秀妇女典型来自沈阳市各条战线，有国有大型企业的女科技工作者、带领村民致富的女村官、孝老敬亲的农家女、见义勇为的社区保洁员、政法战线上的优秀女检察官和优秀女民警，还有全国、辽宁省的十大杰出母亲，全国、省、市"三八"红旗手代表。她们结合自身成长经历，从不同的角度畅谈践行道德准则的体会。

（秦 良）

【文明家庭创建】 积极探索新时期家庭工作的有效途径，从内涵、机制、载体的全新再造入手，将创建活动领域由传统的社区、家庭向大众传媒拓展，有效增强了文明家庭创建活动的引领作用。与辽宁广播电台FM97.5畅通晚高峰栏目联合举办"家庭更幸福"专题节目，以自身实例教育家庭成员正确看待幸福、领悟幸福、收获幸福。市妇联官方微博、沈阳女性网站均成为拓宽文明家庭典型宣传领域的有效途径。指导基层妇联开展贴近生活、贴近实际、群众喜闻乐见的创建活动。"家庭美图晒幸福"、书香家庭学习成果展、文化沙龙、农家女赛歌会、"道德储蓄银行"、"心灵沟通俱乐部"等各具特色的系列活动，让广大家庭成员在感受快乐的同时，接收正能量，提高道德修养。鼓励和引导各类慈善公益组织、社会组织、企业实体等通过项目化、实事化的运作方式参与家庭建设工作,使更多的家庭切实受益。全市区级以上文明家庭达到80.6万户,80.5%的家庭知晓文明家庭创建活动。2013年底,文明家庭创建工作荣获辽宁省妇联工作创新奖。

(秦 良)

【组织妇女服务全运】 紧扣"为沈阳添彩、为全运建功"主题,开展"优质服务迎全运、巾帼文明建新功"实践活动,引导10万名各行各业特别是窗口行业女职工开展业务擂台赛、岗位大练兵等活动,以一流的服务、一流的业绩服务全运。组织带领全市5万实名制巾帼家庭志愿者开展"迎接十二运,绿美新沈阳"、情暖安保女干警、清洁沈阳城、交通协勤、家庭健身等系列活动,为全运会成功举办奉献了巾帼力量。

(秦 良)

【姜妍先进事迹报告会】 7月4日,市妇联在沈阳儿童活动中心举行了姜妍先进事迹报告会,来自全市各条战线的600余名省、市"三八"红旗手、"三八"红旗集体代表和各级妇女干部参加了报告会。姜妍是沈阳鼓风机集团有限公司透平设计院设计三室主任,是我国第一台乙烯压缩机的设计者,创造了我国第一台百万吨乙烯压缩机,被誉为"产业报国的追梦人"。4月27日,沈阳市委做出了开展向姜妍学习的决定。报告团成员用生动鲜活的事例和感人肺腑的语言,从不同角度真实地讲述姜妍同志的先进事迹,全方位地展现了沈阳女性产业报国、技术强国的自信与豪迈,与会的妇女群众倍受激励和鼓舞。

(秦 良)

【开展党的群众路线教育实践活动】 在完成好规定动作的同时,精心设计自选动作,把克服机关化、行政化倾向和活动型的工作方式作为解决"四风"问题的突破口。通过结对调研活动、面对面听意见、座谈会等形式,征询到各类意见和建议46条,并制定了具体的整改措施,加以改进。开展主要领导讲党课、集中学习、重难点工作专题研讨、图书漂流等活动,着力提升妇联干部服务妇女的业务能力。召开市妇联重大事项通报会,增加了工作的透明度和公信力。

(秦 良)

【保障妇女合法权益】 推进市人大将《沈阳市妇女权益保障条例》列入2014年立法调研项目。推动市政府加大妇女儿童《规划》的落实力度,加强孤儿保障、实施免费孕前优生健康检查、完善农村新型合作医疗制度等三项目标均已完成。推动农村妇女参政议政,97.9%的村有女委员。推进维权关口前移,与市法院联合开展妇女儿童案件诉调对接工作。提高12338"五位一体"妇女维权综合受诉平台的服务效能,解决妇女问题1100余件次。开展妇女信访代理工作,全年代理信访案件3654件次,矛盾纠纷得到有效化解。2013年6月,沈阳市妇联被中华全国妇女联合会授予"全国维护妇女儿童权益先进集体"荣誉称号。

(秦 良)

【促进妇女就业创业】 抓教育培训,提升妇女职业竞争能力。全年举办各级各类培训班700余期,培训人数5.25万人次。开展"双走进"创业导航行动,为女大学生提供就业创业指导和帮助。抓培育扶持,提高妇女科技致富能力。发挥各级巾帼科技致富示范基地和女致富带头人作用,推广现代农业技术和设施农业项目,辐射带动周边妇女3万名,累计助农增收3000万元。全年共争取资金171万元用于扶持农村妇女科技致富。推进女性创办领办小微企业,筹措扶持资金308万元。新风采家政中心培训城乡妇女8000人。通过女性专场招聘会、五大群团就业创业联合行动等载体,帮助5000余名妇女实现创业就业,组织女性劳力输出800余人。

(秦 良)

【办好妇女儿童民生实事】 积极推动市政府将沈阳市妇女会馆建设列为2014年十大为民实事。继续做好"母亲安居"工程和"两癌"免费检查和救助工作,为78户农村单亲贫困母亲援建住房,发放"两癌"救助资金8万元。加强妇女创业小额贴息贷款工作,与市财政局进行积极沟通,扩大了贷款额度。扶助贫困儿童,结对帮扶留守流动儿童1000名,为1070名低保(低保边缘)的贫困儿童募集助学金37万元。

(秦 良)

【区、县(市)妇联主席交流培训会】 2013年11月21日,为了进一步把思想和行动统一到中央全面深化改革的决策部署上来,筹划好全市妇联系统2014年的主要工作,市妇联在沈阳市劳动模范活动中心组织召开了区、县(市)妇联主席交流培训会议。会议由市妇联副主席刘文主持,区、县(市)妇联主席和机关全体干部共46人参加会议。

此次会议共设置了三项内容:一是听取了13个区、县(市)妇联主席的工作汇报;二是邀请市委政研室副主任于久元就国内外形势和沈阳市情进行了辅导讲座;三是市妇联主席初立华结合贯彻落实十八届三中全会精神作工作部署。市妇联主席初立华就全市妇联组织学习贯彻三中全会精神讲了四点意见:一是认真学习领会三中全会精神,切实把思想和行动统一到中央的决策部署上来;二是发挥妇联组织优势,团结动员广大妇女在沈阳深化改革的进程中发挥更大作用;三是履行妇联组织职能,促进改革发展成果更多更公平惠及广大妇女儿童;四是在三中全会精神指引下,大力推进妇联组织自身的改革创新。

(秦 良)

【"走进妇女,共促和谐"主题实践活动】 组织各级女人大代表、女政协委员和市妇联执委开展以"走进妇女之家送健康"、"走进社会福利院送温暖"、"走进大学校园送观念"为内容的"三送三走进"活动,为各界杰出女性服务群众、造福百姓搭建了有效平台。切实改进工作作风,扎实开展"走进妇女,共促和谐"主题实践活动,全年共走访妇女群众3.29万人次,协调解决问题4199件,占反映问题的92.4%;结成帮扶对子2234对,协调资金和物资总计283.56万元。

(秦 良)

【加强基层组织建设】 规范妇女之家的管理,督促检查妇女之家建管用情况,创建省先进妇女之家14个、市星级妇女之家30个。拓展妇女组织建设领域,首次探索成立沈阳市出租汽车行业妇女联谊会。强化市妇联对县区妇联、市直妇委会工作的指导,规范基层妇联换届和干部任职备案程序。建立和完善了基层组织建设数据库,涉及数据509项,为规范基层工作提供了保障。

(秦 良)

市科学技术协会

【第十届沈阳科学学术年会】 2013年9月25日，由中共沈阳市委、沈阳市人民政府、中国科学院沈阳分院主办，市科协、市社科联共同承办的第十届沈阳科学学术年会在辽宁友谊宾馆开幕。本届年会的主题是“转型发展与创新驱动”。中国工程院原副院长、中国工程院院士邬贺铨，省科协党组书记、副主席康捷，市委副书记邢凯，市委常委、市总工会主席鞠秀礼，市人大常委会副主任徐璐，市委副秘书长赵日刚，市政府副秘书长徐兴家等领导，以及来自国内外的50余位两院院士、学部委员和专家学者；各区县（市）政府、市直有关部门、在沈高校、科研院所、重点骨干企业负责同志；各协会、学会、研究会负责人以及科技工作者代表300余人参加了开幕式。

开幕式上，市委常委、市总工会主席鞠秀礼为中航工业集团沈飞公司、沈阳华利能源有限公司、辽宁先锋集团、市妇婴医院、市传染病医院、市数学研究与应用创新联盟等6家建立院士专家工作站单位授牌。中国科协海智办向东陵区（浑南新区）颁授“中国科协海智计划沈阳国家大学科技城工作基地”牌匾。

开幕式后，中国工程院原副院长、中国工程院院士邬贺铨作了题为《信息化浪潮与大数据时代》大会特邀报告。市科协党组书记、副主席韩燕子主持报告会。

本届年会设立一个主会场、60余场次学术论坛，会议邀请中国科学院、中国工程院院士35位，中国社会科学院学部委员2位，来自美国、德国、俄罗斯等国外专家38位。年会期间，相继举办了第十一届国际真空冶金与表面工程学术会议、2013中俄信息科学与计算机技术国际会议、科技与文化融合学术研讨会、高端装备制造业发展战略论坛、第二届航空总部论坛暨航空制造数字化技术研讨会、弘扬科学道德践行“三个倡导”奋力实现中国梦系列报告会。

（程卫东）

【国家级科技思想库建设】 组织开展了2013年度沈阳市国家级科技思想库课题申报立项工作，征集立项课题71项，经评审，确定重点立项课题24项，一般立项课题47项。围绕市委、市政府的中心工作，市科协确定了《沈阳装备制造业智能化、成套化、集群化、高端化发展专题调研》和《整合沈阳科技资源，促进科技创新产业发展专题调研》两个委托课题。4月2日，召开了沈阳市国家级科技思想库委托课题开题评审会，东北大学、沈阳航空航天大学两个课题组分别就承担课题的思路、调研内容、基本框架、调研形式、调研力量配备、预期效果等方面进行了汇报。市委政研室、市发改委等部门的与会专家就调研的关键问题、关键环节提出了意见和建议。

年内，评选了2012年度国家级科技思想库优秀决策咨询课题。编辑《决策参考》7期，其中《关于发展沈阳市产业技术创新战略联盟的对策建议》、《关于补偿机制改革对医疗卫生机构经济运行影响及其解决的对策建议》、《关于推动沈阳科技中介联盟建设加快自主创新进程的对策建议》等4期《决策参考》得到市领导批示。

（程卫东）

【院士专家工作站建设】 面向30多家企业征集重大技术难题和对外合作研发项100余项，涉及装备制造、生物医药、电子信息、新材料、新工艺等10多个专业领域。针对企业技术需求和攻关项目，积极邀请相关院士及其团队与企业对接。在此基础上，新成立了沈阳飞机工业（集团）有限公司、沈阳市第六人民医院、沈阳市妇婴医院、沈阳市数学基础理论研究与应用创新联盟、沈阳华利能源设备制造有限公司、沈阳先锋计算机工程有限公司等6家院士专家工作站，促成了市第六人民医院与北京大学医学部庄辉院士团队的《乙型肝炎母婴阻断技术》等科研课题10多项。截至2013年底，全市共创建院士专家工作站69家，引进院士专家239名。

（程卫东）

【科技创新服务】 以提高企业自主创新能力为着力点，不断扩大“讲理想、比贡献”活动覆盖面，全年“讲比”立项1500余项，申报辽宁省三级联创“讲理想、比贡献”竞赛活动优秀项目14项。

积极开展面向企业科技工作者的继续教育工作。通过集中授课、专题讲座、参观考察等方式，在各行业学会和大中型企业之间开展了一系列继续教育活动：开办了“科学、文明、健康生活”企业科普讲堂，受到了科技人员欢迎；面向企业技术人员普遍关注的论文写作、知识产权等共性问题，开展《科技论文写作技巧》培训讲座和《知识产权保护》培训讲座；面向数控加工和先进制造技术的企业技术骨干和科研人员，开展《先进数控加工技术》培训和《机床发展动向与五轴加工中心的精度调整》培训讲座。全年累计开展继续教育培训32场，累计培训4000人次。同时，为20多家企业科技工作人员免费提供了“中国知网”科技文献检索平台。在全市企业科协中开展示范科普车间竞赛活动，评选出东药集团沈阳第一制药有限公司103车间等6家“沈阳市示范科普车间”。

（程卫东）

【对外科技交流与合作】 5月31日至6月9日，市科协组团赴美国和韩国进行科技交流和项目洽谈对接，促成东药集团与韩国东亚制药株式会社、美国礼来公司、美国可非来生命科学公司等企业在学术交流和合作研发等方面达成合作意向。沈阳医学会与美国印地安纳州立大学就互派科技人员开展短期培训、学术交流、技术教学以及在沈成立中美糖尿病治疗中心达成合作意向。

7月20日至29日，应台北市交通安全促进会的邀请，市科协组织代表团参加了第二十届海峡两岸都市交通学术研讨会。《沈阳构建中心城市现代综合运输体系研究》、《沈阳市优先发展公交的研究设想》两篇论文入选研讨会论文集，并在专题研讨会上进行交流。

7月12日，沈阳市科协党组书记、副主席韩燕子会见了美国纽约州立大学雷文学院院长丹尼尔·尤利乌斯博士和美国技术服务开发和咨询有限公司高级顾问吕立行博士，共同探讨了组织企业和高校科技工作者开展国内外继续教育培训的合作意向。

9月25日至27日，市科协邀请美国圣路易斯大学国际部主任范琪诺女士，与沈阳航空航天大学、沈阳大学和辽宁中医药大学进行了洽谈，并与三所学校就院系合作、教师与学生交流等事宜达成合作意向。范琪诺女士还与沈阳市教育局国际交流中心和辽宁省实验学校就招收留学生、学生夏令营和教师夏季进修等项目进行了磋商。

为培养创意设计人才，推进创意产业发展，市科协与台湾中华创意发展协会共同在沈阳建筑大学举办了“第五届海峡两岸大学生创意设计作品巡回展”，面向沈阳建筑大学、东北大学、沈阳理工大学、沈阳广播电视大学、沈阳工业大学、沈阳体育学院等6所高校征集大学生创意设计作品353件，评选出一、二、三等奖和优秀作品奖81件。

在推动对外科技交流与合作的同时，积极抓好海智工作。沈阳国家大学科技城获批“中国海智计划”基地后，作为国内引进海外高水平研发团队和高端人才的20个重要基地之一，立足产业基础，围绕新兴产业发展，集聚科技创新资源，全力打造技术创新核心区、创新人才聚集区、高端产业领航区，引进院士专家工作站4个、博士后工作站3个，省级以上工程中心和重点实验室、企业技术中心28个(其中国家级7个)，园区内两院院士、千人计划、杰出青年科学家、海外归国人才超过了20人。

(程卫东)

【自然科学学术成果奖和专著征集】 为推动学术创新、举荐优秀人才搭建有效平台，市科协面向全市科技工作者开展了自然科学学术成果和专著的征集工作。共征集自然科学学术著作20部，自然科学学术成果332项。根据《沈阳市自然科学学术成果奖评审与管理办法》，经市科协、市人才办、市人社局评审，5部著作获得沈阳市优秀自然科学学术著作资助项目，评选出10项优秀学术成果、46项一等学术成果、107项二等学术成果和149项三等学术成果。

(程卫东)

市社会科学界联合会

【课题研究】 2013年，沈阳市社科联紧贴中心、围绕大局，着力为党和政府决策提供优质服务。

1.百项重大课题研究取得新成效。年初以来，围绕贯彻落实党的十八大和市委十二届五次全会精神，特别是围绕实现“三大目标”，扎实推进“五大任务”，突出做好“稳增长、办全运、惠民生、抓党建”四项重点工作的总体要求，精心设计，反复论证，确定了关于促进沈阳经济结构战略性调整、加快小城镇建设推进城乡一体化建设步伐、加快沈阳县域经济发展等71项选题为2013年百项重大研究课题选题方向，并面向社会进行招标。组织千余名专家学者和实际工作者组成专题课题组开展研究，并采取多种方式促进研究成果的转化和应用。在结题的161项成果中，领导批示70余项，被决策采用87项，报刊刊发和入选文集73篇论文，出版专著6项。

2.重大专项课题研究实现新突破。根据全市惠民生、抓党建和大力推进生态文明建设的部署，通过广泛征求各方面的意见和建议，统筹设计了关于党建问题、民生问题和生态文明建设问题的专项研究选题，组成近百个课题组，开展专题研究，完成了近百万字的专题研究报告，经整理、提炼，形成了《关于建立健全改进作风的切实管用的长效机制的对策建议》、《关于沈阳党的建设研究报告》、《关于进一步解决好沈阳市若干民生问题的对策建议》、《关于沈阳民生问题研究报告》、《关于进一步推进沈阳生态文明建设的对策建议》、《沈阳市生态文明建设研究报告》。

3.重大对策建议得到市领导的充分肯定并批示。围绕市委十二届五次全会提出的工作要求，以及沈阳振兴发展中的重大理论和实践问题，组织专家学者开展专题研究，推出包括培育和壮大沈阳市新兴产业、金融生态环境建设、失地农民生计保障等一批研究成果，已上报市委、市政府17项，市领导作出批示80余次，批示率和决策采用率均达到100%。

4.刊发系列理论文章服务社会。紧紧围绕贯彻落实党的十八大精神和市委十二届五次全会精神，围绕党的群众路线教育实践活动的重大意义、总要求、要解决的突出问题，以及提高新形势下党的群众工作能力等问题，围绕市委十二届六次全会提出的沈阳建设国家级中心城市的功能、作用等问题，围绕市委常委会落实习近平总书记考察辽宁时的重要讲话精神提出的通过产业创新、技术创新、制度创新引领和支撑产业转型升级，探索新型工业化道路等问题开展研究，撰写的《加强社会建设，保障改善民生》、《始终把人民放在心中最高位置》、《国家中心城市：打造优势，发挥作用》等14篇系列理论文章已在《沈阳日报》刊发。《蕴含新意，亮点频现》在求是杂志社网上发表，被《中国发展模式研究》专辑收入。

5.办好“话题关注”栏目服务百姓。与沈阳日报联合举办的“话题关注”栏目，紧紧围绕党的十八大提出的改善民生、推进生态文明建设、全面建成小康社会奋斗目标等重点问题，组织专家学者开展专题研究，刊发的《把握新型工业化与综合配套改革的结合点》、《从“印展会”看设社你要会展的影响》、《激发孩子内在的自觉意识》等有针对性的文章，帮助读者释疑解惑。

此外，《在“五联五服务”中发挥社科组织作用》的研究成果在全国大中城市社科联第二十四次工作会议上交流；《沈阳社科院强力助推沈阳“文化强市”战略》的研究成果在全国城市社科院第二十三次院长联席会议暨“文化大发展大繁荣与城市社科院的使命”论坛上交流。

(苏云波)

【辽海·沈阳讲坛】 2013年，沈阳市社科联全面完成宣讲任务。讲坛工作继续实施“5311”工程(办好各具特色举办点500个，实现宣讲3000场，直接受众100万人次，组建1000名志愿者队伍)。按照“百姓爱听什么、想听什么，就讲什么”的原则，以500个举办点为依托，围绕群众关心、社会关切的重点问题，开展讲坛进企业、进农村、进机关、进学校、进社区的“五进”活动，全面完成了宣讲任务。

做好重大主题宣讲。紧紧围绕宣传贯彻党的十八大精神，全市各举办点举办百场专题宣讲报告会。市机关先导讲坛邀请中共江西省委党校党史党建教研室主任、教授吴晓敏就“坚定理想信念，坚守共产党人精神追求”为题作专场报告；紧紧围绕贯彻落实市委十二届五次全会提出的“热爱祖国、孝敬父母、关爱他人”这一全市人民共同践行的基本道德准则开展讲坛活动，大力宣传践行基本道德准则的重大目的、意义和实践方式，让道德成为支撑沈阳发展的基石，凝聚全市振兴的强大精神力量。1月11日，在和平区文安路社区举行启动仪式，并邀请沈阳师范大学客座教授、市婚姻家庭咨询师协会理事吉成晟作了首场讲座。截至12月11日，全市围绕“热爱祖国孝敬父母关爱他人”举办专题报告会500场，紧紧围绕全市开展党的群众路线教育实践活动，各举办点举办报告会百余场，为全市教育实践活动有序开展，并取得扎实成效奠定坚实基础。市委组织部的名家讲堂，邀请中央党校党建部的领导与领导科学室主任、副教授蔡志强作“加强群众路线教育，构建和谐党群关系”专题报告，围绕全市大文化建设，提升广大人民群众的正能量，各举办点举办讲座百余场。围绕市民群众关心的法律法规、养生保健、科学种植、养殖等知识，举办各类讲座，如辽宁省委党校王建学教授的《“九一八”事变新谈》、国家一级指挥程明秦的《声乐知识讲座》、沈阳音乐学院张红星教授的《国学大师南怀瑾》、《公共营养师》主编宁莉的《痛风的发病特点及健康干预》等。

做好讲坛的各项服务工作。为确保“辽海·沈阳讲坛”有序进行并取得实效，沈阳市社科联在做好各项服务工作上狠下功夫，在《沈阳晚报》发布两期《辽海·沈阳讲坛讲座信息》，同时将讲座信息发布在《盛京文化网》、《沈阳科协网》和《辽海讲坛网》。印发了《辽海·沈阳讲坛聘任教授证书》，制作了辽海·沈阳讲坛举办点标示牌，编辑《辽海·沈阳讲坛精品荟萃》(之三)。

(苏云波)

【科普活动】 一是开展主题活动。围绕“中国梦”这一主题，在沈阳市第四届百日科普活动启动仪式上(百日科普从5月12日至11月12日)，邀请了市委市政府决策咨询委员会委员、市委党校教授刘工力以“中国梦”为主题作了首场报告。围绕这一主题，各学术团体发挥自身优势，组织开展了丰富活动。如市情研究会组织本会专家分别到机关、企业、区县(市)进行巡回宣讲；市审计学会结合贯彻党的十八大精神和“中国梦”邀请了辽宁社科院副院长、研究员梁启东以《我国宏观经济形势》为题作专题辅导；市城市金融学会开展了“幸福梦之旅”大型户外科普互动活动，向广大市民宣传金融知识。围绕“办全运”这一主题，全市公交系统及出租行业等窗口服务单位，开展了“为民、利民、助民”为宗旨的文明出行主题宣讲活动；市摄影家协会、市开明书画研究会分别举办了“大美蒲河”摄影大赛、“全省民居”摄影大赛、“全运会(沈阳赛区)全国摄影大赛”及“印像沈阳”、“生态沈北”等十余场书画展览，共展出千余幅来自全国的摄影、书画作品，营造了迎全运的浓厚气氛。

二是开展百名专家深入基层与市民互动活动。各学术团体发挥学科优势，组织专家学者深入到社区，以报告会、讲座、沙龙等形式与市民面对面交流，深受欢迎。如市妇运理论研究会、市家庭教育研究会、市孔学会等，围绕女性需求、家庭和睦、子女教育等专题组织专家学者到学校、企业、乡村举办了《好母亲是孩子的好老师》、《弱势群体文化救助》、《农民工维权》等讲座，开设了《女子文化雅集》沙龙，为不同群体安排不同内容、不同形式的科普活动，使不同人群受益。市现代教育技术研究会应用远程教育，开展了“惠民工程”活动，重点围绕市民卫生常识与健康养生、网络运用与计算机初级知识、日常英语与简单对话、居民养花、养鱼、养鸟等内容开展教育活动，范围基本涵盖了全市各社区。

三是开展服务群众不同需求的“六进”活动。在百日科普活动中，各学术团体以贯彻党的十八精神、争创文明城市、迎接“十二运”以及百姓关注问题为重点，采用不同形式进机关、学校、企业、社区、农村开展科普活动。市青少年教育研究会充分利用全市10个“科普一条街”(每市区2个)，开展科普活动。如永丰社区的《中国梦与百姓生活》报告、太原社区的《婆媳和睦与子女教育》讲座、山东堡社区的“家庭文明与社区建设”大型咨询服务等；市图书馆学会开展了“沐浴经典、浸润书香”读书活动，举办了《阅读推广系列》专题，向市民推荐新书、提供经典，为提高市民科学文化素质进行了“全民阅读”的宣传；市税务学会组织税收一线专家和会员走进600余户国企、民企，将“营业税改增值税”相关政策送“三多”企业(种类多、税源多、存在问题多)，听取企业对发票种类、版别、数量的实际需求，召开辅导会，进行政策辅导、答疑、零距离交流，使企业掌握了税收政策，了解了纳税申报、发票领购等环节和事项。在此基础上，还对600多户区属税收管理员进行培训，使其及时掌握新旧税制转换和政策衔接、优惠运用及实务操作，确保“营改增”工作顺利进行。

四是开展科普基地经常性、特色化科普活动。沈阳市现有省级科普基地10个，市级科普基地34个。在科普活动中，省、市级科普基地充分利用资源优势，广泛开展了各具特色的科普活动，为提高市民综合素质发挥了积极作用。市档案馆、市图书馆作为省、市级科普基地，不仅常年免费向社会开放，还经常组织中小学生参观本基地的主题展览。市妇女会馆基地，不仅有科普知识培训，更有如月嫂、保姆等动手实际操作系列家政服务培训，为社会就业服务提供了第二课堂。“九一八”博物馆基地，通过开办爱国主义讲座、抗战专题课堂、志愿者培训和送展览大篷车等多种形式，扩大科普教育的覆盖面。在举办的“勿忘国耻，强我国防”主题大型图片巡回宣讲展览中，历时15天，送展到沈阳鼓风集团、沈阳水务集团、大东区委、省军区、沈阳大学等10家单位，参加活动人数近万人。

(苏云波)

【学会建设】 2013年，沈阳市社科联围绕学术团体发展和职能举办学会秘书长专题培训，积极参加省、市有关部门组织的培训活动；采用分片交流的办法，组织学会干部围绕社团思想建设、组织建设、作风建设，以及如何做好学会工作开展交流活动。对符合规定、条件成熟、积极申报有成立意愿的3家学术团体给予批复，促其合法化；积极组织学术团体参加全市社会科学百日宣传普及活动，并在活动中发挥了各自的优势和特点，使活动丰富多彩，取得实效；对学术团体队伍进行评估，开展评选先进学术团体和优秀学会工作者活动。积极组织社团参加全国大中城市社科联第二十四次工作会议，市情研究会的《围绕中心大局，发挥“智库”作用》、市青少年教育研究会的《充分发挥研究会作用，推进沈阳市青少年教育科学发展》、市档案学会的《发挥学会引领示范效应，促进档案事业科学发展》，以及辽宁大学社科联的《着力打造全国一流高校社科组织》、沈阳工业大学社科联的《总结经验，创新思路、努力推动高校社科联工作繁荣》的研究成果和经验在会议上交流，市情研究会、市青少年教育研究会、市档案学会、市图书馆学会和辽宁大学社科联、沈阳工业大学社科联、沈阳师范大学社科联被评为全国先进社团，市情研究会秘书长阎质杰、市青少年教育研究会秘书长徐衍和辽宁大学党委宣传部部长、教授杨志安被评为先进个人。

（苏云波）

市台湾同胞联谊会

【强化服务】 2013年，市台联坚持从群众中来、到群众中去的工作理念，把深入群众、服务群众贯穿工作始终，努力维护好台胞的利益，大力解决台胞的难题，全心全意为台胞服务。

1. 关心台胞，倾听台胞的意见建议。全年走访慰问老台胞、患病台胞、困难台胞以及台胞遗属87户次，送去慰问品及慰问金1万余元，发放老台胞补助款4.6万元。坚持为80岁以上老台胞祝寿，送去慰问金。召开台胞座谈会，征求台胞对市台联领导班子和机关工作的意见和建议。

2. 热心服务，为台胞办实事、办好事。一年来，市台联接待台胞来访17人次，先后为台胞协调办理台胞动回迁、廉租房、台籍身份确认、入台签证、采暖费照顾、变更户口原籍、为台籍考生出具证明等各类实事23件次。针对部分台胞变更户口籍贯存在的问题，市台联积极与市公安局进行沟通协调，并在全市台胞中进行了调查摸底。

3. 开展丰富多彩的联谊活动，办好台胞之家。一是举办"同心建成小康社会，携手促进祖国统一"——在沈台胞2013年春节团拜会活动，在沈台胞及家属240余人参加了活动。会上对2012年度市台联组织的"爱沈阳，做贡献"活动中获奖台胞进行了表彰。二是在"三八"节前夕，市台联组织女性台胞及家属免费健康体检，30余人参加了体检。三是组织台胞参观游览锦州世界园艺博览会。四是举办"共圆中国梦，携手促统一"——在沈台胞中秋节联欢会，200余人参加了活动。五是在重阳节前夕，组织50余名老台胞及老台胞遗孀到丹东凤城大梨树村参观游览。六是应台胞的建议，设立并举办了首次"台胞活动日"活动，30余名台胞参加了活动。七是组织部分老台胞参加省台联组织的健康疗养活动。

4. 加强中青年台胞培养。举办"沈阳市台联第三期中青年台胞培训班"，邀请市委党校经济学教研室主任朱卫东教授作了《为全面建成"五位一体"的小康社会而努力奋斗》的专题讲座，邀请沈阳大千车辆销售有限公司董事长陈云志先生作闽南语日常用语50句辅导讲座。40余名中青年台胞参加了培训。

5. 台湾省籍党员培训。市台联党组举办"沈阳市台湾省籍党员培训班"。市台联党组书记杨志宏在开班仪式上就如何发挥共产党员的模范作用，尤其是如何增强台湾省籍党员的责任感和使命感等方面作重要讲话。培训班邀请市委党校政治学与统战理论教研部主任盛涛教授作《十八大主题与科学发展观》专题讲座。25名台籍党员参加了培训班。

6. 完成老台胞返乡探亲的夙愿。组织部分台胞及家属参加"市台联第二批老台胞寻亲访友参访团"赴台进行为期8天的参访活动。在台期间，市台联还分别拜会了有关社团、企业和知名人士。

（蔡鸿文）

【市台联成立30周年纪念活动】 12月26日，市台联召开座谈会，纪念市台联成立30周年，市政协副主席、市委统战部部长汪涛、省台联副会长张百良应邀出席座谈会并讲话。市台联党组书记、市委统战部副部长杨志宏、在沈台商代表以及台胞80余人参加了会议。座谈会上，市台联副会长廖艳芳对30年来沈阳市台联所取得的成绩和经验进行了简要总结回顾。台胞谢辉宣读了台湾省新竹市市长许明财先生、台湾长天传播总经理丁雯静女士为庆祝沈阳市台联成立三十周年发来的题词、贺信。老台胞代表吴庆元、蔡本勇，青年台胞代表黄建宁在会上作了重点发言。市政协副主席、市委统战部部长汪涛代表市委统战部对市台联成立30周年表示祝贺，对市台联30年来秉承"团结、联谊、服务"宗旨，认真贯彻中央对台工作方针政策，积极发挥台联自身优势，在推动沈阳经济社会发展，促进沈台两地交流交往和推进祖国和平统一大业进程等方面做了大量卓有成效的工作给予了充分肯定。

台胞积极参与市台联三十周年征文活动，有14位台胞撰写了纪念市台联成立三十周年的纪念文章。市台联还编辑了《市台联成立三十周年》纪念册、《市台联三十周年专刊》等纪念材料。

（蔡鸿文）

【对台交流交往】 2013年，市台联充分发挥市台联、广大台胞与岛内和海外联系广泛的优势，积极加强同岛内民众的接触，融洽两岸同胞感情，促进两岸的交流交往，在做好争取台湾民心工作上取得了创新和突破，发挥了更大的作用。

1. 加强服务，为在沈常住台胞排忧解难。市台联为台商及岛内企业协调企业产品推广、车辆销售招标、土地使用税减免、房屋租赁、销售纠纷等事务55件次。"市台联台胞法律咨询服务中心"为台资企业提供法律咨询145件次。接待台商来访17人次，走访台资企业10家。召开在沈部分台商座谈会，22名在沈台商参加了座谈会。通过座谈，市台联了解到市台资企业的生产经营情况，并征求台商对市台联工作的意见和建议。

2. 打造"同心"品牌，继续开展在沈部分台商助学帮困活动。一是为进一步完善市台联"同心·助学帮困工程"，市台联组织部分台商到康平县北四家子学校了解上年度"助学帮困"资金的使用情况，看望了受助学生，了解其学习和生活情况。二是市台联组织部分台商到康平县北四家子乡九年一贯制学校，举办"市台联'同心·助学帮困工程'2013年台商捐赠仪式"活动。11名台商向康平县北四家子乡九年一贯制学校捐赠4.4万元，用以资助困难学生。康平县北四家子乡九年一贯制学校向11位台商颁发了名誉校长职务聘书。

3. 增进感情，进一步加深两岸学生的文化认同。市台联利用中华民族的传统节日——端午节，积极开展与在沈就学台生的联谊活动。市台联与中国医科大学、辽宁中医药大学等学校，共同举办"2013年在沈两岸大学生中华传统文化座谈会"，会上邀请辽宁大学文学院毕宝魁教授作《儒家文化在中国传统文化中的地位和作用》讲座，两岸大学生代表分别作了发言。40余名在沈就读的台湾大学生、定居台胞大学生及本市大学生代表参加座谈会。

4. 广交朋友，做好联络接待工作。市台联积极协助台胞谢辉、谢丽娜赴台参加由台湾中天电视台拍摄的历史记录片《台湾人在满洲国》首映记者会，在台期间还对新竹市进行了参访，在岛内引起了广泛关注，产生了积极的影响，岛内及香港的媒体及网络都进行了热评。2013年，市台联接待了台湾海峡两岸文化经贸保障促进会、全国台联台湾大学生夏令营辽宁分营等12个团组，共184人。

5. 创新工作，进一步提升市台联服务的效能和水平。市台联与市法院联合举办"沈阳市台联、沈阳市法院涉台案件诉调对接工作启动仪式"，市台企协会会长蔡百彦等50余名在沈台商参加了启动仪式。会后，辽宁辰瀚律师事务所主任、首席律师张艳彦女士应邀为与会台商进行了一次法律知识专题讲座。

6. 发挥优势，积极为经济建设牵线搭桥。一是市台联充分发挥台联组织的独特作用，积极与上海市台联、苏州市台联等台联组织联系，邀请"长三角"地区11家台资企业参加由沈阳市政府、沈阳市经济和信息化工作委员会举办的"2013沈阳—上海新兴产业暨信息技术对接会"。会上，台湾华达联合通讯有限公司代表台资企业作了主题演讲。二是市台联积极邀请台商张世泽博士一行两次来沈考察洽谈，协调与市经信委、市农经委以及农业企业进行了座谈，陪同到于洪区小韩村农业专业合作社进行了考察。在市台联的协助下，最终与小韩村就深入开发绿色高科技家庭式种植设备以及推动家庭式蔬菜工厂种植达成合作意向，并签署了合作意向书。三是市台联为沈阳会计博物馆提供台湾有关的会计文献、各行业会计制度等书籍。四是为沈阳市科技年会邀请台湾企业参会。

（蔡鸿文）

【履行职能】 市台联充分发挥台联自身特点和优势，紧紧围绕沈阳市经济社会发展的难点、热点问题和对台工作，积极开展调查研究，广泛调动广大台胞参政议政的积极性，注重发挥台胞集体的智慧，努力提高提案质量，加强沈阳市台联参政议政工作，推进市台联参政议政工作再上新台阶。

2013年，市台联根据工作实际，制定了市台联参政议政工作暂行办法，成立了市台联参政议政工作委员会。召开参政议政工作会议，与会台胞商讨了市政协十四届二次会议提案题目，就如何进一步做好台联参政议政工作提出了意见和建议。其中两件提案素材被市台联采纳，作为市台联团体提案上报市政协十四届二次会议。

在市政协十四届一次会议上，提交台联界别团体提案4件，个人提案3件，其中《关于高度重视我市临终关怀事业发展的提案》和《关于建立社会个人职业信用档案制度的提案》等2件被市政协列入大会发言；《关于实现我市公交、地铁、出租车一卡通的提案》被市政协列为由政协副主席亲自督办的重点提案，并得到了落实；全年市台联接待提案受理单位答复4件。

（蔡鸿文）

市归国华侨联合会

【出席第九次全国归侨侨眷代表大会】 2013年12月2日，第九次全国归侨侨眷代表大会在北京人民大会堂开幕。市侨联党组书记、主席王庆伟等4名沈阳市侨界代表出席大会。在中国侨联九届一次全会上，王庆伟主席当选为中国侨联第九届委员会委员。大会上，中国侨联、国务院侨办、国家人力资源和社会保障部联合进行表彰，沈阳市5名归侨侨眷评为全国归侨侨眷先进个人，3名侨联干部评为全国侨联系统先进个人，沈阳市侨商会、沈飞集团公司侨联、沈阳音乐学院侨联评为全国侨联系统先进组织。

（安美麟）

【推进基层组织建设】 市侨联深入基层调研和工作指导，对已经建立侨联组织的，加强侨联干部队伍建设，选好、配强领导班子，完成了铁西区、沈河区、大东区侨联领导班子中期调整；对具备建立侨联组织条件的，加强工作指导和推进，成立了沈北新区侨联，恢复康平县侨联。贯彻落实省委统战部、省侨联、省国资委《关于加强辽宁省国有企业侨联工作的意见》和省委统战部、省侨联、省高校工委、省教育厅《关于加强辽宁省高校侨联工作的意见》精神，对全市重点高校、国有企业进行工作调研和指导，完成了4所高校、3个国有企业侨联组建筹备工作。大东区侨商会成立了党委和工会，首创了全省侨界社团非公党建工作。

（安美麟）

【建立维护侨益工作协调机制】 市法院与市侨联共同印发了《关于涉侨纠纷案件诉调对接工作实施意见》（沈中法（2013）42号文件）。7月23日，市侨联与市法院召开涉侨纠纷诉调对接工作会议，市法院聘请了10名侨联干部和法律界人士担任特邀调解员，市侨联聘请了10名市法院法官为"护侨使者"，各区县（市）法院、侨联签署了涉侨纠纷诉调对接工作备忘录，建立了法院与侨联涉侨案件调解机制，进一步推进沈阳市涉侨纠纷案件诉调对接工作实施。沈阳市涉侨纠纷案件诉调对接工作，受到中国侨联领导的充分肯定，中国侨联林军主席和董中原、乔卫副主席分别作了批示。中国侨联《侨联简报》第2期全文转发了文件，向全国各省、区、市级侨联和副省级城市侨联推广了沈阳市的工作经验。

（安美麟）

【成立沈阳市侨联法律顾问委员会】 12月20日，沈阳市侨联法律顾问委员会在市检察院举行成立大会。聘请市领导担任名誉会长，聘请政法部门、法学界、律师界代表和侨界人大代表、政协委员共140名委员。市侨联法顾委的成立，是全面推进维护侨益、参政议政工作的一项重大举措，是为侨界群众办的一件实事，为维护侨益工作奠定了坚实的基础。

（安美麟）

【沈阳侨友大篷车健康俱乐部启动】 为迎接第十二届全运会在沈阳召开，组织开展了侨界迎全运系列活动，积极营造良好的社会氛围。5月23日，市侨联与市体育局、市精神文明建设办公室联合举行了"迎全运倒计时100天——微笑沈阳迎全运，全民健身侨友行"暨沈阳侨友大篷车健康俱乐部启动仪式。市侨联及所属社团300余人组成12个方队参加活动，并向侨界发出"微笑沈阳迎全运——全民健康快乐行"的倡议，号召全市广大归侨侨眷“微笑沈阳迎全运，积极争做文明市民，立足本岗奉献全运”。

（安美麟）

【沈阳市侨商高尔夫俱乐部成立】 6月28日，市侨联、市侨商会举行“微笑沈阳迎全运，以球会友侨商情”沈阳市侨商高尔夫俱乐部启动仪式，以球会友，强身健体，是侨界用实际行动迎接全运会的又一举措。

（安美麟）

【推荐侨界全运会火炬手】 推荐4名侨界代表当选十二届全运会火炬手，参加了在沈阳举行的全运会火炬传递活动，展示沈阳市归侨侨眷和海外侨胞的风采，进一步激发“支持全运、参与全运、宣传全运”的热情。

（安美麟）

【开展“亲情中华”文化交流活动】 按照中国侨联开展“亲情中华”活动的要求，积极拓展联络渠道，进一步扩大海外联谊和文化交流工作。10月6－14日，市侨联、市华侨文学艺术家协会在马来西亚、新加坡和香港、澳门举办“亲情中华——美丽沈阳、印象沈阳”书画摄影作品展，展出反映近年来沈阳老工业基地发展变化和沈阳举办第十二届全运会盛况等作品150余幅。并开展书画笔会文化交流活动，参加了澳门归侨总会45周年庆典暨“中国梦”大型图片展。与马来西亚南方大学、新加坡艺术总会进行文化交流，与马来西亚吉隆坡中华大堂会、马中经济贸易总商会柔州分会、新加坡中国商会签订了《缔结友好合作关系意向书》，与香港华侨华人总会、香港侨友社和澳门归侨总会、澳门新公民会等侨团加深了友谊。《中国报》、《星州日报》、《南洋日报》和《彩虹画刊》等海外媒体进行了报道。

（安美麟）

【出访丹麦瑞典】 5月8－17日，以市对外友协常务理事、市侨联主席王庆伟为团长的沈阳市友协代表团出访丹麦和瑞典。访问期间，介绍了沈阳市的社会经济发展情况，召开了沈阳市合资合作项目说明会，开展了招商联谊工作，就丹麦丹佛斯公司总部、瑞典梅兰恩商会在沈北新区投资合作事宜进行了深入探讨。拜会了瑞典华人总会等侨团，与在北欧的沈阳籍华侨和留学生进行交流，进一步加强沈阳和北欧国家之间的民间友好往来，扩大对外宣传力度，促进多领域的交流与合作。

（安美麟）

【出席第十二届世界华商大会】 9月25－26日，市侨联、市侨商会组织参加了在成都举办的第十二届世界华商大会，与世界中国人友好交流协会、比中友好贸易促进会、欧美投资贸易促进中心、阿联酋华侨华人协会、美国亨亨国际企业投资集团等进行交流并建立友好关系。

（安美麟）

【省市华侨文学艺术家创作基地成立】 11月16日，省市华侨文学艺术家创作基地成立，省市华侨文学艺术家协会会员现场挥毫泼墨进行书画笔会，创作基地的成立为省市华侨艺术家提供了艺术交流沟通的平台。

（安美麟）

【举办姜昆书法艺术展】 10月20日，由市侨联、市华侨文学艺术家协会主办，“亲情中华——美丽沈阳、印象沈阳”姜昆书法艺术展在沈阳古玩城举办。中国曲艺家协会主席、市华侨文学艺术家协会顾问、著名表演艺术家姜昆亲临活动，共展出其书法作品60幅。

（安美麟）

【开展侨界“送温暖、献爱心”活动】 在春节、中秋节期间，市侨联协同中国侨联、省侨联和市政府、市委统战部、市侨办领导走访慰问12名老归侨和特困归侨侨眷，市侨联领导带领机关干部走访慰问30多位归侨侨眷，各级侨联组织走访慰问归侨侨眷120多人次，关心了解他们的生活情况，发放慰问扶贫款5万余元。

（安美麟）

【助推县域经济发展】 7月18日，市侨商会举行“沈阳侨商走进山水法库”活动，参观考察了法库经济开发区和侨商企业，与县政府有关部门进行项目招商对接，助推县域经济发展。

（安美麟）

【开展侨商联谊活动】 5月27－29日，沈阳侨友“大篷车”健康俱乐部开展了“侨商唐山行——走进海上世园会”首发活动，组织侨商应邀参加唐山市侨商会第二次会员大会和唐山市政府组织的产品推介会，与唐山市侨商会、石家庄市侨商会、张家口市侨商会、南京市侨商会开展了联谊活动，参观了锦州“海上世园会”，与葫芦岛市和锦州市侨联和政府有关部门进行了联谊交流。

（安美麟）

市黄埔军校同学会

【理论学习】 结合同学会实际，坚持政治理论学习制度。灵活调整学习方式、方法，合理选择学习内容，采取了重点集中、一般分散相结合的理论学习方式组织学习。解决黄埔同学队伍逐年老化和事业传承问题，吸收黄埔二代、三代参加到学习活动中来。

依托重要节日，丰富学习活动内容。在国庆节、抗日战争胜利纪念日，先后开展了黄埔老人口述历史、参观城市建设以及举办相关专题座谈会、研讨会等活动。组织中共十八大和十八届三中全会精神报告会和学习班。

组织黄埔同学积极参与党的群众路线教育活动。通过座谈会、问卷调查的形式，组织黄埔同学、黄埔二代帮助同学会机关查摆存在的“四风”问题，收集意见建议14条，制定“四风”问题整改方案，探讨提高同学会的效率水平和工作创新的思路。

积极开展学习型组织建设。通过广电、网络等媒体，组织开展广泛的学习活动，内容涉及党的方针政策、政治经济、历史文学等多方面内容。全年编印、订阅期刊资料、购置图书2400余册供学习交流使用。通过编印学习资料、推荐网络文章浏览等多种方式，推动阅读学习形成风气。

（颜　飞）

【宣传交流】 开展黄埔同学幸福晚年宣传报道活动，在全国《黄埔》杂志登载19篇，省黄埔杂志采用6篇。向台湾和国外黄埔同学会组织及亲友邮寄杂志120余册，开展宣传。开展了向社会介绍宣传黄埔、宣传黄埔同学事迹的工作。夏奇峰、王学桐同学的亲身抗日经历在沈阳日报发表。在华商晨报连载报道了黄埔军校在沈阳开办分校的历史，以及分校学员起义后积极维护沈阳社会治安，保护古城建筑和工业设施，迎接解放军入城的往事,在社会上产生积极反响。全年共计发函、电、信、卡等300余件次,接待国内外黄埔同学及亲友50余人次,与台湾和海外黄埔同学和同学会保持了经常联系。

(颜 飞)

【纪念活动】 通过召开黄埔军校建校周年纪念大会,抗日战争胜利68周年和"九一八"事变82周年研讨会,迎国庆度重阳座谈会,中秋节慰问台湾同学、抗日同学和部分生活困难、卧病在床的同学等一系列活动,扩大同学会影响,弘扬黄埔精神。通过寄送月饼和问候,寄托中华民族期盼团圆的良好愿望。组织黄埔二、三代成员参加校庆大会,参观"九一八"纪念馆,参观城市建设,开展座谈,加强黄埔精神的熏陶和爱国主义教育,提高政治素质。

(颜 飞)

【安老敬老】 一是同学会重要工作事项征求并尊重黄埔同学意见,定期寄送学习资料,提供学习上的便利,让黄埔同学老有所学,鼓励他们多参加社区活动,在社区中发挥积极作用。二是帮助解决生活困难。争取困难补助资金,特别是通过发动社会爱心人士和组织提供捐助,在物质上提高老有所养的质量。在抗日同学王学桐夫妇病危期间,通过关爱老兵网组织了2万余元的医疗和生活资助。三是关注心理需求,提供精神慰藉。针对空巢老人、患病老人,经常保持电话联系沟通,定期探视,在重要节日逐户走访慰问。不断加强同学会与黄埔同学及后代亲友的联系纽带。

2013年,市区两级同学会组织共走访慰问黄埔同学近百人次,发放慰问品和慰问金总值达14万余元(其中社会捐助2万余元),解决了一些同学的困难,改善了部分黄埔同学的生活质量。

(颜 飞)

市残疾人联合会

【残疾人社会保障】 出台《沈阳市残疾人保障条例》,经省、市人大审议批准,于2014年5月1日起施行。其中:对六周岁以下残疾儿童和贫困家庭八周岁以下残疾儿童免费提供抢救性康复;义务教育阶段特殊教育学校的学生,由学校免费提供在校期间的食宿;残疾人免费乘坐市内公共汽车、电车、地铁等公共交通工具;残疾人配置和更换辅助器具政府给予救助或补贴;盲人和聋人家庭有线和数字电视收费给予优惠;无障碍停车位减免停车费用等条款,均体现了突破性。全年出台政策性文件37个,让残疾人得到了实实在在的实惠。投入省级专项扶贫资金30万元,共扶持150户农村贫困残疾人改善生活状况。使用国家康复扶贫贷款贴息资金20万元,扶持100户残疾人,人均年收益6000元。与房产局有关部门沟通,将残疾人列入优先安排实物配租对象,2504户残疾人家庭享受廉租住房实物配租保障房;1.4万户残疾人家庭享受廉租住房租赁补贴。投入120万元,建设3个"阳光之家"、2个"阳光工厂",接纳160名智力残疾人享受托养服务,为32名残疾人办理了公益岗位。

(高尚熠)

【残疾人康复】 康复工作紧紧围绕残疾人"人人享有康复服务"的目标,充分发挥"五级"康复服务网络的功能,全年为2.5万名残疾人开展社区康复训练,为1万余名残疾人实施康复救助;在实施"慈爱儿康行动"中,为469名脑瘫、孤独症儿童、智力、听力残疾儿童进行康复救助。完成白内障复明手术2500例。为1565名贫困残疾人配发辅助器具。成功举办了第四届中国(沈阳)残疾人、老年人用品国际展览会。在全国率先成立残疾人心理研究会,引进全新的理念,在预防残疾和健康残疾人心理领域进行深入探讨。以铁西残疾人康复中心为龙头的8个区域性康复中心内涵建设进一步夯实,为残疾人综合服务能力得到有效提升,使残疾人能在家门口就地就近实现康复服务,真正实现了政府投入少、残疾人得实惠的双赢目标。

(高尚熠)

【残疾人教育就业】 全年实名制安置残疾人就业2363人,实名制培训4523人次。征收保障金2.65亿元。同时,启动征收行政机关和事业单位就业保障金工作。认真落实省级扶持残疾人就业培训示范基地、创业带头人和盲人按摩工作,辐射带动161名残疾人就业。手语翻译艾阳代表辽宁省参加全国首届残疾人就业服务竞赛,获得团体和个人两个项目第一名。东陵区(浑南新区)专干徐文荣取得全国首期职业指导员考试"山地车组装"项目第一名。完成全市226家盲人按摩院(所)统一标识年审工作,盲人保健按摩行业日趋规范。全年近600名盲人接受技能培训。24名应届残疾人大学毕业生100%实现就业。市残联将每个单月的28号设立为残疾人就业专场洽谈会日。一年来共举办各类就业洽谈会39场,提供1771个就业岗位。现代产业技能培训就业基地已成为农村残疾人接受技能培训的主战场。通过先培训、后指导、再扶持的发展模式,累计实名制培训农村残疾人2300人次,帮扶建立14个农村合作社,辐射带动130余名残疾人发展生产。此经验和做法,在中国残联就业工作会议上作了经验介绍,并在全国推广。沈阳电大残疾人学院春季班招生23人。70名贫困残疾人家庭考取大学的残疾学生和残疾人子女大学生获得10万元的资助。发动社会爱心人士,对贫困家庭残疾人考生及残疾人子女的考生,连续四年每人捐助5000元。

(高尚熠)

【宣传文体】 开展"创建全国残疾人文化体育建设示范市"活动,通过分解任务、细化指标,签订责任状、自检评估、省里预检验收等方式,促进了创建工作有效落实,各项指标已经达标,已向省和国家申报验收。相继举办了第三届残疾人田径运动会、第三届特奥运动会、第五届残疾人文化艺术节,5万余名残疾人参与以"喜迎十二运,惠及残疾人"为主题的系列体育活动。中国盲文图书馆沈阳分馆和无障碍影院建成并投入使用。参加2013年全国盲人乒乓球比赛获得团体总分、男子团体和男子单打三项第一。参加全国第八届残疾人文艺汇演获得三个一等奖。在浑南新区投资近2亿元建设了占地1公顷,建筑面积1.5万平方米的残疾人艺术中心。和平区、沈北新区也相继投资过百万元,建设区域性残疾人文化服务设施,进一步推动了残疾人文体事业发展。"爱心书屋"图书捐赠活动,捐赠价值1000万的26万册图书,建立了近300个社区流动图书站及家庭流动书屋。成立沈阳残疾人作家协会。6名残疾人成为国家、省、市作家协会会员。全年在新华社、人民日报、辽宁日报、沈阳日报等媒体刊播稿件1200余篇(条)。

(高尚熠)

【组织建设】　结合争创“三个一流”的目标,以建设学习型机关为核心、创新型机关为灵魂、服务型机关为宗旨,全力打造“三型残联机关”。在群众路线教育实践活动中,要求全体党员干部每人要完成1篇以上涉及残疾人民生的调研报告;为身边的残疾人同胞办2件以上实事;走访10户以上残疾人家庭;市残联出台10个以上有利于改善残疾人民生的政策性文件;市区两级残疾人工作者为全市残疾人同胞做20件有意义的实事。圆满完成各级残联换届工作。通过公开选聘的方式面向社会择优录用2名优秀残疾人大学生充实到市残联本级机关。制作了《沈阳市残疾人工作社区专干(专委)实用手册》、《培训记录手册》及《工作纪实手册》,对1042名城镇残疾人专干和1599名农村残疾人专职委员进行业务知识、交流技巧等培训和考核,个人素质和服务能力有明显提高。在浑南新区的嘉华、世纪新城等8个社区开展社区残协会员实名制试点,形成了“实名注册、吸收会员、管理无死角、服务无缝隙”的网格化管理模式,残疾人信息一目了然、志愿服务有据可查。专门协会“代表、服务、维权”作用发挥明显。

(高尚熠)

【维权工作】　完善20个“残疾人法律救助社区联络站”建设。全市为残疾人提供法律援助案件达172件,超额完成省下达的70件任务指标。举办7期法律知识普及培训班,500余名基层残疾人工作者参加培训,发放普法宣传材料5000份。建议提案5件,办结率达100%,并获得了2013年度市政府网上督办考核满分。为全市2235名残疾人机动轮椅车主按每人每年260元标准,发放燃油补贴58.11万元,补贴经费下拨至各区、县(市)残联,对符合条件的残疾人到当地残联领取补贴。全市统计上报登记的非民政企业盲残退休职工280人,对符合条件的166人办理了审批手续。全年累计接访1054人次(接待集体访16批256人次、接待个体访798人次),法律咨询服务180人次,上级及领导批转信访件8件次。

(高尚熠)

【无障碍旱厕改造】　2013年,市政府将100个社区、4707户家庭和91户农村残疾人家庭无障碍旱厕改造列入政府实事项目,已全部完成。超额完成了省下达的1600户家庭无障碍改造任务指标。已连续三年将“对社区和贫困残疾人家庭实施无障碍改造”列为政府实事项目,共完成了620个社区和1.12万户贫困残疾人家庭的无障碍改造,提前两年完成“十二五”确立的指标任务,有效解决了残疾人生活难、出行难等问题,特别是在全省率先摸索农村残疾人家庭旱厕无障碍改造,走在全省乃至全国前列。

(高尚熠)

【社会助残】　成立助残志愿者服务联络站2624个,志愿者达12万人,实现城乡全覆盖。残疾人福利基金会着力打造公益品牌项目,为残疾人提供全方位的个性化服务。全年共募集资金物资总价值1320.09万元,首次突破千万募捐,公益项目总支出1519.82万元,直接帮扶各类贫困残疾人15.61万人(次)。围绕集善工程,设立了集善助盲、启聪、就业、助学等12个大行动,下设82个公益项目。其中:“渴望·行走”集善助行轮椅捐赠项目,共募集1218辆轮椅,总价值52.54万元,实名制解决了1582名贫困肢残人的轮椅需求,该项目还荣获了“沈阳市慈善助医优秀项目”称号;“爱润书香,文化助残”千万图书捐赠项目共募集图书30多万册,价值1066.8万元,辐射全市各类残疾人。

(高尚熠)

地 方 军 事

沈阳警备区

【概况】 2013年警备区在市委、市政府领导支持下，全面建设取得新成果。有3篇经验被省军区转发；《用点上突破推动学习贯彻活动深入》做法被解放军报《动态与参考》转发，被省军区推广；较好完成了兵员征集任务，国防部、两级军区给予充分肯定；正规化建设被省军区评为先进单位；民兵武器装备仓库连续7年被省军区评为红旗仓库；警备区连续6年实现安全年；建成“全国一流民兵训练基地”，并成功承办了军区“民兵预备役训练基地规范化建设观摩活动”；防空团取得首长机关考核全省第2名；高炮连实弹射击打破了省军区8年无命中靶机的历史记录；协调沈阳市军地在全省第八轮双拥模范城期中检查中取得好名次。

（隋福先）

【承办军区民兵预备役训练基地建设观摩活动】 2013年6月25日，警备区承办了军区民兵预备役部队训练基地建设观摩活动，通过观摩活动全面展示了民兵训练基地规范化建设和基地化“大集中”训练成果；用成果展示、训练演示和经验交流等形式，向总参动员部和军区首长、东北三省军区首长和各军分区、预备役师旅军事主官、东北三省政府和各地、市政府分管领导等120多名军地代表进行了汇报。各级领导对民兵训练基地建设给予了高度评价，军区副司令员王西欣评价：“沈阳警备区民兵训练基地是东北战区最好的，也是一流的，今后，各单位要以沈阳警备区为标准，广泛开展训练基地达标活动”。此次观摩活动，为战区组织民兵预备役部队训练基地建设探索了经验，拉开了军区新一轮民兵预备役部队训练基地建设达标的序幕，为军区开展民兵预备役训练基地达标考评活动提供了样板，树立了标杆。观摩活动后受到了军地广泛关注，6月26日，辽宁省军区司令员周汉江、政委张林专门发慰问电表示祝贺，《国防报》、《东北后备军》和《沈阳日报》相继给予报道。

（隋福先）

【完成全运会巡逻防控任务】 7月19日至9月12日，按照省军区和全运会安保指挥部统一部署，警备区主要担负沈阳市内九区213个重点街区巡逻防控任务。期间专门召开了任务工作部署会5次，组织人武部与安保部对接任务6次，军地联合现场勘察8次，组织人武部和民兵应急分队实装演练6次。累计出动民兵3386人次、车辆358台次，巡逻1950余公里，查出违禁物品120余件，阻止上访人员25人次，成功制止了一起在玫瑰大酒店上访静坐示威事件，确保了全运会期间沈阳市社会安全稳定，检验了警备区系统应急组织指挥能力和民兵应急分队遂行任务能力，先后5次受到省军区和全运会组委会通报表扬。其特点：针对“全运会出不了大事”的麻痹思想、“民兵发挥不了多大作用”的无所作为认识，警备区召开了动员誓师大会，激发广大执勤民兵的斗志。巡逻防控期间，司令员赵恒志、政委李德民带领所有党委常委成员分别深入到9个区巡逻防控地段督察看望执勤民兵，鼓舞士气，使现役官兵和广大执勤民兵始终保持了昂扬的精神状态，冒着炎热的天气，讲大局、听指挥、不叫苦，18名人武部领导深入一线组织执勤，121名基层武装干部坚守岗位执勤，确保了“全运会”安保任务的圆满完成。针对全运安保形势复杂多变的特点，精心拟制各类预案，完成了全运会安保行动总体方案，制定了火炬传递、开幕式、闭幕式巡逻防控、处置核化生爆行动专项预案及4种保障方案，并按照实名制要求定人、定物、定岗、定责、定位，做到了未雨绸缪、谋划在先。针对全运反恐维稳事发突然的特点，科学编组民兵应急队伍，按照“便于行动、就地就近”的原则，采取“大集中小分散”的集结模式进行编组，专门组织了3支民兵应急值班分队担负机动支援任务，能够快速形成“拳头”力量，保持较强的持续能力。针对全运安保任务形式多样的特点，开展针对性实案化训练。先后组织了手持机操作和通信指挥训练。组织了74名防化兵为期10天的强化训练，组织了3次、1625人次实兵拉动演练。针对全运安保任务需求多、消耗大的特点，多方落实物质经费保障，投入500余万元，配齐了指挥作业器材、常用的防暴、防火、防汛和防化装备器材，较好地保障了指挥机构和分队完成任务的需要。针对确保高效顺畅组织指挥，健全组织领导体系。建立联合指挥体系、理顺指挥关系。组成了以司令员、政委为安保总指挥的联合指挥部，参谋长担任现场总指挥，下设现场指挥组、政治工作组和后装保障组。警备区与安保部、市公安局巡警支队、应急办，人武部与区公安局巡警大队、分管派出所均建立了多层次、全方位的协调关系。成立了联合指挥机构，实现了联合指挥、联合行动，明确职责，上下衔接、横向连接、军警对接，做到了统一指挥、统一部署、统一行动，使巡逻防控行动无缝对接，实现了整体指挥效能的最大化。针对干大事不出事原则，全运会安保和自身稳定一起抓。与所属单位签订了《安全稳定责任书》，层层立下军令状。7月29日至8月15日，司令员赵恒志带领工作组对所属14个团级单位逐个进行安全检查，提出要求。认真执行有关战备规定，停止了所有干部、战士休假，提高了人员和车辆动用审批权限，加强了对值班情况的检查督查。保证了全运会执行巡逻防控行动圆满完成。

（隋福先）

【创新训练机制】 2013年，紧密结合担负军区民兵训练基地建设观摩活动和全运会巡逻防控任务实际，积极破解任务重、时间紧、矛盾多等难题，坚持基地“大集中”训练组训形式，采取“统分结合、训考结合”的方法，统筹协调，统一计划，分期实施，将年度80%的训练任务集中组训。针对“大集中”训练“跨度时间长、训练要求高、管理难度大、参训单位多、训练专业多”的特点，重点抓了“三个加强”。加强教学管理。坚持“教学院校化”的要求，做到课前有备课、课上有讲解、课下有辅导、课后有讲评、阶段有考核，示范规范准确。加强日常管理。按照“管理连队化”的要求，成立了集训工作领导小组和集训队，加强了对民兵训练的组织领导；严格落实民兵训练一日生活制度，从起床、早操、操课、就餐、就寝等全部统一行动；建立了营门出入登记、请销假和查铺查哨等日常管理规定；训练期间，集训队还与驻地东陵区祝家街道派出所建立军警协作管理机制，邀请驻地派出所对民兵进行法纪教育，定期到基地巡查，加强对民兵的行为管控，形成了军地合抓共管。加强活动形式多样。开展形式多样的文化娱乐活动和训练评比竞赛。坚持利用训练集会、晚点名等时机对参训民兵进行教育疏导，引导民兵自发树立为单位争光、争创一流的意识，集训队结合“岗位练兵、质量排序”和“创破纪录”活动，组织开展了一系列歌咏比赛、通信、工兵、应急、防化、高炮和后勤保障等专业10余次小型比武竞赛活动，对取得名次的单位民兵进行了通报表彰，激发民兵参训的积极性，民兵军事训练水平明显提高。

（隋福先）

【基层武装部规范化建设现场会】 5月9日，警备区以遂行防暴维稳任务为背景，采取“情况诱导”的方式，在大东区人武部组织了人武部带民兵值班分队应急拉动演练暨基层武装部规范化建设现场会。警备区和大东区委、区政府领导，13个区、县（市）人武部现役干部、民兵干部共251人参加。现场会演示了人武部带民兵应急值班分队拉动演练，展示了基层武装部规范化建设成果，统一了应急行动时人武部的组织指挥程序、方法、手段和应急值班分队遂行任务携行装备器材标准。同时，围绕担负的任务需要，将日常战备工作向乡镇（街道）延伸，出台了沈阳市乡镇（街道）基层武装部规范化建设标准，统一了基层武装部的“一室一家一库”建设（即：基层武装部长办公室、民兵活动之家和应急器材库），为人武部组织民兵应急值班分队遂行多样化任务奠定了坚实基础，沈阳电视台、《中国民兵》等新闻媒体相继进行了报道。

（隋福先）

【组织民兵执行急难险重任务】 2013年，沈阳市先后出现4次区域性强降水，警备区紧密结合执行急难险重任务预案，4次派员到市防汛抗旱指挥部现场办公，加强与地方防汛部门联系，及时收集掌握讯情，为防汛救灾提供及时可靠信息；先后组织市内九区民兵应急分队防范强降雨备勤演练4次，累计备勤人员4875人次、车辆102台次；组织辽河、蒲河和浑河沿岸人武部上堤备勤2次，备勤人员1000人次；参加支援抚顺抗洪救灾备勤民兵1000人、车辆40台；组织民兵应急分队参加新民市梁山镇、红旗乡7月16日抗洪抢险行动和法库县柏家沟镇8月19日抗洪抢险行动，苏家屯区白清街道5月8日山林扑火救灾行动，共出动民兵2395人次，动用各种抢险器材4000余件（套），营救受洪水围困群众2人，组织转移受洪水威胁群众1300余人，挽救了200多亩林地免受火灾；在沈阳市举办国际飞行大会中，组织民兵配合完成搜救遇险美国飞行员任务。这些急难险重任务的完成赢得了地方党委、政府和广大人民群众的赞扬和信任，新民市政府拿出20万元对参加抗洪抢险的民兵分队进行表彰奖励，国际飞行大会组委会给予搜救民兵“行动快、起作用的评价”。沈阳电视台、《沈阳晚报》、《沈阳日报》等地方媒体进行了专题报道。

（隋福先）

【争创双拥工作“八连冠”】 2013年3月底，警备区协调驻沈各军兵种、武警、民兵预备役部队3000余名官兵，利用休息时间，参加“迎全运、清洁沈阳”活动，清洁道路15000延长米、清理垃圾155吨，植树2100余株，以实际行动为全运会的胜利召开贡献力量，中央电视台进行了报道；着眼“多办实事”原则，积极发挥军地桥梁纽带作用协调政府，货币化安置随军未就业军属836人，落实军人子女择校择班入学145名；组织华润集团与省军区驻岛部队对接，培训并接收100名优秀退伍战士。在军地共同努力下，11月中旬，沈阳市顺利通过全省第八轮“双拥模范城”期中考评，受到省双拥工作检查组的高度评价。

（隋福先）

【宣传报道实现新突破】 中央人民广播电台《新闻和报纸摘要》、中央电视台《军事频道》对“警备区民兵训练基地建设”相继进行报道；《中国国防报》以“机制创新驱动转型发展”为题，在头版头条刊发了民兵“大集中”训练经验。全年警备区发表中央级稿件74篇，军区级稿件122篇，被沈阳军区评为“新闻报道先进单位”，并获得“前进杯”；被《解放军报》社评为“2013年度全国国防后备力量建设订刊用刊一等奖”；被省军区评为新闻报道标兵单位、电视宣传先进单位；大东区、苏家屯区、东陵区、沈北新区、辽中县、法库县、新民市人武部被解放军报社评为全国后备力量定刊用刊3等奖；东陵区人武部被省军区评为“新闻报道先进单位”。

（隋福先）

【建立地理信息公共影像平台】 为做好支援地方经济建设需要，依据军事设施保护相关规定，由警备区司令部牵头分三批协调组织了总部直属驻沈单位、沈阳军区司、政、后、装及直属单位、辽宁省军区、沈阳军区空军、51基地、武警辽宁省总队、辽宁省预备役高射炮兵第一师、防化团和电子对抗团等40余家涉密单位与“沈阳政务版和公众版地理公共平台正射影像数据图”进行了对照检查，对涉及军事“禁区、管理区”的影像数据，按照地理信息保密管理规定进行了妥善脱密处理，为保障“全运会”顺利举办，服务于沈阳市经济建设，做出了贡献。

（隋福先）

预备役部队

【冬季适应性训练】 2013年1月4日至2月15日，辽宁陆军预备役高射炮兵第一师分三个阶段组织了冬季适应性训练，全面锻炼了部队在生疏地形和严寒条件下的走、打、吃、住、管、通、保等能力。1月4日至7日为第一阶段,主要组织官兵进行了严寒条件下训练基本常识、军事地形学、构工伪装、战场救护的室内理论学习。1月8日至10日为第二阶段,主要组织官兵在野外进行了夜行军、强行军、地形学应用、处置突发情况等课目训练。1月11日至14日为第三阶段,主要进行了设营、开设指挥所、构工、伪装、野外露营、利用指挥方舱运动中通联、指挥控制和战场监控等课目训练。训练期间,该师共出动兵力472人(现役官兵221人,预备役官兵251人),动用车辆63台。

(陈 超)

【编兵整组】 2013年3月12日,辽宁陆军预备役高射炮兵第一师与沈阳警备区、沈阳市人防办联合召开了年度整组工作部署会,联合印发了《2013年沈阳市民兵预备役部队组织整顿工作指示》。4月编兵整组期间,该师建立了"首长、机关指导整组工作分工负责制"和"每周整组进展情况报告制度",将部分机关干部充实到基层一线、指导和协助编兵整组。4月中旬,集中一周时间开展领导机关"过营帮连、挂钩帮带、调查研究、谈心交心"活动。该师党委常委、部门副职以上领导、机关科长与基层31个建设基础相对薄弱的单位挂钩帮建,先后深入100个编兵单位,与基层30多名现役干部和81名预任干部谈心交流,为基层干部上40余堂辅导课。

(陈 超)

【抢险救灾】 2013年4月21日9时,受国家住建部委派,辽宁陆军预备役高射炮兵第一师编组在沈阳水务集团的抢险救灾分队,出动22名预备役官兵奔赴四川灾区执行应急供水、净水任务。5月7日14时,抢险分队圆满完成全部救援任务,顺利返回沈阳。执行任务期间,抢险救灾分队共为灾区人民提供生活用水1464立方米,有效保障了灾区人民的日常生活用水需要。8月,抚顺地区普降特大暴雨,局部地区造成严重洪涝灾害。辽宁陆军预备役高射炮兵第一师第四团接到抚顺市防汛抗旱指挥部命令,于8月16日至24日奔赴灾区执行抢险救灾任务。期间,该团共动用车辆80余台次,出动现役和预备役官兵1400余人次,救助被洪水围困群众16人,紧急运送伤病员6人,清理淤泥4450立方米,抢筑河道子堤1000余延长米,挖掘各类被埋轻重型机械设备等30余台,运送各种医疗药品和消杀药物6500余公斤,消杀村屯25个,消杀面积300余平方公里。

(陈 超)

【应急行动】 2013年5月14日,辽宁陆军预备役高射炮兵第一师组织所属4个团和师直应急分队进行了"实兵实装"战备拉动点验,先后完成了战备拉动指挥程序演练、人员快速收拢、组织机动集结、开展政治教育、应急情况处置、野外炊事比武等内容。期间,该师第一团针对防汛抗洪任务,利用快艇、冲锋舟、橡皮艇、舰艇托车等装备,现场操作演示水面救生应急行动;该师第二团针对抗震救灾任务,现场演练了全方位立体搜救;该师第三团针对扑火救灾任务,利用风力灭火机、水枪、灭火弹等多样器材演示扑火应急行动;该师第四团针对防汛抗洪任务,演示无人侦察机水面情况侦察。该师直属的通信、运输、卫勤、电力、核生化防护、"三战"等应急分队人员和装备器材全部参加了点验,预备役官兵实名制点验到点率达100%。

(陈 超)

【比武考核】 2013年9月23日至9月27日,辽宁陆军预备役高射炮兵第一师参加了辽宁省军区组织的高炮分队基础训练考核、实弹射击及"砺箭-13"演习。期间,出动现役官兵163人,预任官兵315人;动用57高炮18门、37高炮6门、车辆63台,消耗炮弹1642发;先后完成了动员集结、远程机动、基础训练考核、实弹射击、指挥所演习等内容。考核中,该师取得了2项总评第一、9个单兵项目第一、2项班协同第一、1人创纪录。该师第二团在39集团军组织的"雷电1322"实弹战术演习考核中,取得射击成绩优秀、战术成绩优秀、综合评定优秀成绩。

10月23日,辽宁陆军预备役高射炮兵第一师参加了辽宁省军区后勤部组织的后勤关键保障岗位"集中比武、质量排序"活动。该师选派10人参加了战勤、财务、军需、卫生、军交五个专业比武,取得军需专业(预备役专业)总评第一名、战勤专业(战术标图第三名、试图用图第四名、后勤计算第五名)总评第四名、财务专业基础理论第三名、卫生专业卫勤计算第一名、军交专业野战抢修第三名、故障排除第五名。

(陈 超)

武装警察

【概况】 武警沈阳市支队(简称"市支队")是由武警辽宁总队原一支队和原沈阳市支队于2005年6月合并组建而成,隶属于武警辽宁总队,同时接受沈阳市委、市政府和沈阳市公安局"双重领导"。主要担负警卫、守卫、看押、看守、城市武装巡逻及处突反恐等勤务。2013年,市支队在社会维稳形势异常严峻、部队建设任务十分繁重、各类临时勤务大量增加、调整改革全面启动的情况下,深入贯彻强军目标,紧扣支队党委工作思路不动摇,坚持任务牵引,突出能力建设,狠抓基层基础,固守安全底线,持续改进作风,部队全面建设迈上了新台阶。完成以省市"两会"、"十二运"安保以及抚顺"8.16"抗洪为代表的临时任务975起,有力维护了沈阳地区的社会稳定。经过全支队官兵的共同努力,支队2013年再次被辽宁省总队评为基层建设先进支队,安全工作、机关建设和新闻报道等工作跻身总部、总队的先进行列。

(郭太涛)

【政治工作】 认真贯彻根本制度,严格议事程序,注重民意公论,科学民主依法决策水平不断提高。注重加强作风建设,扎实开展"学习贯彻党章、弘扬优良作风"活动,深化"五超"治理和基层风气整顿,班子成员廉洁自律,促进了党委机关思想作风转变。坚持用任务牵引、用制度促进、用典型引领,政治工作服务保证了"两个战场",为部队建设注入了活力。党的创新理论武装不断深入,主题教育、"十二运"安保专项教育和群众路线教育实践活动扎实有效,经常性思想工作灵活多样,官兵经受住了重大任务和严峻形势考验。推广"八个教会",搞好法纪、内部关系、心理和防间保密等"新四个教育",筑牢了官兵思想根基。坚持先进军事文化引领,抓好支队警史馆、政治工作网和特色文化队伍建设,开办警营电视台,创造性推广"四个半小时”活动，有效提振官兵精气神。推行干部量化管理，狠抓考赛激励，干部管理教育更加规范科学。发挥“十个清楚”载体作用，打好意识形态领域主动仗，有力跟进任务中政治工作。坚决用上级指示灌注部队，扎实做好任务中政治工作和法律、心理服务，保证了部队纯洁巩固。抓主题教育和思想工作骨干队伍建设做法被总队推广。

（郭太涛）

【军事工作】 实现连续9年执勤安全无事故。加强机动大队战备力量建设，进一步规范战备设施建设标准和战备力量紧急出动基本程序等内容，为应对各种紧急情况奠定基础。强化军事训练“主业”地位，坚持战斗力标准，营造“训练有奖、训练有为、训练有位”氛围，注重遂行任务方法研究，通过参加总队新兵野营拉练、“卫士－13”演习，扎实开展“五小”练兵、勤训轮换、专勤专训，部队遂行多样化任务能力不断提升。“五控”防反机制被武警总部推广。坚持依法从严治警，强力推进正规化管理达标，扎实开展“百日安全无事故竞赛”，用活“五个过一遍”载体，突出“八个倾向性问题”治理，巩固了安全发展基础，支队连续9年实现“三无”。紧盯动态枪弹管理，狠抓保密安全，加强防护期管理和季节性事故预防，部队安全基础进一步巩固。2013年，支队被武警部队表彰为“连续11年预防事故案件工作先进单位”，机要股被总队表彰为“密码工作先进单位”。严格规范“党委会统季、办公会统月、交班会统周、早交班统日”的抓基层工作运行机制，扎实开展“学法规、用法规、守法规”、“季度双评”和创先争优活动，科学实施重点帮建和普遍抓建，促进了基层建设协调发展。坚持依法从严治警，开展新兵“三查”和“条令学习月”活动，组织正规化管理达标检查验收和作风纪律教育整顿，全力防范重大安全问题，部队秩序进一步正规，安全发展形势不断巩固。

（郭太涛）

【后勤保障】 深入贯彻“天津会议”精神，落实“一组五队”编成，加强应急保障建设，独立完成“十二运”安保、抚顺“8·16”抗洪、“卫士－13”演习、新兵野营拉练和“9·18”维稳等重大军事行动保障任务，提高了应急保障能力。狠抓科学化管理，强化资金安全，改革副食品配送方式，加强营产营具、枪弹车辆等规范化管理，搞好卫生、被装服务，综合保障水平进一步提升。始终坚持士兵至上，完善基层基础设施，更新了电脑和文体器材，下大力解决官兵就医、洗澡、饮水、防暑取暖等难题，为病困官兵发放了补助，新立堡干部住房、机动大队训练馆、指挥中心扩建顺利完成，官兵生活条件明显改善。每月司务长集中办公，选派后勤专业兵外出学习技能，后勤队伍素质有新提高。

（郭太涛）

人民防空

【人防工程建设与维护】 严格落实“以建为主、应建必建”原则，全年审批结建人防工程项目126个，收取易地建设费项目103个，办理人防工程建设面积复核手续和缴纳人防易地建设费意见118件。取消和下放了应建防空地下室的民用建筑项目许可、易地修建防空地下室的民用建筑项目许可等经济管理权限。沈阳北站综合交通枢纽人防工程改扩建项目进展顺利，已完成主体施工，部分投入使用，战备、社会和经济效益显著，成为人防建设“融合式”发展的成功范例。复工建设3处指挥所工程，主体工程均已完工；开工建设4项社会投资建设人防工程，投资规模约30亿元；恒隆市府广场与地铁2号线连通项目基本竣工；乐天世界与地铁2号线连通项目取得省办立项批复；苏家屯区海棠街项目完成了立项调整；向华润和嘉里双方移交了青年大街项目使用权，与和平区交接了南京街项目维护管理工作。按照“报废一批、改造一批、利用一批”的思路，维修人防工程7项，加固改造人防工程2项，更换新型人防过滤吸收器40余处，保证了人防工程的安全使用。组织了4次安全生产专项检查，检查工程267处，排查安全隐患157处，下达整改通知书37份，停止使用通知书6份，返回整改报告37份。

（张　庆）

【人防指挥通信】 召开了沈阳市人防直属专业队座谈会，明确了重点人防专业队任务属性。与沈阳警备区、预备役高炮师开展民兵预备役部队和人防专业队联合整组工作，组织沈阳化工集团、东药集团和沈飞集团的防化专业队，以及皇姑区、和平区部分通信专业队进行了训练和点验。圆满完成了沈阳军区统一组织的人防跨区域机动指挥通信演练任务，出动人员30人，全程约3000公里，有效检验了队伍的实战能力。认真抓好国家人防训练比武竞赛工作，组织机关和事业单位112人进行了集训，孟宪聪等多名同志受到上级的通报表彰。组织全市人防系统赴丹东地区开展了机动通信和防空警报业务培训，出动车辆10台，人员100余人，训练了短波电台操作通联、野外短波天线架设、通信地形勘察等9项内容，提高了全市人防系统机动通信协同保障水平和防空警报发放能力。完成了国家人防办在法库召开人防低空预警系统检飞现场观摩会的各项保障任务。加强战备执勤，全年共参与执行十二运安保、城建系统运动会等各类备勤任务97天124人次，圆满完成了上级赋予的各项任务。

（张　庆）

【准军事化机关建设】 2013年，先后邀请市检察院么家伟和市委党校朱卫东分别作了《预防职务犯罪、促进依法履职》、《中国道路与中国梦》专题讲座。举办一次全市范围的人防学术研究成果交流暨表彰活动。组织全办开展了“送温暖、献爱心”扶贫帮困捐助活动；坚持每年组织一次“军营一日兵”活动；结合各种纪念日和节日开展有针对性的文体活动；组织机关离退休老同志参加健康旅游和疗养；每年组织一次机关和事业单位“迎新晚会”。在沈阳举办十二运、创建文明城市的工作中，市人防办先后参加了市直机关工会举办的“迎全运倒计时100天”健步走活动；市城市城管系统每两周一次的“迎全运，清洁沈阳”义务劳动；市城建城管系统“迎全运”职工运动会，并获得运动会“精神文明奖”；十二运火炬传递活动和十二运开幕式观众组织工作，并被市直机关工委评为“十二运观众组织标兵单位”。

（张　庆）

政　法

政府法制

【政府立法】 2013年,市政府法制办向市人大提报了《沈阳市职业卫生监督管理条例》和《沈阳市公共体育设施管理条例》2件地方性法规草案;为确保"十二运"的顺利召开,提升沈阳新形象,发布实施了《沈阳市人民政府关于开展市容环境卫生整治的通告》、《沈阳市人民政府关于清理整治"小开荒"的通告》和《沈阳市关于设立环保绿标路及环保绿标区的通告》3件政府通告。完成政府规章的审办工作。发布实施了《沈阳市测绘管理办法》和《沈阳市电梯安全监督管理办法》2件政府规章,已完成审办工作、履行审批程序的政府规章4件(《沈阳市轨道交通治安管理办法》、《沈阳市会展业管理办法》、《沈阳市规范行政执法行为规定》和《沈阳市劳动模范管理办法》)。严格开展了规范性文件备案审查工作。完成审查、备案规范性文件39件,同意发布实施31件,并逐一在沈阳政府法制网上向社会公布,同时公布了2012年规范性文件清理结果。

(林鹏宇)

【行政执法监督】 一是进一步加强了规范行政行为和重大行政处罚备案审查工作。开展了法治政府建设专项检查工作,组织对市直46个执法部门及其下属267个事业单位开展了执法专项检查;加强了重大行政处罚备案审查工作,全年共受理重大行政处罚备案116件,下发审查意见书21件。二是参与开展了对市本级向城区下放49项行政职权的法律审核并提出审核意见。参与了向县区下放249项权力工作,开展了对所涉及的33个职能部门下放权力的法制审核工作。三是认真依法规范行政执法主体。2013年,共确认12个机构具备执法主体资格,指导34个委托主体备案,向社会发布公告2期。全市共有行政处罚机构981个。其中,行政机关339个,法律法规授权组织173个,行政委托组织469个。全市共有行政执法人员2.4万人,其中,市本级行政执法人员1.8万人,区、县(市)行政执法人员6457人。2013年,全市共发生行政处罚案件283万起,同比增长50.45%;全市共实施财产罚7.58亿元,罚没款已收缴入库7.23亿元。

(林鹏宇)

【推进依法行政】 2013年5月29日,全市召开了依法行政工作会议。会议回顾了全市在推进依法行政、建设法治政府工作中所取得的成绩,4个单位在会上介绍了经验,8个单位进行了书面交流。市委常委、常务副市长顾春明出席会议并讲话,市人大副主任徐璐、市政协副主席李丰出席了会议。会议还印发了《沈阳市依法行政年度报告》(2012年卷)和经验材料汇编。2013年7月31日,全市召开了加强和改进行政机关依法行政工作会议。市委常委、常务副市长顾春明出席会议并讲话,会议结合市中级人民法院通报的2012年全市行政审判工作情况及加强依法行政工作的建议,要求全市行政机关要以落实市人民法院的司法监督为契机,全面落实依法行政工作责任制,严格依法依规按程序办事,加快转变政府职能,深化政务公开,加强行政执法案件审查,打造高素质的执法队伍,不断提高依法行政水平,加快建设法治型、服务型、廉洁型政府。继续坚持市政府常务会议学习法律知识和研究依法行政工作制度。开展专题法制培训。2013年10月,全市51名从事法制工作人员参加了省政府法制办组织的"北京大学辽宁省政府法制干部高级研修班";11月,全市111名从事法制工作人员参加了省政府法制办组织的"辽宁省行政复议应诉培训班"。全年,共组织七期行政执法人员培训班,培训行政执法人员2532人。严格开展了依法行政考评工作。在科学设定考评内容的基础上,继续采取集中时间、集中地点、集中人员、集中审查、集中评分的"五集中"方式,抽调市全面推进依法行政工作领导小组成员单位人员,组成4个考评组,集中对全市78个区、县(市)和开发区及市直有关部门依法行政工作进行了考评。

(林鹏宇)

【行政复议应诉】 2013年,全市各级复议机关新收到复议案件申请2627件,比上年度增加77件,增幅为3.0%。受理案件2612件,比上年度增加70件,增幅为2.8%。其中,市政府部门承办2433件,占总数的92.6%;市政府承办127件,占总数的4.8%;县级政府承办63件,占总数的2.4%;县级政府的部门4件,占总数的0.2%。全年审结2507件,占案件总数的91.5%;未审结233件,占案件总数的8.5%。经审查决定维持原具体行政行为的1235件,占已审结案件总数的49.2%;经协调处理化解争议的1157件,占已审结案件总数的46.2%;撤销的75件,占已审结案件总数的2.9%;驳回的32件,占已审结案件总数的1.3%;责令履行的6件,占已审结案件总数的0.3%;确认违法的2件,占已审结案件总数的0.1%。2013年,全市各级行政机关新发生行政应诉案件757件,比上年减少64件。其中,县级政府部门338次,占本期发生总数的44.6%;市政府部门175次,占本期发生总数的23.1%;县级政府128次,占本期发生总数的16.9%;乡镇政府58次,占本期发生总数的7.7%;市政府1次,占本期发生总数的0.2%,其他机构57次,占本期发生总数的7.5%。在具体工作中,全市各级行政复议机关自觉树立复议为民思想,畅通行政复议案件受理渠道,充分运用调解、和解审理方式,提高行政复议在化解行政争议方面的能力,达到了案结事了的目的,收到了良好的社会效果。在9月5日全国人大常委会执法检查组对全市行政复议法执法情况进行的检查中，行政复议工作得到了检查组的充分认可和好评。

（林鹏宇）

社会治安综合治理

【概况】 2013年，大力推进基层综合服务管理平台建设，各地区依托公共服务大厅，建立和完善街道（乡镇）社会服务管理分中心202个、社区（村）社会服务管理站2401个，建成率达100%。开展了基层社会服务管理规范化建设活动，分别制定了街道（乡镇）和社区（村）社会服务管理规范化建设10项标准，按照“一个体系领导、一个平台统揽、一个机制运行、一个窗口服务”的要求，推动基层单位实现社会服务管理职责、任务、流程“三明确”，人员、经费、场所、设施“四到位”，牌子、标识、程序、制度、台账“五统一”。在全市范围内因地制宜地推行网格化服务管理模式，进一步细化服务管理单元。健全群众诉求表达机制，加强“大调解”工作平台建设，建立各级各类调处组织4600余个，专兼职调解人员达到3万余人。建立和完善了矛盾纠纷排查调处协调会议纪要月报制度，推动矛盾纠纷排查调处工作规范化、制度化建设。以完善医疗纠纷调解中心为重点，推动调解组织向专业性、行业性领域延伸。全年共排查各类矛盾纠纷3.8万件，化解3.6万件，调处成功率95.21%。进一步加强平安沈阳建设工作。动员组织全市综治系统，发动50余万社会力量，积极开展平安运动场馆、平安运动员村、平安车站（机场）等平安全运创建活动，确保了“十二运”开、闭幕式和沈阳赛区的绝对安全。继续推进“八无”社区（村）创建活动，全市约有40%的社区、45%的村达到“八无”标准。继续开展“平安楼道”、“农村治安保险”、“平安铁路”等创建活动。开展了社会治安重点地区“一排三打五整治”、打击入室盗窃、境外卫星电视传输秩序集中整治等系列专项整治行动。全面排查治安混乱地区和突出治安问题，确定并整治了27个市级重点地区。在重点区域、重点场所、重点部位、居民社区新安装视频监控探头1万个，实现了对繁华地区、治安复杂场所、城区出入口、重点单位的视频监控全覆盖。扎实开展命案专项整治，全市命案发案和死亡数同比分别下降9.72%和10.69%，命案破案率100%。集中开展出租房屋及流动（寄住）人口规范化信息采集工作，逐步强化实有人口和出租房屋的动态管理体系。对重点青少年群体开展服务管理和犯罪预防工作，对在校学生开展心理健康咨询试点工作。加强了刑释解教“三无人员”安置帮教工作，建立过渡性安置基地22个，为21人办理低保，为农村籍“三无人员”全部落实责任田。继续深入开展社区矫正工作，社区矫正人员达到4144人。协调推进重性精神病人免费药品救治工作，对225名肇事肇祸精神病人落实了“四位一体”管控措施。通过上述措施的落实，全市综治工作取得了显著成果，平安沈阳建设得到深入推进。

（马 强）

【预防青少年违法犯罪】 深入实施预防青少年违法犯罪“关护计划”，针对社会闲散青少年、服刑在教人员未成年子女、流浪乞讨青少年、农村留守儿童、“罪错”青少年群体等，各责任部门和各级社工工作阵地充分发挥帮教作用，为挽救重点青少年群体做出努力；围绕重点法律内容开展法制宣传教育活动，召开法制教育座谈会，12355宣讲团的法律专家走进“三校”讲授普法教育课，力争实现重点青少年群体法制宣传教育全覆盖；继续联合沈阳日报开展“童画说法”专栏，使青少年在案例图片的起承转合中加深对法律的理解；设计了青少年喜闻乐见的法制宣传活动，发放“两法”宣传手册，充分营造了良好的法治氛围。2013年全市判处未成年人罪犯832人，较上年844人下降了1.5%。

深入开展“共青团与人大代表、政协委员面对面”活动，扩大活动的覆盖面和影响力，准确把握载体设计，开展“倾听日”活动，围绕主题深入调研，推动市本级和各区、县（市）形成高质量调研报告，力争将青少年代言人的作用发挥好，大力加强活动的规范化建设和制度化安排；推进12355沈阳市青少年综合服务平台工作，继续做好热线接听工作；开展“我的青春梦”倾听活动，全方位了解青少年群体的需要；开展“轻松备考12355与你同行”阳光行动，启动了“12355与青年同行，EAP让心灵‘放晴’”沈阳市企业青年员工EAP服务计划；在社区、校园、v爱驿站广泛宣传，不断扩大12355的品牌影响力。

（季 彬）

【治安防范】 建立了以派出所为平台、社区为依托、街路为线段的社会面“网格化”巡逻防控体系，完善了“点、线、面”相结合，“内巡外堵”的巡逻防控格局。实行了车步巡相结合、巡逻盘查与设卡堵截相结合、着装与便衣巡逻相结合、武装巡逻与携犬巡逻相结合等多种巡逻防控模式。加强了专业化巡逻民警、巡逻辅警力量建设。完善了街面流动警务模式，打造老百姓身边的派出所。有效衔接巡逻防控与交通管理，提高了街面见警率、盘查率和现场查获率。继续加强视频监控系统建设，“三级指挥平台”和“四级网络”得到了进一步完善。在重点区域、重点场所、重点部位、居民社区安装视频监控探头4.6万个，实现了对繁华地区、治安复杂场所、城区出入口、重点单位的视频监控全覆盖。在城镇居民区，加强了公安民警与治安巡防队伍密切配合的警力配备模式，做到联勤互动。重点织密了专业巡逻防控网、夜间机动巡逻网、义务看家护院网等三张网，实现了社区治安防控的全天候无缝衔接。社区警务室配有1至3名社区民警、2名辅警和60名以上平安志愿者。对弃管小区采取“自助式”防控，充分发挥社区等基层组织作用，引导鼓励居民自治自管。在机关、团体、企事业单位，以防火、防盗抢、防爆炸、防破坏、防矛盾激化和预防职工违法犯罪为重点，加强防范力量、完善防范设施、健全防范制度，形成“安全自查，隐患自改，责任自负”的防范工作格局。在农村，以实施“县域治安工程”为重点，积极推进“农村治安保险”工作，确保了小村3至5人、大村6至8人的专职治安巡防队伍。加大了乡镇、村和村民组三级治安综合治理组织建设力度，村治安协管员、中心户长和家庭治安联系人队伍得到了迅速发展。全市群防群治队伍40.48万人。完善了对网上舆情监控和分析研判机制、重大案件快速反映机制、网上舆情引导机制。在全市发展了1500名网络舆情队伍。全面推进“虚拟警察”网上公开执法，建立完善互联网动态管控、信息巡查、舆情服务等机制，强化网络安全防范、涉网犯罪打击和专业队伍建设，破获网络刑事案件和抓获网上各类犯罪嫌疑人能力逐步提高。

（马 强）

公 安

【社会矛盾纠纷排查调处】 2013年，全年物建19451名信息员和521名特情耳目，认真落实周研判、周会商工作制度，为领导科学决策提供详实依据。对全市涉稳重点群体诉求合理性进行全面梳理认定，充分发挥市、区两级维稳办职能作用，化解重点群体187个。对全市392个重点群体和3608名重点人员，逐人落实实名包保稳控措施，坚决防止漏管失控现象发生。深入开展解决拖欠农民工工资问题专项行动，走访工地5000余处，解决拖欠农民工工资问题582件，解决金额6亿余元，涉及农民工4万余人。先后出台了《关于依法处理信访活动中违法犯罪行为的指导意见》、《沈阳市公安局维护社会稳定工作五项纪律》等规章制度12项，全面规范了维稳工作的各项流程、标准，完善了工作机制。

（贾远航）

【"平安建设"专项行动】 2013年，全市公安机关组织开展了"平安建设"暨打击整治工作，一是整体打击工作实现新突破。牢固树立"有案必破"理念，不断细化措施，创新工作机制，实现了整体打击工作的新突破。全局破获刑事案件同比提高24%，逮捕犯罪嫌疑人占全省总数的36.9%。重大案件侦破率达到100%。成功侦破了"4.11"特大抢劫银行储户案、"5.15"新民市特大抢劫杀人案、"7.06"辽中县投掷手榴弹爆炸案、省市领导关注的"7.17"沈阳理工大学抢劫强奸案、"9.09"新民市故意杀害幼童抛尸案等一批有影响的案件。全市命案现案破案率达100%，侦破命案积案20起，占全省总数的33.33%，破案比值达到115.38%，命案发案同比下降14起，少死亡17人。全市共抓获各类网上逃犯6301名，同比上升83%，抓获逃犯总数创历史新高。全市共打掉黑社会性质犯罪组织3个，抓获嫌疑人54名；打掉恶势力团伙57个，抓获嫌疑人290人，破案340起；成功打掉了以刘斌为首的长期盘踞运输行业的带有黑社会性质的犯罪团伙。全市侵财案件侦破比值达到62.49%，同比上升了14.74%，有效提升了人民群众的安全感满意度。

（张 磊）

【强化公安信访】 2013年，息访公安信访案件数量同比提升123.3%，公安部交办的7件、省厅交办的56件重点信访案件全部化解。各级领导接访2735案次、3294人次，走访780人次，接待到市局上访185人次，接待到市信访大厅上访3285人次，处理群众来信2143件。共排查584起涉公安信访事项，化解息访356件。信访改革工作以来，到市局初访案件仅发生31起，同比下降41.5%。涉公安访进京到公安部上访、到省上访被通报数量均保持为零，同时圆满完成了省、市、全国"两会"、"六四"、十二运、十八届三中全会、世界人权日等敏感节点期间的信访稳控工作任务，实现了涉公安访登记通报指标全部为零的工作目标。通过信访工作，共破获各类案件101件，追逃11人次，依法处理违法犯罪人员132人次。为信访群众解决实际困难122件，帮扶救助159起信访事项、金额共计1259.07万元；公安信访部门收到群众赠送锦旗111面，感谢信139封。

（贾远航）

【打击经济领域违法犯罪】 2013年，共破获经济犯罪案件2847起，打击处理犯罪嫌疑人1480人，抓获逃犯117人，挽回经济损失3.23亿元。一是多措并举，全力开展打击涉假犯罪专项行动。成功侦破了梁永升等人特大销售假冒汽车配件案，"大友肉食品商行"贩卖假牛羊肉卷案等一大批重特大案件，有力地维护了广大群众的生命健康安全。二是突出重点，全力开展打击发票犯罪专项行动。成功侦破辽宁中沈医药公司特大虚开增值税专用发票案，辽宁华阳普诚医药公司特大非法虚开普通发票案等重特大案件，维护了国家税收秩序。三是打防结合，全力开展严厉打击传销犯罪专项行动。成功侦破了李玉华网络传销案等一批特大案件，有力地维护了全市社会大局稳定。四是强化攻坚，全力侦办领导批示的重特大案件。成功侦办了"129，"、"520"、"917"专案、省纪委"3.18"、"1.04"专案为代表的一批中央、省、市政府及公安部、省厅交办、批办和督办的专案42起。受到了省、市党委政府及省厅、市局领导的肯定。

（张 磊）

【开展"禁毒人民战争"】 2013年，全市公安机关始终保持对毒品犯罪的高压严打态势，夺取了全国"扫毒害、保平安"严打整治行动，"肃毒害、创平安"禁毒百日攻坚会战等全部专项行动、专项工作及综合考核的全省第一名，工作业绩全国一流，取得了极其显著的工作新成效。一是重拳出击，主动作为，禁毒严打工作成效显著。全年共破获了毒品犯罪案件3877起，抓获了毒品犯罪嫌疑人4093人，缴获各类毒品60.24公斤，同比分别提高了95.11%、87.78%、35.21%，打击总量占全省50%以上；共打掉5人以上贩毒团伙48个，10人以上贩毒团伙15个，20人以上团伙2个，有力震慑了毒品犯罪。二是从严整治，常抓不懈，禁毒管理工作成效显著。对娱乐场所内涉毒问题一律从严查处，实现了涉毒娱乐场所100%关停，涉毒案件线索100%处理反馈，开创了全市娱乐服务场所"绿色经营、无毒经营"的良好局面。全年共审批各类易制毒化学品运输证8560件、购买备案证明23816件，实现零差错、零违规、零投诉。三是把握关键，有效组织，禁毒预防工作成效显著。深入企业、单位、社区、娱乐场所、工厂、大中专院校及中小学校进行宣传，总受教育群众80余万人。四是多措并举，落实责任，禁吸戒毒工作成效显著。共发现、收治、帮教吸毒人员10578人，社区戒毒545人，强制隔离戒毒289人。

（张 磊）

【开展大巡逻、大防控】 2013年，刑事案件发案同比下降11.4%；八类主要刑事案件发案同比下降11.3%；侵财类案件发案同比下降3.6%。全市每天投入社会面巡逻警力1863人（民警1213人、辅警650人）、社防队员2792人，组织巡逻警车650台，采取专业化徒步巡逻、巡特警武装巡逻、110定点驻巡、专职巡逻车驻巡、流动警务室驻巡、交警岗亭夜间驻巡、携犬巡逻等16种巡逻模式，打造了具有沈阳特色的巡逻防控体系。全运会期间，指导党政机关、企事业单位、科研院所、学校、医院、商场、集贸市场、金融网点等，组建治安巡逻队伍，开展"自防、自管、自治"，在全市组织发动了51.6万人的群防群治力量和3000个志愿者守望岗，并全部实行实名制登记。按照"守点、巡线、控制面"的思路，规划了以党政机关、重点单位、要害部位等驻巡点位为点，以主要街路、广场、繁华商业街区等巡段为线，以6243支“红袖标”社区义务巡逻队组成的看家网为面的点、线、面相结合的社会面巡逻防控网络。按照“由外及内、梯式封控，等级布警、联勤联动”的原则，依托全市10条高速、5条国道、12条省道以及22条县级公路，在全市规划了以绕城高速为核心的“环市圈、环城圈、核心圈”三道“环沈护城河”查缉堵控防线，设置56个公路堵卡点，安装高清视频监控探头106套，4个高速公路口堵卡点全部配备了3G图传车，所有警务站、堵卡点全部安装350M数字电台，完成了与省厅指挥部的“互通互联”。与市区内巡逻协调联动，组织10余次环沈区域联合堵控暨实兵演练，先后启动堵卡点583个次，形成了多层布点、梯次过滤的实行了“一体化”的应急处突机制，形成了外堵内巡的大防控格局。

（贾远航）

【开展道路交通安全整治】 2013年，全市道路交通安全形势持续好转。共排查整改道路交通安全隐患62处，整改率达到100%。全年共发生一般程序交通事故件数和死亡人数分别比上年同期下降2.01%，9.96%；交通肇事死亡逃逸案件侦破率达95.45%，道路交通安全形势达到历史最好水平。在筹备全运会期间，确保了全市道路集中整修过程中交通通行安全有序，未发生有影响的交通拥堵。经实地测算，全市主干路平均车速与上年同比提高3.2%，平均延误时间与上年同比减少12%。组织开展了“行在路上，守法礼让”规范城市道路交通秩序工程、“平安沈阳建设”打击整治专项行动等重要活动，严查机动车酒后驾驶以及行人闯红灯、非机动车不按道行驶等交通违法行为。以实现静态交通管理硬件、管理、服务“三提升”为目标，依托全警管交通模式，组织开展了“规范停车，服务民生”静态交通管理工程和“迎全运”静态交通管理工程。全年共查处静态交通违法行为74万件，发放温馨提示单110万份，全市停车入位率达到97%以上，盗砸机动车警情比上年下降51.16%。全市路内停车泊位达10.6万个。全市交通信号灯岗达1574处，实现了二环路内主要道路系统控制率100%。电子警察设备达到2803个，实现了全市主要干道全覆盖。更新、改造交通标志4175块，施划交通标线220万平方米，设置交通护栏3.1万延长米，6米以上道路交通标线覆盖率和中心护栏规范设置率达到100%。全运会前夕，作出自愿停驶机动车承诺的市民达30余万人，赛事期间全市主要道路交通流量下降15.07%。启动了全省首家公安交管公众微信平台，并利用电视连线、电台直播等形式大力开展交通安全宣传和交通出行诱导，共发送交通宣传微信236条、微博1.2万条、交通诱导信息5万条次，在腾讯公司《2013年度影响力盛典》中，支队凭借微信和微博平台荣获“辽宁省最具网络影响力亲民风范奖”。

（贾远航）

【筑牢城市消防安全“防火墙”】 2013年，全面开展社会单位户籍化管理和政府基层组织“网格化”管理，充分利用“96119”火灾隐患举报投诉平台，实行有奖举报，形成了“政府统一领导、部门依法监管、单位全面负责、公民积极参与”的消防工作格局。全市共检查社会单位31.8万家次，督促整改火灾隐患或违法行为33.8万处，下发责令改正通知书18.2万份，责令“三停”1535家，临时查封696家，拘留565人，有效净化了全市消防安全环境。坚持以群众满意为目标、推进消防执法服务改革，全面提升了服务经济发展水平。不断深化消防行政审批“保姆式”等九大项消防服务举措。将审批时间平均缩短为9.8天，提高效率51%。利用户外广告屏、影剧院、歌厅插播消防常识；在沈阳电视台开办了“消防新视界”栏目，向广大市民发布消防信息；依托互联网，开辟微博等新媒体阵地，通过以案说法、在线互动等形式，广泛宣传消防安全常识，切实提高了广大人民群众的安全意识。

（张　磊）

【严厉打击涉假违法犯罪】 2013年，共破获涉假刑事案件2926起、逮捕350人，捣毁生产“黑窝点”425个，总体成绩均位列全省第一。组织开展了“餐桌”、“春耕战”和“健康”三大保卫战，成功破获了“假羊肉卷”、“病死猪”、“病死鸡”等一大批民生领域大案要案；破获的“403特大制售熏制病死鸡案”，被公安部评为“全国十起打击肉制品犯罪典型案例”；破获的“黑猫”香烟网络集团案件，公安部专门发电表示祝贺。4月16日，省公安厅专门在全局召开全省公安机关打击食品药品犯罪暨推进“春耕”“餐桌”保卫战专项行动现场会，在全省推广经验做法。2013年5月15日、6月19日，先后组织两次大规模集中销毁活动。特别是6月19日在奥体中心南广场组织开展的食品安全宣传周暨全国公安机关打击食品犯罪保卫餐桌安全专项行动成果展示活动，中央电视台《新闻联播》栏目进行了报道。同时，在“3.15”、知识产权宣传周等重要时间节点，多次组织开展了宣传活动，有效震慑了制假售假犯罪。

（贾远航）

【“服务民生、服务发展”百项承诺】 2013年，全市公安机关始终坚持把关注民生、重视民生、保障民生、改善民生作为公安工作的出发点和落脚点，积极回应广大人民群众新期待、新要求，面向社会推出了《2013年服务民生服务发展百项承诺》，共9个方面、108条承诺。自2008年以来，每年向社会推出服务民生、服务发展“百项承诺”，着力解决了十大类、177个方面的民生问题，累计承诺条款达646项。对全市7900余名市局特邀监督员、1.1万余名省、市、区三级人大代表、政协委员进行了全面走访；积极组织开展派出所长、社区民警向辖区群众述职活动，共征求社会各界的意见建议7604条。积极打造为民服务品牌。全力打造了“双服务”、“绿色通道”、“8+1、5+2”延时服务等公安品牌服务。组织全市城区派出所户籍窗口节假日不休息；为行动不便的孤寡老人、残疾人，提供上门办理户口服务；在沈阳警网上为群众提供新生儿取名重名查询便民服务；牢固树立“发展经济是第一要务，服务经济是重要警务”的工作理念，在行政审批环节推行了“一站式”、“管家式”服务新模式，积极推出预约服务、上门服务等便民新举措。密切警企联系，完善联席机制，由各级公安机关领导干部挂帅，推行“一企一长、一项目一长”工作机制，全年累计召开各层面警企座谈会368次，征询建议意见135条，帮助企业和项目解决交通、安防、周边环境治理等问题370余件，深受企业欢迎和好评。

（张　磊）

【执法规范化建设】 2013年，先后制定起草了《关于依法处理信访活动中违法行为适用法律的指导意见》、《关于查处消防安全违法犯罪行为适用法律的指导意见》、《关于依法处理娱乐场所经营活动中违法行为的指导意见》等一系列文件40余件，通过加强执法制度建设，实现了公安执法标准体系的完善丰富，为执法规范化建设提供了有力的支撑，建造了一条保障民警规范执法的刚性轨道。全局举办了6期“法制大讲堂”系列讲座，邀请刑警学院教授、市检、市法院相关领导以及法制支队业务骨干为全局民警集中进行电视讲座，对公安执法办案实践中进一步正确理解、适用新刑诉法具有重要的指导意义。成功组织了全局共计5566人参加了2013年基本级、中级、高级执法资格考试，有效激发了民警学法用法的积极性，民警法律素养和专业技能得到全面提升。

（贾远航）

【开展党的群众路线教育实践活动】 2013年，成立了由市局主要领导为组长、各单位责任人为组员的群众路线教育实践活动领导小组，组织开展了以“思想大讨论、民意大征集、典型大选树、矛盾大化解、治安大整治、警民大巡防、执法大检查、爱心大帮扶、服务大提升、警风大整顿”为主要内容的“十大特色载体活动”，切实让教育实践活动在公安机关更加鲜活、更具特色、更有实效。组织全局收看了焦裕禄、杨善洲、甘祖昌三位典型人物事迹和《莫伸手、伸手必被捉》警示教育片，利用专题辅导、网上论坛、知识竞赛等多种形式，推动学习教育的深入开展。在学习的基础上，各级党组织先后召开了专题民主生活会和专题组织生活会，深入查摆问题，开展批评与自我批评，进一步明确了问题的所在。通过举行各类座谈会、恳谈会744次和“民心网”、“96123热线”、局长信箱等渠道，征得群众意见建议2492条，解决答复1868件。根据群众意见建议形成了涉及7个方面、24条整改措施的《教育实践活动整改工作方案》，明确各单位一把手为整改工作的第一责任人，提出了明确的整改时限和整改要求。在反对形式主义方面，全年精简会议711个，精简文件964件；在反对官僚主义方面，制定了《市公安局进一步改进工作作风11项规定》，重点完善党内议事制度、人员、经费管理制度，使各项工作有章可循；在反对享乐主义方面，进一步推动警力下沉，基层警力占全局总警力比例高达64.14%，是全国同等城市中比例最高的；在反对奢靡之风方面，压缩“三公经费”456万元，清理超标办公用房4464.4平方米，清理超标公务用车80辆。群众投诉办理质量综评分始终位列全省公安机关第一位。

（张　磊）

【加强公安队伍建设】 2013年，全市各级公安机关自上而下组建了由“一把手”任班长的“学习读书班”，切实把全警的思想和行动统一到中央关于全面深化改革的重大决策部署上来，把智慧和力量凝聚到实现中央确定的各项目标任务上来。紧密结合全市公安工作实际，认真梳理出43项与公安工作改革有关的重点课题任务，并逐项细化分解到全局各单位，明确了具体责任人和学习指导人，切实找准了工作的结合点、着力点和突破点，为推进全市公安工作改革创新奠定了坚实基础。制定了《战时思想政治工作规范》，创新推出“十个上一线”工作机制，教育和引导广大民警全身心投入到“两节两会”、“六四”维稳、“十二运”等各项公安安保工作中。以开展向任长林同志学习活动为契机，组建了“爱民为民先进事迹报告团”，大张旗鼓地开展先进典型选树和表彰活动，全局共有220个集体和2008名个人受到表彰。把“十二运”安保实战作为培养、锻炼、考察干部的最好平台，重点对各级领导班子精神状态和整体合力、班子主要领导作用发挥和“一职双责”落实情况进行考核，全局共提拔、使用、交流处级领导干部197人次，提拔、调整副处级所长教导员117人次，进一步激发了公安队伍的整体活力。着力深化人事制度改革。积极争取市编委、市人社局支持，新增加了153名政法专项编制和4名副处级领导职数，通过接收军转干部、面向社会招录新警，为公安队伍补充了新鲜血液。单独设置市维稳办、维稳支队，新组建、撤销、合署了6个基层派出所，新组建了便衣警察支队和视频图像技术侦查大队，进一步适应了实战任务需要。组织开展了“加强纪律作风、建设廉洁警队”主题实践活动，扎实推进有沈阳公安特色的惩防体系建设。组织全局700余名副处级以上领导干部观看了《手莫伸》系列警示教育片，并组织座谈讨论，认真查找、剖析领导干部自身及本单位存在的“四风”问题。

（贾远航）

【2013年十大刑事案件】 一、侦破大东区“2013.4.11”特大抢劫储户案。2013年4月11日10时41分，被害人在大东区建设银行汽车城支行取款41万元后，驾驶一台黑色雪弗兰景程轿车行至东北大马路256号1门马路上发现右后车胎被扎，二人在下车换胎时，两名犯罪嫌疑人打开左前车门，将副驾驶座位上装有41万现金的灰色包抢走。经过专案组现场勘查、调查走访、调取300余个探头、5000余小时的视频资料，顺线追踪11天，最终于4月21日锁定了犯罪嫌疑人逃至卫工街“第一城”小区南门附近。4月25日，专案组同步行动，成功将犯罪嫌疑人李连强（男，46岁，皇姑区人）、康有利（男，50岁，铁西区人）抓获。经审讯，犯罪嫌疑人对其抢劫的犯罪事实供认不讳。

二、侦破新民市“2013.5.15”特大抢劫杀人案。2013年5月15日22时16分，新民市中兴西路104号东侧胡同口发生了一起抢劫、杀人案，被害人吕某某、朱某某被杀死。专案组发现犯罪嫌疑人应于案发前夕驾驶一台蓝色摩托车驶入过案发地。同时，在走访中，一名出租车司机反映案发当晚有一名可疑男子乘坐其出租车去了八宝社区。专案组在对该社区摸排中，发现租住在此地的吕万朋（男，36岁，新民市人）有一台蓝色摩托车，案发后不知去向。在其出租屋中发现的DNA与案发现场提取到的男性DNA一致，遂认定吕万朋有重大作案嫌疑。5月25日20时许，在沈阳市于洪区光辉乡旺客隆酒店内将犯罪嫌疑人吕万朋抓获，经审讯，该人对实施抢劫、杀人的犯罪实事供认不讳。

三、侦破沈河区“2013.4.29”苏氏牛肉面店爆炸案。2013年4月29日凌晨3时许，沈河区北三经街33号苏氏牛肉面店发生一起爆炸案件，店面南侧外第一块玻璃及部分空调外挂机被炸毁，无人员伤亡。此案发生在十二运开幕前夕，性质极其恶劣，社会影响极坏，给周边群众造成了极大的恐慌。根据公安技术部门对现场提取的爆炸残留物物进行分析检验，可以确定爆炸物应为烟花火药，通过导火线引爆。专案组通过综合运用多种侦查手段，经过5个昼夜的连续奋战,成功将犯罪嫌疑人唐国强(男,48岁,沈河区人)抓获。经审讯,该人交代了因琐事与苏氏牛肉面店走出的一名客人发生口角,并被该人打骂,为实施报复,以泄私愤,唐国强将春节购买的鞭炮拆开后,将火药装入捡来的一个白色瓷瓶内,自制了爆炸装置,对沈河区北三经街33号苏氏牛肉面店实施爆炸的犯罪事实。

四、侦破辽中县"2013.7.06"满都户镇爆炸案。2013年7月6日2时30分许,辽中县满都户镇古城子村赵延金家中发生爆炸案件,未造成人员伤亡。经综合现场勘查、理化检验及调查访问,专案组认定,爆炸装置应为一枚老式制式手榴弹。专案组通过对古城子村1091户、3013名村民开展摸底排查工作,获取一条重要线索,1978年左右,满都户镇古城子村曾经组织过一次投掷手榴弹演练,但用来练习的手榴弹没有用完,其中一颗留给了当时担任民兵排长的胡贵金(男,56岁,辽中县人)。经进一步调查,发现胡贵金有盗窃犯罪前科,曾因土地纠纷问题与被害人发生矛盾,具备作案动机,同时有条件接触作案工具。专案组立即传唤胡贵金,并在其家中搜查出猎枪1支、猎枪子弹27发。经审讯,胡贵金交代了因赵延金多次上访反映其问题而怀恨在心,遂于7月6日凌晨持手榴弹潜入被害人家中实施爆炸的犯罪事实。

五、侦破"2013.7.17"沈阳理工大学入室抢劫强奸案。2013年7月17日,沈阳理工大学发生一起入室抢劫强奸案件,影响极坏。案发后,专案组立即对沈阳理工大学校内及周边地区进行了大规模、地毯式的摸底排查。经过48个昼夜的连续奋战,共排查梳理重点人员2万余名,手机号码1.7万余个,现场周边网吧上网人员1700余名,调取分析视频时长3700余个小时,DNA比对1165份。通过科学准确的并案分析,细致入微地摸底排查,海量信息的碰撞比对,刑事技术的准确鉴定,成功锁定犯罪嫌疑人陈亮(男,35岁,开原市人),并于9月2日在云南省昆明市将犯罪嫌疑人陈亮抓获。经审讯,该人对实施抢劫强奸的犯罪事实供认不讳。

六、侦破"2013.8.3"故意放火焚烧客车案。2013年8月3日,程某(男,30岁,铁西区人)报警称,其运营的长途客运汽车上发现一件黄色编织袋,袋内装有可疑物品。接报案后,市公安局立即组织警力展开侦查,技术人员发现编织袋内有一纸盒箱,纸盒箱内有两个浸满汽油的毛绒玩具,一部黑色直板手机,手机与一电子点火器用电线联通,手机尾号为1159,纸盒下层有蓝色毡布。经分析认定,该可疑物为自制手机遥控点火装置,利用手机电话联通电子点火器引燃浸满汽油毛绒玩具,判定此案为一起故意放火案。经十余小时的连续奋战,以尾号1159的手机号码这一线索为切入点,成功将犯罪嫌疑人王启明(男,39岁,辽中县新民屯镇人)、李昌满(男,35岁,辽中县新民屯人)2人抓获。经审讯,二人交待了以长途客车为侵害对象实施放火,企图制造有轰动效应的极端暴力案件,并预谋以此向其他长途客车业主实施敲诈勒索,但因点火装置电池接触不良放火未遂的犯罪事实。

七、侦破"0407"病死猪系列案件。经过长达五个多月的秘密侦查,2013年4月7日,由市公安局统一指挥,出动300余名警力,分成12个行动小组,开展公安部、省厅督办的"0407"病死猪系列案件收网行动。专案组连续奋战72小时一举将犯罪嫌疑人于某、郝某、强某及其他涉案人员38人抓获,摧毁了以犯罪嫌疑人于某、郝某为首的特大收购加工"病死猪"犯罪网络。犯罪嫌疑人于某、郝某等32人刑事拘留。现场缴获"病死猪肉"11640公斤,其中扣押犯罪嫌疑人于某"病死猪肉"6000公斤、犯罪嫌疑人郝某5500公斤、犯罪嫌疑人强某140公斤。经工作认定,此团伙涉案"病死猪"475头、"病死猪肉"30933公斤,现犯罪嫌疑人于某等14人已被依法逮捕。

八、侦破谭凤群销售"假羊肉卷"案件。2013年5月8日,市公安局在市质监局、动检部门的密切配合下,成功破一系列特大非法贩卖"假羊肉卷"案件。经工作查明,从2011年至案发时,犯罪嫌疑人谭凤群等人从北京、河北、黑龙江等地肉类加工厂购进以鸭肉假冒羊(牛)肉的"假羊(牛)肉卷",在沈阳市北方肉食城以批发兼零售的形式,向省内各市县和吉林、海南、山东等地批发零售,同时通过互联网进行销售,涉案金额近千万元。

九、侦破部督"2013－449"号特大跨省武装贩毒案。2013年3月19日,市公安局对涉嫌贩卖毒品的犯罪嫌疑人腾某等人立案侦查,经查发现该案以犯罪嫌疑人徐某为首,与沈阳、鞍山、辽阳、丹东、抚顺、营口等地主要嫌疑人紧密联系,构成的一个涉及上下五个层级,大肆进行毒品分销的庞大贩毒网络,涉案毒品量巨大。鉴于案情重大,公安部将其立为"2013－449"号部督案件,并由市公安局协调省内其他5市公安机关发起集群战役,全力攻坚侦办此案。该案历经近9个月的艰苦经营,于2013年12月3日宣告破获,分别在广东东莞、河北衡水及省内各市抓获主要犯罪嫌疑人60人,缴获仿六四式手枪2支、子弹3发,缴获毒品冰毒1.6公斤、海洛因700余克,海洛因勾兑原料5公斤,扣押涉案车辆5台,毒资35万元。打掉了一个涉及广东、辽宁、河北三省八市的特大跨省武装贩毒团伙,摧毁了一条由广东向辽沈地区大肆进行毒品贩运的地下通道,有力净化了社会治安环境。

十、侦破2013.11.2特大非法经营案。2013年8月,市公安局接到省厅转递的线索称:"一名为王鹰的男子利用POS机实施非法套现活动"。市局迅速成立专案组,经过秘密侦查发现,犯罪嫌疑人王鹰自2011年开始利用POS机实施非法套现活动,涉案金额近5000余万元。并确定了犯罪嫌疑人王鹰等人隐匿在铁西区的四个犯罪窝点,有效固定了该团伙的相关犯罪证据。2013年11月2日10时,专案组果断出击,一举将涉嫌刷卡套现活动的主要犯罪嫌疑人王鹰、张禹(女,40岁,沈阳市铁西区人)等7人抓获,当场收缴用于套现的POS机30台、电脑4台、手机5部,信用卡100余张。经审讯查明,上述7名犯罪嫌疑人自2011年以来相互勾结,以虚假交易利用POS机实施非法套现犯罪行为,共涉及交易金额5亿余元,四名犯罪嫌疑人因涉嫌非法经营罪被依法逮捕。

（*张　磊*）

检　察

【贯彻宽严相济的刑事政策】 2013年,市检察院在全市两级检察院建立专门机构或指定专人办理未成年人犯罪案件,完善未成年人犯罪记录封存等工作机制,落实各项帮教措施,积极开展检察官送法进校园活动。最高人民检察院将全国未成年人刑事检察工作联系点设在沈阳,对有关工作给予了充分肯定。

增强国家安全意识,高度重视社会稳定,对严重危害人民群众生命财产安全的刑事犯罪保持高压态势,着力惩治发生在群众身边的损害民生民利的犯罪。对重大案件依法适时介入,引导侦查取证,批准逮捕杀人、抢劫、生产销售有毒有害食品等危害社会治安和群众生产生活的犯罪嫌疑人5171人,提起公诉7009人,有力震慑了犯罪。

牢固树立"群众利益无小事"的理念,依法公正对待群众诉求,加强释法说理、教育疏导,把化解矛盾贯穿于工作全过程。强化执法办案风险评估预警机制,坚持检察长接待日制度和领导包案制度,促使当事人息诉息访,实现了市检察院新发涉检信访案件为零和信访历史积案清零的成绩。对符合刑事赔偿和救助条件的当事人给予赔偿和救助,化解了社会矛盾,彰显了公平正义。

（宋丹阳）

【查办和预防职务犯罪】 落实市委反腐败工作部署,加大案件查办力度。针对发生在群众身边、损害群众利益的职务犯罪,开展专项查办和预防工作,深入推进涉农惠农政策落实、工程建设领域突出问题等专项治理,查处大案要案244件。

树立"查办职务犯罪非常重要,预防职务犯罪更为重要"的理念,拓展预防工作的广度和深度。积极推进社会化预防工作,开展"进机关、进企业、进乡村、进学校、进社区"专题预防工作,组织多种形式的法律宣传,在全市两级党校和部分机关、企事业单位进行预防讲座189次。提供行贿犯罪档案查询服务,出具查询告知函5028份,依法促进了社会诚信制度建设。大力加强专项预防工作,关注重大民生工程,选定50个政府投资的重点工程建设项目,深入开展专项预防,针对发现的职务犯罪易发环节,发出检察建议并督促整改。继续抓好个案预防工作,对所查办的职务犯罪案件,坚持"一案一分析,一案一预防",指导和推动发案单位建章立制,堵塞管理漏洞。选择与群众利益密切相关、案件多发的领域,加强调查研究和原因剖析,提出对策建议,向有关部门报送专题报告49份。

坚持惩治与服务并重,改进工作方式,慎用强制措施,避免查办案件对涉案企业产生负面影响,尽可能保护其生产经营的积极性。在事关沈阳振兴发展的重点领域加大工作力度,实施了"十二运"场馆建设专项预防工程,开展了对土地征收工作的预防犯罪警示教育,启动了危害科技创新犯罪专题调研,围绕建立预防犯罪的长效机制提出工作建议,全年共为国家和企业挽回经济损失2.1亿元,切实保护了振兴发展成果。

（宋丹阳）

【依法开展诉讼监督】 在立案监督和侦查活动监督方面,以监督立案后的有罪判决率和判处重刑率作为重要检验标准,提升监督的力度。探索建立刑事诉讼与行政执法相衔接的长效机制,开展危害民生刑事犯罪立案监督活动。对应当立案而不立案的,依法监督立案201件;对不应当立案而立案的,监督撤案40件。就指定居所监视居住、刑事案件证据合法性证明、非法证据排除等问题,建立制度,加强监督,书面纠正违法行为249件次。对不构成犯罪、法定不予追究和证据不足的,依法不批准逮捕2320人、不起诉229人;对应当逮捕而未提请批捕、应当起诉而未移送审查起诉的,追加逮捕253人、追加起诉266人。

在审判监督方面,建立对庭前会议、简易程序庭审等审判活动的监督机制,规范监督行为,增强监督实效。依法审查刑事判决和裁定,对存在实体错误和严重程序错误,可能影响案件公正审理的,支持抗诉21件,对3488名被告人提出了量刑建议。注重对弱势群体的司法保护,支持和帮助他们进行民事诉讼。共受理民事行政申诉案件739件,是上年同期的3倍。对认为确有错误的民事行政判决和裁定,依法抗诉28件,提请省检察院抗诉46件。查办监管场所职务犯罪,立案查处12件12人。加大保外就医专项检查力度,筛选可能存在问题的104名保外就医罪犯进行复检,对其中不符合或已丧失保外就医条件的重新收监。探索看守所医疗社会化运行模式,支持和推动有条件的基层检察院协调卫生部门,在看守所设立医疗卫生所,为解决在押人员就医问题探索了新途径。

（宋丹阳）

【检察队伍建设】 评选沈阳市首届人民满意检察官,发挥了先进典型的引领示范作用。推进队伍专业化建设,加大业务培训和岗位练兵力度,邀请专家学者授课,与有关高校联合培养检察专业人才,促进了检察人员能力水平提升,涌现出了全国检察业务专家高峰、全国优秀公诉人魏冬等一批优秀代表,城郊地区检察院被评为全国先进基层检察院。积极推进市检察院侦查指挥信息系统建设,不断提高检察工作的信息化水平。加强纪律作风建设,落实党风廉政建设责任制,严格贯彻中央和省市委关于改进工作作风的有关规定,认真执行检察人员八小时外行为禁令,并制定了具体的工作制度,开展了"警示教育周"活动,强化了廉洁从检教育。加强检务督察,进一步规范了自身的执法行为。

（宋丹阳）

【自觉接受监督】 主动接受人大及其常委会的依法监督,认真执行各项决议和部署,专题报告批捕和起诉工作并落实审议意见,督办案件全部按时办结。走访市人大各代表团,根据代表的意见和建议强化诉讼监督,提升文明规范执法的能力。自觉接受政协民主监督,认真向市政协通报工作,积极听取委员的意见和建议,政协提案办复率达到100%。深化检务公开,举办检察开放日和专题座谈等各种活动,并探索在门户网站开通微博,广泛征求各方对检察工作的意见和建议,主动接受社会监督。

（宋丹阳）

审　判

【概况】 2013年全市法院共受理各类案件16.8万件,审结15.3万件,同比分别上升4.3%和2.4%。其中,市法院受理1.9万件,审结1.7万件。

刑事案件审结1.2万件,同比下降5.7%。判处杀人、抢劫、绑架、黑社会性质组织、贩毒等罪犯3575人,判处伤害、拐卖妇女儿童、危险驾驶、盗窃、恶意欠薪等罪犯4279人,判处生产销售伪劣商品、非法经营、非法吸收公众存款和金融诈骗、虚开发票等罪犯2196人,判处贪污、贿赂等罪犯271人。依法保障人权,为1107名被告人指定辩护律师。加大刑事附带民事案件调解力度，促成2038件刑事附带民事案件就民事赔偿达成调解协议。市法院刑事审判一、二庭分别受到最高法院表彰。

民事案件审结10.2万件，同比下降0.39%。坚持依法自愿调解原则，调解结案3.83万件，调解率38.1%。高度重视民生案件，审结物业纠纷案件1.2万件、劳动争议案件1.2万件，以及道路交通事故损害赔偿、医疗纠纷、土地承包、房地产纠纷案件等2.8万件；维护区域金融中心发展，审结金融纠纷案件2950件；加大知识产权司法保护力度，审结知识产权案件797件；维护公平交易投资环境，审结涉外、涉港澳台民商事案件601件；依法审理企业破产、解散、清算案件，特别是“荷兰村”合并破产系列案的清结，使多年的历史遗留问题彻底得到了解决，其审理方式开创了我国破产案件依职权并入关联企业合并破产的先例。

行政案件审结1523件，同比上升15.6%。贯彻落实《行政强制法》，审查行政非诉执行案件362件，裁定准予执行的240件。保障重点项目建设，妥善审理了“十二运”场馆建设、“金廊工程”及“汽车城”项目等系列城市房屋征收、拆迁案件。促进依法行政，推进行政机关负责人出庭应诉，发布行政审判白皮书，获全国法院优秀审判业务成果奖。

执行案件执结3.2万件，同比上升16.2%，实际执行率77.5%。加大强制执行力度，实施司法拘留275人次，限制出境99人次，下达限制高消费令67人次，媒体曝光244个单位和个人。组织开展了“金融债权案件专项执行”、“涉执行信访百日清积案”等活动，清理执行积案1550件。与公安机关建立了执行联动机制，与人民银行建立了点对点查询机制。指挥调度两级法院出动执行人员991人次、执结案件424件，执行指挥中心被最高法院列为全国执行指挥中心建设试点单位。

（贾俊兴）

【提升司法公信力】 坚持程序公正保障实体公正。严格落实修改后的刑事诉讼法，与检察、公安机关先后就死刑案件证据、刑事二审开庭程序、非法证据排除等会签实施5个指导性意见。认真执行修改后的民事诉讼法，基层法院全部成立了小额诉讼审判组织。对东陵和高新区两个法院的案件管辖进行了调整，对基层法院涉外刑事案件实行了集中管辖，探索建立了各类专业合议庭。

强化审判管理提升审判质效。探索审判委员会工作机制改革，市法院建立委员直接审理案件、信访轮值接待制度，委员担任审判长审理案件112件、接待来访363人次。优化审判资源配置，市法院增设了审判执行部门，精简综合部门人员向审判一线流动，审判执行部门员额比例从74.2%上升到85.3%。完善绩效考评办法，科学设定考评指标，纠正了片面追求结案率、年底不收案的问题。审判质效进一步提升，审限内结案率97.2%，同比上升0.9个百分点。推进阳光司法促进司法公正。扩大二审开庭范围，二审开庭率80.8%，同比上升5.7个百分点。实行“三个一”执行公开制度，在基层法院试点司法网络拍卖工作，推进裁判文书上网工作。坚持新闻发布制度，市法院召开11次新闻发布会、通报会，及时公开重大工作情况。创新审判公开方式，在全国率先实现了两级法院微信平台联动开通。推进人民陪审员工作，增选陪审员382名，全市931名陪审员参审案件2.6万件，陪审率90.2%。市法院和皇姑区法院被评为“全国法院网络宣传先进单位”，新民市法院被列为“全国司法公开示范单位”。

（贾俊兴）

【落实便民举措践行司法为民】 开展网上立案，完善多元化立案模式，市法院实现了全年无立案空白日。向交通、卫生、劳动等行政部门派驻巡回法庭，基层法院巡回审判案件7780件。部分基层法院设立保险公司驻法院调解室，为涉诉在校学生、双职工推出“假日庭审”。维护弱势群体权益，审结涉农民工工资案件2872件，为农民工追回劳动报酬2174.83万元。加大司法救助力度，共对587件案件减免诉讼费290余万元，对283件案件的345名特困当事人发放救助金1620.64万元。

（贾俊兴）

【接受监督】 市法院先后就执行工作机制改革、代表建议意见办理情况、制定实施沈阳法院五年发展规划等重大事项，主动向市人大常委会专题报告。自觉接受检察监督，落实检察长列席审判委员会制度，认真审理抗诉案件。接受政协民主监督，主动向政协通报工作情况，邀请政协委员视察法院。畅通人民群众监督法院工作渠道，市法院聘请了100名特约监督员，并组织明察暗访活动115人次；召开“提升司法公信力律师座谈会”，征求律师的意见建议；邀请人大代表、政协委员及各界群众旁听庭审、听证以及见证执行910人次；向当事人发放廉政监督卡19.7万份。

（贾俊兴）

【延伸审判职能】 全力服务国家中心城市建设，制定实施了《为老工业基地全面振兴提供司法保障的十五条措施》。组织法官深入到企业、社区开展司法服务活动1617人次，现场为企业化解经济纠纷、提出合理化建议。围绕平安“十二运”，成立了全运案件专门合议庭，审理涉“十二运”案件151件。加强对社会难点、热点问题的司法研判，形成调研报告和信息197篇，被上级机关采用98篇，提出司法建议301份。加强未成年人司法保护，与有关部门出台了未成年人犯罪记录封存暂行办法。推动涉诉信访工作法治化，促进诉访分离，共处理来信来访7090件次，化解上级交办案件490件，化解率85.1%。推进诉调对接，与社区、社团组织、行业协会等共同开展调解工作，使8437件群众纠纷诉前得到化解。

（贾俊兴）

【自身建设】 市法院加强队伍建设提升素质。完善了干部选拔任用办法，公开选拔了30名中层干部，建立了中层后备干部队伍；制定了干部交流工作实施办法，对81名中层干部和法官进行了岗位交流。创新培养方式，与北京大学联办“法官素质研修班”，与中国政法大学、省委党校等共建了教研基地，全市法官在国家、省级刊物上发表论文53篇。加强职业培训，举办各类续职培训班22期、培训3360人次。组织岗位练兵，开展示范观摩庭和优秀裁判文书、优秀案例评选活动，6名法官在全国、全省获奖。10名法官获全国法院先进个人、辽宁省“五一”奖章等省级以上荣誉。强化基层基础建设。全市法院已建成科技法庭33个，市法院建成了全省首个远程视频提讯系统。继续实行领导班子成员定点和各业务部门对口划片指导制度，下发了民事审判工作会议纪要、适用简易程序意见等20余个业务指导文件。

（贾俊兴）

【党建工作】　扎实开展党的群众路线教育实践活动，共征求社会各界群众意见191条，查找出“四风”方面问题17个，制定整改措施30条，建立健全规章制度17项，反“四风”、转作风取得了阶段性成果。认真落实中央八项规定，重点组织开展了司法廉洁教育月、纪律作风整治活动和会员卡清退以及公务用车、办公用房专项整改。市法院坚持“抓党建带队建促审判”，在全市法院形成了“条块结合、上下联动、整体推进”和“一个中心两条线”的党建工作格局，使党支部的战斗堡垒作用和党员的先锋模范作用得到有效发挥，探索总结出的“党建工作联系点、政治指导员制度，上下联动、整体推进、全面发展的工作运行机制，党建工作巡查、考核、激励、关爱机制和党务干部培训交流”等8项工作机制，被评为“全国法院党建创新优秀案例”。

（贾俊兴）

司法行政

【律师工作】　2013年，全市有律师所216家，律师2757人。全市律师从做好政府顾问团工作、加强“双联”工作、推进“双千”工作、介入涉法信访等四个方面，完善了“资政”服务平台、“惠民”服务平台、律师“助企”服务平台、律师“维稳”服务平台，在服务经济发展、服务和谐稳定、服务保障民生中，发挥了重要作用。深入推行政府顾问团工作，全市律师紧紧围绕“稳增长，办全运，惠民生，抓党建”四项重点工作，为全市213个各级政府和部门担任法律顾问，全市律师中有159名民主党派人士、4名律师担当人大常委会立法顾问，27名各级人大代表、54名政协委员积极参政议政，为政府管理社会公共事务提供法律咨询、法律论证等法律服务。扎实开展“双联”工作，联合沈阳日报、沈阳晚报等新闻媒体，组织全市1500余名青年律师开展了以“青年律师进社区（乡村），送法服务惠民生”为主题的“法律服务维权月”系列活动；选派优秀律师为1001家社区书记担当法律顾问，在社区设立惠民法律服务岗，每名双联律师每月至少一次到指定的社区法律服务岗，深入社区村屯，面向基层、面向最困难群众，发挥律师专业优势，启动了“法律服务惠民生执业为民送温暖”主题活动。稳步推进“双千”工作，全市律师为企业健康发展提供了大量优质高效的法律服务，为地铁、全运会等58个重大建设项目提供法律服务，为1953家企业担任法律顾问，其中，国有大型企业409家，国家及省直企业110家，外商独资企业115家，外商合资企业135家，民营企业1184家，百强工业企业67家。积极参与介入涉法信访，全市累计已有3426名律师参与信访值班，累计接待涉法上访群众2.2万批次，其中，集体访397件次，完成市委、市政府、市纪委领导交办案件37件，介绍到法援中心案件361件，参与疑难案件论证会186件次。

（张瀚文）

【公证工作】　2013年，全市共办理各类公证8.5万件，收费2914.3万元，深入开展公证便民利民活动，开辟绿色通道，提供上门服务816件，办理法律援助案件699件，减免公证费169.6万元，圆满完成各项工作任务。通过集中上街、进社区咨询宣传、滚动电子屏播放、媒体报道等多种宣传载体，积极宣传《公证法》和公证的服务领域、社会效能及典型公证案例全市共发放宣传资料1万余份，现场接待法律咨询800余人次，同时在《沈阳日报》的法治专栏以“公证员讲故事”的新颖形式刊登多期适于群众理解、易于群众应用的公证为民服务的典型案例，合理引导群众自觉选择和运用公证手段来维护自身的合法权益，预防纠纷、保障安全，进一步扩大了公证社会影响力，提升群众对公证的认知度。认真做好投诉处理和息访工作，全年共接待受理来访10人次，网上咨询11件、投诉2件，省厅转办投诉1件，公证复查争议投诉1件，全部处理完毕。全市3家公证处，5名公证员被评为“2012年度省优秀公证处、优秀公证员”。

（张瀚文）

【监狱劳教】　监狱劳教戒毒工作始终把安全稳定作为重中之重，全面落实确保稳定的制度规定和安全防范措施，不断完善并严格执行安全稳定长效机制，强化调度督导和检查排查，严格落实整改措施，续写了监管场所安全稳定工作纪录，其中康家山、东陵监狱分别连续18年、17年，沈新、张士劳教（戒毒）所分别连续11年实现“四无”工作目标，创造了新的安全稳定记录。围绕“全运安保”，扎实开展了“奋战三十天全力保安全”、“安全生产百日会战”等一系列活动，实现了“大事不出，小事也不出”的既定目标，《法制日报》对全局的全运安保工作进行了报导；以开展“教育改造（矫治）质量年”和“文化建设年”活动为载体，丰富和创新教育改造和矫治方式方法，提高了教育改造和矫治质量；坚持“阳光执法”，严格把控减、假、保等重要执法环节，确保了执法公正；按照要求，积极稳妥做好了劳教制度改革的相关工作。9月中旬，收容的劳教人员全部解除。

（张瀚文）

【基层法律服务】　一是按照司法部和省厅的要求，对2013年年检注册工作进行了认真的部署，全市共有105个基层法律服务所和537名基层法律服务工作者通过了年检注册，通过年检注册对基层法律服务工作者进行职业道德和执业纪律教育。二是加大宣传力度，扩大社会影响。从4月22日起，利用1个月时间，组织所有基层法律服务所以多种形式对新修订的《民事诉讼法》的相关内容进行宣传。宣传活动共发放宣传材料1.2万多份，解答群众法律咨询3000多人次，使广大人民群众了解了基层法律服务工作的服务对象、业务范围。三是开展诚信教育活动。从4月25日开始到6月24日止，在全市各基层法律服务所、基层法律服务工作者中开展了一次行业诚信建设情况评定活动。市司法局下发了《关于印发2013年全市基层法律服务行业信用建设培训宣传计划的通知》，各基层法律服务所、基层法律服务工作者对所务管理工作和诚信建设情况进行一次全面的自查自纠，对查找出来的问题进行认真整改，进一步规范了基层法律服务工作。四是协会换届，行业管理工作明显加强。10月17日召开了沈阳市第二届基层法律服务工作者代表大会。大会对第一届协会工作进行了总结、对下一步工作进行了部署、选举产生了新一届理事会。这次大会的召开对加强基层法律服务工作者队伍建设，推动基层法律服务工作不断深化，完善基层法律服务工作管理体制，更好地服务构建和谐社会发展，服务基层政府和广大人民群众将具有十分重要的促进作用。

（张瀚文）

【**社会管理**】　2013年，市司法局充分发挥司法行政工作职能，加强和创新社会管理各项工作，全力做好社区矫正、刑释解教人员的安全稳定工作，实现了全运期间、重点时段两类特殊人员无脱管漏管、无上访闹访、无参与群体性事件、无刑事犯罪等现象发生的“四无”工作目标，维护了社会和谐稳定。社区矫正工作不断强化人员队伍建设、信息化建设和制度建设，开展高频次、大范围执法检查督查，突出教育帮扶，提高了社区矫正规范化管理水平。全市在矫3971人，累计入矫2625人，无脱管失控现象；安置帮教工作认真落实必接必送制度，强化“三无”人员帮扶和阳光基地建设，释解人员安置率达到91.2%，促进了社会和谐稳定。在充分总结工作经验的基础上，市司法局编印了5000册《刑释解教人员安置帮教工作指南》，下发到各区县（市）司法局、司法所、街道、社区等单位和部门，便于其更加深入了解安置帮教工作。该指南进一步规范了安置帮教工作流程，详细说明了日常工作中应注意的事项，对安置帮教档案建设提出具体要求和规范，切实起到提高工作质量和效率的作用，促进了基层司法行政单位规范开展安置帮教工作。根据省综治委特殊人群专项组和司法厅《关于印发2013年度社会管理综合治理暨“平安建设”工作（司法行政、特殊人群管理部分）考评细则的通知》（辽司〔2013〕97号）要求，制定并下发了《沈阳市2013年度社会管理综治工作（司法行政特殊人群管理部分）考评细则》，使各相关单位和部门及时了解本年度综治考评工作的内容及考评方式，确保综治工作顺利开展。

（张瀚文）

【**基层人民调解**】　2013年，全市共有各级人民调解组织2618个，其中乡镇（街道）调委会201个，村（社区）调委会2267个，企、事业单位调委会134个，专业性、行业性调委会16个。进一步加强人员队伍建设。全市共有人民调解员2.02万人，其中专职调解员3732人，兼职调解员1.65万人。进一步加强工作制度建设。为进一步规范人民调解工作程序，全市统一建立了“八项制度”，提出了“六个规范”，并统一制作了档案标签、簿册封皮、公示板及各种表格的模板，为全市人民调解规范化建设奠定了坚实的基础。进一步加强经费保障建设。按照《人民调解法》和财政部、司法部《关于进一步加强人民调解工作经费保障的意见》有关规定，各区、县（市）积极争取各级党委、政府对人民调解工作的支持，共落实人民调解经费124万元。通过全市各级人民调解组织和广大人民调解员的共同努力，十二运期间，全市无一例因民间纠纷激化引起的非正常死亡和民转刑案件，无一例因民间纠纷激化引起的群体性械斗和群体性上访事件。人民调解工作充分发挥出“第一道防线”的作用，收到了实实在在的成效。安保期间共调解民间纠纷4653件，调解成功4623件，调解成功率99.3%，排查调处率100%。其中，防止民转刑案件3件7人，防止群体性上访30件1223人，防止群体性械斗1件63人。

（张瀚文）

【**普法教育**】　2013年，大力推进法治城市、法治县（市、区）创建工作，全市获首批“全国法治城市创建活动先进单位”荣誉称号，经验做法在省司法厅进行了介绍推广；全面深化“法律六进”，共发放《领导干部学法用法读本》3000册、《农民最关心的200个法律问题解答》2000余册、法制宣传袋1000多个，编印《青少年法律知识读本》3万册，印发“五老”普法讲义、教材3000多册，不同层面普法对象的法治意识和法律素质进一步增强，法治思维和法治方式的运用能力进一步提高；深化法治文化和普法载体建设，成功举办了6万余群众参与的“沈阳市首届普法歌曲演唱比赛”，提高了法制宣传教育效果；开展了形式多样的专项法制宣传。积极应对政策任务的改革调整，严格落实各项程序规定，国家司法考试工作圆满顺利完成。

（张瀚文）

【**法律援助**】　法律援助工作不断扩大援助覆盖面，深入开展“规范化管理建设年”活动，强化办案质量评估与监管，充分发挥“12348”热线功能，努力提高社会知晓度，服务了保障和改善民生。全市受理法援案件9509件，接听电话32675人次。市法援中心受理法援案件475件，同比增长34%，共有582名律师参与热线值班，接听咨询2.2万件。市法援中心获司法部“便民服务示范窗口”和国家、省、市老龄委“敬老文明号”等荣誉。

（张瀚文）

工　　业

综　　述

【工业经济运行综述】 2013年,面对错综复杂的经济形势和不断变化的困难挑战,全市工业战线精心组织经济运行工作,扎实开展“双进双解”活动,加快推动工业结构调整,抓好重大项目建设,深入推进两化融合,工业经济实现了平稳较快增长。

一、经济运行保持平稳增长,工业占全市比重有所提高

全市规模以上工业完成产值13678.3亿元,比上年增长13.6%;完成工业增加值3522.2亿元,增长10%,分别高于全国(9.7%)、全省(9.6%)平均增幅0.3个和0.4百分点。工业增加值总量在全国15个副省级城市继续稳居第一集团。工业占全市GDP的比重达到46.8%,比上年提高0.6个百分点。

优势产业增长保持稳定,汽车及零部件业生产保持较快的增长势头。汽车及零部件制造、现代建筑产品制造、农副产品深加工、化工产品制造、冶金五大优势产业保持稳定的增长态势,合计完成产值7069.7亿元,占全市51.7%,增长15.8%,快于全市平均增速2.2个百分点;完成工业增加值1807.0亿元,占全市51.3%,增长11.0%,快于全市平均增速1.0个百分点。

装备制造业产值超过全市一半,继续发挥稳定的支撑作用。装备制造业完成产值7038.4亿元,占全市51.5%,增长15.9%,快于全市平均增速2.3个百分点;完成工业增加值1743.7亿元,占全市49.5%,增长12.1%,快于全市平均增速2.1个百分点。汽车、汽车发动机、变压器、泵、气体压缩机、采矿专用设备、金属冶炼设备、工业锅炉、空调器用压缩机等主要装备制造产品保持了稳定增长。

主要效益指标增长快于工业增加值增长。全市规模以上工业完成主营业务收入1.34万亿元,增长12.5%;完成利税总额1166.9亿元,增长10.9%;完成利润总额759.9亿元,增长11.6%。分别高于工业增加值增幅2.5个、0.9个和1.6个百分点。

二、增量调结构促升级,重大工业项目建设进展良好

2013年,全市累计完成工业投资2149.8亿元,比上年增长15.5%,高于全市2个百分点,占全市固定资产投资比重为33.7%。一是重大工业项目投资继续发挥明显的拉动作用。全市亿元以上工业项目完成投资1052.8亿,比上年增长27.4%,占全市工业投资的49%。二是工业投资向装备制造业集聚,并保持高速增长的势头。装备制造业完成投资1020.5亿元,比上年增长19.6%,占全市工业投资的47.5%。其中,汽车产业完成投资257亿元,比上年增长110.8%。三是四县(市)工业投资增长高于全市水平,比重逐年提高。新民、辽中、法库、康平等四县(市)完成工业投资946.2亿元,比上年增长29.9%,比全市工业投资增幅高14.4个百分点,占全市工业投资的44%,比上年同期高4.9个百分点。

120个市重点工业项目,计划总投资2185.1亿元,单个项目平均投资额达到18.2亿元。其中:续建项目40个,总投资919.2亿元;新建项目80个,总投资1265.9亿元。这批项目于9月底全部启动建设,开复工率达到100%。其中,装备制造业项目67个,计划总投资1170.1亿元,分别占全部项目的55.8%和53.5%。包括:机械制造业项目15个,总投资148.9亿元;汽车产业项目26个,总投资512.8亿元;电子信息业项目23个,总投资453.4亿元;航空产业项目3个,总投资55亿元。

三、新兴产业培育取得积极进展

新兴产业领域中,一些重要板块实现了先行发展和局部性重大突破,对未来的整体发展具有明显的带动和促进作用。民用航空产业的国际合作迈出新的步伐。软件和信息产业总量规模和发展继续领跑东北。一批龙头骨干企业的规模和影响力进一步扩大,市场份额显著提升。

四、“两化”深度融合,促进产业加快转型升级

沈阳市在国家级“两化”融合试验区工作验收中名列第一名。沈阳机床、沈鼓集团、东药集团、沈飞集团、东软医疗被工信部作为“两化”融合典型。编制出台《沈阳市推进“两化”融合工作实施方案》,拟定了装备制造业“两化”融合重点示范项目实施方案;明确抓好2个重点示范区、10大类公共服务平台、20户重点企业示范项目,形成了重点突破、整体推进的工作格局。“数字沈阳”重点项目进展顺利,“智慧沈阳”建设开始启动,浑南、沈河、沈北、铁西4个区被国家住建部批准为国家级智慧城市试点。

五、产业集群向更高水平迈进

25个产业集群产值在全市工业占比达到54.5%,对全市工业的贡献度稳步提高;入驻企业2730户,单个产业集群平均入住企业109户,企业集中度进一步提高,聚集效应日益显著。大东汽车及零部件产业集群通过工信部初审,沈阳市国家级新型工业化产业示范基地达到3家;省新型工业化产业示范基地达到9家;2个千亿产业集群和19个百亿产业集群,数量位列全省第一。高端装备制造、高新技术和新兴产业销售收入占产业集群总销售收入的比重达到65%。铁西装备制造产品检测平台、沈北手机检测平台、浑南先进装备制造公共研发共享平台和于洪基础零部件及特种机床公共研发服务平台等公共服务和公共研发平台建设初具规模,功能开始发挥,对装备制造业产业集群提供了针对性的服务。

六、现代生产性服务业出现活跃发

展的态势

以主辅分离、平台建设、新兴业态培育为重点，生产性服务业发展突破了近年来的徘徊局面。机床、沈鼓、远大等6户重点装备制造业企业均不同程度地启动了物流、研发、检验检测等业务的“主辅分离”工作；特变电工、辽宁奇辉等企业在降低行业物流成本方面发挥了积极作用，沈阳市成功入选全国一级物流园区布局城市。沈阳创新设计服务有限公司被国家工信部认定为辽宁省惟一的国家级工业设计企业。

七、推进自主创新能力和平台建设

企业科技创新的主体作用进一步发挥，内生的创新动力和创新实力进一步提升，创新平台建设进一步加强，新增省级企业技术中心15户，市级企业技术中心25户。20个项目获得省技术中心专项及引进海外先进适用性技术补贴，累计获得资金支持超过5000万元。组织10个项目申报国家物联网发展专项，63个产品申报省优秀新产品奖；推荐264个项目列入辽宁省企业技术创新重点项目计划。远大科技园项目进展顺利，通过整合集团幕墙、电梯以及机电三大主体产业研发团队，开始开展独立研发业务。

（李　佳）

【开展“双进双解”活动】 2013年，全市认真贯彻落实“双进双解”活动的总体工作部署，通过创新活动内容、扩大帮扶范围，科学开展绩效考评等多项举措，深入开展“企业问题直通车”和“百日攻坚”活动，全力推进全市工业经济平稳增长。

一、创新活动内容，扩大帮扶范围

在组织开展“双进双解”走进工业企业活动中，提出在2012年工作的基础上，进一步创新活动内容，达到“双促进”的目标，即：促进当前生产增长，促进企业长远发展。既要推动各帮扶责任单位完成好“规定动作”，又鼓励各责任单位扩大帮扶范围，多完成“自选动作”，各区、县（市）由规定帮扶的206户扩大到960户。

二、创新帮扶方式，提升活动效果

一是跟踪被帮扶企业的指标变化情况，对不达标的企业逐户“体检”、诊断，查出企业尚未察觉的问题，弄清问题症结，找出解决问题的对策。二是在“一对一”帮扶的基础上，着力解决企业中存在的共性问题。采取“手拉手”、“政企对接、企业对接”、“企业大讲堂”等多种形式，实实在在为企业解决问题和困难。实现政府部门之间、政府与企业之间、企业与企业之间良好交流和互动，有效地推动“双进双解”走进工业企业活动进一步开展。

三、加强调度和督导，推进活动深入开展

一是加强调度。为全面深入推进“双进双解”走进工业企业活动，市经信委多次组织召开调度会，深入各地区进行调研指导，重点了解建立和完善工作体系、与帮扶工业企业对接、活动创新、解决问题等情况。二是开展“企业问题直通车”和“百日攻坚”活动，积极落实“双进双解”百日攻坚工作部署，达到双百即：企业再对接率、问题再排查率100%。三是以群众路线教育实践活动为契机，深入企业积极开展工业经济稳增长工作。市经信委成立10个稳增长工作小组，包保14个区县和140户重点企业，并与市发改委、市统计局组成“稳增长核心工作组”，深入重点地区和企业，着力解决地区工业经济发展和企业生产经营中遇到的需要政府部门合力解决的瓶颈问题，深度挖掘潜力，促进工业经济平稳持续发展。

四是科学制定绩效考评办法，认真开展绩效考评。

按照“双进双解”活动总体方案，市经信委制定并印发了《“双进双解走进工业企业”绩效考评办法》，设立了组织领导、开展帮扶、经济指标、信息报送以及加分和减分项等6大项、16小项量化考核内容，对全市一季度、上半年和前三季度“双进双解走进工业企业”工作进行了量化考评。

全年“双进双解”走进工业企业达6491人次，共收集整理问题215个，为企业解决问题215个，问题解决率100%。在经济形势严峻复杂的局面下，被帮扶的206户工业企业，全年完成产值同比增长14.4%，高于全市平均增幅0.8个百分点，为全市工业经济稳增长奠定了坚实基础。

（李　佳）

【国家级“两化”融合实验区验收】 自2011年4月，沈阳市被工信部批准为“国家级信息化和工业化融合试验区”以来，沈阳市两化融合工作在沈阳市委、市政府的高度重视和市经信委党组的坚强领导下，按照2013年2月27日市长办公会的指示精神和要求，紧紧围绕提升装备制造业核心竞争力为目标，以提升企业的自主创新能力、重大装备成套能力、基础产业配套能力及生产性服务业支撑能力为重点，以政府推进、引导和服务三大体系建设为主线，坚持全方位对接、全领域推进和全过程保障，取得明显成效，圆满完成了国家级两化融合试验区的验收工作及各项工作任务。通过对沈阳市连续3年工业企业信息化评估综合评分进行数据分析，沈阳市两化融合评估综合评分呈逐年递增趋势，2013年，达到70.1分比2012年提高4分，沈阳市两化融合工作取得了阶段性成果。

1. 圆满完成国家级两化融合试验区工作。按照工信部第二批国家级两化融合试验区验收工作的要求，市经信委将2010年以来国家试验区各项工作汇总，编制了《沈阳市国家级信息化和工业化融合试验区工作总结报告》，在工信部第二批国家级两化融合试验区验收考评中，沈阳市以97.07分在八个试验区中名列第一。工信部验收组的评价是：沈阳市的两化融合工作全面地、圆满地、高质量地、超预期地、优异地完成了国家级两化融合试验区的任务，代表了两批16个国家级两化融合试验区最高水平，已经初步探索出一条独具特色的推进路径，对其他地区具有较强的示范和借鉴意义。

2. 健全两化融合推进体系，不断深化政府推进机制创新。一是以沈阳市政府名义制定出台了《沈阳市推进两化融合工作实施方案》（沈政发〔2013〕36号）文件（以下简称“实施方案”），成为继《试验区工作实施方案》之后推进沈阳市两化深度融合的又一重要行动纲领，为今后沈阳市两化深度融合指明了方向；二是强化沈阳市两化融合领导小组工作职能，对小组成员单位进行调整和补充，编制下发《实施方案》任务分解表，明确了部门责任分工，进一步增强政府推进合力；三是逐步完善考核机制，将两化融合纳入国家新型工业化综合配套改革考评体系，在国企考核中增加了两化融合考评指标。

3. 加大资金政策支持力度，不断完善两化融合引导体系建设。一是根据两化融合项目申报和评审工作实践，充分发挥资金引导作用,探索创新支持两化深度融合新举措,采取有偿(股权投资)支持和无偿补助相结合的模式,提高专项资金综合使用效益;二是集中全市各类专项资金向两化融合重点倾斜,加大两化融合重点项目的支持力度。市经信委5000万两化融合专项资金外,工业技改专项4个亿也重点支持企业两化融合项目建设。同时,对远大创新平台、沈鼓云制造平台等投资规模大、市场前景好的项目,开展有偿方式支持的试点工作,充分调动了企业加大两化融合投入的积极性;三是进一步完善两化融合指标评价体系,配合国家工信部做好区域两化融合发展水平调研评估,科学评估沈阳市两化融合发展状况。

4. 立足两化融合的现实需求,不断促进两化融合服务水平的提高。一是扎实开展两化融合调研,3月份,市经信委举全委之力,开展了市五大试验区和示范企业等42户重点企业两化融合调研活动,了解掌握企业"四个能力"的现状及存在的主要问题,形成调研报告;二是扩大企业联盟成员范围,两化融合企业联盟成员175家,云计算产业联盟41家,物联网产业联盟57家;三是不断完善十大类公共服务平台拓展服务功能、提升服务水平,帮助工业企业提供信息化的解决方案,实现有效对接。9月份,沈阳两化融合展示中心正式面向社会开放,建立集展示、活动、服务三位于一体的六大功能综合服务平台。同时,也成为了解沈阳市两化融合发展动态的一个崭新窗口;四是先后组织了"沈阳工业创新项目对接会"、"上海服务业与沈阳制造业融合服务项目洽谈会"等多种形式的会议,邀请专家顾问举办了两化深度融合专题讲座;五是通过开展"跑部进厅"策略,2013年沈阳市获得工信部160万元的服务体系建设项目专项资金支持;六是依托沈阳国际软件园和格微软件的两化融合人才实训基地,培训两化融合人才500余名。

5. 注重顶层设计,构建两化融合发展规划体系。根据沈阳市两化融合发展现状,编制起草《沈阳市2014－2016年两化深度融合发展规划》。4月份,在北京组织规划评审会,8月份,组织工信部两化融合研究院的11名专家深入沈阳市5个市级试验区及三一重工、沈鼓集团等60余户重点企业进行实地调研,并多次组织专家与企业开展座谈,通过对两化融合发展现状和形势分析,国内外重点领域、重点行业对标研究,提出两化融合发展规划总体思路和行动目标,把"虚拟集聚与实体集聚"、"商业模式创新"、"首台套"和"物流服务"等七个方面作为两化融合关注点,"点、线、面、体"立体制定了分行业、分领域等十四个发展子规划,为未来三年沈阳市推进两化深度融合发展提供强有力的理论体系支撑。

6. 加大两化融合宣传力度,不断优化两化发展环境。一是由工信部组织召开的"落实两化深度融合专项行动计划若干重点任务工作会议"上,沈阳市作为国家级两化融合试验区惟一代表做了典型经验汇报,并在中国电子报进行专题报道;二是在"2013中国(沈阳)动漫电玩博览会"上,沈阳市新松机器人、特变沈变等6家企业生动展示了产品研发设计、生产控制及经营管理等关键环节信息技术应用的最新成果,成为本届博览会中的亮点;三是沈阳机床、沈鼓集团、东药集团、沈飞集团、东软医疗5家企业被工信部作为两化融合典型经验进行宣传推广,辉山乳业和禾丰牧业2家企业被沈阳日报采访;四是在《沈阳新闻》集中报道了沈阳市两化融合工作取得的重大进展,辽宁日报、沈阳电视台等媒体对沈阳市2大市级试验区、十大类公用服务平台和20户重点企业进行跟踪报道,进一步营造两化融合舆论氛围。

(谢英慧)

【产业集群发展】 2013年,全市25个产业集群完成销售收入7540亿元,比上年增长15%,上缴税金283亿元,入驻企业2816户,从业人员56.7万人。销售收入达百亿元以上的产业集群19个,千亿集群2个。大东汽车及零部件产业集群实现销售收入1205亿元,铁西装备制造产业集群实现销售收入1250亿元。百亿以上和千亿以上产业集群均居全省前列。

大东汽车产业集群(欧盟经济开发区)争创国家级新型工业化产业示范基地工作已经通过工信部批准。这是继铁西装备制造产业集聚区,浑南电子信息产业集聚区后沈阳市第三家国家级新型工业化产业示范基地。铁西装备制造产业集聚区国家级新型工业化产业示范基地通过工信部三年复核。继续保持国家级新型工业化产业示范基地资格。苏家屯有色金属新材料、康平塑编纺织两个产业集群进入省新型工业化产业基地行列。全市重点组织苏家屯有色金属新材料、新民医药食品、辽中机泵阀和康平塑编纺织产业集群(开发区)开展创建"省新型工业化产业示范基地"工作。苏家屯金属新材料产业集群、康平塑编产业集群通过评审验收,成为第四批省新型工业化产业示范基地,全省有省级产业基地40家,其中沈阳市有9家。铁西装备制造、现代建筑两个产业集群公共服务平台项目各获得省产业集群专项资金补贴1000万元。2013年全市组织铁西机床制造检测平台、浑南IC装备制造公共研发平台等4个平台申报省级产业集群平台补贴项目。经过评审考核,铁西机床检测平台(市质检院)、现代建筑研发平台(远大)获得省产业集群专项资金补贴。自2011年省设立产业集群发展专项资金以来,沈阳市已有6个平台项目获得补贴共计6000万元。法库陶瓷产业集群公共研发服务平台和沈北手机检测平台建设项目获得省专家组验收通过。

2013年,沈阳市进一步调整和规划产业集群,使产业集群的产业结构得到优化。一是为突出沈阳装备制造业的整体形象,沈阳市将铁西机床、铁西电气和铁西汽车三大集群合并为"铁西装备制造产业集群",形成千亿规模,体现出沈阳产业特色及形象。重新调整装备制造业集群发展规划,向现代装备制造业发展。二是对传统产业集群进行整合,将苏家屯钢管产业集群原有的钢管加工业进行调整拓展,新增钛材、镍材、铬锆铜合金、钢铁及合金材料深加工等有色金属新材料,调整集群发展规划,向高附加值和新兴产业迈进。

(郭振宇)

【工业重大项目建设】 2013年,市政府确定推进全市重点建设项目290个,其中由经信委负责协调推进的投资5亿元以上重点工业项目120个。在120个项目中,投资100亿元以上项目5个,计划总投资554亿元;50—100亿元项目8个,计划总投资465亿元;10—50亿元项目55个,计划总投资864亿元;5—10亿元项目52个,计划总投资302.1亿元。大口径装备制造业项目67个,计划总投资1170.1亿元,分别占全部项目的

55.8%和53.5%。包括:机械装备项目15个,总投资148.9亿元;汽车项目26个,总投资512.8亿元;电子项目23个,总投资453.4亿元;中省直项目3个,总投资55亿元。此外医药化工项目9个,总投资282.7亿元;冶金项目13个,总投资152.9亿元;轻工项目12个,总投资248.5亿元;建材项目6个,总投资36.4亿元;能源及其他项目7个,总投资237亿元;生产性服务业6个,总投资57.5亿元。

1.华晨宝马铁西工厂二、三期建设项目。华晨宝马铁西工厂二期建设项目总投资56亿元,项目地址位于铁西新区宝马新城,是在已投产的一期10万辆产能项目的基础上进行扩建,设计生产能力20万辆/年。二期工程于2012年一季度启动,计划2013年底全部建成,新建冲压、焊装、涂装、总装及附属设施,生产宝马新3系及其衍生车型和多功能运动型汽车(SUV)等新车型,达产产能20万辆整车。三期建设项目计划总投资88亿元,是在已投产的一、二期20万辆产能项目的基础上进行扩建,新增产能20万辆/年,铁西工厂最终实现总产能40万辆/年。

2.华晨宝马汽车有限公司发动机(一期)项目。一期总投资8亿欧元,总用地面积90万平方米,主要生产3缸B38和4缸B48发动机,是未来宝马3系、5系轿车、SUV等车型所配套的主要发动机,拟形成80万台/年(其中一期40万台)发动机的生产能力。项目主要新建铸造车间、机械加工车间和发动机装配车间等。

3.上海通用北盛三期扩产项目。该项目总投资55亿元,建设地址在大东区大洼大志地区,沈铁路与七朱公路(畅阳路)交叉路口。建筑面积26.9万平方米,新建冲压、车身、油漆、总装、动力总成(发动机)等车间和配套辅助设施,新增设备1.1万台(套),形成年产30万辆整车和45万台发动机的生产能力。于2011年9月正式开工建设,截至2013年底,已累计完成固定资产投资42亿元。

4.上海通用(沈阳)北盛零部件园区项目。计划总投资50亿元,建设地址在大东区沈铁路与七朱公路交叉路口,分为B、C两个区域建设,占地252万平方米,已经有26家企业签约入驻,19家企业开工建设。

5.新松机器人浑南智慧园项目。计划总投资19亿元,用地面积26万平方米。项目达产后,实现年销售收入93亿元,利润16亿元,新增就业人员3000人。该项目将建设国际一流的机器人产业基地,包括机器人数字化车间、机器人智能制造体验中心和国家级机器人检测中心等。

6.沈北手机产业基地项目。该项目规划占地10平方公里,分为研发设计、生产加工、配套加工等区域,实现年产手机1亿部、产值达到1000亿元,形成以智能机终端产品制造为核心的,集研发、生产、销售、服务为一体的手机产业基地。一期工程计划投资30亿元,上海晨讯、广州新邮通、云狐科技等6家整机企业和上海晨达模塑、沈阳敏像等7家配套项目已投产;沈阳华移联科、深圳旗丰、怡亚通等一批项目已开工建设。

7.沈阳国际软件园项目。计划总投资110亿元,规划用地面积100万平方米,总建筑面积230万平方米,吸引国际、国内软件与信息服务外包企业入驻园区,建设成为沈阳经济区软件产业集群的聚集区。入园已达企业267家企业,其中世界500强企业达21家、中国软件百强企业达8家,上市公司及子公司33家,产业分布在工业软件、云计算、物联网、电子商务等相关行业。

8.东药搬迁扩产项目。计划总投资79亿元,其中,投资55亿元的东药搬迁项目已完成投资22.5亿元。磷霉素钠、磷霉素钙、卡前列甲酯(PG-05)三个产品年底前正式投产。动力中心及厂区管网、"两化"融合工作随各项目同步进行。

9.沈阳三洋重工集团有限公司三洋重工工业园项目。该项目总投资10.8亿元人民币,占地36万平方米,新建厂房16万平方米、办公楼、宿舍2万平方米,配置相应的先进设备。园区内主要建设沈阳三洋电梯有限公司、沈阳三洋建筑机械有限公司、沈阳三洋球罐有限公司、沈阳三洋工矿齿轮有限公司等企业,建成达产后形成产值50亿元,利润3.2亿元,税金2.4亿元。

10.中铝沈加公司钛镍加工材项目。中铝沈阳有色金属加工有限公司(简称中铝沈加)在沈阳市苏家屯区易地投资兴建"中铝沈加钛镍加工材项目",打造全国最具竞争力的钛镍稀有金属加工基地。项目占地40公顷,计划总投资21.9亿元,建成后形成每年1万吨加工能力,其中钛及钛合金6000吨、镍及镍合金3000吨、铬锆铜合金1000吨,可实现产值19.14亿元,利税4.4亿元。主导产品钛及钛合金板带材填补国内单卷卷重最大和宽度最宽两项国内空白,成为国内一流、世界领先的钛镍加工材生产线。

(经信委)

【制造业概况】 沈阳市制造业门类齐全,基础雄厚,为沈阳市工业的主导产业。截至2013年底,沈阳市规模以上制造业企业户数为3777户。按登记注册类型分,内资企业3371户,占制造业企业总数的89.3%。其中:国有企业34户,占制造业企业总数的0.9%;集体企业112户,占3.0%;有限责任公司527户,占14.0%;股份有限公司100户,占2.6%;私营企业2540户,占67.2%。港澳台及外商独资企业406户,占10.7%。按企业规模分,大型工业企业59户,占制造业企业总数的1.6%;中型企业451户,占11.9%;小微型企业3267户,占86.5%。

2013年,沈阳市制造业共实现主营业务收入1.30万亿元,比上年增长7.9%;拥有资产7090.4亿元,增长11.0%;从业人员年平均人数为83.9万人,下降1.4%。全年共完成工业总产值1.33万亿元,比上年增长9.6%。其中,轻工业完成3487.9亿元,增长4.3%;重工业完成9853.0亿元,增长11.6%。全年实现销售产值1.31万亿元,增长9.1%,工业产品产销率为98.2%。全市有21个行业全年产值超百亿元,覆盖面达到67.7%,其中,汽车制造业(1977.1亿元)、通用设备制造业(1488.0亿元)、农副食品加工业(1350.1亿元)、电气机械和器材制造业(1154.4亿元),4个大类行业全年产值超过千亿元。全年实现利润总额750.9亿元,增长7.5%;实现利税1167.8亿元,增长7.8%。制造业收入利润率为5.7%,较上年下降0.1个百分点。

装备制造业是制造业的一部分,为沈阳市工业重点发展的支柱产业。2013年,沈阳市装备制造业完成工业总产值7043.1亿元,比上年增长13.6%,高于制造业平均增幅4.0个百分点,比重占到制造业总量的52.8%。装备制造业所涵盖的八个大类行业中,除仪器仪表制造业实现产值低于百亿元外，其他七个行业实现产值均达到百亿元以上。其中汽车制造业实现产值最多，达到1977.1亿元，居制造业行业榜首，比重占制造业的14.8%；其次是通用设备制造业，实现产值1488.0亿元，占制造业的11.2%；电气机械及器材制造业实现产值1154.4亿元，占制造业的8.7%；专用设备制造业实现产值765.2亿元，占制造业的5.7%；金属制品业实现产值764.0亿元，占制造业的5.7%；计算机、通信、和其他电子设备制造业实现产值485.3亿元，占制造业3.6%；铁路、船舶、航空航天和其他运输设备制造业实现产值339.5亿元，占制造业的2.5%。

实现出口交货值280.2亿元，比上年增长19.8%，出口交货值占销售产值的比重为2.1%，上升0.2个百分点。出口主要集中在9个行业中：计算机、通信和其他电子设备制造业出口61.7亿元、汽车制造业出口32.8亿元、金属制品业出口31.3亿元、专用设备制造业出口24.2亿元、通用设备制造业出口20.1亿元、电气机械和器材制造业出口18.6亿元、铁路、船舶、航空航天和其他运输设备制造业出口13.8亿元、橡胶和塑料制品业出口11.7亿元、黑色金属冶炼和压延加工业11.2亿元。以上9个行业全年共实现出口交货值225.5亿元，占制造业出口总量的80.5%。

主要工业产品产量：汽车比上年增长25.0%、汽车发动机增长6.7%、金属切削机床下降9.7%、变压器增长9.8%、输送机械下降4.4%、泵增长73.1%、风机下降9.9%、采矿专用设备增长21.9%、电力电缆下降6.8%；光缆下降13.7%、铅酸蓄电池下降23.8%、维生素C下降22.0%、化学药品原药下降6.4%、食用植物油增长0.2%、乳制品下降12.0%、白酒增长3.6%、家具下降2.7%、纸制品增长8.2%、服装增长5.5%。

（*贺彦飞*）

【高端装备制造业发展】　沈阳高端装备制造业的发展重点围绕矿山装备制造、冶金装备制造、大型施工机械制造、大型成套装卸设备制造、大型石油化工成套装置制造、输变电装备制造等产业。形成了以铁西装备制造业为引擎，于洪、辽中两大配套区加快发展格局。

2013年铁西区装备制造业聚集区完成工业总产值2020亿元，比上年增长15.7%。形成了主要产业聚集发展、基础产业集群配套提升、产业链不断延伸的产业格局，累计研制出世界级技术水平产品60余个。于洪区装备制造业实现工业总产值641亿元，比上年增长16.2%。特种机床城、基础零部件产业园完成了工业地产建设招商引资等工作，部分入住企业已竣工投产；辽中县装备制造业实现工业总产值349亿元，比上年增长11.9%。重点推进铸锻造、机加及泵阀产业加快发展。

世界级企业的培育壮大，成为行业发展的重要标志。沈阳机床集团的生产规模成为国际同行业第一名，实现工业总产值183亿元；沈鼓集团享“国家砝码”之誉，在重点工程建设中都有贡献，实现工业总产值136亿元；北方重工集团秉持“重大装备、高端成套”取向，在重大技术装备、成套装备，研制方面卓有成效，实现工业总产值136亿元；远大集团的电梯保持民族电梯第一品牌，实现工业总产值134亿元；特变电工沈变集团的变压器产能达到1亿千伏安，居世界首位。

重点企业主导产品达到较高市场占有率。沈鼓集团的离心压缩机、大型鼓风机、往复压缩机、锅炉给水泵分别占国内市场的85%、40%、80%和30%；北方重工集团的磨煤机、水泥生产线、全断面掘进机、散料输送设备分别占国内市场的80%、60%、26%和25%。

重大技术装备实现突破，行业整体技术水平不断提升。沈鼓集团第一次成为百万吨级乙烯项目国产化乙烯三机总成套商，独自承担并出色完成了武汉80万吨乙烯项目中的全部研制开发、生产制造任务，填补了国家重大装备国产化的空白；沈鼓集团为中化泉州石化有限公司研制的国产化首台世界级4M150大推力往复机试车成功。

北方重工集团以“重大装备、高端成套”为主攻方向，成为我国惟一能够自行设计制造土压平衡盾构机、泥水平衡盾构机和硬岩掘进机等全部形式盾构机成套装备的企业；研制成功国内首创的1725mm高性能超宽超薄镁合金板轧制成套装备，产品性能到达国际领先水平。

沈阳机床集团在中国国际机床展上推出的搭载自主研发、全球首创i5数控系统的ETC数控车床及BRIO、SMART、ASCA等三大系列16台具有国际化水准的数控机床，以及在欧洲国际机床展上推出的VIVATurn4车铣高精度数控车床，展示了机床行业在工业生产高度自动化的最新前沿成果。

特变沈变公司签订溪洛渡左岸－浙江金华±800kV工程10.65亿元大单，研制的110kV－550kV电容式电压互感器已经通过资质审核并有资格进入国网，完成750kV磁控式可控电抗器等9个项目研制。

三一重装公司研发出首套适用于0.8－1.3米薄煤层开采的自动化刨煤机成套设备及铰接式自卸车和电动轮自卸车两大类井上矿用车，其中95吨重SRT95矿用汽车成功下线。

北方交通重工集团自主研制的煤矿用双管深孔定向钻机已通过山西余吾煤矿工程试验。国家级出口工业产品质量安全示范区建设取得重大成果。在沈阳市经信委和沈阳出入境检验检疫局共同努力下，“辽宁沈阳出口机床质量安全示范区”创建工作有序开展。7月份，国家质检总局在沈阳机床集团召开首批“国家级出口工业产品质量安全示范区授牌仪式”并为沈阳授牌。

（*装备办*）

电子信息产业

【电子信息制造业概况】　2013年，电子信息制造业规上企业完成主营业务收入661亿元，同比增长13.5%，拥有行业从业人员近6万人，产业总体规模位居全省第2位，仅次于大连。

电子信息制造业企业主要集中在浑南新区（东陵区）和沈北新区。这两个区域的电子信息制造业主营业务收入约占全市的75%。其中，浑南新区主要发展IC装备产业、家用视听产业、数字医疗产业、工业自动化产业，沈北新区主要发展手机产业。这些产业已初步形成了产业集群，产业的配套环境日益完善。其中，IC装备制造业以沈阳科仪公司、沈阳芯源半导体公司、沈阳拓荆科技有限公司等企业为核心，与北京、上海构成了中国IC装备产业的三足鼎立之势，组建了国内惟一的IC装备产业技术创新战略联盟,先后有6家单位承担了国家“极大规模集成电路制造装备及成套工艺”重大专项12个专项课题,累计获得国家资金支持5.2亿元;手机产业以云狐科技有限公司、晨讯科技有限公司、沈阳新邮通信设备有限公司等企业为核心,搭建了终端研发、人才培养、公共检测、展销、金融服务和外贸服务六大公共服务平台,构建了从零部件生产、软件开发到整机制造的较为完善的产业链条,成为东北最大的移动终端制造中心;数字医疗产业以东软数字医疗有限公司、东软飞利浦有限公司为核心,拥有国内惟一能够生产四大医学影像设备的专业基地,产业发展水平居全国领先地位;家用视听产业以LG电子(沈阳)有限公司和沈阳同方多媒体科技有限公司为核心,周边拥有10余家专业为其生产机壳、遥控器、电源以及进行贴片服务的配套企业,产品主要出口欧美市场,产业总体规模居东北领先地位;工业自动化产业以沈阳高精数控有限公司、沈阳新松机器人有限公司为核心,在先进制造领域处于国内领先。其中沈阳新松机器人自动化股份公司是国内机器人领域最具实力的龙头企业,国内市场销量和占有率在国产机器人企业中均排在第一位,代表了我国机器人研发和生产的最高水平。

(房　超)

【沈阳产第3000万部手机在手机产业园下线】 2013年12月,在沈北新区手机产业园云狐科技(沈阳)有限公司的整机生产线上,沈阳制造的第3000万部手机下线,这成为沈阳市手机产业发展过程中一个新的里程碑。自2011年沈阳市成立手机产业园以来,手机产业发展迅速。截至2013年底,手机产业已引进118家智能终端与移动互联网企业,其中,以云狐、晨讯、新邮通、泰盟通讯为代表的智能终端整机制造企业27家,以沈阳达源光电子、沈阳敏像摄像模组、辽宁信鼎手机检测为代表的配套企业91家,搭建了终端研发、人才培养、公共检测、展销、金融服务和外贸服务六大公共服务平台,构建了从零部件生产、软件开发到整机制造的较为完善的产业链条,成为东北最大的移动终端制造中心。2013年,手机产业集群完成产值306亿元,比上年增长15.5%;生产智能终端3005万部,比上年增长82%。手机产业拥有智能终端相关制造生产线34条,其中:贴片线18条、组装线16条;拥有云狐、敏像科技等11个整机与零部件品牌、16项驰名商标;建成研发中心6个,研发专利275项,牵头、参与制定国家级行业标准6项。

(房　超)

【信息化建设】 2013年,沈阳市的数字沈阳建设、深入三网融合试点等各项任务得到了有效推进,获批为国家信息消费试点城市,全市信息化水平迈上了新的台阶。

一、信息基础设施建设显著提升

2013年,沈阳市认真贯彻落实国家“宽带中国”发展战略,信息基础设施建设水平有了较大提高。一是开展互联网宽带升级提速工程,加快推进光纤入户升级改造进程,推进新增宽带互联网用户接入全部采取光纤到户的建设模式,具备100M带宽接入条件的覆盖区域超过70%,宽带平均接入速率达到4M;二是加快完善3G通信网络和试点商用4G通信网络,进一步优化3G移动网络的覆盖范围和通信质量,重点开展覆盖214路等公交线路的4G移动网络试点应用,分享带宽最大能达到50MB/S,此举走在了全国前列。三是沈阳市获批国家级互联网骨干直联点,全国互联网骨干直联点共有10个城市。建成后辽宁省乃至东北地区的互联网网间数据交换将在沈阳市实现互联互通,对于显著改善沈阳市互联网服务质量、加大云计算和大数据等新兴产业集聚力、巩固沈阳市作为东北地区的通信核心枢纽都具有重要的战略意义。

二、全市电子政务重点项目建设加快推进

一是重点推进了智能交通指挥控制系统、地理空间框架和一张图系统、公共资源交易综合信息服务系统等九项数字沈阳建设项目,通过加强沟通与合作,各相关单位有效解决了项目建设中遇到的难题,保障了各重点项目顺利建成投入使用,提升了沈阳市信息化管理服务水平,为保障第十二届全运会顺利举办提供了有力支撑。二是市党政信息网核心平台功能得到进一步完善。完成了沈阳市党政信息网核心平台四期工程建设,政务云示范应用项目得到积极推动。启动了沈阳市电子政务外网统一互联网出口工作,将实现市级127个财政一级预算部门的互联网出口整合统一,有效节省互联网线路租用和安全防护设备的总体投入。

三、社会信息化水平明显提高

一是发行“盛京通”卡,实现公交卡和地铁卡两卡合一。经过一年多的建设,2013年9月份,沈阳市实现了公交、地铁两卡合一功能。启动发行“盛京通”卡,实现了刷手机乘公交地铁。二是推进五险合一,加快社保卡发放和普及。进一步加快实现养老、医疗、工伤、失业、生育等五项社会保险“一站式”办理功能,兼具社保功能和金融功能的社保卡开始批量换发,换用新社保卡的用户已达200多万。三是三网融合试点工作顺利进行。经各有关单位推荐和审核,成立了市三网融合试点工作专家组。在省三网融合工作协调小组的正确指导和市三网融合工作协调小组各成员单位的积极努力下,通信运营企业结合自身优势相继开展IPTV、手机电视、光纤到户等业务试点,广电运营企业向通信领域拓展了融合宽带、互动电视、高清视频等业务应用,试点工作得到进一步推进。

四、浑南等四个城区开展智慧城市试点工作

浑南、沈河、沈北、铁西四个城区被国家住建部批准为国家级智慧城市试点,为实现市区两级信息化建设形成合力,市区两级有关部门建立起了良好的沟通和协调机制,各城区的智慧城市整体规划设计和重点项目试点工作得到有序推进。

五、申报国家级互联网骨干直联点工作获得成功

10月份,国家工信部研究决定,为加快推进“宽带中国”战略的实施,在现有北京、上海、广州三个互联网骨干直联点外,在沈阳、成都、武汉、西安、南京、重庆和郑州七个城市增设骨干直联点。建成后,这七个骨干直联点将和现有的北京、上海、广州骨干直联点一起成为互联网的国家级骨干网互联枢纽。

(任　阳)

【软件和信息技术服务业发展】 2013年,沈阳市软件和信息技术服务业整体运行情况稳中有升,产业各项指标均有较大幅度提升,产业结构不断优化,产业发展总体向好,产业发展空间广阔。

2013年,沈阳市纳入统计的1942家企业实现软件业务收入1351亿元,比

上年增长29.8%。其中,东软、先锋、天久、易迅和晨迅等5家企业跻身2012中国软件百强企业。东软集团已成功获批计算机信息系统集成特一级资质企业,成为中国最大的IT解决方案和服务供应商,国际软件外包收入连续5年位居全国同行业领先地位,汽车电子解决方案已占据世界汽车市场较大份额;新松机器人企业入选《福布斯》"中国潜力100榜",已具备在全球范围内与国际机器人巨头ABB、KUKA的竞争实力;先锋、天久、荣科、蓝英、易迅和晨迅等一批先进信息技术企业,其产品及服务已居国内领先地位;东软、易讯、荣科列入2013-2014年度国家规划布局内重点软件企业。

(软件服务业处)

无线电管理

【概况】 2013年,全市无线电管理工作规范有序,基础设施建设取得新进展,全面完成了第十二届全国运动会沈阳赛区无线电安全保障工作,各项考试及重大活动无线电安全保障工作,在全市开展了无线电法律法规宣传活动。市无线电管理行政审批办结率100%,行政许可申请全部在市行政审批大厅内受理,共受理了16个单位的设置使用无线电台(站)的申请,全部在规定时限内完成,其中批准设置基地台33部,移动台689部,双工频率33对,单工频率2个;办理新增设台执照680个,办理换发电台执照139个;无线电监测时间累计9200小时,其中移动监测车外出监测1930小时,值班监测4204小时,投入人员932人次;全年共为20家设台用户进行了电磁环境测试,并出具了电磁环境测试报告;对上海通用北盛汽车有限公司、市人防办、市交警支队等单位设台情况进行现场核查,共检测车载台55台、对讲机620台、中继台39台、集群2个、数传31台、广播电视发射台9个,依法对哈大高铁GSM-R干扰、东北大学校园广播干扰、沈阳铁路局调度指挥系统等11起干扰进行了查处;无线电监测基础建设取得新进展,形成了以市无线电监控中心为核心,以和平区、沈河区、铁西区、皇姑区第1、第2监测分站、桃仙机场和苏家屯区共7个监测分站,4台移动监测车,以及部分固定、便携式无线电监测设备为支撑的全市无线电监测系统;形成了以市无线电监控中心为核心,以铁西区、皇姑区、大东区和沈北新区共4个无线电信号压制(屏蔽)分站,以及1辆移动无线电信号压制(屏蔽)车、4台便携式无线电信号压制(屏蔽)设备为支撑的全市无线电信号压制(屏蔽)系统;市无线电监控中心实现了对7个固定监测分站和4个压制(屏蔽)分站的远程控制,同时可以对7个开路电视信号进行连续监测,并与市应急指挥中心视频会议系统实现了互联,实时接收市应急指挥中心4路监控信号。

(郝维仁)

【各项考试无线电安全保障】 全面完成了国家、省、市级考试的无线电安全保障工作,有效地打击了利用无线电设备在考试中进行作弊的违法行为,为考生创造了公平、平等的考试环境。全年共为高考、中考、研究生考试、公务员考试、司法考试及有关职称考试等12项考试提供了无线电安全保障,保障天数累计达到23天。保障期间,共出动人员518人(次),出动车辆158车(次),行程6900公里。

(郝维仁)

【重大活动无线电无线电安全保障】 圆满完成了2013年沈阳法库AOPA(飞行器所有者及飞行员协会)国际飞行大会无线电安全保障任务,完成了省政协委员视察沈阳市经济发展情况、市政协委员视察辽中县农业机械化及全运会"生态沈阳"国家中心城市主题采访线工程等8次边走边通会议的无线电安全保障任务。保障期间,共出动人员102人/次,动用固定监测站11台/套,动用移动及便携监测设备44部/套,出动车辆32车/次,行程3330公里。

(郝维仁)

【无线电管理法律法规宣传】 在全市开展了无线电管理法律法规宣传活动,8月24日在沈阳中街商业城、12月9日在和平区皇寺社区举办了现场专题宣传活动,并对20余所大专院校,50多个设台单位、200多个业余无线电爱好者,以及全运会沈阳赛区组织、保障部门和单位进行了宣传。宣传活动期间,共发放宣传资料8400余份,答疑解惑500余次,受众人数超过3万人以上,出动人员108人/次,出动车辆60余次。

(郝维仁)

轻工业

【概况】 截至2013年末,沈阳市共有规模以上轻工业企业1117户,比上年减少62户,占全市规模以上工业企业总数的28.6%。轻工业企业主要集中在农副食品加工业、食品制造业、纺织服装服饰业、家具制造业、医药制造业、酒、饮料和精制茶制造业、造纸和纸制品业七大行业中。以上七大行业共聚集了763户企业,占轻工业企业总数的68.3%。私营企业750户,占全行业的67.1%;其次是:有限责任公司151户,占13.5%;外商投资企业93户,占8.3%;港、澳、台商投资企业38户,占3.4%;股份有限公司35户,占3.1%;集体企业20户,占1.8%;国有企业15户,占1.3%;股份合作企业10户,占0.9%。绝大多数企业为小型企业,共有959户,占全行业的85.9%;中型企业123户,占11.0%;大型企业19户,占1.7%;微型企业16户,占1.4%。

沈阳市轻工业企业共拥有资产1625.9亿元,比上年增长10.7%,其中:流动资产664.5亿元,占全部资产的40.9%;固定资产772.7亿元,占47.5%。全部负债总额为652.4亿元,比上年增长21.5%,其中流动负债491.3亿元,占全部负债的75.3%,非流动负债130.8亿元,占20.0%。资产负债率为40.1%,比上年增长3.5个百分点。所有者权益为967.0亿元,比上年增长5.1%。全部从业人员年平均人数21.7万人,比上年减少1.3万人,减少5.7%。

全年完成工业总产值3498.6亿元,比上年增长4.3%,占全部规模以上工业的比重为25.5%,比重较上年下降0.9个百分点。实现销售产值3455.2亿元,增长4.4%,工业产品产销率为98.8%。全年实现主营业务收入3493.1亿元,增长3.9%,实现利润总额222.1亿元,下降3.6%;实现利税总额314.2亿元,下降0.8%。

在26个轻工大类行业中,有10个行业实现产值超百亿元:农副食品加工业实现产值1350.1亿元,居轻工行业榜首,占全部轻工业的38.6%;食品制造业实现产值331.5亿元,占9.5%;医药制造业实现产值249.4亿元,占7.1%;酒、饮料和精制茶制造业实现产值217.3亿元,占6.2%;家具制造业实现产值181.9亿元,占5.2%;造纸和纸制品业实现产值173.3亿元,占5.0%;纺织服装、服饰业实现产值159.0亿元,占4.5%;电气机械及器材制造业实现产值121.9亿元,占3.5%;橡胶和塑料制品业实现产值104.1亿元,占3.0%;化学原料和化学制品制造业实现产值103.0亿元,占2.9%。以上10大行业实现产值占全部轻工业的82.6%。

沈阳市轻工业共有55户企业生产经营呈亏损状况,亏损面为4.9%,较上年下降0.4个百分点;亏损企业的亏损额为9.8亿元,较上年增加5.4亿元,增长122.7%。

(贺彦飞)

【食品制造业】 2013年,沈阳市食品制造业规模以上企业共有84家。内资企业67家,比上年减少1家,其中:国有企业1家;集体企业1家;有限责任公司10家;股份有限公司4家;私营企业51家;港澳台商投资企业6家;外商投资企业11家,比上年增加1家。该行业年末资产总计达212.8亿元,其中:流动资产合计106.9亿元,固定资产90.6亿元;从业人员年平均人数达2.17万人。

2013年,该行业的生产和经济效益持续稳定增长,共计完成工业总产值331.5亿元,增长6.9%;工业销售产值330.3亿元,增长7.7%;实现产品销售收入达338.4亿元,增长8.1%;实现利润26.9亿元,增长1.1%。

内资企业在本行业占绝对优势,内资企业单位数占本行业的79.8%,完成工业总产值249.5亿元,所占比重高达75.3%,工业销售产值246.5亿元,比重达74.6%,实现产品销售收入达253.6亿元,比重达74.9%,实现利润20.9亿元,比重达77.7%,实现利税28.0亿元,比重达76.7%。

该行业中,乳制品制造业全年实现工业总产值94.9亿元,排在第一位;其次为焙烤食品制造业,工业总产值64.1亿元;再次为调味品、发酵制品制造业,工业总产值为58.0亿元。创造利税方面,第一位为焙烤食品制造业,实现利税达10.3亿元;第二位为乳制品制造业,利税为8.6亿元。

(张明浩)

【酒、饮料和精制茶制造业】 酒、饮料和精制茶制造业是沈阳优势产业中农产品深加工业的一个重要组成部分,包括酒的制造业、饮料制造业、精制茶加工等3个行业中类和13个行业小类,主要产品为白酒、啤酒、碳酸饮料、茶饮料和瓶(罐)装饮用水等。

2013年末,行业共有规模以上工业企业71户,资产109.3亿元,比上年增长8.7%;其中固定资产62.3亿元,比上年增长6.5%;从业人员年平均人数为1.4万人,比上年下降10.1%。全年实现工业总产值217.3亿元,同比下降3.7%。产值在全市39个行业大类中排名第17位。实现主营业务收入206.0亿元,同比下降1.9%;利税总额27.7亿元,同比下降7.0%;利润总额18.3亿元,同比下降7.6%。

在酒、饮料和精制茶制造业中,从事酒的制造的企业有46户,共实现产值133.5亿元,同比下降3.5%,占行业61.4%。实现主营业务收入118.4亿元,同比下降6.3%;利税总额19.3亿元,同比下降1.0%;利润总额12.5亿元,同比下降3.8%。在酒的制造行业中类中,白酒制造企业数目最多,产值最大,共有39户;啤酒制造产值排行第二,共有3户企业,即华润雪花啤酒(辽宁)有限公司、沈阳燕京啤酒有限公司和百威英博(沈阳)啤酒有限公司。从事软饮料制造的企业有25户,共实现产值83.8亿元,同比下降4.0%,占行业38.6%。

(陈　曦)

【家用电力器具制造业】 以家用制冷电器具制造和家用空气调节器制造为主体的沈阳市日用电器制造业,到2013年底共有沈阳海尔电冰箱有限公司、汀普莱斯(沈阳)电器有限公司、沈阳龙泉空调制冷设备有限公司等8户规模以上企业。从企业规模看,中型企业共2户,小型企业6户;从登记注册类型来看,内资企业7户,外商投资企业1户。

2013年,该行业全部资产总计为6.5亿元,比上年下降了78.5%。其中固定资产4.8亿元,下降了56.4%,流动资产1.6亿元,下降了91.1%;负债合计为2.1亿元,比上年下降了80.2%;所有者权益4.3亿元,比上年下降了78.2%。从业人员年平均人数为1462人,比上年减少了3284人。

全年全行业共完成工业总产值18.7亿元,比上年下降了42.5%;实现销售产值18.3亿元,下降了50.1%,产销率为97.9%;完成出口交货值0.4亿元,比上年下降了69.2%;实现主营业务收入18.8亿元,下降了53.7%;实现利润总额8000万元;实现利税总额1.2亿元。

(孙侠飞)

【印刷和记录媒介复制业】 2013年末,沈阳印刷和记录媒介复制业共有规模以上工业企业49户,其中中型企业有8户,小型企业41户;资产总额46.7亿元,比上年增长31.8%;全部从业人员年平均人数为6550人,比上年下降5.3%。沈阳印刷和记录媒介复制业主要由内资企业组成,港澳台商及外商投资企业仅有2户。

全年印刷和记录媒介复制业实现工业总产值77.0亿元,同比增长12.4%;实现主营业务收入78.4亿元,同比增长13.8%;利润总额7.8亿元,同比增长2.6%;利税总额9.2亿元,同比增长3.4%。在印刷和记录媒介复制业全行业中,产值超亿元企业有20户;利税总额超过千万有15户;利润总额超千万的企业有14户。

(陈　曦)

【纺织工业】 沈阳市纺织工业由棉纺织及印染精加工、毛纺织及染整精加工、麻纺织及染整精加工、丝绢纺织及印染精加工、化纤织造及印染精加工、针织或钩针编织物及其制品制造、家用纺织制成品制造和非家用纺织制成品制造8个中类行业,12个小类行业组成。

2013年,沈阳市纺织行业共有规模以上工业企业30户,比上年减少了4户。内资企业28户,比上年减少了4户,其中集体企业2户,有限责任公司6户,私营企业20户;外商投资企业2户。

全年共完成工业总产值54.1亿元,比上年提高了5.9%;实现销售产值53.6亿元,比上年提高了6.3%。工业产品产销率为99.1%,较上年提高了0.5个百分点。实现出口交货值2.0亿元,比上年降低了20.0%。全部资产总值20.9亿元,比上年提高了11.2%。其中流动资产7.9亿元,占全部资产的37.8%;固定资产11.5亿元,占全部资产的55.0%。全部负债总额为7.4亿元,比上年降低了2.6%。实现主营业务收入

53.9亿元,比上年提高了6.7%;主营业务成本为47.3亿元,比上年提高了9.5%;盈亏相抵后全行业共实现盈利3.0亿元,比上年提高了15.4%;实现利税总额3.9亿元,比上年提高了14.7%。其中应交增值税0.6亿元,与上年持平。全行业从业人员年平均人数为5000人,比上年下降了16.7%。

(孙侠飞)

装备制造业

【概况】 沈阳市装备制造业包括金属制品业,通用设备制造业,专用设备制造业,汽车制造业,电气机械及器材制造业,计算机、通信和其他电子设备制造业,铁路、船舶、航空航天和其他运输设备制造业,仪器仪表制造业八个大类行业。

2013年末,沈阳市装备制造业共有规模以上工业企业1695户,其中:大型企业有34户,中型企业有232户。装备制造业有内资企业1488户,其中:国有企业16户,集体企业54户,股份合作企业18户,有限责任公司264户,股份有限公司45户,私营企业1087户;港澳台商投资企业49户,外商投资企业158户。资产总额4671.0亿元,比上年增长13.2%,负债合计2681.6亿元,比上年增长9.4%。全部从业人员年平均人数为45.1万人。

2013年,装备制造业实现工业总产值7043.1亿元,比上年增长13.6%;实现销售产值6874.9亿元,增长12.7%。产销率为97.6%。实现主营业务收入6789.2亿元,比上年增长10.0%;利润总额390.6亿元,增长10.7%;利税总额655.4亿元,增长11.4%。在装备制造业企业中,1554户企业实现盈利。利润总额超10亿的企业为华晨宝马汽车有限公司、上海通用(沈阳)北盛汽车有限公司。主营业务收入超百亿的为华晨宝马汽车有限公司、上海通用(沈阳)北盛汽车有限公司、沈阳飞机工业(集团)有限公司、沈阳远大铝业集团有限公司、沈阳机床(集团)有限责任公司、北方重工集团有限公司。

(贺彦飞)

【有色金属冶炼和压延加工业】 沈阳市有色金属冶炼和压延加工业由常用有色金属冶炼、稀有稀土金属冶炼、有色金属合金制造、有色金属铸造、有色金属压延加工5个中类行业,10个小类行业组成。

2013年,沈阳市有色金属冶炼和压延加工行业共有规模以上工业企业75户,比上年增加了4户。内资企业65户,比上年增加了5户,其中国有企业1户,集体企业2户,股份合作企业1户,有限责任公司5户,股份有限公司4户,私营企业52户;外商投资企业8户;港、澳、台商投资企业2户。独资企业18户,合作、合伙企业2户,股份有限公司6户,有限责任公司49户。

全年共完成工业总产值322.8亿元,比上年增长了25.5%;实现销售产值320.1亿元,比上年增长了25.1%。工业产品产销率为99.2%,比上年降低了0.2个百分点。实现出口交货值1.6亿元,比上年增长了23.1%。

资产总额为109.6亿元,比上年增长了16.5%。其中:流动资产51.2亿元,占全部资产的46.7%,固定资产47.3亿元,占全部资产的43.2%。负债总额为48.3亿元,比上年增长了26.8%。实现主营业务收入305.9亿元,比上年增长了26.7%。主营业务成本为269.6亿元,比上年增长了29.2%。盈亏相抵后全行业共实现盈利14.4亿元,比上年增长了50.0%。实现利税总额20.8亿元,比上年增长了45.5%。应交增值税4.8亿元,比上年增长了50.0%。全行业从业人员年平均人数为1.25万人,比上年增长了5.9%。

(孙侠飞)

【黑色金属冶炼和压延加工业】 沈阳市黑色金属冶炼和压延加工业是沈阳市的优势产业之一,主要由炼钢、钢压延加工、黑色金属铸造3个中类行业组成。2013年,沈阳市黑色金属冶炼和压延加工行业共有规模以上工业企业125户,比上年减少了10户。内资企业118户,比上年减少了9户,其中集体企业7户,有限责任公司16户,股份有限公司3户,私营企业92户;港、澳、台商投资企业1户;外商投资企业6户,比上年减少了1户。

全年共完成工业总产值440.3亿元,比上年增长了2.6%;实现销售产值437.8亿元,比上年增长了2.7%。工业产品产销率为99.4%。实现出口交货值11.2亿元。资产总计129.8亿元,比上年降低了19.2%。其中流动资产37.7亿元,占全部资产的29.0%;固定资产69.0亿元,占全部资产的53.2%。负债合计为57.1亿元,比上年降低了35.9%。实现主营业务收入439.0亿元,比上年增长了3.6%;主营业务成本为398.4亿元,比上年增长了10.0%。盈亏相抵后全行业共实现盈利18.1亿元,比上年增长了54.7%。实现利税总额24.1亿元,比上年增长了39.3%。其中应交增值税4.6亿元,比上年增长了15.0%。全行业从业人员年平均人数为1.97万人。

(孙侠飞)

【专用设备制造业】 2013年,沈阳市专用设备制造业规模以上企业共有239家,比上年减少11家。内资企业222家,比上年减少8家,其中:国有企业3家,比上年减少2家;集体企业4家,比上年增加7家;股份合作企业1家;有限责任公司38家;股份有限公司4家;私营企业172家,比上年增加1家;港澳台商投资企业4家,与上年持平;外商投资企业13家,比上年减少3家。从行业分布来看,采矿、冶金、建筑专用设备制造90家,化工、木材、非金属加工专用设备47家,环保、社会公共服务及其他专用设备制造33家,医疗仪器设备及器械制造15家,印刷、制药、日化及日用品生产专用设备制造11家,食品、饮料、烟草及饲料生产专用设备制造7家,电子和电工机械专用设备制造13家,农、林、牧、渔专用机械制造16家,纺织、服装和皮革加工专用设备制造7家。大型企业3家,中型企业31家,小型企业200家,微型企业5家。

该行业全部资产总计年末达567.6亿元,流动资产年合计达308.3亿元,固定资产202.1亿元;从业人员年平均人数为5.4万人。全年完成工业总产值765.2亿元,比上年增长11.4%;工业销售产值747.6亿元,增长11.0%;实现产品销售收入748.5亿元,增长10.9%;实现利润为36.1亿元,下降5.5%。

2013年,该行业中采矿、冶金、建筑专用设备制造业实现工业总产值达403.0亿元,所占比重高达52.7%;销售产值为390.1亿元,比重为52.1%;资产总计达389.7亿元,比重为68.7%;产品销售收入达394.6亿元,比重为52.7%;实现利税达30.1亿元,比重为51.5%;实现利润达16.5亿元,比重为45.7%。

沈阳市的专用设备制造业生产的主要产品:采矿专用设备33.2万吨,比上年增长21.9%;水泥专用设备2.5万吨,比上年下降55.7%;金属冶炼设备8.3万吨,比上年增长25.0%。

(张明浩)

【通用设备制造业】 通用设备制造业是沈阳市传统支柱行业,是装备制造业的重要组成部分。在全市39个行业大类中,通用设备制造业是企业户数最多,生产规模最大,吸纳就业人数最多的行业。

2013年末,全市规模以上通用设备制造企业为521户,资产948.6亿元,同比增长21.2%;全部从业人员年平均人数12万人,比上年增加9549人。全年实现工业总产值1488.0亿元,同比增长9.8%;实现主营业务收入1404.7亿元,同比增长8.6%;利润总额77.7亿元,同比增长4.4%;利税总额112.8亿元,同比增长6.0%。

通用设备制造业主要产品产量情况:金属切削机床5.2万台,同比下降9.7%,其中数控机床1.7万台,同比下降13.4%;工业锅炉10367蒸发量吨,同比增长6.0%;泵11.2万台,同比增长73.1%;风机4000台,同比下降9.9%;输送机械24.1万吨,同比下降4.4%;气体压缩机1.3万台,同比增长0.9%。

沈阳通用设备制造业知名企业云集,沈阳机床(集团)有限责任公司、沈阳鼓风机集团有限公司、沈阳三洋电梯有限公司和沈阳博林特电梯有限公司等企业享誉国内外。全行业年产值超亿元企业共有318户,其中15户企业超过10亿元,2户企业超过100亿元。利税上千万企业224户,其中15户企业利税超过1亿元;利润上千万企业189户,其中10户企业利润超过1亿元。

(陈　曦)

汽车及零部件产业

【汽车制造业】 沈阳市汽车制造业主要由汽车整车制造、改装汽车制造、低速载货汽车制造、汽车车身、挂车的制造、汽车零部件及配件制造五个小类行业组成。其中汽车整车制造、汽车零部件及配件制造为主导产业。2013年,汽车整车制造和汽车零部件及配件制造业企业单位数和实现工业总产值分别占到全行业的93.6%和95.5%。

2013年,沈阳市共有规模以上汽车制造企业173户。其中汽车整车制造8户,改装汽车制造8户,低速载货汽车制造1户,汽车车身、挂车的制造2户,汽车零部件及配件制造154户。拥有资产1386.3亿元,比上年增长20.0%,全部从业人员年平均人数7.4万人,比上年增长8.7%。全行业共完成工业总产值1977.1亿元,较上年增长29.4%;实现销售产值1921.7亿元,增长26.3%。全年共生产汽车104.1万辆,比上年增长25.0%,其中生产轿车57.9万辆,比上年增长11.5%,轿车产量占到汽车总量的55.6%;多功能乘用车(MPV)9.5万辆,同比增长23.4%;公路客车11.6万辆,同比增长22.4%;载货汽车14.4万辆,同比增长45.5%;运动型多用途乘用车(SUV)产量8.2万辆,同比增长95.2%。全年共生产汽车发动机5148.7万千瓦,同比增长6.7%。

实现主营业务收入1880.2亿元,比上年增长19.3%。实现利税307.8亿元,同比增长18.0%。实现利润148.5亿元,同比增长23.4%。

汽车制造业是沈阳市大力发展的支柱产业,在沈阳市工业中占有举足轻重的地位。2013年,沈阳市汽车制造业完成工业总产值、实现主营业务收入、利税和利润总额分别占沈阳市规模以上工业的14.4%、14%、25.4%和19.2%。全行业有17户企业实现工业总产值超10亿元,其中华晨宝马汽车有限公司和上海通用(沈阳)北盛汽车有限公司实现工业总产值均超过300亿元,总量占到全行业的59.2%。

(陈　曦)

【汽车整车年产量首破百万辆大关】 2013年12月18日,一辆宝马新3系轿车从华晨宝马铁西工厂总装车间徐徐驶出,标志着沈阳市年度第100万辆汽车正式下线。沈阳市成为继上海、重庆、长春、广州等城市之后,全国第七个汽车年产量超过百万辆的城市。这表明沈阳汽车产业已经进入全新的、跨跃式的发展阶段,产业积聚效应进一步凸显,沈阳正逐步成为全国最重要的汽车产业基地之一。

2003年,沈阳市汽车产量只有10万辆,2010年达到50万辆,2012年达到85万辆,2013年首次突破100万辆,沈阳汽车产业正在驶向一个持续健康快速发展的轨道。2013年,汽车及零部件产业实现工业总产值1941亿元,比上年增长27%,其中汽车整车实现产值1331亿元,比上年增长33.4%;汽车零部件实现产值609亿元,同比增长24.3%。

(经信委)

【汽车零部件企业来沈投资速度加快】 随着整车制造行业的快速发展,众多汽车零部件企业入驻沈阳。2013年,沈阳市汽车零部件企业已达206家,比2012年新增42家。

从2010年起,沈阳汽车及零部件产业产值突破千亿元大关,成为继装备制造业之后第二个突破千亿元产业集群,汽车成了全市最重要的支柱产业。2013年,全市汽车及零部件产业实现利税总额301.7亿元,利润达到148.7亿元。仅华晨宝马汽车上缴税收就高达131.7亿元,汽车产业成为名副其实的沈阳第一“纳税大户”;汽车及零部件产业对全市工业产值贡献率达26.1%。已实现近7万人就业。随着宝马3系、5系、X1,雪佛兰科鲁兹、GL8、科帕奇,中华V5、H530及金杯大海狮等时尚、大气的汽车从沈阳驶向全国各地,沈阳城市形象因汽车而不断提升。汽车已成为沈阳对外开放一张最有影响力的城市名片。

(经信委)

【电气机械及器材制造业】 沈阳市电气机械及器材制造业主要由电机制造,输配电及控制设备制造,电线、电缆、光缆及电工器材制造,电池制造,家用电力器具制造,非电力家用器具制造,照明器具制造和其他电气机械及器材制造8个中类行业和24个小类行业。其主要产品有电线电缆、变压器、压缩机、蓄电池、空调器、照明灯具等工业生产用品及居民日常生活用品,是与人民生活密切相关的行业。

截至2013年底,全行业共有规模以上工业企业334户,比上年减少12户。其中:大中型企业60户,比上年增加24户。电机制造26户,输配电及控制设备制造164户,电线、电缆、光缆及电工器材制造90户,电池制造5户,家用电力器具制造8户，非电力家用器具制造8户，照明器具制造28户，其他电气机械及器材制造5户。

2013年，电气机械及器材制造业全行业实现工业总产值1154.4亿元，比上年上升6.6%；实现工业销售产值1127.2亿元，上升5.9%；实现利润总额47.6亿元，比上年上升5.5%，人均创利润7.57万元。

实现主营业务收入1152.5亿元，比上年上升2.8%，其中有19户企业全年主营业务收入超10亿元，实现主营业务收入414.7亿元，占全行业的36.0%。

全行业资产总计586.0亿元，比上年下降1.9%；固定资产233.6亿元，比上年上升13.2%；固定资产原值497.8亿元，比上年下降2.6%；负债合计295.7亿元，比上年下降10.6%；全部从业人员年平均人数6.3万人，比上年下降7.4%。

（贺彦飞）

【计算机、通信和其他电子设备制造业】 计算机、通信和其他电子设备制造业作为沈阳市支柱产业之一，在2013年实现稳健发展。该行业主要由通信设备制造业、广播电视设备制造业、计算机制造业、电子器件制造业、电子元件制造业、视听设备制造业和其他电子设备制造业7个中类行业组成。

沈阳市拥有长白计算机集团（沈阳）、东软集团股份有限公司、沈阳同方多媒体科技有限公司、沈阳中光电子有限公司等众多的国内外知名的大企业集团公司。截至2013年末，该行业拥有规模以上工业企业83户，较上年减少3户。从企业规模看，大型企业共4户，中型企业10户，小型企业66户，微型企业3户；从登记注册类型来看，内资企业56户，港、澳、台商投资企业7户，外商投资企业20户。

全行业拥有资产总额273.2亿元，比上年增长15.3%。其中固定资产77.9亿元，比上年增长48.7%，流动资产145.6亿元，比上年增长15.5%；负债122.1亿元，比上年增长18.0%；所有者权益150.8亿元，比上年增长15.1%；从业人员28712人，比上年增长1.8%。

该行业中完成工业总产值过亿元的企业达到56户，占全行业企业户数的67.5%。全年全行业累计完成工业总产值485.3亿元，比上年增长8.0%；实现工业销售产值470.0亿元，增长8.0%，实现出口交货值61.8亿元，增长18.2%，实现产销率96.8%；实现主营业务收入463.1亿元，增长5.9%；实现利润总额22.0亿元，增长3.8%。

（陈　曦）

医药制造业

【概况】 医药制造业是沈阳市的优势产业之一，主要由化学药品原料药制造、化学药品制剂制造、中药饮片加工、中成药生产、兽用药品制造、生物药品制造和卫生材料及医药用品制造7个中类行业组成。

2013年，医药制造业全行业拥有规模以上工业企业64户，比上年减少9户。内资企业50户，比上年减少了7户，其中国有企业1户，有限责任公司12户，股份有限公司7户，私营企业29户，其他类型企业1户；港、澳、台商投资企业6户，外商投资企业8户。

全年共完成工业总产值249.4亿元，比上年降低了1.5%；实现销售产值239.3亿元，比上年降低了1.8%。工业产品产销率为96.0%，比上年降低了0.2个百分点。实现出口交货值6.9亿元，比上年下降了11.5%。沈阳市医药制造业的资产总额222.5亿元，比上年增长了4.1%。其中：流动资产116.7亿元，占全部资产的52.4%；固定资产51.8亿元，占23.3%。负债合计为109.7亿元，比上年增长了16.1%。实现主营业务收入287.2亿元，比上年降低了3.9%。主营业务成本为213.4亿元，比上年降低了4.9%。盈亏相抵后全行业共实现盈利20.6亿元，比上年降低了8.0%。实现利税总额31.3亿元，比上年降低了7.1%。实现应交增值税9.0亿元，比上年降低了5.3%。全行业从业人员年平均人数为2.25万人，比上年降低了8.2%。

2013年，沈阳市医药制造业共有5户企业生产经营呈现亏损状态，亏损面为7.8%。亏损企业的亏损额为1.5亿元。

（孙侠飞）

【东北制药集团有限责任公司】 2013年，东北制药集团有限责任公司紧紧围绕扭亏脱困、搬迁改造和创新发展"三大任务"，按照"三调整、三加强"的工作思路，大力推进企业由生产管理型向市场导向型转变，各领域、各方面工作正在发生积极而深刻的变化，并取得了可喜成绩。

1. 经营业绩企稳向好，主要指标低谷反转态势明显。2013年，在VC市场形势未见好转、搬迁改造资金压力巨大的情况下，公司经营发展态势持续向好。公司全年实现销售收入收入89.03亿元，比上年增长2.93%；实现工业增加值6.57亿元，比上年增长4.27%；实现经营性减亏2.2亿元；上缴税金2.39亿元；员工年人均收入增长6.19%。制剂业务获利能力明显增强，制剂业务实现利润2亿元。制剂生产保障能力全面提升，坚持生产、认证两不误，36条生产线通过新版GMP认证，成为行业一年内全部通过认证的标杆性企业。原料药业务降本增效、营销统筹成果显现。生产持续推进工艺改进和管理创新，成本持续降低。内外销业务按照全产业链统筹策划，一体化优势布局，在不断加大产品价格维护力度的同时，更加注重发挥优势产品引领作用。生物制药实现HIV、HBV首批两个产品正式投产。

2. 战略性重大事项创新突破，支撑未来发展的能力进一步增强。细河搬迁改造全面恢复，进展良好。按照"科学搬迁、高效搬迁、廉洁搬迁"的思路，推动搬迁改造工程全面提速。50个土建单体工程基本完成，公用工程同步跟进，设备安装完成40%，公用工程管线铺设完成61%。磷霉素钠、卡前列甲酯、磷霉素钙三个产品工程交付试车。一个现代化、景观化新型化学原料药生产基地初具规模。战略性改革调整全面展开，落地推进工作基本完成。启动了原料药板块各项流程重新梳理和再造，初步实现了生产功能、营销功能、管理功能的各就其位和有序衔接。

3. 管理创新扎实推进，机制变革推动流程优化和效率提升。智能化运营平台、业务流程管理平台和人力资源系统管理平台的成功搭建，实现了管理手段的信息化、现代化。随着逐步规范和稳步运行，东北制药的管理水平将迅速跃升到行业前列。调整理顺研发体系，重新构建了东北制药集团研究院，成立了5个研究所、7个产品研究中心。实质性推进与沈阳药科大学、沈阳化工大学的产学研战略联盟项目，初步建立了规范的研发投入管理模式、产品评价体系，形成了产品研发梯队。全年获得检测试剂盒等6个品种生产批件，完成12个产品中试、4个品种现场核查。化学创新药等产品研究取得突破。

（范明岩）

化学工业

【化学原料及化学制品制造业】　2013年，沈阳市化学原料及化学制品制造业规模以上企业共有195家，比上年减少15家。其中内资企业176家，比上年减少15家，国有企业2家；集体企业11家；股份合作企业2家；有限责任公司37家；股份有限公司6家；私营企业117家；其他类型企业1家；港澳台商投资企业5家；外商投资企业14家。

2013年，该行业全部资产总计年末达136.2亿元，流动资产年合计达51.3亿元，固定资产70.5亿元；从业人员年平均人数为2.56万人。完成工业总产值421.3亿元，比上年增长7.0%；工业销售产值417.0亿元，增长6.6%；实现产品销售收入421.2亿元，增长7.2%；实现利润为25.1亿元，增长7.3%。专用化学产品制造业实现工业总产值达129.8亿元，所占比重高达30.8%；销售产值为128.3亿元，比重为30.8%；资产总计达51.9亿元，比重为38.1%；产品销售收入达129.8亿元，比重为30.8%；实现利税达11.4亿元，比重为34.1%；实现利润达8.6亿元，比重为34.3%。

化学原料及化学制品制造业生产的主要产品产量：合成洗涤剂7.5万吨，增长13.0%；烧碱14.7万吨，下降12.9%；涂料12.5万吨，增长3.7%；化学农药原药5099.2吨，增长29.2%；盐酸6.6万吨，下降17.7%；化学肥料1723吨，增长71.1%。

（张明浩）

【橡胶制品业】　2013年，沈阳市橡胶制品业规模以上企业共有60家。其中：内资企业53家，国有企业1家；股份合作企业4家；有限责任公司9家；股份有限公司1家；私营企业38家；港澳台商投资企业2家；外商投资企业5家。从行业分布来看，轮胎制造业8家，橡胶板管带制造业25家，橡胶零件制造业13家，再生橡胶制造业3家，日用及医用橡胶制品制造1家，其他橡胶制品业10家。从企业规模看，大型企业3家，中型企业10家，小型企业47家。

该行业全部资产总计年末达163.5亿元，流动资产合计达41.6亿元，固定资产达84.9亿元；从业人员年平均人数为1.6万人。全年共完成工业总产值167.1亿元，实现产品销售收入160.0亿元，实现利润为2000万元，实现利税为2.7亿元。

在该行业中，轮胎制造业排在第一位，工业总产值达70.0亿元；其次为橡胶板管带制造业，工业总产值为48.9亿元；再次其他橡胶制品制造，工业总产值为23.1亿元。仅占该行业单位数21.6%的大中型橡胶制品企业实现工业总产值达83.4亿元，所占比重高达49.9%，销售产值为77.5亿元，比重为48.2%；实现产品销售收入达76.5亿元，比重为47.8%；资产总计达140.7亿元，比重为86.1%。橡胶制品业生产轮胎外胎561.5万条，比上年增长11.5%，其中：子午线轮胎外胎561.5万条，比上年增长11.5%。

（张明浩）

建材工业

【非金属矿物制品业】　沈阳市非金属矿物制品业主要包括水泥、石灰和石膏制造，石膏、水泥制品及类似制品制造，砖瓦、石材等建筑材料制造，玻璃制造，玻璃制品制造，玻璃纤维和玻璃纤维增强塑料制品制造，陶瓷制品制造，耐火材料制品制造，石墨及其他非金属矿物制品制造9个中类行业及28个小类行业。

2013年，沈阳市共有规模以上非金属矿物制品业工业企业323户，比上年增加1户，其中大型企业5户，中型企业45户，小微型企业273户。该行业共有213户企业全年主营业务收入过亿元，其中有13户企业主营业收入超10亿元。213户企业共实现主营业务收入865.1亿元，占全行业的93.5%。内资企业295户，占91.3%；港澳台商投资企业15户，比上年增加1户；外商投资企业13户，与上年持平。从行业构成上看，水泥、石灰和石膏制造14户，石膏、水泥制品及类似制品制造110户，砖瓦、石材等建筑材料制造127户，玻璃制造7户，玻璃制品制造19户，玻璃纤维和玻璃纤维增强塑料制品制造11户，陶瓷制品制造5户，耐火材料制品制造15户，石墨及其他非金属矿物制品制造15户。

2013年，该行业有25户亏损企业，比上年增加5户；亏损企业的亏损额由2012年的9466万元增加到1.28亿万元。全年实现利润总额59.6亿元，增长7.8%；实现利税总额84.7亿元，下降3.5%。

该行业拥有资产285.5亿元，比上年增长11.8%，其中：固定资产原值350.2亿元，增长3.5%；负债合计110.1亿元，比上年增长12.5%，其中流动负债89.3亿元，增长9.8%；所有者权益合计172.9亿元，比上年增长11.0%。全部从业人员年平均人数为6.02万人，比上年减少1800人。

全年实现工业总产值933.8亿元，比上年增长4.9%；实现销售产值928.2亿元，比上年增长4.9%；实现主营业务收入925.0亿元，增长5.3%。其中：砖瓦、石材及其他建筑材料制造为主导产业，实现工业总产值529.9亿元，占全行业全部产值的56.7%；实现主营业务收入522.7亿元，占全行业的56.5%。另外石膏、水泥制品及类似制品制造实现工业总产值171.9亿元，占全行业的18.4%；实现主营业务收入170.0亿元，占全行业的18.4%。

（贺彦飞）

煤炭业

【沈阳煤业（集团）有限责任公司】　沈阳煤业（集团）有限责任公司是一家集煤炭、电力、物流、机械制造、煤化工、房地产开发、环保新兴等产业为一体的多元化、多所有制、跨地区、跨行业的大型煤炭企业集团。沈煤集团现有28个子公司、7个分公司，企业资产总值345亿元，职工3.9万人，年均完成商品煤产量1300余万吨，企业年经营总收入达到160亿元，在全国煤炭企业100强排行中排名第36位，煤炭产量50强中排名第41位。

2013年集团公司在复杂严峻的经济形势下，狠抓安全夯基础，强化生产保总量，苦练内功强管理，深化改革谋发展。通过扎实而卓有成效的工作，经受住了严峻形势的考验，保证了企业的稳定和发展。

主业产能有效释放。沈煤集团在煤炭主业生产上，始终坚持安全高效和可持续发展的原则。在稳定发展沈阳矿区的同时，加快黑龙江矿区和内蒙矿区的产能释放。通过全年的不懈努力，集团公司在保持安全生产形势持续稳定的基础上，完成商品煤产量1220万吨，为稳定企业经济总量发挥了至关重要的作用。

非煤产业日趋成熟。桓仁年产12万吨环保纸的造纸生产线正式投产，标志着集团公司在新型环保产业发展上成功迈出了第一步。同时，电力、物流、机械制造、房地产等产业经过近几年的发展，经营管理不断规范，企业运营走向正轨。2013年，沈煤集团非煤产业完成经营收入93亿元，实现利润4500万元，呈现出良好的发展态势。

成本管控效果明显。2013年，面对复杂严峻的市场形势，沈煤集团将苦练内功、降本增效作为经营管理的重中之重。坚持从源头入手，狠抓生产过程中的成本控制，原煤、发电、焦炭等主要产品的单位制造成本均实现同比下降，非生产性支出同比下降超20%。通过大力开展节约开支降低成本活动，集团公司全年节约支出4.6亿元，有效抵减了外部市场的冲击。

（张宗仁）

航空产业

【概况】　2013年，沈阳市航天航空器制造业企业共有16家，比上年增加2家。从企业规模看，大型企业共4家，中型企业3家，小型企业9家。

全行业资产总额358.7亿元，比上年增长7.1%。其中：固定资产88.9亿元，比上年下降5.7%，流动资产218.6亿元，比上年增长8.8%；负债246.1亿元，比上年增长8.0%；所有者权益112.6亿元，增长4.5%；从业人员3.54万人，比上年增加2191人。

全年全行业实现工业总产值242.1亿元，比上年增长9.9%；实现销售产值230.4亿元，增长4.9%，产销率达到95.2%；出口交货值为13.7亿元，下降29.7%；实现主营业务收入232.3亿元，增长8.7%；实现利润总额10.0亿元，增长17.6%。

（张明浩）

【民用飞机研发制造】　沈飞民用飞机公司除承揽B737飞机上舱面/下舱面/APU门/48段、B787垂尾前缘等多个工作包研制生产任务外，作为波音创新中心（MIC）的重要组成部分，与波音（BOEING）公司在B777等机型多个工作包项目也达成初步合作意向。与加拿大庞巴迪公司合作的Q400飞机机身连接累计交付53架份，其中系统安装占30架份；C系列飞机前、中机身，后桶段、尾锥、舱门以及三个复材工作包的设计已全部完成，产品已全部开工并逐步交付庞巴迪公司。承担了国产ARJ21飞机的尾段、方向舵、吊挂、电源中心、无线电架和全机电缆的制造和装配任务，2013年底，已完成4架份试验机以及5架份批产机的研制任务；承担了国产大飞机C919垂尾、吊挂、后机身、APU门等部件的研制制造任务，已交付后机身部段、吊挂部段的静力试验样件以及测试件。沈阳已经成为我国惟一的包括研发在内的民用飞机机身对接（总装）转包生产基地。

（经信委）

【浑南航空产业园】　围绕沈阳桃仙国际机场，依托沈飞民机公司，重点发展民用支干线飞机、公务机整机生产和飞机大部件的研发制造，已入住中航沈飞民用飞机有限责任公司、沈阳沈飞国际商用飞机有限公司、沈阳中一航空总部基地有限公司、沈阳维修基地、南航北方分公司等多家航空企业，涉及项目包括庞巴迪Q400飞机大部件转包项目、波音项目、空客项目、ARJ21项目、C919项目、C系列飞机项目、南航北方公司总部项目、航站楼和跑道等机场建设项目、空客系列飞机维修基地项目、空港物流基地项目共20余个项目。

（经信委）

【沈北航空产业园】　依托沈飞公司，重点发展飞机及航空零部件研发制造，有西子航空、国泰航空等航空制造企业7家，涉及飞机零部件、夹具模具、航空装备、机电设备和飞机蒙皮的制造加工与维修服务等。2013年，新引进航空产业类项目13个，总投资59.5亿元。园区已有国泰飞机制造有限公司、西子航空有限公司、沈飞航宇产业园、沈飞航宇机械有限公司、中恒碳纤维等整机、航空零部件投产企业22家。

（经信委）

【法库通航产业园】　依托法库财湖通航机场，重点开展通用飞机总装、试飞，以及通航飞机维修、运营、培训和服务，财湖机场现已获批永久性开放使用权，成为我国第一个由国家空管委批准的低空空域航空服务站试点，国家民航总局确定的东北地区第一个通用航空ADS—B安全运行试点（国内级别最高）的通航机场，实现在真高500米半径10公里的报告空域内的目视飞行，并连续现两年成功举办通航国际飞行大会。辽宁锐翔通用航空有限公司、辽宁通航公司、亿家通航公司均入驻机场；辽宁联航神燕（泰克纳姆）飞机制造基地项目、乔治海茵茨飞机制造项目也已入区建设。

（经信委）

【通航产业迅速发展】　由沈北新区、辽宁省建设投资有限公司和沈飞公司组建的辽宁联合航空发展有限公司即将注册成立。该公司由沈北政府投资公司以现金3000万元，沈飞公司以实物2900万元，辽宁省建设投资公司以现金2100万元投资组建，旨在打造沈阳市发展通航产业发展的投资平台。辽宁太平洋实业有限公司、法库县政府、辽宁联合航空发展有限公司拟共同出资1亿元人民币，承接赛斯纳L162飞机和意大利泰克纳姆飞机项目。辽宁通航研究院经过艰苦努力，取得了一系列建设成果，已研制并试飞成功两款电动无人机，一款双座电动轻型飞机，启动4座轻型飞机总体设计，同时出资一个亿成立了两个公司——辽宁锐翔通用航空有限公司和辽宁锐翔通用飞机制造有限公司。由沈航作为牵头单位，与北京航空航天大学、大连化工所和部分航空企事业单位等作为协同单位组建了“先进通用飞机设计制造与示范协同创新中心”，已成为省级协同创新中心。全市现有通用航空公司共8家，其中，沈阳通用航空有限公司、东北通用航空有限公司主要从事飞行作业，包括航空护林、农林作业、航空摄影等，年飞行量约3600小时/4700多架次；中一太客商务航空有限公司主要进行商务飞行，共有13架飞机，年飞行量约60小时/200多架次。2013年财湖机场成功承接了沈飞L162试飞、沈阳航天航空大学飞机试飞、神鹰通航公司航拍作业、辽宁省摄影测量与遥感院航拍作业等运营项目，全年共承接通用航空作业飞行400余架次，作业面积达4万平方公里。由沈阳航空航天大学投资建设的飞行驾照培训项目已完成相关专业审批，年培养飞行员200人。由沈阳铁鹰公司投资建设的航空俱乐部项目，已购置2架德国高性能特技飞机，主要开展特技培训。

（经信委）

【中航工业沈阳飞机工业（集团）有限公司】 中航工业沈阳飞机工业（集团）有限公司简称中航工业沈飞公司，是沈飞工业集团的核心企业。主要以飞机制造为核心主业，集科研和生产为一体，军机、民机、民品、三产多元化发展的大型航空企业。隶属于中国航空工业集团公司，是中国最大的歼击机研制生产基地和国内惟一重型歼击机制造企业。占地面积830多万平方米，现有职工1.5万多人。2013年，是公司不断深化改革发展，有力推动均衡生产的一年。公司的发展始终得到党和国家领导人的高度重视，中共中央总书记习近平在视察公司工作时叮嘱我们："强军就要靠优势装备，这一块还真是要靠你们的努力。"主要经济指标突破130亿，营业收入连续四年超过百亿，利润、EVA均完成了年度计划目标。

军机科研生产取得了显著成绩。圆满完成了以歼15飞机在舰上多项试验任务为代表的多个新研项目年度节点目标，为强大我国国防力量做出了重要贡献。部队飞机现场保障和专项保障客户服务满意度达97.5分。

C系列飞机成功实现首飞。2013年，按客户订单交付6架份后桶段和2架份前机身。标志着公司已具备参与国际民机产业的制造能力和技术水平。C919、ARJ21等转包生产项目完成订单交付。波音、空客等其它转包项目均按计划完成。SSJ－100项目正式启动。L162飞机项目按照集团整体部署，积极推进项目转移事宜。

2013年，非航产业实现营业收入19亿元，比上年增长25%。其中，非航空民品收入实现13.2亿元，比上年增长23%，完成了中航工业航空装备的考核目标。沈阳沈飞线束科技有限公司正式成立。完成了多家企业增资扩股和股权转让。强化了对25家投资企业的管控，通过长期股权清理，提高了资产运营质量。

先进装配制造技术应用更加深入。技术创新体系建设取得新突破。2013年，"产、学、研"项目共9项，应用效果显著，部分成果获集团科技进步奖。信息化建设再上新台阶。MES系统在22家生产单位全面推广应用。公司信息化建设在集团成员单位中走到了前列，通过了集团信息化A级达标测评。

沈飞公司持续提升职工收入，丰富职工业余文化生活，不断改善职工生活环境，加大民生工程投入力度，持续关爱干部员工身心健康。职工收入人均增长7.5%；新职工食堂建成并投入使用；全年共组织1.4万余名干部员工进行了体检，为2200余名女员工进行了健康体检。救助职工3300人次，支付救助金287万余元，资助困难职工子女助学金3.6万元。

（金　波）

民 营 经 济

综 述

【非公经济发展】 继《沈阳市促进中小企业发展条例》和《沈阳市支持中小微型企业发展的政策措施》(沈政发〔2012〕51号)正式施行后,沈阳市基本形成了国家、省、市三级配套,统筹兼顾的政策体系。为推动相关政策的贯彻落实,沈阳市编辑印发了《减轻企业负担政策解答选编》,帮助中小微企业掌握国家对中小微企业的扶持政策。积极争取财政资金支持,充分发挥财政资金引领作用,加快中小企业服务体系建设。沈阳市有64个项目获得国家、省、市级中小企业专项资金4636.5万元。中小企业服务体系建设取得新进展,沈阳市、区两级中小企业服务网络服务效能凸显。制定印发了《沈阳市中小企业公共服务平台和创业基地管理认定办法》,认定24个市级中小企业公共服务平台和2个小微企业创业辅导基地。沈阳市中小企业服务中心在25个产业集群设立了中小企业服务窗口。建立了中小企业技术工人信息服务对接窗口,筹建中小企业技术对接服务窗口,征集科研成果129项,收集企业技术难题77个。举办专题培训及各类公益培训293期,培训1.43万余人次,服务企业2.96万余户次。举办2场“中小企业与高校毕业生就业专场双选会”,151户企业、10余所高校的2000余名大学毕业生参加了招聘活动。组织“专家企业行”、“维权企业行”活动,共服务企业180余户。全市服务示范机构共举办120期培训班,培训6000余人次,服务企业1.6万余户次。各区县(市)中小企业服务中心共举办了65期培训班,培训2800余人次,为9800户企业提供了服务。积极推进中小企业科技创新,加大165户创新型中小企业的培育力度。建立统计监测制度,实施动态管理。并对165户创新型中小企业进行实地核查。落实省、市两级政府支持创新型中小企业配套资金6966.83万元。引导中小微企业技术创新,有67项产品(技术)被辽宁省中小企业厅确认为辽宁省“专精特新”产品(技术)。

(王 巍)

【民营经济运行】 2013年,沈阳市民营经济实现增加值5068.5亿元,比上年增长12.3%,比全市地区生产总值增幅高出3.5个百分点;实现出口交货值191.8亿元,增长4.1%;实现利润总额1029.2元,增长12.9%;上交税金544.2亿元,增长12.6%;完成固定资产投资3631.9亿元,增长8.1%;劳动者报酬671.9亿元,增长17.5%。

沈阳市民营经济增加值占辽宁省民营经济增加值的23.8%,比上年提高了0.3个百分点;沈阳市民营经济总产值占全省民营经济总产值比重的24%,营业收入占全省的23.7%,利润总额占全省的21.5%,上交税金占全省的25.1%。

2013年,辽中县、康平县、法库县分别以25%、22.2%、21.3%的增幅位于各区县(市)民营经济增加值增幅前三位。铁西新区、沈河区、沈北新区继续位于各区县(市)完成总量前三位。大东区、和平区、皇姑区分别以71.4%、36.6%、15.8%的增幅排在各区县(市)民营经济出口交货值增幅前三位;从民营出口总量上看,东陵区、铁西新区、沈北新区分别以64亿元、30亿元、27.1亿元的总量排在各区、县(市)民营出口总量的前三位。辽中县、于洪区、新民市分别以44.2%、28.5%、25.9%的增幅位于各区、县(市)民营经济利润总额增幅的前三位。康平县、法库县、辽中县以41.2%、33.8%、28.9%的增幅排在各区县(市)民营上交税金增幅的前三位,民营企业经济效益持续增长,民营经济的社会贡献率稳定提高。

作为民营经济的主要实体,2013年,全市民营工业实现增加值2905.5亿元,增长9.5%,占全市工业比重为86.8%。重点中小企业运行平稳,机械装备、农产品加工等传统优势产业平稳发展,在民营经济快速增长过程中发挥着中坚作用。

(王 巍)

【全市促进非公有制经济发展大会】 3月25日,沈阳市召开促进非公有制经济发展大会。省委常委、市委书记曾维出席会议并讲话。市长陈海波主持会议,并就贯彻落实会议精神提出要求。市委副书记邢凯宣读表彰2011－2012年度非公有制经济百强企业和先进个人的通报,沈阳市副市长黄凯作工作报告。沈阳市人大常委会主任赵长义,沈阳市政协主席姜宏、副主席孙红出席会议。

(刘洪玉)

【支持中小微企业发展政策措施落实情况专题调研】 2013年7月至11月,沈阳市中小企业局对《沈阳市促进中小企业发展条例》和《沈阳市人民政府支持中小微型企业发展的政策措施》的落实情况进行专题调研,对16个沈阳市直相关部门、6个区、县(市)、100余家中小微企业和2个孵化基地进行了走访,并形成了调研报告。

(刘洪玉)

【“双进双解”取得实效】 2013年,沈阳市中小微企业指导组所承担帮扶任务的3个部门和14个区、县(市)的171名机关干部,有3423人次深入企业、走进项目,收集整理问题226个,解决222个,解决率达98%以上。

(侯 英)

【维护企业权益】 沈阳市中小企业局深入于洪、新民、法库等区县(市)100户企业进行实地调研,通过开展“维权行”、“问题直通车”等活动,在沈阳市委督查室、市政府督查室和各区、县(市)

政府相关部门的大力支持下，协调解决了沈阳铁西百货家电下乡款问题、沈阳东北金属制品有限公司房产证问题、沈阳强风金属门窗有限公司土地搬迁资金等问题近百件，为企业挽回了几千万元的损失。

（侯　英）

服务体系建设

【制定管理办法】　为促进沈阳市中小企业公共服务示范平台和小微企业创业基地的建设，沈阳市中小企业局制定并印发了《沈阳市中小企业公共服务示范平台和小微企业创业（辅导）基地认定管理办法》，对公共服务示范平台和小微企业创业基地实行动态管理，每三年复核一次。对复核合格的公共服务示范平台和小微企业创业基地予以确认，对复核不合格的予以撤销。

（钟　坚）

【开创"校企联合定向培养"的新模式】　为帮助中小企业解决用工难题，沈阳市中小企业服务中心实践和探索了"校企联合定向培养技术工人"的新模式。根据企业用工需求信息，组织中等职业学校招生，实行定向培养。首批招生378名学生全部就业。为缓解中小企业招工难和适龄青年就业难的双重困难，做出了新的探索。

（吴　冬）

【促进中小企业融资服务平台建设】　沈阳市民营企业发展服务中心，成立于1999年，隶属于沈阳市中小企业局。2010年6月，沈阳市政府与国家开发银行辽宁省分行签订了《中小企业贷款业务合作协议》，协议明确了民营服务中心作为开发银行在沈阳市开展中小企业贷款业务的融资平台，负责企业在开行贷款的统借统还工作，具备了为沈阳市中小企业提供融资服务的新职能，已为205户中小企业提供贷款支持，累计贷款额达6.2亿元，2013年新增贷款额2.3亿元，切实为中小微企业提供了资金支持，并且贷款本息回收率连续保持100%。

（孙雪梃）

【首批中小企业公共服务网络平台】　2013年，沈阳市中小企业服务中心和康平塑编产业集群综合服务中心2家单位被国家工信部确认为首批国家级中小企业网络服务窗口（平台）单位，并获专项资金扶持。

（王　磊）

【中小微企业三级服务体系格局基本形成】　2013年，沈阳市中小企业服务中心在大东汽车、铁西装备制造、铁西现代建筑等全市25个产业集群分别设立了中小企业服务窗口，标志沈阳市中小微企业三级服务体系全面建成。服务中心主动走访辽中县、法库县、辉山经济区、浑南软件园等地进行服务指导。全年共举办培训班12期，培训2500余人，共计为680户企业进行咨询、人才招聘等服务。

（吴　冬）

【召开第三届扶助中小微企业发展银担企对接会】　5月17日，沈阳市中小企业局、沈阳市政府金融办、沈阳日报社在沈阳宾馆共同主办第三届"扶助中小微企业发展银担企对接会"。国家开发银行沈阳分行等5家银行分别同5家中小微企业成功签订了总额达6700万元的贷款合同。对接会征集并精选了一批中小微企业资金需求项目并汇编成册，总额度达147.1亿元。企业通过现场与金融机构互动对接，达成意向贷款总金额35.2亿元，较上届银企对接会增加5.7亿元，占全部参会企业贷款需求的23.9%。

（张　程）

【省级中小企业公共服务平台】　2013年，沈阳市中小企业局积极引领全市具有服务平台功能的企业参加辽宁省中小企业公共服务平台的申报工作。最终沈阳市沈阳创达技术交易市场有限公司、沈阳市洪生气体有限公司等11家企业的公共技术服务平台荣获辽宁省中小企业公共技术服务平台称号。

（王　磊）

企业发展及项目建设

【招商引资】　2013年，沈阳市完成引进到位内资1750.9亿元，比上年增长15%；引进国内重点地区项目稳定增长。从国内重点区域引进到位资金1358.8亿元，占全市到位内资的77.6%；县域经济引进内资项目急剧攀升。于洪区、法库县引资增幅位居前列，增幅分别为16.91%、16.88%；铁西区、沈北新区、东陵区（浑南新区）锁定引进内资总量前三名的位置，总量分别为217.8亿元、210.5亿元、210亿元；引进第三产业项目成为重要支柱。引进第一产业项目13个，到位资金15.3亿元，比上年增长75.3%；引进第二产业项目257个，到位资金416.9亿元，占全市的23.8%；引进第三产业项目381个，到位资金1318.7亿元，比上年增长24.4%，占全市到位内资的75.3%；引进亿元以上重大项目势头强劲。全年引进投资额亿元以上项目495个，到位资金1662.9亿元，占全市到位内资的95%。

（李睿知）

【中小企业信用建设】　2013年，沈阳市中小企业信用建设取得成效。全年共征集2540户中小企业信用信息，经辽宁省审核通过2049户，超额完成省下达1500户的任务。

（张　程）

【首期中小企业集合票据成功发行】　沈阳市首期中小企业集合票据于2月1日在中国银行间债券市场正式发行，总额度为7700万元，票面利率为5.8%，发行期限为2年，信用级别为AAA。票据由中债信用投资股份有限公司提供无条件不可撤销的连带责任保证担保，沈阳市中小企业信用担保中心和沈阳创业投资担保有限公司对联合发行人产生的追偿债权提供提供连带责任反担保，主承销商为中国建设银行，沈阳市中小企业局为本次集合票据的组织协调人。此次票据的成功发行填补了省内空白，并将极大提升国内外投资机构对沈阳市中小企业的关注度与信任度。

（张　程）

【小微企业发展现状调研】　沈阳市中小企业服务中心、沈阳市中小企业协会和沈阳市中小企业专家委员会组成联合调研组，历时3个月，深入全市10个区、县和开发区的50户小微企业，对企业的发展状况进行了考察和调研，梳理小微企业融资难等十种困难，针对问题提出七点具体建议，并形成了1.1万余字的《关于沈阳市小微企业发展现状的调研报告》。

（李永宁）

【公益培训课堂】 2013年，沈阳市中小企业公益培训课堂活动共举办了40期，累计培训3200余人次。服务中心将培训工作引进区县、产业园区，让中小微企业就近就地参与培训，提升管理水平，提高企业竞争力，共有1000余户企业从中受益。

（吴 冬）

【中小企业私募债担保发行】 2013年11月，辽宁省中小企业私募债筹备发行工作正式展开，本次私募债票面年利率8.5%、期限2年。中小企业私募债对中小企业是一种便捷高效的融资方式。沈阳市中小企业融资担保有限责任公司推选的7家企业已通过入围评定，进入实际操作阶段。本次私募债发行，推进了担保业务与中小企业私募债的有机结合，是对担保业务的一次创新尝试，对解决中小企业融资难、拓宽中小微型企业融资渠道具有重要的战略意义。

（刘 征）

【165户企业被确认为辽宁省创新型中小企业】 2013年，沈阳市中小企业局组织开展了“创新型中小企业”申报工作，全市350户创新型中小企业名单上报省中小企业厅，165户企业被认定为辽宁省创新型中小企业。

（沈 峰）

【67项产品（技术）被认定为辽宁省专精特新产品（技术）】 2013年，沈阳市积极组织广大中小企业进行相关申报工作，最终沈阳市有聚德高清智能电子警察系统等67项产品（技术）被评为2013年辽宁省中小企业“专精特新”产品（技术）。

（王 健）

乡镇企业

【概况】 2013年，沈阳市乡镇企业实现民营经济增加值2779.6亿元，比上年增长16%，比全市高7.2个百分点，占全市比重为38.8%，比上年提高2.5个百分点；实现营业收入1.08万亿元，增长16.5%；实现出口交货值121.8亿元，与上年基本持平；实现利润总额640.3亿元，增长17.6%；完成上交税金231.3亿元，增长21.3%；完成固定资产投资2298.1亿元，增长16.7%，比全市投资增幅高出3.2个百分点，占沈阳市投资比重为36%，比上年提高1个百分点；劳动者报酬为332.7亿元，增长34.6%。

虽然民营增加值、营业收入等主要指标增长幅度较上年有所放缓，但利润总额、劳动者报酬等指标增速不降反增，税收增幅基本持平，乡镇企业在“增速放缓”、“结构调整”的大背景下，经济运行质量有所提高，乡镇企业经济仍然是拉动全市经济增长的主要力量。

（王 巍）

【乡镇工业企业发展】 2013年，沈阳市乡镇工业实现增加值2222.6亿元，比上年增长12.8%，高出全市工业增幅2.8个百分点，占全市工业的比重为66.4%，比上年提高3.8个百分点，对全市工业的贡献率达到85.1%。

其中规模以上工业企业3011户，比上年减少39户；实现规模以上工业总产值7943.4亿元，比上年增长10.7%，占全市规模以上工业总产值的58.1%，比上年提高2.3个百分点；实现规模以上工业增加值1996.3亿元，增长17.2%，占全市规上工业增加值的56.7%，比上年提高5.1个百分点；实现营业收入7833.7亿元，增长14.4%；实现利润总额464.1亿元，增长18.5%。

据对乡镇百户重点中小企业跟踪情况调查，截至2013年11月底，百户重点中小企业营业收入同比增长15.8%。其中：冶金工业增长16.9%，石化行业增长20.7%，装备制造行业增长11.6%，食品工业增长5.7%，农副产品加工业增长15.2%，纺织及服装工业增长43.4%。

总体看，沈阳市乡镇工业生产经营形势稳定，原材料、机械装备、农产品加工等传统行业平稳发展，在乡镇企业经济快速增长过程中发挥着中坚作用。

（王 巍）

【三县一市民营经济】 2013年，沈阳市“三县一市”民营经济发展克服诸多不确定因素的影响，积极开拓市场，招商引资，调整结构，创新升级，使地区民营经济出现回升势头。从民营经济总量来看，“三县一市”全年实现民营经济增加值1048.9亿元，比上年增长20.9%，比全市地区生产总值增幅高12.1个百分点，占全市GDP的比重为14.7%，比上年提高1.7个百分点，对全市经济的贡献率为34.1%；实现营业收入4267.3亿元，增长16.2%；实现出口交货值76.1亿元，与上年基本持平；实现利润总额270.1亿元，增长27.5%；完成上交税金54.7亿元，增长25.6%。从产业构成看，2013年，三县一市民营经济二、三产业比例为84.3∶15.7，与上年相比第三产业提高6.3个百分点，工业仍然是支撑三县一市地区经济发展的主要力量，同时，第三产业也获得了长足发展。

（王 巍）

2011－2012年度 非公有制经济百强企业

百强标兵企业（10个）

沈阳远大铝业工程有限公司
三一重型装备有限公司
特变电工沈阳变压器集团有限公司
九星控股集团有限公司
百胜餐饮（沈阳）有限公司
辽宁卓展时代广场百货有限公司
沈阳兴隆大家庭购物中心有限公司
普利司通（沈阳）轮胎有限公司
辽宁成大生物股份有限公司
米其林（沈阳）轮胎有限公司

百强企业（90个）

沈阳北方建设股份有限公司

沈阳华润三洋压缩机有限公司
沈阳顶益食品有限公司
辽宁禾丰牧业股份有限公司
沈阳宏发企业集团家具有限公司
采埃孚伦福德汽车系统(沈阳)有限公司
恒大长基(沈阳)置业有限公司
沈阳新元建设集团有限公司
新世界(沈阳)房地产开发有限公司
沈阳东和有机化工有限公司
沈阳三生制药有限责任公司
贝卡尔特沈阳精密钢制品有限公司
三星(中国)投资有限公司沈阳分公司
新生活集团(中国)有限公司
安斯泰来制药(中国)有限公司
沈阳延锋江森座椅有限责任公司
沈阳娃哈哈荣泰食品有限公司
奥维通信股份有限公司
青岛润泰事业有限公司沈阳分公司
沈阳金地长青房地产开发有限公司
沈阳远大压缩机股份有限公司
沈阳荟华楼金店
沈阳苏宁电器有限公司
沈阳铁西百货大楼有限公司
万祥置业(沈阳)有限公司
沈阳三洋电梯有限公司
辽宁恒力工程机械有限公司
沈阳新北热电有限责任公司
沈阳统一企业有限公司
传奇电气(沈阳)有限公司
沈阳振浩企业集团
沈阳新湖房地产开发有限公司
沈阳亨通光通信有限公司
沈阳东方钛业有限公司
沈阳大东兴隆百货有限公司
沈阳双鼎制药有限公司
沈阳首创新资置业有限公司
沈阳东管电力科技集团股份有限公司
沈阳易讯科技股份有限公司
沈阳捷通消防车有限公司
沈阳山水工源水泥有限公司
沈阳蓝光驱动技术有限公司
沈阳中一实业有限公司
沈阳百益龙置业有限公司
沈阳中安房地产开发有限公司
沈阳萃华金银珠宝股份有限公司
沈阳新玛特购物休闲广场有限公司千盛百货购物中心
辽宁辉山乳业集团有限公司
沈阳新世界百货有限公司
辽宁高校后勤集团房地产开发有限公司
沈阳昊诚电气股份有限公司
沈阳宜家家居有限公司
欧亚集团沈阳联营有限公司
世茂新发展置业有限公司
沈阳红旗制药有限公司
沈阳蓝英工业自动化装备股份有限公司
辽宁吉隆房产开发有限公司
沈阳科金特种材料有限公司
沈阳东北大学冶金技术研究所有限公司
沈阳娃哈哈食品有限公司
沈阳国际汽车城开发有限公司
沈阳红药制药股份有限公司
沈阳滕浩房地产开发有限公司
沈阳盛贸饭店有限公司
沈阳家乐福商业有限公司金牛店
沈阳红星美凯龙世博家居广场置业有限公司
沈阳新北燃气有限公司
沈阳富禹安泰置业有限公司
辽宁荣信房地产开发有限公司
辽宁泰丰铝业工程有限公司
沈阳畅峰房地产开发有限公司
沈阳帕卡濑精有限总公司
沈阳市艾克电缆厂
沈阳春天百货有限公司
沈阳其仕房地产有限公司
辽中县炼油厂有限公司
沈阳防锈包装材料有限责任公司
辽宁诺康生物制药有限责任公司
荣科科技股份有限公司
沈阳市金华银房地产开发有限公司
沈阳润泰商业有限公司
天安保险股份有限公司沈阳中心支公司
龙士达控股集团有限公司
沈阳天江老龙口酿造有限公司
沈阳众邦恒业房屋开发有限公司
沈阳爱尔眼视光医院(有限公司)
沈阳百盛购物广场有限公司
金光置业(沈阳)有限公司
沈阳世茂房地产开发有限公司
沈阳市斯沃电器有限公司

交通·邮政

铁路运输

【概况】 沈阳铁路统归沈阳铁路局管辖。沈阳铁路局是铁道部直属特大型运输企业，主要承担辽宁省、吉林省及内蒙古自治区东部和黑龙江省、河北省部分地区铁路客货运输工作。全局管辖铁路范围跨越辽宁、吉林两省和内蒙古自治区东部，以及黑龙江省南部、河北省东北部。共辐射4省1自治区，32个地级市、盟、自治州，194个县、县级市、旗、县级区。

2013年，全局日均装车完成1.68万车，同比少装223车；货物发送量完成3.77亿吨，同比少发送457万吨；货运收入完成277.28亿元，同比增收39.9亿元；运输收入完成485.88亿元，同比增收64.69亿元；全局日均卸空车完成1.90万车，同比少卸488车；货物周转量完成2685.5亿吨公里，同比少完成140.86亿吨公里；货车周转时间完成2.20天，同比压缩0.01天。

2013年，沈阳市辖内共有铁路单位20个，其中：独立车站4个（沈阳站、苏家屯站、沈阳北站、沈阳西站），车务段1个（沈阳车务段），货运中心1个（沈阳货运中心），机务段2个（沈阳机务段、苏家屯机务段），工务段3个（沈阳工务段、沈阳工务机械段、沈阳高铁工务段），客运段3个（沈阳客运段、餐饮服务段、旅行服务段），供电段1个（沈阳供电段），电务段1个（沈阳电务段），车辆段3个（沈阳车辆段、苏家屯车辆段、沈阳动车段），通信段1个（沈阳通信段）。

沈阳站、沈阳北站主要担当客运列车的接发及旅客的乘降工作；苏家屯站主要负责沈阳辖区内货物运输和旅客运输工作；沈阳西站主要承担沈阳枢纽货物列车的编组和解体任务；沈阳车务段主要负责沈阳市辖内15个车站（沈阳、沈阳北、苏家屯、沈阳西站除外）的客货运输以及铁岭、抚顺市辖内部分铁路的货运和客运任务。沈阳、苏家屯机务段主要负责客货列车的牵引运输和机车的维修和管理任务；沈阳工务段、沈阳工务机械段负责管内铁路线路的维修保养任务；沈阳客运段负责旅客列车的乘降服务任务；沈阳供电段负责铁路运输的供电和维护任务；沈阳电务段负责铁路信号、道岔等电气联锁的维修管理工作；沈阳车辆段负责全局大部分客车车辆的维修和管理任务；苏家屯车辆段承担货车车辆的维修和管理任务；沈阳动车段主要负责管理维护动车组工作；沈阳通信段主要担负铁路通信信息工作。

（李　航）

【旅客运输】 2013年，全局办理客运业务的特等站4个、一等站7个、二等站63个、三等站87个、四等站213个、五等站4个，各类车站共计378个；全局共有乘降所295个，办理客运业务车站和乘降所合计673个。全局下设长春、沈阳、大连、吉林、锦州五个客运段和旅行服务段、餐饮服务段。

2013年沈阳局担当基本图旅客列车244.5对，其中：直通93对，管内152.5对。全年完成客运收入142.5亿元，同比增收28.7亿元；日均完成3904万元，同比日均多收786万元，增幅达到25.2%。全年完成旅客发送量2.12亿人，日均完成58.1万人；其中：直通完成4061万人，日均完成11.1万人；全局行包发送628.86万件，9.65万吨（含中铁快运沈阳分公司运量）。

2013年，沈阳市辖内17个承担客运任务的铁路车站，发送旅客3814.91万人，其中沈阳市内两大站（沈阳站、沈阳北站）发送旅客3628.3万人，占全市旅客发送人数的95%。沈阳客运段负责担当沈阳、丹东、本溪至北京、广州、上海、深圳、温州、成都、青岛、佳木斯、哈尔滨、齐齐哈尔、绥芬河、漠河、大连等方向69.5对旅客列车的乘务工作。

（李　航）

【货物运输】 2013年，全局有货运办理站480个，集装箱办理站63个，零担办理站20个，货检站26个（其中：路网性货检站7个，区域性货检站19个）。全局有专用线1428条，办理货物运输品类主要为煤炭、金属矿、非金属矿、钢铁、石油、矿建、粮食等。沈阳市辖内16个承担货物发送任务的车站，2013年发送货物285万吨。

（李　航）

【沈阳站东广场、沈阳北站南广场投入使用】 2013年8月10日沈阳站东广场正式开通使用，东西地下通道正式贯通。新建沈阳站设置高、普速车场共10台19线，其中：高速车场5.5台10线，普速车场4.5台9线（含1条中线）；全站共有道岔124组，其中：高速场39组，普速场85组；新建西站房及高架候车室，面积4.96万平方米，3个售票厅，面积4775平方米；全站共有电梯72部，其中：直梯21部，扶梯51部；车站设置人工售票窗口51个，自动售票取票机33台，自动取票机10台，设计能力日均发送旅客11万人。2013年日均办理旅客列车253列，日均乘降旅客10万人，日均运输收入282.1万元，日均办理行包1435余件。

8月16日，沈阳北站南站房和南广场经过一年的封闭施工改造，正式向公众开放。南站房开通后，车站由南站房、高架候车大厅和北站房三大部分组成。进站大厅二楼开设了餐饮、超市、暂休等服务项目，不论从外观、环境、服务，还是购票、进站的便捷程度，都较以往有了明显提升。南站房开通使用后，加上北站房原有的一个进站口、一个出站口和一个售票处，真正实现了南北贯通，旅客购取票、进出站更顺畅了。2013年，沈阳北站日均办理旅客列车286列（高铁139列、普速147列），其中：始发50列（高铁31列、普速19列），终到51列（高铁32列、普速19列），中转185列（高铁76列、普速109列）。

（李　航）

【铁路线路】 沈阳工务段管辖沈大高

速线391.5公里至401.8公里，京哈高速线702.3公里至710.4公里，京哈线690.1公里至882.8公里，其区段包括：沈阳北、铁岭、开原、昌图等16个车站；沈山线0公里至27.5公里，其区段包括沈阳西、大成等6个车站；沈大线389.8公里至399.0公里，其区段包括沈阳站；沈吉线0.1公里至143.2公里，其区段包括沈阳东、抚顺北等17个车站；辽开线0公里至89.5公里，其区段包括西丰等3个车站；铁法线0公里至22.7公里，其区段包括大青等2个车站；于虎线0公里至22.8公里，其区段包括2个车站；三火线3.0公里至39.2公里，其区段包括2个车站。沈阳工务段主要负担上述6条干线4条支线及枢纽地区联络线线桥养护维修任务。

（李　航）

【铁路车辆】 铁路车辆分客车车辆和货车车辆，客车车辆为全路配属制，货车车辆为全路周转制（特种车除外）。车辆的管理和维修统一归车辆段负责。沈阳市辖内有沈阳车辆段、沈阳动车段和苏家屯车辆段。

沈阳动车段是沈阳铁路局惟一的动车组运用维修段，主要承担哈大、长吉、秦沈客专，沈阳北、大连、长春、哈尔滨、北京、青岛、上海、宁波间运用动车组的值乘及一、二级检修职能。全段配属动车组79组，其中：CRH5型动车组46组，CRH380B型动车组33组。2013年，共完成动车组一级修1.46万组、二级修2461组、临修431辆。同时，按照总公司送修计划，组织CRH5A型动车组入长客股份高级修22组，其中：三级修15组，四级修7组。截至2013年12月28日，图定每日开行动车组列车93对57组；12月28日津秦高铁第二阶段开通后，段图定每日开行95对64组。

（李　航）

公路建设

【概况】 公路通行能力全面提升。2013年，沈阳市新建、改建沈阳经济区、新城新市镇和农村公路1985.4公里。三、四环公路竣工通车，沿线绿化全部完成；沈闫公路改扩建、回龙岗周边道路续建和三环连接线整修等工程全部完成；实施公路大中修847.6公里，维修改造病险桥梁58座；新建、改建及维修农村公路929.9公里，惠及全市53个乡镇26万农村群众。高标准实施机场路绿化，创建沈盘线和丹霍线养护管理示范路110公里。同时，沈康三期、灯辽高速公路征地拆迁基本完成，京沈客专沈阳段征地拆迁全面启动。

（陈千城）

【绕城高速公路改扩建工程】 沈阳绕城高速公路改扩建工程全长81.9公里，按双向8车道标准建设，该路也称"三环"，设计行车速度每小时100公里。2013年主要是路面和绿化建设，路基、桥梁工程只剩收尾工作。该路在改扩建的过程中新建了古城子、王家沟两个服务区，新增设雪莲街、西江街、陵园街、长青街、谟家堡以及古城子6个收费站。加上改扩建的原有15个收费站，整个三环设有21个收费出口，平均每三公里就会有一个收费站。全线亮化照明，全路设有44条ETC车道（电子不停车收费系统），其收费系统每车收费耗时只有2秒，通行能力是人工收费通道的5至10倍。每个收费站均设置大型互通式立交桥，共计21座。全线还启用景观路灯照明。2013年7月1日全线通车。

（陈千城）

【四环快速路新建工程】 沈阳四环快速路经过近三年的建设竣工通车。全线桥梁工程、路面工程及所有节点工程全部建设完成，各种配套工程也已基本完成。四环快速路于2013年7月26日完成交工验收，7月28日举行"迎全运，爱家乡，四环开通"自行车健身活动，7月30日正式开通运行。

路基工程全部完成，2013年完成路基土石方43万立方米。桥梁工程全部完成，2013年完成桥面铺装工程量33孔；防撞墙工程量2000延长米。路面工程全部完成。保和、平罗两处养护中心综合服务楼总建筑面积为7101平方米。保和养护中心楼房主体、内饰已经全部完成，平罗养护中心因村民阻工已完成一层房屋主体工程。

照明工程全部完成。2013年完成管道敷设8公里；路灯安装597套；电缆敷设237公里；安装箱变114套。完成全线外接电源工程，完成全线路灯工程联调联试。

智能交通工程全部完成。2013年完成通信管道敷设46公里；安装信号灯岗70处；电子警察92处；安装龙门架20座。完成全线智能交通工程联调联试。完成道路标志2508套，施划道路标线30万平方米。完成乔木总量8.7万株，灌木种植84万株，地被花卉174万平方米。

（陈千城）

道路运输

【概况】 全年道路运输量3.02亿人次，旅客周转量130亿人公里，分别比上年增长3.7%和4.2%；完成货运量2.39亿吨、货物周转量382亿吨公里，分别比上年增长12.6%和14.9%。新增、更新客运车辆750台，货运车辆1.95万台；开通沈本城际公交，增开4条沈抚城际公交；沈阳站所有客运车辆和沈阳北站大连线路车辆实现进站发车，彻底解决马路发车顽疾；培育甩挂运输试点企业4户；建成浑河航标灯塔，改扩建新民仙子湖和棋盘山水域海事监督救助站；维修市场不断规范，一、二类维修企业经营信息公示率100%，维修车辆400万辆次；驾培行业实行学员选教练员制度，培训驾驶员17万名。

（陈千城）

【沈本城际公交开通】 沈本城际巴士线路于2013年11月27日早6：40分正式开通。该线路为对发车，参营对发单位为沈阳经纬客运有限公司和本溪客运集团有限公司，双方共计4台正班运营车辆，全天共发车8个班次，线路单程51公里，高速34公里（丹阜高速），从边牛下高速后，途径本溪市政府站、沈阳药科大学站、辽宁科技学院站，最后到达沈本新城终点站。全程运行时间为单程50分钟，全程票价暂行11元。始发站位于浑南新区奥体中心地铁A口（对面为兴隆大奥莱），终点站位于本溪高新技术产业开发区（60路公交车终点站，斜对面为华联超市）。首发时间：沈阳奥体中心6：40，沈本新城6：30；末班车发车时间：沈阳奥体中心18点，沈本新城17：30。全天平均车隔78分钟。

（陈千城）

【长途客运车辆实施进站发车】 沈阳至本溪线路站外马路发车长达19年，多年来，进站工作曾遭到堵车、罢线、集体到政府上访等阻挠，进站工作面临经营者利益矛盾的重重困难。2013年，运管处制定了本溪进站工作方案,认真分析和制定化解矛盾的措施,在沈阳、本溪两地分别召开多次经营者、管理部门会议,逐个问题、矛盾研究解决方案,同时协调政府、公安等相关部门争取配合支持。2013年10月,困扰多年的本溪线路的马路发车问题得到圆满解决,车辆运营安全得到了保证,旅客候车环境得到改善,马路的交通秩序明显好转。同时,通过与省运管局协调,北站地区长期站外发车的大连线路已经进入省快客站发车。

(陈千城)

【长客总站迁至龙之梦公交枢纽】 2013年3月18日,沈阳市长途客运总站正式迁至沈阳龙之梦客运枢纽。龙之梦长途客运站为临时性场地,新的沈阳市长客总站(龙之梦枢纽)总设计规模1.8万平方米,其中:新建候车厅2300平方米,售票厅700平方米,其它服务办公设施3870平方米,发车与停车平台1.1万平方米,在2014年全部投入使用。3月18日将投入使用的有700平方米的候车与售票厅,检票口5个,发车位5个,停车场2000平方米,后勤服务设施400平方米。日均发车131班,日均发客4000人次,将成为沈阳市中东部城区重要的长途客运、公交、地铁的综合性换乘枢纽。

(陈千城)

【货的开始使用清洁能源】 2013年6月28日,沈阳道路运输协会召开会议,推动“蓝天工程”。新购置的沈阳“城市货的”将全部采用CNG车辆,以逐步取代柴、汽油货车。作为清洁能源的天然气,其主要成分是甲烷,燃烧后的主要成份为二氧化碳和水,如果按同吨位的普通货车同运距计算,CNG“城市货的”二氧化碳的排放可减少35% - 40%。CNG“城市货的”与汽油或柴油车相比,其尾气排放中一氧化碳下降90%,二氧化硫下降约70%,微粒排放下降约40%,铅化物可降低100%,排放出来的尾气更加清洁环保。

(陈千城)

【西站交通枢纽站工程】 沈阳西站综合交通枢纽在长客西站与公交枢纽站原址上重建,用地范围西至壮工街,北至重工南街132巷,南至沈新东路,东至重工南街。沈阳西站综合交通枢纽建设标准为国家一级客运枢纽站,设计年平均长途客运发送量为1.5万人次/日,规划建成集长途客运、公共交通、地铁和出租车等多种交通方式为一体的标志性综合交通枢纽。客运站平面呈椭圆形,北侧为候车大厅及商业设施,南侧为公交办公。车站候车大厅两侧为附属服务用房。总建筑面积2万平方米,2009年10月开工,2013年底主体已经完工。

(陈千城)

【苏家屯客运站峻工】 苏家屯区新客运枢纽站是沈阳市大浑南地区最大的客运枢纽,客运线路辐射鞍山、本溪、营口、辽阳等辽宁中部城市群一半以上的城市。苏家屯客运站为国家一级客运枢纽站,设计日输送旅客2万人次,完全可以满足苏家屯区未来20至30年的发展需求。新客运枢纽站位于苏家屯区丁香街以西,碧桂园人工湖以北,计划投资7825万元,总建筑面积3.1万平方米。客运枢纽站主体建筑站房为3层建筑,一楼设置2115平方米的候车大厅;设置有339平方米的售票大厅,售票窗口13个,候车大厅与售票大厅共享11.7米的三层空间。检票区直接检票窗口20个;停车场近1万平方米,可同时满足班线客运、长客、公交和出租车的停靠和中转换乘。

(陈千城)

【京沈客运专线项目启动】 京沈客运专线沈阳段项目途经北京、河北、辽宁,全线长709公里,辽宁省境内线路长396.06公里。沈阳市境内长88.66公里,经新民市、于洪区、铁西区至皇姑屯站。后利用既有铁路接入沈阳站,新建新民北站、沈阳西站(古城子站)2座车站。预计2014年5月1日开工建设,工期为5年。辽宁省于2013年11月29日正式启动京沈铁路客运专线建设项目。沈阳市成立领导小组,18个相关部门为成员单位,领导小组办公室设在市交通局,铁建办负责办公室综合协调工作。2013年相关动迁工作已启动。

(陈千城)

城市公共交通

【概况】 2013年,全市公交客运量11.5亿人次;新增、更新公交车1000台,其中清洁能源车辆899台;新开、调整公交线路21条,延时20条,增加运营里程138.9公里,解决21个小区近10万居民出行问题;更换公交站牌2000个,改造候车廊920个;推行驾驶员“亮牌”服务,评选“精品示范公交线路”10条,“星级公交驾驶员”2115名,行业服务水平大幅提升。

沈阳市出租汽车行业加强驾驶员服务质量信誉考核,3517名驾驶员进班学习,43名驾驶员被吊销从业资格;建立市、区、企业三级投诉处理机制,实现投诉处理网、运政网、企业网“三网合一”,有责投诉率下降50%,车辆整洁合格率达98.7%;强化企业动态考核,通过包片、包点监督管理,对28家企业进行约谈和通报批评;开展出租汽车市场专项治理行动,重点打击非法营运“黑车”和出租汽车拒载、索要高价等违规行为,集中处理58台“黑出租”。全市出租汽车客运量5.3亿人次,更新车辆3000台,新增模范出租汽车418台,晋级星级驾驶员2190名,举办了第二届沈阳“的士节”,行业凝聚力不断增强。

(陈千城)

【全运会公共交通保障】 沈阳市交通行业动员全行业力量,组建5个专项保障团队,征召2500余名优秀管理者和驾驶员以及1700余台车辆,运送赛事人员73万人次,行程136万公里,正点率100%,出色地完成了开闭幕式和22项正式赛、24项测试赛的交通保障任务。同时,开通公交专线、循环班线和点对点定时班车,组织出租汽车在全运村和16家村外驻地宾馆实行驻点服务,并在“两站一场”等地开通“嘉宾窗口”和“绿色通道”,提供优质的交通运输服务,开创了全国同类重大赛会交通保障工作“零差错、零事故、零投诉”的成绩。

(陈千城)

【沈阳市第二届“的士节”】 为深入推进出租汽车行业精神文明建设,丰富广大从业人员业余生活,促进行业和谐稳定发展,实现“打造一流队伍、提供一流服务、树立一流形象”的行业发展目标,沈阳市出租汽车行业协会,于2013年10月21日至10月25日举办第二届中国·沈阳“的士节”。

“的士节”期间开展了丰富多彩的活动。免费乘车看沈阳活动,以“爱家乡、建沈阳”为主题,组织优秀出租汽车驾驶员免费载送市民看沈阳。出租汽车驾驶员文明服务知识竞赛活动,以出租汽车企业为单位,组织开展出租汽车驾驶员文明服务知识竞赛,在全行业形成浓厚的管理、服务“比、学、赶、帮、超”的热潮，促进企业管理水平和驾驶员服务技能的不断提升。拔河比赛活动，在增强出租汽车驾驶员体质的同时，培养出租汽车驾驶员的行业凝聚力。乒乓球、羽毛球比赛活动，在体现体育赛事项目竞技性的同时，又能充分体现队员之间团结友爱、互相合作的精神。行业组建了沈阳市出租汽车行业艺术团，为广大出租汽车驾驶员提供展示自我的平台。

（陈千城）

【公交基础设施项目】　2013年，沈阳市对停车路面破损严重的重工公交停保场、金山小区公交枢纽、217路三台子公交停车场、腾飞一街公交停车场、267路大成桥公交停车场等场站进行维修改造，同时充分利用立交桥下闲置空间，对沈抚立交桥东侧桥下、金阳高架桥北侧桥下、揽军路高架桥（凌空一街）桥下进行路面硬化和桥桩防护，结合上年结转的望花公交停保场路面综合改造工程，全年推进的场站改造项目已全部完工，总停车面积约6.6万平方米，共投入资金近2000万元。场站的建成在较大程度上改善了公交场站基础条件较差的状况，解决了近500台公交车停车路面状况不佳和50余台公交车辆路边停放问题。

沈阳市公交企业采购3台自动化公交车洗车机，第一台自动化公交车洗车机已经在康利巴士重工公交停保场的车间内安装并投入试用。

（陈千城）

【成立出租汽车失物招领处】　2013年3月21日，沈阳市出租汽车行业失物招领服务中心正式成立，截至年底，服务中心和出租汽车公司共收到司机拾到物品1900余件，有1650件物品通过行业失物招领网上服务平台成功交还失主，其中最昂贵的失物价值400万元。自出租汽车行业失物招领服务中心运行以来，每天大约有30位左右的乘客通过电话或者直接来到中心查寻失物信息。失物招领服务中心采取了三种渠道来方便广大市民查询失物信息：一是与交通服务热线“96123”实施对接，让群众一个电话完成失物登记；二是充分利用沈阳出租汽车行业网站失物招领服务平台、行业微博、广播电台、报纸等媒体及时发布行业失物招领信息，方便失主登记和查询；三是由行业失物招领服务中心和全市62家出租汽车公司共同受理失物招领信息，方便驾驶员上交失物和市民领取失物。

（陈千城）

【北站出租汽车地下停车场投入使用】
沈阳北站出租车地下停车场开始试运行。该出租汽车站面积9000平方米，蓄车区车位90个，出租汽车站内设置的士港湾，一共有7个车位供司机休息。在出租汽车站西南角设有一处公共厕所，供司机使用。

（陈千城）

【开通首条预备役号公交线路】　2013年2月11日，沈阳市首条“预备役号”公交专线开通，公交专线起点为预备役一师部，终点为皇姑屯火车站，全线设置28个站点，全长14.8公里，途经市内2个团部、2支应急保障分队和2支友邻部队驻地。本着“平时服务社会、战时服务国防”的原则，该公交线路日常主要方便官兵和市民出行，遇有紧急情况可迅速收拢集结，保障部队行动，一次性可输送兵员3000多人，基本满足了执行多样化任务需要。此外，该公交线路还有多项特点，一是所有司机全部编入预备役，一律着预备役制式军服上岗，实行半军事化管理，遇有紧急任务，根据部队需求指令，人装一起迅速出动，即呼即到，运输应急官兵和设备。二是车身配备“预备役号”电子滚动标识和喷涂国防宣传标语，宣传和普及党的创新理论和国防知识，增强预备役部队社会影响力。

（陈千城）

航空运输

【概况】　中国南方航空股份有限公司北方分公司（以下简称南航北方分公司）前身系原中国北方航空公司。2004年底，经国家有关部门批准，北方航空公司正式将航空主业资产注入中国南方航空股份公司。作为中国南方航空股份公司在沈阳设立的分支机构，南航北方分公司从2005年1月1日起，正式按照分公司模式运营，分公司位于沈阳东塔机场，以沈阳桃仙国际机场为基地机场，主要经营沈阳出港至国内外大中城市的航线。截至2013年底，北方分公司拥有A320系列运输飞机26架，经营沈阳始发航线64条（不含包机），国际航线连通日本、韩国、新加坡等多个国家。

（李小伶）

【航空客货邮运输】　2013年，北方分公司完成运输总周转量6.86亿吨公里，同比增加3.9%；旅客运输量413.6万人次，同比增长3.5%；货邮运输量4.42万吨，同比减少1.6%；客座率81.96%，同比减少0.43个百分点；载运率75.21%，同比提高2.43个百分点。实现运输收入（含燃油附加）42.56亿元，同比减少10.12%，其中：客运收入41.04亿元，货邮收入1.52亿元；实现利润5000万元。

北方分公司全年基地出港航班正常率82.25%，同比下降3.55个百分点，在沈阳地区三大航中排名第一；始发航班正常率91.7%，航班关门正常率95.7%，航班起飞正常率81.54%，恶性延误率0.11%，综合运行品质排名股份公司前茅。

（李小伶）

【航线网络建设】　2013年，北方分公司按照总部“运力中长期规划滚动落地、动态调整”原则，贯彻营销系统“三个科学”要求，坚持运力与市场匹配，巩固干线、布局支线市场，选择性开拓二、三线市场，加密京、沪、穗、圳等主干航线的航班密度，提高市场控制能力；并且有选择性增开了满洲里、鸡西等支线，进一步完善了航线结构和布局。

在推进枢纽中转工作中，北方分公司积极应对挑战，稳定团队中转，加强散客销售。东南亚散客收入提升21.36%；澳新旅行家套票产品销售实现突破，国内重庆中转销售收入同比下降20.34%，但低于平均降幅；国内中转份额7.16%，实现总体枢纽中转销售收入1.47亿元，完成指标的90.3%，各项中转指标均排名股份公司前列。

（李小伶）

【优化飞机布局】　2013年，北方分公司根据南航总体发展战略部署，结合沈阳航空运输市场变化情况及自身的飞行运营保障能力，逐步对机队结构进行优化调整，以构建机型先进、结构精简、经济高效的机队。全年引进A320飞机2架。截至2013年底，北方分公司拥有A320系列飞机26架。其中：A321飞机7架，A320飞机13架，A319飞机6架。分公司共有静态座位3961个。

（李小伶）

【市场营销体系】　2013年，北方分公司营销工作稳步推进，妥善安排航线、航班,加强渠道管控和客户走访,努力提高飞机利用率。全年飞机日利用率达到9.6小时,同比提高0.1小时。加强精细化管理,高标准设计产品,增强核心竞争力。全年国内始发座公里收入0.5688元,高于行业11.56%;平均票价977元,高于行业8.94%;电子直销收入3.31亿元,同比提高62.67%;大客户收入3.69亿元,同比提高32.5%;国内始发两舱客座率51.52%,高于行业平均水平4.57个百分点;高端经济舱客座率79.62%,排名股份公司第二;沈阳出港国内货运收入4804.67万元,同比增长1.35%,高端销售收入同比增长5.3%,产投比115%,保持了较强的市场控制力。

在货运方面,强化货运差异化产品设计,满足不同市场需要,提高高、中端产品比重,发挥低端产品收入补充作用;加强与快递企业合作,拓展南航快运产品覆盖范围,推广不同服务和价位的快件产品,做好以顺丰为重点的高端快件产品保障,分享快件业增长收益,促进了货运增产增收。

(李小伶)

【航空安全】 2013年,北方分公司安全管理不断深化。一是全面排查隐患,防控安全风险,对重点单位、重点岗位每月开展安全状况评估排查,形成管理闭环。二是完善制度流程,建立了二级单位领导班子深入一线解决安全问题制度,建立了岗前实操训练和个人安全管理记录制度,并坚持安全四级检查制度和安全运行管理预警制度,有效保证了运行安全。三是开展技术培训强化队伍建设。发挥QAR监控作用,强化分析、预警和讲评,实施针对性培训;从严抓好转升级训练,有效提高通过率;定期开展技术研讨,加强驾驶舱资源管理和利用,提高飞行队伍业务技能和特情处置能力。全年共起降3.92万架次,安全飞行8.82万小时,同比分别增加5.43%和3.51%;杜绝了飞行、空防严重差错,发生1起地服原因货物隐载的严重差错,完成了总部下达的安全考核指标,连续241个月保证了飞行安全和空防安全。

(李小伶)

【品牌服务】 2013年,北方分公司以"国际品牌服务提升年"为主线,持续加强"标准国际化、管理制度化、操作规范化、人员职业化"建设,加速实现"从紧盯考核、重点培养精优团队向提升服务人员个体能力转变,从事无巨细抓管理向抓班组、抓乘务长、班组长转变,从部门间各自为政互相竞争向紧密配合、相互衔接转变,从事后责任处理向事前预警分析转变"的四个转变,促进服务工作转型升级。分公司严格执行股份公司服务标准,坚持每月明查暗访,稳步推进服务质量提高。8月,借助桃仙机场T3航站楼转场之机,提升服务"软实力"。9月,北方分公司作为全运会指定航空承运人,周密组织全运会服务保障工作,共保障全运航班181班,运送VIP旅客508人,运送运动员、裁判员和官员代表共计1.18万人。实现了"安全零差错、服务零投诉"的目标。

(李小伶)

【新开通航线】 2013年,北方分公司根据市场需求进一步优化航线网络,开辟了长白山-沈阳-广州等12条沈阳始发航线(详见附表)。

附表:

2013年新开航线(不含包机)

序号	航线名称	开航时间	班次
1	长白山-沈阳-广州	2013年8月21日	125
2	鸡西-沈阳-三亚	2013年10月27日	18
3	沈阳-石家庄-南昌	2013年9月15日	41
4	满洲里-沈阳-三亚	2013年10月28日	19
5	沈阳-合肥-深圳	2013年3月31日	43
6	沈阳-杭州-海口	2013年11月20日	37
7	沈阳-南昌-厦门	2013年3月31日	116
8	沈阳-光州	2013年7月12日	38
9	沈阳-石家庄-深圳	2013年10月27日	62
10	沈阳-温州-三亚	2013年10月29日	20
11	沈阳-温州-深圳	2013年6月9日	24
12	沈阳-烟台-深圳	2013年7月1日	107

(李小伶)

邮　政

【概况】 2013年,沈阳市邮政局深化改革创新、加快转型升级,积极转变发展方式、多元拓展经营领域,全面提升服务水平,全局各项业务保持了平稳快速的发展态势,为服务沈阳经济建设、促进社会和谐进步做出了应有的贡献。截至2013年底,全地区共有邮政局所209处,投递机构165处;信筒(箱)439个,城区局所服务半径2.8公里,车辆250台,邮路总长度5088公里,城乡投递段道1028条。

(张明霞)

【邮政业务】 2013年,沈阳市邮政局不断创新,统筹发展,为市民提供更加贴心的邮政业务产品。

函件业务开发医保、社保公益类账单邮寄业务;重点关注电子商务行业寄递需求，推出邮政国内小包业务；设计了《百骏图》、《手绘老沈阳》等特色明信片，策划“汉字英雄”项目，受到市民欢迎。2013 年，出口函件 2478.05 万件。发行业务以商务期刊和重点畅销报刊收订为核心，收订各类报刊 1.33 亿份；《华商晨报》、《沈阳日报》、《沈阳晚报》部分回归邮发。突出发挥报刊亭文化阵地作用，开展多种形式报刊图书展销活动，新增全国重点和本省畅销类报刊 86 种。电子商务业务开办移动积分兑礼品、电信促销和代售火车票等各类票务等业务，极大方便百姓生活。集邮业务圆满完成“两会”服务任务；稳抓社会热点，举办全运邮品首发仪式，提供开幕式邮折、专题册等 10 余种产品，供市民选购、收藏。包裹业务进入校园、军营等现场开展服务、收寄，开展爱心包裹、母亲包裹募集活动。分销业务积极响应国家服务“三农”号召，在为广大农民配送化肥、种子等农资产品和生活用品的同时，承担起普及科技知识的责任。开展家乡包裹等土特产配送服务，为农产品进城、生活消费品下乡开辟绿色通道。代理速递业务以专业化经营为主线，借助遍及全国、通达全球的速递网络，不断加强资源整合、提升运营质量，为社会各界客户提供方便快捷、安全可靠的速递物流服务。代理金融类业务充分依托覆盖城乡的网络优势，不断丰富业务品种，完善营销渠道，遍布城乡的 148 处邮政储蓄网点（不含邮政储蓄银行网点）、285 台 ATM 机、54 处自助营业厅为广大客户提供更全面、更便捷的金融服务；积极推进网点转型发展，深入推进“走千家、访万户、送服务”活动，开展大型宣传活动 198 次，走访客户 8.7 万户。

（张明霞）

【基础建设】　2013 年，沈阳市邮政局购置网点 4 处，新租赁网点 9 处，改造网点 36 处，建设自助营业厅 25 处，翻建网点 2 处，三农改造项目 2 处，安装信报箱 7900 个，为用户提供更加便捷、舒适的用邮条件。更新车辆 19 辆，购置金融自助机具 92 台，金融终端等投资 460.5 万元，为网点配备电视 84 台，提升了信息化服务能力。

实施内部流程优化，分三阶段实施投递优化，整合保单部与即递网，组建精品投递部；撤并投递部 15 处，盘活生产场地 2000 平方米；提升早报投递时效，实施运转环节外委，报车进局时间提前两个小时，用户见报时间提前 40 分钟；为普遍服务投递配备电动自行车 569 台、电动三轮车 62 台、机动车 10 台、智能手持终端 1303 部，增强了投递信息化和机动化能力。

（张明霞）

【邮政服务】　2013 年，沈阳市邮政局以“人民邮政为人民”为服务宗旨，积极拓展服务领域，不断丰富服务内涵，忠实履行普遍服务义务，为用户提供优质便捷的邮政服务，赢得社会普遍赞誉。

强化服务公开，将服务规范、业务种类等内容公布在市政务公开服务网和本单位门户网站中，并在营业网点中设立公开栏、告示板、电子显示屏和多功能服务柜及用户意见箱，公开邮政业务资费表、服务公约、禁限寄规定及监督投诉电话等主要服务信息。全年建立公示栏 100 个，LED 显示屏 37 个，告示板等其他载体 485 个。利用“11185”客服中心与“114”公民服务热线对接，以及政风行风热线和民心网工作平台 24 小时受理用户咨询和投诉，全年接受各类表扬 149 次，“11185”总呼入量 319 万人次，处理省民心网、市行风热线等用户诉求 80 次。

全运会期间设立了 5 处临时网点、进驻 12 个场馆、宾馆为来自全国各地的与会人员提供邮政定点服务，被称为全运村最美服务。创建爱心邮路 58 条，为投递段道上有需要的或生活较困难的群众提供力所能及的爱心帮扶。市邮政局先后被授予全国、全省邮政用户满意企业、市消费者满意单位、“十二运”沈阳赛区服务和寄递渠道安全保障工作突出贡献奖等荣誉称号。

（张明霞）

城乡建设与管理

综 述

【概述】 2013年,沈阳市以筹办全运会为契机,加大城市建设管理力度,城市功能进一步提升,全年共完成城建投资400亿元。

基础设施建设迈上新台阶。四环快速路全线通车,南二环快速路、三环高速路、伯官桥、北海高架桥等路桥建设改造竣工通车,整修道路261条,新建改造维修农村公路929.9公里。地铁9号线、10号线开工建设,地铁2号线北延线和浑南现代有轨电车试运营,桃仙机场T3航站楼、沈阳北站南广场、沈阳站东广场等重点工程投入使用。黄河大街北出口排水系统、三好排水泵站及配套工程基本完成,供热管网互联工程启动实施,康平燃气工程竣工送气,城市运行保障能力进一步增强。

生态环境持续改善。大力实施"青山工程",全面开展城乡绿化,棋盘山、卧龙湖生态保护利用稳步推进;大力实施"碧水工程",辽河、浑河、蒲河等重点流域治理扎实推进;大力实施"蓝天工程",制定出台重污染天气应急预案,电厂脱硝改造、企业"煤改气"等专项工程积极推进。南部污水处理厂通水运行,城市污水处理能力达到100%。

城市管理水平不断提升。开展"清洁沈阳"活动,加大拆违治乱力度,加强农村环境连片整治,城乡人居环境进一步改善。加强交通组织管理,新建97处公共停车场和10处行人过街设施,新增更新公交车1000辆,更新出租车3000辆,新开调整公交线路20条,沈阳获批国家"公交都市"创建城市。

(付红军)

【城镇建设】 2013年,沈阳市实施村镇建设项目35项,完成总投资6.47亿元。农村基础设施和环境建设水平进一步提高。

农村危房改造。市建委会同市发改、财政、民政、房产等部门联合下发了《沈阳市农村危房改造实施办法》,制定了《农村危房改造纸质档案规范文本》,编制印发了农村危房改造指导图集。全年农村贫困户危房完成改造3608户,顺利通过了国家住建部、辽宁省住建厅考核。

农村社区文体广场建设。积极配合相关部门开展农村社区文体广场建设工作,将191个农村社区文体广场项目列入沈阳市城建计划。

重点中心镇和生态示范村建设。完成了新民市周坨子镇、辽中县杨士岗镇等14个中心镇基础设施建设项目,辽中县皮家堡村等11个生态环境示范村的环境治理示范项目。

农村环境治理。编制了《沈阳市农村环境治理规划》,组织相关区、县(市)开展271个村庄农村环境治理工程建设工作,沈阳市2013年农村环境治理工作已通过省政府检查验收。

城镇化建设。沈阳市全年城镇化率同比增长1.2%以上,城中村改造开工建设2.96万户,超额完成291户;城边村改造开工建设3.67万户,超额完成3138户,省城镇化绩效考评任务全面完成。建立了沈阳市推进新型城镇化融资项目库,组织编制了《沈阳市新型城镇化发展研究(2013—2020)》,完成了国家发改委下达的改革课题《沈阳市推进新型城镇化改革试验方案》。

县城建设。2013年,1市3县计划县城建设项目202个,开工建设252个,完成投资264亿元。

(姜子平)

建 筑

【建筑业发展】 2013年,辽宁省住建厅向沈阳市下达的建筑业总产值指标为2000亿元。截至2013年底,全市建筑业企业完成总产值2005.07亿元,圆满完成了工作任务。

2013年,沈阳市建筑业签订合同额3706.55亿元,同比增长19.3%。完成建筑业总产值2005.07亿元,同比增长17.9%。在沈阳市注册的法人建筑施工企业在外省完成的建筑业产值336.74亿元,同比增长21.2%。房屋建筑施工面积1.25亿平方米,同比增长19%;其中本年新开工面积5429.42万平方米,同比增长26.5%。全市建筑业税收收入总计69.68亿元,同比增长6.9%,占全市地方税收收入总额的11.53%。其中,税收收入合计67.34亿元,同比增长7.1%;其他收入合计2.34亿元,同比增长0.8%。

截至2013年底,全市共有建筑业企业2495家,其中:施工总承包企业391家,专业承包企业1818家,劳务分包企业286家。特级施工总承包企业3家,一级施工总承包企业42家,一级专业承包企业143家。现有一、二级建造师17933人,其中:一级正式注册建造师3125人,一级临时执业建造师732人;二级正式注册建造师12915人,二级临时执业建造师1161人;三级项目经理7086名。

(张 伟)

【规范建筑市场】 2013年,沈阳市建委下发了《2013年建设市场信用体系建设工作要点》、《市建委2013年信用体系建设考核实施方案》、《市建委关于在市政工程施工项目招投标领域推行企业信用报告制度有关事项的通知》,重新修订《建筑市场信用信息管理暂行办法》。向市信用办报送信用信息120条、信用数据361条。在沈阳建设工程信息网上发布不良信用记录199条。完成"信用辽宁"网站行政审批事项数据信息平台建设工作,录入信息288条。

市建委召开全市2013年建筑市场综合执法检查动员会暨全市建筑市场执

法人员培训工作会议，下发《2013年建筑市场执法检查实施方案》。开展沈阳市建筑市场综合执法检查，对11个建设主管部门日常监管情况和36个在建工程项目各方主体的市场行为进行了抽查，下达《责令整改通知书》5份、《施工现场检查调取资料通知单》36份，并按省厅要求对12家建设、施工、监理单位进行了相应处理。

市建委首次召开了全市工程监理行业大会，下发了《市建委关于印发建设工程监理与相关服务收费有关事宜的通知》和《市建委关于加强工程监理工作有关事宜的通知》。对沈阳市及外埠进沈监理企业在沈监理项目进行了专项检查，检查工程项目154项，涉及60家监理企业，对存在问题较多的10家监理企业进行了通报。

（刘呈来）

【现代建筑产业】 2013年，全市实现现代建筑产业产值1536亿元，构件规模化产能已达500万平方米，开工建设装配式建筑工程300万平方米，全装修商品住宅面积超过600万平方米。

保障性公租房建设中全面采用装配式建筑方式，惠民新城、惠生新城、浑南创投大厦等一大批政府投资的装配式建筑工程全面铺开。市政工程和轨道交通工程中大量应用装配式过街天桥、预制检查井、地铁管片、方砖边石等预制混凝土制品，进一步扩展了现代建筑产业化技术产品的应用范围。提出在二环内土地出让条件中加入采用产业化装配式建筑技术和全装修的建设的要求，已有多宗土地被房地产开发企业竞得，使沈阳市现代建筑产业化工作在全国率先进入了市场化应用的新阶段。

（付 欣）

【工程质量管理】 2013年，“十二运”场馆、保障房工程、金廊工程、地铁工程等项目集中建设，给沈阳市建筑施工质量管理工作带来了巨大的压力和挑战。为确保工程建设质量，坚持以质量为根本，以文明施工为前提，创新监管方式，建立监管机制，加大监管力度，全力开展了质量责任主体与通病专项整治及“全运会”文明施工管理工作。突出保障性住房、金廊工程、“十二运”场馆、地铁工程的质量安全监督管理，采取随机抽查与重点监管的差别化管理手段，对工程质量安全通病多发的重点部位和环节以及“十二运”场馆等重点工程、创优工程实施重点监管。

监督在建工程1.28万项，总面积1.04亿平方米。对3家企业的不文明施工等问题进行了通报；责令15家存在质量检测问题的检测机构进行质量整改，对4家检测能力与资格都不符合要求的检测机构，上报审批单位处理。为保障“十二运”，全市开展施工现场扬尘污染治理，共对1124个现场开展排查整治，更换（新增）围挡21.08万延长米，更换绿网1.75万平方米，新硬化现场面积1.78万平方米。

全市获质量“三市优质观摩工程”项目15项、省优质主体”项目65项、“省世纪杯”项目25项、“市优良工程结构”项目510项、“2012—2013年度市优质工程”项目162项、“市精品工程”项目22项。

（侯志远）

【安全生产管理】 2013年，沈阳市共发生建筑安全生产死亡责任事故5起、死亡5人，同比分别下降16.7%和37.5%（2012年发生安全生产事故6起，死亡8人），百亿元死亡人数0.25，同比下降46.8%（2012年百亿元死亡人数0.47），指标控制在省、市给定的范围内。

全年对市1627个施工现场进行了全覆盖的安全隐患排查，并按照隐患整改期限进行了复查。各行政区域建设安全监管部门累计检查建设施工现场频次3230次，下发《责令整改通知书》累计2451份、《责令停止违法行为通知书》累计512份，排查建设施工安全生产一般隐患21.2万余项，重大生产安全隐患179项，整改合格率100%。创建安全生产文明施工省级“示范工程”项目41个，市级“示范工程”项目99个。

出台了《沈阳市2013年建筑施工和地铁建设安全生产工作要点》、《市建委关于印发沈阳市建筑施工人员安全培训工作实施方案的通知》、《沈阳市城区主要街路两侧建设工程施工现场围挡整治工作实施方案》、《关于做好开复工期间建筑施工安全管理及春季防风防火工作的通知》、《市建委关于印发沈阳市迎全运建筑施工安全生产百日会战实施方案的通知》等，全面指导全市建筑安全管理工作，并通过短信群发的方式，在恶劣天气条件下开展预警提示工作。

（侯志远）

房 地 产

【概况】 沈阳市加强房地产市场的管理和服务，实现房地产市场平稳运行。土地交易市场共出让土地384宗，出让土地总面积2333.44公顷，同比下降5.6%；成交总价539.7亿元，同比下降7.1%；平均成交单价为2313元/平方米，同比下降1.6%。

房地产开发累计完成投资2184.01亿元，同比增长12.4%，其中商品住宅完成投资1574.58亿元，同比增长18.3%，占全部房地产投资的72.1%。商品房累计施工面积1.16亿平方米，同比增长5.1%，其中商品住宅施工面积8482.49万平方米，同比增长5.5%。累计房屋竣工面积1459.8万平方米，同比下降29.4%，其中住宅竣工面积1230.3万平方米，同比下降25.2%。商品房合同备案面积94.33万平方米，备案销售金额59.45亿元，同比增长14.36%和7.67%，其中商品住宅合同备案面积73.87万平方米，备案销售金额42.37亿元。

（申岩松）

【房地产市场管理】 2013年8月16日，沈阳市房产局、市工商局、市行政执法局联合发布《沈阳市房地产经纪行业专项清理整顿工作方案》，开展沈阳市房地产中介行业专项治理活动，对全市房产中介行业进行全面检查、综合治理，重点查处发布虚假房源等10种违法违规行为；召开“沈阳市2013年房地产经纪行业专项清理整顿工作会议”，在《沈阳日报》发布《关于清理整顿沈阳市房地产中介市场秩序的通告》和公示具备合法经营资格的292家房产中介机构名单。专项治理活动期间先后实地检查500多家房产中介机构，向未备案登记经营业主送达《限期办理房产中介从业备案通知书》。

大力开展“双进双解”和“房企之家”活动，为企业排忧解难，打造一流的市场服务环境。“双进双解”活动共走访房地产开发企业18个开发项目，走访人员65人次，召开企业困难协调会3次。共收集并解决各类问题39个，其中涉及房产方面问题23个，交通、城建、规划等方面的问题16个；全年举办4次房企之家活动，共收集27家企业45个问题。全年组织2次大型房地产开发企业、金融机构房产业务培训会，对商品房预售许可、房产测绘、网上合同备案及房屋登记等业务进行培训、讲解。

2013年12月1日，市房产局印发《沈阳市商品房预售资金监管办法》。监管办法从沈阳市的实际出发，明确了商品房预售资金监管的范围、监管原则、监管程序、监管比例、支取资金程序以及开发企业违反监管办法的处理。该办法的出台和实施，将进一步规范商品房预售行为，有力地保障购房人合法权益。

（杨耀光）

【房屋征收】 2013年，全市新启动房屋征收项目17项，涉及被征收居民3949户、被征收单位53家，住宅面积22.8万平方米、非住宅面积2.3万平方米，已完成居民2434户，单位36家，实现晾地2项；完成房屋征收成本审核29项，涉及居民1.93万户、单位593家，住宅面积89.9万平方米、非住宅面积29.5万平方米，审核资金139.2亿元；调解征收纠纷案件50余件，处理遗留案件并作出答复4件，全年未发生大规模集体访事件。

（杨耀光）

【房交会】 2013年4月18日至21日，“中国·沈阳2013春季房地产展示交易会”在沈阳国际展览中心举行。本届房交会共有48家房地产开发企业、118个楼盘项目参展，提供可售商品房1.36万套、面积133.66万平方米。

6月27—29日，“中国·沈阳2013夏季房地产展示交易会”在沈阳科学宫会展中心举行。本届房交会共有42家房地产开发企业、50个商品楼盘参展，提供可销售商品房1.73万套、面积184.3万平方米，其中90平方米以下户型1.11万套。

9月26—29日，“2013中国·沈阳秋季房地产展示交易”在沈阳国际展览中心举行。本届房交会共有51个品牌房地产项目参展，提供可销售商品住宅1.97万套，可售面积208.96万平方米，其中90平方米以下户型住宅1.01万套。

11月29日至12月1日，“中国·沈阳2013冬季房地产展示交易会”，在沈阳科学宫会展中心举行。本届房交会共有30家房地产企业、51个商品楼盘参展，提供可销售商品住宅1.63万套，可售面积135.22万平方米，其中90平方米以下中小户型住宅房源9346套，占全部参展可售房源总量的一半以上。

（杨耀光）

【住房保障】 2013年，沈阳市房产局通过发放廉租住房租赁补贴、经济适用住房保障、公共租赁住房保障、限价商品房及林区棚户区、垦区危房改造等多种保障方式，完成保障性安居工程4.06万套。其中新增廉租住房租赁补贴2400户，经济适用住房通过建、补结合的方式完成3700套（户），公共租赁住房采取新建、收购、长期租赁社会房源方式完成1.83万套（户），限价商品住房4个项目、1.56万套已基本建成，国有林区棚户区改造通过新建、改建、加固等方式累计完成399户，国有垦区危房改造通过新建、改建、加固等方式累计完成188户。

公租房电脑摇号配租。2013年8月8日，举办丽水新城（一期）首批公租房电脑摇号配租大会，共5899户家庭参加首批1584套房源电脑摇号分配，1584套公租房全部配租成功，并公示分配结果。

（张昊泽）

【住房改革】 2013年，沈阳市共审核发放货币化补贴资金1004个单位、4.6亿元，补贴职工1.6万人，补贴面积53.28万平方米。新建个人住房档案49个单位、5407人；调整个人住房档案600个单位、1.50万人；出售自管公有住房核准14.26万平方米、2263户，存入售房款2347.11万元；审批支取房改资金3059.25万元，其中用于货币化补贴1078.85万元，用于房屋维修1980.40万元。

1.货币化补贴工作取得有效进展。通过单位自查、联合检查和利用房产局住房信息网筛查，基本完成市教育系统职工住房货币化补贴审核工作，分两批下达补贴资金计划，共计补贴4855人，发放补贴资金1.95亿元；会同市委组织部、老干部局和市财政局共同研究制定市直离休老干部的货币化补贴工作方案。审核17个困难企业离休干部货币化补贴66人，涉及补贴资金324万元；会同市财政局制定《关于进一步完善和加强市直单位职工住房补贴有关工作的通知》，部署了全市2003年前指标资金补贴复核工作，明确以后年度市直指标资金的筹集和发放程序，标志着沈阳市市直单位货币化补贴工作进入常态化、规范化。

2.进一步规范公有住房出售工作。出台《关于解决公有住房出售和房改登记有关问题的通知》，对公有住房出售有关工作进一步明确和规范。完成了沈阳理工大学以及沈河区毛纺厂和大东区25户居民等房改遗留问题处理工作，协调沈河发证所解决遇到的新问题。同时完成了对5位副省级领导干部房改手续的审批、审核工作。

3.房改资金使用管理得到加强。重点强化了自管公房维修资金使用审批的监督管理，加强支取维修资金进行房屋维修的审批和现场检查工作，确保做到专款专用。修改和完善房改资金管理系统，实现数据查询动态管理，保证了数据的真实准确。

（郭丽秀）

【住宅区物业管理】 开展全市住宅区物业管理规范化服务大检查活动。2013年8月中旬至12月31日，沈阳市开展住宅区物业管理规范化服务大检查活动。大检查每月组织1次，共4次，共抽检小区450个，下发整改通知单256份，市、区两级房产局指导物业服务企业整改问题1196项（次）；3家物业企业的资质晋升被叫停，78家物业企业资质年检被限制，全市物业企业深受触动，广大业主合法权益得到保护。《人民日报》、《辽宁日报》均予以报道、并配发了评论文章，《沈阳日报》也作了有关详细的宣传报道。

开展全市物业服务乱收费专项治理活动。2013年5月13日，市房产局会同公安、监察、行政执法、工商、物价等部门联合下发《沈阳市物业服务乱收费专项治理工作实施方案》，并会同各相关单位对各地区违法违规情况进行重点督察。全市共查处各类涉及物业乱收费问题683件次。建立市区联动、区域为主的新型物业服务企业资质年检模式。为进一步加强对物业服务企业的监督管理，通过市、区两级房产主管部门对物业服务企业资质的年度检查，明确了2013年资质检查的9项内容，检查督促物业服务企业落实物业管理招投标、公开物业服务项目收支情况、物业服务合同备案、物业承接查验、物业服务履约保证金等项制度。在以往资质检查的基础上，采取市、区联动检查的形式，即：区局检查、市局核准、区域为主的原则。通过检查流程，充分体现了沈阳市物业管理区域负责管理和重心下移的体制。

旧住宅区管理工作。市房产局为提高旧住宅区管理的时效性，实现旧住宅区管理信息化，建立了旧住宅区管理信息系统，并出台《沈阳市旧住宅区基本物业服务标准》，在全市开展推行达标工作，全市共有354个旧住宅区达到《标准》要求。

（唐卫东）

【产权产籍管理】 2013年4月26日，沈阳市房产局印发《关于解决公有住房出售和房屋登记有关问题的通知》。该《通知》对公有住房出售和房屋登记工作中相关部门的职责和工作程序进行明确，规定涉及房改政策层面的内容由房改管理部门审定，房屋登记部门按照房改管理部门的审核意见履行登记程序；对房改二次调房的流程做了细化规定，对疑难代售、房改单位名称变更、房改房地址重复等问题进行明确规定，解决了困扰房改管理部门和房屋登记部门的突出问题。

2013年7月25日，市房产局印发《关于明确市内五区区域级存量房交易与登记工作职责的通知》，对市内五区交易系统联网后的区域级存量房转移登记工作流程与工作职责进行明确，使区房产局交易部门和市登记中心五区发证所职责明确、各司其职，保证区域级存量房转移登记工作顺畅高效开展。

2013年12月12日，市房产局印发《关于商品房合同备案等三项登记业务合并办理有关事宜的通知》，决定进一步简化程序，对“商品房合同备案、预购商品房预告登记和预购商品房抵押权预告登记”三项登记业务实行合并办理。“三项业务”合并后，删去重复的业务操作，取消了中间的“预购商品房预告登记证明”打印和发证环节，将原有的“商品房预告登记”和“商品房抵押预告登记”要件由11种减少至7种，工作时限减少为5个工作日。

为解决部分开发企业违规建设、项目未验收等违规行为造成购房人无法办理房屋所有权证及由此引起的社会不稳定问题，市房产局按照市政府明确的“先办证，再追责”的原则，分批次为历史遗留项目购房人解决办理房屋所有权证问题。2013年，通过实地调查、收集材料、现场勘验等工作，共解决35个项目3.1万户业主办证问题。

（佟盛林）

【城市供热】 2013年，沈阳市（不含一市三县）供热面积2.59亿平方米，其中住宅1.94亿平方米，占市区总供热面积的75%，非住宅6500万平方米，占市区总供热面积的25%。热用户270万户。现有热电厂9座，民用供热面积6600万平方米，占市区总供热面积的25.5%；民用供热锅炉房953座，供热面积1.59亿平方米，占61.4%；其他能源供热3400万平方米，占13.1%。现有经营性供热单位265家，其中国有69家，供热面积为1.13亿平方米；非国有196家，供热面积1.46亿平方米。

全市供热“三修”总投资4.48亿元，同比增加7.7%；完成7处市级重点区域和10处低温区域整改工作，366万平方米、4.7万户居民的冬季供热效果进一步得到改善；改造供热旧管网106公里，超出计划6公里；实施节能暖房工程400万平方米，49个小区、742栋楼、6.4万余户居民从中受益；实施热源新、改、扩建工程15项，总投资10亿元，新增供热能力3000万平方米；实施拆除联网工程26处，超出计划11处，联网面积154万平方米；实施供热管网互联工程2处，应急保障能力得到进一步提高。

11月1日，全市热源开栓率达到100%，开栓后运行平稳，供热诉求及系统故障率较上年同期大幅度下降，在省住建厅、民心网开展的全省供暖诉求处理情况评比活动中，成绩保持第一。

为保证供热质量，开展供热督查活动，每月公布“红黑榜”；开展“市民满意锅炉房（换热站）”评比活动，每月在媒体公布评比结果；定期开展供热管网等设施安全检查活动，及时排除供热隐患，降低供热设备故障率；组建22支供热应急队伍，及时应对降温降雪天气及供热突发情况；并随时根据天气情况及时下发调度令，督促供热单位做好应对降温降雪等极端天气的准备。

开展节能暖房工程。节能暖房工程被列为市政府年内为城乡群众办的11件实事之一，全年共实施节能暖房工程408万平方米，涉及和平、沈河、大东、皇姑、于洪、铁西等6个区，49个小区、742栋楼、6.4万余户居民从中受益。节能暖房工程与老旧小区改造有机结合，在实施外墙保温、供热系统改造的同时，还进行了外墙粉饰、楼梯间粉饰、楼梯间门窗改造。经过改造后的老旧住宅小区环境得到进一步改善，特别是冬季供热期间，用户室温平均提高3至5℃。

首次实施供热管网互联工程。市房产局对可能出现大面积停供的供热隐患点进行全面排查和整治，在“三北”地区率先组织在不同供热单位之间实施大型供热管网互联工程2处。正常供热情况下互连双方供热管网独立运行，一旦一方出现故障，另一方立即开启阀门补充热量，保证供热管网的基本运行，为抢修赢得时间。通过实施供热管网互联工程，进一步提高了冬季供热系统运行的安全性和稳定性。

（刘永莲）

规划和国土资源管理

【规划编制和管理】】 2013年，沈阳市城市总体规划上报辽宁省人民政府审查，根据省政府相关部门的会签意见，对城市总体规划成果进行修改完善，配合省住建厅积极推进沈阳市城市总体规划审查工作。同时，编制完成市本级40余个单元控制性详细规划，基本实现市本级控详全覆盖，并征求各区政府意见，待进一步完善上报市政府审议。

组织编制各类专项规划、重点地区和重点项目规划。编制完成《沈阳蒲河生态经济带城镇化发展规划》、《沈阳市工业地产空间布局规划》、《沈阳市四环沿线用地规划》、《金廊地区道路综合改造规划》、《重点地区地下空间利用控详规划》等各类专项规划10余项。

完成土地利用总体规划中期评估工作。编制了沈阳市《市县土地利用总体规划中期评估方案》，开展土地利用总体规划中期评估数据分析工作，评估报告成果已上报省国土资源厅。编制完成《沈阳市土地整治规划（2011—2015年）》，市级整治规划严格落实了《辽宁省土地整治规划（2011—2015年）》的主要内容和主要指标，通过了辽宁省国土资源厅组织的部门审查和专家论证。

（刘乃婧）

【历史名城保护体系和机制更加完善】 2013年,沈阳市第一部关于历史建筑的地方性法规《沈阳市历史建筑认定办法》正式颁布实施,市政府批准公布《沈阳市第一批历史建筑名录》,编制完成《沈阳市历史建筑保护规划》的初步方案,组织开展历史建筑挂牌工作,历史名城保护体系初步建立。

(刘乃婧)

【用地审批】 2013年,沈阳市在土地要素保障方面,逐步从单一的依靠新增用地向多渠道共同保障转变,科学分配新增建设用地指标,积极开展城镇低效用地再开发,大力推进试点地区增减挂钩项目进度,有效保证全市项目用地需求;加大土地批后监管力度,节约集约用地水平和土地供地率进一步提升;规范土地储备交易工作;土地违法比例达到省政府规定的指标要求;实施农村土地综合整治、矿山地质环境治理等国土资源整治工程,进一步强化节约集约用地意识与资源保护水平。

严格实行项目用地评估,依据项目用地需求和评估结果,合理分配新增建设用地指标。有效保障了宝马、沈化集团、金属产业园、润恒冷链物流园等重点项目用地需求。沈阳桃仙机场T3航站楼改扩建工程、沈阳至康平高速公路三期、辽河油田等3个省重点项目获得国土资源部批复。

(刘乃婧)

【土地市场建设】 2013年,全市累计储备地块358宗,土地面积3207公顷,其中市本级全年累计储备地块127宗,土地面积1843公顷。全市土地市场共出让土地606宗,出让土地总面积2984.83公顷,成交总价575.02亿元。制定出台《工业项目用地预公告实施办法》,实施工业用地预公告,加快项目落地。部署开展全市土地出让金清欠工作,出让金收缴工作日趋规范。

(刘乃婧)

【低效用地改造试点】 2013年,沈阳市抓住省"一区一带"土地管理制度改革方案获得国土部批复的有利契机,率先启动大东汽车城低效用地再开发试点,在保障汽车城项目用地需求的同时,也为沈阳市全面开展低效用地再开发工作积累了经验。

(刘乃婧)

【加大土地批后监管力度】 2013年,在全市范围内开展"批而未供、供而未用土地专项清理百日行动",加快土地供应,确保应供尽用。全市供地率大幅提升。采取预警、约谈、处罚等有效措施,督促供后土地严格履行合同,如期开工建设。结合2013年土地变更调查与遥感监测数据,全面完成2012年度卫片执法检查任务并顺利通过验收。

(刘乃婧)

【矿山地质环境治理】 2013年,沈阳市规划和国土资源局深入开展矿山地质环境治理工作。采取与县区政府签订责任状等多项措施,积极推进"青山工程"环境治理工作。已完成全部9个生产矿山野外工程验收。10个闭坑矿山均施工完毕。

(刘乃婧)

【农村土地综合整治】 2013年,沈阳市规划和国土资源局积极推进耕地保护和基本农田建设工作,强力推进农村土地综合整治,组织实施高标准基本农田建设和农村土地整理项目43个,总规模7.86万公顷。同时,积极安排部署全市2012年度耕地保护责任目标履行检查工作,顺利通过省检查组对沈阳市耕地保护责任目标履行情况检查。

(刘乃婧)

【行政审批服务】 2013年,沈阳市规划和国土资源局深化一体化服务,实现高效的审批服务体系。行政审批工作以实现审批服务制度化、标准化、规范化、信息化的管理模式为目标,以简政放权工作为契机,以提高服务意识、优化审批流程、缩短审批时限、减少审批环节为突破口,以扎实开展"双进双解"活动为审批服务载体,完善局领导走进基层包片服务、现场办公解决问题、串联审批改为并联审批等措施,把等待申报转变为前置服务,为企业、项目实施全方位一体化服务,实现高效的审批服务体系,为优化全市软环境建设,促进全市经济又好又快发展发挥了积极作用。

围绕促进项目建设这一主线,创新服务举措,进一步提高服务效能,提前介入、跟踪协调、及时办结,实现高效审批,为企业、项目提供优质的服务保障。

按照实事求是、重心下移、强化监管的指导思想开展简政放权工作。制定了权限下放方案,实现审批要件一致、要求一致、流程一致、格式一致的"一盘棋"工作格局,制定了指导各分局开展业务审批的操作指南,权限下放后超过75%的职能由分局行驶。

(刘乃婧)

【信息化管理】 2013年,沈阳市规划和国土资源局大幅度提升信息化管理水平。"一张图"项目(二期)顺利通过专家验收并获高度评价,项目在数据整理入库、系统开发和应用集成等方面实现了多项创新,达到国内同类项目的领先水平。土地储备交易管理系统已经上线运行,实现国土业务的纵向互联和横向贯通。综合监管平台项目全面建设完成,已具备验收条件;数字沈阳地理空间框架项目正式上线,即将完成国家验收。

(刘乃婧)

城市综合管理

【综合巡视监管】 2013年,沈阳市城市建设管理局充分发挥网格化管理的功能,实施"定人员、定路段、定片区、定责任、定标准、定要求"的"六定"管理制度,在做好日常巡视的基础上,结合行业特点及季节特点,加大了全市市政设施、园林绿化、市容景观、环境卫生等城市设施运行状况以及夏季城市防汛、冬季除运雪工作的综合巡视监管力度。全运会期间,按照"路要平、树有型、绿色浓、街要净、广告规范、色泽鲜明、广场公园如客厅"的目标要求,将迎全运172条环境整治重点街路、桥梁等市政设施和市容环境卫生及沈阳赛区体育场馆周边等重点部位作为巡视监管的重中之重,并实施全员参与巡视监管,加大安全隐患的排查和处置力度,做到早发现、早处理、早解决。同时,由沈阳市城市建设管理局指挥中心将每日巡视发现的重点、难点问题汇总后上报市政府办公厅,由办公厅负责将相关信息印发给各区,加大了督办力度,确保问题及时有效解决。全年综合巡视累计发现大小问题2.6万件,办结率97%。

(付贵山)

【突发事件处置】 2013年,沈阳市城市建设管理局本着"预防为主,科学处置"原则,全运会前夕,修改完善了全运期间应急预案和各项应急管理规章制度,特别是建立了汛期应急抢险预警工作机制,切实保障了城市道路、园林绿化、市容、环境卫生等设施正常运行；制定了《井盖安全防范管理办法》，组织地下设施检查井权属单位开展防坠网安装工作，打造安全的出行环境，使全市地下设施检查井安全管理工作步入规范化管理轨道。充分发挥数字化城管平台等科技手段在突发事件处置中的快速预警和协调作用，做好防汛和除运雪指挥工作，重点加强了夏季易积水点位的巡查，死看死守，增加了冬季冰雪路面和冰溜子的巡视频次，将隐患消灭在萌芽之中，杜绝安全事故发生。全年累计处置沈河区五爱街58号路东侧慢车道道路塌陷等各类大小突发问题109件，均未引发衍生事件，将社会影响和经济损失降至最低。

（付贵山）

【道路挖掘管理】 2013年，沈阳市城市建设管理局紧紧围绕查找问题、督办解决问题为工作重心，制订了相关的规章制度，进一步规范了道路挖掘管理。特别是在金廊沿线道路挖掘改造等重点工程项目期间，组织召开了道路挖掘管理专题会议，明确责任、落实措施，并会同相关单位进行了现场勘查，要求施工单位制定应急事件预案，加强施工现场文明施工和安全生产管理。为加强金廊沿线道路挖掘管理，打造精品工程，从各监管中心抽调业务精英，每个施工段由一名副主任带队，实施全程监管、跟踪督办，在不封闭交通，施工时间由晚21时至次日6时的情况下，历经15天出色完成了横向道路挖掘39处、纵向挖掘6处、定点挖掘40处的挖掘施工现场管理工作，顺利完成了金廊沿线道路挖掘工程。同时，对近11公里的金廊沿线夜间道改挖掘工程实施全程跟踪监管，对每一标段，乃至每一点位都进行了细致地现场查看，督办解决重点、难点问题，组织协调施工单位，按照施工计划，有序开展道路挖掘工程，保证质量、进度及道路畅通，并做好管沟回填和路面恢复等项工作。针对道路挖掘年终收尾工作，早安排、早部署，加强了道路挖掘现场文明施工和安全生产的监管，督促各建设单位加快施工进度，抓紧组织道路恢复，并进一步加大监管力度，确保道路恢复质量，切实做好了市政道路挖掘收官工作。全年对155宗道路挖掘工程项目实施了规范化监管。

（付贵山）

【政务活动保障】 2013年，沈阳市城市建设管理局积极组织协调各监管中心、市环卫处及相关单位，严格排查政务路线周边环境，高效、快捷地解决沿线问题和隐患，创建安全、文明、整洁的市容环境，确保万无一失。在重大政务活动前期，制定专项保障方案，组织召开调度会议，集中验线，采取全时段、全覆盖监管方式，将存在的问题登记造册、跟踪整改，逐个销号，完成了全运赛事各项政务活动保障工作。全年累计成功完成市容环境综合保障指挥、调度45次。

（付贵山）

【综合考评】 2013年，沈阳市城市建设管理局定期组织各监管中心和各区城（建）管局对各区开展互检和暗检；组织各监管中心对各区以街道办事处为单位开展日常考核，依据《沈阳市城市建设管理综合考评方案（试行）》，着重考评重点地区、难点问题和城市建设工作薄弱环节，采取随机抽检、突出重点，坚持明检与暗检相结合，以暗检为主，注重动态考核，对全市各街道办事处辖区内的环境卫生、市容市貌、园林绿化、市政设施等城市管理情况进行考核，将每月暗检结果作为考评依据，月末将排名十佳和十差的街道办事处在媒体上予以公布。同时，对考评中发现的薄弱环节和存在的问题，及时督促相关单位进行整改。全年共计开展了以市政设施、园林绿化、市容景观、环境卫生为重点的综合考核联合互检5次和专项检查7次。

（付贵山）

【建立沟通协作机制】 2013年，沈阳市城市建设管理局充分发挥市、区在城市管理中的联动作用，建立各部门间的沟通协作机制，个别城区建立的协同中心，有效地加快了解决城市管理中存在的各类问题的办事效率。同时，充分发挥了综合监管的行业优势，积极协助开展市政设施安全隐患、路面坑槽、井盖缺失等问题的巡视监管和市政设施维修养护核量等工作；协助开展树木修剪、补植、春灌、施肥、枯死树木排查，以及公园绿地环境卫生的巡查工作；协助市环卫处开展住宅小区、建筑工地、迎全运窗口等方面的环境卫生清理整治、垃圾积存点位排查等工作；协助做好牌匾整治和门前市容环境整治等各项环境综合整治行动。全运会期间，重点协助各相关行业和单位，加强了全运场馆、主要街路的巡视力度，增加早、晚巡视频次，做到发现问题及时，处置问题快速。

（付贵山）

【行业制度建设】 2013年，沈阳市城市建设管理局制定了《关于进一步加强市政道路综合监管巡视工作实施意见》，并组织召开了“全市进一步加强市政道路综合监管巡视工作会议”。从加大综合巡视力度、督查督办力度着手，在加大日常道路、桥梁等市政设施的网格化监管巡查力度的基础上，采取增加巡视频次、扩大巡视范围等有效措施，做到第一时间发现问题、解决问题，对出现信息倒流，将实施责任追究制。对发现的市政问题，经三次向道路养护单位发出整改通知后仍不处理的，实施“代整治”。完善道路挖掘管理制度，加强道路挖掘管理文明施工和安全生产管理，使道路挖掘管理真正意义步入规范化管理轨道。全运会前夕，重点针对172条迎全运重点环境整治街路、桥梁和“十二运”沈阳赛区场馆周边、沿线等重点部位和重点线路，围绕综合监管保障责任体系、各区网格化综合监管责任保障体系、汛期各区桥梁监管责任体系，以及突发事件应急保障责任体系，制定了《迎全运城市综合管理保障工作手册》。同时，按照行业巡查标准，全运前期，开展了重点区域、重点部位和体育场馆易发事故点位的大排查，并督促整改；全运期间，严密对重点区域、关键部位进行实时监控，圆满完成了全运期间综合保障任务；后全运时代，立足于新的起点，全面推进综合监管工作取得新的成效，制订了综合监管精细化管理方案，进一步加快了城市管理“精细化、规范化、长效化”进程。

（付贵山）

市政建设

【概况】 2013年，沈阳市城市建设管理局紧紧围绕“迎全运创一流”总体工作目标，切实加强市政设施维护管理，全运会前取得了良好的实效。全年累计完成道路维护108万平方米；调补边石40万延长米；桥梁清洗162.6万平方米；清掏窨井10万次；清掏管线1800公里。为保证全运会顺利召开，从年初开始，开展了全市范围的市政设施阶段性集中整治活动，各维护单位均使用道路冷补材料及热再生修补机械修补工艺对路面进行修补，较好解决了市民关注的热点问题。春季维护工作中，继续向纵深发展，科学制定切实可行的维护计划，保持对道桥设施的预防性、经常性、周期性维护，工作中积极采用新的维护工艺，有效解决维护工作中存在的难点问题，市管32条街路实施了高标准、精细化维护，在全市维护工作中起到了引领示范作用。

（杨　萍）

【市政设施维护管理】 为确保全运会期间市政设施完好水平再上新台阶，沈阳市城市建设管理局制定下发《沈阳市道桥维修养护作业标准》、《沈阳市市政设施全运会保障方案》。重点保障全运会涉及的重点街路，比赛场馆周边道路设施安全，发现问题得到及时有效的处置，为确保全运会顺利召开奠定了坚实的基础。“全运”后时代、在市政设施保持良好态势的基础上，进一步对市政设施实行精细化养护，制订了《2013年秋冬季市政设施维护工作方案》，入冬前集中力量，集中整治了路况较差，市民反响强烈的2013年未列入道路改造计划的街路，为明春的设施维护工作奠定坚实基础，市政设施维护工作取得了明显的效果。全市排水设施排水维护工作从年初开始，下发了《城市排水设施维护工作实施方案》，全面部署了按系统和重点易积水区域排水管渠清扫工作，汛前突击完成泵站大井以及青年大街、北陵大街等重点街路的主干管渠清掏、雨水井连通管、窨井与雨水井的清扫清掏疏通工作，确保排水管渠功能得到充分发挥，为汛期排涝奠定了坚实的基础。完善市管市政设施基础信息、综合管理信息平台建设。市管市政设施初步实现了一路一档、一桥一档，通过对数据的掌握，针对道桥病害采取有效整治措施，重新编译了道桥管理软件，以适应后全运时代的更高要求。充分运用道桥检测设备，逐步实现道桥维护由外观检查到结构数据检测的转变，通过数据分析、整理，形成了科学、真实、准确的检测报告，在全市市政设施维护管理工作中起到了示范引领作用。实现了维护体制机制的不断创新。从年初开始制定科学合理年度维修养护计划，为全年的工作奠定了坚实的基础。工作执行中，加大检查管理力度，对发现的严重问题且整改不力的将予以通报批评，按完成的维护量拨付维护费用，从而避免了过去拿着维护费只开支不干活的现象。年内，共向有关单位下发整改通知及督办单30件，消除了事故隐患，方便了市民出行，受到市民好评。依托科技文化，大力开展技术创新，组织完成了桥梁伸缩缝降噪新工艺、调整检查井施工工艺、检查井消声工艺、沥青混凝土冷补材料研究，道路早期裂缝处置等科研成果。在全运会期间购置了300吨美国技术的“高性能沥青快速修复料”，在道路应急抢险工作中得到了有效的应用。为了保证冬季设施完好，在原有冬季冷补材料的基础上，研制出适合北方气候使用的新型冷补材料。

（杨　萍）

【工程建设项目】 一是市、区建设项目。全运会前组织实施完成了2012年续建项目小什字街——工农路公铁立交桥工程、南二环、金廊道路、市府大路、北站路、望花街、大堤路、鸭绿江北街、黄河北大街三环桥下道路8项道改工程，打造了市管道改工程精品，为全市的道改工作设立了“标尺”。同时组织指导各区较好的完成了262项道路改造工程。二是桥梁美化工作。从年初开始，对东西高架桥、文化路、胜利大桥、工农桥、南京街跨线桥、北海高架桥、沈海立交桥、西南高架桥等市管桥梁进行的美化工作，先期对桥体及附属设施栏杆、隔音屏等进行了全面彻底维修，同时采用先进的氟碳漆对桥梁进行粉饰美化，达到了“安全、美观、实用”的工作目标。三是重视质量管理。全市上下高度重视市政道路工程质量，各级干部主动谋事、认真做事，将工作重心切实放到提高道路建设质量上来。沈阳市城市建设管理局包区工作组，与各区建立了紧密的联系，加强行业指导；各区也结合各自特点，创新管理方式方法、加大道路质量管理力度，切实要把工程质量与迎全运、树形象、惠民生紧密联系起来，形成了市区联动、齐抓共管的良好局面。此外，还加大了对道改道路的“回头看”的力度，检查过程中，严格要求，对不符合规定、达不到要求的道改工程“敢亮剑”、“下狠手”，年内开出47万罚单，对小南街等8条道路整修工程质量及施工单位“亮红灯”，并在新闻媒体上予以曝光，促进了道改质量提高。四是科学制订工程设计方案、提高道改工作标准。从工程设计方案入手，按照要求，规范了设计方案的审定工作，本着节约资源、科技创新的原则，积极推广使用新材料的使用。五是科学组织施工、文明施工，实现新的突破。工程开工前制订切实可行的施工方案，在施工中对设计中的不足根据实际情况不断改进，打破常规理念，克服外部环境不利因素对施工的影响，从实际出发，严格按设计要求实施无障碍设施和其它附属设施建设，从细微之处着手，关注民生，不断完善了道路综合使用功能；对道路边石进行了再生利用，做到了充分节约；坚决杜绝在绿化带和行道树下堆放残土和建筑材料等破坏绿化的施工行为，充分保护了春季绿化成果，保证了道路整体形象，道改工作取得了突破性成效。特别是市本级实施的重点街路，建立了严密的组织管理机构，制定了详尽的质量、安全、管网挖掘、文明施工措施，按照统一部署，从年初开始，对东西高架桥、文化路等8座市管桥梁进行了美化工作，达到了“安全、美观、实用”的工作目标。为最大限度满足市民的出行，均采取夜间施工的方式，以保证交通正常运行。

（杨　萍）

【城市防汛】 2013年全运会期间正值主汛期，为确保全运会胜利召开，沈阳市各级防汛部门和单位，汛前准备充分，汛期组织得当，指挥到位，调度有力，全运会期间制定了《沈阳市2013全运会期间防汛保障方案保障预案》。一是完善城市防汛指挥机构和责任体系。针对各区及市直各部门人员变动情况，汛前重新调整组成了市城市防汛指挥部，建立了统一指挥，分级负责，分兵把守，重点加强的城市防汛责任体系。5月23日市政府组织召开了城市防汛工作会议，对城市安全度汛工作进行了全面部署。二是实施积水点改造工程，为安全度汛奠定基础。市政府多次召开专题会议研究解决城市排水问题，并责成市建委、市城市建设管理局等有关部门研究落实积水点改造计划，积极推进街路积水点改造工程的实施。按照城建计划安排，实施了对中心城区汛期积水点、排水管网的改造。总计完成积水点改造160处，其中：结合道路改造实施对青年大街、文艺路、宁山路等积水点改造65处、市水务集团排水处与市内（和平区、沈河区、皇姑区、大东区、于洪区）五个区积水点改造95处；实施了三好泵站进出水管道工程、三好街污雨水管道工程、羊吉泵站泵站改造工程、以及凌空、崇山西、松山等城市排水泵站配备发电机组等排水单项工程;组织市水务集团排水处在架设胜利强排泵站的基础上,又临时架设3台每小时300立方米的自吸式离心泵进行辅助抽升,积极解决胜利大街的积水问题。为避免井口伤人事故,汛前还在市区街路上的排水检查井内安装了3.85万个防坠网,并按城建计划安排,组织采购防汛应急移动泵站车5台。三是及时发布预警。2013年汛期(6月1日—9月20日)全市降雨天数为41天,总降雨量为500.2毫米,其中日降水量达到20毫米以上的有9天、主要降雨特点多为雷电天气,并伴有短时雷雨大风。进入主汛期,市城区接连发生9次强降雨过程,沈城防汛工作经历了严峻的考验。每次降雨前市气象局及时发布重要气象报告,市城市防汛指挥部办公室接到报告后,按雨情信息紧急会商,果断决定启动城市防汛预案,分别按雨情量级下达了9次城市防汛预警令(其中一级预警2次,二级预警3次,三级预警4次)。按预警要求,及时指挥调度各成员单位全力做好应急部署和战胜强降雨的各项准备。四是迎战强降雨。8月15—16日沈阳市出现多年来罕见的较大范围的强降雨。在防御和迎战暴雨过程中,市区出动人员5000人次,出动抢险车辆1890台次,各级防汛部门团结协作,全力保障城市人民的生命财产的安全和城市的正常运行,此次降雨过程,在各级部门的共同努力下,全市城区供水、供气、供电、地铁等运行正常,未发生重大险情灾情,无房屋倒塌,无人员伤亡及财产损失。

(杨　萍)

【危旧桥梁改造】 2013年,沈阳市城市建设管理局在危桥加固改造工程中承建了8个标段28座桥梁,于5月16日正式开始进场施工,12月中旬全部结束施工。

(陈树宝)

【东一环快速路改造】 2013年,沈阳市城市建设管理局在东一环快速路改造中承建东一环北海街高架桥工程。本工程为沈阳市南北二干线(东一环)建设工程的三标段,工程北起吉祥一路,南至沈海立交桥,工程全长1416.38米,新建高架段(桥梁及引道)总长1065.57米,新建桥梁总长829米,同时对地面道路进行改造,规划红线宽60米。本段高架为既有北海高架桥加宽,在北海高架西侧平行加宽一座高架桥,新建高架桥为单向3车道,桥梁全宽12.75米,新建高架桥北引道起坡点与旧桥一致,南引道在莱茵河畔小区路段落地。新建高架桥共41跨,跨径布置除沈吉铁路跨线处,与现状高架桥路径一致(跨径为20.6米和19米)。沈吉铁路跨线处新建高架桥为跨径67米;在沈吉铁路节点处的跨线桥两侧,同时修建2座下穿铁路框构桥,消除沈吉铁路节点平交。2012年9月21日开工,2013年8月10日竣工。

(陈树宝)

【人行天桥工程】 2013年,沈阳市城市建设管理局承建柳条湖立交人行天桥及儿童医院人行两座天桥。工程于2013年9月16日正式开工,2013年11月23日竣工。柳条湖立交人行天桥位于崇山东路高架桥东引道落地点限高架边缘西10米处。儿童医院人行天桥位于崇山东路高架桥西引道落地点限高架边缘东1米处。天桥采用钢桁架结构形式,全长60.1米、全宽3.3米、桥面净宽3.0米,梁全高3.8米。柳条湖立交人行天桥呈工字型布置,儿童医院人行天桥呈Z字型布置。柳条湖人行天桥4条梯道,主桥桩2根,梯道桩8根;儿童医院人行天桥2条梯道,主桥桩2根,梯道桩4根;玻璃栏杆228.2米。

(陈树宝)

【科技文化建设】 沈阳市城市建设管理局依托科技文化,不断完善体制,全市市政设施维护管理工作步入良性运行轨道。

1. 科技创新,完善市管市政设施基础信息、综合管理信息平台。实现了一路一档、一桥一档,通过对数据的掌握,针对道桥病害采取有效整治措施,重新编译道桥管理软件,以适应后全运时代的更高要求。充分运用道桥检测设备,逐步实现道桥维护由外观检查到结构数据检测的转变,通过数据分析、整理,形成了科学、真实、准确的检测报告;年底前完成了市管51座桥梁的常规检测工作。对市管桥梁设计吨位进行全面调查,科学调整桥梁承载吨位标识牌;对桥下空间占用进行有效整治。

2. 创新管理模式,强化考核制度,把技术革新融入科技文化。按照市政设施维护管理相关文件要求,沈阳市市政设施养护管理处进一步细化了市政设施维护工作标准和建立健全了《市管处市政设施维护工作百分制考核方案》等相关内容,开展了“创优养护片工程”活动,以点带线、以线带面,切实提高了维护工作整体水平,工作中进一步加强市政设施动态管理,提高主动养护工作能力,全面打造“网格化”管理模式,按照“按级管理、分片巡视、责任到人”的准则,重新划分责任区,并将日常巡视工作纳入到《百分制考核》范畴。同时大力开展技术创新,已完成调整检查井施工工艺、检查井消声工艺、沥青混凝土冷补材料研究,道路早期裂缝处置等科研成果,有效的解决维护工作中存在的热点问题。

3. 依托科技文化,全面开创道改工作新局面。科学制定工程设计方案,提高道改工作标准。2013年的道改工作中首先从工程设计方案入手,规范了设计方案的审定工作。本着节约资源、科技创新的原则,积极推广使用新材料的使用,年初下发了道路工程材料的使用规定,要求严格道路建筑材料的使用,明确原有边石应回收利用,并推广使用水泥混凝土边石;严禁使用荷兰砖和花岗岩石材铺设人行道;井体改造必须使用水泥混凝土预制或预制砌块砌筑;雨(污)水管线必须使用玻璃钢夹沙管或HDPE管材。同时将在设计方案制定中,集思广益,创新思路,注重细节,不断融入科技、人文理念,使设计更加合理科学化,取得良好实效。

(杨　萍)

市容管理

【概况】 2013年,市容行业管理系统以“依托科技文化打造生态美丽沈阳”为契机,组织开展了全市市容环境整治提升各项工作。为迎接全运会的召开,以打造国内一流夜景观形象为出发点,重管理,抓建设,开展了全市重点街路景观照明建设。为丰富全运会期间活动气氛,在重点街路景观照明建设科普公园节点开展了迎全运“沈阳市科技灯光秀”活动,大大提升了夜景观整体形象;开展迎全运市容环境整治工作,对全市主要道路沿线牌匾进行综合整治,加大违规户外广告设施清理整治力度,全面完善招贴喷涂清理整治覆盖工作,使市容环境得到全面提升;加强户外广告管理工作,进一步深化户外广告市场化运作,同时做好规划、监管、日常巡视及管理工作;严格牌匾设置管理工作,督促各区严把审批关,推进牌匾备案管理制度;以责任化管理为基础,进一步推进门前市容环境责任区管理工作,落实门前环境责任区责任书签订工作及绩效考评工作。全年各项工作均得到圆满完成,为打造美观、靓丽、有序的市容景观奠定基础。

(李　兵)

【重点街路景观照明】 开展了全市重点街路景观照明建设工作,编制了《沈阳市市重点街路景观照明建设实施方案》,协调和平、沈河、皇姑、大东等相关各区,会同铁西区、东陵区(浑南新区)、苏家屯区等区实施夜景灯饰亮化工作,将原有景观照明点位划分为保留、提升和重建,重点对青年大街等28条重点街路(包括楼体、桥梁、绿地、广场、公园、街路景观灯)、金廊沿线21个在建楼体项目、奥体中心等2个全运场馆以及奥体中心周边和浑河两岸沿线开展景观照明建设方案设计、建设工作;同步开展景观照明设施防雷和集中控制系统建设,整体提升市夜景观亮化效果,为"全运会"的召开营造良好氛围。全市重点街路景观照明建设已全部完成,金廊沿线市直点位已全部建设完工,并已完成竣工验收。全市重点街路景观照明建设工作使夜景观环境得到较大提升,沈阳市城市建设管理局获得了由中国照明学会颁发的中照照明奖首届"城市照明建设奖"进步奖,全国20个城市参选,沈阳市为六个获得进步奖城市之一。

(李　兵)

【节日景观亮化】 为了丰富沈城元旦、春节等传统节日期间的节日氛围,沈阳市城市建设管理局制订并下发了《沈阳市节日期间市容景观建设工作方案》,并积极组织、协调和平、沈河、皇姑、大东等相关各区开展实施建设,此次节日市容景观建设包括中山广场等5个广场、青年大街等42条街路、五里河绿地等47处绿地,共设置LED各类串灯40万条(个)、LED仿真景观树灯100棵、灯杆灯饰2000盏,在全市重要街路、区域内形成节日景观带,烘托节日氛围。此次节日景观建设主要有三个特点:一是范围广、数量多。此次节日景观建设工作涉及辖区及街路较多,在全市范围内形成"三横两纵"节日景观带,烘托节日氛围;二是标准高、出形象。在行道树、绿地亮化景观建设中采取了"色块"景观的表现手法,分段设置、一段一景、一段一色,结合近、中、远景,展示了喜庆、热烈、祥和的城市形象。三是节能环保。此次节日景观建设灯具全部采用LED节能灯具,充分体现了节能减排、低碳环保的特点,同时很多灯具可重复使用,节省资金。

(李　兵)

【亮化日常管理】 一是做好亮化日常巡视工作。动态掌握全市夜景灯饰管理现状,坚持每天(夏秋季19:00－22:00,冬季17:30－21:30)进行巡视检查,实现专人负责、专人管理、专人检查、专人维护目标。重点做好金廊、银带、五横五纵街路夜景灯饰亮化设施日常巡管工作。全年共进行夜景灯饰巡视261次,检查亮化牌匾77次,完成节假日政务保障工作10次,下发通知14次,保证巡视到位率达到100%。加大各区夜景灯饰设施督办工作力度,发现问题点位及时通知各区进行维修整改,并进行现场督查。截至2013年底,督促各区共修复问题点位212处,更换灯具2498盏,出动维修人员260人(次),维修车辆135车(次)。配合"地球一小时"活动,通过集中控制系统,对金廊沿线186栋楼体进行了关灯,新北方、沈阳晚报、沈阳日报等媒体均对本次活动进行了报道。二是做好市直设施维护工作。认真做好市管亮化点位的管护维修工作。全年累计督促维修各类灯具8744盏,出动维修人员524人(次),维修车辆306车(次)。并根据金廊沿线整体拆迁改造需要,从5月份开始,对青年大街21栋居民楼的亮化设施进行了拆除。保证了本年度市直点位的整体亮灯率、设施完好率达到98%以上,巡视到位率及维修及时率达到100%,全年亮化设施无安全事故。巡视到位率及维修及时率达到100%。

(李　兵)

【户外广告管理】 2013年,沈阳市城市建设管理局共组织2次公开拍卖、23次协议出让户外广告设置使用权市场化运作,将中街路利福百货楼面电子显示屏等36处规委会审定通过户外广告点位设置使用权推向市场。完成2013年三次户外广告规划委员会全体会议的各项准备工作。完成相关整治意见、专项规划以及3次规委会专项提报点位规划等,并在全运会前4个月,紧急制订《第十二届全运会沈阳赛区户外广告市场开发运作实施方案》。开展户外广告迎全运公益宣传。按照市委、市政府及市委宣传部、文明办、第十二届全运会沈阳赛区组委会等相关部门的要求,协调全市合法点位电子屏进行公益信息宣传,并于全运期间组织在全市青年大街等33条重点街路沿线隔杆设置迎全运、创城公益宣传旗标2600杆,在全市合法运作的40块户外电子显示屏循环播放迎全运、创城公益宣传片。完成《沈阳市户外广告规委委员会章程》的起草工作。征求各成员单位意见并报规委会审定,完成《沈阳市户外广告设施设置规范》和《沈阳市户外电子显示屏设置管理规定》的修订工作。按照市委、市政府《关于向城区下放经济管理权限的实施意见》精神,做好向部分区域下放户外广告管理权限工作,并开展了落实下放管理权限的检查工作。

(李　兵)

【牌匾设置管理】 2013年,沈阳市城市建设管理局督促各区按照《沈阳市牌匾标识设置管理规范》进行审批、管理,强化日常检查工作,及时发现和解决牌匾破损、亮化牌匾缺字断条等问题。加强对各区牌匾审批管理工作的检查指导,收集了牌匾审批管理工作中的各类相关问题,并对各区进行相关业务指导。在距全运会召开倒计时60天之际,组织开展了全市市容环境整治抽检工作。街路抽检范围是2013年迎全运环境整治重点街路(共计172条),检查内容重点是牌匾和临街门市、具有灯饰亮化功能的牌匾等,检查发现牌匾缺字断条的13处,并要求各区牌匾管理部门对问题点位进行整治。推行"以考代查、以评代管"的新型管理办法,采取对各区管理与考核紧密结合的措施,建立起网络QQ群平台,注重行业指导,宣传讲解牌匾政策法规,同时,加强对各区牌匾审批工作检查的管理力度。全年各区共申报牌匾审批件412件,全年共对各区考评12次,考评检查36次。

(李　兵)

【门前市容责任区】 2013年,沈阳市城市建设管理局落实门前环境责任区责任书签订工作。全市共签《门前市容环境责任区责任书》3万份,签状率约85%。从2012年7月份开始,全市各区主管部门向商户发放《沈阳市门前市容环境责任区管理手册》,张贴《沈阳市人民政府关于开展门前市容环境卫生整治的通告》,落实《沈阳市门前市容环境责任区责任书》的签订和门前市容环境责任区的管理工作。通过责任书的签订,明确了责任区的净化、美化、绿化和序化责任,使沿街商户对开展门前市容环境责任区管理工作有了明确的认识,并积极参与。落实门前环境责任区绩效考评工作。根据市绩效考核工作要求,年初,沈阳市城市建设管理局下发了《沈阳市2013年度门前市容环境责任区管理考核意见》,其中要求净化,地面无痰迹、瓜果皮核、烟蒂、纸屑等垃圾污物,无积水积雪;垃圾袋装,定点定时投递;绿化,保持门前绿地、花坛内外、树木周围整洁卫生,无倚树搭棚、践踏草坪、擅自占用绿地、钉钉及拉绳等损坏树木、花草及设施的行为;美化,建筑物外立面整洁、美观,店铺外立面及门窗的招贴喷涂及时清理,楼体粉饰;牌匾及亮化设施按要求设置,无破损、残缺、污浊等现象;序化,无门前设摊、占道经营、占道加工生产、乱摆乱堆杂物、乱搭乱建、乱停非机动车辆等行为。并将门前市容环境责任区管理工作纳入到市政府对各区的绩效考核工作中,由各区综合监督管理中心每月对各区门前市容环境责任区管理工作完成情况进行月考核,沈阳市城市建设管理局市容景观管理处定期组织抽检,形成通报,加强经验交流和工作督促。通过日常考核和监管促进了门前市容环境责任区管理工作的有序推进,变日常管理为长效管理,防止整治效果反弹。

（李　兵）

环卫管理

【概况】 2013年,沈阳市环卫工作以迎接第十二届全运会为契机,紧紧围绕“全时保洁、全域管理、全新形象、全面提升”的工作目标,团结一心,努力奋斗,出色完成了全运会期间的城市环境卫生保障任务。从4月25日开始,启动了30条精品街路及二级以上重点街路湿式作业,实行了平面立面一体化保洁作业。建立了全方位环境卫生保障应急体系,开展3次环境卫生应急演练。在金廊沿线等道路施工期间采取打破常规管理,实行全天巡查制度,通过突击作业、增加保洁密度和洒水频次等方法,最大限度降低道路施工期间扬尘污染问题。完成20个环保公厕保温改造和53个旱厕改造升级工作;在1300家临街单位及商家推行内厕挂牌免费开放,基本建立主城区500米如厕圈需求。开展贯彻落实《沈阳市城市市容和环境卫生管理条例》的大型宣传活动10次。开展了对车辆污染街路等行为的执法处罚整治,全年共责令整改258件、处罚183件;并在媒体曝光不文明行为200件,对50名驾驶员给予交通违章处罚。在232条二级以上街路实行垃圾上门收集服务,居民区垃圾实行巡回收集转运,不落地、不积存。分两批完成全市59个社区垃圾分类收集试点和21条重点街路2300个分类果皮箱更换工作。联合市建委村镇办、市行政执法局等部门分三次对三县一市的64个乡镇、12个垃圾场、200个行政村积存垃圾进行了整治,共清理垃圾12万吨。开展了农村垃圾处理收运试点,实行了农村垃圾规范化收运处理,农村地区垃圾无害化处理率达到33%。将全市439条主要街路、77座桥梁划为专业化除雪范围,总除雪面积达3659万平方米。按照施工工程组织设计,实行了分类规范化除运雪作业,通过调整融雪剂使用范围和配方,在同等降雪情况下减少融雪剂使用量30%以上。推行环卫科技创新,以环卫科研为中心,完成科研项目19项;于洪区召开了“沈阳市环卫设备技术创新现场会”,现场演示为护栏清洗车研制的不结冰清洗配制液的使用效果,解决了冬季护栏擦洗难题。与新浪辽宁总部、和美妇产医院等爱心企业开展爱心公益宣传活动,向环卫工人免费发放矿泉水6000瓶、体检卡3000张和提供早餐活动,并为全市环卫所赠送微波炉100台。新增“环卫工人爱心驿站”100家。为全市一线环卫清扫保洁人员统一更换新式作业服、新式保洁工具和新式保洁车,并在入冬前为全市一线环卫工人配发了新防寒保暖棉服及棉靴。

（蓝　飞）

【街路规范化保洁】 2013年,沈阳市将所有街路按三类保洁标准全面实行规范化、标准化作业。从4月25日开始启动30条重点街路平面立面一体化保洁作业。针对桥梁、道路施工等情况,组织各区环卫部门加强施工现场周边的清扫保洁及湿式降尘作业,最大限度降低了扬尘污染街路问题。并对各类高架桥梁桥洞两侧立面定期进行冲洗作业。从各区抽调业务强的管理员组成3个环境卫生日常督察小组,围绕“十二运”环境卫生提升开展巡回监督检查,出色完成全运会各项赛事项目及100次政务活动的环境卫生保障工作。为保持全市后全运时代的环境卫生质量,巩固全运会期间的劳动成果,制订了《沈阳市后全运时代重点街路精细化清扫保洁实施方案》,根据地域条件、街路等级及重点区域周边,确定青年大街等50条重点街路为精细化清扫保洁街路,总面积983万平方米,采取机扫机保、冲洗、刷洗、洒水降尘、人工清扫保洁相结合的“五位一体”模式进行日常作业。每周两次对精品街路环卫设施(2.2米以下)进行清洗、擦洗,每日对中心护栏进行擦洗,有效保证了街路全方位保洁质量。

（蓝　飞）

【环卫执法】 2013年,沈阳市规范全市环卫系统执法人员资格,对符合执法条件的管理人员登记造册,建立120名执法人员登记档案。组织环卫系统执法人员参加行政执法自由裁量基准培训,通过聘请市政府法制办专家授课,提高了环卫执法人员确保定性准确,执法合规。在市府广场、北陵公园、太原商业街等人流密集地区,通过设置环卫执法宣传咨询台等方式,开展贯彻落实《沈阳市城市市容和环境卫生管理条例》的大型宣传活动10次,全年共发放环卫法规宣传资料1.2万份,解答市民咨询问题2000次。以区环卫部门为单位开展辖区施工工地、运输车辆、临街商铺等污染源执法处罚整治5次,全年共下达行政责令整改通知书400件、处罚211件,共处罚金26万元。利用抓拍记录仪等电子设备,对行人及机动车驾驶员乱扔垃圾等不文明行为抓拍取证,在新闻媒体曝光200件,对50名驾驶员给予交通违章处罚,有效地提高了市民的环境卫生法律意识,逐步减少区域人为污染环境卫生行为。

（蓝　飞）

【公厕精细化管理】 2013年,沈阳市环卫部门为在全运会期间营造一个方便的城市如厕环境,针对环保公厕冬季使用和旱厕简陋等问题,经调查确定,对20个环保公厕进行了保温改造,并对53个旱厕进行了改造升级,提升了全市公厕的整体形象。在此基础上,所有水洗公厕和环保公厕实行两班制管理,在开放期实行不间断保洁,确保了公厕秩序和环境整洁。入冬前,市区两级公厕管理部门加强了对所有公共厕所的检查考核工作,对全市所有旱厕进行了彻底清掏,确保了冬季正常使用。市、区实行每周覆盖巡检,每月一通报制度。并结合公厕缺口较大问题,在1300家临街单位及商家推行了内厕挂牌免费开放工作,结合现有各类公厕配套使用,基本能实现主城区500米如厕圈,最大限度满足了市民方便需求。全运会期间,从各区环卫部门调集10台(46个蹲位)流动公厕,全力做好全运会期间各项赛事活动的服务保障工作。

(蓝　飞)

【垃圾分类收集试点】 2013年,沈阳市分两批完成59个社区垃圾分类收集试点和21条重点街路2300个分类果皮箱更换工作,共收集可回收垃圾4.31万公斤,有害废旧电池32公斤。一是进行业务培训。分批次组织各区城管局、街道、社区有关人员进行垃圾分类知识、作业流程、岗位职责和工作要求的业务培训,共培训300人次;二是召开现场会。组织各区城管局、街道、社区有关人员在铁西区兴华街道中兴里小区、区委小区、爱心社区召开现场会,学习交流先进做法和成功经验;三是开展多种形式的宣传。组织街道、社区干部在垃圾分类试点小区内设立咨询台和宣传板,悬挂宣传标语,张贴宣传海报和倡议书,逐户上门发放《生活垃圾分类宣传单》、《生活垃圾分类投放指导手册》,共发放宣传材料10万份;对居民按类投放垃圾进行现场指导,组织试点小区居民到垃圾处理场参观垃圾填埋作业现场、渗滤液处理厂和沼气发电厂,了解垃圾分类是实现垃圾减量化、无害化、资源化的有效途径,增强垃圾分类环保意识。同时,联合新闻媒体宣传报道垃圾分类工作20次;四是进行跟踪指导。组织相关人员定期深入试点小区对垃圾分类投放、收集清运、可回收物品统计等工作进行跟踪指导;五是加强检查考核。定期对各区垃圾分类工作开展情况进行检查与考核,发现问题限期整改,逐步建立长效化管理机制。

(蓝　飞)

【垃圾无害化处理】 2013年,沈阳市编制下发《沈阳市2013年度生活垃圾处理工作指导意见》,两个垃圾场开始实行单元设计和科技指导作业,规范了作业程序,规范了清污分流的管理,增加了除臭消杀作业次数和面积,对进场路、环场路、作业区、渗沥液存放池等重点区域加强了日常维护和巡查作业;加大对场区建设投入,对环场路和作业路进行了全面修复,增设了道路指示牌和区域指示标志,对护坡和环场路增加了绿化面积,改善了垃圾场环境;在全运会期间,两座垃圾场全部实行24小时运行,不间断接受各区生活垃圾,全力保障全运会期间生活垃圾日产日清和100%无害化处理。两座垃圾场全年共无害化处理生活垃圾265万吨,处理渗沥液12.2万吨,沼气发电1785万千瓦时。推进市生活垃圾无害化处理和资源化利用,组织人员对国内其它城市垃圾焚烧发电项目进行调研,组织专家对老虎冲生活垃圾焚烧处理工程项目进行了论证;初步形成《沈阳市生活垃圾焚烧处理工程建设工作方案》。草签老虎冲餐厨废弃物处理BOT项目特许经营协议(草案),完成老虎冲餐厨垃圾处理运行成本监审,初步确定沈阳市餐厨废弃物收运方式。采取企业收运、政府监管的模式,起草《沈阳市餐厨废弃物暂行管理办法》。通过组织专家论证,修订老虎冲、大辛垃圾场渗沥液处理工程建设规模各为1200吨/日,采用前端生化处理和后端碟管反渗透处理工艺。

(蓝　飞)

【农村垃圾处理试点】 2013年,沈阳市组织人员利用一周时间完成"三县一市"农村生活垃圾处理设施运行管理现状的摸底调查。结合调研情况,确定了以乡镇政府所在地为重点的垃圾处理收运试点工作,督促各区、县(市)认真制定了本地区农村垃圾处理实施方案,积极筹措垃圾处理运行经费,扩大农村生活垃圾处理试点范围,开展对"三县一市"农村生活垃圾管理工作经费测算和调研工作。结合市农村特点,制定和编写了《沈阳市农村生活垃圾管理办法(草案)》,已按程序提报市法制部门申请立法出台。2013年4月至9月,联合市建委村镇办、市行政执法局等部门组成联合检查组,开展农村环境综合整治活动,定期对三县一市和近郊区进行检查督导,各地认真开展了农村生活垃圾集中整治与日常管理工作,农村面貌有了很大改变,垃圾乱倒现象一度得到有效遏制;通过农村垃圾处理收运试点,实行农村垃圾规范化收运处理,农村地区垃圾无害化处理率已达到33%。全市垃圾处理工作正逐步走向城乡一体化。

(蓝　飞)

【科技文化建设】 2013年,沈阳市组织科研人员进行7次专项技术培训,参加培训63人次,有效提高了科研人员技术水平。积极向市科技局申报、组建"沈阳市环境卫生工程技术重点实验室",已申报成功,并正式挂牌成立。全力推进各项科研项目,当年完成市建委科研项目1项,沈阳市城市建设管理局科技创新项目6项,市科技局科研项目12项。开展两座生活垃圾场55项水、气监测指标月常规监测,确保了垃圾场的稳定安全运行。强化对冬季融雪剂的检验监测,对融雪剂实行购前送样、购后抽检、用后监测,对融雪剂做到全过程、全方位监测,确保了融雪剂的科学使用,最大限度降低了融雪剂对环境的影响。通过科技创新,经反复研究实验,研发了"不结冰清洗配制液,并在于洪广场召开了全市各区环卫部门人员参加的"沈阳市环卫设备技术创新现场会",现场演示为护栏清洗车研制的不结冰清洗配制液的使用效果,还进行了现场经验交流,有效解决冬季护栏擦洗难题。

(蓝　飞)

【除运雪】 2013年,沈阳市除运雪实行专业化和社会化除雪两种作业模式。将全市439条主要街路、77座桥梁划为专业化除雪范围,总除雪面积达3659万平方米。较2012年新增了264条街路、9座桥梁,专业化除雪面积增加了2162万平方米。专业化除雪由各区城管局所属的环卫专业队伍负责。专业化除雪街路以外的区域均为社会化除雪范围。市政府将社会化除雪街路进行了细分,街巷路及市场摊区、门前"三包"地区、街路停车场、人行道除运雪工作由市行政执法局牵头,各区政府负责,各街道办事处(或功能区)组织。住宅小区内除雪工作由市房产局牵头，各区政府负责，各街道办事处（或功能区）组织。国道、省道、县道由市交通局负责；街路收费停车场由市公安局负责督促承包单位除雪。同时，加强融雪剂使用与管理，严格执行《沈阳市融雪剂使用管理办法》，各区除雪部门依据准入企业目录及限价进行政府采购，确保了择优选用融雪剂。加强融雪剂科研应用，通过实验，将原道路融雪剂 NaCl : MgCl : CaCl2 配比 2 : 3 : 5 改为 2 : 5 : 3，改良后配方较原配方，冰点降低值提高了 7%，碳钢腐蚀率下降了 37%，混凝土抗盐冻损失减少 4 倍。经调整使用量和使用范围，在同等降雪情况下减少融雪剂使用量 30% 以上。并委托具有资质的科研机构负责对融雪剂进行定点检测，定期公布道路融雪剂监测数据。经各级除雪部门的共同努力，出色完成全年 20 场降雪的除运雪任务，为城市的冬季稳定运行提供了保障。

（蓝　飞）

爱国卫生

【概况】 2013 年，沈阳市的爱国卫生工作紧紧围绕迎全运这一主线，开展了以城乡卫生环境整治、病媒生物防制、无烟全运、卫生创建等工作，有效保障了全运会的胜利召开，全市的爱国卫生工作呈现出良好的发展态势。深入开展“清洁沈阳”活动，组织全市各区、县（市）、开发区及市房产、市建委、市行政执法局等相关部门，以春、秋两季环境卫生整治及迎全运环境卫生专项整治为载体，围绕二环沿线、居民区、建筑工地、单位、公路铁路沿线、街巷路等环境卫生重点、难点问题，专群结合，开展了环境卫生专项整治工作。组织开展了 7 次“清洁沈阳”全民卫生大清扫活动。联合市文明办，开展了 8 次“清洁沈阳日”活动。组织建设系统开展了 10 次“清洁沈阳”义务劳动。大力开展迎全运病媒生物防制及无烟全运工作，高标准实现了病媒生物防制工作零投诉及无烟全运的目标。建立了全市病媒生物防制四级责任体系，成立了市级病媒生物防制专家小组。完成了对全市 104 名 PCO 公司从业人员职业技能培训。全市组建了 20 家病媒生物防制专业消杀队伍，完成了对全运村、全市所有比赛场馆、训练场馆等及周边 1 公里范围内的四害消杀工作，经疾控部门监测，四害密度均达到辽宁省组委会要求。按照无烟全运要求，统筹协调市无烟环境促进工作领导小组 11 个成员单位及组委会志愿者服务部、安保等部门，坚持“条块结合”，在 60 家涉运场馆及其它公共交通、商场、宾馆、旅游景点等重点场所，健全并规范了禁烟标识设置，建立了控烟管理制度，落实了控烟管理人员，通过强化指导及监督检查等手段，确保控烟工作落实到位。广泛开展各级各类卫生创建工作，制定了《沈阳市卫生创建二年规划》，新增了卫生小区、卫生街道等创建内容。全市共新增省卫生单位（社区、村）119 个，市级卫生街道（村、社区、小区、单位）282 个。指导铁西区、皇姑区、大东区、沈河区顺利通过了省卫生城区考核验收。扎实开展农村改厕工作，完成了全市建设 5000 座无害化卫生厕所的大量前期准备工作。进一步强化爱国卫生执法工作，围绕全年爱国卫生中心工作，每月组织各地区开展了有针对性、有重点的爱国卫生执法工作。

（白俊珊）

【“清洁沈阳”活动】 2013 年，沈阳市组织协调全市各区、县（市）和相关委员部门，以春、秋两季环境卫生整治及迎全运环境卫生整治为重点，集中开展了二环沿线、居民区、建筑工地、单位、公路铁路沿线、街巷路、全运场馆及周边专项整治工作。组织市内七区，发动广大市民及专业队伍，开展了以擦拭主要街路交通护栏，清理重点街路（区域）的残冰积雪及绿化带内的垃圾杂物，清理单位环境卫生为内容的 7 次全民卫生大清扫活动。联合市文明办，于 3 月至 5 月的每周六，有计划地组织志愿者、工青妇、部队、公安、机关干部等，分行业开展了 8 次“清洁沈阳日”活动。组织协调建设系统 15 家单位，从 3 月 16 日开始，每两周一次，在青年大街沿线共开展了 10 次“清洁沈阳”义务劳动，定期对青年大街全线的交通护栏等街设家具进行擦拭，捡拾沿线绿化带内白色垃圾。深入开展了春季环境卫生专项整治工作，针对春季气温回暖，大量垃圾、残土暴露的问题，市爱卫办组织全市 16 个区、县（市）开发区及市房产、市建委、市行政执法局等相关部门，开展二环沿线、居民区、建筑工地、单位、公路铁路沿线、街巷路六项整治工作。按照市政府春季环境卫生整治调度会要求，坚持区域负责的原则，各地区认真落实区长责任制，积极组织各街道办事处及相关委办局，通过采取自查、自报、自清、自检等措施，对区域内积存垃圾进行了全面普查清理，建立了全市卫生脏点档案，并实行销号制度，逐一整治。同时，对市政府调度会议上通报的问题，认真予以解决。据统计，全市春季环境卫生整治调度会上通报的 467 处居民区、街巷路、建筑工地、二环沿线、公路铁路沿线等卫生脏点问题，全部得到解决。市爱卫办制定并下发了《“清洁沈阳”包保责任制工作安排》，以区为单位，将辖区内重点地区（交通窗口、全运场馆、旅游景点、商业区等）的影响环境的卫生脏点、难点问题，按照实名制分片分段划分给各社区、单位，以区为单位建立档案，落实卫生清理整治责任。在春季环境卫生整治活动中，市爱卫办将解决市民卫生投诉问题作为工作重中之重，认真加以解决。通过设立投诉热线，专人接听、收集、整理市民卫生投诉，有效地解决了一大批群众关心的热点、难点问题。从年初开始，市爱卫办积极组织协调 11 个相关区开展了全运会相关重点公共场所及周边地区卫生环境治理行动，全面清理全运场馆、接待宾馆、定点医院、重点窗口单位、旅游景点、商业街及其周边的卫生环境死角。通过设立市爱卫办督导员，分工负责各场馆的环境整治，对全运会各场馆内外进行环境督查，共督办环境卫生等问题 200 个，确保了全运场馆室内外及周边环境卫生达最佳状态。

（白俊珊）

【卫生创建】 2013 年，沈阳市爱卫办以卫生创建为切入点，制定了《沈阳市卫生创建二年规划》，新增了卫生小区、卫生街道等创建内容，以此带动城乡卫生水平的全面提升。特别是通过组织指导铁西区、皇姑区、大东区、沈河区积极开展省卫生城区创建工作，大力开展卫生环境整治工作，有效提升了区域环境卫生质量，并确保四城区以较高分数顺利通过了省卫生城区考核验收，其中铁西区、皇姑区、大东区达到省级卫生城区示范级别，沈河区达到省级卫生城区优秀级别。全市新增省卫生单位 48 个、省卫生社区 69 个、省卫生村 2 个，市级卫生街道办事处8个、市级卫生社区126个、市级卫生小区86个、市级卫生单位32家、市级卫生村30个。

（白俊珊）

【无烟全运】 2013年，沈阳市爱卫办通过实施无烟全运工作，加大控烟宣传、无烟环境创建及督导检查等工作力度，高标准完成无烟全运工作。

1.加强领导，落实责任。沈阳市成立了控烟工作领导小组，下发了控制吸烟工作方案，按照“区域负责、条块结合”的原则，明确了11个相关区政府、开发区管委会及市卫生局等8个部门的控烟职责。建立了市、区、街道、单位控烟责任体系。按照“一馆一案”的标准，分别制订了控烟工作实施方案。

2.专业培训，提升能力。沈阳市聘请国家控烟专家，召开了2次控烟培训会议，对520名控烟管理人员进行了培训。此外，为加强对全运志愿者及各场馆控烟监督员队伍能力建设，全市统一印发了4000份禁烟监督员培训手册，培训无烟全运标准及控烟文明礼貌劝阻用语。

3.规范标识，完善设置。沈阳市重新规范了公共场所禁烟标识样式，统一制作了5种适合不同场所的禁烟标志样式。按照区域负责的原则，组织各区在全运比赛场馆、训练场馆、定点医院、指定宾馆完成了禁烟标识设置工作。

4.加强宣传，营造氛围。发挥新闻媒体优势，利用报纸、电视、广播等媒体传播无烟全运信息。5月31日，市爱卫办会同市卫生局在中街沃尔玛超市门前开展了全市大型集中宣传活动。有效抓住各种载体，在地铁及百万市民看电影活动中播放控烟专题片，收到了较好的效果。

5.推进创建，全面提升。继续巩固和深化无烟医疗单位创建成果，以全运会指定的28家医院为重点，强化制度建设，落实长效管理；在全市商场、超市及其他大型企业中，开展无烟企业创建活动；以市机关工委为牵总，在全市机关开展了无烟机关创建活动。

6.加强协调，合力共为。积极协调市交通局，部署落实公交车、出租车、长途客运汽车控烟工作。同时，积极与全运会沈阳赛区组委会志愿者服务部沟通，将6000名全运会志愿者纳入禁烟监督员队伍，制作标识，佩戴上岗。市爱卫办还加强了与各竞委会及市公安局等部门的沟通，取消了部分场馆设立的吸烟区，确保了无烟全运标准的全面落实。

7.开展督导，促进落实。3—7月，按照无烟全运标准，市区两级爱卫办围绕全运村、全运会比赛场馆、训练场馆、三星级以上宾馆、定点医院、重点窗口单位和旅游景点等场所有计划、有针对性地开展爱国卫生监督执法检查活动，全年对565个次单位进行了检查，对存在问题的单位下发了督办单及卫生监督意见书，督办问题整改。

（白俊珊）

【农村改厕】 2013年，沈阳市爱卫办组织开展了惠农政策落实情况专项检查工作，按照《沈阳市城市建设管理局惠农政策落实情况专项检查工作方案》要求，市爱卫办对2010—2012年农村改厕工作重点围绕“三查三看”开展了专项检查，一查农村改厕宣传及公开情况，看农民群众对农村改厕工作的知晓度。市、区爱卫办采取多种宣传措施，利用宣传栏、板报、图片等宣传媒介，大力宣传改厕的意义和好处，提高农户对改厕认识，逐步改变了农民如厕习惯。二查制定措施落实农村改厕情况，看各区爱卫办农村改厕建设工作落实情况。市爱卫办从6月27日起分3次组织相关人员对10个区、县（市）、开发区60个次街道办事处（乡镇）的95个村改厕工作进行了检查。三查惠农资金的管理使用情况，看农村改厕相关资金安排使用情况。按照国家农村改厕项目总体安排，以下查一级为原则，对区爱卫办改厕资金进行了审查，确保农村改厕配套资金拨付使用到位，相关会计凭证、账簿、会计报表齐全。按照省爱卫办要求，完成了大量前期基础性工作，一是将改厕任务逐级分解到区、县（市）、村；二是与市建委、市财政等部门沟通，积极落实改厕配套资金。同时，督促各区落实配套经费，并保证经费足额拨付到位；三是积极与发改委沟通，确保及时通过项目建议书的审批和实施方案的报批，完成了立项、采购等前期工作。在经费落实的前提下，聘请省、市改厕工作专家，对改厕需采购相关材料和设备进行充分论证，科学设定技术参数，按市财政规定履行政府采购程序，全面开展了政府采购等相关工作。

（白俊珊）

【爱国卫生执法】 沈阳市认真贯彻执行《沈阳市爱国卫生管理办法》、《沈阳市除四害工作管理办法》、《沈阳市公共场所禁止吸烟暂行规定》的有关规定，坚持属地管理、区域负责的原则，围绕不同时期的工作重心，科学部署，明确不同时期的工作重点，分别下发了全年执法工作的总体安排及阶段执法安排，全年重点以迎全运为中心，以全运村、全运会比赛场馆、训练场馆、涉运宾馆、定点医院、重点窗口单位、餐饮娱乐场所、商场（超市）、旅游景点等为重点，有针对性地组织各区开展了单位卫生、病媒生物防制、公共场所控烟执法检查，对存在问题的124家单位下达了《卫生监督意见书》。严格执行《沈阳市爱国卫生运动委员会办公室行政处罚自由裁量实施标准》，规范执法程序，确保全市无一例不规范执法事件发生，为“十二运”圆满召开提供了安全健康的城市环境。

（白俊珊）

园林绿化

【概况】 2013年，沈阳市城市园林绿化工作以迎接第十二届全运会为主题，紧紧围绕提高城市园林绿化水平、提升城市绿化景观这条主线，以打造“便民、整洁、特色、文化”的城市绿化环境为目标，全面提升城市绿化的建设和管理水平。建设工作主要实施了一、二环路绿化恢复提升工程、城区主要街路行道树景观提升、百里环城水系改造、公园、绿地、广场绿化、花卉栽摆、金廊绿化养护专业队建设等工作，有效的改善了城市重要轴线、景观节点、交通通道的绿化水平。同时下大力气加强绿化管理工作，通过加大绿化整治工作力度，全面实行精细化管理，进一步提升城市园林绿化的整洁度和景观度，实现绿化净化美化的目标，着力打造树木整齐一致、绿地景观优美、公园管理有序、花草绚丽美观、水体洁净灵动的绿化景观新形象，全面做好了全运过程中的绿化保障工作。

（关庆伍）

【一、二环路绿化】 东一环路行道树补植提升，西起黑龙江街东接沈海立交，全长4.7公里，补植油松、银中杨、五角枫、蒙古栎等乔木2767株，铺装草坪4.3万平方米，播种白三叶1万平方米。二环路绿化，包括立交桥区绿化恢复提升、过街人行通道绿化恢复提升、行道树补植、中间环岛隔离带绿化提升、风景林带恢复提升，树木种植全部为乡土树种，共栽植银中杨、云杉、油松、旱柳、五角枫、金叶榆、京桃等乔木2.5万株，丁香、小桃红、连翘、红王子锦带等灌木8.1万株，播种白三叶、野花组合等14.5万平方米，种植马蔺30万株，一、二环路沿线绿化景观及生态功能得以全面恢复提升。

（关庆伍）

【城区主要街路行道树景观提升】 在2012年实施五横五纵等绿化标准化街路建设的基础上，沈阳市继续提升城区街路行道树绿化效果，尤其对2012年因台风、病虫害等自然灾害造成行道树缺株进行全面补植。一是在保留现有长势良好行道树基础上，对缺株树木（有坑无树）按原品种原规格进行补植；二是对长势不佳行道树按原品种进行更换；三是对街路存在环岛、绿带的进行绿篱模纹栽植；四是对行道树树池篦子进行统一规范。共实施47条街路提升建设，其中25条市级绿化标准化街路建设，22条重点街路行道树补植，投资3618万元，共栽植国槐、五角枫、馒头柳等大规格乔木9795株，绿篱模纹2.61万平方米。其中青年大街共栽植国槐764株，银杏168株，白蜡170株，丁香、金叶榆篱8107平方米，取得了较好的街路景观效果。

（关庆伍）

【百里环城水系改造二期】 2013年，沈阳市运河游园改造二期工程共改造游园共33个，总投资4400万元。按照运河水系二期改造工程实施方案要求，该工程于2013年1月5日正式开始施工，截至7月末工程全部完工。整理绿化用地25.74万平方米，栽植乔木2417株，灌木7091株，绿篱及地被植物3.9万平方米，草坪21.9万平方米，广场、园路铺装6.5万平方米，摆放边石3.17万米，挡土墙1.37万米，安全防护栏杆1.16万米，回填种植土9.7万立方米，外排残土3.01万立方米，摆放风景石721立方米，修复亭廊15座，新建公厕3座，铺设电缆管线1.5万米，安装庭院灯521盏。

（关庆伍）

【公园、绿地、广场绿化】 2013年，沈阳市对青年公园、万柳塘公园、大东公园、劳动公园、中山公园、舍利塔等城区主要公园及华山广场、方型广场、皇姑屯火车站、太清宫、故宫西等绿地实施绿化提升改造。通过补植乡土乔木、片植花灌木，铺种草坪、白三叶及野花组合等地被植物，园路设施等翻建维修，为市民提供良好的休闲场所。

（关庆伍）

【花卉栽摆】 2013年，沈阳市实施主要街路沿线、全运场馆周边、城市出、入口及重点公园、广场，重要机关和商业交通枢纽的花卉装饰工程。通过摆放体现沈阳特点及全运题材的立体花坛、花柱、花球、花墙、桥梁护栏吊挂、壁挂等形式，营造喜庆、祥和、热烈的全运会氛围，确保重点部位的花卉美化效果。其中，沈阳市城市建设管理局负责北陵、东陵、南湖、科普四个公园及青年大街沿线重要点位花卉栽摆；和平区负责实施领事馆绿地、民主广场、南京街、方形广场、和平广场、和平大街等点位花卉栽摆；沈河区负责实施市府广场周边、市府大路、沈阳路、万柳塘路、正阳街、帅府广场等点位花卉栽摆；大东区负责实施滂江街、大北关街、市府路延长线、德增街、津桥路、联合路、北顺城路、望花南街、小什字街、东北大马路、东顺城街等点位花卉栽摆；皇姑区实施黄河大街、昆山东路、北陵大街、辽宁大厦、泰山中路、泰山广场、辽歌绿地等点位花卉栽摆；于洪区实施迎宾路等点位花卉栽摆。共组织协调完成部分主要街路、全运场馆、广场及桥体栽摆花卉1500万盆，大型立体花坛20座，花柱20个，花球及花箱9800组，护栏、桥区挂花1万盆，顺利的完成了全运会的花卉装饰保障工作。

（关庆伍）

【技术培训】 2013年，沈阳市组织对全市园林绿化专业管理人员、技术人员、绿化施工企业技术人员进行业务培训，强化专业技能。培训从2013年1月7日开始至2月28日结束，共举办了10次培训，内容涉及古松复壮、银杏枯黄、彩叶树种、立体绿化、植物保护、乡土树种等诸多领域及园林绿化热点问题探讨，并邀请了中科院沈阳应用生态研究所曹伟和陈玮两位研究员进行“园林绿化中的乡土树种”和“沈阳市常见园林病虫害防治”讲座。

（关庆伍）

【抗旱保绿】 进入五月中旬，城区有效降水不足，天气持续干旱，浅表土层含水量严重不足，导致植物生长困难。针对此种情况，沈阳市城市建设管理局按照市政府的部署全面组织抗旱保绿工作，从5月27日起动员专业力量和社会力量进行浇水，经过十余天的奋战，城区旱情基本缓解，为以全新的绿化形象迎接全运会的到来打下坚实的基础。全市共出动水车4223台次，使用水泵803台次，对822条街路、1674块绿地进行浇水，共浇灌树木281.2万株，浇水31.1万吨，城区干旱情况基本得到缓解。

（关庆伍）

【植物保护】 2013年，沈阳市继续完善全市园林植保工作管理机制，努力推进全市园林植保管理工作的科学化、制度化及规范化发展进程，全面提升园林植保工作管理水平。一是下发了《关于做好沈阳市城市园林有害生物防控预警工作的通知》，督促各区按照防控预警通知要求，抓紧落实资金、药剂、设备等方面的准备工作。全市共安排植保资金512万元、储备无公害药剂114.92吨，并对防治设备进行了检修。二是抓住植物萌动前的时机，普遍按期完成了辖区公共绿地无公害农药石硫合剂的喷施工作，有效地防控病虫害的发生，春季全市喷洒石硫合剂总计用药9300吨。三是实行科学监测，为全市绿化管理部门提供防治指导，针对松材线虫病、腐烂病、桃瘤蚜、白蜡蚧、美国白蛾、白蜡窄吉丁、国槐尺蠖、锈病、地下害虫、粘虫等病虫害发放了13份测报通报。四是加强科学管理指导，大力推进无公害防治工作。在青年大街沿线、南湖公园、北陵公园、碧塘公园、森林公园等各类绿地挂放美国白蛾成虫诱捕器，防控第一代美国白蛾，总共防控面积达200公顷以上。

（关庆伍）

【精细化管护】 为切实提高沈阳市园林绿化行业的管护水平，改善城市形象，提升城市品位，以最佳的绿化面貌迎接全运会的召开，2013年5月25日至8月25日在全市园林绿化系统开展迎全运百日会战工作。实施精细化管理，全面提升园林景观效果。重点是“三除二补一修”治理，即除死树、除死角、除杂物；补绿、补肥；整形修剪。一是要彻底清除死树、枯枝、病株、残株。二是清理草坪、树木的白色污染，花坛、绿地、树穴内的垃圾杂物。三是对私搭乱建、乱围乱种等侵绿占绿问题要进行全面清理。四是对行道树、绿篱、草坪做好补植补栽,全面消除裸露地面、缺株断条、绿地斑秃现象,确保行道树不缺株、不断线,行道树根据不同品种能补植的迅速补植,不能立即补植的要及时回填硬覆盖,同时做好登记造册及补植计划。五是加强植物整形修剪,提高园艺水平。行道树达到造型美观,绿篱修剪达到层次分明,型树修剪达到形似神似,草坪修剪达到整齐划一。六是全运场馆周边重点街路实行专业化全天候巡视、精细化养护,确保绿化形象和景观效果。市内7个中心城区共处理枯死树1.11万株;修剪街路行道树和绿地型树45.8万株,修剪草坪、绿篱870万平方米。排查绿地裸露杂乱问题1.93万处,补植乔木2130株,灌木2.63万株,补种草坪地被23.6万平方米。

（关庆伍）

【全民义务植树】 沈阳市城市建设管理局承担首长植树日及全民义务植树的组织实施工作。4月15日是沈阳市全民义务植树活动日,省委、省人大、省政府、省政协,市委、市人大、市政府、市政协的领导,省直机关、市直机关部分干部共350人,在东陵区(浑南新区)莫子山公园北侧绿地内参加全民义务植树活动。共栽植云杉、旱柳、刺槐、山杏等树种1185株,同时完成新植树木的浇水以及绿地整理等任务。为保证植树工作严格按照技术规范操作,确保树木成活率达到98%以上,沈阳市城市建设管理局选派20名技术人员在现场具体指导栽植树木。当天城乡参加义务植树人数达到7.25万人,共完成植树17.35万株,另完成挖坑、整地和清理绿地等工作。

（关庆伍）

地铁建设

【概况】 2013年,市地铁建设指挥部紧紧围绕市委、市政府提出的工作要求,全面推进地铁工程建设、运营管理、多种经营等工作。

地铁二号线北延线(三台子站—航空航天大学站,共三站三区间,线路总长5.3公里)通车试运营,地铁九、十号线开工建设,市府广场、桃仙机场、沈阳南站三个地铁配套工程的土建工程基本完工,市府广场地面景观工程向市民开放。地铁运营服务水平再上新台阶,地铁一、二号线开行列车19.25万列次,运营里程465万列公里,承载旅客2.24亿人次,日均客运量61.28万人次,同比增长24.45%;平安夜运送旅客91.72万人次,再创单日最高载客量记录;运营高峰时段行车间隔分别压缩至5分10秒、6分23秒,列车运行正点率和运行图兑现率分别达到99.86%和99.99%。

（何 骞）

【地铁工程建设】 2013年,沈阳地铁全面推进工程建设,完成投资31.39亿元,占正式下达计划的105%。

采取有效措施,推动施工单位大干快上,地铁二号线北延线(三台子站—航空航天大学站,共三站三区间,线路总长5.3公里)先后完成洞通、轨通、电通、车通目标,于2013年12月30日与地铁二号线贯通试运营。

地铁九、十号线于2013年3月22日开工建设,当年完成三批土建标段招标,首批开工段进场施工,其中,地铁九号线汪河路站完成主体结构,吉力湖街站、曹仲站完成围护结构,沈苏西路站和站后区间主体结构完成80%;地铁十号线丁香公园站、白山路站、长青桥站完成驻地建设及围护结构施工,浑理区间临建、竖井全部完成。

市府广场、桃仙机场、沈阳南站三个地铁配套工程的土建工程基本完工,市府广场地面景观工程向市民开放。三台子主变电所地下负二、三层结构完工。

积极推进新线工程前期工作。地铁四号线一期工程可研报告编制完成,沈阳至新民、沈阳至辽中城际铁路工程预可研报告上报省发改委。持续推进地铁一号线东延线、地铁二号线南延线、地铁二号线北延线剩余工程的前期工作。

（何 骞）

【地铁工程管理】 2013年,沈阳地铁在工程管理方面主要做了以下工作:

1.进一步提高地铁工程质量管理水平。地铁一号线工程继荣获鲁班奖后,再获“中国土木工程詹天佑大奖”。同时,地铁二号线新乐遗址站等10座车站、9个区间获市建设工程玫瑰杯奖。加强工程过程管控,通过日常巡检、专项检查、联合检查加大施工现场检查的频次和力度,累计开展质量检查200余次,整改问题215个。

2.地铁工程安全稳定。全年地铁工程建设安全平稳,未发生较大以上安全责任事故,也没有发生重大刑事治安案件和重大火灾事件。加大安全工作力度,召开安全生产会议12次,开展各类检查800余次,排查治理安全隐患723处,20个重大危险源工程顺利度过。加强安全风险监控,实施第三方监测2.02万点次;监测运营线路总长5.87万延长米。强化地铁保护区管理,17个A类建设项目全部依法依规施工。辽宁省气象局、东电医院楼体爆破平稳度过。

（何 骞）

【地铁运营管理】 2013年,地铁一、二号线开行列车19.25万列次,运营里程465万列公里,承载旅客2.24亿人次,日均客运量61.28万人次,同比增长24.45%;平安夜运送旅客91.72万人次,再创单日最高载客量记录。

1.地铁运营服务水平进一步提高。通过加强文明服务窗口建设、完善服务质量监督体系等措施,推动运营服务质量迈上新台阶。共组织实施了13种运营组织方案。地铁一、二号线运营高峰时段行车间隔分别压缩至5分10秒、6分23秒,列车运行正点率和运行图兑现率分别达到99.86%和99.99%。积极建设车站文明服务窗口;加大管理和培训力度,切实提高站务人员服务水平;提高售票效率,较好地满足了市民的出行需求。

2.强化地铁运营质量管控。逐步建立地铁运营质量管控体系,重新编制设备故障检修规程,完成各类检修和故障处理3.5万余次。完成各类技术改造任务41项,节约运营成本上百万元。

3.加强地铁运营安全管理。地铁运营安全平稳有序。探索建立地铁运营安全管理信息系统,持续开展安全生产标准化工作,运营分公司被省交通厅指定为安全生产标准化样板单位。

开展各项安保检查470余次,地铁安检覆盖全线。全运会期间,自行投入425万元用于增加安检人员、额外购置安检设备,并委托专业管理团队指导安检工作,同时组织机关干部1万余人次下站支援安检,圆满完成全运会运输保障任务。

（何 骞）

【多种经营】 2013年,沈阳地铁全力推进多种经营工作。一是推进公租房建设，丽水新城一期工程基本完成，并分批入住；完成丽水新城二期、凤凰新城、惠民新城主体结构、安装工程施工；按计划实施丽水新城三期、惠生新城、滨河新城一期工程。二是国展中心全年举办建博会、房交会等23个大型展会。三是物业公司晋升为物业企业二级资质单位，服务面积100万平方米，受辽河局委托开展苗木基地建设，种植面积达153.33公顷。四是按照市政府的总体部署，完成地铁、公交IC卡"两卡合一"工作，共有130万张盛京通卡、100万张地铁卡投入使用。五是为依托地铁工程、支持沈阳老工业基地"转型"，成立沈阳盾构设备工程公司，拓展盾构机租赁业务，已达成意向性租赁协议4台、购买协议1台。六是按照市政府要求，完成地铁经营公司接管工作。

同时，积极组织市府广场地下商城招商，着手筹备新线换乘站及沿线商业区站点地下空间开发，先期开展淮河街站地下商业开发策划。推进加油加气站规划建设、地铁站点内ATM机招租等项目。

（何　骞）

城管行政执法

【市容环境综合整治】 2013年，沈阳市行政执法局制订下发了《市容环境综合整治三六五工作方案》、《整治露天烧烤和占道经营工作方案》和《迎全运市容环境综合整治10项措施》，对市容执法工作进行全面部署。充分利用指挥调度平台，加强市容执法工作的组织、调度和跟踪推进。组织全系统开展了露天烧烤和占道经营集中整治行动20余次，对全市各主要街路和交通路口、地铁口等重点部位的沿街派发宣传品、兜售物品的问题进行全面排查。对重点交通枢纽地区、金廊沿线和80处重点值守点位进行重点整治，全天候严格管控。对问题进行重点跟踪督办，定期下发市容整治专项检查通报。全年，共清理取缔露天烧烤9800余处，清理违规占道经营12.6万处，暂扣各类经营工具3000余件，采取暂扣、停机、处罚、综合执法等手段，查扣宣传品1.5万份，停机电话号码4502部。

（张　博）

【拆除违章建筑物】 2013年，沈阳市行政执法局以实现全运会涉赛172条重点街路无违建为工作目标，对违章建筑进行全面排查整治。截至12月20日，共拆除违章建筑5883处，计61.70万平方米，为全运会的顺利召开打造了良好的市容环境。

（张　博）

【清理整治违规户外广告牌匾】 2013年，沈阳市行政执法局以市政府名义发布了《沈阳市人民政府关于开展市容环境综合整治的通告》，与市城建部门联合发布了《关于拆除违规户外广告设施的通告》。同时，对全市各类违规户外广告和违规牌匾进行了全面排查，实现了执法拆除与广告牌匾审批、更新改造的有机结合。截至12月底，共拆除违规户外广告467处、4.72万平方米，拆除违规牌匾3911处、6.31万平方米，进一步净化了城市空间，改善了城市环境面貌。

（张　博）

【拆除违规街路设施】 2013年，沈阳市行政执法局紧紧围绕全市172条重点街路，全面排查街路两侧违规设置、长期闲置、破损的各类标志牌、指示牌、宣传栏、电话亭、果皮箱等。全年共计拆除电话亭101个，共处理重点街路各类违规街路设施155处。

（张　博）

【重点区域环境综合整治】 2013年，沈阳市行政执法局制发了《沈阳市2013年硬环境建设工作方案》及任务分解表，确保各项整治工作落实到位。以迎全运会环境整治为契机，围绕硬环境建设工作存在的突出问题，以现场调度会的形式会同各区政府及市直相关单位对重点区域开展不定期检查，通过实行督查督办、登记和销号等措施，全面促进各项环境整治工作的落实。截至12月20日，累计拆除违章建(构)筑物16.8万平方米，拆除有碍观瞻建(构)筑物3413平方米，拆除各类违规户外广告、电子屏2.26万平方米，拆除各类违规或破损牌匾1.17万块，拆除路旗、条幅、布幔26712个，拆除违规标志牌、指示牌、宣传牌3680块，拆除违规占道各类岗亭、商亭600个；取缔沿街摆卖等各类违规占道行为5.06万起，清理取缔各类违规街路市场720次，整治清理乱涂画、乱堆放行为近47万起，整治乱排乱卸、沿途洒落等违法行为2223起，整治建筑施工现场893起；新种、补植树木近64万株，新增、改造绿地155万平方米，摆放装饰花卉337万盆；清洁、粉饰各类街设家具6万余个，新增、更换街设家具434个，粉饰、修补旧建筑物14.89万平方米，清理各类生活垃圾、残土135万吨；新建市政道路12.56万平方米，整修市政道路29.6万平方米，整修桥梁4505平方米，新铺设、维修排水管道1.48万米，改造、提升广告牌756块，建设和改造夜景灯饰亮化2.16万处，施画交通标志、标线、停车位3.72万处。通过拆除、整治、绿化、美化、清理、新建的方式，市容整体环境状况得到有效提升，圆满完成了迎"十二运"环境整治的工作。

（张　博）

【建筑工地市容环境整治】 2013年，沈阳市行政执法局制订下发了《建筑工地市容环境整治工作方案》，对全市974个建筑工地、25个拆除现场市容情况进行了集中检查验收。同时还对建设工地进行了定期巡查，全面掌握工地状况，采取台账销号制，重点整治全市建筑工地(拆除现场)围挡设置、出入口硬覆盖、工地扬尘、侵绿毁绿、进出车辆夹带泥沙等方面存在的市容环境违法违规问题。对省政府下发的《第十二届全运会辽宁省环境空气质量保障方案》中通报的沈阳市8家扬尘污染严重的项目工地逐一进行检查和督办，在20天时间内，彻底解决了8个项目的扬尘污染问题，圆满完成了省政府交办的工作任务。对上级交办、部门转办、媒体关注的30个案件进了督办，有力保障了建设工地市容环境整治成果。全运会期间，共查处建筑工地市容环境案件282件，建设工地市容环境达标率100%。

（张　博）

【机场、车站环境整治】 2013年，沈阳市行政执法局组建了重点交通枢纽地区管理办公室，建立完善了重点交通枢纽地区行政执法巡查模式、台账制度和工作流程，健全和完善了重点交通枢纽地区行政执法和相关部门的协调机制，实行18小时工作制，每周7天无休息日。同时，明确责任区域，明确工作职责，责任到人，每日通报，确保了全市重点交通枢纽地区市容状况达到了"八无"(无占道经营、露天烧烤、沿街乞讨、散发宣传品、违规设置广告牌匾条幅布幔、损坏市政设施、侵占公共绿地、违法私搭乱建)的目标。

(张 博)

【整治乱排乱卸行为】 在整治乱排乱卸垃圾残土方面,沈阳市行政执法局采取加强日常监管和集中整治相结合的方式,走访建筑施工、运输企业、供暖企业,发放提示信函,强化源头治理。组织了8次全系统的集中整治行动,重点查处无证排放、沿途洒落等行为。截至11月25日,全局查处乱排乱卸垃圾残土案件1205件。

(张 博)

【清理救助沿街乞讨人员】 2013年,沈阳市行政执法局通过采取完善联合清理救助工作体制、建立多渠道乞讨救助工作网络、全力打击恶意乞讨行为、建立常态化治理模式等措施,清理救助沿街乞讨人员,截至12月底,专项整治小组共救助遣送沿街乞讨人员52人次,说服劝离476人次,送交公安部门管制1人,在全市主要街路基本消除了沿街乞讨现象。

(张 博)

【市场执法监管】 2013年,沈阳市行政执法局深入推进"三进一访"(项目责任人进工地;法律法规宣传进工地;咨询服务进工地;领导干部回访)及"五个一"(签一份共建协议;送一本执法服务手册;致开发建设单位一封信;发一张工作联系卡;为开发建设单位办一件实事)的执法共建服务工作,发放执法服务手册1400余本,共建协议签署率达到了100%。落实执法巡查制度,实现全覆盖动态监管;强化项目负责人制度,实现全方位监管;坚持台账档案管理制度,实行违法案件销号制监管;执行重点环节检查制度,预防违法行为发生。全年监管工作基本达到"四不漏"(不漏项目、不漏问题、不漏程序、不漏处罚)要求。严格查处未批先建等违法违规行为。全系统共查处案件1235件,立案1201件,结案1171件。

(张 博)

【公用事业执法】 2013年,沈阳市行政执法局加大执法力度,确保各项公共事业执法工作取得实效。在自来水执法方面,以打击窃水和恶意浪费水资源为执法重点,开展了对汽车4S店、洗车场所未使用循环用水设施等情况的检查。在燃气执法方面,主要开展了对燃气企业经营许可证等进行检查。全年查处燃气及自来水案件79件。在房产执法方面,主要开展了对无审批手续进行房屋装饰装修、擅自拆改供暖设施等行为的查处。全年共查处案件77件。为确保城市清洁环境。开展了为期1个月的环保集中整治行动,以"五堆"(沙堆、土堆、灰堆、渣堆、煤堆)为主要整治内容,对容易引起扬尘的点位进行全方位执法检查,对各区域重点街路、全运会场馆周边的"五堆"情况进行督办。全年查处环保案件61件。

(张 博)

【推进数字城管】 2013年,沈阳市行政执法局重新修改出台了《沈阳市数字化城市管理工作考核办法》,进一步完善对各区立案率、案件类别、媒体曝光案件及时发现率、错案扣分等相关考核指标。下发了《监督员轻微案件自行处置机制》,明确轻微案件自行处置的原则、范围、类别、流程和考核办法等工作要求,进一步提高了数字化城管系统的运行效率。对数字化城市管理系统覆盖范围进行了扩展,完成了新增167平方公里的电子地图。同时,还完成新增系统案件现场语音、视频指挥调度功能。跟踪调研和平区监督指挥中心数字化城管疑难案件"代整治"机制。全年共立案49.76万件,结案48.70万件,结案率达到97%。

(张 博)

【开展城市"四化"竞赛】 在组织开展迎接全省城市"四化"竞赛活动中,沈阳市行政执法局围绕"绿、美、净、亮"的标准和工作要求,突出工作亮点,把握工作重点,注重整体推进,各项工作取得实效。在范例奖申报方面,经过多次走访调研,最终确定浑河沿岸景观提升工程为沈阳市范例奖申报项目。在材料报送方面,能够按时报送各相关数据及文字材料,有力的推进了全市"四化"竞赛工作的顺利开展。号召市民参与"四化"竞赛的民意测评活动,安排部署专门人员对民心网的群众评议进行回复,解决群众提出的各类问题。以通报的方式,激励各单位参与测评,全年全市民意测评(有奖问卷调查)共计26.97万件。

(张 博)

公用事业

【燃气供应】 2013年,全市已形成了以沈阳沈西燃气有限公司、沈阳沈南燃气有限公司、沈阳新北燃气有限公司、沈阳燃气有限公司四家燃气企业为核心,以燃气特许经营为基础,国有控股、独立经营、资源共享、统一管理、市场化运作的燃气企业经营新体制。截至年底,沈阳市共有燃气民用户185万户,非民用户3846户,总户数较上年增加9.4万户,增长5.2%。其中,民用户增加9万户,增长5.1%,非民用户增加982户,增长34.3%。全年燃气销售量为5.6亿立方米,同比增加1.5亿立方米,增长36.31%;销售额为18亿元,同比增加3.9亿元,增长为27.5%。人均销量95.6万立方米,同比增加30.3万立方米,增长46%。全市天然气供气管道总长度3961公里,燃气骨干管网421公里。

为大唐国际高压天然气入沈,沈阳燃气集团在沈北地区建设接收门站1座,并进行了康平门站高压天然气接收装置建设。全年燃气危旧管网改造80公里,其中庭院隐患改造项目1480项,功能性随路改造项目12项,调压设备改造、抽水缸改造、阀门改造共计368项。用两个月时间完成法库——康平高压管线建设工程,全长31公里,压力40公斤;沈抚新城抚顺经济开发区燃气管网建设如期实现竣工供气,浑南新城——抚顺沈抚新城长输高压管线在"五一"前实现主干道通气;北部地区高压、次高压管网建设按期在四环道路改造前完工,大浑南管网建设完成160公里,"八横八纵"形成环状管网;配合沈阳市创建清洁能源的环保目标,配合市里煤改气项目,完成17项煤改气工程施工,保证了大企业使用清洁能源改造的顺利更替;首次进行青年大街大规模燃气管网铺设工作,7天时间,铺设预留过街管线16处,为后续金廊地区商业圈、企事业及大客户用气发展奠定了坚实的基础。

(张 帆)

【燃气服务】 2013年,"96177"燃气专线共受理用户来电52.45万件,较上年增加2010件,其中表扬受理量1703件,较上年增长30.4%,受理转办率100%,处结率100%,满意率100%。全年累计开展燃气安全宣传60次，其中机关单位10家，参与人数1.38万人，发放胶管6820米，胶管卡子1万余个，学校27家，覆盖师生约2万人，现场免费发放胶管1万余米，工厂23家，宣传覆盖约2.4万人，现场免费发放胶管近2万米，免费为1.22万户困难家庭整改燃气安全隐患，抽查回访230件。面向市民开设"安全报漏奖"，2013年，全市有136位市民因及时发现燃气泄漏问题获得奖励，最高获得奖励3万元。沈阳燃气持续创新客户服务举措，用户可享受未入住先开栓、免费入户安全检查、免费安装燃气热水器、免费维修燃气使用故障、免费调灶具等服务，为新开栓用户免费进行个性化设计与安装，受到燃气用户的欢迎。

（张　帆）

【为全运会提供能源支持】 2013年8月31日，第十二届全国运动会在沈阳召开，赛会期间奥体中心熊熊燃烧的火炬能源正是由沈阳燃气集团公司供应的清洁、优质天然气。此外，沈阳燃气集团公司还在全运会筹备和召开期间全力以赴地做好气源保障、设施建设、管线配置、安全监管、服务备勤等各项工作，有效地保证了赛事场馆、全运村、各宾馆酒店以及全市日常的安全稳定供气，为"十二运"的成功举办发挥了应用的作用。沈阳燃气集团荣获"第十二届全运会保障特殊贡献奖"及"第十二届全运会安全保卫工作集体一等功"。

（张　帆）

【完成青年大街燃气管网改造】 2013年6月9日，沈阳市青年大街大规模燃气管网改造工程正式启动，沈阳燃气集团组织21支燃气施工队伍、700多名人员，经过7天7夜的努力，共铺设1.4公里高压管线、预留过街管线16处、改造抽水缸等燃气设施42处。既抢工期又保证施工期间不停气，打破沈阳市最大的供气瓶颈，燃气压力提高10倍，消除了金廊沿线的低压区。

（张　帆）

【新建10座天然气加气站】 为配合沈阳市"蓝天工程"，沈阳燃气事业发展以提供节能减排、低碳环保的高质量能源为重点，继2012年完成10座天然气加气站建设后，2013年，沈阳燃气集团又兴建并投入使用LNG加气站5座，CNG加气站4座，母站1座，分布日趋合理，有效缓解全市机动车加气难的社会问题，提供清洁能源，为沈阳大气环境治理做出了贡献。

（张　帆）

【参加全国燃气行业技能竞赛】 2013年9月25日—27日，第二届全国燃气行业职业技能竞赛决赛在北京举办，沈阳燃气集团派出6名员工代表辽宁省参赛，最终获得燃气管道调压工团体银奖、燃气具安装维修工团体铜奖以及赛会优秀组织奖，为辽宁省争得了荣誉。

（张　帆）

【解决居民拖期开栓问题】 为贯彻落实群众路线教育实践活动，沈阳燃气集团积极解决居民拖期开栓问题，对历年遗留的拖期开栓问题进行了梳理，针对造成拖期开栓的主要问题采取不同的方法破解难题，或垫资或出资，积极协调有关部门，对影响开栓的问题进行综合整治，全年共有17个小区、近4万户居民实现开栓。同时，沈阳燃气集团创新服务举措，实现新建小区未入住先通气，从根本上避免新的拖期开栓问题产生。

（张　帆）

【自来水供应】 2013年，沈阳水务集团有限公司完成供水量5.28亿立方米，日均供水量144.6万立方米，同比增长了2.6%。主城区单位耗电量完成0.334千瓦时/立方米，同比降低5.4%。完成售水量3.7亿立方米，同比增长了5.2%。主城区产销差率完成23.54%，同比下降1.93个百分点。完成综合收入10.8亿元，同比增长3.9%。完成泵站抽升量4.77亿立方米。全年完成项目投资10.02亿元。供水管网总长度3564公里，供水面积582平方公里。在装水表233万块，完成水表改造8.6万块。供水人口545万人，用水户232万户。实际运行泵站1651处，泵站运行率达到99.9%，全市基本实现全天24小时供水。拥有排水泵站49处，并承担城区57条主要干道排水和防汛工作。截至年末，创建五星级泵站400处，四星级泵站450处，三星级泵站650处。完成21眼市政水源井更新改造，缓解沈阳市北部地区用水需求。实施住宅小区配套给水工程5项，铺设管网2.3公里。新建管网长度92公里，改造管网131公里。开展春秋两季设备设施检修工作，清扫线路338.8公里，清理树障1142处，更换检修电气设施1430件次，更换绝缘线1950米，检修维护供水设施403台次，设备完好率达到99.98%。加强水源环境管理，更新树种和补植新树近3万株，种植草坪5.35万平方米，栽植花草2.94万株，修剪维护草坪4.5万平方米，修剪树木1.5万棵，清除杂生树木约3万平方米，平整土地约2万平方米，修建通透可视围墙5271延米。推进水质升级改造，完成管网管道冲洗24处，管网清洗50.66公里，水源储水池清洗2600立方米。在全市范围内构建供水水质在线监测系统与应急监测系统，115处泵站实现远传实时在线监控、101处泵站安装远红外线自动报警系统。

（周　雁）

【供水设施技术改造】 2013年，沈阳水务集团各水源技术改造项目共26项，计划资金436万元，完成资金451万元。主要项目有：于洪、丁香水源井自动化系统改造；李官二干线大坝路两侧58号杆－69号杆线路更换绝缘线改造；二水厂调度应急指挥中心升级改造；三水厂全部水源井实现自动化远程控制；五水厂二井群部分导水管路改造；七水厂调度室自动化改造；变电所远传自动化改造；八水厂中控室自控显示系统改造；八水厂取水门台车抓梁改造；翟家水源自动化系统升级改造等，通过改造实施，提高水源自动化水平，对各水源井基本实现实时监测，远程控制，为水源的安全生产提供技术保障。

（周　雁）

【城市防洪排涝】 2013年，沈阳市水务集团开展"排水管渠清扫"作业，完成清扫窨井3425座，清扫雨井1.9万座，清扫小管78公里，清扫大管16公里，翻、维修换井及井盖1200座（个），机泵大、中修88台次，泵站大井清淤4980立方米，至汛期前，全市57条主要街路的清扫工作全面完成，排水管渠完好率达到90%以上。加大排水设施建设改造力度，完成14个街区共47处积水点改造，共改造排水管线1267米，翻建检查井88座，工程造价115万元，解决城市排水防涝，提升城市整体防汛能力。

（周　雁）

【浑南水务建设】 按照市委、市政府全力推进大浑南建设的要求，提高水务基础设施服务水平，沈阳水务集团与浑南新区管委会合资组建了沈阳浑南水务集团有限公司，负责浑南新区的供水、污水处理厂投资建设和运营管理。浑南新区水源规划结合现状用水情况，确定引用水水源为大伙房东、西水厂，引用供水量为34万吨/日；逐步取消使用自备水源井，将自备水源井作为城市供水的应急水源；供水管网结合近期建设道路设置主环网，随着道路建设逐渐增设给水管线，最终形成完善的环状供水管网系统；实现污水处理率达到100%，未处理污水零排放；污水处理达标后，可作为再生水用于工业、绿化等用途。浑南水务集团在浑南新城、浑南老区、新兴产业园、沈抚新城、浑南现代农业示范区五大区域内，进行了第一配水厂、第三配水厂、沈抚配水厂、农业示范区配水厂、桃仙污水处理厂和沈抚污水处理厂6个源头项目工程的建设，配水管网工程的建设，以及两条为源头项目输水的给水管线工程建设。第一配水厂和桃仙污水处理厂已完成全部建设，第三配水厂也达到了送水条件，沈抚配水厂、农业示范区配水厂和沈抚污水处理厂正在建设，给水管网完成约326公里，完成总投资达8.5亿元，切实保障浑南新区社会经济发展以及第十二届全运会的用水需求，保障区域环境质量。

（周 雁）

【居民小区内网改造】 为落实市十五届人大第一次会议上代表所提《关于加快供水管网改造，提高饮用水供给质量，保障城乡百姓喝上干净水、放心水》议案中事项，根据市政府工作部署，居民住宅小区供水管网改造工作由水务集团具体负责组织实施，成立项目领导小组，设立综合管理和工程管理办公室，充分发挥统筹协调作用，保证改造工作顺利实施。工程共分两年两期施工，总计完成261公里供水内网改造，涉及小区252个，计划总投资2.4亿元，受益人口95万人。在时间紧、任务重的情况下，为保证在冬季来临前完成130公里的改造任务，水务集团组织了40余个施工分队，500余人，抢工期，赶任务，投资1.1亿元，完成122个住宅小区、130公里供水内网改造任务，受益人口45万人，居民小区内网改造初见成效。

（周 雁）

【南部污水收集管线工程】 沈阳市南部污水收集管线工程，做为沈阳市政府确定的重点污水处理建设项目，由沈阳水务集团有限公司建设。工程项目总投资1.89亿元。2010年开工建设，2013年10月全线竣工通水。工程起点为浑河北岸凌空雨水泵站西南侧浑河截流暗渠的现状溢流井处，终点为浑河南岸东漠家堡村在建南部污水处理厂进水泵站处。全长7.1公里，分为浑河南岸段、过浑河下返段及浑河北岸段：浑河南岸段为双孔2.7米×2.2米钢筋混凝土暗渠；过浑河下返段为双排直径1.5米钢筋砼管道；浑河北岸段全线钢筋砼顶管施工。南部污水处理厂进水管线的贯通，结束了沈阳市南部污水管网直接排入浑河的历史，成为沈阳市城建史上最大的单项排水工程。

（周 雁）

【长春桥段管线改造工程】 该工程位于抚顺市浑河长春桥东、天湖大桥西，银河湾小区南，浑河北岸。由沈阳水务集团有限公司建设，由沈阳世创自来水工程集团有限公司中标施工。工程项目总投资1201万元，已全面竣工。长春桥段DN2200（钢管）输水管线是沈阳市大伙房输水管线的一部分，近年来，由于河滩长期冲刷，造成输水管线裸露，对大伙房输水管线造成极大隐患。改造工程共包括两部分：对管道裸露悬空严重地段进行管道加固，加固长度300米；对加固管路以东1000米范围内裸露的管路采用生态护坡方式进行加固处理。

（周 雁）

【社会服务】 2013年，沈阳水务集团开展了“百日无投诉”竞赛活动。通过加大资金投入解决难点问题，开展延伸服务工作解决弃管楼无水问题，聘请监督员及时反馈服务信息，实行“管网漏水维修不过夜、服务热点问题处理不过夜”原则，推广好方法，树立先进典型，活动取得很大的成效。与上年比，用户投诉减少335件，投诉率大幅度下降。全年共开展延伸服务633件，投入资金367.6万元。加强对热点、难点问题的监督与考核，共下达督办单24个，督办问题41个；下达服务质量网格化考核通知单18个。全年共协调解决产权问题责任的难点问题92件。“双进双解”取得实效，集团为沈阳市290个重点项目开通绿色通道，保证沈阳市重点项目的用水需求。在开展党的群众路线教育实践活动中，为更加贴近百姓，《沈阳百姓水生活网》于8月28日开通，发布《通知公告》312条，受理《政策咨询》3件，《报修求援》55件，均按时反馈，解决率达98%以上。集团38个窗口部门在“创建人民满意窗口活动”中表现突出，省民心网、市政风行风热线反映问题办复率和解决率实现100%。办理省市人大、政协建议提案共33件，主办18件全部办结，人大建议、政协提案办理工作实现办复率、满意率均达到“100%”。“22702270”服务热线共接听电话18.48万件次，上年减少2.11万件次；受理各类问题2349件，比上年减少1485件。用户投诉率完成0.106%，比上年降低0.076百分点，比计划降低0.064百分点。

（周 雁）

【全运会水务保障】 沈阳水务集团圆满完成了全运会水务保障任务，实现了全运会水务保障和企业经济又好又快大发展的双丰收：浑南水务建设稳步进行，确保全运会的用水需求；进一步推进以“星级泵站”创建为载体的二次加压泵站管理和小区内网改造，为全运会提供优质服务；在全系统开展迎全运百日汇战活动，在全运会前营造和谐稳定的水务大环境；成功应对“8·16”辽宁洪灾造成大伙房源水浊度升高、水质恶化的严峻局面，保证全运会期间沈阳市供水连续稳定，水质优良；集团干部职工放弃休息，24小时对供水二次加压泵站进行严密看守，全运会期间，6000多名职工为反恐安全筑起安保屏障，在反恐、应急抢险、赛事备勤等方面构建了密切配合、无缝衔接、运行顺畅、高效有序的保障工作体系，确保高标准、高质量、高效率完成全运会水务服务保障任务。

（周 雁）

【水务应急安全保障体系建设】 在市委、市政府的大力支持下，沈阳水务集团全力构建城市水务应急系统——购置了亚洲排水量最大的3000立方米/小时移动泵站、国内净水能力最大的5立方米/小时的移动式应急净水车、国内技术领先的下水道疏通车和居民二次加压泵站清洗车、装有全市供水管网实时定位监测系统的应急供水指挥车。水务集团派往芦山为受灾百姓净水的两台移动式应急净水车净水能力可达7立方米/小时，在特殊时期可同时满足8.4万人基本用水需求。同时，集团在全市建立33个应急供水站，每天储备大清宝泉桶装水3万桶，瓶装水10万瓶，7台应急送水车随时处于待命状态；在全市900个社区建立共建组织，在应急状态下，共同负责居民用户服务和生活保障任务。即使遇到突发事件，这套城市水务应急系统能保障全市居民基本生活用水和出行安全不受影响。水务安全体系建设达到国内领先水平。

（周　雁）

【水务应急抢险分队赴四川雅安灾区应急抢险】 2013年4月20日，四川省雅安市芦山县发生7.0级地震。4月21日，受国家住建部委派，沈阳水务集团由22名队员组成的水务应急抢险分队迅速驰援灾区开展水务应急抢险工作。在半个多月的时间里，为灾区百姓净化饮用水1464立方米，巡线26公里，查出漏点38个，建立基本用水供给保障线，为灾后重建工作提供了必要的供水保障。在抢救灾区人民生命、抢修用水设施、开展用水卫生防疫、恢复灾区生产等方面发挥了重要作用，为受灾地区的抗震救灾工作做出突出贡献，受到了芦山县政府和当地百姓的高度赞扬。四川省总工会授予抢险分队"工人先锋号"；沈阳市总工会授予抗震抢险救援分队"五一先锋号"荣誉称号；四川省建设厅授予抢险分队锦旗；同时抢险分队获得2013感动沈阳人物（集体）—最美沈阳人的殊荣。

（周　雁）

【沈阳供电概况】 国网辽宁省电力有限公司沈阳供电公司承担着沈阳地区9区1市3县和2个国家级开发区1.3万平方公里范围内的供电任务。共有营业户数423万户，历史最大日供电量为9226万千瓦时，最大小时电力454万千瓦。全年实现售电量完成253.27亿千瓦时，同比增长6.56%；售电平均单价691.65元/千千瓦时，同比提高3.23元/千千瓦时；上缴电费完成率100%。综合线损率8.20%，同比升高0.62个百分点；城网供电可靠率99.9750%，同比提高0.0235个百分点；综合供电电压合格率99.9629%，同比提高0.0679个百分点。农网供电可靠率99.9680%，同比提高0.0199个百分点；农网综合供电电压合格率99.63%，同比提高1.12个百分点。

沈阳地区现有500千伏变电站4座，变压器容量8262兆伏安；500千伏线路22条、1049.75公里。拥有220千伏变电站23座，变压器容量8040兆伏安；220千伏线路102条，架空线路1820.96公里，电缆线路44.48公里。拥有66千伏公用变电站183座，变压器容量1.03万兆伏安；66千伏公用线路229条，架空线路2301.25公里，电缆线路281.24公里。

（刘　静）

【电网建设】 2013年，沈阳供电公司以解决"两头薄弱"问题为重点，深化电网诊断分析，完成电网规划滚动调整，首次系统划分配电网供电区域。完善可研工作流程，拓展可研设计深度，北塔输变电工程开创了核心城区变电站建设新模式。开展用电负荷调查，合理调整新建住宅供电工程配置系数。加强与政府联动，协调开展电网项目立项和区域电力专项规划，提升了电网与经济发展的契合度。深化基建标准化管理，强化工程安全质量管控，工程创优率实现100%，220千伏爱国变电站工程荣获国网东北区域基建质量管理流动红旗。圆满完成2012年农网改造升级工程，136条农网10千伏线路实现"手拉手"供电。沈北智能电网建设工程被命名为国网"百佳农网优质工程"。全面完成农网通讯改造工程，新增光缆997公里，郊县地区光纤覆盖率大幅提升。

（刘　静）

【电网安全生产】 2013年，沈阳供电公司以"安全管理提升年"活动为契机，统一农、供安全管理标准，在东北区域率先通过"国家级安全生产标准化一级单位"达标。扎实开展"安全大检查"和隐患大排查活动，现场监察覆盖率提高32.6%。建立"五维巡视网络"，输电线路故障跳闸次数同比减少40%，因大型机械设备碰线跳闸首次为零。实施城乡带电作业统一管理，开展带电作业563次，增供电量347.6万千瓦时，配电带电作业中心被授予全国服务业"五星级现场"。完成地区集控系统升级与整合，提升了调度监控能力。建立省、市、县、班组四级协调联动机制，首创无脚本桌面实战演练模式，协调处置突发事件67件次，圆满完成132次229天重要保电任务，公司连续九年实现"安全年"目标。

加强稳定风险防控，强化信访责任落实和调查处置，建立员工思想动态分析常态机制，及时有效化解矛盾问题。完善舆情预测、预警、预控及总结评估机制，大力开展"媒体走进国家电网"活动，成功发布公司首份社会责任实践报告，营造了内外部和谐稳定的良好局面。

（刘　静）

【电力营销】 2013年，沈阳供电公司强化业扩报装管理，清理规范业扩领域收费项目，完善"一口对外"工作机制，高压客户业扩完成时间平均缩短55个工作日。推进营销精益化管理，建立"异常台区线损分析、计量改造、采集调试、自动化抄表以及线损实时分析"循环管理模式。深化用电信息采集系统应用，推行"双无"模式，地区423万客户无人工催费率达89%，自动化抄表覆盖率45%。完善电费回收风险预控措施。

（刘　静）

【电网优质服务】 2013年，沈阳供电公司深化"感动式"服务品牌，全市1253个社区实现电力服务全覆盖。加快新型供电服务（抢修）体系建设，顺利完成"95598"全业务集中上划，成功组建"95598"远程工作站和配网抢修指挥中心，创新实施网格化巡视抢修模式，故障抢修效率不断提升。强化窗口服务规范化管理，大力开展窗口服务百分竞赛，编制《供电营业厅服务手册》及《营销服务风险预控管理手册》，有效防控服务风险82项，全年投诉总量持续降低。积极开展新型用电负荷接入工作，形成了分布式电源项目并网服务工作办理流程，批复光伏接入系统方案22件。更换CDM配电变压器589台，新建充电桩100个，公司连续三年被评为沈阳市节能减排先进单位。加快路灯智能控制系统建设与应用，沈阳路灯管护能力跻身全国先进行列。

（刘　静）

【电力科技进步】 2013年，沈阳供电公司强化项目过程管控，拓展创新领域及参与范围，形成"三上三出一创"成果69项，公司连续四年成为沈阳市管理创新优秀企业。组建10个专业创新工作组。公司全年申请专利95项，授权专利42项，其中，授权发明专利8项。公司自主研发的间隙型软铝导线获省政府科技进步三等奖，碳纤维复合芯架空导线深入应用与研究代表国网公司申报国家科技进步奖。两项成果在全省首次被列入国网公司2013年科技成果推广目录。

强化同业对标管理，制定同业对标实施细则，完善落后指标提升措施，安全、检修、营销管理荣获省公司标杆，公司在国网系统同业对标排名前移五位。

（刘 静）

【路灯建设】 2013年，沈阳供电公司实现连续安全生产2997天，实现了安全年。平均亮灯率98.73%，同比提升0.73%。路灯设备完好率95.51%，同比提升0.51%。实施全运会主功能区浑南新城及全市道路等路灯新建、改造工程269项，全市路灯设备总量增幅逾8%。圆满完成了“十二运”工作，确保了沈城路灯稳定运行和全市景观亮化可靠供电，保障万无一失。协助交通部门完成一、二、三及四环路路灯建设任务，配合市城建及各区做好亮化电源工作，规范接入路灯网架的公交车廊、交通信号等政府公益用电项目。完成了大东望花和铁西滑翔新基地的建设，形成了沈阳城区东、西、南、北合理的生产基地新格局。向省、市申报的《沈阳路灯的数字化管控》成果获得沈阳市现代企业管理成果一等奖。向全市542个社区开展了发送《致沈城市民一封公开信》及便民服务卡，进一步畅通报修信息渠道，建立了长效沟通机制。

主要工程完成情况：完成了浑南新城路灯新建工程62项；完成了柏叶基地连接线、柏叶基地内路灯新建工程4项；完成了沈抚新城路灯新建工程7项（路灯电源未施工）；完成了北站广场路灯改造工程1项；完成了绿地国宾府路灯新建工程1项；完成了长白地区路灯新建工程9项；完成了老旧小区路灯新建工程19项；完成了南七路等路灯工程203项。

（刘 静）

环境保护

【概况】 2013年，沈阳市环保系统认真贯彻落实党中央、国务院关于环境保护决策部署和全国环境保护工作会议精神，坚持深化改革，突出工作重点，加快管理转型，以推进生态文明、建设美丽沈阳为指向，全面推进生态保护、污染减排、大气污染防治、水环境治理等重点任务，着力解决危害人民群众健康和影响可持续发展的突出环境问题，为进一步改善城乡环境质量，促进区域经济社会和谐快速发展提供有力保障。全年环境空气质量优、良天数达到215天；辽河沈阳段干流水质符合地表水Ⅳ类水质标准；浑河沈阳段干流水质符合地表水Ⅳ类水质标准；城市集中式饮用水源地水质达标率100%；城市区域环境噪声、道路交通噪声稳定达标。

（刘 冰）

【生态市建设】 2013年，沈阳市继续深入开展生态市创建工作，全市9个区、县（市）全部完成国家生态区县创建工作任务，列入生态文明建设试点。经济技术开发区国家生态工业示范园区通过了环保部验收，成为东北首个国家生态工业示范园区。高新技术开发区国家生态工业示范园区、棋盘山泗水科技城省级生态工业示范园区已经立项。落实卧龙湖国家湖泊生态环境保护试点工作。完成2012年度中央资金支持的8个工程项目建设，2013年度中央资金支持的4个工程项目全部开工。

（刘 冰）

【污染减排】 2013年，沈阳市污染减排紧紧围绕改善环境质量这一核心，全面贯彻国家、省关于污染减排和环境监管的工作要求，将污染减排与“辽河、浑太、蒲河三大流域污染治理”、“蓝天工程”、“大气污染防治计划”等一系列环境治理统筹实施，加强污染治理设施稳定运行考核工作，全面实现环境质量改善和污染减排的“双赢”，圆满完成年度减排任务目标。

（刘 冰）

【实施蓝天工程】 2013年，沈阳市实施蓝天工程项目442项，完成422项。启动8家电厂共28台锅炉脱硝改造；完成煤改气锅炉52台，除尘器改造33台；共拆除锅炉房25座、锅炉48台；完成170座加油站、2座油库、54辆油罐车的改造以及上海通用（沈阳）北盛汽车有限公司治理改造项目；关停3家水泥企业。

（刘 冰）

【实施碧水工程】 2013年，沈阳市全面实施碧水工程，成效较显著。沈阳市辽河、浑太流域55项重点治污工程全部通水运行。建成运行日处理能力60万吨的南部污水处理厂，全市城区全部污水得到收集处理。完成《辽河流域水污染防治规划》项目79项，项目完成率达到86.81%，超额完成国家提出的70%的阶段性目标。

（刘 冰）

【环境污染防治与管理】 2013年，沈阳市建立完善环境保护责任体系，推动环境管理向责任管理转型。建立了污染减排责任分解和考核体系，把区县政府和重点企业作为责任主体进行监督考核，与发改、经信、房产、统计等部门建立减排信息互通机制；建立了水断面考核制度，落实市、县（区）主要行政领导对本区域水环境质量负责，全市考核断面总数达到了31个；建立了环境空气质量考核制度，对各区县政府改善大气环境质量情况进行考核。完成污水处理厂污泥处理工程，初步实现了污水厂污泥日产日清；完成3万吨积存含铬雨水最终处理，彻底消除了铬渣隐患；开展祝家污泥除臭工程，治理污泥100万立方米，恶臭强度由原来的5级降为3级；完成浙江省300吨PCBs废物的接收和集中处置工作；完成等离子中试装置尾气燃烬室外部分及电气电控系统的安装；完成基地焚烧设施的全面维修和升级改建；完成三洋重工原污染场地污染评估和治理方案设计；完成《棋盘山国际旅游开发区环境保护与生态修复规划》的编制工作。推进农村环境基础设施运行管理，完成农村环境连片整治示范项目建设工作，共整治行政村357个。开展了全市200家市民反映强烈的固定噪声源和10个封闭小区商业网点噪声源的综合整治工作。全年累计调处群众环境投诉案件3046件，结案息访率达到97.5%，“12345”市民诉求专线案件到期办结率连续29个月全市排名第一（并列）。

（刘 冰）

【环境执法】 2013年，沈阳市环保局实施环境执法网格化管理，责任到人。开展横向联合执法和跨区域联合执法，制定并完善行政处罚自由裁量权制度，有效利用法律手段强化环境监管。开展了以保障“十二运”、保障群众健康等9大环境专项执法行动，检查企业2.12万家，出动执法人员5.09万人/次，共对125家企业实施了立案处罚。开展雾霾专项执法，对全市18家重点企业实施了驻厂员制度，对20家无脱硫设施的企业实施了立案处罚，工业、供暖企业得到有效监管。开展对沈阳市重点重金属减排项目推进，共完成落后产能淘汰项目9个、污染源综合治理项目3个、技术示范项目1个；会同市经信委开展了全市电镀企业专项调查，并启动了辽中电镀产业园前期规划工作。进一步依法强制推行辐射安全许可证制度,开展许可证现场审核,做到了100%现场审核,100%现场复核,实现放射性同位素与射线装置辐射工作单位100%持证合法运营。开展环境信用等级评价,对456家企业环境信用状况进行了评定,并分批在媒体上公开,采用绿色信贷等多种经济、政策手段对违法企业实施惩戒监管。

(刘 冰)

【环境科研】 2013年,沈阳市环保局申报国家、辽宁省、沈阳市科研课题40项,获准立项课题20项,验收项目7项,鉴定项目5项,成果水平均为国内领先水平;获沈阳市科技进步二等奖2项、三等奖2项;完成了《沈阳市保障十二运大气功能区达标对策研究》、《沈阳市浑南新城构建环境友好型社会研究》等5项科研课题的研究工作。

(刘 冰)

【环境监测与监控】 2013年,沈阳市环保局完成全市环境空气质量、地表水、饮用水源、噪声等环境质量监测工作;完成23个支流河出区断面、5个蒲河生态廊道断面辽河流域污染治理预警监测,生活饮用水水质评估;组织东陵区、沈北新区、法库县开展农田土壤环境质量监测;开展了秀湖码头、北陵公园、市府广场和东北大学等10个点位的负氧离子监测;开展了全运会场馆周边地表水系13个断面的加密预警监测和饮用水源水质加密监测;完成十二届全运会沈阳赛区全运村、场馆、指定酒店等90套房间114个点位582个样品室的室内空气质量监测以及室内空气质量治理跟踪监测及评估工作。从2013年1月1日起,通过市环保局官方网站、媒体向公众实时发布PM10、PM2.5、SO2、NO2、CO、O3六项污染物的浓度及AQI指数等监测信息,同时开展污染物浓度预报。开展卧龙湖生态安全调查,完成卧龙湖周边67个行政村屯25类1200多份调查表的填报工作,同时完成了90多个监测点位、20余项水质及生物指标的卧龙湖水质监测工作,为卧龙湖生态保护与建设提供原始数据支持。全市污染源自动监控设备已经达到383套,工业企业排放的COD、氨氮以及烟尘、二氧化硫、氮氧化物60%以上得到监控。

(刘 冰)

【环境国际合作】 2013年,沈阳市环保局积极协调组织荷兰EIJKELKAMP公司、日本川崎市上下水道局、日本丰田通商公司、日本SSK协力事业协同组合代表团、日本近畿经济产业局等外事来访团组的合作交流。参与了美国独立日庆典招待会、中法"明日之城·未来市场"交流活动、日本国驻沈阳总领事馆招待会等国际交流活动;成功承办了"沈阳·奥地利日暨农业水利、环境保护、可再生能源合作研讨会";同时又积极促成沈阳环境科学研究院、沈阳市环境保护工程设计院与日本株式会社藤田就污染土壤治理修复和固体废物资源化技术合作达成协议。在严格遵守外事纪律的前提下,积极与国外友人建立友好联系,争取更多的国际交流资源,以便及时了解国际环保事业发展动态,创造更广泛的深入交流机会。

(刘 冰)

【环境宣传教育】 2013年,沈阳市环保局以全力营造环境宣传教育氛围,扩大公众参与机制,以青少年绿色成长计划、环保公益项目等活动为基础,丰富环境宣传教育内涵。同时,继续加强舆论引导、成果宣传、舆情研判及官方微博、市长信箱等工作,充分利用新闻媒体等舆论宣传渠道,广泛宣传环境建设工作成果,着力提升公众对环境保护的知晓度、参与度和满意度,通过创新宣传形式和工作机制,动员全社会力量参与环境保护。"六·五"环境日期间,联合市教育局、团市委联合启动沈阳市绿色成长计划之"百千万"青少年绿色行动活动;开展了"绿色出行日"活动,并确定每月22日为沈阳市绿色出行日;充分利用新闻通气会实现与媒体有效沟通,发布信息达200多条;参与了新浪微博客,其中共有粉丝3.2万余人,新增粉丝5000余人,直接发布各类信息五百余条;在沈阳日报正式推出"环保专刊"栏目和"环保360"等环境宣传教育专题栏目;为期两年"送三精蓝瓶回家"公益项目活动如期结束,并获环保部宣教中心表彰;"酷中国—低碳小管家"活动顺利实施,并配合辽宁省环保厅落实环保部"酷中国"现场巡展活动,共有25所学校的近千名学生参与。

(刘 冰)

商　　务

国内贸易

·综　述·

【服务业经济运行】 2013年,沈阳市服务业较好地把握宏观调控的方向,支撑服务业增长的各项重要基础指标走势继续向好,使服务业经济运行处于合理增长区间。全市服务业增加值完成3113.8亿元,同比增长7.6%。在全省14个城市中,总量排名第二位,增速排名第十二位;社会消费品零售总额完成3186.1亿元,同比增长13.7%。在全国15个副省级城市中,总量排名第七位,增速排名第五位。在全省14个城市中,总量排名第一位,增速排名第七位。

1.服务业规模不断扩大,内部结构更趋优化。全市服务业增加值实现3113.8亿元,首次突破3000亿大关,规模不断扩大,服务业对经济的拉动作用日益增强,服务能力进一步释放。总量规模上,全年四个季度分别完成增加值739.4亿元、793.6亿元、752亿元和828.2亿元,分别占GDP的46.7%、43.5%、43.7%和43.5%,各季度增量较为稳定。增长幅度上,前三个季度增速均为7%,第四季度在传统消费旺季的拉动下略有提升,增长7.6%。投资方向上,生产性服务业成为吸金高地,其中:科学研究技术服务和地质勘查业增长77.7%,信息传输、计算机服务和软件业增长17.9%。基础建设领域投资也在提高,其中:水利、环境和公共设施管理业增长59.9%,文化、体育娱乐业增长19.3%,教育业增长15%。

2.全市地方税收和引资均超过五成以上。全市服务业完成税收收入(地方级)448.9亿元,占全市税收(地方级)的67%;实际利用外商直接投资31.9亿美元,占全市利用外资的54.9%;实际到位内资1318.7亿元,占全市到位内资的75.3%;完成固定资产投资4099.8亿元,占全市固定资产投资额的64.2%。

3.消费市场正在形成新的增长点。沈阳市社会消费品零售总额构成呈现出四个"快于"特点,即:乡村消费快于城镇消费、商品消费增长快于餐饮消费、网络消费增长快于实体店消费、非耐用消费品消费快于耐用消费品消费,表明沈阳市已经进入了从生产性消费向服务性消费转变的过程当中,新的消费热点正在逐步形成。

4.限额以上企业继续保持较强的拉动作用。全市限额以上企业累计实现零售额1841.7亿元,占全市总量的57.8%,同比增长15.7%,高出全市平均水平2个百分点。其中:私营企业实现零售额626.3亿元,有限责任公司实现零售额586.9亿元,股份有限公司实现零售额166.7亿元,国有企业实现零售额130.6亿元。

5.通讯器材、金银珠宝、新型电子产品类继续拉动全市消费升级。25大类商品中有10类商品零售额增速高于全市16.8%的平均水平,其中:通讯器材类商品保持了50.1%的高增长势头;金银珠宝类商品因黄金价格波动形成33.3%的强势增长;家用电器和音响器材类、电子出版物及音像制品类商品零售额分别增长25.2%和23.7%,成为消费主阵地。

6.从消费模式看,传统业态优化升级进程加快。面对电商网购对实体经济的冲击,以传统百货店、专业市场为主的零售业实体店积极加快转型升级,中兴、商业城等零售商加快结构调整步伐,积极推行实体店与电子商务并进发展的新型经营模式。同时,浑南电子商务产业园、电子商务公共平台、"五爱购"、"网上三好"、"优鞋库"等专业市场电子商务建设进一步推进,商贸流通业实现"全渠道"经营模式升级。

(刘　扬)

【与商务部签订《肉类蔬菜流通追溯体系建设合作协议》】 为解决肉类蔬菜流通来源追溯难、去向查证难等问题,提高肉类蔬菜流通的组织化、信息化水平,增强质量安全保障能力,按照商务部《关于2013年肉类蔬菜流通追溯体系建设工作有关问题的通知》要求,市服务业委先后草拟和准备了申报方案、技术方案、实施方案、资金管理办法等8个方面的相关材料,报请省、市领导和商务部,并积极与商务部沟通,力争沈阳市列入全国第四批肉类蔬菜流通追溯体系建设试点城市。2013年11月26日,在山东青岛召开的"全国肉菜流通追溯体系建设现场会"上,祁鸣副市长代表沈阳市政府与商务部签订了《肉类蔬菜流通追溯体系建设合作协议》。

(林跃年)

【全国商务领域诚信建设试点】 2013年,市服务业委以加强企业信用信息征集,建立健全相关制度为基础;以维护好市场经济秩序,营造良好发展环境为重点;以加大商务诚信宣传,营造诚信兴商浓厚氛围为突破口;以开展"万家企业诚信联盟"建设活动,强化企业诚信意识为手段;以加快信用服务业发展,不断扩大服务范围为抓手,扎实推进了商务诚信建设工作。为营造良好的商务诚信氛围,根据《商务部等17个部门关于开展2013年"诚信兴商宣传月"活动的通知》要求,围绕"诚信经营、品牌建设、质量管理、服务品质、企业诚信、社会责任"等主要内容,组织开展了以"凝聚诚信力量、实现中国梦想"为主题的的宣传教育活动,通过在全市范围内广泛发动诚信兴商宣传活动,大力宣传党中央、国务院关于社会信用体系建设的方针政策、市场监管和规范市场经济秩序的法律法规等内容,及时查处失信案件,进一步增强经营者诚信意识,在广大商家和消费者中形成了讲诚信、重诚信、守诚信的良好氛围,取得了良好的效果。2013年,沈阳市有40家企业被商务部推荐为

"商务诚信建设试点工作先进单位"。

（林跃年）

【服务业集聚区】 2013年，全市32个服务业集聚区有21个集聚区营业收入超过50亿元，较上年增加7个。重点服务业集聚区营业收入增长20%以上。太原街营业收入突破800亿元，金融商贸区、大中街营业收入超500亿元，和平金融街近500亿元。全市集聚区全年完成主营业务收入4972.14亿元，同比增长13.3%；上缴税金325.86亿元，同比增长15.1%；吸纳就业人数98.7万人，同比增长7%；固定资产投资2142.4亿元，同比增长17.5%。全市在服务业集聚区建设十二五规划基础上，进行中期调整规划，重点补充完善了旗帜型集聚区、县城中心商贸集聚区规划内容，推动形成"旗帜型集聚区（金廊）—城市中心商务区（CBD）—城区集聚区—县域集聚区—县城中心商贸集聚区"的服务业集聚区规划建设布局。北站金融商贸集聚区等5个集聚区已具备CBD雏形。通过抓项目建设、抓发展规划、抓"七个一工程"，一些规模大、业态先进、规划完善、公共平台建立、管理机构健全的服务业集聚区成为全市发展服务业的优质载体，并已成为投资热点。大力引进了城市综合体、发展了总部楼宇经济，加快实现业态创新；并重点发展电子商务、物流、金融、信息软件等行业，加快提质升级。通过服务业集聚区公共服务平台信息化改造和提升，发展电子商务和物流配送等新业态，建设新型专业市场集聚区。新兴业态服务业集聚区占全部集聚区的50%，实现了在业态上，与电子商务、物流、会展等新兴业态融合；在载体上，以中心城区集聚区、县域特色集聚区为支撑，与发展"夜经济"载体建设结合；在产业布局上，坚持生产性服务业与生活性服务业并举，传统服务业与现代服务业并举，完善形成了全市服务业集聚区的空间布局、产业布局、地区布局、业态布局，助推了全市服务业大发展。

（胡雪娇）

【启动单用途商业预付卡备案工作】 为积极应对商业预付卡市场各类风险，做好沈阳市单用途商业预付卡相关管理工作，2013年1月，市服务业委组织召开了全市单用途商业预付卡管理工作会议，14个区、县（市、开发区）服务业主管部门领导和资金存管银行业务负责人、发卡企业业务代表，共130余人参加了会议。会议组织学习了商务部《单用途商业预付卡管理办法（试行）》，介绍了单用途预付卡资金存管业务方案，要求各地区服务业主管部门及发卡企业要充分认识单用途商业预付卡备案管理工作的重要意义，认真履行工作职责，准确把握《管理办法》的基本内容，把落实"三项制度"和预收资金管理作为工作的主要内容，把备案和业务报告作为工作的重要手段，把日常监管和执法检查作为重要保障，坚持属地管理的工作原则，全面推进备案管理工作。

（林跃年）

【服务业重点项目固定资产投资】 2013年，全市投资3000万元以上重点项目中，服务业重点项目1246个，占全市投资3000万元以上项目总数的52.2%，总投资12285.7亿元，占全市投资3000万元以上项目总投资额的71.5%；计划完成固定资产投资3382.6亿元，已完成固定资产投资3409.0亿元。

（张 展）

【沈阳市商务综合行政执法支队成立】 2013年6月，市服务业委组建沈阳市商务综合行政执法支队，内设综合法制处和五个稽查大队。主要职责是：受市服务业委委托，负责现行法律、法规、部门规章和地方性法规、地方政府规章等赋予商务行政主管部门的执法职能，集中行使商贸流通服务业相关法律、法规和规章规定的行政处罚权；负责相关部门移送及上级主管部门交办案件查处工作；负责检查指导各区、县（市）商贸流通服务业相关综合行政执法工作；负责酒类流通行业管理工作。

（林跃年）

【培育商业服务品牌】 市服务业委以"迎全运，促创城"为载体，倡导行业员工争先创优，涌现出以中兴红——礼仪服务队、周喜玲等先进集体和先进个人为代表的共计127个"辽宁商业服务品牌"，较好展示了沈阳市商贸流通行业精神文明建设风貌。

（袁江婷）

【电子商务】 沈阳浑南国家电子商务示范基地公共基础设施及服务平台初具规模，2013年获得中央财政拨付电子商务专项资金1000万元。此外，沈阳市建立了市区两级推进国家电子商务示范基地联席会议制度。

（袁海洋）

【会展业发展】 2013年，沈阳市会展工作围绕建设国家中心城市，积极推进全市会展业向市场化、专业化、国际化方向发展，追求会展创新和品质提升，加快转变管理模式和办展协调机制，会展经济呈现出成熟、健康、稳步发展的态势，全市共举办各类会展活动266项，实现展览面积253万平方米，会展经济交易额2000亿元。各类新闻媒体对沈阳市会展活动进行跟踪报道达530次。沈阳市先后荣获"2013年度中国十佳品牌会展城市"、"2013年度中国会展经济产业贡献奖"、"2013年度中国十大影响力会展城市"等殊荣。全市会展业发展呈现以下特点：一是会展活动主题多样、业态丰富。全年会展活动主题涵盖汽车工业、畜牧业、林业等行业业态。汽博会、陶博会、制博会等展会展览面积均在10万平方米以上。二是积极申办和引进国内各行业大型展会。加大申办引进国际性、国家级专业展会工作力度，包括支持展馆申办2014年秋季第89届全国劳保展、2014中国药店博览会和中国家庭医疗用品展览会、2014春季全国汽配展等专业展会。支持展览业协会承办2014全国会展城市联盟大会。三是积极组织外展，有效推动城市间经贸合作与交流。2013年，共组织了12项外埠展洽活动，代表性的外展活动有：第十七届中国东西部合作与投资贸易洽谈会、第三届中国（贵州）国际酒类博览会等。四是完善会展业政策规章体系，积极推动《沈阳市展览会管理办法》的出台。《沈阳市展览会管理办法》将从法律层面填补沈阳市展览会活动依法监管的空白，将从展览会场馆基础设施建设、提高展览会专业人员素质、培育和规范展览会市场秩序、打造知名品牌展览会、推动现代服务业发展等方面发挥积极的推动作用。

（吕晓波）

·商品市场·

【"诚信兴商宣传月"活动】 按照商务部等17个部门联合下发的《关于开展2013年"诚信兴商宣传月"活动的通知》要求，市服务业委会同市委宣传部、市外经局、经信委、卫生局、国税局、地税局、工商局、质监局、出入境检验检疫局、文广局、旅游局、食药监局、物价局、消协14个部门，于2013年9月1日至9月30日，在全市范围内开展了以“凝聚诚信力量，实现中国梦想”为主题的“诚信兴商宣传月”活动。在宣传活动期间，在大型商贸流通企业和人流量较大的公共场所悬挂宣传标语，充分利用LED显示屏滚动宣传诚信标语，制作、张贴诚信宣传画册3000张、展板753个，街头宣传活动群众参与3.54万人次，发布专题新闻、信息7条，在报纸、杂志发表专题文章和新闻报道8篇，播放广播、电视专题节目11次，举办专题讨论会21次，有效地营造了诚信兴商的良好氛围。

（林跃年）

【农超对接】 按照国家商务部从产地集配中心、生鲜配送中心和改造扩大鲜活农产品经营区等三方面进行政策资金扶持的要求，沈阳市积极开展“农超对接”。大东副食、家乐福、沃尔玛、乐购、兴隆大家庭、永辉、大润发、华润万家、北京联华、中兴等12家大型超市，涵盖46家门店，90%以上开展了“农超对接”。全市大型超市新建改造生鲜配送中心3个，新建改造产地集配中心2个。

（田甲男）

【培育“夜经济”】 2013年，沈阳市“夜经济”实现又好又快发展。一是集合资源抓“夜经济”。铁西区把辖区内的夜市都集中到兴顺街，统一资源，规范管理，创立了“夜经济”一条街。二是抢抓夏季的黄金商机，纷纷举办消夏啤酒节、啤酒广场、美食节等活动。三是浑南新区打造的24小时不间断运行的亿丰不夜城，为发展“夜经济”提供了一个新思路。市内五区大型商业网点、大型综合超市和大型餐馆的延时营业率达到了100%，餐饮企业由高档转向大众化，夜间的营业额占全天的60%以上。

（田甲男）

【便民菜市场三年建设改造完成】 2013年，是连续三年菜市场建设改造工作的收官之年。全年共建设改造76个便民菜市场，其中：新建项目51个，改造项目25个。三年来，全市共新建和改造222个便民菜市场，其中：新建便民菜市场118个，改造存量市场104个。新增农贸面积23.8万平方米，新增经营摊位1.6万个，拓展覆盖消费人口155万人，解决3.5万人就业。到2013年末，全市共有封闭厅式便民菜市场233个，数量比2010年翻了一番，面积由原来的30.5万平方米增加到54.3万平方米，达到每万人拥有1000平方米菜市场的目标。同时，具有一定规模、功能较完善的社区蔬菜便利店由60家发展到180家。沈阳市各类便民购菜场所达到400家以上。

（王清林 吕大伟）

【提升百货店经营水平】 2013年，国家商务部启动了第三批零售企业分等定级工作，按照《百货店等级划分及评定》国家标准，对零售企业开展分等定级工作。沈阳市中兴大厦、商业城通过了金鼎店复审，兴隆大家庭中街店通过了达标店复审。新申报参加第三批零售企业分等定级达标店的新玛特购物休闲广场、大东兴隆百货、铁西百货大楼、兴隆大天地、铁西新玛特、新世界百货中华路店、辽宁卓展、沈阳积家百货，以及申报金鼎店的兴隆大家庭中街店，全部通过了省级评审。

（田甲男）

·市场流通·

【煤炭市场】 2013年，煤炭市场供应充足，消费增速回落。全市全年实现煤炭交易量2750万吨，同比增长4.2%。6月29日，第十二届全国人大第三次常务委员会议对《中华人民共和国煤炭法》作出修订，同日公布实施，修订后的《煤炭法》取消了煤炭经营许可证制度。

（赵燕南）

【成品油市场】 2013年，全市成品油市场继续呈现油品资源充足、销量平稳增长的态势，满足了沈阳市经济发展、基础建设的需求。全市共有加油站531家，2013年实现成品油销售256万吨，同比增涨8.9%，其中：汽油115.7万吨，同比增长9.4%；柴油140.3万吨，同比增长8.5%。

（周 硕）

【报废车市场】 2013年，全市共报废回收车辆9919辆，同比增长38%；办理老旧汽车报废更新补贴车辆211辆，其中：重型载货车168辆，半挂牵引车43辆；发放补贴金额379.8万元。沈阳市惟一的报废车回收拆解企业，沈阳秋实报废汽车回收有限公司现代化拆解水平及资源利用率进一步加强，并通过了商务部报废汽车回收体系建设示范项目验收。

（郭晓卓）

【二手车市场】 2013年，沈阳市二手车交易量14.5万辆，交易额65.2亿元，同比分别增长10.3%、5.8%。沈阳二手车交易市场（金宝台）通过搭建“沈阳二手车交易市场商贸公共服务平台”，建立网上“好车商城”，将电子商务与实体市场相结合，实现了展示、销售、置换、拍卖、信息发布和交易集散的配套服务，推动了业态提升及行业发展。

（郭晓卓）

【新车流通市场】 2013年，全市流通领域实现新车销售33.0万辆，销售额470.4亿元，同比分别增长0.6%和5.0%，年内新增汽车上牌量19.7万辆，新增雪铁龙DS、进口大众等4S店20家。全年举办了国家级汽车展会三届，展会的规模和档次得到提高，辐射力及影响力逐步增强，其中，“2013第十二届中国沈阳国际汽车工业博览会”，已成为东北地区展出规模最大、参展品牌最多的汽车展会。

（郭晓卓）

·粮食市场·

【概况】 2013年，全市粮食总产量410万吨，其中：水稻103万吨，玉米291万吨；粮食购进总量573万吨，其中：水稻108万吨，玉米330万吨；粮食销售总量307万吨，其中：水稻95万吨，玉米147万吨。

市粮食局按时完成社会粮食和食用植物油脂供需平衡调查，全面完成沈阳市粮食产销和成本利润调研，做好秋粮收购统计、余粮调研工作，保质保量填报常规统计报表，全面、准确掌握全市粮油购、销、存情况，认真做好全市粮油市场原粮、成品粮油库存和价格监测工作。

按照《沈阳市市级储备粮管理及考核办法》要求，认真履行市级储备粮管理职能，根据市场粮价走势，按计划、分阶段完成市储粮轮换任务。

（胡晓东）

【粮油工业】 2013年，全市在统粮油加工企业266家，比上年增加3家。其中：大米加工企业169家，比上年增加40

家;小麦粉加工企业1家;食用植物油加工企业3家,比上年增加1家;玉米加工企业5家,比上年增加1家;粮食食品加工企业7家,比上年增加1家;杂粮及薯类加工企业2家,比上年增加1家;饲料生产企业81家,比上年增加3家。全市共有粮油产业化龙头企业41家,其中:国家级9家,省级9家,市级23家。粮油名牌产品10个,其中:国家级4个,省级6个。驰(著)名商标18个,其中:国家级6个,省市级12个。

2013年,全市大米加工业年生产能力为527.0万吨,比上年增加166.2万吨;小麦粉加工业年生产能力为33.75万吨;食用植物油加工业年油料处理能力为107.5万吨,比上年增加25万吨;精炼能力17万吨;玉米加工业年生产能力为67.8万吨,比上年增加12万吨;粮食食品加工企业年生产能力为25.1万吨,比上年增加4.5万吨;杂粮及薯类加工企业年生产能力为4000吨,比上年增加3000吨;饲料生产企业年生产能力509.55万吨,比上年减少110.33万吨。

2013年,全市大米产量72.11万吨,比上年增加2.44万吨,增幅3.5%;小麦粉产量23.81万吨,比上年增加3.44万吨,增幅16.9%;食用植物油产量7.23万吨,比上年减少1.48万吨,减幅17%;玉米加工制品总量22.1万吨,比上年增加13.55万吨,增幅158.2%;粮油食品产量17.76万吨,比上年增加5236吨,增幅3%;杂粮及薯类产量1912吨,比上年增加1017吨,增幅113.6%;饲料产量298.53万吨,比上年减少55.78万吨,减幅15.7%。

(胡晓东)

【粮食储存】 2013年,全市自有仓房容量不小于500吨或油罐罐容不小于50吨的企业有252家,其中:国有企业67家,非国有企业185家。符合储粮要求的仓房容量为233.6万吨,总罐容2.7万吨。

市粮食局成立专项工作领导机构,加强对农民科学储粮的宣传、培训和指导,同时争取政策资金支持,确保储粮仓的质量和数量。2013年,全市共建造农户科学储粮仓1.23万个(标准仓1.15万个,大型仓800个),其中:沈北新区500个,新民市3000个,辽中县3000个;康平县3000个,法库县2800个(其中大型仓800个),累计完成投资3738万元。标准仓单仓造价为3000元,其中:国家投资900元,省投资900元,农户自筹资金1200元;大型仓单仓造价为3600元,其中国家投资1080元,省投资1080元,农户自筹资金1440元。

2013年,全市自有仓房容量不小于500吨或油罐罐容不小于50吨的企业拥有输送机1621台、清理设备92台、移动式设备135台、地中衡224台、运粮车辆153台、通风机械设备260台、检化验设备2910台(套)、烘干设备148台、烘干能力1759吨/小时。2013年实际烘干粮食145万吨,装备环流熏蒸系统的仓容为37万吨,装备粮情测控系统仓容84万吨,实现机械通风仓容89万吨。

市粮食局积极开展粮油仓储企业规范化管理活动。直属粮油仓储企业认真落实"三检一化"制度,"一符四无"工作实现预期目标。经综合考评,沈阳市直属粮食储备库、辽宁中稻股份有限公司(已更名为辽宁华润五丰营销有限公司)2家企业被国家粮食局授予"全国粮油仓储规范化管理先进企业"称号,市粮食局被评为"全省粮油仓储规范化管理先进单位",沈阳市第一粮库、沈阳市第三粮食收储库、沈阳南方谷物实业公司、沈阳香雪面粉股份有限公司、沈阳林盛国家粮食储备库、沈阳方驰农业生产资料有限公司共6家企业被评为"全省粮油仓储规范化管理先进企业"。

(胡晓东)

【粮油科技】 沈阳市粮油食品科学研究所申报的《花生壳膳食纤维提取工艺的研究》等三个基础科研课题和《生物蛋白饲料生产技术的推广应用》等两个农村科技对接推广应用课题,列为沈阳市2013年度重点支持的科研项目,并被正式批准立项;成功中标《沈阳地区香菇深加工关键技术研究—香菇多糖的提取及其副产物的综合利用》这一科学事业费招标项目;完成了2013年沈阳市农村科技推广奖的申报,《玉米秸秆生物饲料生产技术示范推广》等两个科研项目获得2013年度沈阳市农村科技推广奖三等奖。沈阳市粮油食品科学研究所完成了《速食营养粉的研究与推广》等六个科研和推广项目的实验研究及推广应用工作;启动了《改性玉米芯对废水中重金属离子吸附性能的研究》等四项课题的实验室研究工作;进行了科学事业费招标项目《沈阳地区香菇深加工关键技术研究—香菇多糖的提取及其副产物的综合利用》的实验研究工作。

(胡晓东)

【执法监督】 认真贯彻落实《关于加强和完善粮食收购资格审核规范粮食收购市场秩序的通知》精神,新审批企业44家。组织开展全市粮食收购资格年度核查工作,参加年检企业520家,符合规定条件通过年检企业449家,注销19家,缓检52家。

修订了《沈阳市粮食流通监督检查考核办法》,组织开展了粮食收购市场及收购企业执行国家政策情况专项检查、粮食库存专项检查、粮食质量和原粮卫生专项检查、全市中央和地方储备油库存检查和政策性粮食购销活动检查。全年共检查粮食经营企业1097户次,出动检查人员3139人次,对粮食经营户检查达到100%。

修订了《沈阳市粮食行政审批服务暂行标准》,进一步规范粮食收购许可审批工作程序;制定了《沈阳市粮食局行政应诉工作制度》,使粮食依法行政工作更加有章可循。组织开展全市粮食管理部门行政执法案卷评查工作,进一步规范各类行政执法案卷。完成粮食行业"六五"普法自查工作。

5月24日,市粮食局及所属市城区粮油市场管理所、市粮油检验监测所和市粮食科研所在市粮食局门前广场联合举办纪念《粮食流通管理条例》颁布9周年暨粮食科技周和食品安全宣传周活动。市粮油检验监测所技术人员现场传授广大市民鉴别优质大米、面粉和食用油方法,普及粮油科普知识,引导民众树立安全、营养、健康的消费理念,用科学的方法指导粮食消费。以10月16日世界粮食日为契机,组织协调有关部门和单位,在沈电、红巾等五个社区组织开展了"放心粮油"进社区主题活动。

(胡晓东)

【食品安全】 根据十二运沈阳赛区组委会《十二运沈阳赛区食品供应基地、企业和品种遴选确认工作实施方案》要求,经过初选和筛选以及最后的专家考核验收,确认沈阳市第一粮食收储库和沈阳香雪面粉股份有限公司2家企业为十二运粮食供应商(供应品种是大米、面粉、挂面)。重新调整了全市粮食行业食品安全应急队伍和局食品安全委员会组成人员(部门),修订了《沈阳市粮食局粮食食品安全事故处理应急预案》。制定了对直属企业"食品安全"项年终考核标准。开展粮食质量和原粮卫生专项检查工作，检查企业涵盖中储粮直属企业、地方国有企业、民营企业，共抽查企业10家，扦取样品20份，质量指标均在国家规定范围内，无重金属超标现象。沈阳直属粮食储备库被评为全省食品生产经营诚信单位。

（胡晓东）

【粮油检测】 2013年，沈阳市粮油检测计量所正式更名为沈阳市粮油检验监测所（辽宁沈阳国家粮食质量监测站）。实验室改造项目，得到了国家粮食局和省财政的大力支持，改造维修后实验室面积增加近一倍，功能和检测能力明显提高。按照省农委要求，对全市850名检验员进行了检验员证的年审验证，推动了全市粮油检验员技术水平的提升。康平、法库县粮油检测站人员经费纳入了县级财政预算，解决了经费来源问题。

2013年，全市共出动技术人员976余人次，深入到77个乡（镇）、318个村、1664个农户的1320个地块，扦取初级粮食样品2159份，进行质量调查、品质测报和原粮质量安全监测工作。初级样品经整理，混合成质量调查样品345份，品质测报样品130份，收获环节原粮卫生安全监测样品125份。编制了《沈阳市2013年度收获粮食质量调查、品质测报和原粮质量安全检测报告》。

2013年，在储备粮质量监管监测中，除了检验粮食质量指标外，还增加了粮食卫生项目"重金属、农药残留"的监测，全年进行了5次抽样检测，共扦取样品121份，占储备粮数量的117%。对军供粮油质量监管实行全程质量监控，实施重金属"镉"含量的检验，保证了军粮的供应质量。对批发市场粮油产品质量进行了四次抽查检验，共抽查样品172份，有效提升了全市粮油食品的质量安全水平。

（胡晓东）

·供销社商业·

【地利农产品物流园建设全面启动】
沈阳地利农副产品基地项目于2013年初顺利完成了土地的清场交接工作，后续拆迁工作稳步推进，拆迁率已达95%以上，项目设计、规划、立项等准备工作扎实推进，为开工建设奠定良好工作基础。5月正式收购沈阳银达利果品市场，新吸纳员工170人，市场业户增加400余户，为市场整体效益提升营造更广平台。截至12月底，第一期项目工程已经进入收尾阶段，即将转入项目建设第二期阶段。

（李一鸣）

【第二家农副产品直营店开业】 2013年3月31日，沈阳市供销社系统第二家农副产品直营店——南卡门路店隆重开业。该店占地面积200平方米，经营肉蛋禽、蔬菜、水果、粮油、水产品、面食等数百种特色农副产品以及绿色、无公害、获奖的名优特产品。直营店积极打造具有供销社特点的一站式农副产品直供直销模式，带动了多个农产品种植基地的销售，解决了农民卖难问题，也使沈阳区域内众多农民专业合作社实现了"农消对接"，提升了沈阳地产农副产品的知名度和影响力。

（李一鸣）

【整治收购站点环境检查】 2013年，市供销社联合市公安局、市工商局、市执法局组成联合检查组，在全市范围内开展"迎全运抓环境促提升"整治废旧物收购站点环境检查工作。8月9日，联合检查组对和平区、沈河区、铁西区、皇姑区、大东区市内五区废旧物收购站点整治情况进行了检查，重点检查了铁西体育场和沈北体育场馆周边废旧物收购站点。联合检查组共抽查废旧物收购站点24户，取缔收购站点7户，迁移收购站点2户，整改收购站点15户，合格率96%。

（李一鸣）

【庄稼医院建设】 截至2013年底，全市供销社系统累计建设庄稼医院34家，已形成县、乡镇、村三级服务网络。沈阳金秋实农资公司庄稼医院2013年已经开展测土施肥近百次，春播季节发放春耕知识宣传单上万份，并拥有专业的实验室和培训教室，在市农合联的指导下每月开展一次农业知识讲座，同时积极推广农技结合，有力地促进了当地农民增产增收。沈北国瑞庄稼医院利用技术员和测土设备确定病虫害情况和土地养分含量检测情况"对症下药"，2013年共开展田间讲座12次，田间出诊28次，测土施肥面积60余公顷。沈北七彩星庄稼医院主要开展以水稻为主的田间服务，利用农药残留设备检测大米67个批次，近400吨，开展有机水稻种植田间服务34次，近67公顷，开展蟹田米种植田间服务39次，近120公顷。

（李一鸣）

【农村综合服务中心助力经济发展】
法库县登仕堡综合服务中心、法库县叶茂台综合服务中心、苏家屯区王纲综合服务中心、于洪区解放综合服务中心在2012年被评为省级农村综合服务中心示范单位。这4家示范单位辐射人口6.7万人，营业面积为8000平方米，经营品种万余种，助农增收超千元。截至2013年底，供销社在全市范围内共建设农村综合服务中心11家，农村综合服务社1247家，服务覆盖全市8个郊区县的所有行政村。

（李一鸣）

【名优产品展销会搞活农产品流通】
2013年9月15日，第四届辽宁省农村合作经济组织名优产品展销会暨"农超对接"洽谈会在辽宁工业展览馆隆重举行。沈阳市供销社、沈阳市农民合作经济组织联合会、沈阳市农民经纪人协会组织系统61家农民专业合作社、供销社企业、农产品行业协会的200余种产品在展会上集中亮相。展会期间，沈阳展区的供销九州猪肉、玫瑰香葡萄、七彩星大米、浩悦果蔬、立兴粉条、万财皮毛等特色农副产品成为市民购买的热销产品。"农超对接"洽谈会上，沈阳玫瑰农副产品物流有限公司与新民市福德蔬菜种植专业合作社、沈阳家乐福超市有限公司与沈阳市绿地农副产品专业合作社达成了长期合作意向，现场签约额共计2700万元。

（李一鸣）

【网络信息化服务推进经营模式】
2013年，市供销社积极推进网络信息化服务，创新农产品销售平台，推进农产品经营新模式。截至年底，建设了"秋实网"、"沈阳农合联网"、"中国农产品购销网"、"安邦海得人食草网"等10个网络信息服务平台。2013年初，沈阳鞭炮烟花有限公司采取网络电子销售平台，利用企业网站、微博等新途径，宣传企业新产品及燃放注意事项，借助两个电子销售平台与商品需求者进行了互动，配合传统的营销方式，收到良好的销售效果和经营效益。

（李一鸣）

对外贸易

【利用外资】 2013 年,全市新批外商投资企业 155 家,同比下降 1.9%;合同外资额 27.3 亿美元,同比下降 8.6%;实际利用外资 58.1 亿美元,同比增长 0.1%。一是港资依旧保持榜首位置。2013 年,香港在沈阳市投资30.0亿美元,占全市总额的51.6%。制造业和房地产业对全市利用外资起到支撑作用。二是工业地产项目取得突破性进展。普洛斯、嘉民、维龙三家工业地产开发商累计注册 8 家企业,合同外资额总计1.2亿美元,当年实现调资 5700 万美元。三是汽车零部件产业发展较快。四是增资项目贡献较大。2013 年共有 82 家外商投资企业办理增资,合同外资净增16.2亿美元,占全年合同外资额的59.4%,增资额中实际到位12.8亿美元。五是金融机构为服务业利用外资注入新活力。2013 年先后设立了 3 家外资银行和 2 家小额贷款公司。六是大项目支撑作用明显。七是利用外资渠道进一步拓宽。

(于 洁)

【招商引资】 2013 年,由市领导带队出访招商 10 次,共推进重点项目 179 个。179 个项目中已注册项目 44 个,占总项目数的 24.6%(落地成功率),其中:已开工项目 18 个,占总数的 10%;在谈项目 111 个,占 62%;暂时搁置有望重新启用项目 24 个,占 13.4%。已实现注册和开工的 44 个落地项目投资总额达 139.6 亿美元,注册外资额为 23.5 亿美元。179 个项目按照投资来源地划分:韩国项目 10 个,欧洲项目 45 个(其中:英国项目 11 个,西班牙项目 8 个,俄罗斯项目 7 个,法国项目 5 个,瑞士项目 5 个,爱尔兰项目 3 个,波兰项目 3 个,德国项目 1 个,葡萄牙项目 1 个,意大利项目 1 个),美国项目 9 个,东南亚项目 115 个(其中:香港项目 83 个,台湾项目 20 个,澳大利亚项目 8 个,新加坡项目 3 个,新西兰项目 1 个)。

(于 洁)

【外贸进出口】 2013 年,全市外贸进出口总值 143.4 亿美元,同比增长 11.5%。其中:累计出口 69.98 亿美元,同比增长 17.3%,完成全年出口目标 68.66 亿美元的 101.9%;累计进口 73.4 亿美元,同比增长 6.5%。一是商品结构进一步优化。机电和高新技术产品出口稳步增长,全年出口机电产品 42.1 亿美元,同比增长 7.1%,占全市出口比重为 60.1%;出口高新技术产品14.7亿美元,同比增长21.44%,占全市出口比重为 21%。二是私营企业成为出口主体队伍。全年私营企业出口33.8亿美元,同比增长 57.49%,占全市出口比重为 48.3%;国有企业出口15.3亿美元,同比增长 3.14%,占全市出口比重为 21.79%;外商投资企业出口20.9亿美元,同比下降10.66%,占全市出口比重为29.9%。三是重点出口企业贡献较大。全市 50 户重点企业出口27.3亿美元,占全市出口比重为 39%。其中同方多媒体、乐金电子、华晨金杯、北方重工等 9 户企业出口过亿美元。四是对传统市场国家出口继续保持增长。对亚洲出口增长26.8%,对北美出口增长17.3%,对欧洲出口增长 6%,三个洲出口总额占全市出口比重为83.9%。对美国出口增长18.74%,对香港出口增长252.7%,对韩国出口增长18.79%。

(于 洁)

【机电产品出口】 2013 年,全市机电产品出口 42.1 亿美元,同比增长 7.1%。机电产品出口占出口总额的 60.1%。一是重点机电出口企业增幅较大,拉动作用突出。沈阳同方多媒体、华晨金杯、特变电工、旗丰供应链等企业出口增幅较大,特变电工和旗丰供应链两家企业增长分别达到 268.2% 和 6018.6%。二是一般贸易实现大幅增长。一般贸易出口 25.8 亿美元,增长 13.6%,占机电出口额的 61.3%,一般贸易已经成为沈阳市机电产品出口的主要贸易方式。三是大宗产品出口增长强劲。彩电及零件、各种车及零件、发电机及零件和通讯及录摄像设备的出口实现大幅增长,出口额分别为 7.3 亿美元、4 亿美元、3.2 亿美元和 2.1 亿美元,占机电出口总额的 39.4%。

(于 洁)

【对外经济技术合作】 2013 年,全市新签对外投资项目 40 个,协议投资额1.98 亿美元,同比下降27.5%,其中:中方投资额1.56亿美元,同比下降32.9%。全市新签对外承包工程项目与劳务合作项目共 174 个,合同额16.2亿美元,同比下降16.8%,其中对外承包工程项目 108 个,合同额为 15.6 亿美元,同比下降 17.5%。完成对外承包工程及劳务合作营业收入10.7亿美元,同比增长10.1%,其中承包工程营业额为9.9亿美元,同比增长10.2%。一是对外投资以发达国家为主要方向。企业"走出去"实力逐步增强,经营规模逐步扩大,已将投资范围扩大到欧美、日本等发达国家。全年对美国、日本、德国等发达国家的投资项目占总数的81.3%。二是民营企业成为对外投资的主力军。全市对外投资的企业中,民营企业为 29 家,占总数的90.6%,知名度和影响力也在不断扩大。三是对外承包工程大项目不断涌现。全市新签超过 1000 万美元的承包工程项目 41 个,合同额达12.7亿美元。其中沈阳远大铝业工程有限公司在加拿大、美国、澳大利亚、英国、阿尔及利亚等 7 个项目,每个项目合同额均超过 4000 万美元。

(于 洁)

【改善外商投资环境】 认真落实市委、市政府"抓环境促提升"各项部署,坚持以打造"外企之家"活动为主线,以"便企利商"为方向,切实在深化服务上动脑筋,在务求实效上下功夫,在创新方式上求突破,推动了外商投资环境明显提升。一是抓领导带头,形成"人人都是投资环境"局面。通过实施市外经贸系统"一把手"工程,明确了"一级抓一级,层层抓落实"的软环境建设责任分工,形成了"上下联动,分口负责,围绕重点,狠抓落实"的工作局面,使"人人都是投资环境"的理念在服务外商企业中得到充分体现。二是抓载体建设,持续打造"外企之家"。"外企之家"是举全局之力打造的一项精品工程,自启动后宾客盈门,好评不断,为外商创造了一个实实在在"家"的环境。"沈阳外企之家"成为全市软环境建设和窗口单位建设的突出亮点。三是抓投诉协调,深入开展"解外企之忧"活动。强化外商投诉受理工作,建立重大案件联席会议制度和专题会议制度,形成解决重大疑难问题的长效机制。全年受理外商投诉 53 件,结案 48 件。四是抓联络员派驻,大力开展"做外企之友"活动。调整联络员联系企业和联络员工作机制,加大联络员工作动态跟踪力度,解决企业反映问题 25 个。五是抓对话交流,积极开展"架联企之桥"活动。加强政府高层与企业、政府部门领导与企业和外经贸部门与企业的三层对话机制，推动企业重大问题的解决。六是抓年检创新，创新开展“建绿色通道”活动。实施“八大举措”推进年检服务，年检“大篷车”送检上门，发挥“QQ群平台”提供延伸服务，全年为1952家外资企业进行了年检。七是抓信用建设，全力开展“筑诚信长城”活动。开展“万家企业诚信联盟”活动，开设《信用建设》专栏，组织和推荐企业参加省“诚信示范企业”评选，在全市信用考评中取得较好成绩。八是抓协会发展，努力开展创“一流协会”活动。加强组织建设，配备领导人员，完善工作制度，确立工作思路，举办各种活动，确保“一流协会”目标实现。九是抓帮扶企业，持续推进“双进双解”活动。班子成员包项目，深入现场，实行“专案”、“应急”、“攻关”、“特保”等服务，确保了项目调资和开工建设。

（于　洁）

·口　　岸·

【沈阳获批72小时过境免签】　2013年，沈阳获批72小时过境免签，从沈阳桃仙国际机场入境的45个国家的持有第三国签证和机票的外国人，不需要中国签证便可入境沈阳，并可在沈阳行政区域内活动72小时。该项政策将于2014年1月1日起正式实施。

（李　丹）

【开通首条沈阳直飞澳门航线】　2013年1月9日，澳门航空公司正式开通沈阳—澳门首条直飞航线。执飞机型为空客A321。航班于每周一、三、五、六各执行一班，沈阳入境时间为13时50分，出境时间为14时50分。

（李　丹）

【开通首条沈阳至新加坡直飞航线】　2013年1月11日，新加坡酷航航空公司正式开通沈阳—青岛—新加坡首条低成本直飞航线。执飞机型为波音777。每周二、五、日各执行一班，沈阳入境时间为10时15分，出境时间为11时20分。

（李　丹）

【十二运安保服务】　为保证第十二届全国运动会成功举办，沈阳市口岸单位采取有效措施，全面加强安保服务工作。

成立领导小组，健全组织机构。南方航空北方分公司、深圳航空沈阳分公司和沈阳桃仙国际机场分别成立了以总经理、党委书记为组长的十二运安保工作领导小组，负责统一指挥、协调和部署十二运期间的安全保卫工作，研究解决和处置十二运期间航空安保工作。

制定预案，强化责任落实。口岸各单位分别制定了十二运安保工作方案，进一步提高服务、运行保障能力，以及应对各类突发事件的能力。南航北方分公司着力强化机组人员的反恐意识和空中安全意识，制定了《机组反劫机、防炸机预案》，提高了机组人员反劫机反炸机的能力，并制定了航空安保威胁信息的处理程序。深航沈阳分公司强化对十二运的服务和运行保障机制，制定了相应的保障方案。桃仙机场和航空邮件交换站还完善了机场消防安全和紧急情况处置的应急预案，有效应对突发事件。

排查隐患，提高服务。为确保不留隐患，不留死角，口岸各单位对重点部位、重点人员进行严查、严防、严控，加大了排查力度。各单位按照“空中反、地面防、内部纯”的要求，进一步增加了空中各岗位的安全防范措施。桃仙机场重点加强了对候机楼等公共区域的安全防范力度，加大了安检和护卫通道的检查，加强了对飞行区域的巡查力度。南航北方分公司邀请专家对航空公司重点人员进行了心理辅导和教育。深航沈阳分公司还制作了全运会特色空中服务手语操。

（李　丹）

【全运会要客团组通关礼遇保障任务】　第十二届全运会期间，市口岸办精心保障、全力协调，圆满完成国内外要客团组机场通关礼遇服务保障工作。市口岸办积极协调海关、检疫、边检、机场公司、南航北方分公司，召开了机场通关礼遇服务保障工作会议，下发了要客团组航班信息和迎送计划，设置了十二运服务保障专用礼遇通道，制定了应急预案。全运会期间，市口岸办圆满完成了国际奥委会副主席、阿尔及利亚青体部长、朝鲜体育相、蒙古奥委会主席等7名国内外体育界政要机场通关礼遇服务保障工作，还接待了6个港澳台团组80人次、安排航班20架次、安排进出机场保障车辆30车次，受到了组委会的高度肯定。

（李　丹）

【桃仙机场T3航站楼投入使用】　2013年8月15日，沈阳桃仙国际机场新航站楼（T3航站楼）正式启用，T1、T2航站楼停止运行。新航站楼建筑面积为24.8万平方米，楼体建筑为地下两层，地上四层。T3航站楼新增机位数30个，其中：国内部分19个，国际部分11个。T3航站楼设有5个办票岛，可同时提供100个柜台为旅客办票。

（李　丹）

·出入境检验检疫·

【概况】　沈阳出入境检验检疫局（以下简称沈阳检验检疫局）2014年，共受理出入境货物报检3.08万批次、货值34.48亿美元，同比分别减少30.5%、22.2%；签发产地证9659份，货值12.07亿美元，同比分别增长13.34%、34.25%；检验检疫进境集装箱3.1万箱，同比减少0.69%；查验进出境邮包11.37万批次，同比减少10.55%；检验样品3223批次、2.37万项次，同比分别减少28.38%、23.86%；检疫出入境飞机8648架次，同比增长9.08%；查验人员128.15万人次，同比增长18.81%；出入境人员健康体检1.32万人次，同比减少3.12%；预防接种1.17万人次，同比减少13.38%。

（祝　威）

【创新机制】　做实基础工作提升工作质量，将工作质量自查与绩效挂钩，加强检务“检出率”，电子监管和诚信管理工作经验在辽宁检验检疫系统得到推广。抓好软硬件建设提升窗口建设质量，在窗口设置二维码扫描为企业服务，实行21个窗口岗《文明服务客户评价》计分制，全年无窗口投诉。

落实政策提升通关管理质量。“无纸化”通关工作实现辖区企业全覆盖，100%完成电子核放；直通式放行资格企业增至47家，增长4倍，直通放行累计为企业节省时间3000小时，节约成本20多万元；实施“绿色通道”制度资格企业增至21家；推行“一厂一品一案”试点，提高通关速度，减轻企业负担；实行“公司+基地农残监控+企业自检+重点项目检验+日常生产过程监督管理”方式推进农产品出口；积极帮扶小微企业，针对工艺品企业规模小、产品杂且单批数量少的特点，适时改变出口工艺品检验监管模式，改检验员到企业进行现场检验的工作模式为企业在发货前，将产品送至检疫局进行现场检验，检验合格后随即放行；探索原产地证分类管理和“无纸化”签证模式，提高产地证工作效率。减轻企业负担，累计减免检验检疫收费2062万元，使企业节省关税3.1亿美元。

多重举措提升依法行政质量。积极实施创建质检系统依法行政示范单位活动，组织执法业务培训考试，实现具备执法权人员全部持证上岗。加强了简易程序处罚和说理服务执法运用，实行跨地域取证的方式，提高了办案实效性。以打击伪造证单和逃漏检为重点，有效地打击了违法行为。进一步完善了出口退货调查流程，2013年沈阳辖区出口退货共计57批次，货值241万美元。全年共立案调查案件9起，对5起案件召开了6次案审会，实现了案件调查、决定、审理彻底分离，保持了行政处罚无诉讼无复议记录。

（祝　威）

【严格监管】 加强集体攻关，深入研究试验方法，提高检出率，加强对高风险产品的检测力度，防止有毒有害产品流入流出。检出出入境不合格货物84批次，同比增长12%，并首次在进境的绿茶粉样品检出蛋白质和霉菌不合格，首次在进境水生动物体内检出重金属超标，首次检出不合格进境环保微生物菌剂，并联合地方环保部门进行了销毁，确保了国门安全。

为顺利完成口岸核心能力建设考核验收，沈阳检验检疫局实施达标倒排计划，与卫生、环保、反恐等部门签署联防联控协作机制，集中协调解决问题，最终以高分通过考核验收。8月，第十二届全国运动会在辽宁举行，沈阳作为主会场，对桃仙国际机场进行了全面升级改造。为顺利完成T3航站楼转场，沈阳检验检疫顺利完成了T3转场期间检验检疫工作。第十二届全运会召开期间，共检疫查验出入境飞机超万架次，人员达118万人次，实施航空器医学媒介生物监测200余架次，排查疑似病例52例，未发生一起卫生处理安全事故。作为十二运沈阳赛区食品安全保障工作领导小组成员单位之一，沈阳检验检疫局牵头负责进口环节安全保障工作，精心制定了沈阳口岸供十二运食品安全保障工作方案并组织实施督促落实，出色完成了口岸内餐饮业及航空配餐企业卫生监督检查和技术指导、供十二运进口食品检验检疫及食品安全突发事件的防控等重要任务。

全年检出出境不合格货物19批次，货值44.1万美元；入境不合格货物65批次，货值322万美元；检出不合格样品66批次；截获国家禁止邮寄违规进境邮寄物21批次；从出入境旅客携带物中查获并处理1777批次的禁止携带入境物；从出入境人员中检出传染性疾病1496人次。

（祝　威）

【创新服务】 全力支持沈阳经济区检验检疫一体化建设，继续探索研究行之有效的适应沈阳经济区的政策措施，制定《检测工作一体化实施方案推进工作计划》，把沈抚新城的“文化创意及生物技术产业园”、浑南新城的“浑南电子产业园”、蒲河新城的“农产品精深加工及生物制药产业园”等32个主导产业园区情况摸清楚，形成了详尽的材料，提供了重要的决策参考。

以“服务创新”为突破口，深入法库、新民等“六县一市”和重点工业聚集区、出口龙头企业，现场办公解决检验、检疫、通关等问题。研究确定国家级机床示范区辐射聚集能力，国家级法库树莓示范区向综合性示范区升级，国家级辽中果蔬、沈北禽肉示范区存量向增量转化，筹建“新民寒富苹果”、“康平花生”等特色农产品产业基地。在广泛深入调研的基础上，向政府、企业提出建设意见17项，完成调研报告7份4万字，将“服务创新”有效纳入了地方政府、企业行业的工作平台。

7月，“加快职能转变服务外贸发展——国家质量监督检验检疫总局推进出口工业产品质量安全示范区建设座谈会”在沈阳召开。会上，国家质量监督检验检疫总局支树平局长亲自将“国家级出口工业产品质量安全示范区”的牌匾颁发给沈阳机床，这标志着沈阳机床成为全国首批出口工业产品示范区，也标志着全国惟一出口切削机床产品质量安全示范区成功落户沈阳。结合沈阳市政府提出的“推动汽车及零部件、电力电气、通用及专用机械等优势产业加快发展”的战略部署，沈阳检验检疫局积极吸引相关产业、产品进入示范区建设的体系中，加快“出口汽车产品质量安全示范区”建设步伐，重点服务具有自主核心技术的工业领军企业，抢占新一轮沈阳工业发展的制高点。建设中的汽车示范区引领作用日益凸现，拉动汽车出口达1.8万辆，同比增长12%。

沈北禽肉、法库树莓、辽中果蔬三个国家级出口农产品质量安全示范区正面效应不断增值放大。2013年初，速生鸡、金刚烷胺兽药残留及H7N9禽流感疫情等不利因素对全国禽肉出口形成负面叠加效应，沈阳出口禽肉企业面临前所未有的严峻考验，沈阳检验检疫局迅速启动应急机制，提前完成沈北禽肉示范区企业产品兽药残留、疫情监测等工作。在全国禽肉出口企业产品出口普遍大幅下降的情况下，沈北禽肉出口不仅基本未受影响，还实现了鸭肉和带骨鸡肉制品首次出口。让地方政府获得45万元示范区专项经费，增收2700万美元，创汇增收1500万美元，示范区内每个出口企业获得100余万元财政补贴，带动近万人就业。12月31日，国家质量监督检验检疫总局正式批准法库县出口果蔬质量安全示范区为国家级出口食品农产品质量安全示范区，种植种类、面积、质量安全水平和示范效应大幅提高。法库、辽中两县在示范区创建后分别增收7500万元和2.08亿元。2013年，沈阳市农产品出口额达40亿人民币，增长20%，其中直接出口1.2亿美元，增长22%。农产品示范区和示范基地的种植面积增至67万公顷，注册果蔬品种增至50多个，出口果蔬均价增长20%，带动农户6.7万户及10万余人就业。实现稻米首次出口韩国，冻辣椒时隔五年重返欧洲市场。全年动物产品出口创汇1.4亿美元，同比增长130%。

（祝　威）

【科技兴检】 持续加大科技投入，创新科技管理方法，积极搭建科技服务平台，参与科研标准制定工作，不断深化与地方科研机构合作，拓宽立项和奖励申报渠道，锻造科研创新青年团队，80%的科研项目负责人由35岁以下年轻科技人员担任。全年共完成科研申报和制标101项，同比增长32.9%，获科技奖励7项，首次荣获1项国家级科研项目立项，首次荣获1项中国信息化成果三等奖和2项沈阳市农村推广二等奖，首次荣获1项国家级科研项目立项，获国家局“科技兴检奖”1项。

实验室新开验白酒、饮料、金属等21个项目，认可领域增至91个检测项目。首次申报乳品和过敏原核酸标准样品17项，通过富马酸、饮料中镉铜测定的实验室能力验证，通过PTP及实验室资质认定的复评审。国家级环保微生物菌剂检测重点实验室发挥作用，选购19项标准菌株，完成芽孢菌、霉菌的形态学等实验部分，使进境环保微生物菌剂的检测时限由30天可缩短至7天，研究成果将向全国口岸推广使用。国家级伴侣动物传染病检测实验室通过总局验收。保健中心实验室通过了卫生部临检中心、国家CDC艾滋病参比实验室考核、机场口岸“负压隔离室”建成并顺利通过验收。中认北方实验室开创中国CBTL扩项的先河。

（祝　威）

·海　　关·

【概况】 2013年，沈阳海关共监管进出口货运量909.5万吨，同比下降1.0%，其中：进口681.7万吨，同比下降6.2%；出口227.8万吨，同比增长18.6%。货物总值95.7亿美元，同比增长0.7%，其中：进口69.3亿美元，同比下降3.3%；出口26.4亿美元，同比增长12.9%。集装箱总数8.57万箱次，同比增长5.4%；集装箱箱载货物48.9万吨，同比增长1.4%。监管运输工具总数1.19万辆艘，同比下降11.5%。监管出入境人员137.6万人次，同比增长12.7%。监管进出境邮、快递物品总数138.3万件，同比下降0.9%，其中：邮递物品76.9万件，同比下降11.5%；快件61.3万件，同比增长16.6%。报关单（接单）总数7.02万张，同比下降12.3%，报关单查验数4201张。

入库税款95.81亿元，同比下降2.87%，其中：关税24.1亿元，同比增长9.87%；进口环节税71.71亿元，同比下降6.51%。备案企业5702个，同比增长3.3%，其中有报关权企业5702个，同比增长3.3%。实有加工贸易经营企业369个，同比减少3.1%；备案加工合同871份，同比下降17.8%；合同备案金额26.8亿美元，同比增长21.8%；批准内销征税4.08亿元，同比增长15.5%。

1—11月，备案加工贸易手册798份，同比下降17.5%，备案进出口金额为65.96亿美元，同比增长19.8%；实际进出口金额为56.92亿美元（电子化手册C+B及电子账册E的总和），同比增长11.15%；批准内销征税额为3.64亿人民币，同比增长20.5%；沈阳海关保税仓库入出库货物总量为59.9万吨，入出库货物金额5251万美元，其中：监管入库货运量36.6万吨，货物总值3042万美元，监管出库货运量23.3万吨，货物总值2209万美元。

全年，共受理走私犯罪嫌疑案件9起，与2012年持平，案值1.14亿元，同比增长726.4%；偷逃税款3025.9万元，同比增长11.2倍；共采取强制措施41人次，其中：拘留18人次，逮捕4人次，取保候审19人次；立案查办行政违法案件223起，案值2.34亿元，同比增长364%；行政结案238起，同比增长8.2%，案值3.57亿元，同比增长166.9%；共对235起案件做出行政处罚。

（范志军）

【关税征收】 沈阳海关围绕“量质并举、应收尽收”工作目标，深入各业务现场和主要纳税企业开展税收调研，挖掘潜力，摸清底数。加强归类和价格等职能管理，对主要税源商品开展专项归类监控复核，建立全方位税收风险监控模式，加强日常税收征管数量与质量的工作点评、通报，有效提高了税收征管形势研判与实际掌控能力。进一步加强保税监管制度化、规范化建设，积极推进引入中介参与保税核销，开展产品单耗参数的确定工作，继续完善加工贸易联网监管，有效加大电子账册联网企业监管力度。规范减免税业务操作程序，推进汇总缴税业务改革试点工作，强化报关单批量复审。缉私、稽查、监管等部门，齐抓共管，形成综合治税合力，在严峻的形势下，协力完成了全年任务，累计入库税款95.81亿元。征管质量进一步提高，累计实现审价补税724万元，同比增长61.5%；归类补税320万元，同比增长30%；稽查补税1110万元，确保了应收尽收。

2013年，监控《征免税证明》1260份，涉及商品2133项，减免货值4.56亿美元，减免税款3.44亿元；办理项目复核29份，涉及用汇额度7.92亿美元；办理关区特殊货物通关证明759份，涉及商品1261项，减免货值3.47亿美元，减免税款3.79亿元；办理一般货物《征免税证明》1份，减免货值19.59万美元，减免税款28.12万元。完成税款计核60宗，其中走私案件12宗，偷逃税款1181.54万元；违规案件48宗，涉案完税价格1.80亿元，漏缴税款3306.85万元。

沈阳海关电子支付签约银行11家，签约企业96家。通过网上支付方式征收税款58.99亿元，占同期征收税款总额的68.35%。截至2013年11月30日，沈阳海关共完成企业稽查作业69家，保税中后期核查作业205次，专项稽查查发问题率达50%。综合运用稽查、核查手段，先后组织开展了“绿篱”专项行动、碳钢紧固件、汽车零件等专项稽查行动，共计查发各类走私违规案件15起，涉案金额达4.36亿元人民币，涉及税款7631万元。其中查发了2起涉嫌固体废物走私违规事件，涉及废塑料等固体废物2000余吨，案值约807.35万元。进一步加大综合治税力度，开展电机产品特许权使用费、天然橡胶关联交易等涉税稽查作业，完成稽查补税3起，实现税款入库共约1020万元。

（范志军）

【业务改革】 制定下发《沈阳海关深化区域通关业务改革实施方案》，在总结分类通关改革工作经验基础上，稳步开展通关作业无纸化改革、深化区域通关改革、关检合作“三个一”改革等通关业务改革。7月4日通关作业无纸化试点启动以来，试点单位报关单无纸化率达72.6%，平均海关作业时间由试点前的0.77小时缩减到0.11小时。AA类企业的货物实行“属地申报、属地放行”通关模式，大大减少了企业时间和运输成本。进一步优化监管查验工作机制，沈阳海关AA类企业查验率从7.61%逐步降低到3.27%，沈阳海关平均查验率为5.9%，查获率17%，作为全国惟一一个空运、水运同时作为二批试点切换的海关，顺利完成了新舱单和进出境运输工具管理系统切换工作。系统切换以来，共备案进出境运输工具105艘（架），共接受申报舱单1397票。加强监管场地管理，规范指导新的海关监管场所建设，华晨宝马有限公司铁西工厂和沈阳国际快件监管中心监管场所顺利通过验收；

加强一线实际监管，有效推动“绿篱”专项行动、进出境旅客行李物品监管专项行动的开展，海关政治保卫职能作用进一步凸显。全年共查获各类案件205起，其中：查获超量携带货币案件127起，案值人民币1984.85万元；象牙制品案件10起，象牙制品1732件，共17.24千克；查获反动、宗教宣传品9614件；查获固体废物23个集装箱共计424.34吨；在行邮渠道查获废旧电子产品246件。

（范志军）

【打击走私】 沈阳海关保持打击走私高压态势，落实打私专项斗争和联合行动，重点案件得到突破。

1.“405”走私枪支弹药案再次取得突破。在海关总署缉私局、公安部的统一领导下，沈阳海关“405”专案组与辽宁省公安厅共同努力，后续查获枪支15支，涉案人员移送批捕起诉，公安部与美国谈判，已对美国主犯启动司法程序，沈阳海关前期移诉2名犯罪嫌疑人已经被法院判决。

2.“绿篱”专项行动取得重点突破。查获共计17个集装箱，总重近31万公斤固体废物，已经完成退运前期工作；立案侦办一起走私废塑料案件，此案已移送起诉10人。

3. 在海关总署缉私局的统一指挥下，成功侦办一起涉嫌走私高档车辆进境案件。抓获犯罪嫌疑人5名，查扣宾利、奔驰、路虎等轿车、商务车、吉普车、房车等走私车辆17辆，案值约5000万元，此案已移送起诉2人。

4. 打击濒危物种走私连续突破。春节、元旦期间，连续查获11起走私象牙及其制品进境案，查获象牙原牙及象牙制品201件，海关总署《综合信息呈报》据此向全国海关提示风险。立案侦查一起旅检渠道走私进境象牙制品案，抓获犯罪嫌疑人1名，现场缴获象牙球1226件，共9.12千克，价值约38万元。

5. 打击重点涉税商品走私取得重大突破。立案侦办一起利用边民互市渠道走私进口农产品案，抓获犯罪嫌疑人3名，第一阶段供述300吨，第二阶段8466吨，涉税2143万元。

6. 打击骗取出口退税违法活动取得突破。共办理影响出口退税案件线索20起，成案3起，案值总计253万元；涉及多退税款总计9.92万元。

7. 打击毒品走私取得新突破。12月16日，对沈阳海关驻邮局办事处移交的一起走私毒品进境线索进行立案侦办。经查，涉案毒品为大麻原植物，系夹藏在邮寄进境的女式皮包的夹层中，毛重3900克，在侦办“12.16”走私毒品案中，继首次查发大麻后，再次截获涉案邮包2件，查获可卡因共计约300克。

以上案件中，立案侦办的“1024”高档汽车走私案被列为海关总署缉私局一级挂牌督办案件，同时被列为海关总署缉私局、最高人民检察院、最高人民法院等部门联合挂牌督办案件。“423”走私象牙案，被列为总署缉私局二级挂牌督办案件。“1302”走私农产品案及“1127”走私象牙案件正在向总局申请挂牌督办。

（范志军）

【知识产权保护】 2013年，沈阳海关共查发涉嫌侵犯知识产权案件3起。其中，确定侵权1起（当事人声明放弃），同比减少了80%。

年初，沈阳海关投入大量经费编印了知识产权宣传手册、宣传展板、宣传袋等宣传品。结合“4.26”知识产权宣传周、“8.8”海关法制宣传日和“12.4”全国法制宣传日等主题活动，组织了一系列普法宣传活动：一是设置法律咨询台。在机场、邮局和海关报关大厅采用设置法律咨询台、制作宣传展版等形式向管理相对人宣传知识产权海关保护方面的法律法规。二是发放宣传品。通过在人员密集的地铁口向社会公众发放宣传手册、宣传袋等宣传品，宣传知识产权海关保护的政策规定。三是扶植自主知识产权企业。对在海关备案的自主知识产权企业进行上门服务，解决企业维权方面的问题。四是送法进“后进”企业。选取关区内因进出口侵权货物被海关处罚的企业开展重点宣传，通过对辖区内的进出口企业宣讲知识产权法律法规，增强了企业守法意识、创新意识和维权意识。五是组织侵权货物销毁。4月，沈阳海关对现有罚没侵权货物依法采用焚烧、毁形、封罐、深埋等方法对服装、鞋帽、香烟、手表、首饰、药品等15类商品约6万件，分三批次进行了分类无害化销毁。六是开展在线访谈。由主管关长亲自带队，借助“12360”海关服务热线和门户网站，在线宣传知识产权海关保护的政策法规，解答公众的问题。七是参加电台访谈节目。法规室派员参加辽宁电台晨间《新闻大视野》栏目，接受主持人采访，宣传知识产权海关保护的相关规定。八是开展培训。12月，沈阳海关联合部分知识产权权利人，举办了一期知识产权海关保护培训班。结合关区知识产权案件查发特点，邀请了三星公司、阿迪达斯公司等10家企业12个品牌的权利人与关员座谈，共同探讨知识产权保护工作的难点和案件查发规律。

沈阳海关作为辽宁省知识产权战略领导小组成员单位，积极参与两法衔接工作。确定法规室为负责落实两法衔接工作的联络机构，与辽宁省公安厅、药监局等部门建立互通联系方式。沈阳海关按照《大连海关沈阳海关关于建立执法统一协作机制备忘录》要求，积极推进“一省两关”知识产权执法协作机制建设。修改《沈阳海关办理侵犯知识产权案件操作规程》，实现省内海关办理知识产权案件程序的规范统一，统一侵权货物价值认定标准，建立典型案例和执法疑难问题“月通报”机制。

（范志军）

【强化内控机制】 2013年，沈阳海关加强内控管理，健全权力运行和监督体系建设。制订了《沈阳海关深入开展内控机制建设、健全权力运行制约和监督体系工作实施方案（2013年－2015年）》、《沈阳海关2013年内控机制建设工作实施方案》以及《沈阳海关深入开展加强权力运行和监督制度建设工作实施方案》；及时调整了内控工作领导小组和各部门联络员。开展了内控工作培训，召开“加强权力运行和监督制度建设工作推进会”，举办“内控指标体系”应用专题培训。强化内控检查通报，对部分业务现场提出内控建议4条，发布《内控工作简报》3期，通报1次。完善内控制度，排查内控节点，注重一线监管现场业务风险分析与监控，对监管场所闭路电视监控系统应用管理情况开展执法监察，对部分监管场地和快件监管中心开展风险分析研判；强化内控检查通报，全年应用“内控指标体系”查发问题41个，是2012年的4.62倍，涉及金额2826.23万元；追补税款803.47万元，是2012年的5.39倍。

（范志军）

旅　　游

规划发展

【旅游大项目建设】　2013年，沈阳市旅游局采取多项举措，推进项目建设工作。一是组建了招商处，当年引进、签约旅游宿营地等项目。二是建立旅游项目库制度，累计收集约130个旅游重点项目入库。三是实施旅游大项目调度制度，每季度听取一次项目建设进展情况汇报，协调解决问题。四是继续加大资金扶持力度，除争取到上级旅游专项资金200万元，补贴兴隆温泉城建设外，在全市1000万元旅游发展资金中安排410万元，对10个区县（市）的重点项目和1个城市旅游公共服务项目给予补贴，补助总额是往年的4倍左右，补助范围进一步扩大。

2013年，沈阳旅游单体投资超亿元大项目共有65个，项目种类齐全，普及面广。有沈阳天地、沈阳乐天世界、沈阳龙之梦等大型旅游综合体项目，有富禹温泉度假村、七星九龙湾温泉、清泉国际温泉假日酒店等温泉旅游建设项目，有大德有机农业示范园、北源米业龙地禾韵小镇、世外桃园度假村、马耳山乐农庄园、海州"万亩松"建设等乡村旅游建设项目，有浑河西峡谷、辽河七星湿地、辽中蒲河国家湿地公园、珍珠湖旅游度假区等生态旅游建设项目。总投资达1499亿元，其中：续建项目50个，投资1056亿元；签约项目15个，投资443亿元。2013年实际投入136亿元，累计投入393亿元。

（卢立祥）

【旅游聚集区建设】　近年来，沈阳市积极开展了特色旅游聚集区的创建工作，取得了初步成效，截至2013年底，棋盘山风景旅游开发区被评为省级旅游聚集区，环北陵商务文化旅游聚集区被评为省级服务业聚集区。

旅游聚集区，是以区位优势和旅游精品景区为依托，游客相对集中，旅游六要素基本配套完善，具有一定的发展空间和发展潜力，具有很强的辐射和带动功能的规划旅游区域。为进一步促进沈阳市旅游业创新发展，积极建设旅游聚集区，沈阳市旅游局制订了旅游聚集区建设工作方案。一是明确创建目标。提出了拟在三年内分别创建国家级、省级特色旅游聚集区的目标。二是量化创建标准。参照省旅游局制订的旅游聚集建设标准试行稿要求，从组织机构、人员经费、规划面积、项目总投资、企业（机构）入驻、年接待游客人数、年收入、城市规划和旅游专项发展规划、旅游六要素配套、接待中心和公共服务设施、特色景区、就业人数、交通指示、环境保护等多方面提出量化标准。三是细化创建任务。以沈北新区、棋盘山、苏家屯区、新民兴隆堡等为主要创建区域，分别突出文化娱乐、生态休闲、乡村体验、温泉养生等不同专题。四是完善创建措施。从加强组织领导、实施规划引导、强化政策支持、以项目为支撑、重视人才培养、建立激励机制等方面提出具体设想。

（田　毅）

【工业旅游开发】　由原沈阳铸造博物馆改扩建而成中国工业博物馆（二期）2013年9月免费对外开放，在一期通史馆、机床馆、铸造馆的基础上，建设了冶金馆、重装馆、机电馆、汽车馆、香港馆、车模展、铁西馆七个展馆，展览面积扩大到6万平方米。馆藏品征集范围遍布30个省、市、地区，实体文物达1.4万余件（其中上展文物7700件），使全馆藏品数量达到3万余件。

博物馆把最先进的设备和技术引入馆内，如3D打印机等；增加了动态展示型项目，如万吨水压机、斗轮挖掘机、火箭发射架演示等；铸造馆内新上的铸造流水线，还能制作一些小型的铸造件；设置了十余处互动体验项目，如游客操控机器人踢足球、机床操作、制作石膏或泥塑模型等。

博物馆还在馆内增建了1200平方米的工人大食堂，将上世纪50年代至90年代铁西有代表性的工厂菜系引进来，让参观者在观展的同时还能品尝工厂食堂的"老味道"。

利用原沈阳重型厂遗存车间改造的1905国际风情区，是沈阳市重点推进的首个集工业文化和异国风情于一体的城市RBD（休闲旅游商务区），以1905文化创意园为依托，万达金街商铺为主力店，规划建设具有特色酒吧、演艺厅、咖啡吧、雪茄吧、红酒吧、艺术品展览为主要经营内容，茶楼、咖啡厅、异国风情餐饮等休闲功能的特色街区。

（田　毅）

【创建休闲农业与乡村旅游示范单位】　经省、市农委和旅游局联合推荐，辽中县成功当选2013年"全国休闲农业与乡村旅游示范县"。该项活动是国家农业部、国家旅游局联合开展的，获此殊荣者全国仅38家。同时，在辽宁省农委、辽宁省旅游局联合开展的2013年全省休闲农业和乡村旅游示范县（点）评选中，于洪区成功当选为示范县，辽中县的沈阳世外桃园温泉度假村和沈北新区的沈阳锡伯龙地创意农业产业园成功当选为示范点。

辽中县以休闲农业庄园招商、建设为突破口，大力发展休闲农业和乡村旅游，并举办了中国·沈阳湿地旅游文化节、近海文化节、辽沈文化峰会等重大旅游活动。

于洪区打造"全国都市农业样板、统筹城乡发展典范"，以蒲河生态经济带为主轴，打造"一小时现代农业观光圈"，以国内最先进的工厂化种养殖体验、高效特色的温泉养生、虫草生产等健康休闲农业为依托，集农耕文化、民俗文化、休闲体验于一体。世外桃园温泉度假村是辽中县发展休闲农业和乡村旅游的典型单位，锡伯龙地创意农业产业园以稻田画、订单农业和民俗为主要特色。

（卢立祥）

【创建国家级旅游规划资质单位】 经辽宁省旅游局、沈阳市旅游局共同推荐，辽宁省城乡建设规划设计院于2013年7月15日荣获全国旅游规划甲级资质，成为国家旅游局批准的沈阳市和辽宁省第一家旅游规划的甲级资质单位，使沈阳市国家级旅游规划资质单位达到两家，甲、乙级资质各一家。

按照《旅游规划设计单位资质等级认定管理办法》的规定，沈阳市旅游局对申报甲级资质的辽宁省城乡建设规划设计院的设立情况、经营管理、专家团队、规划成果等内容进行了初审和实地检查，认为该院基本符合旅游规划设计甲级资质单位的标准，于2012年向辽宁省旅游局推荐。省旅游局复审通过后，向国家旅游局推荐。

（秦　岩）

【战略性旅游合作签约活动】 2013年10月1日，沈阳市战略性旅游合作签约仪式在沈阳科学宫会展中心中厅举行。沈阳市旅游局分别与携程旅行网、百度、高德、网易旅游、新浪辽宁、腾讯大辽网、凤凰网、东北新闻网、辽宁广播电视台、时代商报、时代印象传媒有限公司、沈阳市林业局、沈阳市水利局、沈阳市服务业委签署旅游合作框架协议。战略合作协议就以下三个方面达成共识：

1. 提升旅游品质宣传，强化旅游宣传力度。沈阳市旅游局定期制定旅游宣传、推广计划，及时整理提供旅游宣传推广的线索和素材，为签约单位媒体记者旅游新闻采访和宣传优先提供便利条件。各签约新闻媒体充分发挥媒体资源优势，优先支持旅游宣传，积极挖掘旅游业亮点，在版面安排、栏目设置、采编配备等方面予以重点支持，定期开设沈阳旅游宣传专版。有效开展旅游宣传活动，将更新、更全、更好的旅游资讯传递给老百姓，为老百姓提供更详尽、更可靠的旅游便民服务。各媒体着力提升旅游报道艺术，提高旅游宣传品质，增加旅游新闻在重点栏目的刊发量，努力做到旅游发展方面的新闻报道在质量上逐年提升。双方共同探索旅游新媒体等旅游宣传平台创新发展。

2. 健全沟通合作机制，加强旅游宣传力量。建立联系会议制度。不定期举行联席会议，相互通报情况，主要研究、协调合作中的一些重大事宜，解决有关问题，督促相关工作落实。共同策划举办大型旅游宣传、推广系列活动，相互支持对方举办的各类大型旅游相关活动。双方指定部门和专人对接、落实相关合作事宜。

3. 建立合作保障机制，全面提升宣传效果。各媒体利用自身优势，通过媒体平台，为市旅游局提供全方位立体化的宣传资源，对沈阳旅游宣传报道、重大活动、旅游产品设计与推广给予全案营销服务，涉及宣传和服务费用给予特殊优惠政策。市旅游局利用自身优势，为新闻媒体提供旅游宣传和旅游活动的指导与支持，提供必要的保障。

（梁　凯）

【旅游好新闻评选】 根据市旅游局与市委外宣办共同签署的《关于开展沈阳城市形象宣传推广的合作框架协议》，市旅游局、市委外宣办、市新闻工作者协会联合开展2013年度沈阳旅游好新闻评选活动。活动得到中央驻沈新闻机构、省直和市属新闻单位、网络媒体的大力支持和积极响应和踊跃参与。采取媒体自荐的方式报送作品，共收到39家媒体的1500篇作品（含文字、音频、图片、视频作品），活动达到预期效果。

本着公平、公正、公开的原则，按照评选程序，评选出《2013中国沈阳国际旅游节暨啤酒节开幕》等39篇优秀旅游新闻作品并给予表彰。

（梁　凯）

监督管理

【出境游管理】 为切实加强出境旅游管理，维护出境旅游市场的良好秩序，市旅游局进一步加强全市出境旅游管理。

各出境旅游组团社制定了严密的防范措施，有效防止了利用出境旅游渠道非法偷渡、非法滞留、绕道赴台、零散朝觐等情况发生。对有嫌疑的游客，组团社应坚决不准其参团，对已参团的，坚决予以退团。

严格组团社内部管理。各组团社均加强了对出境部经理和领队人员以及从业人员的教育和培训，提高其政治和业务素质。建立、健全各项内部管理规章制度，严禁挂靠、承包及变相承包经营，旅行社对分公司、门市部严格执行“四统一”的管理原则。同时，各组团社对所设立的分公司、门市部及时报所市旅游局备案。各组团社加强了对出入境证件送签工作的管理。保持送签员的相对稳定，确保组团社签证工作顺利进行。

各出境旅游组团社严格执行《旅游法》、《中国公民出国旅游管理办法》的规定，切实加强对出境旅游领队人员、团队资料送审人员的规范管理和业务培训。严格执行省旅游局、省公安厅出境旅游证照办理和团队资料送审的有关规定。

（李　锐）

【旅行社管理】 完善市场准入和退出机制，规范行政审批。全年审批设立、确认备案各类旅行社业务经营许可证26家，注销、吊销各类旅行社旅行社业务经营许可证6家，确认备案旅行社门市部35家，确认变更旅行社经营事项7家。

营造公平竞争环境，催缴责险保险。本年度共有188家旅行社投保。同业投保率达到80.1%。

完成质量保证金返还工作。依据《旅行社条例》，自交纳或者补足质量保证金之日起三年内未因侵害旅游者合法权益受到行政机关罚款的旅行社，进行了交存数额降低50%的质保金返还工作。共有80家旅行社上报质保金返还申请，其中33家旅行社经审核合格返还了质保金。

培育诚信经营理念，开展旅行社能力与诚信考评活动。积极探索建设诚信旅游监管的长效机制，以保护游客知情权、强化社会监督和加快诚信品牌建设为重点，以推动诚信考评体系建设为手段，进一步优化旅游市场环境，引导优质旅行社做大做强，促进旅游市场规范有序发展。

开展旅游企业标准化工作。市旅游局、市质监局联合发布了《沈阳市旅游企业标准化工程实施方案》。市旅游局选择了20家旅游企业作为试点,开展了旅游标准化试点工作。

(王蕾蕾)

【星级饭店评定与复核】 东北大厦和北约客维景国际大酒店是沈阳市新建和营业的两家豪华型饭店,2012年申请评定五星级饭店。从2012年开始,市旅游局对这两家饭店进行了全面指导和督促检查,在审核达标后,向辽宁省星评委提交了推荐报告。辽宁省星评委对两家饭店进行了初评检查。全国星评委检查组对两家饭店进行了评定检查,2013年12月24日,东北大厦和北约客维景国际大酒店两家饭店被批准为五星级饭店。

2013年,省星评复核检查组对金都饭店、高登饭店和金厦酒店三家四星级饭店进行评定性复核。市旅游局指导饭店按照星评标准对照检查整改,使三家饭店顺利通过了省复核检查。

(张　珣)

旅游景区

【国家级旅游景区评定】 为扩大行业规模,提升旅游资源产品的档次,2013年初,各区、县(市)共上报近30家景区拟评定国家级旅游景区。

通过严格执行评定标准,年内有4家景区达到标准,其中:方特欢乐世界、中华寺风景区2家拟评4A级旅游景区通过省、市景评委验收,等待正式批复;紫烟薰衣草庄园、小韩村温泉会所2家评定3A级旅游景区通过市景评委验收并批复。

截至2013年底,沈阳市共有国家级旅游景区54家,其中:5A旅游景区1家,4A级旅游景区12家,3A级旅游景区28家,2A级旅游景区13家。

(秦　岩)

【推行A级旅游景区管理系统】 为贯彻落实国家、省旅游局全面推行"A级旅游景区管理系统"的要求,全面掌握A级旅游景区行业的规模、经营及管理状况,根据《旅游景区质量等级的划分与评定》的有关规定和《旅游统计调查制度》相关要求,2013年继续在全市A级旅游景区中推行A级旅游景区管理系统工作。沈阳市的景区基本信息、年度经营状况、季度经营状况填报提交率达到100%。

(秦　岩)

【新民兴隆堡被命名为省级"温泉旅游度假区"】 2013年2月,新民兴隆堡温泉旅游度假区被辽宁省旅游局命名为省级"温泉旅游度假区",新民市美国郡温泉小镇和新民市格林康泉府温泉小镇被辽宁省旅游局命名为省级"温泉旅游小镇",成为沈阳市第一批省级温泉旅游度假区和小镇。

按照辽宁省政府提出的建设"全国第一温泉旅游大省"的总体目标,沈阳市强力推进温泉旅游产业。全市已打成温泉井24眼,已投入运营7个项目,年接待游客上百万人次。在建和签约项目35个,总投资达804亿元,其中20余个项目落户兴隆堡。

(卢立祥)

·小资料·

沈阳旅游景区一览表

序号	单位名称	等级	电话	传真	地址	邮编
1	沈阳市植物园(世博园)	5A	88038300	88038053	棋盘山开发区双园路301号	110163
2	沈阳故宫博物院	4A	24843001	24844192	沈河区沈阳路171号	110011
3	沈阳棋盘山风景区	4A	88051365	88050619	棋盘山开发区满堂乡	110163
4	沈阳"九一八"历史博物馆	4A	88331017	88331017	大东区望花街46号	110044
5	沈阳怪坡风景区	4A	89758563	89758143	沈北新区清泉街道拥屯社区	110123
6	张氏帅府博物馆	4A	24842454	24851941	沈河区朝阳街少帅府巷46号	110011
7	沈飞航空博览园	4A	86599619	86896689	皇姑区陵北街1号	110034
8	沈阳三农博览园	4A	87557667	87557666	新民市大柳屯镇长岗子村	110300
9	沈阳科学宫	4A	23978007	23978070	沈河区青年大街201号	110015
10	沈阳森林动物园	4A	88050366	88050808	沈阳棋盘山风景区内	110163
11	沈阳市北陵公园(清昭陵)	4A	86897976	86896294	皇姑区泰山路12号	110032
12	沈阳市东陵公园(清福陵)	4A	88032505	88031748	棋盘山开发区区东陵路210号	110161

序号	单位名称	等级	电话	传真	地址	邮编
13	沈阳五爱市场购物旅游景区	4A	62569963	62286221	沈河区热闹路65号	110011
14	沈阳新乐遗址博物馆	3A	86117218	86131065	皇姑区龙山路1号	110031
15	沈阳仙子湖风景旅游度假区	3A	87632499	87632466	新民市前当堡镇	110328
16	沈阳老龙口酒博物馆	3A	88766575	88722996	大东区珠林路1号	110043
17	沈阳工业博物馆	3A	25702088	85825968	铁西区卫工北街14号	110021
18	沈阳兴隆室内公园	3A	24865142	24857918	沈河区中街路115号	110011
19	沈阳中华寺旅游风景区	3A	82700888	82700666	东陵(浑南新)区王滨乡中华寺村	110174
20	南关天主教堂	3A	24153411	24135189	沈河区南乐郊路40号	110011
21	沈阳市慈恩寺	3A	24130182		沈河区大南街慈恩寺巷2号	110011
22	沈阳白清寨滑雪场	3A	89552589	89552589	苏家屯区白清街道广福路69－1号	110114
23	沈阳财湖旅游度假区	3A	87105587	87105587	法库县十间房镇尚屯村	110400
24	沈阳爱新觉罗祖家坊酒业	3A	88538558	88538558	法库县大孤家子镇半拉山村	110400
25	蒙牛乳业(沈阳)工业旅游景区	3A	89710873		沈北新区沈北路121号	110122
26	沈阳国家森林公园	3A	89778333	89778111	棋盘山开发区马刚乡老寺沟	110124
27	沈阳鸟岛公园	3A	88033900	88033930	棋盘山开发区东陵路195号	110161
28	沈阳华夏饮食文化博物馆	3A	62256372	62256666	棋盘山开发区观音阁村	110163
29	沈阳朝阳山风景区	3A	24769276	24769276	东陵(浑南新)区祝家街道办事处朝阳山风景区	110174
30	沈阳市城市规划展示馆	3A	31378969	31378970	沈河区五爱街156号	110016
31	沈阳市抗美援朝烈士陵园	3A	86613405	86613405	皇姑区金山路50号	110033
32	辽宁伊利乳业工业旅游景区	3A	31398391	31398370	沈北新区辉山农业高新技术开发区宏业街73号	110164
33	华晨宝马工业旅游景区	3A	84559905	25216061	大东区山嘴子路14号	110044
34	周恩来少年读书旧址纪念馆	3A	62437085	62437002	大东区东顺城街育才巷12号	110042
35	沈阳市大法寺(八王寺)	3A	88573009	88573007	大东区八王寺街120号	110041
36	花果山神秘谷	3A	89634933	89634933	棋盘山开发区望滨乡闫家村	110125
37	马耳山风景区	3A	31488018	89130888	苏家屯区姚千街道马耳山村	110113
38	辽中蒲河国家湿地公园	3A	87777772	87777773	蒲河廊道辽中段中下游	110200
39	世外桃源温泉养生度假小镇	3A	66603634	66603678	辽中县杨士岗镇	110200
40	沈阳小韩村温泉度假村	3A	89299666	89290983	于洪区光辉街道双树村	110141
41	沈阳紫烟薰衣草庄园	3A	85858521	85858521－6023	沈北新区马刚街道马泉社区	110124
42	沈阳五龙山风景区	2A	87165666	87164008	法库县丁家房镇邦牛堡村	110400
43	沈阳古陨石科普基地	2A	23801062	23801052	东陵区(浑南新区)李相镇	110174
44	沈阳市太清宫	2A	22744030	22744030	沈河区西顺城街16号	110013
45	沈阳市实胜寺	2A	22531709	22531709	和平区皇寺路206号	110002
46	沈阳水洞风景区	2A	89551424	89130888	苏家屯区白清街道广福路	110114

序号	单位名称	等级	电话	传真	地址	邮编
47	沈阳七星山旅游风景区	2A	89607933	89864177	沈北新区石佛寺街道	110121
48	沈阳三利生态农业观光园	2A	89771308	89771308	棋盘山开发区内	110124
49	沈阳蓬瀛宫	2A	24513455	24513455	沈河区南塔街	110015
50	沈阳－铁西工人村生活馆	2A	25705066	25705066	铁西区赞工街 34 号	110021
51	沈阳中心庙	2A	84841659	84841659	沈河区中街东路	110011
52	沈阳珍珠湖	2A	87777772	87777773	辽中县刘二堡镇	110200
53	沈阳市李相新城生态园	2A	24740981	24740981	东陵区(浑南新区)李相镇	110174
54	沈阳三山梅花鹿园旅游景区	2A	89296633	89286133	于洪区平罗街道北三台子村	110141

(秦　岩)

沈阳市旅游星级饭店一览表

五星级饭店(8 家)

单位名称	负责人	电话	传真	地址	邮编
沈阳皇朝万豪酒店	文　凯	23883456	23880677	和平区青年大街 388 号	110003
沈阳中山皇冠假日酒店	吴蔚人	23341999	23341199	和平区南京北街 204－208 号	110001
沈阳丽都索菲特酒店	施　乐	23188888	23188000	和平区青年大街 386 号	110004
沈阳黎明国际酒店	刘樵洛	24359999	24359000	大东区长安街 10 号	110042
沈阳凯宾斯基饭店	寇德甫	22988988	22988101	沈河区青年大街 109 号	110014
东北大厦	刘庆军	62508888	62508882	沈河区哈尔滨路 99 号	110013
北约客维景国际大酒店	李　江	89305555	89305678	和平区同泽街 35 号	110001

四星级饭店(24 家)

单位名称	负责人	电话	传真	地址	邮编
沈阳凯莱大酒店	王　晨	22528855	22521112	沈河区北站迎宾街 32 号	110013
沈阳盛贸饭店	左治平	23412288	23411988	和平区中华路 68 号	110001
沈阳格林大饭店	朱铁平	22576688	22522288	沈河区北站路 72 号	110013
沈阳金都饭店	史　吏	23510888	23510580	和平区太原南街 189 号	110001
沈阳高登大酒店	甄小白	22818888	22818866	沈河区青年大街 52 号	110014
沈阳假日酒店	吴蔚人	23341888	23341188	和平区南京北街 204 号	110001
沈阳时代广场酒店	包国强	22532828	22531950	沈河区北站路 99 号	110013
沈阳世星国际饭店	许竹青	62135555	62135888	铁西区启工街 8 号	110026
沈阳七宝山饭店	王浩东	62266789	62538866	和平区十一纬路 79－81 号	110003
辽宁凤凰饭店	王清华	86105858	86105340	皇姑区黄河南大街 109 号	110031

单位名称	负责人	电话	传真	地址	邮编
辽宁大厦	张幸贵	86081166	86809355	皇姑区黄河南大街105号	110031
辽宁政协会馆	周　丽	86293888	86293555	皇姑区崇山东路73号	110032
沈阳玫瑰大酒店	李长清	24898188	24898060	沈河区中街路201号	110011
沈阳金厦酒店	高世星	82978888	82978053	沈河区大西路289号	110014
辽宁天都饭店	李春生	23296666	23296166	和平区南五马路238号	110006
辽宁瑞心国际城市酒店	尚宏桥	88598588	88598599	沈河区敬宾街3－3号	110013
沈阳市华人大酒店	刘　晨	23900000	23910099	和平区青年大街314号	110003
辽宁荣富饭店	刘　辉	25117777	25111177	铁西区北二东路17号	110025
沈阳沈飞宾馆	王仁泽	86598999	86598881	皇姑区陵北街1号	110034
沈阳天伦瑞格酒店	王显峰	24876666	24876999	沈河区朝阳街23号	110011
沈阳迎宾馆	单承平	22805588	22805603	沈河区北三经街9号	110013
沈阳悦客来柏晶酒店	王勇力	31515888	31515688	皇姑区华山路93号	110031
沈阳南阳华人国际酒店	刘春明	23922222	23811188	和平区和平北大街176号	110003
沈阳天丰国际酒店	刘　健	86678888	25610799	铁西区兴华南街31号	110023

三星级饭店(53家)

单位名称	负责人	电话	传真	地址	邮编
辽宁宾馆	李树明	23839166	23839103	和平区中山路97号	110001
沈阳鸿翔宾馆	龚云桃	24018888	24018855	沈河区万柳塘路53号	110015
辽宁省华峰宾馆	余星明	31519696	31519322	皇姑区崇山东路32号	110032
沈阳亚泰大酒店	王连伟	24897777	24897878	沈河区沈阳路265号	110011
沈阳空港来登饭店	高　晶	89398866	89397988	东陵区沈阳桃仙国际机场	110169
沈阳鸿宇山庄	徐　强	88055051	88055065	棋盘山风景区	110013
沈阳市紫薇仙庄	许绍文	89591100	89591122	苏家屯区佟沟乡	110003
沈阳金海岸大酒店	邢　巍	25300688	25305688	于洪区黄海路35号	110141
沈阳华苑大酒店	韩　晶	89135632	89135647	苏家屯区海棠街39号	110101
辽宁工会大厦	张　健	62235999	62234828	皇姑区崇山东路40号	110032
辽宁东盛大厦	李庆发	62236666	62236565	沈河区北京街9号	110013
沈阳瑞心东方酒店	纪　澄	22583333	22583777	沈河区北站路112号	110013
沈阳民航宾馆	张　彤	88291888	88291333	大东区小河沿路3号	110043
沈阳邮政大厦	朱铁平	22593333	22593077	沈河区北站路78号	110013
辽宁省人民大厦	常　锋	86681666	86223148	皇姑区崇山东路41号	110032
辽宁金三角饭店	张　明	23292288	23292002	和平区中华路43号	110001
辽宁瑞心快捷北站酒店	尹世平	62231888	62232888	沈河区北站路102号	110013
沈阳文华酒店	李剑英	87888886	87898889	辽中县东环街59号	110200

单位名称	负责人	电话	传真	地址	邮编
沈阳金辉大厦	李春祥	62256666	62256666	和平区南八马路27号	110005
辽宁省老道口大厦	马　海	62100399	23404508	和平区胜利北街1号	110001
沈阳正兴宾馆	隋广友	22829988	22710513	沈河区一经街二纬路23号	110013
辽宁金剑宾馆	杨文凯	86686666	86686910	皇姑区崇山东路8号	110032
沈后金辉宾馆	朱　娟	25688688	25688666	铁西区沈辽东路34号	110021
沈阳金山宾馆	于宏斌	31313333	31313399	和平区昆山北街62号	110001
沈阳雷格酒店	石　更	22946666	22919998	沈河区沈洲路2号	110011
辽宁瑞心商旅东旭酒店	关长新	23299188	23299088	和平区南京南街40号	110001
沈阳金杯汽车大厦	于　海	23868888	23879582	和平区中华路57号	110001
沈阳金星宾馆	王宝农	62101111	62101187	和平区太原北街9号	110001
沈阳金城宾馆	袁小孟	23168888	23168777	和平区太原北街1号	110001
沈阳金利宾馆	高国福	23911171	23051690	沈河区文化路83号	110016
辽宁金科大厦	马英华	23898880	23907788	和平区文化路19号	110004
辽宁大剧院宾馆	李长青	22735688	22743953	沈河区市府大路363号	110013
辽宁国大酒店	王　云	86399000	86398898	皇姑区昆山东路28号	110032
新民市迎宾馆	崔天朗	87856427	87859928	新民市辽河大街135号	110300
沈阳科隆酒店	闻绍辉	24896666	24896699	沈河区朝阳街238号	110011
沈阳兰亭宾馆	周　放	86395888	86395858	皇姑区北陵大街37号	110032
沈阳北辰大酒店	吴　波	88522425	88556428	沈河区惠工街169号	110013
辽宁省柳湖宾馆	吕晓民	31015566	86895756	皇姑区崇山东路30号	110032
沈阳市和平宾馆	孙海树	23498888	23498202	和平区胜利北街104号	110001
沈阳毓英楼宾馆	姚宝龙	31297888	31297888	沈河区六纬路23号	110014
辽宁东湖度假村	范达方	88050209	88057788	棋盘山风景区秀湖南岸	110163
辽宁杏林苑宾馆	陈艺信	88051238	88051258	棋盘山风景区满堂乡观音阁村	110163
沈阳中城商务酒店	楼国玮	31809777	31809808	铁西区景星南街38号	110021
沈阳军交大厦	张贵发	22582666	22582699	沈河区北站路110号	110013
沈阳市共达宾馆	于　欢	24344377	24327292	大东区东顺城街17号	110024
辽宁阳光宾馆	宫德敏	86198888	86198103	于洪区长江北街56号	110036
新民市丽景宾馆	李英波	0427－7560666	0427－7560744	新民市兴隆堡沈阳采油厂	110316
神鹏国际商务酒店	马广红	27037777	27125072	法库县南大街	110418
辽宁省玉龙山庄	柯　巍	88058008	88058018	棋盘山国际旅游开发区秀湖北岸8号	110164
沈阳圣有声大酒店	于　含	23300570	23328000	和平区砂山南路5号5甲	110005
沈阳军区金泉宾馆	周义军	28889666	25653097	铁西区云峰街45号	110021
沈阳市康平宾馆	齐丽艳	87325656	87325858	康平县康平镇建设街	110500
沈阳地中海印象酒店	柯　妍	89799555	89764567	沈北新区马刚乡洋什水库	110121

二星级饭店(11 家)

单位名称	负责人	电话	传真	地址	邮编
沈阳宾馆	李曙光	86688888	86688007	皇姑区泰山路 2 号	110033
沈阳天源宾馆	黄晓辉	88559988 - 6666	88530899	沈河区惠工街 235 号	110013
沈阳怪坡金源宾馆	章志刚	89758158	89758277	新城子区怪坡风景区	110121
沈阳石化大厦	骆　巍	86298000	86241748	皇姑区长江街 17 号	110031
沈阳铁建宾馆	毛树伟	88530560	88556839	沈河区敬宾街 3 - 1 号	110013
沈阳市政府招待所	马瑞霞	24849575	24844201	沈河区正阳街 212 号	110011
沈阳市国兴大酒店	姜　军	25305858	25308488	于洪区黄海路 46 号	110141
沈阳金碧大厦	吴兰英	25361188	25819406	于洪区沈新路 188 号	110141
沈阳市老天合宾馆二部	臧运元	84183000	24807138	沈河区热闹路 62 号	110011
沈阳市老天合宾馆	臧运元	24807158	24807138	沈河区热闹路 60 号	110011
沈阳翔云楼宾馆	王发山	28863335	86860145	皇姑区北陵大街 9 号	110032

一星级饭店(4 家)

单位名称	负责人	电话	传真	地址	邮编
沈阳泉银宾馆	朱国辉	24839800	24314148	大东区小河沿路 68 号	110042
沈阳翰皇国际商务酒店	杨仁寿	88596000	88596166	大东区北顺城路 188 号	110041
法库宾馆	陈国红	87103555	87103555	法库镇兴法路吉祥街	110400
辽宁红霞宾馆	江登云	23231099	23225503	和平区光荣街 26 号甲	110003

农 村 经 济

综 述

【农业农村经济发展】 2013年，沈阳市8个涉农区、县(市)地区生产总值实现3185亿元，增长9%，对全市经济增长贡献率达到39.6%。公共财政预算收入实现304.5亿元，比上年增长13.5%；固定资产投资实现3505.9亿元，比上年增长16.1%。农民人均纯收入比上年增长10.9%，达到1.45万元，高于城市居民人均可支配收入增长水平。

1. 农业综合生产能力逐步提升。农业生产实现“十连丰”，粮食总产量达到41.05亿公斤。蔬菜产量达到576.1万吨，肉、蛋、奶、鱼产量分别为105.9万吨、79.3万吨、50.9万吨19.4万吨，畜牧业产值实现329.3亿元，有力地保障了城乡居民农产品的有效供应。一是贯彻落实各项强农惠农政策。及时准确发放粮食综合直补、良种补贴、农资综合补贴资金8亿多元，完成各类农作物播种面积67.83万公顷，其中粮食作物51.55万公顷，蔬菜播种面积8.61万公顷。二是实施粮食高产创建工程。全年共建设省级以上高产示范区98个，建设市级示范区10个，总面积9公顷，项目区玉米、水稻平均亩产高出平均水平54.7%和25.4%。三是提高农机装备水平。争取国家及省、市农机补贴资金1.8亿元，全市农业机械化综合水平达到75.5%，建设省级粮食生产机械化示范区4个，水稻机插秧率达到82.1%，机收率80%。四是推进玉米螟绿色防控全域覆盖，综合防治效果达到70%以上，为害损失控制在5%以内。

2. 农业结构调整成果得到巩固。全市粮经作物播种面积比维持在7:3左右，畜牧业产值比重占农业总产值半壁江山。一是种植业优势主导产业已经形成。蔬菜、花生、两瓜、树莓等高效特色农业面积稳定在20万公顷以上。二是畜牧业规模化养殖程度不断提高。规模养殖率达到66%，高于上年3个百分点。三是“一乡一业”发展成果得到巩固。61个“一乡一业”乡镇中有10个重点乡镇实现提质升级，法库“牛产业”荣获省级“一县一业”示范县称号。四是大力发展现代渔业。淡水养殖面积达到1.72万公顷，增长3%，建设水产养殖基地20个，渔业总产值增长7%。水产品产量19.4万吨，增长3.8%。

3. 设施农业实现不断提质升级。设施农业建设呈现出建设标准化、管理高效化、技术无害化和品种高端化等特点。一是全市新建和改造设施农业面积6333.33公顷，超年初计划35.7%，已建成千亩温室大区3个。新民新庄2500栋高标准温室大棚获批农业部全省惟一北方城市冬季设施蔬菜开发试点项目。二是高端、生态、特色农业不断涌现。沈北的莲雾、苏家屯林胜的龙胆草、康平东升林下黑木耳等成为种植新亮点。三是加强设施农业冬季生产能力建设。冬季生产面积达到2.67万公顷，总产量约80万吨，丰富和稳定了城乡居民的“菜篮子”。

4. 现代农业建设取得新进展。全面推进“三带”建设，全市共建成省级现代农业示范基地49个，主要农作物和畜禽的良种覆盖率达到98%，新民市、法库县被评为省级现代农业示范区，“三带”成为引领现代农业发展的新的增长点。一是蒲河生态经济带现代农业体系逐步完善。按照“四化”同步原则打造的现代农业景观带和产业带，上游观赏作物、中游稻米果蔬水产、下游花卉养殖的产业布局初步形成。二是沈康现代农业示范带建设有序推进。以农业综合开发和基础设施建设为重点，实现了16个重点项目的集中开工，完成投资近10亿元。三是环城都市农业产业带建设取得突破。35个建设项目实施面积达到4200公顷，完成基础设施投入9.7亿元。

5. 农产品质量安全进一步提升。一是强化生产管理。绿色、无公害生产面积46.8万公顷。已有287家合作社在工商实现了商标注册，8个农产品获批国家地理标志。二是加强质量监管。深入实施蔬菜生产基地准出和市场准入制度，14家蔬菜生产基地通过采用“电子身份证”管理，实现产品可追溯。法库县获批国家级农产品出口质量安全示范区，辉山畜禽肉出口示范基地晋升为国家级。三是开展对瘦肉精、兽药饲料和生鲜乳专项整治行动，流通环节的畜产品监测批次比上年增加20%。在农业部例行的农产品质量监测中，沈阳市农产品合格率居全国137个大中城市的前列。

6. 县域经济实力逐步增强。全市加大重大项目、重点园区和产业集群建设的推进力度，同步推进工业化、城镇化，着力解决县域经济发展中遇到的重大问题，推进了县域经济的快速发展。全市涉农地区规模以上工业总产值实现8883.6亿元，增长14.7%，占全市比重达到64.9%。一是重大项目建设态势良好。新开工10亿元以上重大工业项目96个，完成投资473.5亿元，分别占全市的74.4%和59.8%。二是园区、产业集群建设力度进一步加大。20个工业产业集群实现销售收入4347.2亿元，增长14.9%，沈北农产品加工和法库陶瓷分别达到730亿元和550亿元，辽中有色金属、新民灯饰灯具2个集群进入百亿行列，康平塑编产业集群成为省级新型工业化示范基地。三是县城和新城新市镇建设步伐加快。一市三县房地产开发投资完成173.4亿元，增长17.2%。沈抚新城、大民屯新市镇等19个新城新市镇固定资产投资达到3514亿元，蒲河新城、永安新城成为全省样板。

7. 农村改革不断深化。一是推进土地规模化经营。规范46个土地承包经营权流转市场，流转土地1.63万公顷，累计流转面积占家庭承包面积的比例达到12.9%。二是壮大新型农业经营主体。

建立家庭农场42家，新发展农民专业合作社979家，累计达到4378家。种粮大户达到2632家。三是完善农业社会化服务体系。建成农业生产服务和农产品销售组织800余家，培育经纪人4.5万。

8. 农村环境明显改善。农村生态环境建设取得明显成效，城乡一体化进程进一步加快。一是农业基础设施投入不断加大。投入30亿元资金，实施了浑蒲总干渠整治、浑北灌区整治、灌区节水改造、小型农田水利等骨干工程397项。完成农田桥涵改造60座，完成节水增粮和滴灌节水工程5800公顷，荣获省农建"大禹杯"。二是实施"绿美沈阳"造林工程。造林绿化面积2.89万公顷，建设寒富苹果经济林4800公顷。实施"青山工程"。清退"小开荒"还林4066.67公顷、退坡还林8800公顷、围栏封育2760公里。实施"碧水工程"。对细河等5条水系进行综合整治，清运垃圾18万立方米，实现了"水清、河畅、岸绿、景美"的治理目标。实施辽河治理工程。开展支流河污染治理，干流水质持续良好。卧龙湖保护利用竣工项目17项，退耕还湿216.67公顷。三是加快农村新型能源建设。建设户用沼气池等项目4121处，建成省级生物质成型燃料炊事采暖试点村7处，辽中县冷子堡社甲村被农业部授予"现代生态农业创新示范基地"。四是积极创建生态乡镇和生态村。建成市级生态村205个，新增国家级生态乡镇19个，实施农村环境连片整治工程，整治行政村359个。

9. 农村社会事业稳步发展。农村教育、社保、医疗等民生支出达到26.6亿元，比上年增长9.5%。一是推进教育城乡一体化。建成乡镇中心幼儿园135所、乡村少年宫89所，启动实施的第二批百所学校提升工程农村学校占60%。二是巩固发展新型农村合作医疗。参合农民228.7万人，参合率达到99.17%。三是提高社会保障质量和保障标准。农村低保标准提高到2760元，增长11%。四是增强扶贫开发工作的实效性。投入资金4780万元，扶持贫困户1.2万户，减少低收入贫困人口2.04万人，贫困地区农民人均纯收入高于全市农民人均纯收入增幅4.5个百分点。

(邓　奇)

【社会主义新农村建设】 2013年，沈阳市坚持把新农村建设作为统筹城乡发展的重要举措，按照"生产发展、生活富裕、乡风文明、村容整洁、管理民主"新农村建设总体要求，以增加农民收入和改善农村生产生活条件作为根本目标，以示范村建设和村容村貌整治为切入点，加强农村基础设施建设，取得了明显成效。

1. 农民生活水平大幅提升。以产业发展为主线，推进强农惠农政策的贯彻落实，促进农民持续增收，农民人均纯收入连续8年以双位数增长，由2006年的5712元提高到2013年1.45万元，实现倍增。农民消费质量明显改善，生活水平大幅提高，食品消费支出随着收入的增加而逐年增长。

2. 现代农业发展成果显著。以蒲河生态经济带、沈康现代农业示范带、环城都市农业产业带为基本架构的，具有多功能的都市现代农业格局正在形成。全年新建和改造设施农业面积达到6333.33公顷，新发展花卉、食用菌、葡萄等特色小区51个，两瓜、树莓等高效特色作物种植面积稳定在20万公顷以上。绿色、无公害生产面积46.8万公顷，8个农产品获批国家地理标志。沈阳市获批农业部全省惟一北方城市冬季设施蔬菜开发试点。全市一乡一业达标乡镇61个，占全市乡镇总数的43%。继新民"梁山西瓜"之后，法库县"牛产业"再获省级"一县一业"示范县。

3. 农村生产生活环境明显改善。沈阳市从2007年起启动村镇基础设施建设，实施村屯连片整治示范工程239个，建成污水处理厂24座、县域垃圾填埋场5座和垃圾中转站40座，农村城镇污水处理能力达到80%以上，垃圾处理率达87%；新建农村改水880处，解决了农村90万人的饮水安全；大力普及推广"沼气"、秸秆气化等农村新型能源，户用沼气能源生态模式发展到3.5万户、生物质气化站发展到29个，沈阳市成为北方地区农村新型能源应用区域最广、效果最佳的城市；从2010年起，沈阳市启动了以产业发展、农民生活、环境建设和村风村貌为重点的新农村示范村创建工作，有176个行政村达到创建标准，其中107个村被评为省级新农村示范村。

4. 农村社会事业稳步发展。农村教育文化设施逐步完善。全面完成107所农村九年一贯制学校建设和质量再提升工程，新建文化馆、图书馆15个，乡镇文化站64个，村文化活动室1082个。农村医疗和养老保障水平进一步提高，沈阳是全国副省级城市中第一个以村为单位全面推行合作医疗工作的城市，康平县、法库县先后被列入国家新农保试点县。新农合政府补助标准达到240元，参合率达到99.1%。新农保基础养老金补助标准达到每月70元，一市三县农村低保、五保户年供养标准分别达到2480元和3240元。随着农村政务公开的规范化、社会治安环境的改善，农民对村务公开及对社会安全的满意度大幅度提高，两项指标分别为99.8%和97.8%。

(韩雪菲)

【县域经济】 2013年，全市涉农地区规模以上工业总产值实现8883.6亿元，增长14.7%，占全市比重达到64.9%。县域地区生产总值实现3185亿元，增长9%；公共财政预算收入实现304.5亿元，增长13.5%；固定资产投资实现3505.9亿元，增长16.1%；农民人均纯收入实现1.45万元，增长10.9%。

1. 优势产业集群规模快速壮大。20个工业产业集群实现销售收入4347.2亿元，增长14.9%，沈北农产品加工和法库陶瓷等分别达到730亿元和550亿元，辽中有色金属、新民灯饰灯具2个集群进入百亿行列，康平塑编产业集群成为省级新型工业化示范基地。

2. 园区承载力不断提升。21个工业园区完成基础设施投入44亿元，完善和新增面积20平方公里，入驻企业1660家，上缴税金49.7亿元。辉山经济技术开发区晋升国家级，法库陶瓷获批国家级循环化改造示范试点园区。

3. 重大项目实现迅猛发展。新开工10亿元以上重大工业项目96个，完成投资473.5亿元，分别占全市的74.4%和59.8%。双鹤药业、好丽友、娃哈哈启力相继竣工投产。

4. 培育壮大农产品加工龙头企业。新增市级以上农业产业化龙头企业30家，总数达到280家。辉山乳业成功在香港联交所上市，方瑞牧业有限公司和华美畜禽有限公司申报为国家级畜禽标准化示范场。全市规模以上农产品加工企业实现产值2794.3亿元，成为沈阳第二大支柱产业。

5. 引导农产品加工业快速发展。组织并编制了沈阳市农产品加工业五年发展规划(征求意见稿),起草了三年扶持政策(草稿)文件,农产品加工全产业链发展方向进一步明确。

6.强化产业招商。开展主题招商活动,重点引进功能性强、带动力大的项目。境内招商重点推进了香港亚洲果业、顺德长鹿集团、中国海升集团等11个农业项目,引资60多亿元。境外招商促成了辉山乳业与以色列SCR公司、富美莱花卉与荷兰花卉企业等10多个项目合作。全年新开工投资500万元以上农事项目117个,其中亿元以上项目22个。11个投资10亿元以上农产品加工项目完成投资108.5亿元,辉山乳业婴幼儿配方奶粉、百锦隆禽肉、方驰饲料、成达肉鸡、恒丰源生猪和吉隆玉米等6个项目相继建成投产。

(王剑锋)

【卧龙湖生态保护利用】 卧龙湖生态保护利用工作按照生态优先、完善功能、有效利用、持续发展的指导思想,在2012年启动16个建设项目的基础上,2013年卧龙湖生态区实施了35个建设项目,总投资9.97亿元,其中上级扶持资金5.4亿元,占总投资额的54%,35个项目中,卧龙湖退耕还湿200公顷列为2013年市政府为市民所办实事之一。

经过努力,2013年卧龙湖生态保护利用工作取得了阶段性成果,特别是在退耕还湿等17个项目建设上,实现了重大突破,卧龙湖的湿地生态环境已经得到全面恢复,滨湖大道、湿地公园、码头广场等一批基础设施项目相继完工,灵韵卧龙湖全新绽放,秀美康平展现迷人风采,卧龙湖生态保护区建设已初具雏形。

(张敏慧)

【一乡一业】 2013年,全市一乡一业达标乡镇61个,占全市乡镇总数的43%。继新民"梁山西瓜"之后,法库县"牛产业"再获省级"一县一业"示范县。

1.制定扶持政策,提高以奖代补资金额度。为推进一乡一业的快速发展,提高补贴和政策支持力度,沈阳市出台了《沈阳市贯彻落实中央1号文件强农惠农若干政策》(沈农经发〔2013〕24号),明确了对一乡一业乡镇的以奖代补政策。对当年达标乡镇给予的以奖代补资金由原来的10万元提高到15万元;对各区、县(市)每达标一个乡镇给予的以奖代补资金由原来的2万元提高到3万元。

2.制定验收细则,提高达标标准。按照申报和验收程序严格操作,突出主导产业特色,规范和提高了沈阳市一乡一业的标准,促进了一乡一业的发展。为明确申报和验收条件和程序,沈阳市出台了《2013年沈阳市一乡一业验收细则》(沈农经发〔2013〕49号)。细则中突出主导产业特色,要求其产值占农业总产值比重由原来的50%提高到70%,主导产业人均收入占农民人均收入比重由原来的40%提高到60%以上。同时对主要产品取得无公害(绿色、有机)等认证、农业专业合作社、龙头企业带动并参与到主导产业发展等方面都做出了规定。

3.围绕主导产业,培育和壮大一乡一业发展。经乡镇自行申报、各区县(市)人民政府认定上报、经市农委、市财政综合评价验收后,确定全市达标乡镇10个。其中苏家屯区1个(永乐街道),新民市4个(大民屯镇、前当堡镇、公主屯镇、梁山镇),辽中县3个(冷子堡镇、刘二堡镇、养士堡镇),法库县1个(包家屯镇),康平县1个(海州窝棚乡);按产业划分,种植业7个,水产业2个、畜牧业1个。

(曹　敏)

【都市农业】 围绕建设与国家中心城市发展相协调、具有鲜明地域特色的现代都市农业的总体战略,依托蒲河生态经济带、沈康现代农业示范带、环城都市农业产业带,以主城郊区为优先发展区,编制发展规划,制定扶持政策,组织项目实施,有效推动了都市农业发展进程。

1.都市农业生产功能不断升级。通过发展设施农业、高效特色农业,积极推进传统农业向都市农业转型升级。截至2013年底,全市设施农业面积达到12.87万公顷;万寿菊、树莓、三樱椒等特色种植面积稳定在20万公顷以上,辐射带动了周边主导产业发展。而从形态上看,承担着先行先试、科技创新、示范推广等重要功能的都市农业园区,集中体现了都市农业发展水平和特点。2013年,全市新、扩建都市农业项目53个,完成投资额25.28亿元,其中,于洪区大德农博乐园、辽中县世外桃源温泉度假小镇、新民市城市公社等投资千万元以上项目41个,日光温室1066.67公顷,恒温室18.2万平方米;苜蓿、万寿菊、中草药等特色种植2200公顷。

2.都市农业生态功能不断增强。沈阳市提出了依托"三带",以产业改善生态,以生态带动产业的方针,优化都市农业产业布局。一是鼓励种植兼具生态效益和经济效益的花卉、苗木等作物,将沈北稻田画视为人工湿地、苏家屯紫苏叶视为人工菜园、康平寒富苹果视为人工森林,构筑了城市绿色生态保障。二是积极推进农业标准化生产,重点打造高产生态农业。三是采取配方施肥和无公害技术,减少农业污染排放,构建以沼气为纽带的循环农业模式。

3.都市农业生活功能不断拓展。都市农业的节庆活动作为农产品品牌营销、农民增收的一种新业态,受到广大农民与市民的共同关注。沈阳市成功打造了梁山西瓜节、兰花节、稻米节、湿地旅游文化节、都市农业一日游等农业节庆活动,将单纯的农业生产拓展为多功能体验,让市民充分体验收获乐趣,让农民直接面对消费市场,实现了市民与农民的共赢。2013年,解决就业4.45万人,其中农民3.58万人,带动农户2.6万户,直接提高了农民生活水平。

4.都市农业休闲功能不断完善。充分利用农业生态资源丰裕、山青水绿、遍地温泉的优势,大力开发都市农业的休闲功能。全市现有农家乐326家、休闲农庄32个、综合农业园区50个,资产总额达32.42亿元,年营业收入10.45亿元,年利润总额3.85亿元,年接待游客346.1万人次,辽中县被评为全国休闲农业示范县,沈北新区、于洪区和苏家屯区被评为省级休闲农业示范县(区),苏家屯区乐农庄园、沈北新区紫烟薰衣草庄园被评为全国休闲农业示范点,于洪区小韩村温泉会所、辽中县世外桃源温泉度假村被评为省级休闲农业示范点。

(卢学义)

【蒲河生态经济带】 蒲河生态经济带建设启动以来,沿线地区已经成为引领沈阳市现代农业发展的重要新引擎。

一是农业布局逐步完善。为提升农业产业结构,发展绿色生态经济,生态经济带沿线地区围绕苜蓿草种植基地、紫烟熏衣草庄园等重点项目,结合农林牧渔生产、农业经营、东北传统文化及农家生活,初步形成了上游观赏作物,中游有机稻米、果蔬水产,下游花卉养殖为主的四大特色经济区布局。

二是现代农业园区快速发展。作为传统农业向现代农业转变的重要平台和载体,生态经济带沿线地区各园区发展迅速。棋盘山观光农业园区,按照风景旅游区总体规划,结合村屯改造,观光型都市农业已初步成型;光辉现代农业示范区注重壮大农业专业合作社、发展多种形式的经营模式,积极引进和推广新技术、新品种,世界农业博览园、国际良种示范园、高效农业种植园等园区初具规模;新民果蔬水产经济区,采用规范化养殖、无公害生产、标准化生产和产业化经营,农业现代化格局初步体现。

三是特色农业增长取得新进展。充分利用蒲河自然环境资源,发挥于洪区、辽中县国家级现代农业示范区和沈北新区国家农产品加工基地的示范和带动效应,经济带地区特色化、产业化发展全面推进。都市观光休闲农业、绿色有机种植业、生态健康养殖业及农产品加工业等产业得到快速发展。一乡一业乡镇达到27个,实现了全覆盖,新民市被省政府评为一县一业示范县。农业产业得到快速发展。大民屯逐步成为东北绿色蔬菜供应基地、国家级社会主义新农村示范区。沈北生态观光农业产业发展迅速,成功举办了首届观光节,吸引游客预计达到50万人次,网络点击率突破100万人次,已成为沈阳都市农业发展的新名片。

(田　野)

【沈康现代农业示范带建设】 2013年,沈康现代农业示范带建设以农业综合开发和基础设施建设为重点,实现了16个重点项目的集中开工,完成投资近10亿元。沈北新区前进万亩日光温室示范区、达连生态绿花园、黄家绿色高产水田示范区、法库孟家设施农业示范园区、康平万亩寒富苹果等一批项目的引领作用日益显现。

1.带动了农业产业结构调整。示范带建设前,项目区受生产条件限制,在种植结构上以水稻和玉米为主。示范带建设因地制宜,大力加强基础设施建设,通过打井、办电、修路、铺设管道等工程措施,大大提高了项目区的生产能力,也为产业结构调整提供了基础条件。在现在的示范带上,除水稻和玉米外,已经形成了4000公顷寒富苹果、1333.33公顷花生、2066.67公顷设施农业的生产示范区。

2.提高了农民种植收入。基础设施建成投入使用后,改善了农业生产条件,提高了农业生产能力。沈北新区水稻项目区比往年平均亩增产50公斤左右,法库县水稻项目区比往年平均亩增产100公斤左右,法库县和康平县玉米项目区比往年平均亩增产150公斤左右。康平县花生项目区比往年平均亩增产50公斤左右,按每公斤7元计算,每亩增收350元。水田区通过打井、办电和渠道衬砌,减轻了劳动强度,提高了水利用效率,降低了用水成本,平均每亩节省生产成本100元以上。

3.降低了极端天气条件对农业生产的影响。示范带建设前,项目区水利设施普遍存在灌溉配套工程数量少、灌排水设施年久失修等问题,农业生产抵御自然灾害的能力很差。道路均为土路,雨季道路泥泞、翻浆,难以满足农产品运输和农业机具通行的需要,严重影响春耕和秋收。示范带通过基础设施工程建设,改善了项目区的生产条件,实现了路通畅、旱能灌、涝能排。

4.示范了一批科技项目。结合项目区种植结构特点和示范带建设实际,全年在示范带上组织实施了沈北新区优质高产水稻新品种引进及配套高产高效综合技术示范推广项目、法库玉米高产栽培综合配套技术示范推广项目、康平花生新品种引进及高产高效技术示范推广项目等20个科技项目。

5.吸引了农事企业的进入。示范带建设通过修建渠、井、电、路、桥、涵等农田基础设施,提高了农田生产条件,吸引了农事企业的投资。通过示范带建设,前进农场盘活了多年没有效益的366.67公顷林地,招商建成了80公顷亚热带水果基地和286.67公顷苗木基地,农场年收益330万元,解决了农场职工养老保险支出等问题。沈北新区项目区内原有的锡伯族现代农业示范基地全年扩大生产面积40公顷。法库县引进沈阳康福食品有限公司进行绿色食品生产,项目总投资达1.5亿元。康平县引进沈阳景灏集团建设设施农业科技园项目,建设1000栋日光温室,总投资7500万元。法库县设施农业项目区招商引资工作已经完成。

6.助推了农民合作社的快速发展。沈北新区通过示范带建设,提高了水稻生产基础条件,加速了土地流转,项目区内水稻种植大户显著增加,新成立专业合作社16家,提高了水稻规模化种植、机械化生产、专业化分工、集约化经营、信息化管理的水平。法库县成立了皇庄水稻专业合作社,实行水稻集中工厂化育苗,育苗面积6.67公顷,建设大棚60个,实现了水稻生产"统一品种、统一育秧、统一插秧、统一施肥、统一收割"的"五统一"和全程机械化生产,建成高产高效、优质绿色的水稻生产基地。康平县在项目区内共成立各种农民专业合作社组织21个,其中:寒富苹果合作社8个、蔬菜合作社3个、花生合作社10个。在项目区带动下,全年全县各类农民专业合作社新增52个,合作社组织给农民集约化生产带来新的生机。

(财政局)

【农民专业合作社】 2013年,全市新增合作社797家,注册的农民专业合作社4378家,出资总额29.9亿元,入社成员近16万人,服务带动27万农户,占农户总数的近30%。全市农民专业合作社经营收入为18.56亿元,实现盈余4.22亿元,通过盈余分配向成员返还盈余4.11亿元,合作社成员年平均收入1.57万元。

1.积极调整完善有关涉农惠农的标准及意见,加大奖补力度。根据2013年的《沈阳市贯彻落实中央一号文件强农惠农若干政策》,对农民专业合作社市级示范社标准进行适当调整,并出台相应的实施意见。在强农惠农政策中,首次提出对实施农产品粗加工、整理、储存和保鲜等项目的农民专业合作社,以奖代补的方式给予资金扶持。通过对区、县(市)上报的合作社项目的预审、实地考核、验收,最终对26家农民专业合作社的项目拨付208万元以奖代补资金扶持。争取到国家级扶持资金20万元,省级扶持资金480万元,市级资金428万元。

2.开展国家、省、市农民专业合作社示范社评选活动。全市有10家农民专业合作社被评为市"AAA"级示范社,有20家农民专业合作社被评为市"AA"级示范社;对27家贫困乡镇的"A"级示范社进行了扶持。

3.努力为农民专业合作社建设发展排忧解难。为解决专业合作社发展融资困难这一"瓶颈"问题,沈阳市实施农民专业合作社贷款贴息优惠政策,为68家贷款的合作社给予贴息，总计拨付农民专业合作社贷款贴息资金218万元。

(王 扬)

【粮食直补】 2013年，全市粮食综合直补资金规模为7.12亿元(其中，粮食直补规模1.65亿元，农资综合直补规模5.47万元)，补贴面积3.64万公顷，亩均补贴86.92元；补贴农户64.55万户，户均补贴1103.77元；补贴人数237万人，人均补贴300.63元。

1. 规范补贴资金发放程序。为保证粮食直补和农资综合补贴面积的准确性，切实将惠农的好事办实，全市统一了核定、公示、审批的粮食直补业务操作程序，并明确了具体工作要求。

2. 严格资金管理。为保证补贴资金的安全发放，对粮食直补和农资综合补贴资金做到封闭运行，专款专用，逐级划拨资金，确保补贴政策落到实处。

3. 加强政策宣传力度。为了使补贴政策家喻户晓，取得广大种粮农民的理解、支持和配合，市、县、乡三级政府高度重视，充分利用电视、广播、报纸、标语等媒介，加强政策宣传，广泛宣传粮食综合直补的补贴范围、依据、标准以及资金兑付办法、工作时间安排等内容。

4. 加大监督检查力度。为确保粮补资金安全发放，粮补工作期间，市财政局、市农经委、市农信成立了联合检查组，在全市范围内进行跟踪检查，并公布咨询电话，发现问题及时解决，确保无截留、挤占、挪用补贴资金问题发生。

(王 扬)

【家庭农场】 家庭农场作为新型农业经营主体的新尝试，在沈阳市应运而生。截至2013年底，沈阳市共注册发展家庭农场43家。其中，法库县、康平县分别发展为17和14家。

一是启动较快。继3月1日，辽宁省首个家庭农场——盘锦市大洼县宝振水稻种植家庭农场成功注册后，沈阳市法库县农经局会同法库县工商局，于3月15日审批了第一批5个家庭农场，分别为：三兄弟玉米、田源水稻、金花蔬菜、润农花卉、康福蔬菜种植家庭农场。二是产业类型多样。有种植业、养殖业、种养结合、休闲农业等。康平县旭东家庭农场，采取的非洲雁+木耳+鱼塘+果树的经营模式，具有较强的示范带动性，被沈阳日报作为典型进行了宣传。三是土地规模较大。康平县14家家庭农场土地经营总面积达479.67公顷。2013年3月，法库县举办了培育家庭农场产业培训班，在全省率先推出首批家庭农场，平均每家经营规模达40公顷。其中，法库县三兄弟玉米种植家庭农场土地经营规模达200公顷。四是前期投资规模较大。沈阳市家庭农场投资规模较大。新民市8个家庭农场总投资为2395万元，最多为梁山弘盛源家庭农场为1500万元。法库县金花蔬菜种植家庭农场、法库县康福蔬菜种植家庭农场均投资2000万元。康平县金花养殖家庭农场投资2550万元。

(王 扬)

【土地承包管理】 截至2013年底，全市农村有1447个行政村完成了土地延包完善工作，占应有延包任务村总数的99.7%。在应落实家庭承包制近55.2万公顷耕地面积中，已经完成延包的土地面积为54.8万公顷，已占应落实延包土地总面积的99.3%；发放土地承包经营权证68.9万册，占应发农户总数的99.6%，其中新证67.7万册，占应发总数的98%。

1. 下大力气解决二轮土地延包遗留的疑难问题。重点解决机动地超标及长期发包短期内无法收回问题、外出务工人员未获得二轮承包地并需要长期候地问题、迁入小城镇落户人员的承包资格确认问题、近郊农村集体土地股份制操作不规范问题等。

2. 妥善解决因人口变动，承包地被征占而引发的"人地矛盾"问题。重点解决因为无地可分造成的十多年未给新生儿调整土地问题、由于土地承包时间差的原因造成的婚嫁人员"两头无地"问题、以及"后迁入农户"的土地承包权问题等。

3. 严格规范农村集体征地补偿费在集体内部分配、使用管理。

(崔利兴)

【土地承包仲裁】 截至2013年底，全市各级农村土地承包纠纷仲裁机构共受理土地承包纠纷案件348件，其中调解238件，仲裁110件。

1. 加快农村土地承包仲裁投入，不断夯实工作基础。各区、县(市)政府从农经或农业部门内部调整编制、人员，充实仲裁机构，并为仲裁庭的设立、车辆的配备等投入了必要的经费。沈阳市市、县两级在土地承包仲裁建设项目上共投入经费230余万元，用于基础设施建设、工作人员培训和仲裁工作办案，从而为农村土地承包仲裁工作的正常开展打下了坚实基础。

2. 加强部门协调与沟通，建立工作联动机制。各区、县(市)农经部门加强与纪检监察、司法、信访等部门的联系，建立多部门协调解决土地承包和流转重大问题的工作机制，及时调处矛盾复杂而棘手的涉地纠纷案件，使多年遗留的老大难涉地信访案件得到了处理。农村土地承包仲裁工作的开展，极大地方便了农民群众就近就地解决涉地信访问题，不仅大大降低调处农村涉地信访案件成本，也减轻了各级党委和政府信访工作的压力，对维护农村社会稳定发挥了十分重要的作用。

(崔利兴)

【土地承包经营权流转】 2013年全市共完成土地流转面积7.13万公顷，占家庭承包经营耕地面积的12.9%。土地流转市场建设工作有了进一步加强，完善了已有的46家土地流转市场，做到了制度、程序、流转信息上墙，档案、合同录入微机，人员定岗等基础工作。

1. 出台土地流转激励政策，推动土地流转工作。市农经委出台了《沈阳市贯彻落实中央一号文件强农惠农若干政策》(沈农经发【2013】24号)和《2013年沈阳市农村土地承包经营权流转奖补政策暨验收细则》(沈农经发〔2013〕100号)，对在土地流转中心备案且流转期限在5年以上的流转土地，用于发展设施农业、农产品加工等相关项目的，市财政对当年新增流转面积达到33.33公顷以上的村或合作社给予一次性以奖代补资金10万元；市财政对当年新增流转面积达到333.33公顷以上的乡镇给予一次性以奖代补资金10万元。全年各区县(市)共有112个合作社、村和乡(镇)进行了申报，经过初审、复审和实地验收最后评出72家符合奖励标准，发放以奖代补资金720万元。

2. 创新工作思路，完成土地承包经营权试点任务。新民市陶屯镇被列为全国整乡推进农村土地承包经营权登记试点单位。他们采用先进的动态GPS定位系统，测绘出每户承包地块的四至图，并开发出土地承包管理信息系统，该系统已被农业部列为全国重点推广应用的四个软件之一。为使试点工作顺利进行，在国家、省给予的配套经费外，市财政部门又给予了15万元的试点配套经费。

（刘芳利）

【一事一议】 2013年，沈阳市按照辽宁省政府统一部署，继续深入开展村级公益事业建设一事一议财政奖补工作，通过一年的抓实工作，圆满地完成了全年的工作任务。

一、开展村内道路建设工作

沈阳市一事一议财政奖补仍以沥青和水泥路面的村内道路建设为主。全市实际安排一事一议财政奖补村内道路建设项目498个，里程401.5公里，桥梁4座计38延长米，涉及53个乡镇，125个村，总投资1.53亿元，需各级财政奖补资金1.21亿元，其中：省以上8729.2万元，市1725.6万元，区、县（市）1622.6万元。

1.加强和规范村民筹资筹劳。为配合搞好工程招投标、奖补资金拨付使用、计划规划编制、检查验收和评比表彰等工作，及时转发、制定、批复了一系列政策制度和项目编制计划，工作机制得到进一步健全。

2.强化监督检查。为配合市财政局、市交通局联合验收组的工作，市农经委通过查阅档案资料、调阅有关账目、核查工程现场、询问受益村民等方式，全面完成了2012年财政奖补项目的复核验收。

3.顺利通过省检查组的检查。由省财政厅、省交通厅、省农委组成的省联合检查组检查了沈阳市法库县和新民市2012年一事一议村内道路建设情况，听取了沈阳市本级和相关县（市）财政、交通和市农经委三个部门的工作汇报，实地抽验了法库县大孤家子和五台子镇以及新民市张屯和柳河沟镇的部分村路，得到了省检查组的充分肯定。

二、积极探索美丽乡村示范村创建工作

1.按照省统一部署，积极开展项目申报工作。沈阳市按照省农村综改办、省农委、省财政厅的要求，积极组织四县（市）开展一事一议财政奖补美丽乡村示范村建设申报工作。市财政、市农经委共同召开全市一事一议财政奖补美丽乡村示范村建设工作布置会。在村级组织民主议事、乡镇政府推荐申报的基础上，经四县（市）财政、农经部门实地考察和审核、筛选，市财政局、市农经委复核确认，并报省综改办、省农委审批。沈阳市共安排一事一议财政奖补美丽乡村示范村28个，其中：补助标准为100万元的村12个，补助标准为50万元的村16个。为发挥示范村的引领作用，市财政额外拿出一部分资金，将50万元补助标准提高到70万元。全市共争取各级财政奖补资金2320万元。

2.强化资金管理，规范项目招投标管理。为进一步做好美丽乡村工作，市农经委、市财政局联合下发了《关于进一步做好一事一议财政奖补美丽乡村示范村项目实施工作的通知》（沈农经发〔2013〕117号），强化项目程序管理及项目建成后的后续管理。各区、县（市）对美丽乡村示范村项目进行全面规划，同时规范项目招投标管理。

（周　莹）

【农村集体“三资”管理】 根据中央提出的“健全农村集体资金、资产、资源管理制度，做到用制度管权、管事、管人”的要求，沈阳市围绕服务、管理、指导、监督等主要职能，不断研究探索，建立起一套较为完善的管理体系。

一、创新管理体制，健全管理体系

1.进一步完善了“三资”委托代理工作制度。规范了村级重大事项民主决策流程，建立了决策事项申报制度，完善了村级民主决策事项审核备案制度，确保民主决策按程序实施。

2.健全了村级财务预决算、支出制度，审计监督制度，资产清查登记评估和经营制度，资源发包转让和开发利用公开协商、公开竞价、招标投标制度，台账管理、人员培训、跟踪督办制度等。

3.制定“三资”代理服务中心工作规范。建立岗位责任制度，完善档案管理和微机管理制度。制定村级大额资金使用标准。建立健全村级公章委托乡镇“三资”代理服务中心统一管理使用制度。建立责任追究和投诉举报制度。

二、创新管理机制，发挥民主监督、审计监督职能

1.充分发挥村务监督委员会民主监督的职能，从村务活动“两委”治理向“三委”治理模式发展，重点完善“三资”管理重大事项民主监督内容、形式。主要包括：一是农村集体经济组织的年度财务预决算和收益分配方案，“三资”经营方式的确定和变更，资产处置、重大投资、产权制度改革等事项，依法召开本集体经济组织成员的全体村民会议或村民代表会议，履行民主程序；二是逐月公开“三资”运营情况。重大事项及时公开，接受全体村民监督；三是村务监督委员会参与制定本村的财务收支预算计划，参与村内重大财务事项决策，对“三资”管理事项进行理财审核，对使用和收益分配不当的，提出整改意见，并督促有关责任人落实整改，定期向全体成员报告理财结果。

2.全面开展农村集体“三资”管理审计。各级农村经营管理机构对村集体经济组织经济活动、财务管理、资金的使用和收益分配开展审计，对农民群众反映强烈的“三资”问题进行重点审计，对村干部离任审计。对近郊村重点加强征地补偿、公司经营等大额资金，及建筑物、商业网点等资产经营的审计监督；对远郊村重点加强一事一议公益事业建设、家庭农场建设、合作社建设、土地流转等财政扶持补助资金，及工商企业在农村进行大规模土地流转活动中是否侵犯农村集体利益的审计监督。

三、创新管理方式，实现农经网络监测系统对“三资”管理的全覆盖

沈阳市农经网络监测系统是辽宁省惟一实现全市联网的农村“三资”网络管理系统，主要由村级财务管理、村级债务控制化解情况动态监测、土地承包管理三大系统构成，该系统建立了全面覆盖市、区县（市）、乡镇（街道）、村四级的农经互联专网，共搭建了167个信息专网结点，将全市1932个村集体经济组织的资金、资产、资源管理纳入信息化、规范化轨道。

（方朝明）

【减轻农民负担】 2013年，沈阳市以维护农民合法权益为中心，以规范涉农收费为重点，以强化监督检查为手段，确保强农惠农补贴能够及时发放到农民手中，全市农民负担控制在较低水平。

一、继续抓好农民负担监管工作

1.实行主要领导亲自抓、负总责的工作制度。加强组织领导，层层落实责任，坚持实行减轻农民负担“一票否决”制度，继续保持减轻农民负担的高压态势。

2.严格执行农民负担监督管理。做到定期清理、梳理涉及农民负担的收费文件；创新公示形式，适时更新公示内

容,确保公示效果;严格执行农村公费订阅报刊"限额制",坚持自愿订阅,严禁摊派发行;实行涉及农民负担案件"责任追究制",确保无一起因违反减轻农民负担政策,引发恶性事件、严重群体事件或造成重大影响案件。

3.实行农民负担信访案件举报制度。对关系农民切身利益的强农、惠农政策在政府相关网站上进行信息发布,同时,公开咨询举报电话,畅通农民诉求通道。

二、规范一事一议筹资筹劳工作

按照中央、省要求,以市减负领导小组办公室名义下发了调整村民一事一议筹资筹劳限额标准的文件,明确一事一议筹资限额标准,严格执行。文件规定村民每年每人筹资不得超过50元,村民每年每个劳动力筹劳不得超过10个标准日。以资代劳工价标准按照全省统一规定为每劳每工日50元。

三、积极开展沈阳市农民负担大检查工作

1.做好强农惠农资金发放检查。把挪用、挤占、克扣各类补贴作为一条"高压线",确保农民各项补贴资金及时足额发放到位。

2.开展保障农村贫困群众基本生活检查。从2007年开始,沈阳市连续6年提高农村五保供养标准,改善农村困难群众生活状况。对政策的落实进行检查。

3.落实好农民工子女各项教育政策。将农民工子女纳入义务教育"两免一补"范围,对在城市义务教育阶段学校就读的农民工子女免除学杂费和课本费,并对其中家庭经济困难的住宿学生给予补助,保障农民工子女安心上好学。

四、深入开展涉农乱收费专项治理工作

1.针对省里要求的农民反映突出的问题,进行专项治理。对农民建房、农村义务教育、计划生育、农机服务、对向生猪养殖户的收费、农业用水进行重点治理。

2.深入治理向村级组织乱收费问题。

3.开展向农民专业合作社乱收费专项治理。通过专项治理,形成了严肃的监管氛围,切实保障了农民的合法权益。

(方朝明)

【农产品出口】 2013年,全市农产品出口额完成了1.23亿美元,同比增长21.65%,实现了连续五年增长的良好态势。

1.全面提升农产品出口基地水平。全市已注册农产品出口基地108个,面积达7.33万公顷,涵盖了沈阳市农产品出口的6大类217种产品,出口到世界57个国家和地区,出口供货值约40亿元人民币,成为全国规模最大的农产品出口基地,其中水果出口注册基地46个、蔬菜建设基地57个,占总量的95%。

2.积极建设农产品出口示范区。2013年,法库县成功申报国家级农产品出口质量安全综合示范区;辽中县果蔬、沈北新区禽肉和于洪区牛肉还被评为辽宁省农产品出口示范区。农产品出口示范区建设全面拉动了沈阳市农产品出口,解决农民就业5万余人,农民户均年收入增加约4000元,全市农产品增收达15亿元。

3.持续加强农产品出口招商引资力度。采用"走出去,请进来"的办法,先后在满洲里、牡丹江等口岸城市召开农产品出口招商引资座谈会,成功引进20余家农产品出口企业来沈阳注册投资,采取"保姆式"跟踪服务,为企业解决商检、换汇、海关等各项问题,使企业能"请得来、安得下"。2013年,沈阳金海隆兴农牧科技有限公司出口额达2300万美元,同比增长130%;沈阳新冬胜农业发展有限公司出口额达1100万美元。招商引资企业的落地提升了沈阳市的农产品出口能力,增加就业岗位1000余个,带动了农民增收致富。

4.优化发展环境,不断提高服务质量。通过召开农产品出口信用保险与贸易融资说明会,帮助企业解决出口风险大和融资难的问题。其中,为20余家企业办理了中国出口信用保险业务,为15家企业解决融资难题,融资贷款额度近10亿元人民币,为企业技术革新、基础设施建设、流动资金等方面提供资金支持,重点支持出口额500万美元以上企业发展,把工作重点放在做大做强出口额在1000万美元以上的企业上,以此带动全市农产品出口增长。

(张怀德)

【扶贫开发】 2013年,沈阳市以增加贫困农民收入、减少贫困人口数量、改善农村生产生活条件为重点,全方位多角度地开展了扶贫开发工作,取得了明显成效。全年,全市贫困地区人均纯收入净增加1180元,达到8860元,增长15.4%,高于全市农民人均纯收入增幅4.5个百分点。

1.低收入脱贫成效明显。沈阳市认真贯彻市委、市政府《关于贯彻落实〈中国农村扶贫开发纲要(2011-2020年)〉的实施意见》(沈委发〔2012〕13号),实行了差异化的"一户一策"扶持政策,增强了扶贫开发工作的针对性和实效性。全年扶持贫困户1.06万户,减少贫困人口3.22万人。其中:减少人均纯收入2500元以下低收入贫困人口6010户,2.16万人;减少人均纯收入3200元以下贫困人口4590户,1.06万人。全面完成市级到户扶贫工作任务。

2.发展能力进一步提升。一是到户扶贫与互助扶贫相结合。全年新增互助式扶贫村11个,总数达到20个,互助资金总规模突破560万元,有效实现了资金效益最大化。二是到户扶贫与特色产业发展相结合。27个重点贫困乡镇新上扶贫开发项目744个,受益人口17.4万人。新增特色产业面积3666.67公顷,庭院养殖4.5万头(只),农民的自身"造血"能力进一步增强。三是到户扶贫与农业专业合作社相结合。在贫困地区新建A级农民专业合作社28个,总数达到600个,带动农户3万户。四是到户扶贫与培训农民相结合。根据产业发展实际和企业用工需求,在贫困地区开展了转移培训和专项实用技术培训,培训农民3317人次,贫困农民的增收渠道进一步拓宽。

3.生产生活环境明显改善。定点扶贫有针对性地解决贫困乡村的实际困难,使贫困地区在经济不断发展的同时,基础设施条件得到明显改善,促进了农村各项社会事业发展。2013年,投入专项建设资金1658万元,实施帮扶项目474个。新修通村公路和田间道路115公里,新建桥、涵130处;完成贫困乡镇造林面积9266.67公顷,发展高效节水灌溉面积5800公顷;新建和维修村部12个,修建活动室6个,新建文化广场1万平米。

4."大扶贫"格局进一步健全。强化党政一把手负总责和"片为重点、工作到村、扶贫到户"的工作机制,"市抓规划投入,县抓措施落实、乡村抓项目实施”的工作格局基本形成。充分发挥15家牵头部门的职能作用,专项扶贫、行业扶贫、社会扶贫“三位一体”的大扶贫合力进一步增强。市水利局投入8700余万元改造贫困乡镇排灌设施;市林业局筹资1.39亿元用于贫困乡镇绿化;市经信委启动实施贫困地区“三网融合”试点;教育、科技、卫生、交通、建委、城建和财政等部门也都立足本职为扶贫开发工作做出了贡献。

(邵玉迟)

【农业信息化建设】 2013年,沈阳市以深化农村信息化建设作为农村改革发展的重要机遇,发挥政府主导作用,加大资金投入力度,打造信息服务平台,大力开展信息服务,加强信息人才培养,不断推进农村信息化建设。

一、强化基础建设,保障农业信息化工作规范运行

为推动农业信息化工作,沈阳市通过健全组织机构、建立工作制度、强化保障措施、实施统筹规划等方式深入推进农业信息服务体系建设,在全市初步形成了市、县、乡、站四级相对完善的信息工作机构,建立起100多人的信息联络员队伍。

二、实施农业信息化乡村建设工程,推进农业信息化工作快速发展

在现有农业信息化网络体系基础上,充分整合农村电话网、互联网、广电网、移动通信网等资源,建立以市、县为主的市、县、乡、村四级农业信息服务网络,实现1县1个信息中心、1乡1个中心站、1村1个信息点、1站1套工作制度、1站1套工作设备、1站1名信息员。全市建成农村信息示范站100个,完成了对农村信息员计算机及网络基础知识的培训,普及农业信息采集、发布、上报等基本技能,对1万名农村中青年农民进行信息应用能力培训。鼓励社会各界投资建设服务性质的农民网吧,发展以各级涉农部门为主的横向网络,拓展以向农村企业、种养殖业大户及市场延伸为主的边缘信息网络。

三、发挥农业信息技术优势,完善应用服务平台建设

1. 加快农产品质量监管、农业综合执法、农资监管等工作信息化建设步伐。建设和完善行政许可审批信息管理系统,重点完善农药、种子等经营许可证审批流程,实现行政许可审批信息化,提高审批效率。重点建设化肥、农药、种子等行业的执法信息管理系统,实现信息报送、投诉举报受理、监管工作记录、案件督察督办、档案管理等功能。

2. 农产品价格采集系统。市农经委信息中心和联通公司合作完成了基于手机的价格采集系统,系统包括价格的上传、数据的整理分析、价格采集点的定位、价格的公布等,大大方便了价格上报人员的工作,也为市民提供了便捷的价格查询方式。

(李 凡)

农业产业化

【概况】 2013年,沈阳市农业产业化工作以培育壮大龙头企业发展、支持农产品加工项目建设为重点,深入贯彻落实国家、省、市各项惠农政策,大力实施品牌战略,推行“企业+合作社+农户”、“企业+合作社+基地”的发展模式,加强政府的引导职能,加快推进了农业产业化进程。全市规模以上农业产业化龙头企业现已达到997家,其中超亿元的企业80家,年销售额达926亿元。规模以上农产品加工企业922家,实现总产值2794亿元。拥有市级以上各类名牌产品(名牌农产品)63个、著名商标(驰名商标)84个、国家地理标志保护产品8个,采取各种利益联结方式带动农户50万户,农民人均从农产品加工链条内获得的收入占人均纯收入的40%以上。

(徐利利)

【龙头企业】 2013年,沈阳市新认定省级龙头企业9家、市级龙头企业21家,监测合格省级龙头企业35家、市级龙头企业69家。市级以上农业产业化龙头企业累计发展到280家。

充分发挥龙头企业协会作用。加强龙头企业协会的建设工作,强化服务功能,搭建政策服务、信息服务、项目服务、科技服务、金融服务、培训服务六大平台。召开了科企对接会,沈阳农业大学和辽宁省农业科学院的专家发布了寒富苹果膨化脆片、乳酸菌发酵饮料等50余项最新农副产品加工技术和科研成果,会上共有13个项目初步达成合作意向。

不断增强龙头企业辐射带动能力。积极引导和支持龙头企业采取自建基地、签订单、参股合作等多种方式与农民、种养大户、专业合作社等建立利益联结模式,不断延伸产业链条,增加产品附加值,最终实现产业规模扩大、农民稳定增收、企业持续发展的目标。辉山集团的自营牧场全产业链模式、华美畜禽等加工企业的贸工农、产加销一体化经营模式,推进了乳品、饲料等优势产业的快速发展,带动大批农户发展养殖业,拓宽了农民就业渠道,促进了农民增收。

(徐利利)

【农业产业化建设】 2013年,沈阳市加强对项目建设进度的管理和协调。不断完善目标考核机制,将市政府考核的100个500万元以上新开工农事项目和省政府考核的17个亿元以上项目分解到8个涉农区、县(市),采取电话询问、报表和深入项目单位现场督查等形式,对项目建设情况按月进行跟踪调度,及时掌握项目建设进度,协调解决项目建设当中存在的问题,促进项目建设顺利进行。2013年开工建设的500万元以上的农事项目107个,其中亿元项目20个。全年累计完成投资77.1亿元,完成计划总投资的68%。

推进对投资10亿元大项目的建设。对省里确认的11个10亿元大项目,继续实行动态管理和全程跟踪督查制度,每月对项目建设进度情况进行一次调度,填报项目建设月调度报表;每个季度到项目建设现场对项目建设进行一次督查,督促项目建设,掌握项目进度。截至年底,累计完成投资108.5亿元,完成计划总投资的60%。其中法库辉山乳品深加工项目、康平百锦隆禽肉生产项目、新民方驰饲料生产、成达肉鸡产业集群、恒丰源肉产品加工项目和沈北希杰玉米生化6个项目已相继投产;于洪润恒农产品加工产业园项目和东陵毅都农产品冷链物流中心项目部分单体试运行;希杰玉米生化和辉山乳品深加工项目完成全部投资。

(徐利利)

【农产品加工业】 沈阳市把加快农产品加工业发展作为发展现代农业的重要抓手,推进重点项目建设,强化品牌创建,培育壮大龙头企业,全市农产品加工业水平不断提升,呈现出快速发展的势头。

1. 农产品加工业迅速崛起。2013年全市农产品加工业实现产值2794.3

亿元,增长12.7%,实现利税241.4亿元,增长8.6%,出口交货值实现25.5亿元,增长18.6%。

2.企业规模不断扩大。截至2013年末,全市规模以上农产品加工企业达到922户,主营业务收入超过5亿元的企业55户,超过10亿元的企业31户。辽宁禾丰牧业股份有限公司在国内外注册企业已有108家,2013年产值150亿元(沈阳地区占三分之一),位列全国饲料行业前十强;辽宁辉山控股集团自营牧场达52个,存栏奶牛12万头,自有奶牛数量位列全国第二位。

3.产业集聚势头显现。全市已形成沈北辉山农产品加工园区、法库孟家绿色食品加工区、辉山乳制品加工园区和康平农副产品加工园区等四大农产品加工园区。其中沈北辉山农产品加工园区已成为全国最大的农产品加工产业集群,入驻企业238家,年产值518亿元。

4.拉动能力不断增强。农产品加工业的发展促进了"公司加农户"等产业化经营模式的形成。辉山集团的自营牧场全产业链模式、华美畜禽等加工企业的贸工农、产加销一体化经营模式,推进了乳品、饲料等优势产业的快速发展,有力地促进了农民增收。全市各类龙头企业带动农户50万户,农民人均从农产品加工链条内获得的收入占人均纯收入的40%以上。

(徐利利)

【现代农业示范基地】 2013年沈阳市加大农产品加工园区建设力度。全市共建成国家级农业产业化示范基地1个、省级农业产业化示范基地3个;省级现代农业示范基地49个;国家级现代农业示范区2个、省级现代农业示范区2个,累计建设面积达4.85万公顷。2013年新申报国家级农业产业化示范基地1个。

沈阳市共有农产品加工园区4个。沈北新区辉山农产品加工园区。规划面积8900公顷,入驻企业238家,以发展乳品、粮油、畜禽、果蔬、饲料等5大产业为主,逐步打造成年产值超千亿元的农产品加工产业集群。法库孟家绿色食品加工区。位于法库县孟家乡,规划面积2000公顷,入驻企业达48家,其中:农产品加工企业18家。主要发展绿色蔬菜、畜禽及休闲食品加工。法库辉山乳制品加工园区。位于法库县秀水河镇,规划面积53.33公顷,入驻农产品加工企业达11家。重点发展畜禽及乳品深加工业。康平农副产品加工园区。位于康平县朝阳村。规划面积300公顷,入驻农产品加工企业达28家,重点发展以花生、杂粮为原料的粮食加工和食品加工业

(徐利利)

【农业产业化扶持政策】 2013年,沈阳市把发展农业产业化作为推进现代农业发展的主要抓手,出台各种扶持政策,加强引导和推进力度,促进了沈阳市农业产业化向以经济效益为中心,以主导产业为重点,实行专业化生产、规模化建设、社会化服务、企业化管理,形成了种养加、产供销、贸工农、农工商、农科教一体化经营体系的转变。

1.制定农产品加工业五年发展规划与配套扶持政策。沈阳市依据各有关部门制定的行业规划,各区、县(市)制定的地区规划和在充分调研的基础上,起草了沈阳市农产品加工业五年发展规划纲要和扶持农产品加工业发展的两年政策措施

2.推进惠民工程建设。沈阳市列入补贴范围的是新民市和法库县,补贴资金分别是350万元和250万元。采取市里主动介入,加强监督指导,县(市)具体实施建设的方式,组织有关县(市)积极参加国家和省里举办的培训班,监督项目的申报、公示和验收程序,督促县(市)项目早计划、早申报、早施工,早验收。

3.落实各级有关扶持政策。市农经委会同市专项办、财政局、动监局等相关部门积极开展农产品加工、工厂化生产等项目的申报、审核和落实工作,累计发放各类政策补贴资金2.84亿元。其中:沈北新区富士大通饲料生产线建设等14个农产品加工和工厂化生产项目获市级农业发展专项资金3392万元;方驰农产品加工、成达食品加工、雨润农产品深加工和恒丰源肉类加工4个10亿元大项目获得省、市财政预借资金2.37亿元(省市各占50%)。辉山乳业等6家农产品加工企业获流动资金贷款贴息608万元;康平县"康平地瓜"获国家地理标志认证奖励资金30万元。

(徐利利)

【产业集群】 沈阳市县域产业集群已初具规模,列入市级管理的县域产业集群为20个,每个郊县区平均各有2—3个集群。2013年,20个工业产业集群实现销售收入4347.2亿元,增长14.9%,沈北农产品加工和法库陶瓷等分别达到730亿元和550亿元,辽中有色金属、新民灯饰灯具2个集群进入百亿行列,康平塑编产业集群成为省级新型工业化示范基地。

1.突出规划提升,引领产业集群科学发展。按照产业化、城镇化、生态化的标准,高水平规划产业带,不断拓展产业发展空间。重点围绕建设具有国际竞争力的先进装备制造业基地,明确发展定位,突出产业特色,推动产业集群加快转型升级。引领产业集群实现专业化、集约式、可持续发展。

2.扶持龙头企业,增强对产业集群的牵动力。强化生产要素和产业政策支持,充分发挥产业发展资金的杠杆作用,加快引进和培育关联度大、带动性强、科技先进的核心企业,扶持科技型、成长型企业发展壮大,扶持市场潜力大、经济效益好的企业进一步提升市场份额,不断增强自主创新能力,发挥龙头带动作用,加速拉动产业集聚。

3.强化招商引资,提升产业集群的丰厚度。围绕市主导产业,瞄准新兴产业和高新技术产业等领军企业,进一步加大了招商引资力度;突出产业链招商,加大了上下游配套企业招商力度,提升配套和成套水平;突出工业地产招商,着力引进一批知名工业地产龙头企业,打造产业集群发展平台。

4.提升服务水平,做优产业集群的发展环境。一是优化服务,进一步落实好政策措施,帮助企业解决问题。二是加强基础设施和发展环境建设。三是完善公共服务平台,为产业集群发展提供支撑。

5.加快工业园区基础设施建设。全年20个县域产业集群基础设施投入资金44亿元,主要用于道路、电力、上下水、绿化美化等园区基础设施建设,完善和新增使用面积20多平方公里。

(王剑锋)

农业科技

【概述】 2013年,沈阳市积极鼓励农业

科技攻关，加快推动农业科技成果转化，着力强化农民科技素质提升，农业科技综合水平得到进一步提高。

1.推进农业科技创新。市农科院承担国家、省、市各级科研课题13项。《鲜食糯玉米栽培技术规程》、《马铃薯脱毒种薯（种苗）病毒多重RT－PCR检测技术规程》、《露地茄子高产栽培生产技术规程》、《百合鳞片组织培养扩繁技术规程》、《玉米深松节水生产技术规程》等5项技术规程立项。全年共有11项科技成果获奖，其中省农业科技贡献奖3项，市农业科技推广奖5项，市科技进步奖2项，市科技振兴奖1项。有3名同志获评市第六届优秀专家，2名入选“百千万层次”人才。

2.加快科技成果转化。市农科院选育的玉米新品种“沈玉236”通过省级审定，21个玉米组合进入省级区试、1个进入国家区试，4个蔬菜品种和2个花卉品种完成试验并已申请备案。引进、推广农作物新品种89个（其中玉米64个，水稻15个，花生20个），建立品比示范基地10个；引进设施蔬菜新品种25个，建立示范基地4个。重点推广秸秆生物反应堆、熊蜂授粉、炭基缓释肥、蔬菜和水稻工厂化育苗等多项先进适用技术。从省农科院、沈阳农大和市农科院抽调342名技术骨干，组成50个专家服务团队，围绕50个农业科技共建项目，采取“项目到村、专家包户、典型示范、辐射周边”的服务模式，全年建设技术集成示范区49个，引进优新品种184个，推广适用技术168项，扶植科技示范户426户，新增经济效益1.3亿元。

3.强化农民教育培训。全年共举办各类科技培训2592场次，累计培训农民27.82万人次；开展现场培训或指导1.86万次，现场指导培训农民16.86万人次；组织各类科技大集43次，现场为农民咨询答疑1.7万余人次；发放各种科技书籍6.95万册、科技资料30.59万份、科技光盘1.5万张。在5个重点县区76个基地村，组织实施“设施农业科技培训工程”，直接培训一线生产农民3800人，集中培训科技带头人152名。组织开展农村劳动力培训阳光工程。累计培训农村劳动力1.25万人，其中职业技能培训2650人，专项技术培训9600人，农业创业培训40人，新型职业农民培训200人。依托科技共建专家技术团队共培养基层农技推广人员110名，组织技术培训317场次，累计培训和指导农民1.56万人次。组织市、县农技推广系统，结合科技之春活动和科技入户工程，利用科普热线、电视讲座、科技赶集等多种形式，广泛开展设施蔬菜秸秆生物反应堆技术、熊蜂授粉技术、白僵菌封垛、赤眼蜂卡施放，水稻工厂化育苗、农作物测土配方施肥等技术培训。在全市近2000名农村产业带头人中，评选年度“十佳”，通过物质奖励和媒体宣传，鼓励产业带头人充分发挥典型引领作用。

（周兆彤）

【农业科技共建】 2013年，沈阳市组织各区、县（市）与沈阳农业大学和省、市农科院等3家技术依托单位实施优势主导产业技术提升工程，累计支持优新品种及集成配套技术推广项目50个，其中粮食作物7项，设施果菜14项，裸地菜6项，果树及小浆果5项，经济作物15项，水产养殖1项，新型肥料1项，农村能源1项。

1.科学制定项目规划。采取区县提供需求、专家提供技术的方式，针对制约全市农业优势产业发展的技术难题，有针对性地安排技术团队加以解决，强化项目针对性和实效性，确保项目资金效益最大化。重点围绕蒲河生态经济带、沈康现代农业示范带和环城都市农业产业带建设，努力打造高端精品、高效特色和高产生态农业，进一步提升农业生产科技含量，全面推进沈阳市现代农业发展。对东陵蓝莓、于洪食用菌、苏家屯花卉、新民蔬菜、辽中水稻、法库辣椒、康平花生等优势产业进行技术扶持。

2.强化项目运行管理。为推进项目规范化运行，市农经委会同市财政局，共同制定了《2013年农业科技共建项目管理验收实施细则》，将项目规模、技术指标、经济指标、项目基地配套指标、扶持农户数量及开展技术培训、基层农技推广人员培养、资金落实使用等七项指标列为重点考核内容。为便于立卷归档，印发了《沈阳市农业科技共建项目实施手册》，对项目运行过程进行全程记录。

3.创新技术推广模式。组织342名技术骨干组成50个专家服务团队，采取“项目到村、专家包户、典型示范、辐射周边”的技术服务模式，按照专家包户指导、分户总结问题、提供技术方案、效果跟踪回访的指导流程，对426户示范户进行结对帮扶，入户指导满意率达98%，“专家团队＋示范户＋普通农户”的技术传播渠道进一步拓宽。

4.开展产业技术升级示范。全年建设技术集成示范区47个，面积2720公顷，完成农田基础设施改造186.67公顷，发放各类物化补贴260余万元，引进优新品种184个，推广适用技术168项，培养乡镇基层农业技术推广人员110名，组织技术培训317场次，累计培训农民1.35万人，入户指导2121人次。通过项目实施，项目区农户科学种养殖意识明显增强，优势产业、特色产业生产技术水平显著提高。

（周兆彤）

【农民科技培训】 2013年，沈阳市有针对性地开展了各种农民培训，收到了明显成效。

一、冬春农业科技大培训

2013年，全市共举办各种类型的科技培训班2592场次，累计培训农民27.82万人次；开展现场培训或指导1.86万次，现场指导培训农民16.86万人次；发放各种科技书籍6.95万册、科技资料30.59万份，各种科技光盘1.5万个；组织各类科技大集43次，现场为农民咨询答疑1.7万余人次；市县两级与电视台合作，制作农村科普节目308期；“农业‘110’咨询电话”、“金农热线”、“科技服务线”等，为农民提供农业生产咨询服务电话千余个。

二、设施农业科技培训

沈阳市的苏家屯区、新民市、辽中县、法库县和康平县承担了辽宁省2013年度“设施农业科技培训工程”任务。5个区、县（市），共培训设施农业重点村76个（新民市20个村、辽中县15个村、康平县16个村、法库县15个村、苏家屯区10个村），培训从事设施农业生产农民3800人。

设施农业培训工程，紧紧围绕发展设施农业，依托培训机构，以行政村为基本单元，按照从事设施农业生产和经营的农民需求，适应生产周期和农时的要求，采取农业科技推广人员进村集中培训和现场指导相结合的方式开展培训。5个项目实施区、县（市）认真组织领导，制定严格的教学培训计划，健全管理机制。并根据当地设施农业的实际情况，编制设施农业培训教材，免费给参训农民发放各种培训教材1万余册，各种科技光盘7000余个，对每个项目村，实施进村集中培训4天，入棚现场指导达20次。

三、农村劳动力培训阳光工程

2013年，全市共认定农村劳动力培训阳光工程培训基地14个(新民市、法库县、康平县各3个，辽中县2个，苏家屯区、于洪区、沈北新区各1个)，完成农村劳动力培训阳光工程任务1.25万人。

职业技能培训共计9个专业共2650人，其中水稻插秧机手1150人、果树园艺工200人、蔬菜园艺工350人、农机操作员400人、病虫专业防治员100人、花卉园艺工50人、村级动物防疫员50人、种子经销员100人、农药经销员100人、合作社骨干人员250人。专项技术培训对35个玉米万亩方、56个水稻万亩方、3个花生万亩方及1个肉牛重点县的9600名农民实施培训。新型职业农民培训。康平县承担国家新型职业农民培训200人，其中蔬菜园艺工100人、果树园艺工100人。在受训农民中，45岁以下青年农民有1.02万人，占受训农民总数的81.6%；培训妇女5360人，占受训农民总数的43%。

四、农业远程科技培训

1.继续开办《庄稼院》栏目。2013年《庄稼院》栏目，共生产专题节目365期，总播出时间达91.25小时。节目内容涵盖农村经济、农业生产、致富经验、最新农业科研成果、农业实用技术推广、乡风民情以及农业病虫害可视化预报、农业气象服务等。

2.继续完善农业咨询服务体系。“农业110”咨询服务电话的开通，为广大农民建立一条提供实用技术、科技信息、农事咨询等服务的快速通道。2013年，沈阳市重点巩固完善基层农技推广体系改革的成果，咨询服务电话服务范围，在原有九台热线电话(市站一台，八个县区农技推广中心各一台)服务基础上，逐步扩展到15个乡(镇)区域性农技推广站，成立“农业110”咨询服务电话网络，配备科普咨询相关设备，以电话答疑为主，专家坐堂，现场指导，专家会诊为辅，全面热诚为农民服务，扩大了科技覆盖面积，拉近科技专家与农民的距离，搭建了农业科技服务的平台。

3.进一步强化农业科技培训。市推广站和区、县(市)农业技术推广中心相互配合，结合开展“科技之春”活动和实施“科技入户工程”，充分利用农业科普咨询电话网络、电视讲座、现场培训、入户指导、科技赶集开展农业生产技术培训工作，使技术服务更好配套、有效直接。2013年全市农业技术推广部门举办了各类培训班50期，举办各种电视、广播讲座24期，办现场咨询会35次，服务农民达10万人次。

(熊灿武)

【沈阳市十佳农村产业带头人】 根据市政府办公厅转发市农经委等9部门《关于培植农村产业带头人工作方案的通知》(沈政办发〔2009〕64号)精神，2009~2012年经各区、县(市)推荐和市级评选，全市共有1932名同志，被评为农村产业带头人。

此次评选活动以科学发展观为指导，以全面建设小康社会为目标，坚持以人为本，人才优先，贯彻落实农村人才发展方针，充分挖掘农村社会优秀典型，进一步加强农村优秀人才宣传和培养，为全市农村经济、社会又好又快发展夯实人才基础。评选活动于8月份开始，前后历时98天，经过了区县(市)推荐、市级初审等阶段，于11月邀请相关领域专家组成了评审委员会。对参评的产业带头人按照产业规模、发展前景、带动规模、经济效益等方面进行综合评定打分。最终于会怀等10名同志从众多候选者中脱颖而出，获选2013年“沈阳市十佳农村产业带头人”。

(王玥琳)

【测土配方施肥】 2013年，全市共落实中央级测土配方施肥项目8个，其中农企合作推广配方肥整建制推进示范县1个。实施测土配方施肥面积63.07万公顷，测土配方施肥技术覆盖1316个村，涉及农户57万户。共采集检测土壤样品4290个，获取检测数据4.7万个，印制发放施肥建议卡22.45万张，在800个村设立固定的测土配方施肥信息公告专栏。安排配方校验、蔬菜“2+x”肥效校验及中微量元素试验70个。建成示范区(片、方)136个，示范面积1.51万公顷。制定配方肥市级区域大配方20个、县域配方37个，指定配方肥经销网点123个，推广配方肥10万吨(折纯)。

一、大田作物区域大配方的研制与配方肥推广应用

1.科学制定配方。2013年，沈阳市开展区域配方肥“大配方”遴选工作，在各区、县(市)“大配方”遴选的基础上，组织有关专家对全市配方遴选情况进行了会商，确定沈阳市大配方施肥方案20个。选定的配方具有企业生产可行性、农业生产实用性两个特性，符合配方肥生产工艺要求，可按配方生产出成品肥。选定的配方经过当地配方校正试验和农业生产应用，配比科学合理，应用效果明显，推广前景广阔。推广配方肥10万吨(折纯)。

2.创新推广模式。辽中县作为技术普及和农企对接配方肥推广整建制推进示范县，经过几年的努力，现建有智能配肥站3个、配备触摸屏19台、肥料配方师43人，每个乡镇拥有触摸屏1台，每个配方肥定点经销网点至少配一名配方师，实现了“一卡一师一屏一机”的推广模式。

二、测土配方施肥的信息化建设

继续完善测土配方施肥专家咨询系统，重点做好智能化测土配方施肥触摸屏推广应用。全年共配备智能化测土配方施肥触摸屏85台，实现自助查询推荐施肥方案并打印推荐施肥结果，提供给农户更准确的施肥数据，实现“一屏一师”服务的乡(镇)占县域乡(镇)总数的60%以上。

(崔　涛)

【农作物病虫害防治】 2013年，沈阳市以增加专业队防治力量、提高应急防治的组织化程度为抓手，不断强化防虫减灾意识，保证了病虫害防治工作的顺利开展。

一、强化监测预警，提高公共服务能力

全市共设立了27个系统测报点，初步形成了覆盖全市各乡镇、各种作物的病虫害监测网络体系。在病虫害信息发布形式上，除采取电视可视化节目、纸介质、电子邮件外，又推出了利用手机短信(飞信)开展预报的新形式。全市共发布93期《病虫情报》，制作并播放可视化预报节目42期。

二、加强技术指导，有效防控有害生物

采取飞防、生防与化学防治相结合的方式进行防控。全市飞防水稻病虫害面积1.25万公顷，投放赤眼蜂生物防治玉米螟35.33万公顷。

1.对玉米螟、三代粘虫重点病虫害实施应急防控。省、市政府加大了对沈

阳市玉米螟绿色防控工作的扶持力度，玉米螟为害损失率控制在5%以内，共减少损失玉米约25.23万，挽回经济损失4.24亿元，同时减少了化学农药使用530余吨（商品量）。全市共出动人员1.05万人次，投入机具327台套，喷洒白僵菌13.65吨，共封垛30余万垛，僵虫率平均为54.25%。

2.其他病虫害的发生和防治情况。二代粘虫为中等偏轻发生，发生面积9.53万公顷，防治面积78万亩次。稻水象甲为中等偏轻发生，发生面积4.8万公顷，防治面积80.8万亩次。一代二化螟为中等偏轻发生，发生面积7.09万公顷，防治面积10.15万公顷。二代二化螟为中等偏轻发生，发生面积6.92万公顷，防治面积149.8万亩次。水稻纹枯病为中等发生，发生面积7.2万公顷，防治面积6.87万公顷。稻瘟病为轻发生，发生面积1.35万公顷，防治面积179.4万亩次。

三、完善阻截带建设，监测重大植物疫情

在全市范围内设置了50个疫情监测点，共投放600个诱捕器，主要设置在种苗基地、交通要道、集贸市场等地，全面实施阻截外部重大疫情入侵和防止沈阳市已发生的重大疫情扩散蔓延。尤其是对苹果蠹蛾的监测，一旦传入，及早发现，及时防治。同时做好瓜类果斑病的应急防控工作。

四、转变发展方式，全力推进专业化统防统治

抓住市政府给予的扶持政策的机遇，采取典型引路的方式，重点培育和扶持了新民市群丰植保专业合作社。专业化防治队伍由原来的44个增加到61个。

五、坚持“三集中”原则，全面有序开展农区灭鼠工作

通过抓重点、搞示范，以点带面，有力地推动了全市农区大面积统一灭鼠工作。全市农区灭鼠面积农田达114.45万亩次，挽回粮食损失1.06万吨。全市共举办20次灭鼠技术培训班，培训基层技术骨干和农民人数达5000人，发放统一灭鼠技术资料1万余份。在于洪区、沈北新区、辽中县、法库县建立八个基本无鼠害村。

（丁　冶）

【农村能源】 2013年，沈阳市农村新能源建设项目主要包括户用沼气、大中型沼气工程、乡村沼气服务网点、太阳能亮化示范村、生物质成型燃料加工及应用示范、农村沼气综合利用示范等项目。经过一年的工作和建设，全市开工建设户用沼气模式4100处、大中型沼气能源环境示范工程2处、太阳能（路灯）亮化示范村3处，生物质成型燃料炊事采暖示范村7处（1500户），新建扩建生物质成型燃料加工厂6处，对10个向农民提供生物质成型燃料的加工厂给予了补贴；建设节能炕示范户970处；沼气综合利用示范点2处。

1.积极申报国家、省相关项目计划，制定财政配套补贴政策。全市农村能源建设得到各级财政农村能源项目补贴资金总额为2975.3万元，其中，国家项目补贴资金1112.5万元，省级项目补贴资金274.4万元，市财政补贴资金1588.4万元。部分区县也对农村能源建设给予补贴支持。对中央投资农村户用沼气建设项目每户补贴1500元；对大中型沼气工程和乡村沼气服务网点建设实行了1:1配套补贴。

2.进一步加强了项目建设管理工作，制定了项目建设工作要点、项目建设实施方案。严格按照国家沼气项目建设管理和相关项目管理办法要求组织工程设计、专家论证、工程招标、器材招标采购、工程监理等工作。为完成项目建设、强化管理和服务进一步夯实了基础。

3.继续推进农村能源服务体系建设工作。扩大农村能源管理与服务“110热线”网络，扩大农村能源服务网络覆盖面，为农户提供便利、及时的技术服务。东陵区祝家街道上高士村金长顺沼气服务站获得中华农业科教基金会2013年度神内基金农技推广奖（全国共100个示范户获奖，其中10户是农村沼气示范户）。

4.继续搞好农村能源科普和宣传工作。通过组织开展“农村节能宣传周”活动、借助新闻媒体宣传等方式，扩大农村能源新技术影响，创造良好的发展环境。

5.秸秆成型燃料、太阳能利用、大中型沼气集中供气示范工程、沼气综合利用等综合技术示范的深度和广度显著增加。出现了一批示范典型，为农村节能减排、生态建设及新农村建设发挥了较好的示范作用，对沈阳市的国家生态市创建工作和节能减排做出了积极的贡献。同时也对发展无公害农业、绿色农业及循环农业，增加农民收入起到了推进作用，受到了农民的欢迎。辽中县社甲村被列为农业部规划建设的5个“现代生态农业创新示范基地”之一，将示范东北地区。

（张煜明）

【农村沼气】 2013年，沈阳市加快农村新型能源建设，建设户用沼气池等项目4121处，建成省级生物质成型燃料炊事采暖试点村7处，辽中县冷子堡社甲村被农业部授予“现代生态农业创新示范基地”。全市已累计建成户用沼气5万余处、各类沼气工程21处和沼气服务网点200余处。

1.坚持科学规划，合理布局建设，不断提高农村沼气建设工作水平。各区、县（市）根据全市规划和建设任务，结合本地实际，制订了全面、详细的农村沼气发展规划，明确发展目标、建设重点和保障措施。在充分尊重农民意愿的前提下，将沼气建设项目安排给那些能稳定下来、安得下心、长期居住的农民群众，结合当地生产条件和群众习惯，选择推广不同的建设模式进行修建，确保“建成一个、验收一个、点火一个、使用一个”，避免国家资源的浪费。

2.健全投入机制，加快科技创新，确保农村沼气工程建设顺利推进。在全力争取国家、省投资项目基础上，加大市级财政资金扶持力度，每年拿出一定数额专项资金，用于支持农村沼气事业发展。充分发挥农民投资主体作用，鼓励和引导各类社会资金参与沼气建设，建立完善“国家补一点，农民筹一点，社会帮一点”的多层次、多渠道、多元化投入机制，推动沼气建设项目顺利实施。

3.健全管理体系，提高服务效率，努力提升管理、建设和服务质量。积极探索建立健全以县级服务中心为龙头、乡镇服务站为支点、村级服务点为依托的“上下联动、运转高效、方便快捷”的沼气技术服务体系。多渠道增加沼气后续服务投入，因地制宜推广财政补贴人员工资、政府花钱购买服务等成熟模式和“全托式”、建管用“一条龙”等成功经验，逐步在全市构建起沼气产业化发展、市场化经营、科学化管理和社会化服务的崭新格局。

4.强化综合利用，优化发展结构，实现社会、生态与经济效益共赢。把农村

沼气建设与调整农业产业结构、发展高效生态农业有机结合起来，推动沼气建设从单一用气向综合利用转变，从单纯建池向建设生态家园转变，鼓励沼气生产单位和个人对沼渣、沼液实行综合利用，大力推广“猪—沼—菜”、“猪—沼—果”等循环农业发展模式，努力提升综合效益，推动农村沼气可持续发展。

5. 加强组织领导，注重宣传引导，为农村沼气更好发展。沈阳市各级有关部门把沼气建设列入重要议事日程，切实加大工作推进力度，千方百计把农村沼气建设这项惠及农民群众的实事办好、好事办实。充分利用广播、报纸、电视等新闻媒体，广泛宣传沼气建设在促进农民增收、改善农村生态环境和农民生活条件中的重要作用，通过典型引路、组织群众现场观摩等有效方式，把政府推动与农民自觉行动有机结合起来，在全市形成政府引导、部门协作、社会参与、农民建设的良好氛围。

（邓　奇）

农业监管

【农药监管】 2013 年，沈阳市加大农药监管力度，全市农药市场经营秩序得到进一步规范。

1. 开展农药经营登记备案试点工作。法库县作为首批试点单位在农药监管方面取得了突破性成效。法库县农业主管部门首先对具有农药经营资质的经营单位送检的农药进行登记备案，并查询农药标签信息。经查询合格后的农药必须全部粘贴附有经销企业和销售产品信息的二维码标签，实现一药一码，凭码上架。通过实行农药经营登记备案制度，做到杜绝非法农药流入市场，使农药经营实现有备案、能控制、可追溯，降低农产品质量安全隐患。

2. 开展高毒农药定点经营工作。根据《辽宁省高毒农药定点经营工作实施方案》的要求，沈阳市为强化农药监管，确保农产品质量安全，限制高毒农药使用，在全市范围内开展高毒农药定点经营工作。经过对农药经营单位的经营场所、经营面积、注册资本、流向记录、经营人员等条件进行严格的审批程序和现场检查，全市最终确定法库县 14 家、苏家屯区 3 家、于洪区 4 家、沈阳经济技术开发区 1 家经营单位为高毒农药定点经营单位。

3. 开展农药专项整治，规范市场经营秩序。沈阳市各级农业行政主管部门对农药批发市场、经营门市进行了集中检查，并组织多次专项检查，包括高毒农药专项整治、烟剂农药专项检查、开展农药打假夏季百日行动和秋冬季行动，严厉查处生产经营假劣农药、无证生产经营、一证多用、假冒或伪造农药登记证、标签不合格等违法行为，重点打击生产经营和使用禁用高毒农药、在混配农药中添加高毒隐性成分等违法行为，严禁未经审查备案的烟剂农药产品出售。全年各级农业行政执法部门共查处农药违法行为 164 件。

（郭桐兵）

【农业法制】 2013 年，沈阳市通过统一思想认识、加强执法监督、完善执法责任制、落实规范性文件制度、开展领导干部学法、组织法制培训等措施，基本达到了行政权力“权限法定化、职责明晰化、程序合法化、行为规范化”的总体要求，全面提升了沈阳市农业法制服务工作水平。

1. 梳理行政权力，建立执法责任制。为了规范行政权力的运行，沈阳市重新对涉及市农经委的农业行政权力进行了全面梳理，对农业执法依据的 50 部法律法规从执法依据、权限、责任三个方面进行了分解，并根据不同职能部门的分工制定了岗位职责，编制了《沈阳市农村经济委员会行政执法责任制》，充分保障执法责任落实到人，落实到岗位。

2. 开展执法检查，规范行政执法行为。为了确保行政执法行为规范合法，沈阳市开展了专项执法检查工作，对于执法检查情况、案卷制作情况、执法责任制建立情况、自由裁量权行使情况等几项内容进行了重点检查，查找行政执法行为过程中存在的问题，发现问题及时整改。

3. 组织培训学习，提高依法行政水平。市农经委以建设学习型机关为目标，严格落实领导干部学法制度，扎实开展领导干部学法、执法人员培训等各项活动。一是党组理论中心组专门举行了扩大会议，集中进行了依法行政专题理论学习。二是组织多层次的法制培训。把培训重点放在提高执法人员办案技巧和案卷制作方面，积极多次组织人员参加农业部、省农委、省法制办等单位举办的培训班。三是参加省农委举办的农业法律知识竞赛。市农经委派出代表队参加了全省农业法律知识竞赛，并取得了个人第一名和团体第一名的好成绩。

（郭桐兵）

【农资打假】 为贯彻落实全国、省农资打假工作会议精神，遵照以事实为依据，以法律为准绳的办案方针，沈阳市采取了提早检查和多轮检查相结合的执法模式，不断加大农业执法力度，整顿和规范了沈阳市的农资市场。

1. 创新农资监管方式，保障质量安全。沈阳市加大了农资监管信息化工作力度，辽中县作为试点单位取得了显著成效。辽中县建设农业服务网络平台，探索农资网络监管，将农业执法和农资经营有机联系，利用先进的信息技术和服务实现农资管理的数字化，农业执法的网络化，农资销售、配送和服务的统一化、迅捷化。

2. 加大执法力度，取得丰硕战果。沈阳市各级农业综合执法机构根据农业生产特点和农资供销重点品种进行重点整治，积极开展春季、夏季、秋冬季农资打假专项行动，加强农资市场监管力度，严格打击制售假劣农资的行为，大力推动农资信用体系建设，推动农资市场秩序持续好转。全年共查处各类农资违法案件 575 件，其中种子 408 件，农药 164 件，肥料 3 件，全年累计罚款和没收违法所得 76.48 万元。

3. 强化部门配合，形成监管合力。进一步健全部门分工明确、密切配合的工作机制，充分发挥整体联动优势，加强了各有关部门间的协调与配合，增强打假合力。一方面，市与区、县（市）农业行政执法部门之间上下衔接，统一思想、统一标准、统一行动，形成执法合力。另一方面，积极会同相关部门开展联合执法。组成联合执法队伍，对农资市场进行检查，形成纵向联动、横向联合、齐抓共管的良好局面。

4. 加强普法宣教，增强法制观念。沈阳市各级农业部门采取多种形式广泛深入宣传涉农法律法规，为农业执法创造了良好环境。充分利用电台、电视台等新闻媒体开办普法栏目，向广大农村宣传普及农业法律知识，使广大农民和经营者知法、懂法、守法、用法，增强了法律意识和法制观念。

（郭栩兵）

【农业综合执法】 2013年，全市各级农业部门以提高自身依法行政能力，深化农业综合执法为突破口，以执法体系规范化建设为载体，以规范农业生产经营为重点，通过强化执法，加大法制宣传，树立农业综合执法权威，得到了社会和群众的广泛认可。

1. 加强软硬件建设，提高农业综合执法能力。全市各级农业综合执法机构通过装备建设、业务培训和执法实践等多种途径，不断提高农业综合执法能力。市农经委抽调和组织市县执法骨干参加农业部和省市农委组织的农业行政执法培训班，结合执法实践增强了业务能力，加快了知识更新，锻炼了执法队伍。苏家屯区、法库县农业行政执法大队获批农业部农业综合执法规范化建设示范项目实施单位，促进了农业综合执法的规范化建设。

2. 充分发挥职能作用，取得显著成果。根据农业生产特点和农资供销重点品种进行重点整治，严厉打击制售假劣农资的行为，强化大要案查处，大力推动农资信用体系建设，推动农资市场秩序持续好转。2013年，沈阳市查处各类农资违法案件575件，其中种子408件，农药164件，肥料3件，全年累计罚款和没收违法所得76.48万元。

3. 加强普法宣教，增强法制观念。沈阳市各级农业部门采取多种形式广泛深入宣传涉农法律法规，农民维权意识明显提高，假冒伪劣农资案件明显下降，农村普法宣传教育取得较好效果。2013年3月，沈阳市召开了以"放心农资下乡，保障春耕生产"为主题的宣传周活动，全市共出动执法和科技人员572人次，举办现场咨询培训24次，接待咨询群众6.8万余人次，发放宣传资料（手册、明白纸、一封信）6.4万余份，悬挂摆放标语横幅展板104条（块），展销优质农资产品219.8万公斤，344台件，提高了农民的维权意识和法律意识。

（郭栩兵）

种　植　业

【概况】 2013年，沈阳市以保供增收惠民生、改革创新添活力为目标，不断提升粮油作物生产能力，加速推进设施农业转型升级，稳步发展特色产业，确保了主要农产品的有效供给，为全年粮菜丰收打下了坚实的基础。

一、主要成绩

1. 粮食产量再创历史新高。2013年，全市粮食总产达到41.05亿公斤，实现了"十连丰"，连续三年突破40亿公斤。

2. 设施农业实现了转型升级。同步推进设施农业旧区改造和新区建设，全市新建改造设施农业面积6346.67公顷，其中，新建温室小区面积154公顷；老旧棚区改造小面积2986.67公顷；冷棚小区面积182公顷。设施农业总面积达到12.87公顷。

3. 高效特色产业稳步发展。花生、万寿菊、两瓜、树莓、三樱椒等高效特色农业面积20.13万公顷以上；康法及柳绕地区新发展百亩连片地膜面积达到2.96万公顷。

4. 粮油作物保险覆盖面进一步扩大。完成大田作物农业保险面积36.71万公顷，比省政府下达沈阳市全年绩效考核目标多6.51万公顷，比上年多3.16万公顷。

二、主要措施

1. 坚持抢先抓早，全力抓好春耕生产。元旦过后，沈阳市就组织工作组深入到农村8个区、县（市）进行春耕备耕工作调研，及时发现问题排解问题。并连续召开春耕备耕工作调度会、春耕备耕工作会议，推动了全市春耕备耕工作的进程。根据农时需要，引导农民适时抢墒播种。

2. 制定惠农政策，扶持现代农业发展。出台了《沈阳市贯彻落实中央一号文件强农惠农若干政策》，涵盖12个方面共49条，对农扶持的方向更加宽泛、内容更加丰富、强度进一步加大，有效地推动了沈阳市现代农业发展。

3. 落实国家、省市惠农政策，提高农民种粮积极性。2013年，全市良种补贴资金9500万元，新增的水稻大棚育秧、绿色防控、秋粮促早熟、高产创建等补贴7160.88万元的落实，极大地激发和调动了广大农民发展粮食生产的积极性。全市粮食作物播种面积达到51.55万公顷，其中玉米、水稻两大高产作物播种面积比重超过94%，总产量占粮食总产的96%。

4. 加快设施农业转型升级，促进提质增效。2013年，沈阳市设施农业建设呈现出建设标准化、管理省力化、技术无害化、品种高端化等特点。新建改造设施农业中高标准温室达到了4266.67公顷，占总面积的67%；无论新建还是改装的小区，全部配备了卷帘机。有的小区还使用了运菜滑车、小型旋耕机等设备，大大地节省了人工的使用；重点普及了防虫网、粘虫色板、杀虫灯、性诱剂、反光幕、秸秆生物反应堆等无害化生产技术；新建的冷棚全部准备生产西瓜、甜瓜、葡萄、桃子、草莓、蓝莓等高端精品果蔬。

5. 加强科技指导，提升农业发展水平。针对不利的气候条件，沈阳市下发了《2013年沈阳市春播生产技术指导意见》。为进一步做好对农业生产的指导服务，市农经委与市气象局签订了农业气象合作协议，通过共享气象农业信息及信息发布设备，建立会商机制，及时发布农业生产服务产品，指导农业适时生产。

（朱雪冬）

【粮食生产】 2013年，全市粮食作物播种面积为51.55万公顷，总产量达41.05亿公斤。从2004年以来，全市粮食生产已经实现了"十连丰"，并从2011年以来粮食总产连续三年突破40亿公斤。

1. 全面落实国家、省市强农惠农政策，提高农民种粮积极性。2013年，全市发放粮食综合补贴、良种补贴、农机购置补贴资金9.89亿元，比上年增加1.36亿元。加之新增的水稻大棚育秧补贴、玉米螟绿色防控补贴、秋粮综合促早熟补贴，国家、省市级粮食高产创建等补贴7160.875万元的落实，极大地刺激了广大农民发展粮食生产的积极性，稳定了粮食作物播种面积，玉米、水稻两大高产作物播种面积比重超过94%。

2. 大规模开展粮油作物高产创建活动，为实现"十连丰"奠定基础。2013年，沈阳市落实国家、省万亩高产创建示范片98个。为扶持粮食生产，沈阳市又建立了10个万亩粮食高产创建综合示范区。全市粮油作物高产创建示范区达到108个，总面积7万公顷。经省级专家测产验收组测产验收，沈阳市国家级水稻万亩示范片单产730.39公斤/亩，高出全市水稻平均单产147.86公斤；玉米国家级万亩示范片平均单产818.34公斤/亩,高出全市玉米平均单产289.2公斤;市级粮食高产创建综合示范区平均亩产760.27公斤/亩,高于全市粮食平均单产229.14公斤。

3. 抓技术指导到位,提高生产水平,实现粮食均衡增产。在春耕期间,充分发挥农机作业优势,抢抓时机集中开展大田播种和水田育秧,加快播种进度,缩短播期。同时全面推广玉米种子包衣、精量播种、大垅双行、增密种植和水稻大棚、无纺布盘育苗、机插秧等高产技术措施。全市玉米种子包衣技术应用在95%以上,精量播种30%以上,新增水稻大棚工厂化育苗面积达342.93公顷,加上上年的存量面积,沈阳市大棚育秧面积达533.33公顷,占育秧总面积的60%以上,可供8万公顷本田插秧。全市除大棚育秧外,还有部分小拱棚盘育秧,也可供机插秧。沈阳市可机插秧苗能够满足机插秧的需求,机插秧面积达82.11%。在秋收期间,根据气温高、天气晴好的有利条件,指导农户适时晚收,延长生育期,提高作物成熟度。

4. 加强与其它涉农部门的合作,做好服务。市农经委与市气象局建立协作关系,做好自然灾害的预防和预警,为确保粮食丰收奠定基础。

(梁 竑)

【蔬菜生产】 2013年,沈阳市蔬菜播种面积为8.61万公顷,蔬菜产量576.1万吨,产值110.3亿元,其中设施蔬菜的播种面积、总产量和总产值分别占全市蔬菜的73.5%、65.5%、72.4%。生产的品种主要有果菜类,如白菜、萝卜、茄子、辣椒、黄瓜、芸豆、西红柿等;叶菜类,如生菜、菠菜、茼蒿、油菜、甘蓝香菜等。

近年来,随着沈阳市设施农业规模的不断扩大,设施农业种植品种也在不断增加。除传统蔬菜外,设施花卉、水果、食用菌、山野菜、西甜瓜、畜禽水产等种养新品种不断涌现,既促进了农业结构的优化调整,也极大地丰富了城乡居民的菜篮子。

(高 红)

【设施农业】 2013年,共完成设施农业新建改造面积6346.67公顷。其中,新民市4500公顷、法库县746.67公顷、辽中县633.33公顷、苏家屯区213.33公顷、康平县106.67公顷,沈北新区73.33公顷,经济技术开发区60公顷,于洪区13.33公顷。全市设施农业占地面积达到12.87万公顷。

1. 在扶持政策上力度更大,范围更广。一是在扶持的标准上进一步加大。对新建高标准温室小区每个补助20万元,对康法及柳绕地区普通温室小区每个补助15万元,补助标准提高一倍。在加快高效特色农业发展方面,对花卉、食用菌等小区、蓝莓种植、寒富苹果扶持标准分别提高33%、20%和10%。同时,增加了老旧棚区改造达标补助10万元的政策。二是覆盖的范围上,扶持的方向更加宽泛、扶持内容更加丰富。出台了对高效农业、都市现代农业、农民专业合作社、农村产业带头人、农产品品牌、一乡一业发展、农产品出口、农产品深加工、农民增收致富等12个大的方面49条扶持政策。三是鼓励蔬菜种苗企业发展。对在沈阳市注册从事蔬菜种苗生产的企业,当年销售沈阳市农户优质商品化种苗达到500万株以上的,市财政给予以奖代补资金10万元。对达到2000万株以上的,给予以奖代补资金50万元。

2. 在转变发展方式上,进一步推进设施农业提质增效。一是通过项目申报方式,择优支持新建和改造高标准日光温室,切实改善菜篮子生产基地的硬件条件。二是积极推广优质新品种和熊蜂授粉、秸秆反应堆、膜下滴灌、运菜滑车等新技术、新设备,提高菜篮子生产水平,提升产品质量和效益。三是继续培育壮大优势特色产业。按照错位发展的要求,沈阳市对新达标的"一乡一业"乡镇和获得省以上认定的特色产业大县或"一县一业"称号的县(市)给予奖励。

3. 在强化基地建设上,提升产业化经营水平。按照差异化发展、适度规模经营、提高产业化和集约化水平的原则,从沈阳市现有的树莓、葡萄、西甜瓜、山樱椒、食用菌等特色产业实际出发,继续鼓励康平、法库及柳绕地区特色产业扩规模,鼓励近郊县区高效产业上档次。重点扶持新民冷棚西瓜、法库香瓜和山樱椒、苏家屯温室葡萄、东陵区树莓、于洪区食用菌等特色菜篮子生产基地的发展。在建好基地的基础上,沈阳市又出台了四项优惠政策,扶持相关龙头企业的发展壮大。

4. 在加强农产品质量安全建设上,提升标准化生产水平。一是加强优势农产品标准化生产和绿色、有机农产品生产关键技术攻关。通过建设农业标准化、无公害、绿色和有机农产品生产基地,带动全市农产品质量升级。二是强化品牌意识,实施品牌战略。通过多种方式推介和宣传无公害、绿色和有机产品,提高产品知名度。对获得国家地理标志原产地称号农产品的区、县(市)给予奖励,对农民专业合作社及企业获得无公害农产品或绿色食品认证、有机食品转换或有机食品认证给予财政补助。

5. 在完善科技服务体系上,努力提高科技贡献率。一是充分发挥全市农业区域中心站的作用,加强对菜篮子生产基地,尤其是新建基地的科技服务。二是支持重点工厂化蔬菜育苗基地建设,提高种苗质量,满足全市菜篮子生产种苗需求。三是鼓励新品种研发、引进、试验、示范和推广工作,提高农民应用新品种、新技术的积极性。四是进一步完善科技共建平台。根据全市农业生产科技服务的需要,选择重点菜篮子生产项目,由省市农业专家服务组提供科技服务。

(高 红)

【农业结构调整及高效特色产业】 为转变农业发展方式,加快现代农业发展进程,沈阳市不断加大种植业结构调整的进程,促进品种结构、品质结构不断优化,提升了优势区域的规模化、专业化、市场化和产业化水平。

1. 面积趋于稳定,特色日渐形成。沈阳市高效特色作物面积为20.13万公顷,其中:蔬菜8.23万公顷,花生4.33万公顷,西甜瓜3.33万公顷,薯类1.31万公顷,寒富苹果1.33万公顷,树莓1866.67公顷,葡萄1733.33公顷,花卉2333.33公顷,中药材1000公顷,其他9000公顷。通过调整种植结构,壮大优势产业,沈阳市逐渐形成了蔬菜、花生、寒富苹果、树莓、温室葡萄、冷棚西瓜、温室甜瓜等几大主导产业。

2. 基地规模化,区域特色化。各区、县(市)根据确定的发展种类和品种,对重点乡镇村实行连片集中开发,突出区域化、专业化和规模化,确定发展区域、发展面积和发展规模,从而形成了特色产业乡。现沈阳市树莓、万寿菊、寒富苹果等特色作物面积位列全省第一位。形成了梁山西瓜、大民屯棚菜、于洪冬虫草、苏家屯温室葡萄,紫苏子叶、沈北五味子、东陵及法库的树莓,康平花生、寒富苹果，辽中果蔬及花卉等区域特色品牌。全市一乡一业乡镇占农业涉农乡镇的43%。

3. 调整的档次提升，“三高一休闲”农业成为重点。2013年，50个科技共建项目中，40个为高效特色农业项目、7个粮食高产栽培项目，3个为其他项目，提升了高端精品、高效特色、高产生态和休闲农业的发展水平。全市建成粮食高产示范区108个，面积9万公顷，平均单产760.27公斤/亩，高于全市平均水平229.14公斤/亩，推动了高产生态农业的发展。以辽中世外桃源、沈北锡伯龙地、光辉大德农博乐园为代表的都市休闲农业发展迅速，新发展休闲农业园区25个。

（朱雪冬）

【粮食高产创建】 2013年，沈阳市共承担国家级粮油高产创建项目92个（水稻56个，主34个、花生2个），省级玉米示范片6个。沈阳市在国家、省级粮油高产创建项目基础上，开展市级粮食高产创建综合示范区，共建设10个粮食综合示范区（玉米5个、水稻4个、甘薯1个），每个示范区给予20万元工作经费，主要用于农作物新品种、新技术、新模式的引进、试验、示范和推广（省、市补助不兼得）。全市粮油高产创建面积超过9万公顷，分别落实在7个区县（市）、55个乡镇、320个村。

按照良种良法结合、农机农艺融合的要求，示范片严格落实“五统一”技术路线，做到统一整地播种、统一肥水管理、统一技术培训、统一病虫防治、统一机械收获。积极探索规模化、标准化生产经营模式和专业化服务组织形式，创新农技推广服务新机制，提高规模化、标准化生产水平。

经省级专家测产验收组测产验收，沈阳市国家级水稻万亩示范片单产730.39公斤/亩，高出全市水稻平均单产147.86公斤/亩；玉米国家级万亩示范片平均单产818.34公斤/亩，高出全市玉米平均单产289.2公斤/亩；市级粮食高产创建综合示范区平均亩产760.27公斤/亩，高于全市粮食平均单产229.14公斤/亩。

（梁 竑）

【良种补贴】 2013年，沈阳市认真贯彻落实国家的强农惠农政策，精心组织，确保了补贴资金及时、足额下放。

一、资金发放情况

1. 农作物（玉米、水稻、大豆、小麦、棉花）良种补贴资金发放情况。早在2012年底国家2013年良种补贴预拨资金到位后，市财政就及时地下拨了预拨资金9519.2万元到各区、县（市）财政部门。通过各区、县（市）农业和财政部门上报，联合检查核实，沈阳市实际已发放金额为9340.64万元，补贴面积56.25万公顷。

2. 花生良种补贴和良种繁育补贴项目实施情况。2013年，沈阳市承担花生良种补贴1.67万公顷，资金额250万元，良种繁育补贴1266.67公顷，资金额95万元，合计补贴资金345万元。该项目由沈阳市花生主产区康平县和法库县分别承担，对花生主产区生产起到一定的促进作用。

二、采取的主要措施

为保证良种补贴资金及时、安全地发放到农户手中，各级农业及财政部门做了大量细致的工作。一是补贴资金实行预拨制。为不误农时，每年年初预拨资金提早下拨，为缺少资金的农户解决燃眉之急。二是制定良种补贴实施方案。为规范良种补贴面积的核实、发放，沈阳市下发了《沈阳市2013年农作物良种补贴项目实施方案》，明确了补贴范围及标准，并对良种补贴工作提出了具体要求。三是建立健全良种补贴工作档案。从村级到市级逐级建立良种补贴档案，并由专人负责管理，做到发放管理责任明确，有据可查。

（梁 竑）

【花卉生产】 2013年，沈阳市以种植业结构调整为指导，以提高经济效益为核心，以切实可行的扶持政策为保障，以科学技术为支撑，以百合、玫瑰、菊花鲜切花生产为重点，以规模化生产为突破口，以做大做强龙头企业为动力，以健全营销体系为纽带，大力发展花卉生产，增加了农民的收入。

一、基本情况

沈阳市花卉播种面积为5926.67公顷，其中鲜切花类（百合、玫瑰、非洲菊、菊花等）1333.33公顷，占22.5%；盆栽植物类（君子兰、大花蕙兰、蝴蝶兰、杜鹃等）520公顷，占8.77%；万寿菊3833.33公顷，占64.68%；其它类760公顷（草坪、种球等），占10%。鲜切花生产量7.86亿枝、盆栽植物3480.7万盆。全市花卉总产值12.3亿元。

二、主要特点

1. 生产面积保持稳定增长。全市花卉种植面积为5926.67公顷，其中鲜切花类1333.33公顷、盆栽植物类520公顷、观赏苗木类120.2公顷、工业用万寿菊3832公顷，草坪34.5公顷。

2. 生产区域遍布全市。经过近几年的发展，花卉的生产区域已扩展到全市的所有农业区县，百亩以上的生产基地（不含万寿菊）已达149个。

3. 设施生产条件明显改变。花卉保护地生产达到935.78万平方米，基本上均采用了钢筋骨架、砖混结构、苯板芯墙、机械卷帘、膜下滴灌等工厂化生产技术，集中连片、规模化标准生产的面积显著增加。

4. 新品种生产面积显著增加。花卉新品种补贴政策的继续实施，促进了生产面积的较快增长，非洲菊289.8公顷，东方百合375.2公顷。

（朱雪冬）

【政策性农业保险】 2013年，沈阳市在全市涉农各区、县（市）广大干部、农民以及各承保公司的共同努力下，较好地完成沈阳市全年农业保险工作。

全市完成大田作物参保面积36.71万公顷，比上年增加14.28万公顷。参保率较好的区、县（市）有康平县、法库县、新民市、辽中县，分别达到93.5%、71.6%、56.6%、45.7%。共有23.02万农户参保，保费总额1.4亿元。其中：中央财政补助5000万元，省财政补助4000万元，市财政配套4100万元，区县财政配套800万元，农民缴纳2800万元。2013年，沈阳市大田作物主要遭受了8月14—17日的风灾和水灾，全市受灾面积为23.31万公顷，其中绝收面积为7986.67公顷，受灾程度在50－90%的面积为7.8万公顷，受灾程度30－50%面积的为14.71万公顷，主要集中在三县一市，法库8.58万公顷，新民市4.81万公顷，康平县4.20万公顷，辽中县1.54万公顷。

全市共发生各项赔案2475起，赔款总额8071.83万元，收益农户12.9万户，占全市承保农户23.03万户的56%。为确保完成省下达沈阳市的2013年农业保险工作目标，加快推进沈阳市农业保险工作进程，市农经委与财政部门联合转发了《市农经委市财政局转发关于进一步做好全省农业保险工作意见的通知》(沈农经〔2013〕63 号),并结合沈阳实际进一步明确了沈阳市种植业保险的指导思想、承保机构、保险范围等,为全市种植业保险工作的顺利展开打下了良好基础。

积极宣传,提高广大农户参保意识。采取电视媒体广播、张贴标语、送戏下乡、组织培训等多种形式宣传种植业保险的政策、保险责任、交费标准和赔偿办法,召开村级种植业保险宣讲会,逐户发放保险宣传单,设立农业保险热线电话,随时解答广大农民提出的各种问题,确保政策宣传到位。各公司将种植业保险承保工作划分为投保申请受理、投保申请审核、收取划拨保费和发放保险凭证四个工作环节,有效杜绝了投保认定不清、虚假投保、出险后投保等问题。在整个承保过程中,沈阳市没有发生一起农民投诉与纠纷。

(高 红)

【种子管理】 2013 年,沈阳市加强对种子的管理力度,促进了种子行业的健康有序发展。

1. 完成种子经营备案工作。对未落实区级管理的种子零售经营门店进行市级备案管理,共备案种子企业 38 家,进一步强化了种子市场经营秩序。

2. 全面统计持证种子企业经营信息。针对沈阳市辖区内所有持有省、市两级核发种子经营许可证的企业,开展 2013 年种子企业经营活动报告和信息的统计和上报。

3. 开展水稻玉米种子市场抽检和查处工作。对辖区内水稻和玉米种子生产企业的所有申请品种进行了全覆盖抽检,共抽检企业 27 家(其中省发证企业 12 家,市发证企业 15 家),抽检品种 71 个。同时,积极配合农业部及省种子管理局对全市种子生产经营企业进行抽样监督,对抽样检测中存在问题的企业及产品依法进行查处。

4. 开展种了经营门店清查行动。针对辖区内所有种子经营门店和流动商贩,组织开展种子经营门店清查行动,开展信息普查和清查行动,本次清查行动共检查经营门店 933 家,对经营门店的信息进行了较为全面的采集和汇总,村级种子门店清查和进村入户清查覆盖辖区内农业行政村总数超过 30%。

5. 开展水稻育种田间检查。针对市批水稻种子生产企业进行了水稻育种田间检测。本次检查采取县级全面覆盖、市级抽查的方式,总共检查了沈阳市所有 15 个水稻种子生产企业的 83 个品种,其中市级抽检了 5 个企业的 23 个品种。通过本次田间检测,发现沈阳市水稻种子生产质量总体良好,整体度、纯度、病虫害等主要指标都到达了相关要求。

6. 组织参加种子生产、加工、贮藏和检验人员考试。沈阳市分别于 3 月、5 月和 9 月组织种业人员参加了辽宁省种子局举办的种子生产、加工、贮藏和检验人员考试和培训,其中组织生产技术人员 28 人,加工、贮藏技术人员 31 人,检验技术人员 27 人,提高了从业人员的专业技能。

(郭 炎)

林 业

【造林绿化】 2013 年,沈阳市造林绿化共完成人工造林任务 2.88 万公顷,是计划任务的 123.4%。新发展以寒富苹果为主的果树经济林 4800 公顷,生产造林绿化苗木 6364 万株。全市共清理并完成退耕还林"小开荒"面积 4000 公顷,还林率达到 100%;完成超坡地还林面积 8800 公顷;完成围栏封育里程 2160 公里。康平县、法库县、苏家屯区、东陵区等地区实际完成的造林面积创造了 2003 年大规模退耕还林后 10 年来最高水平。

(郑 欢)

【野生动植物保护】 2013 年,沈阳市野生动植物保护管理站加大野生动植物和湿地保护力度,召开全市野生动物保护管理工作会议,下发《关于开展保护野生动物资源专项行动实施方案》,以三河(辽河、浑河、蒲河)、两库(石佛寺水库、獾子洞水库)、三湖(卧龙湖、仙子湖和团结湖)为重点,加大对乱捕滥猎候鸟等违法行为的打击力度。加强野生动植物保护,开展行政执法检查 68 次,出动人员 732 人次、车辆 239 辆次,查获野生鸟类 1690 余只,查获非法猎捕工具 213 件,救护野生动物 417 只,依法取缔了各类非法鸟市,出具《野生动物鉴定报告》23 份。针对上海、江苏等省、市人感染 H7N9 禽流感疫情,积极组织疫源疫病监测防控工作,确保第一时间发现疫情,第一现场处置疫情。报送卧龙湖、獾子洞湿地申报材料,申请列入国际重要湿地名录。利用第 32 届"爱鸟周"和第 17 个"世界湿地日"等契机,广泛开展野生动植物和湿地保护宣传,收到良好效果。

(郑 欢)

【退耕还林工程管理】 为了更好的巩固退耕还林工程成果,沈阳市退耕还林工程管理中心制定了《沈阳市保护退耕还林成果细则》,全市重点退耕林地通过国家、省、市检查验收。2013 年,沈阳市共完成退耕还林补植补造 2500 公顷,抚育 2233 公顷,间伐 100 公顷,蓄积 2800 立方米,主伐 500 公顷,经济林改造 52.8 公顷。经林业厅认证,全市退耕还林共减少水土流失 51.7 公顷,控制风沙 8.39 万公顷,减少退化土地 5.78 万公顷,减少河流泥沙 470 万吨。协助省林业厅建立国家级退耕遥感监测点 2 个;完成国家退耕还林林地经济调查;制定了"2014 年巩固退耕还林成果规划",开展巩固退耕还林成果专项整治行动,妥善处理省级信访案件 2 起,市级举报案件 10 起;争取巩固退耕还林成果资金 5930 万元。

(郑 欢)

【森林公安】 2013 年,沈阳市森林公安局组织开展"冬季行动"、"查处野外用火专项行动"、"严厉打击盗砍滥伐专项行动"、"打击非法猎捕、经营野生动物专项行动"等行动,始终保持对违法犯罪分子的高压态势,办理各类涉林案件 28 起,其中刑事案件 20 起、行政案件 7 起,治安案件 1 起,追究刑事责任 28 人,行政罚款 70 余万元,侦办了辽中县杨某特大滥伐林木案、辽中县肇某特大滥伐林木案,有效扼制了森林资源盗砍滥伐。联合野生动植物保护管理站开展 30 余次联合执法,解救、放飞各种野生鸟类 3000 余只,刑事拘留 3 人,行政处罚 4 人。

(郑 欢)

【森林防火】 2013 年,沈阳市森林防火指挥部将 3 月 15 日至 4 月 15 日定为森林防火宣传月,印发《关于严禁野外用火、上坟烧纸、烧荒、烧秸秆的紧急通告》,制作森林防火宣传旗和宣传横幅,悬挂在林区重要路口和显要位置。利用广播、电视、报纸、网络、移动通讯、显示屏等载体，宣传森林防火工作，提高群众防火意识。3月初，市林业局相关领导分别到苏家屯区、东陵区、棋盘山开发区、沈北新区检查指导森林防火工作。森林防火紧要期，全市920名护林员全部在岗到位，6支专业、20支半专业森林消防队、武警沈阳支队、沈阳警备区、辽宁预备役高炮一师严阵以待，成立检查执法小组共查处制止违规用火人员753人，没收烧纸2251捆、火种1017个、鞭炮8挂、香97捆，有效遏制野外用火行为。组织召开武警沈阳市支队、沈阳警备区、辽宁预备役一师联席会议，建立军地联防体系。召开沈阳、本溪、抚顺、铁岭、辽阳五城市森林防火联防会议，签订《森林防火联防公约》，建立五城市森林防火联防体系。

(郑 欢)

【青山工程建设】 2013年，沈阳市青山保护局按照《沈阳市2013年青山保护工作计划》，推进青山保护工程建设和青山保护稽查工作。召开青山工程工作会议，制订下发《2013年沈阳市青山保护稽查工作方案》。组织开展以“两退一围”为重点的执法检查工作，在全市范围内集中开展破坏山体和山体以外林地及其它工程违法、违规使用林地专项打击行动，查处并办结19起破坏青山工程的违法案件。组织开展《全省青山工程动态监测信息系统需求调研及基础数据建库指导工作》业务培训，如期完成了全省基础数据库建设工作。继续抓好闭坑矿山生态治理的执法稽查工作，11家闭坑矿开展了项目前期招投标准备工作，9家生产矿已开工治理。完成墓地、坟地生态治理面积20公顷，植树8万余株，迁坟3000余座，总投资1500余万元。

(郑 欢)

【林政资源管理】 2013年，沈阳市林业局林政处集中组织开展森林资源综合执法检查，办理审批业务2.18万件。分解下达2013年林木采伐限额，开展采伐限额管理系统培训，启用国家林业局林木采伐新的系统。完成“十二运”输变电项目的征占林地报批工作。完成5.98万立方米病枯死林木清理工作。全市10个地区林地保护利用规划全部修订完成，并通过辽宁省林业厅专家组评审。完成涉及5个国有林场7.30公里道路建设项目，完成399户国有林场职工危旧房改造。

(郑 欢)

【森林病虫害防治】 2013年，沈阳市森林病虫害防治检疫站将监测预警、检疫御灾和防治减灾作为主要工作。全运会前期市政府召开“十二运”林业有害生物防治会议，研究部署防治工作。召开联防会议，分别与城建、农经委、交通、水利、辽河局签订联合防治公约，落实防治责任。及早进行虫情调查，重点完成了美国白蛾、松毛虫、杨树冻害调查，发布2013年病虫情预报。完成了27吨农药采购申报，与通航就有关飞行防治达成协议。下发“加强产地检疫工作的通知”，调运检疫木材3万立方米，调运苗木检疫22.8万株，产地检疫苗木2200万株。悬挂美国白蛾性诱防治300处，松材线虫病性诱监测点16处，向联防单位发布美国白蛾防治信息2次。对全市40家“十二运”场馆和街路绿化进行复检，登记复检记录200余份，检疫苗木40万株。完成防治面积3.33万公顷，防治率在98%以上。完成美国白蛾飞行防治4200公顷，超额完成866.67公顷任务，美国白蛾防治率、监测率、无公害防治率都达到100%。

(郑 欢)

【科技产业】 2013年，沈阳市林业局实施《辽中县牛心坨乡无公害寒富苹果产业化服务项目》等6个在研项目，争取《设施栽培有机葡萄配套技术研究》等5个项目。与辽宁省林业厅“一院五所”合作，组织实施14个科技示范项目。与市农委等部门联合印发《沈阳市2013年扶持现代农业发展促进农民持续增收若干政策》，为促进农民增收提供政策保障，为全市重点企业争取林业贷款贴息资金共计157.9万元。完成对全市15家地板企业、10家细木工板企业的抽检工作。编制完成《沈阳林果产业发展规划》(2013－2017)。积极完成政策性森林保险面积14.22万公顷，是计划任务13.67万公顷的104%。完成林权抵押贷款27笔，贷款金额1445万元。新建林果专业合作社6个。完成1000公顷的林地经济发展任务指标。全年林业产业总产值实现149亿元。

(郑 欢)

【寒富苹果发展】 为保证全市寒富苹果稳定、持续、健康发展，经市林业局主管领导批准，2013年，沈阳市林业局果树行政主管部门压缩了新植寒富苹果生产规模，当年下达寒富苹果生产计划4800公顷，比上年减少3066.67公顷，减少38.9%。经过市、县(区)两级林业局共同努力，圆满完成了2013年新植寒富苹果生产任务。

2013年沈阳市水果经济林发展，重点围绕富民产业工程和“一乡一业”重点乡镇栽植寒富苹果。一是围绕产业大道规划栽植寒富苹果。苏家屯区重点规划以沈丹高速公路、旅游产业大道及沈本产业大道两侧可视范围内，作为寒富苹果栽植重点区域。二是围绕“两退一围”重点工程栽植寒富苹果。辽中县、法库县、苏家屯区、东陵区，都把寒富苹果栽植区域向“两退一围”重点工程倾斜。三是围绕现代农业重点开发区栽植寒富苹果。康平县围绕环卧龙湖绿化产业带栽植寒富苹果，康平县、法库县、沈北新区围绕沈康高速公路现代农业示范带栽植寒富苹果。四是围绕“一乡一业”重点乡镇栽植寒富苹果。新民市新农村乡，康平县张强镇、方家镇、东升乡、西关乡、康平镇，辽中县牛心坨镇、老大房镇等，围绕“一乡一业”重点乡镇，栽植寒富苹果1866.67公顷，占全部计划面积的39%。五是围绕旅游观光农业区域栽植寒富苹果。沈北新区围绕马刚乡、清水台镇，东陵区围绕李相镇、祝家镇等旅游观光农业区栽植寒富苹果，打造旅游采摘现代农业区观光示范项目基地。

截至2013年底，全市寒富苹果总面积大约2.33万公顷，富苹果结果面积大约6666.67公顷，正常年产量可达10—11万吨。全市寒富苹果万亩乡镇达到11个，面积达到1.21万公顷，占全市寒富苹果总面积的51.7%；11个万亩乡镇寒富苹果产量达到4.04万吨，占全市寒富苹果总产量的40.4%。11个万亩乡镇中面积最大的突破2000公顷，面积最小的为666.67公顷，平均每个乡镇寒富苹果面积为1093.3公顷。11个寒富苹果万亩乡镇分别是：新民市新农村乡、周坨子镇；辽中县牛心坨镇、老大房镇、冷子堡镇；康平县方家镇、张强镇、郝官镇、康平镇、西关乡、东升乡。全市有9个乡镇，先后被辽宁省农委授予“辽宁特产寒富苹果之乡”称号，辽中县和康平县先后获得国家工商总局授予的“寒富苹果国家地理标志认证”称号。

（李 勇）

畜牧业

【概述】 2013年，沈阳市畜牧兽医工作紧紧围绕实施现代畜牧业发展计划，全面推进现代畜牧业发展，大力促进畜牧业生态环境建设，推进基层推广体系改革与建设，使畜牧业经济总量持续增长。重大动物疫情基本稳定，畜产品安全质量有效保证，出色完成了十二运畜产品安全保障任务，有效破解了H7N9疫情及病死动物处理等难点问题。生猪饲养量982万头，家禽饲养量3.06亿只，肉牛饲养量154.8万头，羊饲养量200.5万头；肉类总产量107万吨，禽蛋产量78.6万吨，奶产量52.3万吨，畜牧业产值达到330亿元，在全国副省级城市中排名第四，牧业产值占全市农业总产值的比重连续7年超过50%。省政府确定法库县牛业为“一县一业”示范县。

（江 雪）

【政策扶持】 沈阳市执行标准化养殖场建设、外引畜禽良种、奶牛改良、良种示范场、黄牛改良、养殖场环境治理、畜禽粪便有机肥厂建设、畜产品加工企业建设、农民专业合作组织建设、出口养殖基地建设和企业出口创汇奖励等扶持现代畜牧业发展政策。

（江 雪）

【畜牧项目建设】 2013年，沈阳市争取规模化标准化扶持资金1.15亿元，其中包括国家及省级资金7475.8万元，法库县被辽宁省政府确定为牛业示范县。一是规模养殖率、良种率不断提高。全年全市新建畜禽标准化规模养殖场57个、畜禽良种示范场建设项目10个，外引良种12.5万套，争取扶持资金3674.5万元。2013年畜禽标准化规模养殖率达到66%，比上年增加3个百分比，畜禽良种率达到98%以上。二是标准化创建工作积极开展。沈阳市方瑞牧业有限公司、沈阳华美畜禽有限公司2家企业被国家评定为国家级畜禽养殖标准化示范场。三是生猪奶牛标准化改造工作全面落实。申报国家生猪改造养殖场8个，争取国家资金400万元，申报奶牛改造场14个，争取国家资金2020万元。四是产业化水平有新提高。全市畜产品加工企业年加工能力220万吨，畜牧业产业化率达到54%，建设畜禽粪便有机肥加工厂项目3个；累计新建和改建阳光猪舍面积1万余平方米；完成了13家养殖场1386头种猪氟烷敏感基因检测工作，清除率100%。年出口创汇3000多万美元，占全省出口总额的1/3左右。全市12家养殖企业申报了国家“菜篮子”畜产品生产项目，争取国家省市扶持资金600万元。

（江 雪）

【畜禽养殖粪污和草原沙化治理】 2013年，沈阳市建设畜禽粪便有机肥加工厂3个，争取扶持资金275万元。对全市14个区县进行走访调研，形成《沈阳市畜禽粪便污染情况报告》，并完成沈阳市畜禽养殖业污染治理规划，同时确定辽河流域畜禽粪便治理设施建设项目，涉及辽中县、新民市、法库县、沈北新区和康平县5区县35个乡镇431个村（社区），其中申请畜禽粪便污染治理的行政村140个，分布在辽中、新民、法库、沈北4区县。草原生态保护和沙化治理，发放了《草原承包合同》、《草原承包经营权证》及《草原使用证》，积极兑现省禁牧补助资金，完成林下、滩地人工种草1667公顷，完成草原沙化治理二期工程任务，草原围栏666.67公顷，完成补播任务200公顷。

（江 雪）

【重大动物疫病防控】 2013年，沈阳市在重大动物疫病防控方向做了以下工作。一是加强了市重大动物疫情应急指挥体系建设，及时调整了指挥部成员，重新明确了各成员单位主管领导和联系人，建立部门联动机制。二是强化了市县应急队伍建设，举办5次重大动物疫情应急培训和演练，提高了疫情紧急处置和仪器设备实际操作能力。三是加强了应急物资储备，投入20万元更新了应急物资，补充了消毒药品和设备。疑似突发动物疫情处置得当，果断处理213起丢弃病死动物等突发事件，未造成不良影响和后果。四是强化了动物免疫。集中落实春秋季免疫、防控牲畜炭疽病和猪蓝耳病“百日会战”等防控措施，确保免疫密度、免疫抗体合格率双达标，全市累计免疫畜禽7503.52万头（只），完成监测9.7万份。认真做好了重大动物疫病流行病学调查。共排查规模养殖场780个，散养户8.94万户，排查畜禽660.89万头（只）。加强结核、布病等人畜共患病净化。共检测牛16万头，检出并扑杀39头，净化率实现100%。四是“一市三县”分子生物学实验室建设全面启动。

（江 雪）

【畜产品安全监管】 2013年，沈阳市在畜产品安全监管方面做了以下工作。一是加强了流通环节和外埠动物产品监管。实行“区域网格监管与分级监管理”方式，实行经纪人备案和24小时值班制度，提高了畜产品的可追溯性能力。加大了执法办案力度。截至2013年底，共查处涉及动物卫生案件378件，罚款78.80万元。二是强化了收购站的日常检查与不定期巡查制度，全年共查办生鲜乳非法收购案件5起，罚款3万余元，吊销车辆运输许可证20辆。加大了“三聚氰胺、内酰胺酶”等违法添加物的监测力度，全年共监测生鲜乳中违法添加物质等项目1822批次，合格率达到了100%。建立了全市乳品企业和生鲜乳收购的电子档案系统。三是保障十二运畜产品安全供给。从全市2000余家大型养殖和优秀屠宰企业中，经逐级推荐考核共遴选确认12家供应基地。合计供应畜产品66.7吨，达到了参赛运动员食品安全A级保障要求，首次实现全运会无运动员食源性兴奋剂检出的突破。

（江 雪）

【动物卫生监督执法】 2013年，沈阳市在开展动物卫生监督执行中，一是建立了产地检疫申报点制，规范“官方兽医+协检员”工作模式，产地检疫全部实现电子化出证，改变了过去手写的历史，全市共新（改）建标准化检疫点148个。二是建立了屠宰场驻场检疫制，建设屠宰检疫视频监控系统，真正实现驻场官方兽医对屠宰的全程监控。三是建立了外埠动物产品检疫分销制，强化外埠企业备案管理工作，实行约谈和信用档案管理制度。全年检出病害生猪406头，检出病害畜产品336.36吨，约谈“低诚信度”业户124人次。四是创新了监督执法模式，采取先培训、再约谈、后处罚的执法模式，以拉网式排查、巡查、暗访、蹲守等为主要方式，对全市505家规模饲养场、80余家屠宰场加工企业、55个农贸市场、372家畜产品经营户、38所大专院校食堂进行动态备案、监督检查。全市共查处违法案件381件，罚款80余万元。

（江　雪）

【兽药饲料监管】 2013年，沈阳市在兽药饲料监管中，强化了源头监管。深入落实"市级、区级、乡区域所"三级畜产品安全网格化监管，严格养殖环节中兽药、饲料等投入品使用，落实畜产品生产管理制度，形成了比较完善的初级畜产品安全监管体系。全年共完成1.32万批次药物残留检测，比上年增加了25%，同时增加检测品种项目，实施了区县季度"瘦肉精"互检制度，检测结果在局信息网上向社会公示。查处兽药、饲料违法案件共111件，罚款20.7万元。

（江　雪）

水产业

【概况】 2013年，沈阳市水产工作坚持以渔业增效、渔民增收为目标，以健康养殖为抓手，积极调整和优化养殖品种结构，大力发展现代渔业，不断提高产业化发展水平。全市淡水养殖面积1.72万公顷，同比增长3%。其中池塘面积1.23万公顷，水库面积4466.67公顷；成鱼塘1.05万公顷，鱼种塘1733.33公顷。全市渔业总产值实现82.8亿元，增长7%；渔业增加值42.9亿元，增长5.1%；水产品产量19.4万吨，增长3.8%，实现了水产业稳步健康发展。

（毛世骏）

【养殖结构调整】 调整名优新品种养殖面积和投放数量。一是全市名优新品种养殖面积逐年加大，达到9639.06公顷。其中，德国镜鲤主养面积3852.4公顷，同比增长7%；草鱼主养面积2677.67公顷，同比增长148%；乌鳢主养面积133.67公顷，同比增长136%；彭泽鲫养殖面积3244.6公顷，同比增长72%；河蟹养殖面积1238.87公顷，蟹苗放养量达到228万只，其中康平县三台子水库投放150万只。二是积极引进名优新品种。全市从外省市引进名优新品种3.7亿尾。其中，引进黄金鲫1541万尾，同比增长43%；黄颡鱼4806万尾，同比增长81%；杂交鲶3230万尾，同比增长181%；丁鱼岁3525万尾，同比增长13%；泥鳅300万尾，同比增长200%；彭泽鲫和津新鲤引进数量也分别达到了8060万尾和300万尾。各县区也加大了水产新品种的引进力度，苏家屯区永乐街道大韩台村首次从俄罗斯引进贝加尔湖鲶种鱼1200尾，铁西技术开发区彰驿街道引进长吻鮠112万尾，于洪区沙坨子村引进黄河鲤大乌仔20万尾，新民市周坨子镇从营口引进南美白对虾苗2000万尾，养殖面积13.33公顷。全市投放鲫、鲤、鲢、鳙、黄颡、武昌、鲶、鮰等各类鱼种数量5.5亿尾，同比增长2%。法库县充分利用自然资源合理投放河蟹、池沼公鱼和大银鱼等新品种，年产成蟹3吨、池沼公鱼10吨、大银鱼2吨；康平县在三台子水库进行大水面河蟹放流，春秋两季共投放扣蟹150万只，秋季回捕商品蟹1.8万公斤。

扩大名优新品种苗种繁育规模。全市繁育苗种数量25.2亿尾。其中，鲶鱼7.2亿尾，同比增长3%；彭泽鲫2.8亿尾，同比增长36%；津新鲤2000亿尾，同比增长264%；乌鳢2000亿尾，同比增长6%；翘嘴红鲌6000亿尾，同比增长10%；德国镜鲤和乌克兰鳞鲤的繁育量也分别达到了4.4亿尾和3亿尾。于洪区富强村利用现有2500平方米设施渔业大棚在上年成功繁殖日本锦鲤的基础上，一次挑选保留了1000多尾优良锦鲤苗种。新民市法哈牛镇巴图营子村发动渔民100余户利用当地现有生产条件繁育乌鳢鱼苗2000万尾，产品远销江苏、江西等省份。康平县三台子水库利用大坝非沉陷区进行网箱养鱼2400立方米，繁育鲢鳙苗种1万尾。

（毛世骏）

【渔业产业化】 2013年，沈阳市鼓励和引导本地水产品企业联合养殖大户和营销大户，形成产、加、销一条龙经营模式，促进养殖产业化的发展。一是积极开展农业部水产健康养殖示范场、省级"菜篮子"工程和省级水产原良种场创建工作。新民市君宏渔业养殖专业合作社、铁西经济开发区海北淡水鱼养殖专业合作社、新民市龙启水产品养殖场、辽宁金淼渔业养殖专业合作社、沈阳市巨臣养殖专业合作社、辽中县河洋鑫淡水鱼专业合作社等6家单位被评为农业部水产健康示范场。二是组织各区、县（市）抓好养殖基地基础设施建设，提升设施标准。以养鱼户投入为主，政府补助为辅的方式引导渔民加大对池塘基础设施的投资力度，全市完成市级水产养殖基地建设20个，每个基地补贴10万元，共计200万元。三是组织沈阳金山水产养殖公司和沈阳绿生水产养殖场2家单位申报省级水产良种引进项目，其中沈阳绿生水产养殖场良种引进项目获批并顺利通过验收。

（毛世骏）

【渔政执法】 2013年，沈阳市渔政执法共计100余次，参与执法人员400余人次，罚没、收缴无主挂网200片，地笼网150个，释放渔获物500公斤，驱离非法渔船9艘，回复各种提案、建议3项，网上投诉、举报9项。全年处罚执行简易程序2份，一般程序7份，均已结案存档。沈阳市渔政执法部门联合沈阳市公安局经侦部门，对市区内的商场和花鸟古玩市场进行水生野生动物及其制品专项查处行动，主要检查水生野生海龟、胭脂鱼及红珊瑚的禁售情况，对无证经营或手续不健全的业户下发停业整顿通知，与环保人士配合解救奇文巨鲤、巨无齿鱼芒、朱林氏原鲃等多种水生保护动物。

渔政部门在推进依法行政、规范行政执法上狠下功夫，强化执法作风、纪律、礼节、文明用语、工作程序和行为规范等方面建设，使人性化执法、规范性执法、文明执法落到实处，避免执法中矛盾激化。为提高执法效率，配备了专门执法车辆、执法艇以及其它必要的执法设备，使执法能力和力度大大加强。

（毛世骏）

【渔业增殖放流】 2013年9月至11月，沈阳市农经委在辽河、蒲河、卧龙湖和浑河沈阳城区段等水域开展了"以法保护自然环境，以德创建家乡文明，改善鱼类生态，营造沈阳碧水"为主题的沈阳鱼类增殖放流活动，此次放流活动历时2个月，放流总量为300万尾，主要有鲢、鳙、草、鲤、鲫等鱼类品种，放流活动不仅改善了沈阳市辖区内的水域环境，养护了鱼类资源，而且也为天然水域渔业的可持续发展打下了坚实的基础。通过与各大新闻媒体的合作，加大了宣传力度，进一步增强了社会各界的资源与环境保护意识。

（毛世骏）

【水产品质量安全】 一是加强组织领导。市农经委成立水产品质量安全监管领导小组，由分管副主任担任组长，围绕产地水产品质量安全,扎实开展质量安全监管。通过部、省级健康养殖示范场(区)和市水产业富民经济小区的创建,开展无公害水产品养殖技术培训,严厉打击食品非法添加和滥用食品添加剂行为,加强产品抽样检测等办法,保障了产地水产品质量安全。

二是认真完成水产品质量检测工作。共完成检测水产品样品165个,检验合格率达到100%。其中,农业部委托长沙水产品质量安全测试中心抽检成鱼样品30个,配合省水产品质量检验检测局抽检成鱼样品39个,配合省苗种管理局完成苗种药残抽检样品43个,省厅委托丹东市水产品质量检测中心抽取样品53个。

三是开展水产品质量安全专项整治活动。出动执法人员85人次,检查养殖户(单位)178家,纠正问题57个。在主要水产养殖乡镇开展了水产品质量安全宣传月活动,出动宣传车2辆,发放宣传材料2000余份。

四是对康平县、法库县、浑南新区和铁西开发区水产部门进行水产品药残速测培训,并为各水产部门配发速测仪,有效提高了县区水产品质量安全检测能力。

五是对全市水产苗种场进行了执法检查。在新民市、辽中县、苏家屯区、沈北新区和沈阳经济技术开发区五个地区水产苗种生产场自检的基础上,开展了全市复核执法检查。由市农经委联合苗种生产企业所在五个区、县(市)主管部门对17户水产苗种生产企业进行逐一复核执法检查。检查项目包括发证条件、生产范围、生产种类、生产规模等。其中:全市13户持省发证苗种生产企业和2户市发证苗种生产企业均能依照省苗种生产管理条例要求生产。

六是检测能力进一步增强。市农业监测总站参加三次考核比赛任务都取得了较好成绩。在4月份,省农委组织的机构考核中,顺利通过了专家组的考核。6月5日至6日,在省海洋与渔业厅主办的辽宁省首批水产品质量安全快速检测能力考核中取得了优异成绩,并得到了渔业厅领导和各位专家的高度评价。10月21日至23日在全国农产品质量安全检测技能竞赛辽宁省预选赛水产检测项目中,获得团体第三名,其中曲娜同志凭借扎实的检测技术和理论水平获得了个人第一名的好成绩,并将代表辽宁省参加全国大比武。

(毛世骏)

【科技、推广与培训】 2013年,沈阳市积极实施渔业科技和推广创新,加强新成果、新技术转化与推广应用,加快渔业新技术有效应用和实用技术普及范围。坚持贯彻实施"科教兴渔"的战略,不断加大力度,推进水产进步,提高水产科技含量。沈阳市举办了以养殖生产环节用药技术和病害防治技术为主要内容的培训活动,培训人员达到125人。县区渔业技术推广部门组织开展了养殖技术、科学用药等技术服务培训,举办各级培训班28期,培训2147人次、现场培训或指导132次、发放技术资料5275份。

(毛世骏)

【新版水域滩涂养殖证登记换证】 2013年,沈阳市对县区渔业行政部门养殖证换发登记工作进行了有效指导,严格申报程序和材料认定,要求申报材料基本要件齐全,切实做到申报面积核实无偏差,全年已发放或更换新版养殖证127本。

(毛世骏)

【休闲渔业】 沈阳市的休闲渔业现已形成两大主要发展方向:一是从单一的水产养殖向垂钓休闲、精品养殖相结合的方向发展;二是从单纯的休闲渔业向观光渔业、旅游业、服务业融为一体的多层次、多功能都市型休闲渔业方向发展。全市的休闲渔业可分为养钓结合型、休闲垂钓型、生态观光型、垂钓竞技型、休闲观赏型五种类型。全市现有休闲渔业场所280个,其中大型休闲渔业园区8个,垂钓点240余个,集垂钓、休闲、餐饮于一体的垂钓点30个,涉水面积1万公顷,安排就业800余人,年接待能力20万人次,年产值达3000万元。

1. 发挥区域优势,调整产业规划布局。积极做好统筹规划,不断完善基础设施,拓展服务功能,形成优势互补、齐头并进的产业格局。一是建设了以辽中县珍珠湖和新民市仙子湖蒲河沿岸渔业区域为核心,具有一定文化内涵、特色突出的休闲渔业基地,综合开发渔家乐、观赏鱼园、千亩荷花游等项目。二是利用于洪、苏家屯、东陵、沈北新区等县区位于城郊结合部特有的地理位置优势,对一些垂钓池塘进行开发改造,使其逐步发展成为集垂钓、餐饮于一体的综合垂钓园。三是依托康平县和法库县采煤塌陷坑形成的大水面生态资源,通过实施人工增殖、强化管理等措施,粗养为主,半精养为辅,合理开发利用水面资源,做强做大水库休闲渔业。

2. 立足特色经营,完善产业发展体系。结合现代农业园区建设、旅游景点开发和农村城镇化改造,发展特色经营,突出体验性、生态性。棋盘山水库和康平县卧龙湖湿地于2013年都成功举办了"冬季捕鱼节",吸引了市区大量消费者前来,不仅推动了旅游,还带动了水产品销售。新民市在仙子湖渔业休闲园举办"荷花节",接待游客2万人,营业额高达300万元。

3. 提升服务水平构建产业发展平台。一是强化服务平台。协调有关部门对休闲渔业单位予以扶持,积极帮助企业申报休闲渔业项目,主动做好行政服务;二是构建互助平台。由各县区渔业主管部门牵头,相继成立了20余个渔民合作社和渔业协会,充分发挥引领市场、互动联合、辐射带动的桥梁纽带作用。

4. 注重日常管理,打造产业发展环境。一是对水域生态环境养护工作高度重视。已经把资源养护、生态建设纳入休闲渔业整体发展体系中,每年都对适宜水域进行增殖放流,并充分利用电视台、报纸等媒体进行宣传,强化全社会保护水域生态资源意识;二是对安全生产管理工作高度重视。明确了管理职能,对休闲渔业企业经营行为进行了规范,确保船舶用具、饮食卫生等方面得到有效监管;三是通过加大渔政执法力度严厉打击各种渔业违法活动,遏制了电、毒、炸鱼和污染水域等违法行为蔓延。

(朱雪冬)

农机化发展

【概况】 到2013年末,全市农业机械总动力达到343.63万千瓦,比2012年增加17.3万千瓦,增长5.3%。拖拉机保有量达到7.54万台,比2012年增加5400台,增长7.7%。其中大中型4.28万台,比2012年增加4986台,增长13.2%;小型拖拉机为3.26万台,比2012年增加414台,增长1.3%。配套农具达到11.85万台(套),比2012年增加1287台(套),增长1%。其中大中型配套农具3.27万台(套);小型配套农具8.58万台(套)。水稻插秧机由2012年的4741台增加到5819台,增长23%。联合收获机械达到3265台,比2012年增加971台,增长42%。其中:水稻收获机912台,比2012年增加161台,增长21%;玉米收获机2353台,比2012年增加810台,增长52%。农机总值达到28.2亿元,比2010年增加4.3亿元,增长18%。全市综合机械化水平达到75.5%。

(佟雨滋 张凯)

【农机化作业】 2013年,沈阳市农机化作业机耕面积57.32万公顷,机耕水平达到100%;机播面积48.81万公顷,机播水平达到77%;机电灌溉面积20.79万公顷;机械植保面积21.96万公顷;机收面积25.72万公顷,机收水平达到41%。其中:小麦机耕面积1333公顷,机播面积1266.67公顷,小麦机收面积666.67公顷;水稻机耕面积11.38万公顷,机插面积161万亩,机插水平达到82%,水稻机收面积10.32万公顷,机收水平达到80%;玉米机耕面积31.52万公顷,机播面积32.68万公顷,机收面积13.96万公顷,机收水平达到38%。机械深松面积5000公顷;保护性耕作面积1.04万公顷;精少量播种面积25.05万公顷;机械深施化肥面积29.25万公顷;机械铺膜面积2.70万公顷;机械化秸秆还田面积5.24万公顷

(佟雨滋 张凯)

【行业管理】 2013年,农机以提升机械化水平服务"三农"为宗旨,以水稻生产全程机械化为主攻点,不断强化农机安全监理和农机科技培训工作,全面推进农机化工作持续、快速、健康地发展。

1.农业机械化装备水平有了较大提高。农机总动力、拖拉机保有量和配套机具分别达到343万千瓦、7.54万台和11.85万(套),农机总值达到28亿元,农业机械化综合水平达到75.5%。

2.农机作业水平稳步提升。全年完成机械整地57.27万公顷,机械播种48.8万公顷,其中,精量播种25万公顷,机械栽植水稻10.77万公顷。完成机械收获25.67万公顷,其中机械收获水稻10.27万公顷,机械收获玉米13.93万公顷。

3.全市共完成水稻机插秧面积10.77万公顷,机插秧水平达到82.11%。

4.农机安全监管取得新成效。坚持"安全第一、预防为主、综合治理"的方针,全面落实安全生产责任制,层层签订安全生产责任状,把农机安全生产纳入农机工作考核内容,实行一票否决,进一步加大了农机安全的监督管理,保证了全市农机生产的顺利进行。

5.农机化信息宣传工作再创佳绩。全年报送信息791条,辽宁省农机化信息网全部采用,其中农业部农机化信息网采用465条。

6.全市新办农业机械驾驶证5689本,其中联合收获机驾驶证240本,农业机械驾驶证换审455本,办理农业机械新车注册登记8115台,其中联合收获机416台,办理拖拉机年检1.82万台,抽检6162台,深入707个村屯、856个农户办理了农机监理业务,排查、治理农机安全隐患663起,出动执法车695台次,参加执法人员2135人次,清理黑车2224台,非法驾驶4703人。发放宣传材料7.25万份,悬挂宣传条幅90个,电视、广播宣传11次。截至12月末,全市农业机械累计登记注册数3.16万台,其中联合收割机978台。农业机械驾驶(操作)员累计在册数2.06万人,其中联合收割机操作员累计在册数923人。

7.全年共检修农业机械6.50万台次,其中大中型拖拉机1.77万台次,大中型拖拉机配套农具2.23万台次,小型拖拉机9550台次,小型拖拉机配套农具1.54万台次。

8.全市农机维修网点总数达1081个,比上年增加3个,发展农机特约维修点25个,维修工人达2134人。

(佟雨滋 张凯)

【农机具补贴】 2013年,沈阳市争取各级农机购置补贴资金共2.11亿元,其中国家财政资金1.85亿元,省级财政资金3371万元,市级财政资金1350万元。补贴农机具1.85亿台套,其中拖拉机5173台、插秧机1218台、水稻收获机166台、玉米收获机823台。在农机购置补贴政策的引导下,新增农机具以大中型、高性能的田间作业和配套农具为主,农机装备水平得到不断提高,结构进一步优化。受益农民(农机专业合作社)约6480户,可直接拉动农民资金投入约4亿元。

(佟雨滋 张凯)

【农机新技术、新机具推广】 2013年,沈阳市农机新技术、新机具推广工作围绕农业产业结构调整,农机技术推广服务于大农业的方针,重点推广了水稻机械插秧、标准化育秧技术,推广水稻插秧机1078台,实现新增水稻机插秧面积4.73万公顷;推广水稻收获机161台,实现新增水稻机收面积4666.67公顷。推广各类玉米收获机械810台,实现新增玉米机械收获面积5.53万公顷。

(贾国 张永刚)

【农用航空站建设】 2013年,苏家屯区农航站(沈阳通用航空有限公司)共有飞机12架,其中运五B型飞机5架;运五飞机3架;N5飞机4架。跑道面积1.96万平方米;停机坪及联络道面积1.92万平方米;机库面积5000平方米;维修车间面积1338平方米;导航塔台面积1338平方米;综合楼1650平方米。航空站还建有完善的水电配套设施,配备了农化设备、林化设备、导航设备、地空电台、维修保养工具、航材、车辆等。现有人员40人,其中管理人员6人,飞行员9人,地勤人员15人,其他人员10人。

航空站开展的作业项目有农化、林化、飞播、护林、航拍、航测等十几个项目。全年完成总飞行时间1459小时36分。其中,农化作业飞行1236小时,省内农化作业3.44万公顷,外省林化作业飞行11小时15分,训练、生产调机飞行71小时58分。

随着全球性气候异常变化,自然灾害频繁发生,农用飞机以其反应迅速,不受地理环境限制的优点,成为保障农业生产安全,及时处理突发性农、林业灾害的有效手段。

(贾国 张永刚)

【农机化科普和培训】 2013年,沈阳市围绕农业发展和农机化重点项目的推广,结合"阳光工程",广泛开展农机科普活动,对农机手进行培训。采取现场演示、科技讲座、举办专题培训班等多种形式开展科技进村入户活动,以主要作物关键环节农机化新技术为重点,突出培训内容的针对性、适用性、时效性,突出农机农艺技术融合,向农民讲解农机具使用要领,提高了广大农机操作人员的技术水平。全市共举办各类培训班60期,共培训育秧技术人员4733人,插秧技术人员4772人。培训农机管理人

员、技术人员3440人次，培训农机操作人员2.11万人次，发放技术资料10万余份。

（贾国　张永刚）

【农机示范区、示范户建设】　2013年，沈阳市对苏家屯区、新民市、辽中县、法库县四个区、县（市）实施了粮食生产机械化示范区建设。四个区、县（市）针对水稻、玉米种植面积大，收获机保有量增长速度快，农机手操作不熟练的现状，建立以农机专业合作社为依托的培训基地8个，并对培训基地进行改扩建及对培训维修设备进行更新和维护。根据沈阳市农时季节特征和农机培训特点，组织购机农民以基地实际操作为主、室内理论讲解为辅的方式，通过技术讲解、机具演示、发放培训资料，重点强化对机手的实际作业和维修调试等技能培训。共举办培训班8期，召开现场演示会11次，共培训机手438人，发放技术资料1520余份。

新民市、辽中县、苏家屯区为水稻收获机械化示范区，经项目实施对比，水稻机收比人工收割每亩增收节支70－100元。六个示范点机收作业2000公顷，共带动新增机收面积6000公顷，机收水平达到80%以上。法库县为玉米收获机械化示范区，项目实施后亩增产21公斤，每亩节约成本20元，每亩增收节支效益57.8元。全县玉米收获面积达到3.2万公顷，机收水平达到40.5%。使玉米机收水平提高13.6%。通过示范区建设，沈阳市机械化收割水平迅速提高，缓解了农忙时节劳动力紧缺，提高了劳动效率，减少了粮食损失率，减少了秸秆焚烧对环境的污染，增加土壤有机质的含量，保护了生态环境，有效地促进了农民增产增收。

沈阳市加大对农机专业合作社和农机大户的扶持力度，使农机专业合作社和农机大户成为沈阳市农机化发展的主力军。截至2013年底，全市共有农机化作业服务组织及农机户350个，其中农机专业合作社336个，农机固定资产在20－50万元的农机大户已发展到703户，50万元以上的82户。以新民市的王明武，辽中的于会怀为代表的农机大户和农机服务组织成为区域性的农机龙头，在全市及全省发挥了巨大的带动作用，在促进农民增收方面也起到了积极的推动作用。

（贾国　张永刚）

水　利

【防汛工作】　市防汛抗旱指挥部提早召开全市防汛抗旱工作会议，汛前完成各类防汛预案、防御洪水方案的编制、修订、论证、审批、印发和备案工作，落实防汛工作行政、技术和抢险责任人2547人，基本建成市、县、乡、村四级防汛责任体系。汛前、汛中先后组织了3次防汛检查，及时提出限期整改要求。组织各级防指及相关部门观摩了东陵区2013年防汛演练，提高了抢险队伍的实战能力。采购抛石器、抢险子堤、便携式抛投器、救生绳、AV视频矩阵设备等物资300余万元，提高防汛物资的科技含量和现代化水平。汛前对库存物资进了清查和盘点，在险工险段等重要部位储备了一定数量的块石、铁线等物资，基本满足了一般情况下的防汛抢险需要。汛前下达防汛工程投资计划近4亿元，实施了各类应急度汛工程并在汛期发挥了重要作用。

坚持科学防御，掌握防汛工作主动权。市防汛抗旱指挥部先后组织召开防汛会商会议17次，下发明传电报93份、工程批复及防汛文件26份，发布洪水预报7份，重点就“十二运”安保、河流防洪、水库调度、城市排水及农田排涝等工作做出有针对性的部署和安排。先后派出15个工作组赴各地区检查防御措施落实情况，并指导当地有效开展农田排涝、河流防洪等工作。汛前落实了71处河道险工险段、3处病险涵闸、3处山洪灾害易发区的备险措施，三台子及其他病险水库汛限水位按照死水位运行。城市防汛指挥部先后9次启动城市防汛预警，提前开启泵站抽升降低排水管道水位，按照城市防汛预案科学部署各项排水和安保措施，确保了城市运转正常。提前转移城市危房户1509户，法库县转移安置灾民75人，提前转移受洪水威胁区域人员121人，有效避免了汛期人员伤亡。在绕阳河、辽河洪水防御期间，新民、辽中、康平、法库等地先后出动上堤查险人员6759人次，在大堤上搭建帐篷168顶，动用车辆及抢险机械3680台次，累计投入备险物资约350万元，1986人应急专业抢险队伍和140人水利专业技术干部集结待命，随时准备投入抢险。及时处置，尽最大努力降低受灾损失。受“8·16”强降雨影响，康平县、法库县有近2.73万公顷农田出现积水，15条交通路线出现中断。市防汛抗旱指挥部紧急调拨10台套大型排水设备、2台移动排水车、100台水泵等物资支援康平、法库农田排水工作，通过89座排水站、180台临时排水设备的不间断排水，有效降低了农田内涝损失，保障了农民切身利益。市、县交通部门累计动用抢险人员500人次，车辆、机械设备等120台次，草袋1.05万条，铁线2吨，土石方5900立方米，于8月19日将15条中断线路全部抢通，圆满实现了“无人员伤亡、无水库垮坝、无河流决堤”的度汛目标，保障了城乡群众生命财产安全。

（邱　峰）

【重点项目建设】　积极争取各级资金支持。与财政等部门配合，加强历史年度资金清理，下达陈欠资金6000余万元，工程资金到位率大幅好转。经过积极争取，辽宁省河维费2013年返还3000万元，为重点项目安排奠定了资金基础。全年共分两批下达资金计划14.28亿元，资金筹措、整合、使用能力得到增强，一批服务社会发展大局、符合时代发展需要的项目上马施工，提升了行业形象和社会影响。

全力支持卧龙湖生态保护利用。与相关部门配合，编制了水利部门扶持卧龙湖生态治理项目计划。累计争取省、市两级投资6691万元，实施了湖区综合整治和东、西马莲河湖口引水工程，为卧龙湖生态区建设做出了贡献。

实施沈康现代农业示范带生态水利工程。努力克服项目时间紧、任务重等诸多不利因素，完成了拦河坝、岸坡整治等主体施工任务，为沈康现代农业示范带打造了良好的生态环境。

开展城乡结合部水系生态治理。围绕改善城区北部水环境开展调研，完成了浑蒲总干渠岸坡整治项目前期工作，组织实施了浑北灌区北干渠整治及生态建设一期工程，沈城北部水环境得到治理和改善，有力地推进城乡一体化进程。

（邱　峰）

【水生态文明建设】　圆满完成十二运保障任务。加强用水调度，累计为浑河城市段、蒲河、丁香湖、南北运河、卫工河等提供环境生态供水2.5亿立方米，确保了全运会长时间、大流量、全方位的供水需求。实施了码头亮化、水工建筑物粉饰以及浑河城市段水面保洁，日清运河道水面垃圾1500吨，提升了浑河城市段景观，出色地完成了十二运保障任务。

全力实施“碧水工程”。对细河、小浑河、长河、沙河等水系进行综合整治，较好地改善了河道生态环境，打造了中小河流生态景观。开展河流生态保护、专项治理向河道倾倒垃圾活动，累计清运垃圾18万立方米，实现了“水清、河畅、岸绿、景美”的治理目标。加大蒲河生态廊道监管力度，提升生态景观水平。沈阳市水质监测中心年内开工建设，填补了水利行业水质检测机构的空白，为全市水功能区水质监测奠定了基础。

积极参与“青山工程”建设。坚持集中治理、规模治理，逐步修复山体生态环境，完成水土流失治理面积5533公顷，超额完成省下达任务指标。

（邱　峰）

【民生水利工程】 农业灌溉工作稳步实施。累计引灌溉用水3亿立方米，圆满完成农业灌溉任务。农村饮水安全工作继续推进。以法库县包家屯村为试点，建成农村饮水解困标杆示范工程，为贫困地区开展饮水安全建设积累了经验。克服省水利厅反复调整任务指标、市级补助资金未及时落实等困难，组织各项目区县开展了实施方案的调整、审批工作，开展了农村饮水现状摸底调查，为完成市人大重点议案和市政府制定2014年工程建设标准提供了重要依据。

水库移民扶持政策有效落实。严格执行水库移民扶持政策，全市核定移民人口3.36万人，累计发放直补资金8671万元。完成投资1288万元，实施扶持项目25项，较好地改善了库区和移民安置区居民的生产生活条件。

（邱　峰）

【农村水利基础设施建设】 加快灌区节水改造步伐。组织完成了新民浑蒲大型灌区改造项目前期工作，报省水利厅批复。浑南中型灌区节水改造工程顺利完工，石佛寺中型灌区改造工程基本完成年度建设任务，全市大中型灌区续建配套与节水改造步伐进一步得到加快。

加强小型农田水利建设。积极推进国家规划小型农田水利重点县建设，完成了苏家屯、沈北、法库和康平小型农田水利重点县年度建设任务。合理利用省、市两级资金，实施17项灌溉工程和20项涝区治理工程，新增、改善节水灌溉面积600公顷，完成沟道清淤179公里，改造桥涵闸79座、排水站15座，农业生产条件得到进一步改善。

全力夺取省农建“大禹杯”。在夺得2012年省农建“大禹杯”的基础上，按照《2013年度辽宁省农田基本建设绩效考评细则》要求，不断探索农建工作新机制，全年通过各种渠道投入农建资金30亿元，使用人工520万工日、机械车工33万台班，完成重点骨干工程397项，沈阳市再次荣获2013年省农建“大禹杯”。

（邱　峰）

【行业内部管理】 规范水利工程及项目管理。明确了市、县两级水利项目事权划分，规范了项目编制、报审、计划执行和资金申请等工作流程。水利工程建设项目库软件管理系统建成并投入使用，水利项目管理进一步规范，项目入库管理工作居全省领先地位。以“水利工程质量推进年”活动为契机，加大工程质量监督和验收力度，水利工程质量明显提高，小型农田水利重点县、饮水安全等39项工程顺利通过验收。开展了惠农资金专项检查，圆满完成政府债务、结余资金审计和整改工作。

实行最严格水资源管理。组织编制了“十二五”期间推进落实最严格水资源管理制度、主要水功能区限制纳污工作方案，控制用水总量29亿立方米、主要水功能区水质达标率50%。开展了自备井排查定位工作，协调市水务集团完成接水入网资金测算，通过采取工程措施和水量调度措施，完成了省政府下达的压采地下水7080万立方米的任务指标。

强化依法行政和行政审批。通过努力，饮水安全和农田水利建设维护两项工作纳入市人大立法调研计划。抓好简政放权调研和职权下放工作，取消、下放、合并行政职权7项。全年受理行政审批项目48件、咨询事项156件次，办结率、满意率均为100%。市级查处水事违法案件16件，罚款12.36万元，催缴水资源费321.96万元。

推进基层服务体系建设。组织实施了82处基层乡镇水利站房建设，划转水利站人员81人，聘用村级水管员933人。各区、县（市）相继建立水利工程质量监督机构，工程质量监管体系逐步完善。

加强规费征收管理。通过改变征收期限、加强监管等措施，规费征收效率和力度得到加强，全市河维费、水资源费分别征收12.1万元和8200万元，均超额完成省下达任务。特别是河维费超额征收近一倍指标，稳居全省第一。

（邱　峰）

经 济 管 理

综 述

【老工业基地振兴】 2013年,沈阳市发展和改革委员会贯彻落实《全国老工业基地调整改造规划(2013-2022年)》,深入大东区调研,积极推进大东区搬迁改造工作,指导大东区完成《大东区老工业基地调整改造工作方案》;组织相关部门及地区贯彻落实《东北振兴"十二五"规划》,做好对《规划》落实情况的检查与推进工作。2013年10月,国家发改委在沈阳市召开"全国城区老工业区搬迁改造实施方案编制评估工作培训会",全国22个省及直辖市100余人参会,完成接待及会务等相关工作。

按照国家和辽宁省要求组织各区县(市)及重点企业开展项目储备、项目筛选及专项申报工作。最终经国家评审,中科院沈阳科学仪器股份有限公司LED蓝宝石单晶炉项目、沈阳华美变压器制造有限公司大型变压器制造项目等获得中央预算内资金695万元。

开展对俄合作工作。跟踪调度对俄经贸合作情况,尤其是沈阳市与俄罗斯远东地区重点项目合作情况,补充完善对俄合作项目,协调沟通项目推进过程中需要国家、省市解决的问题。落实《中俄合作规划纲要(2009-2018年)》,推进中俄远东地区合作。俄罗斯经济特区股份公司交流代表团一行于2013年7月赴沈阳市访问,组织召开座谈交流会,商讨双方共同合作事宜。

(郑春辉 李天娇)

【体制改革】 2013年,沈阳市发改委印发实施《沈阳市2013年国家新型工业化综合配套改革工作要点》,明确"两化融合"、科技研发、金融生态、城乡统筹、沈抚同城、行政管理以及保障体系等方面共192项改革任务。强化对重点改革任务的目标化、项目化、工程化管理,着力加强对改革过程和改革效果的监督、检查、分析、评估和总结。同时注重全市综改试验成果的及时总结与推广,充分发挥改革试验的示范引领作用,为全市经济社会健康可持续发展提供动力支撑。

信息化与工业化深度融合取得积极成效。政府引导、企业为主、社会参与的"两化融合"推进体系和以项目为抓手、资金为引导的政策支持体系不断完善。编制完成《2013-2017年"两化融合"发展规划》。工业研发设计和物联网产业基地等"两化融合"重点项目进展顺利,"两化融合"发展促进平台、行业电子商务交易平台等"两化融合"公共服务平台的建设和运营水平进一步巩固提升,铁西区装备制造业基地信息化建设和东陵区(浑南新区)"智慧城市"建设等区域"两化融合"试验进展顺利。沈阳市顺利通过第二批国家级"两化融合"试验区验收,以总分97.07分名列第一。

科技创新体系不断完善。通过改革科技计划管理方式,逐步强化了以企业为主体、注重企业应用科技成果以及扶持战略性新兴产业和促进高新技术产业在传统产业的应用,完善了以项目为统领的科技创新体制机制,创新驱动战略不断深入实施。编制完成《沈阳市战略性新兴产业发展三年实施方案》,信息和生物医药两支国家新兴产业创业投资基金正式进入实质性运作阶段,部分资金已到位,有效吸引社会资本投入沈阳市信息和生物医药产业。重点围绕先进装备、新能源、节能环保、航空航天、电子信息、生物医药等战略性新兴产业,支持70多个项目开展技术攻关、突破关键技术,全市高端装备制造、电子信息、新材料等新兴产业快速发展,新松浑南智慧产业园、中电科技IC产业园、中铝钛镍加工材等24个新兴产业项目加快建设。科技成果转化机制特别是以产业创新需求为导向的科技计划立项机制进一步完善。

生产性服务业与装备制造业互动发展取得较好成效。印发实施《2013年加快推进生产性服务业发展工作方案》,全市生产性服务业发展的空间布局和重点领域进一步明确。启动编制《生产性服务业发展总体规划》、《生产性服务业集聚区发展规划》、《生产性服务业重点领域发展规划》。重点扶持沈阳大工业区特种数控机床公共研发服务平台、沈阳大型科学仪器设备共享服务平台、"一区多园"生物医学、食品安全等公共服务平台建设,公共服务平台社会化集约效应显现。

财税、金融领域创新取得积极进展。科学谋划金融业发展规划和产业布局,加快建设东北区域金融中心。经国务院同意,国家发改委于12月23日正式批复了《沈阳经济区优化金融生态改革试验专项方案》,标志着沈阳建设东北区域金融中心业已上升为国家战略。编制完成《东北区域金融中心发展战略规划》、《沈阳建设东北区域金融中心产业发展规划(2013-2020年)》及相关配套规划,重点完善金融商贸开发区和金融街的区域规划。出台《沈阳市加快建设东北金融中心若干政策措施》。积极推动金融中心核心区"南拓西进",沈河、和平、皇姑三个金融集聚区相互衔接,金融产业发展空间逐步打开。优化金融生态改革试验加快推进,出台《2013年加快推进优化金融生态综合试验工作方案》,进一步明确全市金融发展的年度目标任务。全省惟一一家区域性股权交易市场——辽宁股权交易市场成功落户,首批挂牌企业41家,授信规模近80亿元,居全国同业前列。

土地管理制度实现创新发展。积极推进盘活存量土地、优化用地布局、节约集约用地体制机制创新,沈阳市成功跻身国家“城镇‘低效用地’再开发试点”行列,《促进新型工业化发展实施“低效用地”再开发试点方案》上报国土资源部审批,成为全国第一个上报试点方案的城市。

统筹城乡发展改革成效凸显。于洪区作为沈阳经济区统筹城乡发展综合配套改革示范区,以产城互动为路径,通过构建现代商贸服务业集聚区与城市、工业园区与工业城镇、市场物流园区与新城、现代农业园区与新市镇的互动发展模式,加快推进全域城市化进程。同时通过体制机制创新,在就业、社会保险、居住、收入等方面为“农民变市民”提供保障,积极探索建立了以城带乡、以工促农的长效机制,被评为“年度全国十大改革区(县)”。苏家屯区作为沈阳经济区新型城镇化示范区,以新型城镇化为主线,强化城镇资源集约使用、城镇产业合理布局,确定了佟沟新城、沙河新城等六大试点地区,从规划制定、村屯改造、农民回迁区建设、土地流转、产权制度改革、公共服务、社会保障、社会管理等方面入手,创新体制机制,构建出“中心城区－新城新市镇－特色产业村屯”三级节点式城镇化发展模式。

文化体制改革深入推进。深入实施重大文化产业项目带动战略,进一步完善相关文化经济政策。棋盘山开发区、浑南动漫产业基地、胡台包装印刷产业基地、沈北华强文化科技产业园区已初具规模。和平区国家级文化和科技融合示范基地建设加快推进,重点建设23.5平方公里的蓝海文化科技融合产业园区,着力打造数字出版、数字传媒、文化技术装备等文化科技融合产业链条,签约总额已达203亿元。

对外开放机制进一步完善。创新对外贸易发展模式,推进行业出口信用保险。积极推进服务外包产业快速发展,完善了《沈阳市服务外包产业发展专项资金管理办法(暂行)》,编制了《沈阳市服务外包产业2013－2017年发展规划》。支持重点国企实施“走出去”战略,大力拓展国内外市场,机床集团与世界一流机床生产企业实施战略合作成效显现,联合德国西门子公司并借助已收购的希斯公司研发平台,推出了运用互联网智能化技术、具有国际化水准的数控机床产品。辉山经济开发区成功晋级为国家级经济技术开发区。

企业改革不断深化。国有资本运营成效显著,盛京银行、沈鼓集团上市申请被中国证监会正式受理。北方重工、副食集团上市资产整理基础工作全面启动,北方重工上市前资产重组整合方案完成。沈阳机床、东药股份、惠天热电定向增发正加快推进,沈阳机床完成定向增发2.2亿股,实际募资11.87亿元。全市支持非公有制经济和中小企业发展的政策体系日臻完善,出台了《沈阳市中小企业信用保险平台投保优惠政策》,基本形成了国家、省、市三级配套政策体系,全市33个项目获得国家和省中小企业专项资金1390万元。推动中小微企业技术创新,有13项产品(技术)被省中小企业厅确认为辽宁省“专精特新”产品(技术)。

行政管理改革稳妥推进。行政审批制度改革扎实推进,按照国家和省的要求,启动了新一轮审批项目清理。深入推进“大部门制”,印发了《沈阳市改革完善食品药品监督管理体制的实施意见》,在全省率先完成工商、质监、食品药品体制“分级管理”和食品安全职能划转工作。编制了《沈阳市清理规范开发区管理机构设置的意见》,对开发区管理机构设置进行了清理规范。编制了《沈阳市控编减编工作方案》,实施了计划用编申报审批制度。推进事业单位分类改革,出台了《沈阳市事业单位分类方案》,累计完成4652家事业单位分类工作。全年全市33个部门已取消和下放行政职权项目225项,加上此前向城区下放的49项,共计274项,在全省率先完成了首轮简政放权工作。

(孙　磊)

【重点项目建设】 2013年,沈阳市发改委围绕实现“三大目标”,扎实推进“五大任务”,突出发挥重点项目建设对经济增长的牵动作用,开拓创新、务实进取,通过采取一系列卓有成效的科学举措,扎实推进了一批全市重点项目的实施进程,圆满完成市政府提出的重点项目开复工、投资进度以及建设质量“三个百分之百”任务目标,为全市经济稳步增长做出了重要贡献。

2013年全市下达了290个重点项目计划(其中,续建项目108个,新建项目182个),总投资7701.2亿元,当年计划投资1996.2亿元。经全市上下共同努力,在9月底前,290个重点项目已全部开工建设,全年完成投资2168.4亿元,完成年投资计划的108.6%,占当年全市固定资产投资的33.5%,铁西(经开)、沈北、东陵(浑南)、于洪等10个地区超额完成年投资计划。米其林轮胎新工厂、五洲龙新能源汽车、奥体万达广场、亿丰不夜城等项目投产运营;华晨宝马新工厂二期、上通北盛三期及配套发动机、华晨宝马大东工厂扩产等项目已经试生产;华晨宝马发动机、华强商业金融中心、宝能环球金融中心、乐天世界等项目加快建设,为全市经济实现“稳增长,促振兴”提供强有力的支撑。

一是提早编制年度计划。为确保前期工作尽快落实,首批计划比上年提前10天;第二批计划比上年提前30天。二是集中开展审批对接。全市组织市政务服务、发改、国土规划、环保、建设等10余个部门与市重点项目单位开展现场审批对接活动,发放重点项目证书,加快重点项目审批手续办理,当年市重点项目审批手续已办结70个,正在办理188个,办理率88.9%。三是现场办公解决困难。陈海波市长、顾春明常务副市长全年共召开10次项目调度会,35次深入各地区、重点项目服务机构、行政服务中心和186个重点项目现场,及时帮助解决关键问题,推进重点项目审批和建设进度。四是联合督查确保落实。市重点项目办、政府督查室、绩效考评办、政务服务办建立了联合督查制度,全年累计3次深入13个地区138个重点项目现场督查,确保了各部门、各地区服务重点项目措施的及时落实。五是双进双解活动成效显著。30个市直帮扶部门全年深入项目单位4500余人次,先后解决了宝马发动机新工厂核准和开工用电、立福商业广场基础设施配套等256个问题,解决率达97.3%。

(陈兆春)

【《优化金融生态改革试验专项方案》获得国家批复】 2013年12月23日,国家发展改革委和中国人民银行总行、国家银监会、国家证监会、国家保监会联合下发了《关于沈阳经济区优化金融生态改革试验专项方案的批复》(发改经体〔2013〕2588 号),成为引领国家未来金融改革的又一战略核心,标志着沈阳建设东北区域金融中心业已上升为国家战略。

依据获批的专项方案,沈阳市优化金融生态改革试验要以加快转变经济发展方式为主线,紧紧围绕新型工业化综合配套改革试验主题,以沈阳金融商贸区为核心功能区,在完善金融市场、健全金融组织、建立融资机制、防控金融风险、优化金融创新、引育金融人才、完善金融布局、优化金融法制、和强化信用环境等九个方面开展优化金融生态改革试验,将沈阳建设成为东北区域金融中心和全国优化金融生态示范区,不断提升金融业对新型工业化、信息化、城镇化和农业现代化的服务能力。

(孙 磊)

【“十二五”规划纲要中期实施】 沈阳市于2013年年初开展了依据《沈阳市国民经济和社会发展第十二个五年规划纲要》(以下简称《规划纲要》)实施情况中期评估,历经启动部署、综合评估、意见征求三个阶段,形成了《沈阳市国民经济和社会发展“十二五”规划纲要实施情况中期评估报告》,并于10月29日业经市十五届人大常委会第六次会议审议通过。

“十二五”规划实施以来,沈阳市的经济社会发展取得了重要的阶段性成果。主要体现在:经济平稳较快发展,经济结构继续优化,社会事业全面进步,生态建设持续推进,人民生活进一步改善。从两年多的实施情况看,《规划纲要》中多数指标执行情况达到或超过规划的年均进度或符合规划控制目标要求,重点任务依规划进度安排如期完成,各项保障措施积极、有效,较好地完成了“十二五”规划中期评估的各项工作任务。

(李沈红)

【新兴产业】 2013 年,沈阳市围绕高端装备制造、信息、民用航空、生物医药等重点领域,积极培育和发展战略性新兴产业,有力地促进了经济发展方式转变和产业结构优化升级。

1. 制订出台《沈阳市“十二五”战略性新兴产业发展规划》和《沈阳市战略性新兴产业发展三年实施方案(2013－2015 年)》。确定了“十二五”时期新兴产业发展的总体思路、重点发展方向和主要任务,明确了新兴产业重点领域的重大工程和重点项目,提出了保障措施等。《规划》以沈政发〔2013〕37 号文件正式印发,《方案》以市新兴产业领导小组办公室文件印发。

2. 认定首批新兴产业企业。首批认定高端装备制造、信息、航空、生物医药、新材料、新能源和节能环保七个领域的新兴产业企业 829 家。

3. 推进新兴产业重点园区和重点项目建设工作。根据《沈阳市战略性新兴产业发展三年实施方案(2013－2015年)》的要求,积极推进新兴产业重点园区和重点项目建设。2013 年沈阳市新兴产业发展专项资金共支持了 39 个新兴产业重点园区和项目,补助资金 8000万元。

4. 信息和生物医药产业两支国家新兴产业创投基金获批。3 月,沈阳信息和生物医药产业两支国家新兴产业创投基金的调整方案获得国家发改委正式批复。两支基金规模各 2.5 亿元,其中,国家补助资金 5000 万元,市财政配套资金5000 万元,社会募集资金 1.5 亿元。基金将主要用于投向信息和生物医药产业领域的新兴产业项目。

5. 沈阳市新兴产业创业投资引导基金的使用和管理取得新突破。由沈阳恒信投资管理有限公司和浙商创投共同发起设立了沈阳市第一支新兴产业创业投资引导基金——沈阳盛海创业投资基金。市发改委会同市财政局加大了对基金的协调和指导力度,积极推进基金的市场化运作。

(韩蕊繁)

【辉山经济开发区升级为国家级经济技术开发区】 2013 年 1 月 11 日,国务院办公厅下发《国务院办公厅关于辽宁沈阳辉山经济开发区升级为国家级经济技术开发区的复函》。经国务院批准,辽宁沈阳辉山经济开发区升级为国家级经济技术开发区,定名为沈阳辉山经济技术开发区,实行现行国家级经济技术开发区的政策。

(李晓宁)

国有资产监督管理

【国企改革重组】 2013 年,沈阳市国资委积极推进公司制、股份制改革,规范实施企业破产,推进壳企业、问题企业处理,进一步优化国有经济布局结构。公用集团将持有的储运集团股权与惠天热电持有的水务集团股权进行等价置换,机床集团将持有的 12% 中捷股权转让给沈机股份,增强了上市公司盈利能力。研究审定了盛京银行在保持沈阳市国有第一大股东前提下增资扩股 10 亿股方案,积极推进东药集团所属医院主辅分离工作。稳妥推进红梅破产清算工作,完成财务审计和资产评估,对部分破产资产通过拍卖进行了变现,解决了职工生活费及保险缴纳等资金来源。推进国企改制历史遗留问题处理,将金圣集团整体划入工业公司管理,申请落实沈变公司、三橡公司等改制企业职工安置费用 827 万元,协调解决 5700 多名退休职工统筹外补贴问题。

(何久军)

【国有资本运营】 2013 年,沈阳市国资委积极推进投融资平台建设,支持国企拓宽融资渠道,为改革发展提供资金保障。整合恒信公司、达锐公司组建产业投资集团,将五里河等五家公司划入基础产业集团,做实了投融资平台。推进上市公司定向增发工作,指导机床集团、东药集团上市公司制定定向增发方案,沈机股份完成非公开发行,募集资金11.87 亿元。支持设立信息、生物医药两支国家级创投基金,组建了投资公司。推进工业国资公司、北方重工、地铁集团成立租赁公司。推进机床集团、公用集团、恒信公司定向融资工具、中期票据、短期融资券等多渠道融资工作。完成辽宁股权交易中心筹建并挂牌运营,为全省各类非上市企业提供股权、债权和其他权益类产品的发行、转让及融资服务。

(何久军)

【完善国资监管体制】 2013 年,沈阳市国资委拓宽监管思路,创新监管模式,夯实监管基础。进一步理顺全市国资监管体制,地铁集团出资人由地铁指挥部变更为市国资委,市公安局 6 户保安企业划入工业国资公司，市财政原承担的委办局所属95户企业资产监管职能划到市国资委，标志着“大国资”体系建设迈出了新的一步。修改完善企业负责人经营业绩考核办法，对机床集团等4户重点工业企业试行经济增加值考核，新的业绩考核办法经市长办公会审议通过已下发执行。市政府成立经营业绩考核工作领导小组，负责全市业绩考核工作的指导监督和结果评定。建立了企业负责人述职报告制度，市属重点国有企业负责人向市政府述职，委属企业向国资委述职，报告企业年度经营、管理情况及下一年度的发展目标及计划。强化企业重大事项监管，对企业“三重一大”决策制度实施细则进行审核、批复，会同市监察局对落实情况开展专项检查。监事会组织开展监管企业重大投资项目专项检查，就发现的问题通过联席会议研究解决办法。

（何久军）

【群众路线教育实践活动】 2013年，沈阳市国资委扎实推进教育实践活动各环节工作，组织开展了党委书记讲党课、收看罗阳同志事迹报告等电教片、参观中国工业博物馆、举办学习交流会等多元化形式的学习，营造了浓厚的学习氛围。以现场调研、召开座谈会、发放征求意见函、设立网络意见箱、“回头看”等形式，广泛征求并梳理归纳意见建议48条，全部落实了责任部门并制定了相应的整改措施。贯彻整风精神，高质量召开委领导班子专题民主生活会，深入查摆剖析“四风”问题，进一步明确了努力方向和整改措施。在全系统组织开展“四深入四见效”特色载体活动，在促进企业改革发展中发挥了重要作用，《沈阳日报》和沈阳电视台相继进行了宣传报道。

（何久军）

【国企党建工作】 2013年，沈阳市国资委深入学习贯彻党的十八大和三中全会精神，组织理论骨干开展走基层宣讲活动，强化理论武装和宣传思想工作。工会工作活跃扎实，委系统1人被评为辽宁省“五一”劳动奖章，3人被评为沈阳市“五一”劳动奖章，1个单位被评为沈阳工人（五一）先锋号。推进企业领导人员队伍建设，完成7户9名委属企业领导人员调整充实工作。贯彻落实党风廉政建设责任制，认真开展会员卡清退活动，做好“96123”市民服务热线和辽宁省民心网诉求办复工作。

（何久军）

统　计

【全国第三次经济普查】 按照国家统计局辽宁省统计局的安排部署和实施方案，沈阳市提前谋划、提前准备、提前介入，有序推进“三经普”的各项准备工作。

机构组建如期完成。沈阳市政府组建了以顾春明常务副市长任组长、49个成员单位组成的沈阳市第三次经济普查领导小组，印发了《关于沈阳市第三次经济普查领导小组职责、成员单位工作任务和工作方式的通知》，将各部门职责一一明确，突出了全市上下“一盘棋”的工作思路。各区、县（市）也相继成立了经普领导小组，在第一时间将机构设置落实到位。各阶段具体准备工作及时到位。完成了普查经费申请、发放；以市政府、市经普领导小组及市经普办名义分别下发文件；召开相应级别经济普查工作会议；先后建立《经普办工作规则》、《区县工作周报告制度》、《单位核实进度日通报制度》以及《沈阳市第三次全国经济普查督导工作安排》，完成对区县的工作督导；印发各阶段方案、培训教材、致调查对象一封信等，组织完成下发普查员证、工作手册、普查员专用触屏手套等普查物资；完成了数据处理设备前期准备，包括PDA设备及配件增购与发放工作；制订了《沈阳市经济普查宣传告知和单位核实工作细则》、《沈阳市第三次经济普查试点工作方案》、《沈阳市第三次经济普查实施方案》；整理市直八部门行政登记记录，对比、排除重复后形成18.6万核查用底册，通过“地毯式”和“查遗补漏”两个阶段的宣传告知和单位核实，核查单位11.1万户，完成核实表的人工审核，年底前顺利导入PDA；完成普查区划分、电子地图绘制和导入工作。全市共划分普查（小）区4108个；共选聘“两员”7756人，其中普查指导员1763人，普查员5993人。普查试点富有成效。沈阳市经普办选取了和平区集贤街道和于洪区陵西街道进行试点，为正式普查积累了宝贵经验。普查宣传氛围浓厚。为配合单位核实，沈阳市普查宣传先于国家、辽宁省启动。针对不同调查对象印发《一封信》，利用微信、微博等新媒体进行普查宣传，借助沈阳日报、晚报、电台、电视台等媒体对普查试点、单位核实等阶段性工作进行宣传报道。2013年12月，国家、省普查宣传正式启动后，沈阳市普查宣传推向高潮。地铁、公交、出租车、办事大厅、主要街路电子屏、报纸、电台、电视等全方位、多角度、密集化的宣传攻势为普查登记营造了浓厚氛围。普查培训圆满结束。完成了试点地区普查软硬件培训、普查地图划分系统使用培训、县乡方案与PDA使用培训、电子普查区绘制培训、宣传告知和单位信息核实工作培训。与和平区联合录制了《调查员入户实例视频演示》，得到基层普遍欢迎，被省经普办推荐到其他各市。

（李宣澄）

【企业名录库建设】 全面清理基本单位名录库。全市扎实推进基本单位名录库建设，及时将符合要求的企业增加入库，坚决把不符合要求的企业剔除出库，确保名录库的真实、完整。利用“三经普”单位核查有利契机，删除无效单位记录5.3万条，新增单位记录2.7万条。扎实推进“一套表”联网直报“三查”工作。严格恪守“四条红线”禁令，确保企业独立真实上报数据，全市共核查企业214户，涉及所有联网直报专业。同时，对全市1.12万户联网直报企业开展了自查，确保了统计源头数据质量。对沈阳统计数据网上直报系统进行了改造升级。完成了网上直报系统改造升级工作，经过测试，已进入试运行阶段。

（李宣澄）

【统计服务】 在推进服务型统计工作的建设进程中，沈阳市统计局努力做到“四个服务于”，即：服务于市委市政府科学决策；服务于经济发展；服务于调查对象；服务于基层单位。创新服务方式。创造性地开展“三带三帮”活动，助力地区经济发展。局领导班子带头改进作风、重心下移，带着指标下去，帮助找差距，让各地区清醒地认识到在全市经济发展中所处的位置，究竟是做贡献还是拖后腿；带着分析下去，帮助找问题，让各地区充分认识到自身在经济发展中存在的差距，究竟差在哪、差多少；带着建议下去，帮助找出路，让各地区更加准确地把握努力方向，究竟干什么、怎么干。通过统计服务方式的创新，努力把枯燥的统计数据转变为促进地方经济发展的建议和良方。创新服务内容。市统计局将统计服务时点前移，建立了事前预警、事中监测、事后统计相结合的统计服务制度。每月有上报数、有确定数、有下月预计数。形成了按期编制7种月度资料、4种年度资料的系统化统计资料体系。以沈阳统计信息网为平台，及时发布统计资料为社会公众使用服务。围绕市委市政府决策需要、围绕全市经济社会发展过程中的热点、难点问题，开展统计分析研究工作。全年完成统计分析报告及白皮书150篇，获得市领导批示31篇，有7篇创新性统计服务经验材料获得市领导大篇幅、肯定性批示。分析报告中的一些观点及分析建议多次被市领导及有关部门采用。创新服务深度。市统计局在深入开展“双进双解”活动的基础上，经过多次深入基层调研、征求意见后，组成了由5名局领导为责任领导、20名正副处长为具体责任人的帮扶企业推进组。局领导坚持按季度分别带队深入各地区和企业，问计于基层、问需于基层，从问题中找原因，在破解中寻出路。努力使推进统计工作的建议和改革的措施，与基层的心愿相呼应。对区县（市）、乡镇（街道）等基层单位在发展过程中存在的机构设置、队伍建设、软硬件配备等实际困难，市统计局在第一时间帮助其沟通协调、研究对策、找寻办法，共同破解难题。创新服务触角。市统计局在恢复局季度经济形势分析会的同时，建立了全市行业经济形势座谈会制度。分别邀请全市工业、投资、贸易、服务业等相关行业中有代表性的企业召开座谈会，与企业一同分析经济运行走势、发展态势，征求企业需要向市政府反映的发展建议。

（李宣澄）

【统计方法制度改革】 沈阳市统计局在做好常规工作的同时，紧跟形势发展变化和领导转方式、调结构、稳增长、促发展的决策需要，针对现有统计制度滞后科学发展的现状，组织成立相关科研攻关小组。经过不懈努力，先后完成了沈阳市科技创新统计指标体系、现代建筑产业统计指标体系和战略型新兴产业统计指标体系的建立工作，有些工作已经开始在全市实施。这些创新工作填补了现有统计制度的不足、丰富了服务型统计工作的内涵、提升了统计服务的质量和水平。

（李宣澄）

【基础工作】 统计法制建设进一步强化。沈阳市统计局下发了《2013年沈阳市统计法制工作要点》，完成了“严肃查处编造统计数据等弄虚作假行为”的自查工作及全年执法案件目标。同时，扎实开展“六五”普法中期督导。以“纪念宣传《统计法》、推进依法统计”为主题组织征文活动，全市共征集纪念征文52篇，积极参加国家统计局开展的《统计法》和《全国经济普查条例》知识有奖答题活动；参加辽宁省统计局组织的《统计法》知识竞赛，获得优秀奖；开展“送一本书答一张卷”活动，进一步强化了领导干部依法统计的工作理念；结合“三经普”工作，对全市普查人员进行“依法开展经济普查工作”业务培训。按照市依法行政考核实施标准要求，对三类22个考核项目进行梳理。全年完成了90%乡镇街道2M统计专网建设；完成了《2012年度区县（市）及开发区市管党政领导班子满意度民意调查》软件设计；完成了“网络红页”制作；做好系统网络的日常维护工作。常规统计和专项调查工作顺利完成。严格执行国家统计报表制度，准确、及时、全面完成各项专业统计年报和定报。统计基层基础建设得到夯实。积极开展县乡两级的“统计基础建设调研活动”，落实《县级统计机构工作规范》和《辽宁省市县统计局考核办法》；协调沈河、皇姑及棋盘山等在改革过程中的相关问题；认真开展全市公益性岗位摸底调查，积极探索乡级统计工作规范。统计人员培训工作圆满完成。全年共培训统计人员5773人，组织统计人员参加继续教育学习3898人，组织全市1875名考生参加了统计从业资格考试。

（李宣澄）

【党的群众路线教育实践活动】 沈阳市统计局党组高度重视党的群众路线教育实践活动，按要求成立了一把手负总责的活动领导小组及工作机构，精心制定方案，扎实做好学习教育、听取意见，查摆问题、开展批评，整改落实、建章立制各环节工作。广大党员通过认真学习，对活动的深刻内涵与精神实质有了进一步的认识和领会。结合工作实际，下发了《市统计局关于进一步改进工作作风的实施意见》的通知，在改进调查研究、加强会议管理、精简文件简报、规范出访活动、例行勤俭节约等方面，开展了一系列的教育实践活动。局班子通过集中学习、座谈交流、征求意见、谈心活动等多种“接地气”方式，针对“四风”和“讲诚信、懂规矩、守纪律”方面查摆出了20个突出问题，征求了53条改进建议。

（李宣澄）

【“科学发展有需求，统计服务该咋办”主题学习活动】 为推进现代服务型统计建设进程，更好地服务于沈阳市经济社会发展，沈阳市统计局党组经过认真研究，决定从2013年5月22日—6月22日，开展为期一个月的“科学发展有需求，统计服务该咋办”主题学习活动。为加强领导，成立了由市统计局党组书记任组长，党组成员为副组长，各处室负责人参加的学习活动领导小组，整个学习活动在局党组的领导下有组织、有计划地进行。活动初期，组织全局干部职工认真学习国家、省局及市领导对做好统计工作的要求，进一步提高认识、增强责任感。随后，组织全局干部职工就影响和制约全市建设服务型统计工作存在的问题进行了查摆，结合思想认识、服务理念；勇于担当、敢于创新；上下协调、左右沟通；积极进取、勇于争先等方面进行了对照检查和认真剖析，进一步理顺了发展思路。针对梳理出的问题提出了内容具体、操作性强的整改措施。学习活动中，全局共撰写体会文章34篇。在学习活动总结大会上，各处室负责人分别上台交流发言，表达了积极参与服务型统计机关建设的强烈愿望和做好统计服务工作的坚定信心。

（李宣澄）

【干部队伍建设】 2013年，沈阳市统计局党组特别注重在“民主、公开、竞争、择优”上下功夫，力求在选人用人过程中，选拔出能力出众、作风过硬、群众信服、清正廉洁的统计干部，在干部选拔中，努力突出党管干部的原则，增强局党组的话语权和主导作用。干部队伍建设的改革举措为高质量完成统计工作提供了有力的组织保障。2013年，市统计局对新选拔的处级干部，建立了任职交流集体谈话制度，举行了上任仪式，增强了人事组织工作的严肃性。将“以为争位、以位促为”理念更加紧密地融合在干部队伍建设工作之中，建立相应机制，激发广大统计干部，尤其是年轻同志的工作激情，努力营造让那些想干事、能干事、干成事、不出事干部尽快成长的良好氛围。

（李宣澄）

审　计

【概况】　2013年，沈阳市两级审计机关围绕全市“稳增长、办全运、惠民生、抓党建”中心工作，深入贯彻落实科学发展观，加大审计监督力度，提高审计质量和工作水平，各项工作取得了新进展。全年共审计和调查了574个单位，共提出审计建议919条，审计促进整改落实有关问题金额22.28亿元。向上级机关提交各类专题报告、要情、信息720篇，充分发挥了审计机关的监督、服务和保障功能。

扎实有效地开展了党的群众路线教育实践活动。按照“为民务实清廉”的总要求，针对反对“四风”问题，积极组织开展了党的群众路线教育实践活动。在活动中，沈阳市审计局广泛征求并归纳梳理意见和建议26条，聚焦“四风”问题进行认真对照检查、深刻剖析，提出了明确的整改措施、原则和方向，既立足眼前整改，又着眼长远加强制度建设，为局党组班子进一步改进作风，增强自身创造力、凝聚力和战斗力指明了方向。经过教育实践活动，机关作风建设、队伍建设、法制建设得到了明显加强，党员干部精神面貌焕然一新。加强审计管理。通过完善审计计划编制、有效整合审计资源，强化审计项目质量控制等，进一步提高了审计效能。信息化建设取得新进展。在财政、社保等重点行业审计中，计算机技术得到广泛应用。建立了沈阳市两级审计机关财经法规库，实现了资源共享。加强廉政建设。沈阳市两级审计机关认真贯彻中央八项规定，不断强化制度建设和机制制约，加大监督检查力度，保证了审计纪律“八不准”和各项廉政规定落到实处。提升审计干部队伍素质。通过完善教育培训机制，优化干部队伍的知识结构和能力结构，提高了审计干部的实战能力和审计队伍的综合素质。

（余　宏）

【预算执行审计】　全市两级审计机关共组织实施了对193个两级财政部门、预算执行单位及其他相关单位的预算执行情况审计，还对教育、科技、农业、社会保障等重点专项资金的管理和使用情况进行了审计或审计调查。在向两级人大和政府呈报的报告中，客观评价了本级预算执行的总体情况，反映和揭示了预算执行中存在的问题，提出了加强和改进预算管理的意见和建议。同时，沈阳市两级审计机关深入到有关被审计单位，对预算执行审计查出问题的整改工作进行了跟踪，督促检查问题的整改，使整改工作取得突出实效。

（余　宏）

【地方政府性债务】　按照国家审计署统一组织和安排，2013年8月至9月，沈阳市两级审计机关对和平、沈河、大东、皇姑、铁西、于洪、苏家屯、新民、辽中、康平区、县（市）及所属54个乡镇，截至2012年底和2013年6月底政府性债务情况进行了全面审计。通过审计，摸清了底数，揭露了问题，提出了意见和建议，为政府加强债务管理、防范和化解风险提供了重要依据。

（余　宏）

【经济责任审计】　沈阳市两级审计机关认真落实两办规定，以规范经济权力运行为主线，全面推进经济责任审计工作。在审计中，注重把握权力与责任两个方面，不断拓宽审计的广度和深度，不断探索和创新审计组织方式，加强与其他项目审计的有机结合，提高了审计工作的质量和效率。2013年，全市两级审计机关共完成对253名领导干部的经济责任审计，查出违规金额7413万元。沈阳市审计局根据市委组织部、市国资的委托完成27个单位，31名领导干部经济责任审计。在审计中，沈阳市两级审计机关重点关注了领导干部履行法定职责情况，贯彻执行稳增长、调结构、节约资源、保护环境、改善民生等重大经济政策情况，财政资金使用绩效和行政效能情况，以及是否依法科学决策、有无越权和滥用权力造成损失浪费等行为。

为健全全市经济责任审计制度，受市委、市政府的委托，由沈阳市审计局起草的《沈阳市区县（市）党政主要领导干部经济责任同步审计办法（试行）》，以市委、市政府办公厅文件下发贯彻执行。依据上述办法，对大东区的党政主要领导干部经济责任进行了同步审计试点工作。各区、县（市）审计局也加大了经济责任审计力度，并取得了突出成绩。辽中县审计局开展的辽中县燃气总公司经济责任审计项目被被审计署评选为2013年度地方表彰审计项目。

（余　宏）

【投资项目跟踪审计】　沈阳市两级审计机关以优化结构和提高效益为目标，继续深化对重大投资项目的跟踪审计。全年共对中小学校舍安全工程、“十二运”场馆、四环快速路BT项目、北站交通枢纽工程、地铁建设项目等政府重点投资项目进行了审计和跟踪审计。在审计中，不仅关注项目方案设计、征地拆迁、招投标、合同管理等关键环节，还重点关注项目建成后的运营状况和实际效果，对项目的经济效益、社会效益和环境效益进行客观评价。全年两级审计机关共核减投资额12.08亿元，确保了项目建设的顺利实施和资金的安全、有效。在全市城镇保障性安居工程项目审计中，针对审计提出的建议，沈阳市筹建了居民家庭收入核对中心，负责核查受保障人群的收入、资产信息，在国内率先形成了信息定期交流确认机制。

（余　宏）

【民生资金项目和资源环境审计】　沈阳市两级审计机关以跟踪促进有关政策措施落实为着眼点，进一步加强对重点民生资金项目和资源环境审计。2013年，沈阳市审计局开展的13个区、县

(市)50所幼儿园建设资金使用情况的审计,揭示了对缓解市内五区"入园难"效果不突出、农村幼儿园经营运转困难等5方面问题。审计结果得到市教育局的高度重视,专门召开会议制定整改措施,逐条落实审计结果;对苏家屯、沈北、新民、辽中、法库、康平等9个区、县(市)2011至2012年度设施农业项目专项审计调查,揭示了全市有的设施农业小区项目闲置、毁损,小区建设不达标等问题,得到市农委等部门的高度重视,积极整改审计发现的问题,并出台了《2013年设施农业小区验收细则》等有关规定;在对辽河治理项目进行的绩效审计中,针对发现的在立项规划、工程建设、资金管理与使用、项目管理维护、绩效评估机制等方面存在的问题,提出了进一步提高计划制定的科学性等多项审计建议。同时,通过审计还发现利用虚假发票套取项目资金、涉嫌挪用公款、大额提现、出借账户等问题,已对有关责任人员进行了移送处理。

(余 宏)

【交办事项审计】 沈阳市两级审计机关以促进党风廉政建设和社会稳定为出发点,全面完成上级交办审计事项,配合纪检监察机关查办案件取得新成效。2013年,沈阳市两级审计机关紧紧围绕党委、政府的中心工作,圆满完成了百余项上级交办事项,有关工作受到上级领导和相关部门的充分肯定。此外,沈阳市审计局积极配合市纪委查办案件15起,查明违纪金额2.27亿元,收缴资金1.42亿元,给予党政纪处分65人,移送司法机关处理36人,为促进全市反腐败斗争的深入、经济的发展和社会的稳定发挥了重要作用。

(余 宏)

质量技术监督

【食品安全监管】 2013年,沈阳市质量技术监督局完成食品生产许可受理企业436家,材料520份,其中41份材料,40家企业申请经现场核查判定为不合格,不予许可,淘汰率达到7.9%。完成食品相关产品、食品添加剂生产许可受理企业43家,食品生产企业委托加工备案183份。对因倒闭、转产、长期停产、出现严重违法行为等164张生产许可证报请省局注销。开展了肉制品、白酒、食用油、乳制品、冷冻饮品、饮料、食品相关产品及食品添加剂等专项整治工作,立案处理了问题企业。严格有序开展食品生产企业日常巡查和食品监督抽查工作。巡查食品生产企业1659家次、小作坊93家,抽查32类产品3503批次,全年未发生系统性、区域性、行业性加工食品安全问题。

(胡 宁)

【特种设备安全监察】 2013年,沈阳市质量技术监督局颁布实施了《沈阳市电梯安全管理办法》,开通了沈阳市特种设备动态监管信息系统,全市近4万套设备纳入监管信息系统。密集场所、公共交通领域在用电梯和锅炉制造企业节能专项整治、气瓶充装单位隐患排查,"打非治违"专项行动和"老旧特种设备"安全评估工作取得了阶段性成果。"存险电梯"整治取得突破性进展,皇姑区投入800多万元,完成了全区410部"存险电梯"的整治工作。组织开展了"十八大"、春节、第十二届全运会、国庆等重点时段特种设备安全保障工作,市区两级出动监察人员5682人次,下达《特种设备安全监察指令书》596次,排查治理隐患1027个,实现了重要时段特种设备零事故的目标。

(胡 宁)

【质量监督】 2013年,沈阳市质量技术监督局组织开展市级产品质量监督抽查活动,监督抽查1513批次,产品合格率90.4%。共对164批次的不合格产品进行了后处理,其中,国家监督抽查19批次,辽宁省监督抽查49批次,沈阳市监督抽查96批次,其中立案查处46起,罚没款金额22.62亿元。以农资产品、儿童用品、汽车配件产品为重点,开展专项执法检查,出动执法人员1万余人次,查处各类行政违法案件790件,收缴罚没款1000多万元。与公安机关联合查处案件4件,有效维护了人民群众的合法权益。

(胡 宁)

【标准化】 2013年,沈阳市质量技术监督局完成了《关于实施标准化战略的意见》的调研工作。编制印发了《沈阳市现代农业标准体系实施意见》。编制发布农业地方标准2项,市级农业标准规范10项,初步建立了包含500余项标准的全市现代农业标准体系。成功申报《康平县寒富苹果》为第八批国家级农业标准化示范区,《苏家屯区农业综合标准化》示范区项目为国家级农业综合标准化示范区。苏家屯草莓生产项目顺利通过国家抽查组考核验收,至此沈阳市共建成国家农业标准化示范区14个。大力推进工业标准化工作,全市能耗限额标准的制定工作有效推进,沈阳装备制造业技术标准成果推广进展顺利。与此同时,加强了标准基础工作,指导企业完成产品标准备案625个,13个产品进行了采标申请,申报省地方标准6项。

(胡 宁)

【质量管理】 2013年,沈阳市质量技术监督局代表市政府起草印发了《沈阳市质量发展纲要2013年行动计划实施方案》。组织全市5家企业申报首届中国质量奖,沈阳机床股份有限公司荣获"中国质量奖提名奖",成为全国机床工具行业惟一获此殊荣的企业。组织5家企业申报2013年度省长质量奖。上报辽宁省质量技术监督局49种名牌产品、评价49种产品为沈阳名牌产品。沈阳市有省级名牌产品121种,市级名牌138种。辽中县正式获准筹建国家地理标志产品保护示范区。"康平地瓜"顺利获得国家质检总局批复,沈阳市的地理标志产品数量达到9个,位居全省首位。

(胡 宁)

【计量】 2013年,沈阳市质量技术监督局大力推进诚信计量工作,全年监督抽查集贸市场计量器具9192批次,合格率95%。监督抽查37个加油站示范单位888批次,合格率为100%,计量投诉比上年下降86.8%。组织对全市23家生产企业的奶制品、方便面、啤酒等10余种产品监督抽查180批次,净含量合格率100%,净含量标准合格98.8%,民生计量总体水平得到较大提高。检定既有建筑改造安装的热量表8700块,推动了全市热量表首次检定工作。积极开展"计量惠民生、诚信促和谐"活动,引导培育500家诚信计量自我承诺示范单位。圆满完成国家节能与控制室温气体排放考核组对沈阳市企业的现场考核工作。

(胡　宁)

【认证】 2013年,沈阳市质量技术监督局抽查市区内获得强制性认证的电线电缆和溶剂型木器涂料产品78批次,合格率均达到100%,通过4年的监督,沈阳的电线电缆合格率逐年上升。完成了国家认监委安排的流通领域的取暖设备、电源适配器监督抽查工作,抽查取暖设备产品70多种,抽查电源适配器产品18批次,合格率83.3%。编制了2013年汽车检测机构和检测线的新增规划。按照六部委的要求,对沈阳市的13家汽车生产企业、14家汽车安检机构进行了专项监督检查,有效改善了汽车检测市场秩序。开展家具市场环保认证情况检查,先后对107家企业、36个经销市场进行专项检查,初步掌握了家具市场的环保认证情况。推进实验室资质认证后监管工作,实验室资质认定工作进一步规范。

(胡　宁)

【行政审批】 2013年,沈阳市质量技术监督局立足便企惠民,简化代码工作程序办理、计量审批制度办理、特种设备审批等环节,进一步提升了审批效能。全年受理各类行政审批和举报投诉事项6.5万件,实现办结率、满意率100%。接待业务咨询6478件,实现答复率、满意率100%。

(胡　宁)

【技术机构建设】 2013年,沈阳市质量技术监督局加快推进公共服务检测平台建设。联合建立"沈阳产品质量监督检验研究院研究生联合培养基地"。沈阳国家机床、车用橡胶制品、大中型电机3个国家质检中心通过验收并投入运行。沈西检测基地验收工作基本完成,计量院所属2号、3号楼正式投入使用。"开放式计量检测公共技术服务平台"成功申报,获批资金37万元。组织13个项目申报科技进步奖,荣获总局科技兴检二等奖、三等奖各1项;荣获省局科技进步一等奖1项、二等奖3项、三等奖1项。同时,有3个项目获得国家质检总局技改项目支持,获得资金30万元。

(胡　宁)

食品药品监督管理

【食品药品风险管控】 2013年,沈阳市食品药品监管局科学运用风险管理方法,以"四品一械"日常监管、抽验监测、投诉举报、舆情分析等风险信息为基础,以药械电子信息系统为补充,开展风险会商、风险评估和研判,确定风险等级,提出有效预警,明确监管导向,有效管控风险。深化药品不良反应和医疗器械不良事件报告监测工作,全年上报药品不良反应报告7264份,可疑医疗器械不良事件1105份,为防控安全风险提供了有力的数据支撑。

(傅永忠)

【专项整治与稽查打假】 2013年,沈阳市食品药品监管局围绕人民群众在饮食用药安全方面反映的热点、难点问题,着力做好无证小餐饮以及餐具消毒、从业人员健康证、食品添加剂、索证索票台帐记录、加工环境卫生等"五大顽疾"的综合治理,全面开展药品"两打两建"专项行动,有效打击保健食品"四非"行为。在非法生产经营定制式义齿、违法广告宣传药品和保健食品、利用互联网销售假药等30余次专项治理工作中,加大力度、上下联动,提升与公安等部门的联合打假工作效能,依法严厉查处违法违规行为,全年共立案查处各类案件1787件,捣毁制假售假窝点9个,依法取缔无证小餐饮135家,收回药品GMP证书1张,移送公安机关案件16件,有效防范和消除了食品药品安全风险。

(傅永忠)

【电子化监管】 2013年,沈阳市食品药品监管局加强药品、医疗器械的行政审批、检查认证、政策引导、分类指导,省局三次调整、下放的认证审批事项承接工作全面完成,药品经营企业执行电子化监管情况纳入行政许可和新版GSP认证审查条件,23家药品生产企业通过新版GMP认证,66家药品零售企业完成GSP认证现场检查,9家连锁总部、45家药品零售企业延期GSP认证许可。优化电子监管工作。在药品批发环节着重加强药品购销存上报信息甄别和仓储温湿度监测,将批发企业100%纳入国家药品电子监管网。

(傅永忠)

【食品安全】 2013年,沈阳市食品药品监管局深入推进餐饮服务监督量化分级管理工作,对全市所有持证餐饮单位进行了100%等级评定。开展食品安全风险监测,完成凉拌菜、熟肉制品等12个品种、503个批次高风险食品的监督抽检,合格率为96.8%,并对发现的问题及时查处。重要节日和省级以上重大活动餐饮服务食品安全达到百分之百。

(傅永忠)

【保健食品和化妆品领域监管】 2013年,沈阳市食品药品监管局重点开展打击保健食品"四非"行为专项行动。加强违法广告宣传药品和保健食品等行为的专项治理工作,全面实行保健食品、化妆品生产企业质量受权人以及流通领域进货台账和索证索票制度,已在38家生产企业进行试点,督促检查5000余家经营企业和使用单位,覆盖面达100%。

(傅永忠)

安全生产监督管理

【概述】 2013年,沈阳市安全监管系统认真履行安全生产工作职责,坚持巩固与创新并重,推行安全生产网格化、标准化、制度化、信息化建设,形成一整套相对完善、运转有效的安全生产监管工作机制,全市安全生产形势总体稳定。全市非煤工矿商贸、生产经营性道路交通、铁路交通和农业机械四大行业领域共发生事故424起、死亡236人,比上年分别下降28.62%、9.23%。较大事故起数大幅下降,全市共发生较大事故4起、死亡14人,比上年分别下降33.33%、22.22%,较大事故起数占辽宁省政府控制指标的36.36%。主要行业领域事故可控。非煤工矿商贸领域发生事故38起、死亡49人,比上年分别下降11.63%、10.91%。生产经营性道路交通发生事故374起、死亡178人,比上年分别下降31.12%、11%。

(孙貌丽)

【安全生产百日会战】 2013,沈阳市安监局开展了安全生产百日会战行动,制订了详细的工作方案，采取了市安委会每周工作调度、6个巡视督查组对全市各地区5轮巡视督查和暗查暗访、开展了4次大规模联合执法检查、实施了每日信息报送制度等措施，对160处事故隐患分两批挂牌督办和开展"回头看"行动，为全运会成功举办营造了安全稳定的环境。

（孙貌丽）

【安全生产网格化建设】 2013，沈阳市安委会召开了网格化监管工作会议，下发了《沈阳市安全生产网格化监管实施方案》，培训相关人员240多人。开发了全市网格化监管电子地图，制定了《安全生产网格化监管考核办法与标准》，并实行排名通报机制。全市已经建成区、县（市）级网格15个，乡镇、街道级网格217个，村、社区级网格1734个，基本实现了网格的运转。

（孙貌丽）

【重点行业安全专项整治】 2013年，沈阳市安监局在重点行业和领域进行了专项整治活动。在非煤矿山和尾矿库领域，共出动检查人员242人次，排查出安全隐患215处。在危化品领域，全市共检查生产经营单位753家，出动检查人员7177人次，发现并整改安全生产隐患432处。在烟花爆竹方面，共开展联合检查95次，查出隐患419个，打掉非法储存烟花爆竹窝点2个，查处非法运输、储存7起，收缴罚没产品3810件。在建筑施工行业，累计检查施工现场频次为1060次，排查建设施工安全生产一般隐患8000余项。在特种设备行业，共检查使用单位947家，监察特种设备6957台，排查消除隐患438处。在道路交通领域，全市共查处货运车辆违法行为4万余件，查处农村地区交通违法行为8千余件，处罚7座以上大型客运车辆违法行为3200余件。在消防领域，共检查一、二级列管单位1万余家，督促整改火灾隐患1万余处，责令"三停"97家，临时查封128家，拘留20人。其它行业领域也都通过专项整治实现了各自领域的的安全稳定。

（孙貌丽）

【安全生产标准化建设】 2013，沈阳市作为全国安全生产标准化建设示范试点城市，完成规模以上工贸企业2701家，占工贸企业总数2835的95.3%，超过国家要求70%的标准，圆满地完成了标准化建设第一阶段工作任务。全市累计规上达标企业2882家。同时，全面启动小微企业达标创建，全年小微达标企业达到4642家。

（孙貌丽）

【安全监管体制机制创新】 2013年，沈阳市安委会连续下发了《关于进一步落实全市安全生产领域打击非法生产经营建设行为责任体系的通知》、《关于加强安全生产巡视督查工作的通知》等一系列文件，建立了打非包保责任体系和巡视督查工作体系。出台了《沈阳市安全生产应急协作体系建设工作方案》，构建了应急协作体系，提高了应对突发事件的能力。

（孙貌丽）

【安全生产应急救援建设】 2013，沈阳市安监局完成了1416家企业应急预案评审、备案，评审备案率达到81%。对全市应急装备物资进行普查统计，开展了4次全市层面迎全运危险化学品事故应急救援演练，成功处置了数起危险化学品运输车辆泄漏事故。建立了21支专兼职应急救援队伍，应对突发事件能力得到进一步提高。

（孙貌丽）

【安全生产应急能力建设】 2013年，沈阳市共培训企业安全生产管理人员、特种作业人员及从业人员1.37万人次，成功开展了全国第十二个安全生产月系列活动，职工的安全意识有了进一步提高。启动安全生产应急指挥平台三期建设，加强安全生产应急能力建设。完成了9个街道的国家级安全社区验收工作，全市安全社区总数已达44个，社会面保障能力得到全面提升。

（孙貌丽）

工商行政管理

【各类市场主体登记】 截至2013年末，全市实有内资企业12.69万户（含分支机构，下同），同比增长2.66%；其中法人企业11.18万户，同比增长3.25%；注册资本（金）总额5281.24亿元，同比增长7.06%。全市个体工商户26.13亿户，其中新登记个体工商户4.62亿户。截至2013年11月末，全市实有外商投资企业4807户。其中中外合资企业863户，中外合作企业25户，外商独资企业1526户，股份公司8户。投资总额493.30亿美元，注册资本313.61亿美元，外方认缴额260.58亿美元。与上年相比，企业户数下降2.2%，投资总额下降11.86%，注册资本下降12.88%，外方认缴额下降14.6%。全市新设外资企业368户（其中法人企业136户，分支机构232户），投资总额20.84亿美元，注册资本12.96亿美元，外方认缴额11.63亿美元。

（张校和）

【职能服务】 2013年，沈阳市工商局认真落实《中共沈阳市委、沈阳市人民政府关于向城区下放经济管理权限的实施意见》。3月，将注册资本500万元以下内资有限公司注册登记权限下放到市内五区分局；9月，将注册资本500万元以下内资企业注册登记权限全部下放给各区、县（市）工商局，注册资本500万元以上的企业自行自主选择到市、区两级登记机关登记。继续推进沈阳经济区建设，实行沈阳抚顺、沈阳本溪、沈阳铁岭企业登记管理一体化，相继与抚顺市工商局、本溪市工商局、铁岭市工商局制定下发了进一步推进企业登记管理工作一体化的若干措施，内容包括开通网上业务系统、扩大互认事项范围、提高资源共享程度、统一企业年检要求、建立信息交流机制、实行培训轮岗制度等13项举措。4月25日，市工商局出台重点产业园区、重点项目、重点企业直通车服务十项措施，内容包括开通电话核名专线，企业可通过电话完成企业名称预先核准登记；开通政策速递专线，设立专线电话，建立"直通车"QQ群，及时传递工商最新法律法规及政策，搜集企业发展中的疑难问题并反馈处理结果；开通"直通车"登记窗口。在全市各审批大厅设立"直通车"窗口，为企业办理各项工商登记提供便利快捷服务；实行团体登记，凡投资人在全市不同区域同时设立多个企业，可申请团体登记等。

（张校和）

【整治和规范市场经济秩序】 2013年，

沈阳市工商局深入开展打击侵权假冒工作。共出动执法人员4.2万人次，检查各类经营主体9万余户，捣毁制假售假窝点125个，查处侵权假冒一般程序案件1363件，移送公安机关案件14件。加强集贸市场监管，在大型农贸市场设公平秤。对螃蟹绑绳、水泥夹层包装箱、假羊肉卷等违法行为进行了专项整治。加强网络商品交易和服务行为监管，成立了网络监管分局，建立电子取证实验室，研发了智能查账软件，查处违法案件36件，关闭非法网站34家，删除违法信息125条，采集网络传销线索3000余条。深入开展反不正当竞争执法工作，加大对公用企业限制竞争、商业贿赂、“傍名牌”等不正当竞争违法行为的查处力度，全市工商系统共查处不正当竞争案件319件，其中商业贿赂案件51件。

（张校和）

【商标广告监管】 2013年，沈阳市工商局加强商标印制企业监管，依法规范企业建立和完善商标承印审查、商标印制登记、商标标识出入库、废次商标标识销毁、商标印制档案等五项制度，督促企业建立商标印制业务、商标标识出入库、废次商标标识销毁等三本管理台账，并逐户填写《印制企业检查情况表》造册备案。以整治违法医疗和药品广告为重点，5月至7月，市工商局会同市委宣传部、市网信办、市卫生局、市文广新局和市食药监局等部门联合开展了虚假违法医药广告专项整治行动，重点对辖区内各类报纸、期刊、广播电台、电视台，以及大型门户类网站、搜索引擎类网站、医疗药品信息服务类网站、医药企业及医疗机构自设网站，发布的药品、医疗器械、保健食品广告以及宣传具有治疗作用的保健品广告进行清理检查。共监测医药广告5.25万条次，下发广告审查提示3期，公开曝光杞黄降糖胶囊等9个虚假违法医药广告典型案例。在加强对广播电视媒体广告数字监测的同时，各区局、县（市）局基层工商所采用日常“网格化”监管巡查的形式，对辖区医院、药店、市场、广场等重点区域，户外广告、店堂广告、印刷品广告、显示屏广告等重点类别，开展定期的巡查和不定期抽查，全面挤压违法广告的生存空间。

（张校和）

【合同与信用分类监管】 针对社会关注的焦点，某些行业所表现出来的突出问题，沈阳市工商局加大对利用合同危害国家利益、社会公共利益以及群众切身利益违法案件的进行查处，查处184件利用商业贿赂手段销售会员卡、擅自从事道路整修工程劳务分包施工行为。开展物业行业整治，共查处存有不平等格式条款的物业公司18家，下达责令改正通知书23份。深入开展工商信用体系建设，按照“一数一源”和“谁登记、谁录入，谁检查、谁录入，谁处罚、谁录入”的要求，建立了数据质量责任制，并对各区局基层所的数据质量进行了抽查式的考核。深入开展“守合同重信用”活动，加大对各级“守合同重信用”企业的监督和管理，坚持公开、公正、公平，评审各级“守合同重信用”企业，做到成熟一批，公示一批，对企业亏损的、被媒体曝光的、有违法违章记录等不具备条件的一律不允许参加“守重”活动，以保证“守合同重信用”单位的质量。全市公示的“守合同重信用”单位国家级26户，省级527户，市级2088户。

（张校和）

【流通环节食品安全监管】 在依法规范食品添加剂经营者主体资格的基础上，沈阳市工商局强化食品添加剂经营主体资格监管，对全市流通环节253户食品添加剂经营单位，684户现场制售使用食品添加剂的食品经营单位的进货渠道，是否落实了进货查验制度，以及购销台账等方面进行了全面检查。确定对11大类“高风险食品”进行动态监控的目标，确保全市大型商场、超市的食品安全工作的落实。对全市流通环节食品质量实施监督抽查20余个大类，450多个批次。开展对全市流通环节食品安全管理及从业人员大规模培训工作。全年共举办培训班10余期，培训流通环节食品安全管理及从业人员近3500余人。加强流通环节食品安全监管，开展流通环节食品安全监管“迎全运百日会战”活动，抽检食品20项452批次，查处食品违法案件3003件，实现了全运会流通环节食品安全“零事故”的预定目标。

（张校和）

【消费维权】 2013年，沈阳市工商局开展床上用品商品质量比较试验，对10家商场、超市床上用品情况进行了消费体察，以消费者的身份选购14件样品，对经法定检测机构检测不合格的10个样品予以曝光，并对其经营者发出了整改监督函。结合消费投诉集中反映的问题以和比较试验情况，及时发布了春节购物、就餐、出游、预付卡消费注意事项、购买玩具等系列消费警示100余条，引导消费者安全消费，依法维权。在全市小学生消费教育基地四、五年级学生中，开展小学生消费知识问卷调查活动，发放1047张问卷。开展以安全消费、科学消费、文明消费为主题的暑假小学生消费知识征文大赛。组织专业志愿者组成消费与维权常识宣讲团，以进社区、进学校、进农村进企业为载体，宣传消费知识和消费者权益保护法等相关法律法规，现场为消费者答疑解惑。新建消费教育基地25个，新增消费维权站53个。建立和完善重要商品经营者动态监管档案，引导经营者自律。对16类重要商品实行“一户一档”管理模式。同时，在全市每个工商所开展创建“放心消费示范店”工作，全市已经建立放心消费示范店214个。加强农资产品质量检测。对重点区域、重点市场、重点经营户的农资商品进行重点监测，对化肥、农药、农膜等农资品种的质量进行抽查检测。

（张校和）

【打击侵犯知识产权和制售假冒伪劣商品专项行动】 2013年，沈阳市工商局紧紧围绕为“十二运”创造良好市场环境这一主线，制定下发《沈阳市工商局关于做好2013年打击侵权假冒重点工作的意见》，在加强对食品、烟酒、农资、汽车配件、家电、服装、建筑装修材料、虚假广告等重点领域和商品品种监管的基础上，特别加强对机场、车站、宾馆、商场、全运会场馆周边区域出售商品的监管；加大对侵犯“十二运”名称、会徽、吉祥物等标志违法行为的打击力度；加大对网络购物、电话购物、电视购物、物流快递等新兴领域销售侵权假冒商品的监管力度。截至10月底，全市工商系统在打假工作中，检查各类经营主体8.39万户，检查各类市场2031个次，整治重点区域1126处，捣毁制假售假窝点107个，受理和处理消费者申诉举报539件，为消费者挽回经济损失156.49万元；查结侵权假冒一般程序案件1299件，罚没金额1167.69万元，其中重大案件30件，移送公安机关案件17件，由公安机关拘捕涉案人员18人。仿冒知名商品包装、装潢案件5件，罚没金额20.5万元，利用互联网销售侵权和假冒伪劣商品案件19件，罚没金额46.7万元。针对市场上出现的“三无”餐盒餐具、“三无”一次性筷子、个别散装羊肉卷掺杂鸭源性产品等问题，开展了集中整治。

（张校和）

【业务建设年活动】 为扎实推进全系统业务基础建设和业务能力建设，提高队伍整体素质和执法服务效能，沈阳市工商局开展了“业务建设年”活动。整个活动分为五个阶段：动员部署、组织实施、半年总结、考核验收、推进落实、考核验收。成立了活动领导小组，下发《沈阳市工商局2013年业务建设年活动实施方案》、《沈阳市工商局2013年业务建设年活动实施方案》和《2013—2015年业务建设规划》。抓好业务工作规范制定与执行，按照归类整合的原则，制定了行政许可、行政处罚、市场监管、消保维权四大条线的业务工作规范和业务流程。包括企业登记工作标准、企业日常监管工作规范、行政处罚工作规范、行政强制工作规范、案卷评查工作规范和案卷装订制作规范，受理消费者行政申诉工作规范和消保执法规范、流通商品质量监测、流通领域商品质量复检和受理消费者行政申诉工作标准和和流程图、流通领域商品监测工作规范等。此外，进一步强化了业务档案和统计管理，拓展信息化应用覆盖面，建立健全法规库、业务试题库和专业人才库，开展了全员培训和考试比武活动，整个活动取得显著成效。

（张校和）

【个体私营企业协会发展】 2013年，沈阳市个体劳动者协会与工商银行辽宁省分行营业部、邮政储蓄银行沈阳市分行合作，定制了“沈阳市个协道德信贷金卡”，以发放道德信贷金卡等形式，帮助会员实现融资。银行承诺对持有道德信贷金卡的文明诚信个体工商户，提供信用额度提高、免息还款、优惠利率、VIP贵宾待遇等服务，符合条件优先快捷办理贷款，实行银行特批贷款资金额度，保证文明诚信个体工商信贷资金全年额度不紧缩等。4月，首批受到表彰的209户文明诚信户，获得工商银行、邮储银行颁发的“沈阳市个协道德信贷金卡”。与银行达成30多项1500多万元贷款意向，17名文明诚信户现场办理了最高可获授信额度30万元，最长56天免息还款期待遇的牡丹白金卡。举办大学毕业生系列招聘活动，为会员企业选择人才提供便利条件。3月14日、22日、29日，市私营企业协会在中国沈阳人才市场举办“关爱大学生，私企促就业”三场大学毕业生系列招聘会，参加招聘的企业累计达304家，提供岗位8482个，入场求职者达1.4万人，现场达成聘用意向6142份。全年协会系统共有350余家会员提供就业创业岗位5400余个，安排各类求职人员就业创业7600余人，建立大学生实习基础23个。8月21日至25日，组织全市会员企业参加由辽宁省工商局、辽宁省个体私营企业协会主办，沈阳、大连等14个市及绥中、昌图市县工商局及个体私营企业协会协办的“辽宁省个体私营企业名品博览会”。共组织全市58户企业参加，参展产品种类达2300类，参展交易额达260万元，参展期间签定合同15份，金额达93万元。

（张校和）

【新增驰名商标】 2013年，沈阳亿友陶瓷有限公司的亿友及图、沈阳全密封变压器股份有限公司的利林、沈阳仪表科学院有限公司的汇博HB及图、张治的DDD、沈阳春蒙服装服饰有限公司的春蒙Chunmeng、沈阳重工食品有限公司的重工及图、沈阳中街冰点城食品有限公司的中街，毕利军、毕利文的千伊、中国医科大学附属盛京医院的盛京医院SHENGJINGHOSPITAL等9件商标被认定为中国驰名商标。

（张校和）

物价管理

【稳定价格总水平】 2013年，辽宁省物价局对沈阳市稳定物价工作特别关注，在沈阳市居民消费价格指数和蔬菜价格指数全省排名靠前时，亲临沈阳调研，督促研究落实稳价措施。按照沈阳市委市政府的要求和辽宁省工商局部署，全市价格主管部门把保持物价总水平基本稳定放在首要位置，认真落实市场价格调控联席会议制度要求，加强市场价格监测和重点品种价格的预警分析，密切关注市场动态，并积极配合有关部门做好市场供应保障工作；注意发挥价格调节基金的作用，较好地完成了全年价调基金征收任务，同时，在深入调研的基础上，积极调整价调基金工作方向。在牛羊肉价格大幅上涨时，及时向市政府提出了对回族等少数民族实施一次性补贴的建议，全年共投入补贴资金809.5万元。在上半年沈阳市CPI同比数据居高不下时，及时向市政府及相关部门通报情况，并整理粮油肉蛋菜价格监测数据5.82万条及重要商品价格历史数据3万余条与相关部门共享，为全市价格调控提供基础依据。从稳定价格总水平出发，合理把握调定价项目出台的时机，做到了价格调整与CPI走势、改善民生统筹兼顾。

经过全市上下的共同努力，2013年沈阳市居民消费价格指数累计上涨2.5%，比全国平均水平低0.1个百分点，比全省平均水平高0.1个百分点，实现了年初制定的预期调控目标。

（徐兴旺）

【价格监测】 2013年，沈阳市物价局严格落实国家和辽宁省要求，认真完成常规任务，重点关注粮、油、肉、蛋、菜、奶等重要农副产品市场价格变化，建立并完善了区县价格监测通报制度，加强了分析和预警预报。完成《每日价格》254期《肉禽蛋市场价格监测专报》47期，完成了元旦、春节、“五一”、“十一”等重点时段的市场巡查巡视。为使监测数据更科学、更全面，沈阳市物价局增设了工业生产资料和重要农产品价格监测网点，将市区内小河沿、滴江、克俭、山东堡等四个早市和浑南新区、沈北新区、于洪区、苏家屯区等四个郊区农贸市场纳入到农产品价格日报监测体系，使全市重要农产品每日价格监测范围增至9区13个市场，实现了市内城区和郊区，批发市场和农贸市场、早市的全覆盖。同时，还通过物价微博网上晒价、价格监测信息手机查询、沈阳价格信息网改版升级等形式实现了重要商品价格监测信息的便捷发布，满足了不同消费群体对价格信息的需求。

（徐兴旺）

【价格监督检查】 2013年，沈阳市物价局以"价格监管年"为契机，以办好"全运会"为重点，加强重点时段价格监管，认真完成国家和省部署的旅游、涉农、殡葬、教育、医药等专项检查任务，及时受理群众价格诉求案件。为了保证"全运会"圆满召开，打造沈阳市的良好形象，从5月开始，全市价格检查机构上下联动，对涉及全运会的重点行业和关键领域进行了全面排查，严肃处理超标准定价、价格欺诈、串通涨价和不按规定明码标价等价格违法行为，先后组织各种形式的提醒告诫会20次，向95家星级宾馆酒店、40家景区景点、16家大型旅行社和1000余家大型商场、超市以及比赛和训练场馆周边一公里范围内的经营者印发"明码标价咨询服务卡"、专项检查通知、提醒告诫函等宣传资料4万余份；全市先后出动2300余人次，检查各类单位1387家，其中责令整改174家，简易程序查处案件245件，立案处理23件。全运会期间沈阳市共受理价格咨询和举报9410件，咨询件办复率达到100%，举报件办复率达98.8%，退还消费者4.2万元。

（徐兴旺）

【价格改革】 2013年，沈阳市物价局拟定了工商业用水同价实施方案；会同卫生部门完成了康平县公立医院医药价格改革方案；重新核定了市殡仪馆告别厅收费标准和房产部门房屋查档费标准，出台了工业用人工煤气价格、肇事车辆拖车收费标准。提出了将病房空调费纳入床位费的意见上报辽宁省物价局；编制、印发了《沈阳市2013年经营服务性收费目录》。会同市教育局对全市20家幼儿园进行了调研；对旅游景点收费及经营情况、民用液化气和车用燃气、公益性公墓定价等开展了调研，全面掌握了相关行业生产、经营情况和价格收费方面存在的问题。针对群众反映比较强烈的停车收费问题，经深入调研，草拟了太原街、铁西商业区试点停车场机动车停放服务收费标准。

（徐兴旺）

【规范价格和收费行为】 2013年，沈阳市物价局会同市财政、监察部门联合印发了《沈阳市2013年行政事业性收费（基金）目录》；对全市事业单位、社会团体、中介机构和垄断行业经营服务性收费进行了全面清理，向社会公布了《沈阳市2013年经营服务性收费目录》，增强了收费的透明度。加强了区、县（市）收费许可证办理工作的监管；圆满完成了国家和辽宁省行政事业性收费统计报告任务。

（徐兴旺）

【价格宣传和咨询举报】 2013年，全市13个区、县（市）建立了民心网分平台，实现了全市价格诉求办理工作统一联网和价格举报案件属地直接办理，大大缩减了举报投诉件的转办时间，提高了工作效率。全年，沈阳市物价局举报中心通过"12358"价格举报电话、省民心网、"96123"市民服务热线和官方政务微博等价格诉求受理渠道就解答政策咨询2.05万件，受理价格投诉619件，办结609件，办结率达到98%以上，责成违法单位为消费者退款35.9万元，实施行政处罚63万余元。

（徐兴旺）

【价格法制】 2013年，沈阳市物价局按照价格系统"六五"普法规划，印发了重点学习法律法规目录，开展了"六五"普法中期检查工作。对《沈阳市价格系统行政处罚自由裁量实施标准》进行了修订。全局33名行政执法人员参加了全市行政执法人员执法资格培训和考试，全体执法人员做到了主体合法、所有执法人员做到了持证上岗、亮证执法。落实重大行政处罚决定备案审查制度，对符合备案审查的处罚案件送市政府法制办备案审查。共送审对沈阳伊势丹百货有限公司作出罚款20万元的处罚决定等3件重大处罚案件。开展了全市价格系统行政执法专项检查工作方案，组织了对各区、县（市）价格主管部门对本单位的行政执法工作自查，并对辽中县、新民市物价局进行了抽查，有力地推动了基层价格部门的依法行政进程。结合人大代表建议和政协委员提案办理，加强了价格基础工作，提升了依法行政工作水平。全市价格主管部门依法行政、依法化解价格矛盾的工作水平有所提升。

（徐兴旺）

【价格认证】 2013年，沈阳市价格认证系统共受理涉案物品价格鉴定案件3280件，鉴定标的额1.49亿元。在完成年初既定工作目标的基础上，价格认证工作人员在开拓创新、延伸价格认证服务领域、提高案卷质量、加强区县认证工作规范化管理上狠下功夫，价格认证档案实现全电子化，工作质量大大提高。

（徐兴旺）

【农产品成本调查和成本监审】 2013年，沈阳市物价局按时完成了农户存粮售粮、农资购买情况，玉米、水稻、生猪、蛋鸡等主要农产品成本收益等常规、直报和专项调查任务。在中央出台加快发展现代农业进一步增强农村发展活力政策后，法库县积极配合市物价局，对第一批注册的家庭农场进行了全面跟踪服务，并积极宣传国家粮食最低保护价政策。成本监审进一步加大力度，供热、燃气、地铁、餐厨垃圾处理及公交等项目的成本监审，审核金额合计59.76亿元。其中，供热成本监审共监审各类供暖企业45家，涉及供暖面积达1.62亿平方米，为市政府全面掌握供暖成本情况、调整供暖价格提供了数据支撑。

（徐兴旺）

【价格协会】 2013年，沈阳市物价局以提升价格理论研究水平为重点，通过组织编写《优秀调研文章汇编》和组织系统同志参加全省优秀调研撰写、评选活动，营造了人人重视调研和参与调研的良好氛围。围绕全市价格工作重点，本着"服务、宣传、规范、创新"的工作理念，积极开展价格理论研究和协会工作。针对价格热点问题开展调查研究工作，出版《价格与供求》（理论版）6期，刊登理论文章100余篇。认真组织收费员管理和培训，先后为和平、于洪、沈北、苏家屯等区培训收费员近千名。

（徐兴旺）

财 政 · 税 收

财 政

【财政收支】 2013年,全市公共财政预算收入完成801亿元,为年度预算的100%,比上年增长12%。公共财政预算支出881.8亿元,比上年增长15.1%,财政支出结构得到进一步优化。

一、公共财政预算收入

2013年,全市公共财政预算收入完成801亿元,为年度预算的100%,比上年增长12%。

(1)增值税65.4亿元,比上年增长25.5%。

(2)营业税195.7亿元,比上年增长8.5%。

(3)企业所得税81.6亿元,比上年增长9%。

(4)个人所得税19.8亿元,比上年增长12.3%。

(5)城市维护建设税36.2亿元,比上年增长9.3%。

(6)房产税25.2亿元,比上年增长26.1%。

(7)城镇土地使用税46.4亿元,比上年增长28.9%。

(8)契税62.7亿元,比上年增长24.4%。

(9)印花税9.3亿元,比上年增长15.8%。

(10)国有资本经营收入、国有资源有偿使用收入81.8亿元,比上年增长10.7%。

(11)行政性收费、罚没等收入46.1亿元,比上年增长10.6%。

(12)排污费、水资源费、教育费附加等专项收入20.6亿元,比上年下降3.6%。

另外,2013年,全市基金收入完成600.7亿元,比上年增长13.3%。

二、公共财政预算支出

2013年,全市公共财政预算支出881.8亿元,比上年增长15.1%。

(1)一般公共服务支出96.2亿元,比上年增长5%。

(2)国防支出3.6亿元,比上年增长19%。

(3)公共安全支出44.6亿元,比上年下降3.7%。

(4)教育支出131.6亿元,比上年增长10.2%。

(5)科技支出27.8亿元,比上年增长12.8%。

(6)文化体育与传媒支出14.6亿元,比上年增长11.2%。

(7)社会保障和就业支出136.6亿元,比上年增长9%。

(8)医疗卫生支出36.3亿元,比上年下降0.9%。

(9)节能环保支出18.3亿元,比上年下降14.2%。

(10)城乡社区事务支出168.2亿元,比上年增长33.5%。

(11)农林水事务支出44.4亿元,比上年增长14.5%。

(12)交通运输支出31亿元,比上年增长18.6%。

(13)资源勘探电力信息等事务支出49.6亿元,比上年增长25%。

(14)商业服务业等事务支出14.8亿元,比上年增长41.7%。

(15)金融监管等事务支出2.2亿元,比上年增长43.6%。

(16)国土资源气象等事务支出3.8亿元,比上年增长34.7%。

(17)住房保障支出50.2亿元,比上年增长70.2%。

另外,2013年,全市基金支出完成633.8亿元,比上年增长18.6%。

(财政局)

【促进经济协调发展】 保障重点产业发展和重大项目建设。全市共投入资金76.2亿元,支持全市重点产业发展、290个重点项目建设和企业科技创新。提出财政促进经济平稳较快发展的8条措施,推进经营性领域财政资金股权投资管理创新,累计筹集资金23亿元,设立创业投资基金11支,参股重点项目建设。支持融资担保、融资租赁和小微企业"助保贷"融资业务,新增担保规模91亿元,缓解中小企业资金压力。

促进农业发展。市以上投入资金79.4亿元,支持县域经济发展。落实各项强农惠农政策,支持农田水利建设和现代农业发展,推动蒲河生态经济带、沈康现代农业示范带和环城都市农业产业带建设。扎实推进一事一议财政奖补村内道路建设,打造美丽乡村示范村。

推进现代服务业发展。积极推动国家现代服务业综合试点工作。投入资金17.9亿元,促进商业流通、金融监管等服务业发展。扶持生产性服务业、夜间经济发展和服务业集聚区建设。

优化城乡环境,保障"十二运"圆满召开。全市投入近100亿元,保障机场、火车站、城市快速路和地铁等基础设施建设。用好用活财政存量资金,累计筹集217亿元支持土地储备。筹措资金18.3亿元,推动辽河、浑河、蒲河和卧龙湖改造及城乡生态环境治理。本着"节俭办全运"原则,支持全运场馆和全民健身中心建设,确保赛事顺利进行。

(财政局)

【提高社会保障水平】 市财政千方百计筹集资金,在社保、医疗、就业、教育等方面支出370.3亿元,保障重点民生需求。

1.支持健全多层次、全覆盖的社会保障体系。继续提高企业退休人员养老金标准,全市共投入80.4亿元补充企业养老保险统筹基金不足。同时,城保、新农保、居民医保、新农合、失业保险、城乡低保等各项指标政策全部落实。

2.提高医疗卫生服务水平。全市共投入资金36.3亿元,用于医疗卫生服务体系建设。深化公立医院改革,支持急救中心建设。

3.支持就业再就业。全市累计投入

就业资金12亿元,保障就业形势稳定。

4.支持社会事业发展。全市共投入资金147.6亿元,支持教育事业发展,落实学前教育奖补政策,完善从学前教育到高等教育全覆盖的扶困助学资助体系。全市共投入资金16.5亿元,支持文体惠民及文博项目建设。安排资金14.1亿元,支持公交都市示范城市建设。筹措资金31.3亿元,推进保障性住房建设。保障为城乡群众办实事项目全面完成。

(财政局)

【推进财政各项管理改革】 强化全口径预算管理。落实市人大全口径预算编制要求,实施预算编制倒计时管理,在编报时限、细化程度和编制质量等方面实现新突破。强化部门预算完整性,首次上报市人代会审议。加快预算执行进度,压缩结余结转资金规模,盘活财政存量资金,加强资金统筹,消化增支因素。

深化各项国库改革。国库集中支付、非税收入收缴等各项改革按要求有序推进,并向乡级延伸。市本级将所有项目资金纳入预算执行动态监控范围。公务卡强制结算制度全面实施。国库单一账户体系建设取得新进展,全市财政专户总量占清理前的46%。

积极推进"营改增"改革。会同税务部门推行国家在交通运输业及部分现代服务业等行业开展"营改增"试点工作,提升了企业长远竞争力。

强化财政财务监管。支持简政放权,按要求取消和下放24项行政权力事项。健全政府性债务统一管理机制及政府投融资体系建设,实施举债审批和土地融资规模卡制度。推行政府采购国库集中支付,继续清理采购专户资金,提高采购效率。积极开展党政机关公务用车、机关事业单位房产土地专项清理,推进市本级公物仓建设。提高政府投资项目预结算审核管理水平,全年审核项目847项,报审金额101.4亿元,审减20.6亿元,审减率达20.3%。继续推行财政检审反馈应用制度,健全财政监督检查和绩效评价计划管理机制。

(财政局)

【第五届会计活动日】 成功举办沈阳市第二届会计人才就业招聘会,参与招聘企业共有91家,提供了不同层次260多个会计相关岗位,招聘会进场求职者达到5000多人。推动沈阳注册会计师行业加快发展,出台沈阳会计服务示范基地建设8项扶持政策。市财政局会同7部门,联合开展沈阳市先进会计集体评比表彰活动,共评选出10个"标兵单位"和20个"先进单位"。市财政局通过网站、书店、档案馆、博物馆等渠道收集史料、物件,查找、整理、撰写文字材料,共收集不同时期的相关实物516件,会计博物馆重新进行布展调整。进一步丰富"财会之家"网站内容,不断提高对全市14万财会人员的服务水平和政务公开工作效率。4月28日,"财会之家"网站完成升级改版上线运行,新增了政策解读、专家论坛、在线课堂、相关部门信息4个栏目。

(财政局)

国　税

【税收收入】 2013年,全市国税系统实现税收收入526.82亿元,同比增长12.14%,增收57.02亿元。其中地方级收入实现129.18亿元,同比增长17.35%,增收19.10亿元。全口径和地方级收入均创历史新高。同时,各项税收优惠政策得到贯彻落实,全年共兑现60亿元。

(徐希竹)

【依法行政】 成立依法行政工作领导小组,健全依法行政组织领导体系。统筹协调,主动融入地方政府法治工作格局。实施依法行政工作质量考核,清理税收规范性文件,开展税收政策反馈及政策调研工作,完善重大税务案件审理工作机制,提升审理质量。依法办理税务行政复议案件和税务行政诉讼案件。按照省局关于规范税务行政裁量权工作的总体要求,依据合法裁量、合理裁量、公正裁量、程序正当、公开透明的基本原则,探索开展了规范税务行政裁量权工作。税收执法督察工作成效显著,促进了税收执法行为进一步规范。

(徐希竹)

【税收管理】 围绕税收征管的重点和薄弱环节,加大管理力度,有效提升管理质效。开发完善税收风险管理系统,科学设定评估指标,完善评估预警模型,利用工商、房产、医保等部门的数据信息开展有针对性的纳税评估和风险管理。进一步加大总分机构管理力度。针对补贴收入、资产损失税前扣除、重点税源和疑点企业等开展企业所得税专项核查。大力加强跨境税源管理,全年实现国际税收9.65亿元。创新工作方法,反避税工作又有新进展。建立完善现代化稽查模式,加大打击税收违法行为力度。克服重重困难,开展税收专项整治和五起央批案件的查办工作,查办了一批大案要案。此外,大力加强注销税务登记管理、推行普通发票网上验旧、着力加强票证管理和保障、落实海关缴款书"先比对后抵扣"管理办法、严防外贸企业"一票两用"、对大企业实施税务审计等措施,进一步完善管理制度,堵塞管理漏洞。"营改增"试点任务高质量完成。全市涉及纳税人2.5万户,数量众多,类型复杂,社会关注度高。在时间紧、任务重的情况下,相关单位和部门密切配合,对外加强沟通协调,对内周密部署,并及时提供政策指导和相关保障,加强对纳税人的宣传辅导,顺利完成管户接收、软件维护、发票供应、税控器具发售、政策宣传等各环节工作。8月1日,成功开出了全省第一张"营改增"专用发票和完税凭证;9月1日,受理了全省第一笔"营改增"纳税申报。

(徐希竹)

【纳税服务】 成立纳税服务工作领导小组,着力形成相关部门共同参与、职责明晰、横向联动、纵向贯通的协调机制。制定了纳税服务三年规划和配套工作规定,强化全员全过程的服务理念,明确纳税服务工作总体思路、重点任务和具体措施。加大纳税咨询辅导力度,在全市初步打造了网络培训学校、实体纳税人培训学校和"三师"纳税咨询服务平台"三位一体"的税收宣传辅导工作格局,全年举办各类培训辅导135场,2.7万人次参加。着力保护纳税人权益,开发"纳税服务综合业务平台",实现了税务机关和纳税人同时对26个办税事项的跟踪查询;建立纳税服务投诉处理机制,发布维权短信3万条,妥善解决诉求71件。优化办税平台建设,纳税服务网站点击量达150万余人次。通过上下共同努力,有31个窗口单位被评为"全市人民满意窗口"。市国税局被评为"2013年绩效考评优秀单位"、"全市软环境建设先进单位",有14个基层单位被评为"沈阳市文明单位标兵"或"沈阳市文明单位”,有45人次获得市及市以上级荣誉称号。

（徐希竹）

【队伍建设】 坚持以人为本,倾情带队,从严带队,有效激发正能量。一是大力加强中层班子建设,发挥中坚骨干作用。采用考察任用、竞争上岗、定向或定岗选拔等多种方式选拔处级、副处级及县局副职领导干部,使各层面优秀干部脱颖而出;加大调整交流力度,在机关与基层单位之间调整交流处级和副处级干部,并安排科级干部挂职锻炼,促进了人才流动和全面发展。制定基层单位班子和班子成员考评办法,加强处级领导干部自身建设,发挥制度约束作用。二是完善制度,科学管理,激发广大干部工作积极性。进一步理顺干部管理权限,实行分级管理,增强工作的稳定性、连续性。创新人才选拔方式,面向全系统青年干部选任市局机关团委书记。三是注重能力素质提高。加强教育培训工作,全年举办培训班38期,2313人次参加。组织编写106万字的“三员”培训大纲,为开展一线人员岗位技能培训提供教材。制定专业人才管理办法。通过开办“道德讲堂”、关注“身边好人”,选树“微笑之星”等系列活动,大力营造爱岗敬业、争先创优的工作氛围。

（徐希竹）

地　　税

【概况】 2013年,沈阳市地税系统围绕建立“六大体系”,实现“一个确保”,突出抓好组织收入、征管改革、依法行政和思想政治四项重点工作,以开展党的群众路线教育实践活动为动力,各项工作取得显著成绩。2013年,经济形势异常复杂,组织收入压力巨大。市局党组把组织收入作为工作的重中之重,确定了35项挖潜增收措施,严格落实收入目标责任制,加大收入调度和通报力度,全力打好组织收入攻坚战。集中力量,攻坚克难,税收征管改革初战告捷。规范执法,防范风险,依法治税工作深入推进。推陈出新,创新手段,纳税服务工作持续优化。凝心聚力,转变作风,干部队伍活力不断增强。完善机制,防范风险,党风廉政建设保障有力。2013年,全系统共获得国家级荣誉称号5个,省级荣誉称号48个,市级荣誉称号112个。

（刘　丹）

【税费收入】 2013年,全市地税系统共组织各项税费收入868.3亿元,同比增长11.5%,增收89.2亿元。组织全口径税收收入606.1亿元,同比增长11%,增收60亿元。其中市级公共财政预算收入527.8亿元(含“营改增”5.88亿元),同比增长13.3%,增收62亿元。征收社会保险费238.9亿元,可比口径增长13%,增收27.6亿元。其中企业养老保险社会统筹部分93.3亿元,可比口径增长16.9%,增收13.5亿元。另外,征收河道防洪维护费12.1亿元,征收工会经费(筹备金)8.5亿元,征收残疾人就业保障金2.67亿元。

（刘　丹）

【地方税源大排查】 在全市范围内开展“千名税官进企业、万户企业大自查、全市税源深挖潜”专项行动,开创了一级稽查体制后征收局管理税源的一个新模式。全系统1100名地税干部组成553个排查小组,以服务为先导,采取纳税人自查与税务人员入户排查相结合的方式交叉检查。各基层局将人性化执法与依法治税有机结合起来,既挖掘了税源,又促进了企业提高税法遵从度,大幅度增加了税收收入,整个专项行动累计查补税款8.9亿元,入库税款达8亿元。

（刘　丹）

【清缴欠税】 全系统夯实了近三年的欠税明细,制定清欠计划,落实责任到人,强化通报考核。对逾期拒不缴纳欠税的企业,依法采取欠税公告、停售发票、查封银行账户、扣押拍卖、阻止法人代表出境等措施,确保税款应收尽收。全年清理欠税是以往年度欠税入库的3倍。

（刘　丹）

【纳税评估】 各征收局将日常评估和专项评估有机结合,建立科学的税收风险指标体系。全年共完成评估5219户次,评估入库税费5.9亿元,占全省的68%。继续应用存量房计税价格评估系统,全年受理8万多件,增加税款1.2亿元。在总结存量住房交易价格评估工作经验的基础上,开发了存量商业用房交易价格评估系统,2013年9月15日在全市上线,有效遏制了房产交易中的“阴阳合同”问题。

（刘　丹）

【税种管理】 一是各基层局对辖区内符合清算条件的房地产开发项目进行全面清查,摸清项目底数,制定清算计划。同时,引入外部力量,提请各县区政府招聘中介机构参与清算审核工作,全面提高清算效率和质量。二是针对城镇土地使用税存在的纳税人少批多占、不批也占、一户多证等问题,各基层局认真应用“城镇土地使用税地理信息管理系统”,充分释放了这一创新手段的征管能量,实施无缝化管理。通过网上普查,全市共增加应税土地面积1573万平方米,增加税收1.6亿元。三是认真落实建筑业营业税政策,依托建设项目税源监控平台,在全市范围内对所有百万元以上的建设项目逐一排查,确保达到合同付款期或已完工项目的税款征收到位。四是适时调整土地增值税预征率,全市增加税收达1.5亿元。五是以项目和使用单位为抓手,强化对建筑用砂石资源税的源泉控管。六是加强股权转让个人所得税征管,实施对高收入者利息股息红利个人所得税重点监控,开展对小额贷款公司等非银行金融机构企业所得税专项排查。

（刘　丹）

【社会保险费管理】 以企业养老保险社会统筹为重点,开展税费之间、费种之间的风险排查工作,全年共排查2372户,入库保费984万元。有效监控费源,抓好压欠和扩面工作,清欠入库保费1.8亿元。坚持税费同步检查,堵塞管理漏洞,全年查补入库保费2300万元。社会保险费在连年高速增长的情况下,2013年又实现两位数的增长,圆满完成河道防洪维护费、工会经费和残疾人就业保障金征缴任务。

（刘　丹）

【税务稽查】 在全市范围内开展打击假发票工作,对劳务派遣和现代服务业进行专项整治,进一步整顿和规范了行业税收秩序。组织开展了8批涉及4017户纳税人的自查工作,自查补税合计9400万元。全年共查结案件1295户,比上年增长30%,查结案件数量创历史新高,查补税款数额大幅增长。同时,稽查局积极开展以查促管,与征收局合作挖掘税源潜力，形成了管查互动的良好局面。开发了稽查管理信息系统，稽查管理质效显著提高。

（刘 丹）

【征管改革】 一是积极主动地承担全省地税系统征管改革试点任务，推进以风险管理为核心的税收征管改革，设计开发税收风险管理平台。整理制作出各类税收风险指标351个，已完成202个指标的程序化设计任务，平台的建设已初具规模，并在和平区局和经济技术开发区分局进行了测试，初步反馈效果良好。二是圆满完成新网报系统上线运行工作。全市8万户网报纳税人顺利通过了新系统申报，实现了新旧系统的平稳过渡。三是制订"营改增"工作实施方案，主动配合财政、国税部门做好"营改增"改革的税源测算、业务衔接、沟通协调等工作，逐户核实纳入试点的纳税人名单，共向国税局移交纳税人2.44万户，确保了"营改增"改革平稳有序推进。

（刘 丹）

【依法治税】 一是扎实推进"依法行政年"各项工作。组织召开了全市地税系统依法行政工作会议，出台了全面推进依法行政工作的指导意见。加强税收规范性文件制定和管理，认真执行税收个案批复工作规程。严格贯彻落实省局税务行政处罚裁量权实施办法和裁量基准，规范税收执法行为。制发了提高重大税务案件审理质效暂行办法，重大税务案件审理质效取得新突破。全年审结案件39件，涉及税费、滞纳金、罚款合计17亿元。二是认真落实各项税收优惠政策。全市地税系统为5000余户小微企业落实了企业所得税优惠政策，在落实营业税起征点方面减免税金3.29亿元，为中小困难企业减半征收城镇土地使用税和房产税1.6亿元。落实了个人转让住房所得核定征收个人所得税政策，促进了全市房地产业的健康发展。2013年，全市共减免税金13.3亿元，有力支持了地方经济发展。

（刘 丹）

【纳税服务】 一是加强办税服务厅建设。在经济技术开发区分局推进纳税人发起事项"一站式"管理改革，在和平区局试点"一窗式"服务，并开发了纳税服务综合平台。在大东区局和蒲河新城分局简化了涉税审批流程，探索实行"先办后审"。在铁西区局研发了自助办税服务系统，试点推行"无人化"、"无纸化"办税。组织人员参加全省窗口人员业务竞赛，荣获"窗口纳税服务优秀单位"称号。二是积极开展税收宣传、咨询、辅导工作。12366服务热线全年接听咨询电话14.1万个；纳税人学校开展专题辅导讲座7次，培训纳税人5000余户；短信平台为十万余户纳税人免费发送短信345万条，成功接收312万人次。三是加强地税网站建设。设计开发了理念先进、结构合理、个性鲜明的新版纳税服务网站，提升了网上服务水平。

（刘 丹）

【队伍建设】 一是启动"三个叫响"实践活动。通过组织学习、查摆整改、亮出承诺、组织考核四个环节开展活动，充分发挥领导干部的表率作用，党员干部的先锋模范作用，树立地税人的良好形象。二是扎实开展党的群众路线教育实践活动。沈阳市地税局是第一批参加教育实践活动的单位，按照"照镜子、正衣冠、洗洗澡、治治病"的总要求，加强全员理论学习，坚持开门搞活动。各级领导班子召开了高质量的专题民主生活会，以"钉钉子"的精神抓好整改。全系统认真贯彻中央"八项规定"和省委"十项规定"，全面加强作风建设。三是依托沈阳市委党校和沈阳大学两所院校组织全员税收相关法律培训，全系统共有2266名干部职工参加，全面提升了干部依法行政水平。四是继续开展创先争优打擂台活动，加强了先进成果的推广应用。全系统评选出26项优秀工作成果，100名创先争优工作标兵，发挥了先进典型的引领作用。五是广泛开展文体活动，举办了优秀青年干部先进事迹报告会和读书征文评选活动，精心组织了全系统第六届乒乓球比赛。积极开展爱心捐赠活动，为沈阳市儿童福利院捐款10万元。

（刘 丹）

【党风廉政建设】 组织开展了"警示教育月"活动，编印了《纪检监察工作实用手册》。推广应用税务廉政风险预警平台，强化对税收执法权和行政管理权的监督制约，实现了反腐败工作关口前移，取得了网络监督权力运行的历史性突破。强化软环境建设，全年办理96123市民服务热线和民心网群众诉求648件，按期办结率99.97%，群众满意率92.77%，多次受到省纪委、监察局和民心网的表扬。在省政府组织的暗访中，沈阳市地税局取得了全市排名第二的好成绩，市局及各基层局均被评为软环境建设先进单位。

（刘 丹）

金　　融

综　述

【金融规划政策体系全面完成】 2013年，沈阳市金融中心空间规划已经形成，沈河、和平、皇姑三个金融集聚区相互衔接，东北金融后援基地建设稳步推进，金融产业空间发展瓶颈已经打开。沈阳市加快建设东北金融中心政策措施正式出台，政策环境氛围已经形成。东北区域金融中心产业发展规划已经形成，指明了未来10年金融产业发展方向。沈阳经济区优化金融生态改革试验专项方案已获批，区域金融中心建设首次上升为国家战略。

（崔　增）

【金融组织体系加速集聚】 2013年，沈阳市积极推动银行、证券、保险等金融机构合理布局，大力发展小贷公司、融资性担保等机构，扩大金融对实体经济的服务覆盖面，形成包括银行、证券、期货、保险、产业投资基金、村镇银行、小额贷款公司、融资性担保机构等在内的较为完整的金融业态体系，区域金融中心金融辐射能力、范围进一步增强。金融机构数量持续增多。新增浙商银行、韩国产业银行、康平国通村镇银行、中航安盟保险、华泰保险销售等35家金融机构和投融资机构。银行、证券、保险等分行、分公司以上金融机构已达到133家。具有金融牌照的保险中介机构达到137家。沈阳恒信、辽宁融川、庆汇、嘉丰4家融资租赁公司获商务部批准，成为内资融资租赁业务试点企业。小额贷款公司和融资性担保机构总量达到120家，监管评级等级最高的小额贷款公司总量为6家。国际四大会计师事务所的毕马威、安永已经入驻沈阳市。总部性金融机构不断积聚，2013年新增法人机构1家，全市共有金融法人机构已达19家。

（崔　增）

【金融市场体系建设】 2013年，沈阳市多层次资本市场建设取得实质性突破。辽宁股权交易中心股份有限公司，经辽宁省人民政府批准于2013年1月21日设立，并于2月7日在辽宁省工商行政管理局登记注册成立，注册资本人民币5000万元，注册地在沈阳市，是全省惟一一家区域性股权交易市场。为拓宽沈阳市中小微企业股权融资渠道和培育更多优质上市公司后备资源发挥重要作用。企业上市工作取得显著成效，辉山乳业成功在香港联交所挂牌上市，融资15亿美元。沈阳联合产权交易所成为东北地区最大的产权交易平台，各类交易场所清理整顿工作全面完成，全市已发展10家交易场所。股权投资市场加快发展，全市新设7只产业投资基金，共有16家运营良好的创投机构，全年实现企业债券融资21亿元。落实2000万元辽宁省政府科技种子资金和创业投资机构补助。沈阳金融街获辽宁省发改委、省金融办批准成为辽宁省股权投资示范基地。为投资机构聚集，股权投资发展创造良好环境，为优势企业提供境内外上市和私募融资的有效渠道。

（崔　增）

【金融服务体系为全市发展提供保障】 2013年，沈阳市金融业在服务业中的位次快速提升，金融业对地方经济发展的贡献明显增强。全年沈阳市金融业完成增加值395.5亿元，增速17.2%，占GDP5.5%。对经济增长贡献率9.7%，拉动经济增长0.9个百分点。金融企业纳税66.1亿元，占沈阳市税收10.91%。银行业在扩大信贷投放的同时，金融产品创新不断加强，有效发挥了金融机构集团资源优势，积极向总行多渠道争取资金支持沈阳市。全运会期间开设银行、保险"嘉宾窗口"，提供全面便捷的金融服务保障。创新银政企合作方式，组织金融机构和项目企业创新融资手段，切实拓宽企业融资渠道，通过全方位、深层次金融服务支持专业市场、产业园区发展。小额贷款公司和融资性担保机构为支持中小企业融资发挥积极作用。小额贷款公司当年贷款余额46.31亿元，当年累计发放贷款83.51亿元。融资性担保机构新增担保额167.99亿元，其中为中小企业提供担保140.13亿元，占比83.4%。

（崔　增）

【中小微金融企业加快发展】 2013年，沈阳市银行业金融机构中小微企业贷款余额为3086亿元，实现新增贷款423亿元，增长13.7%。小额贷款公司累计为中小企业贷款31.65亿元，小额贷款公司行业已成为支持全市经济发展、服务中小微企业发展的生力军。全市融资性担保机构，累计担保额为167.99亿元，其中为1778户中小企业担保，担保额为140.13亿元，占担保总额的83.41%。中小企业在区域股权交易市场挂牌，中心首批挂牌中小微企业达到41户，首批挂牌企业数量居全国区域性股权交易市场的最前列。科技小额贷款公司试点启动，有5家科技小额贷款公司开业，其中，2家为转型，注册资金14亿元。瀚华小贷成为辽宁省第一家获批转型科技小贷公司。

（崔　增）

【金融生态环境建设】《沈阳经济区优化金融生态改革试验专项方案》于2013年12月23日，由国家发改委会同"一行三会"正式下发，是沈阳金融史上获得的首个国家级金融改革试点项目，沈阳成为全国以优化金融生态改革试验为主题的金融改革试验区，区域金融中心建设首次上升为国家战略。沈阳市在全省率先开展中小企业信用建设试点，已建立了9000户优质中小企业信用信息档案，中小企业作为试点已经成型。核心功能区市、区两级法院金融法庭建设成效明显，不良贷款率低于全省平均水平，为金融业发展提供良好的法治环境。

（崔　增）

【辉山乳业在香港联交所上市】　辽宁辉山乳业集团有限公司，于2013年9月27日在香港联交所成功挂牌上市，公司上市保荐机构为德意志银行、高盛集团、汇丰银行、瑞士银行，发行37.88亿股，募集资金约15亿美元。在全球资本市场低迷，国内A股暂停发行的大环境下，是2013年辽宁省惟一一家上市企业。

（崔　增）

【支持企业上市融资】　2013年，沈阳市加强对企业上市工作调度，强化县区企业上市工作责任。向各区、县下发2013年上市工作考核任务指标，将上市指标列入到各区、县政府绩效考核体系。加强企业上市培训工作，多次召开企业上市培训会、研讨会和调度会。做好上市重点企业跟踪推进工作。到企业调查研究，了解上市工作进展和存在问题并及时协调解决，保证企业上市工作顺利推进。完善和落实推进企业上市扶持政策。对《沈阳市企业上市发展专项资金管理实施细则（暂行）》进行了完善和补充，进一步加大对企业上市、债券融资、基金落户的扶持力度。

（崔　增）

银　行

·人民银行·

【储蓄存款】　2013年，沈阳市居民储蓄存款增势平稳，全市金融机构储蓄存款余额4821.6亿元，比年初增加454.5亿元，同比少增加138亿元。其中，上半年增加较快，6月末，居民储蓄存款比年初增加329.2亿元，月均增加54.9亿元；下半年受理财产品大量发行以及互联网金融迅速崛起的影响，储蓄存款增长明显放缓。下半年月均仅增加20.9亿元，不及上半年的一半。总体来看，全年储蓄存款在人均可支配收入、利率水平、宏观经济环境等多方面因素的影响下波动上行，增量稳中有降。

1. 利率市场化改革促进储蓄存款的增加。央行允许存款利率上浮10%的政策公布后，多家银行存款利率一浮到顶，促进了储蓄存款的增加。另一方面，由于我国基准利率体系是由管制利率和市场利率混合组成的，货币市场与债券市场自由定价的市场利率会高于储蓄存款利率，一部分资金会被货币市场和债券市场吸收，随着利率市场化进程的不断深入，储蓄存款会继续保持良好的增长态势。

2. 居民储蓄以预防动机和资金安全为主。居民储蓄问卷显示，关于居民储蓄目的及用途中养老防病、教育、资金安全高居前三位，“存在银行安全”的比例在四季度首次跌至22%。媒体关于银行会否破产的问题热议，构建存款保险制度的政策构想，在一定程度上影响了百姓的心理。

3. 理财产品的大量发行和互联网金融的井喷式发展对居民储蓄存款的分流影响较大。商业银行在月末和季末大量的发行与银行间市场挂钩的高收益率理财产品，导致居民储蓄存款增长低于上年。

（挚　鑫）

【人民币各项存款增势平稳】　2013年末，全市金融机构本外币各项存款余额1.16万亿元，比年初增加1129.8亿元，同比少增271.3亿元；分机构看，四大国有银行和国家开发银行人民币存款余额比年初增加较多，建设银行、农业银行、工商银行、国家开发银行和中国银行人民币存款余额分别比年初增加161.5亿元、134亿元、102.6亿元、97.8亿元和81亿元，大型银行借助网点数量多的优势在存款竞争中占据优势，国家开发银行商业化转型促进单位存款快速增长。

1. 单位存款少增明显。全市金融机构人民币单位存款余额5771.9亿元，比年初增加461.2亿元，同比少增230.1亿元。其中，单位活期存款余额2279.5亿元，比年初减少5.4亿元；单位定期存款余额1477.1亿元，比年初增加155.7亿元；单位通知存款余额93.4亿元，比年初减少33亿元；单位保证金存款余额662.5亿元，比年初增加28.6亿元。2013年，受经济增速逐步下滑和固定资产投资增速放缓影响，企业资金周转速度和利润下降，企业存款增加较少；受6月份120亿元社保资金存款从辽宁省建行转出影响，建行单位存款余额比年初减少1.5亿元，拉低了全市人民币单位存款增量。

2. 个人存款增长情况良好。全市金融机构人民币个人存款余额4938.7亿元，比年初增加552.3亿元，同比少增62.2亿元。其中，储蓄存款余额4765.5亿元，比年初增加450.3亿元；结构性存款余额170.6亿元，比年初增加82.5亿元。2013年，网络金融迅速发展促进了货币基金的快速增长，受银行间货币市场利率剧烈波动影响，商业银行在月末和季末大量发行与银行间市场挂钩的高收益率理财产品，部分居民加大货币基金和理财产品的购买量，结构性存款快速增长，居民储蓄存款受到分流，但个人存款总体上仍然保持了良好的增长态势。

（王　赞）

【人民币各项贷款增势良好】　2013年末，全市金融机构本外币各项贷款余额9128.7亿元，比年初增加1051.7亿元，同比多增21亿元；人民币各项贷款余额8867.1亿元，比年初增加1008亿元，同比多增44.2亿元；外币各项贷款余额42.9亿美元，比年初增加8.24亿美元。在贷款总量中，短期贷款多增、中长期贷款少增。

1. 短期贷款多增。全市金融机构人民币短期贷款余额2501.3亿元，比年初增加453.2亿元，同比多增102亿元。短期贷款中，个人贷款及透支余额261亿元，比年初增加83.9亿元；单位贷款及透支余额2052.2亿元，比年初增加324.6亿元，同比多增31.3亿元，其中，短期经营贷款余额2008.4亿元，比年初增加322.6亿元，短期固定资产贷款余额42.6亿元，比年初增加1.2亿元。短期个人贷款和短期单位经营性贷款余额增加较多，主要是因为各银行继续将中小微企业作为信贷支持的重点，通过发放短期个人经营性贷款和短期单位经营性贷款加大对中小微企业的信贷支持力度。

2. 中长期贷款少增。全市金融机构人民币中长期贷款余额6133.5亿元，比年初增加578亿元，同比少增101.9亿元。中长期贷款中，个人贷款余额1343.9亿元，比年初增加207亿元，同比多增38亿元；单位贷款余额4496.7亿元，比年初增加285.6亿元，同比少增169.9亿元，其中，中长期经营贷款余额533.3亿元，比年初增加97亿元，同比多增79亿元，中长期固定资产贷款余额3963.4亿元，比年初增加188.5亿元，同比少增248.9亿元。分机构看，政策性银行和国有大型银行是中长期贷款投放的主力行，其中，国家开发银行、建设银行和工商银行中长期贷款余额比年初分别增加174.8亿元、98.1亿元和86.9亿元，增加较多。受沈阳市重点建设项目贷款需求拉动，中长期固定资产贷款持续增加，但是受房地产开发类贷款和政府融资平台类贷款监管趋严及国家开发银行商业化转型的影响，中长期固定资产贷款增量较上年同期明显减少，单位中长期新增贷款主要投向沈阳的市政设施和保障房建设项目，为沈阳市的城市建设和全运会工程提供了充足的资金支持；中长期个人贷款的增长主要支持了个人住房消费。

3. 票据融资余额减少。全市金融机构人民币票据融资余额207.7亿元，比年初减少24.8亿元，同比少降43.5亿元。票据融资余额较为平稳，主要是因为上年同期部分银行大幅度卖出贴现票据，票据余额下降较多。

4. 个人消费贷款保持增长。全市全部金融机构人民币个人短期消费贷款和个人中长期消费贷款余额1214.4亿元，比年初增加210亿元，同比多增61.9亿元。2013年一季度，受“新国五条”政策出台影响，沈阳市商品房和二手房成交量较上年同期有较大增长；4月份以后，沈阳市进入房地产销售旺季，商品房依然保持良好的销售态势；受房屋交易量增长拉动，住房按揭贷款余额增加较快。各银行对以住房按揭贷款为主的个人消费贷款持续采取鼓励和支持态度，个人消费贷款余额继续保持增长势头，支持了沈阳市居民的住房消费。

5. 人民银行投放再贴现、再贷款资金支持沈阳经济发展。截至2013年末，人民银行再贴现余额7.5亿元，当年累计发放22.6亿元；支农再贷款余额2.5亿元，当年累计发放3亿元；人民银行通过投放再贴现、再贷款资金，引导金融机构加强对农业和中小微企业的信贷支持。

（王　赞）

【征信服务】 2013年，中国人民银行全面贯彻实施《征信业管理条例》，加强征信业管理，推动征信市场发展，加大个人征信信息保护力度，提升征信数据质量，积极参与和推动社会信用体系建设，深入开展征信宣传教育，培育和发展信用评级市场，支持地方经济发展。

深入开展《征信业管理条例》宣传工作。制订了沈阳市《征信业管理条例》宣传活动实施方案，组织召开了宣传工作动员会，明确工作重点，对宣传主题、活动时间、方式等做了具体部署，并要求全市金融机构制定具体落实措施，形成合力做好专题宣传工作。通过宣传，提高了社会公众的诚信意识，进一步普及了征信知识，扩大了征信工作的社会影响力。

以推动小额贷款公司和融资性担保公司“两类机构”信用评级为重点，有序推进信用评级市场健康发展。加强对信用评级业务的指导，推动信用评级在商业银行等领域的应用，提高评级机构的公信力。按照“稳步推进、保证质量、严格管理”的总体原则，分阶段开展沈阳市“两类机构”评级试点工作，并将评级结果作为“两类公司”接入征信系统考核的重要指标。

加强征信监管，推动征信市场发展。组织开展了《征信业管理条例》贯彻落实情况专项检查，对两家银行《个人信用信息基础数据库管理暂行办法》执行情况进行了检查，对两家银行金融消费者权益保护情况进行了检查。加强非现场监督管理，对违反操作规程影响数据上报质量的金融机构进行了约见谈话，全面推进数据质量工作的日常化、规范化管理。

推动企业和个人征信系统服务工作。全年共向沈阳市企业、事业单位新发放贷款卡2140张，对9197户企业进行了贷款卡年审，提供企业信用报告查询服务933份。提供个人信用报告查询服务13.8万份，在东北地区率先在窗口使用个人信用报告自助查询机进行查询，开展了个人信用报告网上查询试点工作。

深入推进中小企业和农村信用体系建设。进一步深化“小微企业信用培育”试点工作，提高小微企业的信用水平。开通沈阳市中小微企业网络融资对接互动平台，帮助企业依托网络审核开展融资服务。继续深化农户电子信用档案建设和信用评价工作，配合有关部门做好“信用村”、“信用乡镇”评比，农村“道德信贷”工程和“农村青年创业信用户”创建评选工作。

扎实推进机构信用代码推广应用工作。深入开展了机构信用代码专项宣传工作，举办了机构信用代码推广应用工作培训班，对已发放机构代码证录入信息进行全面核查，认真做好空白机构信用代码证的管理及申请表归档工作。全年共发放机构信用代码证2.94万个。

（杨天明）

·中国银行·

【概况】 2013年，中国银行沈阳分行紧紧围绕转型跨越、变革图强、突破瓶颈、加快转型的战略发展要求，坚持以“精细化经营、规范化管理、人本化改革”为经营理念，着力推进结构调整和业务转型，强化全面风险管理，加强渠道建设和网点转型，深化机制建设和队伍建设，提升内生发展动力，在有力支持沈阳经济发展的同时，各项业务实现了较快发展。截至2013年末，本外币存款余额769亿元，本外币贷款余额483亿元。

（柏　雷）

【资产业务】 2013年，中国银行沈阳分行按照“盘活存量、用好增量”的总要求，以低拨备、低占用的业务为重点，合理摆布有限的贷款资源，持续加大对地方经济建设支持力度。配合沈阳市推动地区产业规划策略落地实施，加大对机床、汽车及零部件、沈北新区农产品精深加工等支持力度，成功助推辽宁辉山乳业集团香港上市。调整信贷结构，积极支持实体经济，严控高耗能、高排放行业和产能过剩行业的信贷投放。强化海内外分行联动，推进多渠道融资，有效解决境内企业融资需求。加大中小微企业扶持力度，2013 年 3 月成立了中小企业业务中心，9 月份在辖属支行试点开展了微型企业贷款服务。

（柏 雷）

【负债业务】 2013 年，中国银行沈阳分行突出产品拉动作用，依托银承保证金、行政事业业务、投资银行等相关产品和业务，实现了公司存款增量与市场份额的同步提升。其中，重点以承兑汇票业务为着力点，银承保证金存款增速达 175.36%。以重点行业为突破口，持续加大行政事业单位存款拓展力度。坚持“以扩大客户金融资产为核心，带动个人存款增长”的发展策略，将扩大客户基础、做大客户金融资产作为个金业务的主要抓手。加大业务创新与项目营销力度，“零售业务批发做”取得实质性进展，其中，居民健康卡项目走在全国前列，手机支付、园区卡、代收费项目实现了突破。以优化存款结构为目标，降低高成本金融机构存款占比，加大力度拓展低成本存款客户资源以及保险公司核心存款。截至 2013 年末，人民币各项存款市场份额 6.74%，较年初提升 0.18 个百分点。其中，人民币公司存款新增额及增量市场份额均列四大行首位。

（柏 雷）

【中间业务】 2013 年，中国银行沈阳分行在巩固和发挥国际结算、外汇资金等传统业务优势的同时，加大新业务、新产品创新力度，大力推广投行、创新资金产品、现金管理平台等 40 项重点主打产品，突出差异化和产品创新，保持了中间业务快速发展的态势。国际结算新产品推广实现突破，成功叙做全省首笔进口代收保付、通汇达、国际信用证远证即付等业务，国际结算业务和跨境人民币业务继续保持市场领先地位。大力发展投行业务，成功叙做中银集富理财、投融通等投行业务。截至 2013 年末，中间业务净收入同比增长 33.08%，毛收入增速 32.96%，排名四大行首位。

（柏 雷）

【内控管理】 2013 年，中国银行沈阳分行加强授信风险管理，制定授信工作指引，从行业、客户和产品三个维度为全年信贷工作提供方向性引导。对存量授信业务开展全面风险排查，对存在的风险隐患及时落实整改。建立健全内控风险管理机制，全面实施内控监督检查，二道防线内控检查业务品种和被检机构覆盖面达到两个 100%，一线自查发现问题整改率达 100%。组织开展“查隐患、防案件”活动，对案件风险排查中发现的问题及时整改。加大违规问责力度，对违规违纪行为实行“零容忍”。

（柏 雷）

【基础建设】 2013 年，中国银行沈阳分行根据沈阳市城市发展规划，优化网点布局，加快落实网点三年发展规划。加大网点改造力度，通过新设、迁址、原址改造共计 22 家，新设自助银行 7 家。启动“全能化、大型化”网点建设，选取 15 家试点网点，全面推进对公产品下沉并全部实现了突破。积极推进机构扁平化管理，对 3 家直管经营性支行实施了扁平化管理。支持县域经济发展，成立了县域第一家直管经营性支行—辽中支行。贯彻落实“眼睛向下、关注基层”的理念，将人力资源和费用资源重点向一线倾斜、向业务倾斜、向贡献大的岗位倾斜。完善机制建设，制定了 2013 年度绩效考核评价体系，同时分层面制定相应的考核激励机制。加大人才盘点和后续储备，对全辖基层网点负责人进行了胜任力盘点，并结合网点竞争力评价，实行优胜劣汰。加强后备人才队伍建设，通过公开选拔现已完成经营性网点负责人后备库。

（柏 雷）

· 工商银行 ·

【存款业务】 2013 年，工商银行辽宁省分行秉承沈阳市经济建设聚财生财的宗旨，凭借先进的技术装备，丰富的业务和产品线，严格的管理制度等诸多优势，为沈阳工商企业和个人客户提供了形式多样、安全、便捷、高效的金融增值服务。把促进存款增长作为支持沈阳经济发展，增强信贷投放能力的重要抓手，强力拓展各类存款市场。在筹措个人存款工作中，以抓项目、拓源头扩大客户规模为根本，全力为个人客户提供代发工资、银医一卡通、市民卡、工银商友俱乐部、五险合一、三方存管、出国人员服务中心、物流通、“医健通”等综合性金融服务。在筹措对公存款中，全力为沈阳市工商企业客户特别是各类经济区、产业园区、高新园区等新发展园区的客户提供转帐结算、现金管理等综合性、个性化的一揽子金融服务。着力加强了存量客户维护，积极走访客户，密切了与客户的关系。积极开展了高端对公客户走访营销，与客户开展了多种形式的联谊活动，根据客户需求，提供形式多样、个性化营销综合服务方案。截至年末，人民币全部存款余额达到 1207 亿元，比年初增加 102 亿元，增长 9.22%。

（刘琳娜）

【贷款业务】 2013 年，工商银行辽宁省分行以鼎力支持老工业基地振兴和区域经济发展为己任，依托沈阳蓄势待发的经济能量和巨大发展潜力，在巩固发展传统金融服务的同时，持续开展服务创新，特别是不断加大对沈阳先进装备制造业、基础产业等领域的金融服务力度。在资源投入上，出台了重大项目营销专项支持保障制度；为了提高审批效率，在全省工行系统首创了大中型信贷业务申报资料预审制度；为了缩短投放时间，对项目实施按月排产。为了更好地服务区域内更多的客户，集中和调动一切资源，优选市重点建设项目和优质客户，主动对接客户需求。在资产业务拓展上，首次实行了省、市、支三级机构联动拓展。紧跟区域经济发展重点，全面支持棚户区改造项目建设，按照总行城市棚户区改造贷款管理办法以及相关优惠政策，深入了解沈阳市棚户区改造相关政策和规划情况。截至年末，大中型客户贷款余额 514 亿元，比上年末增加 52 亿元，增长 11%。全面拓展小微企业融资客户，为小微企业客户提供专属融资产品。服务法人客户的同时，积极支持居民快速增长的消费需求，在合规的前提下，积极投放满足居民住房改善需求的个人住房按揭贷款，满足个人经营者需求的个人经营性贷款。同时增加了以购车分期付款为代表的多种信用卡消费分期付款业务。截至年末，个人贷款余额151亿元，比上年末增加45亿元，增长42%。在金融资产服务业务创新上，按照顶层设计、循序渐进、纵深推入的基本原则，建立起贷款业务、资产管理业务、租赁业务和投行业务的分工营销及管理体系，创新办理债务重组顾问、股权融资以及融资型理财等业务。响应市政府大力扶持中小微企业发展的号召，把供应链融资业务作为服务中小企业重点，以贸易融资业务为核心，筛选重点企业上下游目标客户。实现了网络循环贷款、黄金饰品质押业务、标准厂房按揭等业务的突破。大力发展表外业务，积极以票据贴现的方式支持工商企业的融资需求。截至年末，实体贷款余额679亿元，比上年末增加97.6亿元，增长17%。

（刘琳娜）

【中间业务】　2013年，工商银行辽宁省分行始终坚持依法合规拓展中间业务，坚守监管约束下的各项业务收费准则，通过开辟增收渠道，创新产品营销，奋力开拓市场和积极营销产品，全年中间业务收入同比增长20.4%。一是着力开展了金融资产服务业务营销的组织推动，制订了配套实施方案。非结算用途同业存放业务、融资理财业务、私人银行业务等多项业务和产品实现了全省工行系统“零”突破。二是积极开展国际业务营销竞赛，为客户度身定制“产品包+服务包”，实行客户营销和服务的“首问负责制”，实现了双币种国际信用证、台湾个人跨境人民币汇款业务在全省工行系统内的突破，代理同业提单背书业务在全国工行系统内的突破。三是积极参与并支持沈阳民生领域的金融需求。作为市政府“金保工程”二期重点项目之一“五险合一”项目的承办行，全年完成批量制卡116万张，启用24万张，实现社保和金融渠道同步使用。通过名单制管理、上门服务、增设网点社保业务专属窗口、配备3G无线终端设备及社保卡启用专门POS设备，实现业务高峰的圆满过度。与辽宁电视台合作的全国首张电视媒体联合金融机构发行的联名借记卡“新生活联盟卡”正式发行，截至年末发卡6.7万张。与中国好声音唱响九龙港大型演唱会组委会合作，作为惟一指定银行代理7月份在沈阳举办的“中国好声音唱响九龙港大型演唱会”演出门票。四是信用卡分期付款领域更加丰富，由购车分期付款拓展到包含通讯、旅游、家装等贴近客户需求的领域。

（刘琳娜）

【客户服务】　2013年，工商银行辽宁省分行狠抓了服务管理和渠道建设。为全面做好“十二运”期间的金融服务工作，召开全行迎全运百日服务动员大会，向全行员工发出了“服务全运微笑工行”的号召，广泛开展服务意识、服务技能教育培训，提高全员的服务能力。以压降客户投诉为重点，推进规范化网点建设，全力开展服务整治活动。大力开展优质服务网点、服务标兵创建活动。通过一系列整改活动全力解决一线服务态度、服务效率、服务环境等方面的突出问题，使整体服务水平得到了明显提升。通过精细的策划和强有力的组织推动，营业部成功保障了赛会和社会公众的金融服务需求，实现了全运会期间服务零投诉和媒体零负面报道的目标。

（刘琳娜）

【风险防范】　2013年，工商银行辽宁省分行积极应对经济增速放缓、各类风险不断演变的情况，加大风险防范和内部控制力度，深化全过程风险管理。

1.严控信用风险。通过关口前移，严格贷款准入；强化作业监督，不带病发放贷款；强化非现场监测，前瞻性判断风险；制定预案化解风险；加大现场检查力度，加强贷后管理等等一系列有效措施来防范贷款劣变及各类衍生风险。定期组织召开公司客户信用风险分析会议，对重点领域、重点客户、重点产品有针对性的加以分析，提出管理措施。

2.强化运营风险管理。坚持从严治行、合规经营，加强业务运营风险核查、现场检查和非现场监测与分析，深化反洗钱作业模式改革，认真履行反洗钱职责。有针对性开展核算检查管理工作，提高核算质量。对三大中心及全辖营业网点组织开展季度检查工作。组织开展预留印鉴、现金及自动柜员机、远程授权、业务集中处理和网点现场管理、对公反洗钱、银企对账、人民币流通管理、人民币单位结算账户、会计核算专用印章、部分会计业务等专项检查，有效提高核算管理水平。以业务运营风险系统揭示的运营风险状况为依据，组织开展非现场、重点网点及重点柜员、重要风险点、关键环节业务、重要时段业务专项检查，进一步提升运营风险防控能力。加强现金业务管理，在重大节假日期间，对金库、现金、自动柜员机管理等高风险业务环节，组织开展节前突击查库及节日期间巡查工作，加大检查频率和力度。开展对“高风险网点”专项治理活动。

3.持续强化内控案防工作。持续开展重要风险点的合规审计和检查，逐层逐级落实案件防范责任制，持续开展易发案环节的检查和排查，提高员工行为动态监测和考核实效。重点抓基层网点日常的案件防范工作。进一步完善三级安全保卫和防火责任制。认真落实《中国人民银行沈阳分行金融机构重大事项和重要信息报告制度》、《中国人民银行沈阳分行金融机构综合评价办法》及《中国人民银行沈阳分行金融机构综合执法检查办法》的有关要求。

（刘琳娜）

·农业银行·

【概况】　中国农业银行辽宁省分行营业部（以下简称省农行营业部）全辖共设一级支行17个，营业中心1个；共有营业网点152个，其中支行营业部18个（含营业中心），二级支行66个，分理处67个，储蓄所1个；本级机关现有内设机构24个；共有在册人员4136人。

2013年，辽宁省农行营业部认真践行省分行“136”发展战略，紧紧围绕“1234”经营思路，稳中求进，提质增效，实现了年初既定的工作目标，业务经营整体稳定、持续向好。一是主体指标再创新高，发展实力进一步增强。二是龙头作用凸显，系统贡献进一步增强。三是市场份额提高，竞争能力进一步增强。四是推进“扩户”、“转型”两大工程，经营基础进一步增强。五是严守风险底线，内控管理进一步增强。六是坚持人本管理，队伍活力进一步增强。截至2013年12月末，本外币各项存款达871.77亿元，比年初增加133.94亿元，增长了18.15%；本外币各项贷款余额420.24亿元，比年初增加66.07亿元，增长了18.65%。实现中间业务收入4.77亿元（含委托），同比多增1.07亿元，增长了28.92%；全行拨备后利润达15.69亿元，同比增盈5.67亿元，增长了56.59%；实现经济增加值7.29亿元，同比增盈4.84亿元，增长了197.55%。

（胡艳冰）

【存款业务】 2013年，辽宁省农行营业部将存款组织作为打造区域内强行的信心工程，以“扩户工程”为抓手，以“网点转型”为契机，以“综合营销”为手段，积极应对市场竞争，加快追赶同业步伐，成功实现了存款业务的高位增长。在“扩户工程”上，全辖对公结算帐户达3.74万户，新开立9459户，其中基本帐户占比达72%；加权个人贵宾客户（年日均金融资产10万及以上客户）18.11万户，新增3.92万户；个人贵宾客户金融资产达441.68亿元，同比增加97.82亿元。在“网点转型”上，全年开工建设网点25个，累计完成“硬转”135个，转型率达86.5%；完成软转导入网点64家，导入率达42%；推广6S管理网点42家，网点的规范化、精细化管理水平不断提升。在业务拓展上，秉承“客户综合经营、业务综合营销”工作理念，对资产业务大客户积极开展联动营销、交叉营销、重点营销，仅辽电一家企业年内新增托管资金达1.78亿元，有力提升了增存稳存能力。截至2013年末，个人存款达542.98亿元，比年初增加76.02亿元，存量份额达22.01%，同比提升了0.8%；对公存款达328.8亿元，比年初增加57.92亿元，存量份额达16.46%，同比提升了1.22%。各项存款日均余额达800.05亿元，较上年增加141.81亿元，增长了21.54%。各项存款的增量市场份额达27.77%，四大行排名提升到第二位。

（胡艳冰）

【贷款管理】 2013年，辽宁省农行营业部坚持科学发展和风险防控相结合，以加快信贷业务有效发展为中心，优化调整信贷结构，强化完善风险管控，信贷业务实现量质并进。一是以支持实体经济为核心，按照“用好增量，盘活存量”的总体要求，努力加强资产经营能力，促进信贷资产结构的优化和价值回报的提升。在法人贷款上，以落实“四制”、“四策”为基础，构建了三级营销体系，全年成功营销优质法人资产客户47户，新增客户实现贷款投放22.9亿元。三农条线授信客户净增11户，有贷客户贷款净增6.52亿元。在个人贷款上，以住房按揭贷款为龙头，制定了差别化计价激励政策，全面实现了个人信贷业务集中经营。个人贷款存量、增量在四大行中均排名第2，居东北四城市首位。在不良清收上，大力实施了法人不良客户“清户行动”。二是采取多项措施，切实做好贷款业务风险防范。实施了客户分层经营、信贷扎口管理，确保信用风险管理协调统一；建立了风险预警和退出机制，累计压缩、退出潜在风险客户7户，金额1.51亿元；认真落实总行新《贷后管理办法》，组织风险排查，强化了贷后管理；加强重点领域贷款管理，房地产贷款以总行核心客户为主，政府融资平台贷款全部为市级以上，保证了重点领域贷款的平稳运行。截至2013年末，各项贷款增量四大行排名第三。其中：法人贷款余额达258.29亿元，净增17.82亿元；个人贷款余额达161.94亿元，净增48.25亿元。

（胡艳冰）

【中间业务】 2013年，辽宁省农行营业部紧跟金融环境发展趋势，始终把中间业务作为工作的重点，以持续发展人民币结算、代理保险等传统中间业务为基础，以大力拓展电子银行、信用卡、现金管理、理财、贵金属销售、托管、国内外贸易融资等新兴中间业务为依托，促进中间业务传统优势继续巩固，新兴产品较快发展，收入渠道日渐多元，产品创新取得突破，营销手段不断丰富，中间业务收入实现较快增长，中间业务呈现出齐头并进的良好发展态势。

个金中间业务方面。通过做好重点节日的贵金属销售、加强对私理财结构性引导、部门联动组织公积金联名IC卡发行及IC卡进校园活动等多项举措，2013年，黄金和白银分别销售466千克和491千克，实现中间业务收入660万元，同比增加293万元，占全省的23%；同业份额18.35%，首次超过工行和中行，位列第二位；实现对私理财销售量382亿元，理财业务收入1840万元，同比增加674万元，全省占比29%；借记卡净增38.79万张，新增89万张、居同业第一，其中IC卡新增77.87万张。

个贷业务方面。一是加大个贷考核力度。制定差别化计价激励政策，出台《个人信贷业务重点推进实施方案》，着重加大了对非住房贷款品种的考核力度。二是优化流程。梳理了房抵贷、个人助业贷款、保捷贷等各产品业务操作流程，采取了存量房和最高额可循环贷款网上抵押登记等措施，加快了放款速度。三是全面实施个贷集中经营。2013年9月末，全辖实现了全品种、全流程的集中上收，实现了个人信贷业务六大集中。四是做细贷后管理。充分运用C3、个贷监测、档案管理、集中电话语音催收等系统，实施全方位监测，个贷不良余额及不良率逐年下降。

电子银行业务方面。一是通过完善产品功能和加大设备投放等措施，拓展渠道建设。截至2013年末，共布放各类自助设备1551台，其中现金类自助设备763台，居同业第一，电子渠道分流率达78.74%，比年初提高4.64个百分点。二是大力发展电子商务业务，先后开发了以辽宁省考试局报名缴费、禾丰牧业交易支付平台和“五爱购”批发零售网上交易平台为代表的电子商务商户60户；与各级对公部门联动，积极组织开展“六进活动”以及形式多样的营销，实现“现场营销、现场发卡、现场注册、现场激活”。三是电子银行客户实现有效发展。截至2013年末，个人网银客户数87.16万户，较年初增加20.35万户；个人消息服务客户135.06万户，较年初增加40.89万户。受益于客户基础的逐渐夯实，2013年电子银行业务收入实现

1.08亿元,同比增收2010万元,电子银行总收入(含ATM)位居同业第一。

信用卡业务方面。重点分析同业动态及市场潜力,以提升客户质量和提高业务收入为主攻方向,全力拓展信用卡客户群,实现信用卡业务健康快速发展。一是增数量,扩规模,通过各种产品渠道努力培植优质客户群体。以悠然白金信用卡、QQ联名IC贷记卡等重点产品为切入点,有效实施信用卡"发卡、激活、用卡"三浪精准营销,发卡规模逐渐扩大。2013年新发贷记卡4.76万张。同时,有效商户数量较年初也有较大幅度增长,BMP、餐饮等优质商户收益显著,商户的"存款搬家器"的作用已经凸显。截至2013年底,有效商户1537.5户,比年初增长390.8户,新增商户绑定存款4.46亿元。二是搞促销、树品牌,不断扩大金穗信用卡的社会知名度。与35家酒店、9家影院、10家大中型商场开展特惠活动,金穗信用卡用卡环境得到明显改善,品牌形象大力提升。2013年累计发放贷记卡18.9万张,同业占比14.2%;实现信用卡中间业务收入6149万元。

新兴业务方面。一是顺应公司业务"投行化"趋势,2013年成功开办高端投行业务。二是多级合力营销,跨境联动业务取得新突破,成功开办首笔内保内贷业务。三是加强市场研判,把握国际业务新机遇。大力开办外汇掉期等新业务,签约额快速增长,由2012年的几千万元到2013年全年交易量40多亿元。

(胡艳冰)

【国际业务】 2013年,辽宁省农行营业部紧紧抓住外向型经济迅速发展的机遇,持续推进扩户工程,积极促进贸易融资,由重业务规模转型到量质并举、结构优化,重国际结算转型到以中间业务收入为核心指标,重国际贸易融资转型到本外币及同业贸易融资并重发展,不仅巩固了传统优势,还扩大了在同业间的市场竞争力和社会影响力,推动国际业务全面优质发展。全年实现国际结算量35亿美元,比2012年增长6.2%;对公国际业务收入2219万元,比2012年下降7.5%,占全行中间业务收入的5.7%;对公国际结算收入(不含国内证)1113万元,比上年增长65%;跨境人民币结算量6.5亿元,国际贸易融资量3.5亿美元,国内信用证开证量4.5亿元。

1.持续推进"扩户工程"。一是通过抢先营销新注册企业、抢挖他行贸易项下优质客户、利用适用产品扩充本币客户、培育信贷新准入客户,年末国际业务有效客户达340户(含部分掉期户),新增客户199家,比2012年净增102户,共实现国际结算量23.8亿美元,占国际结算量总量的68%。新客户中,结算量1000万美元以上客户占比19%,客户质量明显提升。二是创新普及产品,优化客户结构。全年共办理结算、融资、交易类产品21种,比2012年增加9种。经常项下结算量(含掉期)实现33.7亿美元,占总结算量的96%。三是推进联动营销,提高大客户贡献度。深化与重点客户关系,优质客户群体继续扩大,结算量超亿美元客户9户,比2012年增加2户,共实现结算量13亿美元,占总结算量的37%。

2.大力促进贸易融资。一是对接客户需求,做深做透贸易融资产品。面对代付业务纳入表内管理,跨境、跨行代付业务停办的局面,引导客户办理进出口押汇、卖方代理福费廷、卖方押汇等业务,有效弥补了停办业务缺口;针对贷存比管理政策,积极推广总行参融通新产品,业务量达1493万美元,满足了客户进出口项下融资需求;年内办理贸易融资业务的支行13家,比2012年增加2家,贸易融资品种多达17种,比2012年增加6种,基本涵盖国际业务产品线的所有产品,带动贸易项下结算量达4亿美元,比2012年增长111%。二是紧抓外汇业务重点客户,制定专项营销和服务方案,推出异币转通知信用证、错币参融通、掉期质押、海外代付等多项新产品,进一步密切银企关系,重点客户融资业务迈上新台阶。

3.紧盯市场积极营销。一是抓客户,引导新需求。面对人民币国际化及融资境外化进程加快、结售汇发展形势更加严峻的局面,省农行营业部将掉期业务作为发展外汇交易业务的突破口,快速与客户对接,解读政策制度,掌握产品优势;每日发布市场资讯,提示客户交易时机;密集走访重点客户,大力宣传推广掉期业务。二是盯市场,把握每一轮机遇。科学预判国内外经济及人民币、外汇供求变化,利用元旦、春节等市场行情,营销客户闲余资金做掉期。三是用产品,持续稳定客户。通过交易类产品与贸易融资产品有效结合,成功办理了低成本出口商票融资、全省首笔加点结售汇业务。此外,年内新开办了跨境人民币信用证、融资性保函、跨境双币通等业务品种,经常项下跨境人民币业务4.8亿元,是2012年同期的5倍。

4.不断增强风控管理。国际业务管理部门紧跟外部监管政策,确保依法合规经营外汇业务,使制度执行成为全员自觉行为。做业务之前做好详细的指导方案,做业务中派专人现场指导,做业务后进行专项检查;注重从业人员培养,充分利用培训资源,把合规意识的灌输作为培训重点,年内共举办各层次从业人员培训班6期,全面提升了国际业务人员的操作水平和营销能力。

(胡艳冰)

·盛京银行·

【概况】 2013年,盛京银行在立足"做精、做细、做优"传统存贷业务,有效防控风险的前提下,积极推进自身的跨越式发展和战略转型,大力倡导和强力推动经营创新,不断拓宽经营渠道和发展空间,保持了规模、质量、效益的协调均衡发展。截至2013年末,盛京银行资产总额突破3500亿元,存贷款余额分别突破2600亿元和1300亿元;当年新增贷款103亿元,连续三年增量超百亿元;当年利税总额80亿元,沈阳地区缴纳各项税收突破16亿元,位列全市金融服务业首位、沈阳纳税四强,进一步巩固了东北地区总部银行的领军地位和竞争优势。

(李　阳)

【资产质量】 2013年,盛京银行深入推进战略客户全方位合作,不断优化信贷投向和结构,持续加强信贷资产管理,严控授信业务风险,切实提高资产质量。截至2013年末,不良贷款余额6.13亿元,不良贷款率0.46%,分别比年初下降200万元和0.08个百分点,继续保持"额减率降";拨备覆盖率304.26%,比年初增加2.79个百分点。一是不断加大优质行业、优质客户信贷投放力度。围绕沈阳市"稳增长、办全运、惠民生"等重点工作,积极支持高端装备制造业、现代服务业、优质民生工程、战略性新兴产业发展,批发式、集群式推进核心战略客户产业链、贸易链、供应链上下游中小微企业延伸拓展营销,累计向沈阳地区投放贷款590亿元,连续多年排名全市首位,总部银行对地方经济发展的金融引领和战略支撑作用日益凸显。二是加强重点区域和行业风险前瞻性研判。实施地区风险评级与投放准入管理,严守有效资产抵押和防范最终资产损失的刚性原则,切实提高风险防范能力。三是强化重点领域、重点行业风险管控。实行房地产、平台贷款名单制管理和限额管理,严格限制"两高一剩"行业信贷投放,信贷结构进一步优化。

(李　阳)

【金融创新】 2013年,盛京银行坚持将改革创新作为推进科学发展的根本动力,大力开展"创新年"活动,深入推进金融市场和投资银行两个重点领域的业务创新,进一步丰富了竞争手段和产品功能,有效提升盈利能力。一是不断拓宽资产投资业务合作覆盖面。积极拓展与非银行金融机构的创新合作渠道,综合运用银行、信托、证券、基金等业务模式加强组合产品创新,投资渠道和产品种类进一步丰富。二是持续拓宽金融市场业务合作渠道,积极与城商行、农商行、村镇银行等优质中小金融机构开展双边授信,择优做好银行同业的延续授信,进一步优化客户结构,促进资源共享与优势互补。三是不断加大零售业务工具、产品、渠道创新力度,持续发行债券及货币市场工具类理财产品,试点开办私人银行业务,积极推进金融IC卡建设和行业应用,金融社保IC卡发行总量占全市的50%。四是加强电子服务平台建设,加快推进手机银行、支付平台、现金管理、短信平台、电视银行等系统的功能开发与完善,进一步丰富业务渠道和服务功能。五是持续强化产品和流程创新,推出"九彩玫瑰"九个系列40项服务产品,建立标准化业务受理流程,持续扩大零售业务规模,提升零售业务发展空间。六是持续扩大机构网点布局,2013年,顺利实现朝阳分行、抚顺分行开业运营,并积极筹建锦州分行。截至2013年末,已在北京、上海、天津、长春、沈阳、大连等地设立了13家分行,机构网点总数达140家,区域影响力和市场竞争力日益增强。

(李　阳)

【内控建设】 2013年,盛京银行坚持审慎稳健的风险管控理念,强化以全面风险管控为核心、以专项风险防范为重点的风控机制建设,不断加强前瞻性风险分析与研判,制定十年风险管理战略规划,强化创新业务、重点客户、重点行业和关键领域的风险管控,为稳健经营和可持续发展提供有力保障。一是积极构建全面风险管理体系。将资产投资和金融市场等领域创新业务纳入统一授信管理,科学制定风险防范措施,强化多维度风险监测与控制,在有效防范风险的前提下,促进创新业务健康开展。二是强化风控体制机制建设。完善风控制度和流程控制,加强授信风险论证和后续风险管理,强化风险补偿机制建设,提高资产业务风险保障能力。三是推进稽核组织体系和队伍建设。强化总行直审和分行属地监管,发挥稽核专员区域审计监督职能,提高内审工作质量。四是强化内审制度体系建设,补充完善专业条线内审评价方案,规范内审评价流程及标准,促进内控管理水平有效提升。五是持续深化常规与专项稽核。扩大稽核覆盖面,增加专项稽核频率,加大突击检查力度,强化对经营活动、内部控制合法性、有效性的审查评价。六是加大非现场稽核远程监测分析和现场稽核检查的频率和力度,强化风险预警、差错纠正与跟踪整改,切实防范操作风险。七是加大合规风险管理力度。完善考核评价机制,加大规章制度清理、合同审查、业务咨询受理等工作力度,进一步规范业务操作,促进各项业务合规有序开展。八是加强合规风险监测和预警,强化合规监督与考核,通过风险管理信息交流平台,及时发布风险信息,进一步发挥合规风险的提示作用。

(李　阳)

·交通银行·

【概况】 交通银行辽宁省分行是交通银行股份有限公司在辽沈地区设立的省级金融机构,1987年5月在沈阳成立,时名交通银行沈阳分行,2008年更名交通银行辽宁省分行。全省共有157个营业网点,共有鞍山、抚顺、丹东、锦州、营口、辽阳、盘锦、葫芦岛、本溪、盘锦、阜新11家省辖分行,沈阳地区共有45个营业网点。交通银行辽宁省分行继承交行百年基业,积极贯彻国家宏观调控政策,适应地方经济增长方式转变,紧紧围绕"沿海经济带和沈阳经济区"国家发展战略,以发展为主题,以转型为主线,以创新为动力,不断提高业务发展与国家产业政策、区域经济特点的切合度,发展实力逐步增强。2013年,交通银行辽宁省分行全面履行社会责任,积极倡导金融生态文明,密切关注民生,持续投入公益,以负责任的企业公民身份,为促进辽沈地区经济发展和社会和谐做出了应有的贡献,客户满意度和社会美誉度不断提高,并获得辽宁省最具品牌价值银行、最具竞争力银行等荣誉。

(高东强)

【经营业绩】 截至2013年末,交通银行辽宁省分行人民币各项存款余额932.99亿元,较年初增长6.28%;人民币各项贷款余额537.11亿元,较年初增长11.87%;全年实现拨备后利润13.40亿元,同比增幅12.15%;不良贷款占比较年初降低了0.66个百分点;全年无重大案件发生。

(高东强)

【夯实业务基础】 稳抓存款不放松。交通银行辽宁省分行牢固树立存款发展责任制,坚持"一把手抓存款、全行抓存款、全方位抓存款",以"高层引跑、板块联动、全员营销"的多方位营销策略,行级领导亲自带队营销,全辖协同配合、齐心协力,截至2013年年末,人民币时点存款余额933亿元,"对公、储蓄、同业"存款实现同步增加。持续拓展基础客户。通过积极开展“重大项目”工程，储备了一批重点目标客户；取得了锦州、辽阳百万张金融IC卡发卡资格；与辽宁烟草公司签订合作框架协议，为省内11个地区烟草公司全部在交通银行辽宁省分行开户奠定基础；进一步加深了与部队客户的合作；“一圈一链”收单客户发展取得较好成效；对私客户发展迅速；信用卡业务发展快速，刷卡消费额大幅提升。

（高东强）

【优化结构】 一是信贷结构进一步优化。坚持从源头抓起，主动对重点风险客户实行减退加固，有效化解钢贸、船舶、批发等重点管控领域的行业性风险；关注行业变化、客户经济状况和授信政策，降低信用风险，确保逐一防范、逐一落实，优化信贷机构的工作取得了非常大的成绩。二是风险控制进一步强化。通过不断强化坚守“依法合规”底线思维和“严防死守、一把手负责”的风险防控责任制，深刻领会交总行“二十条”意见，不断深化风险理念。重点防控关键领域风险，持续关注“两高一剩”、融资平台、房地产、民间借贷、集团客户、表外业务、钢贸行业等领域风险，严格实行限额管理和名单制管理，有效防止资产质量下滑。坚持“流程为本、程序至上”，严格执行“审贷分离、换手监督、双线控制”。深入细化风险管控要求，不断提高风险评估的全面性、准确性和前瞻性，提升了风险处置的及时性。三是巡察和案防自查常态化机制有所健全。开展了“遵规章、查隐患、控风险”和“1＋3”精准专项行动，形成“齐抓共管、防控结合”的案防新局面。严查各类违法违纪违规行为，严肃案件和违规问题的责任追究，做到了责任到位、追究到位、惩戒到位和整改到位。四是营运内控工作成效明显。省分行本部及存量六家省辖行审计评级均为“B＋”，审计评分较2012年均有上升。全辖营运条线无风险责任事故发生，各项营运业务安全平稳地运行，有力保障了分行业务的健康发展。

（高东强）

【增进服务】 一是稳步推进“三位一体”建设。顺利完成了第一批省辖行矩阵式改革推广工作，进一步优化了丹东、锦州、辽阳等三家省辖行的组织架构，充实了前台营销力量。三家省辖行在时间紧、任务重、问题多的背景下，改革推进、经营发展均保持基本平稳，为辽宁省分行改革发展作出了突出贡献。新设省辖行发展较2012年进步明显，盘锦、葫芦岛、本溪、阜新分行存款时点余额分别为23.2亿元、7.3亿元、8.1亿元、5.4亿元。电子渠道建设得到了推进，现有41个离行式自助银行，其中2013年新建14个；手机银行客户净增数、动户数分别为14.8万户、13.8万户。人均利润、网均存款均有提升。二是切实改进工作作风，增进服务能力。自2013年下半年以来，在全辖范围内营造“比服务、比效率”的良好氛围，明确工作职责，优化业务流程，确保分行健康高效发展。三是率先实现沈阳经济区系统内个人结算业务同城化收费。2013年10月1日起，交通银行辽宁省分行率先实现了沈阳经济区系统内个人结算业务同城化收费。四是IT服务水平不断提高。充分发挥IT科技优势，积极推进产品创新，分别完成沈阳市财政授权支付项目，“两市一区”财政公务卡项目，辽宁省分行国库电子化管理项目，房管局预售房资金监管项目和烟草公司资金管理项目，为业务转型发展提供了坚实的技术保障。

（高东强）

·招商银行·

【概况】 截至2013年底，招商银行沈阳分行资产总额为747.16亿元，比年初增长75.54亿元。全折人民币自营存款时点余额667.42亿元，比年初增长30.70亿元。人民币自营存款日均余额635.4亿元，比年初增长37.3亿元。一般性贷款余额374.6亿元，比年初增长34.5亿元。累计实现经营利润16.17亿元，同比增长7000万元，增幅达4.5%。累计实现非利息净收入3.96亿元，比同期增长2700万元，增幅7.4%。

（姜海泉）

【“两小”业务】 2013年，招商银行沈阳分行牢牢把握分行持续发展的“战略机遇期”，加快结构调整步伐，多措并举不断深化拓展“两小”业务，努力塑造“两小”品牌，打造具有沈阳分行特色的核心竞争力，实现“两小”持续、快速、健康发展。

坚持贯彻总行全面经营小企业业务和经营小企业全面业务的“两个全面”理念，发挥小企业金融部专业化经营作用，通过创新产品、批量开发、优先授信、增值贷业务拉动分行小企业业务增长，实现小企业客户深度经营。截至11月末，分行小企业有贷户达653户，较年初增加185户，完成总行全年计划的94%，超时间进度完成总行下达的小企业有贷户户数任务。一是明确小企业和小企业无贷户是公司业务未来发展的方向，是公司客户结构调整的基础。二是零售客户经理和个贷客户经理通过联动营销渠道将有融资需求的小企业潜在客户推荐给公司条线，依靠顺畅的沟通和衔接最大限度的发挥优质零售客户资源优势。三是塑造“小企业”品牌形象，力争将“小贷通”打造成“一卡通”一样的公司业务品牌。通过行内、行外各种媒体和广告渠道大力宣传小企业产品和服务。四是开展银政合作，批量开发工业园区内创新成长型小企业。抓住辽宁省政府搭建银企合作平台的有利时机主动开展营销，与辽宁省政府金融办联合召开了招商银行与重点园区、产业集群融资合作签约仪式暨“千鹰展翼”综合金融服务培训会，与大连分行一起给予每个科技金融试点园区20亿元信用额度。截至11月末，成功开发小企业48户，授信总规模6.7亿元。五是以客户需求为中心，创新推出多种小企业产品和业务。陆续推出“周转贷”、“品牌贷”、“信用增值贷”三项小企业创新业务，满足了小企业多样化融资需求，其中增值贷业务累计办理14笔，完成总行全年任务的108%，提前两个月完成总行任务。六是通过大企业资产转出，优先满足小企业资金需求。针对小企业贷款额度紧张的情况，分行始终坚持“优先满足小企业资金需求”的原则，利用票据贴现、新兴业务、贷款转出等方式为小企业腾挪出贷款规模，为新开户小企业敞开融资大门。七是分行通过送教上门和参与营销，为营销一线提供支持，通过多种方式对小企业客户经理进行全方位培训。八是复制小贷中心模式效应凸显，审批效率不断提升。

确定了以“小微发展”为主线的零售工作整体思路，实现小微业务模式从单一的贷款营销向全方位经营客户转变，全面提升小微客群的价值贡献水平。一是加强宣导，打好“五记重拳”。将发展小微业务作为零售专业全年工作的重中之重；多次到支行进行辅导和培训，举办了分行一把手亲自主讲的宣导活动，明确提出了支行“每天四张卡”、“一家一个供应链项目”、“每月一场推荐会”的工作目标。二是完善配套措施，细化管理要求，明确分支行“六个到位”、“七项落实”工作。三是加大“生意贷”品牌的宣传和推广力度。为提高“生意贷”品牌的宣传效果，在全行范围内征集“生意贷”宣传广告语，与《沈阳日报》、《辽沈晚报》合作开展特色宣传活动，与电台合作开展植入性广告宣传，扩大“生意贷”品牌的知名度和影响力，“生意贷”荣获“2013 年度最受欢迎银行贷款产品”称号。四是整合资源，不断夯实客群基础。充分利用分行零售优质客户资源优势，通过公私联动、全员转介等方式加大全员获客力度，通过客户转介客户、全员转介发放的小微企业贷款累计达 38.14 亿元，占比达 58%。五是通过开展异业合作共享资源，拓宽获客渠道。与银联商务辽宁分公司召开业务合作对接会，深入挖掘收单机构掌控的小微潜力客户资源。六是重视小微营销团队精细化管理，简化业务流程，人均产能不断提升。七是重视小微客群的综合化经营。完善“两小”企业账户资金监测系统，新增“小微客群管理”模块，对客户贷款使用情况、存款情况和功能性指标配套情况进行审核实施跟踪，将小微业务作为低成本的储蓄存款来源和零售中高端价值客户的重要来源，最大限度地挖掘客户价值。

截至三季度末，分行小企业贷款余额 60.12 亿元，较年初增加 19.62 亿元，完成总行全年计划的 109%，提前三个月完成总行小企业全年计划任务。分行小企业有贷户为 658 户，较年初增加 145 户。分行小企业实现 NII1.23 亿元。截至 10 月 21 日，沈阳分行零售小微企业贷款余额突破 55 亿元大关，比年初增长 35.02 亿元，提前两个月完成总行小微企业贷款全年增长任务。小微企业贷款余额占全部零售贷款 58.82%，比年初提升 33.22 个百分点，增幅全行排名第二；小微企业定价水平为基准上浮 35.56%，超总行预算 5.56 个百分点。

（姜海泉）

【负债业务】 2013 年，招商银行沈阳分行依托客群管理优势，拉动存款规模稳步增长。截至 11 月末，储蓄存款时点余额为 436.8 亿元，比年初增长 3.97 亿元；对公存款时点余额为 230.6 亿元，比年初增长 26.73 亿元，增幅为 13.1%。

储蓄存款方面，一是采取“二、三年期人民币定期储蓄存款利率上浮到顶”的营销策略，半个月新开二、三年定期存款账户 4526 户，累计提升存款 3.9 亿元；二是大力发展代发业务，全年组织代发温泉游等主题营销活动，贡献日均存款 23 亿元，占全部日均存款增量的 77%；三是通过合理安排理财产品的期限和频次，使理财产品成为吸引行外资金的有力手段；四是利用收付易开拓负债营销渠道，全年布设收付易 1114 台，平均每台吸收存款达 6 万元。

公司存款方面，一是依照客群精细化营销管理的思路，加大对客户经理负债类产品的培训力度，满足客户财富管理业务需求；二是按照年初制定的大中型客群营销管理指引，积极组织搭建大中型客群营销服务体系，初步实现客户端、产品端和支持端的有机结合，通过分行产品、数据分析的支持引导支行的营销方向；三是积极拓展负债客群渠道，加大财政与机构类客群的开发力度。

（姜海泉）

【加强风险和内控管理】 2013 年，招商银行沈阳分行加大风险防范和内控管理工作力度，在全行干部员工共同努力下实现连续十三年安全运营。

持续推进信用风险全流程优化，提高工作效率。部分业务实行单人放款审查，异地机构独立放款；加强敏感行业信用风险管理，严格执行房地产限额及名单制管理要求，继续强化对地方政府融资平台的风险管理，稳步推进绿色信贷有关工作，促进产能过剩行业结构优化；加大不良贷款清收力度，资产质量保持稳定，始终排名全行首位。

加大合规风险管理和审计工作力度，创新管理工具，有效识别评估风险，设计整合“内控合规管理平台”，推进合规管理系统化和信息化建设；引入“容忍值”，提升合规评级科学化和精准化水平；不断完善反洗钱集中监测工作机制，尝试监测反哺管理，工作成效稳步提升。组织研究非现场数据模型，提升非现场审计能力；积极发挥第三道防线作用，不断强化审计监督职能。

深入开展行为管理和案件防控工作。干部员工队伍建设水平日益提升，形成讲正气、讲精神、讲团结、讲团队、讲协作的良好工作氛围。积极组织开展各项安全检查，确保全运会期间全行无案件和事故发生。制定分行 3G 上线安全保障预案，确保上线工作顺利开展。全年共堵截电信诈骗案件 9 起，金额达 216.17万元。

（姜海泉）

【支持公益事业】 2013 年，招商银行沈阳分行组织开展了第十五次为云南武定、永仁两县捐款捐物活动。全行干部员工踊跃参与，慷慨解囊。全行“扶贫基金捐款”16.45 万元，“1+1 结对子”捐款 3.27 万元，全行捐款合计 19.72 万元，捐物 1938 件。其中，“1+1 结对子”新结对 17 人，续结对 30 人，很多干部员工既参加了“1+1 结对子”捐款，又参加了“扶贫基金捐款”、捐物活动，在干部员工中做出了表率。大部分员工积极参加了捐款，并捐出了衣物、学习用品、生活用品等。在全行的共同努力下，捐款、捐物数量较去年都有了很大提升，体现了全行员工的爱心和对公益事业的热爱。

（姜海泉）

【营造良好金融环境】 2013 年，招商银行沈阳分行先后开展了反假货币宣传、安全用卡、反洗钱宣传等活动，让沈城市民和企业员工深入了解金融知识，提高自我保护意识，积极履行社会责任。

5 月 22 日，沈阳奉天支行开展了“金融知识万里行”活动。在进一步加强窗口“防诈骗”宣传的基础上，于 5 月 22 日走进香港连祥集团，举办了一次生动的“防诈骗”知识讲座。讲座期间，支行播放了分行下发的“电信诈骗、网银交易安全”和“ATM犯罪手法曝光及防范技巧”动画视频，同时将沈阳市公安局下发的“虚假信息防骗全攻略”宣传单发到每个参加讲座的人员手中。动画视频生动直观的展示了诈骗的常用犯罪手法和防诈骗的基本知识。

为进一步提高社会公众反假货币、识别假币的能力，营造沈阳市良好的货币流通环境，太原支行根据人民银行的相关要求，按照分行防伪反假货币宣传周活动实施方案，从10月14日起开展反假人民币宣传周活动。为丰富宣传形式，进一步提升反假币宣传效果，支行在网点一楼大厅设立反假币宣传展台摆放宣传单，宣传人民币识假、残损人民币兑换等相关知识；利用LED屏幕滚动播放反假币宣传语；每个柜台均以电子相框形式循环公示残缺污损人民币兑换办法、假币收缴，鉴定管理办法、不宜流通人民币挑剔标准、残缺污损人民币兑换业务服务承诺、监督电话，提高了公众反假意识和假币识别水平。

（姜海泉）

·中信银行·

【概况】 中信银行沈阳分行成立于1995年，下辖抚顺、葫芦岛2家异地分行、1家营业部和22家同城支行，员工1076人。截至2013年末，全行一般性存款余额475.28亿元，其中，对公存款余额总量保持中小股份制银行首位，储蓄存款余额总量和增量分列中小股份制银行第2位和第1位；各项贷款余额356.38亿元；进出口收付汇量22.15亿美元；不良贷款额6.92亿元，比年初减少2300万元，不良率1.94%，比年初下降0.23个百分点；实现净利润5.29亿元。全行总体运行平稳，无重大差错和案件零发生。

（陶毅男）

【业务发展】 2013年，中信银行沈阳分行积极推进公司大型客户上移工作，先后组建三个集团客户部，积极开展客户营销对接工作，上收客户的业务保持稳定，公司业务重心上移目标基本实现。同时，通过加大现代服务业、中小企业开发，全行中型、小型、微型资产业务客户的占比分别比年初提高了2.7、0.5和0.7个百分点。深入推进零售网点转型，同城80%以上的网点实现转型验收达标，网点产能不断提升。通过扎实开展“春播秋实”、“起底行动”等营销活动，储蓄存款实现了稳定、快速增长，存款的比例结构日趋合理。在负债结构方面，存款保证金比年初下降20.73亿元，占比比年初下降7.55个百分点。结算、机构存款营销取得显著成果，机构存款时点和日均余额分别达到98.94亿元和89.74亿元。在盈利结构方面，中间业务收入实现1.71亿元，同比增加3900万元，增长30%，投行、托管收入大幅增长。特色业务稳步推动，现代服务业营销有效推进。核心子行业有效客户新增175户；托管、年金、跨币种转通知信用证、信保融资、内保外贷、贵金属销售等业务和产品带动中间业务收入稳步增长。网络银行业务方面，B2C电子商务、现金管理云服务、NFC手机近场支付等业务均取得突破，实现了POS网贷等创新业务迅速落地。网络贷款发放额、网络渠道产品销售占比、网络银行交易量等主要指标均提前完成全年计划。在供应链金融方面，成功开发辉山乳业等核心企业和电信、汽车零部件等行业重点客户，订单融资网络业务实现突破；汽车金融优势地位稳固，新增集团经销商客户27户，新增单一经销商客户29户。

（陶毅男）

【内部管理】 2013年，中信银行沈阳分行不断提高内部管理水平，完善管理机制，切实加强风险管控，全面防范操作风险，深入推进合规建设，有力保障了全行安全平稳运行。

1.持续推进风险机制建设。按照总行风险体制改革的要求，通过制定具体实施方案、设置风险总监、调整零售资产和理财统一归口风险管理、组建信贷管理专职队伍、完善管理部门职能等措施，风险体制改革落实到位。授信审批效率和授信质量有所提高。充分发挥信贷专职队伍作用，不断推进信贷风险排查、重点领域专项检查规范化运行，信贷监控和预警作用进一步增强。

2.深入强化风险排查预警。建立贷后与审批续做重点关注项目的反馈机制，实现风险预警信息的有效传递。实行贷后管理一行一策、一对一的指导和帮扶，强化风险暴露原则，建立风险事件报告制度，将风险损失化为风险资源。通过加强重要业务环节及关键风险领域自查、全行签订案防责任书、全面落实内控管理平台推广等措施，有效控制操作风险和案件发生。全年共堵截伪造银行卡、假身份证开户、电信诈骗等案件13起。

3.合理优化内部组织结构。按照总行战略转型的新要求，调整精简了各类委员会；对部门组织架构进行了优化，将公司、产业、机构、投行、国际等部门进行整合，形成统一的公司金融板块业务联动机制。设立了消费金融部、网络银行部，重新调整了小企业金融部的工作职能，柜员管理由会计部划归零售银行部管理，零售板块体系得到进一步完善。

4.不断完善激励考核机制。从实际出发，及时调整考评体系、优化资源配置模式，加大管理会计运用力度，充分发挥了绩效考核对经营管理的激励约束作用。出台一系列考核制度，加大激励机制的透明化，以业绩为导向的科学考评体系进一步完善。通过拓宽后备干部选拔渠道、加大干部调整力度、组织干部公开竞聘、合理调配内部员工和加大培训力度等措施，进一步充实了一线营销力量，提高了人力资源配置效能。

（陶毅男）

【企业文化】 2013年，中信银行沈阳分行深入推进企业文化建设，积极营造“同成长，共分享”的文化氛围。在全行范围内开展年度各类评先奖优活动，加强员工队伍建设，全面提升员工素质，充分调动员工的积极性。开展星级服务柜台和星级标兵评选工作，对分行前台柜员、会计事后监督、现金库管、账务中心员工进行评选，积极鼓励先进，极大地激发了前台柜员的工作积极性，分行服务工作呈现积极向上的良好氛围。通过总分行动态、文化园地、博彩交流等平台，加强内部沟通交流，鼓励全员积极参与，为员工创造发展自我、展示自我和学习借鉴的机会，努力将员工培养成高素质的综合性人才，激发其高度的自豪感、荣誉感和社会责任感，鼓励在积极贡献分行的同时，实现回报客户、奉献社会的多方共同发展的和谐局面。

（陶毅男）

保　　险

·人保财险·

【概况】　中国人民财产保险股份有限公司沈阳市分公司是中国人保财险设立在沈阳市的分支机构，是沈阳市成立最早、规模最大、网点最多、实力最雄厚的财产保险公司，拥有雄厚的历史底蕴和杰出的品牌优势。2013年，公司有员工1000余人，中高级职称近200人，大学本科以上学历达600余人。公司本部现设14个职能部门，8个直属团队，在全市各行政区域下设22家分支机构，三农保险服务平台延伸至街道乡镇，形成了强大的销售和服务网络。

2013年，公司累计承担社会风险总额1.87万亿，签单笔数81万件，处理各类保险案件20万余件，累计支付赔款近12.2亿元，上缴各种税费达2.5亿元，有力支持了沈阳地区经济建设。

（马国强）

【主要险种】　公司开设的险种覆盖经济和社会发展的各个领域，主要险种有机动车辆保险、企业财产保险、家庭财产保险、责任保险、航天航空保险、货物运输保险、建筑工程保险、信用保证保险、意外保险、短期健康保险、农业保险等300余种。随着社会的发展、市场的要求，公司适时推出各种新型产品，满足社会各阶层的保险需求。公司“400－1234567”电话投保专线和e－picc官方销售网站已被广大保险销售者熟知和认同。

（马国强）

【防灾理赔】　2013年，全市共发生有效报案件22.99万件，已决案件21.30万件，已决赔款11.6亿元。

加快理赔速度是公司理赔服务工作的重点，特别是车险万元以下理赔周期是公司理赔线KPI重点指标。沈阳市分公司系统理赔线通过考核数据到人、提供延时服务和监督考核等措施，提高理赔效率，万元以下赔案理赔周期在全国省会以上城市中排名第一。公司全面落实各项便民、利民服务的同时，有针对性地选择了简便理赔、人伤无忧理赔、限时理赔、“金牌管家服务”作为理赔服务的重点项目，强化推进、夯实基础，做好客户服务工作。

2013年8月15日，沈阳地区发生特大暴雨，省气象台多次发布暴雨、雷击橙色、红色预警，到16日16时，沈阳市区降水量最大为177.7毫米。本次水灾造成车险损失1110多万元，康平、法库、沈北、市郊共22个乡镇，343个村，9400公顷农田受灾，农险估损2730万元。沈阳市分公司第一时间启动应急预案，通过开通绿色通道、采用多种方式查勘定损、减免手续、加大宣传引导等手段在最短时间将案件处理完毕。

（马国强）

【经营管理】　人保财险沈阳市分公司在经营活动中，按照股份公司的特点与标准，严格按规程运作，强化管理。

强化“三团模式”助力业务发展。一是推进团队管理，放大团队产能；二是开展团单销售，提倡“散单团做”；三是注重团结协作，建立联动机制。

拓展“三大渠道”创造市场领先地位。一是拓展车商渠道，提升新车份额；二是拓展电商渠道，巩固家用车阵地；三是拓展农网渠道，拓宽农村市场。

抓住“三个强化”释放公司管理效能。一是强化销售资源差异化配置，提升业务质量；二是强化理赔关键环节管控，严控虚假赔案；三是强化机制和模式管理，提升综合管理水平。

狠抓“三个环节”推动服务水平不断提升。一是提升承保服务水平，打造职场旗舰店；二是提升理赔服务水平，推行“金牌管家”服务模式；三是提升增值服务水平，提高客户满意度。

突出“三大建设”充分释放员工队伍活力。一是加强考核体系建设；二是加强工作作风建设；三是加强企业文化建设。

（马国强）

·太平洋寿险·

【概况】　2013年，中国太平洋人寿保险股份有限公司沈阳中心支公司坚持“以客户需求为导向”，通过持续的产品创新、渠道创新、销售创新、服务创新，满足客户多方面的需求。全年共实现规模保费收入9431.54万元，同比增长20.68%。传统营销累计实现新保保费收入1008.73万元，同比增长20.98%，业务人员达到451人。直销渠道实现保费收入695.1万元，同比上升95.23%，服务营销部累计实现新保保费收入326.74元，同比增长114.89%。

（刘　聪）

【经营管理】　2013年，中国太平洋人寿保险股份有限公司沈阳中心支公司秉承集团公司“诚信天下、稳健一生、追求卓越”的理念，打造学习型团队，在工作中采取多种形式诚信教育活动，强化诚信服务意识，诚信履行对社会的承诺，营造诚实守信的保险发展环境，通过不断学习提高，切实提高了广大员工的业务素质和服务技能，增强了公司发展的后劲。有力的推动了业务的发展。在服务方面严格按照集团公司坚持“一切以客户的感受良好为标准”的服务理念，完善急难救助服务计划、“95500”全国统一电话服务系统和太保网站。打造专业化、高品质的人寿保险品牌。

（刘　聪）

【客户服务】　2013年7月，中国太平洋人寿保险股份有限公司沈阳中心支公司启动全国第一家试点门店。新门店“以客户需求为导向”、“一个太保、共同家园”理念，实现了从简单业务处理到中心向综合性服务平台转化，提升客户体验、激发保险需求、实现销售转化。同时对柜面人员的服务素质提出新的要求，统一了柜面“太保蓝”职业着装，打造出规范的服务新形象，同时对柜员进行服务意识的强化训练，每日通过晨会“嘴巴体操”的训练，使柜员文明礼貌礼仪展示从要求到自然，从形式到内心不断升华。规范理赔服务，寿险理赔1452件，赔款666.4万元。处理新契约回访不成功件，处理客户抱怨件，第一时间化解客户不满，尽量保证客户需求，全年没有投诉事件及诉讼案件的产生；对个别客户的特殊需求，上门服务，实地解决客户问题，提供客户方便。

（刘　聪）

·平安财险·

【概况】　中国平安财产保险股份有限公司辽宁分公司共有财产保险公司24家，截至2013年12月，市场总体保费160亿元，同比增长13.6%，排名前三的公司为人保产险、平安产险及太保产险。在组织架构上，产险辽宁分公司共有13家中心支公司（除省机关外），22家支公司及20家营销服务部，涵盖7个销售渠道，分别为新渠道、车行、综拓、直销、银保、重客及代理渠道，业务覆盖全省各市，前后线人员共计943人，经营业务范围包括车险、财产险、工程险、货运险、责任险及意外健康险等一切法定产险业务。

（那　莹）

【经营成果】　截至2013年12月，平安财险辽宁分公司产险总体保费收入30亿元，同比增长13.9%，市场份额18.8%，排名第二。市场保费增量19.1亿，增加3.7亿，占市场整体新增的19%。品质方面（行协口径）综合成本率92.1%，利润率7.9%，优于主要同业7.3个百分点。在依法经营、依法纳税的过程中积极创造企业的阳光利润。截至2013年12月，纳税金额达4.36亿元，其中，代扣代缴车船税及个人所得税2.89亿元，营业税金及附加1.47亿元。

（那　莹）

【改革创新】　平安产险辽宁分公司始终坚持开拓创新，以专业创造价值为核心理念，不断深化渠道改革，推动渠道融合，开展全员电销、改革渠道基本法，逐步实现对市场的全覆盖。改革与创新不但提升了平安产险的市场竞争力，也带动了平安产险的快速发展。重变革、搭高台、夯基础、强队伍、增活力、促发展，使公司业务发展步入了理想的跨越发展轨道，迈上了向“增量时代、提质时代”要“双优”的跨越发展坦途。

（那　莹）

【队伍建设】　2013年，平安财险辽宁分公司队伍建设工作以“改善人力结构、提升队伍产能”为核心，开展各类岗位技能培训。

新人“破茧行动”得到持续推进，输送新鲜血液到全省各支公司，共计63人通过培训、考试、考核；全年安排各层级培训项目107个，参训3572人次；前后线潜才的轮岗、锻炼共计40人。

作为2013年的重头戏，由分公司总经理室牵头组织开展的“三四级机构”项目，通过深入一线为机构现场把脉，旨在提升三四级机构渠道技能，通过现场访谈、优秀人员现场指导、成功经验分享等方式提升机构管理水平，实现从“结构增长”到“技术增长”的跨越。

2013年，辽宁分公司通过优化架构设置，整合岗位职能，全年合计优化人力41人，最大程度激发员工的主观能动性和创造力，提升产能，优化成本，同时，也为员工收入的提高奠定了基础。

（那　莹）

【2013年重大承保】　1.2013年9月，平安产险辽宁分公司成功中标沈阳地铁九、十号线工程险项目，其中，十号线项目为首席承保人，份额内保额——61.2亿元，份额内保费2707万元；此业务的成功中标，对提升辽宁分公司的品牌及行业影响力有巨大贡献。

2.2013年，平安产险辽宁分公司成功参与道路客运承运人责任险的共保业务，累计承保保额约280.7亿元，年保费规模600余万元。

3.2013年7月，平安产险辽宁分公司成功续保鞍钢财产险共保业务，企财、货运及责任险，辽宁分公司份额内保费规模达2300余万元。

4.2013年7月，平安产险辽宁分公司成功续保盘锦北沥企财险业务，整体总保额65.57亿元，保费规模600余万元。

5.2013年1月，平安产险辽宁分公司成功续保葫芦岛国华电厂等企财险共保业务，整体总保额123.1亿元，辽宁分公司份额内保费规模800余万元。

6.2013年7月，平安产险辽宁分公司与上海分公司合作，成功续保中电投企财险共保业务，整体总保额123.4亿元，辽宁分公司份额内保费规模300余万元。

7.2013年新增客户：辽宁广播电视台（2013年净保费180万），沈阳城市公用集团物流有限公司（2013年净保费250万），沈阳兴隆大家庭购物中心有限公司（2013年净保费75万）。

（那　莹）

·平安寿险·

【概况】　2013年，中国平安人寿保险股份有限公司辽宁分公司（下称“平安人寿辽宁分公司”）在实现保费收入稳定增长的同时，多措并举，从多个渠道采用多种方式提升公司运营水平，防范风险，提高业务品质，转变发展方式，确保公司又好又快发展。

2013年，平安人寿辽宁分公司总保费收入73.84亿元（不含综合开拓），较上年同期增长3.03亿元，增幅达4.3%，实现了较快的发展速度。在总保费收入中，个险首年规模保费累计实现12.16亿元，同比增长9.8%；续期保费累计实现55.08亿元，同比增长7.7%，个险业务占比91.06%；银行代理渠道累计达成6.61亿元，银保业务占比8.94%。

（曹　悦）

【业务发展】　2013年，平安人寿辽宁分公司继续推进产业结构调整，以不断满足人民群众日益增长的保险保障需求为导向，结合自身实际情况，把握好结构调整的节奏和力度，科学制定规划，稳步推进结构调整。始终把风险防范工作摆在突出重要位置，进一步加强制度建设和基础工作，在调整中发展，于发展中调整。坚持发展体现保险行业优势的业务，坚持发展保障型业务不动摇，提升行业竞争力和服务大局的能力。在日常经营中，不断开发新的保障型产品并完善已有保障型产品，丰富和完善产品线。

在保险业务的经营中，加大产品创新力度，着力发展风险保障型和长期储蓄型核心业务，对现有产品更新升级，逐步取消趸交型高风险产品；促进各主要销售渠道协调发展，在核保、审计等多个层面提升运作水平，不断增强公司的可持续发展能力和核心竞争力。分公司坚持以内涵价值为主导，大力发展保障型业务，业务结构调整成效显著。在人力发展方面，平安人寿辽宁分公司坚持发展内涵价值较高的个人代理业务为主，增强公司的财务实力和可持续发展能力，大力推进“健康人海”战略，确保业务队伍稳定、健康、团结，对增援对象严把质量关，业务员考核依据公司制度严格执行，确保了业务队伍的高素质。有力地推动个人代理业务的快速发展，个人代理业务占比继续保持行业领先水平，确保了公司内涵价值的快速增长。2013 年末个险人力 2.2 万人，同比增长 24.4%，市场占比 26.6%。

（曹　悦）

【管理平台】 2013 年，公司在继续贯彻“承诺不变　服务升级”的同时，推出“专业，让生活更简单”的服务理念，将服务渠道梳理得更为便捷安全，为客户提供一站式的专业金融服务。

继“标准案件、资料齐全、三天赔付”服务承诺，公司升级理赔承诺，不断优化理赔流程，革新理赔服务模式，努力提高服务时效。2013 年 1 月 9 日，中国平安在北京召开主题为“服务领先、科技金融”新闻发布会，连续第 4 年宣布服务升级，旗下平安人寿推出三项服务升级举措：一是服务多渠道，客户只要有电脑、手机、电话等，无需到公司柜面就可以办理业务；二是理赔提速，“标准案件，资料齐全，两天赔付”，早一天让客户获得保障；三是上门理赔服务，让客户“足不出户”。通过电话等形式预约，客户就可以在家里、办公室等地方，享受专门人员上门理赔服务。三项举措的提出，为消费者带来更多简单快捷的服务。2013 年，理赔给付 4.6 万件，给付金额为 3.15 亿元；2 天结案率高达 96%；标准案件结案平均时效为 1.76 天。

（曹　悦）

【内控管理】 2013 年，是平安人寿“内控合规年”，辽宁分公司大力推广“合规展业、健康发展”理念，即除了要遵守外部监管部门的法律法规外，还在公司内部建立完善的规章制度，努力做到以更严格的制度来约束公司的日常经营管理，实现合规经营的目标。

在“合规展业、健康发展”的公司导向下，平安保险公司在集团、各专业公司、分公司及支公司各层级完善公司制度，建立并完善制度文件夹及岗位职责文件夹，对日常经营管理中的各个环节的合规经营方法进行指导，对各岗位员工的本职工作进行规划及细化，做到工作有章可循、有据可依，并逐步对制度文件夹及岗位职责手册进行扩充及完善。截至年底，已为 328 个岗位量身定制了制度文件夹，涉及文件 7958 个。岗位制度文件夹成为新员工学习公司制度的最好平台，把风险防范意识融入到每个员工的日常工作中，在内控制度建设体系逐步完善的情况下，员工合规经营意识逐步提高，公司也保证了合规运营。

（曹　悦）

【品牌维护】 平安人寿辽宁分公司，始终把“诚信”作为企业的核心价值理念，并从企业人格化的角度，结合平安的企业文化内涵和行业特征，构建了中国平安的“企业公民行为模型”，积极投身体育公益、红十字公益、灾难援助、社会环境等公益事业中。2013 年 9 月，辽宁平安郭明义爱心团队参加公益献血活动，用实际行动诠释了爱的真谛，弘扬了“人道、博爱、奉献”的红十字精神。对铁岭黄古洞平安希望小学和朝阳小城子平安希望小学进行了爱心维护，本次活动向两所小学送去了黑管、萨克斯、长笛等乐器，运动服、体育器材、打印一体机、文具等，总价值 8 万元，进一步改善了两所平安希望小学的教学条件。此外，公司还组织支教志愿者到朝阳希望小学进行支教，为那里的孩子们带去了精心准备的课程，丰富了孩子们的视野。2013 年 8 月 16 日，抚顺清原地区发生特大洪灾，造成重大人员伤亡和财产损失。洪灾发生后，辽宁平安员工自发捐款，募集善款 7 万余元，购买了 445 台电饭煲，解决灾区急缺炊具、厨房用品等生活困难，帮助灾区人民渡过难关。

2013 年，在辽宁省保监局《辽宁保险业双十佳“优秀服务标兵”、“优质服务窗口”评选活动》中，平安人寿辽宁分公司沈阳客服中心、抚顺中心支公司中心柜面喜获“辽宁保险业寿险优质服务窗口”殊荣。在由沈阳市企业文化研究会举办的 2012 年度企业文化建设优秀单位和先进工作者的评选表彰活动中，平安人寿辽宁分公司荣获企业文化建设优秀单位，成为惟一一家入选的保险公司。在 2012 年度东北振兴十周年——沈阳榜样评选活动中，平安人寿辽宁分公司荣获“东北振兴十周年——沈阳城市发展杰出贡献奖”。

（曹　悦）

科 学 技 术

科学研究与发展

【综述】 2013年,全市实现高新技术产品增加值1615.4亿元,同比增长16.2%。发明专利申请7572件,同比增长32.6%,占全省发明专利申请总量的30%;有效发明专利6330件,同比增长19%,占全省有效发明专利总量的39%。获得各级科技奖励351项,其中:9个项目获得国家级科技奖励;131个项目获得省级科技奖励,同比提高11%,占全省获奖总数的48%,位列全省第一,其中6项获省首批企业重大研发成果奖,占该奖项全省获奖总数的60%;211个项目获得市级科技奖励。新增省级重点实验室18个,占全省新增数量的62%;新增省级工程技术研究中心8个、市级重点实验室4个。技术合同成交额达到127.9亿元。全年争取上级科技经费7.9亿元,同比增长10%。

一、高新技术产业发展

科技重大专项稳步推进。IC专项取得多项突破,首台国产12英寸PECVD设备在中芯国际完成在线测试并达标;"干泵与系列真空阀门产品开发与产业化"项目完成全部8种产品生产;"IC设备关键零部件集成制造技术与加工平台"项目通过全球最大集成电路设备商美国应用材料公司SSQA体系评审,成为正式供应商。高档数控机床专项"带AB轴的高速五轴联动加工中心"等5项课题通过终验收。国产R0110重型燃气轮机在中海油深圳电力有限公司通过168小时带负荷运行考核。

科技攻关取得进一步成效。围绕高新技术产业和战略性新兴产业,重点支持1000MVA大容量现场组装变压器关键技术、350万吨/年LNG装置用离心压缩机研制、大型球团带式焙烧机成套装备关键技术等180多项高端装备重大科技项目的攻关及产业化,整合优化创新要素,推动企业进一步攻克关键和核心技术,改造提升传统优势产业。

重点科技园区建设取得新进展。积极推进"一区多园"工作,加大对重点科技园区支持力度。于洪特种机床城签约企业106家,达成意向企业51家,国家863软件服务平台等7家研发单位进驻。沈北新区国家移动通信及光电信息产业化基地引进企业103家,其中:国家级高新技术企业17家,省级研发中心11个。泗水科技城建设工作推进力度不断加大。推进大学科技城科技项目引进,落地重大产业化项目31项,引进国内外重点高校、院所和企业集团研发机构20家,加快超算中心、工业设计等公共技术研发平台建设。助推金属新材料产业园发展,促成与白俄罗斯科技机构签订协同创新战略合作框架协议。

服务企业取得实效。通过宣传、培训和辅导,不断培育壮大高新技术企业群体。新增高新技术企业61家,总数达到328家。深入开展工业科技特派员进企业活动,已累计向48家企业派出11批313人次科技专家。扎实推进"双进双解"工作,47名机关干部深入中小企业对接,推动企业科技成果转化和技术创新。积极推进沈阳市企业借力资本市场发展壮大,跟踪国家"新三板"扩容信息,"新三板"市场挂牌企业3家。

二、科技惠民工程

农业科技创新水平不断提高。启动国家级现代种业研发中心和饲料行业检测中心建设,大力推广高产广适玉米、设施茄果类蔬菜等一批新品种,实施肉鸡饲养配套技术、鸡肉精深加工新工艺研发等一批科技项目,现代农业产业加快发展。"青年农民上大学"完成第十、十一期培训,352名学员取得结业证书、国家职业技能鉴定证书和省农民科技经纪人证书,39名优秀学员成为科技示范户。农村讲师团组织科技培训127场,培训农民1.03万人、农村技术员1026人;10个科技特派团、200余名科技特派员,61个科技服务站活跃在农业生产一线,带动农民增收致富。沈北新区成为国家科技富民强县试点县。贯彻实施全国县(市)科技进步考核要求,全市8个区县通过国家考核,7个区县获得先进。

社会发展领域科技创新步伐加快。何氏眼科"沈阳市糖尿病眼病防治惠民体系建设综合示范"项目获国家科技惠民计划立项支持,全省只有两个项目入选。"十二五"国家科技支撑计划"城市老工业搬迁区功能重构与宜居环境建设关键技术研究与示范"项目顺利通过科技部领导及相关领域专家中期检查,获充分肯定。促成辽宁成大生物股份有限公司与中科院生态所签署全面科技合作协议,推动沈阳市生物疫苗研究开发及产业化方面走到全国前列。人口与健康、资源与环境、城镇化与城市发展、公共安全等领域科技创新及科技服务业发展等方面均取得了较好成效。

三、科技创新体系

创新平台建设取得新进展。围绕智慧城市建设、"两化"融合和生态建设、先进装备制造产业集群和"一区多园"工作,加大向企业研发平台建设的倾斜布局,重点支持流程工业综合自动化、森林与土壤生态、智能交通等重点实验室及铁西装备业制造集聚区科技资源信息化、大学科技城、沈北手机产业园等科技研发平台建设。全市省级以上重点实验室和工程技术研究中心分别达到261个和214个。

产学研合作取得明显成效。召开全市技术创新战略联盟工作会议，推广联盟合作经验，加强联盟间的产学研互动。大学科技城、机床集团等17家单位被认定为省产学研合作示范基地，市级产学研合作示范基地21家。召开沈阳高校专家学者服务沈阳活动月暨校域合作专题对接会等活动，组织高校、院所深入企业开展对接活动近500人次，推动产学研合作常态化。新组建沈阳铸造产业技术创新战略联盟，全市相关重点领域产业技术创新战略联盟已达19家。

试点工作积极推进。启动国家专利保险试点，组织召开专利保险宣讲推介会，就专利保险的保障范围、承保流程等相关内容进行培训；优选38家单位的39项专利给予专利保险补贴政策支持，推动专利保险工作有效开展。组织中科院自动化所、东北大学等单位开展智慧城市建设调研，向科技部提交了国家智慧试点城市申请。

四、科技创新环境

知识产权工作进一步加强。成功举办东北(沈阳)专利技术对接洽谈会，展示专利项目585项，达成合作意向86项。6家企业被批准为首批国家级知识产权优势企业，3家企业被批准为省知识产权优势企业。9个项目获第十五届中国专利优秀奖，远大铝业工程有限公司"钢索预应力玻璃幕墙"项目获第三届省专利奖。加大专利行政执法工作力度，开展重点流通领域专利专项执法活动，检查商品6000余件。

科技对外交流合作不断深化。针对沈阳市装备制造业及新兴产业的技术需求，引进海外研发团队20个、高层次海外专家70人，"燃气轮机空心涡轮叶片铸造技术"等技术瓶颈问题取得重大突破。举办了21项国际科技交流活动，推介国外最新技术成果290余项，与沈阳市企业达成合作协议或意向96项。12个重点科技团组促成沈阳市高新技术企业新增出口额5500万美元。

创新环境氛围日益浓厚。贯彻省市科技创新政策，制定沈阳市加快推进科技创新主要工作任务分解表，加大落实政策情况的全面评估。对创新型城市指标体系进行深入调研，进一步完善指标体系。加强科技依法行政，健全相关规章制度，科技依法行政通过市级验收。新认定市级科普基地4家，2家晋升为省级科普基地。科技活动周、知识产权宣传周创新形式、丰富内容，成为普及科学知识、浓厚创新氛围的有效载体。

(孙敬华)

【科技计划】 2013年，沈阳市科学技术计划以提升自主创新能力、重大装备成套能力、基础产业配套能力和生产性服务业支撑能力为目标，重点支持改造提升传统优势产业、培育战略性新兴产业和为产业结构优化升级提供技术支撑项目。法定增长部分共安排项目324项，资金2.65亿元。其中：高新技术产业发展与科技攻关计划项目共安排238项，经费1.52亿元，重点支持了工业领域高技术产业发展与科技攻关、现代农业产业化与农业攻关、生物及制药产业化与社会发展科技攻关，以及专利实施等项目；科技创新条件与环境建设计划安排项目77项，资金5025万元，重点支持了产业集群技术服务平台建设、科学普及、重点实验室建设、大型仪器设备共享服务和大型科技创新活动等项目；其他专项安排8项，资金4168万元，支持了人口与健康、软科学、应用基础研究、国际科技合作、国家中小企业创新基金配套等项目；基金专项安排2050万元。此外，根据《沈阳市科技促进产业发展专项资金管理办法》，科技促进产业发展资金计划安排项目22项，资金5000万元。

(李志勇)

【重点实验室建设】 2013年，辽宁辉山乳业集团有限公司的乳品质量安全控制重点实验室等18家实验室被辽宁省科技厅批准组建省级重点实验室，占全省新增数量的62%。沈阳市通过加大科技资金投入、出台鼓励政策等措施，进一步加强重点实验室建设，省级以上重点实验室总数较五年前增长了56%。覆盖了电子信息、先进制造、新材料、生物医药、新能源与节能环保等多个领域。承担了IC装备、高档数控机床等国家重大科技专项和国家、省、市各类计划项目近百项，为沈阳科技创新能力的提升和全面振兴发展做出了重要贡献。此外，沈阳市环境卫生工程设计研究院的环境卫生工程技术重点实验室等4个实验室被授予沈阳市重点实验室，市级重点实验室针对全市支柱产业及战略性新兴产业发展中的关键共性技术问题，开展协作研发，提高了行业技术水平和企业自主创新能力，显著提高了全市科技支撑经济社会发展的能力。

(石 莹)

【争取国家项目支持】 2013年，沈阳市争取国家科技项目资金合计7.9亿元，为实施国家创新发展战略，汇聚更多的国家、省科技创新资源，促进沈阳市科技创新工作，推动全市创新型城市建设提供了有力支撑。沈阳市积极协调，组织相关单位积极申请承担国家、省科技计划项目，其中：国家中小企业创新基金计划获得经费支持4680万元，省重大科技专项获得经费支持3.88亿元。装备制造企业成为承担国家科技计划项目的主体，沈阳鼓风机集团公司、沈阳机床集团公司、沈阳北方重工集团、沈阳新松机器人公司、中科院沈阳科学仪器研制中心有限公司、中科院沈阳自动化所等分别承担了国家863计划、科技支撑计划等项目，获经费支持超过3.5亿元。

(李志勇)

【科技型中小企业技术创新基金】 2013年，沈阳市科技局积极开展国家科技型中小企业技术创新基金项目的组织、推荐和监理工作。全年，沈阳新松医疗科技股份有限公司承担的"数字化无创呼吸机研发及产业化"等75个项目获得立项，支持金额4960万元，平均资金额度达66.1万元，立项数占全省的36%。创新基金项目的实施，促进了全市科技型企业的快速发展，加快了高新技术产业化步伐，培育壮大了战略性新兴产业，有力地推动了产业结构调整和经济增长方式转变。

(孙 超)

【重点节能减排技术目录编制】 为贯彻落实《中华人民共和国节约能源法》，

根据《沈阳市2013年节能减排工作要点》的分工，沈阳市科技局会同市发改委、经信委、环保局，面向全市征集节能减排技术，积极组织开展沈阳市重点节能减排技术目录的编制工作。通过专家评审，共有23项技术入选《沈阳市重点节能减排技术目录（第三批）》，涉及电力、交通、冶金、能源、化工、环保等行业。入选技术先进适用，节能减排效果明显，行业应用前景广阔。节能减排技术的遴选及目录的编制，对全市节能减排工作的开展，加快重点节能减排技术的推广，引导用能单位采用先进的节能减排新工艺、新技术和新设备，提高能源利用效率，减少污染物排放发挥着积极的促进作用。

（彭美媛）

【应用基础研究】 2013年，全市围绕电子信息、先进制造、现代农业、人口与健康等优先发展领域开展应用基础研究专项计划工作，共组织申报项目434项。重点支持了基于子空间的仿射不变形状识别研究、基于能量优化控制的模块化光伏变换器研究等74项具有前瞻性、创新性，并具有广阔应用前景的研究项目，共安排科技经费592万元。通过应用基础研究专项计划的支持和引导，面向企业和市场开展前沿技术研究，推动了全市知识创新工作，提高了自主创新能力，为高新技术产业发展提供了技术储备，培育了创新型科技人才。

（杨竞喆）

【实施国家重大科技专项】 2013年，沈阳市积极推动国家重大科技专项的实施。IC专项，组织沈阳新松机器人自动化有限公司等3家单位申报2014年度IC重大专项；首台国产12英寸PECVD设备在中芯国际完成在线测试，各项指标达到相关要求，实现了国家在IC装备国产化方面的重大突破；“IC设备关键零部件集成制造技术与加工平台”项目通过了美国应用材料公司SSQA体系的评审，成为正式供应商。沈阳市初步形成了“一项控制技术（集成电路生产线智能调度与质量优化控制技术）、三类重要整机装备（PECVD薄膜设备、匀胶显影设备、划片机）、一批关键部件（洁净机械手、罗茨干泵等21种单元部件和子系统）、一个关键零部件支撑平台”的配套能力。高档数控机床专项，“用于钛合金航空结构件加工的五轴联动加工中心”完成验收并被评为优秀课题，“带AB轴的高速五轴联动加工中心”等5项课题已完成验收。R0110燃机专项，国产R0110重型燃机在中海油深圳电力有限公司顺利完成了168小时联合循环试验运行考核，机组各项性能指标完全达到设计要求，标志着重型燃气轮机向商品化又迈出了坚实的一步；中低热值R0110燃机已完成了燃机全部零件加工制造和整机装配工作，并按照科技部要求完成厂内全转速空负荷试车及第三方验证调试试车。

（孙　超）

【高新技术企业认定】 2013年，沈阳市积极开展了高新技术企业认定工作，在沈阳日报、沈阳市科技网、沈阳市高新技术企业服务平台等媒体，对高新技术企业进行广泛宣传。组织宣讲团深入区、县（市）、开发区，开展了多场高企申报培训，培训近千家企业，取得较好效果。2013年有61家企业获得高新技术企业资格，全市高新技术企业数量达到328家，占全省（不含大连市）40%。全市高新技术企业在2013年减免税额约8.8亿元。持续的政策支持和税收优惠极大地调动了企业的研发积极性，科研经费占总支出的比例逐年攀升，为企业的良性发展奠定了坚实基础。

（彭美媛）

【沈阳工程技术研究中心建设】 2013年，通过年度科技计划，沈阳市共支持工程技术研究中心建设项目12项，安排科技经费980万元。法库陶瓷工程技术研究中心建设项目和沈阳市专网通信调度系统工程技术研究中心建设项目的实施，充分发挥了科技对县域经济产业发展的支撑和引领作用，为增强企业创新驱动发展的内在动力起到了重要的推动作用。沈阳科奇电器有限公司、沈阳金都新能源发展有限公司等8家单位被辽宁省科技厅批准为省级工程技术研究中心组建单位，新批准组建中心数量占全省的23.5%，沈阳市省级以上工程技术研究中心达到214家。通过持续推进工程技术研究中心建设，在一定程度上满足了全市传统优势产业和战略性新兴产业对科技发展能力的迫切需求，促进了行业技术进步，为实现创新驱动发展和加快国家创新型城市建设提供了有力的科技支撑。

（李　静）

【工业企业科技特派员】 截至2013年底，沈阳市科技局与中科院沈阳分院已完成十一批次科技特派员派出任务，累计向特变电工沈阳变压器集团有限公司、沈阳鼓风机集团股份有限公司等48家企业派出313人次科技专家，2013年提供咨询、技术服务数百次，帮助企业引进、改进技术，开发新产品，申报国家专利，使企业新增经济效益过亿元。

工业企业科技特派员工作实施以来，形成了以科研院所、高等院校为依托，以各类专家和科技人员为主体，以产学研合作为纽带，以科技企业为基础的工业科技创新服务体系。通过产学研相结合，着力解决全市工业领域中的共性、关键性技术难题，为企业发展提供技术支持，加快了全市产业结构和产品结构的调整。

（王　英）

【科技特派员】 2013年，科技特派员深入农村，开展农业科技培训127场，培训农民1.03万人，培训农村技术员1026人。全市科技特派员已达到3010人次，特派团36个，累计引进动植物新品种602个，引进先进适用农业新技术324项，创建专业技术协会87个、合作社480个，举办各种形式培训班2900余场，培训农民20余万人次，发放科技资料28万份，辐射带动农民20万户，新增经济效益15亿元，在支持地方特色产业发展、解决产业发展中的技术关键等方面取得了明显成效。

（裴亚涛）

【实施国家科技惠民计划】 2013年，由沈阳市科技局组织推荐的“沈阳市糖尿病眼病防治惠民体系建设综合示范”项目获得国家科技惠民计划立项，将获得国家和省科技创新资金支持1642万元。

沈阳市科技局作为承担项目组织工

作单位，重点负责项目的顶层设计、组织协调、跟踪管理、技术评估等工作，同时在产学研用方面，为项目提供强有力的科技支撑。“沈阳市糖尿病眼病防治惠民体系建设综合示范”项目实施后，将在沈阳市建立起高效率、可复制、可持续的糖尿病眼病三级防治模式，设立惠及9万名糖尿病患者的50家糖尿病眼病筛查机构，降低由此引起视力残疾造成的社会家庭负担。国家科技惠民计划由科技部和财政部组织实施。

（邢克明）

【沈阳国家大学科技城建设】 2013年初，大学科技城与浑南新城合署，园区面积扩大到139平方公里。按照总体规划建设科技创新基地，孵化器已经开工建设近100万平米，投入使用近60万平米；一站式服务大厅，提供便捷的创新服务环境；科技投融资平台，提供风险投资、融资租赁、小额贷款、贷款担保等多元化科技金融服务，聚集金融资本达10亿元以上；6个重大公共技术研发平台，为科技创新提供专业的技术支撑；出台的8个配套政策和实施细则，为促进科技创新及产业发展提供系统的政策支持；打造创新文化，提供良好的创新创业氛围。大学科技城已落地高科技项目256个，总投资290亿元，达产后预计产值770亿元，引进研发人员1.8万人。其中：重大高科技产业化项目31个，大学研发机构20个，入驻创新基地项目205个，初步形成了智能装备、健康医疗、物联网与云计算、创意设计四个主导产业集群。

（张永庆）

【知识产权宣传周】 2013年4月19－26日，沈阳市举办了知识产权宣传周。以“实施知识产权战略，支撑创新驱动发展”为主题，邀请华晨汽车设计总监DimiriVicedomini（迪米特里·维切多米尼，意大利）、前摩托罗拉亚洲区设计总监邱丰顺（台湾）、中国工业设计协会常务副会长赵卫国等国内外知名工业设计专家作为评审专家，以沈阳工业设计大赛决赛作为宣传周的启动。同时，开展青少年发明创造大赛、知识产权百校宣传巡回展、大中专学生知识产权微访谈等多项活动，推进以“尊重知识、崇尚创新、诚信守法”为核心的知识产权文化建设，在全市营造浓厚的“崇尚创新精神，尊重知识产权”的社会环境，促进全市知识产权工作不断发展。

（孙　凯）

【9家企事业单位获批国家、省知识产权优势企业】 沈阳飞机工业（集团）有限公司、东软集团有限公司、沈阳隆基电子科技股份有限公司、沈阳北方交通重工集团有限公司、沈阳铝镁设计研究院有限公司、沈阳远大铝业工程有限公司6家企业成为首批国家知识产权优势企业，沈阳新松机器人自动化股份有限公司、沈阳铝镁设计研究院有限公司、沈阳芯源微电子设备有限公司3家企业获批第二批辽宁省知识产权优势企业，全市省级知识产权优势企业数量增至9家。

（孙　凯）

【产学研合作】 2013年，沈阳市科技局以市场为导向，围绕企业技术创新的重大需求，通过政策引导，建立机制，丰富载体，搭建平台，营造环境，不断深化产学研合作，加速科技成果向现实生产力的转化。一是加强产业技术创新战略联盟建设。新组建了沈阳铸造产业技术创新联盟，使全市涵盖了IC装备、特种机床、物联网等重点产业领域技术联盟达到19家。进一步整合了沈阳市产业技术创新资源，引导各类创新要素向企业集聚，成功突破了一大批重大共性技术难题，有效带动了上下游产品的创新，逐步构建起依托全市优势领域的完整产业链。二是加强产学研合作载体建设。已认定市级产学研合作示范基地21家。辽宁省科技厅启动了产学研合作示范基地认定工作，沈阳市推荐的沈阳国家大学科技城、沈阳机床（集团）有限责任公司等7家单位被认定为辽宁首批产学研合作示范基地。三是推动产学研合作常态化。召开了高校、科研院所与和平区校域合作专题对接会等产学研对接活动。以“双进双解”活动、计划项目验收等工作为契机，积极搭建合作交流平台，组织联合攻关，推动成果转化。

（鞠　楠）

【国际科技交流】 2013年，沈阳市国际科技合作紧密围绕科技创新工作的目标和重点任务，充分利用国际科技资源，提高研究开发的效率和质量，推动产业技术创新能力和国际竞争力的提升，通过科技计划支持，推进了全市28个重点国际科技合作项目的实施，引进海外研发团队20个，引进高层次海外专家70人，开发出一批具有国际领先水平的新技术和新产品。

利用国际合作渠道，参加和举办了“东北（沈阳）专利技术对接洽谈会”、“海外学子创业周”、“亚洲生物技术商务对接会”等六项国际科技交流活动和项目对接洽谈活动，组织沈阳市400多家单位与国外知名企业、科研单位和高等院校进行合作洽谈，为全市开展国际科技合作搭建了平台，有力推动了国际科技合作的开展。

（陈宏宇）

科学普及

【概况】 2013年，沈阳市科普工作配合落实创新驱动战略，着力提升全市公众科学素养，实施科普惠民工程。一是举办全市科普活动。2013年科技活动周成功举办，全市开展30余项科技活动，10余万人次参加。二是新增科普基地。沈阳市教育研究院、沈阳城市公用集团农业有限公司、沈阳市妇幼保健中心、沈阳历史民俗博物馆4家单位被批准为沈阳市科普基地。同时，沈阳工业博物馆科普基地和沈阳市农业科学院科普基地被批准为省级科普基地。三是科技资源进校园。沈阳市科技局与沈阳市教育局联合认定第五中学中学生机器人活动室为沈阳首家青少年科技创新实验室，使高等院校、科研院所的科技专业人员能够走进校园面对面地指导学生开展科技创新活动，实现了优质社会资源与青少年科技教育的紧密结合以及高质量科技教育的常态化。

（李　新）

【青年农民上大学】 2004年,沈阳市提出了“青年农民上大学”科技培训模式,开展一年制、非学历、以农民需求为导向的专业技能培训,为农村培养了“留得住、用得上、懂市场、会经营”的致富带头人。为加快推进农村科技培训工作,充分发挥沈阳农业大学的学科优势与特色,将原一年制的“青年农民上大学”培训班调整为半年制,开设畜禽、蔬菜(含食用菌)、果树(含花卉)和经营管理(含农资)四个专业,每年招生两期,每期培训200人,采取集中授课、交流研讨、实践实习、参观考察相结合的方式,突出互动性、参与性、行动性,注重实践技能和综合素质的培养。2013年,全市共有352名学员通过学习取得了沈阳农业大学颁发的结业证书,243名学员获得国家职业技能鉴定证书,252名学员获得省农民科技经纪人证书。为鼓励、扶持结业学员创业,确定39名沈阳市青年农民科技示范户,并给予相应的产业项目资助资金。

(张 颖)

【科技活动周】 2013年5月19日,在沈阳师范大学国际商学院报告厅举行了辽宁省暨沈阳市科技活动周启动仪式。辽宁省科技厅厅长刘晓东、沈阳市政府副市长姜军等领导,以及来自机关、企业、社区、大学的800余名各界群众参加了启动仪式。当天,在沈阳师范大学校园内,沈阳药科大学、沈阳大学、沈阳工业大学、沈阳工程学院、沈阳医学院、沈阳理工大学、沈阳建筑大学和辽宁大学8家高等院校以各自的优势学科为内容,举办了“科技创新美好生活”主题科普展;沈飞航空博览园举办了世界航空发展科普知识展;沈阳公用集团农业有限公司举办了现代农业成果展;辽宁古生物博物馆为本届科技周投入30余万元专项经费,举办了“远古植物化石”科技周特展,用珍贵的化石展示植物漫长的进化过程。科技活动周期间,全市开展各类科技活动30余项,累计有10万余人次受益,通过听讲座、看展览、做活动普及科学知识,充分领略了科技引领幸福生活的魅力。 (李 新)

【沈阳科学宫建设】 2013年,沈阳科学宫被沈阳市精神文明建设指导委员会授予“沈阳市优秀志愿服务组织”;田明礼被授予“沈阳市优秀志愿者”称号;沈阳科学宫数字科技馆网站获得2012年度中国数字科技馆优秀二级子站奖;刘佳、郭晓翠和刘曦组成的讲解团队获得中国科技馆发展基金会2013年度科技馆发展奖“辅导奖”荣誉;谢振华被授予沈阳市“五一”劳动奖章。

全年累计接待参观人数25万人次,组织科普公益活动20次,举办科普临时展览2个、辽宁省和沈阳市科技竞赛6次,科普培训班进校园活动全年累计30次;小小辅导员培训班、小牛顿科学实验班、科学宫中鸣机器人培训班全年累计培训学员近700人;科普大篷车巡展20场,科普大讲堂专家报告会20场,受众达6万人次;特效影院安全放映822场;会展中心承接各类展会46次、会议136次;各类媒体宣传报道近70次;。

完成了科普展示馆机器人展厅和数字世界展厅改造及数字天象馆建设,完善了科普功能,填补了东北地区大型天象馆的空白。

坚持科普公益性,邀请了来自华商晨报的小记者团、沈阳幼儿师范学校西藏中职班的近百名师生、浑河站小学的百余名农民工子弟等来科学宫参观;在苏家屯区白清寨乡学校组织了青年志愿者科普大篷车巡回科普展览活动。

(王燕萍)

【社区科普大学建设】 2013年,市科协两次召开全市会议,专题调度办学工作。上半年,对316所分校进行办学情况普查,对55所分校进行实地巡检。围绕提升基层办学能力,分别在东陵区(浑南新区)、和平区举办了两期办学工作业务培训班,200余名基层科协代表、社区分校校长、科普讲师参训。8月份,组织12所市级科普大学重点分校校长参加了由中国科协举办的社区科普业务培训。在确保社区科普大学有序运行的基础上,深入推动办学领域由中心城区向城乡结合部和农村拓展,先后在浑南新区、于洪区、法库县新办分校7所,使沈阳社区科普大学总数增至325所,覆盖全市社区总数的37%以上。与此同时,着力加强教学管理。更新和补充了市级讲师团成员,新聘10名顾问、16位教师,社区科普大学教师库发展至122人;重新组建了教研中心,全年开展教学研讨7次,举办教学观摩课5次。年内,全市科普大学开设实用科普课程25科,授课8500多节(次),组织第二课堂活动4000余次,1.6万名社区居民参加学习。拓展科普大学服务领域,同市直机关工委合作,将科普大学师资力量及课程引入市直机关工委党校;依托科普大学资源,在皇姑区建立了科普工作室,面向社区青少年开设四点半课堂;在沈河区药大社区、于洪区沈新路社区、和平区文安路社区、大东区永丰社区等分校中推广技术技能培训课程,促进市民创业就业。

(程卫东)

【实施基层科普行动计划】 2013年,沈阳市有13个基层单位和个人申报的项目通过国家和省级评审。其中:和平区马路湾街道电业社区、皇姑区新乐街道泰山社区、铁西区兴工街道九委社区等3个社区被评为全国科普示范社区,法库县葡萄协会、新民市法哈牛镇草莓种植协会等2家农技协以及辽中县种蛋鸡科普示范基地入选全国科普惠农兴村先进单位,东陵区养羊协会会长刘永积、苏家屯区永乐温室蔬菜技术协会会长赵国辉等2人被评为全国科普惠农兴村带头人。于洪区迎宾路街道沈新路社区、苏家屯区中兴街道育红社区、大东区万泉街道永丰社区、康平县两家子乡田家村西瓜种植科技协会等4家单位受到辽宁省基层科普行动计划表彰,共获国家、省级专项奖补资金170万元。

加强对2012年度获批科普项目的管理和跟踪服务。年初制发了《关于规范社区科普益民项目经费使用的通知》;11月15日,组织社区科普益民计划项目承担单位在大东区莱茵河畔社区召开了工作现场会;11月中旬,组织大东区莱茵河畔社区、和平区文安路社区等5家项目承担单位赴安徽省科普产品研究中心及合肥市科普示范社区考察学习。年内,大东区莱茵河畔社区科普宣展中心、和平区文安路社区科普体验室等科普益民计划项目均顺利施工开建。

为配合基层科普行动计划实施,市科协还制发了沈阳市科普示范社区评比标准和实施细则,在全市范围评选出2013年度科普示范社区20个。

(程卫东)

【特色科普工作项目征集评选】 2013年,沈阳市科协加强基层科普服务能力建设,面向区县(市)科协、基层农技协和社区开展了特色科普项目征集评选活动,共征集基层科普组织队伍建设、基础设施建设、科普资源开发和活动载体创新等方面的工作项目70个。通过市区两级科协联合考察验收,评选出25个区县级科协申报项目、15个农技协申报项目、9个社区申报项目为特色工作项目。浑南新区的科普基地进社区进校园、皇姑区的科普博客和科普QQ群、和平区电业社区的楼道科普和丰泽社区的数字科普、东陵区林果协会的果树新品种"鸡心果"引进与示范、沈北新区奶牛养殖协会的奶牛青储饲料新技术推广等项目被作为重点扶持项目。

(程卫东)

【"全国科普日"活动】 9月17日,以"节约资源能源、保护生态环境、保障安全健康、促进创新创造"为主题的2013年沈阳市"全国科普日"活动启动仪式在于洪区文化中心举行。市科协党组书记、副主席韩燕子主持启动仪式,市委常委、市总工会主席鞠秀礼,于洪区委书记戴贺臣,于洪区四大班子领导,市科协副主席张丽茹出席主会场活动。启动仪式上,表彰了市、区科普工作先进单位和个人,与会领导为沈阳市科普示范社区颁发奖牌,向市民代表赠送科普图书。仪式结束后,举行了于洪区科普大学建校五周年文艺汇演。

"全国科普日"活动由市全民科学素质工作领导小组24个成员单位共同举办,全市共组织名人名家大型科普报告会、科普基地开放日、迎全运青少年科技竞赛、口腔健康月、心理健康与自杀预防宣传系列活动20余场次。中国工程院副院长樊代明院士应邀来沈,分别在沈阳医学院做了"精品战略与学科建设"专题科普报告,在辽宁省实验中学做了"从战士到院士"的励志讲座;大连中心医院营养科主任王兴国教授分别在铁西区和浑南新区举办了"构筑你的膳食结构"大型科普报告会。9月20日,市科协联合市药监局共同在和平区丰泽社区启动了食品药品安全进社区活动。当日,双方举行了互聘仪式,市科协聘请50名药监局专家为社区科普大学教师,药监局聘请50所社区科普大学校长为食品药品社会监督员。双方单位领导就在社区科普大学合作开设食品药品安全课程签署了协议。全市共有3.5万市民参与2013年沈阳市"全国科普日"活动。

(程卫东)

【科普惠农兴村】 2013年,沈阳市社科联依托农技协、农业专业合作社、涉农企业新建立市级科普惠农服务站10家,使全市的服务站总量增至50家。为提升新建站点的服务能力,充分发挥其在助农增收、助推产业发展中的作用,市科协分别为每个服务站特邀了科技咨询专家,配备了电脑、科普图书等科普资源,并按照"一站一业,定向服务"的模式,积极推动服务站运行。全年,针对养羊、草莓种植、寒富苹果栽培管理等产业,全市服务站先后开展项目咨询、品种示范、技术推广服务活动200余次。

以"科普之冬"活动为抓手,抓好农业生产服务。发动区县(市)、乡镇街道科协,组织科技服务团队20余个,农业科技专家、技术能手350多人,举办各类科技培训、现场指导、科普展览等科技服务活动530多次,活动涉及全市100多个乡镇街道,直接培训农民3万余人,引进推广周氏五步养牛法、无公害甜瓜种植、北五味子栽培、绒山羊圈养、鲜切花栽培、连坐障碍土壤修复等新优品种120余个、实用技术260多项,并组织科普大集等群众性科普活动70余次,发放科普图书2.8万册,科普光盘2000余张,科普挂图1600套,其他科普宣传资料5万多份,为农业生产和农民增收提供了技术支撑。

以"农超对接"等为载体,加强农技协能力建设。9月26日,邀请辽宁省农委信息中心主任、农业部科技委委员牟恩东在新民市会议中心多功能厅举办了信息化与农业现代化专题报告会,面向200余位农技协会长会员、农产品经纪人进行了现代农业知识培训。在此基础上,帮助基层农技协打造农产品品牌,拓宽增收渠道,组织苏家屯区永乐温室蔬菜协会、苏家屯区八一米业协会、法库县葡萄协会、法库县马鞍山树莓协会、新民市梁山镇西瓜种植协会等单位参加了省科协在朝阳市举办的"农超对接"活动。为加强农技协建设,全年,市科协对沈阳市基层农技协党组织建设情况进行了调查,组织东陵区养羊协会、苏家屯区八一米业协会等4家农技协参加了辽宁省现代农业发展论坛;组织辽中县水产协会参加全国科普惠农水产养殖技术协作网成立大会。

(程卫东)

【青少年科技创新系列活动】 3月15日,在铁西区第一二七中学举办了第二十八届沈阳市青少年科技创新大赛,共征集创新作品352项,其中选送的87项作品在省大赛中全部获奖,15幅科学幻想画作品代表辽宁省参加全国大赛,2名科技辅导员荣获"辽宁省十佳优秀科技教师"奖,沈阳市科协被评为"青少年科技创新大赛优秀组织单位";5月10日,在沈阳科学宫举办了第六届市沈阳青少年机器人竞赛;11月25日,在沈阳市第八十三中学举办了第十一届沈阳市青少年航模竞赛,100余所中小学、2700余名青少年、150名科技辅导员参加了活动。为提高活动组织水平,8月份带领25名科技教育特色学校校长和科技辅导员赴全国青少年科技创新大赛观摩、交流,9月份举办了青少年航模竞赛教练员培训班,80余所学校派人参训。在第十届辽宁省青少年机器人竞赛中,沈阳市获得8个项目的冠军。

组织参加由中国科协、教育部主办的2013年全国青少年高校科学营活动。7月5日至11日,沈阳市第二十七中学、东北育才外国语学校、沈阳市外国语学校等30名高中生参加了大连理工大学举行的科学营活动。8月3日，沈阳市第五中、辽宁省实验中学、东北育才学校、沈阳市第二中学、沈阳市第二十中学等30名高中生参加了北京大学开营式。

组织全市中小学生利用课余和暑假参与"节约粮食，从我做起"、"科学饮食健康生活"两个主题的科学调查和体验活动。全年，沈阳市有80余所中小学校参与全国青少年节粮科学调查体验活动网上申报，提交调查报告4500份，申报数量位居全国前三名，辽宁省实验学校等12所学校受到中国科协的奖励。

（程卫东）

【实施《全民科学素质行动计划纲要》】 2013年，沈阳市社科联加强与市全民科学素质工作领导小组24个市直委办局的沟通协调，重新调整了领导小组成员，落实了各成员单位的联络员；对上级重要的纲领性文件进行了整理汇编，制发了沈阳市全民科学素质行动规划、领导小组及办公室工作规则、2013年《纲要》实施工作要点等规范性文件。

5月10日，由市政府牵头，在市政府常务会议室召开了沈阳市全民科学素质行动计划纲要实施工作会议。市政府副秘书长徐兴家主持会议，市全民科学素质工作领导小组办公室主任，市科协党组书记、副主席韩燕子传达国务院及国家纲要办公室2013年《全民科学素质行动计划纲要》实施工作的有关会议精神；市委常委、常务副市长顾春明，副市长姜军就沈阳市《纲要》实施工作分别讲话。市全民科学素质工作领导小组成员、各区县（市）分管科技工作的领导及有关部门负责同志出席会议。

会议就全市《纲要》实施工作做出总体部署：一是明确《纲要》实施工作要坚持"政府推动，全民参与，提升素质，促进和谐"的方针；二是确立2015年的工作目标为：沈阳市具备基本科学素质的居民比例要达到8%以上，高于全省平均水平，进入国家副省级城市前列；三是重点推进对未成年人、农民、城镇劳动人口、领导干部与公务员、社区居民等五类人群的科学素质行动，实施科学教育与培训基础工程、科普资源开发与共享工程、大众传媒科技传播能力建设工程、科普基础设施工程和人才建设工程。

会议围绕不断完善组织领导和协调机制、突出重点做好公民素质提升工作、面向社会普及推广科技知识、抓好科普资源的整合与集成、积极营造提升全民科学素质的社会氛围等方面，对2013年《纲要》实施工作做出具体安排，并就《纲要》工作主题宣传、重点人群科学素质工作、公共科普资源服务体系建设、《纲要》实施工作组织领导和保障进行了职责分工，明确了负责部门和配合单位。

充分发挥市《纲要》办公室的作用，积极发动各成员单位和社会力量参与《纲要》实施工作。年内，市科技局、市委宣传部、市科协联合举办科技周，发动各有关部门和社会各界共同开展主题科技活动30余场；市供销社组织全系统开展农民职业技能和农产品经纪人培训50多期；市气象局定期开放气象科普馆，设立公众接待日，并通过举办气象科普展积极向市民普及气象防灾减灾知识；市卫生局组织所属精神疾病预防控制中心、口腔医院、牙防所等部门，充分利用世界预防自杀日、全国爱牙日等时机，开展形式多样的主题科普宣传；市直机关工委在处级干部轮训中，精心安排了公务员健康、国土资源利用、国防科技等科学普及课程；市妇联通过举办农村女致富带头人农业技术培训班、建设巾帼科技致富示范基地等形式，坚持开展送科技下乡；市农经委、市教育局、团市委等部门和单位也分别结合工作实际，按照年初纲要工作会议的安排部署，开展了各具特色的科普活动。

（程卫东）

【科普设施和资源建设】 2013年，沈阳市社科联在农村和社区新建科普画廊80座，在公园新建高标准科普画廊4座，使全市科普画廊由2012年的758座增至842座，并完成了2013年度91座科普画廊的招标工作。加强全市科普画廊的维护管理，编制、张贴科普挂图6期共4800套。"科普之冬"活动期间，印发《寒富苹果栽培管理入门》、《养鸡技术方略》、《生猪养殖方略》、《肉牛奶牛饲养指南》、《葡萄丰产优质栽培奥秘》五本农村实用技术图书共计1.2万册。

（程卫东）

科技成果

【综述】 为进一步发挥科技创新在提高社会生产力和全市综合实力方面的战略支撑作用，根据《沈阳市科学技术奖励办法》规定，经沈阳市科学技术奖励评审委员会评审，决定授予金杯汽车股份有限公司刘鹏程等1人、沈阳鼓风机集团股份有限公司"新型PTA装置用能量回收机组"等9项科技成果获得2013年度沈阳市科技振兴奖；授予北方重工集团有限公司"1725mm热轧/1650mm冷轧高性能镁合金板材轧制成套装备"等138项科技成果2013年度沈阳市科技进步奖；授予沈阳市种猪种鸡繁育中心"现代化禽舍环境控制技术的研究与示范推广"等33项科技成果2013年度沈阳市农村科技推广奖；授予沈阳新松机器人自动化股份有限公司"一种平面多关节机器人"等30项科技成果2013年度沈阳市专利奖。此外，沈阳市9个项目获得国家级奖励，131个项目获得省级奖励。

这些获奖项目凸显四个特点。一是体现全市科技创新能力显著增强。沈阳鼓风机集团股份有限公司"百万吨级乙烯装置用系列压缩机组研制"等6项科技成果获得2013年度辽宁省首批企业重大研发成果奖，占全省10个获奖项目的60%。二是推动经济社会发展效果明显。技术开发类、发明类、工程类项目占到了总获奖数的80%以上，对促进全市产业结构优化升级和发展方式转变将起到积极的推动作用。三是企业创新主体地位凸显。企业获奖项目占获奖项目总数的43%，企业与科研院所和高校协同创新的产学研合作模式已逐渐成为推动沈阳市科技进步与自主创新的重要手段。四是医疗、农业等领域获奖项目持续增多，科技惠民效果显著。

（李永成）

2013年沈阳市获
国家级科学技术奖项目

项目名称	主要完成单位
耗能设备智能运行反馈控制技术	柴天佑、丁进良、吴永建、岳恒等
飞机大型整体结构件测量/加工一体化关键技术及应用	杜宝瑞
上海光源国家重大科学工程	中国科学院沈阳科学仪器股份有限公司
辽单系列玉米种质与育种技术创新及应用	辽宁省农业科学院
旱作农业关键技术与集成应用	辽宁省农业科学院
7000系铝合金强韧化热处理技术创新与工业应用	东北大学
硬岩高应力灾害孕育过程的机制、预警与动态调控关键技术	东北大学
高钒高耐磨合金及复合技术的工程化应用	东北大学
煤与瓦斯突出矿井深部动力灾害一体化预测与防治关键技术	煤炭科学研究总院沈阳研究院

2013年沈阳市获
辽宁省技术发明奖项目

一等奖

项目名称	完成单位
面向过程自动化的新一代工业无线网络技术	中科院沈阳分院

二等奖

项目名称	完成单位
网络组播服务质量控制方法及应用	东北大学

三等奖

项目名称	完成单位
基于无线多跳网络的预付费用电控制系统	沈阳理工大学
甘油催化转化制备1,2－丙二醇技术	中科院沈阳分院

2013年沈阳市获
辽宁省科技进步奖项目

一等奖

项目名称	完成单位
农田氮素面源污染调控技术研究与应用	辽宁省农业科学院
东北次生林生态系统经营基础、技术与应用	中国科学院沈阳应用生态研究所，沈阳农业大学
口蹄疫防控技术集成研究与示范	辽宁省动物医学研究院
天然气长输管道压缩机组研制	沈阳鼓风机集团股份有限公司，沈阳透平机械股份有限公司
信号转导异常对恶性肿瘤生物学行为的影响	中国医科大学附属第一医院
围手术期肺动脉高压防治策略的基础与临床研究	中国人民解放军沈阳军区总医院
微创胃肠减容手术治疗病态性肥胖及2型糖尿病的应用	中国医科大学附属盛京医院
儿童颅颌面生长发育的基础及临床研究	沈阳市口腔医院

二等奖

项目名称	完成单位
北方粳稻品质育种技术研究及应用	辽宁省水稻研究所，沈阳农业大学
东北粳稻生产关键技术研究与应用	沈阳农业大学
马铃薯新品种选育及高效复种技术研究与示范	辽宁省农业科学院
超高活性植物内生菌代谢物的筛选及应用技术研究	辽宁省农业科学院
优质香型葡萄新品种选育及配套栽培技术	辽宁省农业科学院
优质高产大豆新品种选育及高效栽培技术创新与应用	辽宁省农业科学院
辽薯系列甘薯新品种选育及高产栽培技术研究与应用	辽宁省农业科学院

落叶松人工林多功能经营与调控关键技术研究	沈阳农业大学，清原满族自治县国营大边沟林场，清原满族自治县国营甘井子林场
禽致病性大肠杆菌病防控技术集成与应用研究	辽宁省重大动物疫病应急中心，山东华宏生物工程有限公司
基于系统工程的产品综合设计理论与方法及应用	东北大学，沈阳鼓风机集团股份有限公司，北方重工集团有限公司，南方青岛四方机车车辆股份有限公司
优质铝合金大型铸件低压铸造技术研究	沈阳铸造研究所
DCG200 全液压锻造操作机	北方重工集团有限公司
年处理能力 40 万吨废钢破碎成套设备	北方重工集团有限公司
BH38/2×400 型刨煤机成套开采设备	三一重型装备有限公司
先进电磁控制埋弧堆焊工艺及电源装备研究	沈阳工业大学
双进单出大排量潜油螺杆泵采油技术	沈阳工业大学
青藏交直流联网工程拉萨站直流关键设备研制	特变电工沈阳变压器集团有限公司
节能发电调度技术支撑体系建模与应用	辽宁省电力有限公司，中国电力科学研究院
大型变压器集成电磁仿真平台及关键技术研究	沈阳工业大学
辽宁省电力用户用电信息采集系统建设与应用	辽宁省电力有限公司，东软集团股份有限公司
辽宁省重点行业节能减排技术应用示范工程	辽宁省科学技术厅，东北大学，辽宁省环境工程评估审核中心，沈阳化工大学，沈阳市环境保护局
采油污水资源化中的管网防腐阻垢技术及应用	中国科学院沈阳应用生态研究所
应对气候变化的沈阳市低碳发展的技术集成研究	中国科学院沈阳应用生态研究所，沈阳市发展和改革委员会
氧化铝生产系列隔膜泵	中国有色（沈阳）泵业有限公司
吡蚜酮原药清洁生产技术	沈阳化工研究院有限公司，沈阳科创化学品有限公司
土木工程结构混合控制及其优化研究	沈阳建筑大学，辽宁工业大学，沈阳市政集团有限公司
复合地基关键技术及工程应用	沈阳建筑大学，辽宁建筑标准勘察设计院，沈阳建筑大学建筑科技发展工程公司
国产涡桨支线飞机特殊机场飞行支撑系统研制及应用	沈阳航空航天大学，奥凯航空有限公司，大连国际机场股份有限公司，辽宁省机场管理集团公司
胰腺疾病的内镜治疗	沈阳军区总医院
植物雌激素治疗阿尔茨海默氏病及其机制研究	中国医科大学附属第一医院
内质网应激、氧化应激和整合应激在甲状腺肿瘤靶向治疗中的作用	中国医科大学附属第一医院
血管新生因子与炎性关节病的相关研究	中国医科大学附属第一医院
肺泡上皮屏障在急性肺损伤过程中的基础和临床研究	中国医科大学附属盛京医院
椎间盘退变机制及相关新型内固定系统研发应用	中国医科大学附属第一医院
颅内动脉瘤诊治之基础与临床系列研究	中国医科大学附属第一医院
阿尔茨海默病并发骨质疏松的病因与治疗的系列研究	中国医科大学附属第一医院
牙周炎微生物学机制及伴全身系统疾病综合治疗方案确定和评估	中国医科大学附属口腔医院
牙周骨缺损的基础与牙周病临床系列研究	中国医科大学附属盛京医院
肝胆肿瘤综合介入治疗的基础与临床研究	中国医科大学附属盛京医院
口腔颌面－头颈肿瘤根治术后缺损的个体化修复与重建	中国医科大学口腔医院
泌尿生殖系统支原体感染诊断及指导个体化治疗的临床应用研究	沈阳军区总医院
Glu/GABA 代谢环路癫痫机制研究及神经保护药物筛选平台的建立	中国医科大学
Vc 一步高浓度连续发酵新工艺	中国科学院沈阳应用生态研究所，东北制药集团股份有限公司，沈阳农业大学
DPAP 系列无创呼吸机	沈阳新松医疗科技股份有限公司，中国科学院沈阳自动化研究所，中国医科大学呼吸疾病研究所

天然抗肿瘤原料药的大规模色谱制备关键技术研究与应用	沈阳药科大学，沈阳天峰生物制药有限公司
小牛血去蛋白提取物眼用凝胶	沈阳兴齐眼药股份有限公司
辽宁省数控机床产业技术路线图研究	辽宁省科学技术厅，辽宁省科学技术情报研究所，沈阳工业大学
基于科学发展观的辽宁省政府绩效管理体系研究	辽宁省人力资源和社会保障厅，复旦大学公共绩效与信息化研究中心

三等奖

项目名称	完成单位
石柱参优质化生产综合配套技术研究	辽宁省中药研究所，沈阳农业大学，桓仁满族自治县二棚甸子镇人民政府
玉米主要叶斑病菌生理分化监测、致病机理与控制技术研究	沈阳农业大学，上海交通大学
辽宁农村储粮装备技术及绿色储粮示范	辽宁省粮食科学研究所
辽宁省防汛水情监测及洪水预警预报系统技术研究	辽宁省水文水资源勘测局，辽宁省防汛抗旱指挥部办公室
缺血性脑卒中相关危险因素及其基因治疗的研究	中国医科大学附属第一医院
炎症反应在脑出血后继发脑损伤过程中的作用	中国医科大学附属第一医院
大型公立综合性医院护理垂直管理模式的构建与运行机制的研究	中国医科大学附属盛京医院
心肌细胞缺氧凋亡机制及改善耐缺氧能力研究	中国医科大学附属第一医院
瑞舒伐他汀对动脉粥样硬化影响机制的临床研究	沈阳医学院奉天医院
中国新生儿流行病学及早产儿脑损伤防治多中心调查研究	中国医科大学附属盛京医院，中南大学湘雅医院，上海交通大学医学院附属新华医院
子宫剖宫产瘢痕妊娠的基础与临床研究	中国医科大学附属盛京医院
颅脑交界区手术入路解剖学量化研究及病变显微手术治疗	沈阳军区总医院，中国医科大学基础学院
婴幼儿先天性白内障病因学及视功能康复治疗研究	中国医科大学附属盛京医院
血管瘤及血管畸形的生物学行为及治疗的系列研究	中国医科大学附属口腔医院
辽宁省生态清洁小流域建设技术体系研究与应用	沈阳农业大学，本溪市水土保持局，抚顺市新宾满族自治县水土保持监督站
实时三维超声在评价心血管结构和功能中的基础与临床应用	中国医科大学附属第一医院，中国医科大学附属盛京医院
针药并举协同增效机制的实验研究	辽宁中医药大学
山里红叶抗脂肪肝作用及药代动力学研究	辽宁中医药大学
三种中药的有效成分对白血病的治疗作用及分子机制研究	中国医科大学附属盛京医院
银翘散及君药活性成分干预IV非结构蛋白及抗病毒蛋白双重作用研究	辽宁中医药大学，大连市儿童医院
沈阳装备制造业企业竞争力资本结构优化及风险防范模式研究	沈阳工业大学
沈阳市物流体系规划设计及其监测评价研究	沈阳工业大学
灌区运行动态评价及用水量预测技术研究与应用	沈阳农业大学
辽宁省节能减排发展战略研究	沈阳工业大学
促进辽宁省技术转移的对策研究	辽宁省科学技术情报研究所，辽宁省科学技术厅
辽河流域水污染突发事件应急水力调度关键技术研究与示范	辽宁省水利水电科学研究院，中国水利水电科学研究院，辽宁省水文水资源勘测局
三聚氰胺检测技术研究与应用	辽宁省兽药饲料畜产品质量安全检测中心，北京望尔生物科技有限公司
原生质体融合技术应用于生物发酵饲料生产的研究	沈阳农业大学，辽宁禾丰牧业股份有限公司
复合微生态菌剂“百立丰”系列产品研制与开发	沈阳科丰牧业科技有限公司，沈阳农业大学，辽宁省畜产品质量安全研究所
ZDY3500L型煤矿用履带式液压坑道钻机	沈阳北方重矿机械有限公司
蒙皮数字化柔性精准制造技术与装备	沈阳飞机工业（集团）有限公司，北京航空航天大学
VMC850立式加工中心	沈阳机床股份有限公司
TDI双管板换热设备	沈阳东方钛业股份有限公司

间隙型软铝导线的研制与应用	辽宁省电力有限公司，辽宁电力勘测设计院，辽宁金特尔特种电缆有限公司
实施广域控制阻尼区间振荡提高东北电网稳定水平的研究	辽宁省电力有限公司，清华大学，北京四方继保自动化股份有限公司
配电网单相接地综合保护技术研发与应用	辽宁省电力有限公司，锦州拓新电力电子有限公司，辽宁电能发展股份有限公司
基于DLR技术提高输电线路输送容量系统	辽宁省电力有限公司，上海交通大学
两炉一机中间再热流化床机组控制策略研究	辽宁省电力有限公司
SFP－1140000/500三相发电机变压器	特变电工沈阳变压器集团有限公司
AW900A－6001DC－ICSICS数字选频直放站	奥维通信股份有限公司
村镇工程基础设施数据库与评价模拟系统研究	沈阳建筑大学
辽宁电网应急指挥平台	辽宁省电力有限公司，中国科学院沈阳计算技术研究所有限公司，国网电力科学研究院
辽宁电力市场交易运营系统	辽宁省电力有限公司，北京科东电力控制系统有限责任公司
微波移动监测与测向系统	辽宁省无线电监测中心
政府采购全过程服务与监管平台	辽宁省财政厅
基于多信息融合公共安全检查设备开发与应用	东北大学，沈阳地泰检测设备有限公司，沈阳派得林科技有限责任公司
反吹法钟罩式气体流量标准装置	辽宁省计量科学研究院
SOI压力传感器制造工艺研究	沈阳仪表科学研究院有限公司
湿粘尾矿泥干燥回收利用技术及成套设备	沈阳禹华环保有限公司
绿色校园建设关键技术研究与示范	沈阳大学
轻烧镁窑节能减排技术集成与工程示范	辽宁省环境科学研究院，岫岩满族自治县环境保护局
高效节能环保型工业炉－蓄热式高温空气燃烧关键技术的研发与应用	沈阳东大工业炉有限公司，东北大学
AlSiY阴极靶材制备关键技术	沈阳工业大学
纳米高阻隔型气相防锈高强复合膜	沈阳防锈包装材料有限责任公司
城市地下生命线工程安全监测关键技术与工程化研究	沈阳建筑大学
轻型钢结构在地震作用下的破坏机理及抗震对策研究	沈阳建筑大学，中国建筑第五工程局有限公司，中国建筑东北设计研究院有限公司
沈阳市工业遗产保护研究	沈阳建筑大学
温度效应作用下的混凝土梯度依赖损伤塑性本构理论与应用研究	沈阳工业大学
大跨度预应力型钢与高强混凝土组合梁桥关键技术研究	中铁九局集团有限公司，东北大学
岩土工程三维可视化信息系统	中冶沈勘工程技术有限公司，东北大学

2013年沈阳市获辽宁省企业重大研发奖项目

项目名称	完成单位
百万吨级乙烯装置用系列压缩机组研制	沈阳鼓风机集团股份有限公司
大直径全断面掘进机	北方重工集团有限公司
特高压交流系列输电设备及工程应用	特变电工沈阳变压器集团有限公司
东软高性能多层螺旋CT系统及其关键技术	东软集团股份有限公司
岩巷掘进成套设备及技术	三一重型装备有限公司
重大型多轴联动复合加工中心系列产品	沈阳机床股份有限公司

2013年沈阳市获辽宁省自然科学奖项目

一等奖

专利名称	专利权人
态－态分子反应动力学研究	中科院沈阳分院

二等奖

专利名称	专利权人
细胞水平神经退行性疾病的机制和防治的基础性研究	辽宁大学

三等奖

专利名称	专利权人
哺乳动物受精卵早期发育分子机理的研究	中国医科大学
小麦抗逆分子遗传基础研究	沈阳农业大学
镍铝化合物扩散行为、缺陷结构与性能的研究	中科院沈阳分院

2013 年度沈阳市专利奖获奖项目

一等奖

专利名称	专利权人
一种平面多关节机器人	沈阳新松机器人自动化股份有限公司
单相自耦有载调压变压器	特变电工沈阳变压器集团有限公司

二等奖

专利名称	专利权人
液氯汽化器	沈阳东方钛业股份有限公司
三工位开关的操作机构	沈阳华利能源设备制造有限公司
降低蛋白质含量的鸦胆子油及其药物组合物以及它们的制备方法	沈阳药大药业有限责任公司
一种一次性完成整体差速器壳内部加工部位的加工工艺	沈阳盛京精益数控机械有限公司
利用锅炉余热处理污泥装置及处理工艺	沈阳禹华环保有限公司
一种直排大气的罗茨干式真空泵转子型线结构	中国科学院沈阳科学仪器股份有限公司
一种提高硅电容压力传感器过载能力的方法	沈阳仪表科学研究院
一种方钢管柱－H 形钢梁的连接节点	沈阳建筑大学

三等奖

专利名称	专利权人
一种采煤设备及其滚筒电气调速系统	三一重型装备有限公司
无密封环迷宫往复活塞压缩机	沈阳远大压缩机股份有限公司
一种铝电解多功能机组大车	中国有色（沈阳）冶金机械有限公司
一种自动铣镗床	沈阳机床股份有限公司中捷钻镗床厂
自动扶梯用渐进式附加制动器	沈阳博林特电梯股份有限公司
安全稳定运行的绕线电机	沈阳远大科技电工有限公司
一种电铸高精度仿形磨砂轮制造工艺	沈阳中科超硬磨具磨削研究所
一种利福平药物及其制备方法	沈阳双鼎制药有限公司
真空感应炉专用油缸起升式隔离阀	沈阳真空技术研究所
一种通信设备机箱	奥维通信股份有限公司
一种供静脉输液用的含前列地尔乳剂及其制备方法	辽宁诺康生物制药有限责任公司
轻型汽车后驱动桥总成	中车集团沈阳汽车车桥制造有限公司
数控中梁组合钻机床	沈阳兴业机床有限公司
全功能机床自动排屑机	沈阳华邦通用机械技术开发有限公司
一种 EPS 发泡混凝土灌浆外墙	沈阳中辰钢结构工程有限公司
一种电力电容动态脱谐装置及控制方法	沈阳鼎盛中贝机电设备有限公司
多轴棒料数控车床	沈阳经济技术开发区创新数控设备有限公司
一种高效率三相异步电动机	泰豪沈阳电机有限公司
一种具有大内经/直扣快速连接的水泥头装置	沈阳白云机械有限公司
一种强韧性聚丙烯纤维增强水泥基复合材料及其制备方法	俞家欢

2013 年度沈阳市科技振兴奖获奖项目和个人

获奖项目

项目名称	完成单位
新型 PTA 装置用能量回收机组	沈阳鼓风机集团股份有限公司
散料装卸成套系统及装备	北方重工集团有限公司
电液控液压支架	三一重型装备有限公司
多功能车载智能信息终端	东软集团股份有限公司

核电工程用系列变压器	特变电工沈阳变压器集团有限公司
异型新建筑幕墙	沈阳远大铝业工程有限公司
洁净自动化装备	沈阳新松机器人自动化股份有限公司
超低间隙相高强度铸造钛合金材料及其精密成形技术与产品	沈阳铸造研究所
沈杂系列高粱杂交种选育及应用	沈阳市农业科学院

获奖个人

姓　名	单　　位
刘鹏程	金杯汽车股份有限公司

2013 年沈阳市科技进步奖获奖项目

一等奖

项目名称	完成单位
60 万吨/年甲醇制烯烃装置(MTO)产品气压缩机	沈阳透平机械股份有限公司
1725mm 热轧/1650mm 冷轧高性能镁合金板材轧制成套装备	北方重工集团有限公司
大型天然气液化装置用离心压缩机组	沈阳透平机械股份有限公司
CMZY2－100/18 煤矿用岩巷钻装机	三一重型装备有限公司
年处理能力 40 万吨废钢破碎成套设备	北方重工集团有限公司
T－2560w 高速动梁龙门加工中心	中捷机床有限公司
140Mvar　800kV 并联电抗器	特变电工沈阳变压器集团有限公司
铜合金低压铸造工艺及成套装备研制	沈阳铸造研究所
GIS 波纹管补偿器性能评价平台	沈阳仪表科学研究院有限公司
火箭发射台用优质铸钢件制造技术及产品	沈阳铸造研究所
适应海、陆环境的大型风电机组研制与示范	沈阳工业大学
12 英寸 IC 专用芯片划片工艺装备研制	沈阳仪表科学研究院有限公司
面向个人健康管理的智能监测终端与服务系统	东软集团股份有限公司
轻型钢结构在地震作用下的破坏机理及抗震对策研究	沈阳建筑大学
客运专线(350Km/h)CRTS Ⅲ 型无砟轨道混凝土轨道板预制施工综合技术研究	中铁九局集团有限公司
2 万吨/年五氟乙烷(R125)反应器(固定床氟化反应器)的国产化研制	沈阳东方钛业股份有限公司
北方优质超级粳稻新品种沈农 9816 选育及应用	沈阳农业大学
百合菊花新品种选育及生产技术集成研究与推广	辽宁省农业科学院
天然抗肿瘤原料药的大规模色谱制备关键技术研究与应用	沈阳药科大学
气滞胃痛颗粒药效物质和作用机制研究	辽宁中医药大学
空气污染物对机体健康影响及生物标志研究	沈阳医学院
椎间盘退变机制及相关新型内固定系统研发应用	中国医科大学附属第一医院
白内障屈光手术及视觉质量控制研究	中国医科大学附属第四医院
信号传导通路在病理性瘢痕发病机制中作用的研究	中国医科大学附属第一医院
中药复方治疗缓慢性心律失常的机制与药效研究	辽宁中医药大学附属医院

二等奖

项目名称	完成单位
重型智能集成式电液控制机构	沈阳东北电力调节技术有限公司
HTC3250μn 精密车削中心	沈阳机床股份有限公司
基于数字量协调的组合夹具技术开发与应用	沈阳飞机工业(集团)有限公司
仿梯形齿迷宫密封结构研究及 6K－375MC 迷宫压缩机研制	沈阳理工大学
2.5 吨大型五室半连续真空感应熔铸炉开发与研制	沈阳真空技术研究所
大型发电机组散热器四排管结构铝芯体研发	沈阳华铁汽车散热器有限公司
新一代 V 形丝网激光制备新工艺	辽宁裕通石化机械仪表有限公司
重型燃机轮毂榫齿激光再制造	沈阳大陆激光技术有限公司

聚德高清智能电子警察系统	沈阳聚德视频技术有限公司
机电一体化 SF6 密度变送器	沈阳仪表科学研究院有限公司
YSD 系列智能型冲击记录仪	沈阳鸿基电气有限公司
三维应用运行服务平台	中国科学院沈阳计算技术研究所有限公司
移动多媒体广播监控管理系统	奥维通信股份有限公司
飞机系统电气数字化协同设计与制造平台开发及应用	中国航空工业集团公司沈阳飞机设计研究所
基于云计算平台的音频快速播出系统	沈阳广播电视台
低碳节能型单元结构功能幕墙	沈阳远大铝业工程有限公司
超强韧性快硬纤维混凝土 PPECC 在应急抢险工程中的应用控制技术	沈阳建筑大学
自保温新型墙体材料产品关键技术研究与工程应用	辽宁省产品质量监督检验院
医疗废物周转箱全自动清洗消毒成套设备研发	沈阳环境科学研究院
细河水质改善与净水景观湿地构建技术的研究	沈阳环境科学研究院
移动式生活垃圾压缩运输系统	辽宁合力专用汽车制造有限公司
FETC－08 智能环境测试舱的研制及应用	沈阳产品质量监督检验院
优质香型葡萄新品种选育及配套栽培技术	辽宁省农业科学院
高产、抗病、优质杂交水稻新品种沈优 1 号选育及应用	沈阳市农业科学院
早熟、抗病、优质保护地专用甜椒杂交种沈研 15 号选育及应用	沈阳市农业科学院
复合微生态菌剂金肽素的研制与开发	沈阳金科丰牧业科技有限公司
磷霉素氨丁三醇新工艺的研发与产业化	东北制药集团股份有限公司
多单元口服缓控释制剂的研究与开发	沈阳药科大学
适合复杂系统的非线性中药质量评价体系	沈阳药科大学
通关藤质量评价体系及其活性部位的研究与应用	辽宁中医药大学
化瘀祛痰法防治动脉粥样硬化的机理及临床应用研究	辽宁中医药大学
膝关节多发韧带损伤治疗的关键技术研究	沈阳市骨科医院
中国新生儿流行病学及早产儿脑损伤防治多中心调查研究	中国医科大学附属盛京医院
脂质体介导 IGF－1 基因转染骨髓间充质干细胞构建组织工程骨的技术研究	沈阳市骨科医院
压力超负荷心室重构机制及药物干预作用研究	沈阳医学院沈洲医院
孕期适宜营养摄入量在预防成人慢性病作用中的研究	沈阳市妇女儿童保健中心
青少年多发眼病防治技术研究	沈阳爱尔眼视光医院
一种新型与学习记忆相关的中枢神经疾病动物模型行为学评价系统的研发及其应用	沈阳医学院
基于临床眼针优势病种疗效的特异性生物效应机制研究	辽宁中医药大学
肺泡上皮屏障在急性肺损伤过程中的基础和临床研究	中国医科大学附属盛京医院
内质网应激、氧化应激和整合应激在甲状腺肿瘤靶向治疗中的作用	中国医科大学附属第一医院
Glu/GABA 代谢环路癫痫机制研究及神经保护药物筛选平台的建立	中国医科大学药学院
黄斑水肿临床治疗研究	沈阳市第四人民医院
腹膜透析植管金属材料性能及可靠性提高的临床研究	沈阳市红十字会医院
血小板血型抗原基因的遗传多态性研究及其应用	沈阳中心血站(辽宁省血液中心)
胃癌新分期体系的完善及其指导综合治疗的研究与应用	沈阳市第五人民医院
土槿皮乙酸治疗脑胶质瘤的实验研究	沈阳医学院沈洲医院
沈阳市高新区“一区多园”发展战略研究与规划制定	沈阳市科学技术局
关于省市共建国家大学科技城战略对策研究	沈阳市科学学与科技政策研究会
人才评价方要——胜任特征模型框架下的人才评价探索	沈阳市人才工作办公室
辽宁省现代服务业发展战略研究	沈阳工业大学
沈阳创新型城市建设评价指标体系研究	沈阳工业大学
质量技术监督系统检测机构现状分析及科学发展研究	沈阳产品质量监督检验院

三等奖

项目名称	完成单位
混合碳四石油气制 MTBE 新工艺装置用离心压缩机组	沈阳透平机械股份有限公司

第三代铝锂合金(2198、2196)在国际合作民用飞机项目上的应用研究	沈阳飞机工业(集团)有限公司
MDQ1250/2500.55 门式斗轮堆取料机	北方重工集团有限公司
多高速轴齿轮增速型离心压缩机组	沈阳鼓风机集团齿轮压缩机有限公司
新型水玻璃砂冷芯盒无毒无味高效制芯工艺	沈阳汇亚通铸造材料有限责任公司
S13－M·ZN－315/10 智能型全密封配电变压器	沈阳全密封变压器股份有限公司
制备光学级金红石单晶体的关键技术研究	沈阳工程学院
基于有限元技术的飞机结构内力计算方法研究及工程应用	中国航空工业集团公司沈阳飞机设计研究所
GQX－100 型悬浮式干燥机组	沈阳市斯特曼科技有限公司
光刻设备微动框架制造工艺研究	沈阳富创精密设备有限公司
百万千瓦级核电站用安全(重要)厂用水泵	沈阳鼓风机集团核电泵业有限公司
超大电流强度(600KA)铝电解用智能化天车的研发	中国有色(沈阳)冶金机械有限公司
镍铬硅铜合金棒材	沈阳兴工铜业有限公司
数字医疗影像专用平板显示模组	沈阳市火炬北泰数码科技有限责任公司
飞机电气控制系统通用测试设备研制	沈阳飞机工业(集团)有限公司
埃森诺网络质量监测系统	沈阳埃森诺通信设备有限公司
多项目运营协同管控平台	中国航空工业集团公司沈阳飞机设计研究所
企业综合业务运行保障系统	中国航空工业集团公司沈阳飞机设计研究所
高清晰公路车辆自动记录系统(卡口)	辽宁天久信息科技产业有限公司
城市轨道交通自动售检票系统标准体系研究与应用	沈阳标准化研究院
大规模灾害仿真与应急管理系统	沈阳建筑大学
居住建筑节能构造关键技术研究	沈阳建筑大学
村镇建筑洪水中破坏机理及抗洪加固关键技术研究	沈阳建筑大学
跨度 31.2m 双线铁路简支槽形梁设计关键技术研究	沈阳铁道勘察设计院有限公司
体外预应力技术在简支 T 梁桥工程中的应用研究	辽宁省交通高等专科学校
SBR 法培养颗粒化污泥污水处理技术研究	沈阳环境科学研究院
丁香湖生态系统营建及水质改善技术应用研究	沈阳环境科学研究院
园林植物危害性入侵蚧虫的风险分析及检疫防控技术研究	沈阳出入境检验检疫局
初级农产品及其产地环境中农药残留检测和源头防控技术研究	沈阳出入境检验检疫局
沈阳城区地下水利用保护关键技术问题研究与应用	沈阳市水利科学研究所
基于流加复合发酵工艺的树莓果醋关键技术研发与应用	沈阳农业大学
载药脂质微球注射液的研究与开发	沈阳药科大学
高热稳定性专用 PVC 糊树脂研发	沈阳化工股份有限公司
结晶化蛋白质类药物长效缓释给药系统	沈阳药科大学
环保无钡触变性防锈油	沈阳防锈包装材料有限责任公司
SYF 型脱硫非金属补偿器及材料	沈阳市红星密封材料厂
实时三维超声在评价心血管结构和功能中的基础与临床应用	中国医科大学附属第一医院
颅内动脉瘤诊治之基础与临床系列研究	中国医科大学附属第一医院
子宫剖宫产瘢痕妊娠的基础与临床研究	中国医科大学附属盛京医院
植物雌激素治疗阿尔茨海默氏病及其机制研究	中国医科大学附属第一医院
并有糖调节受损的代谢综合征中西医结合治疗方案研究	辽宁中医药大学
中医药干预慢性心衰临床疗效评价研究	辽宁中医药大学
三种中药的有效成分对白血病的治疗作用及分子机制研究	中国医科大学附属盛京医院
SHP－2 在宫颈病变组织中的表达及其与 HPV 感染免疫相关研究	沈阳医学院附属中心医院
TCT 细胞标本保存液及其滤过膜管在胸腹水沉渣包埋切片制作中的临床应用	沈阳市第四人民医院
超薄组织的石蜡切片制作技术及其在眼科病变诊断中的应用	沈阳市第四人民医院
磁共振弥散张量成像(DTI)在脑瘫患儿早期诊断及康复评价中的应用研究	沈阳市儿童医院
同种骨植入材料在自体颅骨再植术中的应用	沈阳市红十字会医院
儿童肺炎支原体感染血清细胞因子变化的临床研究	沈阳市儿童医院
中药麸制技术原理研究与应用	辽宁中医药大学

基于神经修复与免疫调节治疗中枢神经免疫异常相关疾病的系列研究	辽宁中医药大学
血管瘤及血管畸形的生物学行为及治疗的系列研究	中国医科大学附属口腔医院
牙周骨缺损的基础与牙周病临床系列研究	中国医科大学附属盛京医院
甲状腺乳头状癌相关基因的表达及其临床病理意义	沈阳医学院附属中心医院
干细胞与阿尔茨海默病细胞模型共育微环境的研究与临床的研究	沈阳市第一人民医院
基于科技创新的沈阳装备制造业结构调整及优化升级对策研究	沈阳工业大学
企业内部物流精艺控制标准化对策研究	沈阳大学
创新城市科技投融资体系建设研究	沈阳大学
马克思主义中国化最新理论成果大众化普及探索研究	沈阳大学
辽宁省县域经济可持续发展评价体系研究	沈阳建筑大学

2013 年度沈阳市农村科技推广奖获奖项目

一等奖

项目名称	完成单位
现代化禽舍环境控制技术的研究与示范推广	沈阳市种猪种鸡繁育中心
沈阳北部寒冷地区设施蔬菜高效栽培技术集成与推广	辽宁省农业科学院
优质高产花生新品种及配套栽培技术示范与推广	沈阳农业大学

二等奖

项目名称	完成单位
耐寒月季品种的筛选及应用	沈阳市农业科学院
犬群布鲁氏杆菌检测方法及防控技术集成研究	沈阳市动物疫病预防控制中心
种植基地土壤中农药和重金属复合污染的生物修复技术研究及应用	沈阳检验检疫科学研究院
抗生素替代物在养猪生产中的应用	沈阳市畜牧兽医科学研究所
玉米新品种东单 258、东单 606 示范与配套栽培技术转化	辽宁东亚种业有限公司
盐酸头孢噻呋缓释注射剂推广应用	沈阳伟嘉牧业技术有限公司
沈北新区花卉产业示范基地建设	辽宁省农业科学院
高产奶牛泌乳期功能颗粒饲料的研制与推广	辽宁禾丰牧业股份有限公司
新型微润灌溉技术示范与推广	沈阳市水利技术推广中心
沈阳出口蔬菜规范化种植及其病虫害诊治软件的开发与推广	沈阳出入境检验检疫局
青年农民上大学培训工程	沈阳市科学技术局

三等奖

项目名称	完成单位
珍稀食用菌优良品种推广应用	沈阳市农业科学院
奶牛浓缩饲料产品技术开发	辽宁辉山乳业集团有限责任公司
生物处理秸秆成套设备研制与开发	沈阳市农业机械化研究所
微生态饲料—无抗生素日粮的推广	辽宁华达牧业有限公司
万寿菊高产优质栽培技术推广应用	法库县农业技术推广中心
耐密玉米品种及高产栽培技术示范推广	沈阳市农业技术推广站
树莓中生理活性物质提取关键技术应用推广	辽宁新大地实业发展集团有限公司
沈阳市设施农业冬季灾害性天气预报与预评估服务系统开发与研制	沈阳市气象局
外用透皮缓释吸收乳剂“幼仔安”的研发与推广	沈阳中亚兽药业有限公司
保护性耕作机械化技术推广	沈阳市农业机械化技术推广站
防控农业面源污染的实用水肥调控技术开发	沈阳久恒田园农业有限公司
沈阳市河道生态护坡技术推广服务	沈阳市水利科学研究所
圣春牌有机北虫草产业化技术应用推广	沈阳聚鑫北虫草菌业有限公司
树莓速溶粉生产关键技术研究	沈阳市粮油食品科学研究所
植物吸附与低温等离子体组合技术净化畜禽粪便堆肥中恶臭研究及工程示范	沈阳出入境检验检疫局
玉米秸杆生物饲料生产技术的开发与推广应用	沈阳市粮油食品科学研究所
高产优质苜蓿示范项目	沈阳茂源草业有限公司
大田作物测土配方施肥技术应用研究与推广	辽中县土肥站
“寒富”苹果抗寒优质高效栽培技术产业化	康平县方家屯镇林业工作站

气　象

【气象服务】 2013年,沈阳市气象局共发布决策气象信息350期;发布监测预报预警手机飞信10万多条次;发布预警信号372次。准确预报2月28日和3月12日中到大雪局部暴雪天气过程以及8月16日暴雨天气过程。开展人工增雨作业9次,增加降水量3.08亿立方米。十二运期间提供各类气象服务专报853期,发送场馆显示屏实况信息698条,场馆预报信息1584期,9个场馆气象灾害预警准确率达到100%,预警平均提前时长20分钟。市本级及7个县级突发事件预警信息发布系统建设基本完成。建立281个各部门责任人和166个建筑行业责任人的接收天气预警信息人员库。在和平区沈水湾街道远洋社区建立了全市首个城市社区气象信息服务站。与市农委建立农业气象资源共享机制;与环保局共享实时空气质量监测信息、每日环境空气质量指数等数据;与市城建局共享全市易积水地点分布、积水点实时监控等数据。与市发改委、市财政局三部门联合印发《沈阳市落实〈辽宁省政府办公厅关于加强农村气象灾害防御有关工作的通知〉任务分解表》。完成7个具有观测仪器的农业气象试点田建设。与1523个重点服务对象开展了的"直通式"农业气象服务。深入300家农业生产单位开展"知农时、懂农事、察农需、接地气"气象服务调查。沈阳市人民政府印发《关于进一步加强气象探测环境保护工作的通知》,市气象局全年开展气象探测环境和设施保护执法检查7件、气象信息传播执法检查5件。全地区共办理行政审批项目1124件,法定受理率、结案率和行政复议决定履行率达到100%。开展防雷安全检查,完成962家易燃易爆场所、38家十二运沈阳赛区运动场馆、122家液氨液氯使用单位的防雷安全检查,累计派出检查人员1692人次。被省气象局评为2013年综合考评特别优秀单位,"沈阳市气象局加强灾害性天气预警工作"被评为群众最满意的20项政风行风建设工作之一。全市各级气象部门和干部职工获得厅局级以上奖励18项。

(张　郁)

【天气监测预报】 预报准确率稳步提高。2013年,沈阳市气象台晴雨预报准确率88.1%;最高温度预报TS评分为79.7%;最低温度预报TS评分为77.7%,较2012年提高0.3%。

重大过程预报准确无误。2013年沈阳市共出现中雨(雪)以上天气过程22次,均做出准确预报;准确预报2013年2月28日和3月12日中到大雪局部暴雪天气过程;提前24小时准确预报出8月16日暴雨天气过程。

精细化预报业务取得实质进展。继续完善发展大城市精细化预报业务,每天三次发布沈阳市11个站点逐6小时精细化要素预报,并通过电台、手机短信等对外发布。全运会期间实现发布全市15个全运场馆,24小时内逐1小时、24到72小时内逐3小时的精细化要素预报业务,及时发布精确到场馆的精细化预警信息。

(李大为)

【为重大社会活动提供有力气象服务保障】 2013年,沈阳市气象局制作常规专项服务共160余期,其中包括《2013年春运气象服务专报》41期、《2013沈阳法库国际飞行大会专题气象服务》8期、《2013年沈阳中考专题气象服务》5期、《沈阳市两会专题气象服务》6期、《2013年中国数学奥林匹克(第28界全国中学生数学冬令营)气象服务》7期、《森林防火气象服务专报》77期、《2013中国沈阳国际农业博览会气象服务》6期、《2013年沈阳高考专题气象服务》5期,另外还有临时专项服务10余期。通过飞信向相关部门及人员共发布预警信息、天气预报、天气通报、雨情、雨情报告十万余条次。继续与环保局、国土局以及地质监测总站合作,每日提供天气分析资料和预报,为市防、城防、农业、水利、环保、国土、消防、交通、建委等部门提供即时气象服务等。

十二运期间,决策气象服务中心共制作发布各类专报853期。为篮球、足球、竞走等测试赛提供气象服务专报58期。为开闭幕式等重大活动提供精细化气象服务,制作十二运倒计时100天、全运会健步走、十二运倒计时30天等活动气象服务专报9期;火炬传递及演练气象服务专报22期;开闭幕式期间,制作开闭幕式精细化预报、开幕式带妆彩排、舞美撤场等气象服务专报118期;制作马术、跳水、射击等22项比赛的气象服务专报622期。为沈阳赛区组委会及各单项竞赛委员会提供未来十天预报服务24期。十二运气象局专题网站上提供城市交通预报、城市未来7天预报、比赛场馆未来3天预报等气象服务550次。

(李　崇)

【农作物生长季气候评价】 2013年作物生长季总的天气气候特点:春季前期气温偏低,夏秋季气温持续偏高,热量条件较好;降水量同历年同期持平,时空分布不均;日照时数总体偏少,出现阶段性寡照。

1.气温。2013年4~9月,沈阳市平均气温为19.2℃,和历年同期持平,较2012年同期偏低0.2℃。其中:4月气温特低,比历年同期偏低4.2℃,位居历史同期低值第二位;其它各月温度均高于历年同期。作物生长季温度变化特点是:春季前期气温偏低,夏秋季持续偏高。

稳定通过10℃日期为4月22日,较历年平均日期晚1天;稳定通过20℃的日期为5月21日,比历年平均提前24天。

4~9月10℃以上活动积温为3430.1℃,比历年同期偏多95.1℃;20℃以上活动积温为2342.1℃,比历年偏多344.8℃,热量条件较好,满足作物生长需要。

日最高气温≥30℃首日出现在5月23日,日最高气温≥30℃的日数为多达46天,比历年平均多16天,比2012年多17天;日最高气温≥33℃的高温日数为1天。

2.降水。4~9月全市七县区平均总降水量为545.7毫米,比历年同期多1.3毫米。降水时空分布不均,其中:5月、6月、8月降水量较历年同期偏少,仅有历年同期的4成、7成和9成;其它各月降水量均多于历年同期。苏家屯、辽中作物生长季降水量较历年同期偏少

1～2成，其它各地降水量是历年同期的1～1.2倍。

春季降水量为历年同期的8成，降水主要集中在4月，5月降水量比历年同期偏少30.1毫米，5月下旬部分地区开始出现旱象。

汛期降水量和历年同期持平。各地分别出现2～4次≥50毫米降水，区域性暴雨次数较历年偏少1～2次；首场区域性≥50毫米暴雨出现在7月2日，较历年偏早十天左右；日最大连续降水量为102.9毫米，8月16日出现在法库地区。

3. 日照。2013年4～9月日照时数合计为1297.6小时，比历年同期少22.6小时。其中：5月、7月月日照时数分别比历年同期多22.8小时和24.8小时，其它各月分别比历年同期偏少10.1～28.3小时。

有利气候条件对粮食作物生产的影响。进入5月，沈阳市气温迅速上升，温度高，积温、日照、墒情条件较好，在一定程度上弥补了前期不足，对玉米苗期生长较为有利。今春因错期播种缘故，不同地块间出苗时间不一致，但同一地块出苗整齐，苗情好，一类苗占95%以上。

春季水稻工厂式育苗占70～80%，有的地区达到80%以上，大棚集中育秧进度快，虽然育秧时间普遍比历年偏晚，但由于工厂式育苗比例大，秧苗长势情况良好，同时机插秧完成移栽，秧苗缓苗快，长势均衡，一类苗比重突出。

5、6月降水持续偏少，6月上、中旬沈阳市西北部部分地区出现阶段性旱象，6月下旬至7月初两次强降水有效增加北部土壤墒情，及时缓解大田旱象，对作物生长有利。

夏季降水频繁，雨量分布不均，粮食主产区降水量充沛，农业生产受益大。

各地暴雨、雷电、大风、冰雹等各类农业气象灾害发生较少，利于丰产。

不利气候条件及农业气象灾害影响。春季3、4月沈阳市气温、地温持续偏低，冻土融化速度慢，土壤偏湿，不利于春播春种工作的开展，致使春小麦错过适播期，全市2666.68公顷小麦无法正常播种。同时，由于雨雪天气多，春涝面积大，对水稻育苗、大田整地和播种有一定影响，水稻育苗较历年同期延后了10天左右，大田播种也推迟7～10天。

7月下旬受连续强降水天气影响，部分地区农田遭受暴雨洪涝灾害，低洼地带出现内涝，局地农业生产受到影响。

8月14～16日受暴雨和短时大风、雷电等强对流天气影响，沈阳地区多个乡镇作物遭受风灾和水淹，风灾对康平影响较大，造成玉米茎折断，部分地段作物绝收，对产量有一定影响。

综上所述，2013年作物生长季气候特点是前期气温偏低，后期气温持续偏高；降水正常；日照略少。总体来看，作物生长季农业气象条件较好，粮食主产区雨水充沛，墒情适宜，温、光、水匹配良好，各类农业气象灾害发生较少，有利于作物生长发育和产量形成。

（张 菁）

2013年主要气象资料

月份	平均气温（℃）	降水量（mm）	有效降水日数（天）	日照时数（小时）
1	－14.2	4.1	5	170.7
2	－8.8	24.8	7	199.9
3	－0.5	18.5	7	202.3
4	6.5	55.1	10	207.2
5	19.1	19.2	6	266.8
6	22.5	51.7	12	213.6
7	25.1	216.3	10	231.1
8	24.3	176.3	11	168.2
9	17.6	106.4	6	207.7
10	9.4	96.3	10	179.7
11	1.6	17.0	8	168.4
12	－8.1	2.4	6	174.0

（李 崇）

地 震

【地震监测预报】 2013年，沈阳市8个地震台47套观测项目实现了安全、连续、稳定运行，在国家和辽宁省观测资料评比全部取得优秀成绩，年度震情会商报告在全省评比中获得三等奖。新增加了洞体形变、井下孔隙压力、地温等4套综合观测项目，4台套设备维修、2条地震数据光纤扩容升级和前兆项目观测效能总体评估。组织完成了法库地震台观测山洞，辽中、新民、康平地震台观测室技术改造与搬迁。对全市宏观观测网络进行了优化调整，调整后由10个宏观观测站、68个业余宏测报点、680名防震减灾助理员组成，建立健全了相关工作内容、标准、流程、培训、考核办法等管理制度。由12个地震烈度子台和一个地震烈度台网中心组成的地震烈度速报台网，已纳入省局地震烈度速报台网管理。全市虚拟数字地震台网、数字地震前兆台网和地震烈度速报台网三大监测网络的地震观测信息通过数字网络平台实现了全市共享，开展实时资料分析处理，并将处理结果通过专网上传省局。完成了8期F6断层形变测量，举办2次业务培训班，邀请中国地震局和辽宁省地震局专家讲授地壳形变、地震速报知识，在全市系统开展了地震速报业务考核，地震速报能力得到提高。

（胡舒颖）

【震害防御】 2013年，沈阳市地震局对地震行政审批事项和工作流程进行了再次梳理，制定了《地震行政窗口服务标准化指导手册》，启动了网上审批和绿色通道，对特殊工程项目保证急事急办、特事特办，审批工作全面提速。同时，加强区县审批工作指导，举办了3次审批工作业务培训，全市地震审批队伍的专业技能、政策水平和服务意识得到了有效提高。不断加大抗震设防管理力度，工程性防御工作得到进一步加强，全年组织完成了全运会运行中心、国家开发银行辽宁分行、沈阳新华金融中心等70余项重大工程项目的地震审批，对审批对象进行了逐一回访，满意率达100%。认真落实审批权委托下放，充分发挥地震小区划和活断层探测研究成果的作用。一般工程抗震设防要求管理备案工作实施属地化管理，全市700余项一般工程依据地震小区划或地震动参数区划图进行了抗震设防要求备案，使工程性防御进一步加强。

（胡舒颖）

【应急救援】 2013年，沈阳市地震局对学校、重点企业、人员密集场所地震应急预案编制工作开展全面推广，先后完成

401 所学校，183 家重点企(事)业单位，69 个人员密集场所地震应急预案的编制及备案工作。

组织召开了全市防震抗震工作联席会议，重新调整的市防震抗震工作领导小组成员单位增至 33 个，市政府主管领导对做好年度防震减灾工作进行了具体安排和部署。通过实施联席会议制度，更加明确了各部门的防震减灾工作职责，有效整合了地震应急救援资源，逐步形成全社会共同做好防震减灾工作良好局面。

加强部门协调，发挥资源优势，提高应急能力。联合市政府应急办对区县政府的应急体制建设、预案修订、演练培训等情况进行现场审核，评价结果纳入区县防震减灾年度综合考核指标。与辽宁陆军预备役高炮 1 师 2 团就救灾应急、震情信息和应急资源共享等军地联动工作的深入开展达成了广泛共识。

组织全市 650 余所学校 66 万中小学生参加的地震应急疏散演练，提高突发性地震事件应急实战能力。建立应急检查和演练长效机制，提升了各级政府的应急意识，推动了全市地震应急管理水平的提高。

(胡舒颖)

【地震突发事件应急处置】 2013 年 1 月 23 日，辽宁省辽阳市灯塔县发生 5.1 级地震，4 月 22 日喀左发生 5.3 级地震，沈阳市有强烈震感。地震发生后，沈阳市地震局快速启动应急预案，高效有序开展地震速报、震情会商、地震影响调查、地震信息发布、舆情调查等应急处置工作。对全市地震系统加强震情研判、宏观观测和震情应急值守值班等工作进行了安排和部署，执行地震异常零报告制度，加大地震宣传力度，严密舆情监控，充分利用媒体和市局网站宣传介绍地震基础知识和防灾避险技能等。同时，多项并举，通过部门联动、及时会商、严格值守、强化工作、建立机制等应对有效措施，没有发生地震谣传误传事件，保证社会秩序没有受到地震事件影响。

(胡舒颖)

【全运会地震安保】 沈阳市是第十二届全运会赛事的主会场和主要协办城市。为确保赛会顺利召开，进一步做好全运会地震安全保障工作，沈阳市地震局认真组织制订并印发了《全运会地震安全保障工作方案》，绘制了《方案》的简本流程图，并结合方案中的地震速报工作方案、震情跟踪工作方案、新闻保障方案、专项地震应急预案四个组成部分。8 月 6 日，与新民市地震局联合开展了地震应急演练，桌面推演应急处置程序，现场演练了布设流动台进行摸拟监测，确保全运会地震安全保障工作方案能够科学、合理、周密的实施，圆满完成全运期间的地震安保任务。

(胡舒颖)

【防震减灾宣传】 2013 年，沈阳市地震局防震减灾宣教工作取得新成效。省、市、区地震局走进和平区朝鲜族居住社区，赠送朝文地震科普资料，用朝语讲解地震知识。“进机关”活动为辽宁省沈阳监狱管理分局近百名干警讲解地震应急知识并赠送宣传资料；组织编印发放针对社区、学校、企业、机关、村屯不同对象的宣传资料 4 万套，通过短信平台发送宣传信息 1 万人次。于洪区地震局与教育局联合举办了小学生防震减灾知识水彩画比赛；铁西区在劳模广场举行了“贯彻《防震减灾法》纪念汶川地震”主题宣传活动；辽中县走进学校召开主题班会，组织地震兴趣小组活动；沈北新区、辽中县、法库县等积极利用当地有线电视台等媒体，播放地震专题片等，开展防震减灾知识宣传。

(胡舒颖)

【防震减灾绩效考核】 2013 年，沈阳市地震局全面开展绩效考核，区县地震工作能动性进一步提升。结合承担辽宁省政府对市防震减灾工作绩效考核任务，进一步完善了全市防震减灾工作考核办法和指标并纳入全市政府绩效考核体系，全面优质完成了省政府防震减灾工作绩效考核任务。在对县区防震减灾工作绩效考核中，加强业务培训指导，通过月报表、季检查和现场审核等具体办法，全面完成了绩效考核任务，以目标考核为抓手，大大提升了地方政府对地震工作关注和重视，调动基层地震工作者的工作积极性，切实发挥政府领导防震减灾工作的核心作用。

(胡舒颖)

【防震减灾基础资料普查】 根据全省地震工作安排部署，充分发挥市县地震局职能作用，沈阳市地震局协调各方，调动全系统力量，全面搜集、整理了包括市县两级机构、地震安全社区、农民民居工程、科普教育基地、科普示范学校、应急避难场所、志愿者队伍、市县台站、动物宏观观测场及观测井和前兆观测点、三网一员情况、宣传工作统计、绩效考评实施、抗震设防要求管理等 16 项数据和资料。为确保资料的真实准确，又按照来源和途径与相关职能部门进行了核对，确保了各类数据资料统计口径与范围一致，为上级部门进一步全面了解市县防震减灾工作进展，掌握基层实际情况奠定了良好的基础。

(胡舒颖)

【省级防震减灾科普示范学校创建】 沈阳市地震局按照《辽宁省地震局辽宁省教育厅关于在全省中小学开展防震减灾科普示范学校创建活动的通知》(辽震发防[2010]48 号)文件精神，继续深化落实省地震局、省教育厅部署的创建工作。年初，与市教育局在全市 400 多所学校中联合开展了全市中小学创建省级防震减灾科普示范学校活动，组织推荐了 10 所学校审报了全省防震减灾科普示范校的创建工作。经省地震局、省教育厅的严格评审和抽查验收，沈阳市南昌新世界学校共 8 所学校被命名“辽宁省防震减灾科普示范学校”，包括 2011 年首批命名的沈阳实验中学、沈北新区辉山学校、和平区振兴二校 3 所学校在内，全市已拥有 11 所省级防震减灾科普示范学校。通过地震安全示范项目的不断深化推进，有效地提升了公众的防震减灾意识和应急避险能力。

(胡舒颖)

【创建省级地震安全示范社区】 依据辽宁省地震安全示范社区创建标准，结合沈阳市工作实际，沈阳市地震局制定下发了《沈阳市地震安全示范项目管理办法》，进一步完善了考核验收制度，严格标准，规范管理，明确指标任务。3 月，组织召开震防工作会议专项部署安排，积极指导区县开展地震安全示范学校、社区、村屯的建设工作。经评审，沈河区五里河街道地王花园社区等 5 个社区被授予“沈阳市地震安全示范社区”。在此基础上，组织推荐4个社区申报了全省地震安全示范社区的创建。经省地震局评审，沈北新区古城新都雅苑社区、大东区莱茵河畔两个社区被授予“全省地震安全示范社区”，并上报申请国家地震安全示范社区。经中国地震局评审和实地评估，沈北新区古城新都雅苑社区荣获“国家地震安全示范社区”称号。

（胡舒颖）

【中小学生防灾减灾宣传教育活动周】

2013年，沈阳市地震局与市教育局、市红十字会3部门联合在全市中小学集中开展防灾减灾宣传教育活动周。5月9日，在市教育研究院召开了全市中小学校安全员培训会议，市地震局副局长石盛昌为全市中小学校的安全主任进行了《地震灾害与防护》的专题讲座，并通过市网络教育电视台，覆盖其它地区学校安全员接受同步培训。5月10日，“珍爱生命安全自救”防震应急培训和疏散演练在沈阳市第九十一中学正式启动。活动当天，组织全市60万中小学生观看了由市教育局、市地震局、市教育研究院联合录制的《地震逃生》安全自救宣传片，随后组织学生统一开展了地震逃生应急疏散演练。同时，为提高全市中小学生防灾减灾、应急逃生的安全意识，增强师生自我保护能力，将每年五月的第二周定为中学防灾减灾安全教育活动周，使中小学防灾减灾和应急逃生教育常态化、制度化。

（胡舒颖）

2013年沈阳市地震活动

序号	日期	发震时刻	纬度	经度	震级(ML)	震中(KM)
1	1.30	16－45－19.9	123.08	41.64	1.9	46.3
2	1.30	18－19－27.5	123.01	41.69	1.5	49.6
3	2.20	13－38－59.5	123.15	41.72	1.1	37.7
4	3.10	16－17－31.5	122.4	41.9	2.2	79.6
5	3.22	04－35－29.8	123.1	41.9	1.8	46.3
6	6.7	11－14－22.5	123.3	41.49	2	54.1
7	8.5	8－15－23.0	123.68	41.87	3	6

（胡舒颖）

教　育

综　述

【学校与教师概况】 2013年，沈阳市共有各级各类普通学校1795所(含民办学校和民办幼儿园)，在校生144万人，教职工12万人，其中专任教师8.8万人。

高等教育。2013年，全市有研究生培养机构29个(其中包括10个科研机构和19所普通高校)，在校研究生达4.3万人，全年招收1.6万人，为国家输送博士、硕士1.3万人。普通高等学校46所，在校生规模达到38万人。教职工4.1万人，其中专任教师2.6万人。

中等职业教育。2013年，全市有中等职业学校84所(其中：普通中等专业学校39所，成人中等专业学校1所，职业高中44所)，在校生8.1万人，教职工8000人，其中专任教师6000人。全年共招生2.7万人，为国家输送毕业生2.9万人。

普通高中教育。2013年，全市有普通高级中学89所，在校生为11万人，教职工1.1万人，其中专任教师9000人。全年共招生3.5万人，为国家输送毕业生3.6万人。

普通中、初等教育。2013年，全市共有普通中、小学校653所(含民办中小学)。其中：普通初中233所，普通小学320所。在校学生51万人(普通初中16.5万人，普通小学34.5万人)。教职工4.4万人(普通初中1.9万人，普通小学2.5万人)，其中专任教师3.7万人(普通初中1.5万人，普通小学2.2万人)。

学前教育。2013年，全市共有幼儿园972所，在园幼儿14.3万人，教职工1.7万人，其中专任教师1万人。

(教育局)

【创建沈阳市教育强区县(市)】 依据《关于印发〈沈阳市开展教育强区县(市)创建工作实施方案〉的通知》(沈政办发〔2011〕10号)文件精神，2013年3月，沈阳市教育督导室全面开展第二批教育强区县建设督导评估工作，制订出台了《2013年沈阳市教育强区、县(市)督导评估工作方案》、《沈阳市教育强区县督导评估抽签工作方案》，并召开教育督导工作会议进行了全面部署。上半年，对提出验收申请的大东区、皇姑区、苏家屯区、辽中县、于洪区、沈北新区教育强区建设第一阶段义务教育均衡发展情况进行了评估，同时对学前教育、高中教育、民办教育、终身教育等各类教育进行了督导。下半年，对第一阶段评估意见整改落实情况较好的大东区、皇姑区、苏家屯进行了教育强区县的评估验收。经区县自查申请、督导预检、专家评估，大东区、皇姑区、苏家屯区被认定为沈阳市教育强区。

(张玉玲)

【教师招聘】 2013年，沈阳市共招聘教师648人，其中：北京师范大学专场招聘会签约7人，东北师大专场招聘会签约192人，辽师大专场招聘会签约88人，四县市农村特岗招聘教师361人，其中研究生学历人数达到70%。

(胡宝庆)

【教育专家遴选】 2013年，沈阳市继续采取以训代评方式，通过教育专家协会，对候选者进行培训学习和配备导师指导，对候选者的考核分为入校考核评估和行政答辩两个阶段，最终评选出11名沈阳市教育专家。

(余　生)

【教师节活动】 2013年教师节期间，沈阳市组织开展了系列宣传庆祝活动。一是表彰先进。以市政府名义评选表彰沈阳市教育专家11名，沈阳市首席教师59名，沈阳市优秀校长99名。二是先进典型宣传活动。在全市推荐和宣传了一批立得住、叫得响、树得牢的典型人物(21人)和学校(20所)，沈阳市各有关媒体对典型人物和学校进行了系列宣传和报道。同时，组织先进典型在全市范围内先后开展了近20场专题报告会，听众达到2万人次，营造了良好的尊师重教氛围。

(赵　贺)

【送培进疆】 2013年5月，沈阳市组织由全国优秀教研员、辽宁省特级教师、沈阳市教育专家、沈阳市首席教师、名师等22人组成的讲师团赴新疆塔城市进行培训指导。此次"送培进疆"的重心与重点放在了学校，采取"纵横双向"与"点面结合"相统一的培训模式，对被指导学校的教育教学情况进行了把脉和指引。9月，组织东北育才学校开展新疆塔城教师和教育管理干部共计12人的挂职培训工作。

(余　生)

【招生考试】 2013年，沈阳市招考办组织和承接各类招生考试共计20项、25次，接纳考生共计40余万人次。高考、中考连续两年实现了考生和工作人员"零违纪"，考务管理实现了零差错。

普通高校招生考试。全面做好高考政策和改革措施的宣传工作，重点抓好报考资格审核、加试测试考试、填报志愿指导等关键环节。落实外省进城务工人员随迁子女报名政策，为215名符合条件的进城务工人员子女办理了报名手续，共完成了3.93万名普通高考考生和2877名中职升高职考生的报名、资格审核、建档、思想政治品德考核、体检、体育艺术加试、外语口试、文化课统一考试、填报志愿等工作。2013年末，首次组织实施并圆满完成了2625名考生参加的2014年普通高等学校招生美术类专业统一考试。

继续做好沈阳经济区跨市招生工作，实现高中阶段优质教育资源共享，推进八城市教育一体化；完成了省级重点高中均衡编班工作，进一步规范了普通高中办学行为；调整了部分加分及照顾录取政策和民办学校招生备案办法及部分学校的录取办法；严格落实辽宁省教育厅关于军人子女降分照顾录取政策规定,采取增加计划、单独录取的办法,受到了考生和学校的欢迎。全年共完成了4.80万名考生的报名、建档、体育考试、外语听力和理化操作考查、体育艺术特优生专向素质测试、志愿填报、文化课统一考试、评卷和录取等工作,为各类中等学校录取(备案)新生3.80万人。

硕士研究生招生考试。不断加大对驻沈高校毕业生的服务力度,细化报名点设置条件和办法,合理分流报名考生,优化现场确认环境,强化考试过程管理,加大安全保密工作力度,完成了2.71万名考生的网上报名、现场确认、建档、志愿填报、考试等工作,报考人数再创历史最高记录。

成人高等学校招生考试。继续完善服务措施,加大服务考生和成人高校的工作力度,重点做好宣传、咨询、报名、考试等环节的管理和服务,帮助招生学校组织和扩大生源。完成了1.99万名考生、6.10万科次的网上报名和现场确认报名、资格审核、建档、填报志愿、考试等工作。

高等教育自学考试。牢固树立终身教育服务理念,实行自考远程报名、上门报名、简化报考程序等新举措,加大为考生和助学单位的服务力度。全面应用自主研发的"沈阳市自考网上综合服务系统",实现助学单位网上报名、学历认定、课程免考、毕业等信息"一站式"服务,提高了工作效率。全年共完成了6.70万名考生的报名、考试工作,为考生办理学历类别鉴定和免考课程认定8082人次,为5902名考生办理了毕业手续。

普通高中学生学业水平考试。继续做好全省统一组织的普通高中学生学业水平考试工作,重点强化报名和考试管理,提高考试公信度,充分发挥考试对深化高中课程改革和普通高校招生改革的推动作用。共完成了5.46万名考生的报名、考试工作,其中:高二应届生3.58万人,高三补考考生1.87万人,社会其他考生58人。

(周长浩)

【校车安全管理】 先后召开6次校车工作会议,全面了解校车管理中存在的主要问题,分析研究校车管理、经费补助模式及成立校车服务公司、开展校车许可审批等有关问题,明确了工作思路,制定了具体解决办法,提出了工作进度要求。结合地区特点,分别组织四个农村县(市)、7个区研究校车运营管理方案及模式,为当地政府强化校车管理提供有力支持。指导各区、县(市)成立校车办或成立专业校车公司,筹建北斗监控平台,推进校车更新和标准化建设,将校车安全管理作为对区、县(市)政府考核内容,强化了校车和幼儿园园车的安全监管,积极推进校车许可审批进度,研究强化校车管理措施。全面落实学生乘车管理"实名制"工作,强化学生乘车安全教育,模拟开展校车发生意外事故应急疏散演练。联合公安(交警)、交通部门,共同开展校车安全工作专项大检查,对部分区、县的校车运行情况进行了暗访,针对群众反映个别校车超员问题,进行了突击检查,对违规车主给予处罚。

(苗道国)

【安全教育活动月】 4月,以"关爱生命,关注安全,喜迎全运"为主题、10月,以"树立法制大观念,争做守法小公民"为主题,分别开展了"安全教育活动月"活动。下发了《沈阳市中小学"安全教育活动月"工作方案》,召开专题会议,认真进行安排部署,通过组织开展逃生自救演练、专题知识讲座、主题教育班会、安全知识竞赛、隐患排查整治、溺水交通消防警示宣传教育等形式,集中开展了应急逃生自救演练、安全知识教育、校园伤害事件预防等主题宣传教育活动,进一步提高广大师生安全意识,增强安全防范能力。为配合活动展开,强化活动效果,在两个安全教育活动月中,市教育局统一制作了3000余条宣传条幅,全部免费发放给中小学校。

(苗道国)

【校园周边环境整治】 积极配合相关职能部门,加强了学校周边治安环境、门前流动商贩、校园周边网吧和"三厅一社"、交通秩序等综合整治工作。3月,对全市中小学校校园周边情况进行了调查摸排。发现案情隐患和问题276个,其中:商贩占道109个,网吧及娱乐场所17个,"三无食品"摊贩55个,市场(货站)扰校75个。4月,召开了校园周边综合整治工作联席会议,集中开展了综合整治行动。共出动954人次,清理网吧9个、游戏厅4个、娱乐场所2个、彩票投注站1个、流动摊点216个。处理涉校矛盾18个。管控矫正人员88人。9月,再次组织开展了综合整治行动,有效净化了校园周边环境。

(苗道国)

【校园安全隐患排查治理】 全国"两会"及元旦、春节期间,及时下发了《沈阳市教育局关于做好"两节两会"期间中小学安全工作的紧急通知》及《沈阳市教育局关于开展安全工作大检查的紧急通知》。建立了重点时段安全信息日报告、零报告制度。3月4日至15日,全国"两会"期间,联合市公安局社区和反恐两个支队,组成两个督查组,以消防、监控设施设备、保安配备等为工作重点,对14个区、县(市)及直属学校进行了安全工作大检查。6月18日至7月11日,吉林德惠发生火灾后,市教育局集中开展了化学药品、电梯安全专项大检查。9月2日至12日,结合秋季开学和全运会召开,以学生"实名制"乘车、门卫值班、食堂及饮用水安全为重点,开展了安全工作大检查。11月15日至12月3日,市教育局对申报市级"平安和谐校园"的学校,以互检的形式检查考核;12月12日至21日,联合市消防局,再次以消防安全为主题,对全市中小学消防工作进行了大检查。2013年,市教育局共组织各类安全工作大检查20次,市教育局抽查学校216所。

(苗道国)

【教育经费】 2013年,全市教育经费为177.22亿元,比上年的158.39亿元增长11.88%。其中国家财政性教育经费为159.45亿元,比上年的139.65亿元增长14.17%,包括:公共财政预算教育经费为129.80亿元,比上年的118.31亿元增长9.71%,占公共财政预算支出的比例达到16.26%(教育部口径);用于教育的税费29.63亿元(其中:教育费附加13.58亿元,地方教育费附加8.41亿元,地方基金7.65亿元)。

小学、初中、普通高中、职业高中、中等职业学校的生均公共财政预算教育事业费和生均公共财政预算公用经费均比上年增长。全市教育经费执行情况监测结果表明,教育投入总量继续增加,特别是财政性教育经费保持较高比例增长,各级政府加大投入是教育经费保持高速增长的主要原因。

(葛沈议)

【学生资助】 启动学前教育资助工作。市教育局与市财政局联合制发《沈阳市财政局、沈阳市教育局转发省财政厅省教育厅关于建立学前教育资助的意见的通知》,对学前三年在园的城乡低保家庭、低保边缘家庭儿童,农村五保供养家庭儿童,孤儿,烈士子女和残疾儿童,以及符合上述条件的外来务工人员子女减免保育教育费,标准为城市在园儿童每生每月200元、农村在园儿童每生每月100元。2013年春季学期受助儿童共计458名,资助金额为88.23万元;秋季学期受助儿童402名,资助金额为63.24万元。多数区县按市文件提出的标准资助,沈河区、大东区、铁西区将资助标准提高至500元,和平区提高至800元。

义务教育阶段"两免一补"统计工作。据统计,2013年—2014年度,享受"两免一补"学生数共计47.65万名,资金1.33亿万元。其中:免学杂费47.65万人,金额8522万元;免课本费25.03万人,金额4618万元;1343人享受住宿补助,金额124万元。

普通高中国家助学金工作。市学生资助中心与市财政局教科文处组成联合检查组,于5月17日至30日,先后对14个区县(市)的14所普通高中学校进行了抽查。检查采取"听、查、看、问"的方式,对学校2012年普通高中国家助学金落实情况报表中各指标情况综合评价,对存在问题进行现场反馈、限期整改。经审核、统计,2013年春季普通高中国家助学金受助学生为6556人(比2012年秋季5819人多737人),资金491.7万元。经请示省学生资助管理中心,将东北育才学校新疆班113名困难学生纳入了资助范围。2013年秋季受助学生6059人,资金454.43万元。

资助考入大学家庭经济困难学生。全年资助学生人数1390人(低保1101人,边缘289人),资助学生人数占实际参加高考学生人数的3.45%,资助资金为382.32万元。其中:各团体实际资助1317人(低保1045人,边缘272人),资助资金362.46万元。市财政资金保底资助学生73人(低保56人,边缘17人),资助资金19.86万元。

中职助学金和免学费工作。春季学期,共发放中等职业学校国家助学金资金1042.58万元,受助1.39万人。秋季学期发放资金275.78万元,受助学生3677人。2013年春季学期,共有66所中职学校申报中职免学费,其中有49所中职学校的2.98万名学生通过审核,减免资金3877.79万元。秋季学期,有68所中职学校申报免学费,经审核,共48所中职学校的3.40万名学生通过审核,减免资金4446.48万元。

开展大学生生源地信用助学贷款工作。2013年共为1582名大学生办理助学贷款,成功发放1582笔,大学生生源地信用助学贷款共发放金额896.74万元,平均每人贷款金额5668元,贷款总额较上年增长了47.5%。

市属高校学生资助工作。2013年春季学期,享受高校国家助学金学生6051人,资金907.65万元。秋季学期,高校国家助学金受助学生6075人,资金911.25万元。2013—2014学年度,享受高校励志奖学金学生1180人,资金590万元。

(李　强)

【国际交流】 科学制定并认真执行因公出国(境)工作计划。2013年,按计划启动因公出国(境)项目9个,其中:行政团组2个,培训团组3个,事业团组1个,双跨团组任务3个。

外派汉语教师。全年向省教育厅推荐了赴美国汉语教师志愿者6人,向"2013年孔子学院总部、国家汉办外派教师库"推荐教师3人,建立了赴东南亚"沈阳市外派华文教师储备库",储备教师16人。选派4位教师于2013年5月赴泰国和菲律宾执行海外华文教育任务。向省侨办2013年"中华文化大乐园"项目选送了11位教学经验丰富的优秀教师,促进了海外汉语教学及中国传统文化的推广。

拓宽交流渠道,加强交流合作。沈阳市中学生英式橄榄球队赴台湾进行训练比赛,并赴香港代表中国参加了亚洲首届中学生橄榄球锦标赛。沈阳市选派代表随教育部基础教育代表团赴澳门访问了澳门教育暨青年局,与澳门教联会及中小学师生进行了深入友好的交流。接待了澳门数学教师访问团,安排28位澳门教师到中小学参观访问,加深了双方的了解,增进了友谊。

加强聘外工作管理。受理沈阳市外专局《聘请外国专家单位资格认可征求意见函》共14件,对沈阳市和平区中睿教育培训中心、沈阳市牡丹文化艺术培训中心等申请聘外单位进行了严格审核和实地考察,对27名外事专办员进行了书面考核,并对单位聘外资格进行了认定,不断促进聘外工作的规范化。

英语教师国外培训。向国家外专局上报了英语骨干教师国外培训计划,按照国家外专局的批复,通过选拔考试共选派英语骨干教师62名赴美国、英国、加拿大等国家接受了专项培训,提高了英语口语水平和教学能力,优化了英语教学方法,对提高英语课堂教学质量发挥了重要作用。

促进外籍人员子女学校和中外合作办学项目的健康发展。2013年4月,经省教育厅批准,市外国语学校与加拿大杜威学院合作试办中加高中双学历教育项目,沈阳市第二中学与加拿大新斯科舍省汉斯东郊中学中加双文凭高中项目办学有效期延至2018年7月。11月,对沈阳市第十七中学、第十一中学、第一百二十七中学和朝鲜族第一中学进行了实地调研,了解学校接受外国学生的基本情况以及存在的问题和困难。制定了《关于进一步做好普通高中外国学生学籍管理工作的通知》,加强外国学生的学籍管理。加强与韩国国际学校和远见国际学校的沟通协调,协助沈阳科爱赛国际学校完善申请材料,满足外商子女在沈接受本国教育的需求,为沈阳经济发展创造良好的投资环境。

(方　彤)

学前教育

【完善发展政策体系】 以市政府名义出台《沈阳市人民政府关于进一步加快学前教育发展的实施意见》、《沈阳市人民政府办公厅关于加强我市城镇住宅小区配套幼儿园建设管理的意见》、《沈阳市人民政府办公厅关于印发沈阳市学前教育奖励补助实施方案的通知》,以市教育局名义出台了《沈阳市学前教育三年行动计划(2013－2015年)》、《沈阳市教育局等9部门关于印发沈阳市幼儿园审批办法通知》、《沈阳市教育局关于幼儿园年审制度的通知》、《沈阳市幼儿园基本设备配置标准》等文件,从政府职责、投入机制、管理体制等方面予以刚性规定,为学前教育健康发展提供政策保障。

(段志慧)

【提高学前教育普及水平】 研究制定了2013－2015年学位扩增计划,计划三年内完成5万个学位扩增任务,构建以标准化幼儿园为主,以小规模幼儿园为补充的办园格局。继续把新建、改扩建50所幼儿园列入政府为群众办实事项目，并为2012年新建、改扩建的50所幼儿园增添设施设备，保证幼儿园建设一所，开办一所。积极探索大村办园的模式，继续以法库县为试点，推进大村独立办园或小村联合办园，全县村级幼儿园达到42所。积极鼓励企事业单位、社会团体和公民个人捐资助园和出资办园，将小规模幼儿园审批列为对各区、县（市）政府工作绩效考核指标，加快推进审批进程。2013年，全市共扩增学位2.5万个。

（段志慧）

【建立财政经费保障机制】 设立学前教育奖励补助资金。破除所有制界限，对符合奖补条件的公办和普惠性民办幼儿园，按照每生每月100元的标准核拨奖补资金，主要用于弥补公用经费性质的运行经费、改善办园条件、教师培训等方面，推动城与乡、公办与民办幼儿园均衡发展。

开展幼儿园标准化建设工程。启动了幼儿园标准化建设工程，投入2000万元奖补资金，按照"先做后奖补"的原则，对举办者通过改善条件、配齐设备、创设环境、提升质量等措施，使幼儿园硬件环境和软件条件基本达到省定标准，经由专家组验收，对验收合格的46所幼儿园按办园规模予以奖补。

实施学前教育资助制度。落实国家、省关于建立资助制度要求，对家庭困难儿童、孤儿和残疾儿童入园给予资助，最低补助标准城市每生每月200元，农村每生每月100元，每年资助月份为12个月。

（段志慧）

【提升教师队伍整体素质】 开展了后备专家高端培训、骨干园长高端培训、农村乡镇中心幼儿园园长和教师培训等项目，切实提高教师的师德修养和专业素质，整体提升教师的保育能力。启动园长工作站项目。遴选了首批18位园长工作站主持人，通过"互助成长"、"点对点培训"的方式，对全市95所相对薄弱幼儿园的园长和教师进行全方位培训。组建质量提升专家团队。在全市范围内遴选出147名业务能力较强的园长、教师，组建了沈阳市学前教育质量提升专家资源库专家团队，形成"种子基地"，在保教质量监测、评估定级等方面充分发挥其示范引领作用。开展幼儿教师教学基本功大赛。全市共选出104名选手参加决赛，评选出全能奖、单项奖、优秀组织奖。通过以训代赛、以赛促训的方式，强化教师基本功技能，有效地促进全市各级各类幼儿园教师队伍整体素质的全面提升。

（段志慧）

【提高学前教育保教质量】 按照"试点先行，分步推进"的原则，选出第二批76所一日生活标准化试点幼儿园，进行了专项视导检查，现场对幼儿园卫生保健、保育教育、安全保卫和行政管理等方面进行了指导和评价，规范幼儿园保育行为。召开了以"落实《指南》，提升质量"为主题的2013年沈阳市幼儿园园长大会，邀请了中国学前教育研究会学术委员会主任、北京师范大学冯晓霞教授从《指南》的作用、结构内容、实施等方面进行了权威解读。开展了学习《指南》系列培训，首批确定了7个实验区和19所实验幼儿园，通过行政推动、科研引领、专家指导、典型示范等途径加以强力推进，进一步规范和指导幼儿园保育教育工作。

（段志慧）

【庆"六一"系列活动】 5月—6月学前教育宣传月期间，在全市范围内开展了"千万万"关爱儿童系列行动。5月22日上午，在辽宁省浑南体育训练基地综合馆正门广场举行了关爱儿童行动启动仪式。

宣传月期间，开展了以下活动。一是开展了千场讲座。组织有关专家普及科学育儿知识，使家长了解和掌握更科学的保育教育知识，树立正确的育儿观和教育观。二是发放了万册图书。为幼儿园免费发放宣传手册、绘本、读物等图书资料，为儿童送去节日礼物。三是开展了万户家庭亲子健康走活动。组织各幼儿园开展家庭亲子健康走活动，幼儿与家长一起欢度节日，为孩子们创造了一个美好而难忘的节日，营造了全社会关心支持学前教育发展的良好氛围。

（金贞姬）

基础教育

【百所学校提升工程】 2012年第一批提升学校数量为100所，2013年第二批提升学校数量为83所，两批学校总数达到183所。加上新确认的第三批学校，"百所学校提升工程"项目学校总数达283所。

2012年第一批提升学校在硬件方面的投入达到了7.08亿元，平均一所学校700万元的投入。2013年，随着提升学校数量增多，投入资金也增加到9亿元。两年全市加固维修校舍面积45.5万平方米，新建校舍面积18.6万平方米，新建塑胶操场面积84.2万平方米，新建篮排球场面积19.3万平方米，新建覆盖面积15.3万平方米，植树15.7万棵，新建园艺绿化面积19.5万平方米。各区县行政人员、教研人员、科研人员和培训人员按校包干，把提升工作的具体指导、监督、检查任务及责任落实到人，及时帮助提升学校解决发展中遇到的困难和问题。两年间，市教育局共召开5场课程改革现场会，宣传学校的课改经验和区县的推进做法。两年培训干部教师达到2600多人，共投入培训经费2592万元。市、区教育专家、市级名师、首席教师、特级教师等到提升学校进行"手把手"的专门教育教学指导千余人次，开展讲座和研讨等活动140余场。各区县为支持提升学校发展调换校长岗位近百人。优先分配给提升学校的师范毕业生达到280人。全市建立了29个中华优秀传统文化教育基地，70个道德活动联系点。

（教育局）

【调整中等学校招生考试方案】 为全面贯彻《国家中长期教育改革和发展规划纲要（2010—2020年）》，根据教育部《关于深入推进和进一步完善中考改革的意见》（教基[2008]6号）文件精神，沈阳市出台了《沈阳市中等学校招生考试调整方案》。调整后的中考方案力图达到三个目的：一是有利于引导学校按照国家课标要求开齐开全课程，二是有利于体现减轻学生过重课业负担的基本精神，三是有利于促进初中和高中的教学工作。

与之前实行的方案相比较，本次中考调整的内容主要体现在以下几个方面：初中毕业生实行毕业考试和升学考试两考合一，以升学考试取代毕业考试，实行初中毕业生学业考试；生物、地理学科正式列入学业考试科目，计入中考总分，初二结业时进行考试；语、数、外分值由现在的150分调整为120分（其中外语听力占外语科目20分），物理85分不变，化学65分不变，思想品德40分不变，历史60分不变，体育与健康60分不变，生物、地理分别为50分、40分，总分仍为760分；外语听力口语成绩计入学业考试总分（分值为20分），考试形式为人机对话；思想品德和历史学科采取开卷考试的方式；取消指标到校录取最低分数限制。

（教育局）

【课程改革示范校】 10月21日至11月20日，辽宁省教育厅组织专家组对沈阳市申报的省课改示范校进行了评估验收。经专家组认真评议，沈阳市和平区和平大街第一小学、沈阳市第一三四中学等21所学校均达到了《辽宁省义务教育课程改革示范学校建设基本要求》和《辽宁省义务教育课程改革示范学校评估细则》要求。经省教育厅研究，决定授予这21所学校"辽宁省义务教育课程改革示范学校"称号。

（教育局）

【爱生学校标准推广】 中国爱生学校标准（试验）项目于2010年落户沈阳，沈阳市有三个行政区按照中国爱生学校标准参与了试验。2013年4月12日，在沈阳市第五中学组织召开沈阳市爱生学校工作会议。各区、县（市）教育局主管局长和全市400余所中小学校长参加会议。会议明确要求全市义务教育阶段学校都要认真研究《中国爱生学校标准》，并组织实施爱生工作。沈阳市的爱生学校由原来三个行政区的62所学校，扩大到覆盖全市所有中小学，目的是为了进一步推进素质教育，提高教育质量，促进学生全面、和谐发展。

（教育局）

【学业质量监测】 5月，市教育局对全市四年级和八年级进行了学业质量监测，通过抽样方式，全市小学、初中各测试了41所学校，其中：四年级学生6134人，八年级8428人。市教育研究院对质量监测获得的数据进行挖掘、整理，撰写了全市质量监测的总报告和各区、县（市）的区域报告。12月27日，组织召开了"沈阳市义务教育阶段学业质量监测结果反馈会"，教育研究院对学业质量监测的结果进行了全面、细致的解读，要求各区、县（市）教育行政、教研部门对本区县的监测结果做进一步的诊断分析，做到"分析数据，解释现象，研究策略，提高质量"，全面把握区域内义务教育质量状况，以及影响学生学习质量的相关因素，研究制订整改方案，针对薄弱环节，进一步完善教育资源配置，以达到推进学校管理精细化，深化教育教学改革，提高教育质量的目的。

（教育局）

【普通高中标准化建设】 修订《沈阳市标准化普通高中办学标准》，增加特色建设等内容，并以文件形式下发到各区、县（市）和普通高中。开展普通高中校长读书活动月活动。共有55所公办普通高中779人参与了活动，共计读书1835本（次）。组织了第三批市级标准化评估验收工作，沈阳市外国语学校、沈阳市第四十中学、沈阳市第十七中学、沈阳市第二十八中学、沈阳市第一四六中学、沈阳市第一七〇中学和康平县高级中学等7所学校通过评估验收，标准化普通高中达到32所。组织和指导有关区、县（市）和学校圆满完成了省级示范性普通高中复检的迎检任务。沈阳市朝鲜族第一中学、沈阳市第二十中学、沈阳市回民中学、沈阳市第二十七中学、沈阳市第五中学、沈阳市第十一中学、沈阳市第四中学、沈阳市第五十六中学和沈阳市翔宇中学等9所学校通过复检。

（教育局）

【精细化管理】 召开三次全市普通高中教学工作现场会，展示学校必修课教学和社团活动、选修课开设和小班化教学改革情况。组织实施普通高中年度综合评估。东北育才学校、沈阳市第八十三中学和沈阳市第十七中学等3所学校获得年度综合评估奖，沈阳市外国语学校等15所学校获得规范办学行为单项奖，沈阳市第二十六中学等15所学校获得《国家学生体质健康标准》实施工作单项奖，东北育才学校等15所学校获得毕业生学业成就增值评估单项奖，沈阳市第五十六中学等15所学校获得学生学业水平考试全科合格率单项奖。开展学校精细化管理案例征集活动。共征集到93篇精细化管理案例，并以区、县（市）为单位印制成案例汇编，共计13卷。

（教育局）

【科技教育】 3月－10月，市教育局组织全市中小学参加了第28届国家、省、市青少年科技创新大赛及机器人附赛。5月22日，市教育局联合市科技局在市第五中学召开了沈阳市首家青少年科技创新实验室的授牌仪式。

科技活动周期间，组织全市中小学学校开展了科技开放周活动，科技教育特色学校和科技项目发展学校对全市开放，并在沈阳市浑南新区第一小学召开了全市小学科技教育现场会。

（教育局）

【环境教育】 6月5日，2013年"环保木偶剧进乡村校园"公益巡演启幕。通过送丰富多彩的环保木偶剧表演进乡村，推动了农村学校环境教育的深入开展，提高了农村青少年的环保意识，培养了青少年养成关爱环境和低碳环保的生活方式。全年共有50所学校近几万名师生观看了环保木偶剧演出，取得了预期的教育成果。

继续落实《沈阳市中小学低碳行为规范》的内容，督促区、县（市）对辖区内学校进行督导。在节能宣传周活动期间，通过开展主题升旗仪式、主题班会、课堂渗透、环保主题竞赛、社会实践活动等方式多途径进行宣传教育，通过宣传活动，让每一名师生都参与到活动中来，从而养成节约资源的良好习惯。

7月，市教育局组织全市中小学开展了一次以"杜绝白色污染"为主题，以倡导节约节能、绿色消费、养成低碳环保生活习惯、爱惜资源为宣传重点的环保宣传教育活动，在全市营造了良好的氛围。

开展"美丽沈阳"中小学生征文大赛。本次活动共收到来自百余所学校的参赛作品2000余件，增进了广大师生及社会公众对"美丽沈阳"理念的认同和理解。

9月中旬，以迎接全国无车日为契机，市教育局与市委宣传部、市环保局共同下发了《关于倡导全市中小学积极参与"还蓝天给运动"绿色出行大型公益行动的通知》（沈环保［2013］151号），督促全市中小学在每月22日"绿色出行日"中采取积极行动，通过"小手牵大手"带动整个社会，落实绿色出行环保公益行动，为打造文明沈阳、生态沈阳做贡献。

（教育局）

【开放百余所学校体育场】 沈阳市把学校体育场馆向社会开放列为市政府办实事项目。经过认真调研和协调沟通，市教育局与市体育局、市民政局联合下发了《沈阳市教育局等3部门关于做好百所中小学体育场面向社会开放工作的通知》（沈教发［2013］27号），向社会开放104所中小学体育场，并安排专项资金832万元用于学校体育场地开放。

（教育局）

【学校卫生监管】 3月，抽调部分保健所长及专干共计16人，组成4个检查组，对13个区、县（市）开展了食品安全、近视眼防控、传染病防控工作全市大检查。检查采取学校自检、区县拉网式排查、市级抽检的三级检查方式，着力规范全市中小学校的学校卫生工作，排查和整治存在的问题及安全隐患。

（教育局）

【小乐器进课堂】 为检验小乐器进课堂工作成果，进一步深入推进小乐器进课堂工作，3月－6月，市教育局对27所学校的3240名学生进行了竖笛、铝板琴集体演奏和个人单项演奏考核。其中：沈河区、和平区、铁西区、大东区、于洪区、苏家屯区、沈北新区、法库县综合成绩达到900分以上，荣获优秀团队奖；皇姑区、东陵区（浑南新区）、辽中县、新民市、棋盘山、康平县综合成绩达到850分以上，荣获达标团队奖；和平区铁路五校徐洪波、韩雪等32名老师荣获优秀指导教师奖。

（教育局）

【德育工作】 2013年，沈阳市中小学把立德树人作为教育的根本任务，坚实育人为本、德育为先，将社会主义核心价值体系融入中小学教育教学的全过程，努力践行沈阳人基本道德准则，提升全市中小学师生的道德素养。以“迎全运”和“创城”为契机，以弘扬中华传统文化为切入点，以德育队伍培训为抓手，以课堂教学为主渠道，以网上德育为平台，以选树典型为引领，以主题教育活动为载体，不断增强德育工作的实效性，引导广大师生树立正确的世界观、人生观和价值观。

3月1日，在和平一校召开了沈阳市中小学“践行沈阳人基本道德准则”主题教育活动启动仪式。11月－12月，在全市中小学广泛开展“践行沈阳人基本道德准则，做一个有道德的人”主题活动巡展。

围绕《全国未成年人思想道德建设工作测评体系》，以“心向党、爱劳动、有礼貌”为目标，广泛开展“做一个有道德的人”主题活动。包括洒扫应对，教孩子待人接物；认星争优，引导孩子自我提升；日行一善，用实践养成长道德心；清明节期间“网上祭英烈”活动；“六一”期间“做一个有道德的人”网上签名寄语活动；“七一”期间童心向党歌咏活动；“十一”期间“向国旗敬礼”网上签名寄语活动等。

（教育局）

【读书月活动】 4月23日－5月23日，为贯彻落实沈阳市开展全民阅读活动要求，推进书香校园建设，激发师生读书热情，培养良好阅读习惯，丰富师生精神文化生活，根据《第五届沈阳全民读书月活动方案》的具体要求，全市中小学校开展了第五届读书月活动，活动由“万名师生爱心图书”捐赠、“中华经典诵读”、和“书香校园”系列活动三部分组成，在中小学校营造了爱书、读书、用书的良好氛围。

（教育局）

【“我的梦·中国梦”少年儿童书信文化活动】 5月—9月，市教育局在全市中小学开展“我的梦·中国梦”2013年少年儿童书信文化活动。本次活动以“我的梦·中国梦”为主题，青少年学生可结合个人学习、生活经历，用文字或绘画表达自己的美丽梦想，阐释自己对“中国梦”的认识与评价，努力为实现中华民族伟大复兴的宏伟梦想做出自己的贡献。活动评出一等奖10名，二等奖13名，三等奖27名。

（教育局）

【心理健康教育培训】 12月4日，在沈阳市铁西区杏坛中学西校区开展全市中小学班主任心理健康教育培训。通过培训，进一步提高了班主任心理健康教育意识，树立积极的心理健康教育理念，把科学的育人观与心理健康教育观有机结合，把心理健康教育的方法、手段渗透于班级管理之中，以快乐、幸福的状态教书育人，实现自身心理素质提升与促进学生心理健康成长的双向提高。

（孔庆琳）

职业教育

【全国职业院校技能大赛】 2013年全国职业院校技能大赛在天津举行。沈阳市再创佳绩，收获5金、15银、18铜。特别是在“单片机控制装置安装与调试”、“会计技能”两个项目中，实现了金牌零的突破。

（职教处）

【中等职业学校专业教师进企业实践项目】 2013年暑期，继续组织实施“沈阳市中等职业学校专业教师进企业实践培训项目”，利用学校寒暑假，根据不同的专业特点进行2－3周企业实践顶岗培训。

从7月1日至8月25日，有15所学校59名专业教师分别到华晨宝马汽车有限公司、沈阳机床股份有限公司、广汽日野沈阳汽车有限公司、辽宁安吉联合汽车物流有限公司、皇朝万豪酒店等10个企业进行顶岗实践培训。教师进企业实践培训，运用企业员工轮训、新设备使用培训等模式，采取顶岗见习、实习，跟班学徒等方式，学习所教专业在生产中应用的新知识、新技能、新工艺、新方法，掌握生产岗位技术，熟悉企业生产组织方式、操作规范、用人标准及管理制度等具体内容。

（职教处）

【中德校企合作全新职业教育签约仪式】 2013年6月14日，沈阳市装备制造工程学校与华晨宝马汽车有限公司“中德校企合作全新职业教育签约仪式”在装备学校举行。

沈阳市装备制造工程学校与华晨宝马汽车有限公司自2012年开始联合成立试点班，并于8月23日正式签署了校企合作协议。首批试点班学员由60名品学兼优的11级学生组成，分为机电一体化、电气维修两个专业试点班，开展为期两年的定向培训。

经过为期近一年的学习和培训，首批试点班60名学生顺利完成了相应的教学课程和实操训练，达到了华晨宝马公司的要求，因此公司与学生签订用工协议，进入校企轮换培训阶段，成为企业的一名准员工，正式进入企业顶岗实习。

（职教处）

【志愿者服务全运会】 在“十二运”志愿者服务团队中，中等职业学校志愿者服务队肩负运动员的饮食、住宿等服务任务，1092人全部来自沈阳市中等职业学校，其中：外事服务学校770名学生和56名干部教师，旅游学校248名学生和18名干部教师。在师生的共同努力下，顺利地完成了各项服务任务，志愿者团队的优秀表现得到省市领导和“十二运”组委会的高度肯定。148名学生被评为第十二届全运会沈阳赛区组委会全运村金牌志愿者，149名学生被评为第十二届全运会沈阳赛区组委会全运村优秀志愿者，50名教师被评为第十二届全运会沈阳赛区组委会全运村志愿服务优秀组织者,沈阳市外事服务学校、旅游学校被授予第十二届全运会沈阳赛区组委会全运村志愿服务突出贡献奖。

(职教处)

高等教育

【市属高校概况】 沈阳市有四所市属高校,即沈阳大学、沈阳医学院、沈阳职业技术学院、沈阳广播电视大学。四所学校总体占地面积139.56万平方米,建筑面积103.21万平方米,藏书量364万册;在职教职工4421人,其中:专任教师2624人,长江学者1人,享受国务院政府特殊津贴8人,省百千万人才42人,博士后8人;在校生总计9.19万人,其中:博士研究生2人,硕士研究生598人,本科生2.02万人,成人教育4.61万人。

2013年,沈阳大学历史上第一届博士研究生顺利入校。硕士研究生招生数量同比增长25%,在校硕士研究生总规模接近600人。长期在校留学生人数达到170人,首次开设了留学生MBA专业。学校开设首批中外合作办学项目,新增工业工程本科专业中外合作办学项目顺利实施。全面推动了本科专业动态评估与建设,21个本科专业接受了省级评估,自动化等9个专业位列全省中游以上。新增4个省级本科重点支持建设专业,获批了第3个教育部卓越工程师培养计划项目,获得了17项省级本科教学成果奖。全年承接各类课题239项,其中国家级重大课题10项,共获科研经费1084.55万元。

沈阳医学院顺利完成硕士学位立项建设和临床医学认证两项重大任务,实现学校跨越式发展。2013年7月,经国务院学位委员会批准,学校取得基础医学、公共卫生与预防医学两个一级学科硕士学位授予权。10月,教育部临床医学专业认证专家组入校工作,充分肯定了学校临床医学专业具备的优势、特色以及取得的成绩,顺利完成认证工作。全年共中标各级各类科研项目75项,其中:国家自然科学基金1项,省(部)级22项,市级48项,院级课题65项,科研经费501.6万元。加强学生科技创新能力培养,学校共投入24.4万元,资助大学生科研项目40项。共获得2013年省级大学生创新创业训练计划项目20项,其中8项列入国家级大学生创新创业训练计划项目。2013年,学校获得第四届全国高等医学院校大学生临床技能竞赛(东北赛区)一等奖、全国总决赛三等奖。

沈阳职业技术学院围绕沈阳装备制造业发展的要求,进一步提升办学层次。全年开展学术交流55场,完成各级各类教研项目立项33项,获得专项资金32.2万元。应用项目4项,获得专项资金113万。结题19项。获得优秀科研成果22项,其中:一等奖5项、二等奖9项、三等奖8项;获得优秀研究机构1个、全省科研骨干4人。新开题22项,建立应用项目团队2个。学院特别注重学生技能的培养,代表辽宁省参加全国职业院校技能大赛,获得全国二等奖1项、三等奖2项。

沈阳广播电视大学全年完成自主招生专科专业15个,开设符合东北老工业基地和中心城市建设发展各类培训课程150个。学校成立了沈阳广播电视大学数字化资源研发中心,先后与中央党校、国家行政学院、国家数字化教育资源中心等单位合作,开展数字化资源的整合、研发,整合优质数字化学习资源20TB,完成适用于移动学习的数字化资源课程200余门,录制速课100门左右,录制流媒体课程5门。8月,学校正式成为"国家开放大学数字化学习资源中心沈阳研发中心"。

(齐　震)

【高校内涵建设】 2013年,各高校内涵建设取得丰硕成果。在学科建设方面,全年新增博士后流动站1个、博士点31个、硕士点20个、省级示范专业12个、本科专业24个,新增省级工程研究(技术)中心8个。沈阳大学博士生教育、沈阳医学院硕士生教育取得历史性突破。在人才队伍建设方面,新增长江学者3人,国家杰出青年3人、引进3名国家"千人计划"人才,4人入选国家百千万人才工程。在人才培养方面,本科毕业生年终就业率88%,工科院校90.4%,高职毕业生92.6%。高校大学生在省级以上各类赛事中获奖1800余项。在教育教学改革方面,新增省本科实验教学示范中心19个、省级优秀教学团队21个、省优秀本科教学名师24人。累计建成48门国家级精品课,321门省级精品课。在内部综合改革方面,不断完善大学内部治理结构,深化校内管理体制改革,积极推进管理体制与机制创新,校内管理更加科学、规范。

(齐　震)

【高校服务沈阳】 各高校积极挖掘优质资源,释放综合优势,主动服务沈阳经济社会文化发展。以"高校、科研院所专家学者服务沈阳活动月"为载体,1913名专家学者参与社会服务5774人次,服务企业百余家,服务项目400余项,实现经济效益2.5亿元。开展产学研合作项目1094项,实现产值超过45亿元。面向沈阳机床、北方重工等重点企业,实施培训项目203个,培训人员13.40万人。2013年,建设高水平社区艺术惠民培训服务站150个,举办艺术惠民演出192场,培训市民超过130万人次。高校46个文博体艺场馆全部面向社会开放,接待市民57.84万人次,不断丰富城市文化资源。

(齐　震)

终身教育

【概况】 截至2013年底,沈阳市有社区大学1所,社区学院13所,社区教育实验点50个。全国社区教育示范区3个,省级社区教育示范区9个,省级社区教育实验区3个。

(李景晓　李昊)

【全民终身学习活动周】 10月17日,沈阳市全民终身学习活动周启动暨工作会议在沈阳飞机设计研究所文体中心举行。市政府副市长姜军、皇姑区政府副区长贺燕分别宣读了市、区两级关于表彰2012年全民终身学习活动先进单位的通报。中共沈阳市委组织部、宣传部等37家单位被授予2012年沈阳市全民终身学习活动先进单位。

活动周期间共安排各项活动5731项,其中:各类培训活动1738项,讲座报告2530次,各类公益演出1463场;宣传展板1692块,宣传条幅2475幅,各种媒体报道317次,直接参与活动的近40万人。同时,市教育局举办了2013年沈阳市民摄影大赛、沈阳市首届和谐社区书法篆刻作品大赛、沈阳市首届社区教育特色课程(通识课程)资源推荐推介等市级活动，共收到摄影作品400余幅，书画篆刻作品127幅，社区教育特色课程资源推荐15项，充分展示了社区教育、终身教育所取得的新成果，进一步营造了全民学习、终身学习的良好氛围。

（李景晓　李昊）

【终身教育研究会选举产生第二届理事会】 2013年4月19日，沈阳市终身教育研究会在沈阳广播电视大学学术报告厅召开了“沈阳市终身教育研究会年会暨第二届会员代表大会”。

大会听取并通过了常务副会长宫侠代表研究会作的第一届理事会工作报告，明确了今后四年的工作方向和具体任务；选举产生了第二届理事会，选举赵金城为第二届理事会会长，宫侠为常务副会长兼秘书长，王强等9人为副会长，郑宏等6人为副秘书长，丁俊杰等54人为理事。

（李景晓　李昊）

【举办首届社区学院院长论坛】 9月24日，沈阳市社区学院院长论坛在和平区社区学院举办。

此次论坛的主题为“社区学院职能定位与服务能力提升”。和平区、于洪区、辽中县等三个区县社区学院院长先后结合论坛主题及本地实际分别作了题为《发挥社区学院龙头作用推进区域终身教育发展》、《社区学院工作中的思考》、《发挥学院职能服务社区建设》的发言。论坛重点围绕社区学院的职能定位、发展方向、服务能力、课程教学、师资配置、人员管理、对策建议等方面进行了广泛深入的研讨。

（李景晓　李昊）

民办教育

【概况】 全市共有民办学历教育学校70所。其中：民办普通中小学39所，在校生6.07万人，教职工总数3899人，其中专任教师2597人，校舍占地总面积98.7万平方米，固定资产总值5亿元；民办中等职业学校31所，在校生1.04万人，教职工总数1861人，其中专任教师1086人，校舍占地总面积62.2万平方米，固定资产总值1亿元，共开设8类47个专业，涵盖了加工制造、交通运输、信息技术、商贸旅游、农林财经、社会公共事务、美容美发、文化艺术和体育等多个领域，艺术体育专业填补了公办职业教育的专业空白，舞蹈、武术、表演、杂技等专业的教育质量已经形成品牌。

2013年，全市民办高中共有8713名毕业生。其中：民办普通高中6526人，民办中等职业学校2187人，就业率达96%，对口就业率90%。

2013年，全市义务教育阶段民办学校共有在校学生3.82万人，其中小学1.0万人，初中2.82万人。

（王立华）

【学业成就增值评估】 2013年是民办普通高中学生参与学业成就增值评估的第一年。沈阳市民办普通高中有20所，2010年入学学生6623人全部参与测评，其中3106人属于外市地生源，市教育局结合实际调整了民办高中参加评估的条件。结果显示，市重点高中的实现率最高，一般高中的实现率最低，整体上民办高中的教育教学质量还有待提高。以文理合计一本以上实现率为例，所有民办高中的合计实现率为514.58%，在分类统计中，省示范高中为235.71%，市重点高中为843.48%，一般高中为181.82%。

（王立华）

【清理整治“违规联合办学”专项检查】 为规范民办学校办学行为，维护受教育者合法权益，促进民办学校依法办学、健康发展，自11月起，面向全市民办中小学、民办中等职业学校开展清理整治违规联合办学的专项检查工作。主要检查民办学校在办学过程中，是否存在与企业事业组织、社会团体及其他社会组织、个人等的联合办学或合作办学行为，包括招生、教学、科研、技术开发和推广等多种形式的联合及合作，以及发布的招生广告（简章）与市、区教育局备案内容是否一致。检查工作分自查、检查、整改和复查四个阶段，检查结果在政府教育督导检查、民办学校年度教育教学质量检查评估时计入总分，同时作为民办学校换发办学许可证的重要依据。

（王立华）

【扶持民办星级学校发展】 从政策、资金、服务等多方面入手，不断扶持民办学校发展，指导三所民办省示范高中做好迎接复检工作。9月下旬，市翔宇中学迎来省示范高中复检评估组，在为期一天半的复检过程中，翔宇中学以务实的教育教学工作，为学生一生负责的教学理念，规范细致的档案建设和现代学校管理模式等，赢得省专家组的一致好评，展示了沈阳民办高中的良好发展态势。

（王立华）

【民办学校评优表彰】 2013年教师节前，推荐民办学校及其校长、教师参加市优评选，其中获“沈阳市优秀校长”称号3人，分别为市奉天高中校长任军丞、市飞跃实验中学校长刘丽卓、市翔宇中学副校长韩丹；获“沈阳市首席教师”荣誉1人，为市翔宇中学语文教师国薇。沈阳师范大学附属学校被评为“沈阳市教育系统先进典型单位”，沈阳私立实验学校的教师唐艳被评为“沈阳市教育系统先进典型人物”。另外推荐民办学校参加市骨干评选，市立人学校校长李洪江获“沈阳市骨干校长”称号，市翔宇中学教师赵保刚、市广全中学教师张兴举、沈师大附属学校教师谢铭、市志成中学教师刘伟等4人获“沈阳市骨干教师”称号。

（王立华）

民族教育

【概况】 2013年，沈阳市共有民族学校23所。其中：朝鲜族小学6所，初中5所，普通高中2所，职业高中2所；满族小学1所，初中1所；回族小学1所，初中1所，高中1所；锡伯族九年一贯制学校2所；蒙古族九年一贯制学校1所。

（安　凯）

【少数民族校园网】 走访全市少数民族学校，督促学校校园网建设。组织了少数民族学校校园网站的评优活动，完成了学校网站与基础教育二处民族教育网的链接。

（安　凯）

文　化

综　述

【调整和规范一批行政审批项目】 根据《国务院关于第六批取消和调整行政审批项目的决定》(国发〔2012〕52 号)、《辽宁省人民政府关于取消和下放一批行政职权项目的决定》(辽政发〔2013〕21 号)、《沈阳市人民政府第八次行政审批项目调整结果公告》(2011 年)等相关文件精神,经过认真清理和修改,沈阳市文化广电新闻出版局共承接省政府下放的行政审批项目 12 项,下放区、县审批项目 8 项,取消及合并行政审批项目 9 项。调整后,行政审批项目共 41 项(包括:行政审批、初审、备案、审批前置、年检项目)。

(李洪伟)

【文化部行政审批大检查】 2013 年 9 月 16 日,全国文化市场行政审批大检查工作组一行 4 人到沈阳市政务服务中心文广局审批办,对窗口人员、办理方式、审批事项公开、审批流程、申请格式文书、审批档案、行政指导、服务监督电话等相关事项进行了系统检查。

检查期间工作组通过与窗口工作人员和前来办件的业户进行交谈,了解沈阳市文化行政审批服务流程及业户对窗口的满意度。现场调阅大量审批档案进行检查,听取有关沈阳市文化行政审批工作情况汇报,抽取文化经营场所进行实地检查,了解文化市场监管情况。通过一系列的检查、指导,全国文化市场行政审批检查组对沈阳市文化行政审批、文化市场管理工作都给予了充分的肯定和高度的评价。

(李洪伟)

【全运会期间设立“嘉宾窗口”和“绿色通道”】 第十二届全运会期间,市文广局将每区 10 家文化娱乐场所的简介、照片和联系电话制成娱乐场所宣传册,方便宾客消费。全运会召开前,确定刘老根中街店、铁路文化宫店、铁西文化宫店、南风大剧院、北陵电影院等 5 家演出场所为全运指定场所,并设置“嘉宾窗口”和“绿色通道”,来宾到达后,可以使用专用的休息室和观看通道。

(李洪伟)

【推广十二运主题歌曲《阳光传奇》】 按照市委宣传部在沈阳市推广十二运主题歌曲《阳光传奇》的要求,市文广局利用内部刊物《沈阳文化市场》发出通知,在所有文化市场业户中进行宣传,实现推广歌曲文化市场宣传全覆盖。同时,通过 VOD 点歌服务系统供应商和 KTV 场所自行安装,将制作完整的 MV《阳光传奇》高清版加入点歌系统,并作为各 KTV 场所点歌系统的开机宣传画面及音乐,使现有登记在册的 KTV 歌厅(共计 320 余家)实现推广歌曲全覆盖,提高了歌曲《阳光传奇》的影响力和传唱度。

(李洪伟)

群众文化

【新年、春节期间群众文化系列活动】 为进一步营造两节期间祥和、喜庆氛围,市文广局在全市广泛组织开展群众文化活动。主要有:“春满家园”群众文艺精品电视汇报演出、“闹新春”2013 沈阳市广场民间舞蹈展演、沈阳市“文化盛宴辞旧岁、癸巳金蛇迎新春”书画、春联、有奖猜谜系列活动、“读万卷书,行万里路”小读者交流座谈及摄影作品展等活动。在春节期间,开展了具有沈阳地域和民族特色、百姓喜闻乐见的一系列丰富多彩的非物质文化遗产展演、展示活动。和平区皇寺庙会“非遗大春节”、棋盘山开发区“盛京灯会 · 关东庙会”成为沈城百姓过春节最好的去处,观众达 10 余万人。于洪区“迎新春钟立维刻瓷作品展”吸引了许多书画爱好者参观;第六届朝鲜族传统“掷栶”竞技游戏比赛、第五届“神州一歘”锡伯族嘎拉哈节参与运动员和爱好者数百人,场面十分热烈。

(蔡怀平)

【第二届社区文化艺术节】 第二届社区文化艺术节从 2013 年 6 月中旬开始,到 10 月中旬结束,历时四个月。以“追逐中国梦想,唱响幸福沈阳”为主题,举办了“古韵悠扬”民族器乐展示活动、“梨园风采”戏曲名段名票专场展演、“踏歌起舞”社区群众舞蹈展示、“民族风情”沈阳市社区少数民族文艺精品节目展演、“城市之光”社区电影展映等活动。特色鲜明的群众文化活动,丰富和活跃了社区群众的业余文化生活,受到了广大群众的欢迎。期间共开展群众文化活动 1925 场次,其中:市级文化活动 54 场次,区、县(市)级 325 场次,基层 1546 场次,参与活动群众 96 万人次。

(蔡怀平)

【第二届沈阳市市民合唱节】 2013 年 6 月中旬到 9 月底,市文广局在全市组织开展群众性合唱活动 429 场(次),市级合唱比赛及专场演出 8 场(次),区、县(市)级 87 场(次),基层 334 场(次),参加演出的合唱演员达 8 万多人次,观众达 22 万人次。本次活动得到了广大市民的积极参与和普遍欢迎,取得了圆满成功。

(蔡怀平)

【《特殊任务》等六项作品获“群星奖”】 2013 年 10 月,在第十届中国艺术节“群星奖”评选中,沈阳市艺术惠民“双百万”工程荣获群文项目类全国“群星奖”,沈阳市群众艺术馆的评书作品《特殊任务》荣获曲艺类全国“群星奖”,沈阳市工人文化宫主任兼市工人文工团团长盖崇茂、法库县文化馆馆长李君荣获全国“群文之星”,沈阳市工人职工合唱团、铁西区“工人之声”合唱团荣获优秀演出奖等六个大奖,创沈阳市参加“群星奖”评比之最。

(蔡怀平)

【“印象辽海”八城市美术、书法、摄影巡展】 2013年6月28日,“印象辽海”沈阳经济区中部八城市美术、书法、摄影巡展在中国工业博物馆开幕。本次作品巡展是由沈阳、鞍山、抚顺、本溪、营口、阜新、辽阳、铁岭八城市文化广电新闻出版局主办,八城市群众艺术馆共同承办的大型群众文化活动。本次作品巡展以推动本地区群众文化的大发展大繁荣为主线,以反映沈阳经济区八城市经济、社会、文化发展建设新面貌,人民群众幸福生活为主题,旨在丰富群众的文化生活,提升艺术欣赏水平,促进相互之间的交流与学习。经各市的精心选拔,共有240幅作品脱颖而出。作品形式多样,具有很高的欣赏价值和艺术价值。巡展从6月下旬至9月初,历时近三个月,在八座城市巡回展出,极大地满足了各城市文化艺术爱好者的需求。

(蔡怀平)

【第六届《市民最喜爱的百项社会文化活动》评选】 沈阳市的艺术惠民“双百万”工程群众文化活动精彩纷呈,亮点频现。2012年,全市各系统、各行业、各地区共举办各类社会文化活动2.36万场,参与群众达1507万人次,活跃了沈城百姓的文化生活。为进一步丰富和活跃城乡群众文化生活,提升沈阳市社会文化活动的质量和水平,扩大和提高社会文化活动精品的知名度和影响力,市委宣传部、市文广局继续组织开展了沈阳市第六届“市民最喜爱的百项社会文化活动”评选工作。市直有关部门及区、县(市)、开发区共上报了188项各类社会文化活动,市文广局组织有关专家评委进行了认真评选,最终确定百项“市民最喜爱的社会文化活动”,于2013年4月下旬在《沈阳日报》刊登了评比结果。

(蔡怀平)

【沈河区被确定为第二批创建国家公共文化服务体系示范区】 2013年11月6日,国家文化部在上海召开“国家公共文化服务体系示范区(项目)创建工作会议”,宣布了“第二批国家公共文化服务体系示范区(项目)创建城市名单。沈阳市沈河区榜上有名,成为辽宁省惟一一家创建单位。沈河区于10月30日通过国家文化部示范区创建专家委员会的评审,获得了第二批国家公共文化服务体系示范区的创建资格。按照示范区创建工作安排,到2015年,沈河区的各项公共文化服务体系建设指标要全部达到“国家公共文化服务体系示范区(东部组)验收标准”,将为本地区广大群众提供覆盖全面、运行有效的公共文化服务,形成在全省乃至全国具有示范意义和借鉴价值的创建经验。

(张　兵)

【《社区文化建设“五个一”工程运作模式》被确定为公共文化服务体系示范项目】 2011年5月,沈阳市《社区文化建设“五个一工程”运作模式》向国家文化部申报并成为首批创建国家公共文化服务体系示范项目,创建时间二年。《“五个一”工程运作模式》的主要内容是:出台一批社区文化建设相关政策,完善和新建一批社区文化设施,打造一批群众文化活动品牌,创建一批特色文化基地,培育一批基层群众文化骨干队伍。

2013年5月,该项目通过文化部国家公共文化服务体系专家委员会评审验收。2013年11月6日,文化部在上海召开第一批国家公共文化服务体系示范项目创建工作会议,沈阳市《社区文化建设“五个一工程”运作模式》被正式命名为国家级公共文化服务体系示范项目。

(张　兵)

【市图书馆推出“星期六剧场”】 为了进一步拓展图书馆服务功能,让广大市民切实享用图书馆第三空间的有效资源,沈阳市图书馆推出了“星期六剧场”。

2013年,“星期六剧场”共举办各类演出18场,演出内容涵盖小剧场话剧、相声、曲艺、器乐演奏、中国戏曲及名著改编剧目等。

(刘　晔)

文艺创作与表演

【构建多元化演出市场】 2013年,沈阳市打造多元化演出格局呈现新风貌。在梨园剧场重新打造盛京红磨坊常态商业演出品牌,连续推出多季不同版本,2013年6月首演至2013年底,天天有演出,新创节目百余个,开创了国有专业院团驻场常态演出先河。深入开展艺术惠民工程,组织了600多场丰富多彩的惠民演出,2013年成立的沈阳交响乐团积极参与艺术惠民“双百万”工程,开展公益演出及常态开放式排练,还在“十一”、元旦等节假日,举办了《红色经典交响曲》、《春天的交响——2014沈阳新年音乐会》等专场音乐会,担当起普及高雅艺术、提高群众文化修养的社会责任。此外,在故宫、张氏帅府推出系列新创实景演出,在北市茶楼上演戏曲曲艺,在市图书馆开展“星期六剧场”活动,逐步形成了“商业演出常态化”、“高雅艺术演出常态化”、“实景旅游演出常态化”的多元化演出新格局,叫响了“沈阳天天有演出,市民天天有戏看”文化艺术品牌。

(陈　晶)

【对外文化艺术】 全年共办理了15个文化交流活动团组,其中:9个团组77人次出国境,6个团组26人次赴台湾开展文化交流活动。

海外演出市场开拓成果颇丰。2013年,沈阳杂技团共派出6个演出团队赴新加坡、日本、德国、美国等地,演出1363场,演出收入594万元。

对外展出平台顺利发展。张氏帅府博物馆赴台湾新竹参加2013年台湾灯会并开设展区,“九一八”历史博物馆赴俄罗斯举办《中国抗战的起点》展览,市朝鲜族文化艺术馆赴韩国举办第十六届中韩美术摄影艺术作品交流展。

加强与各国驻沈阳领事馆合作。2013年,与美国驻沈领事馆合作开展了中美作家文化交流活动,并邀请美、俄驻沈领事参加二战盟军战俘营开馆仪式,“九一八”历史博物馆与俄罗斯卫国战争纪念馆举办了《卫国战争的爆发》展览开幕式等活动。

(陈　晶)

【沈阳交响乐团成立】 为提升沈阳文化内涵,塑造崭新城市形象,繁荣高雅艺术演出市场,深化艺术惠民工程,2013年6月,沈阳演艺集团与沈阳市华浩工贸有限公司达成合作,注册成立沈阳交响乐团。

新成立的沈阳交响乐团作为沈阳演艺集团旗下演出单位,是文化类民办非企业单位。该团的成立是沈阳市文化体制改革进一步深化的新成果,是民营院团借助国有院团发展的新模式。

(马晓东)

【综艺歌舞秀“盛京红磨坊”启幕】 2013年6月6日,由沈阳演艺集团创排的大型综艺歌舞秀“盛京红磨坊”在沈阳梨园剧场盛装启幕。该综艺歌舞秀融入戏曲、音乐、歌舞、杂技、曲艺等多种艺术形式,大历史跨度、多视角展现沈阳历史及人文风貌,节目内容丰富多彩。演出遴选演艺集团一线文艺骨干,并聘请国内知名艺人加盟,演员阵容强大,表演精湛,高水平的艺术表演辅之以声光电等现代科技手段,呈现了美轮美奂的舞台效果。

(马晓东)

【沈阳杂技团原创节目获文华奖金奖】

第九届全国杂技(魔术)比赛于10月29日至31日在重庆举行。本次比赛汇集了来自全国的43个院团共52个节目。经过激烈角逐,沈阳杂技团原创、具有知识产权的节目《未来——双轨旋转飞杠》夺得中国艺术政府最高奖——文华奖金奖,魔术节目《群族翘首——变鸽子》获得银奖。同时,《未来——双轨旋转飞杠》还获得大赛为鼓励原创创新而首次设立的“节目创新奖”。

(马晓东)

【冯玉萍荣获第26届中国戏剧“梅花奖”】 2013年5月20日,第26届戏剧梅花奖在成都揭晓,沈阳评剧院著名表演艺术家冯玉萍凭借《我那呼兰河》荣获“梅花大奖”,第三度捧回梅花奖,成为中国戏剧界继尚长荣、茅威涛、裴艳玲等艺术家之后第七位“三度梅”大奖得主,成为中国评剧史上东北戏曲界第一位获得“三度梅”殊荣的艺术家,实现了新中国成立以来沈阳艺术界的重大突破。

(马晓东)

【京剧《将军道》荣获中国艺术节文华优秀剧目奖】 沈阳演艺集团、沈阳京剧院创排的大型新编历史京剧《将军道》继摘取第六届中国京剧艺术节金奖、第二十届曹禺戏剧文学奖(第四届中国戏剧奖·曹禺剧本奖)后,于2013年10月参加了在山东举办的第十届中国艺术节暨第十四届文华奖,这也是文化部主办的国家专业舞台表演艺术政府最高奖项。本届中国艺术节期间,共有87台参评剧目激烈角逐“文华奖”的各个奖项,大型新编历史京剧《将军道》以其恢宏壮美的史诗化风格将君臣之道演绎到极致,最终荣登本届艺术节文华优秀剧目奖榜首。

(陈　晶)

【著名评剧表演艺术家筱俊亭逝世】

著名评剧表演艺术家、筱派创始人筱俊亭,因病于2013年11月4日在河北廊坊去世,享年93岁。筱俊亭原名张俊亭,1921年生于天津,九岁学艺,十二岁入白玉霜评剧团,1952年加入锦州评剧院,1954年入辽宁评剧院二团,1959年在沈阳评剧院成立之时进院工作,1986年从沈阳评剧院退休,退休后一直在河北廊坊生活。筱俊亭青年时代主攻青衣花旦,以青衣戏见长,常演剧目有《刘翠屏哭井》、《安安送米》、《冯奎卖妻》、《桃花庵》、《花为媒》、《马寡妇开店》、《杨三姐告状》等。新中国成立后,筱俊亭演出了《兄妹开荒》、《九件衣》、《小二黑结婚》、《四劝》等新戏。通过一系列剧目的演出,筱俊亭为评剧老旦行当积累了一整套唱腔与表演模式,逐渐形成低回婉转、节奏灵活、俏丽多姿、收放自如的艺术风格,创造出的评剧老旦“筱派”唱腔享誉海内外。2006年,评剧“韩花筱”三大流派入选了中国首批国家级非物质文化遗产名录。

(陈　晶)

文物保护

【沈阳市第一次全国可移动文物普查全面启动】 为提高文化遗产保护管理水平,全面掌握可移动文物资源的基本情况,按照国务院和省政府的统一部署,沈阳市于2012年10月至2016年12月,在全市范围内开展第一次国有可移动文物普查。此次普查范围是沈阳市境内各级国家机关、事业单位、国有企业和国有控股企业等各类国有单位收藏保管的国有可移动文物,包括普查前已经认定和在普查中新认定的国有可移动文物。普查统计国有可移动文物数量、类型、分布和收藏保管等基本信息,编制普查报告,建立普查档案和沈阳市国有可移动文物名录,并进一步加大保护管理力度。

2013年6月,市政府成立了沈阳市第一次全国可移动文物普查领导小组,负责全市普查工作的组织和领导,协调解决重大问题。领导小组办公室设在市文物局,负责普查工作的日常组织和具体协调。全市已组建了市级、区县(市)、重点文物收藏单位三级普查机构和普查员队伍,建立了普查工作专家库;编制了普查实施方案和宣传方案,开展了宣传工作;落实了本年度普查经费,购置了普查设备;开展了馆藏三级文物定级工作,举办了全市普查员培训班;对全市1万余家国有单位开展了文物收藏情况调查。

(窦英男)

【沈阳二战盟军战俘营旧址陈列馆开馆】 2013年5月18日,辽宁省文物局、沈阳市文物局共同举办了纪念“5·18国际博物馆日”暨沈阳二战盟军战俘营旧址陈列馆开馆仪式。仪式由市文广局局长冯彦主持,市委常委、宣传部部长王凤波和市政府副市长姜军为沈阳二战盟军战俘营旧址陈列馆揭牌。

沈阳二战盟军战俘营位于沈阳市大东区地坛街30-3号,是二战期间日本在沈阳设立的一个专门用来关押其从太平洋战场俘获的美英等国盟军战俘的战俘营,时称奉天俘虏收容所。它是日军在中国东北地区建立的中心战俘营,营区占地面积近5万平方米,曾先后关押来自美国、英国、加拿大、澳大利亚、荷兰、法国等6个国家的战俘2000余名。保留下来的建筑主要有一号战俘营房及附属用房、日军看守用房及附属用房、战俘营医院、战俘营水塔及锅炉房烟囱等,是二战期间日本在本土及海外占领地设立的18座中心战俘营中保存最为完整的一座。2008年被辽宁省政府公布为省级文物保护单位,2013年被国务院公布为全国重点文物保护单位。

沈阳二战盟军战俘营旧址陈列馆由入口广场、史实陈列馆、战俘营房复原展区、日军办公用房复原展区、纪念广场等部分组成,占地面积1.2万余平方米,建筑面积约4000平方米。常设展览为《沈阳二战盟军战俘营史实陈列》和《战俘画笔下的战俘营》,共展出历史照片500余幅,文物史料近百件,同时采用电子地图、复原场景、全景沙盘、主题雕塑、绘画作品、影视播放、幻影成像等多种展示手段,全面展示了沈阳二战盟军战俘营设立的历史和盟军战俘在战俘营的苦难与抗争,向世人揭示了日军公然违反国际公约、迫害盟军战俘的法西斯暴行,表达了人们反对战争、珍爱和平的共同心声。

(窦英男)

【博物馆文化惠民工程】 2013年,市文物局推出了“流动博物馆进社区、进学校、进军营”和“文博公益大讲堂”等活动。“流动博物馆”活动共制作了11展类265块展板。活动首先走进了沈阳建筑大学、东北大学等高校，通过分批分次、内容轮换的方式，实现了展览受众人群的最大化，取得了良好的反响。在此基础上，市文物局以“确定中心点、辐射周边”为送展思路，在沈电社区等近百个社区、军营、学校等单位开展了送展宣传活动，受众人数达到近百万人次。同时，市属各博物馆充分利用自身学术优势，结合本单位藏品特色，推出以清史、近现代史、抗日战争史、文物博物馆学等为主题的“文博公益大讲堂”共30余场次。本次实施的博物馆文化惠民工程，实现了信息含量大、受众人群广、参观人次多、教育意义强的效果，弘扬了沈阳地区的历史文化，发挥了博物馆的公共文化服务功能，丰富了人民群众的精神文化生活。

（窦英男）

【公布第四批市级文物保护单位】 沈阳是国家级历史文化名城，经第三次全国文物普查，全市已登记不可移动文物1530处。为使文化遗产得到有效保护，2013年下半年，市文物局启动了沈阳市第四批市级文物保护单位申报工作，从1530处不可移动文物中选择具有重要历史、艺术和科学价值的古遗址、古墓葬、古建筑、近现代重要史迹及代表性建筑、工业遗产等不可移动文物申报第四批市级文物保护单位。

为确保申报工作准确、科学，市文物局组织召开专家论证会，对申报名单进行逐一论证，同时征求市规划和国土资源局以及各区、县（市）政府意见，根据反馈意见，对申报名单进行了修改，最终确定了74处沈阳市第四批市级文物保护单位申报名单。其中：古遗址33处，古墓葬2处，古建筑2处，近现代重要史迹及代表性建筑27处，工业遗产5处，其它1处，扩展项目4处。2013年6月4日，市政府常务会议审议通过了申报名单。6月17日，市政府下发了《沈阳市人民政府关于公布沈阳市第四批市级文物保护单位的通知》（沈政发［2013］23号）。沈阳市市级以上文物保护单位已达194项257处。

（吴　姣）

【沈阳二战盟军战俘营旧址等文保单位被确定为全国重点文物保护单位】 2013年3月，国务院公布了第七批全国重点文物保护单位，沈阳天主堂、无垢净光舍利塔、中山广场建筑群、辽宁总站旧址、沈阳二战盟军战俘营旧址等7项17处文保单位纳入七批国保名录，至此，沈阳市全国重点文物保护单位已达17处。

（吴　姣）

【《沈阳市文物志》修编】 沈阳是国家级历史文化名城，文物资源丰富，经第三次全国文物普查，共登记不可移动文物1530处。为全面记述沈阳市境内文物资源状况，沈阳市文物局于2013年正式启动了《沈阳市文物志》修编（重修）工作，经专家多次论证，基本完成了《沈阳市文物志》体例和凡例的编撰工作。

（吴　姣）

【非物质文化遗产保护】 组织了第三批市级非物质文化遗产项目代表性传承人评定工作，评选出代表性传承人21名；积极做好推荐“国四批”、“省五批”非遗项目的申报工作；将《沈阳市非物质文化遗产保护条例》（草案）修改完善后上报市政府法制办和市人大法工委并列入市政府预备立法项目库和市人大立法调研项目。为规范非遗日常工作，起草了《沈阳市非物质文化遗产保护专家库管理办法》、《沈阳市非遗项目保护经费管理办法》、《沈阳市非遗项目代表性传承人认定和管理办法》、《沈阳市非遗项目代表性传承人补助经费管理办法》和《沈阳市市级文化生态保护试验区认定和管理办法》等规章制度，规范了专家、项目和代表性传承人的保护行为，实现了“管理有制度”。组织了沈阳市纪念国家第八个“文化遗产日”大会开幕仪式，策划并承办“文化遗产日”当天的大型表演活动，组织市级以上非物质文化遗产项目全程参加“东北文博会”、“十二运”等大型展演展示活动。组织和指导各区县、市直、局直保护单位完成编制36个省级以上非物质文化遗产代表性项目2013—2015年保护规划。全面推进非遗整体性保护工作，指导沈北新区完成创建市级锡伯族文化生态保护试验区，尝试对锡伯族聚居区域的文化生态进行整体保护。按省厅文件要求，先后协调14个成员单位，建立了沈阳市非物质文化遗产保护联席会议制度。

（王大军）

【文物执法督查】 举办全市文物保护执法培训班，分别对全市129处文物保护单位负责人和各区、县（市）文物干部进行了文物保护法规培训，培训人数达到了150人。会同市宗教局等相关单位对14个区、县（市）文体局开展文物安全保护巡查工作的情况进行督查。协助故宫解决了“武警守卫撤勤”事宜。按照属地管理、单位负责的基本原则，督促各区、县（市）及文物保护单位严格落实责任，对全市不可移动文物开展日常巡查工作，多次开展了防火、防汛、全运会安保及重大节假日前的专项整顿。2013年2月5日，与沈阳市公安局联合印发了《沈阳市公安局、文物局打击和防范文物犯罪联合长效工作机制》的通知，公布打击和防范文物犯罪工作领导小组成员名单。与沈阳市文化市场行政执法总队顺利完成文物执法工作交接，确保总队能够积极稳妥地开展文物安全巡查工作。协助总队先后处理了“上伯官汉墓群被浑南市政侵害”、“新乐遗址保护范围被市政侵害”、“中街金利来建设工地”等10余起事件。

（王大军）

文化市场管理

【文化市场调研】 为加强文化市场监管，准确、全面地把握文化市场发展的规律，为人民群众提供一个良好的文化环境，从2013年6月开始，市文广局行政审批办公室组成调研小组，历时将近两个月的时间，深入到全市13个区、县（市），对沈阳市文化市场的发展及管理工作的现状进行了系统、全面调研。

沈阳市文化市场覆盖了文化娱乐、营业演出、上网服务、电影放映、美术品经营、印刷企业、打字复印、音像制品、图书报刊9个行业。截至2013年6月底，全市文化经营业户达到了5164家。其中：歌厅381家，舞厅37家，电子游戏厅192家，营业性演出场所41家，演出团体78个，网吧1060家，电影放映场所52家，美术品集中经营场所6处，经营档口（摊床）近1300余个，印刷企业615家，打字复印591家，音像制品247家，图书报刊570家。通过相关地区的工作汇报、召开座谈会、实地勘验场所等形式，基本摸清了沈阳市文化市场各行业的底数，掌握了文化市场管理队伍及管理工作的现状，发现了一些制约文化市场繁荣发展的体制弊端，为提高文化市场管理水平打下良好的工作基础。

（李洪伟）

【文化经营业户培训】　2013年10月22日至11月7日，沈阳市文广局开展了网吧、娱乐、演出团体从业人员政策法规培训工作。

培训活动期间，授课老师向从业人员讲解了相关法律法规、政策解读、行政审批指南、监管和执法相关内容，帮助从业人员更好地掌握本行业的知识。共有1138家业户参加了培训。

（李洪伟）

【电子游戏经营场所实行游戏分区】　为净化社会文化环境，确保游艺娱乐市场健康发展，2013年6月，市文广局下发通知，要求电子游艺娱乐场所必须严格游艺机型机种的使用范围，凡未经许可的游艺机机型机种不得进入经营场所。大型电子游艺娱乐场所的游戏机与游艺机必须实施分区经营。经营场所要实行游艺机种和游戏机种分区隔离，有单独的出入通道。游艺区域可以在每天的8：00至22：00接纳未成年人进场，游戏区域须悬挂限制未成年人进入的警示标志，并设专人专岗加强管理，在国家法定节假日外不得接纳未成年人。经营场所不得设立包厢。2013年8月，全市19家大型电子游艺娱乐场所全部实施了分区经营。

（李洪伟）

【窗口服务实施“便民化”新举措】　2013年10月，市文广局审批办全体进入市政务服务中心，使窗口审批人员更加正规专业，并开展了“一好一快”活动：“即服务态度好，审批效率快”。每周安排两名审批人员在窗口负责解答咨询、接收审验申报材料，两名审批人员负责到现场勘验，并且定期进行人员轮换。这样既可以保证窗口不空岗，来办理业务必有人接待，来电话咨询必有人解答；又能保证每位审批人员全面接触审批业务，详细了解审批的各个环节，解答问题时更加全面、专业、准确。

（李洪伟）

【出版物市场监管】　2013年，市文化执法总队以开展迎全运出版物市场专项保障行动为主线，切实加大执法力度，深入开展专项整治行动，使出版物市场经营秩序明显好转。一是组织专项战役，打击非法出版物。在全市范围内开展了“净网”、“清源”、“秋风”行动等一系列集中整治行动，积极组织力量对辖区内出版物经营场所及印刷复制企业进行集中清查，重点打击了制售政治性非法出版物、淫秽色情、封建迷信出版物、非法小报及盗版出版物的违法经营行为，严格收缴时政、军事、党史、宗教、医疗等各类非法报刊，取得了显著成效。二是突出工作重点，强化日常监管。切实强化了对全市出版物市场重点区域、部位和场所的日常监管，强化对中街、太原街、长江街、吉祥市场等繁华街区无证游商的清理，不断加大执法力度，始终保持高压打击态势，全年共清查出版物市场经营场所、印刷复制企业4658家次，查处各类侵权盗版案件166起，取缔无证店档摊点及游商走贩765个（次），收缴各类非法出版物22.6万余件，使重点区域、部位和场所得到有效控制，非法出版物数量明显减少，经营秩序明显好转。三是深挖窝点库房，查破大案要案。在进一步加大对全市出版物市场面上的监管力度的同时，还在狠抓大案要案侦破工作上下功夫，切实加大了对出版物市场违法违规行为的打击力度，连续查破有较大社会影响的大要案件22起，向公安机关移送案件10起。大要案件的连续查破，极大震慑了出版物市场违法犯罪分子的嚣张气焰，有力维护了出版物市场正常的经营秩序。四是强化宣传教育，营造良好氛围。参与了省、市“扫黄打非”办组织开展的“4·25”侵权盗版出版物集中销毁行动；开展了“5·15”政务公开日法律法规宣传活动、“保护知识产权宣传周”等宣教活动，鼓励广大市民群众学法、懂法、守法，自觉参与到出版物市场监管和“扫黄打非”斗争中来，在全社会营造了保护知识产权、建设和谐文化市场的良好氛围。

（赵振宇）

【广电市场监管】　2013年，全市文化市场综合执法系统进一步加大了对卫星广电接收领域的监管力度，以全运会指定接待宾馆酒店和全运场馆、旅游景区周边为重点，认真开展企事业单位接收和传送境外卫星电视节目以及居民个人安装使用卫星电视地面接收设施执法检查行动。6月至9月，市总队连续组织开展了两次全市范围的卫星电视地面接收设施专项整治工作，对三星级以上宾馆酒店、企事业单位和居民个人非法安装使用卫星电视地面接收设施的情况进行了集中清理整治。专项整治期间，对10家违规行为较严重的宾馆酒店进行了立案查处，全市共责令自行拆除违规安装的卫星电视地面接收设施1000余套，强行拆除400余套。全年共查处广电市场违规案件25起，建成无“大锅”、“小耳朵”社区（村屯）225个。同时，不断加强对电影市场的日常监管，对全市40家电影放映场所进行全面检查，消除了放映走私、未获得放映许可证或没有公映权影片的现象。

（赵振宇）

【网吧场所监管】　2013年，全市文化执法系统不断加大对网吧场所的日常监管力度，对网吧场所进行全面排查，增加夜查次数和频度，严厉查处网吧场所接纳未成年人进入、超时营业等违法违规经营行为。同时，结合迎全运、学校寒暑假等敏感时段，开展集中整治行动，从严查处了一批违规网吧场所。全年共清查网吧场所5080家次，查处违法违规经营案件314起，通过经常性执法检查和严管重罚，使全市网吧场所接纳未成年人进入等违规行为得到了有效遏制。此外，还协调公安、工商等部门联合开展文化市场检查，及时消除文化市场中因超时经营躲避检查而关闭门窗的各种安全隐患，确保全市网吧经营场所无恶性事故发生。经过文化执法及相关部门的不断整治和强化管理，全市网吧场所均建立了入场登记和场内巡查等管理制度，所有上网人员基本做到了持有本人二代身份证上网，网吧管理制度得到较好落实。

（赵振宇）

【演出市场监管】　2013年，全市文化执法系统进一步加强对演出市场的日常监管力度，对大型演唱会、演出剧场、商业演出和演艺酒吧等进行了全面监管，严厉查处各类非法营业性演出。市总队会同和平、铁西、东陵、辽中等地区执法机构对7场大型组台演出实施现场监管，填补了对大型演唱会无现场监管的空白。对营业性演出尤其是对街边商演和二人转演出场所以及演艺酒吧进行全面排查，杜绝了含有低俗内容的演出和含有分裂国家、丑化国家形象内容的演出活动，对没有手续或手续不全的演艺酒吧进行了立案查处，及时叫停了5场违规商业演出活动，全年共检查演出经营场所151家次，查处违法违规经营案件12起，演出市场得到有效净化，演出格调得到提升。同时，与市公安局治安支队配合，共同对演出活动齐抓共管，营造良好的演出氛围，有力地维护了演出市场正常经营秩序。此外，还积极配合公安、消防等部门做好对全市演出场所的安全防范工作，消除安全隐患，坚决防止重大消防安全事故的发生，确保了演出市场的平稳有序发展。

（赵振宇）

【娱乐市场监管】 2013年，全市文化执法系统切实加强了对全市娱乐场所的日常监管，组织开展高频率、高强度的执法检查，始终保持高压态势，全面排查娱乐场所违法违规经营行为，依法严厉查处娱乐场所使用违禁卡拉OK曲目、KTV屏幕画面中含有国家法律法规禁止的内容、接纳未成年人、超时营业等违法违规经营行为，严厉查处游艺娱乐场所非法定节假日接纳未成年人和设置违禁机种、机型等违法违规经营行为。全年，共检查游艺娱乐场所、歌舞娱乐场所1743家次，查处娱乐场所违法违规经营案件83起，查办案件数量比2012年增加了3倍，违法违规经营行为发现查处率100%，推动了娱乐场所的健康发展。同时，对娱乐场所安全责任落实、安全隐患排查等进行督促检查，对存在安全隐患的娱乐场所，责令其限期整改，对安全隐患问题较为严重的场所，及时协调公安消防部门坚决予以停业整顿，做到不留隐患和死角。

（赵振宇）

【开展大练兵与技能大比武活动】 岗位大练兵与技能大比武活动是2013年全国文化执法领域的一项重要工作，沈阳市文化执法总队高度重视这项工作，认真扎实开展岗位大练兵与技能大比武活动，取得了良好效果。一是制订活动方案，专题动员部署。按照国家文化部、省文化厅的相关要求，结合执法实际，市总队制订了文化市场综合执法岗位大练兵与技能大比武活动方案。2013年3月14日，市总队召开了全市文化市场行政执法机构负责人会议，专题部署岗位大练兵与技能大比武活动方案，拉开了全市文化执法干部练兵比武活动的序幕。二是采取多种形式，全员参与活动。全市两级文化执法机构采取自行学习、集体研讨、业务骨干轮流讲座、外聘讲师集中培训、以案施训、参加上级部门培训等多种形式，认真组织广大执法干部学习相关法律、法规、规章以及业务知识，提高了依法行政能力。开展了“迎全运文化执法系统篮球比赛”、“走进军营、体验生活”等系列活动，增强了全市文化执法干部的凝聚力和战斗力。三是认真复习迎考，积极参与竞赛。经过三个多月的认真学习、精心准备，6月27日，市总队举办了文化执法系统“岗位大练兵与技能大比武”竞赛活动。全市13个区、县（市）文化执法大队（队）和总队机关共组成15支参赛队伍，选拔出60名执法队员参加了竞赛活动。通过网上办公、网络执法、文化产品识别、案卷制作及法律法规规章知识问答等六方面竞赛，经组委会严格评审，最终浑南新区（东陵）大队代表队、和平区大队代表队、市总队参赛一队获得团体总分前三名。市总队夏俊雄、和平区大队张宁、浑南新区（东陵）大队斯乐古灵获得个人总分前三名。和平区大队张宁还被选拔为辽宁省代表队成员，参加了文化部举办的全国文化市场综合执法岗位大练兵与技能大比武决赛，为沈阳市争得了荣誉。四是弘扬表彰先进，推进依法行政。为了表彰在岗位大练兵与技能大比武活动中取得优异成绩的单位和个人，进一步“弘扬学法用法、争当业务标兵”的拼搏精神，市总队召开表彰大会，为优胜者颁发奖牌和证书，号召全市文化执法单位和执法干部向先进集体和先进个人学习，深入开展“学法用法、争当标兵”活动，把依法行政工作落到实处，监管好文化市场，为沈阳市文化市场健康繁荣发展贡献力量。

（赵振宇）

档　案

【档案工作纳入市政府绩效考核体系】 2013年，市政府首次将档案工作纳入到年度市政府绩效考评体系。为做好此项工作，市档案局下发了《关于开展档案工作考评的通知》，组成了30人参加的6个考评组实地对全市75家机关单位档案工作情况开展了专项检查，并将考评结果在全市进行了通报，同时将列入市政府绩效考评的65个单位档案工作的考评结果报市政府绩效考评办。此次检查切实解决了长期以来一些机关单位存在的“有档不归、归档不全”问题，进一步增强了公务人员的档案意识，促进了市直机关档案工作的依法开展。

（张　鹏）

【表彰档案工作先进集体、先进个人】 6月24日，沈阳市档案工作会议在市政府一楼多功能厅举行。会上，以市政府的名义对全市40个档案工作先进集体、60名档案工作先进个人进行了表彰，这是继2006年市政府表彰档案工作先进集体和个人以来，时隔七年再次以市政府名义对档案工作进行的表彰。会议由市政府秘书长连茂君主持。辽宁省档案局局长赵焕林，市委常委、常务副市长顾春明出席会议并分别作重要讲话。市档案局局长荆绍福作了题为《凝心聚力创新服务推动全市档案事业科学发展》的报告。市委常委、秘书长马占春宣读了《沈阳市人民政府关于表彰档案工作先进集体和个人的通报》。

（张　鹏）

【胡世宗家庭档案展览开展暨档案捐赠仪式】 3月24日，军旅作家胡世宗家庭档案展览开展暨档案捐赠仪式在市档案馆举行。仪式上，市档案馆馆长、市家庭档案研究会名誉理事长荆绍福介绍了胡世宗家庭档案有关情况。胡世宗将其个人在工作和生活中形成的日记、作品、照片、底片、光盘、证书等档案资料共计2090册（件、张）捐赠给市档案馆。其中包括邓小平签署的授予胡世宗上校军衔的命令，胡世宗与臧克家、魏巍、艾青、丁玲等文学大家的照片、通信及题字等珍贵档案。市政府秘书长连茂君代表市政府向胡世宗颁发了捐赠档案证书。仪式结束后，与会人员参观了胡世宗家庭档案展览。该展览分为学生时代、军旅生涯、文坛师友、幸福家庭四个部分，通过照片、实物等展示手段，对军旅作家胡世宗的成长轨迹、工作历程、社会交往、家庭生活进行了全面展示。此项工作开创了市档案馆接收个人档案进馆、为个人举办家庭档案展览的先河。

（张　琪）

【全运会沈阳赛区档案工作】 2013年，第十二届全运会在辽宁省成功举办。为做好十二运沈阳赛区档案工作，市档案局跟踪拍摄了“十二运”测试比赛、“十二运”倒计时100天、“十二运”竞走比赛、"十二运"开闭幕式、"十二运"田径比赛、柔道比赛等活动(会议)80次,形成声像档案900余分钟,录音资料100余小时;对2012、2013年度"十二运"档案进行整理归档并数字化,形成文书档案9355件、照片档案210册(6300幅),形成数码照片档案2089张。这些档案完整地记录了沈阳赛区组委会筹备工作的全过程,为沈阳市留下一批珍贵的"全运文化遗产"。

(张　鹏)

【"国际档案日"宣传活动】 2013年6月9日,是全国档案系统第一个"国际档案日",全市围绕"国际档案日"开展了一系列档案宣传活动。围绕"展示群众性体育历史,喜迎十二届全运盛会"的活动主题,全市各地区、各单位开展了各具特色的档案宣传活动。6月6日,市档案局举办了"沈阳市群众性体育活动图片展览",展览分为群众体育发展的历史、家喻户晓的体育明星、历届全运会和第十二届全运会的简介、十二运沈阳赛区筹备历程四个过程,共展出图片资料132幅。铁西区档案局与区文体局、云峰街道办事处联合在广场社区举办了档案知识竞赛、"喜迎十二运"诗歌朗诵大比拼、体育竞技比赛等活动,并在《新铁西》报上刊登档案法律知识和档案宣传活动内容;东陵区(浑南新区)档案局以全运会倒计时100天全民徒步走活动为契机,举办了"迎全运"系列活动图片展;和平区档案局在社区举办了家庭档案实物展,并开展了家庭建档咨询活动;法库县档案局邀请法库知名人士在法库县电视台举办"城市记忆、法库故事"系列专题讲座;全市各单位还充分利用LED屏、网站、宣传栏、微博、微信等媒介宣传档案工作,发放"国际档案日"活动宣传材料,悬挂"国际档案日"活动宣传标语、条幅和《开放的档案馆欢迎您》宣传挂图。

(张　鹏)

【档案数字化工程】 为加快全市档案数字化进程,2013年,市档案馆制订了"沈阳市数字档案资源共享工程"方案,对全市档案数字资源进行统筹规划。完成了馆藏档案中涉及百姓切身利益的毕业分配、人事调动、任免、晋级、工资、退休、退伍转业、知青下乡、政策落实等热点及利用率高的民生档案文件级目录437万条;截至2013年底,共完成800万条,全文数字化2万件;做好馆藏基础数据库的维护工作,全年导入数据408万条,数据库总量800万条,并全部提供给服务窗口利用。市档案馆档案数字化建设工程的实施,提高了档案信息查询效率,使数据检索流程更加方便、快捷、准确,在便民服务工作中取得了实效。

(张　鹏)

【档案接收征集】 市档案馆加大档案接收力度,继续在全市范围开展档案"大接收"工作。全年,共接收市直机关、卫生系统、破产企业等档案9.81亿卷(件、张)。开展口述历史档案和声像档案征集工作,采访沈阳市与国际友城交往当事人,采集口述历史录音档案近4小时;赴法国、德国征集沈阳老纪录片4部(时长8分钟)、1912年彩色老照片75幅;赴中央新闻纪录电影制片厂等单位征集有关沈阳纪录片13部(时长约87分钟)。

(张　鹏)

【档案对外交流】 7月26日,应市人民对外友好协会邀请,以韩・中经济文化交流院院长安炅郁先生为团长的韩国大邱市青少年代表团一行35人到市档案馆参观。代表团观看了《珍藏历史记忆沈阳——蓬勃发展中的沈阳市档案馆》宣传片,参观了"沈阳的记忆"主题展和"沈阳市家庭档案珍藏展览",并在《盛京城阙图》浮雕前合影留念。参观结束后,市档案馆与韩国大邱市青少年代表团互赠了礼品。

12月4日,市档案馆馆长荆绍福会见了法国驻沈阳总领事美屿女士,双方就赴法征集档案资料、开展文化活动等事宜进行了交流。12月31日,法国驻沈阳总领事美屿女士应市档案馆馆长荆绍福的邀请,到市档案馆参观,并就纪念中法建交五十周年、双方开展文化交流活动等事宜进行商谈。

12月7-15日,以市档案馆副馆长赵建伟为团长的档案工作代表团一行3人,赴法国阿尔贝・肯恩博物馆、戈蒙电影公司及德国乌尔姆档案馆开展有关沈阳历史档案资料征集及档案业务交流工作。代表团征集到1912年拍摄的有关沈阳的彩色照片75幅(电子版)、反映1927年沈阳的纪录片4部以及该馆出版的《地球档案・中国卷》图册,并就在2014中法建交五十周年纪念活动中共同举办"百年前法国人眼中的奉天(沈阳)影像展览"和"巴黎戈蒙电影公司沈阳老纪录片放映周"等活动达成共识。

(王娟娟　张耿城　张鹏)

【荣获沈阳市人民满意"十佳"窗口】 2013年2月,市人民政府下发《关于表彰2012年度软环境建设和人民满意窗口先进单位的通报》,对全市35个软环境建设先进单位和10个人民满意窗口最佳单位进行了表彰。市档案局管理利用处从全市参评的4000多家单位脱颖而出入围"十佳"窗口,被市政府授予"人民满意窗口最佳单位"荣誉称号。在创建"人民满意窗口"活动中,市档案局管理利用处作为档案对外服务窗口单位积极参与创建活动,以服务创一流为目标,以便民利民为方向,通过优化档案服务、改善阅览环境、完善接待制度、提高人员素质等举措全面提升档案工作服务水平。

(张　鹏)

【家庭档案】 市档案局和市家庭档案研究会编辑出版了《沈阳市家庭档案工作纪实》。该书选用图片291幅,文字近2万字,分为家庭档案工作的起步、实施、理论研究、宣传工作、指导体系、各级领导的重视与支持、家庭档案工作的社会影响等七个部分,是对十年来沈阳市家庭建档工作历程的梳理和总结。制作完成了《沈阳市家庭建档工作纪实》专题片。该片回顾和展示了沈阳市开展家庭建档工作十年来的工作历程及所取得的成就,时长12分钟,包括理论研究、社会影响、百姓参与、媒体关注等方面内容,画面生动鲜活,语言亲切朴实,是沈阳市首个制作完成的展示家庭建档工作历史发展的专题片。推进家庭档案示范工程,在全市培育了第五批家庭建档示范单位、示范户,树立示范单位13个、示范社区(村)45个、明星户65个、示范户242户。2013年9月28日,中央编译局比较政治与经济研究中心主办的官方网站"中国政府创新网"利用大幅页面,分别从创新人物、创新做法、社会影响、创新研究四个角度,全面、细致地对沈阳市家庭档案工作进行了报道,并对市档案局局长荆绍福进行了专访。

(张　鹏)

【蒲河生态廊道建设项目档案接收进馆】 2013年,市档案馆将记录和反映蒲河生态廊道建设项目的纸质档案3411卷(盒)、照片档案5756幅、声像档案8盘全部接收进馆,标志着蒲河生态廊道建设项目档案工作圆满完成。2010年以来,市档案馆紧紧跟进蒲河生态廊道建设项目,确保档案工作与建设项目同步进行,通过加强对建设项目档案工作的监督指导、举办蒲河生态廊道建设展览、接收项目档案进市档案馆等举措,实现了项目档案全面记录项目建设全过程的工作目标,开启了集业务指导、档案进馆、举办展览三位一体新的档案工作模式,取得了良好效果。

(张　鹏)

【《关于加强沈阳市档案人才队伍建设的意见》出台】 2013年11月12日,市档案局、市人才工作办公室联合制定出台了《关于加强沈阳市档案人才队伍建设的意见》(以下简称《意见》)。该《意见》是沈阳市档案人才队伍建设的第一份指导性文件,是健全档案人才队伍激励机制、培养造就高素质创新型档案人才、实施人才强档战略的重要举措。该《意见》明确了档案人才队伍建设的重要意义,对全市档案人才队伍建设存在的问题进行了认真的分析,同时从加强人才培养,提升干部综合素质和促进人才交流,逐步完善人才竞争激励机制两个方面,提出了加强档案人才队伍建设的具体措施。

(郝翠彬)

新闻出版

【东北(沈阳)印刷包装广告技术设备产品展览会】 2013年5月21－23日,第十一届东北(沈阳)印刷包装技术设备器材产品展览会成功举办。

本届展会设标准展位1500个,展览面积达2万平方米,参展企业达220余家,展会展出产品涉及印刷、包装机械设备,印前、印后设备,广告制作设备,印刷包装产品设计,印刷包装产业等10大类1000余种。展会期间共有1.8万多名专业观众参观展会,展会现场成交额达2亿元。展会各项活动精彩纷呈,会场交易异常火爆,获得了广大展商及采购商的一致好评。

(李笑逸)

【市属公开报刊年检】 2013年,市文广局对沈阳市所属范围内新闻出版单位共61家进行了公开报刊年检,其中:报社18家,期刊40家,出版社3家,从业人员共873人。全年报纸出版18种,总印数为2.57亿份,总收入为2.22亿元,其中广告收入为1.69亿元,发行收入为4430万元;期刊出版40种,期平均发行量为25.13万册,全年总印数为498.2万册,定价总金额为3902.87万元;图书出版1627种,其中:新版图书1191种,再版图书436种,再版率约为27%,总印数为1343.87万册,定价总金额为1.72亿元。

(姚秀庆)

【新闻出版采编人员业务培训】 2013年,市文广局开展了以"贯彻十八大、开拓新思路"为内容的新闻出版采编人员业务培训。通过院校专家学者对十八大精神深入浅出的讲解,使新闻采编人员对如何把握好政治舆论导向有了更进一步的认识,拓宽了新闻视野和思路。编发了《关于加强十八大宣传报道工作的意见》的通知,在培训会上组织采编人员和新闻记者认真贯彻落实学习。

(孙茂双)

【高校报编校质量抽检】 根据《出版管理条例》和《报纸出版管理规定》,市文广局于2013年6月集中对13家高校报的5月份报进行了编校质量抽检。单从差错率来看,好与往年,全部达到合格标准(差错率低于万分之三),这是连续6年来编校质量评审工作的一个突破。各校报编校质量随着采编人员业务水平的不断提高,总体质量得到了稳步提升。通过此类质量抽检活动,对进一步提升校报的质量和水平是一次鞭策和促进。

(胡燕军)

【审读面对面活动】 市文广局组建了一支高素质、专家型审读员队伍,全年先后深入到《沈阳晚报》、《诗潮》、《青年科学》、《芒种》、各企业报等单位,直接面对一线采编人员,具体评报评刊,帮助会诊把脉,并将审读意见编辑为《审读通讯》下发指导,从而促进了各报刊及内部资料质量不断提高。全年无一例导向错误、重大失实报道事件发生,保证了出版安全。重点报纸编校质量合格率达百分之百。

(胡燕军)

【沈阳市第七届优秀报刊评选】 此次评选活动得到了各报刊社、期刊社的积极响应和支持,共上报各类参评作品180余件,经过评选委员会客观公正的评选,共评选出一等奖30个、二等奖36个。作品标题立意新颖,富有韵味;栏目特色突出,主题鲜明;版面错落有致,图文并茂。从上报的作品整体情况看,水平稳中有升,较以往有了很大的进步。

(王　莉)

【城市社区书屋建设】 为及时完成城市社区书屋建设任务,市委宣传部、市文化广电新闻出版局、市民政局和市财政局以及各区、县(市)等有关部门,按照《辽宁省城市社区书屋建设实施方案》要求,认真组织、精心策划,通过开展社区阅读场所调研、科学制订方案、组织图书采购、配送等工作,及时、全面地完成了2013年的城市社区书屋建设任务。截至2013年底,市及各区、县(市)财政共投入社区书屋建设资金600多万元,共建成社区书屋171个,每个社区书屋按照社区人口数量共配置图书1500册至2000册,可使用面积均在20平方米以上。首批建成的社区书屋已全部对外开放,发挥其传播先进文化、丰富群众文化生活的作用。

(陈延军)

【"我与书屋共成长"读书征文活动】 为发挥农家书屋使用效能,提高农家书屋服务水平,2013年8月至10月,组织开展了"我与书屋共成长"读书征文活动。全市广大农民群众踊跃参与、积极投稿,活动共评选出一等奖3篇、二等奖5篇、三等奖7篇、鼓励奖16篇。对在读书征文活动中组织工作表现突出的单位授予了优秀组织奖。通过开展主题鲜明、形式多样的各类读书征文活动,进一步提高了农家书屋的使用效能,扩大了农家书屋的群众影响力。

(陈延军)

【政府机关使用正版软件检查整改】 为落实《国务院办公厅关于进一步做好政府机关使用正版软件工作的通知》(国办发〔2010〕47号)精神,沈阳市启动政府机关使用正版软件检查整改准备工作。按照要求,沈阳市、区县(市)政府部门要在2013年8月底以前完成专项检查和整改工作,并将整改范围由原来的政府部门扩展到同级党委、人大、政协、人民团体等机关。市文广局配合市政府办公厅等部门,继续做好政府机关使用软件正版化的相关工作,对政府机关使用软件进行日常监管和督促检查,并配合有关部门做好采购工作，确保政府机关软件正版化专项检查和整改任务按期完成。

（任党清）

【知识产权日宣传活动】 市文广局以“4·26世界知识产权日”为平台，联合省版权行政部门开展主题为“创造力，下一代”保护知识产权的宣传教育活动，严肃查处一批侵犯知识产权的大案要案，集中销毁一批侵权盗版光盘。以公益广告的形式，制作大量的反盗维权宣传标语、宣传册，在沈阳市的图书、音像、电子、电影等市场进行张贴、发放。组织相关部门开展现场咨询，制作宣传展板，发放宣传资料，营造了著作权保护的社会氛围。

（任党清）

广播电视

【农村有线电视网络建设和升级改造】 2013年，新民市、辽中县和康平县三县（市）农村有线电视网络建设和升级改造继续全面推进。新民市完成了全市乡镇村屯骨干网的铺设工程；辽中县完成了城区有线电视网络改造和茨榆坨镇有线电视网络铺设工程；康平县完成了郝官等四个乡镇有线电视网络铺设任务。三县（市）广播电视部门全年由模拟整转为数字电视用户共8.1万户。

（朱 力）

【百万市民看电影公益放映活动】 2013年10月24日晚，新民市大民屯镇敬老院和张家屯镇行政村文化活动室两场公益电影放映结束，标志着2013年，沈阳“百万市民看电影”活动正式落下帷幕。2013年，沈阳城乡累计放映2.6万场，其中：农村2.0万场，城区和县城6017场，城乡观影突破400万人次。2013年，百万市民看电影公益放映活动首次推出“电影超市”的点映方式，由原来的“我放什么，你看什么”的单向放映模式转变为“你点什么，我放什么”的双向互动、尊重民意的点映方式，从而体现“以民为本”、“问需于民”的理念，体现惠民、利民、乐民的活动宗旨。

（丁 平）

【首届农村广播电视公益广告大赛】 2013年8月1-30日，沈阳市文化广电新闻出版局、沈阳市广播电视协会举办了首届沈阳市“区县广播电视公益广告制作大赛”。参赛作品为各区县2012年1月1日至2013年8月1日期间制作播出的电视公益广告。经初审和推荐，由专家评审，21件公益广告作品获奖，其中沈北新区选送的公益广告——《正字篇》被专家组推荐参加辽宁省公益广告展示活动。

（董 博）

·沈阳广播电视台·

【概况】 2013年，沈阳广播电视台围绕全市稳增长、惠民生、办全运、抓党建等重点工作，圆满完成了时政新闻以及各项重大主题宣传报道任务，民生新闻开始尝试转型，节目收听收视数据稳中有升，大型活动有声有色，沈阳广播电视台的权威性、公信力和社会影响力进一步提升。高清演播系统建设取得阶段性成果，全台技术能力和水平处于城市台领先地位，产业经营发展有所突破，全年营业收入同比增长20%。职工队伍整体素质和精神面貌有了明显变化。主要体现在十个方面：一是围绕全市中心工作，圆满完成新闻宣传任务。全运报道取得了战役性的成功，时政新闻实现了历史性的转型升级，新闻宣传能力得到了突破性的增强。二是服务广大百姓需求，民生新闻向多领域渗透。新闻品牌日趋成熟，栏目影响逐渐扩大；“政府代言”效果显现，“正能量”传播渐成主流，服务领域全面拓展，栏目信誉不断巩固。三是视听数据持续攀升，总体竞争力稳居前列。四是节目创优成效显著，冲击“五个一”大奖条件具备。五是地面活动有声有色，社会影响力进一步显现。六是产业框架初步形成，广告自营首战告捷。七是高清一期全面完成，技术实力进入领先行列。八是群众路线教育实践活动扎实开展并取得明显成果。九是加强培训抓党建，队伍整体素质显著提升。十是做好后勤保障，为职工办实事取得新成果。沈阳广播电视台获得国家级奖项21个，在中央级媒体播发新闻报道近百条。

（陈 萍）

【时政新闻实现转型升级】 沈阳广播电视台对领导政务活动的报道明确了“民生视角”和“新闻优先”的原则，实现了“简化”、“优化”，让政务活动报道真正“灵活”、“生动”。重大主题报道坚持深入基层、“说实话”、“接地气”，取得了良好的收视效果和社会效果。围绕全国、省、市“两会”等重大时政活动，精心组织、科学统筹，多形式、多角度地展示了务实、高效的新会风；围绕贯彻落实十八大、十八届三中全会精神和市委十二届五次全会精神，开设专栏6个、播发稿件300多篇，及时准确地传达党的声音，凝聚社会各界的共识，充分发挥了舆论引导主力军的作用；围绕稳增长、承办“十二运”、创建全国文明城市等全市中心工作，开设专栏12个、播发稿件1000多篇，充分展示了沈阳经济社会发展的丰硕成果，着力把沈阳广播电视台的频率频道打造成为展示沈阳形象的重要窗口。

（陈 萍）

【视听数据稳居前列】 沈阳广播电视台广播频率整体收听份额达到了46.6%，都市广播稳居辽沈综合性广播排名第一、家中收听广播排名第一，在辽沈市场大排名中，沈阳广播电视台四个频率有三个位居前五。电视三个频道占据了包括央视、卫视、省台50多个频道整体份额的17.6%，有两个频道排名前五，新闻频道的早板块、经济频道的晚间黄金时间版块在所有频道中排名第一。

（陈 萍）

【沈阳广播电视台官网上线】 沈阳广播电视台将原有的沈阳广播网（syradio.cn）、沈视网（csytv.com）、沈阳网络电视（sytv.tv）三个独立域名的网站统一整合为沈阳广播电视台官网，于2013年5月10日正式上线。网站实现了4个频率的广播节目7×24小时在线直播、120多个广播栏目在线点播、1个月时移回放，3个频道的电视节目7天内时移回看、19个电视栏目的在线点播和独家信息编排发布。沈阳广播电视台官网在视频分享、P2P直播、节目点播、聚合等视听服务上，在辽沈地区乃至东北地区独树一帜，达到全国一流水平。

（陈 萍）

【四城市广播协作实现跨地域合作新突破】 2013年7月，沈阳广播电视台新闻广播联合哈尔滨新闻广播、长春新闻广播、大连新闻广播共同推出大型系列直播节目《振兴十年——回眸美丽大东北》和《倾听美丽大东北》。《振兴十年——回眸美丽大东北》以“大东北”的视角,展示东北各地十年来特别是近五年的发展成就,总结了东北老工业基地在过去十年中主导产业培育、基础设施建设、民生发展、社会建设、开发合作等方面发生的巨大变化。《倾听美丽大东北》共分四期直播,分别以生态东北、幸福东北、时尚东北和活力东北为主题,每期进行长达两个小时的四城市同步直播,东北四城市广播联盟协作更加紧密。

(陈 萍)

【400平方米高清新闻演播室投入使用】 沈阳广播电视台第一个400平方米全媒体多景区高清新闻演播室改造完成,总投资4800万元。演播室为360度全景演播室,具有6个高清讯道,能够实现电视、广播、网络等全媒体信号的接入显示,还配备有85寸点评系统以及虚拟前景系统等先进制作手段,能够完成基于全媒体信息的高清电视节目制作。演播室配套一个高清非编网,使《沈阳新闻》节目实现了从节目上载到节目播出的全流程无带化高清制作。该系统于2013年8月5日全面启用,每天制作新闻节目6小时20分钟,标志着沈阳广播电视台新闻节目的制播系统正式迈入高清时代。

(陈 萍)

【建设新媒体技术平台】 沈阳广播电视台与上海文广集团(SMG)合作建设运营新媒体技术平台,以服务全运会为主题,共同开发运营三个APP应用,分别是新闻频道的《看今天》、交通(音乐)广播的《986在线》、综合(经济)频道的《平安全运》,沈阳广播电视台负责内容运营,SMG负责技术运营。8月19日,三个APP应用通过苹果公司审核正式上线,标志着沈阳广播电视台新媒体建设进入移动互联网时代。

(陈 萍)

【专题片《凤凰涅槃》获中央领导赞许】 8月30日,中共中央总书记、国家主席习近平视察沈阳工作,在沈阳鼓风机集团观看了由沈阳广播电视台制作的、反映铁西新区老工业基地振兴十年成果的、全高清版电视专题片《凤凰涅槃》。观看结束后,习近平总书记对此片称赞说,这部片子拍的很好!中共中央办公厅秘书局负责同志说:“这是他们看的最好的片子,很感染人”,并特意留存两张光盘。之后,专题片《凤凰涅槃》被教育部确定为“推动工业体制改革”样板“专题片”,并在全国推广播出,这也是沈阳广播电视台的电视专题片首次被国家部委直接采用,并作为经验在全国推广。

(陈 萍)

【成功报道第十二届全国运动会】 2013年8月,第十二届全国运动会在辽宁举行。沈阳广播电视台首次在国家级赛事设立了IBC演播间,与国内、国际重量级传媒机构站在同一个平台上;首次形成了广播、电视、网络、移动电视、APP终端的全媒体互动传播,为全媒体转型工作进行了有益的探索和尝试;首次参与全国性运动会电视公共信号制作,受到了组委会的充分肯定;首次对大型运动会进行长达6小时25分的全媒体直播,收视率创造辽沈地区第一名;首次把大型赛事报道同拓展媒体影响相结合,推出“体育达人”活动,创下了广场花样运动的吉尼斯纪录。在开幕式当天,沈阳广播电视台在新投入使用的400平方米高清新闻演播室做4G现场直播,以主持人和嘉宾在演播室多媒体、多景区解说;高清连线;记者音视频报道、评论、独家专访;广电节目与网络平台同步互动;实时路况信息等多种形式,顺利、高效、圆满完成了6小时25分的开幕式直(转)播及相关动态报道,从内容、形式、技术、团队配合等方面都创造了前所未有的直(转)播报道新高度。“十二运”期间,沈阳广播电视台全运会转播团队转战沈阳、鞍山,圆满完成全运会橄榄球、水球的转播任务。同时,各频率、频道根据自身节目特色,全方位、多角度制作特别节目,为市民和参赛者服务,展示沈阳城市巨大变化和辽沈人民热爱生活、热爱体育、文明热情的精神风貌。

(陈 萍)

卫 生 · 体 育

卫 生

【疾病预防控制和卫生应急】 2013年，市卫生局以保障群众健康为目标，以全力确保“十二运”公共卫生安全为重点，以“群众真切感受、真正受益”为切入点，进一步完善体系，提升能力，转变作风，真抓实干，加大重点传染病防控工作力度，提升卫生应急能力和水平，促进基本公共卫生服务均等化的实施，全面提升人民健康水平。

一、疾病预防控制工作取得新进展

1. 疾病预防控制体系建设不断加强。市疾控中心、市健康教育中心、市精神卫生中心等局属疾病预防控制机构充分发挥专业龙头作用，强化对基层疾病预防控制工作的督导检查，督导率达到300%，确保了各县区（市）圆满地完成市区县政府卫生工作责任状。年内组织落实艾滋病、结核病、免疫规划等中央转移支付项目资金共计745万元，落实市财政防保村医补助资金279万元，为各项工作开展提供了资金保障。

2. 有效防控重大传染病的发生蔓延。强化了传染病防治分类分级管理制度，落实了传染病综合性防控措施，年内348家传染病直报单位网络正常运行率、报告及时率、及时审核率和综合率每月均达到100%，法定甲乙类传染病报告发病率为187.26/10万，同比下降14.75%。

有效应对人感染H7N9禽流感疫情。完善了防控方案和应急预案，建立了疫情信息报送制度和领导小组例会制度，强化了不明原因肺炎监测工作，加强与畜牧兽医、林业和教育部门联防联控，开展了专业培训和健康宣传。稳步推进艾滋病防治工作。制发《沈阳市遏制与防治艾滋病“十二五”行动计划》，全面部署了“十二五”期间艾滋病防治工作的目标和任务。强化了艾滋病检测筛查实验室建设和管理，110家医疗卫生机构建立了艾滋病初筛实验室，累计开展HIV筛查104万余人次，35家艾滋病自愿咨询检测中心共接待咨询检测者2.25万人次。继续落实“四免一关怀”政策，年内落实1940名艾滋病病毒感染者和病人医疗救治经费290万元，符合治疗标准的艾滋病病人100%接受抗病毒治疗。

有效控制自然疫源性疫病。继续落实流行性出血热综合科学防治措施，完成3.44万针次出血热疫苗接种工作任务，接种率达到93.08%，出血热病例个案流调率和确诊病例血清学复核率均达到100%。与内蒙科左后旗联合开展突击灭鼠3次，无人间、鼠间鼠疫疫情的发生。

3. 公共卫生服务能力和水平不断提高。巩固国家扩大免疫规划成果。夯实常规免疫接种工作成果，年内全市完成适龄儿童常规免疫接种128.3万针次，11种国家免疫规划疫苗的单苗接种率达到98%以上，全市14个区县（市）以社区和乡镇为单位，信息系统覆盖率达到100%，实现适龄儿童接种信息的个案管理。共报告AFP病例23例，报告发病率为3.21/10万；切实加强全市预防接种单位的管理和规范化建设，年内下拨奖补资金300万元，建成数字化预防接种门诊30家，共申报省级预防接种示范接种门诊45家，规范门诊51家，预防接种服务水平持续提升。在7月中旬国家对沈阳市基本公共卫生服务项目的检查中，数字化门诊建设作为沈阳市的亮点工作，得到了国家专家的充分肯定。

二、卫生应急工作取得新突破

1. 加强卫生应急能力建设，圆满完成“十二运”卫生应急保障工作任务。依托市本级9类61支卫生应急机动队，组建了8类10支“十二运”卫生应急保障机动队和3组30人的反恐备勤力量，在市反恐办的统一部署下，共出动应急队员185人次、应急车辆42台次，为“十二运”卫生安保工作提供了完善的队伍保障。

2. 加强卫生应急队伍建设，全市卫生应急人员专业水平和应急处置能力进一步提高。完成了市级卫生应急专家咨询委员的调整，组建了传染病不明原因疾病组、医疗救治组等10个类别，129人的专家队伍。依托市疾病预防控制中心和沈阳急救中心，设立了疾病预防控制和紧急医疗救援培训演练中心，组织开展了市、区两级的卫生应急知识专业培训5次，培训各级各类师资700余人次；年内共开展“十二运”卫生保障应急演练、H7N9防控桌面推演、霍乱防控实战演练等卫生应急演练5次，拉动卫生应急队员500余人次。

3. 完善卫生应急预案体系建设。年内制发了《沈阳市卫生局“十二运”反核生化恐怖袭击应急预案》、《沈阳市人感染H7N9禽流感防控工作卫生应急预案（试行）》、《沈阳市地震灾害医疗卫生救援应急预案（试行）》等3部卫生应急预案，市本级现行卫生应急预案累计已达35部，各区县（市）也根据自身专业特点细化专业预案共计350余部，全市形成了较为完善的应急预案体系。

4. 进一步夯实卫生应急综合能力。组织开展了市区两级卫生应急能力评估，从体系建设、应急队伍、装备储备、培训演练、宣教科研、监测预警、应急处置、善后评估等方面，全面分析评估了卫生应急综合能力和水平，完成了数据库信息填报工作。年内开展日常风险评估12次,专题风险评估6次,3起一般级突发公共卫生事件报告和处置的“五率”均达到100%。

(卫生局)

【社区卫生】 2013年,沈阳市社区卫生工作在体系建设、内涵提升和落实国家新医改工作任务中,全面完成了年初确定的各项工作任务。

一、推进规划落实,完善社区卫生服务网络

认真贯彻落实《沈阳市城市社区卫生服务机构设置规划(2011－2015年)》的阶段性要求,为加快社区卫生服务机构建设进度,将此项指标纳入区政府卫生工作考核指标和社区卫生服务考核指标体系,不断推进各地区完成机构设置目标。积极落实医改工作要求,以创建国家、全省示范社区卫生服务中心和开展社区卫生服务中心内涵建设活动为有力契机,通过逐步改善老旧社区卫生服务中心的软硬件建设,不断提高机构的服务能力和水平,截至2013年末,沈阳市共有社区卫生服务机构290个,其中社区卫生服务中心81个,社区卫生服务站209个。

二、强化检查督导,规范城市居民健康档案

通过基本公共卫生服务项目督导考核、省示范中心市级复核、社区卫生服务绩效考核等多种形式,加强城市居民健康档案管理工作的督导力度,不断推进规范化电子健康档案工作进度和工作质量。每月督导各地区上报“居民健康档案工作进展月报表”,及时掌握各社区卫生服务机构开展居民健康档案建立和规范化管理工作进展。截至年底,全市城市居民规范化电子建档率达到了76.94%。

三、开展示范创建,强化社区卫生服务内涵

组织全市开展创建第三批全国示范社区卫生服务中心活动,并将此项工作列入各地区社区卫生服务绩效考核指标,调动了基层社区卫生服务机构的积极性;在组织各机构进行自评、区级复核、市级复核的基础上,择优向辽宁省卫生厅推荐3个机构,全部通过了2013年省级示范社区卫生服务中心复核,同时2个机构获评全国示范社区卫生服务中心。经过3年的创建工作,全市已有10个全国示范中心,21个省示范中心,沈阳市卫生局被国家卫计委基层卫生司授予“创建示范社区卫生服务中心活动优秀集体”荣誉称号。

四、加强绩效考核,促进社区卫生各项工作

结合省、市各级社区卫生及医改工作任务,调整和制订了2013年社区卫生服务绩效考核指标,印发了《关于开展2013年沈阳市城市社区卫生服务绩效考核工作的通知》,委托第三方对全市10个区开展了社区卫生服务绩效考核,并将考核结果进行了全市通报,有效促进了社区卫生服务工作的落实。

五、探索签约服务模式,推广全科医生团队服务

将探索签约服务模式作为加分项纳入沈阳市社区卫生服务绩效考核体系,鼓励各地区采取先期试点,稳步推进的方式,积极探索家庭医生签约服务。各地区根据自身实际情况,制定家庭医生签约服务工作方案,确定服务项目、服务流程和服务标准,印发宣传手册,以老年人、残疾人、慢性病患者等重点人群为签约服务对象开展了免费家庭医生签约服务。截至2013年末,全市各区社区卫生服务机构均组建了全科医生团队,和平区等7个区已不同程度的开展了签约服务工作。

(卫生局)

【农村卫生】 一、新农合制度平稳运行

一是参合率连续多年保持较高水平。2013年全市新型农村合作医疗参合人数达到228.74万人,参合率达到农业常住人口的99.17%。各区、县(市)参合率均达到99%以上,通过不断完善新农合补偿方案,宣传政策,使农民的参合积极性一直保持在较高水平。截至2013年末,全市新农合广泛地覆盖了全市农民,有利地保障了新农合各项政策的实施,实现了全覆盖。二是新农合筹资标准逐年提高。2013年,全市新农合筹资标准达到人均350元,其中省以上配套标准为85元,市级配套标准为104元,县级配套标准为91元,农民缴费标准为70元。截至2013年末,各级财政配套资金已经全部到位,全市累计筹资达到8亿元。三是不断完善新农合补偿方案。为了进一步提高农民受益水平,用好新农合增涨的资金,市卫生局出台了《2013年沈阳市新农合及农村卫生工作要点》,召开了全市新农合工作会议。提高了门诊报销比例,村级门诊报销比例提高到80%,县乡级门诊报销比例达到40%以上。提高了住院报销比例,乡级住院报销比例最高达到85%,县级住院报销比例最高达到80%,县外报销比例最高达到50%。进一步提高了农村妇女孕产期医疗费用纳入新农合范围,在区、县(市)内定点医疗机构累计报销比例提高到70%。

二、率先开展农村居民大病保险

2013年,按照国家及省文件要求,为进一步提高农民大病保险救治能力,市发改委牵头出台了《关于印发开展新农合大病保险工作的实施方案(试行)》。补偿方案对3月1日以后出院的患者,个人自付部分合规费用在1万元以上部分给予50%补偿,暂不设封顶线。截至11月末,已经有4469人次得到大病保险补偿,补偿资金2677万元。

三、推进乡村一体化

不断深化乡村卫生组织服务一体化管理工作。全市共有行政村1577个,实际实施基本药物制度的村卫生室达到1596个,实现每个行政村都有一所实施基本药物制度的村卫生室。同时,市县两级政府不断加大投入,提高村卫生室服务水平。

四、开展等级卫生院评审工作

为做好提高乡镇卫生院服务能力工作,进一步推进农村三级医疗卫生服务体系网络建设,2013年,市卫生局召开了全市农村卫生工作会议,会上印发了《2013年沈阳市新农合及农村卫生工作要点》,以文件形式对等级评审工作做了规范要求,再次明确利用1至2年时间,在全市范围开展乡镇卫生院等级评审工作,年底前至少完成对30%的乡镇卫生院等级评审。同时将此项工作列入

市对区县卫生局综合目标考核指标内容当中。出台了《关于开展乡镇卫生院等级评审暨2013年上半上农村卫生、新农合等有关工作督导检查的通知》，抽取省市关于乡镇卫生院管理方面的专家，组成督导组对全市119家卫生院情况进行考核、评估。分两次对全市各区县等级评审工作完成情况进行了验收。根据评审结果，共评出包括新民法哈牛乡镇卫生院在内的共40家单位。

（高兆铭）

【医政工作】　一是深化改革，市级层面医改任务得到全面落实。制定区域卫生规划医疗组规划稿，完成医疗组规划、特色医院发展项目、总规划部分撰写任务；完成《我市医疗服务体系现状及存在的问题》、《建设国家中心城市发展规划》、《推进医疗服务和保障体系建设实施方案》、《沈阳市基本医疗卫生服务体系规划》等材料，为全市区域卫生规划的制定打下基础。

推行临床路径管理和单病种质量控制工作。全市二级以上医疗机构全面实施临床路径管理工作，开展了300余个病种，进入临床路径管理病例入径率≥50%，进入临床路径管理病例完成率≥70%。对实施临床路径管理的病种和适合开展单病种质量控制的病种实施以合理控制治疗费用和平均住院日为核心的单病种质量控制工作。推进同级医疗机构检查、检验结果互认。印发《2013年医疗机构间医学检验、医学影像检查结果互认名单》，全市41家医疗机构实现影像结果互认，108家医疗机构实现检验结果互认。建立并强化基层医疗卫生机构与城市大医院的对口合作关系。制定并实施《2013年万名医师支援农村卫生工程项目实施方案》，2013年全市城乡医疗对口支援共派出医务人员325人次，诊治门诊病人14.3万人次，收治住院患者1.21万人次，手术316人次，会诊7856人次，开展专业技术讲座695次，接受医生（含医辅）进修学习189人。

二是强化质控，规范化医院建设取得新进展。重新组建7个管理类医疗质量控制中心，制定《2013年度沈阳市医疗质量控制评价考核细则》，全面推进“三好一满意”、“四抓一树”活动，对全市市管及区、县（市）属中心医院进行质控检查，科学评价医疗管理工作，持续改进医疗服务管理。深化优质护理示范工程，全市18所局属医疗机构（100%）的345个病区、其它45所二、三级医院（100%）的301个病区开展了优质护理服务，各占三级医院病区总数、二级试点医院病区总数的100%和95.3%。开展医院感染管理工作专项检查。2013年初，组织30名院感专家对全市范围内13个区、县（市）属医疗机构及市登记管理医疗机构共计330余家医院院感防控工作进行了全面检查，对各单位院感工作存在的薄弱环节进行指导，责令77家医疗机构的142个科室限期整改，41家医疗机构的34个科室停业整改。不断加强临床用血单位科学合理用血的培训、指导及监督管理力度，保证了临床用血的充足、合理、有效，各种血液成分100%满足临床需求，临床用血100%来自于自愿无偿。红细胞分离率98%以上，无偿捐献机采血小板1.23万人次，1.58万单位，同比增长18.59%；预约送血9223车次，行程31.72多万公里，送血量26.23吨；急诊送血1971车次，送血量2.46吨；送血总量占总用血量的83.2%，预约送血率100%；服务满意率为100%。

三是尽职尽责，社会医疗服务工作取得新成绩。圆满完成“十二运”医疗保障工作。完成医疗保障指导性工作方案及预案44项，修改、完善各项活动保障方案、预案28项，修订重点专项工作方案3项。组建了30个车组的急救转运保障团队和1178人的医疗保障团队。在61家二级以上医疗机构中开展“嘉宾窗口”和“绿色通道”创建工作，确定赛区定点医院28家。为23个竞赛项目组建了医疗卫生处及医疗保障团队。共为247场比赛及活动、121万余人提供医疗保障，派出医护人员7103人次，出动救护车772台次，累计接诊患者3986人次，圆满完成22项测试赛，23项正式比赛，火炬传递，开、闭幕式等各项比赛及活动的医疗保障任务。在全市范围内开展沈阳义诊周和健康大讲堂活动。全市21家医疗机构共开展41场义诊活动和174场健康大讲堂活动。共有592名医师，290名护士参与活动。义诊人次1.1万人，参加大讲堂人次7675人，发放宣传材料数3.3万份，义诊患者收住院人数65人，住院患者指导查房人次349人，住院患者义诊手术台次27台，减免患者费用30.2万元，减免药品费用6.8万元。

四是强化准入管理，加大培训力度，依法行政，医疗执业人员行为得到进一步规范。开展全市二级综合医院等级评审工作。年内对15家医疗机构进行等级评审，14家医院被认定为二级甲等综合医院。顺利完成2013年全国医师资格考试组织和考务管理工作，完成了全省4832名考生实践技能考试和2927名考生医学综合笔试的考试组织、考务管理任务。切实明确护士岗位管理工作，印发《沈阳市卫生局关于进一步明确沈阳市护士岗位管理工作的通知》、《关于进一步加强护士执业注册管理工作的通知》及《关于规范中断护士注册人员重新注册管理有关规定的通知》文件，推进护理管理工作。

加强培训，举办医院管理培训班。包括医院管理、医疗质量控制、护理管理、院感管理、药事管理、血液管理等专业12场讲座，全市各级各类医疗机构3000余人次参加培训。严格处理医疗事故责任人。根据2012年省、市两级医疗事故技术鉴定情况，对其中涉及医疗机构的七起医疗事故进行了集中处理，对7名相关责任人给予警告或暂停执业1年的行政处罚。

（卫生局）

【中医工作】　一、积极贯彻落实扶持中医事业发展的政策措施

为落实《沈阳市人民政府关于扶持和促进中医药事业发展的实施意见》，2013年经市政府研究决定，将沈阳市城建局档案馆（建筑面积4000平方米，价值6500万元）无偿划拨给市中医院，用于市中医院扩大病房使用面积，缓解了市中医院发展空间不足问题。市第二中医医院新大楼已投入使用，临床使用面

积由原来的2.5万平方米扩大到5.6万平方米，病床总数由原来的400张增加到800张。辽宁奉天中医院在泉园地区设置了东院区，病床总数由原来的300张增加到450张，使用面积由原来的1.47万平方米增加到2.27万平方米，为参加三级中医医院评审奠定了良好基础。

二、继续推进创建全国基层中医药先进单位工作

以创建全国基层中医药工作先进市为抓手，积极推进基层中医药先进单位（先进区、先进县）创建工作。对沈北新区、于洪区、康平县进行创建工作的培训及督导，多次到相关区县召开现场会议，督促、检查、指导项目单位不断完善内涵建设。通过不懈努力，康平县顺利通过了省卫生厅专家评估组的评审，获得了辽宁省级中医特色示范县称号。于洪区在2012年通过省级中医特色示范区评审之后，2013年完成了全国社区中医药工作先进区的申报工作。在创建工作过程中，为康平县投入资金30万元，为基层卫生机构购置了急需的中医诊疗设备，对中医药综合服务区进行调整和中医文化特色装修等。

三、逐步完善各级中医药服务网络建设工作

开展“中医适宜技术推广年”活动收到良好效果。2013年是全市开展“中医适宜技术推广年”活动的第三年，目标是达到每个基层卫生服务机构掌握10种以上中医适宜技术。利用城市中医院对口支援农村中医院的方式，支援薄弱机构，取得一定成绩。组织城市中医院专家组深入农村，全方位把脉薄弱机构，召开现场会议解决面临的问题。制定了详细的帮扶方案，以参加二级中医医院评审为抓手，比照评审细则，对于重点难点问题各个击破。特别是采取了以对口部门的人员和技术一对一手把手帮扶，同时在医疗设备方面也给予了大力支持。沈阳市红十字医院，经过一年多的不懈努力，精心准备，一次性通过了国家中医药管理局全国综合医院中医药工作先进单位的评审。

四、深入开展重点专科（专病）建设和等级医院评审

2013年开展了沈阳市重点中医专科和特色中医专科的评审工作。多家单位积极报名参加评审，通过专家组对各报名单位的专科特色优势、临床服务能力、科研水平与人才培养、人员结构等方面进行全面审核，沈阳市中医院心病科、老年病科、岩症专科、按摩科等10个科室被确定为沈阳市“十二五”中医（中西医结合）重点专科；大东区中医院中医骨伤科等25个科室被确定为沈阳市“十二五”中医（中西医结合）特色专科。等级医院评审方面。多次来到各区县中医院进行调研，特别是对创建二级中医医院工作进行了督导。各相关医疗机构也做了大量工作，部分医院已经做好迎检准备工作。12月，辽宁奉天中医院通过了国家中医药管理局三级中医医院等级评审。

五、不断提高卫生人才队伍中医药水平

2013年组织开展了第四批沈阳市名中医评选活动，含省级中医医疗机构在内的20余家机构、85人报名参加了评选。评选由申报材料审核、基础理论考试及专业知识答辩三个阶段组成。共评选出第四批沈阳市名中医36人。开展了基层中医药适宜技术推广培训班，筛选按摩、拔罐等安全、简便、有效的中医适宜技术，面向全市各区、县（市）开展培训，提高了全市基层卫生医疗机构医生，特别是社区卫生服务机构、乡镇卫生院、及村卫生室卫生服务人员的中医药理论和适宜技术水平。

六、广泛开展传统中医药文化宣传活动

深入推进中医中药“进乡村·进社区·进家庭”三进工程，开展了“服务百姓健康行动”大型义诊活动周。“服务百姓健康行动”大型义诊活动在和平区新华购书中心举行，17家各级中医医疗机构约70余名中医医护人员参加了义诊活动。同时组织市内部分中医专家30余名深入大东区万莲社区、文萃社区等18家社区为群众提供义诊服务。活动周期间，累计组织市内33家中医医疗机构，出动约200名医护人员，义诊8000余人次，发放宣传资料1.1万余份。开展以发放健康宣传资料、提供诊疗检查、免费发放药品、提供健康指导咨询等多种形式的宣传活动，切实为群众提供方便实惠的中医药服务。

（卫生局）

【卫生监督】 一是加强卫生监督队伍建设，增强服务意识，提高综合素质。以“三查三打、蓝盾护航”卫生监督系列行动为主线，加大卫生监督工作力度。开展了医疗废物管理专项整治行动，会同市环保局对医疗机构医疗废物规范化管理工作进行验收。结合防控H7N9禽流感疫情开展了疫情报告和疫情控制专项监督检查。完善了传染病疫情应急机动队队伍和装备建设。对餐饮具集中消毒单位开展专项检查，从产品批次检验入手，加强了餐饮具清洗消毒各环节的质量控制管理。开展了大型商超内置公共场所卫生许可证清查及集中空调通风系统抽检采样工作及游泳场馆水质、影院空气质量、美容美发场所公共物品等采样抽检工作。组织全市力量先后开展了全市美容美发场所、住宿（沐浴）场所、餐饮场所及游泳场所四个专项整治行动，圆满完成全运会前期准备及赛时各项公共场所卫生保障任务。

二是以提高卫生监管能力水平为目标，切实做好“十二运”卫生监督保障工作。本着“服务全运，保障健康”的工作原则，迅速启动了全运会卫生监督保障筹备工作，成立了“卫生监督保障工作领导小组”，召开了“十二运沈阳赛区医疗卫生保障誓师大会”，全面动员和部署启动“十二运”卫生监督保障工作。编制完成了30余部全运会期间卫生监督保障方案和预案，培训和演练专业人员5000余人次；将“十二运”场馆、接待宾馆、全运村的饮水卫生以及公共场所卫生纳入2013年全市卫生监督抽检计划，完成了“十二运”场馆40个点位、接待宾馆45个点位、全运村的9个点位进行饮水卫生抽检工作；完成了50家全运会指定接待宾馆、大型餐饮、5家“十二运”场馆、10个全运村点位进行集中空调通风系统、空气质量以及用具用品检测。圆满完成了开闭幕式、正式赛以及

测试赛的场馆卫生、饮用水卫生等卫生监督保障工作，实现了“零事故、零差错”的工作目标，受到省、市领导充分肯定和认可，取得全国组委会“第十二届全国运动会组织筹办工作集体一等功”的表彰。

（卫生局）

【卫生科教】 2013年，以重点科系建设为龙头，着力打造品牌专业，加强科研攻关，科技工作取得了历史突破；深入开展基层卫生人员培训，人员队伍素质进一步提高；全面加强生物实验室安全管理，生物实验室安全保持稳定。全市卫生科技教育工作继续蓬勃发展。

一、科技建设稳步推进，科技实力逐渐增强

继续加强重点科系建设，提升核心竞争力。2013年，是沈阳市医学重点科系新一轮建设中期，本着发展重点科系，打造优质科系的目标，依据重点科系动态变动的原则，对沈阳市一级重点科系进行了复评工作。此次复评工作主要目的是查找重点科系建设存在的问题，合理规划未来2年重点科系的发展。全年累计申请到国际合作课题2项，国家课题及协作课题21项，其中一项是国家自然基金面上项目，这是市属医院科研的巨大突破，省级课题12项、省级协作课题4项，市级课题22项。获得省科技进步一等奖1项，三等奖2项，市科技进步二等奖9项，三等奖8项，开展新技术204项，发表SCI论文41篇，北大核心期刊论文157篇。全年，全市共有4人赴国外进修学习，选送206人赴国内培训、进修。加强了对外交流合作，提升了各学科的医疗服务水平。新建沈阳市妇婴医院和沈阳市第六人民医院两个院士工作站，沈阳市共有院士工作站5个，院士工作站的建立，大大提升了市级医院医疗技术的合作能力，为市级医院的发展提供了更广阔的空间。

二、基层卫生技术人员培训

制发《2013年沈阳市基层卫生人员培训方案》，对社区和农村医疗卫生机构卫生技术人员开展专业培训。全年对1701名社区护士和775名乡镇卫生院护士进行岗位理论培训；完成社区全科医生理论强化培训和社区药学专业培训，每项培训417人；累计对4773名社区及县乡临床医师进行合理用药培训；对县乡121名医务人员进行药学培训、对113名临床医生进行常见传染病诊治规范培训；开展乡村医生培训，对3573名村医进行岗位理论培训和考试；完成社区及乡镇卫生院全科医生转岗培训，累计培训79人；组织开展“社区眼保健知识”和“肺癌早诊早治”适宜技术培训2项，累计对662人次社区医生和226人次乡镇卫生院医生进行了短期培训；选送8名县医院医生赴中国医科大学附属第一医院进修半年；选派34名乡镇卫生院医生赴上级医院进修半年；组织开展由医大承担培训任务的社区全科医学师资培训（37人）、康复专业师资培训（86人）、县医院科主任专科技能培训（16人）、县医院骨干医生心血管内科、神经内科、神经外科、麻醉科、耳鼻喉科、儿科、检验、妇产科及泌尿外科专业培训（共36人）短期脱产培训12项；选送8名县医院骨干护士赴中国医科大学附属盛京医院进行实践技能培训；选派12名社区医生赴省基层卫生人员培训中心进行社区精神与心理卫生师资培训。全年累计培训基层卫生技术人员1.3万人次。

（卫生局）

【妇幼卫生】 一、实施国家重大公共卫生项目有新突破

重大公共卫生服务项目顺利推进。全年农村孕产妇住院分娩补助1.39万人，补助受益率为98%；农村孕妇孕中期免费超声筛查8899人，筛查率为93%；农村孕妇免费补服叶酸新增1.1万人；开展免费宫颈癌检查1万人，开展免费乳腺癌检查3040人，全面完成省市政府绩效考核及政府卫生工作目标责任状的工作目标要求。

二、孕产妇和婴儿死亡率得到有效控制

一是组织全市的产科和节育人员全面、系统的培训和考核。共有70余家产科单位及14家妇幼保健机构的近2000人参加。二是注重发挥市妇婴医院和市儿童医院作为孕产妇和儿童急救的“绿色通道”的作用，全年市妇婴医院共抢救危重孕产妇58人，抢救成功率100%；市儿童医院共抢救重危儿童366人，抢救成功率99%以上。三是“预防艾滋病梅毒乙肝母婴传播”工作进展顺利。四是邀请省内知名妇产科专家和儿科专家组成沈阳市孕产妇和儿童死亡评审组，全年召开评审会两次，通过对死亡病例进行讲评和分组讨论，找出了致死因素，及时总结经验和教训，促进妇幼卫生服务技术水平不断得到提高。

2013年，妇幼卫生工作各项指标全面达标，全市孕产妇死亡率为10.19/10万，婴儿死亡率为4.57‰，高危孕产妇管理率为100%，高危住院分娩率为100%。孕产妇系统管理率为96.65%，产后访视率为97.15%，儿童系统管理率为96.90%。

（卫生局）

【药械工作】 2013年，按照省、市卫生工作要点和沈阳市卫生工作目标责任书要求，结合药械处工作职责，制定了《2013年沈阳市卫生局药械工作要点》并下发到各地。

一、执行以省为单位药品集中采购

按照《关于执行首次以省为单位药品集中采购中标结果的通知》文件要求，县级及县级以上人民政府、国有企业（含国有控股企业）举办的非营利性医疗机构采购药品，必须全部参加以省为单位的网上药品集中采购。年初由于区域卫生规划调整，对全市公立医疗机构重新核实，有9家医疗机构符合参加以省为单位药品集中采购条件，经省卫生厅批准，已开始执行以省为单位药品集中采购，确保全市55家县级以上公立医疗机构全部参加以省为单位药品集中采购。

为进一步规范全市县级以上公立医疗机构药品备案采购行为，制定了《沈阳市医疗机构药品备案采购审批流程》，使备案采购药品审批更加规范。全年共召开专家论证会8次，向省卫生厅申请备案药品208种，均为急诊急救或临床特需药品。网上监测全年二级以上医疗机构网上采购药品（入库金额）20.63亿元，同比增长13.9%。

二、规范医疗机构医用设备及耗材采购管理

为降低市属医疗机构医用设备采购价格,2013年开始组织专家对医疗机构申请购置2件以上的医用设备进行论证,对原有专家库进行了扩充,增加若干省级专家在内70余人,已对部分医疗机构申请购置的医用设备进行了论证,下调了部分设备购置预算,为医疗机构医用设备购置节省了800余万元。按照沈阳市公共资源交易中心要求,11月初开始市属医疗卫生机构医用设备采购项目全部进入公共资源交易中心进行招标并实行进厅监管。

(卫生局)

【医改工作】 稳步推进沈阳市县级公立医院综合改革试点工作,新民市人民医院作为全国县级公立医院综合改革试点县之一,于2012年12月26日在全省率先启动综合改革工作。试点工作实施以来,在沈阳市医改领导小组的正确领导和新民市委、市政府的强力推动下,坚持改革宗旨,突出重点任务,落实政策措施,迅速推进综改各项工作,基本完成了七项主要任务,取得了一定成效。

一、基本情况

新民市现有各级各类医疗卫生机构625家,其中市直医疗机构5家、公共卫生机构4家、乡镇卫生院26家、村卫生室540家(其中标准化村卫生室329家)、社区卫生服务站9家、民营医院4家、个体诊所37家。在职职工2967人。每千人口卫技人员数3.57人,每千人口医生数1.25人,每千人口护士数1.4人。床位2300张,其中市直医院1320张,农村卫生院655张,平均每千人口拥有床位3.4张。全市医疗服务辐射到邻近县(市),覆盖120万人,年门诊量130万人次。

新民市人民医院是一所公立性二级甲等综合医院,承担新民及周边地区农村群众的医疗服务工作。医院占地面积3.2万平方米,建筑面积5.68万平方米,资产总值2.04亿元。现有在职职工961人,其中专业技术人员810人,编制床位630张,万元以上大型医疗设备百余台件。设置28个临床科室、9个医技科室、19个病区,拥有比较健全的院前急救、应急处置和计算机网络体系。医院年门诊量达20万人次,手术例数3800多例,年收入1.58亿元,是医保、新农合、低保、城镇医保、铁路医保、商业保险和交通事故诊治定点医院。医院2002年建成1万平方米的外科综合病房楼;2004年建成6400平方米的综合门诊楼;2008年建成120急救中心;2010年建成2万平方米的综合病房楼及健康服务中心。经过多年的发展和建设,整体功能日益完善,医疗服务质量和水平不断提高。

二、试点工作进展情况

1. 试点启动。实施医药分开和建立新的补偿机制,概括为"一消、两调、一补"。一消:取消药品加成。按照改革要求,新民市人民医院取消了全部药品加成。1-9月份,医院共销售药品5981万元,按照《新民市县域总控药品目录》网上集中采购药品共1000种,其中国家基本药物(含省增补药物)300种,医保和新农合药品600种,其他必需药品100种,全部实行零差率销售后,按15%加成计算,共让利患者近900万元。两调:一是调整医疗技术服务价格。按照辽宁省物价局《关于沈阳市县级公立医院综合改革试点医院医药价格调整有关问题的批复》文件精神,以2011年医院药品加成总量为基数,调整了诊查、床位、护理、手术等医疗服务价格,门诊诊查费:普通4→8元、副高6→12元、正高8→16元。病房服务价格:诊查费4→12元;床位费:普通间15→30元、双人间20→40元;护理费:一级9元→28元/日、二级6元→20元/日、三级3元→12元/日;手术费上浮25%。通过价格调整,补偿实施药品零差率形成损失的80%,另20%由政府予以补偿。通过1—6月份的监测,调整医疗技术服务价格可以弥补新民市人民医院取消药品加成形成损失的78%。二是调整医保政策,发挥补偿和控费作用。通过改革医保支付方式,将医疗服务调价后的收费纳入医保和新农合支付范围,并提高了新农合的报销比例,实现了医疗价格调整、患者个人负担下降的目标。其中门诊诊查费提价部分由医院直接垫付,不增加患者负担。新农合采取"总额预付、超支不补、节余留用"方式,将基金年度打包9600万元,按月以80%预付给医院进行补偿,同时将新民市人民医院确定为本地区惟一一家外转诊和特慢病审批单位,加强外转诊和特慢病审批控制。城镇基本医疗保险通过调整按病种、按人头等付费额度对医院进行了补偿。一补:增加政府补助。市政府继续承担每月支付给医院67万元在职和离退休人员30%津补贴;拟补偿医院已经偿还的1789万元、承担尚未偿还的1511万元新综合病房楼建设债务(新综合病房楼投资6400万元,国债资金3100万元已经到位,另3300万元债务医院已经自行偿还1789万元,尚有1511万元没有偿还);拟每月列支80万元,为市人民医院建立药品周转金,但目前尚未开始拨付。

2. 综合改革全面实施。明确医院功能定位。按照国家提出的每个县重点办好1—2所县级公立医院的要求,结合新民实际,卫生局完成了《新民市区域卫生发展规划(2013—2017)》的起草,对优化配置卫生资源、加强医院建设、满足本地居民基本医疗卫生需求进行了详细规划。新民市人民医院也完成了医院五年发展规划的制定,进一步明确了作为地区中心医院的发展目标、功能定位和能力水平建设措施。

改革人事分配制度。在编办正式批准医院人员编制、床位编制和岗位基本设置后,已完成领导班子聘任工作,完成了中层干部竞聘方案、岗位说明书、全员聘用细则和绩效工资实施细则等文件的制定工作。建立现代医院管理制度。已组建公立医院管委会、医管局、医院理事会和监事会,大力推行管办分开和政事分开,赋予医院自主经营管理权。医管委为高层议事决策机构,医管局为代行政府办医监管职能常设机构,监事会为外部监督机构,理事会为内部领导机构,医院领导班子为执行机构。具有新民特色的"三会、两局、一团队"的政事初步分开、管办基本分离、决策执行监督相互独立、有效制衡、协调运转的总体架构和制度安排正式确立。

提升医院基本医疗服务能力。结合人事制度改革,科学设置科系布局,加强妇产、ICU、肿瘤、腔镜等科室建设,持续开展“三好一满意”和“优质护理示范工程”活动,开展增设挂号室和运筹预约挂号等便民服务活动。加强上下联动。已与中国医科大学附属盛京医院建立了紧密型合作关系,正在协商加入盛京医院集团,并开展互派院长和住院医师培训工作;正在与乡镇卫生院和社区卫生服务机构探索建立双向转诊制度;探索建立纵向技术合作、促进人才流动和管理支持等具体制度和措施,以提高三级网整体效率,形成优质医疗资源流动的长效机制。完善监管机制。切实发挥“三会、两局(公立医院管理委员会、医院理事会、监事会、医院管理局、卫生局)”的职能作用,并成立“药专委”和“药监委”,在医院日常运行和发展建设过程中,加强对其资产、负债、成本控制、运营效率、基金使用、药品采购、行业标准、患者满意度等重点领域的监督管理,促进医院健康发展和可持续运行。

3.试点总结评估。2013年9月,国务院医改办对沈阳市县级公立医院综合改革进展情况进行了调研和评估,调研组对沈阳市的改革措施、做法和所取得的成效给予了充分肯定。同时对存在的问题提出了解决建议,并要求继续不断深化改革,完善各项体制机制,落实改革措施,确保取得实效。

4.改革初见成效。从监测数据和医院实际运行情况来看,改革的成效有以下几方面:一是打破了原有的“以药养医”机制。药品收入降低后,医院业务收入明显增加,医保补偿政策及时到位,去除拖欠51%津补贴和偿还债务占用药品卫材资金等因素,医院保持了日常运行。二是改革后职工收入有所增加,一定程度调动了职工参与改革的积极性。三是患者门诊、住院人次增加,次均费用下降,住院报销比例提高,就医负担降低。四是随着现代医院管理制度的初步确立,医院管理体制、内部运行机制进一步完善,多重监管职责进一步明确,为促进医院健康发展奠定了基础。概括来说,改革取得了“三增、三降、三满意、四分开”的成效,即就诊人次增加,医院收入增加,职工待遇增加;药品收入下降,就医费用下降,外转诊率下降;患者满意,职工满意,政府满意;实现了医药分开、政事分开、管办分开、盈利性和非盈利性分开。

(卫生局)

体　育

【全民健身活动】 2013年,借助“十二运”的有利契机,为营造全民全运的良好氛围,全市开展各类大型群众体育活动100余项,参与健身活动人数600万人次,全市经常参加体育锻炼人数超过50%。沈阳市开展的群众体育活动受到了国家体育总局和省市领导的高度评价。全年开展的大型群体活动主要有:世界女子九球锦标赛和世界花式撞球大师表演赛两个国际有名的品牌赛事,其中世界花式撞球大师表演赛是首次引入中国,开创了零投入举办国际赛事的先河;举行了全国全民健身日万人齐做“第九套广播体操”和迎全运盛会、创文明城市群众体育精品展示活动;举办了沈阳市首届“体育庙会”;在浑南新区中央公园成功举办了“绿城杯”万人跳绳挑战吉尼斯世界纪录活动;开展了迎全运百万市民上冰雪、冬季广场公园健身活动和第三届百万市民健步行活动,以及第26届奥林匹克日百万市民迎全运健康跑等活动。

(高兆铭)

【体育设施建设】 完善了市和区县级全民健身工作委员会,以及街道(乡镇)、社区(村屯)全民健身组织机构,实现了100%的街道(乡镇)建有体育组织、100%的社区(村屯)建有健身站(点)。13个区县(市)全民健身中心已全部投入使用,推进了乡镇、街道健身广场建设,为405个村屯安装了健身器材,全市实现了全民健身器材在社区、村(屯)的全覆盖,人均体育场地面积超过1.4平方米。加快了10分钟健身圈建设。指导实施了“百千万”工程,即在户外公共场所建设足球、篮球场100个以上,建设羽毛球场1000个以上,配置乒乓球台1万个以上,并配备工作人员,确保了每千人拥有2名社会体育指导员。同时,开展科学健身大学堂活动200余场次,吸引群众400万人次,培训社会体育指导员3000余名,累计达1.6万名。

(高兆铭)

【体育彩票销售】 按照“强基础、抓管理、促效益”的工作思路,以队伍建设和提升服务为突破口,竭尽全力抢抓机遇,积极培养彩民增强科学的体彩消费意识,努力拓宽体彩市场。抓好体彩品牌建设,加大全运彩社会宣传力度,扩大体彩知名度和影响力。积极发展体育彩票销售业,组织站长竞聘和专管员双向选择,不断加强布点规划,启动网点标准化建设,合理布局体彩网点,通过扩点增量进一步提高体育彩票的市场占有率,使上半年彩票销售急速下滑的局面得到有效控制。全年与20家超市签订合作协议,彩票销量达到14.94亿元,占全省体彩市场份额的30.9%,超出市政府绩效考核目标9400万元。

(高兆铭)

【竞技体育实力明显攀升】 全市竞技体育以培养优秀人才为切入点,全力建设体育强市,着力提升沈阳在全国副省级城市中竞技体育的核心竞争力。在竞技体育后备人才培育上,以体育运动学校为着力点,突出抓好各项训练工作。启动“三大球”发展规划,研究制订“大球”十年发展规划,探索建立选才一体化、育才一条龙的具有沈阳特色的体教结合的发展之路。加强国家高水平体育后备人才基地建设,引进优秀体育后备人才和优秀教练员,培养和输送拔尖人才,和平区少儿体校、沈阳市军事体育陆上运动学校和沈阳市水上运动学校被国家体育总局命名为新周期“国家高水平体育后备人才基地”。

全市运动员参加国际国内各项比赛共获得世界冠军1名、亚洲冠军3名、全国冠军23名。在全运会比赛中,全市共有124名运动员入选第十二届全运会辽宁体育代表团,参加了21个大项的比赛,69人次在15个大项中获得金牌30

枚、银牌14枚、铜牌8枚的骄人成绩,参赛人数、项目、奖牌实现新突破,参赛成绩创历史最佳。在参加2013年度辽宁省常规赛中,全市共获得金牌187枚、奖牌441枚,成绩居全省首位。此外,在运动员输送培养上,全市取得丰硕成果,向辽宁省输送优秀运动员301人,其中省专业队112人、八一队9人、辽宁省体校180人,输送人数位居全省前列。

(高兆铭)

【打造十分钟健身圈】 全市以市全民健身中心、各县区全民健身中心、学校体育场地、街道和社区健身场所、居民小区健身场所为主体的五大体育健身场地已初步形成。全年建设了市全民健身中心和16个区县全民健身中心,极大改善了群众的健身环境。在和平区沈水湾公园、苏家屯区健身广场等建成笼式足球场22个,在五里河公园、沈河体育公园等地建成标准篮球场110个,在浑南建成奥林匹克生态公园。完成了"10分钟健身圈"指南,并以电子地图和地图册的形式分别在相关载体上标注和相关平台上发放,使城乡居民以正常速度步行10分钟左右,就能找到可供健身的设施或场地。加快了社会体育指导员培训工作,确保每千人拥有2名社会体育指导员,群众走出家门就能健身并有专业人员指导。市民的全民健身热情十分高涨,全民健身活动如火如荼。

(高兆铭)

【迎全运倒计时100天系列活动】 为推动群众体育活动持续升温,不断掀起全民健身新热潮,营造良好的全民全运氛围,5月23日至25日,在全市范围内组织开展3级18项"迎全运倒计时100天"群众体育系列活动。5月23日,在606所广场开展与省市组委会联合主办的"迎全运倒计时100天"广播体操辽宁时间启动仪式,全市2000余名广播体操爱好者参加了活动。5月23日,组织各区、县(市)举办"迎全运倒计时100天"全民健身系列活动。活动期间,全市坚持群众性、多样性、节俭性的原则,开展广播体操大展示、门球邀请赛、徒步走、轮滑、健康跑等全民健身展演活动16场次,参与人数近4万人。5月25日,在沈水湾公园举办"迎全运倒计时100天"市直机关干部职工健步走活动,全市市直机关干部5000人参与了活动。

(高兆铭)

【体育场馆对市民开放】 沈阳奥体中心于2013年9月24日正式对外开放。开放当天,参观市民达到了8000余人。沈阳奥体中心共设立漫步甬道、健身设施、体育参观、体质监测4个方面的项目,以方便群众参观和健身。沈阳奥体中心将成为以浑南地区为主导,辐射全市及周边城市的集健身、娱乐、休闲、旅游、购物为一体的综合性文化休闲中心、东北健身娱乐品牌中心。沈阳市全民健身中心建设项目是由市政府全额投资,市体育局管理,委托市竞技体育运动学校组织建设的全市第一个市级全民健身综合体育场馆,建筑总面积3.5万平方米,其中地上四层、地下两层,总用地面积7629平方米,2013年5月1日完工。健身中心投入试运营以来,本着"惠民化"、"人性化"、"市场化"的运营理念,坚持社会公益性,接待各级视察团就达到了80余场次,举办各类活动1200余场次,参与健身群众30余万人次。截至2013年6月,体育设施对市民开放的学校已达104所,这为群众就近就便参与健身创造了便利条件。

(高兆铭)

【国民体质监测服务】 国民体质监测是一项系统、科学的工作。为了全面推进国民体质监测各项工作,让广大人民群众知道开展国民体质监测工作的重要意义,体育局有针对性地在太原街、中街等繁华区域采取了内容丰富多样、直观、科学的宣传发动形式,将受试对象带到现场,并协助做好登记、登录书填写、测试卡的发放、按顺序组织测试、登录书和测试卡的回收、测试结果和运动处方的反馈等环节的工作,做到每一个环节都有人负责。全年体质监测人数达到了5000余人。

(高兆铭)

社　会　民　生

百姓关注

【"百姓水生活网"开通】　2013年8月28日，沈阳水务集团开通"百姓水生活网"(网址:www.sysshw.com)。全市210万水务用户可进行上网缴费、报修、投诉。网站设置政策咨询、报修求援、办事大厅、查询缴费等14个栏目，实现的主要功能有:信息查询，在线缴费，网上咨询、报修、投诉，在线交流互动，网上审批等。"百姓水生活网"与9家银行及支付宝、银联在线、财付通联网实现网上缴费，缴费只需提供银行卡卡号、用水户编号(11位)等信息。9家银行分别是:中国光大银行、中国农业银行、广发银行、浦发银行、中国建设银行、盛京银行、兴业银行、招商银行、中信银行。

(鉴　闻)

【第二届沈阳市社区文化艺术节开幕】　2013年6月14日上午，由沈阳市委宣传部、市文广局主办的"追逐中国梦想、唱响幸福沈阳"第二届沈阳市社区文化艺术节暨市民合唱节在多福社区福临文化广场正式启动，再次点燃了沈城广大市民参与文化活动，享受艺术惠民成果的满腔热情。本届社区文化艺术节分为两个阶段:6月中旬至8月中旬为基层社区文化活动;7月中旬至8月末为市级主体活动。基层社区文化活动主要突出社区文化节的群众性，充分组织、发动社区居民参与到活动中来。活动共设计了三项内容:"欢乐社区"群众文化展演、展示系列活动;"全运到我家"基层社区"喜迎全运、参与全运、服务全运"群众文化活动;"薪火传承"知识讲座与文化辅导活动。市级主体活动有五项，分别是:"古韵悠扬"民族器乐展示、"梨园风采"戏曲名段名票专场、"踏歌起舞"社区群众舞蹈展示、"民族风情"沈阳市社区少数民族文艺精品节目展演、"城市之光"社区电影展映。社区文化艺术节的主要特点，就是坚持把社区作为活动的主场，突出社区居民为活动主体，坚持社区文化与社会文化之间的互动。围绕"中国梦想、幸福沈阳"这一主题，通过群众喜闻乐见的方式，把舞台艺术、电影放映、辅导培训、图书服务等各种公共文化服务送到社区、送到村屯，用文化惠民的实际行动托举中国梦。激励和引导广大群众积极参与各项活动，通过社区文化艺术节、市民合唱节这个广阔的大舞台，自我创作、自我表现，放飞梦想、歌唱幸福。用丰富多彩的群众文化活动表达全市人民尽情享受幸福生活，全面展现文化惠民的共享内容，展示市民健康向上的精神风貌，共建和谐文明的城市形象，为文明城市创建和"十二运"的召开营造良好的文化氛围。

(鉴　闻)

【贫困家庭儿童可申请学前教育资助】　2013年7月11日，沈阳市财政局和市教育局联合转发辽宁省财政厅、省教育厅关于建立学前教育资助的意见的通知，决定从2013年春季开始实施学前教育资助制度。按照资助标准，保育教育费超过200元的城市家庭经济困难儿童可享受200元/月的最低财政资助资金。资助对象包括经教育行政部门审批设立的各级各类幼儿园学前三年在园的家庭经济困难儿童，即城市和农村(含县镇)低保家庭、低保边缘家庭儿童，农村五保供养家庭儿童，孤儿，烈士子女以及残疾儿童。符合上述条件的外来务工人员随迁子女，纳入流入区域资助范畴之内。资助标准为符合资助对象的最低补助标准为:城市每生每月200元，低于200元的按实际收费标准资助;农村每生每月100元，低于100元的按实际收费标准资助。资助月份为12个月，补助资金按实际在园月份计算。学前教育资助实行属地管理，采取"先免后补"的办法。入园时，儿童不交纳保育教育费(收费标准超过补助标准的需补交差额部分)。符合资助条件的儿童在入园前，其监护人需向幼儿园及相关部门提出书面申请，并提交相关证明材料。待教育、财政等相关部门审核确认后，资金将拨付幼儿园或受助对象。

由于在园儿童流动性大，主管部门将按月统计资助情况，按学期拨付资助资金。适龄儿童转园或退托时，应及时调整资助相关手续，不得重复申请资助资金。对因病假、事假等原因未入园超过半个月的，将不拨发当月补助资金，其需要缴纳的保育教育费全额由幼儿家长自行承担。对于符合资助条件的在园儿童，幼儿所需要做好调查和统计工作，对于符合资助条件但已经缴费的，要按照资助标准进行退费。

(鉴　闻)

【青年大街供水管线改造工程竣工】　2013年6月26日，青年大街的供水管线改造工程已经全面竣工。青年大街上布满了直径40厘米至1.2米不等的市街供水主管线，到处都是供水管线阀门、设备井。由于地理位置原因，青年大街地下老化的供水管线一直没能及时改造和维护。水务集团决定，对青年大街供水管线进行改造和维护。水务集团沈河营业分公司20多名管网维修工人顶着酷暑，不分昼夜地对青年大街地下供水管线进行排查、改造。由于青年大街是市中心主干道，地下各种管线设施纵横交错，施工稍有不慎，就会对相邻管线造成严重破坏。为此，水务员工先进行技术分析，后施工，针对不同情况，采用不同处理方式，确保施工安全。此次工程共改造、加固供水管线12处，撤换老旧管线2处，并对阀门和设备井室进行了维修和加固。

(鉴　闻)

【首批新建公租房办理入住】　2013年10月8日，全市首个新建成的公租房小区——丽水新城办理入住。丽水新城(一期)7号、8号、9号、10号四栋楼的1584套公租房通过公开摇号成功配租。公租房进户门采用防盗门，旁边墙壁装有可视对讲电话，户内房门采用木质的夹板门，地面铺着淡黄色的复合地板，墙面、天棚刮大白。窗户是中空双玻璃平开塑钢窗。屋内的灯具全部采用美观节能型吸顶灯，照度够亮且非常省电。厨房采用套装半玻璃门；地面铺防滑地砖；顶棚用铝扣板吊顶；墙面则贴瓷砖到顶；灶台则做成砖面或大理石的简易灶台；普通的陶瓷洗涤盆，同时配备冷热水节能型水龙头；灯具采用节能型吸顶灯；使用双眼燃气炉盘，并配吸油烟机。卫生间的门、地面、顶棚跟厨房差不多，并且安装了陶瓷洗面盆，同时配置冷热水节能型水龙头，节能型坐便器，洗衣机专用地漏、上水龙头和带开关防溅电源插座。另外，卫生间还配备普通冷热热水器、淋浴花洒、排风扇。丽水新城公租房户型主要为单室和双室，每月租金在300元和400元左右。入住后，水、电、燃气和物业费由租户承担，采暖费由政府承担，物业费0.5元/平方米。

（鉴　闻）

【沈阳地铁发布票务新规】 2013年10月14日，沈阳地铁部门公布了地铁票务新规。新规中规定，乘客每次乘车从入站闸机读卡到出站闸机验卡的时限从原来的120分钟延长至150分钟。这主要是为二号线北延线开通做好准备。二号线北延线将先开通医学院站、师范大学站和航空航天大学站三站，这项规定就是为了给乘客预留出足够的换乘时间。地铁一号线全线22座车站，二号线全线19座车站，乘坐地铁起步价2元，可乘坐1－8站；3元可乘坐9－12站；13站以上4元。如果乘客在乘坐地铁时超程，出站时需要补差价。如果乘客乘车从入闸到出闸时间超出150分钟，出站时需要交纳超时费。超时费的计算方法为按照所到达站的最高单程票票价乘以所持票种优惠折扣率。

新规中还规定，乘客购买单程票卡或持盛京通卡在闸机上已刷卡而未能通过闸机的，须在20分钟内告知车站工作人员。如果刷单程票卡后超过20分钟乘客未通过闸机，则由工作人员回收。盛京通卡刷卡超过20分钟未能通过闸机的，乘客须在乘客服务中心办理更新手续，工作人员在后台对盛京通卡进行处理，否则乘客将无法再次顺利刷卡。与此同时，乘客还需交纳一定的车程费，计算方法为按上次进站车站至更新车站票价乘以所持票种优惠折扣率的数额收取车程费。如，乘客上次进站为青年大街站，办理更新手续的车站为太原街站，则按照青年大街站至太原街站的票价2元乘以所持票种优惠折扣率的数额收取车程费。

单程票在售出30分钟内无通过闸机记录且票务管理系统可读取票内信息的，可在购票车站乘客服务中心办理退票。而持有盛京通卡的乘客办理退票业务需要到盛京通公司指定营业网点办理，地铁车站不办理盛京通卡退票业务。因地铁原因需退票时，持单程票乘客可在7日内到地铁任一车站办理退票，持包括盛京通在内的其他车票的乘客可在下次进站时，到乘客服务中心由工作人员对卡片进行免费更新。

（鉴　闻）

【电动车免费登记发牌】 2013年5月20日，沈阳市启动规范电动车管理工作，对现有符合技术性能要求的电动车，按照非机动车管理的有关规定，由公安机关依法予以注册登记，免费发放牌证。对不符合技术性能要求的电动车，不予注册登记。沈阳现有电动车70万余辆，仍然有不断增加的趋势，且市场上电动车品牌众多，鱼龙混杂，近70%以上的电动车存在超标现象。大量超标电动车的涌入，埋下了交通事故隐患，更催生了电动车违反规定载物、闯红灯、逆向行驶、超速、走机动车道等违法现象的多发，严重损害了城市的文明形象。此次电动车实行注册登记管理工作主要针对沈阳三环路以内区域，未经办理注册登记的电动车，禁止在本市三环路以内道路上行驶。对驾驶不符合技术性能要求和符合注册登记条件但不办理注册登记的电动车，在三环路以内道路上行驶的，由公安机关依法给予相应处理。沈阳市将禁止生产、销售不符合技术性能要求的电动车。违者，由质量技术监督部门或者工商行政管理部门按照有关规定处罚；构成犯罪的，按照有关规定追究刑事责任。

（鉴　闻）

【沈阳获批72小时过境免签】 继大连获批72小时过境免签城市后，沈阳市获批72小时过境免签城市。从沈阳桃仙国际机场和大连周水子国际机场入境的45个国家的持有第三国签证和机票的外国人，同享72小时过境免签，免签期间可在免签城市行政区域内活动。外籍人士过境免签政策是世界各国实施的免签制度中的一项内容，是指外籍人士依据过境国的法律或有关规定，从一国经转该过境国前往第三国时，不必申请过境国签证即可过境，并可在过境国进行短暂停留的政策。72小时过境免签，是我国从今年起对入境旅游人次排名靠前的45个国家公民提供的一项免签新政策，在实行72小时过境免签的城市，这45个国家的公民只要持有第三国签证和机票，不需要中国签证便可入境，并在入境城市范围内游玩考察3天。

（鉴　闻）

【首批城市社区书屋建成启用】 12月26日，在市委宣传部、市文广局、市民政局和市财政局共同努力下，沈阳市首批城市社区书屋建成，启用仪式在铁西区霁虹街道新湖社区举行。2013年沈阳城市社区书屋建设任务圆满完成。截至12月20日，市财政共投入社区书屋建设资金162.55万元，购买图书1201种、12.18万册；各区县（市）也都结合社区书屋建设实际投入近500万元，用于图书、书架（柜）、阅读桌椅等配套设施的采购。全市共建成城市社区书屋171个，每个社区书屋按照社区人口数量共配置1500册至2000册的图书，并全部向社区群众开放，以丰富群众文化生活。

（鉴　闻）

【“五爱购”网上商城正式上线运营】 2013年12月20日，沈阳五爱市场“五爱购”（www.wuaigo.com）正式上线。此举标志着五爱市场实现了从实体市场向虚拟空间的大规模扩张。历经30年的发展，五爱市场已经成为立足东北、面向全国并辐射东北亚的中国北方最具商业影响力的综合性大型商贸物流集散中心和流转型轻工产品交易中心。面对电子商务的浪潮，沈阳五爱集团以打造“大五爱”为目标，以建设“空中五爱”为核心，整合多方资源，历经2年多的潜心运作，倾力推出“五爱购”电子商务平台，推动五爱市场线下销售与线上销售良性互动，实现实体店铺与虚拟市场完美结合。

（鉴　闻）

【艺术惠民向网络覆盖】 2013年，沈阳市建立文艺志愿组织，促进文艺惠民常态发展。沈阳市文学艺术惠民大学建成后，市文联作为总校，除负责总体教学规划协调外，还承担中高层次文艺爱好者的培训。在课程设置方面，根据市民需要设置了26个学科的课程，并首批聘请了辽沈地区百余位文艺志愿者任学校教师。经过一年多运作，全市已成立了7所分校。一个以市文联为主干，区县(市)基层文联为支干，遍布沈城城乡各处的惠民教学网络已初步形成。

多种方式开展教学，艺术惠民向网络覆盖。市文联还与沈阳广播电视大学开展合作，在沈阳文艺网开设“空中艺课堂”栏目，将部分优秀教师视频上传到网上，已上传12个文艺课程讲座，深受广大市民喜爱。市作协还推出以著名微型小说家白小易命名的“小易改稿”品牌，作家通过网络为微型小说爱好者的作品提供修改意见，开辟了一条新的文学惠民方式。创新惠民服务品牌，增强活动吸引力。沈阳书画院组织签约书画家开展“美苑讲坛”系列书画培训活动。市舞蹈家协会组织文艺志愿者走进社区、广场，将“百姓健康舞”活动与协会策划的“舞星舞秀舞蹈大赛”相结合。《芒种》杂志社连续三年开展了“芒种杯”经典阅读主题活动，组织全国著名儿童文学作家走进中小学开展文学写作讲座，让参与者在品读经典中体会到品读和写作的快乐。《诗潮》杂志社还邀请中国诗人采风团走进沈阳，为地区人文环境讴歌。充分利用传媒力量，扩大惠民活动影响。市文联以沈阳文艺惠民大学名义先后在《沈阳日报》、《沈阳晚报》、盛京文化网等媒体开辟专栏，每周一次刊发文艺惠民活动有关信息，让市民在读报、上网的同时就能获得惠民活动的相关信息。

(鉴　闻)

【沈阳市向环卫工人开放暖心亭】 共青团沈阳市委联合市环卫处、中国石油沈阳分公司、沈阳大清宝泉公司面向环卫工人首批开放55个暖心亭，为他们提供休息区、卫生间和饮水处等场所。首批开放的暖心亭当中，有26个是筹办全运会期间设立的志愿者服务站“V爱驿站”，另外29个则是沈阳移动公司营业厅和中国石油加油站，也都挂有“V爱驿站合作站”的标志，位置遍布全市范围内。推出暖心亭可以让环卫工人有个歇脚、续水、遮风避雨的地方，改善他们寒冷季节的工作条件；另外，也可以使“十二运”的城建成果得到充分利用，将全运期间形成的志愿者精神发扬光大，把关爱他人的热情汇聚成推动城市发展的正能量。

(鉴　闻)

人口与计划生育

【人口指标】 2013年，沈阳市出生人口5.4万人，人口出生率6.85‰，自然增长率0.28‰，出生人口性别比105.93。

(张　超)

【重点工作取得突破】 2013年，沈阳市人口与计划生育委员会开展了“信息化建设推进年”及创建“人口信息化合格乡、镇(街)”活动；与市公安局就常住人口、死亡人口销户、流动人口个案等信息建立了定期核查制度；同时，与市综治办、公安局、房产局联合对全市实有人口信息进行采集，促进了人口信息资源的有效共享。《辽宁人口信息管理系统》的户籍人口个案信息入库率达98%，个案信息变更率、准确率达98%以上；完成了《沈阳市人口总量和结构变化对沈阳市经济增长的影响分析》课题研究及《沈阳市人口发展状况报告》撰写工作。

免费孕前优生健康检查工作实事办实。2013年，市政府把免费孕前优生健康检查工作列入市政府为百姓办11件实事之一，纳入了市政府对区、县(市)政府的目标考核工作之中。全年共检查1.07万对，2.17万人，目标人群宣传教育普及率达100%，超额完成了国家所规定的任务指标(9000对，18000人)。在项目实施过程中，严格操作规范和工作流程，确保了项目的准确、完善、严密，早孕随访率达90%以上，并对在检查中发现的高风险人群，作为重点服务对象，进行了专家一对一优生咨询及转诊服务。

综合治理性别比工作效果明显。市政府分别与相关部门签订了《综合治理出生人口性别比工作责任状》，市人口计生委联合宣传、卫生、药监、公安、农委、统计、妇联等11个部门组成7个检查组全年集中两次对全市67个医疗保健机构，28个药品销售机构，14个计生服务机构进行了集中打击“两非”联合执法行动，进一步整顿了医药市场，规范了医技人员的从业行为，打击“两非”整治工作保持高压态势。与此同时，全市13个区、县(市)都分别建立了“关爱女孩专项基金”，用于资助计划生育家庭贫困女孩。出生人口性别比控制在正常值范围内。

(张　超)

【计划生育宣传】 2013年，沈阳市人口与计划生育委员会在全系统组织开展了“科学发展、活力人口、和谐计生、幸福家庭”主题实践活动。召开主题活动经验交流会，沈河、大东等4个区县分别做了经验交流发言。市计生委机关根据各自职能，确立并完成了10篇调研报告，编辑出版了《心潮逐浪高》主题活动成果文集。通过学习国家卫计委新“三定”方案精神，进一步明确了计生人所肩负的历史责任，更加明晰了执行基本国策，提高出生人口素质，为计生家庭服好务的职责所在。

针对社会上部分群众对基本国策的模糊认识及生育政策的偏面理解，加大了主流媒体的正面宣传力度，在国家、省、市等多家媒体播发稿件共计486篇，向全社会发出正面声音，进一步增强了坚持基本国策不动摇，稳定低生育水平的思想意识，积极营造了计生惠民的社会效应和舆论氛围。

(张　超)

【计划生育政策有效落实】 在依法兑现完成独生子女父母奖励费、终生未生(养)育补助费的基础上，2013年，沈阳市完成省属企业人员独生子女父母退休补助费的首次发放工作，发放1.83万人，发放金额3655.4万元；完成了农村部分计划生育家庭奖励扶助和计划生育家庭特别扶助“两项制度”的资金筹措、人员资格审核、资金发放等各项工作，总计发放5.42万人、发放资金5884万元。基本完成市、区与企业脱离劳动关系漏报人员及关停企业退休人员的资格认定工作以及特殊困难家庭几年来漏统漏报人员的统计和补发工作。

与市公安局联合及时核对了“两项制度”人员的死亡信息，区、县(市)人口计生部门严格审核，乡、村实施动态管理；还与财政、人社等相关部门沟通协调，完善了资格确认、资金管理、资金发放与监督评估“四权分离”的运行机制，建立了人员档案管理、责任追究等各项监管制度。在此基础上，会同市财政局联合开展了对独生子女父母退休补助费发放管理、农村免费技术服务资金使用等惠农政策落实情况的专项检查行动，确保各项资金落到实处。

面对"失独"伤残等特困计生家庭，积极协调区、县(市)政府将其列入重要日程。充分发挥计生协会的作用，采取多种形式在全市开展"计划生育协会走进计划生育特殊特困家庭"活动，与团市委联合建立"V 爱你我义路同行"关爱计生家庭志愿服务队，定期上门访视、嘘寒问暖。撰写完成了《沈阳市计生特殊困难家庭帮扶救助工作调查分析报告》，承担了国家关于特殊家庭帮扶项目。2013 年，全市帮扶救助独生子女特殊特困家庭 539 户，发放资金 78.6 万元。

（张　超）

【公共服务能力稳步提升】 2013 年，沈阳市对 20 家省级示范站(所)进行回顾性评估工作。举办了加强安全服务、提高服务质量的专题培训班，建立健全了技术服务质量管理和控制体系。全市 19 个国债项目中心乡镇服务所已全部投入使用。全年对病残儿医学鉴定工作重新进行了规范，共计 133 人参加，115 人通过鉴定，并对因遗传因素导致病残儿的家庭进行了再生育指导。

全市流动人口计划生育基本公共服务实现了全覆盖。在大东区建成了全省首个龙之梦流动人口计划生育工作站并投入使用。全年流动人口免费技术服务落实率达到 91.7%。着力拓展人口文化中心户服务功能。在全市中心户转型建设中，不断创新形式和内涵，建立了政府主导、中心户实施、家庭受益的三位一体运行模式，将新农村社会管理和公共服务延伸中心户惠民服务中，有效推进了农村家庭能力发展。

（张　超）

【群众路线实践活动】 2013 年，沈阳市人口与计划生育委员会组织开展了"体察民情、倾听民声、广纳民意、真解民难"活动。重新规范了沈阳市计划生育行政审批及办证事项，并通过推行首问负责制，简化办事程序，推广代理办证服务等手段，有效解决了群众办证难、基层工作压力大等困绕多年的难题。全年通过民心网、政务公开、"96123"热线等方式开展便民维权服务，共计受理咨询 224 件，办理回复及时率达到 100%。政务信息被省级以上部门采纳 215 条，政务信息采用率达 85%。

市人口计生委被辽宁省民心网评为"感动民心集体"及 2013 年"亲民单位"。

（张　超）

人力资源管理

【大学生就业创业】 2013 年，沈阳市区两级人社部门党员干部对全市 220 名困难家庭高校毕业生采取了"一对一"的帮扶方式，在离校后 3 个月内提供了至少两次岗位对接援助。市人社局和财政局联合出台了困难家庭高校毕业生公益性岗位兜底安置的实施意见，全市困难家庭高校毕业生实现百分之百就业；进一步推进"就业工作进校园"的工作力度，2013 年 5 月，抢在高校毕业生离校前，全市人社系统集中开展了"送岗位、送技能、送项目、送政策"进校园的"四送"活动，并通过高校毕业生就业创业"百日攻坚"系列活动，营造了良好的氛围；进一步强化政策促进就业的作用，出台并实施了《沈阳市人力资源和社会保障局等七部门关于进一步促进高校毕业生就业工作的意见》(沈人社发[2013]93 号)，在企业吸纳高校毕业生社保补贴、自主创业、求职补贴、灵活就业社保补贴、企业招聘信息"三公开"等方面实现政策创新。

（柯阳　郑仁斌）

【引进人才与智力】 2013 年，沈阳市人才队伍建设不断优化。一是紧密围绕沈阳市先进装备制造、航空、信息、生物医药、新材料、新能源、节能环保等七大战略新兴产业发展，先后组织 2 个博士、博士后团组到沈阳对接，赴 5 个城市 8 个院校召开了 5 场博士对接会和 8 场大型招聘会。共发布了 66 家单位、359 个岗位、1968 个人才需求信息；邀请哈尔滨工业大学 15 名博士、"博士后"，清华大学 16 名博士后来沈考察对接；高层次人才对接会吸引 166 名博士到会，意向录用 67 人。赴外埠招才引智活动收到各类人才简历 5673 份，其中博士 449 份、硕士 3330 份、本科 1894 份，满足全市博士人才需求的 217%、硕士人才需求的 629%、本科人才需求的 154%，为全市企事业单位建立了有效优选人才的平台。二是加强专业技术人才队伍建设，继续推进国务院政府特殊津贴、百千万人才工程、辽宁省院士后备人选培养工程等重大人才工程的实施，做好留学回国人员和博士后科研站的管理服务工作，营造尊重人才的社会环境、平等公开和竞争择优的制度环境。

引进海外人才工作巩固提升。一是引进海外研发团队工作项目达到 50 个，获批立项数量位居全省前列，支持和推动沈阳市企业成建制成规模地引进了海外高端人才近 170 人。二是认真做好国家计划项目的执行工作，组织好国外技术、管理人才引进项目申报和执行工作，积极参与国家外国专家局引进高端外国专家工作，国家计划项目已经执行 45 项，执行率达到 94%，实际聘请美国、德国、日本、俄罗斯等国专家 300 余人次。三是组织开展 2013 年"沈阳玫瑰奖"评选活动，通过《沈阳日报》等新闻媒体对 10 名荣获沈阳市 2013 年度"沈阳玫瑰奖"外国专家的典型事迹进行宣传报道。四是加强全市因公出国(境)培训工作计划管理和组织执行力度，确保项目执行率。狠抓培训成果探索，建立评估机制。全年共举办 PMP 考试四次，通过率 36%；BFT 外语考试三次，通过率 85%。

（柯阳　郑仁斌）

【就业再就业】 2013 年，沈阳市以困难群体就业为重点，努力做好就业援助工作。把就业困难人员专项普查列为年度重点工作，初步建立了沈阳市就业困难人员管理数据库；"4050"人员社保补贴政策兑现工作平稳有序，确保了资金安全，全年未出现任何责任事故；市人社局和财政局配合先后下发了三个规范性文件，提高了公益性岗位人员补贴标准，公益性岗位管理不断强化；通过开展"就业援助月"、"春风行动"、"民营企业服务周"、"就业困难人员援助专场招聘会"及"送岗位进社区"等多种方式，沈阳市已经初步形成了对就业困难人员的日常服务机制，有效地促进了困难群体的就业。

以创业带动就业为亮点，积极开创创业工作新局面。沈阳市以创建国家级创业型城市为契机，全面推进创业工作。以市政府办公厅名义出台了《沈阳市全民创业援助行动三年计划实施方案》，进一步完善了创业政策体系；集中开展了“创业文化周”系列活动，开展了创业项目推介会、创业大讲堂、创业明星巡讲、“送政策，送项目”进社区等创业服务活动；加大了创业工作宣传力度，协助中央电视台《致富经》栏目，挖掘《创业中国－辽宁人物》。沈阳创业典型夏岩同志的创业事迹在中央电视台七套《致富经》栏目中播出，沈阳电视台围绕沈阳市创业服务连续开展了四期创业系列活动报道，华商晨报以专版的形式对沈阳市创业工作进行了集中宣传。

（柯阳　郑仁斌）

【专业技术人才管理】　一是科学开展岗位设置工作。在工作中积极探索专业技术岗位设置工作的特点规律，不断优化工作程序、工作手段，逐渐形成接卷、审卷、核准、审批、登记等科学合理的工作程序。2013年，全市共审核661家事业单位的岗位设置方案，办理批复方案661家。二是规范做好首次聘用工作。依据省、市有关规定，本着公开、公正、竞争、择优的原则，重点查看年龄资历、业绩水平、组织考核和群众评价等内容，认真做好事业单位专业技术岗位首次聘用工作。完成235家事业单位的4955人的聘任工作，其中：正高级岗位431人，副高级岗位1610人，中级岗位2199人，初级岗位715人。三是积极开展三级岗聘用工作。按照辽宁省人社厅关于三级岗管理的相关要求，在前期调研统计的基础，研究制发《关于开展全市事业单位专业技术三级岗位聘用工作的通知》，启动三级岗位聘用工作，并且为进一步开展二级岗位的推荐打好基础。四是严格职称晋升的标准条件。按照各系列（专业）职称晋升等级的任职条件，认真审核申报人员的学历、资历、论文和业绩成果等原件，严把资格审核关，确保个人报评材料真实可靠，特别是对申请破格晋升人员，要求其提供获奖的相关证明文件后方可受理推荐。另外，在实际工作中，强化公开公示和个人诚信承诺，通过学信网、学历认证、论文检索、档案审查等方式加大对学历、资历等的检查力度，有效遏制弄虚作假行为，推进了诚信职称建设。共向相应评委会审核推荐了4319人，其中：正高449人，副高1465人，中级2405人，共涉及工程、卫生、农业、图书、档案、文博等19个系列。

（柯阳　郑仁斌）

【职业技能培训和鉴定】　2013年，沈阳市加强高技能人才队伍建设，组织开展“百千万技能人才培育工程”和技能大赛系列活动，创建国家级技能大师工作室1个，省级技能大师工作室2个，依托高技能人才培训基地培养紧缺高技能人才高级工2060人、技师455人、高级技师265人。大力推进技能大师工作室（站）建设，充分发挥高技能人才的领军作用。组织相关区县、技师学院、部分企业对抚顺市国家级赵林源大师工作室进行考查学习。对已设立的4所技能大师工作室工作进展情况开展项目建设督导检查和经验交流工作。启动了省级技能大师工作站，即辽沈工业集团王巍技能大师工作站、沈阳黎明技师学院张杨技能大师工作站建设工作。

（柯阳　郑仁斌）

【事业单位人事管理】　截至2013年底，沈阳市属单位完成岗位设置方案实现100%，人员竞聘上岗达到90%。沈阳市属单位核准岗位设置方案713家，完成率100%；680家开展了人员竞聘上岗工作，完成率95.3%。为了确保事业单位岗位设置及聘任工作按计划完成，市人社局采取调研督导、召开人事部门负责人工作调度会等方式推进这项工作的开展。局领导经常对设岗工作加以指导，听取设岗工作进度和阶段性工作完成情况汇报，帮助解决工作中遇到的问题和困难。负责设岗工作的同志对每一家上报的工作方案都认真审核，并及时向主管部门反馈审核意见和修改建议，指导他们做好岗位设置及聘任工作。加大事业单位人员合同管理力度。沈阳市事业单位人员签订聘用合同率达到100%。随着全市事业单位岗位设置及聘任工作的深入开展，原合同到期和新聘任人员都签订了新的聘用合同。

（柯阳　郑仁斌）

【公务员管理】　2013年，沈阳市人社局完成公务员、参公人员考核、登记、晋升工作。截至2013年底，全市共有公务员3.64万人、参公人员6271人，考核处以下人员分别为3.11万人和5088人；已受理各类公务员登记件124个，共为行政机关中1007人办理了公务员和参公管理人员登记；完成对864名干警的非领导职务晋升工作，有效缓解了基层公安干警晋升压力。认真做好职务管理工作。共受理全市行政机关中层领导职务备案92件。其中：处长78人，副处长92人；受理74个单位和部门的非领导职务晋升（确定）工作337件。其中晋升（确定）为调研员536人，副调研员为675人，主任科员998人，副主任科员655人。研究制定公务员考核实施细则。完成《考核实施细则》的初稿。选定沈北新区作为开展聘任制公务员工作的试点区。此次聘任制公务员共聘任4人，全部为专业技术性职位，分别是沈北新区审计局副总审计师1名、辉山经济区副总工程师1名、七星山旅游经济区招商专员1名、清水经济区招商专员1名。

（柯阳　郑仁斌）

【军转安置】　2013年，沈阳市完成了2012年度军转干部的分配和派遣工作暨476名2012年计划分配军转干部培训工作。圆满完成2013年省下达给沈阳市计划安置指标606人，其中：团职干部179名，营职194名，连排职67名，技术职166名（其中技术9级以上的有82名），市军转办被国务院军转办评为“全国军转宣传先进单位”。

自主择业军转干部管理服务工作。完成了2012年度117名新进入沈阳自主择业军转干部的核拨工资和发放工资卡、医疗保险卡等工作。完成了2012年度沈阳市自主择业军转干部专业性培训班，全年共举办六期，其中注册物业管理师、二手车评估师等能力提升班深受自主择业干部的欢迎。举办的益生类讲座、细节决定成败讲座聘请中国烹饪大师金立新、清华大学教授汪中求主讲；成功举办了订单式培训班，将自主择业干部的培训和就业有机结合，已有25名自主择业干部与沈阳各大物业公司签订了用人协议。完成了自主择业干部住房补贴发放、取暖费发票的收缴审核工作。全年报销2300余人的采暖发票，金额达600余万元；积极同市财政局协调，提高了自主择业的住房补贴标准，全年发放1156万元，平均每人上调100多元，基本解决了自主择业军转干部的后顾之忧。

企业军转干部稳定工作。积极做好企业军转干部的稳定工作。在平时，热情接待他们的来信来访，耐心讲解有关政策，积极为他们释疑解惑。通过签订责任状、定期约访、落实“三包一”责任制、走访慰问等，做好他们的稳定工作。在敏感时期，特别是全国“两会”和清明节等时期，积极配合公安、信访等有关部门对他们进行法制宣传和思想教育，采取坚决有力措施进行防控，确保社会的稳定。完成了2000余名不具备交纳采暖费能力企业职业取暖费的补贴工作。通过审核解除劳动关系证明、房产证、户口本等证件，对符合补贴条件的企业军转干部办理了补贴，发放填写补贴表1万余张。

（柯阳 郑仁斌）

【人才服务保障】 2013年，沈阳市人社局起草并下发了《关于开展2013年度“辽宁省院士后备人选培养工程”和“百千万人才工程”国家、省级人选选拔推荐工作的通知》（沈人社发〔2013〕16号）。经广泛宣传，积极发动，资格审核，全市共有32家单位推荐的140人符合申报条件。4月11日组织召开了专家评审会议，确定沈阳市向上级部门推荐人选，其中：向省人社厅推荐“辽宁省院士后备人选培养工程”候选人4人，国家级“百千万人才工程”人选候选人15人，辽宁省“百千万人才工程”百人层次候选人9人，千人层次8人，万人层次30人。经与上级部门积极沟通，沈阳市肖忠会等41人入选辽宁省“百千万人才工程”，王学军、钟俊涛、程春生等三人入选“辽宁省院士后备人选培养工程”。全省共评出人选20人，其中：中省直单位16人，沈阳市3人，大连市1人。

组织了全市申报2013年“百千万人才工程”资助项目，经过材料审核及初审，10个单位19名人选作为沈阳市的申报人选。其中：申报一类项目2人，二类项目5人，三类项目12人，经与辽宁省人社厅沟通，沈阳市4人共获得11万元资助经费。继续做好国务院特殊津贴的日常管理、核发工作。增加核查次数，由每年核查一次增加为每季度核查一次，提高了核查准确度；协调市养老局利用其信息系统协助核查专家变化情况，提高了核查效率；为彭克俭办理由原单位转入沈阳市特贴发放关系并补发了部分津贴；通过仔细核查，先后为9名去世专家进行停发津贴处理；全年累计为1276人次发放资金232.92万元。

组织全市申报了2013年度人社部“中国留学人员回国创业启动支持计划”和“留学人员科技活动项目择优资助经费”。通过与人社部相关部门积极协调，沈阳安创信息科技有限公司孙宏宇等4人共获得国家资助经费29万元，实现了沈阳市连续三年获得留学回国人员人社部资助

（柯阳 郑仁斌）

社会保障

【在岗职工与工资收入】 2013年，沈阳市紧紧围绕企业工资指导线、人力资源市场工资指导价位和企业人工成本状况这三项制度，指导企业开展工资集体协商，使职工工资随着企业效益的提高而得到合理增长。一是加强对工资手册的宏观管理。为加强对企业工资分配制度的监管，坚持工资手册的备案制度，与人民银行、国税局、地税局联合下发《关于核发2013年工资总额使用手册的通知》，把工资手册中核定的工资额度作为税前扣除的重要依据。二是充分发挥工资指导三条线作用，通过对大量样本、企业薪酬调查数据的采集及分析整理，发布了2013年沈阳市企业人工成本状况，特别细化了2013年沈阳市人力资源市场工资指导价位，在发布职位（工种）基础上，新增了学历、行业工资指导价位；同时调整工资增长指导线的发布时间，变原来的6月份为年底前发布，与企业的工资集体协商同步，及时有效指导企业进行工资集体协商，签订工资专项集体合同。三是根据辽宁省发布的最低工资标准，结合沈阳市的具体情况，在认真测算的基础上，发布了沈阳市最低工资标准。四是完成国家人社部下达的薪酬调查任务。组织对涉及1233户样本企业相关人员培训，采集和统计薪酬数据，并进行筛选和汇集，按期上报给国家人社门部。

（柯阳 郑仁斌）

【登记失业率情况】 截至2013年底，全市共为64万名劳动者发放了《就业失业登记证》，其中当年发证22万本，开展就业登记的48.3万人；其中当年就业登记26.6万人；期末失业登记人数8.78万人。制定出台《关于加强就业失业登记证使用工作的意见》，并将失业登记证使用工作纳入市政府对各区县政府的绩效考核指标和就业工作考核指标；对64万劳动者开展了就业监测，监测覆盖面达到了23%；就失业登记证年审工作也取得显著成效，共完成了20万劳动者的《就业失业登记证》年审，包括：正在享受就业扶持政策人员的公益性岗位人员，“4050”等人员以及登记失业人员。

（柯阳 郑仁斌）

【社保体系】 2013年，沈阳市覆盖城乡居民社会保险体系建设全面加强，启动了企业养老保险扩面征缴百日行动，取得显著成效。养老保险个人账户做实率继续保持100%。养老保险个人权益记录单寄送工作稳步推进。连续第九次为符合条件的94.5万名企业退休人员按相应标准调整待遇，人均增资161元，调整后人均月养老金提高到1788元。重点推进了事业单位参加工伤保险工作，有效化解了事业单位的工伤风险。继续提高了工伤人员三项待遇水平，确保工伤保险各项待遇按时足额支付。减半征收了工伤保险费，为企业减轻了负担。全市基本医疗保险参保人数达到480.75万人；生育保险参保人数达到284.3万人。综合运用多种稽核方式，搭建参保稽核信息化监控平台。职工医疗保险住院医保范围内报销比例为78.46%，居民医疗保险住院医保范围内报销比例68.16%（二级以下医院达到76.27%）。全年制作新版社会保障卡225.4万张，发放201.16万张，实现退休人员持工行社保卡领取养老退休金和灵活就业人员社保卡缴费方式；搭建业务需求管理平台，实现业务需求电子化，提高程序开发应用的效率。建立住院结算单病种管理体制，强化单病种标准认定程序审核系统，逐步扩大程序审核范围。试点运行标准化医保电子病历以及生育保险结算全面实现系统审核。制定2013年指标控制办法，完成医院内部数据通报工作。开展“与多种付费方式相适应的医疗保险基础管理体系建设研究实施”的课题研究工作。开展“义务监督月”活动，对全市2162家定点药房进行实地检查，并将依据检查情况建立定点药店资料信息库，为日常监察夯实基础。完成职工医保年度缴费基数核定工作，实现参保单位网上办事服务的全面升级。发挥失业保险基金促进就业作用，调整了失业保险金标准，失业金最高标准首次突破千元；从2013年11月起，将全市企业失业保险征收费率由2%下调为1%，失业人员待遇不变；此项政策执行期为两年，预计减轻社会保险费负担10亿元。

（柯阳 郑仁斌）

【劳动关系调整和权益保障】 2013年，沈阳市人社局与市中小企业局联合开展了“沈阳市中小企业维权宣传月活动”，给企业老板、管理者开班授课，宣传法律规定，警示违法成本，提高用人单位的懂法和守法意识。针对取消劳动合同鉴证工作的客观情况，开发了《沈阳市劳动关系信息管理系统》，对企业用工备案及劳动合同的签定、续订、变更、终止和解除等全过程进行动态监控管理，规范企业用工行为，促进了劳动合同制度的全面落实。

推进集体合同制度工作。以工资集体协商为重点内容，以行业性、区域性集体协商为重要方式，充分发挥各级三方协调机制作用。下发了集体合同示范文本，工资集体协商指导员队伍建设和集体合同审核工作不断加强。在餐饮、公交、建筑等行业进行市级集体协商，签订工资专项集体合同的基础上，2013年，组织机械装备制造、服装行业和民办学校进行了市级集体协商，签订了工资专项集体合同。截至年末，全市累计审查备案有效集体合同1.02万份，覆盖企业达到4.32万户，其中：区域性、行业性集体合同1666份，覆盖企业3.53万户。市协调劳动关系三方组成检查组，对各区县及行业、企业集体合同工作进行了年度检查，有效推进了集体合同制度的落实。全市集体合同覆盖面达到97.81%，集体合同备案率达到100%。

（柯阳　郑仁斌）

【构建和谐劳动关系】 2013年，全市有108户企业、1个工业园区、6个社区达到了沈阳市模范劳动关系和谐企业、工业园区、社区的标准并获得称号。三年累计有309户企业被评为沈阳市模范劳动关系和谐企业，完成创建活动三年计划的103%。截至2013年末，全市累计获国家级模范和谐劳动关系企业称号5个，工业园区1个；获辽宁省模范劳动关系和谐企业称号66个，工业园区2个；获市级模范劳动关系和谐企业409个，工业园区8个，另有22个社区荣获市级模范劳动关系和谐社区荣誉称号。

国有企业改制工作及企业经济裁员备案工作。帮助指导1户国有企业完成改制操作，妥善安置职工200余人。根据相关法律法规政策规定，帮助指导16户企业完成经济性裁减人员，妥善安置职工1989人。

（柯阳　郑仁斌）

【清理整顿劳动力资源市场】 2013年，沈阳市人社局本着“突出重点、查防结合”的原则，采取多种手段和措施及时查处违法行为。一是确定专项行动重点，明确整治目标。二是畅通举报投诉渠道，及时查处侵害求职者合法权益的违法行为。三是通过劳动保障监察“网格化”管理，全面排查，了解和掌握网格内职业中介机构数量和基本情况。2013年3月，为进一步贯彻落实《就业促进法》，规范人力资源市场，加强对职业中介机构和用人单位招工行为的监督，市人社局会同市公安局、市工商行政管理局，在全市范围联合组织开展清理整顿人力资源市场秩序专项行动。此次专项行动共检查各类用人单位2412户，检查各类职业介绍机构268户。对23户存在违法行为的职业介绍机构依法下达限期整改指令书；会同工商行政管理部门依法取缔未取得营业执照或职业介绍许可证的组织4户。

（柯阳　郑仁斌）

【信访仲裁】 2013年，沈阳市人社局共接待来信来访8437人次，其中：集体访15次、涉及1370人次，个体访7067人次；受理直接来访案件1216案次，结案率100%，息访率98%；处理群众来信53件；办理市信访大厅交办案件39件；办理省交办的到省进京访63件次；办理复查复核件3件。接待老战士来信来访2414人次，其中：集体访12批次涉及2132人次，个体来信来访282人次。妥善处理了老战士在市信访局对面小树林聚会21次。

全市各级劳动人事争议仲裁办案机构共受理各类劳动争议案件9217件，结案9286件，上年结转304件，按期结案率97.5%。

劳动仲裁“和谐使命”行动计划目标圆满完成。全市在街道（乡镇）劳动争议调解组织组建率已达到95%；规模国有企业劳动争议调解组织组建率为96%；全市民营企业调解组织组建率达到80%；全市事业单位及主管部门调解组织组建率达到75%，圆满完成年初工作目标。

（柯阳　郑仁斌）

【农民工权益维护】 2013年，沈阳市劳动监察工作围绕稳增长、惠民生、保稳定的工作大局，以“监察执法效能建设”为牵引，综合运用各类执法方式，切实加大执法监察力度和行政处罚力度，着力规范用人单位的劳动用工行为，组织开展了“清理整顿人力资源市场秩序”、“用人单位社会保险参保缴费”、“农民工工资支付”等3次专项执法行动，同时完善劳动监察“两网化”和执法装备建设，圆满完成了辽宁省人力资源和社会保障厅下达的各项监察执法工作指标，有力维护了劳动者的合法权益，促进了劳动关系的和谐稳定。全市共主动监察用人单位1.32万户，涉及职工81.9万人。依法责令用人单位与5000名职工补签了劳动合同。纠正违法单位2862户，结案率100%。书面审查用人单位2.53万户。责令用人单位补缴社会保险费6765万元。清欠拖欠农民工工资9461万元，涉及农民工8900人，农民工工资清欠率100%。

（柯阳　郑仁斌）

【城镇职工基本医疗保险】 推进职工门诊统筹参保人员定点医院选定工作，选定人数达到66万人；正式启用门诊统筹标准化病历，实现门诊病例及时上传；积极探索居民门诊统筹转诊、转院办法。全年全市城镇居民门诊统筹定点医疗机构接诊患者6万人次，发生医疗费总额512万元，人均医疗费85.3元；统筹基金使用162万元，人均统筹使用27元。城镇职工门诊统筹定点医疗机构接诊患者48万人次，发生医疗费总额6484万元，人均医疗费135.1元；统筹基金使用2805万元，人均统筹使用58.4元。提高了10种医用材料的医保基金支付限额，其中心脏起搏器提高的幅度最大，为3.8万元；降低了医用材料个人先行自付比例5－15个百分点。2013年，职工医疗保险住院医保范围内报销比例为78.46%，居民医疗保险住院医保范围内报销比例68.16%（二级以下医院达到76.27%）。职工险、居民险均完成省下达指标。

（柯阳　郑仁斌）

【失业保险】 2013年，沈阳市人社局继续加大参保工作力度，联合地税、劳动监察等部门，共同开展失业保险参保扩面宣传活动，在年初清理参保数据库3万多条冗余数据的基础上，新增扩面人数近5万人。失业预警监测工作取得显著成效，监测规模保持在2550样本企业，分布于20个行业和11个经济类型；同时，完成国家级失业动态监测100户企业和省级重点监测40户企业的数据上报工作。调整了失业保险金标准,失业人员最高月增加失业保险金150元,平均增幅17.9%,失业金最高标准首次突破千元。从2013年11月起,将全市企业失业保险征收费率由2%下调为1%,失业人员待遇不变。

(柯阳 郑仁斌)

【工伤保险】 2013年,沈阳市全面推进事业单位参加工伤保险工作,下发了《关于事业单位等组织参加工伤保险的通知》,并召开了全市事业单位参加工伤保险工作会议,对事业单位参加工伤保险工作进行了部署,从9月1日起事业单位等组织正式实施工伤保险统筹,全年有12.45万人参加了工伤保险。成功举办了以"依法参加工伤保险,保障职工工伤权益"为主题的《工伤保险条例》颁布十周年宣传咨询活动。根据辽发改办《关于进一步减轻企业负担的通知》([2013]631号),沈阳市从2013年6月1日至2014年底工伤保险费征收减半,在此特殊情况下认真做实账户保证达标率。沈阳在此文件减征期间,沈阳市工伤保险费要减收6.11亿元,工伤保险收支逆差2.4亿元。不断创新供养亲属认证方式,对工伤人员与户籍库生存状况进行实时监控,有效避免冒领现象发生,防止了工伤基金的流失。修订完善了协议医疗机构管理办法和考评细则,工伤医疗服务协议管理工作进一步加强。

(柯阳 郑仁斌)

【生育保险】 2013年,沈阳市提高了参保人员待遇水平。与市财政局联合下发了《关于调整城镇职工生育保险有关政策的通知》(沈人社发[2013]22号),自4月1日起,允许参保人员用医疗保险个人账户支付生育医疗费,增加产前检查补贴,降低参保人员生育医疗费负担,实现参保人员在二级以下生育住院,规定范围内医疗费用全额由生育保险基金支付,提高了男职工未就业配偶生育医疗费补贴标准,明确了生育保险关系转移和接续办法及外国籍职工生育保险待遇。调整了生育保险医疗费支付标准和结算方式。出台了《关于调整城镇职工生育保险医疗费支付标准及结算方式的通知》(沈人社发[2013]23号),提高了生育保险基金支付标准,明确了转院生育医疗费的结算办法。调整完善居民生育医疗费政策。下发了《关于调整城镇居民生育医疗费有关政策的通知》(沈人社发[2013]24号),自4月1日起,提高城镇居民医保参保人员的生育住院医疗费限额补贴标准,增加产前检查补贴。

(柯阳 郑仁斌)

民 政

【城乡居民最低生活保障】 截至2013年12月底,沈阳市城市低保共保障5.7万户9.42万人,保障面为2.03%,月人均救助额333.93元,累计救助资金支出3.68亿元;农村低保共保障4.3万户7.92万人,保障面为3.04%,月人均救助额102.86元,累计救助资金支出0.91亿元;城乡低保保障10万户17.34万人,保障面为2.39%,城乡低保月人均救助额228.35元,全年累计低保资金支出4.59亿元。城乡低保边缘户共8563户,19738人,占全市非农人口0.27%,全年专项救助资金支出883.04万元。

通过落实新低保实施细则,加强动态管理,规范低保进出机制,加大重点救助对象的分类救助力度。根据《辽宁省人民政府办公厅关于提高城乡居民最低生活保障和农村五保对象供养标准的通知》(辽政办发〔2013〕17号)文件精神,从7月1日起,提高城市保障标准50元,增幅11.4%;提高农村标准28元,增幅11%。城市低保标准:九区及开发区调整为每人每月490元;四县(市)调整为每人每月420元。农村低保标准:九区及开发区调整为每人每年3420元(285元/月);四县(市)调整为每人每年2760元(230元/月)。

(曲 宁)

【城乡医疗救助】 2013年,沈阳城乡医疗救助共计5.46万人次,其中门诊救助1.57万人次,住院救助3.89万人次;救助资金支出共计3496.23万元,其中门诊救助229.76万元,住院救助3266.46万元。政府资助低保户、五保户和边缘户共计约17.85万人参保参合,资金累计支出约4068.62万元。其中,城市医疗救助共计2.57万人次,其中门诊救助1.14万人次,住院救助1.43万人次;救助资金支出共计1303.59万元,其中门诊救助56.24万元,住院救助1247.35万元;政府资助城市低保户和边缘户共计8.10万人参保,资金支出约3397.98万元。农村医疗救助共计2.89万人次,其中门诊救助4324人次,住院救助2.44万人次;救助资金支出共计2192.64万元,其中门诊救助173.52万元,住院救助2019.12万元;政府资助农村低保户、五保户和边缘户共计9.75万人参合,资金支出约670.64万元。

(曲 宁)

【农村五保供养】 截至2013年底,沈阳市农村五保供养对象为1.44万户、1.49万人,占全市农业人口的0.69%。其中:分散供养对象1.11万人、集中供养对象3811人,老年人1.09万人,残疾人3968人,发放全年保障金6325.96万元。有农村敬老院43所,其中:中心敬老院35所,乡镇敬老院8所。

提高了农村五保对象供养标准。农村分散供养标准:四县(市)从每人每年3240元调整为每人每年3560元,九区及开发区从每人每年3790元调整为每人每年4170元。农村集中供养标准:四县(市)从每人每年5660元调整为每人每年6110元,九区及开发区从每人每年6210元调整为每人每年6710元。调整标准所需资金由市、区两级财政按渠道、配比方式解决。

(梁欣杨)

【救灾救济】 2013年,沈阳市民政局及时下拨救灾资金,确保灾民基本生活。1月,下拨500万元救灾资金,对灾民实施冬春生活救助。8月,在沈阳市受到较大范围的强降雨后,组织指导区、县(市)民政部门转移安置灾民,紧急下拨了336万救灾资金,安排灾民生活和倒损住房恢复重建,并下发了《关于做好2013年洪涝灾害倒损住房恢复重建工作的指导意见》,监督指导资金的使用和恢复重建进度,确保了灾民在入冬前入住。

(梁欣杨)

【扶贫帮困送温暖】 按照《市委办公厅、市政府办公厅关于开展"送温暖、献爱心"社会捐助活动的通知》(沈委办传发〔2012〕7号)精神,为妥善安排全市城乡贫困群众冬季特别是2013年元旦、春节期间的生活,沈阳市从2013年1月1日至2月9日,在全市范围内开展"送温暖、献爱心"社会捐助活动。

截至2013年2月5日,全市共捐赠

款物1.5亿元，其中：对口帮扶阜新市1200万元，各级政府两节救助8407.37万元，社会各界捐款3189.95万元（市级接收捐款1579.1万元、区县级接收捐款1610.85万元），市直机关50个单位的干部、职工共捐款143.7万元，市总工会捐助款2097.05万元。

1.按照省委文件精神，2013年沈阳市继续对口帮扶阜新市。1月22日，陈海波市长在市领导邢凯、卞富学、祁鸣、李丰的陪同下，率领沈阳市支援阜新市帮扶慰问团前往阜新市进行帮扶慰问，支援扶贫款1200万元。

2.沈阳市对城乡贫困群体在"两节"期间，按照每户600元的补助标准发放临时救助金。截至2013年2月5日，各级政府两节救助共计8407.37万元。6.22万户城市低保户救助3729.42万元，5830户城市低保边缘户救助209.88万元，4.73万户农村低保救助2838.54万元，5401户农村低保边缘户救助194.45万元，6585户优抚对象救助395.1万元，1.73万户五保户救助1039.98万元。

3.全市工会系统共发放慰问款物总额2097.05万元，走访困难职工家庭1.55万户（其中劳模253户），与困难职工结对帮扶4692对，为困难职工提供生活救助1.95万人次。与政府相关部门在全市范围内开展清理整顿拖欠农民工集中行动，共帮助1.67万名农民工追讨欠薪1.57亿元。并开展农民工平安返乡活动，共帮助农民工返乡273人次。

4.民政部门春节期间24小时有专人接听，并配备了专用救助车辆，储备了米、面、油、饺子等节日食品，为327户困难群众发放救助物资8350元。

5.团市委为31所高校的5130名贫困大学生发放寒假返乡车费补助金25万元，奖学金、助学金240万元，切实让青年学生在寒冬感受到党和政府的温暖。

6.市妇联系统开展了"大手牵小手·爱心1+1"扶贫助学活动，对全市681名困境儿童（其中包括639贫困儿童）共计资助21.27万元。

（王晓峰）

【基层政权和社区建设】 2013年，沈阳市基层政权和社区建设工作紧紧围绕基层社会管理和服务体系建设，突出抓好全市城乡社区建设工作和第十一届村民委员会换届选举两项重点工作，有力地推动了全市基层民政政治建设的深入发展。

1.进一步加快城乡社区建设步伐。市委、市政府高度重视社区建设工作，进一步加大工作力度，12月11日，沈阳市召开了全市社区建设工作会议，市委书记曾维在会上做了重要讲话。会上发布了《中共沈阳市委沈阳市人民政府关于加强社区建设的若干意见》（沈委发［2013］15号），以及《沈阳市社区工作准入制度实施方案》（沈社委办［2013］1号）、《沈阳市星级和谐社区创建活动实施方案》（沈社委办［2013］2号）、《沈阳市社区公共用房建设与管理规范》（沈民发［2013］10号）、《沈阳市社区工作者管理考核办法》（沈民发［2013］11号）等系列相关配套文件。《意见》作为指导全市今后一段时期社区建设工作的纲领性文件，全面规范了城乡社区建设工作。会上对全市社区建设工作的190个先进单位和110个先进个人给予了表彰。同时，以此次会议为契机，成立了沈阳市社区建设工作委员会及办公室。2013年，沈阳市再次提高了社区工作者补贴标准，从2013年1月起人均提高补贴标准260元，然后自2013年7月1日起再次人均提高补贴标准500元，2013年社区工作者补贴标准比上年实际提高49.5%。同时加强了社区经费管理和使用，市民政局与市财政联合印发了《关于进一步加强社区办公经费管理的通知》（沈财社［2013］263号），对社区工作经费的使管理做出了具体规定。全市继续开展便民利民的社区服务工作，下发了《关于为全市社区配置便民服务系统的通知》，计划为全市858个社区全部配置便民服务系统。2013年，沈阳市进一步加大城乡社区基础设施建设力度。在城市继续组织实施城市老旧社区公共用房3年规划，在农村继续组织实施农村社区服务设施建设工作，计划建设216个项目已经全面开工。

2.圆满完成了全市第十一届村委会换届选举工作。全市有选举任务的1211个建制村已全部完成了换届选举任务，完成率达到100%。在这次村委会换届选举中，参加正式投票选举的选民有130万人，参选率为83.3%。经过换届选举，全市共依法选举产生村委会成员5059人，其中：主任1193人，代理主任18人，副主任和委员3866人；党员3348名，占总数的66.2%；妇女有1382人，占27.3%；60岁以下的有4715人，占93.3%；连选连任的有3204人，占63.4%。全市共依法推选村民代表4.95万人，重新划分村民小组7134个，建立健全了治安调解、公共卫生、民政及社会福利、计划生育等工作委员会。

（尹　琦）

【养老服务社会化】 2013年，全市新建社区日间照料站100个，全市社区日间照料站总数达625个。沈阳市在推进社区居家养老服务的同时也大力支持养老机构向品牌化发展，多家养老机构已跨区经营，开始向品牌化、连锁化方向发展，养老床位数量进一步增加。城乡养老机构共有161家，床位3.5万张，新增床位6739张，老年人养老床位拥有率达到26‰。已初步形成以公建民营模式、"四世同堂"式养老社区模式、保单+实体（养老社区）模式和医养结合模式为代表的新型养老模式。同时，健康与养老产业带建设也初具规模。这些举措都进一步健全沈阳市养老服务体系，满足老年人多样化的养老服务需求。

1.探索不同类型的养老服务新模式。一是"保单+实体"（养老社区）模式。合众人寿保险股份有限公司"合众优年生活"养老社区项目一期建设面积40万平方米，以保单养老形式开展服务。二是"四世同堂"式养老社区。沈阳广信集团雍森房地产开发有限公司五彩阳光城一期工程总建筑面积35万平方米。其设计户型既符合养老规范又兼顾年轻人要求，满足了一个家庭四世入住同一个小区的要求。三是医养结合模式。蓝卡健康集团在东陵区开发健康医疗养老社区。听雨观澜社区拿出1.3万平方米作为社区养老机构。小区内提供建立健康管理档案、提供全天候呼叫服务、实现社区内医疗服务并提供三甲医院的在家远程会诊及上门就医的双向就医服务。四是公建养老机构实行民营管理模式。沈阳市养老服务中心于2011年开始尝试由民营企业托管运营模式，入住率达72%。

2.推进大型健康与养老产业带建设。为进一步完善养老服务体系建设，沈阳市大力推进大型健康与养老产业带建设。沈阳泗水科技新城地处沈阳市沈抚新城北部，规划面积40平方公里，健康与养老产业是科技新城的重点发展产业。其中8家从事老年健康产业的企业在科技新城中开展产品研发和生产。何氏集团与老龄工作部门建立合作平台，其眼科技术和产品已在辽宁省"关爱老年人眼健康"活动中得到广泛应用。经过几年发展建设，健康与养老产业带已初具规模。

（赵重超）

【婚姻登记管理】 2013年，全市13个婚姻登记处共办理国内结婚登记6.14万对，比上年下降19%。离婚登记2.66万对，比上年下降9%。补领结婚登记3.4万份；补领离婚登记2999份；出具无婚姻登记记录证明16.61万份。全市共办理国内收养登记30件，解除收养两件。年初，市民政局起草并下发了《关于加强婚姻登记机关软环境建设"创建人民满意窗口单位"的实施方案》。各婚姻登记机关在"好日子"和"国五条"颁布实施后，为了保证婚姻登记工作顺利实施，各婚姻登记处均启动了应急服务工作等措施。同时，为老年人、残疾人等特殊群体开通"绿色通道"。婚姻登记机关硬件建设得到改善。按照民政部等级评定标准，市民政局起草并下发了《关于印发沈阳市争创全国婚姻等级机关实施方案的通知》（沈民办发[2013]8号）。各区县民政局投入大量资金对婚姻登记处进行新建、扩建、改善婚姻登记机关硬件建设，有7家婚姻登记机关已扩建到1000平方米以上，增设婚姻家庭辅导室，增设颁证大厅，为当事人提供温馨舒适、宽敞明亮的登记环境。

（杨春光）

【儿童福利事业】 2013年，沈阳市民政局出台多项政策，建立健全孤儿保障体系。相继下发了《关于加强对个人和民办机构收留孤儿管理的通知》（沈民办[2013]1号）、《转发关于印发省孤儿基本生活费专项补助资金管理实施细则的通知》（沈民发[2013]33号）等文件，进一步完善孤儿救助模式，建立健全各项救助制度。为切实保障孤儿的基本生活，提高散居孤儿的生活标准。使孤儿的生活状况得到进一步的改善。同时规范了孤残儿童管理信息系统的录入，对孤儿进行有效动态管理。

2013年3月下发了《关于艾滋病病毒感染儿童基本生活费的通知》（沈民[2013]20号），为全市未满18周岁的携带艾滋病病毒及患有艾滋病的儿童发放基本生活费。7月下发了《关于提高散居孤儿基本生活养育标准的通知》（沈民[2013]65号），城乡散居孤儿的养育标准由原来的每人每月900元调整为现在每人每月1000元，切实保障了孤儿的基本生活。

（杨春光）

【流浪乞讨人员救助管理】 2013年，沈阳市救助管理机构（市区）共有7个站，按照全市救助工作的整体部署，以构建和谐社会为目标，在坚持"自愿求助，无偿救助"的原则下围绕加强和改进对特殊群体的群众工作，以人性化、亲情化实施主动救助，不断加强救助站各项建设、夯实工作基础，较好地完成了全年的救助工作任务。全年共救助各类人员9772人次（含街头救助3081人次）。其中：未成年人297人次，老年人965人次，残疾人181人次，危重病人和精神病人997人次，安置无家可归人员79人，妥善安葬救治无效死亡人员86人，为无能力返乡提供乘车凭证4098人次，护送老年人、未成年人、精神病人和救治康复人员返乡1322人次。

（卜恩国）

【社会组织登记管理】 2013年，沈阳市以加快形成政社分开、权责明确、依法自治的现代社会组织体制为目标，改革和创新管理机制，强化服务和提升管理能力，引导社会组织健康有序发展。全市社会组织审批窗口完成各类审批904件，其中新成立登记社会组织233件。截至年末，全市共有社会组织6615家，其中：注册登记的社会团体1425家，民办非企业单位2153家，备案的城乡基层社会组织3037个。强化社会组织年检，首次实行年检数据信息化处理，共录入3万多条数据信息。规范社会组织评估，调整评估机构、规范评估程序，增强评估的公正性、可操作性和实效性。开展社会组织评估，对16个社会组织进行评估，沈阳市终身教育研究会等3家社会团体获评5A级、沈阳市档案学会等5家社会团体获评4A级、沈阳市房地产开发协会等8家社会团体获评3A级。加强执法监察，对154家民办非企业单位作出撤销登记的行政处罚。按照《民政部关于开展创建社会组织建设创新示范区活动的通知》（民发[2013]40号）要求，扎实开展示范区创建活动，铁西区、沈河区获得"全国社会组织建设创新示范区"称号。

（锡　杨）

【双拥优抚】 2013年，沈阳市创建双拥模范城"八连冠"工作整体推进。坚持大思路筹划、大资金投入、高标准要求，深入扎实地开展了以政策拥军、社会化拥军为牵引，全面落实优抚政策，以帮助部队办实事、解决重点、难点问题为突破口的双拥创建活动。通过军地的共同努力，全市双拥工作呈现整体推进、持续发展的良好态势。

1. 双拥工作运行机制更加完善。进一步强化领导机制。市委、市政府对双拥工作始终实行"一把手"负责制，坚持党委议军会议制度、军地联席会议制度、职能部门联系驻军部队制度和军地走访慰问制度。为支持预备役高炮一师和沈阳警备区建设，曾维书记几次参加师党委会、党管武装会，研究解决部队发展的重大事项；为支持武警沈阳支队建设，陈海波市长率相关部门现场办公，解决指挥中心扩建、反恐处置突发装备配套等实际难题。

进一步规范运行机制。积极推进实施双拥工作五年规划，把双拥工作纳入全市社会经济发展的总体规划统一部署，纳入各级党委、政府的目标管理统一考核，纳入年度财政预算统一安排。市双拥办坚持军地合署办公制度、双拥联络员协调制度和军地成员单位定期例会制度。

2. 支持部队建设力度不断加大。2013年，各级总投入资金17.4亿元。其中：用于支持部队后勤保障、训练设施、基础设施2.6亿元，各类优抚群体保障14.8亿元。帮助部队解决军官家属就业、子女入学等实事50余件。

3. 优抚政策全面落实。落实《关于调整部分优抚对象等人员抚恤和生活补助标准的通知》（辽民发[2013]58号），大幅提高城乡义务兵家属优待金和优抚对象抚恤优待标准，确保优抚群体稳定。

4. 拥政爱民工作全面推进。驻沈部队积极参加沈阳基础设施、生态环境、扶贫帮困和抢险维稳等重大任务。在精神文明建设方面发挥"宣传队"作用。驻沈部队积极配合地方开展"迎全会、树形象"宣传教育活动：部队驻地1500个军民共建点，100处军史馆、团史馆、干休所面向社会开放；派出近1000名官兵对学生进行军训。在支持地方急难险重任务中发挥"突击队"作用。驻沈部队投入3万余人次积极参加地方绿化、美化、亮化等环境整治工程建设。在支持全运工作中发挥"战斗队"作用。协调驻沈部队出动近万名官兵，参加全运会筹委会职责分工，分别执行维稳、安保、卫勤、防疫和开幕式大型团体表演等任务。在加强民生工作建设中发挥"富民队"作用。驻沈部队100个团级单位，对口帮扶100个村屯开展军民共建社会主义新农村活动，全年共投入兵力2000余人次，机械、车辆300余台次，投入资金200万元，开展了送项目、送科技、送文化、送医疗、送信息活动，有力支援了农业设施建设、扶贫帮困、捐资助学等10余个建设项目。

(*石　钧*)

【退役士兵安置】 2013年，全市共接收退役士兵3994人，其中：义务兵、复员士官3771人，三期以上转业士官223人。接收复员干部3人。

1. 坚持政府主导调控，退役士兵安置改革得到了扎实推进。市政府把退役士兵安置工作列为全市就业工作重点之一。2月25日，下发了《关于做好2013年度退役士兵接收安置工作的通知》，出台了年度退役士兵安置就业促进政策，对全市322家单位指令性下达了安置计划，从政策层面上，为退役士兵就业提供了保障。全市大多数承担安置任务的单位，积极完成了政府下达的安置任务。

2. 完善就业分配机制，切实保障了符合安排工作条件退役士兵的岗位落实。全市通过公开、择优、考试、双选等多种安置方式，共有1128名退役士兵在国家指令性安置政策保障下，得到了安置就业。其中178名在部队服役时间长、302名立功的退役士兵得到了优先安置。

3. 切实加强职业技能培训体系建设，积极促进了退役士兵就业、创业。全市退役士兵培训工作紧紧抓住需求、培训、就业三个环节的有效衔接，坚持市级统筹培训与区、县(市)培训相结合，积极探索了职业技能培训促进就业的新模式。两级安置部门共为退役士兵量身预定订单式培训就业岗位近3000个。充分发挥市级培训的示范作用，在沈阳技师学院、沈阳交通驾驶员培训有限公司等培训机构开设了机加、数控、公交驾驶等13个培训项目，订单式培训退役士兵591人。参加订单式培训的退役士兵90%以上实现了就业。每人培训费标准达8000元，财政投入培训费达396万元。市、区县(市)两级分类培训广泛深入，订单式培训以外，共举办各类培训21期，2148名退役士兵参加了职业教育和技能培训。

4. 切实强化了就业促进服务，为退役士兵创造了良好的就业空间。创新了退役士兵就业培训服务方式。实行了培训就业实名制跟踪服务。对年度接收的3994名退役士兵实行了实名制动态管理，完善了退役士兵就业培训服务功能。建立了多向就业推荐机制。积极开展了培训就业洽谈、就业招聘等活动。7月23日，召开了沈阳市退役士兵就业与培训工作洽谈会，共提供培训就业岗位1269个。近40家单位和800名退役士兵参加了洽谈会，559名退役士兵与企业签订了用工意向。全市共组织各类招聘洽谈会11场，共推荐退役士兵就业700余人。

5. 切实落实经济补助政策，积极促进了退役士兵多途径就业。提高了自谋职业和自主就业经济补助标准。自谋职业经济补助标准在上年的基础上平均增长了8000元。义务兵标准达5.8万元，士官最高达7.2万元。自主就业经济补助在上年的基础上平均增长了3000元。积极落实了各项经济补助资金。全市共有1670名城镇退役士兵享受了待安置期间的生活补助，共发放资金217.94万元。共有802名城镇退役士兵申请了自谋职业，共发放一次性经济补助4901.7万元。共有1802名退役士兵选择了自主就业，共发放自主就业经济补助4980.97万元。共有102名退役大学生士兵选择了复学，共发放复学经济补助511万元。全年市、区县(市)两级共落实经济补助资金1.06亿元。

6. 妥善处理和解决了历史遗留问题，切实确保了安置改革的平稳过渡。全市共解决遗留问题687人。其中：以自谋职业方式，解决遗留问题退役士兵553人，发放补助资金1439.32万元，以改派、追加等方式安置就业遗留退役士兵124人。

(*蒋志刚*)

【军休干部管理与服务】 2013年，全市接收安置部队休干(士官)448人。及时调整军休干部定期增长工资、生活补贴、护理费以及特殊津贴。共发放军休人员工资和各种补贴经费8078.00亿元；核拨报销休干、家属遗属医疗费、体检费及投保资金9848.70万元；为新接收休干全部办理干诊及医保手续，保证新接收休干及时享受医疗和医保待遇；组织全市的军休干部进行身体健康检查；落实军休干部房改政策，为1035名休干返还售房款678.44万元；发放第一、二批休干住房货币补差款1259万元；完成第三批887名军休干部住房信息采集和货币补差款请拨报工作；落实了军休干部6处分散活动站，为军休干部就近就便参加活动创造了条件；完成了2805.38平方米、3366.00万元附属机构用房的接收和经费请领等工作。发挥老年大学和各类协会、兴趣小组作用，开展形式多样的文体活动，满足军休干部的精神需求，丰富他们的文化生活。

(*王姝群*)

【慈善事业】 2013年，沈阳市共有七大慈善公益组织：市慈善总会、市教育基金会、市红十字会、市职工慈善爱心基金会、市残疾人福利基金会、团市委希望工程领导小组办公室、沈阳狮子会。全年共开展167项慈善活动、募集资金7695.38万元、受益人数23.67万人。

一、开展慈善文化和慈善助医文化宣传活动

1. 召开2013年沈阳市慈善公益组织第七次联系会议，确立"沈阳慈善日"方案、对耿湫等13名慈善助医先进个人、沈阳何氏眼科医院等10个慈善助医先进集体以及"爱心助劳模"等11个慈善助医优秀项目进行表彰。

2. 沈阳市职工爱心慈善基金会2013年被民政部评为第八届中华慈善奖评选活动中最具影响力项目奖。"爱心助环卫"慈善项目是由沈阳市总工会倡导，由沈阳市职工爱心慈善基金会组织实施的一项爱心慈善工程，旨在解决沈阳市一线环卫临时工身心健康、工作生活等方面的困难。在中共沈阳市委、市政府的支持下，从2010年开始启动，已募集善款1500余万元，支出1100万元，使1.2万名环卫工受益。

3. 利用电视、电台、报纸、出租车、手机短信、网站、路旗、社区宣传栏等各种媒体形式，广泛宣传慈善文化理念、捐资助医新风尚，营造浓厚的慈善氛围。

4. 召开2013年沈阳慈善日新闻发布会，发布"沈阳慈善日"活动主题和慈善助医主要内容。

5. 召开2013年慈善助医颁奖会。

二、围绕"沈阳慈善日"主题，开展捐资助医系列活动

1. 市慈善总会助医项目。一是开展阳光助医—疑难肛肠病免费治疗暨万民肛肠疾病普查公益活动。由市慈善总会、武警辽宁省总医院合作深入沈阳市部分区县街道社区开展肛肠免费义诊活动，并对符合手术治疗的贫困家庭患者在费用方面实施减免。二是蓓蕾慈善助医项目。由省、市慈善总会共同合作，对沈阳市罹患白血病、恶性肿瘤、尿毒症等重大疾病的贫困家庭患儿实施援助。三是姐妹情——妇科疑难病症免费诊治公益活动。由市慈善总会、解放军463医院合作，为沈阳市贫困家庭妇女进行免费体检，对查出患有妇科重病的患者提供一定程度的费用减免。四是"中国移动、爱心行动"先心病患儿免费诊疗行动。6月—9月，由中国移动公司、辽宁省慈善总会、沈阳市慈善总会共同合作，对全市先心病患儿开展筛查，对符合治疗的患儿提供免费手术及生活补助。五是特罗凯慈善赠药捐赠仪式。8月，由中华慈善总会、上海罗氏制药公司向沈阳市的肺癌患者免费赠送特罗凯化疗药。市慈善总会举行捐赠仪式，为现场患者赠送药品。六是"慈善献爱心携手援西藏"为西藏先心病患儿实施免费手术项目。8月，中华慈善总会发起、辽宁省及沈阳市慈善总会支持的为西藏那曲地区的20名先心病患儿实施免费手术。七是"医者仁心、大爱沈阳"慈善助医晚会（晚会现场录播）。8月末，市民政局、市卫生局、市慈善总会、沈阳广播电视台共同组织举办"医者仁心、大爱沈阳"专题助医晚会。

2. 市教育基金会助医项目。一是"告别近视镜、成长心连心"。利用科技产品和成果帮助患轻度近视的中小学生摘掉眼镜、中度近视的得到控制，重度近视的不再发展。二是"无声似有声、成长心连心"。2013年慈善日期间，在大东区聋校、皇姑区聋校、铁西区聋校3所聋校中开展。建立聋障学生的病情档案。请专家在学校开展康复训练。对学校的教师进行培训并提供部分设备。

3. 市红十字会助医项目。开展城市贫困疝气患者慈善助医项目（救治60名患者，每名2000元，合计12万元）。

4. 市职工爱心基金会助医项目。一是开展"爱心胃康行动"。为全市职工免费筛查胃癌，对有困难的职工捐助大病救助金。二是对全市困难劳模、困难老职工、环卫一线临时工开展眼健康检查，并免费做白内障手术。三是开展"爱心大病救助"。为1000名患恶性肿瘤等20种大病困难职工提供医疗求助。

5. 市残疾人福利基金会助医项目。一是开展"集善启聪"行动。为贫困残疾聋儿佩戴助听器，帮助孩子们走出无声世界。二是开展"集善助行"工程。在全国助残日期间，与世界轮椅基金会联合开展轮椅救助项目，为肢体残疾人、脑瘫儿童发放轮椅，帮助他们改善功能性障碍，提高生活自理能力。三是开展"集善助老"活动。在重阳节期间举办"残健同行，关爱健康，融情夕阳"扶残助老捐赠慰问活动。为残疾老人免费义诊，讲解残疾人日常护理、日常保健等方面内容，为残疾老人捐赠四轮轮椅车。四是开展"集善助医"行动。联合医药企业、各大医院，针对听力、智障、孤独症、低视力和精神残疾人实施救助，为他们捐赠药品和生活用品，使更多的精神残疾人得到良好的治疗和康复。

6. 团市委希望工程助医项目。一是搭建"希望助医联谊会QQ群"平台，让爱心人士了解困难患者并帮助他们。二是深化"城乡少年"助医互助互动工程。引导城市与农村少年在助医助人活动中享受快乐。三是深化"爱心助医联队"的作用。在原有的基础上壮大规模，并形成各自的助医特色，通过捐助仪式、报告会、亲情见面会、联谊会等形式，让资助方了解受助人情况，使助医工程作用最大化。

7. 沈阳市狮子会助医项目。一是狮爱光芒——让我们远离糖尿病项目。在糖尿病日当天举行活动，为社区居民免费筛查糖尿病，开展糖尿病预防、防治宣传活动，向有需求的患者免费发放药品。二是2013年8月份，开展大型献血活动。

三、区县（市）慈善公益组织活动内容

和平区慈善会在慈善日举办"5·12"汶川地震"慈善助医"演出；并在慈善日期间开展对老年痴呆症免费筛查、对儿童窝沟封闭患者提供免费治疗等活动。沈河区慈善会在全区开展"慢性病医疗救助"、"临终关怀救助"、"同舟共济"重特大病救助、"爱润新蕊"贫困中小学生重特大疾病救助等助医项目。皇姑区慈善会在全区12个街道、144个社区开展捐医助药、免费义诊、体检等项活动，切实为百姓解决困难。铁西区慈善会在全区开展"重特病儿童救助项目"、动员辖区街道社区卫生院和驻区大医院为全区"三无人员"、机构养老人员，居家养老人员开展大型义诊和登门送医送药活动。东陵区慈善会全年开展城乡低保户中大病儿童救助行动。沈北新区慈善会对特困家庭成员中罹患重大疾病在医保、新农合以及政府二次救助后剩余大额医疗费用给予一次性救助。于洪区慈善会在全区设立助医救助资金50万元，实施困难群众大病救助项目。新民市、辽中县慈善会分别为0－14周岁贫困家庭先天性心脏病患儿提供医疗救助。法库县慈善会对患大病的困难群众开展助医救助。

（侯志毅）

【老龄事业】 截至2013年底，全市户籍总人口为726.76万人，其中老年人口为142.59万人，占户籍总人口的19.62%。沈阳市老龄化进程在出现提前进入老龄化、高龄化社会和"未富先老"的特点后，又呈现出失能失智老人、空巢老人逐渐增多的问题，给家庭、政府和社会都带来了巨大的压力。面对如此严峻的形势，沈阳市切实贯彻落实党的十八大作出的"积极应对人口老龄化，大力发展老龄服务事业和产业"战略部署，以老龄事业发展"十二五"规划为纲领，以提升老年人保障水平和推进养老服务为重点，以开展"敬老文明号"创建活动为抓手，坚持老龄事业与经济社会发展相适应、立足当前与着眼长远相结合、政府引导与社会参与相结合、家庭养老与社会化养老相结合、统筹协调与分类指导相结合、道德规范与法律约束相结合的原则，切实发挥综合协调作用，不断转变工作作风，提高工作效率，认真落实各项老年人优待政策，维护老年人的合法权益，统一思想，认清形势，狠抓落实，各项老龄工作取得新进展。

1. "党政主导"的大老龄工作格局进一步形成。4月8日，沈阳市召开了

2013年老龄工作委员会全体会议，会议总结回顾了2012年老龄事业发展情况，部署2013年老龄工作任务，市委副书记、市老龄委主任邢凯出席会议并作了重要讲话，副市长、市老龄委常务副主任祁鸣作了题为《积极履职　扎实进取　奋发开拓　共同谱写沈阳老龄事业发展的新篇章》工作报告。市老龄办下发《关于印发2013年沈阳市老龄委成员单位工作任务分解表的通知》和《关于印发2013年沈阳市各区、县(市)重点工作任务明细表的通知》，明确了2013年老龄工作任务。完成沈阳市老龄事业发展"十二五"规划的中期评估，深入推进老龄事业发展"十二五"规划进一步落实。

2.为80至89周岁低收入老年人发放高龄津贴。根据辽宁省民政厅、财政厅、老龄办《关于对80至89周岁低收入老年人发放高龄津贴的通知》(辽老龄办发[2013]52号)精神，经市政府同意，市民政局、财政局、老龄办联合印发文件，确定自2014年1月1日起，为户籍在本市行政区域内，年龄在80至89周岁的城乡低收入老年人(城乡低保对象和低保边缘对象中的老年人)，按照每人每月50元的标准发放高龄津贴，进一步完善惠老优待政策。

3."敬老文明号"创建活动扎实推进。市老龄委根据全国老龄委关于开展"敬老文明号"创建活动文件要求，会同市文明办在全市各涉老部门、为老服务组织、公共服务窗口行业组深入开展"敬老文明号"创建活动，授予市法律援助中心等110个单位(集体)沈阳市"敬老文明号"荣誉称号。大东区东塔街道久安社区等11个单位被授予第一届全国"敬老文明号"荣誉称号。

4.开展空巢老年人情况专项调研。为全面掌握沈阳市空巢老年人情况，市老龄办在全市开展了沈阳市空巢老年人情况实名制调查活动。此次调查覆盖全市，以社区、村为单位开展调查，重点对子女都在外地或国外居住、失独、无子女的老年人进行了调查。调查包括空巢老年人总数、总户数、年龄段、空巢情况、身体状况、照料情况等8大项，29小项内容。通过对调查数据分析，对空巢老年人口发展趋势、空巢原因、养老方式等方面进行了研究并提出了政策建议。

5.推动《老年人权益保障法》贯彻实施。6月28日，市老龄办会同市人大法制委、申扬律师事务所，举办了由各成员单位和各区、县(市)老龄部门共278人参加的全市学习宣传《老年法》培训班。为加大宣传力度，市老龄办编印了6.5万册新修订《老年法》单行本，并发放给市老龄委成员单位和各区、县(市)、街道(乡镇)、社区(村)。10月31日，市老龄办会同辽宁申扬律师事务所举办了为期一周的"沈阳市老年人法律服务进社区"大型公益活动。这次活动共走进6个社区，发放《老年法》6万册，送老年人法律服务卡4000张，现场解答法律问题500个，受益老年人达16万余人。

6.通过四大主题活动推动"敬老月"活动开展。广泛开展"情系乐龄"主题系列活动，"敬老月"期间全市共走访慰问各类老年人1.8万多名，送慰问金83万元，送价值900余万元慰问品。积极开展"孝行天下"主题系列活动，东软熙康健康管理集团等企业积极开展了为老年人健康体检、送金融服务及探索建立"老年人餐桌"等活动。丰富开展"银龄风采"主题系列活动，举办"2013年沈阳市庆祝老年节文艺演出暨老龄工作表彰仪式"等系列助老敬老活动。深入开展"关注夕阳"主题系列活动，宣传沈阳市为老服务先进事迹，以公益广告形式广泛宣传老龄事业文化理念和《老年法》，拍摄《沈阳市老龄事业发展专题片》。

7.为70岁以上独居老年人免费发放"黄手带"活动。沈阳市政府将免费为70岁以上独居老人配发实名信息"黄手带"工作列为沈阳市2013年为城乡居民办的11件实事之一，此项活动由市公安局牵头，会同市民政局、市残联、沈阳日报报业集团、中国移动辽宁公司沈阳分公司联合开展。发放对象是患有阿尔茨海默病的失智老人、70岁以上独居老人。发放的"黄手带"为标有"老人有困难，请拨110"字样及具有编号的黄色硅胶手带。失智老人、70岁以上独居老人亲属到老人所居住地派出所帮助老年人办理申领"黄手带"登记手续，派出所将申请老人相关信息和对应发放的手带编码录入专项警务网络。一旦老年人走失，警方可以通过"黄手带"上的编号帮助老年人找到家人。

8.建立学历教育老年大学。按照满足学历教育需求、知识技能类需求和休闲娱乐方式需求三个功能定位，依托沈阳广播电视大学社区学院建立了老年大学，开设了书画、声乐、器乐、舞蹈、摄影、文学鉴赏、花卉栽培、外语、太极拳、健身舞、计算机等11类学科，以满足老年人求知、求健、求乐、求为的多样化需求，有2000多人次参加了学习。在老年人学习教育活动中，积极探索开展老年人学历教育工作。

9.开展金融和养老服务进社区活动。通过盛京银行沈阳分行开展"金融商业服务进万家"活动和中国民生银行沈阳分行设立的"社区金融便民店"，为社区老年人提供存取款、缴费、购物等特惠服务项目。沈阳市于洪区德沃居家养老服务中心在国奥社区开展居家养老服务的社会化、市场化运营试点工作。德沃居家养老服务中心，围绕着"配餐就餐，家政服务，医疗保健，文体娱乐，生活照料"五个方面开展社区居家养老服务工作。他们开展的细致服务主要包括"爱心午餐、爱心超市、家政服务、老年大学、保健养生、爱心旅游、医疗体检、机构养老"等10余项内容。

(任　杉)

【殡葬管理与服务】　2013年，全市殡葬工作着力于强化行业管理，优化服务环境，创新服务方式，落实惠民政策，建立基本殡葬服务保障制度，健全文明生态祭祀长效机制，全力提升社会认可度和群众满意度。全年共火化遗体5.59万具，火化率97%。其中：市中心城区殡仪馆火化遗体3.75万具，市郊区县殡仪馆火化遗体1.84万具，10家殡仪馆为2570名低保对象减免基本殡葬服务费用258万元，针对器官捐献者出台了免除遗体接运费、遗体火化费的优惠政策。全市经营性公墓销售墓穴1.9万穴；公益性公墓建设有序推进，市本级公益性公墓一期建设已经完成，15处乡镇公益性公墓建设按计划进行，省民政厅对沈阳市公益性公墓建设工作验收合格。积极推进海葬等生态殡葬形式，全年组织开展38期骨灰撒海活动，6000余名群众参加，骨灰撒海1754盒，比上年增长48.6%，减免资金210万元。殡葬设施改造按计划落实，将全市10家殡仪馆26台普通扒灰火化炉更换为自动捡灰火化炉；市回龙岗革命公墓等墓园改造了无烟无尘祭祀区，并在全市范围推广，实现了生态低碳环保祭祀；在市殡仪馆院内建设公益性骨灰纪念堂项目已通过审批。殡葬市场环境不断改善，印制移风易俗宣传单20万张，依法查没销毁“烧纸”等封建迷信丧葬用品，全年迁(平)坟5000余座。殡仪服务方式不断创新，各殡仪馆为群众提供人性化服务，推出烛光告别、影像告别、音乐告别等多种服务形式；沈阳殡葬网累计点击量422万人次，免费设立公祭堂4171个，留言3.5万余条。殡仪服务能力不断提高，组织全市19家经营性公墓开展专题培训，学习推广民政部“公墓五项标准”，落实公墓服务行业规范；举办了“沈阳市第四届殡仪主持人专业技能知识竞赛”，全面加深从业人员对殡葬文化内涵、殡葬业务知识的掌握和理解。清明节期间，联合市文明办、沈阳晚报开展了“清明文俗节”，联合华商晨报开展了“文明祭祀、节俭祭扫、生态清明”宣传活动；全市殡仪单位开展“鲜花换烧纸，文明祭故人”活动，推出“10项服务承诺”，共接待祭祀群众约400万人次，比上年增长5.3%，群众对清明服务项目的满意率达99.5%，市民政局被民政部评为清明服务“优秀单位”。坚持殡葬队伍作风建设和殡仪单位品牌建设，利用“信息反馈和服务咨询”暨行风监督两部热线，坚持日回访征求意见，全年电话回访2万余人次，群众满意率达99%以上；棋盘山骨灰入土植树纪念林被评选为“辽宁省第三批生态公墓”；回龙岗公墓被推荐为“全国殡葬工作先进集体”，同时被省民政厅推荐为第二批“全国殡葬改革示范单位”。

（李　敏）

【彩票发行】 2013年，沈阳市共销售福利彩票19.58亿元，同比增长27%，超额完成省中心15.78亿元任务目标，连续五年在高位运行基础上保持10%以上增长，筹集公益金5亿元。

1. 创新思路，扭转快开市场不利局面。一是打破单机站销售快开游戏的模式，在沈阳市销售环境好的双机站点试销“快乐12”，将快开游戏布局扩大至1000家。二是开展“快乐12”玩法促销及投注站销售擂台赛活动，扩大“快乐12”影响力。经过半年多的精心培育，销量实现反超，日销量由上年50多万元上升至200多万元。

2. 多方着手，强化即开票销售渠道建设。一是在五爱商城、兴隆生活购物中心和客运服务站等人流密集区设站销售。二是开发婚庆、网吧等娱乐场所，借助其他知名品牌的成熟销售网络，推广即开票销售。三是发挥区域经理的督导及补充配票作用，弥补邮政配送空缺。四是利用“快乐12”杠杆调节机制，给全市投注站下达即开票任务，扩大即开票市场销售份额。

3. 合理布局，实行销售厅等级评定。一是开展中福在线销售厅等级评定，从技术、服务、培训等八个方面提升销售厅软、硬件环境建设水平。二是经市中心研究论证，并报省中心核准、中彩中心批准，将沈阳路销售厅和市府路销售厅调整至大东区和皇姑区的空白点，方便彩民就地就近参与中福在线即开型彩票游戏活动，促进销量快速增长。

4. 完善服务，提升软环境建设水平。一是经省中心批准，引入铁通和电信两大网络运营商，有效地填补了20%的市场空白点。二是电脑票与即开票账户资金互转成功，为全省开了个好头。三是争取省中心支持，与农行合作，试点开发双色球306定投业务。

5. 弘扬公益，营造福彩可持续发展环境。2013年，市中心在经费紧张的条件下，仍加大了公益活动投入力度。一是福彩助学资助人数由原来的133人增加到166人。二是继续开展晚霞工程，助老行动，为社区及民办养老机构购置电视机、洗衣机等生活设备。三是组织党员干部职工在“六一”儿童节与爱心之家孩子们欢度节日，提升员工慈善意识。

6. 与时俱进，确保沈阳市福彩系统健康发展。一是严格按照局党委统一部署，认真开展党的群众路线教育实践活动，取得了显著成效。二是关注站点上访问题，进行耐心解答，及时反馈，排除不稳定因素，确保沈阳市福彩销售工作安全稳定运行。

（敦　阳）

【福利企业管理】 2013年，沈阳市集中安置残疾人就业工作稳步发展。一是新办社会福利企业数量位于全省首位。在年初完成对全市福利企业资格年检认证工作基础上，新办福利企业14户，占全省新办福利企业总数的26%，新增安置就业残疾人职工161人，新办福利企业数量及新增安置残疾人就业人数居全省首位。同时，企管处在深入调研基础上，完成了《关于当前福利企业生存状况的调研报告》，得到市政府及市民政局领导的肯定。二是成功举办沈阳市社会福利企业残疾人就业洽谈会。5月24日，市民政局联合市残联举办的“2013年沈阳市社会福利企业残疾人就业洽谈会”在市残联综合厅召开，市民政局企管处组织100户福利企业、400余个就业岗位，现场与数百名残疾人及其家属进行了面对面的双向选择洽谈活动，397名残疾人当场与用人单位达成了用工意向。三是成功举办辽宁省第二届残疾职工岗位培训暨职业技能竞赛沈阳分赛场竞赛活动。11月13日，市民政局企管处在位于苏家屯区的市中兴钛制设备厂，成功举办了辽宁省第二届残疾职工岗位培训暨职业技能竞赛沈阳分赛场的竞赛活动。共有180名职工参加了此次以“我能，梦想在我心中”、“学习劳动技能快乐，爱岗敬业光荣”为主题的培训竞赛活动，为鼓励和支持福利企业科技创新，提高残疾职工就业和再就业劳动技能，促进集中安置残疾人就业，发挥了积极的作用。

直属企业改革发展和安全稳定工作取得新进展。一是沈阳二三厂完成异地搬迁改造工作。在市民政局正确领导和有关处室帮助指导下，沈阳二三厂克服了各种困难和阻力，在5月末提前完成整体搬迁的同时，先后完成设备公开招标采购、清理原厂区门市房钉子户、统计核实和发放拖欠职工的内债、新厂环境影响评价、基础设施改造工程及设备安装调试等大量艰苦细致的工作，于12月进入全面试生产阶段，职工队伍总体稳定。二是强微厂“2014年市科技计划首批顶层设计项目”获得批准。经市民政局同意，强微厂申报的“隔爆型单相交流异步电动机关键技术攻关”项目得到市科技局审查通过，在2014年将获得100万元攻关项目的资金扶持，为实现科技创新、企业产品升级，增强市场竞争力注入了生机和潜力。三是直属企业安全稳定形势总体平稳。通过落实安全生产和信访稳定“四位一体”包保责任制，采取下访、家访、领访等方式，多次化解退休人员及残疾职工集体访事件。全年接待集体访7批次，个体访200余人次，办结市行风热线督办案件6件，妥善解决了托管中心残疾职工关心的调整养老保险缴费基数等问题。全运会和重大节日期间,未发生越级访、进京访等恶性事件,直属福利企业实现安全生产无事故目标。

(刘元春)

【地名管理】 2013年,全市地名工作以举办第十二届全运会为契机,围绕提升服务品质、增强服务能力、创新服务格局为目标,全面加强地名工作规范化、信息化、标准化建设。全市投入资金1816万元,更新安装街路牌7561块,涉及改造道路1186条。其中:财税独立区政府投入资金436.6万,改造288条道路,设置1761块;九城区投入403.4万元,更新改造楼门牌1.65万块,彻底解决了街路牌样式多样、标准不一的混乱现象,提升了城市地名标志设施管理水平。全年承办111条道路命名、更名审批,其中道路命名90条、道路更名9条、延长道路命名12条。办理大型建筑物名称登记158件,其中:命名155件,更名3件;全年共办理人大、政协提案11件,其中:人大建议主办5件,协办1件;政协提案主办3件,协办2件。2013年共受理9.61万诉求件22件,民心网诉求件共7件。

(郭 猛)

【农村困难家庭常年病人集中康复托管】 农村困难家庭中多数因病、因残致贫,为了改善这部分人员和家庭的生活环境、释放农村劳动力,使之尽快实现脱贫致富。根据《关于开展农村困难家庭常年病人集中康复托管服务中心的试点工作实施意见的通知》(沈民[2010]111号)文件要求,使托管服务中心建设标准、服务范围、管理与服务、托管费用及扶持政策等方面得以实施,保证了此项工作实现了规范化、制度化。截至2013年底,辽中县、法库县、苏家屯区、康平县和新民市各新建一所托管服务中心,共设床位650张,接收养员588人次。

(王晓峰)

【防灾减灾】 2013年,全市的防灾、减灾、救灾,坚持救灾与防灾减灾并重的原则,在救灾减灾基础建设、防灾减灾宣传教育、灾害应急反应能力等方面工作取得新的突破。

1. 加强宣传教育,强化防灾减灾意识。市减灾委协调沈阳市主流媒体开展防灾减灾知识宣传活动。组织编印防灾减灾知识和技能教育材料,向全市社区、村发放。全市的政府机关、街道、社区(村),悬挂减灾防灾宣传横幅1610条,制作展板2458块,展示宣传挂图687套,开展紧急救护专业和普及培训共1877人次。在全市开展防灾减灾知识竞赛活动,激发了公众参与防灾减灾知识学习的热情,提升了基层防灾减灾能力和应急管理水平。

2. 组织专项演练,提高应急处置能力。2013年5月10日,市减灾委、新民市政府联合在新民市中心敬老院举办了"全国防灾减灾日"消防专项演练。同日,"关爱生命安全自救—沈阳市防灾减灾主题宣传教育活动"在沈阳市第九十一中学正式启动。当警报信号响起,学生840人,教师20人,用时1分33秒,全部安全疏散到指定位置。

3. 下发"三进"工作实施方案,普及全民防灾减灾知识。以市减灾委名义下发了《关于防灾减灾知识"进社区、进学校、进单位"工作方案》。"三进"工作由市减灾委总体负责,各区、县(市)减灾委,市减灾委成员单位及有关单位在各自领域内分工协作,各司其责,协调联动,力争在三年内完成全民普及防灾减灾知识的总体目标,切实提高全民的防范意识、掌握防灾减灾知识和技能。

4. 推进农村住房保险,提高农村住房风险保障水平。下发了《市民政局、市财政局关于深入推进沈阳市农村住房保险工作的通知》(沈民[2013]54号),在全市涉农区、县(市)深入推进农村住房保险工作。2013年,全市共有2.5万户农民参保,充分发挥了保险机制在减灾救灾工作中的作用,提高了农村居民灾后住房修缮、重建资金的保障能力。

(梁欣扬)

【救灾救济】 2013年,共接收、发放各类物资近40次1.2万件。为确保库存物资储备质量,适时对各类物资进行清理、消毒和晾晒,共晾晒棉被(褥)200余包1000多床(件),棉鞋2000余双,投放卫生球1200余袋,更换破旧包装箱400多个。同时,进一步完善应急紧急救援机制,组织开展应急演练,确保紧急情况下,供货、运输、人员、物资全部到位,随时拉得动、拉得出。为全市防灾减灾、维护社会稳定作出了应有贡献。

(闫桂良)

【提高寄养人员保障标准】 为切实保障查无身源流浪乞讨人员的基本生活,经市政府同意,从2013年1月1日起,全市提高寄养在社会福利机构查无身源流浪乞讨人员保障标准:在生活费方面按农村五保集中供养标准(九区)执行,每人每年由4500元提高为每人每年6710元;在医疗(护理)费方面由每人每年500元提高为每人每年1000元。

(卜恩国)

民 族

【全市民族宗教工作会议】 2013年1月25日,全市民族宗教工作会议在市政府多功能厅隆重召开。副市长黄凯出席会议并讲话,市政府副秘书长张广印主持会议,市民委委员单位、市宗教工作领导小组成员单位负责同志,各区县(市)政府分管领导、民宗委负责人等参加会议。

会议主要任务是传达贯彻国家民委委员全体会议暨全国民委主任会议、全国宗教工作会议和全省民族宗教工作会议精神,总结工作,明确思路,部署任务,推动民族宗教工作科学创新发展。会议明确了2013年全市民族宗教工作总体要求:认真学习贯彻党的十八大精神,紧紧围绕市委十二届五次全会明确的"稳增长、办全运、惠民生、抓党建"四项重点工作,牢牢把握各民族"共同团结奋斗、共同繁荣发展"的民族工作主题,牢固树立"保护、管理、引导、服务"的宗教工作理念,进一步加强和创新民族宗教事务管理,切实保障少数民族和信教群众的合法权益,促进各民族和睦相处、和衷共济、和谐发展,促进宗教关系和谐,为奋力夺取老工业基地全面振兴的新胜利做出贡献。

会议强调了八个方面的重点工作:一要广泛开展民族团结进步宣传教育和创建活动,推动民族团结进步事业繁荣发展;二要继续推动民族乡村经济加快发展,促进少数民族群众增收致富;三要努力发展少数民族社会事业,不断提升幸福指数;四要坚持依法管理宗教事务,不断规范宗教活动秩序;五要加强宗教团体建设,提升宗教界人士队伍建设水平;六要加强正面引导和服务保障,树立宗教界良好形象;七要做好"十二运"服务保障工作,服务全市工作大局;八要大力加强自身建设，推动民族宗教工作科学创新发展。

（华明伟）

【“十二运”民族宗教领域服务保障】 一是全力做好全运村及社会面的清真食品安全保障；二是联合市委督查室及政府相关部门，对全市宾馆、饭店、客运站、机场等窗口服务单位贯彻落实民族政策法规情况，进行监督检查；三是加大对重点宗教活动场所内部维修及周边环境的改造、美化亮化力度；四是加强对宗教团体及宗教教职人员培训，提高宗教活动场所服务水平；五是组织宗教团体开展以服务“十二运”为主题的各种活动；六是推进民族宗教工作网络建设，确保民族宗教领域和谐稳定。

（华明伟）

【锡伯族非物质文化遗产列入市级名录】 2013年，沈阳市沈北新区锡伯族西迁节、傅氏锡伯族木雕、锡伯族家祖祭祀习俗、锡伯族传统游戏、锡伯族萨满舞等五项锡伯族非物质文化遗产被列入沈阳市第五批市级非物质文化遗产名录。

沈北新区共搜集整理有价值的线索289项，建立起了区级非物质文化遗产数据库，形成了国家、省、市、区四级名录体系。全区现有区级保护项目83项、市级35项、省级6项、国家级1项；先后建立了锡伯族语言文字和锡伯族舞蹈基地、“锡伯灯官秧歌”传承基地、“喜利妈妈”活动基地、锡伯族唱秧歌传承基地等，锡伯族古老的风俗及特色民族文化开始重现。

（华明伟）

【少数民族“光明行”活动启动】 2013年1月25日，沈阳市民委与沈阳何氏眼科医院在康平县东升满族蒙古族乡举行沈阳市少数民族“光明行”活动启动仪式。副市长黄凯出席仪式并讲话，市民委主任任桂芳主持仪式，康平县县长李晓航、副县长包艳艳，市民委副主任关艳萍，沈阳何氏眼科医院常务副院长卢山，辽宁爱之光防盲基金会秘书长杨玉柱参加仪式。市民委与沈阳何氏眼科医院联合在康平县4个民族乡开展“光明行”活动，免费为各族群众提供眼科检查，免费实施白内障手术治疗。

（华明伟）

【爱新觉罗恒山先生书法作品荣获世界纪录】 2013年1月19日，沈阳市举行满族书画名家爱新觉罗恒山先生八千米《华严经》封卷盛典暨二百零五米《无量寿经》世界纪录现场颁发仪式。

爱新觉罗恒山，又名金春润，清皇室后裔，现任辽宁省书法协会会员，是集诗、书、画、印于一身的当代著名艺术家，曾被联合国授予“联合国世界和平文化使者”、“世界杰出华人艺术家”等称号，2001年、2002年两次被收录新华出版社出版的中国《画坛巨擘》一书列入中国书画名家和中国杰出人物，并列入《中国杰出人物风采录》。他的书法作品《无量寿经》长205米，既有古朴空灵、意境深远之美，更具苍劲雄厚、洒脱痛快之韵，两者衬托，形成一种崭新的意境，专家称其为传统文化与当代艺术完美结合的上乘之作，荣获世界纪录。活动现场，世界纪录协会的认证官对这部佛学著作进行了现场认证，并为恒山先生颁发了证书。

（华明伟）

【第五届“神州一欻”锡伯族嘎拉哈节】 2013年2月28日，市体育局、文广局、民委和沈北新区政府联合主办的2013年沈阳市第五届“神州一欻”锡伯族嘎拉哈节在沈北新区文化艺术中心隆重举行。本次嘎拉哈节共吸引了来自12个区县（市）和沈北新区11个街道以及两所锡伯族学校的25支代表队共150余名人参加，分A、B、C三个组进行。

“嘎拉哈”是满、锡伯、鄂温克语音译，系奇蹄和偶蹄兽类后腿膝盖部位腿骨和胫骨交接处的一块独立骨头——称距骨，一般是长方体，有四个面。“欻嘎拉哈”是一项古老游戏，为锡伯族独特的民族传统体育活动，在沈阳已有300多年的历史，现已进入辽宁省“非物质文化遗产”名录。在古代，嘎拉哈曾经是北方一些少数民族军事演习中或战局沙盘上模拟的棋子，它以大小、类别、颜色不同，代表不同军事名目，既标示地形地貌、兵卒将领，又意指包抄堵截、兵器队列等，它集技巧、游戏、动作、娱乐于一身，为人民群众所喜闻乐见，这是欻嘎拉哈活动得以延续、传承的原因。嘎啦哈游戏开始流行，则是因为在东北农村有讲究正月里姑娘不许动用针线的习俗，而这个季节天寒地冻也不适合户外活动，因此兴起了在屋子里炕头上玩欻嘎啦哈的游戏，这也是这项活动大都是妇女们参与的主要原因。

（华明伟）

【出台《少数民族乡村农业基础设施建设奖补资金管理实施意见》】 为规范和加强少数民族乡村农业基础设施建设奖补资金管理，发挥专项资金的示范、引导和激励作用，提高财政资金的综合使用效益，促进少数民族乡村经济发展，2013年，市民委、市财政局共同印发《沈阳市少数民族乡村农业基础设施建设奖补资金管理实施意见》，对资金的使用管理和用途等作出详细规定。

《意见》要求，奖补资金的管理要权责分明，统筹安排，专款专用，注重效益。原则上以乡村自主发展为主，财政奖补为辅，优先扶持公益性农业基础设施建设，并坚持向重点贫困乡村倾斜。各区、县（市）民委会同当地财政部门共同开展项目的组织、论证、申报等工作，市民委和财政局共同完成项目的审核、督查、验收等工作。《意见》明确，奖补资金主要用于支持少数民族地区发展具有一定资源优势和地方特色的种植业、养殖业和林果业；改善少数民族乡村农业基础设施；发展具有民族特色的旅游农业、观光农业、都市农业以及其他与农业相关的产业项目建设。

（华明伟）

【民族事务服务体系建设】 2013年，市民委积极推进民族事务服务体系建设。一是认真筹备，开展《沈阳市民族事务服务体系建设现状分析及对策研究》专题调研。此课题已初步入选沈阳市2013年科技项目软科学研究专项。二是协调市人社局、司法局，分别在劳动就业、职业培训、权益保障、法律咨询办事窗口设立少数民族服务窗口，并指导各区县（市）民委依此办理，为少数民族群众提供更加快捷、高效和特殊需求的服务。三是会同市委宣传部、统战部印发《关于深化民族团结进步创建活动的实施意见》（沈民族发〔2013〕12号），将加强民族事务服务体系建设作为创建活动的一项重要内容作出部署。四是对少数民族流动人口数据、流出地、就业取向等基本情况进行调查，研究改进服务措施。五是依据《辽宁省清真食品生产经营管理条例》，印发《沈阳市民委行政处罚自由裁量权实施标准》，规范执法行为，加强清真食品管理工作。

（华明伟）

【拉塔湖社区被确定为全省民族事务服务体系试点社区】 2013年，沈阳市沈北新区黄家街道拉塔湖社区被辽宁省民委确定为全省民族事务服务体系社区试点单位，成为继沈阳市安图社区、回民社区之后的又一省级试点社区。

拉塔湖社区共有锡伯、满、朝鲜等少数民族人口451人，少数民族占社区总数67%，其中锡伯族占57%。

（华明伟）

【3家企业入选省级民族特需商品定点生产企业】 辽宁省民委印发《关于确认省级民族特需商品定点生产企业的通知》，将沈阳市帅佳家具厂、沈阳恒裕丰泰科技有限责任公司和沈阳鑫金清真肉业食品有限公司等3家企业确认为省级民族特需商品定点生产企业。沈阳市已有9家企业先后被国家和省确定为民族特需商品定点生产企业。

根据通知精神，此次确定的省级民族特需商品定点生产企业，除继续享受财政补助、企业技术改造贷款贴息和流动资金贷款优惠利率3项国家扶持政策外，还享受省内有关民族特需商品定点生产的优惠政策。同时，省民委将对民族特需商品定点企业实行动态管理，对违反政策或不再具备定点企业基本条件的予以除名。

（华明伟）

【少数民族美术书法摄影比赛】 2013年，沈阳市民委主办了沈阳市少数民族美术书法摄影比赛。比赛期间，全市各区县（市）民族工作部门、各少数民族联谊会，市朝鲜族文化艺术馆等单位和部门，广泛动员，精心组织，积极发动本地区、本单位的少数民族艺术家，针对沈阳市经济文化社会事业发展具有民族元素的人、事、物等相关题材进行重点艺术创作，共征集少数民族作者作品和汉族作者创作的少数民族题材作品153幅。通过专家评审，比赛共评选出美术、书法作品一等奖各1名，摄影作品一等奖2名，二、三等奖及优秀奖若干名，同时有3人荣获突出贡献奖。

（华明伟）

【第十三届朝鲜族民俗文化节】 2013年9月20日，沈阳市第十三届朝鲜族民俗文化节在朝鲜族第二中学隆重举行。活动由市民委、市文广新局、市教育局和苏家屯区政府联合主办，市民委主任任桂芳在开幕式上致辞，副市长黄凯出席活动并宣布文化节开幕。本届朝鲜族民俗文化节设有民族文艺表演、传统民俗项目竞赛、民族体育和游艺项目竞赛、民族传统饮食展示等主要活动，共有25个参赛队伍共1000余人参加。

（华明伟）

【《天籁神曲》首演】 2013年12月4—6日，由沈阳师范大学附属艺术学校创作的北国民族音画——少数民族艺术传承原创剧目展演在该校星河剧场举行。该校坚持地域民族文化艺术传承与创新、坚持校本剧（节）目创作、提升专业教学和学生舞台表演实践能力的有力探索与尝试，为促进我国少数民族文化的繁荣发展、推动中华民族的团结进步树立了典范。

《天籁神曲》筹备历时7个多月，总投资90余万元，参演人员达150多人，共推出《辽水天骄》《思乡曲》《辣依辣》《鼓舞踢踏》等11个原创作品。艺术表现囊括舞蹈、女生独唱、二胡叙事曲、组曲连奏、花腔与四重唱、情景乐舞、情景演唱、情景短剧等多种形式，展演剧目涵盖声乐、民族器乐、钢琴、舞蹈、话剧、国际标准舞等6个不同专业，完美呈现了苍郁宁静的森林、辽远壮阔的草原、战鼓擂擂的边陲、西征将士的誓师等宏大场面，为观众带来了源于东北境内各民族的音乐、舞蹈的视听盛宴。沈阳师范大学附属艺术学校于2012年11、12月先后被省、市两级民委授予"少数民族文化艺术传承与保护基地"和"少数民族文化艺术基地"，2013年4月，又被国家教育部、民委、文化部确定为全国首批职业院校民族文化传承与创新示范专业点。

（华明伟）

【沈阳市少数民族文化艺术基地挂牌成立】 2013年3月12日，市民委在沈阳音乐学院舞蹈学院举行少数民族文化艺术基地挂牌仪式。市民委副主任关艳萍，舞蹈学院院长柳文杰参加活动。

沈阳音乐学院舞蹈学院作为辽宁省舞蹈艺术类本科人才培养基地，始终致力于弘扬和传播先进的舞蹈文化。学院专门设有中国民族民间舞系。

（华明伟）

【沈阳体育学院被命名为"全国少数民族传统体育示范基地"】 为了进一步推进全国少数民族传统体育基地建设，更好的发挥民族传统体育基地在培育、传承、发展、推广少数民族传统体育项目方面的作用，沈阳体育学院被国家民委、国家体育总局联合命名为"全国少数民族传统体育示范基地"，成为首批12个示范基地之一。

沈阳体育学院原名东北体育学院，成立于1954年，设有包括民族传统体育学院在内的9个专业院（系）及研究生部和成人教育部。近年来，市民委积极与相关部门沟通协调，依托具有传统体育资源的院校大力开展民族体育运动，建立了摔跤、射弩、珍珠球、秋千等一批少数民族传统体育项目基地。

（华明伟）

宗　　教

【重点宗教活动场所维修】 2013年，沈阳市宗教局将"美化宗教活动场所，促进宗教工作更好服务全运会"列入年度工作重点。天气转暖后，全面启动修缮和美化工作，指导慈恩寺、太清宫等重点宗教活动场所，粉刷殿堂破损墙体，按标准设置宗教设施标识牌，更新宗教文化展板等。同时，市建委对全市东西南北四座佛塔，及清真南寺、般若寺、长安寺、蓬瀛宫等宗教活动场所外围墙进行粉刷，工程粉饰面积总计1.4万平方米。

（华明伟）

【太清宫举办开山350年纪念活动】 太清宫是沈阳市最大的道教场所，在东北乃至全国享有盛名，在保持全真教传统基础上，以其严谨的道风享誉国内外。2013年4月25日，沈阳太清宫举办开山（1663－2013）350年纪念活动。活动由市道教协会副会长兼秘书长郭化庸道长主持，太清宫、蓬赢宫等宫观道士及各界信教群众50余人参加。辽宁大学道教专业研究生以《白云观志》、《太清宫志》为基础，向与会人员图文并茂地详细讲解了太清宫历史由来，回顾350年历史变迁，尤其是太清宫典雅壮观的历史建筑。郭化庸道长表示，太清宫全体道众将继承和发扬爱国爱教的优良传统，坚守全真教传统仪范，不断加强自身建设，带领广大信教群众开展正常的宗教活动，努力服务社会，全力迎接"十二运"并做出积极贡献。

（华明伟）

【实胜寺恢复传统管理模式】 2013年5月24日，沈阳市藏传佛教寺庙实胜寺

(又称皇寺)召开恢复传统管理模式工作会议,确立由藏传佛教教职人员(喇嘛)依据藏传佛教传统管理定制自主管理,实现了管理工作进一步规范化。市委统战部、市宗教局、市公安局、和平区宗教局等有关部门领导,市佛教协会负责人出席会议,实胜寺全体僧众参加会议。市委统战部副部长李书鲤主持会议。新当选的实胜寺负责人包满都拉表示,将带领僧众搞好教务活动,做好管理工作,竭诚为信教群众服务。市佛教协会会长照元大和尚表示,市佛协坚决支持实胜寺恢复传统管理模式,将进一步发挥桥梁纽带作用,协助政府指导寺庙做好教务管理工作。

(华明伟)

【西塔教堂举行建堂百年庆典活动】 2013年11月14日,沈阳市基督教西塔教堂隆重举行建堂一百周年庆典活动。市委统战部副部长李书鲤、市宗教局副局长金翔等出席庆典活动。

西塔教堂始建于1913年。“文革”期间,教堂聚会曾中断。1979年12月落实党的宗教信仰自由政策,西塔教堂宗教活动得以恢复。1993年,西塔教堂在原址新建6层礼拜堂,占地面积970平方米,建筑面积4530平方米。

(华明伟)

【基督教两会举办“中国梦”大型赞美会】 2013年6月15日,沈阳市基督教两会“中国梦”大型赞美会在苏家屯区枫杨路基督教堂举行。市宗教局副局长金翔等人出席活动,各区、县(市)基督教教牧人员、同工和信徒共3000余人参加活动。赞美会上,来自各区、县(市)的教牧同工组成唱诗班,热情高歌,表达了沈阳市基督教界教职人员和信教群众积极响应党的十八大号召,共圆“中国梦”的美好愿望。

(华明伟)

【网上有奖答题活动】 2013年6月9日,全市宗教政策法规学习月网上有奖答题活动动员会在宁山大厦召开。各全市爱国宗教团体秘书长,各区县(市)甲类宗教活动场所负责人及宗教局工作人员100余人参加会议。市宗教局副局长金翔出席会议。

(华明伟)

【穆斯林群众欢度开斋节】 2013年8月8日,沈阳市伊斯兰教协会、清真南寺管委会、市回族联谊会联合举办开斋节庆祝活动。市委常委王翔坤、副市级干部沙波涛,省宗教局副局长马剑,市政府副秘书长张广印,市宗教局局长任桂芳,以及沈河区人大、区政府、区政协有关领导,省、市伊斯兰教协会会长李鸿宾,市回族联谊会会长金厚家等出席活动,向全市穆斯林群众祝贺节日,并参观穆斯林书画展,出席沈阳市回族各界人士欢度开斋节座谈会。

2013年10月15日,来自全市各行业及外籍、外地在沈的7000多名穆斯林齐聚清真南寺,共同庆祝伊斯兰教传统节日——古尔邦节。古尔邦节又称宰牲节,与开斋节、圣纪节并称为伊斯兰教的三大节日,时间为伊斯兰教历12月10日。每逢这一天,各地穆斯林都会身着盛装,到清真寺参加聚礼,诵经礼拜,庆祝节日。沈阳市其他清真寺也于当日举行隆重仪式,广大穆斯林欢聚一堂,尽享节日祥和。

(华明伟)

【南关天主教堂成为全国重点文物保护单位】 2013年,南关天主教堂被中央统战部、国家宗教局正式评定为第二届创建全国和谐寺观教堂先进集体。至此,包括第一届已经成功创建的慈恩寺、蓬瀛宫、清真南寺在内,沈阳市已有4家宗教活动场所获此荣誉。3月,南关天主教堂被国务院核定为第七批全国重点文物保护单位。南关天主教堂始建于1878年,1909年曾恢复重建。

(华明伟)

【中青年教职人员研修班结业典礼】 2013年10月29日,沈阳市宗教界第二期中青年教职人员研修班结业典礼在沈阳大学举行。市宗教局局长任桂芳、副局长金翔,沈阳大学党委副书记、副校长李鹏,教育学院副院长赵海涛等出席结业典礼。沈阳市宗教界第二期中青年教职人员研修班2011年8月开班以来,经过沈阳大学教育学院的精心组织,任课教师的认真教学,55位宗教界学员勤奋学习,圆满完成各项学业,取得了预期效果。

(华明伟)

【开展“宗教慈善周”活动】 2013年9月14日至20日,沈阳市宗教局启动“宗教慈善周”活动,得到各宗教团体、宗教界人士和广大信教群众,各区县(市)宗教工作部门的广泛响应。大家围绕“祈福抚顺灾区、五教同行”的主题,奉献爱心,集中捐赠财物善款。根据各区县(市)宗教工作部门统计,沈阳市七大宗教团体捐款捐物折合人民币近100万元。其中,市佛教协会及沈阳市部分佛教活动场所捐款14万余元,购置12.5万元的米面油,以及电饭锅、毛巾被等物资。9月19日,市直佛教场所——实胜寺组织全寺喇嘛举办“抚顺清原特大水灾逝者超度法会”,通过宗教仪式安抚灾区。西塔护国延寿寺制作灾区捐款功德箱,悬挂宣传横幅,积极组织信教群众参加慈善周活动,踊跃为灾区灾民奉献爱心。辽中县基督教界在辽中基督教堂举行“大爱无疆、牵手同行”大型主题慈善捐助活动。

(华明伟)

【制定实施《宗教团体及市直管宗教活动场所重要事项报告制度》】 2013年12月,沈阳市宗教局制定实施《沈阳市宗教团体及市直管宗教活动场所重要事项报告制度(试行)》、《沈阳市宗教团体负责人年度述职评议制度(试行)》,以及《沈阳市宗教团体财务报告制度(试行)》三项制度。根据规定,沈阳市宗教团体及市直管宗教活动场所,要坚持重要事项向市宗教局报告;按年度组织开展团体述职和个人述职;7大宗教团体在每一会计年度结束后,以书面形式向市宗教局提交财务报告等。

(华明伟)

区、县(市)及开发区

和平区

【区域经济】 经济总量不断扩大。全年完成地区生产总值756.5亿元,增长7.8%;公共财政预算收入完成101.4亿元,增长10.2%;固定资产投资完成593.7亿元,增长15.5%;社会消费品零售总额实现629.2亿元,增长12.9%;实际利用外资完成8.7亿美元;城市居民人均可支配收入达到31430元,增长9.9%。

招商引资成效显著。坚持顶层招商,完善招商网络布局,落实招商责任制,强化招商绩效考核,中海和平之门商业综合体等43个项目实现签约。

重大项目强势推进。宏运金融中心等26个市重点项目全部开复工,泰元中心等102个项目竣工。新开工亿元以上项目69个,占新开工项目总数的71.8%。

发展空间有效拓展。开展征收三大战役、冬季大会战等集中征收行动,全区具备出让条件的地块达到34个,其中净地27个。

税源基础持续巩固。新增沈阳铁道快运中心等税源型企业212家,其中包括中建地产辽宁置业有限公司等总部型企业110家。纳税亿元以上楼宇达到15座。

(廉 莉)

【重点产业】 商业优势继续扩大。太原街的社会消费品零售总额实现逆势上扬。华润万象城成为沈阳高端商业综合体的标杆。中兴大厦引入大数据技术,服务功能得到极大提升。

金融体系逐步完善。新韩银行、韩产银行、平安银行等金融机构入驻,盛京银行总部大厦落地,全区总部型金融机构达到33家,形成了门类齐全、运行稳健的现代金融服务体系。

国家级文化和科技融合示范基地建设稳步推进。生产力中心封顶,招商进展顺利。"沈阳市网络文化大厦"入驻时代广场,麦优通信等总部型企业落户。文化科技产业公共服务平台列入2013年市科技计划项目。

科技产业快速成长。通用软件、荣科科技等企业进入行业第一集团。全区专利申请总量达到1700件,其中发明专利887件,增长25%。

房地产业健康发展。有6家全国排名前十的房地产企业在和平区投资。

(廉 莉)

【特色空间】 太原街的新世界酒店二期主体竣工,华润地下停车场项目已经封顶,朗勤地下商业街基本竣工,太原街地一大道开业运营,兴隆大家庭签约入驻太原街。

北市、西塔和中山路鼎足之势日趋明显,老北市文化园引入东北最大的珠宝玉器交易中心和沈阳经济区旅游集散中心。成功举办"韩国周",西塔已成为以美食、民族、时尚等文化为特征的休闲经济带。中山路在全市率先实现无线上网全覆盖,引进文化休闲项目37个,欧风街形象日渐鲜明。

金廊的君悦酒店正式营业,华润悦府已经入住,华润中心四期建设进度过半。辽展饭店竣工并升级为五星级酒店。华航城市综合体提前封顶,签约引进兴业银行沈阳总部。

长白岛管理委员会和满融经济区管理委员会合并为长白岛经济区管理委员会,实现了空间统一规划、资源整合利用、产业协调发展。长白岛经济区新引进12个亿元以上重大项目,聚集了全聚德、金玉荟、金逸影城等一批高端特色企业。浑河天地狂欢嘉年华营造出浓厚的岛城风情。大润发长白岛超市年销售额超过2亿元。

(廉 莉)

【基础设施和生态环境建设】 开展"道路质量年"活动,道路建设面积全市最大、质量全市最优。改造道路88条,和平大街成为全市样板路。长白六街等6条道路全线贯通。白塔堡河口湿地工程竣工。满融第一条城市公交线路109路开通。改造提升了三大广场、两大公园。全年新增乔木、灌木7万余株,植树成活率达到95%,新建、改造绿地3.5万平方米,栽摆花卉130万株。拆除违章建筑5.85万平方米、违规广告牌匾4401平方米。全区主要街路机扫率达到100%,重点街路延时保洁率达到100%。城市亮化得到全面提升。冬季除运雪工作获得居民好评。创城工作成效显著,测评成绩位居全市前列。持续19年的民主广场马路发车问题得到彻底解决,90班次、近50辆客运车辆调整至SK客运站运营。热计量改造28万平方米,拆除小锅炉房11座,改造热网43公里,全面完成节能减排任务。

(廉 莉)

【区域文化】 文化产业不断壮大,东北传媒文化广场成为全市领先的文化产业楼宇,北方联合出版传媒集团营业收入超过10亿元。文化资源得到有效挖掘,打造4D立体影片《穿越老北市》,老边饺子等老字号回归。文化载体日渐丰富,老北市剧场正式营业,演出近百场,观众超过3万人次。沈阳城市记忆博物馆免费开放,锡伯家庙成为爱国主义、民族团结教育双基地,中山公园等6个文化广场全部投入使用,全年组织各类文化活动3800余次。广泛开展"热爱祖国、孝敬父母、关爱他人"主题实践活动,城区文明程度和居民文明素质得到进一步提升。"诚信和平"建设扎实推进,初步形成了政务诚信、商务诚信、社会诚信三大诚信体系。文化对经济发展的促进作用日益显现,"国庆七天乐、红动太原街"等系列活动,使太原街日客流量增加了20万人次,皇寺庙会十一期间客流量超过100万人次。

(廉 莉)

【民生工程和社会事业】 新增就业岗位2.9万个,实名制安置就业3.2万人,城镇登记失业率2.9%，户籍大学生实名制就业率95%，特困家庭大学生实名制就业率100%。累计发放城市低保金4500万元，各类救助金688万元。为576户残疾人家庭进行无障碍改造。社区工作者得到午餐补贴，生活补贴每人每月增加760元。马总花园保障房建设进展顺利，已建成20万平方米，幸福里回迁房项目已开工建设，妥善解决了1273户困难家庭的住房问题。改造危旧房2万余平方米，完成暖房工程85万平方米，更换了141个老旧小区的上水管线，在老旧小区种植乔木1000余棵、灌木2.15万余棵，全区所有的老旧小区都实现了有保洁、有绿化养护、有应急维修的物业服务。新建改造200平方米以上菜市场23个。和谐社区建设扎实推进，新建6个社区"一站式"服务中心和6个示范性社区老年日间照料站。和平区老年服务中心主体竣工，已具备试运行条件。为全区低度失能老人安装了"移动爱心呼叫器"。

教育事业再上新台阶。教育支出预算占全年预算支出15.5%，提升了和平一校、126中学、20中学的硬件设施，改造了南京九校等8所学校的10座食堂，启用了南京一校和南昌中学的长白岛分校，建成了全市首家区域公办早教中心。和平区被评为全国义务教育发展基本均衡区。

公共卫生服务开创新局面。医疗卫生支出超过2亿元，建立了大公共卫生服务体系，实行了社区卫生服务与三级医院协作、社区医生团队化服务、社区卫生服务绩效考核监管、卫生人才培养和使用四项新机制。居民健康档案覆盖率达到95%，家庭责任医生签约3008户。被评为国家卫生应急综合示范区。

体育事业取得新成绩。砂山体育场的全民健身中心服务居民10万余人。开展特色健身活动120余场次。实现了国民体质测试点全域覆盖。区体校被国家体育总局评为国家高水平体育后备人才基地。

（廉　莉）

【社会治理】 建立低保审批听证会制度，实现低保审批规范化。加强社区工作者专业化、职业化建设，全区初、中级社会工作师达到175名，提前完成"十二五"社会人才培养规划。和平区被确定为全国社区志愿服务记录工作试点区。治安防控管理体系进一步完善，新建和修缮警务室82个，社区警务室实现了外观标识和服务流程的统一，全区视频探头全部接入公安网络，实现了社区情况的实时掌控。高度重视信访工作，区级领导均到一线接访，有效促进了信访案件的化解。安全生产基础工作得到加强，应急救援能力大幅提升，及时有力、科学有序地处置了"中华路朗勤地下商业街燃气管线爆炸"和"天津南街道路塌方"两起突发事件。

（廉　莉）

沈　河　区

【概况】 2013年，沈河区实现地区生产总值891.1亿元，比上年增长8.5%；服务业增加值完成759.5亿元，增长8.5%；公共财政预算收入实现102亿元，增长16.6%；地方税收收入实现89.2亿元，增长11.4%；固定资产投资完成568.2亿元，增长10.7%；实际利用外资完成7.7亿美元，增长1.0%；出口总额4.74亿美元，增长15%；实际到位内资142亿元，增长15%；社会消费品零售总额实现847.4亿元，增长12.9%；城镇居民人均可支配收入达到31165元，增长9.9%。

（齐建军）

【经济发展】 财税运行状态良好。积极培育骨干税源，入区库税收百万元以上企业达到358户，同比增长7.5%。全力稳定存量税源，3355户入区库税收3万元以上税源企业运行平稳。扎实开展综合治税，新增入区库税收2160万元。推进财政国库集中支付制度改革，加强财政支出管理，提高资金使用效益。

（齐建军）

【金融中心建设】 《沈阳经济区优化金融生态改革试验专项方案》获得国务院批准。开发区总体规划、产业规划和城市景观规划制定完成。沈阳金融中心控股有限责任公司顺利组建，东北首家股权交易市场启动运营，要素市场建设实现新的突破。引进浙商银行等金融机构41家，安永企业咨询公司等金融服务类机构15家，金融业成为税收收入的重要支撑。高质量承办中国金融论坛东北分论坛，开发区影响力持续提升。

（齐建军）

【现代服务业发展】 服务业集聚区形成规模效应。在全国智慧城市创建中，沈河区被确定为全国智慧城区试点单位。随着服务业集聚区建设的全面推进，沈阳金融商贸集聚区、大中街商贸文化集聚区、南塔商贸物流集聚区、五里河国际商务集聚区、沈阳农业科技生态聚集区的主营业务收入实现了快速增长。同时，积极推进省级集聚区"七个一工程"建设，积极组织五爱和南塔申报省级现代服务业集聚区申报工作，进一步促进了服务业集聚区产业结构优化升级。"夜经济"与菜市场建设成果显著。全区夜间经营场所404个，每月拉动消费额达5.36亿元，约占全天营业额的20%。区内主要"夜经济"集聚区的中街商圈及北站商圈的夜间营业额占沈河区总体夜间消费额的60%以上。2013年，实际完成新建新隆嘉农贸市场、保利农贸市场等7处菜市场，改造福香园农贸市场、广昌农贸市场等8个菜市场，总投资额6000余万元。

（齐建军）

【区划调整】 区域划分更为清晰。依据沈河发展的空间规划和资源分布，将全区划分为东北区域金融中心、皇城商贸文博旅游、五爱商贸物流、南塔商贸物流和沈河东部新城五大功能区，完成了五大功能区的权属划分和机构组建，并在管委会内部机构设置上，承接了辖区经济发展、城市规划和特色产业培育等职责，区域发展协调能力进一步增强。各功能区产业规划制定、土地征收整理、招商引资等工作均在快速推进。

（齐建军）

【项目建设】 华强商业金融中心等20个市重点项目有效推进，总投资1074亿元，总建筑面积1154万平方米。香格里拉等4个酒店及商场正式运营，新增营业面积47万平方米。金廊5号地等10个地块成功出让，总占地面积25万平方米、总成交额39.3亿元。中国黄金东北交易中心等18个共12万平方米存量资源成功盘活。完成了凌云、六药等地块占地121万平方米的土地和房屋征收,新启动占地69.5万平方米土地和房屋征收工作。

(齐建军)

【重点商贸区发展】 东部功能区基础设施和项目建设开始提速,区域发展规划通过市规委会审定。启动国家电网“四网融合”5万户光纤入户项目。与中汽零公司签署战略合作框架协议,建设东北最大的汽车后市场服务基地。沈河区被确定为全国智慧城区试点单位。皇城、五爱、南塔等服务业集聚区建设全面加强,丽嘉百货等2个项目开工建设,豫珑城等3个项目进展顺利,久光百货等2个项目开业运营。五爱购等网上交易平台正式运行,五爱市场被评为中国十大纺织专业市场,中国鞋城被评为全国十大鞋帽专业交易市场。

(齐建军)

【城市建设管理】 城区环境显著提升。投入1.3亿元,完成沈阳路、中街路、北通天街广场等皇城地区综合改造。配合市里完成了市府广场和北站南广场整体改造。投入1.75亿元,完成团结路、长青街等34条共68万平方米道路改造。投入2638万元,完成重点街路排水管线翻建和8645座排水检查井防护网安装。投入2655万元,完成369栋共130万平方米重点街路楼体清洁粉饰。投入4835万元,完成北站路等重点街路、浑河沈河段等水系及公园、绿地夜景灯饰亮化。投入1820万元,改造太清宫等23块共6.4万平方米绿地,对建院街等32条街路行道树进行补植。城市管理日益规范。投入2100万元,集中开展环境综合整治,清理取缔广昌路、泉园小区等违规占道市场33处,新建和改造农贸市场15处。拆除各类违建1300余处、违规广告牌匾1.2万平方米。清理小区内杂物1.8万处、垃圾残土2万余车,人居环境有效提升。强化北站、皇城、五爱、南塔等区域交通整治,重新施划停车泊位1.04万个,新增停车泊位4050个,动静态交通有所改观。顺利完成省级卫生城区创建和省环境“四化”达标任务。生态环境持续优化。完成惠天热电等10个单位共29台燃煤锅炉脱硫、热源替代和高效除尘器改造工程。减排二氧化硫763吨、氮氧化物93吨,超额完成污染减排任务。投入1500万元,推进满堂河污水截流及湿地改造。开展专项环境监察执法,完成国控、省控重点污染源监测任务。全区万元GDP能耗同比下降3.9%,万元工业增加值能耗同比下降5.1%。多福社区低碳生活展示馆成为全市首家社区环保教育基地。

(齐建军)

【民生工程】 累计投入8.3亿元,着力解决群众关心的热点难点问题,民生民利持续改善。和谐社区建设成果显著。投入4530万元,完成352个共737万平方米老旧小区上水管线改造。投入1.04亿元,完成134栋共80万平方米“暖房子”工程。投入2643万元,整修道路10万平方米,安装小区大门654套、单元门420扇、路灯298盏。投入1640万元,新建12处社区公共用房和14个日间照料站。投入4324万元,打造了以满族文化等为主题的5个特色文化社区。开展金融保险、雄洲早餐、一键通等进社区、进家庭活动,推进社区服务社会化进程。沈河区作为惟一城区在全市社区工作会议上介绍经验。全国社区管理和服务创新实验区通过中期评估。习近平总书记亲临多福社区视察并给予高度评价。社会保障体系日益完善。推进15分钟就业服务圈建设,开发就业岗位6.9万个,实名制就业3.26万人。安置2295名转制企业职工,390名职工纳入社会保障体系。城镇登记失业率控制在2.67%。沈河区被确定为省级创业型县区试点区。完成养老保险统筹征缴13.45亿元。改造升级助残设施设备,完成634户残疾人家庭无障碍改造。启动了1200张床位的欣享城高端养老服务项目。发放小额担保贷款2292万元。为5633户低保户发放救助金4688万元,为3451户低保户和低保边缘户居民免费体检。关注少数民族生产生活,为少数民族群众发放肉食补贴178万元。为720户居民发放经适房、廉租住房租赁补贴5287万元。完成1716户公租房保障任务。惠民馨苑等产权调换房竣工并交付使用。社会事业快速发展。稳步推进集团化办学,深化课堂教学改革,全面提升教学质量,中考成绩继续保持全市领先。投入1.17亿元,新建、改扩建校舍项目50个,新增学前教育学位810个。沈阳市第九中学被评为省特色普通高中实验学校。区教育实践中心被评为全国综合实践活动特色学校。高质量承办中国教育学会中小学整改委第十六届实验基地会议。高标准完成“十二运”体育赛事保障工作。沈河区文化体育中心开工建设。成功举办沈河区第十四届文化艺术节,开展群众文体活动190场次。沈河区作为全省惟一县区进入国家公共文化服务体系示范区创建行列。完成1700平方米的丰乐社区卫生服务中心和5个社区卫生服务站建设,打造11个社区卫生服务特色品牌。全国慢病综合防控示范区创建工作通过省级验收。刘延东副总理视察大南社区卫生服务中心并给予充分肯定。

(齐建军)

【平安城区建设】 平安沈河建设扎实推进。坚持用群众工作统揽信访工作,“全社会调解”模式在全市推广。建立信访积案化解平台,创新区级领导包案接访机制,化解信访积案184案、上三级交办重点案件110案,息访率100%。圆满完成全运会、十八届三中全会等特殊时段稳控任务。围绕重点行业领域、重要时间节点及重点地区开展安全生产专项整治行动17次,安全生产形势持续稳定。加强治安防范体系建设,破获刑事案件3530起,命案破案率100%。沈河区被国家综治委评为沈阳市惟一全国平安建设先进区。

(齐建军)

【政府自身建设】 民主法制建设全面推进。牢固树立依法行政意识,自觉接受区人大法律监督和区政协民主监督,承办省市区三级人大代表建议和政协提案374件,其中:区人大代表建议211件,区政协提案119件,省市建议提案44件,办复率100%,满意率99.7%。向区人大专题报告和汇报工作10次、落实反馈报告6次,接受人大和政协视察14次。坚持依法行政,规范执法行为,提高执法水平。拓展法律援助远程服务,受理各类法律援助案件936件,满意率100%。推进“六五”普法工作,被评为省首批法治文化建设示范基地。政务服务水平逐步提升。加强政务公开建设,网上公开信息1.4万余条,保障了群众的知情权。承接省市下放经济管理权限

49项，清理规范行政职权11类，150项审批事项全部进厅。搭建数字绩效信息管理平台，实现绩效管理即时考核督办。整合4350个视频监控点位，实现视频资源效能最大化。依托“96125”民生诉求服务热线，受理群众诉求10.8万件，结案率99%。大力整治不良风气，深入开展民主评议基层站所活动，行风政风建设水平稳步提升。廉洁政府建设不断加强。认真落实中央“八项规定”，严肃整治“四风”，严格执行党政主要领导“四不直接分管”等制度，全面清理整改机关办公用房。完成了区本级预算执行、61个地块征收资金等审计工作，接受上级部门对经费使用、政府性债务等方面的审计。清查国有房产153万平方米，国有资产管理更加规范。厉行勤俭节约，“三公”经费同比下降34.2%。

（齐建军）

大 东 区

【概况】 2013年，大东区地区生产总值增长9%；规模以上工业总产值增长14.4%；公共财政预算收入增长20%，其中：税收收入增长21.2%，税收占公共财政预算收入的比重达98%，居全省首位；固定资产投资增长13.6%；实际利用外资增长7.1%；社会消费品零售总额增长13.3%；城市居民人均可支配收入增长11%。

（马 欣）

【城区经济】 汽车及零部件产业发展不断提速。2013年，全区整车产量达到81万辆，增长17%；完成产值1050亿元，增长24.6%。零部件完成产值107亿元，增长31.7%。整车厂扩建项目顺利实施。宝马第六代5系扩建项目正式投产，北盛三期整车及发动机项目试生产，华晨金杯H2项目投产。全区新增汽车产能40万辆，新增发动机产能45万台。零部件配套能力进一步增强。强化零部件项目招商和建设，法雷奥等16个项目投产，奇昊等17个项目开工，美嘉等13个项目签约，全年零部件企业供地65万平方米。零部件发展进入每年竣工投产一批、供地开工一批、签约落地一批的良性发展轨道。基础设施建设快速推进。北盛三期A2区土地整理基本完成，零部件产业园道路、供水、供电、供气等基础设施基本完工；宝马第七代5系轿车建设项目土地整理基本完成。实施东望街延长线等8条道路改造建设。利用低效用地改造政策，完成征地132公顷。

服务业发展取得新成效。通过完善发展规划，创新招商体制，拓展招商领域，着力整合服务业资源，推进服务业发展。东中街发展实现新突破。组建东中街管委会，减少职能交叉，实行统一管理。开发现有商业资源，构建龙之梦电商大厦、总部大厦等招商新载体，并引进阿里巴巴、鹏博士等知名企业，龙之梦大酒店、苏宁旗舰店试营业；大悦城实现业态升级，苹果旗舰店签约落地。沈阳中环广场一期开工，二期启动征收。重点项目顺利推进。编制生产性服务业规划、吉祥商业区规划。乐购乐都汇营业，六鑫珠宝年底前营业，中韩科技产业团地正式开工，太平人寿电子销售、天安保险正式落地，永康大厦完成供地，立创城项目启动征收。区科技企业孵化中心成为省级科技孵化器。招商引资和外经贸工作取得新成果。组建13个招商分局，以新机制开展招商活动，拓展总部、电商、研发等招商新领域，为服务业发展注入新活力，全年引进落地项目65个。完成外贸出口3.6亿美元，增长16.1%。

（马 欣）

【城市建设与管理】 以筹办“全运会”、创建文明城市为契机，更加注重基础性、长远性工作，推进了城区环境再上新台阶。旧城区改造步伐加快。基本完成了三家子南、宝钢西、东站小学、不锈钢市场等地区征收。实施凌云地区改造，征收进度达到75%。启动铁路沿线、二〇四、后陵等区域征收。启动改造总面积113.9万平方米，惠及群众8600余户。加强土地供应，完成欧博城东等9宗开发用地出让。生态环境进一步改善。全年完成道路改造120万平方米、绿化12万平方米。实施牤牛河景观改造，其中2.9公里河道改造基本完成。加强节能减排，完成四户企业12台锅炉脱硫治理工程。城市管理切实加强。发挥数字化城管作用，强化街道城管职能，加大资金和设备投入，城管水平实现新提升。投入资金7400万元，完成龙之梦周边及8条街路建筑立面整治，实施重点街路沿线、全运场馆周边162栋楼体高标准亮化。投入资金1.4亿元，完成52个弃管小区综合改造，改造小区道路35万平方米，实施“暖房工程”82.1万平方米。建立完善房产、供水、供电、供气、供暖等应急维修机制，有效解决了群众生活难题。

（马 欣）

【社会事业】 强化资金投入，强化项目建设，强化遗留问题的解决，确保发展成果更广泛地惠及群众。科教文卫事业蓬勃发展。圆满完成“十二运”柔道比赛的组织工作。艺术惠民“双百万”、文化“四进社区”丰富了群众生活。完成省教育强区验收评估。一中综合楼投入使用，三十五中学、一三六中学教学楼主体封顶。开展校园周边环境整治，拆除草仓小学等18所学校周边违章建筑。五中通过省科技特色实验校评估，二十八中通过市标准化高中验收。新区医院投入使用，并全面委托中国医科大学附属第一医院管理，为群众提供更优质的医疗服务。实现流动人口免费计划生育技术服务全覆盖。通过全国科技进步考核，蝉联“全国科技进步先进区”。就业和社会保障不断加强。发挥企业主体作用，完成城镇实名制就业3.3万人，特困家庭高校毕业生100%实现就业。推进社会保险扩面，养老、医疗、工伤、失业等保险参保人数创新高。发放低保救助6800余万元、特殊群体生活和医疗补助1700余万元，补充养老金8700万元。加强社区建设，完成22个社区公共用房改建、修缮和无障碍设施改造。投入资金2.7亿元，强化公共安全、安全生产、消防安全、食品药品安全工作。扎实做好稳定工作，化解信访疑难案件86件。妥善做好回迁安置工作。建立工作组、群众代表、责任主体“三位一体”模式，彻底解决历史遗留问题。西堡巷政府补贴房全部入住，八王寺、龙之梦地区居民顺利回迁，天润、北大营街100－5甲地区回迁问题基本解决，全年回迁安置居民1916户。城建和谐城一期即将入住，二、三期主体施工，榆林安置房主体封顶,大观苑三期开工建设,全区入住和在建居民安置房面积110万平方米。

(马　欣)

【民主与法制建设】 把提高议事决策效率和行政服务水平作为优化发展环境的核心,不断强化效能建设。行政管理改革不断深入。实行公车制度改革。强化国有资产管理,全面收回出租房产,清理企业资产,规范使用、出售。制定政府投资项目管理办法,严格项目招投标,严格财政资金管理和支出审计。工作机制日趋完善。坚持向区人大、区政协报告、通报工作制度,办理区人大代表建议和政协委员提案353件,满意率达到98%。建立集中高效的议事决策机制、快速畅达的问题反馈机制,促进了征收拆迁、基本建设、招商引资等工作。完善绩效考核体系,加快了各项工作任务落实。发展软环境更加优化。大东区被纳入《全国老工业基地调整改造规划(2013－2022年)》,汽车及零部件产业集群通过国家新型工业化产业示范基地评审,综合配套改革试验区得到省级批准。深入企业开展"双进双解、双推双促"及"每周大走访"工作,不断压缩行政审批事项,认真处理"民心网"、"96123市民服务热线"反映的问题,"便企利民"更加富有成效。启动"数字大东"网络工程建设。制定完善公务员行为规范。大力倡导多掌握问题、多召开业务会议、多深入现场、多协调市直部门的作风,促进了效率提升、任务落实和成果体现。

(马　欣)

【获批省级综改试验区】 2013年12月,大东区获批成为"沈阳经济区建设东北老工业基地以优势产业升级带动老城区改造发展试验区"。2013年4月,国务院批复《全国老工业基地调整改造规划(2013—2022年)》,大东区作为沈阳市的惟一城区被列入《规划》。《规划》发布后,大东区认真研究大东区老工业基地调整改造思路,结合沈阳经济区国家新型工业化综合配套改革试验区工作要求,决定以综合配套改革为突破口加快老工业基地调整改造。在国家、省、市发改委指导下,经认真研究,并召开专家咨询会,确定了以优势产业升级带动老城区改造发展的试验方向,争当老工业基地排头兵。通过逐级申报,12月22日,经省政府同意,省发改委发文批复,将大东区设为"沈阳经济区建设东北老工业基地以优势产业升级带动老城区改造发展试验区"。大东区将通过综合配套改革,探索中心城区发展优势产业的新模式和老工业区就地改造发展的新模式,实现经济良好发展和居民收入提高,走出一条独具大东特色的,统筹兼顾经济发展与社会事业、城市建设与生态环境、提升竞争力与增进幸福感的发展道路。

(马　欣)

皇　姑　区

【概况】 2013年,皇姑区实现地区生产总值451.1亿元,比上年增长7.8%;公共财政预算收入35.7亿元,增长15%;税收收入33.2亿元,增长17.1%;固定资产投资470.5亿元,增长8.1%;实际利用外资3亿美元;出口总额1.4亿美元,增长16%;实际到位内资102.9亿元,增长16.8%;社会消费品零售总额251.5亿元,增长13.2%;城市居民人均可支配收入28449元,增长9.5%。

(王　苗)

【经济发展】 2013年,皇姑区实施征收地块99处,完成70处,腾迁土地159万平方米,出让土地23宗、112万平方米,总价款77.97亿元,同比增长472%,区本级收益3.21亿元。新建项目150个,同比增长436%。新开工3000万元以上项目91个,竣工77个,签约落地59个,开发策划24个。项目总建筑面积406.5万平方米,总投资额224.1亿元。总投资额444亿元的乐天世界、沈阳天地、维华商业广场、联美热电等市重点服务业项目进展顺利,拟总投资百亿元的金昌城市综合体、红星美凯龙爱琴海、华润五彩城等重大项目已经签约。北站北金融商贸区跻身沈阳市金融商贸开发区,成为皇姑区首个国家级开发区。全力引进韩国SK、上海绿地等世界500强和大型国企,打造首府核心区都市工业园。首府新区新兴产业规划和城市设计规划已基本完成,重点突出都市工业、商务服务业、高端商业、休闲养生、特色教育、高端居住等六大产业,策划推进3D打印产业园、央视异度空间影视产业园,金牌教育产业园区有序启动。规划九大商圈,倾力打造星吧街、沈阳天地文化休闲特色街、沈阳户外运动休闲街等十条特色街区,举办金山4S汽车产业带、舍利塔奇石展等大型招商推介会,荣盛、万科、金地、北京明日等一批著名上市公司、央企纷纷落户皇姑区。接待国内外来访客商200余批600多人次,先后赴港台、长三角、珠三角等地区和欧洲、澳大利亚、韩国开展招商活动。

(王　苗)

【城区环境】 2013年,皇姑区投资2.54亿元,实施区本级年度投资规模最大的道路整修工程。改造市政道路及住宅小区道路69项,实施岐山南路、牡丹江街等7条道路贯通工程,对区管215条街路进行全面维护。全面提升绿化和园艺作业水平,实施泰山广场及周边、84中学东南角、北陵大街两侧等10余处绿地景观改造,增添人文新景观。扩大绿化覆盖率,累计植树8万余株,摆放花箱125个,栽摆花卉223万株。完成501栋临街居民楼粉饰工作。完成19个重要点位的灯饰亮化,对黄河大街、崇山路等59个点位实施楼体亮化,17处高杆灯及特色景观灯建设竣工。实施"净化"工程。万元GDP能耗同比下降3.77%,万元GDP工业增加值能耗同比下降5%。完成2个非电锅炉脱硫减排和全区65吨以上锅炉除尘器升级改造,淘汰3户重点单位高效能落后机电设备12台。积极开展"十大战役"百日会战,拆除各类违章建筑33.69万平方米,清理堆放杂物、露天烧烤、占道经营1.65万处,拆除违规、破旧台阶3600处,街路平均退线1米,新增加人行道2万平方米,新增停车位992个,取缔废旧物收购站点40个,拆除违规大型户外广告8995平方米,拆除违规牌匾6129块。建立两个"1+1"环卫工作管理模式,垃圾分类试点工作全面启动,荣获"省卫生城区示范区"称号。

(王　苗)

【民生工程】 2013年，皇姑区城镇实名制就业2.49万人，城镇登记失业率控制在2.67%以下。发放小额担保贷款1850万元，扶持创业带头人450人，新增创业人数700人。失业保险扩面12.9万人，工伤保险扩面11.7万人，养老保险统筹基金征缴3.5亿元。实施84.5万平方米居民楼“暖房子”改造，惠及1.15万户居民。发放廉租住房货币补贴350户，公共租赁住房租金优惠1103户，经济适用住房补贴520户。启动田义、上岗子、方溪湖等5个村的村屯改造。投入480万元，改造8个老旧社区公共用房。投入230万元，新建20个社区日间照料站。投入95万元，改造区社会福利院。投入98万元，更新楼门牌1210块、街路牌1328块。投入2138万元，新建和改造8个菜市场。华山、克俭、寿泉地区十年没有办理的房屋产权证得到办理，寿泉回迁C2、C3、恬园、钨钼大厦等17个“烂尾楼”实现复工，航院1123户居民超期回迁得到安置。对三台子沈飞宿舍、华山天香楼北、舍利塔物资局地块、明廉151巷等地区10万平方米危险房、棚户区进行改造。垫资880万元，维修老旧小区144部危险电梯。政法干校、新乐、巴山路、上岗子等六个地块的产权调换房建设全面启动。投入183万元，改造残疾人专用通道和设施。投入5055万元，帮扶救助困难群体16.6万人次。

（王　苗）

【社会事业】 加入中国智慧城市联盟，策划皇姑“智慧城市”建设，启动首府新区“无线城市”平台项目，新引进科技企业60家，信息产业产值90亿元。步入全国科技进步先进城区行列。撤并8所小学、4所初中，组建岐山一校、43中学等一体化式紧密型教育集团。投入100万元，为育智学校、聋校两所特殊教育学校学生提供免费午餐。完成9所学校校安工程、18所义务教育提升学校改造工程，完成虹桥中学等8所学校教学楼、体育馆建设工程，启动20所中小学教学楼、体育馆建设项目。拆除5000平方米校园周边违建，建成1500余延长米通透式绿化围墙。7所公办普惠性幼儿园建设进展顺利。通过沈阳市义务教育高水平均衡发展强区验收。投入3762.5万元，新建淮河、谭江等市民健身广场10处，增设、维修户外健身器材450余件。总投资3.3亿元的幸福大厦主体封顶，皇姑文化艺术中心、辽宁福彩中心2014年投入使用。完成区妇婴医院、疾控中心、卫生监督所的搬迁工作，区中心医院、明廉社区卫生服务中心升级改造工程全面启动。投入40余万元，在全省首创“移动式居民健康管理电子平台”。

（王　苗）

【政府自身建设】 坚持向人大及其常委会报告工作，向政协及其常委会通报工作，自觉接受区人大的依法监督和区政协的民主监督，先后就项目建设、房屋征收、食品安全、道路交通等重大事项向区人大报告、向区政协通报。共办理人大代表建议196件，政协委员提案156件，办复率均为100%。将原有12个街道进行重新整合，组建具有地域和产业特色的八大功能区，即首府新区、北部经济区、三台子综合商业区、辽河金融商贸区、黄河中心商务区、舍利塔文化旅游产业区、华山商贸区、明廉特色商业区，选派533名机关干部下沉功能区工作。组建区金融国资办，完善资本运作和投融资体系。组建土地储备整理中心、公共资源交易中心，成立开发建设办。成立亿科、鑫一江和首府三家国有控股开发公司，立项65个产权调换房项目，建筑面积242万平方米。成立招商中心，组建招商项目综合服务局和16个专业招商局，按照政府招商职能实行企业化管理，突出绩效考评，强化末位淘汰。坚持简政放权，承接上级下放的49项市级经济管理权限，区管68项审批、管理权限下移功能区。重新组建区旅游局，与区服务业局合署。重新组建区城市管理行政执法局（市容局），实施建管分开，突出管理和执法有机结合。完成行政审批、房产交易、劳动就业三个审批服务大厅“三厅合一”，将原有137个审批项目削减到75项，原有22个审批窗口撤并为9个，共受理审批事项1.1万余件，新办企业1262户。

（王　苗）

铁　西　区

【经济发展】 2013年，铁西区实现地区生产总值1198.9亿元，增长8.7%；规模以上工业增加值740.4亿元，增长9.7%；固定资产投资734.9亿元，增长8.1%；公共财政预算收入120.1亿元，增长13.0%；社会消费品零售总额489.2亿元，增长11.0%；城市居民人均可支配收入28703元，增长10.6%；农民人均纯收入15220元，增长13.8%。全面完成了节能减排指标。地区生产总值、公共财政预算收入、实际利用外资、出口总额等主要指标在全市各区县中总量最大，地区经济实现平稳快速发展。

主导产业不断优化升级。装备制造业继续做大做强，实现产值2020亿元，增长15.7%。汽车产业异军突起，形成集群化快速增长局面，实现产值550亿元，增长33%。华晨宝马铁西工厂年产整车8.6万辆，产值240亿元，全口径税收实现30亿元。现代建筑产业稳步发展，实现产值650亿元，增长16.5%。医药化工产业在全行业困难较大的情况下，实现产值330亿元，保持了上年水平。

服务业发展步伐加快。服务业增加值实现332.8亿元，增长6.5%，现代服务业占服务业总量已达62%。兴隆大都汇、千姿汇、千缘财富商汇等大型商业项目建成营业。传统服务业特色更加突出，兴工特色商业街、兴顺观光夜市和1905国际风情区日益繁华；汽车贸易、钢材贸易、家居建材产业年交易额均超百亿。现代服务业发展态势良好。“三大建设”加快实施，一批大企业总部基地、公共服务平台、城市综合体开工建设；远大科技园、联东U谷、嘉泰工业装备博览城等一批对结构调整和转型升级具有牵动力的重点项目加快推进；“铁西金谷”一期投入使用，东北金属交易中心、渤海商品交易所、辽宁碳排放权交易平台上线运营；以工业文化为特色的旅游产业有了较大发展，形成有影响力的项目19个。

（张　曌）

【城市建设和管理】 基础设施不断完善。围绕产业发展、项目建设和民生需求,实施了一批城建工程。新建市政道路40公里、水电气管网工程158公里。维修改造道路23万平方米。长客西站交通枢纽竣工交付使用。新建2座立体停车场,实施了一批重点道桥工程和小街巷改造工程。

城市管理水平不断提升。创新城市管理体制,构建了区、街和社区三级联动机制,深入开展"创城"工作,不断提高城市管理精细化水平,市容环境更加整洁有序。铁西区成为"省级卫生示范城区"。逐步完善了覆盖城乡的城市管理长效机制,加大对各类违建和违规抢栽抢种的防控和执法力度。继续提高精细化城管水平,规范沿街建筑立面和牌匾。继续完善道路交通设施建设,加强交通秩序和市容管理,着力提升市民文明素质,努力建设繁荣有序的城市环境。

生态环境不断优化。实施了一批大型生态工程,浑河西峡谷生态公园和大青生态公园建成开放,细河U谷一期湿地生态工程竣工。完成植树67万株,新增绿地140万平方米。依法整治了细河沿岸污染企业。对23家供热企业实施了煤改气和脱硫改造工程。全区新增联片供暖面积63万平方米,集中供热率达到94%。开发区成为"国家级生态工业示范区"和"全国城市环境总体规划编制试点区"。

(张 婴)

【社会事业】 社会事业全面进步。教育事业优质发展,完成教育投入10.3亿元。聋人学校等3所学校和3所公办幼儿园建成使用。加强了校车安全监管,全面实施学生营养午餐工程。小学教育均衡发展水平居全省首位,铁西区成为"全国义务教育发展基本均衡区"。文化体育事业蓬勃发展。工业博物馆二期7个主题展馆正式开放。铁西工人之声合唱团荣获"第十届中国艺术节群星奖"。成功承办了45场"全运会"赛事。完成卫生事业经费投入2.4亿元。落实国家基本药物制度,公办基层医疗机构和农村卫生室人均处方收费分别下降63%和67.6%。实施了区中心医院等13家医疗机构的改造工程。翟家社区卫生服务中心晋升为国家级示范中心。铁西区成为"辽宁省慢性非传染性疾病综合防控示范区"。

社会保障体系日益完善。就业工作扎实推进,落实各项扶持政策,实名制安置就业2万人。失地农民养老保险纳入市级统筹取得突破性进展。进一步完善困难群体帮扶救助体系,投入贫困居民救助资金7470万元。健全养老助残保障体系,区社会福利院、残疾人康复中心投入使用,完成了残疾人无障碍设施进家庭、进社区改造任务。建设政府补贴房600套,发放住房补贴1亿元,改造危房2万平方米,完成了节能暖房工程50万平方米和50个老旧小区改造工程。解决了2000户居民燃气开栓遗留问题,群众居住条件进一步改善。

(张 婴)

【招商引资】 招商体制改革成果显著。更加突出招商工作的专业性、实效性和针对性,创新招商方式,强化考核机制,在全球投资放缓和地区间竞争日益激烈的情况下,实际利用外资完成11.4亿美元,比上年增长16.1%,调入内资225亿元,增长20.3%。项目规模和质量明显提升。

重点项目引进成绩显著。华晨宝马新工厂二期、米其林新工厂、延锋彼欧、海斯坦普等重大新建和增资扩产项目竣工投产。环普、嘉民、维龙等重要产业园区项目和华晨宝马发动机、丰田纺织、慕贝尔等一批世界500强企业和跨国公司投资项目开工建设。

经贸合作和产业聚集持续增强。以宝马汽车产业城为核心,继续着力加强宝马汽车零部件项目的招商引资工作,迅速扩大铁西德资企业产业集群。东北首个中德企业合作示范基地项目顺利推进。"中法环保产业园"规划建设初显成效。

(张 婴)

东 陵 区

【概况】 2013年,东陵区(浑南新区)实现地区生产总值480.0亿元,比上年增长8.6%。其中:第一产业实现增加值6.6亿元,比上年减少8.0%;第二产业实现增加值335.2亿元,比上年增长9.3%;第三产业实现增加值138.2亿元,比上年增长7.7%。三次产业增加值占区地区生产总值的比重分别为1.4%、69.8%、28.8%。公共财政预算收入93.3亿元,同比增长16.5%,其中:税收收入81.9亿元,同比增长13.2%,非税收入11.47亿元,同比增长55.4%。基金收入98.3亿元,比上年下降20.7%。全年完成固定资产投资700.0亿元,比上年增长11.8%,全年完成亿元以上项目投资314.4万元(不含房地产开发投资),亿元以上项目投资比重达96.7%。

(金希赞)

【农村经济】 农业总产值实现13.9亿元,同比减少2.5%;实现粮食总产量14.6万吨,比上年增长2.6%。全区农作物播种面积1.97万公顷,比上年减少4.3%,其中粮食作物播种面积1.79万公顷。粮食总产量14.6万吨;水果产量2.9万吨,增长17.3%;蔬菜产量8.6万吨,减少2.7%;肉类总产量1.2万吨,比上年减少12.4%。

高效推进青山工程,完成"超坡地"退耕还林地块192块、167公顷;完成封栏工程112公里,封育面积1867公顷;完成荒山造林栽果137公顷,完成水稻全程机械化生产702公顷。完成1万公顷玉米螟防控工作,使粮食亩产量有效提高60公斤,农业生产开创连续十年丰收佳绩。全面落实各项农村政策。落实国家惠农政策,及时足额发放粮食直补资金2510万元,补贴农户3.4万户。扶持农民专业合作社发展,对10个专业合作社进行规范化建设指导,完成了4家合作社项目预检申报工作。细化产业发展规划,形成以绿色果蔬、畜产品养殖、旅游采摘等都市现代农业发展构架。全区现代农业点位已发展到50余个。怡冠有机农业、艾德蒙种猪繁育、伟业绒山羊、蝴蝶兰、寒富苹果、沙地沟大杏等一批品牌企业和产品展现出较强的潜力和后劲。全运会期间,作为全市惟一一家全运猪肉指定供应商,沈阳方瑞牧业有限公司累计为沈阳赛区提供生猪970

头,圆满完成了“十二运”组委会交给的生猪供应任务。

(金希赞)

【工业】 2013年,全区规模以上工业企业353户,产值亿元以上企业144家,形成了以电子信息、先进制造、生物与医药、新能源产业为重点的工业体系。全区规模以上工业企业实现总产值950.6亿元,比上年增长8.1%;实现销售产值942.0亿元,同比增长10.2%;工业品产销率达到99.1%。全区规模以上工业企业完成工业增加值229.0亿元,同比增长5.8%;实现利税86.7亿元,同比增长17.5%,其中利润完成63.4亿元,同比增长17.3%。全区规模以上工业企业实现销售收入917.9亿元,同比增长7.2%。电子信息产业集群健康发展,已建成软件及系统集成、机器人、数字医疗设备、IC装备等我国重要的高新技术产业化基地。在软件、机器人、数字医疗等产业领域中,发展水平与世界同步,居于全国同行业排头兵位置。

现代建筑产业园已形成涵盖设计、拆分、生产制造、安装施工在内的完整的装配式建筑产业链条,组建了具有甲级资质的现代建筑设计院,成立了具有一级建筑资质的建筑施工安装队伍。全区建筑业产值196.8亿元,比上年增长20.5%,增加值24.3亿元,比上年增长118.2%,上缴税金68457万元,比上年增长32.8%。具有资质等级的总承包和专业承包建筑业企业203家,比上年增加30家。

(金希赞)

【第三产业】 全力建设沈阳第三商圈。以大浑南建设及举行全运会为契机,加快推动服务业发展。奥体商圈以奥体万达广场、亿丰不夜城、兴隆大奥莱等大型商业项目为支撑,以丰富的商业业态为载体,引进天泊圣汇城市休闲酒店、日本温泉度假城等休闲娱乐项目,开设中国银行、建设银行等15处银行营业网点,沃尔玛等大型超市、崔味居美食广场等传统特色百年老店也先后入驻。奥体商圈已具有国际水准的基础设施配套,成为比肩中街、太原街的沈阳第三商圈。

2013年,全区实现商品销售总额409.7亿元,比上年增长20.0%,其中:批发业销售额250.1亿元,比上年增长20.0%;零售业销售额154.3亿元,比上年增长21.8%;住宿业销售额3.2亿元,比上年减少27%;餐饮业销售额2.1亿元,比上年增长13.2%。房地产开发投资370.7亿元,比上年增长42.3%;房屋施工面积2191.5万平方米,比上年增长29.0%,其中新开工面积670.8万平方米,比上年下降13.7%;商品房销售面积204.4万平方米,比上年下降14.5%;商品房销售额146.9亿元,比上年下降12.2%。

(金希赞)

【招商引资】 加强招商组织服务工作,参加省市重点招商活动8次,完成“请进来”活动4次;强化工作统筹,制订工作方案,明确任务目标,建立月调度季通报制度,组织召开专门工作会议5次,听取招商工作情况,推进解决涉及土地规划、政策扶持、市政配套、征地拆迁、交通等方面30多个问题;成功组织在沈台商座谈会,促成沈阳台商大厦、福达汽车零部件、伍享工业项目等一批项目落地,掀起台企投资热潮;举行驻沈22家商会座谈会,跟踪商会总部等一批项目。与市政府驻外办事处互动联动,交换需求信息,提供项目资源,促进了招商网络建设;重点推进了隆达环保新址、省计量院石油加工设备检测中心、四维科技产业基地等10个项目;跟踪7个省市重点招商项目,其中3个项目签约,项目落地率达到42%。包装策划招商项目50个。全区在建内资项目58个,其中10亿元新建项目10个,引进到位内资213亿元。2013年,全区完成出口创汇14.8亿美元。现有外资企业291家,其中世界五百强企业38家,进出口创汇企业68家。全年新批外商投资企业12家,变更149家,实际利用外资6.3亿美元,同比下降8.4%。

(金希赞)

【城区建设】 2013年,完成了浑南大道、天成街等35条道路的维修补强、盖被、人行道铺装任务。改造道路全长77公里,改造面积210万平方米,投资3.4亿元。完成金帆路、风能路等新建电力排管工程9500余米,累计投资7300万元。完成万达广场、亿丰不夜城等重大项目的电力配套工程。完成10千伏营城子线路迁移工程、长青南街电力排迁工程。完成排水管线配套30公里,完成三环北二路雨、污水管线工程。投资1.3亿元,把浑河南岸滩地公园改造成集生态、娱乐、健身、游玩等功能为一体的大型休闲场所,奥林匹克公园全长4.3公里,面积76万平方米。实施村路改造工程,改造村路22.7公里,投资1210万元。投资2.9亿元、全长1113.8米的伯官大桥竣工通车。投资3.6亿元完成沈李线柏叶基地连接线改扩建工程、古城子立交区引道改扩建工程、古城子至沈李线大修工程、丹霍线改扩建工程。投资4亿元完成新建特大型桥梁1座,改造加宽大、中型桥梁17座,新建及大修改造公路里程140公里。

(金希赞)

【社会民生】 完成实名制就业3265人,农村实名制转移输出就业4630人;失业人员培训213人,新增创业330人,零就业家庭动态为零;发放小额担保贷款420万元,当年到期回收率达95%以上;扶持创业带头人80人,创业带动就业505人;返回生源地的离校未就业高校毕业生1500人,就业1410人,就业率94%。

征缴企业养老保险统筹基金达到2亿元,新增医疗保险参保5468人,企业基本养老保险参保28.4万人,工伤保险参保12.31万人,失业保险参保人数11.5万人,个人缴费记录建账率达到100%。

民生保障工作向“福利型”升级,受益群众4418人,发放低保金、救助金579万元,停保245人,全年节省低保金65万元。对重残等11类、2047人实行分类救助和层级管理。全区优抚对象1276人,累计发放优抚金607万元。共接收退役士兵167人,安置工作14人,自谋职业26人,自主就业125人。

投资6亿元,按期完成浑南新城教育园区、四小、五小等重点教育项目建设。组建以浑南一小、浑南二小、浑南二中为龙头的三大教育集群,统筹管理集群内各学校办学行为,有效提升了浑南四校、浑南五校教育教学水平。开展智慧教育试点,构建数字化儿童教育平台与基础教育国际交流平台,以云平台、微课程为载体,实现在线互动交流及教育资源共享,推动教育信息化、国际化、均衡化发展。创新人才引进及招聘模式,面向社会公开招聘110名优秀合同制教师,面向全市引进优秀教育人才20余名。

文化设施免费开放,社会影响日渐深远。区文化活动中心先后推出了以舞蹈、声乐、绘画等为内容的辅导、培训、展览和主题活动,无节假日、全方位免费开放。创作了《喜迎十二运,放歌大浑南》原创歌曲集,荣获市"百万市民艺术培训工程"突出贡献单位、艺术惠民"双百万"工程优秀品牌活动。区合唱团代表辽宁省在文化部组织的"永远的辉煌"——第十五届中国老年合唱节比赛中获金奖,第二届沈阳市社区文化艺术节暨市民合唱节优秀组织奖。奥林匹克生态公园成为第十二届全运会全国最新国家标准户外健身器材集中展示场地。群众体育活动蓬勃发展。举办了"浑南新区首届风筝节"、"浑南新区健身舞展示大会"、千人自行车骑游全运村等群众体育活动40余次,参与活动人群达达2万人次,培训社会体育指导员300人次。竞技体育水平不断提高,在市第十三届运动会中,精心组建田径、乒乓球、摔跤、等10支体育代表队、200余名运动员参赛,荣获田径团体总分第一名,乒乓球团体总分第一名,摔跤团体总分第二名的好成绩,共获得单项金牌60枚。

2013年,全区6个社区卫生各服务站、147个村卫生室已开始试运行操作,居民在家门口就可以通过"熙康一体机"检查血压、血糖、心电等指标,并系统地建立个人健康档案,受益群众近9万人。"二六三"主题实践活动持续推进,共开展集中义诊45次,送医送药12次,诊治患者1967人,减免诊查费2.3万元,免费送药价值4万余元。新农合筹资标准达350元、参合率达99.87%,参合农民实际报销比例较上年增加5个百分点。

(金希赞)

【依法治区】 创新机制,完善制度,提升信访维稳工作整体水平,全区安排了28名区级领导进行了值班接访,每个工作日都有一名区级领导进行接访。区级领导及各功能区领导干部定期接访、亲自包案,切实解决重大信访问题,直至"案结事了"。实行"一站式"服务。充分发挥区信访大厅接待调处功能,将信访人吸附在当地。2013年,区信访大厅共接待区本级来访865批、2688人。诉求专线517件,结案率、群众满意率均为100%。

围绕重点群体和涉法涉诉等问题,开展排查梳理,共化解各类社会矛盾84件,处理群体事件48件,解决调处农民工欠薪纠纷310余件次、涉及工资4936.06万元。加大打击各类邪教犯罪的力度,共破获邪教案件22起,打击处理22人,维护了全区政治和社会稳定。保持严打高压态势,对抢劫杀人等各类重特大案件以及关系群众切身利益的侵财类案件进行全力攻坚,连续侦破市局督办"1·06"故意杀人案、"6·01"抢劫杀人案以及"1·16"持刀抢劫车辆、"2·19"伊利亚特湾特大入室盗窃、"7·17"沈阳理工大学入室抢劫强奸案等社会反响大、影响恶劣的案件;开展了"扫毒害、保平安"专项行动,成功侦破部督"3·07"特大团伙武装运输贩卖毒品案,一举抓获犯罪嫌疑人30人,缴获冰毒1.9千克、制式枪支2把,子弹9颗,毒资29.5万元。共查处行政案件5872起,破获刑事案件1254起,打击处理506人(其中逮捕364人、直诉142人),抓逃247人,命案发8破9,群众安全感不断提升。

认真落实静态交通管理工作措施,全面实现停车有序、停车安全和"三有、三无、三规范"的工作目标;以预防压缩交通事故为目标,全天候开展交通秩序整治工作,加大消防安全宣传和专项整治督察力度,组织开展"守护全运平安火灾隐患大排查大整治"等多个专项行动,杜绝了重大人员伤亡和财产损失的安全事故。调整完善了绩效考评体系。进一步调整绩效考评体系,使考评体系更加科学合理,进一步优化了KPI指标设置。2013年KPI指标的设定坚持"五保三促三突出"原则,工作重点更加突出,针对性更强,制定完成新区53个考评对象的年度KPI指标细则,确定年度KPI指标共计785项。功能区实行统一的考评体系,围绕三大职能,重点考评关键经济指标、城市建设管理指标等,一般性千分制指标实行弹性考核,各管委会能够集中精力谋发展、抓中心工作;KPI导向作用明显,各职能部门服务意识进一步提升。

注重过程管理。按照"日常巡检、季度自评、半年综评、年终总评"的方式,精心组织绩效考评工作。组织65家单位开展总结自评、KPI指标评价、主管领导评价、述职测评大会等环节,完成半年综评、年终总评工作;深入实地,通过领导督巡和绩效巡检,及时发现各单位绩效管理中的不足,提出相关整改意见,撰写3万余字的绩效反馈报告,提出150多项整改建议,帮助考评对象完善和提升内部绩效考评工作;按考评相关规定,对绩效奖变更90余人次。

(金希赞)

于洪区

【经济运行】 2013年,全区实现地区生产总值471.1亿元,增长10.3%;完成公共财政预算收入41.5亿元,增长12.1%;实现社会消费品零售总额80.1亿元,增长19.1%;城镇居民人均可支配收入29411元,增长11.5%;农民人均纯收入17120元,增长10.0%。

工业经济提质增效集聚发展。新增产学研联盟30家,培育高新技术企业6家,获批辽宁省创新型中小企业14家、发明专利85项,中国·沈阳国际特种机床装备城公共服务平台自主研发新产品45个,其中投产14个,工业经济自主增长力、核心竞争力持续提升。中国·沈阳国际特种机床装备城三期15栋6.7万平方米标准化厂房全面建成,总面积达52万平方米;中国·沈阳机械基础零部件产业园开复工标准化厂房6.5万平方米,累计建成面积达13.2万平方米,两大园区成功引进企业125家。沈阳君盾高新技术服务产业园、启奥沈阳生物产业园等一批新兴产业项目签约,派克埃迪亚流体连接件(沈阳)有限公司、强风铝业工业园等一批重点项目竣工投产,产业园区投产企业发展到357家,园区实现规模以上工业产值占全区总量的比重增至62%。

服务业扩容增量稳步发展。国际物流港建设全面推进,深国际综合物流园、传化公路港物流园、普洛斯物流园等行业龙头项目启动实施,沈阳铁路集装箱中心站项目前期工作取得显著进展,辐射沈阳经济区的生产性服务业集聚区正在加速形成。现代商贸繁荣发展,五洲国际工业博览城、朝鲜风情街、阳光100商业综合体等项目顺利开工,润恒城一期、东北食品城一期、沙岭荣信财富广场等项目即将开业,东北农资交易市场正式运营,新玛特商场年营业额达3.4亿元,区域性商业中心逐渐形成。

现代农业调优增速扩大示范效应。新建续建鹏旭蓝莓生态园、大德有机农业示范园等农业科技园区12个,工厂化农业增至20万平方米,高效设施农业扩大到1333公顷。新西兰魅力庄园、兰花会展中心、光辉玫瑰种植园等休闲观光项目全面推进,鑫九洲蔬菜、星生葡萄等13个农业庄园项目实现升级改造,沈阳小韩温泉度假村获批为国家3A级旅游景区。"三品"(无公害农产品、绿色食品、有机食品)认证基地(单位)增至16个,认证面积扩大到1.57万公顷,"于洪一号"有机稻米被评为"第十一届中国国际农产品交易会金奖产品",荣获辽宁省出口牛肉质量安全示范区称号。光辉现代农业示范区建设扎实推进。

(田洪伟)

【招商引资】 招商引资和项目建设取得突破进展。按照板块化、专业化理念,组建12个专业招商局,建立绩效考评竞争新机制,招商队伍活力得到进一步激发。全年共开展国内外重大招商活动26次,引进重点项目52个,投资总额近1000亿元。成功举办蒲河生态经济带永安新城发展建设说明会,签约重大项目20个。投资150亿元的隆基泰和东北亚箱包城、投资80亿元的中国创意总部、投资50亿元的联东U谷、于洪科技城、投资50亿元的五矿弘园综合体等一批商贸物流、创意产业、工业地产和商住综合体等项目纷纷签约落户于洪区。项目建设成果丰硕,呈现数量多、质量好、速度快的良好态势。坚持以项目建设为中心,实行副区级领导全程包保、属地专人服务,变多头管理为集中管理,变审批服务为审批任务,项目服务机制不断优化。全年开复工重点项目106个,施工面积1100万平方米,累计完成投资385亿元。美的商住综合体、博通创业园等项目实现当年引进、当年开工,五彩阳光城、华锐置业商业中心等36个重点项目主体竣工,派克埃迪亚流体连接件(沈阳)有限公司、强风铝业等重点项目投入运营。

(田洪伟)

【投资发展环境】 区域发展规划进一步完善,编制完成永安新城核心区、如意湖等重点区域城市及景观设计,先进装备制造配套产业、现代服务业、新兴产业发展规划和生态文明建设规划。基础设施建设加快推进,启动永安新城主干路网建设,新改扩建太湖街、如意路等市政道路39条,完成东平湖街、阳山路等158条道路整修,新立、五金、家具三座变电站及机床城、平罗、蒲河温泉小镇三座配水厂主体竣工,铺设各类配套管网55公里。生态环境建设取得新进展,全面启动小浑河综合整治、丁香水巷景观改造等生态水系治理工程,马三家、造化污水处理厂竣工试运行,完成蒲河秋季绿化工程,建成南阳湖大桥、和泰公园等16处精品绿地公园,新增绿地面积300万平方米,成功获批国家生态文明示范区建设试点。城市管理水平不断提高,全面构建网格化城市管理机制,大力推进精细化、信息化城市管理,数字化城管与城管微信平台联动,城市管理水平不断提高。完成地块征收整理114个913万平方米,依法拆除各类违章建筑31万平方米。

(田洪伟)

【社会保障】 完善就业创业服务体系,以被征地农民为重点,建立统筹城乡就业基地30家、培训基地10家,培训城乡劳动力3600余人,培养创业带头人122人,实现城乡实名制就业1.5万人。全面推进城乡居民养老保险保障扩面,新增城镇居民养老保险4562人、被征地农民养老保险保障3804人、新农保1767人,新农保参保率达90%,农村低保户保障标准由440元/月提高到490元/月。在全市率先开展社会化养老服务,五彩阳光城养老社区开工建设,社区养老、居家养老试点覆盖27个社区,五彩阳光城养老社区开工建设,新建老年人日间照料站6个,为2000户60岁以上老年人免费安装"一键通"。有序推进住房保障工作,发放低收入家庭购房政策性补贴645户1205万元,完成"暖房工程"76.3万平方米,"于洪新居"回迁住宅在建工程近100万平方米,湖畔新城等5个项目竣工。实现城乡低保救助一体化,发放低保金和救助金2621万元,区慈善会帮扶困难群众1.3万人次,残疾人托养康复中心主体完工。

(田洪伟)

【社会事业】 成功承办"十二运"女排及男篮比赛、中国乒乓球协会联赛于洪站比赛和第五届丁香湖全国帆板挑战赛,开展"文化大篷车"、"文化讲坛"、"读书活动月"等系列文化活动,组织区域性文艺活动1000余场、全运全民健身活动50余次。完成青铜短剑墓遗址历史文化主题公园和首批18个城市社区书屋建设,实施5个街道文化中心和40个社区文化室改造。东北育才丁香湖小学、沈阳实验中海城小学、于洪新城第二小学投入使用,省实验学校于洪分校开工建设,初步实现"于洪人在家门口上名校"的梦想。加大财政投入,新建幼儿园9所,启动实施8所中小学塑胶操场铺设和6所学校食堂建设工程,教育硬件条件明显改善。在全市率先实施新农合商业大病保险,报销封顶线提高到18万元。完成大兴、造化卫生院装修改造和于洪社区卫生服务中心异地搬迁工程,北陵社区卫生服务中心试营业,陵西社区卫生服务中心获批国家级示范社区卫生服务中心,盛京医院入驻于洪区设立分院。

(田洪伟)

【统筹城乡综合配套改革】 确立统筹城乡"产城互动"发展模式,主城区与商贸服务业、中郊地区与工业和市场物流业、远郊地区与现代农业融合互动的实践路径更加清晰。制定出台城乡产业发展、生态环境、基础设施一体化实施意见和社会管理、农村改革、促进就业等专项方案,"1+9+X"政策文件体系全面确立。重点领域改革不断深化。成立土地整理中心,实现土地整理由数量型向质量效益型转变,成功出让土地420万平方米。整合区财政局和区投融资管理中心,建立冠隆、洪顺、土储三大融资和管理平台。农村改革深入开展,启动15个村撤村建社区工作,获批省农村土地承包经营权流转规范化管理和服务试点,为农事企业发放土地承包经营权抵押贷款近1000万元。统筹城乡综合配套改革经验倍受关注。新华社、中国经济体制改革杂志社等媒体专题总结于洪区统筹城乡综合配套改革经验,并刊登在《新华舆情》、《领导内参》、《改革内参》等刊物上,省委办公厅、省政府办公厅联合发文在全省推广于洪区改革模式,国家发改委将于洪区"产城互动"改革模式作为国家综合配套改革四个专项典型之一上报国务院。

(田洪伟)

苏家屯区

【概况】 苏家屯区地处沈阳南部,是沈阳市九个市辖区之一,总面积782平方公里,下辖17个街道办事处,人口47.4万,其中城镇人口25万。苏家屯区独具新中心、大门户、大枢纽、大临空、大会展、大生态的六大优势,是沈阳转身向海的南大门,是全省惟一获批的新型城镇化示范区,是省政府确定的沈阳辐射拉动辽南城市群的桥头堡,是沈阳市委、市政府实施大浑南战略的主要产业承载区,后发潜力巨大。沈阳国际会展商贸城已纳入沈阳建设国家中心城市战略,沈阳金属新材料产业园是辽宁省新型工业化产业示范基地。全区围绕建设税源和消费中心,专注打造"会展商贸之都、金属材料硅谷、休闲旅游胜地、生态幸福新区"。

2013年,全区实现地区生产总值352亿元,完成固定资产投资406亿元,实现公共财政预算收入29.2亿元,税收收入23.5亿元,社会消费品零售总额122.5亿元,城市居民人均可支配收入24259元,农民人均纯收入15548元。

(王夕雨)

【项目建设】 成立区政府发展战略研究中心和临空国际规划设计院,聘请国内外顶级规划设计机构,综合组织,广泛论证,梳理完善全区规划体系。省政府发展研究中心完成全区发展战略,美国世邦魏理仕完成全区产业规划,美国科特勒完成东部休闲旅游产业规划,浙江四季青完成会展商贸产业规划,浙江佳境、上海天华正在加速推进国际会展商贸城、国际航空生态城核心区城市设计和建设导则。抢抓四环快速路和旅游产业大道全线贯通契机,进一步明晰发展思路,调整重点区域功能定位、用地规划、项目业态,核算各功能区土地综合成本,确定出让指导价,土地价值大幅提升,"一廊、一轴、两带、三城、三区"的空间发展格局全面拉开。

新型工业异军突起。金属新材料产业园获批市战略性新兴产业重点园区和省新型工业化产业示范基地,投资22亿元的中铝钛镍加工材项目即将试生产,投资10亿元的东大新材料产业园、投资7亿元的津通科技、投资6亿元的东利钛业等项目开工建设。沈水汽车核心零部件产业园初具规模,投资10亿元的鑫博、投资5亿元的裕通等汽车零部件项目加速建设,投资10亿元的华夏都市工业地产项目启动建设,投资5000万欧元的西班牙钢宝利汽车钢铁服务中心项目正式签约。

现代服务业提档升级。国际会展商贸城上升为沈阳建设国家中心城市战略,五洲城一期、中储一期等商贸物流项目主体完成,投资35亿元的华翔机电五金城开工建设,投资80亿元的绿地城市综合体、投资22亿元的蓝碧源门窗城、投资15亿元的苏宁商业综合体、投资15亿元的温商总部及兆隆商贸总部结算中心等项目签约,古镇灯都、瓷海国际入驻五洲城,韩国风情街入驻奥园。投资128亿元的南航国际航空城、投资50亿元的水晶国际庄园项目签约落地。华夏孔雀城、碧桂园凤凰城等房地产项目持续热销。

都市农业方兴未艾。全区新增设施农业100公顷,投资5亿元的达利食品产业园项目开工建设,如意山庄、乐农庄园等农业休闲项目竣工,辉山乳业基地、回头客食品等一批重大项目加快推进。

(王夕雨)

【发展环境】 城乡路网建设。实施枫杨路等6条城市出口路、20余条街巷路及170公里农村公路维修改造工程,完成四环路、旅游产业大道、西峡谷等绿化工程。深度谋划和打通内外大交通联系,重点推动雪松路跨沈大高速桥、国际展览中心东路工程,市场化建设迎春北街改造工程,积极推动金钱松路、跨浑河连铁西大桥建设,全力推进轨道交通规划线路入区。

优化产业发展空间。全年累计投资11.2亿元,完成重点功能区核心区域主干路网及供水、供电、供气、供热等市政配套工程;争取国开行贷款2亿元,完成旅游产业大道西段施工;投资1亿元,进一步完善农业基础设施。

生态文明示范区建设。推进青山、碧水、蓝天工程,按照适地适树、增加绿量原则,开展绿化造林;实施迎春河水系治污清淤、秀匠排干水质提升工程;推进节能减排工作,加快创建国家生态文明示范区。

发展软环境。创新服务理念和方式,践行服务宣言,不分内外,不分新老,真心实意为企业提供增值服务,打造让企业家愿意来、赚到钱、留得住、发展好的最佳投资环境。深入开展"双进双解"活动,主动解决企业实际困难;从体制机制和追究问责上入手,着力解决"门难进、脸难看、话难听、事难办"的"衙门"作风;全面简化审批程序,不断提高服务质量和效率;设立3000万元企业发展扶持基金,促进企业改造升级;搭建"银企对接"平台,着力解决中小微企业贷款难题;引导成立商会,促进企业抱团发展;倡导同等条件下,优先使用本地产品;帮助企业开拓市场、扩大经营,扶持优势企业上市;帮助企业二次招商,推进香港城入驻奥园,五洲城一期正式运营。

(王夕雨)

【对外开放】 整合资源。成立招商服务中心,面向社会和全区机关、事业单位遴选百名招商服务人员,组建23个专业招商局,构建区级专业招商、重点部门产业招商、功能区及街道定向招商的大招商、大服务体系。邀请招商专家和精英对全区招商服务人员进行集中强化培训,专业招商队伍实行企业化管理和考评。驻点深耕香港、珠三角、长三角等发达地区,开展13次大型产业招商和区域招商活动,走访400余家金属新材料、会展商贸等龙头企业,接待百余家国内外知名企业实地考察洽谈,项目集聚态势强劲。

高端策划。开展现代城市营销,精心制作城市宣传片、招商指南,高标准打造城市规划馆,创办《招商》、《战略与规划》等刊物,举办金属新材料、会展商贸、休闲旅游等产业发展论坛,全方位宣传造势。

(王夕雨)

【经营管理】 重组国资局。整体设计国有资产经营及监管体制机制,成立富诚建业、鼎盛建设等国有实体公司,构建"小财政、大国资、大实体"运营体系。聘请北京荣邦瑞明公司编制完成投融资规划,全年实现低成本融资30亿元。成立土地储备经营管理委员会,实现土地统一收储、统一出让、统一开发。成立富诚土地整理有限公司,收购闲置土地53公顷,预计实现收益7.5亿元。

运营体系。出台《关于项目和资金管理体制及运行机制的实施意见》,构建项目"规－拆－建－管－运"和资金"借－用－管－挣－还"的闭环运行模式。成立工程预决算审核监管中心、公共资源交易中心,实现项目和资金全程监管。成立税源建设办公室,促进28家企业实现属地纳税,成功推动沈阳卷烟厂属地注册属地纳税。出台《建立健全土地房屋征收管理体制和工作机制意见》,统一补偿标准,明晰权责,实现全程规范征收。建立周六规建会和财经会制度,科学决策,把好项目和资金审批关;实行"三有五评一审",把好招商项目准入关。

(王夕雨)

【社会民生】 投资1.4亿元,实施26项教育强区工程,完成市级创建工作;区中心医院、中医医院病房楼投入使用;投资3500万元,提高困难群众补助标准,补贴低收入家庭保障性住房;完成12个街道惠及4万人的农村饮水安全工程;佟沟回迁区一期顺利入住;投资8.5亿元,改善城市环境,改造老旧小区道路11.4万平方米。

深入推进平安苏家屯建设,成立5个区域安监分局、5个消防稽查站,组建东部森林防火办公室,全面推行网格化、精细化监管,构建"大安全、大稳定"体系,社会管理创新工作进一步加强。

(王夕雨)

【城市公交】 积极对上沟通,将沈苏客运有限公司所属三条客运线路正式转为城市公交(东西环142路、南北环143路、新环线144路),开通苏家屯区至满融新城公交线路(145路)并正式投入运营。规范了全区公交车辆运营秩序,保证百姓乘车安全,实现公交车辆安全、优质、高效的运营目标。

(王夕雨)

沈北新区

【概况】 沈北新区位于沈阳市北部,下辖13个街道办事处、142个涉农社区、49个城市社区。土地面积819平方公里,11.2万户,人口总数45万人,享有市级经济管理权限。区内自然环境优美,森林覆盖面积50平方公里,拥有辽河、蒲河、长河等大小河流7条,还有全国最大的平原水库——石佛寺水库。新区有丰富的地热资源,探明地热田364平方公里,储水量高达30亿吨以上。同时,新区具有浓厚的历史文化底蕴和现代人文基础,汇集多家高等院校、科研院所和研究中心。

(于民野)

【区域经济】 2013年,沈北新区实现地区生产总值543.9亿元,同比增长8.7%;规模以上工业总产值1843.7亿元,同比增长12.8%;固定资产投资660.8亿元,同比增长15.3%;公共财政预算收入41.1亿元,同比增长10.8%;实际到位内资213亿元,同比增长17.7%;实际利用外资7.38亿美元,同比增长1.6%;出口总额5.71亿美元,同比增长26.7%;社会消费品零售总额80.8亿元,同比增长11%;城市居民人均可支配收入25634元,同比增长8.8%;农民人均纯收入15548元,同比增长11.0%。农作物播种面积2.75万公顷,产量4.6亿斤。完成沈康高速农业示范带建设,辉山乳业1万公顷的苜蓿草和青贮种植基地完成土地流转,10个高标准奶牛养殖场及1个观光牧场完成选址;投资4000万元的正大集团烟台猪场、3000万元的沈阳畜牧兽医科研所种鸡场、2000万元的尹家产地花卉交易市场二期项目、1500万元的隆瑞牧业扩建项目建设完成;都市观光农业异军突起,万亩花海、稻梦空间、热带水果种植园及辽河七星湿地海棠观光带等项目成为新亮点。项目引进数量和质量创历史新高。全年引进投资190亿元的宝能城市综合体、155亿元的同联生物医药产业园等项目103个,计划总投资1200亿元;同时,储备了商业广场、喜之郎、同元盛京古城等重点项目300个,洽谈联系项目900个。辉山乳品城、中航空气动力研究院等172个项目全面开工,海尔冰箱、好丽友食品等22个项目竣工投产。市民服务中心、手机产业配套加工区及高管住宅等项目成功盘活,新邮通和辉山乳业成功上市,依生生物、敏像科技等57家企业增资扩产。西子航空等7家企业成为国家级高新技术企业,捷通消防车等13家企业成为省级创新型企业。新区规模以上工业总产值突破1800亿元,一批重点服务业项目建成运营,新增限上商贸企业15家,总数达到50家。房地产业平稳增长,全年商品房销售总面积175万平方米,同比增长37.5%,销售金额85亿元,同比增长23%。旅游业成为沈北发展的亮点,方特欢乐世界、蒲河廊道、七星湿地、怪坡滑雪场等已经成为全市乃至全省人民重要的休闲娱乐场所,七星湿地公园被评为省级湿地公园。"百万市民看沈北"活动全年游客接待量230万人次,旅游总收入实现11.5亿元,同比增长28%。举办"第五届动漫电玩博览会"和"第四届沈阳国际手机博览会",150余家动漫企业和近200家手机企业参展,吸引观众10余万人次。

(于民野)

【城市建设】　道义大街、虎石台建设北一路等道路改造工程如期竣工，人杰湖街、七星西街等18条道路及地下管网工程全面启动，9条新开公交线路、1座新建公交场站和22处候车廊、88台新增公交车运转良好，地铁2号线开通至沈北大学城，清水煤矿棚户区改造一期工程主体完工，二期工程开始建设，沈闫线、尹石线等县级以上公路240公里以及农村公路60公里维修改造工程全面完成。道义污水处理厂二期扩建工程开工建设，蒲河北污水处理厂二期工程投入运行。实施河流两岸、道路两侧、广场公园的绿化工程，新增绿化面积320万平方米。

（于民野）

【民生工程】　全区发放就业小额担保贷款1000万元，新增城乡实名制就业1.15万人，零就业家庭始终保持动态为零，城镇登记失业人数低于省、市控制标准，企业集体合同签订率达到100%。新型农村社会养老保险率和缴费率分别达到85%和80%，被征地农民养老保障纳入市级统筹全域放大，符合条件且有意愿的“适龄”人员纳入市级统筹，城乡居民医疗保险首次衔接；职工养老待遇比上年平均提高116元，失业保险金月标准初次超过1000元。全年共发放低保等各类救助资金3580万元。新建政府回迁住宅90万平方米，被征收居民陆续回迁。加快推进6000余套公租房建设，缓解了城市中低收入家庭、外来大学生及务工人员的住房压力，福宁小区、德鑫花园等老旧小区综合改造基本完成。

（于民野）

【社会事业】　投入3900万元，推进教育强区建设，尹家中心幼儿园、兴隆台锡伯族幼儿园建成投入使用，新城子第一、第二小学实验楼和蒲河学校等7所学校塑胶操场主体完工，教育强区创建工作通过阶段性评估，高考成绩进一步提升，八十三中学在全市综合评估中排第二，教育社会满意度居全市前列。区中心医院门诊楼、辉山维康医院、盛京医院沈北分院建设工程顺利完成，国家基本药物制度实现基层医疗机构全覆盖，基本药物全部网上集中采购，统一配送，零差率销售，新农合人均筹资标准提高到350元，常住人口参合率达到100%，医疗保障能力不断提高。“十二运”各项工作圆满完成，新区被省委、省政府授予集体三等功。9个体育广场和生态休闲公园全部建成，全民健身中心投入使用，全年举办大型文化活动、基层文化活动1500余场，锡伯族文化生态保护实验区通过市级验收，区图书馆通过国家一级图书馆复检。

（于民野）

【行政管理体制改革】　7月27日开始，新区进行了有史以来规模最大、涉及面最广、参与人数最多，改革最为深入彻底的行政管理体制改革。把原来的沈北新区、蒲河新城，两个机构、两块牌子、两套人马整合为一个机构、一块牌子、一套人马，实行“两区合一”。通过改革，将沈北新区，蒲河新城党政机关原内设的92个直属工作机构整合为51个，机构总数减少了41个，精简了45%；区财政全额拨款事业单位由原来的100余家整合为保留独立行使职能的39家，机构总数减少了近60家，精简了60%；共有700余名原区直部门及全额拨款事业单位人员下沉到了功能区（街道）基层一线。

（于民野）

【中国辉山乳品城项目】　辽宁辉山乳业集团是中国最大的乳制品企业。该集团于2013年9月在香港上市，募集资金30亿美元，约合180亿元人民币，其中约50%资金投资在沈北新区。辽宁辉山乳业集团在沈北新区投资建设的中国辉山乳品城项目，计划总投资约55亿元人民币，规划占地69.2公顷，重点打造中国最大的乳品城生产基地。主要建设液奶精深加工基地，乳铁蛋白、牛初乳粉、高端婴幼儿配方奶粉、高端冰淇淋生产基地，物流中心等配套设施。截至2013年12月末，液奶车间、动力车间、鲜奶化验车间及相关配套设施都已封顶，累计完成建筑面积11万平方米，乳制品车间内部管网及污水处理厂外土方施工正在进行。

（于民野）

辽　中　县

【经济发展】　2013年，辽中县地区生产总值实现392亿元；固定资产投资实现388.7亿元；公共财政预算收入实现24.6亿元；规模以上工业总产值完成1010亿元；社会消费品零售总额实现85.2亿元；城镇居民人均可支配收入达到25417元；农民人均纯收入达到14081元。各项经济指标实现均衡、协调、合理增长，特别是财政收入质量稳步提高，税收收入占公共财政预算收入比重达到78.1%，增值税等五大税种保持20%以上速度增长。

（赵百龙）

【农业】　克服罕见低温雨雪天气影响，粮食实现“十连丰”，全年新增、改造设施农业完成2000公顷。粮食产量突破63.02万吨，新增畜牧小区15个，农民专业合作社发展到441家。完成了国家级休闲农业示范县创建申报工作；辽中大米、辽中葡萄获批新的国家地理标志保护产品，荣获东北惟一的国家地理标志保护产品示范县。启动满都户农副产品精深加工产业园区规划建设，着力推进农业大县向农业强县转变。

（赵百龙）

【工业】　装备制造业配套向高端设备制造业转变，沈阳踏优科技、沈阳创合数控机床、沈阳大兴机床等7个数控机床整机设备制造企业落户辽中。特种汽车产业集群初具规模，沈阳金杯卡车搬迁改造项目、钧翔特种车等5个亿元以上项目入驻辽中；动力部件产业集群进展顺利，辽石曲轴精密曲轴项目正式签约；以中北通磁钕铁硼项目为代表，新材料产业集群实现了新突破。实施工业3100工程，全方位扶持辽冶重工、艾克、世润重工等100户骨干企业做大做强。新增规模以上工业企业25户。铸锻造、有色金属、机泵阀三大传统产业集群实现产值530亿元。

（赵百龙）

【服务业】　商贸设施不断完善，豪林购物中心等一批大型商业项目加快建设，投资400亿元的利海珍珠湖国际假日公园、投资30亿元的广州颐和珍珠湖旅游度假区等项目签约入驻。沈阳综合保税区进出口实现6亿美元。房地产市场平稳发展，商品房合同备案面积38.7万平方米，同比增长9%。积极推进蒲河经济带“万顷蒲河湿地，百里水韵长廊”和辽河"三带"规划建设,成功举办了第三届中国·沈阳湿地旅游文化节、"首届近海美食啤酒节"。

(赵百龙)

【基础设施建设】 老城改造步伐加快。重点实施了新华街、北三路、五小学西巷等道路及排水工程,完成了月牙河排水泵站和配套管网续建工程;启动了商业街打通、北四路道路、中心街连接线等建设工程。完成了老城区主要街路整修绿化、商业步行街恢复、京沈高速辽中出口改造等工程。有序推进燃气管网改造工作,确保燃气安全。对马路市场、占道经营、违停车辆、露天烧烤进行了综合整治,西环早市和商业街夜市的规范管理初具成效。新城功能日趋完善。新城供水、供暖工作由沈阳水务集团、沈阳公用事业集团承接,确保新城百姓喝上放心水和温暖越冬。新客运站即将启用,政务服务中心进驻新城,港湾度假酒店加快推进,投资1.3亿元的全民健身中心即将运营,投资1.4亿元的新一高中一期工程开工建设等,全面提升了新城城市功能。征收工作扎实推进,为加快城市开发建设奠定了坚实基础。农村环境逐步改善。完成了为期三年的农村环境连片整治示范工程。推进了蒲河、辽河沿线村庄基础设施建设及环境整治,皮家堡村、养前村、社甲村即将获批国家级"美丽乡村"称号。新建茨榆坨镇排水泵站、垃圾处理场。完成了蒲河生态廊道南连接线、高嫩线、潘乌线等道路工程,维修改造农村公路150公里,全省公路绿化现场会在辽中县举行。

(赵百龙)

【社会事业】 民生社会事业有效改善,投入3000万元专项资金用于扶贫工作,加大了对低保、五保、孤儿、优抚对象的救助力度。启动了辽中县、朱家房、冷子堡三个中心敬老院项目建设。为850户低保家庭发放租赁补贴225万元,改造农村危房930户。对60周岁以上老年人乘坐公交车实行优惠政策。免费为全县65周岁以上老人进行体检。深入开展了"千人复明"眼病义诊工程。卫生院综合体制改革深入推进,基本药物制度实施范围不断扩大。新农保参保率达到94%,城保参保率达到91%,企业养老保险基金征缴超过1亿元。实施创业就业优先战略,实名制登记失业率控制在3%之内,失业保险参保率达到100%。完成沈阳市义务教育高水平均衡发展达标县创建工作,实施了校安和再提升工程,开展了"资助贫困家庭子女上大学活动"。城区3.5万户有线电视数字化整体转换工作全部完成。实施科技驱动战略,开展科技攻关25项。高标准新建一处烈士陵园,完成全县14处零散烈士陵园整合。支持群众性文体活动,建设完成农村服务中心30个、室外文体广场41个,荣获了全国群众体育先进单位称号。

(赵百龙)

【农业标准化生产示范区建设】 辽中县位于沈阳市西南部,有耕地7.67万公顷,养殖水面5500公顷,农业人口37万。全县耕地全部实施了农业标准化生产,农业标准化生产各领域全面发展,2013年末,实现农业总产值144.19亿元。

种植结构调整优化。大力推进粮食生产、设施农业和特色产业种植结构调整优化。2013年,建设高产创建示范片32个(水稻25个,玉米7个),占粮食播种面积的34.5%,覆盖17镇(街道)、93个村。粮食总产达到63.02万吨,粮食生产获得"十连丰"。蔬菜播种面积1.62万公顷,蔬菜总产120万吨。特色农业种植面积达到5093公顷,实现产值4.55亿元。种植业总产值达到45亿元,较上年增长12.5%。全县新建设施农业小区114个,改造温室旧区81个。

病虫害无公害防治全覆盖。加大粮食病虫害防治投入,确保粮食安全。开展玉米螟绿色防控3万公顷,完成白僵菌封垛1.5吨,完成赤眼蜂投放3万公顷。开展飞防服务1.3万公顷,机防服务2.2万公顷,喷施促早熟叶面肥喷施宝15.81吨。测土配方施肥项目普及全县7.67万公顷耕地,全年发放施肥卡5.3万张以上;完成农业保险面积2.8万公顷,参保率达40%。

农产品质量安全不断加强。添置200万元实验室检测设备,提高农产品质量安全检测工作水平。配合国家、省、市进行例行检测样品3500个,自行检测蔬菜8000个样品,产品检测合格率98%。开展"农资打假专项整治"和"农产品质量安全专项整治"行动,打击假化肥、假农药和伪劣种子。深入全县27家"三品"生产企业,开展农业"三品"专项整治。建立农业投入品和农产品质量安全网络监控信息平台。通过辽中县农业网,专门开设了农产品溯源管理栏目,切实保证产品质量安全。实施基层水产技术推广体系改革与建设补助项目,组建了"北方水产病害防治资讯网"和"沈阳近海渔业网"2个服务平台,开展水产病害远程诊断、病害测报、疫病预警服务。

农业机械化高速发展。贯彻落实国家农机补贴强农惠农政策,争取国家农机购置补贴2250万元,拉动农民投入资金达6750万元。全县农机总动力达到44.5万千瓦,拖拉机保有量7188台,其中:大中型拖拉机5010台,小型拖拉机2178台,机引农具1.02万台(套)。实现机整地8.47万公顷,机械播种6.6万公顷,水稻生产全程机械化水平达到93%。

国家级品牌建设展露峥嵘。围绕特色农业和优势产品,全力推进地理标志产品申报和"三品"认证工作。申报的第三批国家地理标志保护产品"辽中大米"和"辽中葡萄"正式获批。截至2013年底,全县无公害农产品产地认定面积4.93万公顷,绿色食品生产面积2820公顷,有机食品生产基地认证面积2413公顷。通过国家级农产品出口质量安全示范区考核,完成省级辽中县出口农产品质量安全示范区验收工作和6667公顷水稻绿色原料基地、6667公顷玉米绿色原料基地的续展工作。

农业产业化项目发展迅速。坚持"外引内育"的原则,用工业化理念谋划农业发展,加强农产品深加工项目招商引资工作力度,培育壮大农产品加工龙头企业,全县规模以上农业企业达到278家。投资2.5亿元的大连鑫运寒富苹果深加工项目正式签约,年储藏10万吨,加工5万吨。投资5000万元的沈阳农业大学院士工作站项目正式签约。总投资5亿元、年产能30万吨的沈阳万谷园米业大米加工基地项目开工在即。投资10亿元的天赢菌业复工建设。推进了铁骑力士集团蛋鸡全产业链、湖北鸿翔集团肉鸡屠宰、北京汇融设施观光农业项目等20余个农产品精细深加工产业项目。

（赵百龙）

新 民 市

【经济总量】 2013年，新民市地区生产总值实现451.63亿元，比上年增长8.8%。其中：第一产业增加值实现80.57亿元，增长6.3%；第二产业增加值实现264.34亿元，增长12.9%；第三产业增加值实现106.73亿元，增长1.1%；三次产业比为17.84：58.53：22.63。

公共财政一般预算收入29.97亿元，增长18%；规上工业总产值1177亿元，增长18.5%；社会消费品零售额106.6亿元，增长14.7%；固定资产投资397.3亿元，增长15.6%；实际利用外资8095万美元，下降19.1%；农村居民人均纯收入13949元，增长12.2%。

（张 强）

【农业】 新民辖区为辽河冲积平原，土地肥沃，农用地占80%，是名副其实的农业大县和沈阳地区粮、菜、肉、蛋、鱼等农副产品供应大县及全国重点产粮县之一。2013年，全市农作物总播种面积达到20.93万公顷，其中：水稻3.93万公顷，玉米11万公顷，大豆2400公顷，花生4600公顷，葵花籽2500公顷，蔬菜2.97万公顷，西瓜1.17万公顷；猪、牛、羊、禽饲养量分别达到230.4万头，23.7万头，45.3万只，4716.6万只；水产品总产量达到6.18万吨。农业总产值实现151.3亿元，增长8.07%。其中：种植业产值实现68.23亿元，增长5.2%；林业产值实现1.01亿元，增长19.41%；畜牧业产值实现69.72亿元，增长10.44%；渔业产值实现8.36亿元，增长2.57%；农、林、牧、渔服务业产值3.96亿元，增长31.52%。农、林、牧、渔及农林牧渔服务业增加值分别实现39.50亿元、6100万元、33.95亿元、4.11亿元、2.39亿元，占比为49.03：0.76：42.14：5.09：2.97。

粮食总产量达到105.4万吨，其中：谷物以水稻、玉米为主，产量分别为31.07万吨，68.67万吨、豆类以大豆为主，产量为7300吨；薯类以马铃薯为主，产量为4.18万吨。油料作物以花生、向日葵为主，油料总产量为1.8万吨，其中：花生1.21万吨，向日葵5900吨。蔬菜总产量达到200.14万吨；瓜果以西瓜为主，总产量为76.02万吨，其中西瓜64.2万吨。

2013年，全市完成造林面积7273公顷，村屯绿化56个行政村，植树总量68.1万株，全民义务植树300万株，“两退”造林面积2673公顷。

（张 强）

【工业经济】 2013年，全市375家规模以上工业企业实现销售产值1167.5亿元，增长18.2%；产销率99.19%，下降0.24个百分点。沈阳胡台新城现有工业企业115家，其中规模以上工业企业68家。规模工业总产值实现275亿元。园区软环境建设进一步优化，硬环境建设进一步完善，为产业和城市的快速发展提供了有效支撑。凯宇家具、耐普环保新材料、新天利重型机械、顺风科技等16个工业项目竣工投产。辽宁新民经济开发区入驻企业69家，正式运营50家。玖龙包装纸生产基地、盼盼食品、恒源肉业、三九药业、修正药业、辽宁盛生医药集团、星辉电光源、成达肉鸡、东进化工等10家工业企业续建。其中：玖龙纸业35万吨牛卡纸生产线主体工程基本完工，恒丰源肉业已进入试生产阶段，成达肉鸡加工已试生产，星辉电光源已正式投产。开发区软、硬环境进一步改善。

（张 强）

【第三产业】 贸易业。限上批发零售和住宿餐饮业企业达到137家，实现社会消费品零售总额47.5亿元，增长22.9%。物流业发展迅猛，总投资80亿元中豪威尔精品尾货城竣工营业，投资30亿元的豪康工程机械市场竣工运营，投资20亿元的农机商贸城主体完工。

交通业。实现了村村通公路，全市公路总里程达到2583.1公里，其中：干线为301.7公里（国家级公路170.6公里，省级公路131.2公里），县级公路为316.3公里，乡级公路为906.9公里，专用公路为49.7公里，村级公路为1008.6公里。

旅游业。全市旅游景区共接待游客86万人次，旅游营业收入突破1亿元。国家4A级文化旅游风景区“新民文化博览园”，接待游客20万人，增长20%；年收入601.1万元，增长20%。此外，充分利用节假日开展度假游活动，新民市新年和春节期间旅游接待人数实现1.8万人，吸纳域外游客1万人，旅游营业收入实现325万元。沈阳兴隆温泉城举办了首届温泉旅游花灯节及“逛十五花灯、泡兴隆温泉、购新民特产”暨首届旅游商品展示展销活动，三天活动期间接待游客7.5万人次，旅游营业收入实现280万元。举办了新民市首届端午文化旅游周，接待游客1.5万人次，其中吸纳域外游客1.1万人次，旅游营业收入实现220万元。

房地产业。全年房地产开发累计总投资实现191.2亿元，增长27.8%。新开工面积达到379.1万平方米，增长43.4%。商品房销售面积达到227.9万平方米，增长19.7%。

（张 强）

【城市建设】 新民新城建成区面积达25.36平方公里，胡台新城建成区面积达10平方公里，兴隆堡新市镇建成区面积达5平方公里。城市基础设施日益完善。

新民新城。总投资1.2亿元，新建中央大道、世纪大街、东新街及站前大街南段4条道路，完成清真寺路、市府路、站前大街北段等8条破损道路修缮，改造巷道11条，共铺设沥青路面34万平方米，彩色人行步道砖1.2万平方米，边石2469米，清掏雨水井、检查井3240座，维修、新装护栏3602米，有效改善了雨季路面积水问题，确保广大市民出行方便、安全。

投资650万元在辽河大街、站前大街、09庄园北侧等重点街路和部位新植、补植乔木900棵，栽榆叶梅球750棵，栽灌木6000株，栽模纹5600平方米，栽草坪600平方米，辽河大街挂花7500株，转盘栽牵牛花7000株。在湖滨公园、新华广场、大剧院栽植乔木450棵，灌木600棵，更新草坪1万平方米，三叶草1.5万平方米，补植马莲4000余株。在南环岛立景观石1块。在森林公园新铺道路4700平方米，建运动广场5个，面积1200平方米，安装建身器32套。在南环岛、南外环、南环岛外围、潢南河南北段共栽乔木5150棵,冠木球1000平方米,马莲3.56万平方米。清运外环绿化带垃圾30余吨,确保潰南河两岸绿化带及河道内干净整洁。在蒲河岛公园内栽植柳树3500棵,波斯菊花2.5万平方米,对蒲河岛园内的8000棵树木进行了修剪养护。对辽河大街南段道路两侧绿化带进行改造,重新栽植国槐400棵。

在城区内新安装路灯1200基(1500盏),更换灯具30套、钠泡1200支、触发器200个、断路器300个、镇流器600个。对迎宾花园小区、春晖园小区、湖滨怡园小区、向阳北区、华夏小区、华美新村、城南小区、银河小区、康复小区、迎宾街1#小区进行了改造,总投资1977万元,改造面积13万平方米,铺设沥青路面2.6万平方米,更换人行道板砖11万平方米,边石2789米,新安装路灯320盏,提高了弃管小区的生活环境质量,解决了雨天出行难、夜间走摸黑路等问题。

新安装3台80吨硫化锅炉和1台35吨蒸气锅炉。同时,完成11座新建换热站的管网连接工程,以及一户一阀改造面积23万平方米,共计82栋,极大地提高了城市集中供暖水平。

新打水源井8眼,新增供水能力2万吨/天,完成开发区自来水管网改造8412米,确保了城市居民用水水质达到国家标准,并且5年内不会出现水荒现象。

(张　强)

【社会事业】 全面进行教育资源整合,建九年一贯制学校27所。医院及乡镇卫生院等卫生医疗机构37个,基本实现一村一所“标准化卫生室”。新农合参合率达到99.5%,筹资标准提高到350元。全市建立居民健康档案67.9万份,免费为65岁以上老人体检达5.9万人。开展“送戏下乡”巡演100场。放映公益电影5630场。建设3000平方米健身广场5个,成功推进7个“社区书屋”建设。举办了健身操、秧歌、迎新春风筝展、广场文艺演出、新春灯谜竞猜、摄影书画展等112场活动;完成了城南、向阳、南郊、南塔、城东、铁路、北八宝7个“社区书屋”建设。举办了乒乓球、羽毛球、象棋、广播体操、自行车、跳绳、健步走、太极拳、秧歌、腰鼓等50余场体育比赛活动。在张家屯镇、前当堡镇、高台子镇、姚堡乡、周坨子镇5个乡镇建设了3000平方米的健身广场,新修村级文化广场30个;购进与安装100件广场健身器材。组织科技备耕服务52次,举办各类培训班370期,培训农民3.2万人次,发放科普光盘300余个。培养乡土人才75名,培养沈阳科技示范户7户。《生猪全产业链技术产业化》、《芦笋新品种引进与示范推广》、《甜瓜标准化生产关键技术集成与示范》、《三相分体式水冷地埋变压器关键技术研究与产业化》等10个科技计划项目在沈阳市科技局立项,争取科技项目资金620万元。华达牧业的《微生态饲料——无抗生素日粮的推广》荣获三等奖。城镇实名制就业6007人,稳定就业率70%;农村劳动力转移输出8677人,农村劳动力转移5186人。城镇登记失业率控制在2.10%;办理就业登记5209人,新登记失业人员686人。发放低保金5060万元,8所中心敬老院、托管服务中心进行正常运行,全市养老保险新增参保人数3449人,缴费9092万元。企业基本养老保险参保人数达到5.48万人。

(张　强)

【社会稳定】 依法打掉了“法轮功”、“实际神”邪教组织窝点2个,打击处理邪教份子5人,瓦解了“实际神新民小区”地下组织。开展了涉法涉诉信访案件大排查,将排查出的144件涉法涉诉信访案件全部导入法治途径进行化解,排查出有理访58件,救助信访当事人32人,指导、协调发放涉法涉诉救助资金200余万元。90%的矛盾纠纷化解在基层,85%的矛盾纠纷实现了诉前调解。在29个乡镇街建立了社会管理服务分中心,在393个村(社区)建立了社会管理服务站,建立了责任区1466个,中心户9302个。建立了为民服务代理员、社情民意信息员、矛盾纠纷调解员和公共事业管护员的四大员队伍6124人。将平安创建工作深入到了全市363个村(社区)、22多万个家庭、43所学校、300余家规模企业、98家机关。在重要路段、重点部位、场所和企事业单位安装视频高清卡点共8000余个,实现了重点部位监控全覆盖。

(张　强)

法　库　县

【概况】 2013年,法库县实现地区生产总值296.9亿元,同比增长10.1%;公共财政预算收入27.7亿元,同比增长15.5%;规模以上工业总产值1181.2亿元,同比增长16.5%;固定资产投资334.7亿元,同比增长34.5%;社会消费品零售总额53亿元,同比增长14.9%;实际利用外资1.04亿美元,同比增长29.3%;外贸出口1100万美元,同比增长37.5%;实际到位内资87亿元,同比增长14.5%;全社会用电量12.1亿千瓦时,同比增长5.3%;农村居民人均纯收入12110元,同比增长10.0%。

(法库县)

【农业经济】 特色农业提质增效。总投资3.6亿元的国家级沈康现代农业示范带,建设高标准水田、高产玉米、寒富苹果、绿色农产品4个示范区,受益面积1.28万公顷。省级秀水河流域现代农业示范带建设取得长足发展。全县特色农业达6万公顷,设施农业突破2.67公顷,花生、辣椒、葡萄、树莓等千亩以上标准化示范基地达20个。全县粮食总产量突破18亿斤,果蔬产量达90万吨。法库县被评为辽宁省农业标准化示范县。

农业产业化不断深入。法库县获批为国家出口农产品质量安全示范区、辽宁省农产品出口示范基地。申报省、市级龙头企业40家,辉山乳业等大项目拉动作用显著增强。辽宁民生、新东胜成为“十二运”蔬菜专供基地。成立了全省首批家庭农场17户,AA级合作社100家。庙山葡萄等多家合作社与沈阳中兴、兴隆实现了农超对接。全县申报绿色、有机、无公害产品114个,地标保护产品3个,位居全省第一。培育农产品商标11个,打造全国知名品牌32个,阳光米业等23个品牌荣获第八届沈阳农博会金奖。

法库县获批为全省“一县一业”牛产业示范县。牛饲养量达到87万头,其中奶牛存栏7万头,奶牛产业规模化水平位居全国首位,被评为全省奶牛现代畜牧业示范区。辉山乳业在香港联交所上市,辉山星恩、金皇后等婴幼儿配方奶粉产品全部出口,20座自营牧场运行良好,沼气发电、观光牧场项目扎实推进,1.27万公顷饲草基地土地流转顺利完成。总投资12亿元的正大产业化项目主体竣工。总投资2.5亿元的鑫金肉牛项目一期实现试生产。“法库牛肉”地标品牌影响力全面提升。全县牛产业链条更趋完善和丰厚。

政策惠农力度加大。农村“三资”管理工作进一步规范。发放种粮补贴1.4亿元、良种补贴1700万元、农机补贴1800万元。建成了2800个科学储粮专仓。农药经营场所全部实现二维码管理,农产品质量安全得到保障。完成农村土地综合整治6467公顷,新增高标准农田1.5万公顷,落实节水增粮933公顷、节水滴灌1000公顷、水稻全程机械化4000公顷。投资7600万元,实施了一系列农田水利、河道治理工程,荣获“大禹杯”竞赛第一名。

(法库县)

【工业经济】 陶瓷产业集群不断壮大。经济开发区累计引进企业189家,安排就业7.5万人,陶瓷工业年产值达到550亿元,获批为国家级循环化改造示范试点园区。苏泊尔卫浴试生产成功。金铭佳等7家企业扩大产能,新上生产线11条。总投资6亿元的海特曼商贸物流园、总投资1.2亿元的古猿人新型建材等一批项目开工建设。王者陶瓷被中国建材联合会评为“调结构、练内功、增效益”百家优秀企业。金地阳等30余家企业完成了技术改造升级。红太阳等28家企业完成了“煤改气”。陶瓷文化创意中心投入使用。中国陶瓷谷大市场入驻商户近千家,年销售额超百亿元,成为东北地区最大的陶瓷批发零售市场。第七届法库国际陶博会由企业和协会、商会自主承办,交易总额达45亿元。法库县被中国建材联合会授予“中国瓷谷”称号。

“北方通航”初具国际影响力。财湖机场获批永久性开放使用权,成为全国首个低空空域航空服务站试点、东北首个ADS—B安全运行试点。航站楼、机库、机场宾馆投入运营,服务系统配置更加完善。成功开展了沈飞L162试飞、航拍作业等活动,全年飞行400多架次。注册成立了全国第一家铁鹰特技飞行俱乐部。通飞、亿家、沈航等项目建设进展顺利。成功举办了第二届法库国际飞行大会,20多个国家的近200人做了精彩的飞行表演,参演参展飞行器300多架(具),央视等媒体进行了广泛宣传报道。洽谈推进航空培训、生产研发等一批产业项目,招商引资和现场交易额近70亿元。在第三届中国低空经济论坛上,法库通航基地被评为最具投资价值通用航空产业园。

辽河经济区被列为市级经济开发区重点培育对象。瀚兴空调配件、鑫海舶机械等项目运行良好,天宇锐达保温材料、正蓉电器等项目竣工投产,海盛节能等项目进展顺利。园区累计引进电子、机械、冶金、新材料等企业85家,对外招商吸引力不断加大。

孟家绿色食品加工区围绕农产品深加工,强力打造法库休闲食品产业品牌。全年开复工规模以上项目20个。六必居东北酱菜基地、福之道农产品加工等项目稳步推进,天行健食品、山山伟业等企业生产规模进一步扩大。

绿色能源产业稳步发展。与中国工程院陈温福院士团队合作的50万吨炭基专用肥项目全面启动,创建了生物炭实验室。大唐五龙山、双台子风电场建设进展顺利。弃风再利用项目扎实推进。3个生物质气化项目投入使用。

(法库县)

【现代服务业】 东湖新城获批为省级服务业集聚区。总投资10亿元的营口港法库陆港正式启动运营,开展货物仓储、集装箱运输等业务,为东北内陆企业提供了更加便捷的国际物流服务平台。总投资10亿元的东亚种业农资大市场一期竣工落成,经营农资、种子、农机交易等业务。总投资32亿元的中贸国际商城一期即将投入运营,农副产品交易中心开工建设。总投资10亿元的中国东北粮食大市场正式获得中国商业联合会命名。亿友酒店、台湾山酒店等项目建设进展顺利。归行纳市工作扎实有序推进,区域中心市场影响力稳步提升。

房地产业持续发展。开发总面积达188万平方米。总投资超亿元的天阔湖畔新城、紫金名邸、法姬娜剑桥世家等一批房地产项目加快建设。楼市稳中有升,春、秋两届房交会成交商品房969套,销售额2.5亿元。

文化、会展、旅游业展现活力。辽风小镇、辽文化博物馆主体竣工。成功举办了陶博会、白鹤节、登山节等9项大型展会节庆活动,接待游客90万人次。獾子洞湿地、五龙山景区、祖家坊白酒等被评为首批“沈阳市旅游名品”。全县旅游总收入首次突破亿元大关。

金融服务业扎实推进。全县率先开展的农村土地承包经营权抵押贷款试点工作,被写入十八届三中全会《关于全面深化改革若干重大问题的决定》。法库县被国家发改委批准为沈阳经济区城镇化保障性住房集合债试点县。华锦、海鑫、康达融资平台为中小微企业提供了有力的金融支撑。通过土地开发融资权拍卖、产业投资基金、融资租赁等方式,大胆探索尝试金融创新产品合作,为县域发展开辟了新的融资渠道。

(法库县)

【项目建设】 招商引资成果丰硕。积极“走出去、请进来”,开展域外大型招商活动18次,接待国内外客商1000多人次,召开企业家大会、企业家座谈会50余次,与欧盟商会、韩商会、对俄合作协会、归国华侨联合会、福建商会等建立了良好的合作关系。全年签约引进项目117个,计划总投资220亿元。

项目建设加快推进。全年开(复)工3000万元以上重点项目200个,计划总投资572亿元。其中超亿元项目达79个,数量之多、规模之大再创全县历史新高。现代服务业项目明显增多,优化了产业结构,提升了产业竞争力,进一步推动了产城互动、产城融合。

“双进双解”扎实开展。严格落实“行政审批十项承诺”,实行预约服务、现场服务、全程代办服务制度,开通审批绿色通道,叫响“春风”服务品牌。全年共受理各类审批事项1.5万件,即办率

95%以上，办结率、满意率均为100%。对重点项目实行“一对一、点对点、面对面”全程跟踪服务，日调度、周督办、月总结，有力地推进了项目开工建设和竣工投产。

全面优化发展空间。法库县成功获批为沈阳经济区新型工业化和城镇化统筹发展改革试验区。组织实施了城市总体规划、法库新城发展规划的修编工作，启动了沈法经济走廊发展规划的编制工作。成立了拉马河经济区。科学调整了7个乡镇的行政区划，创新园区和所在乡镇的管理体制机制，为有效整合要素资源、凝聚各方力量、促进产业发展奠定了坚实基础。

（法库县）

【城乡建设】 基础设施建设成效明显。投资5600万元实施了6公里南外环路扩建工程，投资1900万元实施了13.2公里叶苗线大修工程，投资2600万元实施了260公里农村公路维修工程，投资3300万元实施了102公里村内道路工程。省重点水利工程完成75公里线路征地，总投资22.9亿元的两个工程管厂建成投产，四个标段全部进场施工。铺设城区供水管网7.8公里。金沙河广场、987广场投入使用，金沙河流域综合治理快速推进，休闲健身景观功能显著提升。热电联供项目完成了19公里管网建设。望宝山人防工程交付使用。鸿福嘉、凯撒兰湾小区完成了850户居民回迁任务。幸福花园、和谐佳园等回迁小区附属配套设施进一步完善。

生态建设扎实推进。完成植树造林7000公顷，围栏封育920公里。被评为全国绿化模范县、全省绿化先进县。獾子洞国家湿地公园被国际鹤类协会确定为“环境教育基地”。

灵山湖水域栽植荷花200公顷。辽河治理保护取得明显成效，水质进一步优化。实施矿山环境治理项目7个。严格执行环保“三同时”和环评制度。万元GDP能耗下降4.2%，削减化学需氧量和氮氧化物2%、二氧化硫5%，圆满完成了市政府下达的节能减排任务。

城乡环境管理得到加强。组建了东湖标准化社区。实施市容环境综合整治，推进精细化执法管理。占道经营、露天烧烤、街路违建得到有效治理，户外广告、建筑围挡、牌匾设置进一步规范。加大环卫保洁力度，市容市貌优美整洁，干净有序。按照“户集、村收、乡镇运、县处理”模式，建立了新型农村生活垃圾处理体系。投资3600万元，实施了农村环境连片整治，孟家等5个村被评为省级生态村。

（法库县）

【民生工程】 教育事业显著提升。举全县之力推进东湖中学工程建设，东湖一、二、三中于10月份竣工开学，实行阳光分班，规范管理制度，教育教学、就餐、住宿、乘车、安保、医疗等各项功能和保障措施逐步完善。连锁幼儿园试点工作成效显著，被评为全市学前教育先进县。陶瓷学院、白鹤幼儿园、东湖小学建成投入使用。法库高中荣获全市中学生运动会总分第一名。教师进修学校被评为省级示范性进修学校。

文化事业繁荣发展。3万平方米的文体中心项目扎实推进，完成了影剧院、少年宫、文化馆、图书馆、篮球馆、网球馆、乒乓球馆、羽毛球馆、妇儿会馆等场馆建设。叶茂台等5个乡镇健身广场投入使用。孟家等7个乡镇建立了电子阅览室。电影《秀水河子歼灭战》作为建军节献礼影片在央视上映。成功举办了全民运动会。打造“足球之乡、小提琴之乡、山水画之乡”系列活动全面展开。

卫生事业不断进步。县中心医院晋升为二甲医院，与医大一院、二院、四院结成技术协作医院，建成了ICU病房、干诊病房、康复病房、血液透析病房，添置了核磁共振等设备，群众就医条件得到改善。县急救中心等卫生项目工程竣工。国家基本药物制度实现了城乡全覆盖。新农合参合率达99.4%，全年支付补偿金1.2亿元。大病保险全面启动。全县人口自然增长率1.09‰。扎实开展免费孕前优生健康检查，发放计生奖扶资金8066万元。

就业渠道不断拓宽。严格执行劳动用工合同备案制度。新增实名制就业5310人，农村劳动力转移7900人。建立了毕业生创业孵化基地。组织开展各类技能培训近300期，参加培训8万余人次。

社会救助广泛开展。对柏家沟镇杨家糖坊57户受灾群众进行了妥善安置，仅用50天完成了回迁房建设，全体受灾户喜迁新居，成为全省灾后重建样板工程。为153户城镇居民落实了保障性住房政策。社保覆盖面进一步扩大。新农保参保率90.5%，城居保参保率90%。全县8147户困难群众纳入低保保障。县残疾人托养康复中心投入使用。秀水河子等4所敬老院被评为全市一级中心敬老院。

（法库县）

康 平 县

【概况】 2013年，地区生产总值197.5亿元，增长9.1%。固定资产投资203.2亿元，增长11.8%。公共财政预算收入17亿元，增长21.1%。社会消费品零售额41.2亿元，增长14.8%。农民人均纯收入11609元，增长10.1%。

（赵海军）

【第一产业】 主导产业规模不断壮大。全县粮食总产量达到12.4亿斤，实现“十连丰”。花生、薯类、棚菜种植面积分别达到3.87万公顷、8700公顷、7300公顷。新建标准化规模养殖场20个。寒富苹果栽植面积达到9700公顷，荣获“中国寒富苹果第一县”称号。产业化水平不断提升。市级以上龙头企业达到21家，市A级以上农民专业合作社达到42个，培育家庭农场14个。农业标准化生产面积达到8万公顷。“康平寒富”、“康平地瓜”、“康平花生”获得国家地理标志认证，实现直供“十二运”。首届农超对接洽谈会签订订单1068万元。农业基础设施不断完善。投资5.7亿元，全面实施土地整理、高标准基本农田、节水增粮等工程，新建农户科学储粮仓3000个。农机总动力达到35.5万千瓦。

（赵海军）

【第二产业】 工业经济快速发展。完

成规模以上工业总产值597.2亿元,增长19.0%。集群项目发展到310家,实现产值257亿元,增长14.2%,占全县规模以上工业总产值的44.3%。康平电厂全年发电47亿度,实现产值16亿元。全县风电总装机容量达到60万千瓦,位居全省第三。恒基伟业电池片项目厂房主体竣工。大强煤矿累计完成投资25亿元,具备投产试运行能力,能源大县建设迈出坚实步伐。塑编产业集群提升改造初见成效,引进一批国内一流生产设备,"中国塑编示范城"实质得到进一步提升,产业集群支撑作用进一步增强。工业发展后劲充足。国电集团康平电厂、中国恒天碳纤维、国电龙源风电等一批国字号企业稳健运行,雄洲集团百锦隆、恒生生物食用菌、沈阳惠康豆制品等一批重大项目相继投产,总投资15亿元的公元食品项目顺利签约,为县域工业长远发展奠定了雄厚基础。工业发展空间不断优化。投资2.5亿元,全面实施园区基础设施建设工程,疏港路、新材料基地产业大道等道路工程竣工通车,园区给排水、污水收集及绿化、亮化等工程全面推进,闲置土地和"半截子工程"有效盘活,园区项目承载力和空间利用率大幅提升。

(赵海军)

【第三产业】 城乡商贸体系不断完善。建材商贸城、五金汽配城等项目达成投资意向;政府路北地块拆迁即将结束,县内第一家标准化农贸市场即将开工建设,城区市场布局规划基本完成。独具地方饮食特色的全鱼馆、羊汤馆投入运营,城乡群众消费环境进一步优化。房地产业稳步发展。一批现代房地产开发经营企业入驻康平,房地产开发建筑面积达到90万平方米。成功举办第二届秋季房交会,审查备案房屋967户,成交额2.9亿元,房地产开发与销售实现双增15%。旅游业发展拉开序幕。旅游产业发展规划编制完成,产业发展科学性、系统性有效提升。成功举办首届卧龙湖大辽文化冬捕节,接待游客近6万人次,成为沈阳国际冰雪旅游节重要组成部分。卧龙湖与沈阳故宫、沈阳植物园等旅游景区同时列为沈阳城市旅游之最,知名度大幅提升。欢乐码头、水上乐园等一批旅游项目签订投资协议,卧龙谷旅游集散中心试运营,旅游产业发展进入全新阶段。

(赵海军)

【城乡建设】 新城区全面开发建设。比照浑南新城样板工程,高标准实施道路建设及绿化、亮化、美化等工程,基础设施进一步完善,新老城区呈现路网互联互通、区域融合快速发展的崭新局面。投资2亿元的燃气工程顺利推进,部分小区管线铺设完成。中心公园、市民广场、湿地公园等一批公共服务设施建设基本完工,大辽圣市等一批综合服务类项目建设进展顺利,新城建设取得重大突破。老城区全面改造提升。投资2.4亿元,全面完成吴斌街南延工程,老城区环路全部打通;铺设开发区至吴斌街供水主管网16公里,新老城区、开发区实现三区供水互通;新建改造排水管网3.9公里,污水收集与处理系统逐步完善;改造弃管小区18个,铺设硬覆盖9万平方米,人居环境进一步改善。投入7600万元,完成棚改4.1万平方米,二中西、电影院东两片棚户区住户顺利回迁。城市管理水平不断提高。积极开展创城工作,广告牌匾标准化工作全面启动,城市公交正式投入运行,城区经营活动更加规范,交通秩序更加顺畅。乡村发展条件不断改善。投资3.2亿元,全面完成15公里城市外环、72公里农村公路、80公里村内道路修建改造等工程,道路通行能力进一步增强,产业发展条件进一步改善。沈康高速三期工程全面开工建设。张强镇、郝官镇列为市村镇建设重点镇,张强中心广场、郝官齐胡线辽河景观路、北三家子滨河商住小区等工程全部竣工,中心镇建设全面提速。

(赵海军)

【生态建设】 卧龙湖生态区建设取得重大突破。卧龙湖生态区保护与利用继上升为"沈阳战略"之后,又被列入沈阳加快国家中心城市建设重大部署,总投资近10亿元的卧龙湖生态区35项工程顺利推进,康平湾湿地、内湖环湖路等工程竣工。城区生态环境明显改善。新老城区新增绿化面积266公顷,栽植树木196万株,城市绿地面积达到467公顷,绿化率达到26.4%。全省县域第一家"一根烟囱"集中供热工程供热面积达到245万平方米,核减供暖燃煤8.6万吨,有效减少烟尘、二氧化硫排放,空气质量明显好转。"三带"生态建设全面加强。辽蒙边界阻沙带、沈康高速示范带等造林工程深入推进,全县完成造林8000公顷。辽河生态带治理成效显著,郭家口、塔南等湿地全面恢复,八家子河整治工程全部竣工,孔家污水处理厂投入运行。

(赵海军)

【社会事业】 教育综合实力大幅提升。新高中正式投入使用,康平二中完成扩建扩容工作,教育布局调整取得突破性进展。投资5470万元,全面推进幼儿园新建、中小学塑胶操场建设等工程,教学环境明显改善。公开招录优秀教师76名,师资结构进一步优化。医疗服务能力不断增强。县医院通过二甲医院验收,公立医院改革即将启动。卫生服务中心投入使用,120急救中心建设进展顺利,4所乡镇卫生院附属设施工程全部竣工。文体事业蓬勃发展。全省县域面积最大的康平博物馆主体工程竣工,文化传媒中心开工建设,有线数字电视双向平台建设工程顺利完成。举办文艺惠民展演183场,4名康平籍运动员获得"十二运"金牌。社会保障日趋完善。新农合参合率、新农保参保率分别达到99.8%、98%。投资4343万元,农村饮水安全工程打井68眼,解决了5.2万人饮水安全问题。投资899万元,维修翻建农村危旧房屋554座,切实改善了农村困难群众居住条件。争取扶贫资金1060万元,实施产业扶贫1800公顷。红十字会工作进一步完善,爱心救助活动有序开展。烈士陵园改造全面完成。修建农村社区服务中心28个、文化活动广场31个,落实城镇社区公共用房1360平方米,社区办公条件明显改善。"六五"普法积极推进,安全生产、信访稳定形势平稳,"十二运"安保任务顺利完成,社会治安综合治理成效显著,进一步巩固扩大了平安县建设成果。

(赵海军)

沈阳经济技术开发区

【概况】 2013年,沈阳经济技术开发区实现地区生产总值954.91亿元,同比增长9.6%;规模以上工业总产值2881.91亿元,同比增长11.7%;规模以上工业增加值740.42亿元,同比增长9.7%;固定资产投资467.39亿元,同比增长16.4%;公共财政预算收入51.38亿元,同比增长12.4%;直接利用外资9.86亿美元,同比增长24.6%;社会消费品零售总额80.67亿元,同比增长12.8%。

(黄 颖)

【项目建设】 2013年,实现新开工项目139个,竣工项目112个,完成投资560亿元,增长21%。随着宝马新工厂产能的不断释放,西班牙海斯坦普、彼尔纳、德国DB汽车模块、德国慕贝尔、日本丰田纺织等项目入驻。

工业地产项目有效推进。联东工业园、新加坡环普产业园、意大利维龙等一批工业地产项目落户铁西,不仅提高了开发区土地集约利用率,还进一步促进了区域产业转型升级。东方银座莱茵城、台商·东北国际经贸会展中心等生产性服务业项目的引进和建设,推动了开发区由单一的二产带动逐步向二、三产业协调发展转变。

一批重点搬迁改造项目建设促进了经济发展。东药、沈化、普利司通、有色冶金等重大搬迁改造项目进展良好。华晨宝马新工厂二期、米其林环保搬迁和改造及扩产、延锋彼欧汽车内饰部件等项目的建成投产,这些项目成为铁西经济稳增长的重要支撑力量。

(黄 颖)

【两化融合】 重点企业"两化融合"加速向深度融合发展,重点企业"两化融合"达到70%以上。北方重工的重矿装备物联网技术得到成功应用,提高了产品智能化水平,三一重装协同控制中心、沈鼓云制造平台等列入市"两化"融合重点支持项目,沈鼓集团被评为国家"两化融合标杆企业"。

(黄 颖)

【产业集群】 装备制造业产业集群规模和实力不断壮大。依托机床、沈鼓、北方重工等龙头企业及引进的德国宝马、慕贝尔、日本安川、NSK、西班牙海斯坦普等等一批世界500强企业和跨国公司项目,形成了产业关联度高、上下游产业链较为完善的机床、电气、汽车及零部件、通用及石化装备、煤机及重矿装备五大装备制造产业集群。2013年,装备制造产业集群实现产值2020亿元,占全区工业70.1%,重点主机企业生产的19类产品能够实现区域内配套,2013年采购量达190亿元左右,涉及机阀泵等配套产品104个种类。

现代建筑产业集群实现较快发展。一期12平方公里内基础配套设施基本完备,具备承接大项目入驻条件,现已引进了日本积水、法国圣戈班、中南建设等200余个项目,规模以上企业达到60余家。现代建筑产业集群实现产值600亿元,占全区工业总产值的20.7%。

化工医药产业加速调整升级。依托东药、沈化、米其林等重点企业,规划了占地面积30平方公里的医药化工产业园,已建成区占地约14平方公里,规模以上工业企业达到79家,实现产值330亿元,精细化工率达到45%。米其林千万条轮胎、普利司通一期、东药搬迁等一批重大项目加快建设,CPP炼化一体化项目加快推进。

(黄 颖)

【农业】 现代农业持续发展。全区发展设施农业1000公顷、蔬菜等高效经济作物2133公顷、水稻特色种植547公顷,实施农产品"三品"认证7687公顷,完成水产养殖基地建设500公顷,实施造林467公顷。农业机械化率达到90%,农业发展各级财政投入资金1.86亿元。全区农业总产值达到29.5亿元农民人均纯收入达到15220元。

都市农业成果可喜。2013年,引进九厨餐饮、天农生态园、德宝享泰种猪养殖、瑞丰现代农业生猪养殖、高标准基本农田建设5个项目,引进投资2亿多元。天农生态园建设被市政府评为都市农业发展重点项目。开辟特色采摘面积133公顷。

民生工程得到加强。全区投资7883万元,完成防洪工程5项、农水工程162项、饮水安全工程50项,清淤清障沟渠150公里,维修桥涵闸站94座,连续六年实现安全度汛。投资214万元为农民安装无害化厕所3670座,建设维修改造县级公路258公里、村级道路292公里。

农业集约化、专业化、组织化、社会化程度进一步提高。全区发展各类农民合作社134家、农事企业35家。农民合作社已有15家被评为市级示范社、2家被评为省级示范社、1家被评为省级重点示范社。

(黄 颖)

【建成东北首个国家生态工业示范园区】 2013年,沈阳经济技术开发区以"推动绿色转型、发展循环经济"为中心,全力推进国家生态工业示范园区创建工作。在2012年11月完成《沈阳经济技术开发区创建国家生态工业示范园区建设规划》的基础上,首先,对园区总体规划和产业规划进行了科学调整,将环保理念全部融入到产业体系、区域功能、交通体系、绿地系统、公共服务设施等领域,一期停产待迁模具、化工等企业200余家。其次,在引进项目、基础设施建设、生产性服务业、信息化建设、节能减排、污染治理和生态修复等重要节点,坚持做实产业结构优化、生态产业补链、物质代谢工程、节能减排、污染治理、水资源集成与污染控制、生态景观、环境管理和保障体系等7大类32项重点工程。同时,重点打造了绿色工厂、新型工业化、节能产品、绿色制造、循环经济等13家环境示范项目建设。第三,在"东搬西建"过程中,以淘汰落后产能、淘汰高耗能工艺和设备、升级改造污染治理设施作为企业整合新建的原则,并在全区范围内对所有建设项目开展能源消耗评估及审查工作。第四,投资8亿元完成了浑河总面积10平方公里、水域轴线10公里的流域生态修复建设,细河生态廊道主要以公园和30万平湿地建设为主,形成了一套完整的流域生态恢复体系。开发区污水处理能力达到16万吨/日,污泥处置能力1000吨/日;绿化覆盖率42.5%,绿地率39.1%,人均公园绿地面积19平方米。第五,开展重点企业清洁生产审核工作。截至2013年底,开发区共开展清洁生产审核企业105家,2013年新增54家企业实施中高费方案200余项。第六,全面开展"气化开发区"工作,10家企业陆续开展锅炉"煤改气"工作,拆除工业燃煤锅炉16台。第七,全面开展环境应急能力标准化建设,成为全国首个通过验收的区县级环境应急能力标准化建设试点单位。

按照《综合类生态工业园区标准》9个基本条件和24项指标要求,沈阳经济技术开发区创建国家生态工业示范园区验收获得成功,成为东北地区首个国家生态工业示范园区。

(黄 颖)

【三大建设】 为补齐短板缺项,实现转型升级,沈阳经济技术开发区通过产城融合拓展和做优发展空间,全面推进产业升级、环境升级、质量升级、民生升级。在具体实施上,重点以"三大建设"为着力点,即通过实施大企业总部基地建设,实现生产性服务业的有效聚集,加快提升装备制造业的市场化、社会化和国际化的水平;通过实施公共服务平台建设,推动产品创新、技术创新和产业创新,加快装备制造业向高端化、集成化和成套化发展;通过实施生活服务区建设,完善城市功能,满足企业员工居住和生活需要,吸引各类人才加速聚集。

截至2013年底,总部基地建设全面启动。机床、沈鼓、北方重工、特变、东药、沈化6家大型企业完成各自规划和选址。十大公共服务平台建设扎实推进。科技研发平台、现代物流平台、检验检测平台、人力资源平台、工业设计平台、商务会展平台建设进展顺利。生活配套设施建设速度加快。东方银座项目一期13万平方米土地已开工建设;中南集团滨河新城开发项目已签订投资意向,中海、荣盛等地产开发商确定了开发建设意向。

(黄 颖)

【生产性服务业】 2013年,沈阳经济技术开发区11户工业企业分立生产性服务业企业实现营业收入40亿元。沈阳机床集团在筹建金融租赁公司的基础上,分立成立优尼斯工业服务公司,组建了33家机床4S店,构建起了新型市场经销体制;特变沈变集团成立了沈阳现代物流国际贸易有限公司,面向社会化提供服务,年营业收入达到13.5亿元;远大集团成立沈阳科正建筑工程检测有限公司和远大科技园有限公司,面向国内外提供建筑幕墙产品性能检测的第三方认定服务,检测设备和技术能力均达到世界领先水平。

(黄 颖)

沈阳金融商贸开发区

【概况】 沈阳金融商贸开发区,成立于1991年,占地面积2.97平方公里,东南西北各与一个友邻城区接壤,地处城市中央,坐拥沈阳"中央都市走廊"核心地段,是沈阳的中央商务区和东北区域金融中心的核心功能区,是国家正式确立的东北区域金融中心和优化金融生态改革试验核心区。多年以来,沈阳金融商贸开发区凭借着得天独厚的区位优势,以东北区域金融中心建设为目标,以商务楼宇建设为载体,以金融机构引进为主攻方向,初步形成了以金融商贸为主导,以总部经济和流量经济为重点,以房地产、信息服务、咨询中介等配套设施产业为支撑的产业发展格局。2002年被辽宁省政府批准为省级开发区,2010年4月6日和2011年9月16日,国务院先后批复了《沈阳经济区新型工业化综合配套改革框架方案》和《沈阳经济区新型工业化综合配套改革试验总体方案》,沈阳金融商贸开发区建设国家优化金融生态综合试验区和东北区域金融中心正式上升为国家战略。

(曹兴国)

【经济发展】 2013,沈阳金融商贸开发区始终坚持以东北区域金融中心和国家优化金融生态改革试验区建设为核心,以发展金融为主的现代服务业和楼宇经济为重点,金融产业和重大项目加速聚集,综合经济实力明显增强,发展空间不断拓展,区域形象大幅提升,各项经济发展指标持续上升。地区生产总值完成188.6亿元,同比增长11%;固定资产投资完成85.5亿元,同比增长16.3%;财政收入完成28.8亿元,同比增长14.7%;实际利用外资4.5亿美元,同比增长28.6%;金融业税收实现16.4亿元,同比增长19.7%,占税收总量54.65%,区域金融贡献度14.86%;实现金融业增加值135.7亿元,占全市的35%。

(曹兴国)

【招商引资】 2013年,沈阳金融商贸开发区将企业引进方向由传统银行业向非银行类新型金融机构调整,重点引进银行、信托、金融租赁、消费金融、小额贷款、融资担保、产业基金及金融要素市场等金融服务业,法律、会计、咨询、评估等商务服务业,餐饮、购物、旅游、培训等商贸文化业,不断提升服务水平,降低招商成本,进一步提高招商效率。截至2013年12月底,已聚集各类金融机构和金融相关企业528家,其中:银行、保险、证券期货等金融机构已达128家(其中:法人金融机构6家,占全市的50%,分行、分公司以上金融机构93家,占全市的78%);小额贷款、融资担保、保险经纪等金融类机构119家;聚集包括全球四大会计师事务所之一的美国毕马威在内的投资管理、咨询等中介服务机构200余家,中石油东北公司等区域性公司总部176家。2013年,沈阳金融商贸开发区内金融机构存贷款余额分别占全市的68%和75%,金融聚集和辐射能力不断扩大。在金融市场建设方面,沈阳联合产权交易所在开发区的新办公大楼已投入使用,辽宁沈阳文化知识产权交易所、沈阳环境资源交易所、国家专利技术展示交易中心已挂牌成立。在完善监管功能方面,"一行三局"四大金融监管部门中,辽宁银监局、保监局已经落户开发区,中国人民银行沈阳分行开发区办公楼正在建设中,辽宁证监局已完成在开发区的选址工作,沈阳金融商贸开发区正逐步成为辽宁的金融监管中心以及东北地区的金融调控中心。

(曹兴国)

【规划建设】 2013年,沈阳金融商贸开发区坚持高标准、大手笔、国际化原则，不断完善规划建设体系，取得新的进展。一是聘请全球四大会计师事务所之一的安永企业咨询公司编制《以沈阳金融商贸开发区为主体加快建设东北区域金融中心产业规划》，确立了沈阳金融商贸开发区金融产业发展目标：力争用十年的时间努力构建“一个基地（区域总部基地）、六大体系（金融组织体系、市场体系、服务体系、空间体系、人才体系和政策体系）、八个中心（区域金融管理、金融创新、资金聚集、金融交易、支付结算、金融信息、商贸中心和金融人才中心）”的金融产业体系，并提出了实现规划目标的发展战略和举措建议，使沈阳金融商贸开发区金融产业发展具备了科学完整的规划体系，既突出了战略层面的谋划，也兼顾了操作层面的案例，具有很强的针对性和可操作性。二是委托沈阳市规划院，聘请为天津于家堡金融区做城市规划设计的天津规划院，编制了沈阳金融商贸开发区三期暨沈阳金融城城市设计，总体上形成“一期完善、二期提升、三期深度开发”的空间布局，其中三期金融城规划了以银行、证券产业为核心，贸易、投资为支柱，金融服务业为支撑，生活服务业为配套，总部经济贯穿始终的发展格局，形成“一心（标志性金融核心）、一带（综合金融服务带）、五片区（金融商务办公区、新闻会展服务区、涉外金融总部区、高档商业娱乐区、滨水休闲服务区）”的规划布局，进一步扩充了沈阳金融商贸开发区的城市载体空间，提升了东北区域金融中心的国际形象。

（曹兴国）

【金融创新】 2013年12月23日，经国务院同意，国家发改委、中国人民银行、中国银行业监督管理委员会、中国证券监督管理委员会、中国保险监督管理委员会五部委联合下文（发改经体〔2013〕2588号），正式批复《沈阳经济区优化金融生态改革试验专项方案》，正式确立沈阳金融商贸开发区为东北区域金融中心和国家开展优化金融生态改革试验的核心功能区，赋予沈阳金融商贸开发区在金融市场、金融机构、金融产品和金融监管等方面开展优化金融生态改革试验的使命，承担着将沈阳建设成为东北地区金融中心的历史重任，开发区也据此成为继上海浦东新区、天津滨海新区之后中国第三个金融创新先行先试区。《专项方案》获批后，为全面做好组织实施工作，将金融中心和金融生态区建设各项工作落到实处，沈阳金融商贸开发区按照《沈阳市加快建设东北区域金融中心工作实施方案》对有关工作的具体部署，提前做好《专项方案》确定实践任务的分解落实工作，明确部门工作职责、工作任务、完成时限、工作责任，对当前能率先启动的实践内容先行开展前期准备和探索性推进。重点围绕产业金融和优化金融生态，重点发展债券、期货、融资租赁、信用担保、产业基金、风险基金、科技金融、产融结合、后援服务等，支持各类金融主体在金融市场、金融机构、金融产品和金融管理体制等方面开展创新实践，不断发展多层次的资本市场体系，提升区域金融中心的能级。

（曹兴国）

【投资环境】 2013年，为积极营造适宜建设国家优化金融生态综合试验区和东北区域金融中心的社会环境，沈阳金融商贸开发区从多方面入手，不断优化区域环境。一是完善区域投资政策。为营造适宜东北区域金融中心和国家优化金融生态综合试验区建设的政策环境，开发区紧扣开展国家级优化金融生态综合试验未来发展需要，在充分借鉴我国其他金融区政策体系基础上，对现有支持和鼓励金融产业和总部经济发展政策体系进行进一步的修改和完善，于2013年2月18日正式印发《沈阳金融商贸开发区金融机构高级管理人员奖励政策实施细则》，成为东北地区首个在金融机构高级管理人员给予奖励政策的区域，不仅多方面加大了支持力度，也扩宽了享受鼓励政策的受众范围。二是完善政策激励机制。继续设立1亿元扶持资金，对金融改革创新项目和在金融创新上取得优异成绩的金融机构进行奖励，打造全国最优金融发展政策环境。三是继续优化行政审批环境。不断完善金融类企业审批“绿色通道”特色服务，大力推进审批一条龙服务，进一步提高金融项目审批效率。四是加强金融机构服务。认真做好金融机构奖励扶持政策的兑现工作。发挥金融家俱乐部的作用，通过举办金融家联谊会、银企对接会等形式，搭建银企沟通桥梁。发挥金融法庭的作用，严厉打击金融犯罪和逃废金融债务行为，切实提高金融胜诉案件执行率，打造安全、稳定、和谐的法治环境。五是做好人才服务。采取政府雇员制等多种形式，切实加强金融管理人才的引进工作。支持金融监管机构、高等院校、研究机构在开发区设立金融研究、教育和培训机构。强化对金融高管人员的服务，在落户、家属随迁、子女就学等方面提供便利条件。六是完善金融服务合作平台。不断健全政府间、政府与金融监管机构间工作协调机制，为金融机构提供适宜的监管环境、完善的服务功能和广阔的发展空间，推动金融服务工作实现全面提升。七是不断改善区域社会环境。实施开发区环境提升工程，高标准、高品位做好区域绿化、亮化、美化、环卫、路网建设和社会治安工作，为东北区域金融中心建设提供良好稳定的社会发展环境。

（曹兴国）

【中国金融论坛2013东北分论坛】 2013年9月14日，沈阳金融商贸开发区在香格里拉酒店成功承办了“中国金融论坛2013东北分论坛”，会议以“金融创新聚焦东北振兴新十年”为主题，围绕“金融引领东北振兴新十年发展科技金融、发展区域股权交易市场、金融创新与新型工业化”四个专题展开研讨。论坛邀请了中共中央政策研究室、国务院政策研究室、财政部、科技部、中国人民银行、中国银监会、辽宁省政府、沈阳市政府、中国金融学会、中国证券业协会、金融时报社等领导和专家学者进行深入交流，东北三省金融办、证监局、保监局，沈阳经济区八城市金融办、发改委、科技局代表，研究机构，大中型企业、金融租赁、证券期货、信托投资、企业财务、资产管理、货币经纪、投资基金等新型金融机构和产权交易所代表共300余人参加活动。

（曹兴国）

人 物

新任副市级领导

【闵学冲】 1980年9月至1987年8月北京商学院商业经济系、管理系学生,获硕士研究生学历学位。1987年8月至1987年12月北京商学院商业经济系教师;1987年12月至1989年12月北京商学院商业经济系助教;1989年12月至1993年12月北京商学院商业经济系讲师;1993年12月至1995年7月北京商学院研究生部副主任;1995年7月至1996年1月供销总社合作指导部组织劳资处副处级干部;1996年1月至1999年9月供销总社合作指导部组织劳资处处长;1999年9月至2001年7月供销总社办公厅秘书(正处长级);2001年7月2001年9月供销总社办公厅副主任;2001年9月至2003年12月供销总社办公厅副主任兼党组机要秘书;2003年12月至2006年9月供销总社办公厅主任兼党组机要秘书(其间:2005年11月至2006年4月担任第三批先进性教育中央巡回检查组第七组副组长);2006年9月至2011年3月供销总社办公厅(研究室)主任兼党组机要秘书(其间:2007年3月至2008年1月在中央党校一年制中青班学习);2011年3月至2011年7月供销总社经济发展与改革部部长兼党组机要秘书;2011年7至2013年12月供销总社经济发展与改革部部长;2013年12月至今任供销总社经济发展与改革部部长,沈阳市委常委、提名为市政府副市长人选(挂职,时间2年)。

【于 波】 1976年12月至1979年10月沈阳农学院园艺系蔬菜专业学习;1979年10月至1983年4月于洪区翟家公社科研站技术员;1983年4月至1984年1月于洪区翟家公社管委会副主任;1984年1月至1993年7月于洪区政府副区长;1993年7月至1997年5月中共于洪区委常委、政府常务副区长;1997年5月至1998年2月中共于洪区委副书记;1998年2月至1998年8月中共于洪区委副书记、政府副区长、代区长、区长候选人;1998年8月至2001年12月中共于洪区委副书记、政府区长(其间:1998年9月至2000年7月在东北财经大学国民经济专业在职研究生学习;2000年1月至2001年3月在美国威斯康星国际大学乌克兰分校工商管理专业在职研究生学习,获工商管理硕士学位)2001年12月至2002年9月中共于洪区委书记;2002年9月至2003年2月沈阳市农村经济发展局党组书记;2003年2月至2004年8月沈阳市农村经济发展局局长、党组书记;2004年8月至2013年1月沈阳市农村经济委员会主任、党组书记;2013年1月至2013年2月沈阳市人大常委会副主任、市农村经济委员会主任、党组书记;2013年2月至今沈阳市人大常委会副主任。

【王开军】 1977年8月至1978年11月辽宁省新民县于家窝卜公社知青;1978年11月至1980年8月沈阳市师范学校中师专业学习;1980年8月至1983年9月沈阳市铁西区勋望小学教师(1981年9月至1983年9月借调铁西区委文教部工作人员);1983年9月至1984年3月共青团沈阳市铁西区委干事;1984年3月至1984年10月共青团沈阳市铁西区委宣传部部长;1984年10月至1987年11月中共沈阳市铁西区委办公室秘书、副主任秘书;1987年11月至1989年10月中共沈阳市铁西区委办公室综合科科长;1989年10月至1991年7月中共沈阳市铁西区委办公室综合科科长、副处级秘书;1991年7月至1993年7月中共沈阳市铁西区委办公室副主任;(1989年9月至1991年12月辽宁省委党校经济管理专业在职大学学习);1993年7月至1995年2月中共沈阳市铁西区委办公室副主任兼政研室主任;1995年2月至2000年11月沈阳市东陵区人民政府副区长;(1994年3月至1996年7月辽宁省委党校经济管理专业在职研究生学习);2000年11月至2001年12月中共沈阳市东陵区委常委、政府常务副区长;(2000年1月至2001年3月美国威斯康星国际大学乌克兰分校工商管理专业在职研究生学习);2001年12月至2002年3月中共沈阳市于洪区委副书记、政府副区长、代区长;2002年3月至2005年8月中共沈阳市于洪区委副书记、政府区长;2005年8月至2006年9月中共沈阳市于洪区委副书记、政府区长、沈阳化学工业区管委会主任兼党组书记;2006年9月至2007年5月中共沈阳市于洪区委副书记、政府区长(其间:2007年3月至2007年5月参加辽宁省委党校中青年干部培训班学习);2007年5月至2009年9月中共沈阳市于洪区委书记;2009年9月至2013年1月中共沈阳市大东区委书记;2013年1月至今沈阳市人大常委会副主任。

【关志鸥】 1988年9月至1992年7月沈阳师范学院生物系学习;1992年7月至1995年7月沈阳农业大学农学系生态专业硕士研究生学习;1995年7月至1997年5月沈阳市计委农经处工作人员、副主任科员;1997年5月至1997年8月沈阳市花卉研究所副所长;1997年8月至2000年3月沈阳市计委农经处副处长;2000年3月至2002年4月沈阳市计委农经处处长;(1998年8月至2001年7月在中科院沈阳应用生态所生态学专业在职博士研究生学习);2002年4月至2005年8月沈阳农业高新技术开发区管理委员会副主任;2005年8月至2006年7月沈阳市对外贸易经济合作局副局长、党组副书记;2006年7月至2007年10月沈阳市对外贸易经济合作局局长、党组书记;2007年10月至

2007年12月中共法库县委常委、副书记,法库县政府副县长、代县长、县长候选人;2007年12月至2008年7月中共法库县委副书记、县政府县长;2008年7月至2010年10月中共辽宁省法库县委书记;2010年10月至2013年1月沈阳市规划和国土资源局(市地理信息局)局长、党组书记;2013年1月至2013年2月沈阳市副市长,市规划和国土资源局(市地理信息局)局长、党组书记;2013年2月至今沈阳市副市长。

【汪 涛】 1976年8月至1978年9月西藏山南地区桑日县金岭公社援藏知青;1978年9月至1982年8月湖北财经学院金融系财政学专业学习;1982年8月至1982年12月沈阳市人事局毕业分配办工作人员;1982年12月至1983年4月沈阳市财政局人事科工作人员;1983年4月至1983年9月沈阳市财政局预算处工作人员;1983年9月至1984年7月沈阳市财政局人事科副科长(主持工作);1984年7月至1986年6月沈阳市财政局文行处副处长;1986年6月至1988年6月沈阳市财政局工企处副处长;1988年6月至1988年9月沈阳市财政局办公室副主任(主持工作);1988年9月至1990年6月沈阳市财政局办公室主任;1990年6月至1996年8月沈阳市财政局副局长(其间:1991年12月至1993年5月挂职担任中捷友谊厂副厂长);1996年8月至1998年2月沈阳市计划委员会副主任、党组成员(1994年9月至1997年7月辽宁大学工商管理学院会计学专业在职研究生学习,获经济学硕士学位);1998年2月至2003年2月沈阳市审计局局长、党组书记;2003年2月至2004年8月沈阳市发展计划委员会主任、党组书记、物价局局长;2004年8月至2006年10月沈阳市发展和改革委员会主任、党组书记、物价局局长;2006年10月至2006年11月中共和平区委委员、常委、副书记,政府副区长、代区长、区长候选人;2006年11月至2007年5月中共和平区委副书记、政府区长;2007年5月至2008年3月中共和平区委副书记、政府区长、沈阳长白岛管委会主任;2008年3月至2012年5月中共和平区委书记;2012年5月至2013年1月中共沈阳市委统战部部长;2013年1月至今沈阳市政协副主席,市委统战部部长。

【刘慧鸣】 1972年12月至1975年12月沈阳市东陵区深井子公社知青;1975年12月至1978年2月沈阳市液压件厂工人;1978年2月至1982年1月华东化工学院机械工程系化工机械专业学习;1982年1月至1982年4月待分配;1982年4月至1984年6月沈阳油脂化学厂生产计划科计划员、企管办副主任;1984年6月至1984年11月沈阳油脂化学厂厂长助理兼改革办公室主任;1984年11月至1991年11月沈阳油脂化学厂副厂长;1991年11月至1993年10月沈阳味精厂副厂长;1993年10月至1996年5月沈阳味精厂厂长;1996年5月至1996年10月沈阳味精厂厂长,沈阳饼干总厂厂长兼红梅饼干厂厂长;1996年10月至1998年8月沈阳味精厂厂长,沈阳饼干总厂厂长、党委书记兼红梅饼干厂厂长;1998年8月至2001年10月沈阳红梅企业集团有限公司副董事长、总经理;2001年10月至2004年9月沈阳红梅企业集团有限公司董事长、总经理、党委副书记;2004年9月至2007年1月沈阳市经济委员会主任、党组书记;2007年1月至2013年1月中共沈阳市皇姑区委书记;2013年1月至今沈阳市政协副主席。

【周维远】 1979年10月至1981年9月辽宁省政法干部学校司法班专业学习;1981年9月至1982年8月辽宁省高级人民法院见习书记员;1982年8月至1988年11月辽宁省高级人民法院书记员;1988年11月至1995年4月辽宁省高级人民法院副科级、正科级助审员;(1988年7月至1991年6月在吉林大学法律专业在职大学学习);1995年4月至1997年12月辽宁省高级人民法院第二刑事审判庭副庭长;1997年12月至2000年6月辽宁省高级人民法院审判监督庭副庭长;2000年6月至2003年4月辽宁省高级人民法院审判监督庭庭长;(1999年9月至2002年5月在吉林大学法律专业在职研究生学习,获法律硕士学位);2003年4月至2003年5月辽宁省高级人民法院审判监督庭庭长、审委会委员;2003年5月至2006年9月辽宁省高级人民法院第二刑事审判庭庭长、审委会委员;2006年9月至2008年4月辽宁省高级人民法院第一刑事审判庭庭长、审委会委员;2008年4月至2010年5月辽宁省高级人民法院党组成员、执行局局长;2010年5月至2012年10月辽宁省高级人民法院副院长、党组成员(其间:2010年11月至2010年12月参加辽宁省委组织部第41期市厅级干部进修班学习);2012年10月至2013年1月沈阳市中级人民法院副院长、党组书记;2013年1月至今沈阳市中级人民法院院长、党组书记。

【庞洪波】 1976年8月至1978年9月内蒙古昭盟知青;1978年9月至1982年9月沈阳市第三运输公司工人(其间:1979年2月至1982年7月在辽宁省广播电视大学电子机械专业在职大学学习);1982年9月至1984年4月沈阳市第三运输公司团委、人事处干事;1984年4月至1986年5月沈阳市第三运输公司团委副书记;(1979年9月至1984年7月在沈阳机电学院 工业自动化专业在职大学学习);1986年5月至1989年5月沈阳市第三运输公司汽车五队党总支副书记、工会主席;1989年5月至1990年6月沈阳市第三运输公司汽车七队党支部书记、队长;1990年6月至1994年4月沈阳市汽车运输总公司二分公司经理兼汽车四队队长;1994年4月至1994年12月沈阳市第三运输公司经理助理兼卡玛斯汽车实业公司经理;1994年12月至1997年7月沈阳市第三运输公司经理;1997年7月至1998年8月沈阳鸿运实业有限责任公司董事长兼总经理;1998年8月至1999年3月沈阳集装箱仓储联运中心经理、党委书记;1999年3月至2000年9月沈阳公路主枢纽集团董事长、党委书记;2000年9月至2001年1月沈阳市交通局局长助理;2001年1月至2001年11月沈阳市交通局副局长;2001年11月至2002年8月沈阳市交通局副局长、党委副书记;2002年8月至2006年7月沈阳市交通局局长、党委副书记;2006年7月至2007年12月中共沈阳市沈河区委副书记、政府副区长、代区长、金融开发区主任兼党组书记;2007年12月至2010年12月中共沈阳市沈河区委副书记、政府区长、金融开发区主任兼党组书记;2010年12月至2013年1月中共沈阳市沈河区委书记;2013年1月至2013年3月沈阳市沈河区委书记兼沈阳金融商贸开发区党组书记；2013年3月至2013年3月沈阳市沈河区委书记兼沈阳金融商贸开发区党组书记（副市级）；2013年3月至2013年11月沈阳市沈北新区区委书记，沈阳蒲河新城党工委书记（副市级）；2013年11月至今沈阳市沈北新区区委书记（副市级）。

【邓福林】 1979年9月至1981年9月辽宁省农业机械管理学校农机管理专业学习；1981年9月至1983年5月辽宁省康平县东关屯公社工作人员；1983年5月至1984年3月辽宁省康平县东关屯公社团委副书记；1984年3月至1985年2月共青团辽宁省康平县委干事；1985年2月至1988年4月共青团辽宁省康平县委办公室主任；1988年4月至1991年6月共青团辽宁省康平县委组织部部长；1991年6月至1992年10月共青团辽宁省康平县委副书记；1992年10月至1993年8月共青团辽宁省康平县委书记；1993年8月至1995年6月辽宁省康平县沙金乡党委书记；1995年6月至1996年1月沈阳市市级领导联络员；（1993年8月至1995年12月在中央党校经济管理专业在职大学学习）；1996年1月至1996年8月辽宁省康平县县长助理兼锶泉酒业集团总公司董事长、总经理；1996年8月至1999年4月辽宁省康平县县长助理；1999年4月至2002年9月中共辽宁省康平县委常委、组织部长（其间：2002年1月至2002年1月参加辽宁省康平县组织部人力资源开发培训班）；2002年9月至2002年12月中共辽宁省康平县委副书记、政府副县长、代县长；2002年12月至2006年2月中共辽宁省康平县委副书记、政府县长（其间：2003年9月至2003年9月参加辽宁省康平县三个代表重要思想培训班）；2006年2月至2009年9月中共辽宁省康平县委书记；2009年9月至2013年2月沈阳市苏家屯区委书记；2013年2月至2013年3月沈阳市苏家屯区委书记，沈阳雪松经济开发区（沈阳浑河新城）管委会党组书记；2013年3月至2013年10月沈阳市苏家屯区委书记，沈阳雪松经济开发区（沈阳浑河新城）管委会党组书记（副市级）；2013年10月至今沈阳市纪委副书记（副市级）。

【冯守权】 1984年9月至1988年7月鞍山钢铁学院采矿专业学习；1988年7月至1991年6月鞍山钢铁学院科教研室助教、自控系学生辅导员、团总支书记；1991年6月至1994年2月共青团辽宁省委统战部干事；1994年2月至1995年2月共青团辽宁省委青农部副主任干事（其间：1994年10月至1995年2月下派挂职沈阳市东陵区前进乡党委副书记）；1995年2月至2001年12月共青团沈阳市委副书记（其间：1998年1月至2000年3月在东北大学文法学院科学技术哲学专业在职研究生学习，获哲学博士学位）；（1992年1月至1997年4月在天津大学技术经济与系统工程系技术经济专业在职研究生学习，获工学硕士学位）；2001年12月至2002年3月共青团沈阳市委副书记（主持工作）；2002年3月至2003年4月沈阳市沈河区政府副区长；2003年4月至2006年7月中共沈阳市沈河区委常委、政府常务副区长；2006年7月至2008年10月沈阳市浑南新区（沈阳高新技术产业开发区）管委会副主任（正局级）；2008年10月至2008年12月中共辽宁省法库县委委员、常委、副书记、政府副县长、代县长、县长候选人；2008年12月至2010年11月中共辽宁省法库县委副书记、政府县长；2010年11月至2010年12月中共辽宁省法库县委书记、政府县长；2010年12月至2013年1月中共辽宁省法库县委书记；2013年1月至2013年3月辽宁省法库县委书记兼沈阳法库通用航空产业基地党工委书记；2013年3月至2013年12月辽宁省法库县委书记兼沈阳法库通用航空产业基地党工委书记（副市级）；2013年12月至今辽宁省法库县委书记兼沈阳法库通用航空产业基地党工委书记（副市级），法库县政协主席。

【阎秉哲】 1983年9月至1985年8月铁岭师专（中文专业）学生；1985年8月至1987年10月沈阳市法库县高中教师；1987年10月至1990年8月沈阳市沈河区建委科员、办公室负责人；（1986年5月至1989年12月在东北师范大学中文专业在职大学学习，获文学学士学位）；1990年8月至1991年8月沈阳市沈河区建委办公室副主任；1991年8月至1991年11月沈阳市政府办公厅综合三处工作人员；1991年11月至1992年3月沈阳市政府办公厅综合三处副主任科员；1992年3月至1992年12月沈阳市政府办公厅综合一处副主任科员；1992年12月至1995年7月沈阳市政府办公厅综合一处主任科员；1995年7月至1996年10月沈阳市政府办公厅秘书一处主任科员；1996年10月至1998年4月沈阳市政府办公厅秘书一处副处级秘书；1998年4月至1999年6月沈阳市政府办公厅秘书一处处级秘书；（1996年9月至1998年7月在中国社会科学院研究生院工业经济专业学习）；1999年6月至2001年12月沈阳市政府办公厅秘书一处处级秘书兼世行办副主任；2001年12月至2002年9月沈阳市政府办公厅城建城管处处长；2002年9月至2006年12月沈阳市城市管理行政执法局副局长；（2000年7月至2005年3月在东北大学文法学院科学与技术哲学专业在职研究生学习，获哲学博士学位）；2006年12月至2007年3月沈阳市新城子区委副书记；2007年3月至2008年3月沈阳市沈北新区区委副书记；2008年3月至2008年12月沈阳市沈北新区区委副书记、副区长、代区长、区长候选人，沈阳蒲河新城党工委副书记、管委会主任；2008年12月至2010年4月沈阳市沈北新区区委副书记、区长，沈阳蒲河新城党工委副书记、管委会主任；2010年4月至2010年10月沈阳市规划和国土资源局局长、党组书记；2010年10月至2011年11月沈阳市政府秘书长、市政府党组成员；2011年11月至2012年10月沈阳市政府秘书长、市政府党组成员，市政府办公厅党组书记；2012年10月至2012年12月沈阳市铁西区委副书记、政府副区长、代区长，沈阳经济技术开发区管委会主任；2012年12月至2013年3月沈阳市铁西区委副书记、政府区长、沈阳经济技术开发区管委会主任；2013年3月至今沈阳市铁西区委副书记、政府区长、沈阳经济技术开发区管委会主任（副市级）。

（组织部）

感动沈阳人物

【姜　妍】 沈阳鼓风机集团股份有限公司透平设计部设计三室主任。她成功设计了第一台百万吨乙烯压缩机，被誉为“我国百万吨乙烯压缩机设计第一人”。

【孙义全】 沈阳市全民健身形象大使。为了宣传沈阳、宣传全运会,孙义全于2013年5月19日上午10时登上了珠穆朗玛峰的峰顶,把五星红旗、全运会会旗、十二运会徽和印有“美丽中国·微笑沈阳”的条幅展示在世界之巅。

【谭 鹤】 沈阳市公安局大东分局大东门派出所副所长。为关心帮助社区“空巢老人”,谭鹤和姐妹们成立了东逸警务室志愿者服务队,经常探望他们,陪他们说话唠嗑,帮他们代缴水电费、煤气费、电话费等。

【滕家智】 沈阳一运实业出租汽车分公司驾驶员。他从事出租车行业已近二十年,他用和善的笑容、洪亮的歌声,把快乐传给了车上的每位乘客,现已拍摄1万余张微笑合影,大家都亲切的称他为“滕叔”。

【赵玉兰】 沈北新区新居社区居民。她不忍看邻居家患有精神病的姐妹孤苦无依,自愿承担起照顾她们的责任。她定期给她们整理房间,还把自己家的东西给她们用,三年如一日的三餐送上门,每天接送妹妹去阳光之家学习,风雨无阻。

【朱立柱】 于洪街道和平社区居民。她伺候奶奶婆、公公、婆婆、还有得了肺癌的丈夫,结婚15年,一直与患疾病的亲人打转转,无怨无悔奉献出自己的宝贵青春。

【尹俊媛】 沈阳雨田中学学生。为给患癌症的妈妈治病,年仅12岁的她在上下学途中,拾空饮料瓶、废纸等,再送到废品收购站。

【赵 弼】 沈北新区石佛寺街道石佛二村农民。2013年7月7日上午,在辽河橡胶坝处有人因嬉水不慎跌入河中,赵弼听闻后迅速骑上电动摩托车快速来到辽河岸边,成功救起落水者。

【安树堂】 皇姑区黄河街道扬子江社区居民。浴池动迁,老板安树堂在本身还亏损10多万元的情况下,每天18个小时给顾客退钱,顾客已经领走了38000元。

【王福顺】 物业公司保安。2013年12月19日,王福顺老人在被电动车撞倒后,对撞人者说:“孩子,我没事,我有医保,你赶紧上班去吧。”王大爷60岁,是名保安,根本没有医保。

【水务集团赴雅安抢险救灾分队】 雅安地震发生后,沈阳水务集团赴四川雅安抗震救灾抢险分队在最短的时间内集结出发,奔赴四川,参加抢险救援,为灾区人民奉上了充满无限爱心的饮用水。

(*杨建学*)

市管领导干部名单

市 委

副秘书长:王 镇 陈国强(兼) 李建国 赵日刚 朱文蔚(兼) 赵 颖 袁 昭 张小虎

市纪委

副书记:李林畔 孟凡伟

常 委:张 森 么汝兴 赵 岩 刘正凡 崔嘉林 刘恩举 李 丹

监察局局长:李林畔(兼)

副局长:于克力 张 森(兼) 刘正凡(兼)

副局级室主任:毕成伟 李春宇 关卫民 程 洁 范红刚 骆 峰 闫 东 张中人 胡 光 翟 威 杨 军 孔宪才 赵久平 何增春 杨丽莉

市委办公厅

主 任:王 镇

副主任:曲向军(兼) 马志军(兼) 刘 波 赵煜昊 李志民 李伟梁

市委机要局

局 长:贾 群

市委保密局

局 长:马志军

副局长:马万云

市委督查室

督查专员:于振伟 程谟刚

信息综合室

主 任:王 宏

市委组织部

常务副部长:安俊辉

副部长:赵 阳 王欢苗 吴奇汉 韩春声

部务会成员:都向辉

市人才办

主 任:安俊辉(兼)

常务副主任:刘阳春

市委非公有制经济组织和社会组织工作委员会

书 记:吴奇汉(兼)

副书记:李书鲤(兼) 李东辉(兼) 张国宾(兼) 闫守祝(兼)

市委宣传部

常务副部长:何淑华

副部长:马 丽(兼) 唐 明(兼) 王久成 刘晓虹

市外宣办

主 任:刘壮野

市文明办

主 任:张春风

市思想政治工作研究会

会 长:马 丽(兼)

专职副会长:廉 辉

沈阳社科院(市委讲师团)

副院长、团长:张龙海

市互联网信息办公室

主 任:赵 晖

市国防动员委员会政治动员(国防教育)办公室

主 任:姜羞卉

市委统战部

常务副部长:任桂芳

副部长:李书鲤 杨志宏 张文滨 张昕光

市委政法委

常务副书记:洪运力

副书记:徐茂盛 徐 明 吴 冬

市综治办

副主任:孙超武 李雪冰

市防邪办

主 任:洪运力(兼)

副主任:李俊杰

市法学会

第一副会长:徐茂盛(兼)

常务副会长、党组书记:王晓宇

副会长:刘大刚

市委政研室

主 任:朱文蔚

副主任:于久元 李 澍 袁国华

决策咨询委员会秘书长:谢丽萍

市台办
主　任:张文滨
副主任:蒋　新　朱　军
市直机关工委
常务副书记:姜　萍
副书记:战　捷　孟宪杰
姜　明
委　员:常　征　陈景红
市委中省直企业工委
书　记:张振洲
副书记:孙久红　李本石
市编委办
主　任:雷雨润
副主任:张金兰　王文波
王凤达
市委老干部局
局　长:凌正康
副局长:李　炜　张　续
刘　朋
市人大常委会
秘书长:张　宁
副秘书长:孟昭贵　朱　杰
侯吉庆　杨学锋
王树雨
驻会委员:孟昭贵　朱　杰
宫文义　李亚光
李英民　张　利
郭翼青　赵恒波
郭君达　董文志
王　谦　张伟明
王毅明　赵正心
李　铁　唐　励
陈玉海　崔敬禹
郑继俊　陈维忠
王　桅　张良荣
李　萍　王建国
王柏岩　梁志新
市人大内司委
主任委员:宫文义
副主任委员:李亚光　李英民
副主任:罗大明
副主任委员人选:王凯功
市人大财经委
主任委员:张　利
副主任委员:郭翼青　赵恒波
郎文杰
市人大农业与农村委
主任委员:郭君达
副主任委员:董文志　王　谦
张慧娟
副主任:张　鑫
市人大环资委
主任委员:张伟明
副主任委员:王毅明　赵正心
刘阁臣　黄　颖
市人大教科文卫委
主任委员:李　铁
副主任委员:唐　励　陈玉海
范　丽
副主任:韩绍龙
市人大民侨外委
主任委员:崔敬禹
副主任委员:郑继俊　朱　杰
金光爱
副主任:范泉水
市人大法制委
主任委员:陈维忠
副主任委员:王　桅　张良荣
李　萍　刘　野
副主任:张桂林
市人大常委会办公厅
主　任:孟昭贵
副主任:袁立斌　姜　欣
范景伟
市人大常委会信访办
主　任:顾元明
市人大常委会人事工委
主　任:王柏岩
副主任:王　义　李　玉
市人大常委会研究室
主　任:王建国
副主任:郭玉春
市人大常委会开发区工委
主　任:金　平
市人大常委会预算工委
副主任:杨博览
市政府
秘书长:连茂君
副秘书长:肖　枫(兼)　张士勇
董文秋　公维伦
陈　军　于沈光
曲向军　程晓龙
闫卫东　张广印
高　杨　曹　鹏
董　峰　王新北
陈　阳
市政府办公厅
主　任:肖　枫
副主任:孙振山(兼)　李世勇
孙鸿庆　葛　明
纪检组组长:孙国远
市政府参事室
主　任:张　荣
市政府应急办
专职副主任:闫占峰
市政府督查室
主　任:孙振山
督查专员:邸　峻　彭岩峰
市政府驻北京办
主任、党组书记:李国栋
市政府驻上海办
主　任:刘　帅
市政府驻浙江办
主　任:高　岩
市政府驻闽南办(福建办)
主　任:刘振宁
市政府驻深圳办(广东办、香港经贸代表处)
主　任:叶天勇
市民委(市宗教局)
主任(局长)、党组书记:张昕光
副主任(副局长):金　翔　关艳萍
市公安局
副局长:闫守国　刘晓竞
孙建军　王晓刚
张振铎　邓万宏
王佩军　王晓东
孟　炜
纪委书记:田　维
政治部主任:赵金府
工会主席:崔明秀
指挥中心主任:于　江
警务保障部主任:吴东风
警卫处处长:王景林
消防支队政治委员:牛晋丛
交警支队支队长:尤泽余
政委:刘克军
巡警支队支队长:王大海
政委:刘秀娟
刑警支队支队长:李学民
政委:秦　牧
特警支队支队长:郑　义
政委:张明杰
治安支队支队长:赵　跃
政委:刘晓光
技侦支队支队长:朴　强
政委:金维民
国保支队支队长:蹇　威
政委:贾连成

监管支队支队长:刘 学
政委:温志成
反恐支队支队长:刘志海
政委:陈景哲
辽河保护区分局局长:窦鸿良
政委:王 涛
公交(地铁)分局局长:唐继栋
政委:关立光
禁毒支队支队长:赵秀海
经侦支队支队长:裴学臣
政委:程 山
和平分局局长:董德高
政委:邹 飞
铁西分局局长:曹力钧
政委:徐恩普
沈河分局局长:郭忠涛
政委:徐 洪
皇姑分局局长:牟国明
政委:张野驰
大东分局局长:董 斌
政委:李钢城
东陵(浑南)分局局长:高玉斌
政委:王效伟
于洪分局局长:战 涛
政委:穆 雷
苏家屯分局局长:宁 勇
政委:周小龙
沈北新区分局局长:关 强
政委:陈亚明
北站地区分局局长:杜宏达
政委:刘牧野
经济技术开发区分局局长:年 军
政委:吴东林
市维稳办常务副主任:孙建军
副主任:蹇 威 曲廷会
王世辉

市民政局
局长、党组副书记:刘 祥
党组书记、副局长:张 哲
副局长:李东辉 冯 凯
陈连宽 徐 阳
纪检组组长:王 宏
老龄工作办主任:关赞梅

市司法局
局长、党组副书记:董开德
党组书记:郑朝权
副局长:许树文 刘 晶
刘 京
政治部主任:庞 挺
纪检组组长:陶克辉

市人力资源社会保障局
局长、党组书记:徐凤翔
副局长:王 军 杨顺昌
冯 志 魏喜春
王 群
纪检组组长:张 强
就业和人才服务局局长:张剑光
外专局副局长:王义东
社会医疗保险管理局局长:韩春丽
社会养老和工伤保险管理局
党委书记:乔佐文
局长:蒋晶磊
军转办主任:崔剑平
劳动监察局局长:岳茂新
市劳动人事争议仲裁院
院长:金 凡
正局级待遇:孟庆伟

市体育局
局长、党组书记:程晓龙
副局长:张心江 张晓权
马 强

市人口计生委
主 任:徐爱秋
党组书记、副主任:赵月英
副主任:毛印百 刘桂荣

市外办
主任、党组书记:方向东
副主任:罗 丽 孙 利
马立新 周宝峰
纪检组组长:边国江
对外友协秘书长:方向东(兼)
副秘书长:王子江
东北亚论坛秘书处
副秘书长:李 榕

市信访局
局长、党组书记:陈国强
副局长:张雅书 何 畏
张 虹 刘 军
王 静
纪检组组长:梁 威

市法制办
主任、党组书记:王武范
副主任:裴胡锁 宋坤赤
正局级待遇:于海鹰
市仲裁办主任:王武范
副主任:韩庆升

市政府研究室
主任、党组书记:赵 斌
副主任:孙玉娟 穆淑娟

市政务服务办(市公共资源交易办)
主任、党组书记:邹 昊
副主任:崔 放 付晓慧
龙 加
纪检检组长:张超波

市发展改革委
副主任、党组副书记:何献俊
副主任:李忠信 于 沈
赵继凯 孙大军
梁洪杰 程 育
闫凤和 胡旺阳
王政宇
纪检组组长:马学山
总经济师:刘伟奇
重点项目管理办主任:杨廷威
重点项目稽查办主任:李 涓
沈阳经济区工作办主任:梁洪杰
金融合作协调办副主任:张洪涛
医改办副主任:张 明
绿色工程领导小组办公室
主任:孙洪科
铁改总公司副总经理:李 雷

市经济和信息化委
主任、党组书记:隋 莉
副主任、党组副书记:陈大为
副主任:刘玉新 葛 苏
孟 然 刘永熙
曹晓玲 栗文安
张文国 李 芃
老干部局局长:李越力
世行办副主任:马 征
机电设备招标公司
副总经理:宋 军 曹慧卿
鞠秀智 胥 薇
技改基金办主任:马 征

市教育局(市委教科工委)
局长、教科工委书记:苏文捷
副局长:张振忠 沙 钢
倪 左 胡长胜
张晓军
副书记:张 恩 齐 舒

市政府教育督导室
主 任:张振忠
副主任:倪 左 刘 辉
高 琛 刘志民

市招考办
主 任:赵仁君
副主任:郑 卫

市科技局(市知识产权局)
局长、党组书记:宋锡坤
副局长:吴希平　王义清
郭玉福
纪检组组长:张引平
沈阳科学技术总院
院　长:吴希平
副院长:于　胜
市财政局
局长、党组书记:陈　勇
副局长、党组副书记:张恒玺
副局长:吴景峰　卢　俊
吴　玲
市资金办副主任:刘莹光
总会计师:张　弘
市投融资管理中心副主任:刘锦荣
纪检组组长:陈　青
市投融资管理中心
主　任:吴景峰
副主任:刘锦荣　牛　良
市农村综合改革办公室
主　任:赵　霞
市财政监督检查局
局长:孙　丽
市规划国土局(市地理信息局)
局长、党组书记:李　强
副局长:严文复　曾庆元
沈　跃　武利华
曲长令　赵　辉
土地交易中心主任:李逸群
总规划师:于丽新
纪检组组长:刘　岩
土地储备中心主任:刘镇川
市环保局
局长、党组书记:李　超
副局长:蒋颂杰　丁洪彦
李　刚　王　阳
总工程师:王　莉
纪检组组长:张　浩
市建委
主任、党组书记:于振明
党组副书记、纪检组组长:孙公卿
副主任:鲁　博　张志刚
马　达　陈　涛
隋明悦　崔雪东
总工程师:孙百如
工会主席:张海伏
市村镇建设办
主　任:张雪松
市地源热泵办公室
专职副主任:张振宁
市现代建筑产业化管理办公室
主　任:居理宏
市快速干道建设指挥部
副总指挥:张伯辽
市城管局
局长、党组副书记:孙晓光
党组书记、副局长:王海玉
副局长:罗光祥　姚　敏
矫　琚　刘　伟
总工程师:李荣波
工会主席:李晓东
纪检组组长:商雅林
市执法局
局长、党组副书记:孙　明
党组书记、纪检组组长:罗建春
副局长:张长胜　徐　强
丁奇志
市房产局
局长、党组书记:纪　凯
副局长、党组副书记:何　军
副局长:范　民　王　镭
侯　冰
总工程师:刘　戈
纪检组组长:张　雷
市交通局
局长、党组副书记:李宏德
党组书记、副局长:余新民
党组副书记、纪检组组长:董　强
副局长:高　虹　石　坚
王晓民　赵　光
工会主席:汤　泓
市城际轨道交通办副主任:左志清
市农经委
主任、党组书记:郭向文
副主任、党组副书记:陈双伟
副主任:朱文波　张俊华
李　晔　邸瑞峰
张丽君
新农村建设办副主任:李春禄
纪检组组长:王长国
市水利局
局长、党组书记:衣　甫
副局长:石　军　赵晓明
防汛抗旱指挥部办公室
主　任:杨绍华
市林业局
局长、党组书记:陈建智
副局长、党组副书记:房东辉
副局长:付毅慧　张国强
叶　舒
森林公安局局长:张国强
市粮食局
局长、党组副书记:李四文
党组书记:刁永桐
党组副书记、纪检组组长:那崇石
副局长:高　潮　薛春毅
市中小企业局
局长、党组书记:王羽轻
副局长、党组副书记:王晓林
副局长:关　怀　岳贵君
市服务业委
主任、党组书记:李　军
副主任:马　闯　石宝晔
于喆光　张　利
李　斌
纪检组组长:任凤云
市外经贸局
局长、党组书记:高　航
副局长、党组副书记:李　屹
副局长:米鸿森　崔建英
赵　烈　宋　超
高　斌　李旭臣
纪检组组长:凌伯山
驻日本经贸代表处主任:王晶莹
副主任:马　宁
驻欧洲招商代表处主任:李雪梅
驻韩国经贸代表处副主任:孙锦花
朴京善
驻欧洲经贸代表处主任:杨耀志
驻美国经贸代表处主任:杨　卓
市文广局
局长、党组书记:冯　彦
党组副书记:杜春华
副局长:杨　弘　李虹伟
宋振虹　王建华
张宪宏　马　今
纪检组组长:李国宏
市文化市场行政执法总队
总队长:轩维平
市旅游局
局　长:于　龙
党组书记:黄　立
副局长:刘延民　刘智勇
王华锋
市卫生局
局长、党组书记:闫　石

党组副书记：都英杰
副局长：赵 午 裴庆双
苏立明 许 明
丛雪枫
纪检组组长：刘 虹
市疾病预防控制中心
主 任：董丽君
党委书记：张春青
市食品安全委员会办公室
专职副主任：王长钟
市审计局
局长、党组副书记：韩 力
党组书记：毕华峰
副局长：陈玉涛 高洪光
刘宝石 周成铀
纪检组组长：张秋艳
市经济责任审计联席会议办公室
主任：石静华
市质监局
局长、党组书记：陈 弘
副局长、党组副书记：于 力
副局长：石晓峰 刘 波
黄志勇
市食品药品监管局
局长、党组书记：王黎宁
副局长、党组副书记：张立文
副局长：李蔚天 袁 革
纪检组组长：王世林
市统计局
局长、党组书记：李长斌
副局长：陈伟昌 李争时
董 玥
市安监局
局长、党组书记：陈 杰
副局长、党组副书记：陈树奎
副局长：孙有铁 庆会利
纪检组组长：刘 强
总工程师：谢 辉
市金融办
主任、党组书记：马智天
副主任：宁 纯 那 娜
赵永强
市人防办
主任、党组书记：徐学东
党组副书记、纪检组组长：杨淑君
副主任：侯树纲 牛 勇
总工程师：冯 勇
市国资委
主任、党委书记：刘彦学
副主任、党委副书记：张殿军
党委副书记、纪委书记：张顺成
副主任：孟 宏 郭志祥
吴向国 刘延辉
梁炳欣
工会主席：牟 莉
沈阳联合产权交易所
主 任：王琳琳
市国有企业监事会工作办公室
专职监事会主席：杨志安
赵庆春
赵庆文
刘 聪
李 军
王军锋
市工商局
局长、党组书记：许艺伟
副局长、党组副书记：张国宾
纪检组组长：白冬生
副局长：杨利群 王伟民
杨述静 王延学
市物价局
党组书记：杨洪峰
局 长：赵继凯
副局长：关嘉玉
市畜牧兽医局
局长、党组书记：朱文波
副局长：杨松林 孙可兵
市资金办
主 任：陈 勇
副主任：刘莹光
市政协
秘书长：徐大地
副秘书长：祁荣安 李 力
赵永宪 孙元志
李宏吉
市政府参事：张绪进
市政协提案委
主 任：马建萍
副主任：苏效众
市政协经济委
副主任：薛 野
市政协人口资源环境和城乡建设委
主 任：王晓非
市政协教科文卫体委
主 任：李 力
副主任：李 彤
市政协社会和法制委
主 任：王文忠
市政协民族和宗教委员会
主 任：刘仁刚
市政协学习宣传文史委
主 任：石 敏
市政协港奥台侨与外事委
主 任：祁荣安
市政协委员工作委
主 任：秦焕凤
副主任：陈 辉
市政协办公厅
副主任：宗景海
副主任：孙立河
市政协研究室
主 任：周 斌
副主任：隋吉行
市政协开发区工委
主 任：王 杰
市法院
副院长、党组副书记：杨欲兵
副院长：孙淑华 孔 岩
张延丹
政治部主任：聂雪松
纪检组组长：杨 丽
监察专员：田爱群
市法院执行局
局 长：白云良
政 委：吴红专
市法院审判委员会
专职委员：曲阿翔 王世光
任 燕
沈阳经济技术开发区人民法院
院 长：王文艳
沈阳高新技术产业开发区人民法院
院长、党组书记：宋丽君
市检察院
副检察长、党组副书记：许传钊
副检察长：梁建勇 王 勇
高 峰 贾海洋
政治部主任：李冠山
纪检组组长：李 然
监察专员：魏武宁
市检察院反贪污贿赂局
局长：刘祥耀
市检察院反渎职侵权局
局长：刘晓东
市检察院检察委员会
专职委员：李雅君
市城郊检察院
检察长：肖 爽

沈阳经济技术开发区人民检察院
检察长:韩 壮
沈阳高新区人民检察院
检察长:方世义

市总工会
副主席、党组副书记:周荣生
党组副书记:赵春平
副主席:张 梅 段 阳
曹 洪 王 勤
杨顺昌 韩玉芹
党组成员:邵敬联
纪检组组长:王 静
农民工维权中心主任:傅宏宇
经费审查委员会主任:陈国青

团市委
书记、党组书记:王志刚
副书记、党组副书记:赵永圣
副书记:吴 波 张 德
马 宁

市妇联
主席、党组书记:初立华
副主席:刘 文 韩玉芹
张怡文 段 阳
高 峰 韩春丽

市科协
党组书记、副主席:韩燕子
副主席:张丽茹 李宏印
吕 波

市社科联
副主席、党组书记:张 涛
副主席:刘庚杰

市文联
主席、党组书记:关蓉晖
副主席:王哲年 王英辉

市侨联
主席、党组书记:王庆伟

市台联
党组书记:杨志宏
驻会副会长:廖艳芳

市残联
理事长、党组书记:陶庆才
副理事长、党组副书记:孙淑君
副理事长:马爱民 才 利
纪检组组长:王伟华

市贸促会
会 长:赵 凯
党组书记:闫凤霞
副会长:常 亮 王丽杰

市工商联
主 席:李卓然
党组书记:李书鲤
副主席:王 罡 王英勤
闫守祝

市红十字会
副会长、党组书记:宿 鲁

沈阳市委党校(沈阳行政学院、沈阳市社会主义学院)
常务副校(院)长:徐兴家
副校(院)长:李振林 王传民
陈 静 孙德平
校委委员:王凤敏 阎质杰

沈阳市委党史研究室
主 任:赵 阳
副主任:鲁 颖 金国范

沈阳市档案局(馆)
局(馆)长、党组书记:荆绍福
副局(馆)长:赵建伟 马凤云

沈阳市地震局
局长、党组书记:程文海
副局长:石盛昌

沈阳市地方志办公室
主 任:吴 歌
副主任:孙 勇

沈阳市接待办公室
主任、党组书记:王新北
副主任:赵 丹 杨 良

沈阳市文史研究馆
馆 长:许光明
副馆长:王 鑫

沈阳市供销合作社联合社
主任、党组副书记:王帅英
党组书记、副主任:王兴国
副主任:孔德树 侯景林
刘 成 王玉晗
林福国
纪检组组长:邓 颂

沈阳公共资源交易中心
主任、党组书记:许 健
副主任:张学伟 赵丹宁

沈阳住房公积金管理中心
主任、党组书记:唐玉辉
副主任:刘旭辉 王 彦
纪检组组长:富晓露

沈阳市辽河保护区管理局
局长、党组书记:陈 勇
副局长:姜 涛 孙 博
窦鸿良

沈阳市地铁建设指挥部
总指挥、党组书记:卢春风
常务副总指挥、党组副书记:王 刚
纪检组组长:赵 旸
副总指挥:仝学让 张 锐
邱 耘
总经济师:岳红旗
总工程师:高云胜

沈阳日报报业集团
总裁、党委书记、总编辑:姜 军
党委副书记、副总编辑:陈 波
党委副书记、纪委书记:佟伟仁
副总裁:兰宝刚 吴秀娥
罗宪杰 李 兵

沈阳广播电视台
台长、党委书记:张东毅
总编辑、党委副书记:李依群
副台长:廉 杨 贾 欧
关 金 陈 真
纪委书记:张复忠

沈阳大学
党委书记:张世斌
校 长:李 峰
党委副书记、纪委书记:王明友
党委副书记、副校长:李 鹏
副校长:李露萍 刘克斌
王晓初 原忠虎
王淑梅

沈阳医学院
党委书记:闫 石
院长、党委副书记:肖纯凌
党委副书记、纪委书记:王凯军
副院长:朱启文 刘成果
任 冰 韩 松
毕 建

沈阳广播电视大学
党委书记:阴训法
校长、党委副书记:王 滨
党委副书记、纪委书记:曾丽艳
副校长:周东辉 游 洪
樊 杰 吕玉明

沈阳职业技术学院
党委书记:高秀兰
院长、党委副书记:张黎明
党委副书记、纪委书记:杨 明
副院长:李晓峰 夏宗光
李 静 管俊杰

沈阳中兴商业集团有限公司
董事长、党委书记:刘芝旭
总经理:李文鹤

副总经理：高　仲　屈大勇
朱会君　陶连杰
迟海林
党委副书记、纪委书记：曹　青

沈阳副食集团公司
董事长、党委书记：李　军
总经理、党委副书记：刘玉东
副总经理：张定国　仉树立
顾清华
纪委书记：杨万年

沈阳物资集团有限责任公司
董事长、党委书记：孟凡凯
总经理、党委副书记：孙忠霖
副总经理：杨艳华　尚　皓
申　勇　王纯利

沈阳水务集团有限公司
董事长、党委书记：张国祥
总经理、党委副书记：陈显利
副总经理：张英健　闫　明
张亚峰　刘　石
赵　雷　王　毅
工会主席：邹　军
党委副书记、纪委书记：汪　丽

中国沈阳国际经济技术合作公司
总经理：唐乐珍
副总经理：范希臣　任月强
王宝东
党委副书记、纪委书记：王红军

盛京银行股份有限公司
董事长、党委书记：张玉坤
行　长：王春生
监事长：杨　林
党委副书记、工会主席：黄永久
副行长：赵光伟　王亦工
吴　刚
总稽核、纪委书记：胡　光

沈阳机床（集团）有限责任公司
董事长、党委书记：关锡友
总经理、党委副书记：刘鹤群

东北制药集团有限责任公司
董事长、党委书记：魏海军
总经理、党委副书记：汲　涌
副总经理：周　凯　刘　琰
孙景成
工会主席：王　燕
保留市管企业副职待遇：张正伟
党委副书记、纪委书记：吴　涛

北方重工集团有限公司
董事长、总经理：耿洪臣
党委书记、副董事长：金光根

沈阳鼓风机集团股份有限公司
董事长、党委书记：苏永强

沈阳基础产业建设发展集团有限公司
董事长、总经理：卢　俊
副总经理：李　侠　李治民
李文彦

沈阳产业投资发展集团有限公司
董事长、总经理、党委书记：苏庆祥
副总经理：韩　波　李建伟

沈阳出版发行集团
董事长、党委书记、总经理：王　民
副董事长、副总经理：王　京
副总经理：田雪峰　盛利民
纪委书记、监事会主席：郑索军
工会主席：刘　颖

沈阳市装备制造工程学校
校　长：张春雨
党委书记：杨　克

沈阳市化工学校
校　长：胡显伟
党委书记：贲志宇

沈阳现代制造服务学校
校　长：杨维满
党委书记：李富全

沈阳市教育研究院
院　长：符泰民
党委书记：穆道欣

铁　西　区

铁西区委
副书记：刘　斌
常　委：张坚强　杨振清　刘树敏
侯绍立　李宝军　孙常福
赵　安　宁兴华　杨松涛
刘亚杰

铁西区人大
主　任：彭俊和
副主任：姜玉田　李奇星　陈卓桃
陈政卫　刘文博

铁西区政府
常务副区长：刘树敏
副区长：侯绍立　曹力钧　张　明
韩　博　佟　颖　安亩沙
吴旭东

铁西区政协
主　席：王泽胜
副主席：申维民　李海波　金　文
姜晓娟　袁庆伟

铁西区法院
院　长：张东波

铁西区检察院
检察长：邵　杰

沈阳经济技术开发区
常务副主任：张坚强
副主任：王玉辰　黄士硕　李　慈
张洪利　李景祥
总工会主席：孟祥锁

沈阳化学工业园
主　任：李纪宁
副主任：王铁利　王林祥

沈阳冶金工业园
副主任：任宝箭　高　潮
李　贤

铁西区纪委
书　记：杨振清

和　平　区

和平区委
书　记：王洪涛
副书记：田　家　王　菁
常　委：吴智丰　袁　柳
孙源志　周以胜
厉　馨　权晓艳
黄福生　解润泽

和平区人大
主　任：张维伦
副主任：马英奎　李艳萍
张　伟　詹爱云
金　川

和平区政府
区　长：田　家
常务副区长：孙源志
副区长：宋　丽　朱　翎
吴开华　王泓伟
董德高

和平区政协
主　席：孔　羽
副主席：李红光　康景波
初良广　李红实
朴哲虎

和平区法院
院　长：李清杰

和平区检察院
检察长：史启林

沈阳蓝海经济区管委会

常务副主任：杨 树

沈阳长白岛管委会

主 任：田 家

副主任：周以胜 杨 波 荆 伟

沈阳满融经济区管委会

主 任：田 家

和平区纪委

书 记：厉 馨

沈 河 区

沈河区委

书 记：王 健

副书记：曾 波 蔡效军

常 委：崔 隆 张明强 王志刚 王 林 孙伟山 杨文凯 骆 颖 赵立伏

沈河区人大

主 任：吴晓冰

副主任：王敬党 高 璇 张怡中 巩俊海 桑玺元

沈河区政府

区 长：曾 波

副区长：孙伟山 董雪峰 田晓晶 徐 强 袁长跃 郭忠涛

沈河区政协

主 席：赵玉文

副主席：任永辉 戴丽梅 王卓刚 李 哲 刘 颖

沈河区法院

院 长：李万涛

沈河区检察院

检察长：黄 伟

沈阳金融商贸开发区管委会

党组书记：王 健

主 任：李晓东

副主任：曹连全 杜宏达 王 旭 吴 军

沈河区纪委

书 记：崔 隆

大 东 区

大东区委

书 记：王 健

副书记：李 军 陈玉光

常 委：王庆海 刘志寰 冷雪峰 杨大巍 张鸿雁 王永刚 叶 胜 刘凤岐

大东区人大

主 任：白 实

副主任：孙良法 哈 林 许国安 刘希刚

大东区政府

区 长：李 军

副区长：王庆海 张艳红 董 斌 孟广川 栾 峰 牟丽博

大东区政协

主 席：陈 列

副主席：王芝庭 邢 军 郭 玲 康长安 田 亮

大东区法院

院 长：朱晓光

大东区检察院

检察长：田桂娟

沈阳——欧盟经济开发区管委会

主 任：李英华

副主任：王 东 赵 韬 杜献忠 盛 力 高 岩

大东区纪委

书 记：刘凤岐

皇 姑 区

皇姑区委

副书记：李鹏宇 刘守宇

常 委：于明海 张红军 李 凯 林学家 刘占福 谷军营 潘晓宏 蔡云波

皇姑区人大

主 任：柏 野

副主任：石宝焕 齐 放 赵晓明 张传东 邓 华

皇姑区政府

区 长：李鹏宇

副区长：李 凯 吴 迪 贺 燕 牟国明 戴纪锋 唐 纲

皇姑区政协

主 席：张黎光

副主席：徐国瑾 李 跃 蓝东芝 常胜权 刘庆瑞

皇姑区法院

院 长：张立斌

皇姑区检察院

检察长：徐宏捷

皇姑北部经济区管委会

主 任：高政威

皇姑区纪委

书 记：于明海

东 陵 区

东陵区（浑南新区）委

副书记：吕 凡 白风华 李桂盛

常 委：郭士全 高华山 孙晓慧 王信权 纪德宇 李广杰 林宇航 周再强

东陵区（浑南新区）人大

主 任：贺程鹏

副主任：孙 敏 朱 杰 唐绍远 刘汉君 赵恒君

东陵区（浑南新区）政府

区 长：吕 凡

副区长：李桂盛 顾 瑛 徐 强 孙含欣 陆长春 汪德军

东陵区（浑南新区）政协

主 席：罗颖力

副主席：隆 楠 宋崴嵬 郭福有 苏丽岩 郑向东

东陵区（浑南新区）法院

院 长：程起华

东陵区（浑南新区）检察院

检察长：吴 波

浑南新区（沈阳高新区）管委会

主 任：吕 凡

党工委副书记：白风华 李桂盛

副主任：银 鹰 郝 欣 方铁林 金光熙 高玉斌 刘绍东 裴希岩 周 武

纪工委书记：高华山

工会主席：王颖坤

国家大学科技城管委会

主 任：郝 欣

副主任：赵 戈 任立辉 张书炜 张奎夫

沈抚新城管委会

主　任:方铁林

副主任:高　峰　徐　莉　卫大同　范光跃　焦志勇

浑南国际新兴产业园区管委会

主　任:裴希岩

副主任:杨　琦

浑南现代商贸区管委会

主　任:刘绍东

副主任:郝　毅　乔　伟

浑南现代农业示范区管委会

主　任:周　武

浑南生态观光区管委会

主　任:刘建立

三好街高科技园区

主　任:孙　红

棋盘山风景名胜区管理局

局　长:吕　凡

常务副局长:洪　波

副局长:钱乃生　吴　琼

泗水科技新城管委会

主　任:高　峰

副主任:刘凤楠　孙维华

东陵区(浑南新区)纪委

书　记:高华山

于　洪　区

于洪区委

书　记:戴贺臣

副书记:王忠昆　姜　雷

常　委:戚　宇　赵胜龄　黄宝晖　赵伟祺　郭忠孝　张海涛　戴英杰　李英明

于洪区人大

主　任:孙铁夫

副主任:刘俊英　曲万成　黄　斌　宋　威　马占信

于洪区政府

区　长:王忠昆

常务副区长:戚　宇

副区长:郭忠孝　战　涛　崔　颖　罗丽萍　张　泰　白　纯

于洪区政协

主　席:刘　虹

副主席:付彦明　韩立克　何　伟　刘志强　李永贺

于洪区法院

院　长:李　阳

于洪区检察院

检察长:徐　适

光辉现代农业示范区管委会

主　任:王忠昆

常务副主任:史仕成

副主任:夏君轶　卢文经　曹承佳

党工委副书记、纪工委书记:黄　强

北陵国家星火技术密集区管委会

主　任:胡　良

大工业区管委会

主　任:王忠昆

副主任:李福天　焦　奡

丁香湖新城管委会

主　任:王忠昆

副主任:石广鹏

于洪区纪委

书　记:张海涛

苏家屯区

苏家屯区委

书　记:赵世宏

副书记:蹇　骞　侯晓东

常　委:程　心　赵志坚　徐晓勇　王德利　王海波　刘显锋　李志强　刘学政

苏家屯区人大

主　任:李剑秋

副主任:赵德林　魏邦伟　孟令山　沈风娟　何有祥

苏家屯区政府

区　长:蹇　骞

常务副区长:徐晓勇

副区长:刘金英　王志刚　宁　勇　王知非　王兆生

苏家屯区政协

主　席:李洪吉

副主席:郝巨东　田志远　羿冰华　关　英　崔浩然

苏家屯区法院

院　长:高铁军

苏家屯区检察院

检察长:张丰才

浑河新城管委会

主　任:蹇　骞

副主任:张信宇　吴旭日　佟文刚

苏家屯区纪委

书　记:王海波

副书记:郑立军　于文武

沈北新区

沈北新区区委

副书记:金志生　刘东耀

常　委:陈国聆　金玉龙　刘克武　蒋　勇　杨宇光　衣丽娜　刘　欣　陈　亮　李　盛　董新伟

沈北新区人大

主　任:陈　航

副主任:王　艳　曹永刚　韩奎全　付献春　李春鹏

沈北新区政府

区　长:金志生

副区长:金玉龙　刘克武　侯　巍　关　强　方万斌　张　玲

沈北新区政协

主　席:于宜贤

副主席:孙兴武　周海杰　魏庆杰　王凤久　吴凤立

沈北新区法院

院　长:侯献生

沈北新区检察院

检察长:孟秋野

蒲河新城管委会

党工委副书记、主任:金志生

党工委书记:刘东耀

常务副主任、党工委副书记:周鹏举

党工委副书记:宋永贵

副主任:甄　晖　卜世杰　李　莹

沈北新区纪委
书　记:杨宇光

辽　中　县

辽中县委
书　记:陈世海
副书记:张江徽　姜　涛
常　委:翟　克　丁　宇
葛海军　马立伟
陶志伟　高　东
孙宪锋　王洪超
辽中县人大
主　任:张作武
副主任:闵加奇　年桂菊
李徽章　王玉杰
辽中县政府
县　长:张江徽
常务副县长:丁　宇
副县长:葛海军　李　诗
张新波　刘艳玲
张　堃　龙宝正
辽中县政协
主　席:沈晓维
副主席:关荣伟　郭　兵
何　岩　万秀英
辽中县法院
院　长:马　巍
辽中县检察院
检察长:颜国军
近海经济区管委会
主　任:张江徽
副主任:张荣国
辽中县纪委
书　记:马立伟

新　民　市

新民市委
副书记:顾少清　邢　鹏
赵志一
常　委:孟繁凯　李淑文
张春彦　邵　锐
宋一甲　张广辉
柴静祥　刘　刚
新民市人大
主　任:杨树德
副主任:吴志中　钱静菊
王昌佑　李泽民
新民市政府
市　长:邢　鹏
副市长:宋一甲　孟繁凯
范庆军　王宏伟
李晓萌　曾　彦
刘谋兴　才昂南杰
新民市政协
主　席:吕建伟
副主席:徐占海　赵　潇
赵红霞　安　秋
新民市法院
院　长:樊志军
新民市检察院
检察长:张遂志
胡台新城管委会
主　任:邢　鹏
副主任:孙海燕　吴绍斌
佟宏伟
新民经济开发区管委会
主　任:郭浩然
新民市纪委
书　记:刘　刚
副书记:曹庆伟　王德来

法　库　县

法库县委
副书记:陈佳标　周长旭
常　委:刘连恒　段秀华
苗初印　赵　丹
林　涛　周　左
郝志文　付玉来
法库县人大
主　任:徐凤贵
副主任:银海泉　王树生
段绍英　何云波
法库县政府
县　长:陈佳标
常务副县长:林　涛
副县长:苗初印　盖燕风
王冠木　杜　波
鄂继怀　薛　文
法库县政协
副主席:乔治国　田久荣
王桂艳　陈宝良
法库县法院
院　长:王文革
法库县检察院
检察长:靳　伟
法库通用航空产业基地管委会
主　任:陈佳标
常务副主任:王大为
法库经济开发区管委会
主　任:姜春杰
法库县纪委
书　记:郝志文

康　平　县

康平县委
书　记:王一兵
副书记:李晓航　尹　凛
常　委:王一平　代国斌
吕明臣　张继明
刘景山　高　原
林　海　金维中
康平县人大
主　任:田百祥
副主任:安景才　李奎兴
田立爽　刘　财
康平县政府
县　长:李晓航
常务副县长:吕明臣
副县长:张继明　孔德军
包艳艳　张　龙
王天明
康平县政协
主　席:李鸿志
副主席:张首先　葛　峰
窦海龙　杨　泉
康平县法院
院　长:张　宁
康平县检察院
检察长:赵永林
康平经济开发区管委会
主　任:魏继彦
康平县纪委
书　记:代国斌
副书记:黄立国　黄　明
综合保税区管委会
常务副主任、党组副书记:刘澜波
副主任:张江徽　赖立明
徐　磊　王晓伟

[注]此名单依据2013年12月31日在职干部名册列出,由市委组织部提供。

光 荣 榜

全国"五一"劳动奖状

沈阳远大企业集团

全国"五一"劳动奖章

周 正	沈阳市大东区房产局热力供暖公司三所所长
郭洪江	新民市市政工程管理处主任
李志强	中航工业沈阳黎明航空发动机(集团)有限责任公司发动机装配厂总装班班长
张腾蛟	沈阳鼓风机集团股份有限公司总装车间焊工
王丽芳	沈阳机床股份有限公司工业服务事业部副经理
陈雪娇	兴隆大家庭购物中心有限公司黄金屋商场金条柜组营业员
任炳文	中国建筑东北设计研究院有限公司副总建筑师
李铁男	沈阳市第七人民医院院长
冯 凝	沈阳市东陵区(浑南新区)教育局局长
郭宝林	沈阳辽冶重工机械制造有限公司董事长
牛 冲	沈阳市都市绿洲生态美食广场出品总监

全国工人先锋号

普利司通(沈阳)轮胎有限公司制造一课C班

中航工业沈阳飞机工业(集团)有限公司数控加工厂王刚班

沈阳鼓风机集团股份有限公司转子车间

沈阳中发粮油食品总公司检验计量班组

沈阳水务集团有限公司新南塔水源班组

沈阳炼焦煤气有限公司炼焦车间热调工段

辽宁省"五一"劳动奖状

沈阳市和平区教育局

沈阳机床股份有限公司中捷立式加工中心分公司

沈阳农业大学

沈阳铸造研究所

沈阳中海新海汇置业有限公司

国电沈阳热电有限公司

沈阳市公安局刑事警察支队

辽宁省"五一"劳动奖章

初大龙	沈阳市城市管理行政执法局和平分局管理科科长
魏辉艰	沈阳夏云龙房屋修缮有限公司工人
陈冬梅(女)	沈阳市铁西区勋望小学校长
路忠郊	沈阳市大东区城管局汽车一队工人
王淑敏(女)	沈阳市于洪社区卫生服务中心副主任
刘金生	沈阳市第六十九中学教师
任泽民	康平县人民医院骨科主任
曹海波	中航工业沈阳黎明航空发动机(集团)有限责任公司盘轴加工厂工人
邱 文(女)	中国移动通信集团辽宁有限公司沈阳分公司网络规划管理员
周海辉	沈阳华晨金杯汽车有限公司总装一车间设备主管
杨广明	沈阳机床股份有限公司沈一车床厂普车线经理
纪 伟	上海通用(沈阳)北盛汽车有限公司总装车间返修工段工人
管连霞(女)	法库县中心医院党总支副书记
刘洪清(女)	沈阳市和平区教师进修学校校长
李德东	交通银行股份有限公司沈阳铁西支行公司业务部管理经理
刘加保	沈阳经纬客运有限公司驾驶员
宗亚超	国网沈阳供电公司大东分公司抄表一班班长
鲁振伟	沈阳市公安局沈河分局五里河派出所副教导员
张 蓉(女)	沈阳家乐福商业有限公司税务经理
许炳新	中建三局沈阳市市府恒隆项目部经理
神克柱	沈阳市和平区城管局机械化作业队工人
郭绍武	沈阳市皇姑区明廉特色商业区主任兼明廉街道党工委书记
张春梅(女)	传奇电气(沈阳)有限公司工会主席
刘建昌	东北大学信息学院院长
王世杰	沈阳工业大学机械工程学院院长
宫运福	沈阳圣达热力供暖有限责任公司圣为热源厂副厂长
王恩华	中国医科大学基础医学院院长
宋晓利	沈阳悦达置业发展有限公司经理
吴长青	沈阳市艾克电缆厂经理
宋 彪	沈阳中辰钢结构工程有限公司董事长
房志坚	中国北车集团沈阳机车车辆有限责任公司董事长
王绍民	沈阳热电厂厂长

辽宁省工人先锋号

中共沈阳市沈河区委、沈河区人民政府信访局信访受理科

博宇金属股份有限公司ERP事业部

辽宁东鹰电器集团有限公司结构车间
沈阳市苏家屯国家税务局办税服务厅
沈阳东新药业有限公司提取车间
沈阳星河铜业有限公司铜带车间
中国联合网络通信有限公司沈阳市分公司设备维护中心
东北制药集团沈阳第一制药有限公司102车间冻干生产线
上海通用(沈阳)北盛汽车有限公司冲压车间模修工段
特变电工沈阳变压器集团有限公司大型项目公司
红塔辽宁烟草有限责任公司沈阳卷烟厂卷包车间维保组
沈阳市金融护卫中心驻招商银行辽OA1292车组
国网辽中县供电公司养士堡镇供电所
沈阳市大辛生活垃圾处理场污水处理厂
沈阳地铁集团有限公司运营分公司车辆部检修车间日检A班
国电沈阳热电有限公司燃料管理部煤化验班
沈阳市规划和国土资源局皇姑分局规划科

沈阳市特等劳动模范

盖立亚(女) 沈阳第一机床厂技术部部长
李晓亮　中航工业沈阳飞机工业(集团)有限公司数控加工厂先锋班数控铣工
杨　森　中航工业沈阳黎明航空发动机(集团)有限责任公司董事长、党委书记
马长好　沈阳鼓风机集团股份有限公司转子车间数控车工
朱宗宝　东北制药集团股份有限公司原料药生产事业部207车间二工段工段长
张　珂　沈阳建筑大学交通与机械工程学院副院长
李宜荣(女) 中兴-沈阳商业大厦(集团)股份有限公司男装卖区创世品牌营业员
王靖昊　沈阳安运公共交通有限公司115线路小队长
尤泽余　市公安局交警支队支队长
赵兴华　法库县大孤家子镇路家房申村党支部书记

沈阳市劳动模范

洪家光　中航工业沈阳黎明航空发动机(集团)有限责任公司工装制造厂夹具工部一工段车工班车工
李玉文　辽沈工业集团有限公司研发中心设计室主任
王宝新　沈阳航天新光集团研发中心副主任
张清江　中航工业沈阳兴华航空电器有限责任公司机加分厂钳工班钳工
丁志强　沈阳航天新乐有限责任公司研究所总体室主任
吴学文　中航工业沈阳飞机工业(集团)有限公司数控加工厂王刚班铣工
梁　岩(女) 中航工业沈阳黎明航空发动机(集团)有限责任公司技术部冶金处技术专家
李　玲(女) 辽沈工业集团有限公司检验部技术四室主任
郭洪杰(女) 中航工业沈阳飞机工业(集团)有限公司新机试制部副主任工程师
宋明冬　中航工业沈阳黎明航空发动机(集团)有限责任公司发动机装配厂传装班技能专家
宫丽平(女) 中航工业沈阳兴华航空电器有限责任公司市场营销部销售员
翟　军　中航工业沈阳黎明航空发动机(集团)有限责任公司质量管理部批产型号处技术专家
隆　泽　中航工业沈阳飞机工业(集团)有限公司技术装备中心模具单元精车班班长
杨文学　中航工业沈阳黎明航空发动机(集团)有限责任公司机匣加工厂数控铣二班加工中心操作工
李　海　中国北车集团沈阳机车车辆有限责任公司制备分厂技术组技术员
梁　军　沈阳造币有限公司技术研究所副所长
倪　军　沈阳航天三菱汽车发动机制造有限公司生产技术准备部设备维修工段工段长
安延峰　中国联合网络通信有限公司沈阳市分公司公众客户响应中心技术主管
王怀武　中国移动通信集团辽宁有限公司沈阳分公司全业务运营中心机务员
张明生　中车集团沈阳汽车车桥制造有限公司副总经理
李　静(女) 辽宁省邮政公司沈阳市分公司金融业务局储蓄员
彭　霞(女) 移动通信集团辽宁有限公司沈阳分公司总经理
曲广富　中国北车集团沈阳机车车辆有限责任公司配修分厂制动缸班班长
李　宁　中国联合网络通信有限公司沈阳市分公司网络管理中心传输网监控部主任
邢　樯　沈阳华润热电有限公司发电部部长
唐　华(女) 省邮政公司沈阳市分公司和平区邮政局副局长
李长强　沈阳飞机工业(集团)有限公司副总经理
沈锡钢　中航工业沈阳发动机设计研究所副所长
王明皓　中航工业沈阳飞机设计研究所副总设计师
康　龙　国电康平发电有限公司总经理
曹茂国　中航工业沈阳发动机设计研究所副总设计师
王　岩　中航工业沈阳飞机设计研究所副总设计师
王恩富　沈阳飞机工业(集团)有限公司工会主席
郭　京　易讯科技股份有限公司副董事长
崔晓春　中航工业空气动力研究院院长助理
陈光伟　中国联合网络通信有限公司新民市分公司经理
佟胜利　际华三五二三特种装备有限公司总经理
吴东生　移动通信集团辽宁有限公司沈阳分公司工会主席
何金结　沈阳辽海装备有限责任公司总经理
王绪军　中航工业沈阳飞机工业(集团)有限公司37厂装配工段工段长
于　忠　沈阳机床股份有限公司沈一车床厂加工运营部ETC及公共加工单元车工

王洪军 沈阳化工股份有限公司聚氯乙烯分厂副厂长
孔令友 中捷机床有限公司落地产品线运营部技术经理
申恩龙 北方重工集团有限公司装卸设备分公司班长
田 丹 东北制药集团沈阳第一制药公司101车间主任
白震国 东北制药集团搬迁指挥部工程部副部长
丛英彪 沈阳金杯车辆制造有限公司微型车设计处处长
刘 威 红塔辽宁烟草有限责任公司沈阳卷烟厂维修工
刘永明 东北制药集团股份有限公司原料药生产事业部205车间主任
刘春雨 沈阳机床股份有限公司中捷立式加工中心事业部杭州区域经理
米忠义 北方重工集团有限公司输送设备分公司车工
孙景阳 沈阳铸锻工业有限公司锻造分公司水压机车间乙班班长
杜光勇 上海通用(沈阳)北盛汽车有限公司油漆车间点修补班班长
李 林 北方重工集团有限公司盾构机分公司配管班班长
李春利 沈阳机床股份有限公司中捷钻镗床厂再制造产品线副部长
邹彦儒 华润雪花啤酒(辽宁)有限公司包装四车间主任
杨 溢 北方重工集团有限公司进出口分公司经理
宋 亮 华晨宝马汽车有限公司铁西涂装车间材料与生产支持部助理经理
张亚琴(女) 沈阳金杯江森自控汽车内饰件有限公司宝马内饰车间主任
马 诚 沈阳鼓风机集团股份有限公司常务副总经理
邵培仁 沈阳鼓风机集团股份有限公司备料车间现图工
姜兴群 华晨中华汽车公司总装车间调试段调试员
高玉国 沈阳金发汽车钢圈制造有限公司生产科科长
曹 丹 华晨宝马汽车有限公司大东工厂总装车间段长
李铁昌 特变电工沈阳变压器集团有限公司副总经理
曹 利(女) 华晨宝马汽车有限公司建筑及设施管理部部长
景 罡 沈阳华晨金杯汽车有限公司涂装车间维修段段长
王 玲(女) 金杯汽车股份有限公司副总裁
王日清 北方重工集团有限公司矿山冶金分公司经理
李忠臣 沈阳化工集团有限公司党委副书记
吴小平 沈阳石蜡化工有限公司副总经理
汪创华 鼓风机集团股份有限公司透平设计院总工程师
张继昌 沈阳机床成套设备有限责任公司经理
姚 勤 上海通用(沈阳)北盛汽车有限公司党委副书记
韩 健 华晨宝马汽车有限公司工会主席
林永忠 特变电工沈阳现代物流国际贸易有限公司董事长
明立军 辽宁丰田金杯技师学院院长
裴禄军 红塔辽宁烟草有限责任公司沈阳卷烟厂党委书记
刘旭东 沈阳同联集团有限公司销售市场协调督导员
张 军 沈阳汽车城管委会经发局综合服务科科长
方庆红 沈阳化工大学材料科学与工程学院院长
王劲松 市红十字会医院骨科副主任
顾晓林 中煤集团沈阳设计研究院有限公司总工办主任
侯雪晨 东北育才学校高中部教师
孙士国 辽宁大学办公室主任
吴硕东 中国医科大学盛京医院胆道血管外科主任医师
王 宇(女) 沈阳师范大学图书馆馆长
吴秀文(女) 市外事服务学校副校长
单连斌 市环境科学研究院水污染防治研究室主任
赵立民 沈阳工业大学教务处处长
姜月秋(女) 沈阳理工大学学科建设处处长
范 瑜(女) 中国医科大学工会副主席
刘春景(女) 新民师范学院附属小学教师
艾延廷 沈阳航空航天大学工程学部副部长
吴文鹏 沈阳民族艺术学校校长
王东明 沈阳传媒网络有限公司建设部主任
许 健 中橡集团沈阳橡胶研究设计院市场开发部主任
郭 萍(女) 市第五十三中学校长
李 威(女) 苏家屯区特殊教育学校校长
王明友 沈阳大学党委副书记
刘 旸 市骨科医院副院长
支 伟 市规划设计研究院副院长
王 红(女) 和平区教育局工会主席
尚涤尘 沈阳工程学院党委副书记
王铁玉 中国医科大学后勤服务集团经理
于京春(女) 中交煤气热力研究设计院有限公司副经理
纪文彬 法库县教育局副局长
刘晓华 鲁迅美术学院党委书记
王建华 东北大学理学院院长
朱 伟 中国刑事警察学院警讯部主任
陈锡民 东软集团股份有限公司高级副总裁
陈毅强 沈阳仪表科学研究院有限公司副经理
高秀兰(女) 沈阳职业技术学院党委书记
徐建军 中国医科大学附属盛京医院工会主席
王铁红 电子科技集团公司第四十七研究所党委副书记
何仲贵 沈阳药科大学辽宁省药物制剂工程技术研究中心主任
欧阳伟 省交通高等专科学校道路桥梁工程系主任
迟维意 沈阳农业大学党委书记
张桂荣(女) 市口腔医院院长
王明宝 中冶沈阳勘察研究总院有限公司党委书记
王雪岩(女) 市环境监测中心站站长
贾 乘 沈阳医学院附属中心医院党委书记
许 斌 辽宁中医药大学附属第四医院院长
赵维江 市共青团实验中学校长
党玉民(女) 市第四人民医院办公室主任
贾同福 沈阳交通技术学校校长
衣 鹏 市外国语学校校长
李凤香(女) 市服装艺术学校校长
张 娟(女) 市胸科医院院长

李　丹(女)沈阳中医院院长
杨　静(女)市实验学校中学部教师
穆亚平(女)市儿童医院院长
栾　笑　大东区教育局基建房产办公室主任
王　凯　和平区南京一校校长
崔　巍　和平区教育局局长
罗　扬(女)市儿童活动中心教师
杭　涛　哈尔滨银行沈阳分行小企业金融服务部小微企业中心经理
谢赞歌　沈阳家乐福商业有限公司风险防范部经理
张　雷　中国邮政储蓄银行沈阳市分行太原街支行信贷员
肖文堂　中国农业银行股份有限公司辽宁省分行营业部副总经理
吴宝俊　沈阳捷洁物业管理有限公司综合维修部主任
高彩玲(女)沈阳生鲜物流配送中心市场有限公司市场部主任
赵　亮　沈阳水产股份有限公司羊吉冷库主任
周　鹏(女)沈阳兴隆大家庭购物中心有限公司营业员
柏松阳　招商银行沈阳分行营业部总经理
赵　娜(女)沈阳大东兴隆百货收银部收款员
刘晓华(女)沈阳铁西百货大楼有限公司副总经理
温广君　中国人民银行沈阳分行营业管理部主任科员
李　宾　沈阳粮油集团有限公司总经理
刘文祥　沈阳钢材配送中心(有限公司)装卸队队长
李　洋(女)交通银行辽宁省分行北站支行综合柜员
王艳菊(女)工商银行辽宁省分行营业部公司业务部副经理
程　宇　沈阳金秋实农资有限公司区域业务员
赵立平　沈阳商业城股份有限公司家电数码商场经理
焦增群　中国邮政储蓄银行沈阳市分行工会副主席
赵　斌　中国石油天然气股份有限公司辽宁沈阳销售分公司副经理
石　阳　盛京银行股份有限公司沈阳市于洪支行行长
袁　奇　沈阳储运集团有限公司工会主席
朱会君(女)中兴－沈阳商业大厦(集团)股份有限公司副总经理
刘正涛　吉林银行股份有限公司沈阳青年大街支行行长
李　航(女)兴隆大家庭购物中心有限公司财务部副总经理
徐银彪　沈阳兴隆大天地购物中心有限公司总经理
于　涛　沈阳商业城股份有限公司招商部经理
徐胜伟　和平区城市管理局环卫汽车队队长
朱翠翠(女)客运集团公司黄河公共汽车分公司217路驾驶员
吕　辉(女)沈阳通利公共交通有限公司222路驾驶员
辛长义　沈阳经纬客运有限公司快客分公司南站车队队长
张德刚　市市政工程养护管理处养护科科长
佟宝昌　沈阳水务集团苏家屯运营分公司维修班班长
刘庆军　燃气集团有限公司铁西营业分公司维修一站站长
刘东冶　燃气集团有限公司管网输配分公司抢修中心队长
潘泳超　国网沈阳供电公司客户服务中心和平分中心(浑南)低压用电检查二班副班长
刘雨声　沈阳地铁集团有限公司运营分公司站务中心主任
杨　烁　市中华劳模出租汽车有限公司志愿服务车队队长
陈　晓(女)中建七局第一建筑有限公司工会女工部部长
王　涛　中建三局东北公司沈阳乐天世界项目部经理
王国平　中铁九局集团第四工程有限公司职工之家项目部经理
杨　剑　市房产局机关党委调研员
张建国　市运河风景管理处主任
陈宏泽　市市政工程建设处副主任
史福庆　沈阳水务集团有限公司排水管理处纪委书记
张　杰(女)沈阳热电厂纪委书记
曲长斌　市房屋登记中心工会主席
吴韶君(女)市出租汽车市场管理办公室副主任
王书兰(女)国电东北环保产业集团有限公司总会计师
郑襄勤(女)市建筑节能墙体材料改革管理办公室副主任
张绿波　市房产局市场产权管理处处长
朱志刚　市公共交通指挥调度中心主任
陆庆轩　市园林科学研究院院长
刘文艳　国电沈阳热电有限公司总经理
张　宇　沈阳客运集团公司236路0037号单车驾驶员
任国文　市房产局工会副主席
仝学让　沈阳地铁集团有限公司副总经理
吕振悦　市交通局行政执法支队支队长
寇占楼　沈阳电业局电气安装公司总经理
刘桐武　市环境卫生管理处党委书记
佟福林　沈阳水务集团四水厂维修工段段长
魏玉良　市东陵公园管理中心主任
李玉萍(女)沈河区城市管理局五里河公园党支部书记
王晓南(女)和平区国家税务局副局长
董　萌　和平区房产行政管理所所长
张勇军(女)和平区发展和改革局办公室主任
张毅成　和平区财政局局长
汪　洋　和平区浑河湾社区卫生服务中心康复科医生
李　刚　和平区人民检察院反贪局副局长
易启相　和平区工商行政管理局南湖工商所所长
李　颖(女)和平区总工会组织部部长
王文成　和平区人民法院调研员
卢　林　华润(沈阳)地产有限公司开发部经理
张晓东　和平区纪律检查委员会信访室主任
祖春阳　和平区人力资源和社会保障局局长
谢文跃　沈阳方迪房地产发展有限公司副总经理
左春英(女)市残疾人就业基地副经理
冯战新　和平区地方税务局副局长
李　萍(女)和平区城市服务监督指挥中心督察督办组组长
刘云初　和平区城市管理局副局长
秦立新　市公安局北站地区分局经侦大队队长
孙庆新　市同泽高级中学校长
周新仪(女)沈河区地方税务局监察科科长

王晓东　沈河区市政排水管理处工人
孙丽艳(女)沈河区人民法院民事审判一庭庭长
王文泉　沈河区国家税务局五爱税务所所长
张冬梅(女)沈河区工商行政管理局五里河工商所所长
章东声(女)沈河区教育局职业与成人教育科科长
田　巍　沈河区人民检察院公诉科科长
张鹏远　沈河区维护社会稳定工作领导小组办公室副主任
王　艳　沈阳夏云龙房屋修缮有限公司工人
崔恒岩(女)沈河区妇婴医院院长
林　俊　辽宁闽商实业有限公司常务副经理
张　燕(女)市地方税务局金融商贸开发区分局副局长
刘庆吉　沈河区五里河街道办事处党工委书记
王　森　沈河区城市建设局局长
王贵富　市汽运出租车有限公司司机
李树军　沈河区大南街道总工会副主席
赵士庆　沈阳晨光保洁服务有限公司副经理
李　岩　沈阳博世高级人才培训学校校长
黄淑玲(女)沈河区滨河街道双路社区委员会书记
关　健　沈阳安运集团出租汽车有限公司驾驶员
何　新(女)铁西区委政法委涉法涉诉上访案件协调处置办公室主任
戴　滨(女)铁西区七路街道办事处就业和社会保障科科长
刘　诚　市环境保护局铁西分局局长
李连义(女)铁西区教育局人事科科长
徐盛梅(女)市公安局铁西分局经侦大队教导员
纪清林　沈阳市政集团有限公司第四分公司施工队长
刘文晶　铁西区人民检察院侦查监督科科长
刘春光　铁西区城市管理局道桥管理处副主任
赵彦明　铁西区笃工社区卫生服务中心主任
杨红松　博宇金属股份有限公司研发部部长
温建民　铁西区总工会办公室主任
裴　健　铁西区人力资源和社会保障局副局长
程显俊　大信会计师事务所辽宁分所董事长
尚雅娟(女)铁西区贵和街道勋望社区主任
张　旭　市公安局大东分局东站派出所教导员
蔡世毅　大东区人力资源和社会保障局养老保障科科长
杨俊臣　大东区尚品幼儿园园长
王　哲　大东区工商行政管理局东塔新东工商所所长
程　宇　大东区辽沈社区卫生服务中心医生
王子建　市规划和国土资源局大东分局局长
金巍松　市第五中学校长
王浦育　市公安局大东分局调研员
王万玉　中国南方航空集团公司年金管理办公室主任
张　红(女)大东区城市管理局东站环卫所清扫管理员
汪　彧(女)大东区对外贸易经济合作局局长
赵丽欣(女)大东区和睦路小学校长
王素云(女)大东区民政局办公室主任
林连菲(女)大东区上园街道办事处副调研员
贺　明(女)大东区房产局物业管理科科长
刘红宇(女)沈阳二〇四辅助生殖中心会计
赵永红(女)大东区发展和改革局局长
辛　微(女)山盟建设集团有限公司保利溪湖林语项目部经理
张宏宇　沈阳中邮普泰长江街手机卖场营业厅销售经理
王青香　沈阳中海联装饰科技有限公司工程部项目经理
姜　昕　皇姑区服务业局指导科科长
张　弢　中共皇姑区委组织部综合科科长
陈明月　皇姑区安全生产监督管理局监督管理一科科长
于春锋　皇姑区明廉城市管理所所长
刘春凤(女)皇姑区岐山一校实验小学校长
关普义　市公安局皇姑分局纪检室主任
李洪波　市规划和国土资源局皇姑分局局长
张国利　皇姑区政府开发建设办公室主任
田　野　皇姑区三台子街道办事处行政办公室主任
王华堂　皇姑区地方税务局副局长
高丽莎(女)市食品药品监督管理局皇姑分局局长
褚　萍(女)皇姑区启智幼儿园教学主任
高占国　东陵区农民工维权中心工资保障二科科长
刘春艳(女)东陵区(浑南新区)信访局督查科科长
高　虹(女)浑南新区第二小学教师
周宗波　浑南国际新兴产业园城市管理处工作人员
姜俊伟　东陵区人民法院刑事审判二庭审判员
李本华　东陵区(浑南新区)清运清扫队队长
黄恒江　东陵区(浑南新区)人民检察院侦查监督科科长
郎歆华(女)浑南新城建设工作领导小组办公室主任科员
亓明华(女)沈阳悦达置业发展有限公司办公室主任
陈荣宗　东陵区中心医院院长
谢松年　沈阳亨通光通信有限公司副总经理
王国东　沈阳全密封变压器股份有限公司总经理助理
朱孟林　东陵区(浑南新区)政协秘书处秘书长
刘长青　东陵区(浑南新区)卫生和计划生育局局长
杜　方　奥维通信股份有限公司总裁
刘海江　于洪区水利工程质量监督站站长
刘恒志　于洪区结核病防治所所长
李伟华　于洪区东湖九年一贯制学校校长
洪　岩　于洪区殡仪馆火化工
杜玉潭　于洪区城乡管理局局长
张治军　沈阳格泰水电设备有限公司技术部技术专员
滕瑞成　沈阳北方特种机床有限公司加工工段工段长
刘　琦　于洪区环卫机械清扫队机修工
李　明(女)于洪区陵西街道国奥社区书记兼主任
夏晓峰　于洪区土地房屋征收管理办公室科员
李　建　辽宁东鹰电器集团有限公司常务副总裁
姚俊刚　于洪区北陵街道办事处党工委书记
王百川　于洪区民政局局长
白静波　苏家屯区沙河街道办事处城市建设管理科科长
张海波　苏家屯区人民检察院反贪污贿赂局副局长

杨景忠　苏家屯区姚千街道办事处农业发展服务中心主任
吕　娜(女)沈阳桃李面包股份有限公司一车间主任
武仲刚　苏家屯区财政局局长
魏国东　沈阳福林特种变压器有限公司绕线车间主任
魏莹佳　沈阳东明无缝钢管有限公司冷拔车间前段段长
林振强　苏家屯区中心医院党委书记
张士杰　苏家屯区中小企业局副调研员
李成多　苏家屯区信访局督查专员
刘家和　中共苏家屯区委党校党委书记
沈志国　苏家屯区国家税务局局长
艾志松　沈阳乳业有限责任公司技术开发部研发组组长
左世博　沈阳晨讯希姆通科技有限公司手机研发组组长
林　梅(女)辽宁禾丰牧业股份有限公司企划部主任
任文良　沈北新区中心医院内科副主任
张明江　市地方税务局蒲河新城分局局长
胡　宏　沈北新区虎石台街道城市管理科副科长
罗玉娟(女)沈北新区辉山街道森林里社区主任
刘金库　市公安局交通警察支队沈北新区大队大队长
孟凡开　沈阳手机产业园管理委员会招商二局局长
齐伟彤(女)辽宁伊利乳业有限责任公司工会主席
慈维德　沈北新区信访局局长
李长有　新民市环境卫生管理处清运科科长
姜　敏(女)中央农业广播电视学校辽宁省新民市分校校长
鄂晓泉　沈阳福来食品实业有限公司生产部部长
于　新(女)新民市行政审批管理办公室政务服务中心主任
曹春彩(女)新民市运输管理处驻行政审批服务中心首席代表
韩文利　新民市兴隆堡镇人民政府党委书记
郑英德　市新民福源食品有限公司维修工
张爱军　辽宁众友饲料有限公司副总经理
李　辉　新民市公安局指挥中心主任
任晓茹(女)新民市人民医院工会主席
崔魁武　新民市财政局局长
于秀丽(女)辽中县人民法院刘二堡法庭庭长
付　杰(女)沈阳星河铜业有限公司核算员
肇丽静(女)辽中县总工会宣教部部长
何　畅(女)辽中县蒲西街道办事处工商办公室副主任
王丽梅(女)辽中县炼油厂有限公司副经理
韩洪瑞　辽中县人力资源和社会保障局法规仲裁科科长
冯　博　辽中县地方税务局综合业务一科科长
钱菊利(女)国网辽中县供电分公司客户服务中心主任
杨春宝　辽宁远通物流有限公司副经理
郑延蛟　辽中县纪律检查委员会副书记
白　岫　辽中县刘二堡镇人民政府党委书记
刘铁男　康平县林业局森林消防大队队长
许德奎　康平县广播电视局局长
范　凯　康平县人民法院刑事审判庭审判员
孙　波　康平县公路养护公司养护队队长
孙思园(女)沈阳华泰塑业有限责任公司销售员
温海峰　康平县城镇环境管理处清扫队队长
常淑娟(女)康平县农业技术推广中心技术员
张向利　康平新城区建设管理委员会党委书记
张立峰　康平县总工会主席
郭进展　沈阳海特曼置业有限公司董事长
刘士军　法库县地方税务局稽查科干事
范进霖　沈阳王者陶瓷有限公司技术部部长
白洪涛　法库县住建局城建科科长
刘春华　法库县林业局三尖泡林场场长
林文金　沈阳五洲震耀陶瓷有限公司副经理
徐鸿明　法库县公安局交警大队党支部书记
王晓亮　法库县电力安装有限公司经理
赵志红　普利司通(沈阳)轮胎有限公司制造部
张　震　康师傅(沈阳)饮品有限公司制造二处一科
宋　全　沈阳中辰钢结构工程有限公司施工队长
张仁民　市地方税务局经济技术开发区分局副局长
张海波　经济技术开发区企业管理中心管理一部部长
孙家海　经济技术开发区财政局经建科科长
马炫宗　沈阳远大企业集团博林特电梯集团销售主管
吴　斌　洛斐尔建材(沈阳)集团有限公司副经理
张志宏　三一重型装备有限公司总经理助理
于强禄　沈阳三铭重工机械有限公司董事长
刘晓竞　市公安局副局长
杨　曼(女)沈阳广播电视台总监
孟丽君(女)市食品药品监督管理局审批处处长
刘汉广　沈阳晚报执行总编
刘连新　市信访突发事件处置办公室调研员
吴更新　市信访局风险评估处处长
于占华　沈阳标准化研究院副院长
乔　新　市联席办指挥调度中心调研员
宋　莉(女)市财政局行政政法处处长
刘　虹(女)市中级人民法院机关党委专职副书记
王广海　市工商行政管理局外商投资企业注册管理处处长
赵国祥　市安全生产监督管理局执法监察支队支队长
陈颖欣(女)市政府研究室机关党委专职副书记
徐红艳(女)市驻省信访调处办公室调研员
李　斌　国家统计局沈阳调查队居民收支处处长
王晶秋(女)市金融办银行保险处处长
冯　毅　市社会医疗保险管理局副局长
娄红光　中共沈阳市委办公厅财务处调研员
王秀莲(女)市驻京维稳办公室调研员
刘黎明(女)中共沈阳市委组织部组织一处处长
王宗学　市政府办公厅打私办副主任
张传明　中共沈阳市委政策研究室信息处处长
路站稳　市关心下一代工作委员会办公室主任
马忠胜　市科学技术局办公室主任
冯书亭　市对外经济贸易合作局对外贸易管理处处长
孟　虹(女)市教科文卫工会主席

任明杰 市环境保护局人事处处长
刘　征(女) 市中小企业局信用担保中心主任
赵震宇 市地方税务局社会保险费处处长
郑　伟 市体育局奥林匹克体育中心五里河体育场场长
沈　祥 中盐(沈阳)盐业储备配送中心有限公司董事长
杨廷威 市发展和改革委员会重点项目管理办公室主任
邵敬联 市总工会党组成员
丁洪彦 市环境保护局副局长
孙静敏(女) 市地方税务局财务处调研员
王树江 市地方税务局副局长
袁玉宝 市工商行政管理局监察室主任
李越力 市经济和信息化委员会老干部局局长
甄学刚 市劳动监察局办公室主任
吴　燕(女) 市卫生局工会副主席
刘秀峰 沈阳惠天热电股份有限公司供暖四公司所长
崔洪波 中国家具城股份有限公司家具城市场消防部员工
林力田 市城建房地产开发集团有限公司副总经理
王希科 沈阳工业国有资产经营有限公司董事长
井晓光 沈阳“九一八”历史博物馆馆长
何玉昌 市福利彩票发行中心主任
李　莉(女) 市民政局区划地名处处长
管宏祥 市公安局和平分局副局长
王　跃 市公安局东陵(浑南)分局五三派出所所长
李宝军 市公安局禁毒警察支队民警
孙建军 市公安局副局长
张弋弓 市公安局控告申诉处民警
殷旭东 新民市公安局胡台派出所民警
崇　鑫 市公安局食品药品犯罪侦查支队一大队民警
董恩武 市公安局警务指挥部副主任
聂　畅(女) 市公安局出入境管理局出入境受理科副科长
栾广京 市公安局保安管理支队支队长
牟国明 市公安局皇姑分局局长
张宝贵 市司法局法制宣传处处长
高大为 市城市管理行政执法局城市管理办公室主任
贾荣旺 沈阳新大田商业集团党总支书记
宛　盈(女) 沈阳洁福体育设施装饰工程有限公司副经理
陈　军 辽宁广发科技服务有限公司项目负责人
金　铁 沈阳乔亚厨房家具制造有限公司家具厂厂长
张国柱 康平县胜利乡海浪花餐饮洗浴中心经理
门晓霞(女) 皇姑区北园超市长江店店长
刁宝成 辽中县计划生育宣传指导站站长
虞梅芳(女) 沈河区国为茶庄店长
蔡永贺 沈阳华城建筑工程有限公司架子工班班长
迟连德 沈阳特种钢管有限公司冷拔车间工段长
王东杰 中建三局东北分公司世贸五里河项目经理
景亚栋 沈河区锦绣嘉伦美术图文设计中心店长
夏　明 沈阳鼓风机集团股份有限公司热处理车间热处理二组工人
蔡君杰 北方重工集团有限公司备料分公司组焊车间组焊班班长
杨海涛 特变电工沈阳变压器集团有限公司自动焊班班长
李雪松 中航工业沈阳飞机工业(集团)有限公司职工技术协会副会长
雷　鸣 市司法局监狱工作管理处处长
李宝安 于洪区平罗街道陆家村党支部书记
孙丽娟(女) 于洪区光辉街道十里河村党支部书记
常兴宏 于洪区光辉街道高台村理事长
温德有 东陵区英达街道英达社区党支部书记
孙启祥 东陵区桃仙街道古南村党支部书记
何长平 东陵区王滨街道兴盛村合作社理事长
吴忠莲(女) 东陵区王滨街道尖山子村合作社理事长
赵　飞 沈北新区道义街道俪景社区农民
洪蕴来 沈北新区石佛街道房身社区农民
张宝信 沈北新区马刚街道马刚社区党支部书记
董国良 苏家屯区姚千街道办事处刘太平村党支部书记
宋玉文 苏家屯区林盛街道办事处四方台村党支部书记
金　铖 苏家屯区王纲街道办事处张当堡村农民
田　丽(女) 苏家屯区八一街道办事处双台子村农民
赵凤英(女) 新民市陶家屯镇养草沟村合作社理事长
孙士军 新民市大红旗镇大红旗村合作社理事长
邴迎辉 新民市前当堡镇大太平村养猪协会会长
张洪芳 新民市张家屯镇大河泡村合作社理事长
周继红 新民市罗家房镇房申村党支部书记
于春元 新民市大柳屯镇北岗村党支部书记
郎国利 新民市梁山镇建设村党支部书记
刘　伟 辽中县城效镇卡北村党支部书记
刘　阳(女) 辽中县朱家房镇白头沟村党支部书记
赵　戬 辽中县冷子堡镇金山堡村农民
张玉琢 辽中县蒲东街道年家屯村党支部书记
李海刚 辽中县肖寨门镇三北村农民
邱良华 辽中县蒲西街道小帮牛村农民
孙旭新 康平县方家屯镇十家子村党支部书记
白永海 康平县张强镇七家子村党支部书记
扈国军 康平县东升满族蒙古族乡胜关屯村农民
孙景学 康平县北四家子乡朝阳村农民
郭秀芬(女) 法库县四家子蒙古族乡王爷陵村党支部书记
刘占义 法库县依牛堡子镇拉马河子村农民
张国军 法库县登仕堡子镇登仕堡子村农民
李志刚 法库县叶茂台镇叶茂台村农民
朴永东 经济开发区彰驿站街道彰驿站村委会主任
张亚艳(女) 经济开发区高花街道大高花村农民
李　仲 浑河站西街道后竞赛村党支部书记
刘国权 大东区前进街道王家村党支部书记

沈阳市先进单位

中国北车集团沈阳机车车辆有限责任公司
际华三五二三特种装备有限公司
中智沈阳经济技术合作有限公司
中国能源建设集团沈阳电力机械总厂
沈阳金杯江森自控汽车内饰件有限公司
沈阳第一机床厂
东北大学
沈阳工程学院
市精神卫生中心
中交煤气热力研究设计院有限公司
鲁迅美术学院
沈阳理工大学
市立人学校
市装备制造工程学校
市直属粮食储备库
盛京银行营业部
沈阳兴隆大天地购物中心有限公司
中国人民财产保险股份有限公司沈阳市分公司
沈阳钢材配送中心(有限公司)
市社会养老和工伤保险管理局
沈阳秋实再生资源集团有限公司
市现代建筑产业化管理办公室
市保障性住房管理办公室
市环境卫生管理处
市交通局沈河分局
国电东北环保产业集团有限公司
沈阳热电厂
市中华劳模出租汽车有限公司
市城乡建设委员会金廊沿线开发建设项目管理办公室
沈阳安运公共交通有限公司
中海地产(沈阳)有限公司
荣科科技股份有限公司
沈阳长白岛经济区管理委员会招商局
沈河区地方税务局
沈河区城市管理局
中共沈河区委员会政法委员会
铁西区地方税务局
铁西区房产局
铁西区启工街道办事处
沈阳萃华金银珠宝股份有限公司
大东区国有资产管理办公室
皇姑区陵东街道办事处
皇姑区人民法院
东陵区(浑南新区)城乡建设局
东陵区(浑南新区)督查和绩效考评办公室
沈阳国家大学科技城(浑南新城)管理委员会
中冶交通(沈阳)建设工程有限公司
于洪区于洪街道办事处
于洪区财政局
于洪区地方税务局
苏家屯区招商服务中心
苏家屯区发展改革局
苏家屯区工商行政管理局
道义经济开发区管理委员会
沈北新区项目管理服务办公室
新民市周坨子镇人民政府
新民市第一高级中学
辽中县审计局
辽中县经济和信息化局
康平县公安局
康平县国家税务局
法库辽河经济区管委会
法库县教育局
沈阳远大压缩机股份有限公司
沈阳上汽汽车变速器有限公司
铁西区人民政府彰驿站街道办事处
市体育局
市财政局
市国家安全局
市残疾人联合会
市人民政府外事办公室
市工人文化宫
沈阳华海房屋开发有限公司
市公安局皇姑分局
市公安局治安警察支队
于洪区平罗街道前辛台村民委员会
东陵区祝家街道田家屯村民委员会
沈北新区财落街道郎士屯社区
苏家屯区红菱街道办事处北红菱村民委员会
新民市柳河沟镇大赵屯村民委员会
辽中县刘二堡镇皮家堡村民委员会
康平县西关屯蒙古族满族乡罗家屯村民委员会
法库县秀水河子镇长岗子村民委员会

沈阳市先进集体

地铁集团有限公司运营分公司车辆中心检修一车间日检A班
中航工业沈阳飞机工业(集团)有限公司新机试制部
中航工业沈阳黎明航空发动机(集团)有限责任公司机匣加工厂数控铣二班

沈阳航天新乐有限责任公司研究所
东北煤田地质局物探测量队勘探部
沈阳造币有限公司造币一部生产保障班
中国移动通信集团辽宁有限公司沈阳分公司沈北新区分公司虎石台旗舰店
中国联合网络通信有限公司沈阳市分公司网络管理中心
新民市邮政局
沈阳华润热电有限公司技术支持部
中航工业沈阳发动机设计研究所叶片机试验研究室
北方重工集团有限公司输送设备分公司金工车间车工班
特变电工沈阳变压器集团有限公司金属结构项目公司
红塔辽宁烟草有限责任公司沈阳卷烟厂制丝车间乙班切丝组
华晨中华汽车公司车身车间主车身甲班
上海通用(沈阳)北盛汽车有限公司冲压车间模修工段
沈阳机床股份有限公司中捷钻镗床厂 TPX6111B 总装班
沈阳鼓风机集团股份有限公司总装车间
沈阳石蜡化工有限公司乙烯分厂
沈阳化工股份有限公司氯碱分厂
华晨宝马汽车有限公司铁西工厂
沈阳铝镁设计研究院有限公司土建室
沈阳化工大学化工过程强化技术研究所
沈阳大学工会
辽宁中医药大学护理学院
沈阳航空航天大学人文社科部
东北育才学校新疆部
市疾病预防控制中心传染病防治科
市教育研究院现代教育技术中心(市电化教育馆)
石油天然气股份有限公司辽宁沈阳销售分公司怀远门加油站
沈阳家乐福商业有限公司城市电脑部
市金融护卫中心驻兴业银行市分行 1292 车组
中国邮政储蓄银行沈阳市分行北站路支行
中兴 - 沈阳商业大厦(集团)股份有限公司集团购买服务中心
市冷藏公司白塔堡冷库库管班
沈阳天益巴士有限公司 158 路车队
沈阳水务集团有限公司园林服务处应急送水小分队
国网沈阳供电公司配电带电作业一班
沈阳炼焦煤气有限公司炼焦车间热调工段
沈阳安运巴士有限公司 166 线路
沈阳世创自来水工程集团有限责任公司浑南项目部
和平区城市管理局机械化作业车队
和平区西塔社区卫生服务中心
和平区城市管理局南湖城管环卫管理所青年大街清扫班组
沈河区文化体育广播电视新闻出版局文体科
中共沈河区委沈河区人民政府信访局案件指导科
沈河区万莲街道泉园社区委员会
沈阳工业博物馆筹建处
中国家具城物业管理公司消防班
泰豪沈阳电机有限公司装配分厂
市公安局大东分局前进派出所
大东区土地整理办公室土地整理科
沈阳振浩企业集团财务部
中耀房地产开发(沈阳)有限公司工程采购部
沈阳沐雨教育咨询有限公司党史教研组
市第 120 中学数学组
泰科安全产品(沈阳)有限公司生产技术组
沈阳通用电气黎明燃气轮机零部件有限责任公司生产部
中冶交通(沈阳)建设工程有限公司浑南新城基础设施建设项目经理部
沈阳精锐数控机床有限公司智能生产线项目部
沈阳陆正重工集团有限公司氨吸收器研制小组
市公安局于洪分局巡警大队巡逻堵卡中队
苏家屯区地方税务局综合业务一科
沈阳礼拜天食品有限责任公司动力维修班
沈阳耘垦牧业有限公司鸡腿案班
沈北新区总工会劳动争议调解中心
沈阳冬冬食品工业有限公司蒸制班组
蒙牛乳业(沈阳)有限责任公司检验班组
新民市妇婴医院妇科
沈阳格瑞德石化泵有限公司装配车间
辽宁修正保健食品有限公司包装班组
沈阳机床银丰铸造有限公司熔炼车间
沈阳辽冶重工机械制造有限公司五车间铆工班组
辽中县人民医院心血管内科
沈阳新区弘曲棉纺织有限公司技术科
康平县地方税务局开发区分局
辽宁金地阳陶瓷有限公司原料车间
法库县财政局预算科
沈阳中光电子有限公司 52 生产 T E/T LINE
沈阳顶益食品有限公司财会部
市张士综合机动车检测有限公司检测室
中共沈阳市委宣传部互联网信息办公室
沈阳广播电视台《直播生活》栏目组
沈阳出版发行集团有限公司新华书店
市总工会财务部
沈阳惠涌供热有限责任公司生产运营公司
沈阳演艺集团盛京红磨坊剧组
市救助管理站病残科
市公安局沈河分局万莲派出所
市公安局刑警支队一大队
市张士强制隔离戒毒所教育转化大队
市城市管理行政执法局直属六支队特勤一大队
沈北新区喜林农机服务专业合作社

沈阳玉田稻米专业合作社
市喜耕田农机专业服务合作社
市三庄蔬菜种植专业合作社
辽中县养前果蔬专业合作社
康平县方正河寒富苹果专业合作社
法库县家家乐玉米种植专业合作社
市勇闯粮机专业合作社

沈阳市技术大王

孙　飞　沈阳飞机工业(集团)有限公司车工
晏　坡　沈阳机床(集团)有限责任公司数控车工
吴学文　沈阳飞机工业(集团)有限公司铣工
方文墨　沈阳飞机工业(集团)有限公司装配钳工
徐汝斌　沈阳鼓风机集团有限公司机修钳工
刘跃臣　沈阳鼓风机集团有限公司焊工
郜玉新　辽宁丰田金杯技师学院维修电工
武　驰　沈阳鼓风机集团有限公司金属热处理工
刘　洋　沈阳鼓风机集团有限公司焊工(气割)
马　欢(女)沈阳亚伟科技有限公司速录师
郑艳杰(女)北方重工集团有限公司起重工(天车)
夏经成　沈阳华晨宝马汽车有限公司汽车(拖拉机)装配工
刘国辉　辽宁丰田金杯技师学院汽车修理工
黄长龙　沈阳金碧兰化工有限公司化工总控工
王海燕(女)沈阳化工股份有限公司化工检验工
张玉峰　中航工业沈阳飞机工业(集团)有限公司冷作钣金工
柳　军　中航工业沈阳飞机工业(集团)有限公司装配钳工
姜　闯(女)沈阳铁路信号有限责任公司绕组制造工
牟　林　沈阳农业大学教师
严大刚　沈阳惠天热电股份有限公司管工(供暖)
韩文祥　沈阳水务集团有限公司水务运检工
庞　旭(女)国网辽宁省电力有限公司沈阳供电公司抄表核算收费员
商树建　国网辽宁省电力有限公司沈阳供电公司变配电室值班电工
李志伟　沈阳客运集团公司汽车驾驶员
张雪莲(女)国电东北环保产业集团有限公司沈水湾污水处理厂污水处理工
吴德显　沈阳燃气股份有限公司煤气调压工
张连国　沈阳新东方陶瓷有限公司陶瓷装饰工
黄德军　沈阳新王者陶瓷有限公司陶瓷原料鉴别工
刘亚立(女)沈阳王者陶瓷有限公司原料工艺控制工
王　静(女)沈阳顺鑫陶瓷有限公司陶瓷烧成工

沈阳市“五四”奖章

沈阳十佳青年道德模范

王　刚　沈阳黎明航空发动机(集团)有限责任公司
田海军　沈阳医学院附属中心医院副主任医师
冯桂欣　安利(中国)日用品有限公司辽宁分公司公共事务高级主任
边春阳　沈阳广播电视台新闻广播《连心桥》节目主持人
李晓东　东陵区(浑南新区)第二初级中学附属小学校长
齐　跃　沈阳市和平区和平大街第一小学教师
祁文博　沈阳市第五十六中学学生
张先民　辽宁金融职业学院团委副书记(学生)
徐梦桃　沈阳体育学院自由式滑雪空中技巧队运动员

见义勇为青年典型

张晓宇　沈阳市第一七六中学学生
宫殿凯　沈阳农业大学农学院学生
徐云亮　沈阳市第一七六中学学生
徐海洋　沈阳市第一七六中学学生
高　齐　沈阳农业大学农学院学生

沈阳十佳公益青年企业家

冯　晗　沈阳凤起东方文化传播有限公司董事长
齐晓航　沈阳春秋永乐文化传媒有限公司总经理
纪岳巍　沈阳京东世纪贸易有限公司区域总经理
杨　明　辽宁省医药公司总经理
郑立国　沈阳爱尔眼视光医院(有限公司)院长
侯振波　沈阳凌云科技有限公司总经理
姜云鹭　沈阳春满阳光文化传媒董事长
高红顺　沈阳正学龙机械设备集团有限公司总经理
崔　跃　沈阳市拍卖行有限责任公司副总经理
檀广丹　阜新银行股份有限公司沈阳分行行长

沈阳十佳青年卫士

王东涛　沈阳市中级人民法院立案二庭副庭长
王振华　中国医科大学基础医学院生理学教研室副主任
吴春涛　沈阳市消费者协会投诉与法律事务部主任科员

张　弓　沈阳计量测试院医疗检定室主任
张怡夫　沈阳市工商行政管理局信息中心工程师
赵永霞　沈阳市第六人民医院手术室护士长
赵远翔　沈阳市公安局维稳支队综合处综合科科长
姜鼎浩　沈阳市于洪区土地整理中心综合科科长
商　卓　沈阳市纪委执法监察室副处级纪检监察员
谢　放　沈阳边防检查站执勤业务四科副团职检查员

沈阳十佳青年岗位能手

王连鹏　特变电工沈阳变压器集团有限公司主任工程师
王奇涛　中航工业沈阳飞机设计研究所总体气动部书记
孙　凤　沈阳市公安局和平分局社区警务大队副大队长
刘小钊　人力资源和社会保障局就业促进处主任科员
李　轶　沈阳市发展和改革委员会金融合作办主任科员
张　威　沈阳市地方税务局办公室主任科员
张守春　中共沈阳市委组织部信息处副处长
陈俊宇　中国石油辽宁沈阳销售分公司富民加油站副经理
徐洪涛　中国医科大学教授
魏雅文　沈阳市化工学校高级讲师

沈阳十佳农村青年致富带头人

石建华　沈阳建华种业有限公司总经理
刘　军　沈阳市苏家屯区红菱街道宋大台村村民
刘玉良　沈阳市大东区后陵村村委会书记
杨　洋　沈阳市源民蔬菜种植合作社理事长
苏　红　沈阳市农业监测总站科长
张春波　沈阳市动物疫病预防控制中心畜牧师
张善举　沈阳市辽中县寒富苹果专业合作社经理
林　盛　开宝庆福集团副总裁
高　征　沈阳华征渔业专业合作社理事长
程　宇　沈阳金秋实农资有限公司业务员

沈阳十佳创业青年标兵

于　淼　沈阳面包新语餐饮管理有限公司总经理
任　伟　沈阳壹玖零伍文化创意园有限公司董事长
刘天祎　沈阳天一文化传媒有限公司总经理
刘宏斐　辽宁道纪天华信息技术有限公司总经理
许广旭　沈阳东明特钢制造有限公司总经理
李　岩　沈阳博世高级人才培训学校校长
沃　野　沈阳沃隆恒昇商贸有限公司总经理
张春阳　沈阳华睿文化传播有限公司总经理
高海涛　沈阳市利合对外贸易有限公司总经理
温　宇　沈阳汇川广告传媒有限公司总经理

沈阳十佳青少年思想道德建设工作者

王　欢　沈阳市铁西区勋望小学副校长
伏桂明　沈阳日报社会新闻部主任
李　婷　沈阳市大东区杏坛小学副校长
吴恩华　共青团沈阳药科大学委员会书记
吴晶琦　鲁迅美术学院文化传播与管理系班主任
辛显华　共青团沈阳工业大学文法学院委员会书记
林　方　共青团沈阳市卫生局委员会副书记
赵　阳　共青团沈北新区委员会书记
葛忠强　沈阳工程学院国际教育学院副院长
霍春辉　辽宁大学商学院副院长

沈阳市“五四”荣誉奖章

王一兵　中共康平县委员会书记
王健明　黎明航空发动机(集团)有限责任公司总经理
吴景峰　沈阳市投融资管理中心主任
汪　丽　沈阳水务集团党委副书记
沈　岩　移动通信集团辽宁有限公司沈阳分公司副总经理
张　锐　沈阳市地铁建设指挥部副总指挥
张复忠　沈阳广播电视台纪委书记
陈　亮　中共沈阳市沈北新区委组织部部长
贺　燕　沈阳市皇姑区政府副区长
唐玉辉　沈阳住房公积金管理中心主任

沈阳市“五四”奖状

共青团东北大学委员会
共青团中兴——沈阳商业大厦(集团)股份有限公司委员会
沈阳日报政闻部
共青团沈阳音乐学院委员会
共青团沈阳建筑大学委员会
沈阳工业博物馆
沈阳鼓风机集团股份有限公司设计院出口产品开发室

沈阳市铁西区国家税务局办税服务厅
共青团中航工业沈阳飞机工业(集团)有限公司委员会

全国“三八”红旗手

孙　波　　沈阳地铁集团有限公司运营分公司副总经理

辽宁省“三八”红旗手标兵

赵凤兰　　沈阳市人民检察院公诉处主诉检察官

辽宁省“三八”红旗手

赵凤兰　　沈阳市人民检察院公诉处主诉检察官
王　萍　　皇姑区东方美美容会所店经理
贾洪扬　　尚品学前教育集团总园长
曹淑君　　沈阳市第七中学校长
聂　畅　　市公安局出入境管理处中国公民出境科副科长
李桂芬　　国家统计局沈阳调查队消费价格处处长
李　静　　沈阳市康平县财政局农业综合开发办公室主任
于春梅　　沈阳市东陵区(浑南新区)妇女联合会主席
李文杰　　沈阳市妇婴医院科主任

辽宁省“三八”红旗集体

沈阳市铁西区人民检察院公诉科
沈阳市公安局交警支队女子特勤大队
沈阳市第十一中学
沈阳市大东区国家税务局
辽宁地税12366沈阳市呼叫中心

沈阳市“三八”红旗手标兵

(按姓氏笔画排序)

于敬波　　市第一粮库品控部烘干检验组组长
马　英　　市外事服务学校校长
王彩霞　　辽宁中医药大学基础医学院副院长
孙玉莹　　沈阳鼓风机集团股份有限公司研究院气动室主任
孙晓钟　　地铁第一时间报总编辑
张　帆　　市工商行政管理局办公室文书
张俊红　　沈阳客运集团黄河汽车分公司217车队驾驶员
周　晶　　苏家屯区人民法院八一法庭庭长
赵永辉　　法库县慈恩寺乡江户屯村村民
梁凤杰　　中兴——商业大厦(集团)股份有限公司国际化妆品卖区经理

沈阳市“三八”红旗手

(按姓氏笔画排序)

于　静　　新民市地方税务局综合业务二科副科长
于小川　　沈阳广播电视台新闻广播记者
于凤莲　　康平县农村经济局副局长
门晓霞　　市北园超市总经理
马　彬　　市市容景观设施管理中心主任助理
孔　岩　　皇姑区人民政府办公室副主任
毛雅琴　　铁西区城市管理局监察科科长
牛丽丽　　煌上煌集团食品股份有限公司沈阳分公司总经理
王　丹　　大东区国家税务局监察室主任
王　利　　沈阳航天新乐有限责任公司工会副主席
王　英　　新民市教师进修学校责任编辑
王　娜　　和平区国家税务局税源管理一科副科长
王　琳　　和平区人民法院刑事审判庭审判员
王晓丽　　铁西区人民检察院公诉科科长
王晓君　　铁西区凌空街道九小区社区党委书记
王晓音　　市财政局审核中心基建部部长
王敬辉　　市供销社辽宁金秋实物业管理有限公司工会主席
王晶秋　　市政府金融工作办公室银行保险处处长
王罂鋆　　市中级人民法院审判监督庭审判长
冯　凝　　浑南新区第一小学书记兼校长
史致鹤　　市中级人民法院民事审判四庭审判长
白晓英　　辽宁广播电视大学招生就业处处长
关赞梅　　市民政局社会救助处处长
刘　丹　　东北制药集团股份有限公司高级产品工程师
刘　英　　沈阳电影有限公司总经理
刘　俐　　市财政局企业处处长
刘同霞　　沈阳慧宇物业管理有限公司第六分公司保洁员
刘学波　　机床股份有限公司中捷机床有限公司副总经理
刘维萍　　地铁集团有限公司运营分公司调度部值班主任
匡　欣　　沈阳汇鼎投资有限公司党委副书记
吕守华　　沈阳商业城股份有限公司人力资源部部长助理
回春玲　　市环境保护局皇姑分局局长
孙　丹　　市公安局大东分局指挥调度科民警
孙熙梅　　沈阳国际展览中心管理有限公司运营部项目经理

孙慧云 沈阳副食集团捷洁物业公司综合办事员
安 奇 市第四人民医院放射科主任
成 勃 十二运沈阳赛区组委会综合办公室主任助理
朱 军 民革沈阳市委员会组织部副部长
朱园园 大东区个体诊所保洁员
许 丽 华商晨报社社长
那 薇 皇姑区牙病防治所所长
闫 岩 市城市管理行政执法局办公室主任科员
宋宸宏 沈阳米旗食品有限公司总经理
宋瑞新 沈阳黎明航空发动机(集团)有限责任公司工会常务副主席
张 浩 市工商行政管理局12315投诉举报中心副主任
张 爽 沈阳棋盘山国际风景旅游开发区妇联副主席
张 静 铁西区烟草专卖局局长
张 燕 市地方税务局金融商贸开发区分局副局长
张行艳 市行彦职业培训学校校长
张国荣 市政府办公厅文教处处长
张桂宏 沈河区人民法院副院长
张素燕 市中级人民法院刑事审判二庭副庭长
张慧芳 沈阳出入境检验检疫局财务处处长
李 澜 市运河风景管理处党委书记
李玲玲 于洪区人民法院民事审判二庭副庭长
李晓莉 市公安局监管医疗大队副科长
李艳萍 沈阳惠天热电股份有限公司党委副书记
杜 薇 市绿宝物资经销中心总经理
杨继春 和平区教育局党委办公室主任
汪清波 北方重工集团有限公司煤矿机械分公司副总经理
沈 英 皇姑区文体局办公室主任
芦文慧 沈阳大学继续教育学院院长
花美芝 市玉凤酒业有限公司经理
邴静煦 盛京银行营业部总经理
周 濛 市中级人民法院民事审判三庭审判长
周宏文 十二运沈阳赛区组委会食品安全办综合处处长
林 杰 市司法局基层指导处处长
郑 丽 市中级人民法院立案二庭副庭长
金玉芹 沈河区妇联副主席
侯 颖 沈阳地铁集团有限公司党委办公室副主任
南秀琴 沈阳中本木业有限公司总经理
姜秀婉 市北陵公园管理中心副主任
段文岩 沈阳远大企业集团行政总监
赵 欣 市爱婴教育咨询有限公司总经理
赵 琳 市服务业委员会经济信息处处长
郭 妍 沈北新区妇联主席
顾 威 市城建房地产开发有限公司置业销售副总经理
高 滨 市第七中学教师
高国珣 盛京银行沈阳市和睦路支行行长
高建生 金杯汽车股份有限公司党委工作部部长
曹 红 苏家屯区妇幼保健所所长
黄建峰 市辰宇建设集团有限责任公司总经理助理
傅 靖 沈阳经济技术开发区人民法院民事审判庭庭长
彭宏艳 沈阳水务集团皇姑营业分公司营业副经理
温延风 市建设工程质量检测中心总工办副总工程师
韩国钰 市人民检察院监所检察处副处长

沈阳市"三八"红旗集体

市房地产交易权属登记中心电子信息部
新民市地方税务局计划征收科
市工商局消费者权益保护分局
沈阳金慈铭医院
东方美美容会所店
皇姑区牙病防治所
皇姑区人民法院
盛京银行营业部
辽宁广播电视大学人事处
沈阳出入境检验检疫局财务处

统 计 资 料

1—1 行 政 区 划
Administrative Divisions

单位:个 (unit)

地 区	Region	街道办事处 Subdisrtict Offices	社区管委会 Resident's Committees	乡人民政府 Township Government	镇人民政府 Town Government	村民委员会 Village Committees
全 市	**Total**	**141**	**860**	**18**	**55**	**1516**
市 区	**Districts under City Administration**	**131**	**786**			**569**
5 个中心区	**Five Central Districts**	**74**	**554**			**85**
和平区	Heping	13	91			10
沈河区	Shenhe	15	108			
大东区	Dadong	14	105			14
皇姑区	Huanggu	12	122			3
铁西区	Tiexi	20	128			58
其它 4 个区	**Other Four Districts**	**57**	**232**			**484**
苏家屯区	Shujiatun	17	52			121
东陵区	Dongling	14	42			148
沈北新区	Shenbei New	14	49			131
于洪区	Yuhong	12	89			84
市辖县(市)	**Counties under City Administration**	**10**	**74**	**18**	**55**	**947**
辽中县	Liaozhong	2	21		18	216
康平县	Kangping	3	12	7	5	163
法库县	Faku		8	5	14	233
新民市	Xinmin	5	33	6	18	335

1—2 分地区土地面积、户数和人口数
Land Area, Households and Population By Region

地 区	Region	土地面积（平方公里）Land Area (sq. km)	户数（万户）House Hold (10000 units)	人口数（万人）Population (10000 persons)	人口密度（人/平方公里）Population Density (person/sq. km)
全 市	**Total**	**12860**	**260.2**	**727.1**	**565**
和平区	Heping	60	22.8	64.1	10675
沈河区	Shenhe	60	26.2	71.8	11961
大东区	Dadong	100	25.6	69.3	6927
皇姑区	Huanggu	66	28.8	81.3	12323
铁西区	Tiexi	286	33.1	89.7	3138
苏家屯区	Shujiatun	782	15.9	42.9	548
东陵区	Dongling	734	11.3	31.3	427
沈北新区	Shenbei New	884	11.2	31.9	361
于洪区	Yuhong	499	15.4	42.3	847
辽中县	Liaozhong	1645	19.2	53.5	325
康平县	Kangping	2167	11.9	35.1	162
法库县	Faku	2281	13.8	44.7	196
新民市	Xinmin	3297	24.9	69.2	210

1—3 人民物质文化生活
People's Material and Cultural Life

指 标	Item	2000	2005	2010	2013
城镇非私营单位从业人员平均工资(元)	Average Wage of Employeers in Non - private Sector in Cities and Towns(yuan)	9394	19580	40565	51042
城市居民人均可支配收入(元)	Per Capita Annual Disposable Income of Residents (yuan)	5850	10098	20541	29074
农村居民人均纯收入(元)	Per Capita Annual Net Income of Rural Residents (yuan)	3135	5050	10022	14467
人均社会消费品零售总额(元)	Per Capita Retail Sales of Consumer Goods(yuan)	8310	13144	25675	38587
人均储蓄额(元)	Per Capita Balance of Saving Deposit(yuan)	14152	25028	46390	65541
城市人均住宅建筑面积(平方米)	Per Capita Living Floor Space of Building Construction in Urban Areas(sq. m)	17.4	23.4	32.84	31.2
农民人均住房面积(平方米)	Per Capita Housing Floor Space of Rural(sq. m)	21.8	25.1	26.51	32.1
燃气普及率(%)	Percentage of Households With Access to Tap Gas %	97.3	92.5	100	100
人均日生活用水(升)	Per Capita Water Consumption For Living (litre)	192.2	143.4	152.46	163.1
人均日生活用电(千瓦/小时)	Per Capita Electricity Consumption for Living(kwh)	0.9	1.2	1.7	1.9
每百户城市居民家庭拥有	Number of Sets Per 100 Households in City				
家用汽车(辆)	Home Cars (set)	1.0	2.4	14.8	24.1
家用电脑(台)	Home Computer(set)	9.6	45.8	88.2	87.5
移动电话(部)	Mobile Telephone(set)	18.8	104.0	206	210.9
每千人口拥有医院床位(张)	Number of Beds in Hospital Per 1000 Persons (unit)	5.30	4.89	5.96	7.37
建成区绿化覆盖率(%)	Green Land Coverage Rate in Eslablished Zone(rate)	23.9	40.7	42.01	42.22
城区人均公园绿地面积(平方米)*	Per Capita Park Green Land Area in Urban Areas(sq. m)	4.3	12.0	12.72	12.39

注：城区人均公园绿地面积2005年及以前为建成区人均公共绿地面积。城镇非私营单位从业人员指标含铁路，下同。
Note: It was per capita public green land area in established zone before 2005. The employeers of non - private sector in cities and towns include the part of railway.

1—4 平均每天主要社会经济活动
Average Daily Main Social and Economic Indicators

指　　标	Item	2000	2005	2010	2013
每天创造的财富	**Daily Production**				
地区生产总值(万元)	Gross Domestic Product(10000 yuan)	29233	57100	137467	196125
农林牧渔业总产值(万元)	Cross Output Value of Agriculture, Forestry, Animal Husbandry and Fishery(10000 yuan)	3659	6522	12189	17624
公共财政预算收入(万元)	Budget Incom of Public Finance(10000 yuan)	1624	3785	12749	21945
每天服务量	**Daily Service Supply**				
用电量(万千瓦/时)	Output of Electricity(10000 kwh)	3107	4226	6523	7916
供水量(万吨)	Output of Water(10000 tons)	162.4	153.4	143.7	163.5
货运量(万吨)	Freight Traffic(10000 tons)	41.7	42.7	47.5	58.9
铁路、公路、民航客运量(万人)	Passenger Traffic of Railways, Highways and CivilAviation (10000 persons)	18.1	23.6	84.0	67.1
市内公交客运量(万人次)	Passenger Traffic of Buses in City(10000 persons)	221.1	229.5	328.8	315.1
邮电业务量(万元)	Telecommunication Services(10000 yuan)	1261.4	3152.1	7671.6	3598.2
每天人口变动	**Population**				
出生人口(人)	Birth(person)	156	135	149	159
死亡人口(人)	Death(person)	126	118	161	157
迁入人口(人)	Move In(person)	196	246	191	144
迁出人口(人)	Move Out(person)	121	134	100	86

1—5 国民经济和社会发展结构
Structure on National Economic and Social Development

指　　标	Item	2000	2005	2010	2013
人口结构	Struture of Population				
#男　性	#Male	50.6	50.2	49.8	49.6
女　性	Female	49.4	49.8	50.2	50.4
地区生产总值结构	Structure of Gross Domestic Product by Region				
第一产业	Primary Industry	7.0	6.1	4.6	4.7
第二产业	Secondary Industry	39.0	43.5	50.4	51.8
#工业	#Industrial	34.5	37.7	45.5	46.8
第三产业	Tertiary Industry	54.0	50.4	44.9	43.5
固定资产投资结构	Structure of Tolal Investment in Fixed				
#房地产开发	#Real Estate Development Assets	24.4	30.3	35.0	34.2
第一产业	Primary Industry	2.9	1.8	2.0	1.2
第二产业	Secondary Industry	28.9	38.2	35.7	34.6
第三产业	Tertiary Industry	68.2	60.0	62.3	64.2
规模以上工业总产值结构	Structure of Gross Industrial Output Value above Designated Size				
轻工业	Light Industry	23.8	26.2	26.1	25.3
重工业	Heavy Industry	76.2	73.8	73.9	74.7
农林牧渔业总产值结构	Structure of Gross Output Value of Farming, Foresty, Animal Husbandry and Fishery				
农　业	Farming	54.5	38.4	39.2	39.5
林　业	Forestry	1.0	2.2	1.7	1.7
牧　业	Husbandry	37.5	48.7	50.6	51.2
渔　业	Fishery	7.0	6.7	4.5	4.0
农林牧渔服务业	Farming, Forestry, Animal Husbandry, Fishery and Service		4.0	4.0	3.6

注:从2000年起调整为新行业分类口径。

Note: It was adjusted to a new principle of industrial classification from 2000.

1—6 国民经济主要指标
Main Indicators of National Economy

指标	Item	2000	2005	2010	2013
年末总人口(户籍人口)(万人)	Year—end Total Population(10000 persons)	685.1	698.6	719.6	727.1
#市区人口	Urban	485.0	495.9	515.4	524.6
城镇非私营单位从业人员数(万人)	Employees in Non - private Sector in Cities and Towns(10000 persons)	127.8	100.2	110.4	152.8
地区生产总值(亿元)	Gross Domestic Product(100 million yuan)	1067.0	2084.1	5017.5	7158.6
第一产业	Primary Industry	74.3	126.3	232.7	335.5
第二产业	Secondary Industry	416.4	906.3	2529.9	3709.2
#工业	#Industry	367.7	786.3	2283.5	3348.5
第三产业	Tertiary Industry	576.4	1051.5	2254.9	3113.8
人均地区生产总值(元)	Per Capita Gross Domestic Product(yuan)	14911	28089	62357	86850
规模以上工业总产值(亿元)	Gross Industrial Output Value(100 million yuan)	714.3	2195.2	9612.5	13678.3
规模以上工业高新技术产品产值(亿元)	High - new Technology Industrial Output Value above Designated Size(100 million yuan)		977.8	3890.0	5624.7
规模以上工业增加值(亿元)	Value - added of Industry above Designated Size Industrial Enterprises(100 million yuan)	190.0	652.1	2361.4	3522.2
规模以上工业主营业务收入(亿元)	Revenue from Principal Business above Designate Size Industrial Enterprises(100 million yuan)	705.3	2045.5	9399.6	13394.9
规模以上工业实现利润(亿元)	Profit on Industry above Designated Size Industrial Enterprises(100 million yuan)	29.1	46.2	673.3	760.0
规模以上工业实现利税(亿元)	Pre—tax Profit on Industry above Designated Size Industrial Enterprises(100 million yuan)	64.2	118.5	996.8	1166.9
规模以上工业能源最终消耗总量(万吨标煤)	Total Energy Consumption above Designate Size Industrial Enterprises(10000 tons of SCE)		805.5	1334.1	1375.7
#工业生产用(万吨标煤)	#Industry(10000 tons of SCE)		782.2	1244.5	1356.2
农林牧渔业总产值(亿元)	Total Output Value of Farming,Forestry,Animal Husbandry and Fishery(100 million yuan)	133.5	238.0	444.9	643.3
固定资产投资(亿元)	Total Investment in Fixed Assets(100 million yuan)	262.2	1363.2	4139.1	6383.9
#国有经济	#State - owned Investment in Fixed Assets	116.2	336.3	698.9	1056.4
集体经济	Investment of Collective Units in Fixed Assets	14.2	51.9	115.8	91.3
个体经济	Investment of Individuals on Buildings	9.5	26.3	37.2	28.9
社会消费品零售总额(亿元)	Total Retail Sales Value of Consumer Goods(100 million yuan)	566.0	915.1	2105.6	3186.1
进出口总额(亿美元)	Total Exports and Imports (USD 100 million)	26.8	45.9	78.6	143.3
出口总额(亿美元)	Total Exports(USD 100 million)	13.0	23.7	40.8	70.0
进口总额(亿美元)	Total Imports(USD 100 million)	13.9	22.2	37.8	73.3
实际利用外商直接投资(亿美元)	Total Foreign Capital Actually Used(USD100 million)	7.1	21.2	50.5	58.1
全社会用电量(亿千瓦时)	Total Electricity Consumption(100 million kwh)	110.4	154.3	238.1	288.9
货运总量(万吨)	Total Freight Traffic(10000 tons)	15221	15571	17348	21491
客运总量(万人)	Total Passenger traffic(10000 persons)	6620	8629	30658	24483
公共财政预算收入(亿元)	Budgetary Revenue of Public Finance(100 million yuan)	59.3	138.1	465.3	801.0
公共财政预算支出(亿元)	Budgetary Expenditure of Public Finance(100 million yuan)	89.4	217.0	516.6	881.3
金融机构本外币存款余额(亿元)	Deposits of Banking System including Ren Ming Bi and Foreign Currency(100 million yuan)		3696.6	8254.2	11576.6
金融机构本外币贷款余额(亿元)	Loans of Banking System including Ren Ming Bi and Foreign Currency(100 million yuan)		2355.7	6068.4	8867.1
城乡居民储蓄本外币年末余额(亿元)	Year—end Deposit of Residents including Ren Ming Bi and Foreign Currency(100 million yuan)		1847.1	3394.9	4821.6
在校学生总数(万人)	Total Students Enrollment(10000 persons)	189.3	125.5	119.4	120.0
#高等教育院校在校学生数	#Institutions of Higher Education	20.6	35.3	42.8	47.6
中等专业学校在校学生数	Secondary Schools	3.7	5.8	7.5	5.7
普通中学在校学生数	Regular Secondary Schools	36.5	37.2	30.2	27.3
小学在校学生数	Primary Schools	52.5	39.7	33.8	34.5
各种卫生机构床位数(万张)	Number of Beds in Health Institutions(10000 units)	36116	34033	42822	53515
医生数(万人)	Number of Doctors(10000 persons)	20656	19255	20859	23392
居民消费价格指数(%)	General Consumer Price Indices(%)	100.1	100.7	102.9	102.5
商品零售价格总指数(%)	General Retail Price Indices of Commodities(%)	98.0	99.3	102.6	101.6
城市居民人均可支配收入(元)	Per Capita Annual Disposable Income of UrbanResidents(yuan)	5850	10098	20541	29074
农村居民人均纯收入(元)	Per capita Annual Net Income of Rural Residents(yuan)	3135	5050	10022	14467
城镇非私营单位从业人员工资总额(亿元)	Total Salary of Staff in Non - private Sector in Cities and Towns(100 million yuan)	121.7	196.7	446.2	806.0
城镇非私营单位从业人员年平均工资(元)	Per Capita Salary of Staff in Non - private Sector in Cities and Towns(yuan)	9394	19580	40565	51042

注:①在校学生总数包括普通教育和成人教育;②公共财政预算收入指标口径历年有调整;③固定资产投资指标 2010 年及以前为全社会口径。

Note: ①The total number of students at school includes general education and adult education.

②The caliber of the budgetarg revenue of has been adjusted over the years.

③The caliber of total investment in fixed assets has been adjusted since 2011. Before 2010, it was the range of total society.

1—7　国民经济主要指标发展速度
Major Indicators of Development Speed of National Economy

上年为 100%(Preceding Year = 100)

指　　标	Item	2000	2005	2010	2013
年末总人口(户籍人口)	Year—end Total Population	101.2	100.7	100.4	100.3
#市区人口	Urban	100.7	100.7	100.6	100.5
城镇非私营单位从业人员数	Year - end staff in Non - private Sector in Cities and Towns	94.0	100.4	104.9	125.3
地区生产总值	Gross Domestic Product	110.3	116.0	114.1	108.8
第一产业	Primary Industry	101.9	109.4	106.0	104.7
第二产业	Secondary Industry	109.8	122.3	115.2	110.1
#工业	#Industry	109.9	122.2	115.1	110.0
第三产业	Tertiary Industry	112.4	111.7	113.7	107.6
人均地区生产总值	Per Capita Gross Domestic Product	108.8	115.4	112.5	108.2
规模以上工业总产值	Gross Industrial Output Value	122.6	139.0	125.9	107.7
规模以上工业高新技术产品产值	High - new Technology Industrial Output Value above Designated Size		129.5	121.0	111.9
规模以上工业增加值	Value - added of Industry above Designated Size Industrial Enterprises(100 million yuan)	114.0	140.5	119.1	110.0
规模以上工业主营业务收入	Revenue from Principal Business above Designated Size Industrial EnterprisesSize Industrial Enterprises	128.2	139.0	126.3	106.2
规模以上工业实现利润	Profit on Industrial above Designated Size Industrial Enterprises	177.4	83.8	175.8	104.0
规模以上工业实现利税	Pre—tax Profit on Industry above Designated Size Industrial Enterprises	141.4	105.7	143.7	102.0
农林牧渔业总产值	Total Output Value of Farming, Forestry, Animal Husbandry and Fishery	103.2	110.4	106.5	104.9
固定资产投资	Total Investment in Fixed Assets	109.2	140.3	122.5	113.5
#国有经济	#State - owned Economy	100.3	151.0	109.1	102.1
集体经济	Collective Economy	132.0	117.2	105.7	113.6
个体经济	Individual Economy	49.5	166.5	51.2	71.3
社会消费品零售总额	Total Retail Sales Value of Consumer Goods	109.7	113.1	118.4	113.7
进出口总额	Total Value of Imports and Exports	147.7	87.4	119.5	112.4
出口总额	Total Exports	162.5	98.8	115.7	117.3
进口总额	Total Imports	136.3	77.8	124.0	108.1
实际利用外商直接投资	Total Foreign Capigal Actually Used	142.9	87.6	93.4	100.2
全社会用电量	Total Electricity Consumption	109.7	108.5	114.6	107.0
货运总量	Total Freight Traffic	98.9	105.5	114.4	98.9
客运量	Total Passenger traffic	86.4	108.4	110.8	74.5
公共财政预算收入	Budgetary Revenue of Public Finance	110.0	126.1	117.6	112.0
公共财政预算支出	Budgetary Expenditure of Public Finance	117.3	126.4	108.6	115.0
金融机构本外币存款余额	Deposits of Banking System including Ren Ming Bi and Foreign Currency		115.3	121.2	110.9
金融机构本外币贷款余额	Loans of Banking System including Ren Ming Bi and Foreign Currency		99.3	117.4	113.1
城乡居民本外币储蓄年末余额	Year—end Deposit of Residents including Ren Ming Bi and Foreign Currency		110.5	112.7	110.3
在校学生总数	Total Students Enrollment	100.3	98.7	97.6	100.2
#高等教育院校在校学生数	#Institutions of Higher Education	120.2	109.8	98.4	103.7
中等专业学校在校学生数	Secondary Schools	92.5	90.8	105.6	85.6
普通中学在校学生数	Regular Secondary Schools	109.3	97.7	95.6	96.6
小学在校学生数	Primary Schools	93.9	95.2	98.5	100.2
各种卫生机构床位数	Number of Beds in Health Institutions	96.6	101.3	113.2	105.1
医生数	Number of Doctors	100.8	106.3	105.0	103.1
城市居民人均可支配收入	Per Capita Annual Disposable Income of Urban Residents	109.1	113.2	111.2	110.0
农村居民人均纯收入	Per capita Annual Net Income of Rural Residents	101.1	116.2	114.5	110.9
城镇非私营单位从业人员工资总额	Total Salary of Staff in Non - private Sector in Cities and Towns	102.5	114.6	114.2	133.7
城镇非私营单位从业人员年平均工资	Per Capita Salary of Staff in Non - private Sector in Cities and Towns	111.1	115.7	108.6	104.8

注:2005 年起,规模以上工业增加值发展速度为可比价之比。

Note: From 2005, the development speed of above - scale industrial added value has been the ratio of comparable price.

1—8 地区生产总值及指数
Cross Domestic Product and Indices

年份 year	地区生产总值（万元） GDP(10000 yuan)	第一产业 Primary Industry	第二产业 Secondary Industry	第三产业 Tertiary Industry	地区生产总值指数(%) （以上年为100） Indices(Indices Preceding Year = 100)	第一产业 Primary Industry	第二产业 Secondary Industry	第三产业 Tertiary Industry
1986	1255307	115992	720955	418360	110.0	97.0	111.7	110.0
1987	1541602	145997	852985	542620	114.2	112.7	111.4	119.8
1988	1937656	201048	993239	743369	110.6	117.9	105.9	117.3
1989	2175936	164028	1104194	907714	101.2	73.9	100.1	108.3
1990	2348819	238243	1071207	1039369	105.5	144.2	97.4	112.1
1991	2547241	254456	1133609	1159176	104.4	106.4	103.8	104.5
1992	3266072	292526	1506390	1467156	117.8	113.2	123.1	113.3
1993	4245977	349600	1955557	1940820	114.1	109.1	118.7	110.0
1994	5520457	447409	2464203	2608845	112.5	90.4	117.4	111.6
1995	6728642	513541	2848009	3367091	109.9	103.0	109.5	111.7
1996	7476656	549340	3021457	3905859	110.0	105.8	111.4	108.9
1997	8258248	590113	3364808	4303326	110.0	101.8	112.8	107.5
1998	9070368	653720	3620331	4796317	110.9	114.8	111.2	109.8
1999	9716730	703659	3815358	5197713	110.0	107.7	111.1	108.7
2000	10669908	742519	4163501	5763887	110.3	101.9	109.8	112.4
2001	11740239	801228	4463658	6475353	110.1	106.4	110.2	110.5
2002	13260183	874178	4956707	7429298	113.1	108.0	114.6	112.5
2003	15018961	893233	5974341	8151387	114.2	106.8	121.6	108.1
2004	17729334	1140852	7262813	9325668	115.5	114.2	119.8	111.1
2005	20841339	1263299	9062862	10515178	116.0	109.4	122.3	111.7
2006	25196339	1351958	11391228	12453153	116.7	104.1	122.2	113.6
2007	31596939	1661506	15004185	14931247	120.5	106.1	127.0	116.1
2008	37808727	1836782	18648432	17323513	116.3	108.0	118.3	115.0
2009	42685137	2070681	21274319	19340137	114.1	107.3	116.4	112.3
2010	50175427	2327484	25299343	22548600	114.1	106.0	115.2	113.7
2011	59157142	2790615	30268802	26097725	112.3	106.5	114.0	111.0
2012	66025865	3152016	33831544	29042305	110.0	105.1	111.3	108.9
2013	71585745	3355246	37092451	31138048	108.8	104.7	110.1	107.6

2—1 人口及构成
Population and It's Composition

单位:人　　(年底数)(year—end)　　(person)

年份 Year	总人口 Total Population	按性别分 By Sex 男 Male	女 Female	按农业非农业分 By Agriculture 农业人口 Agriculture Population	非农业人口 Non—agriculture Population
1949	2942443	1548628	1393815	1796406	1146037
1952	3295179	1753754	1541425	1763036	1532143
1957	4251709	2221391	2030318	1755161	2496548
1962	4376555	2251101	2125454	1818709	2557846
1965	4845081	2492378	2352703	2042320	2802761
1970	4897417	2504140	2393277	2543171	2354246
1975	5187372	2640878	2546494	2700459	2486913
1978	5404700	2751185	2653515	2756720	2647980
1980	5667669	2881247	2786422	2631852	3035817
1985	6063377	3084886	2978491	2549105	3514272
1990	6460649	3282141	3178508	2572537	3888112
1995	6667917	3384270	3283647	2517142	4150775
1996	6710376	3401134	3309242	2512109	4198267
1997	6737910	3412197	3325713	2511640	4226270
1998	6748628	3416423	3332205	2506427	4242201
1999	6770792	3423899	3346893	2505546	4265246
2000	6850969	3464878	3386091	2517760	4333209
2001	6893397	3480301	3413096	2536439	4356958
2002	6889182	3473915	3415267	2506510	4382672
2003	6890947	3468893	3422054	2485201	4405746
2004	6938708	3484920	3453788	2475337	4463371
2005	6985663	3503856	3481807	2477089	4503735
2006	7035617	3524664	3510953	2486188	4546156
2007	7097715	3551216	3546499	2537032	4557554
2008	7135053	3563878	3571175	2524076	4604896
2009	7165490	3573438	3592052	2521086	4640956
2010	7196048	3584164	3611884	2498483	4692388
2011	7226910	3595345	3631565	–	–
2012	7247929	3602013	3645916	–	–
2013	7271126	3608601	3662525	–	–

注:从2005年起,因有"未落常住户口人员",故"农业人口"+"非农业人口"小于合计。

Note: Because having not signed number of households, total population from 2005 was less than Agriculture population added non – agriculture population.

2—2 人口自然变动情况
Natural Change of Population

年 份 Year	出生人口(人) Birth (person)	出生率(‰) Birth Rate (‰)	死亡人口(人) Death (person)	死亡率(‰) Death Rate (‰)	自然增长率(‰) Natural Growth Rate(‰)
全市数 Total					
1980	86089	15.4	30846	5.5	9.9
1985	81526	13.5	34028	5.6	7.9
1990	79799	12.4	37894	5.9	6.5
1995	53100	7.99	40957	6.16	1.83
1996	52466	7.84	43268	6.47	1.37
1997	49443	7.35	43118	6.41	0.94
1998	43627	6.47	42760	6.34	0.13
1999	44189	6.54	44829	6.63	-0.09
2000	57008	8.37	46094	6.77	1.60
2001	43950	6.40	38166	5.55	0.85
2002	45609	6.62	39785	5.77	0.85
2003	36731	5.33	42323	6.14	-0.81
2004	47795	6.91	47605	6.88	0.03
2005	49381	7.09	43150	6.20	0.89
2006	48554	6.93	40725	5.81	1.12
2007	58089	8.22	41442	5.86	2.36
2008	54821	7.70	60720	8.53	-0.83
2009	52206	7.30	51014	7.13	0.17
2010	54378	7.57	58637	8.17	-0.59
2011	55736	7.73	56625	7.85	-0.12
2012	62597	8.65	63231	8.74	-0.09
2013	58056	8.00	57205	7.88	0.12
市区数 Districts under					
1980	52863	14.02	20057	5.32	8.70
1985	55851	13.40	22461	5.39	8.01
1990	49412	10.93	26600	5.88	5.05
1995	32324	6.86	29318	6.23	0.63
1996	31615	6.66	31120	6.56	0.10
1997	29980	6.27	30999	6.49	-0.22
1998	25690	5.36	31079	6.48	-1.12
1999	26756	5.57	31770	6.61	-1.04
2000	32874	6.80	34330	7.10	-0.30
2001	26194	5.39	30438	6.26	-0.87
2002	28888	5.92	32518	6.66	-0.74
2003	21105	4.32	33825	6.92	-2.60
2004	27359	5.58	35253	7.19	-1.61
2005	29425	5.95	36624	7.41	-1.46
2006	29849	6.00	34979	7.03	-1.03
2007	38397	7.64	35345	7.04	0.60
2008	35833	7.07	36824	7.26	-0.19
2009	35928	7.04	37078	7.26	-0.23
2010	36908	7.18	39728	7.73	-0.55
2011	39823	7.70	39082	7.56	0.14
2012	47284	9.08	41837	8.04	1.05
2013	43869	8.38	41964	8.02	0.36

2—3 总户数及总人口
Total Households and Population

单位:户、人 (household, person)

指标	Item	2000	2005	2010	2013
总户数	**Total Households**	**2181144**	**2319795**	**2512831**	**2601818**
市　区	**District under**	**1554476**	**1675849**	**1823458**	**1903639**
和平区	Heping	203271	213799	226335	227554
沈河区	Shenhe	196165	207049	262859	261798
大东区	Dadong	211195	231315	252474	255893
皇姑区	Huanggu	224230	247580	279700	288353
铁西区	Tiexi	245918	276746	310208	331372
苏家屯区	Sujiatun	135484	145668	156293	159396
东陵区	Dongling	129544	138179	91896	112539
沈北新区	Shenbei New	90606	93282	109811	112307
于洪区	Yuhong	118063	122231	133882	154427
市辖县(市)	**Counties under**	**410653**	**425971**	**689373**	**698179**
辽中县	Liaozhong	176763	182591	191494	192312
康平县	Kangping	102403	108083	118007	119034
法库县	Faku	131487	135297	138195	138185
新民市	Xinmin City	216015	217975	241677	248648
总人口数	**Total Households**	**6850969**	**6985663**	**7196048**	**7271126**
市　区	**District under**	**4850371**	**4958861**	**5154241**	**5245928**
和平区	Heping	633932	640541	656271	640520
沈河区	Shenhe	599707	613365	735333	717689
大东区	Dadong	641664	645848	702987	692699
皇姑区	Huanggu	714447	752289	808460	813316
铁西区	Tiexi	760325	803188	857827	897498
苏家屯区	Sujiatun	413498	422014	428730	428812
东陵区	Dongling	413690	421854	257855	313415
沈北新区	Shenbei New	296069	291707	318809	319365
于洪区	Yuhong	377039	368055	387969	422614
市辖县(市)	**Counties under**	**1312365**	**1330893**	**2041807**	**2025198**
辽中县	Liaozhong	522248	534156	541714	535325
康平县	Kangping	344456	349559	353605	350980
法库县	Faku	445661	447178	448107	446825
新民市	Xinmin City	688233	695909	698381	692068

2—4 从业人员

Number of Employees in Non - private Sector in Cities and Towns

单位:万人 （年末数）（year - end） （10000 persons）

年份 Year	从业人员年末人数 Staff	国有单位 State - owned Units	集体单位 Collective owned Units
1980	186.4	121.2	65.2
1985	218.7	133.7	79.0
1990	230.5	146.9	75.3
1995	225.5	139.6	66.8
1996	218.7	137.0	61.7
1997	210.2	133.9	55.5
1998	193.5	123.0	44.1
1999	181.2	115.8	39.0
2000	175.8	110.8	36.1
2001	162.5	96.5	34.2
2002	142.2	82.6	25.6
2003	126.0	71.4	20.5
2004	119.3	65.6	18.4
2005	100.17	57.95	7.81
2006	100.19	59.34	6.99
2007	100.26	59.41	6.74
2008	104.42	60.75	6.67
2009	105.22	60.75	6.12
2010	110.42	62.21	5.73
2011	120.80	66.39	5.74
2012	121.95	66.75	5.53
2013	152.78	63.20	5.60

注:统计口径为城镇非私营单位,含铁路。2004 年及以前为职工人数。

Note: The statistical standards has been urban non - private unit, included railway. Before 2004 it was the number of employees.

2—5 从业人员工资总额和平均工资
Total and Average Wages of Employees in Non - private Sector in Cities and Towns

年 份 Year	工资总额（亿元）Total Wages (100 million yuan)	国 有 State - owned Units	集 体 Collective - owned Units	为上年(%) Compare With last year	平均工资（元）Average Wages (yuan)	国 有 State - owned Units	集 体 Collective - owned Units	为上年(%) Compare With last year
1980	14.07	10.19	3.88		755	841	595	
1985	25.29	16.24	8.29	125.3	1156	1215	1049	123.0
1990	52.56	37.12	13.60	110.2	2309	2527	1806	109.2
1995	110.45	77.81	21.22	109.4	4900	5593	3164	111.3
1996	113.79	81.51	20.31	103.0	5198	5939	3283	106.1
1997	122.86	88.36	20.02	108.0	5801	6547	3564	111.6
1998	119.59	86.33	15.42	97.3	6090	6910	3491	105.0
1999	120.36	87.36	13.72	100.6	6517	7371	3472	107.0
2000	123.46	89.57	12.12	102.6	6995	8052	3296	107.3
2001	139.20	96.98	11.36	112.7	8249	9608	3264	117.9
2002	149.87	100.30	9.91	107.7	9811	11174	3662	118.9
2003	157.98	102.93	8.87	105.4	11630	13256	4001	118.5
2004	170.10	109.04	8.23	107.7	13815	15781	4341	118.8
2005	196.73	125.03	8.14	114.6	19580	21173	10053	115.7
2006	228.78	152.05	8.49	116.3	22832	25651	11627	116.6
2007	271.97	185.36	9.46	118.9	26696	30740	13319	116.9
2008	340.32	229.00	10.85	125.1	32469	37534	15927	121.6
2009	390.73	261.05	12.57	114.8	37361	43625	19781	115.1
2010	446.16	287.95	14.12	114.2	40565	46895	24434	108.6
2011	530.13	325.20	14.95	118.8	44585	49999	26545	109.9
2012	602.79	365.06	19.08	113.7	48719	53823	34700	109.3
2013	805.95	358.26	20.97	133.7	51042	57712	37600	104.8

注:统计口径为城镇非私营单位,含铁路。2004 年及以前为职工工资。
Note:Statistical standards has been urban non - ptivate unit,included railway. Before 2004 they were wages of workers.

3—1 农　林　牧　渔
Gross Output Value of Farming, Forestry, Animal

单位:万元

项　目	Item	沈阳市 Total	苏家屯 Sujiatun
农林牧渔业合计	**Total**	**6432787**	**614000**
农业产值	**Farming**	**2539408**	**218783**
谷物及其他作物	Cereal and other Farm Crops	977517	59359
谷　物	Cereal	850087	56942
小　麦	Wheat	1524	
稻　谷	Rice	280264	29172
玉　米	Corn	562603	27770
薯　类	Tubers	16172	191
油　料	Oil – bearing Crops	83468	751
花　生	Peanuts	80029	751
豆　类	Beans	20976	874
大　豆	Soy Bean	19143	874
棉　花	Cotton	30	
糖　类	Sugar Crops	25	
其他农作物	Other Crops	6759	601
饲料作物	Drinke crops	3637	251
蔬菜、食用菌及花卉盆景园艺产品	Vegetables、Mushrooms、Flowers and Rockery	1200506	109268
蔬　菜(含菜用瓜)	Vegetables(include Melon)	1103279	75640
食用菌	Mushrooms	21727	98
花卉	Flowers	74565	32595
盆景园艺	Rockery	935	935
水果、坚果、饮料和香料作物	Fruits	358568	49196
水果(含瓜果类)	Fruit and Nut	358460	49088
苹　果	Apples	69763	4003
梨	Pears	17057	12364
中药材	Traditional Chinese Medicine	2817	960
林业产值	**Forestry**	**109351**	**806**
林木的培育和种植	Woods	83927	795
育种育苗	Breading and Growing seedlings	5605	
造　林	Afforestation	41987	709
抚育和管理	Fostering and Management	36335	86
竹木的采运	Timber Cutting	22924	11
村及村以下	Timber Cutting by village	2832	
林产品	Woods Products	2500	
牧业产值	**Animal Husbandary**	**3292963**	**372972**
牲畜饲养	Raising livestock	1074918	35521
牛的饲养	Cow	815191	22515
羊的饲养	Sheep and Goats	84274	3856
其他牲畜饲养	Others	8224	98
奶产品	Milk	157365	8923
牛　奶	Cow Milk	157084	8923
毛绒产品	Cashmere Products	5364	129
羊　毛	Sheep Wool	5143	46
羊　绒	Cashmere	220	83
其他牲畜副产品	Others	4500	
猪的饲养	Raising Pork	976725	74244
家禽饲养	Raising Poultry	1204178	261824
肉　禽	Meat	617396	188819
禽　蛋	Eggs	586782	73005
其他畜牧业	Others	31608	1383
蚕　茧	Silkworn	56	56
兔	Rabbit	735	15
渔业产值	**Fishery**	**258432**	**14239**
农林牧渔服务业	**Farming, Forestry, Animal Husbandry, Fishery and Service**	**232633**	**7200**

业 总 产 值 （现价）
Husbandry and Fishery（at current price）

（10000 yuan）

东陵区（浑南新区） Dong ling （Hunnan new）	东陵区 Dong ling	沈北新区 Shen bei new	于洪区 Yu hong	辽中县 Liao zhong	康平县 Kang ping	法库县 Fa ku	新民市 Xin min
138811		**615673**	**226367**	**1441910**	**683717**	**949320**	**1512855**
84415		**224734**	**135830**	**463076**	**258500**	**351729**	**682349**
33944		59642	43560	147257	171973	204558	218535
30929		52450	41766	141538	110554	180271	198403
			28	603	318	112	463
2739		26503	19876	86994	6961	13530	77673
27479		25177	21862	53941	100849	164930	120177
1238			138	266	5364	2303	6585
1134		234		3221	49712	17392	10429
1134		234		3221	49689	17392	7013
643		779	1656	2228	6343	4562	3118
624		779	1656	2228	5609	3529	3085
						30	
		25					
		6154		4			
		3386					
37009		152198	86896	282787	61936	74810	334986
32479		129016	73111	270417	61827	71728	328905
1680		1082	12084	685	56	2012	3960
2850		22100	1701	11685	53	1070	2121
13432		11094	5374	33014	24591	72352	128828
13432		11094	5374	33014	24591	72352	128828
5558		2068	4370	18537	20351	2832	8856
227		1650		137	163	826	75
30		1800		18		9	
4755		**1351**	**6511**	**24038**	**14510**	**36000**	**10072**
2255		879	6511	15289	9029	32952	5019
2255		267	256	1642	1061	124	
		554	6255	12062	5846	11065	5019
		58		1585	2122	21763	
		472		8749	5481	3048	5053
		51		2781			
2500							
42821		**343981**	**61212**	**756996**	**386377**	**535633**	**697186**
12506		96517	15043	364931	135600	286386	118527
4829		48074	8654	349251	100667	212496	63701
1632		6579	971	3164	24965	21167	19323
23		5	2	355	2671	3296	1718
5870		41656	5306	12041	1120	48810	31440
5865		41656	5306	12041	1072	48810	31438
152		203	110	120	1677	617	2345
140		203	110	110	1677	617	2230
12				10			115
					4500		
15667		58271	30679	196439	132561	144418	273671
14648		189193	9956	166121	117496	104829	304988
5006		99014	3602	83295	90827	51569	84004
9642		90179	6354	82826	26669	53260	220984
				29505	720		
					720		
84		**8518**	**9462**	**120300**	**4530**	**3338**	
6736		**37089**	**13352**	**77500**	**19800**	**22620**	**83600**

3—2 农 林 牧 渔
Gross Output Value of Farming, Forestry, Animal

单位:万元

项 目	Item	沈阳市 Total	苏家屯 Sujiatun
农林牧渔业合计	**Total**	**6327987**	**607203**
农业产值	**Farming**	**2500402**	**216141**
谷物及其他作物	Cereal and other Farm Crops	986078	59901
谷 物	Cereal	858674	57517
小 麦	Wheat	1540	
稻 谷	Rice	271811	28292
玉 米	Corn	564522	27865
薯 类	Tubers	15580	184
油 料	Oil – bearing Crops	84834	763
花 生	Peanuts	81339	763
豆 类	Beans	20298	846
大 豆	Soy Bean	17346	792
棉 花	Cotton	29	
糖 料	Sugar Crops	24	
其他农作物	Other Crops	6639	590
饲料作物	Drinke crops	3572	247
蔬菜、食用菌及花卉盆景园艺产品	Vegetables、Mushrooms、Flowers and Rockery	1144402	104981
蔬 菜(含菜用瓜)	Vegetables(include Melon)	1051744	72107
食用菌	Mushrooms	18763	85
花 卉	Flowers	73031	31925
盆景园艺	Rockery	865	865
水果、坚果、饮料和香料作物	Fruits	367368	50389
水果(含瓜果类)	Fruit and Nut	367275	50295
苹 果	Apples	69875	4009
梨	Pears	14969	10850
中药材	Traditional Chinese Medicine	2554	870
林业产值	**Forestry**	**109570**	**808**
林木的培育和种植	Woods	84095	797
育种育苗	Breading and Growing seedlings	5616	
造 林	Afforestation	42071	710
抚育和管理	Fostering and Management	36408	86
林木的培训和种植	Timber Cutting	22970	11
村及村以下	Tibe Cutting by village	2838	
林产品	Woods Products	2505	
牧业产值	**Animal Husbandary**	**3240467**	**369423**
牲畜饲养	Raising livestock	1014699	33322
牛的饲养	Cow	774896	21402
羊的饲养	Sheep and Goats	80800	3697
其他牲畜饲养	Others	8008	95
奶产品	Milk	141135	8003
牛 奶	Cow Milk	137552	7813
毛绒产品	Cashmere Products	5193	125
羊 毛	Sheep Wool	4974	44
羊 绒	Cashmere	213	80
其他牲畜副产品	Others	4668	
猪的饲养	Raising Pork	1005896	76461
家禽饲养	Raising Poultry	1186520	258408
肉 禽	Meat	610679	186765
禽 蛋	Eggs	575841	71644
其他畜牧业	Others	28146	1232
蚕 茧	Silkworn	45	45
兔	Rabbit	654	13
渔业产值	**Fishery**	**250589**	**13807**
农林牧渔服务业产值	**Farming, Forestry, Animal Husbandry, Fishery and Service**	**226959**	**7024**

业 总 产 值 （ 可 比 价 ）
Husbandry and Fishery (at comparable price)

(10000 yuan)

东陵区(浑南新区) Dong ling (Hunnan new)	东陵区 Dong ling	沈北新区 Shen bei new	于洪区 Yu hong	辽中县 Liao zhong	康平县 Kang ping	法库县 Fa ku	新民市 Xin min
136758		600418	220576	1407198	678681	934986	1494255
83202		218608	131227	452321	257737	351733	671402
34209		60040	43923	148658	173502	206431	220368
31241		52980	42188	142968	111671	182092	200407
			28	609	321	113	468
2656		25704	19277	84370	6751	13122	75330
27573		25263	21937	54125	101193	165493	120587
1193		133	256	5168	2219	6344	
1153		238		3274	50525	17677	10600
1153		238		3274	50502	17677	7128
622		754	1602	2156	6138	4415	3017
565		706	1501	2019	5082	3198	2795
						29	
		24					
		6045		4			
		3326					
35204		145569	81797	269822	59039	71163	319039
30962		122990	69696	257786	58939	68378	313541
1451		934	10435	592	48	1737	3420
2791		21645	1666	11445	52	1048	2077
13762		11367	5506	33826	25196	74131	131996
13762		11367	5506	33826	25196	74131	131996
5567		2071	4377	18567	20384	2837	8870
199		1448		120	143	725	66
27		1632		16		8	
4765		1354	6524	24086	14539	36072	10092
2260		881	6524	15320	9047	33018	5029
2260		268	257	1645	1063	124	
		555	6268	12086	5858	11087	5029
		58		1588	2126	21807	
		473		8767	5492	3054	5063
		51		2787			
2505							
42138		336012	60624	738532	382695	521875	693017
11589		89567	14024	346282	129524	269869	111219
4590		45698	8226	331988	95691	201992	60552
1565		6308	931	3034	23936	20294	18526
22		5	2	346	2601	3209	1673
5265		37360	4759	10799	1004	43776	28197
5136		36476	4646	10544	939	42741	27529
147		197	106	116	1623	597	2270
135		196	106	106	1622	597	2157
12				10			111
					4668		
16135		60011	31595	202306	136520	148731	281844
14414		186434	9798	163670	116011	103275	299954
4952		97937	3563	82389	89839	51008	83090
9462		88498	6236	81282	26172	52267	216864
			26273	641			
					641		
81		8259	9175	116649	4393	3237	81063
6572		36184	13026	75610	19317	22068	38681

3—3 农 林 牧 渔
Value - added of Farming, Forestry, Animal

单位:万元

指 标	Item	沈阳市 Total	苏家屯 sujiatun
农林牧渔业	**Farming, Forestry, Animal Husbandry and Fishery**		
总产值	Gross Output Value	6432787	614000
中间消耗	Middle Consume	3077541	305573
增加值	Value - added	3355246	308427
农 业	**Farming**		
总产值	Gross Output Value	2539408	218783
中间消耗	Middle Consume	1089334	90112
增加值	Value - added	1450074	128671
林 业	**Forestry**		
总产值	Gross Output Value	109351	806
中间消耗	Middle Consume	46396	291
增加值	Value - added	62955	515
牧 业	**Amimal Husbandry**		
总产值	Gross Output Value	3292963	372972
中间消耗	Middle Consume	1712754	204035
增加值	Value - added	1580209	168937
渔 业	**Fishery**		
总产值	Gross Output Value	258432	14239
中间消耗	Middle Consume	135541	8543
增加值	Value - added	122891	5696
服务业	**Service**		
总产值	Gross Output Value	232633	7200
中间消耗	Middle Consume	93516	2592
增加值	Value - added	139117	4608

业 增 加 值
Husbandry and Fishery

(10000 yuan)

东陵区(浑南新区) Dong ling (Hunnan new)	东陵区 Dong ling	沈北新区 Shen bei new	于洪区 Yu hong	辽中县 Liao zhong	康平县 Kang ping	法库县 Fa ku	新民市 Xin min
138811		615673	226367	1441910	683717	949320	1512855
72767		291014	103543	671583	323278	478462	707189
66044		324659	122824	770327	360439	470858	805666
84415		224734	135830	463076	258500	351729	682349
42207		91764	60079	190536	109618	165669	287373
42208		132970	75751	272540	148882	186060	394976
4755		1351	6511	24038	14510	36000	10072
2377		889	2605	9861	6505	15858	3939
2378		462	3906	14177	8005	20142	6133
42821		343981	61212	756996	386377	535633	697186
24756		177554	31215	377728	196903	287441	357653
18065		166427	29997	379268	189474	248192	339533
84		8518	9462	120300	4530	3338	83600
59		4597	4637	62158	2320	1492	42519
25		3921	4825	58142	2210	1846	41081
6736		37089	13352	77500	19800	22620	39648
3368		16210	5007	31300	7932	8002	15705
3368		20879	8345	46200	11868	14618	23943

3—4 农村基层组织、户数、人口及劳动力
Farm, Township and Towns, Population and Labor Force

单位:个、户、人 (unit, person)

指标	Item	2000	2005	2010	2013
乡镇场个数	Number of Farms, Township and Towns	208	166	98	81
村数	Number of Villages	1938	1537	1252	1516
乡镇场户数	Number of Households of Farms, Township and Towns	772472	804681	911432	873835
乡镇场人口数	Population of Farms, Township and Towns	2680574	2708885	2844962	2733964
农村劳动力资源	Rural Labor Force	1199985	1482438	1674832	1622715
劳动力年龄内人口	Number of Laborers within Labor Ages	1178311	1272312	1456802	1430769
实有从业人员	Real Employment	1065350	1233875	1432356	1400025
第一产业从业人员	Employment of Primary Industry	700193	778440	770874	746452
第二产业从业人员	Employment of Secondary Industry	136879	188834	277966	284598
工业	Industry	89270	118367	179146	181262
建筑业	Construction	47609	70467	98820	103336
第三产业从业人员	Employment of Tertiary Industry	137033	266601	496195	368975
交通、运输、邮电、仓储	Transportation, Storage, Post and Telecommunication	42378	45663	55495	54048
贸易、餐饮	Trade and Catering Services	51589	84797	136358	134623
其它	Others	18032	136141	191663	180304

3—5 农作物播种面积
Total Sown Areas of Farm Grops

单位:公顷 (hectare)

指　　标	Item	2000	2005	2008	2010	2013
农作物总播种面积	**Total Sown Areas**	**599212**	**587940**	**608562**	**654813**	**678366**
粮豆作物	**Grain Crops**	**449028**	**511446**	**479656**	**506848**	**515445**
谷　　物	Cereal	382819	470994	441458	477680	489332
水　　稻	Rice	113829	115876	127149	126849	117699
春 小 麦	Spring Wheat	26577	5686	2275	2381	1367
玉　　米	Corn	227919	336970	304809	344800	367231
高　　粱	Sorghum	11636	6718	3321	2007	2073
谷　　子	Millet	2785	2650	2400	772	699
薯　　类	Tubers	19120	7039	11308	12045	12785
土　　豆	Potatoes	11623	5667	9774	9407	10962
豆类合计	Total Beans	41540	33413	26890	17123	13328
大　　豆	Soybeans	36653	29158	25780	16255	12683
杂　　豆	Mixed Beans	4887	4255	1109	868	645
棉　　花	Cotton	552	275	353	25	7
油料作物	Oil – bearing Crops	33171	13772	38741	43763	46161
花　生	Peanuts	26378	12635	33786	40094	43673
芝　麻	Seasame	872	148	37	17	16
向日葵	Sunflower	1348	802	4867	3652	2472
甜　　菜	Beetroots	4459	18	15		146
药　　材	Medicial Material	700	30	1462	1112	966
蔬菜、瓜类	**Vegetables and Melon**	**83782**	**45200**	**69086**	**85193**	**105188**
蔬菜(含菜用瓜)	Vegetables	75360	45200	51705	67385	86141
西甜瓜	Muskmelon and Watermelon	8422	6365	15985	16665	17229
西瓜	Watermelon	5933	4126	13838	12546	12992

3—6 分地区农作物播种面积
Sown Areas by District and County

单位:公顷 (hectare)

项 目	Item	沈阳市 shenyang	苏家屯 sujiatun	东陵区(浑南新区) Dongling (Hunnan new)	沈北新区 Shen bei new	于洪区 Yuhong	辽中县 Liaozhong	康平县 Kangping	法库县 Faku	新民市 Xinmin
农作物总播种面积	**Total Sown Area**	**678366**	**36299**	**19686**	**40518**	**23448**	**90014**	**102000**	**132336**	**209338**
粮食作物合计	**Total Grain Crops**	**515445**	**29037**	**17913**	**27911**	**19187**	**71422**	**70136**	**102340**	**158106**
其中:夏收粮食	Grain in summer	12331	74			139	893	4404	1043	5778
谷 物	Cereal	489332	28358	17000	27401	17980	69516	62077	98296	149766
稻 谷	Rice	117699	9921	1126	10894	7288	35193	2563	4777	39265
小 麦	Wheat	1367				18	574	228	120	427
春小麦	Wheat in spring	1367				18	574	228	120	427
玉 米	Corn	367231	18437	15874	16050	10674	33749	57797	92381	110003
谷 子	Millet	699						432	266	1
高 粱	Sorghum	2073			450			982	598	43
其他谷物	Others	263			7			75	154	27
荞 麦	Buckwheat	24						24		
豆类合计	Total Beans	13328	605	457	510	1084	1573	3321	2809	2526
大 豆	Soybeans	12683	605	449	510	1084	1573	2943	2596	2495
绿 豆	Green Gram	346		3				162	164	10
红小豆	Red bean	299		5				216	49	21
薯类(折粮)	Tubers	12785	74	456		123	333	4738	1235	5814
马铃薯	Potatoes	10962	74			121	319	4176	921	5351
油料作物	**Oil bearing Crops**	**46161**	**301**	**618**	**100**		**2938**	**26771**	**8052**	**7082**
花 生	Peanuts	43673	301	618	100		2938	26743	8052	4622
芝 麻	Seasame	16						16		
向日葵籽	Sunflower	2472						12		2460
棉 花	**Cotton**	**7**							**7**	
糖 料	**Sugar**	**146**			**146**					
甜 菜	Beet	146			146					
药材类合计	**Medicial Material**	**966**	**90**	**7**	**500**		**52**		**13**	**279**
蔬菜(含菜用瓜)及食用菌	**Vegetables**	**86141**	**5922**	**940**	**8410**	**4008**	**14091**	**4452**	**14633**	**29666**
瓜果类	**Melon**	**19047**	**621**	**181**	**516**	**83**	**671**	**616**	**2361**	**13299**
西 瓜	Watermelon	12992	51	10	169	79	133	406	224	11713
甜 瓜	Muskmelon	4237	189	12	312		290	202	1980	1205
草 莓	Strawberry	1399	380		35	4	168	8		381
其他农作物	**Others**	**10453**	**328**	**27**	**2935**	**170**	**840**	**25**	**4930**	**906**
青饲料	Succulence	5968			2483				3385	100

3—7 农 作 物 总 产 量
Total Output of Farm Crops

单位:吨 (ton)

指 标	Item	2000	2005	2008	2010	2013
粮豆作物	**Grain Crops**	**2338012**	**3427232**	**3586659**	**3251122**	**4106439**
谷 物	Cereal	2172834	3297557	3442275	3138162	3968262
水 稻	Rice	937905	898757	1124874	1000833	1028503
春 小 麦	Spring Wheat	55116	18845	7999	8732	6036
玉 米	Corn	1122542	2318518	2270352	2107704	2914640
高 粱	Sorghum	52423	42035	22787	14680	15466
谷 子	Millet	4390	9570	10538	3098	2699
薯 类	Tubers	81076	41811	64936	63364	92735
土 豆	Potatoes	44894	28164	56805	41144	77057
豆类合计	Total Beans	77483	87864	79448	49596	45442
大 豆	Soybeans	73140	78391	77253	47830	43212
杂 豆	Mixed Beans	4343	9473	2191	1766	1827
经济作物	**Economic Crops**					
棉花	Cotton	1584	155	958	21	10
油料作物	Oil – bearing Crops	58914	32691	116343	128346	146128
花 生	Peanuts	51697	30445	107336	116784	140174
芝 麻	Seasame	671	198	55	16	32
向 日 葵	Sunflower	1405	1757	8724	3605	5922
麻 类	Fiber Crops	20	2			
甜 菜	Beetroots	131141	438	450		
烟 叶	Leaf Tobacco	24				
其他作物	**Other crops**					
蔬菜(含菜用瓜)	Vegetables	2842299	2390541	3567179	4218129	5760905
西甜瓜	Muskmelon and Watermelon	271798	206062	566152	754443	940359
西瓜	Watermelon	203818	151685	494722	599030	711292

3—8 主要农产品产量
Yield of Major Farming Products

单位:万吨 (10000 tons)

年 份 Year	粮食及大豆 Grain Crops	蔬 菜 Vegetable	猪牛羊肉 Pork, Beef and Mutton	禽 蛋 Poultry Eggs	牛 奶 Cow Milk	水产品 Aquatic Products	水 果 Fruits
1980	210.6	94.6	5.2	0.9	1.7	0.2	0.5
1985	205.0	107.8	7.1	4.4	3.1	0.5	1.2
1990	307.7	158.5	13.0	11.2	5.6	1.8	2.5
1991	308.9	175.9	15.3	14.2	6.8	2.4	3.6
1992	333.4	209.2	17.5	16.3	7.4	3.1	4.4
1993	318.3	246.0	17.5	16.6	6.0	4.3	6.0
1994	201.7	198.8	23.5	19.8	6.2	5.6	7.0
1995	215.1	196.1	15.3	18.2	6.1	6.5	7.4
1996	329.8	260.0	28.8	20.3	6.1	7.0	7.3
1997	252.5	216.7	17.3	21.6	5.1	8.4	6.9
1998	325.9	256.1	17.3	21.4	5.3	9.0	7.9
1999	343.3	277.2	18.5	22.5	5.0	9.5	8.6
2000	233.8	284.2	19.7	24.5	5.7	10.0	9.1
2001	251.7	272.2	20.9	27.5	6.6	11.4	8.3
2002	278.2	284.1	23.3	29.2	8.1	11.5	8.5
2003	283.2	255.9	27.8	30.0	12.5	13.5	9.1
2004	365.4	206.6	34.9	37.9	18.8	14.1	10.7
2005	342.7	239.1	41.7	42.5	21.2	15.0	11.1
2006	321.4	271.5	40.7	37.7	28.8	16.2	11.8
2007	390.9	315.1	41.8	39.4	31.2	16.8	13.5
2008	358.7	356.7	46.9	53.7	32.3	18.7	17.5
2009	344.6	422.1	53.8	57.5	37.1	20.6	17.4
2010	325.1	421.8	57.0	60.6	39.2	16.7	17.6
2011	406.1	463.0	60.2	69.2	44.7	17.7	21.2
2012	400.7	501.8	64.8	74.9	48.1	18.7	24.4
2013	410.6	576.1	69.3	79.3	50.8	19.0	27.8

3—9 畜牧业生产情况
Production of Animals Husbandry

指　　标	Item	2000	2005	2010	2013
年末大牲畜头数(头)	Large Animal at Year－end (head)	417310	643755	932803	1185469
马(头)	Horses (head)	79925	52712	37251	26287
骡(头)	Mules (head)	61070	31636	18014	10914
驴(头)	Donkeys (head)	117014	73007	49365	37920
牛(头)	Cattle and Buffaloes (head)	159301	486400	828173	1110348
奶牛(头)	Cows (head)	13698	63986	106628	154458
改良肉用牛(头)	Meat Cattle (head)	145603	422414	713837	950793
从事农事劳役的大牲畜(头)	Large Draft Animal (head)	200085	134689	63783	39221
年末生猪存栏(头)	Hogs at Year－end (head)	1582263	2264380	3180598	3662821
能繁殖母猪(头)	Female Pigs for Breeding (head)	119835	198119	455391	516476
年末羊存栏(只)	Sheep and Goats at Year－end (head)	229111	605442	706166	843338
能繁(只)	For Breeding(head)	159826	315642	313651	375814
山　羊(只)	Goats(head)	60478	190106	262837	306191
能繁(只)	For Breeding (head)	33661	87292	112706	122958
绵　羊(只)	Sheep (head)	168633	415336	443329	537147
能繁(只)	For Breeding(head)	126165	228350	200945	252856
年末家禽存栏（万只）	Poultry at Year－end (10000 heads)	3749	5107	8903	10272
蛋禽(万只)	Egg Poultry (10000 heads)	1937.2	3216	4380.1	5283
年末兔存栏(只)	Rabbits at Year－end (head)	35685	317147	16733	14415
年末生猪出栏(只)	Slaughtered Hogs (head)	2047009	3622753	5112792	5900513
年内牛出栏(头)	Slaughtered Cattles (head)	88581	417457	957008	1360296
年内羊出栏(只)	Slaughtered Sheep and Goats (head)	152623	653519	861293	1023306
年内家禽出栏(万只)	Slaughtered Poultry (10000 heads)	6059.5	12067	16326	19038
年内兔出栏(只)	Slaughtered Rabbits (head)	34202	124886	91442	104030
肉类总产量(吨)	Total Output of Meat (ton)	333202	703703	865705	1059111
猪肉产量(吨)	Pork (ton)	179694	320041	401175	464864
牛肉产量(吨)	Beef (ton)	15822	87693	156737	213125
羊肉产量(吨)	Mutton (ton)	1944	9405	12309	14999
禽肉产量(吨)	Meat of Poultry (ton)	131284	281473	286572	362273
奶类总产量(吨)	Total Output of Milk (ton)	56863	215163	396286	508528
牛奶产量(吨)	Output of Milk (ton)	56601	212045	392220	507767
绵羊毛产量(公斤)	Output of Sheep's Wool (kg)	817081	1187683	1048351	1397101
蜂蜜产量(公斤)	Output of Honey (kg)	3410	3500	8900	18963
禽蛋产量(吨)	Output of Poultry Eggs (ton)	245421	425281	605919	792928

4—1 主要工业产品产量
Main Industrial Products

年份 Year	彩色电视机（万台）Color TV Sets (10000 units)	灯泡（万只）Lamps (10000 units)	机制纸及纸板（吨）Machine – made Paper and Paperboards (ton)	卷烟（万箱）Cigarettes (10000 cases)	白酒（千升）Liquor (kiloliter)
1980		3299	98210	25.5	17351
1985	3.97	4975	135064	21.98	28643
1990	10.77	6819	124469	24.2	64242
1995	1.3	30700	122916	20.1	69566
1996	12.38	37423	134108	18.5	92544
1997	26.15	8922	102612	18.71	124741
1998	56.1	7918	84000	20	120400
1999	59.76	7389	59922	11	108111
2000	175	4583	55245	8	162533
2001	139.62	11885	37053	15	13333
2002	179.35	4248	45453	16	4173
2003	241.55	13101	46857	17.8	2032
2004	248.42	10079	47355	20.4	50577
2005	472.04	12813	44573	20	74784
2006	271.80	51066	33775	21	100716
2007	344.09	90343	160909	22.57	207136
2008	398.47	80890	4546	23	284921
2009	340.38	33636	36382	23	271949
2010	329.87	36874	17314	24	352588
2011	362.31	40038	44982	22.83	381700
2012	426.43	47430	12085	23	505044
2013	383.1	39615	19750	22	460303

4—1 续表 1 Continued

年份 Year	啤酒（千升）Beer (kiloliter)	味精（吨）Gourmet Powder (ton)	瓷砖（万平方米）Ceramid Tile (10000 sq. m)	合成洗衣粉（吨）Synthetic Detergents (ton)	皮鞋（万双）Leather Shoes (10000 pairs)
1980	60259	3460		9352	408.38
1985	111834	5326		22870	569.49
1990	185726	9508		28766	418.8
1995	345145	16991		26130	1155.92
1996	331934	19309		19106	2067.48
1997	343490	21100		12378	1891.56
1998	345600	25237		6681	1124.4
1999	419617	28347		3578	1959.59
2000	429682	34142		4253	1367.24
2001	420156	33001		28532	160.36
2002	411680	37026		31440	134.86
2003	437475	43318		22180	172.04
2004	484340	42513		12825	2003.47
2005	540721	46016	6770	17100	2126.42
2006	613793	51560	8493	17411	3190.9
2007	801908	45990	13078	14541	4486.4
2008	801450	37947	21538	28185	3881.59
2009	869598	40318	29776	24246	988.40
2010	897814	35250	41413	42600	97
2011	1046896	–	56758.7	57577	83
2012	1106614	–	73464.4	59980	88
2013	1154852	–	74492.98	66531	105.08

4—1 续表 2 Continued

年份 Year	发动机（万千瓦）Motor Engine (10000 kw)	气体压缩机（台）Gas Compressed Motor (unit)	风 机（台）Pneumatic Machine (unit)	金属切削机床（台）Metal - cutting Machines (unit)	房间空气调节器（台）Air Conditioner (unit)	交流电动机（万千瓦）AC Motors (10000 kw)
1980		2245	14510	9817		129.4
1985		5782	19549	11356		148
1990		2731	23600	10013		170
1995		15730	15456	9294	72512	206.74
1996		7029	8262	6986	79651	542.41
1997		5414	14081	6658	72685	312.04
1998		3719	8123	6174	38733	124
1999		1656	4747	5661	95150	160.08
2000		2444	6346	8426	230692	133.97
2001	361	1003	4900	10513	362297	129.4
2002	850	771	3559	16586	300172	156.85
2003	1615	1077	5841	32241	271345	205.48
2004	1410	1431	4737	53261	344462	314.69
2005	1476	1525	5559	68209	609916	404.39
2006	2870	20372	4061	80681	498287	302.5
2007	3674	4332	14101	90224	480158	294.66
2008	2491	4756	4262	93121	555223	210.07
2009	3011	14718	4613	73355	434312	124.93
2010	4382	13080	5944	95244	338397	106.2
2011	4727	11816	5167	76471	244679	143.91
2012	5574	12591	4954	67327	62929	120.82
2013	5882	12632	4063	51947		92.19

4—1 续表 3 Continued

年份 Year	变压器（万千伏安）Transformer (10000 kVA)	电力电缆（公里）Electric Cables (km)	汽 车（辆）Motor Vehicls (unit)	原 煤（万吨）Coal (10000 tons)	发电量（万千瓦时）Electricity (10000 kwh)
1980	1140	15191	4032	586	29489
1985	1330	15534	25306	564.1	51587
1990	1336	18752	22572	608.8	96561
1995	2265	54156	21541	383.2	475859
1996	2121	20453	25430	360.9	355811
1997	2321	59420	37155	404.2	351646
1998	2119	8572	41321	477.8	336316
1999	1938	1263	54214	489.6	320007
2000	2283	33012	79211	477.4	351420
2001	1844	24005	75461	486.2	344856
2002	1645	37226	86809	760.9	365347
2003	1264	114816	125598	689.4	597813
2004	3457	122879	124394	1006.4	491293
2005	3586	108916	138496	992.2	443340
2006	4613	98730	267710	1453.3	453090
2007	5518	183289	352439	960.8	554708
2008	8157	179110	299061	898.9	613092
2009	9488	234305	482001	822.1	806217
2010	9728	279638	665791	881	1114482
2011	9919	333088	715121	939	1691038
2012	9841	349382	832591	916	1660180
2013	10809	291955	1040756		1937633

4—1 续表 4 Continued

年份 Year	煤气生产量（万立方米）Coal Gas（10000 cu. m）	钢（万吨）Steel（10000 tons）	成品钢材（万吨）Steel Products（10000 tons）	铜（吨）Copper（ton）	铅（吨）Lead（ton）	铜材（吨）Copper Products（ton）	铝材（吨）Aluminum Products（ton）
1980	21978	22.86	51.41	56618	52294	21618	4700
1985	26220	32.2	46.86	56562	54643	31281	7638
1990	17008	38.6	49.2	54897	62970	26472	17519
1995	26683	24.25	38.17	51700	56701	25578	24674
1996	33044	23.04	42.63	51412	58589	23465	36469
1997	25112	15.73	31.33	57377	67721	25549	29082
1998	21200	6.27	34.43	67589	67518	12487	12070
1999	7719	1.56	41.28	35309	54477	24035	13026
2000	8026	12.57	35.82	17815	5945	50094	27995
2001	18970	18.44	17.13	11890	22213	51673	18704
2002	19927	8.81	34.99	7586	4975	359980	16132
2003	21831	10.53	23.87	8212	1280	73464	18954
2004	23992	14.35	40.09	4823	2485	80362	18299
2005	29866	20.57	151.15	3140	5222	116555	25864
2006	30926	20.17	241.28	13115	7356	77853	45854
2007	34867	40.94	230.84	11480	8771	102443	51310
2008	27215	39.6	153.11	8034	8843	125681	89998
2009	19320	21.73	52.64	9457	2139	144691	40596
2010	18910	21.51	57.19	4594	2963	118808	34626
2011	27747	6.87	48.95	15000	3922	69057	35030
2012	32935	4.19	43.58	35660	4791	78216	37268
2013	42040	4.96	79.2	32710	4843	74269	69023

4—1 续表 5 Continued

年份 Year	焦炭（万吨）Coke（10000 tons）	轮胎外胎（万条）Tires（10000 units）	水泥（万吨）Cement（10000 tons）	平板玻璃（万重量箱）Plate Glass（10000 weight cases）	砖（亿块）Brick（100 million units）
1980	26.52	21.2	20.46	156.9	10.35
1985	31.41	37.4	29.3	151.4	21.61
1990	29.69	67.3	35.51	212.9	24.81
1995	28.01	39.91	73.48	270.4	20.83
1996	24.99	23.77	51.84	459.4	29.03
1997	24.96	45.43	55.49	491.2	29.83
1998	24.96	104.61	40.7	487	8.42
1999	25.09	128.41	47.04	486.8	7.72
2000	26.13	165.16	40.75	495.8	7.81
2001	28.28	189.6	62.73	522.5	0.34
2002	31.73	208.5	55.8	607.4	0.43
2003	34.54	272	147.33	531.5	0.42
2004	40.87	291.8	172.78	765.9	1.71
2005	67.04	314.99	179.24	744.33	5.84
2006	76.35	362.6	231	519.7	53.82
2007	90.96	358.58	285.43	552.2	22.59
2008	83.37	371.11	275.9	429.18	21.99
2009	90.84	343.76	397.53	325.5	28.2
2010	82.9	402.41	363.72	373.26	28.53
2011	121.25	400.69	186.25	471	38.05
2012	102.41	503.43	462.33	576	38.23
2013	166.5	561.5	259.68	579	28.56

4—2 全社会能源物资消费总量
Total Consumption of Energy and Material

年份 Year	能源消费总量（万吨标煤）Total Consumption of Energy (10000 tons of SCE)	工业用 Industry Use	煤炭消费总量（万吨）Total Consumption of Coal (10000 tons)	电力消费总量（亿千瓦时）Total Consumption of Electricity (100 million kwh)	焦炭（万吨）Coke (10000 tons)	燃料油（含原油）（万吨）Fuel oil (include Crude oil) (10000 tons)	汽油（万吨）Gasoline (10000 tons)	柴油（万吨）Diesel Oil (10000 tons)
1980	733.7	466.1	592.1	34.77	22.2	111.2	7.7	5.5
1985	839.7	507.8	829.6	42.03	26.1	85.7	9.7	8.5
1990	925.4	558.8	773	50.75	22.2	73.4	11.4	18.9
1995	1187.0	886	1158.9	82.2	14.5	71.9	14	16.7
1996	1 058.8	809.2	902.5	87.6	12.5	69.1	8.6	15.5
1997	1 013.7	780.3	856.9	92.32	11.3	53.5	8.7	19.7
1998	952.9	747.2	938	92.4	11.5	68.6	11.3	18.8
1999	905.3	732.5	897.6	100.6	9.8	84.1	10.3	18.4
2000	960.3	752.9	951.4	110.36	3.8	90.1	14.1	21.4
2001	640.0	599.2	838.4	43.3	3.7	85.9	2.3	3.4
2002	662.0	626.0	899.4	43.0	3.6	99.4	2.5	3.7
2003	718.3	687.0	1068.2	48.1	4.8	90.2	2.7	4.4
2004	764.7	733.1	1351.8	58.1	7.5	92.2	4.6	5.6
2005	805.5	782.2	1731.2	73.0	6.5	75.2	3.9	5.9
2006	968.4	942.8	2057.5	87.0	13.5	87.1	8.2	12.2
2007	1043.4	1023.9	2023.4	95.7	20.1	102.1	17.9	23.1
2008	1202.9	1165.6	2316.4	122.9	19.5	78.1	28.3	32.7
2009	1251.0	1104.9	2522.7	105.3	14.3	77.4	62.5	38
2010	1334.1	1244.5	2877.4	114.0	13	76.7	40.4	42.9
2011	1422.9	1403.5	2951.2	119.0	12.1	110.5	39.3	51.8
2012	1400.6	1379.3	2802.5	122.0	10.3	141.4	44.7	56.6
2013	1375.7	1356.2	3125.6	129.4	7.3	91.2	42.8	53.6

注:2001 年开始为规模以上工业口径。

Note:They have been above designated size industrial enterprises after 2001.

4—3 全市民用车辆拥有量
Nnmber of Civil Motor Vehicles Owned

单位:辆 (unit)

指标	Item	2000	2005	2010	2013
民用汽车	Total Number of Civil Motor Vehicles Owned	210893	420609	831759	1253273
载客汽车	Passenger Vehicles	115195	257501	653360	1093255
大型	Large	5854	9813	13063	14779
载货汽车	Ordinary Trucks	73857	98145	139829	146916
大型(重型)	Large	25457	22944	25344	31059
其他汽车	Other Trucks	21841	64963	38570	13102
拖拉机	Tyre Tractors	32544	42437	64358	75348
摩托车	Motors	115791	135401	81301	95566
其他机动车	Number of Other Motor Vehicles	1459	4571	1439	1853

注:其他汽车 2004 年以前为其他专用汽车。

Note:Other motor vehicles before 2004 were other special trucks.

4—4 运 输 量
Transportation

年份 Year	客运量（万人次）Passenger Traffic (10000 persons times)	铁路 Railways	公路 Highways	民航 Civil Aviation	货运量（万吨）Freight Traffic (10000 tons)	铁路 Railways	公路 Highways	民航 Civil Aviation
1980	4788	3669	1084	5	1679	563	1108	0.24
1985	6462	4508	1941	13	9279	702	8577	0.34
1990	7386	3760	3595	31	11777	549	11227	0.59
1995	11227	3388	7747	92	13052	584	12467	1.06
1996	9661	2966	6589	106	13858	582	13275	1.18
1997	8273	2789	5375	110	14536	607	13926	3.02
1998	7598	2750	4753	95	14809	449	14358	2.3
1999	7663	2784	4778	100	15396	496	14898	2.31
2000	6620	3084	3385	151	15221	566	14652	3.2
2001	6790	3035	3587	168	15157	472	14682	3.1
2002	7053	2951	3913	189	14451	537	13910	3.5
2003	6691	2649	3819	223	14656	501	14150	4.7
2004	7964	2895	4783	285.8	14757	542	14210	4.95
2005	8629	2886	5432	310.7	15571	545	15020	5.72
2006	9598	3096	6152	350	17264	558	16700	6.3
2007	10062	3035	6641	386	19092	586	18500	6.3
2008	26101	3581	22143	377	13979	466	13507	5.7
2009	27668	3982	23316	370	15164	431	14728	5.4
2010	30658	3979	26285	394	17348	538	16804	5.5
2011	31625	3542	27734	349	19406	504	18897	4.3
2012	32869	3348	29121	400	21720	456	21259	4.5
2013	24484	3816	20254	414	21491	530	20957	4.4

注：1. 铁路运输数据，2002 年以前来自沈阳铁路分局，以后来自沈阳铁路局；
2. 2009 年公路运输口径调整。2013 年公路数据按交通部门专项调查结果调整。

Note: 1. The Data of railway transportation came from Shenyang Railway Branch before 2002. After 2002 it came from Shenyang Railway Bureau.
2. In 2009, the highway transportation coverage was adjusted. The highway data in 2013 was adjusted according to the special investigation of the department of transportation.

4—5 邮 电 业 务 量
Post and Telecommunication Services

年 份 Year	邮电业务总量（万元） Business Value of Post and Teleco－mmunication (10000 yuan)	函 件（含机要）（万件） Number of Letters (include confidential document (10000 pcs)	报 刊（万份） Newspapers and Magazines (10000 copies)	网络用户（万户） Number of Subscribers of Internet Services (10000 subscribers)	移动电话（万户） Number of Mobile Telephone Subscribers (10000 subscribers)	市话年末到达户数（万户） Number of Subscribers Of Urban Telephone (10000 subscribers)	农话年末到达户数（万户） Number of Subscribers Of Rural Telephone (10000 subscribers)
1980	4282	3427	25306			2.77	0.72
1985	7680	5782	38099			4.33	0.71
1990	21338	7452	13508			9.37	1.01
1995	119095	8897	12315		6.47	60.91	4.62
1996	152734	8366	13653		11.46	79.35	7.98
1997	171756	7398	12854		20.6	91.24	14.35
1998	197460	7991	13138		40.97	104.53	18.17
1999	442059	7637	12988		73.42	120.09	22.22
2000	460398	6581	11752	21.04	125.17	137.72	27.96
2001	581223	5553	9027	52.85	170.01	161.69	34.89
2002	647436	3691	8698	96.53	216.03	180.4	41.86
2003	792470	3887	8239	93.18	274.81	224.7	48.9
2004	950202	3963	7990	72.02	304.71	261.76	55.06
2005	1150519	4241	8107	75.68	348	298	64
2006	1439394	3269	8706	83.4	412	305	69
2007	1862260	2498	8693	103	434	316	68
2008	1997828	2578	9808	108	513	281	67
2009	2369386	2313	9517	128	747	271	66
2010	2800119	2419	10368	136	855	260	63
2011	1123520	2469	10840	153	882	242	61
2012	1218100	2495	11880	176	996	–	–
2013	1313334	2508	13626	153	1016	–	–

注：邮电业务总量 2011 年开始采用 2010 年不变价。历年口径有调整。
Note: The total business value of post and telecommunication began to use the constant prices of 2010 from 2011. The caliber has been adjusted over the years.

5—1 固定资产投资和房屋建筑面积
Investment in Fixed Assets and Floor Space of Buildings

单位:万元 (10000 yuan)

指　标	Item	2000	2005	2010	2013
投资总额	**Total Investment(10000 Yuan)**	**2622376**	**13632196**	**41391498**	**63839125**
城镇合计	**Total Investment in Cities and Towns**	**2477006**	**12900364**	**40213418**	**60423418**
农村合计	**Total Investment in Village**	145370	731832	1178080	3415707
按经济类型分	**Grouped by Ownership**				
国有经济	State - owned Economic Units	1162197	3362737	6689922	10563716
集体经济	Collective - owned Economic Units	141911	519442	1163203	913493
私营经济	Private Economic Units	100306	2564698	11059531	20751412
个体经济	Individual Economic Units	95272	263043	371778	288916
联营经济	Joint Ownership Economic Units	1150	6787	7486	44311
股份制经济	Share Holding Economic Units	556574	4474851	12888690	19534779
外商投资经济	Foreign Funds Economic Units	232579	1431421	4015920	5696058
港澳台投资经济	Economic Units with Funds from Hong Kong, Macao and Taiwan	311676	783999	4229736	4288575
其他经济	Others	20711	225218	965252	1757865
本年资金来源小计*	**Total Captal Grouped by Sources**	**2430557**	**13922412**	**46421286**	**70535351**
国家预算内资金	State Budgetary Appropritation	171614	506864	1069311	3685836
国内贷款	Domestic Loans	552477	1428722	5966940	7229359
利用外资	Foreign Investment	202513	395983	1352801	1746070
自筹投资	Fundraising	1060442	9711051	33020709	48896562
其他投资	Others Investment	443511	1879792	5011525	8977524
按构成分	**Grouped by Form**				
建筑工程	Construction	1434026	7330954	24389016	39434089
安装工程	Installation	198366	790705	3551058	3872746
设备工具器具购置	Purchasing of Equipment,Tool and Appliance	613019	2820645	8210713	14086178
其他费用	Others	376965	2689892	5240711	6446112
按三次产业分	**Grouped by Type of Industry**				
第一产业	Primary Industry	75996	246696	839524	778943
第二产业	Secondary Industry	759410	5203346	14763194	22059395
工　业	Industry	687304	5102628	14424706	21495208
第三产业	Tertiary Industry	1786970	8182154	25788780	41000787
房地产开发	Real Estate Development	640395	4135710	14500794	21840129
房屋建筑面积(万平方米)	**Floor Space of Buildings(10000 sq. m)**				
施工面积	Floor Space under Construction	1643.7	5488.6	14448.2	18072.2
住　宅	Residential Building	936.2	2674.5	6720.1	8544.9
竣工面积	Floor Space Completed	808.2	2175.3	3839.8	4771.8
住　宅	Residential Building	540.9	1111.7	1193.6	1290.3

注:2011 年开始统计口径调整,2010 年及以前为全社会口径,下同; * 为城镇口径。

Note:Since 2011 the statistic standards has been adjusted . Before 2010 it was the whole society . The same below.

* represents the cities and towns caliber.

5—2 城镇固定资产投资和新增固定资产
Investments and Newly Increased in Fixed Assets

单位:亿元 (100 million yuan)

年 份 Year	投资总额 Total Investment	国有单位 State - owned	新增固定资产 Newly Increased in Fixed Assets	交付使用率(%) Rate of Fixed Assets Put into Use
1980	9.3	8.8	6.6	71.0
1985	21.0	19.2	13.6	64.5
1990	39.9	36.5	39.9	100.0
1995	127.0	84.1	85.9	67.6
2000	241.4	116.2	180.2	74.6
2001	281.2	126.1	193.8	68.9
2002	378.8	166.7	257.3	67.7
2003	553.9	192.8	424.2	79.1
2004	936.6	222.7	560.0	59.8
2005	1287.8	328.4	792.8	61.6
2006	1701.1	373.4	967.7	56.9
2007	2245.7	476.4	1293.3	57.6
2008	2842.4	505.2	1588.2	55.9
2009	3434.2	595.7	2120.1	61.7
2010	4021.3	687.0	2772.3	68.9
2011	4412.2	827.5	2124.9	48.2
2012	5350.1	1022.5	2954.2	55.2
2013	6042.3	1037.9	3393.6	56.2

5—3 城镇工业固定资产投资额和新增固定资产
Industrial Investment and Newly Increased in Fixed Assets

年 份 Year	投资额(亿元) Total Investment (100 million yuan)	占城镇投资(%) Percent to the Cities and Towns	新增固定资产(亿元) Newly Increased in Fixed Assets (100 million yuan)	交付使用率(%) Rate of Fixed Assets Put into Use
1980	4.8	51.6	3.4	70.8
1985	10.7	51.0	6.9	64.5
1990	18.8	47.1	14.9	79.3
1995	41.5	32.7	29.5	71.1
2000	68.7	28.5	62.2	90.5
2001	74.0	26.3	43.0	58.1
2002	95.8	25.4	64.0	66.8
2003	146.7	26.5	114.3	77.9
2004	277.7	29.6	193.1	69.5
2005	488.9	38.0	333.3	68.2
2006	664.5	39.1	408.8	61.5
2007	847.3	37.7	594.9	70.2
2008	1020.9	35.9	708.0	69.4
2009	1219.0	35.5	929.4	76.2
2010	1402.7	34.9	1006.1	71.7
2011	1432.3	32.5	811.5	56.7
2012	1648.9	30.8	1160.3	70.4
2013	1871.9	31.0	1375.2	73.5

注:不包括农村集体和个人投资。
Note: Data in this table do not include rural Collective - owned and individuals invesment.

5—4 房地产开发投资主要指标

Major Indicators of Investment on Real Estate Development

单位:万元、万平方米 (10000 yuan,10000 sq. m)

指　　标	Item	2000	2005	2010	2013
本年完成投资	Investments Completed in This Year	640395	4135710	14500794	21840129
本年新增固定资产	Newly Increased in Fixed Assets	502732	1929399	3727811	5219563
本年施工房屋面积	Floor Space of Buildings under Construction	828.4	3102	8851.4	11568.3
住　　宅	Residential Buildings	635.3	2438.3	6634.2	8482.5
本年竣工房屋面积	Floor Space of Buildings completed	349.5	1057.7	1393.2	1459.8
住　　宅	Residential Buildings	289.8	927.7	1107.7	1230.3
商品房销售面积 *	Sold Floor Space of Commercial Houses	210.5	761.3	1746.5	2262.3
住　　宅	Residential Buildings	184	713.9	1516.1	2017.4
商品房销售额	Total Sales of Commercial Houses	565412	2367695	9450487	14360531

* 2006 年起包括预售。

Note: Data after 2006 has covered selling in advance.

5—5 建筑安装企业主要经济指标

Major Indicators of Construction and Installation Enterprises

指　　标	Item	2000	2005	2010	2013
全　市	**Total**				
建筑业总产值(亿元)	Gross Constructive Output Value (100 million yuan)	162.6	328.6	1055.2	2005.9
施工房屋面积(万平方米)	Floor Space of Buildings under Construction(10000 sq. m)	1929	2669.4	5733	12223.1
竣工房屋面积(万平方米)	Floor Space of Buildings Completed (10000 sq. m)	915.4	1262	1839.5	3013.2
竣工率(%)	Completed Rate (%)	47.6	47	32.1	24.7
职工平均人数(万人)	Average Staff and Workers (10000 persons)	25.1	26.8	67.7	58.3
年末固定资产原值(亿元)	Origial Value of Fixed Assets at Year - end (100 million yuan)	49	78.6	155.9	185.8
年末固定资产净值(亿元)	Net Value of Fixed Assets at Year - end (100 million yuan)	33.3	57.9	102.1	151.2
利润总额(万元)	Total Profits (10000 yuan)	18237	59971	350891	558977
国有企业	**State - owned Enterprises**				
施工产值(亿元)	Output of Construction (100 million yuan)	57.3	196	149	119.5
施工房屋面积(万平方米)	Floor Space of Buildings under Construction(10000 sq. m)	430.4	1794.6	835	821.4
竣工房屋面积(万平方米)	Floor Space of Buildings Completed (10000 sq. m)	181.1	712.1	242.1	224.2
竣工率(%)	Completed Rate (%)	42.1	39	29	27.3
职工平均人数(万人)	Average Staff and Workers (10000 persons)	7.6	14.3	10.5	2.9
年末固定资产原值(亿元)	Origial Value of Fixed Assets at Year - end (100 million yuan)	24.6	43.1	22	31.5
年末固定资产净值(亿元)	Net Value of Fixed Assets at Year - end (100 million yuan)	15.5	30	13.5	29.3
利润总额(万元)	Total Profits (10000 yuan)	231	13772	23899	23823

6 国内贸易主要综合指标
Main Indicators of Domestic Trade

单位:万元 (10000 yuan)

指 标	Item	2000	2005	2010	2013
社会消费品零售总额 *	Total Retail Sales of Consumer Goods	5660080	9150855	21056471	31860936
私营批发零售贸易业	Private Wholesale and Retail Trade				
户数(个)	Number of Economic Active Unit (unit)	8598	15860	27073	41426
人数(人)	Number of Persons (person)	98300	146020	174964	270467
个体批发零售贸易业	Indivial Wholesale and Retail Sale Trade				
户数(个)	Number of Economic Active Unit(unit)	116156	107227	136957	171436
人数(人)	Number of Persons(person)	251283	273743	332817	366995
限额以上批发零售贸易业主要财务指标	Above Designated Size in Wholesale and Retail Trade				
资产总计	Total Assets	3556223	5198536	12812620	20106529
负债总计	Total Liabilities	3006513	4365904	9673985	14757069
商品销售收入净额	Net Revenue of Sales	8107213	21755862	47371585	80213192
商品销售成本	Total Sales Cost	7694821	19766987	45169503	77555528
经营费用	Total Operating Cost	274810	554449	1180551	1178458
管理费用	Total Management Cost	138332	224695	553619	920555
营业利润	Total Operating Profits	-26819	32235	320385	188428
利润总额	Total Profits	6956	123740	283120	210261

注:2003 年开始,社会消费品零售总额不含制造业和农对非零售额。2011 年开始,社会消费品零售总额中不含其他行业零售额。
Nate:Total retail sales of consumer goods from 2003 didn1t include retail sales of manufacture and farmer sold nonfarmer. The total retail sales of consumer goods have not included other industry since 2011.

7—1 进出口总额
Total Imports and Exports

单位:万美元 (USD 10000)

年 份 Year	进出口总额 Total Imports and Exports	进口总额 Total Imports	出口总额 Total Exports
1990	44199	11130	33069
1995	161834	70177	91657
1996	172664	85943	86721
1997	160173	74875	85298
1998	158746	81199	77547
1999	181662	101740	79922
2000	268348	138646	129702
2001	279178	154085	125093
2002	285596	145531	140065
2003	426037	225599	200438
2004	525161	285026	240135
2005	458998	221876	237122
2006	528931	263100	265831
2007	606943	275007	331936
2008	712863	300527	412336
2009	657028	304679	352349
2010	785604	377887	407717
2011	1062025	579513	482512
2012	1274827	678313	596514
2013	1432870	733289	699581

注:1990 年以后为地区口径,1995 年以后为海关统计数字。

Note:Data in this table refer to local calculation methods since 1990,and refer to Custom's statistics since 1995.

7—2 国际旅游事业发展情况
Development of International Tourism

年 份 Year	接待国家及地区数(个) Number of Foreign Countries and Regions (unit)	接待的境外旅游人数(人) Number of Foreign Tourists (person)	外国人 Foreigners	港澳台胞 Hongkong,Macao and Taiwan Compatriot
1990	100	41899	26269	15045
1995	119	103696	86665	16913
1996	123	107946	91806	16051
1997	134	118740	100987	17656
1998	137	120700	96001	24642
1999	133	137576	109833	27726
2000	138	161245	132688	28497
2001	151	176961	144086	32623
2002	152	237627	194984	42643
2003	148	184255	150769	33486
2004	148	272838	222758	50080
2005	148	326513	264221	62292
2006	148	400037	332027	68010
2007	148	456013	378773	77240
2008	148	476357	399555	76802
2009	148	495517	415356	80161
2010	148	550313	460885	89428
2012	–	750011	587028	162983
2013	–	813652	633832	179820

注:旅游收入 1994 年以前计量单位为万元外汇券。

Note:Measured unit of tourism revenue before 1994 refer to 10000 FEC.

7—3 利 用 外 资
Used Foreign Capial

单位:万美元 (USD 10000)

年 份 Year	新签项目数(个) New Signed Projects (unit)	新签合同外资额 New Signed Contracts of Foreign Capital	实际利用外资 Direct Foreign lnvestment
1985	29	5661	24
1986	33	4349	150
1987	25	4737	597
1988	89	11008	1411
1989	75	8166	2806
1990	104	15899	2747
1991	186	39615	3348
1992	708	93801	8009
1993	1129	118035	33254
1994	835	181928	40662
1995	666	116977	46052
1996	512	109669	39551
1997	492	93864	53760
1998	475	103278	56636
1999	598	110734	49836
2000	646	176835	71230
2001	569	154633	85217
2002	661	205188	140880
2003	743	225074	224237
2004	771	259650	242277
2005	901	616732	212312
2006	863	852098	303444
2007	772	1284685	504451
2008	518	1026288	600138
2009	710	1205220	541039
2010	473	812110	505369
2011	221	542149	550247
2012	158	299188	580435
2013	155	273400	581093

8—1 公共财政预算收入
Local Financial Revenue

单位:万元 (10000 yuan)

年 份 Year	合 计 Total	增值税 Value – added Tax	营业税 Business Tax	个人所得税 Individual Income Tax
1980	145226			
1985	209685			
1990	310726	85402	89474	
1995	355684	85863	118226	21213
2000	611225	102329	181231	48684
2001	808178	116022	207681	66601
2002	1018511	138751	267568	71808
2003	1039268	99954	239212	40968
2004	1395086	91920	319011	51943
2005	1815157	126103	364924	59377
2006	2457841	143852	450114	62807
2007	2308085	167666	553293	77831
2008	2910381	189969	645841	84298
2009	3202070	206245	725216	86929
2010	4653540	399458	1295086	173245
2011	6201243	464531	1629897	201518
2012	7150377	520788	1803516	175968
2013	8009997	653681	1956634	197698

注:2010 年财政指标口径调整。
Note:The caliber of financial index was adjusted in 2010.

8—2 公共财政预算支出
Local Financial Expenditure

单位:万元 (10000 yuan)

年 份 Year	合 计 Total	科技三项费 Three kinds Funds of Science and Technology Promotion	城市维护费 City Maintenance Expenditure	行政管理费 Expenditure for Government Administration
1980	50245	745	5557	4751
1985	105264	1181	8902	8574
1990	230580	3672	31234	13370
1995	458861	7972	42952	30448
2000	924893	16565	102892	50559
2001	1034810	19327	139292	61458
2002	1281673	22304	146385	65118
2003	1608515	27240	172724	71667
2004	2033157	33157	234083	92593
2005	2534094	41829	314929	122771
2006	3393019	62953	395492	140937
2007	3396754			
2008	4067372			
2009	4758822			
2010	5166242			
2011	6392904			
2012	7660854			
2013	8812817			

8—3 金融机构人民币存款
Saving Deposits of Financial Institution

单位:万元 (10000 yuan)

年 份 Year	合 计 Total	企 业 Enterprises Deposits	财 政 Treasury Deposits
1980	241023	110224	5231
1985	592234	246727	1049
1990	1817149	547384	-812
1995	7638677	2259015	96777
2000	17004871	6014533	58446
2001	19070186	6514187	92245
2002	22741574	7045754	234561
2003	26917421	8103598	173388
2004	30504700	9778109	147342
2005	35630020	10435257	141276
2006	39712846	13330155	189634
2007	45497117	17101533	1534609
2008	52759189	18345237	1281317
2009	66574455	25025439	2192293
2010	80919886	25975315	2424321
2011	88956679	46176511	2200122
2012	102753529	53087198	2852221
2013	114372103	57718673	3680585

8—4 金融机构人民币贷款
Loans of Financial Institutions

单位:万元 (年末余额)(Year - end) (10000 yuan)

年 份 Year	合 计 Total	工业企业 Loans of Industrial Enterprises	商 业 Commercial Loans	农 业 Agriculture
1980	476909	123914	163466	8448
1985	830225	220910	243665	23350
1990	2481718	954692	669374	37953
1995	7158771	2349455	1714425	145387
2000	13921674	3131357	2659249	275434
2001	15472805	3445679	3051279	300743
2002	18485879	3575166	3258976	359696
2003	21721849	3585917	3272161	328460
2004	22947475	3428991	2860594	389076
2005	22885209	1985803	2365452	923562
2006	25518637	2544607	2501493	955818
2007	26997552	2715724	2472866	1005785
2008	32500508	2746408	2138102	1125437
2009	50848567	3690848	2144433	1409902
2010	59701639			
2011	68889672			
2012	78527063			
2013	88670501			

注:2006 年起贷款余额包括国家开发银行贷款。

Note: Balance of Loans included Development Bank of China from 2006.

9—1 各类学校数
Number of Schools

单位:个 (unit)

年 份 Year	合 计 Total	高等学校 Institutions of Highter Education	中等专业学校 Specializde Secondary Schools	普通中学 Regular Secondary Schools	职业中学 Vocational Schools	技工学校 Secondary Technical Schools	小 学 Primary Schools
1952	2089	11	22	39			2015
1957	1556	10	27	135			1317
1962	1928	23	27	189			1628
1965	3299	14	19	223			2666
1970	3263	9	14	518			2722
1975	3126	9	22	515		19	2580
1978	2635	15	18	465		46	2137
1980	2732	18	27	385	18	111	2168
1985	2650	22	44	348	44	110	2069
1986	2494	23	50	340	53	118	1900
1987	2483	24	50	339	52	116	1892
1988	2481	21	46	335	52	114	1900
1989	2485	21	46	339	53	111	1892
1990	2469	21	46	334	51	110	1893
1991	2446	21	45	333	51	114	1866
1992	2311	22	45	322	53	113	1742
1993	2265	22	45	330	56	113	1685
1994	2230	22	44	335	76	108	1627
1995	2310	22	48	359	85	113	1664
1996	2344	22	50	369	97	111	1681
1997	2342	22	51	368	98	111	1677
1998	2242	20	52	373	105	63	1584
1999	2112	21	48	367	103	45	1519
2000	2040	21	42	368	92	35	1468
2001	1958	21	40	360	77	30	1415
2002	2004	24	46	365	96	93	1366
2003	1817	36	39	362	89	30	1247
2004	1670	36	40	362	98	33	1087
2005	2064	37	39	354	95	34	977
2006	1398	37	35	348	85	30	849
2007	1185	40	35	337	66	32	649
2008	1090	40	43	334	58	35	545
2009	1011	49	41	334	52	37	482
2010	927	50	41	321	47	37	415
2011	864	51	40	324	46	37	350
2012	834	50	40	322	44	37	325
2013	825	53	39	322	44	31	320

9—2 学校专任教师数
Number of Full – time Teachers

单位:人 (person)

年份 Year	合计 Total	高等学校 Institutions of Highter Education	中等专业学校 Specializde Secondary Schools	普通中学 Regular Secondary Schools	职业中学 Vocational Schools	技工学校 Secondary Technical Schools	小学 Primary Schools
1952	14580	1527	769	1778			10412
1957	21770	2915	2050	4583			11870
1962	32122	4674	1919	6270			19015
1965	39661	4063	1528	8138			23954
1970	49776	3181	668	16060			29837
1975	57186	3441	1366	23249			28946
1978	58195	5665	1468	26127			24770
1980	59509	6689	1372	25652	114	1634	23628
1985	60749	8513	2433	20318	1673	2175	25453
1986	62448	10418	2687	20289	2099	2436	26812
1987	65869	10235	2898	20891	2370	2540	26857
1988	66920	10023	3183	20402	2704	2493	27781
1989	69801	11224	3125	20330	2607	2572	29582
1990	73080	10353	3055	21255	2733	2746	32641
1991	74189	10202	3042	21792	2835	2828	33166
1992	75262	10440	3169	22174	2576	2694	33875
1993	72734	10442	3193	21976	2816	2594	31309
1994	72396	10434	3207	21487	2966	2550	31096
1995	73318	10594	3203	22313	3142	2439	31216
1996	74195	10421	3197	23209	3268	2361	31340
1997	75095	10241	3435	23668	3574	2137	31566
1998	73511	10305	3364	23258	3736	1705	30781
1999	73240	10537	3310	23449	3903	1486	30208
2000	72508	11514	2822	23693	3570	1294	29276
2001	71675	12016	2756	24032	3451	1090	27989
2002	73476	13538	3070	24689	3437	956	27435
2003	77222	17074	2743	25231	4023	1174	26589
2004	82831	22632	3042	25164	4456	1168	25978
2005	111383	19944	2871	24994	4481	431	25518
2006	77488	20980	2544	24610	3846	430	24714
2007	79167	22702	2423	24224	2464	1074	24081
2008	78461	22981	3637	24052	2339	1296	23336
2009	78831	24079	4178	23943	1616	1357	22852
2010	77644	24058	4044	23873	1552	1299	22023
2011	79764	25665	4098	24329	1452	1705	21715
2012	79750	25986	4146	24015	1373	1444	21963
2013	80801	27254	3842	23818	1321	2046	21709

9—3 在校学生数
Number of Students

单位:万人 (10000 persons)

年份 Year	合计 Total	高等学校 Institutions of Highter Education	中等专业学校 Specializde Secondary Schools	普通中学 Regular Secondary Schools	职业中学 Vocational Schools	技工学校 Secondary Technical Schools	小学 Primary Schools
1952	54.62	1.14	1.34	4.69			47.45
1957	69.59	1.71	2.24	12.25			53.39
1962	88.35	2.81	1.32	13.54			70.68
1965	115.33	1.78	1.46	20.46			91.63
1970	137.37	0.38	0.1	43.95			92.94
1975	141.26	1.11	0.65	57.98			81.52
1978	132.54	2.03	0.81	63.22			66.48
1980	116.06	2.85	1	46.37	0.28	2.17	63.39
1985	96.82	4.18	1.68	31.23	2.17	1.17	56.39
1986	101.58	4.77	2.04	32.61	3.28	1.55	57.33
1987	101.9	4.92	2.32	31.18	3.41	1.64	58.43
1988	103.75	5.85	2.57	29.11	3.8	1.55	60.87
1989	105.35	5.72	2.6	27.41	3.84	1.53	64.25
1990	106.18	5.78	2.44	28.01	2.8	1.45	65.57
1991	106.41	5.92	2.45	30.38	2.7	1.44	63.4
1992	108.37	6.33	2.69	32.92	2.83	1.74	61.7
1993	108.87	6.76	3.04	33.26	3.11	1.87	60.68
1994	111.79	7.61	3.3	34.13	3.95	2.16	60.44
1995	114.49	8.81	3.71	35.63	4.73	1.9	59.55
1996	115.10	8.98	3.85	35.71	5.25	1.81	59.35
1997	115.03	9.19	3.95	34.1	5.99	1.55	60.1
1998	113.38	9.59	3.97	32.57	6.63	1.24	59.23
1999	112.12	10.91	3.95	33.42	6.72	1.03	55.93
2000	113.48	13.97	3.71	36.49	5.67	0.97	52.54
2001	113.99	16.77	3.79	38.75	5.12	0.91	48.43
2002	113.54	20.23	1.6	39.29	5.52	0.93	45.78
2003	129.91	35.16	5.46	38.94	5.69	1.33	43.17
2004	135.02	38.6	8.66	38.1	6.25	1.49	41.77
2005	133.76	43.24	5.78	37.22	5.86	1.77	39.74
2006	133.04	45.61	5.82	36.28	5.57	1.81	37.81
2007	127.42	42.02	5.58	34.93	5.26	1.46	36.39
2008	126.55	42.92	6.47	33.42	4.17	1.71	35.63
2009	122.30	43.54	7.13	31.63	3.21	1.96	34.27
2010	119.37	42.85	7.50	30.22	2.2	2.4	33.78
2011	121.14	45.71	7.12	29.02	2.16	2.45	34.26
2012	119.83	45.85	6.70	28.16	2.07	2.28	34.37
2013	120.03	47.57	5.74	27.25	2.10	2.50	34.47

9—4 各类学校毕业生数
Number of Graduates

单位:人 (person)

年份 Year	合计 Total	高等学校 Institutions of Highter Education	中等专业学校 Specializde Secondary Schools	普通中学 Regular Secondary Schools	职业中学 Vocational Schools	技工学校 Secondary Technical Schools	小学 Primary Schools
1980	370563	3960	1863	248745		2394	112823
1985	201168	7160	4245	85095	5047	4813	94156
1990	209420	15629	8293	87316	8346	4485	85140
1995	273662	19869	9050	109834	10319	9778	114609
1996	236019	24557	9192	86467	13916	6506	95111
1997	254420	24090	9563	113397	16354	7733	83023
1998	266049	23452	10512	120606	18745	5802	86685
1999	264571	23705	10789	107561	17195	5346	99975
2000	269752	23551	9619	97953	25769	3123	109518
2001	271328	26413	9087	103424	22408	3074	106658
2002	274188	33231	10423	118056	17536	2592	92122
2003	313895	73804	13514	127278	16618	3204	79265
2004	347418	91386	30060	127782	16086	3552	78291
2005	523406	100424	21379	126222	19886	5330	77078
2006	350156	106576	17274	125129	18055	5481	77432
2007	346035	119269	19240	117579	16899	6674	66672
2008	348551	119175	17117	115242	15570	7040	65761
2009	349546	125736	19296	116806	16210	8129	61952
2010	339456	130736	18827	105937	15167	9322	59206
2011	328563	129345	24478	102857	6518	8103	56683
2012	320474	125059	23005	98521	7191	8884	57293
2013	313635	127170	22759	93184	5704	7412	56817

9—5 卫生事业基本情况
Basic Status of Public Health

年 份 Year	医疗卫生机构数(个) Number of Health Institutions (unit)	医 院 Hospitals	门诊部(所) Clinics	医疗床位(张) Number of Beds (unit)	医 院 Hospitals	卫生技术人员(人) Medical Technical Personnel (person)	医 生 Doctors
1985	1648	251	1224	26578	24881	43849	14452
1990	1753	332	1290	37390	36015	52714	20350
1995	1380	374	857	38818	37344	55332	21964
2000	738	368	243	36116	34893	47943	20656
2001	731	362	246	35759	32555	47672	20772
2002	688	367	180	33495	32498	43637	18290
2003	682	329	177	33905	32148	43726	18678
2004	669	363	174	33588	32472	42870	18122
2005	635	196	146	34033	29618	42109	17329
2006	660	211	156	35377	31129	44784	18414
2007	1856	191	136	34731	30863	48835	19700
2008	1767	183	122	35053	31130	48736	19643
2009	1771	179	118	37528	33575	49699	20303
2010	1752	180	122	42822	38701	52327	20859
2011	1814	181	140	44634	40265	54636	22002
2012	1892	191	155	50933	46259	57989	22699
2013	2106	199	157	53515	48661	59360	23392

注:2007 年开始,卫生统计口径调整。
Note: Data on index had adjused Since 2007.

9—6 文化事业基本情况
Basic Conditions of Culture

单位:个 (unit)

年 份 Year	电影放映单位(影剧院) Film Projecting (Theater)	艺术表演团体 Art Performance Troupes	图书馆 Libraries	文化馆 Cultural Centers	博物馆 Museums	广播电台(座) Broadcasting Stations	电视台(座) Television Stations	图书馆藏书(万册) Collections of Libraries (10000 volume)
1990	55	17	18	16	4	2	2	529
1995	54	14	20	16	4	2	2	627
2000	29	12	20	16	5	2	2	685
2001	29	13	20	16	5	2	2	702
2002	29	13	20	16	5	2	2	740
2003	14	12	20	16	5	2	2	731
2004	14	12	20	16	5	2	2	731
2005	12	12	20	15	5	2	2	806
2006	40	12	21	15	5	2	2	839
2007	58	13	21	16	6	2	2	894
2008	59	15	21	16	6	2	2	945
2009	52	14	21	16	6	2	2	1021
2010	30	11	21	16	6	2	2	1089
2011	36	11	21	16	8	2		1134
2012	42	11	21	16	8	1		1300
2013	45	11	21	16	9	1		1272

注:2005 年以前电影放映单位数为影剧院数;2010 年起,电影放映单位数、坐席数与全年发行各种影片均来源于市文广局。2011 年起,省、市两级广播电台和电视台均合并成广播电视台。2012 年,省、市广播电视台合并为辽宁广播电视台。

Note: Before 2005, the number of film playing units was the number of theatres; since 2010, the number of the film playing units, seats and every kind of videos issued through the year all came from the Culture and Broadcast Bureau. From 2011, the provinces and cities´broadcasting stations and TV stations merged into radio and television stations.

9—7 城市火灾与交通事故
Basic Statistics on Fires and Traffic Accidents

年份 Year	火灾 Fires			交通事故 Traffic Accidents		
	发生次数（次） Numbers of Fires(case)	死亡人数（人） Deaths (person)	损失折款（万元） Losses Converted into Cash (10000 yuan)	交通事故数（起） Number of Trafffic Accidents (case)	死伤人数（人） Deaths and Injuries (person)	死亡人数 Deaths
1985	164	24	719	5535	4299	280
1990	2058	23	3359	5199	2348	292
1995	2449	19	550	3732	2087	301
1996	1548	17	6000	3150	1806	232
1997	1855	45	2678	3945	2162	233
1998	2469	31	2386	4568	2164	215
1999	2457	46	2221	3889	2185	205
2000	3387	30	2049	5887	4066	705
2001	4469	38	2005	6482	5112	809
2002	4550	41	1827	4780	4612	827
2003	5246	29	1729	3365	3652	718
2004	5683	40	1641	2948	3619	698
2005	4997	28	442	2796	3601	684
2006	6474	29	493	2162	2974	622
2007	2648	18	4164	2093	2900	614
2008	1842	18	286	2005	2652	556
2009	390	5	113	1989	2661	541
2010	396	19	122.5	1825	2496	556
2011	1028	12	464.3	1614	2346	529
2012	853	9	1179.3	1291	1803	502
2013	9453	30	9086.9	1265	1867	452

注：自 1990 年起，对火灾标准有修订，故统计口径不可比。
Note: Standards on fires had been revised since 1990, Therefor, statistical standards are not comparable.

10—1 城市公用设施
Urban Public Facilities

年份 Year	自来水供水量(万立方米) Supply of Tap Water (10000 cu. m)	生活用量 For Residential Use	煤气销售量(万立方米) Total Volume of Coal Gas Sold (10000 cu. m)	生活用量 For Residential Use	液化气销售量(吨) Volume of Liquefied Petroleum Sold (ton)	年末公交营运车辆(辆) Number of Public Transpor-tation Vehicles (unit)	年末公交营运线路(条) Number of Routes	客运总量(万人次) Number of Passengers (10000 persons times)	出租汽车(辆) Number of Taxis (unit)
1985	35557	15621	19584	12002	18196	1124	69	65190	370
1990	55670	25395	27439	18746	33039	1356	75	71049	2998
1995	65518	34485	28631	22048	71828	2562	103	54640	13641
2000	59283	27000	21960	17472	64514	3217	111	80663	16609
2001	52535	22721	29326	19624	43653	3590	85	91712	16735
2002	51870	22143	26109	19766	40606	4420	102	108809	16735
2003	53803	13107	26792	19763	45506	4552	119	123626	17015
2004	59359	15548	30654	22473	44885	4751	119	114389	17118
2005	55985	13914	34626	24546	43900	4913	136	83785	17118
2006	66008	13894	21503	13475	44100	5096	142	90558	17316
2007	67940	14396	22403	14075	39564	5096	153	102489	17176
2008	67990	15060	22709	14366	38451	5192	192	110971	17334
2009	56935	16980	26594	11563	35300	5081	199	116000	17357
2010	52461	17128	31889	18081	31800	5013	202	120000	17200
2011	53490	19036	35672	18156	156000	5139	205	117894	17353
2012	56641	20785	39163	18499	156000	5232	206	113200	17844
2013	59677	22668	43042	20315	149000	5510	215	115000	17844

注:煤气销售量2006年起为天然气销售量。
Note:Total volume of coal gas sold is natural gas after 2006.

10—2 城市市政工程设施及绿化
Urban Municipal Facilities and Green Areas

年份 Year	铺装道路 Paved Roads		桥梁(座) Bridges (unit)	立交桥 Overpass	排水管道长度(公里) Length of Sewer Pipelines (km)	路灯盏数(万盏) Number of Street Lights (10000 unit)	绿地面积(公顷) Green Areas (hectare)	建城区 Developed Area	绿化覆盖率(%) Developed Areas Covering Rate
	公里 (km)	万平方米 (10000 sq. m)							
1985	923	853	80	7	1004	2.8	9128	2183	15
1990	1640	1423	105	14	1578	3.2	11267	3314	22.03
1995	2452	2369	130	30	1793	3.4	18210	3398	19.33
2000	3018	3117	188	47	2116	5.2	20100	4528	23.91
2001	3018	4009	191	50	2116	6.3	20512	4729	22.90
2002	3014	4009	188	51	2209	7.8	12075	6397	28.23
2003	3057	4145	197	47	2221	12.7	13851	8385	34.40
2004	3073	4448	221	52	2284	12.7	19441	9962	38.10
2005	3117	4620	179	95	2888	14.0	20718	12602	40.65
2006	2533	4323	233	75	2932	15.3	21606	11974	41.10
2007	2590	4418	268	77	3115	19.6	22549	12856	41.65
2008	2603	4544	267	77	3206	20.9	22964	13812	41.81
2009	2833	5261	273	79	3850	21.0	25994	15159	41.83
2010	2895	5706	296	81	3738	21.3	25994	15836	42.01
2011	2906	6223	296	85	3648	21.9	26686	16533	42.00
2012	3138	6648	325	92	3797	22.3	28435	17540	42.22
2013	3527	7777	337	93	3981	24.3	28461	17540	42.22

注:铺装道路及桥梁,2006年口径发生变化。
Note:Statistics Standards were changed in 2006 in paved roads and bridges.

11—1 重点城市地区生产总值
Gross Domestic Products of Main Cities

单位:亿元 (100 million yuan)

城 市	City	地区生产总值 Gross Domestic Product	第一产业 Primary Industry	第二产业 Secondary Industry	第三产业 Tertiary Industry
沈 阳	Shenyang	7158.6	335.5	3709.2	3113.8
大 连	Dalian	7650.8	477.6	3892.0	3281.3
长 春	Changchun	5003.2	332.0	2658.7	2012.5
哈 尔 滨	Harbin	5010.8	592.6	1743.9	2674.3
南 京	Nanjing	8011.8	204.6	3450.6	4356.6
杭 州	Hangzhou	8343.5	265.4	3662.0	4416.1
宁 波	Ningbo	7128.9	276.4	3741.7	3110.8
济 南	Jinan	5230.2	284.7	2053.2	2892.2
青 岛	Qingdao	8006.6	352.4	3641.4	4012.8
武 汉	Wuhan	9051.3	335.4	4396.2	4319.7
广 州	Guangzhou	15420.1	228.9	5227.4	9963.9
成 都	Chengdu	9108.9	353.2	4181.5	4574.2
西 安	Xi'an	4884.1	217.8	2117.7	2548.7
深 圳	Shenzhen	14500.2	5.3	6296.8	8198.1
厦 门	Xiamen	3018.2	26.0	1434.8	1557.4
北 京	Beijing	19500.6	161.8	4352.3	14986.5
天 津	Tianjin	14370.2	188.5	7276.7	6905.0
上 海	Shanghai	21602.1	129.3	8027.8	13445.1
重 庆	Chongqing	12656.7	1002.7	6397.9	5256.1

11—2 公共财政预算收支
Total Local Government General Budgetary Revenue and Expendityre of Main Cities

城 市	City	预算收入(亿元)(100 million yuan) General Budgetary Revenue		预算支出(亿元)(100 million yuan) General Budgetary Expenditure	
		2013	增长率(%) Increases Rate(%)	2013	增长率(%) Increases Rate(%)
沈 阳	Shenyang	801.0	12.0	881.3	15.1
大 连	Dalian	850.0	13.3	1083.5	21.6
长 春	Changchun	381.8	12.0	633.0	13.9
哈 尔 滨	Harbin	402.3	13.4	709.8	11.7
南 京	Nanjing	831.3	13.4	851.0	10.6
杭 州	Hangzhou	945.2	9.9	855.7	8.8
宁 波	Ningbo	792.8	9.3	939.9	13.5
济 南	Jinan	482.1	13.9	522.3	13.2
青 岛	Qingdao	788.7	17.7	1014.2	32.4
武 汉	Wuhan	978.5	18.1	1103.6	24.6
广 州	Guangzhou	1141.8	10.8	1384.7	8.9
成 都	Chengdu	898.5	16.6	1162.6	20.4
西 安	Xi'an	502.0	26.5	729.8	22.1
深 圳	Shenzhen	1731.3	16.8	1690.2	7.7
厦 门	Xiamen	500.6	15.8	528.1	12.3
北 京	Beijing	3661.1	10.4	4170.2	13.2
天 津	Tianjin	2078.3	18.1	2506.3	18.7
上 海	Shanghai	4109.5	9.8	4528.6	8.2
重 庆	Chongqing	1692.9	15.5	3059.9	12.6

11—3 固定资产投资及实际利用外资

Total Investment in Fixed Assets of Main Cities and Actual Utilization of Foreign Capital

城市	City	固定资产投资额 Total Investment in Fixed Assets		实际利用外资 actual Utilization of Foreign Capital	
		亿元(100 million yuan)	增长率(%) Increases Rate(%)	亿美元(USD 100 million)	增长率(%) Increases Rate(%)
沈阳	Shenyang	6383.9	13.5	58.1	0.1
大连	Dalian	6478.1	15.2	136.0	10.1
长春	Changchun	3408.4	20.0	9.4	10.4
哈尔滨	Harbin	5219.9	32.2	22.6	19.1
南京	Nanjing	5093.8	18.1	40.3	-2.0
杭州	Hangzhou	4263.9	14.5	52.8	6.4
宁波	Ningbo	3423.0	18.0	32.8	14.8
济南	Jinan	2638.3	20.7	13.2	8.2
青岛	Qingdao	5027.9	21.1	55.2	20.0
武汉	Wuhan	6002.0	19.3	52.5	18.1
广州	Guangzhou	4454.6	18.5	48.0	5.0
成都	Chengdu	6501.1	10.4	-	-
西安	Xi'an	5134.6	21.0	31.3	26.3
深圳	Shenzhen	2501.0	14.0	54.7	4.6
厦门	Xiamen	1347.5	1.1	18.7	5.5
北京	Beijing	7032.2	8.8	85.2	6.0
天津	Tianjin	10121.2	14.1	168.3	12.1
上海	Shanghai	5647.8	7.5	167.8	10.5
重庆	Chongqing	11205.0	19.5	41.4	34.3

11—4 国内外贸易

Domestic and Foreign Trade of Main Cities

城市	City	社会消费品零售额(亿元) Total Retail Sales of Consumer Goods (100 million yuan)		出口总额(亿美元) Total Exports(USD 100 million)	
		2013	增长率(%) Increases Rate(%)	2013	增长率(%) Increases Rate(%)
沈阳	Shenyang	3186.1	13.7	70.0	17.3
大连	Dalian	2526.5	13.6	374.4	7.9
长春	Changchun	1970.0	13.2	32.9	13.4
哈尔滨	Harbin	2728.3	13.9	29.0	53.4
南京	Nanjing	3504.2	13.8	322.7	1.1
杭州	Hangzhou	3531.2	13.0	447.7	8.5
宁波	Ningbo	2635.7	13.3	657.1	7.0
济南	Jinan	2633.9	13.4	54.8	-4.1
青岛	Qingdao	2904.3	13.3	419.9	2.9
武汉	Wuhan	3878.6	13.0	119.4	11.1
广州	Guangzhou	6882.9	15.2	628.1	6.6
成都	Chengdu	3752.9	13.1	318.8	5.0
西安	Xi'an	2548.0	14.0	84.8	16.1
深圳	Shenzhen	4433.6	10.6	3057.2	12.7
厦门	Xiamen	975.0	10.5	523.5	15.3
北京	Beijing	8375.1	8.7	632.5	6.1
天津	Tianjin	4470.4	14.0	490.3	1.5
上海	Shanghai	8019.1	8.6	2042.4	-1.2
重庆	Chongqing	4511.8	14.0	468.0	21.3

文献·法规选编

文 献

中共沈阳市委关于进一步加强领导班子思想政治建设的意见

（2013年4月27日）

为深入贯彻落实党的十八大精神和中央关于转变作风有关规定，按照在全党开展党的群众路线教育实践活动的总体部署，以及省委关于加强政德和官德建设的具体要求，联系沈阳实际，现就加强领导班子思想政治建设提出如下意见。

一、准确把握领导班子思想政治建设的总体要求

思想政治建设是领导班子建设的核心和灵魂。在新形势下进一步加强领导班子思想政治建设，总的要求是，全面贯彻落实党的十八大精神，坚持以中国特色社会主义理论为指导，紧紧围绕保持党的先进性和纯洁性，按照在全党开展以为民、务实、清廉为主要内容的党的群众路线教育活动的总体部署，把贯彻落实中央和省、市委关于转变作风有关规定作为切入点，切实加强政德和官德建设，着力在进一步强化理论武装、提高科学发展能力、贯彻民主集中制、坚持正确用人导向、弘扬优良作风上下功夫，把各级领导班子建设成为政治坚定、求真务实、团结协作、清正廉洁、业绩突出的坚强集体，为沈阳加快实现全面振兴提供组织保证。

二、更加明确领导班子思想政治建设的重点内容

加强领导班子思想政治建设，涉及面广，工作量大，当前及今后一个时期，要重点在以下几个方面下功夫。

一要团结共事。要认真贯彻执行民主集中制，完善领导班子议事决策规则，充分发挥集体领导作用。领导班子成员要相互理解、相互信任、相互支持，做到既分工负责，又密切配合，形成心往一处想、劲往一处使的工作局面。要严格党内生活，落实谈心谈话制度，定期认真组织开好民主生活会，提高解决自身问题的能力。各级“一把手”要带头发扬民主作风，模范执行民主集中制，充分调动大家的工作积极性和主动性，善于和班子成员沟通协作，确保班子和谐融洽、蓬勃向上。

二要勇于负责。要始终保持发展激情，以重任在肩的使命感和时不我待的紧迫感，以对沈阳未来、群众福祉高度负责的精神，积极想事干事成事，集中精力、全力以赴抓好工作。要敢于攻坚克难，勇于改革创新，不畏惧困难，不回避矛盾，及时解决工作中遇到的难点问题。要注重保持工作的稳定性和连续性，正确对待、妥善处理好“继往”与“开来”、“承前”与“启后”的关系，确保一张蓝图绘到底、一件事情抓到头，一步一个脚印地把各项工作推向前进。

三要求真务实。要带头深入基层、深入群众、深入一线，加强调查研究，全面及时了解有关情况，广泛征求各方面的意见和建议，确保各项决策契合自身实际、符合群众意愿。要干实事、求实效、报实情，坚决反对弄虚作假、浮躁浮夸，不提不切实际的目标，不搞表面风光的“花架子”，努力追求实实在在、没有水分的增长，全力实现更好更快发展。要坚持立足当前、着眼长远，多在夯实发展基础、增强发展后劲上下功夫，真正做出经得起实践、历史和群众检验的实绩。

四要严明纪律。要坚决执行党的路线方针政策，始终在思想上、行动上与中央和省、市委保持高度一致，确保政令畅通。要认真贯彻执行中央和省、市各项决策部署，做到局部利益服从全局利益，当前利益服从长远利益，个人利益服从集体利益，决不允许“上有政策、下有对策”，做到有令则行、有禁则止。要坚持党性原则不动摇，光明磊落，胸怀坦荡，表里如一，始终保持共产党人的政治本色。

五要依法行政。要严格按照法律和制度规定履行职责，做到不失职、不越权，有法必依、执法必严。要进一步强化服务意识，坚持“服务第一、效率至上”，围绕企业所需、群众所求，积极创新服务举措、提高服务质量，全力营造良好的发展环境。要树立正确的权力观，坚持秉公用权、一心为民，决不以权谋私，坚决杜绝“吃拿卡要”等不良风气，严厉查处侵害群众利益的违纪违法案件，切实维护社会公平正义和群众合法权益。

六要维护大局。要坚持从全市大局出发谋划和推进各项工作，做到一切以大局为重，自觉服从大局、主动服务大局。要切实增强政治敏感性，坚持从政治的、全局的高度分析判断问题、妥善化解矛盾，有效应对和处置各类突发事件，不断提高驾驭复杂局面的能力水平。要加强对敏感信息的甄别，不信谣、不传谣，多说有利于团结的话，多做有利于团结的事。

七要忠诚奉献。要坚持爱岗敬业，真正把工作当成事业来追求，脚踏实地、埋头苦干，不断把各项工作提高到一个新水平。要牢固树立正确的事业观、工作观、政绩观，心无旁骛谋发展，专心致志促振兴，以扎实的业绩赢得组织认可和群众信任。要大力弘扬优良作风，严格执行中央八项规定和反腐倡廉的各项规定，坚决反对形式主义、官僚主义、享乐主义和奢靡之风。要择善交友，注重净化自己的生活圈、工作圈、社交圈。

三、确保领导班子思想政治建设取得扎实成效

各级党委（党组）要按照党要管党、从严治党的要求，切实把加强领导班子思想政治建设摆在突出位置，强化领导责任，完善工作举措，加大抓实力度，不

断把领导班子思想政治建设提高到一个新水平。

一要不断强化教育引导。要坚持不懈抓好理论武装，使党员干部牢牢把握中国特色社会主义理论体系的深刻内涵，进一步打牢保持先进性、纯洁性的思想政治基础。要把加强政德和官德建设作为开展党性教育的重要内容，引导党员干部大力弘扬党的优良传统和作风，时刻用党章的要求规范从政行为，切实形成践行为民、务实、清廉的高度自觉。要充分发挥“一把手”在思想政治建设中的示范引领作用，真正以其自身的模范行为带出素质过硬的好班子、好队伍。

二要树立正确用人导向。要始终坚持德才兼备、以德为先的选人用人原则，把对德的考察作为重要环节，积极探索考察的有效途径和办法，真正把政治坚定、能力过硬、业绩突出、作风正派、群众拥护的干部选拔到领导岗位上来。要善于发现和选拔那些长期在条件艰苦、工作困难、情况复杂岗位上埋头苦干、不事张扬的干部，积极为他们施展才能创造更大的舞台。要进一步细化完善干部绩效考核评价体系和审计制度，积极探索干部德行与奖惩使用相衔接的具体办法，不断提高选人用人的公信度，在广大干部中形成讲奉献、重品行、干事业的浓厚氛围。

三要着力加强制度建设。要根据形势任务的发展变化和工作过程中出现的新情况、新问题，不断完善相关制度，积极建立长效机制，进一步完善和规范领导干部从政行为的制度体系。要严格执行各项制度，对已经确立的制度措施，必须不折不扣地组织实施，真正形成用制度管权、管人、管事的工作格局，切实增强制度的严肃性和权威性。各级“一把手”要带头执行各项制度，要求别人不做的自己首先不做，要求别人做到的自己首先做到，一级抓一级，确保各项制度落到实处。

四要切实强化监督检查。要实行实时跟踪，在强化分类指导的同时，采取综合手段，定期对领导班子思想政治建设的情况进行监督检查。要坚持从严要求、从严管理，对发现的苗头性和倾向性问题，及时予以纠正、督促迅速整改；对工作不利、造成不良影响的，要严格追究责任、及时加以调整。要拓宽监督渠道，注重把党内监督与党外监督、专门机关监督与群众监督、舆论监督等有机结合起来，进一步形成共同推进领导班子思想政治建设的强大合力。

中共沈阳市委关于开展向姜妍同志学习活动的决定

（2013 年 4 月 27 日）

姜妍同志是沈阳鼓风机集团股份有限公司透平设计院设计三室主任，教授级高级工程师，中共预备党员。在 16 年的工作实践中，姜妍同志勤奋学习，刻苦钻研，锐意创新，在平凡的岗位上创造了不平凡的业绩，成为新时期知识型、技术型、创新型职工的杰出代表。她先后获得了“氧气压缩机用银片镶嵌密封”、“常温装配超低温运行离心压缩机”等六项国家专利，尤其是继主导设计出我国第一台 45 万吨乙烯压缩机后，又成功设计创造了第一台百万吨乙烯压缩机，被誉为“我国百万吨乙烯压缩机设计第一人”，这不仅打破了国外长期技术垄断，而且使我国成为世界上第四个具有百万吨级乙烯“三机”设计制造能力的国家，彻底结束了长期依赖进口的历史。2010 年至今，沈鼓集团累计制造大型压缩机 623 台、产值达 260 亿元，其中姜妍团队设计创造的产品就占 60% 的份额，不仅为企业带来了显著经济效益，也为沈阳先进装备制造业发展作出了重大贡献。近年来，她先后获得“沈阳市特等劳动模范”、“辽宁省五一巾帼先进个人”和“全国五一劳动奖章”等荣誉称号。

姜妍同志的先进事迹，集中体现了共产党员的优秀品质和工人阶级的伟大品格，体现了爱岗敬业、勇于创造、争创一流、甘于奉献的劳模精神，体现了“热爱祖国、孝敬父母、关爱他人”的基本道德准则。她是新时期产业工人的楷模，也是全市各行各业学习的榜样。为此，市委决定，在全市广泛开展向姜妍同志学习活动。

学习姜妍同志的先进事迹，要学习她产业报国、技术强国的思想境界，追求理想，勇于担当，把个人成长与国家发展紧密联系在一起；学习她立足岗位、勤奋学习的敬业态度，结合实际，刻苦钻研，不断用科技知识和专业理论武装自己；学习她攻坚克难、勇于创造的进取精神，不畏挑战，迎难而上，努力争创一流业绩；学习她以人为本、合力攻坚的团队意识，倾心育人，凝聚力量，打造出一支奋发有为的创新队伍。

当前，沈阳已进入加快全面振兴的新阶段。学习姜妍同志的先进事迹，对于激励全市党员干部群众以党的十八大精神为指导，深入贯彻落实科学发展观，实现“三大目标”、推进“五大任务”，汇聚一心一意谋发展、群策群力促振兴的强大合力，具有重要意义。全市各地区、各部门、各单位要高度重视，加强领导，精心组织，切实开展好向姜妍同志学习活动。要将学习活动与巩固发展创先争优活动成果结合起来，与践行市民基本道德准则结合起来，与向罗阳等先进典型学习活动结合起来，充分发挥先进典型的激励和导向作用，进一步汇聚和释放正能量。各级宣传部门和新闻媒体要采取多种形式，广泛宣传姜妍同志的先进事迹，大力弘扬劳模精神和工人阶级伟大品格，进一步营造“劳动光荣、知识崇高、人才宝贵、创造伟大”的浓厚氛围。各级党政组织要引导广大党员干部群众以先进典型为榜样，保持激情，开拓进取，为推动沈阳经济社会又好又快发展，奋力夺取老工业基地全面振兴的新胜利作出新的更大的贡献。

中共沈阳市委关于追授那洪宇同志“沈阳市优秀共产党员”称号并开展向那洪宇同志学习活动的决定

（2013 年 6 月 23 日）

那洪宇同志，男，1967 年 10 月出生，中共党员，生前任沈阳浑南新城建设工作领导小组办公室副主任。2013 年 5 月 5 日，那洪宇同志因积劳成疾，在工作岗位上突发疾病，5 月 10 日医治无效逝世，年仅 45 岁。在参加工作的 20 多年时间里，那洪宇同志始终牢记党的宗旨，忘我工作、拼搏实干、无私奉献，在所分管和负责的领域里特别是为大浑南建设作出了突出贡献。那洪宇同志以他坚强的党性修养、坚定的理想信念,模范践行了为民、务实、清廉要求,充分彰显了共产党员的高尚境界,生动展示了新时期党员领导干部的精神风貌。为弘扬那洪宇同志的先进事迹和优良作风,市委决定,追授那洪宇同志"沈阳市优秀共产党员"称号,并在全市深入开展向那洪宇同志学习活动。

要学习那洪宇同志心系群众、为民解忧的公仆情怀。那洪宇同志坚守共产党员的精神家园,牢记全心全意为人民服务的宗旨,始终树牢群众观点、站稳群众立场、坚持群众路线。无论在什么岗位,无论担任什么职务,那洪宇同志都满怀着深厚的群众感情,关心群众生活,倾听群众呼声,解决群众困难。在负责浑南新城工程项目期间,他视建筑工人为亲人,主动和农民工交朋友,经常深入工地,了解他们的所思所想所盼,及时为他们解决各种实际问题,在群众心中树立了人民满意的公仆形象,大家都亲切地称他为"那满意"。学习那洪宇同志,就是要像他那样,坚持群众利益至上,切实把群众满意作为推进工作的出发点和落脚点,始终做到权为民所用、情为民所系、利为民所谋。

要学习那洪宇同志勇于开拓、锐意创新的进取精神。那洪宇同志坚持不断学习新知识,积极探索新办法,全力突破工作中遇到的瓶颈和障碍。针对项目招标工作,那洪宇同志精心揣摩、潜心研究,指导相关部门和人员建立了一整套更加完善的工程项目招标、预决算审核以及拨款程序,并提出对设计变更和现场签证等进行全程监督,有效提升了资金支付的准确性,最大程度地规避了资金风险。学习那洪宇同志,就是要像他那样,始终保持蓬勃朝气和昂扬锐气,善于学习、勤于实践、勇于探索、奋勇争先,坚持一切工作向最高标准看齐,努力创造无愧于人民、无愧于时代、无愧于历史的一流业绩。

要学习那洪宇同志忘我付出、无私奉献的高尚情操。那洪宇同志长期奋战在工作一线,在本职岗位上始终勤勤恳恳,兢兢业业,很少休过完整的节假日。他以强烈的事业心和高度的责任感,团结带领身边同志全力以赴投身浑南新城建设,常常一天工作十几个小时。即使在身患疾病以后,那洪宇同志想得最多的还是工作,坚持以大局为重、以事业为先,加班加点,连续奋战,直到生命的最后一刻。学习那洪宇同志,就是要像他那样,牢固树立正确的世界观、人生观、价值观,始终以饱满的热情和强烈的责任感、使命感抓好工作,聚精会神、心无旁骛地投身发展实践,让每个岗位都成为助推沈阳实现全面振兴的有力支点。

要学习那洪宇同志严于律己、清正廉洁的优秀品格。那洪宇同志一直从事财经工作,经手的建设项目多、涉及的资金数额大。他严格要求自己,坚持秉公用权,始终做到敢于坚持原则,不为各种诱惑所动,时刻要求自己精打细算,注重强化对资金的管理,并注重抓好分管领域工作人员的教育,使大家形成了坚决抵制不良风气影响的高度自觉。多年来,那洪宇同志负责的招投标项目,从来没有发生过投诉和质疑。学习那洪宇同志,就是要像他那样,在头脑中筑牢党的意识、党员意识,淡泊名利,一身正气,以身作则,廉洁奉公,永葆共产党员的先进性和纯洁性,以模范行为赢得组织的信任和群众的拥护。

市委要求,各地区、各部门、各单位要高度重视,加强领导,精心组织,深入开展好向那洪宇同志学习活动。全市各级党组织和广大党员干部要把向那洪宇同志学习活动与党的群众路线教育实践活动结合起来,与做好本职工作和完成全年任务结合起来,时刻以那洪宇同志为榜样,坚定理想信念,牢记责任使命,以奋发有为的精神状态,求真务实的工作作风,锐意进取、扎实工作,为夺取沈阳老工业基地全面振兴的新胜利而不懈奋斗!

中共沈阳市委沈阳市人民政府贯彻落实《中共中央国务院关于加快发展现代农业进一步增强农村发展活力的若干意见》的实施意见

(2013 年 6 月 24 日)

为认真贯彻落实《中共中央国务院关于加快发展现代农业进一步增强农村发展活力的若干意见》(中发〔2013〕1 号)和省有关文件精神,结合我市实际,提出如下实施意见。

一、加快发展现代农业,保障重要农产品供给

(一)稳定发展粮食生产。确保粮食作物播种面积稳定在 700 万亩以上,粮食年产量稳定在 325 万吨以上,确保持续丰产丰收。积极争取国家粮食高产创建示范区项目,重点建设 10 个万亩粮食高产示范区。加快农机农艺结合,全力推进水稻全程机械化,对水稻大棚育秧、购置插秧机等给予重点补贴。投入专项资金用于开展赤眼蜂防控玉米螟工作,实现玉米螟全域防控。扩大粮油作物种植保险的覆盖面,承保比例达到 60% 以上。

(二)加快设施农业发展。对当年新建连片高标准温室小区给予补助;对当年新建连片高标准温室大区给予增加补助;对康法及柳绕地区当年新建连片普通温室小区给予补助;支持旧棚区升级改造,对达到高标准温室小区要求的改造棚区给予补助。鼓励一市三县和四郊区扩大设施农业规模,对当年新增设施农业达到标准的区、县(市)政府给予以奖代补资金奖励。

(三)加快高效特色农业发展。对当年新建连片高标准设施花卉、食用菌、葡萄小区给予补助;对当年新发展的蓝莓连片种植面积达 30 亩以上的,给予一定标准的苗木补助;对康法及柳绕地区当年新发展的鲜食玉米、花生、西甜瓜、三樱椒等地膜覆盖(含小拱棚)连片种植面积达百亩以上的,给予补助。支持种苗产业发展。加快推动特色产业区域化发展,鼓励相关地区开展"一乡一业"和特色产业大县(或"一县一业")认定。

(四)加快现代养殖业发展。鼓励发展占地 10 亩以上的新址新建、符合防疫要求且养殖舍面积达到相应规模的畜禽标准化养殖场。对达到一定繁育规模且当年新增设备投入达到 80 万元以上的企业给予补助。鼓励具有种畜禽生产经营资格的企业引进原种猪、种牛(不含奶牛)、种羊、祖代鸡和牛胚胎等国外优良畜牧品种。鼓励发展高标准池塘养殖示范园区,对未享受过水产小区建设补助且达到一定建设标准的水产养殖基

地，给予补助。

（五）加快林果业发展。深入推进“青山工程”建设，实施荒山绿化工程、沈康现代林业示范带工程、沈西北阻沙带工程及寒富苹果经济林等工程。对当年新种植寒富苹果、防沙治沙林和新增荒山造林，以及当年在山地新种植30亩以上榛子的，按照规定分别给予补助。对于“青山工程”围栏封育，达到省要求建设标准的，省财政给予我市实际补助低于50元/米的，不足部分由市、区县（市）两级财政共同承担。

（六）加快都市现代农业发展。加快推进沈康现代农业示范带、蒲河生态经济带和三四环线之间都市现代农业示范带建设。鼓励相关区、县（市）建设现代休闲农业示范园区。在都市现代农业规划范围内，扶持新建一定规模的从事种植业生产、配套设施齐全的恒温室。扶持新增连片面积达500亩以上的向日葵、薰衣草、万寿菊、中草药等特色种植，鼓励发展当年新增上述特色种植连片面积达2000亩以上且相关基础设施齐全的休闲农业景区。

二、加强农业支持保护，提高农业综合生产能力

（一）强化农业物质技术装备。将耕地保护纳入到市政府对区县（市）政府绩效考核体系，探索建立耕地保护补偿激励机制，开展高标准基本农田示范县建设。提高农业机械化水平，大力推广保护性耕作、土地深松及秸秆综合利用技术。推进农田水利建设，争取用3年时间，完成6座大中型灌区续建配套和节水改造任务，新增高效节水灌溉面积60万亩，改善涝区面积100万亩，完成3座大型泵站群更新改造。完成10条河流11个重点项目治理和1座中型、2座小型病险水库除险加固工程。加快推进小型农田水利重点县建设，加强基层水利服务体系建设，加强水利科技创新及水利科技成果推广工作。制定农村水利工程运行管护办法。

（二）强化科技对农业的引领支撑作用。围绕种植业、养殖业、农产品精深加工等方面组织开展25个重点科技攻关项目，尽快取得一批具有自主知识产权的技术成果，引领现代农业发展。支持实施农业科技共建项目，组织省市农业专家服务组为全市重点农业生产项目提供科技服务，对服务达标的专家组和项目基地给予相应补助。继续推进科技特派员示范工程，以农村科技服务站为工作重点，遴选40家服务站建设农村新技术供求示范辐射点，引领产业品种更新和技术升级。加快农业先进适用技术推广应用，重点推广水稻无纺布旱育苗技术、全膜覆盖集雨高产栽培技术、大垄双行地膜覆盖栽培技术、“一增四改”栽培技术、秸秆生物反应堆技术。

（三）扶持农产品流通体系建设。启动农产品现代流通综合示范区创建活动，加快建成现代农产品流通体系。推进县域农产品市场建设，支持完善基础配套设施和建设信息系统、冷链系统、检测系统和物流配送中心，扩展市场功能，培育带动力较强的龙头市场。在重点农业产业区内，重点扶持投资规模达300万元以上的农产品冷藏保鲜冷链物流项目；对当年投资超过3000万元以上并直接采购储存本地农产品的重大项目按程序申报审批实行补助政策。深化“万村千乡市场工程”和“新网工程”建设，推动实施农超对接、农商对接、农企对接等营销模式，拓宽鲜活农产品购销渠道。鼓励区县（市）政府申报地理标志原产地认定。实施农户科学储粮仓专项工程，扶持科学储粮仓建设。

（四）促进农产品出口。鼓励扩大农产品出口，对以地产农产品为原料且在我市年出口结汇额达到50万美元以上的企业给予补助；对年出口结汇额100万美元以上、当年新增固定资产投资500万元人民币以上的农产品加工企业，按照央行规定的1年期贷款基准利率对当年新增固定资产投资给予一次性补助；对当年出口结汇额达到800万美元以上的企业，按照其实际发生的流动资金贷款额和出口结汇额年增量所需贷款额取低线补助，其补助标准按照央行1年期基准利率计算。

（五）提升农产品质量安全水平。继续实施农产品市场准入和蔬菜产品准出制度，落实农产品从田间到餐桌的全程质量监管。加大面源污染监测，搞好农产品产地土壤重金属普查和防治，搞好农药、化肥等农业投入品施用情况的污染监管。深入开展农业投入品常态化监管，落实农业投入品销售流向登记和烟剂备案制度。搭建农产品质量安全监管信息平台，提高监管效率和透明度。继续深入开展芽菜监管工作。鼓励申报无公害、绿色、有机农产品认证。

（六）改善农村金融服务。充分发挥涉农金融机构作用，创新做优农村金融产品，支持银行加大涉农信贷投放，重点投向农业产业化龙头企业、现代农业项目和专业大户、家庭农场、农民专业合作社等新型生产经营主体。鼓励和支持社会资本在一市三县设立小额贷款公司及代办点。鼓励融资性担保机构加大对农户和涉农企业支持力度。发挥农村信用社主力军作用，继续推广农户1万元以下小额信用无抵押、无担保贷款，深度推广阳光惠农贷等面向农户的特色信贷产品，推出土地承包经营权抵押贷款等支农信贷产品。支持符合条件的农业产业化龙头企业和各类农业相关企业通过资本市场筹集发展资金，鼓励企业在辽宁股权交易中心挂牌和在境内外上市。

三、推动农村经营体制创新，加快改革发展步伐

（一）加强农村土地管理。坚持和完善农村基本经营制度，用5年时间基本完成农村土地承包经营权确权登记颁证工作，今年完成乡级土地承包经营权登记试点工作。按照依法自愿有偿原则，积极引导土地承包经营权有序流转，完善乡镇土地承包经营权流转有形市场试点和仲裁体系建设，重点扶持3－5个具备条件的乡镇建立流转市场，规范流转合同和完善流转合同的鉴证工作。鼓励和支持专业大户、家庭农场、农民专业合作社发展适度规模经营，支持农村土地承包经营权有序流转，鼓励村或合作社、乡镇政府扩大土地流转规模。稳步推进农村宅基地、农村集体建设用地确权登记发证工作，逐步建立数据库，创新农村宅基地管理机制，探索农村宅基地自愿有偿退出机制，依法保障农民宅基地用益物权。探索农村集体建设用地使用权抵押融资办法，逐步实现集体建设用地和国有建设用地享有同等权益。

（二）加强征地管理。严格依法履行征地程序，确保征地工作公开透明，将被征地农民知情、确认的有关材料作为征地报批的必备要件。严格执行征地补

偿标准，杜绝截留、挪用、拖欠征地补偿费等问题，切实维护被征地农民合法权益，确保被征地农民社保和征地补偿费依法依规得到落实。在报送征地报批材料时，申请用地单位依法计列的征地补偿费必须足额存入相关部门开设的征地补偿费专户。征地获得批准后，征地补偿费未拨付至农村集体经济组织的，一律不得供地。农村集体非经营性建设用地不得进入市场。

（三）努力提高农户集约经营水平。按照规模化、专业化、标准化发展要求，引导农户采用先进适用技术和现代生产要素，加快转变农业生产经营方式。大力培养农村实用人才，选送300名优秀青年农民进入高校学习。继续开展多种形式的农民教育培训工程，强化产业带头人、技术推广骨干、生产经营大户等农村实用人才培养，年培训20万人次以上。支持供销社完善农民合作经济组织培训基地建设，继续推进新型农民职业技能培训，年培训取得国家职业资格的人员3000人以上。对农村产业带头人给予信贷政策支持，产业带头人凭相关手续到当地农村信用社申请5万元以内一次性贷款的，可享受一般农户贷款利率下浮一定比例的优惠政策；对符合农业银行贷款条件的农村产业带头人，按照评级标准将信用额度相应提高。对当年有突出贡献的产业带头人，给予奖励。

（四）扶持农民专业合作社发展。鼓励和支持农村生产经营大户、涉农企业及社会各方力量，围绕农村主导产业和特色产业领办农民专业合作社。规范农民专业合作社发展，重点扶持AA级（市示范社）、AAA级（市重点社）的农民专业合作社发展。鼓励农民专业合作社实施农产品粗加工、整理、储存和保鲜等项目。加大对农民专业合作社生产性经营项目贷款支持力度。

（五）扶持农业产业化经营。鼓励新建农业产业化项目，对于在一市三县和四郊区区域内注册的，且达到一定标准的以工厂化生产、农产品加工等为主业的农业产业化新建项目给予扶持。鼓励区、县（市）政府积极引进农业大项目。鼓励农产品加工企业扩大市场份额，对上年度销售收入超过5亿元且本年度未享受新增固定资产投资补助政策的农产品加工企业予以扶持。

（六）加强农村集体“三资”管理。健全完善“三资”监管工作制度，全面推行“三资”委托代理服务，在所有权、使用权、审批权和收益权不变的前提下，村与乡镇“三资”委托代理服务中心签署委托代理协议，由代理服务中心实行统一管理。开展清产核资，组织各村对“三资”情况进行清查摸底、登记、审核、造册，并报乡镇委托代理服务中心备案，建立台账。推进“三资”管理信息化，升级完善农经网络监测系统。制定全市统一的农经网络监测系统运行操作规范，充分发挥信息化手段对农村集体“三资”的监管作用。

四、提升农村社会管理服务水平，加快构建城乡一体化发展新格局

（一）完善农业社会化服务体系。加强乡镇农业公共服务机构建设，强化农业技术推广、动植物疫病防控、农产品质量监管等职能。推进农技推广体系运行机制创新，完善运行模式和保障方式，聘用村级兼职农业技术推广员。提升重大动物疫病防控能力，加强应急保障和基层动物防疫体系建设，进一步建立健全病死畜禽和染疫动物无害化处理机制。提高农村气象防灾减灾能力，实现气象灾害防御规划到县级，建成一键式气象灾害预警信息发布系统，提升农业气象服务综合能力。推进供销社改革发展，支持供销社系统搭建区域性农业社会化服务综合平台，安排市农民合作经济组织联合会发展资金，用于支持供销社系统实施公益性服务项目，提高公共服务能力。培育农业经营性服务组织为农业生产提供服务，对符合条件的农业经营性服务业务免征营业税。

（二）提升农村基本公共服务水平。继续实施农村电网改造升级工程，提高农网供电可靠性和供电能力。推进农村户用沼气、大中型沼气和集中供气工程等清洁能源项目建设。完善农村综合信息服务体系，农业管理信息化整体水平达到80%。增强农村突发公共事件和自然灾害的应对处置能力。提高农村公路通达水平，建设农村公路500公里。改善农村中小学办学条件，配强师资力量，推进城乡教育均衡发展。健全村级公益事业“一事一议”财政奖补机制，规范开展村民“一事一议”筹劳筹资。深入推进文化惠民工程，鼓励文化资源向农村倾斜。健全农村三级医疗卫生服务网络。提高新型农村合作医疗政府补助标准。推动农村扶贫开发，确保贫困地区农民人均纯收入增幅高于全市平均水平。实施优生促进工程，在农村普及免费孕前优生健康检查。完善新农保和农村低保、五保制度，适时调整城乡低保标准，逐步缩小城乡差距。

（三）加强乡村公共服务能力建设。继续扩大乡镇机构改革试点范围，切实转变政府职能，建立精干高效的农村基层行政管理体制和运行机制。落实村干部“一定三有”政策，健全村级组织运转和基本公共服务经费保障机制。积极清理化解乡村垫交税费债务，防止发生新债。全面推进村级组织活动场所建设并切实发挥作用。鼓励以行政村为单位争创沈阳市农民致富强村，对成绩突出的20个村给予以奖代补资金用于村级公共建设支出。加快民族乡村经济社会发展，依法管理宗教事务，促进民族团结与社会和谐。

（四）维护农民群众合法权益。建立健全村民委员会及其下属委员会、村民小组等群众自治组织体系，健全村民监督委员会，落实“四议一审两公开”等制度，切实维护农民的知情权、参与权、管理权、监督权。加强农村信访工作，引导群众依法理性维护自身权益。建立减轻农民负担长效机制，防止农民负担反弹。有序推进农业转移人口市民化，加强农村劳动力有组织转移输出管理，推动农民工平等享有城镇居民基本权益。督促用工单位建立工会组织，广泛吸收农民工入会，维护农民工合法权益，预防和遏制工资拖欠，规范用工行为。推动农民工与企业其他职工同工同酬，积极推进工资集体协商，加快建立和谐稳定的劳动关系。

（五）推进农村生态文明建设。积极推进绿化造林，统筹安排退耕还林。加快沈西北防风阻沙带和荒山、河流、村镇绿化等7大工程建设，全市完成造林40万亩。增加湿地保护投入，完善林木良种、造林、森林抚育等林业补贴政策，积极发展林下经济。控制辽河干流及支流河入口水质污染，确保水质达标。做

好卧龙湖国家湖泊生态保护试点工作，恢复卧龙湖等具有生态功能的湖泊湿地的生态系统及其功能。开展美丽乡村、生态文明示范区等创建工作。加强农作物秸秆综合利用。继续开展村屯连片环境整治，做好垃圾、污水、粪便处理等各项环境基础设施建设工作，鼓励通过发展有机肥生产项目，有效治理养殖专业村、养殖业密集区畜禽粪便污染问题。

（六）提升农村社会公共安全水平。进一步深化农村平安建设，积极开展平安乡镇、平安村（屯）、平安家庭等系列平安创建活动。进一步完善立体化社会治安防控体系，完善人防、物防、技防设施建设。进一步加大命案侦破和社会治安重点地区及突出治安问题的排查整治力度，严厉打击危害群众安全的各类刑事犯罪活动。进一步推进农村治安保险工作，壮大群防群治队伍。

（七）加快县域经济发展。加大对县域产业集群的扶持，鼓励县域产业集群做大做强，对县域新增千亿产业集群和新增百亿产业集群的区县（市）政府，分别给予一定的补贴；对市级重点产业集群所在园区的基础设施建设投入，按照当年实际投入给予一定比例的配套补助。推进县城改造和新城新市镇建设，加大市本级城建资金对道路、排水等基础设施建设的支持力度。对县城建设利用省级以上政策性贷款项目给予贴息补助。在土地利用年度计划和城乡建设用地增减挂钩周转指标安排上，优先保障城镇化建设项目和县城建设项目需求。

各级党委、政府要切实把“三农”工作摆上重要议事日程，不断完善农村工作领导体制机制，在工作部署、政策制定、干部配备上予以重点倾斜。加强和改进村党组织带头人队伍建设，选好配强村党组织书记。加强农民专业合作社党组织建设工作，不断扩大党组织和党的工作覆盖面。要切实改进工作作风，维护好农民群众的合法权益。要进一步加大“三农”投入，着力构建“三农”投入稳定增长的长效机制，确保总量持续增加、比例稳步提高。要健全完善“三农”工作考核评价机制，推动涉农区县（市）加快发展。鼓励各有关区、县（市）地区生产总值、固定资产投资、公共财政预算收入和农民人均纯收入等总量指标在省内提升位次；对现代农业发展年度综合考核中位于前列的区、县（市）政府，市政府给予以奖代补资金奖励。

关于深入开展党的群众路线教育实践活动的实施方案

为深入开展党的群众路线教育实践活动，按照中央和省委决策部署，结合沈阳实际，制定以下实施方案。

一、教育实践活动的总体要求

开展党的群众路线教育实践活动，是实现党的十八大确定的奋斗目标的必然要求，是保持党的先进性和纯洁性、巩固党的执政基础和执政地位的必然要求，是解决群众反映强烈的突出问题的必然要求。当前，我市党员、干部贯彻落实党的群众路线总体是好的，在联系服务群众方面做了大量富有成效的工作，但也存在着不符合为民务实清廉要求的问题，特别是有的领导班子和个别党员、干部形式主义、官僚主义、享乐主义和奢靡之风比较突出。主要表现在：有的工作飘浮，不求实效，文山会海，急功近利，弄虚作假；有的脱离实际，脱离群众，官气十足，推诿扯皮，无所作为；有的意志消沉，不思进取，拈轻怕重，追名逐利，讲究排场；有的铺张浪费，劳民伤财，生活奢华，以权谋私，腐化堕落。这些问题严重损害了党在人民群众中的形象，严重损害了党群干群关系，必须认真加以解决，对作风之弊、行为之垢来一次大排查、大检修、大扫除。

1. 指导思想。高举中国特色社会主义伟大旗帜，坚持以马克思列宁主义、毛泽东思想、邓小平理论、“三个代表”重要思想、科学发展观为指导，认真贯彻落实党的十八大精神和习近平总书记一系列重要讲话精神，紧紧围绕保持党的先进性和纯洁性，以为民务实清廉为主要内容，以县处级以上领导机关、领导班子和领导干部为重点，以落实中央八项规定、省委十项规定和市委有关规定为切入点，加强全体党员、干部马克思主义群众观点和党的群众路线教育，大力弘扬密切联系群众之风，坚决反对形式主义、官僚主义、享乐主义和奢靡之风（以下简称“四风”），着力解决人民群众反映强烈的突出问题，提高做好新形势下群众工作的能力，保持党同人民群众的血肉联系，为加快实现沈阳老工业基地全面振兴提供坚强保证。

2. 目标要求。着眼于自我净化、自我完善、自我革新、自我提高，坚持把“照镜子、正衣冠、洗洗澡、治治病”的总要求贯穿始终，把反对“四风”贯穿始终，把整风精神贯穿始终，把学习教育贯穿始终，把深入群众开展调研贯穿始终，把认真整改、解决问题贯穿始终，把制度建设贯穿始终，教育引导党员、干部牢固树立群众观点，强化公仆意识，弘扬优良作风，加强政德官德建设，保持清廉本色，使党员、干部思想进一步提高、作风进一步转变，党群干群关系进一步密切，为民务实清廉形象进一步树立，以作风建设的新成效凝聚加快沈阳振兴发展的正能量。

3. 基本原则。坚持正面教育为主，加强马克思主义群众观点和党的群众路线教育，加强党性党风党纪教育和道德品行教育，引导党员、干部坚定理想信念，站稳群众立场，增进群众感情，模范践行社会主义核心价值观，坚守共产党人精神追求。坚持批评和自我批评，开展积极健康的思想斗争，真正让党员、干部思想受到教育、作风得到改进、行为更加规范。坚持讲求实效，开门搞活动，请群众参与，让群众评判，受群众监督，努力在解决作风不实、不正和行为不廉上取得实效，在提高群众工作能力、密切党群干群关系、全心全意为人民服务上取得实效。坚持分类指导，针对机关、企事业单位和基层的不同情况，找准各自需要解决的突出问题，提出适合各自特点的目标要求和办法措施。坚持领导带头，充分发挥表率作用，努力形成上行下效的示范效应。坚持典型引路，善于发现、深入挖掘、注重选树一批叫得响、立得住、群众公认的为民务实清廉先进典型，使党员、干部学有标杆、赶有榜样，切实提升宗旨意识、树立公仆形象。

二、教育实践活动的主要环节和特色载体

全市教育实践活动从今年7月开始，自上而下分两批开展，每批大体安排半年时间，明年7月基本完成。第一批从今年7月开始,12月基本完成。参加范围包括市级领导班子、市级机关及其直属单位和市直企事业单位。第二批从明年1月开始,7月基本完成。参加范围包括各区、县(市)、开发区机关及其直属单位和基层组织,未参加第一批教育实践活动的其他单位。每个单位集中教育时间不少于3个月。活动采取统一部署、依次推进、压茬进行、一级带一级的方式开展。每个批次、每个单位的教育实践活动要着力抓好三个环节,并组织开展好特色载体活动。

(一)学习教育、听取意见

重点是搞好学习宣传和思想教育,开展专题讨论,深入调查研究,广泛听取意见建议。

1.宣传发动到位。要通过召开动员大会等形式,广泛进行宣传发动,组织广大党员、干部认真学习中央和省、市委关于开展教育实践活动的意见、习近平总书记在党的群众路线教育实践活动工作会议和中央政治局专门会议上的重要讲话精神等,加深对活动指导思想、总体要求、基本原则、方法步骤的理解和把握,把思想行动统一到中央部署和省、市委要求上来,为教育实践活动的深入开展奠定思想基础。要把思想发动贯穿到教育实践活动的各个环节,使党员、干部始终以饱满的精神状态,积极投入到教育实践活动中来。

2.学习理解到位。重点学习《论群众路线——重要论述摘编》、《党的群众路线教育实践活动学习文件选编》、《厉行节约、反对浪费——重要论述摘编》,学习党的光辉历史和优良传统,学习中国特色社会主义理论体系,学习党章和党的十八大报告,学习中央领导同志重要讲话精神,积极开展党的理想信念、党性党风党纪和道德品行教育,开展中国特色社会主义宣传教育。要采取集中学习、个人自学、集体讨论、辅导讲座、参观学习等多种形式开展学习教育。市委将举办市管党员领导干部党的群众路线教育实践活动名家大讲堂。各地区各部门各单位主要领导要带头给党员、干部上一次党课,作一次报告。要制定周密的学习计划,针对不同部门、不同层次党员、干部提出不同学习要求,并定期组织党员、干部开展学习交流活动。

3.专题讨论到位。通过举办报告会、理论研讨会、观看电教片、组织征文活动、在新闻媒体开辟研讨专栏等形式,组织党员、干部学习焦裕禄、杨善洲、甘祖昌等典型事迹,开展树立马克思主义群众观点、践行党的群众路线、做合格人民公仆专题讨论,使党员、干部真正在思想上尊重群众、感情上贴近群众、行动上深入群众、工作上依靠群众,把维护好、实现好群众根本利益作为开展各项工作的出发点和落脚点。

4.征求意见到位。组织全市党员、干部走进基层、贴进群众,广泛听取意见建议。各级党委(党组)可通过发放征求意见函、召开座谈会、个别访谈、设置意见箱、开设热线电话、运用短信平台以及网络专栏等形式,征求基层单位、机关干部、党员群众、专家学者和服务对象的意见建议。各级领导班子成员要带队调研,深入基层、深入一线,特别是到矛盾比较集中、困难比较多、群众意见比较大的地方广泛征求意见,切实找准存在的突出问题,为对照检查、开展批评和解决问题打好基础。

(二)查摆问题、开展批评

重点是围绕为民务实清廉要求,认真查摆"四风"方面的突出问题,进行党性分析和自我剖析,开展批评和自我批评。

1.搞好对照检查。要以党章为重点,对照党的纪律、群众期盼、先进典型,通过群众提、自己找、上级点、互相帮的方式,在宗旨意识、工作作风、廉洁自律上摆问题、找差距、明方向。要做到"三对照三检查",即:对照为民要求,检查在群众立场、群众观点和贯彻党的群众路线等方面存在的问题,看是否牢固树立以人为本、执政为民理念;对照务实要求,检查形式主义、官僚主义方面存在的问题,看是否做到尊重客观规律、理论联系实际,做出经得起实践、人民、历史检验的实绩;对照清廉要求,检查在享乐主义、奢靡之风方面存在的问题,看是否坚持艰苦奋斗、勤俭节约、廉洁自律的优良传统。督导组要向党委(党组)主要负责同志和班子成员通报掌握的班子作风建设情况和存在的突出问题。督导组对反映存在问题较多的班子成员,要会同党委(党组)主要负责同志进行谈话提醒;对其他班子成员,可视情况委托党委(党组)主要负责同志进行个别谈话提醒。每个领导班子及其成员要围绕"四风"方面的基本情况、存在问题、原因分析、努力方向和改进措施等形成对照检查材料,并报督导组和党委(党组)主要负责同志审阅。

2.开好专题民主生活会。各级党委(党组)要切实负起责任,主要负责同志要带头查摆问题,带头开展批评和自我批评。会前,要广泛征求基层、服务对象和党内外群众意见建议。党委(党组)主要负责同志要与班子成员逐个谈心,班子成员之间要互相谈心。会上,班子成员要结合分工,重点查找班子和个人在贯彻落实党的群众路线方面存在的突出问题,深刻分析原因,以整风精神开展批评和自我批评,敢于揭短亮丑、敢于动真碰硬。自我批评要触及灵魂、挖到思想深处,相互批评要敢于指出问题、真诚帮助提高,既解决思想问题又解决实际问题,达到"团结——批评——团结"目的。会后,督导组要会同党委(党组)主要负责同志对班子成员的对照检查材料、开展批评和自我批评情况进行评价,并采取适当形式反馈。

3.抓好民主评议。要在一定范围通报民主生活会情况和班子及其成员对照检查材料,采取召开座谈会、评议大会或书面征求意见等方式,广泛听取各方面意见。参评人员可邀请党代会代表、人大代表、政协委员、专家学者、服务对象代表参加。民主评议重点围绕领导班子及其成员对党的群众路线认识深不深、查找问题准不准、分析原因透不透、加强作风建设思路清不清、制定措施可行不可行等方面进行。民主评议中提出的正确意见要在整改落实方案中充分体现,评议结果要在一定范围内公开。基层党组织要认真组织党员参加教育实践活动,每名党员都要参加所在党支部(党小组)召开的专题组织生活会,针对存在问题,提出改进措施和办法。

(三)整改落实、建章立制

重点是针对作风方面存在的突出问题,提出对策措施,制定和落实整改方案,对一些突出问题进行集中治理,注重从体制机制上解决问题。

1.制定落实整改方案。要围绕作风

方面查摆出来的问题制定整改方案，按解决问题和完善制度的轻重缓急，明确整改内容、目标、措施、时限，拿出具体解决办法。要抓住重点问题，制定整改任务书、时间表，实行一把手负责制，把整改任务逐级逐项分解落实到分管领导、分管部门和具体责任人，限时办结。整改方案形成后，要采取适当方式向党员、群众公布，作出公开承诺，主动接受群众监督。

2. 集中解决突出问题。针对"四风"方面存在的突出问题，通过自查自纠、重点检查、责令整改等措施进行专项治理。一是集中治理文山会海。认真清理各类会议、文件、简报、节庆、评比表彰和达标活动，根据工作需要精简合并，坚决取消一切没有实质内容、没有实际作用的会议、活动和文件。二是监督检查党政机关、领导干部勤政情况。坚决整治推诿扯皮、办事效率低下问题，专项治理消极应付、不作为、乱作为，门难进、脸难看、事难办的问题。三是专项整治侵害群众利益问题。组织开展惠农政策落实情况专项检查，整治医药购销和医疗服务中的不正之风，纠正教育行业的不正之风，推动食品药品安全问题专项治理，深化工程建设领域突出问题专项治理，纠正征地拆迁、涉法涉诉、安全生产等方面存在的突出问题，加强部门和行业作风建设，深化民主评议基层站所和服务窗口工作，全面推行公共服务标准化，切实维护群众利益。四是专项检查领导干部落实有关工作和生活待遇规定情况。进一步规范和落实公务接待有关规定，严禁违反规定配备秘书，认真清退违规占用的住房、办公用房和配备的车辆，不得超编制、超标准配备公务用车。五是坚决制止铺张浪费行为。对"小金库"进行清理检查，对"三公"经费使用情况进行全面检查，严禁用公款大吃大喝，严禁以各种名义用公款互相宴请和安排高消费娱乐活动，严禁借开会、调研、考察、检查、培训等名义变相旅游，严禁党政机关违反规定搞楼堂馆所建设。同时，要加强领导班子建设和严格教育管理干部，对软弱涣散的领导班子进行整顿；对存在一般性作风问题的干部，立足于教育提高，促其改进；对群众意见大、不能认真查摆问题、没有明显改进的干部，进行组织调整。在活动中发现的重大违纪违法问题，要及时移交纪检监察机关或有关方面严肃查处。

3. 健全完善体制机制。要对贯彻党的群众路线已有制度进行梳理，经实践检验行之有效、群众认可的，要长期坚持，抓好落实；对不适应新形势新任务新要求的，要抓紧修订完善。坚决纠正有令不行、有禁不止、无视制度的问题。注重总结实践中的好经验好做法，进一步完善党员干部直接联系群众制度和畅通群众诉求反映渠道制度，建立健全体现群众意愿的科学民主决策机制，健全干部作风状况考核评价机制；建立健全厉行节约、反对浪费制度，修订完善公务接待管理规定，研究规范公务用车配备使用管理办法，完善因公出国（境）相关规定；修订楼堂馆所建设管理制度，完善会议、培训、活动经费管理办法，健全完善党政机关领导干部住房、用车等工作生活待遇方面的制度；研究制定国有企业负责人职务消费管理办法，建立健全公务支出、公款消费方面的审计制度，推动改进工作作风、密切联系群众常态化长效化。各地区各部门各单位对以上三个环节的活动要统筹安排、整体推进，有机衔接、前后呼应，坚持进度服务质量，具体环节步骤可根据实际情况科学安排，防止抢时间、赶进度、走过场。

（四）突出特色、搭建载体

把开展载体活动贯穿于教育实践活动全过程，确保"规定动作"做到位，"自选动作"有特色。按照省委开展的"机关转作风、为民四服务"（立足岗位服务、主动上门服务、优化公共服务、推进阳光服务）活动要求，结合沈阳实际，扎实开展"三深入三提升，做合格人民公仆"实践活动，教育引导党员、干部深入实际、深入基层、深入群众，提升效能、提升素质、提升形象，做合格人民公仆。进一步推动机关干部"走进项目、走进企业，解决问题、解决困难"（简称"双进双解"）和在职党员"进社区，建立双向联动机制；进支部，建立双向管理机制；进楼院，建立双向监督机制；进责任区，建立双向服务机制"（简称"四进四建"），大力推广党员领导干部直接联系基层党组织、为民服务全程代理和以群众工作统揽信访工作等经验做法，积极推行限时办结制、服务承诺制、首问负责制、AB岗工作责任制，广泛评议政风行风。要力戒在人民群众利益上不维护以及对待群众生冷硬、精神萎靡慵懒散等问题，通过公开承诺、志愿服务、结对帮扶等形式，使党员、干部结合本职岗位、发挥优势特长，多办群众看得见摸得着的好事实事。要力戒贪图名利、不求实效以及弄虚作假造声势、心浮气躁做虚功等现象，通过设立先锋岗、责任区、服务窗口等形式，使党员、干部立足岗位创佳绩，履职尽责争优秀，在急难险重工作中展才智作贡献。要力戒及时行乐、挥霍浪费以及自设门槛刁难人、吃拿卡要谋私利等行为，使党员、干部牢固树立正确的权力观、地位观、利益观，淡泊名利、一身正气，做忠诚奉献、勤勉敬业、严于律己的合格人民公仆。第一批教育实践活动开展期间，参加第二批教育实践活动的地区和单位不要等待观望，要认真组织开展学习，进一步统一思想、提高认识；深入基层调查研究，广泛听取党员群众意见；认真查找存在的突出问题，采取有效措施进行整改；扎实开展各项载体活动，为党员、干部改进作风、联系服务群众搭建平台；及时总结典型做法，为开展教育实践活动积累经验、提供借鉴。

三、加强教育实践活动的组织领导

各地区各部门各单位党委（党组）要把教育实践活动摆上重要位置，精心部署、狠抓落实，明确责任、务求实效。

1. 落实领导责任。各级党委（党组）是抓好本地区本部门本单位教育实践活动的责任主体，党委（党组）主要领导同志是第一责任人。市委已成立党的群众路线教育实践活动领导小组，在市委领导下开展工作，领导小组下设办公室，负责日常工作。各地区各部门各单位也要成立相应领导机构和工作机构，具体负责教育实践活动的开展。

2. 强化督导检查。市委党的群众路线教育实践活动领导小组抽调政治过硬、原则性强、认真负责、熟悉党务工作的党员干部组成督导组，对开展活动的地区部门单位进行分类指导、督促检查。采取听取汇报、查阅资料、个别谈话、实地察看等形式，了解活动进展情况，及时发现问题、解决问题、培树典型、总结经验。各地区各部门各单位也要做好相应的督导工作,推动各项工作落实。

3. 搞好舆论宣传。要充分发挥新闻媒体的正面宣传和舆论引导作用,通过新闻报道、典型宣传、言论评论、工作综述、专题专访等形式,及时宣传报道活动进展情况和主要成效,总结推广好做法好经验,为教育实践活动营造良好氛围。要强化舆论监督,通过以案说法、典型曝光、事件评述等方式,发挥警示作用,促进教育实践活动深入开展。要组织开展党的群众路线理论研究,适时召开理论研讨会。

4. 注重统筹兼顾。要把开展教育实践活动与推进沈阳振兴发展紧密结合,与做好当前改革发展稳定各项工作紧密结合,与加强官德政德教育紧密结合,与保障和改善民生紧密结合,切实做到两手抓、两不误、两促进,使活动每个环节、每项措施都为中心工作服务,把党员、干部在活动中激发出来的工作热情和进取精神转化为做好工作的动力,用经济社会发展成果检验活动成效。

沈阳市加快国家中心城市建设规划纲要

(2013年7月17日中共沈阳市委十二届七次全体会议通过)

为深入贯彻落实市第十二次党代会精神,进一步聚焦"三大目标"、统领"五大任务",加快国家中心城市建设步伐,推动沈阳老工业基地在科学发展道路上实现全面振兴,制定本规划纲要。

一、加快国家中心城市建设是沈阳振兴发展的必然选择

沈阳是我国特大型、具有综合性优势的区域中心城市,其凝聚力、辐射力、带动力强,对辽宁和东北地区乃至全国的发展有举足轻重的作用。在沈阳城市总体规划的批复中,国家一直把沈阳确定为东北地区最大、最重要的区域中心城市、全国重要的工业基地、国家级历史文化名城和旅游城市。沈阳是新中国最早建成的以装备制造业为主的重工业基地,作为"共和国装备部",为国家经济建设和加快工业化、现代化进程作出了突出贡献。沈阳科技和人才实力雄厚,科技人才的规模、科研成果的数量、科研院所的水平在全国有重要影响,在装备制造、航空航天方面的研发创新能力在全国处于领先地位。沈阳是国家历史文化名城,历史文化底蕴丰厚,清前文化、民国文化、现代工业文化遗迹丰富,有较强的历史人文影响力。沈阳区位优势独特,位于东北亚的地理中心,拥有东北地区最大的航空枢纽、全国最大的铁路编组站和最高等级的高速公路网,是我国通向东北亚、连接欧亚大陆桥的重要门户,是我国东北乃至全国最大的商贸、金融、物流中心之一,担负着集聚辐射、带动周边发展的重要使命。

改革开放特别是国家振兴东北地区等老工业基地战略实施以来,沈阳主要经济指标在副省级城市中位次不断前移,综合实力大幅提升,基本完成了老工业基地调整改造任务。市第十二次党代会确立了沈阳"十二五"时期建设国家中心城市、先进装备制造业基地和生态宜居之都"三大目标",市委、市政府团结带领全市人民,紧紧围绕实现"三大目标"、完成"五大任务",攻坚克难,真抓实干,取得了明显成效。工业经济规模不断壮大,主导产业支撑作用日显突出,高新技术产业和战略性新兴产业发展势头强劲;产业升级步伐加快,经济结构不断优化,现代服务业发展全面提速,金融、物流、软件和信息等现代服务业占服务业比重达到一半以上;城市规模不断做大,发展空间持续优化,行政区划调整深入实施,城市功能分区更趋合理;城乡面貌发生重大变化,城市重大基础设施建设加速推进,立体化综合交通网络加快形成,交通枢纽功能日益增强,城市发展环境不断改善,服务效能大幅提升。沈阳的吸引力、竞争力、影响力明显增强,为加快国家中心城市建设奠定了坚实基础。

当前,世界经济全球化与区域经济一体化不断加速,以区域经济一体化参与经济全球化竞争的趋势日益明显,中心城市的主体作用越来越重要。为进一步扩大开放和参与国际合作与竞争,国家提出了依托国家中心城市建设带动区域协调发展的战略构想,全国各地区域性中心城市竞相提出建设国家中心城市的目标,作为抢占新一轮发展制高点的战略选择。东北地区作为我国重要的老工业基地,在国家总体战略布局中具有举足轻重的位置,是国家面向东北亚参与国际合作与竞争的重要平台。为加快这一区域的整体发展,国家正在制定新一轮振兴发展规划,明确依托沈阳建设东北区域金融中心乃至东北亚经济中心,要求沈阳在全国发展大格局中担当更大使命,在参与国际合作与竞争中发挥更大作用。

省第十一次党代会明确提出,要"以支持沈阳建设国家中心城市为核心,加快以沈抚同城为重点的沈阳经济区同城化一体化步伐"。沈阳是辽宁中部城市群的增长极,与周边七个城市构成的区域经济共同体,其关联程度之高、互补性之强世界罕见。2010年国家批准沈阳经济区进行新型工业化综合配套改革,这意味着辽宁中部城市群作为一个整体板块纳入了国家总体战略布局,作为经济区核心城市的沈阳也必将由区域中心城市上升为国家中心城市。同时,经济区一体化的发展进程也为沈阳加快国家中心城市建设提供了难得的历史机遇。

沈阳即将走过振兴发展十周年,十年来沈阳发生了翻天覆地的变化,实现了"东北振兴、沈阳先行"的承诺。在未来振兴发展的新阶段,我们要把握历史机遇,把加快国家中心城市建设摆在更加突出的战略位置,聚焦"三大目标"、统领"五大任务",切实提高沈阳在经济、文化、社会、生态等领域的影响力和辐射力,推动老工业基地实现全面振兴,率先全面建成小康社会,建设国家中心城市,在实现中华民族伟大复兴中国梦的进程中,圆一个沈阳人的梦想。

二、加快国家中心城市建设的框架构想

1. 总体要求。坚持以邓小平理论、"三个代表"重要思想、科学发展观为指导,依托沈阳经济区建设,立足东北,服务全国,辐射东北亚,以转变经济发展方式为主线,以改革开放创新为动力,以打造人才高地为支撑,以生态文明建设为保障,不断壮大城市规模,提升城市品质,完善城市功能,探索一条反映时代特征、体现中国特色和彰显沈阳优势的国家中心城市建设之路,实现沈阳城市地

位的战略提升,为实现中华民族伟大复兴的中国梦作出应有的贡献。

2. 奋斗目标。凭借得天独厚的区位优势和广阔的腹地条件,以提升沈阳经济区核心城市地位、加快经济区一体化建设为依托,经过今后十几年乃至到本世纪中叶的不懈努力,把沈阳建成东北亚重要经济中心、世界级先进装备制造业基地和国家生态宜居之都,成为立足东北、服务全国、辐射东北亚的国家中心城市。东北亚重要经济中心:综合实力强,服务功能完善,东北亚商贸物流、金融信息及科技创新中心的地位明显提升,开放程度高、发展活力强、辐射半径大的现代化、国际化大都市。世界级先进装备制造业基地:高端化、现代新型工业产业体系基本形成,一批拥有核心技术和自主品牌的世界级装备制造企业快速成长,自主创新能力、重大装备成套能力、基础产业配套能力和生产性服务业支撑能力跻身全球先进行列。国家生态宜居之都:生态环境和生活品质居国内先进水平,基础设施更加健全,人民群众生活质量显著改善,幸福感明显增强,人们不同层面的物质精神需求不断得到满足,人与自然关系更加和谐。

3. 战略步骤。到 2017 年,全面建成小康社会,完成基础性结构调整任务,中心城市功能显著提高。综合经济实力显著增强,实现地区生产总值比 2010 年翻一番,人均地区生产总值力争突破 2 万美元,城乡居民收入比 2010 年翻一番,提前完成全面建设小康社会各项指标;基本建成具有国际竞争力的先进装备制造业基地,规模以上工业总量规模不断壮大,服务业增加值占全市地区生产总值比重力争达到一半以上,初步形成以服务经济为主导的经济格局;东北区域金融中心加速成长,金融机构数量、增加值占地区生产总值比重在东北位居前列,城市综合服务功能显著提升。到 2030 年"十五五"末期,基本建成国家中心城市,建成世界级先进装备制造业基地,高端化的国家中心城市综合功能基本形成,城市规模质量及影响力跃上新台阶。综合经济实力进入副省级城市前列,地区生产总值比 2017 年翻两番,服务业增加值占地区生产总值比重达到 60% 以上,实现经济转型发展目标;装备制造等主导产业的研发水平、生产能力位居世界一流,世界级先进装备制造业基地全面建成;东北亚金融、物流中心地位更加凸显,综合交通、信息枢纽功能显著增强。到本世纪中叶,把沈阳建设成为综合经济实力强大,研发创新能力领先,高端服务功能完备,生态宜居环境一流的现代化、国际化大都市,其集聚辐射带动作用不断在更大的范围得到巩固、拓展,日益成为东北亚重要的经济中心。

三、加快国家中心城市建设的主要任务

1. 引领沈阳经济区发展。沈阳经济区是建设国家中心城市得天独厚的重要依托,沈阳是携领沈阳经济区发展壮大的核心城市。要在区域协调发展中,切实承担起龙头带动责任,充分利用区域整体优势和集合效应,做大城市规模,推进产业升级,优化空间布局,完善服务功能,走出一条具有沈阳特色的国家中心城市建设之路。提升核心城市的战略性能量。加大科技投入,整合科技资源,强化科技创新的优势和制高点的辐射作用。加快信息化和工业化深度融合,构筑以沈阳为中心的产业链聚合点和扩散源。以满足周边城市需要为着眼点,完善沈阳的生活、生产服务功能,增强沈阳高端化的带动作用。加快同城化一体化。加速推进沈抚同城化,逐步打破行政区划,构筑统一市场,形成沈抚共同体。加快沈本、沈铁、沈辽、沈阜一体化进程,推进基础设施、产业发展、空间布局、要素市场、公共服务、生态环境等重点领域的一体化,形成沈阳经济区合理的区域分工。加速推进以沈阳为中心的五大城际连接带新城新市镇建设,带动沈阳城市空间布局和城市外围空间形态的优化,将城际连接带建设成为联结八个城市的交通带、城镇带和经济带。优化城市空间布局。深入实施东西南北中主体功能区战略,进一步做优发展空间。大力发展东部生态文化旅游和汽车产业,西部先进装备制造业、汽车产业和现代建筑产业,南部高新技术产业和现代航空产业,北部战略性新兴产业和农产品深加工产业,中部现代服务业特别是金融产业。发挥核心带动作用。按照勇于担当、善于舍让的原则,进一步完善区域一体化发展机制、区域合作机制和利益协调机制,编制沈阳经济区产业发展规划和空间布局规划,通过体制机制创新和规划引领,科学推进沈阳经济区一体化建设,将沈阳经济区打造成为我国重要的先进装备制造业基地、新型工业化道路的先导区、生态文明建设示范区、科技创新和综合实力强大的中国重要经济增长极,成为东北亚地区一体化程度最高、最具活力和竞争力的国际大都市区。

2. 增强城市综合实力。增强城市综合实力始终是沈阳建设国家中心城市的重要任务。要着眼于创造能够参与国际竞争新的产业优势,加快转方式调结构步伐,继续坚持在结构调整中做大总量,在做大总量中提升质量,努力形成以新型工业为支撑、以现代服务业为主导、以现代都市农业为基础的产业发展新格局。构建新型工业体系。进一步增强装备制造业对经济发展的支撑作用,深入推进信息化与工业化融合,加快传统优势产业转型升级,促进装备制造业高端化、智能化、成套化、服务化、集群化发展,建设具有国际竞争力的先进装备制造业基地。以提高自主创新能力为核心,大力发展战略性新兴产业和高新技术产业,打造一批在国内外具有较强竞争力的骨干企业和产业集群,形成支撑引领未来发展的现代工业体系,提升工业经济国际竞争力。大力发展现代服务业。立足于提升区域服务和带动能力,加快服务业集聚区建设,积极发展生产性服务业,大力提升研发设计、金融服务、信息服务和商务服务水平,促进物流服务的社会化、专业化和信息化,打造国家级物流枢纽城市和东北亚重要国际物流节点城市。促进传统服务业改造升级,培育壮大高技术服务业,大力发展会展、文化旅游以及中介和咨询等专业服务业,加快形成以服务经济为主导的发展新格局。打造现代都市农业。加强农村基础设施建设,推进农业科技进步,促进农业转型升级,依据城市发展总体布局,有序发展高端精品农业、休闲观光农业、高效生态农业,建设与国家中心城市发展相协调、具有鲜明地域特色的现代都市农业。

3. 完善拓展城市功能。城市功能是国家中心城市地位和作用的集中体现。

要本着巩固提升原有优势、挖掘拓展潜在优势的原则，进一步强化沈阳在全国大的发展格局中的重要地位和作用，大力提升国家综合性门户功能，建成立足东北、服务全国、面向东北亚的现代化大都市。强化交通中心功能。打造东北亚大型航空枢纽，建设全国铁路路网中心、全国高速公路网重要中枢，制定可行方案，加快创建国家“公交都市”示范市，持续提升沈阳作为国家综合交通枢纽的重要地位。强化信息中心功能。加快区域信息中心及电子商务服务体系建设，大力发展“物联网”，建设面向未来的全国智慧城市典范，推动沈阳成为国家重要的大数据中心，打造全国信息枢纽港。强化商贸流通中心功能。积极推进商贸流通业高端化、现代化发展，构建便捷的区域物流和国际物流网络体系，建立功能完备的大宗商品消费和服务市场，建设国际会展商贸城，打造东北地区商品集散中心，加快完善立足东北、辐射全国的要素市场体系，大幅提高对资金、商品、技术、信息、人才等经济要素的吸引力、输出力和支配力。强化金融中心功能。支持本地金融企业做大做强，加快培育和引进更多金融机构，设立更多国内外金融机构的区域总部、全国总部和亚太总部，大力推进金融创新，发展新型金融业态，加快产权交易市场发展，建设东北区域金融中心。强化总部经济功能。大力引进跨国公司和国内大型企业的总部或区域总部、研发中心、采购中心、营销中心、财务中心、投资中心，着力打造领先东北、辐射全国的“总部之都”。积极吸纳国内外重要部门、重要行业的管理决策中心，不断提高管理控制能级。强化旅游中心功能。充分挖掘旅游资源，建设一批大型旅游项目，策划一批具有重要影响力的文化节庆活动，培育一批具有地方特色的旅游产品，增强沈阳旅游的整体实力，打造全国旅游目的地和世界性旅游城市。

4. 提升城市文化软实力。文化繁荣是国家中心城市的重要标志。要最大限度彰显国家历史文化名城的魅力，推动文化大发展大繁荣，加快建设文化强市，不断提升沈阳文化在国内外的影响力。提升城市文化品位。强化城市整体设计，提升城市建设品质，高标准高质量建设一批标志性文化设施，精心培育一批顶级文化品牌，造就一批文化名家大师，在文化产品和服务、城市建筑风格等方面打造一批富有鲜明地域特色的文化符号，形成独具魅力的城市形象和城市品格。培育特色文化流派。加强地域文化资源的保护和利用，提炼辽文化、清前文化、民国文化和现代工业文化的内涵精髓，挖掘关东文化特质和沈阳人文传统，融入改革开放等时代元素，提出并弘扬传承历史文脉、彰显时代特征、代表城市品格的“沈阳精神”，形成有利于城市发展、引领文明风尚的文化流派。提高城市文明程度。深入推进群众性精神文明创建活动，巩固和发展全国文明城市创建成果，积极培育社会主义核心价值观，大力弘扬中华民族传统美德，践行“热爱祖国、孝敬父母、关爱他人”的基本道德准则，发挥道德模范引领作用，切实提升公民文明素质和城市文明程度。增强文化产业实力。推动文化与科技、金融、旅游融合发展，发展新型文化业态，探索面向国际市场的文化产业发展新模式，打造一批全国领先的文化项目、文化企业、文化园区，建成一批具有国际影响力的文化产业研发与交流中心、文化产品生产与流通中心、文化娱乐休闲中心，使文化产业成为支柱产业。

5. 实施科技驱动战略。科技研发创新能力是中心城市发展能量、辐射带动能力和高端化水平的重要衡量标准。要以打造国家创新型城市为载体，注重创新制度、创新文化的培育和建设，推动新技术、新产业的创造和生成，通过重点领域创新突破，推动沈阳发展向创新驱动转变，努力把沈阳打造成为国内领先、具有世界影响力的科技创新中心和未来科技革命策源地。提高自主创新能力。大力推进原始创新、集成创新和引进消化吸收再创新，更加注重协同创新，着力提升高端创新要素资源的集聚配置功能，建设一批创新平台，突破一批关键核心技术，形成一批重大科技成果和重大技术产品，加快建设国家高技术产业基地，增强科技对经济发展的支撑作用。激发企业创新活力。支持创新要素向企业集聚，加快建立以企业为主体、市场为导向、产学研相结合的技术创新体系，组建产业技术创新战略联盟等新兴产业组织。鼓励和引导企业加大研发投入，实现规模以上企业研发机构建设全覆盖。积极发展科技型中小企业，不断增强中小企业和民营企业创新活力。建立健全科技成果转化服务体系，促进科技成果产业化，全面提升持续创新能力和核心竞争力。构筑知识创新高地。提高科学研究水平，积极完善知识创新体系，引导高校和科研机构围绕经济社会发展重大科技问题开展科研创新、加强国际交流，鼓励在应用基础研究和前沿技术领域取得原创性突破，提高学术研究水平。优化城市创新环境。建立和完善具有全国示范作用的创新政策体系，形成鼓励创新、宽容失败的环境氛围，强化知识产权的创造、运用、保护和管理，成为全国乃至世界具有吸引力和活力的创新创业沃土。

6. 加强生态建设和环境保护。环境是生产力、是竞争力，优化生态环境是加快国家中心城市建设的必然要求。要以创建全国环境建设样板城为目标，倡导资源节约、环境友好的生产方式和消费模式，积极发展低碳经济，加快建立与资源环境承载能力相适应的绿色发展模式，建成全国独具特色、适宜人居的“美丽沈阳”。积极倡导低碳生产生活方式。以优化产业和能源结构为重点，构建循环型产业体系，发展环保产业、静脉产业和新材料、新能源产业，提高风力发电、太阳能等清洁能源应用比例，打造一批循环经济和低碳经济发展示范园区和企业，推动国家环保服务业东北集聚区和静脉产业园区建设。践行低碳生活理念，构建低碳交通运输体系，鼓励绿色出行，推进绿色政府建设，加快向现代化低碳城市迈进。深入推进节能减排。按照“减量化、再利用、资源化”原则，抓好重点领域、重点行业和重点企业的节能减排，控制主要污染物排放总量，推广节能环保新设备、新工艺、新技术，鼓励生产和使用节能节水节材产品，推动产业和产品结构节能，实现单位地区生产总值能耗和主要耗能产品单位能耗保持全国领先水平，努力创建全国节能减排示范基地。进一步改善人居环境。加大城区绿化建设力度，推进公共绿地、生态用地、重要水系的建设与保护，提高城市人均绿地面积和绿化覆盖率。深化农村环境综合整治，提升美丽村镇建设水平。推进碧水、蓝天、青山工程，实施浑河景观带、环城水系、蒲河生态廊道、大浑南水系、辽河综合治理、卧龙湖生态保护等工程建设，打造生态文明、环境友好、质量优良的生态宜居之都。

四、加快国家中心城市建设的保障措施

1. 深入推进改革。紧紧抓住沈阳经济区国家新型工业化综合配套改革的重大机遇，围绕关键环节和重点领域，大胆探索、勇于突破，为国家中心城市建设提供制度保障和动力源泉。转变政府职能。积极推进行政管理体制改革，进一步优化政府组织结构，稳步推进政府机构改革，大力推行政务公开、网上审批和并联审批，努力减少审批环节，提高行政效能和依法行政水平，建设诚信沈阳，打造法治政府，为经济社会发展创造良好环境。激发经济发展活力。建立健全有利于企业发展的体制机制和经营模式，继续深化国有企业改革，引导重点国有企业实施战略性重组，大力发展非公经济，支持中小企业发展壮大，打造一批具有国际竞争力的大型企业集团，提升企业参与国际竞争的实力。建立区域共同市场。充分利用沈阳经济区城市高度密集的有利条件，逐步消除区域内的城际行政壁垒，推进区域内资本、人才、技术等要素市场的一体化发展，实现资源和产业的优化配置，全面提升沈阳经济区的综合竞争能力。推进重点领域改革。积极开展“两化融合”试验，加快建立支撑世界级先进装备制造业基地建设的体制机制；大力实施国家优化金融生态试验，加快建立支撑东北乃至东北亚金融中心建设的体制机制；深化现代服务业综合配套改革试点，加快建立支撑转型升级的体制机制，形成以服务经济为主导的经济结构。

2. 继续扩大开放。全面实施经济国际化战略，积极参与国际经济合作与竞争，广泛开展对外经济、文化交流，构建全方位、多层次、宽领域的对外开放新格局。推进经济合作国际化。加强与东盟、东北亚国家在装备制造、节能环保及金融等重点产业的合作，全面扩大与美国、欧盟等发达经济体的经贸合作；依托沈阳综合保税区，大力发展国际中转、国际配送、国际采购、国际转口贸易和出口加工等业务，逐步向自由贸易区方向发展；积极举办具有国际影响力的大型活动，搭建好国际合作平台，进一步提高沈阳的国际知名度。加强国际化交流服务体系建设。通过增开国际直航航线、加快领馆区建设，配套建设国际学校、国际医院、国际社区，全方位提供便捷的国际交流服务平台；鼓励发展与国际惯例接轨的技术咨询、法律服务等中介服务组织，全力打造符合国际惯例、国际标准的政策法规和服务环境，保障经济国际化的深入推进。建设多元国际文化兼容环境。借助国家对外文化交流平台，继续推进、策划一批国际性、高层次的经贸、文化交流活动，逐步完善沈阳特色文化公共服务平台的多语种服务功能，扩大“中国沈阳”品牌的国际形象，把具有沈阳地方特色的文化精品推向世界。

3. 强化人才支撑。深入实施人才强市战略，按照“以人为先、以人为本、以人为上”的方针，突出做好人才培育、引进和使用工作，着力打造数量充足、结构合理、素质优良、充满活力的人才队伍。积极引进外来人才。继续增加在沈院士、博士后等高端人才数量，持续引进一批能突破关键技术、引领新兴产业发展的紧缺专业技术人才，大力集聚海外高层次人才，广泛吸引国内外名人名家来沈居住、工作和生活。创新人才培养模式。整合教育资源，全面推进素质教育，优化教育布局和学科建设，坚持以就业为导向，加大职业教育和继续教育力度，统筹开发各类人才，形成具有整体成长力的各类人才队伍。注重激发人才活力。实施积极的激励政策，加大人才创业支持力度，大力培育创意产业人才队伍，提倡和构建自由职业者的创业乐业环境。优化人才资源配置，创新人才管理方式，充分发挥人才在企业竞争、技术攻关、课题研发、项目管理等方面的关键性作用，注重发挥民间智库、社会组织在沈阳经济社会发展中的外脑作用。创造优越的人才氛围。提高沈阳城市品位，实现精细化服务，建设适合人才生活需求的工作、生活、医疗、文化及娱乐休闲配套设施，提高城市环境对人才的吸引力。完善人才公共服务体系。建立人力资源合理配置和有效开发的市场化预测、预报、预警机制，逐步实现社会化、智能化、信息化、规模化和专业化的人才服务体系，不断提高沈阳的人才贡献率。

4. 完善实施机制。坚持从战略的高度，把全市的各方面工作纳入到国家中心城市建设轨道上来，动员、汇聚各方力量，保障规划纲要的顺利实施。建立健全工作推进机制。成立由市委、市政府主要领导负责的国家中心城市建设领导小组及其办公室，牵头组建相应的组织保障体系，统筹推进相关工作。有关部门要依据本规划纲要提出的战略目标、战略步骤、重点任务和保障措施，制定相应的空间规划、经济社会发展规划和重点专项规划。建立健全重大项目建设机制。用实、用好国家和省支持我市发展改革的相关政策，围绕本规划纲要确定的发展目标和重点任务，围绕重点领域、重点空间和关键节点，集中力量策划、实施一批具有重大区域功能的产业和基础设施项目，纳入年度国民经济和社会发展计划，明确责任，狠抓落实。建立健全绩效考评机制。将加快国家中心城市建设的各项工作纳入各部门和各地区的年度考核体系，对主要目标和重点工作分解细化，层层落实。制订全面、系统、科学的评价标准，健全规划实施考核机制，确保全面完成本规划纲要提出的各项任务。

中共沈阳市委沈阳市人民政府关于2013年深入推进惩治和预防腐败体系建设的实施意见

（2013年8月1日）

为深入推进惩治和预防腐败体系建设，结合沈阳实际，提出如下实施意见。

一、总体要求

深入贯彻党的十八大和十八届中央纪委二次全会精神，紧紧围绕建设廉洁沈阳的目标，坚持标本兼治、综合治理、惩防并举、注重预防的方针，加强组织领导，明确责任分工，强化检查考核，统筹推进惩防体系建设各项工作，加快构建反腐倡廉长效机制，为推进沈阳老工业基地全面振兴提供坚强保证。

二、主要任务

(一)加强对领导干部的教育和监督

扎实推进反腐倡廉教育和廉政文化建设。以落实改进工作作风、密切联系群众的各项规定为重点,深入开展以为民务实清廉为主要内容的党的群众路线教育实践活动。针对各级党政主要领导、重点部门和关键岗位的党员干部,着力抓好岗位廉政教育、典型示范教育和案例警示教育。依托各级党校,对党员干部和公职人员进行系统化、常态化反腐倡廉教育。充分利用文艺作品、公益广告和廉政景观等载体,不断深化廉政文化"六进"工作。严格执行党内监督各项规定,加强对落实改进工作作风、密切联系群众各项规定、"三公"经费管理以及领导干部报告个人重大事项情况的监督检查和抽查核实。认真清理党政机关房产和土地,狠刹违规配备公务用车、公款境内外旅游和公款吃喝以及挥霍浪费之风,有序推进"三公"经费公开。健全各级党政班子重要事项议事规则,严格执行党政一把手"四个不直接分管"规定。

(二)构建预防腐败工作体系

全面建成"五大系统"。深化廉政风险防控机制建设,强化市、区和乡镇公共服务中心功能,规范行政审批流程,实行用权信息动态公开。完善公共资源交易系统,加快组建管理和服务机构,健全配套制度,推进"管办分离"。加强行政绩效管理系统建设,增强绩效管理、绩效考核和绩效监察的导向性和激励性。扩大行政权力电子监察系统覆盖面,实行网上审批,加强对社保资金、公共资源交易和民生专项资金的监控。畅通群众诉求渠道,完善市民投诉热线功能,提高为民服务质量。深入开展定向预防工作。围绕权力集中、腐败易发部位,确定一批重点预防腐败项目,开展专项调研,查找监管漏洞,完善监控措施。开展制度廉洁性评估试点工作,加强对制度执行情况的监督检查,防止制度"空转"。继续深化行政审批制度、干部人事制度、财政管理体制、司法体制等重点领域和关键环节的改革,切实铲除滋生腐败的土壤和条件。以清理规范市场中介组织为重点,推进社会领域预防腐败工作。开展专项检查活动,严肃查处市场中介组织违规执业的行为。建立信用信息管理体系,及时披露市场中介组织违法违规信息,实行聘用市场中介组织事前报告和信息登记制度。

(三)加强基层党风廉政建设

严格执行有关规定,建立村务监督委员会,完善村级组织重要议事规则和"三资"监管机制,深入开展"两委"干部勤廉双述活动。加强社区党风廉政建设,推广建立社区廉政工作站。制定加强国企和高校党风廉政建设的意见,全面落实厂务公开、校务公开和"三重一大"决策制度,切实规范国企领导人员议事决策、职务消费和薪酬管理行为,着力解决高校在招生录取、基建工程、财务管理和科研经费等方面存在的突出问题。

(四)纠正损害群众利益的突出问题

以"解决突出问题、优化服务质量"为主题,持续开展"百项举措"活动。继续开展创建人民满意窗口活动,推行公共服务标准化,将群众评议延伸到窗口工作人员,建立"便企利民"长效机制。深入治理征地拆迁中的违法违规问题,切实规范征地拆迁行为。开展惠农政策落实情况的监督检查,坚决纠正截留、挤占惠农资金问题。整治物业公司、社区卫生服务、窗口单位乱收费问题,切实减轻企业和群众负担。继续巩固规范教育收费和医疗服务行为成果。进一步加强食品安全、社保基金、住房公积金、扶贫救灾资金和政府专项资金监管。妥善处理集体访、越级访问题,维护社会和谐稳定。深入推进重大决策部署的贯彻落实,着力推进国土政策、节能减排和环保政策落实,确保政令畅通。继续加强对"十二运"筹备工作的监督检查,推动廉洁办全运目标的实现。不断深化党务、政务、村务、厂务、事务公开,保证人民群众的知情权、参与权和监督权。

(五)保持惩治腐败的强劲势头

坚持有案必查、有腐必惩。坚决查处大案要案,着力解决发生在群众身边的腐败问题。严肃查办发生在领导机关和领导干部中滥用职权、贪污贿赂、腐化堕落、失职渎职案件,严重损害群众合法经济权益、政治权益和人身权利案件;严肃查办发生在重点领域和关键环节的腐败案件,群体性事件和重大责任事故背后的腐败案件,以及市场中介组织违法违规案件。

三、保障措施

各级党政组织要按照党风廉政建设责任制的要求,不断深化一把手负总责、分管同志"一岗双责"和各部门齐抓共管意识,切实形成一级抓一级、层层抓落实的工作局面。各地区、各部门、各单位要切实履行反腐倡廉职责,抓好任务分解,完善推进机制,确保任务落实。各级纪检监察机关要充分发挥组织协调职能,注重调查研究,总结典型经验,加强工作指导,强化监督检查。

中共沈阳市委沈阳市人民政府关于向城区下放经济管理权限的实施意见

(2013年9月25日)

为深入贯彻落实党的十八大关于转变政府职能、简政放权的总体要求和《中共辽宁省委辽宁省人民政府关于向城区下放经济管理权限的意见》(辽委发〔2013〕9号)精神,现就向城区下放经济管理权限,提出如下实施意见。

一、指导思想

以邓小平理论、"三个代表"重要思想、科学发展观为指导,坚持有利于调动城区积极性、有利于全市统筹规划、有利于优化发展环境,以转变职能、理顺关系、优化机制为重点,进一步扩大城区政府经济管理权限,最大程度释放改革红利,促进城区经济持续健康快速发展。

二、基本原则

(一)坚持解放思想、转变职能。全面落实省委、省政府关于向城区下放经济管理权限的各项任务,充分调动城区积极性,提高城区自主发展经济的能力,使城区能够自主定项目、建项目,促进政府职能向创造良好发展环境、提供优质公共服务、维护社会公平正义转变,打造便企利民的经济发展环境。

(二)坚持实事求是、积极稳妥。结合我市实际情况,注重统筹安排,深入细致地做好放权工作。加强对下放权力运行的监督、指导和管理，确保上下衔接、政令畅通、运转平稳。

（三）坚持依法依规、权责一致。在符合法律法规的前提下，创新放权形式，确定放权内容，对于法律法规明确不能由城区政府直接行使的权限，采取委托方式下放城区。明确城区和市直部门的权利和义务，建立权责明晰、责随权移、财随事转、人随事走、各尽其责的管理机制。完善事权下放的配套联动机制，力争实现同级立项、同级审批。

三、向城区放权的主要内容

根据《中共辽宁省委辽宁省人民政府关于向城区下放经济管理权限的意见》规定，向9个城区和省级以上开发区、高新区下放49项经济管理权限。

（一）项目管理（13项）

1.区域内企业投资项目备案权限。

2.区域内符合行业规划和规定的区自主投资城建项目、社会事业项目核准权限。

3.区域内总开发建设规模在20万平方米以下房地产项目核准权限。

4.区域内符合行业规划和规定，由企业投资建设的专用码头、内河、航运基建项目核准权限。

5.区域内符合行业规划和规定的民用液化气站项目核准权限。

6.区域内除楼堂馆所及国家禁止的项目外，由城区政府自行投资项目的审批权限。

7.市城建计划和市财力计划中，市、区两级共同投资且区级投资超过50%、总投资1000万元以下的基础设施项目及500万元以下的其他项目审批权限。

8.总投资1亿美元以下鼓励类、允许类外商投资项目核准权限。

9.区域内符合行业规划和规定的水利项目（涉及跨区河流、水利设施、水事工程除外），项目建议书、可行性研究报告审批权限。

10.区域内区级审批、核准、备案项目的节能评估审查报告表和登记表的评估审查权限。

11.外商投资企业合同、章程审批权限。

12.外商投资企业设立、变更、注销、备案登记权限。

13.内资企业设立、变更、注销、备案登记权限。

（二）规划管理（3项）

14.除重点区域外，建设用地规划许可证、建设工程规划许可证核发权限。

15.除重点区域外，建设项目市政配套工程建设工程规划许可证核发权限。

16.建设项目规划核实权限。

（三）土地房屋管理（4项）

17.由城区行使一级土地开发职能，负责辖区内集体土地征收，逐级上报有批准权限的政府批准。

18.除重点区域外的土地资产处置（不含划拨）、国有土地登记发证权限。

19.区政府投资项目建设用地预审权限。

20.按照“谁出资、谁负责”的原则，向城区下放由城区出资征收的房屋征收成本审核权限。

（四）环境保护管理（7项）

21.环境影响评价权限（涉及高污染、高耗能、高环境风险的项目、跨区域影响的或跨区域建设的项目、环境敏感区的项目、市级相关部门立项的项目、不符合《规划环境影响评价条例》规定要求的工业污染建设项目除外）。

22.按照“谁审批、谁验收”的原则，向城区下放竣工环保验收权限。

23.建设项目污染防治设施的拆除或闲置审批权限。

24.夜间连续施工作业审批权限。

25.排污许可证核发权限。

26.向大气排放可燃气体许可权限。

27.新建排污口许可权限。

（五）建设管理（12项）

28.新建、改建、扩建的房屋建筑工程和公用安装工程（市政管网和园区管网除外）、装饰装修工程的建筑工程质量监督和竣工验收权限。

29.由区投资（超过50%）的市政工程、园林绿化工程的质量监督和竣工验收权限（市本级立项审批的项目及燃气、热力、给水工程除外）。

30.由区投资（超过50%）的市政工程、园林绿化工程的施工许可证核发权限（市本级立项审批的项目及燃气、热力、给水工程除外）。

31.建筑工程施工许可证核发权限（市本级立项审批的项目、重点区域房屋建筑工程、单建地下工程、国家省市重点工程、城市轨道交通系统工程及特许经营的燃气、给水等公用事业工程除外）。

32.建筑工程施工许可证补办权限（市本级立项审批的项目、重点区域房屋建筑工程、单建地下工程、国家省市重点工程、城市轨道交通系统工程及特许经营的燃气、给水等公用事业工程除外）。

33.由区投资（超过50%）的市政工程、园林绿化工程的施工合同、监理合同备案权限（市本级立项审批的项目及燃气、热力、给水工程除外）。

34.由区建设行政主管部门负责核发施工许可证项目的施工合同、监理合同备案权限。

35.由区建设行政主管部门负责核发施工许可证建筑工程项目的建设工程施工分包合同备案权限。

36.由区建设行政主管部门负责核发施工许可证建筑工程项目的建设工程质量监督登记权限。

37.由区建设行政主管部门负责核发施工许可证建筑工程项目的建设工程安全监督登记权限。

38.由区建设行政主管部门负责核发施工许可证建设工程项目的招投标审批权限（市本级立项审批的项目、重点区域房屋建筑工程、单建地下工程、国家省市重点工程和特许经营的燃气、给水等公用事业工程及跨地区的轨道交通系统工程、城市环路、城际间主要通道等重大市政基础设施工程除外）。

39.各城区（开发区）人防主管部门负责本区域内（不含重点区域）民用建筑结建防空地下室（不含易地建设）的审批权限。

（六）城市管理（9项）

40.市政基础设施维护权限（市直接管理的道路桥梁基础设施除外）。

41.园林绿化管理权限（市直接管理的园林、绿地和公园除外）。

42.市容管理权限（市政府投资、市城建局建设的亮化工程除外）。

43.环卫作业管理权限。

44.在向独立核算区下放道路挖掘、占用、改变设施许可权限及向城区下放三、四级街路的道路挖掘、占用、改变设施许可权限基础上，下放和平区的十纬路、沈河区的嘉宾街、皇姑区的向工街、大东区的善邻路、于洪区的广业路等二级街路的道路挖掘、占用、改变设施许可审批权限。

45. 区级排水设施的排水许可管理权限。

46. 向独立核算区下放临时占用绿地和树木砍伐移植审批权限。

47. 牌匾设置审批权限。

48. 向独立核算区下放户外广告审批设置管理权限（会展路、浑南大街除外）。

（七）土地出让金管理(1 项)

49. 对国有土地使用权出让收入继续实行市与区共享制度。

四、保障措施

（一）加强组织领导。各地区、各部门要深刻认识向城区放权工作的重要性，增强大局意识和责任意识，在市委、市政府统一领导下，实行“一把手”负责制，周密部署，精心组织，积极推进，务求实效。

（二）做好沟通衔接。加强与国家和省相关部门的沟通，对于需要授权的权限，按照国家、省相关部门放权意见实行。加强市直各部门间的沟通协调，配套联动下放管理权限，最大程度做到同级立项、同级审批。对于因行业规定确不能配套下放的，该市直部门应对其他部门下放城区的权限予以承认。

（三）强化监管指导。市直各相关部门负责制定放权具体实施细则，做好业务培训，指导城区完善软硬件设施、机构人员设置等承接条件，对下放的权限进行规范，下放城区的审批权限应进入城区审批大厅统一办理，做到审批项目名称、设定依据、所需要件、工作流程、办理时限、收费标准“六统一”。建立健全城区、开发区审批信息统计、定期报送制度，对违规用权责令改正。各城区、开发区主动接受市直相关部门的业务指导和监督管理，制定相应的承接办法和配套措施，进一步缩短审批时间，提高审批效率。

（四）完善保障机制。权限下放后，所需机构人员编制由各城区按照精简、统一、效能原则，在编制总额内调剂解决。市机构编制部门要将增编机会优先向城区政府倾斜。市直各部门要采取岗位培训、政策指导、资质（资格）考核等多种形式，全面提高城区审批人员业务素质。市政府将放权工作纳入对各地区、各部门的年度绩效考评，同时扩大城区政府对垂直管理部门的监督管理权，垂直管理部门的干部调配任免、年度考核，应征求所在城区党委、政府的意见。

本意见自发布之日起实施。

中共沈阳市委沈阳市人民政府关于加强社区建设的若干意见

（2013 年 12 月 10 日）

为贯彻落实党的十八大和十八届三中全会精神，切实加强社区建设，更好地保障和改善民生，促进社会公平正义，提高社会治理水平，结合我市实际，现就加强社区建设提出如下意见。

一、创新社区党建格局，发挥基层党组织的领导核心作用

以建设服务型社区党组织为目标，大力推进“三有一化”，即加强以党组织书记为重点的社区工作队伍建设，做到有人管事；建立健全社区党组织经费保障机制，做到有钱办事；加强社区组织活动场所和服务设施建设，做到有场所议事；按照条块结合、优势互补原则整合党建资源，着力构建城市基层区域化党建格局，切实发挥社区党组织“服务群众、凝聚人心、优化管理、维护稳定”的作用。

（一）实行街道“大工委”制和社区“大党委”制。吸纳辖区内具有一定影响力的驻区党组织负责人担任“兼职委员”，完善党建工作联席会议制度，整合区域内党建资源，统筹开展区域内党建工作。

（二）健全和优化社区党组织设置。按照“区域化布局、网格化管理”的模式，科学设置社区党组织，形成社区党委（总支）、网格党支部、楼院党小组和党员中心户四级社区党组织网络。

（三）加强特色党支部建设。抓好辖区内非公经济组织和社会组织党组织组建工作，建立社区党组织领导的社区“两委”议事协调机制，以社区党建工作带动和引领社区居民委员会工作。

（四）加强党员队伍建设。围绕改善结构、提升素质，进一步强化党组织书记的选拔、培养、管理工作。加强党员教育管理，深入开展在职党员进社区活动，建立党员在居住地充分发挥作用的长效机制。

二、明晰社区职责，建立社区工作准入制度

切实转变政府职能，充分发挥社区依法组织居民开展自治活动、依法协助政府及其派出机构开展工作和依法依规组织开展有关监督活动等方面的作用。

（五）明确社区工作职责。进一步明确政府和社区居民委员会职责，理清政府与社区居民委员会的关系，凡不属于社区职责范围或者社区不应干、干不了也干不好的工作，一律进行剥离，社区不再承担经济和执法职能。强化社区居民委员会的自治功能，促进政府行政治理和社区自我管理的有效衔接、政府依法行政和居民依法自治的良性互动。

（六）实行准入制度。市、区县（市）、街道及有关部门下派的超出社区居民委员会职责范围的工作，实行准入制度，未经批准不得下派给社区；经批准的工作，由相关部门与社区签订委托书，实施“费随事转”。

（七）规范审批程序。成立市社区建设工作委员会，负责指导全市社区建设工作，并对市直部门、单位下派到社区的工作进行准入审批；委员会下设联合办公室，由市委组织部、宣传部、政法委和市民政局组成，负责对下派到社区的工作进行初审。市社区建设工作委员会要对下派到社区的工作开展情况进行监督检查，及时发现和解决问题。

三、完善社区居民自治，提高社区居民自我管理、自我服务、自我教育、自我监督能力

坚持城乡统筹推进，畅通民主渠道，依法进行基层选举、议事、公开、监督，构建程序合理、环节完整、政府治理和社会自我调节良性互动的居民自治体系，切实发挥城乡社区居民的主体作用。

（八）提高换届选举直选率。通过座谈、评估、宣传发动等途径，扩大公民

有序参与，让竞职者直接面对群众，进一步健全民主制度，丰富民主形式，按照制度化、规范化、程序化的要求，大力推行户代表直选方式，确保依法进行社区居民委员会换届选举。第九届社区居民委员会换届选举直选率要达到50%以上。

（九）大力发展社区社会组织。各级政府要安排专项资金，通过购买服务的方式支持和培育服务类、慈善类、活动类社会组织。各级政府和驻社区单位要为社区社会组织无偿提供支持，使绝大多数居民都能积极主动参与社区社会组织，不断提高群众参与自治的组织程度和自发参与社区治理的服务参与程度，使社区居民逐步都能参与相应的社会组织活动。

（十）完善和落实社区各项工作制度。发挥社区作为基层民主的重要渠道作用，重点推进民主协商、民主监督，强化社区党组织与社区居民委员会联席会议、社区居民委员会与驻区单位协商议事、社区民主听证、公开办事、首问责任、社区事务全天办理、社区服务全年无休、弱势群体全程代理、巡视监督和预约服务等制度，促进群众在城乡社区治理、基层公共事务和公益事业中依法自治，切实依法保障社区居民的知情权、参与权、决策权和监督权。

四、开展星级社区创建工作，提升社区建设总体水平

争创星级社区是创建和谐社区、提高社区治理服务整体水平、增强居民幸福指数的有效载体，各级党委、政府要围绕社区居民关心和期盼解决的重点、难点问题，积极推动工作重心下移、干部下沉、财力下摆，为争创星级社区提供必要条件。

（十一）规范创建活动。突出以社区党建、社区治理、社区服务、社区文化、社区教育为主要内容，制定全市统一的星级社区创建标准。除国家、省下达或经市社区建设工作委员会批准的项目，取消现有的各单项考核评比。各地区要按照创建标准，每2年对所辖社区进行1次综合评定，报市社区建设工作委员会审定。创建活动实施动态管理，鼓励各社区连创连建。

（十二）加大创建力度。通过采取与社区结对子、领导干部帮扶薄弱社区、发动驻区单位帮助改善社区硬件环境等措施，不断丰富星级社区创建活动内涵，突出特色，全面提高社区建设和服务总体水平。

（十三）将创建成果纳入对各区县（市）的考评内容。在星级社区创建活动的基础上，市社区建设工作委员会将对各地区进行考评，并将考评结果作为争创国家、省和谐社区的重要依据。

五、健全社区公共服务体系，提高社区公共服务水平

以方便、快捷、贴心的一站式服务为重点，提供满足居民多种需求的社区公共服务。

（十四）合理配备社区工作人员。按照新建社区、老旧社区和混合型社区三种不同社区类型分别配备社区工作者。其中，完全新建社区的配备标准为每400户配备1名社区工作者，混合型社区中新建比例达到50%以上的配备标准为每300户配备1名社区工作者，混合型社区中新建比例50%以下及老旧社区的配备标准为每200户配备1名社区工作者。

（十五）加强公共服务平台建设。按照开放式办公的要求，设置办事大厅、社区帮扶站、日间照料站、文体活动室（社区书屋）、残疾人康复室、科普大学、群众工作室（社区警务室）、多功能室（党员活动中心）等"一厅一校两站四室"，完善服务内容，规范服务标准，简化服务程序，公开服务时限，提高服务效率，最大限度满足社区居民的需要。抓好无障碍设施建设，推进社区就业服务工作，满足老年人、残疾人、失业人员等特殊群体的需求。

（十六）促进社区健康服务业发展。充分调动社会力量参与社区健康服务业建设。大力发展社区医疗服务业、社区健康养老服务业、社区健康保险业、社区中医药医疗保健服务业，增强医疗机构为老年人提供便捷、优先、优惠医疗服务的能力。强化社区健康养老服务，提高社区为老年人提供日常护理、慢性病管理、康复、健康教育和咨询、中医保健等服务的能力，鼓励医疗机构将护理服务延伸至居民家庭，鼓励发展日间照料、全托、半托等多种形式的老年人照料服务，逐步丰富和完善服务内容，做好上门巡诊等健康延伸服务。促进全民基本和非基本健康服务协调发展，满足社区居民健康服务需求。

（十七）加强平安社区建设。严格落实平安社区建设相关措施，深入推进"八无社区"建设。强化社区警力配备和人防、物防、技防建设，鼓励支持驻区单位和社区居民开展邻里互助等群众性自助服务，推进消防安全网格化管理和社区公共用房等重点部位消防检查，健全防灾减灾救灾机制，畅通民生诉求通道，积极开展矛盾纠纷排查化解和社区矫正工作，确保社区平安稳定。

（十八）加强社区文化建设。统筹社区文化项目建设，全力推进图书馆、博物馆、文化馆、体育场馆及各企事业单位的文体设施向社区居民开放。切实把"热爱祖国、孝敬父母、关爱他人"作为全市人民共同践行的基本道德准则，积极培育社会主义核心价值观。在全市社区普及道德讲堂，建立健全社区志愿者服务体系，打造一批幸福社区、慈爱社区、艺术社区等特色文化社区。

（十九）健全社区教育网络体系。完善以社区科普大学为龙头、区县（市）社区学院和街道社区分院为骨干、社区学校为基础、其他各类教育培训机构为补充的社区教育网络体系，构筑多样化社区居民终身教育平台，培养和强化道德约束，规范社会行为，为社区居民提供方便、灵活、个性化的学习环境，促进终身学习体系和学习型社会建设。

六、全面推进市场化社区服务，满足社区居民多样化需求

大力发展社区服务业，有效发挥市场资源在社区服务中的主导作用。各级政府要按照统一开放、有序竞争的市场规则，鼓励支持民营企业、民营资本进入社区服务领域，深化社区商业服务中心建设，切实满足社区居民多样化需求。

（二十）积极推进金融等新型服务业态进入社区。发展普惠金融，打造完善的社区金融服务平台，鼓励金融企业与社会商家联合在社区设立银行自助服务终端设备、开办网点，为辖区居民提供存取款、代缴费等多种类金融服务产品，

为小微企业、下岗失业人员、创业人员、居民等提供银行、保险、融资咨询等便民金融服务，将金融服务送到百姓家门口。

（二十一）大力发展家庭服务业。以家政服务、养老服务、健康服务、社区照料服务、病患陪护服务为重点，放宽准入条件，加大扶持力度，积极培育发展家庭服务市场，打造一批知名度高、商业信誉好、管理规范、具有专业特色的家庭服务龙头企业，引导家庭服务业向专业化、标准化方向发展。

（二十二）加快便民利民服务网点建设。通过设立项目资金、政府购买服务、制定优惠政策等方式，鼓励支持企业、社会团体和个人兴办社区服务业，提供医疗保健、物流配送、购物、餐饮、养老托幼、文体教育等便民利民服务。鼓励龙头企业采用连锁经营的方式到社区设立超市、便利店、早午餐工程等服务网点。到2015年，形成城市社区“15分钟服务圈”，构建方便、快捷、精细并能够满足不同居民个性化需求的市场化社区服务网络体系。

七、加强社区基础设施建设，提升社区建设水平

采取政府主导、驻社区单位和企业共驻共建等模式，切实加强社区基础设施建设。

（二十三）推进社区公共用房全面达标。到2015年，城市老旧社区公共用房使用面积全部达到400平方米以上，“一市三县”达到300平方米以上。各区县（市）政府及市直有关部门要严格按照相关规定，督促开发建设单位依法依规建设社区公共用房，或提供同等地区同等面积门市用房的购置资金，专项用于解决新建小区公共用房问题。

（二十四）明晰社区公共用房产权。社区公共用房作为社会公共资源，各地区要将其纳入政府管理，依法办理产权手续，做好社区公共用房维护，不断改善社区公共设施和办公环境。任何部门和单位不得擅自将其出租、转让、收缴或改变用途。

（二十五）加快智能社区建设。以网格化管理、社会化服务为标准，将社区信息化建设纳入“智慧沈阳”建设的总体规划，搭建社区信息共享交流平台和社区综合服务平台。到2015年，建成集公共服务、便民服务和社会治理于一体的社区智能网络。

八、切实保障社区建设经费，确保社区建设工作良性运行

完善以政府投入为主导、社会力量积极支持的社区建设投入机制，将社区建设经费纳入财政预算。

（二十六）建立社区工作者生活补贴自然增长机制。根据社会平均工资、经济指标等变动情况，适时调整社区工作者生活补贴和“五险一金”标准，对于取得国家社会工作专业职称或考核确定为优秀等级的，可适当提高补贴标准。

（二十七）加大公共经费保障力度。财政部门按照每100户每年1100元的标准安排社区办公经费，并据实解决社区公共用房采暖费，保证社区正常运转。供暖、供水、煤气、房产、电信、电力等部门和单位，对社区公共用房要按照居民使用价格标准定价。

（二十八）加大专项经费投入。严格落实社区党建活动、社区工作者培训、无障碍设施建设、公益宣传栏建设、文体活动、教育及社区公共用房维护等专项经费，确保及时到位。

（二十九）加强审计监督。市、区县（市）两级审计部门要在每年年中和年末对社区各项经费的管理和使用情况进行审计检查，对于挤占、挪用社区工作经费或使用不到位的，要追究部门主要领导及相关责任人的责任。

九、加快推进社区工作者职业化、专业化、规范化进程，提升为民服务水平

进一步完善社区工作者选拔、管理、培训、保障等机制，优化队伍结构，拓宽发展空间，建成素质高、能力强、作风扎实、热心为民的社区工作者队伍。

（三十）规范考录制度。在公开考试的基础上，通过组织考核、社会公示、技能展示、群众评议、建立人才库等方式，加快推进社区工作者职业化、专业化、规范化进程。

（三十一）健全培训机制。完善市、区县（市）、街道三级社区工作者实务工作培训体系，坚持理论培训与技能培训并重，组织开展专业知识、基础知识、职业道德、实用技能等培训。培养社区工作者的自学能力，建立学习和培训档案，不断提高社区工作者的工作能力和水平。鼓励支持社区工作者参加国家社会工作专业考试。

（三十二）完善考核机制。把群众满意作为第一标准，健全社区工作者述职、监督机制。通过居民评议、部门评价、第三方参与等方式，强化对社区工作者的敬业精神、履职情况、业务技能、执行能力的考核，并将考核结果作为评先选优和兑现补贴的重要依据。

（三十三）建立奖惩机制。市财政每年列专项资金用于表彰奖励市级先进社区工作者。对于被评为市级以上优秀共产党员和劳动模范的社区工作者，各地区要严格落实奖励政策。各相关部门要进一步完善社区工作者生活补贴办法，根据社区工作者的社区工作年限、职务、职称及工作业绩等因素，合理确定社区工作者生活补贴标准。鼓励支持从优秀社区工作者中选任街道（乡镇）事业雇员。健全社区工作者问责机制，完善社区工作者辞退和退出制度。

十、加强组织领导，确保社区建设工作扎实推进

坚持党委领导，发挥政府主导作用，健全社会各方面参与和居民自治相结合的社区建设工作体系，确保居民安居乐业、社会和谐稳定。

（三十四）高度重视。各级党委、政府要把社区建设纳入经济社会发展总体规划，进一步充实社区建设工作力量，不断完善各级领导联系社区工作制度，细化工作目标和任务，确保各项措施落到实处。积极动员全市各界参与和谐社区建设，争创全国和谐社区建设示范城。

（三十五）落实领导责任制。各地区、各部门要层层建立社区建设工作责任制，区县（市）党委主要领导要认真履行第一责任人职责，街道党工委主要领导要履行好直接责任人职责。市考评办要将社区建设工作作为对区县（市）政府绩效考评的重要内容，加强督促考核。

（三十六）加强协调配合。市社区建设工作委员会要充分发挥抓总引领作用，做好日常协调工作。各相关职能部门要按照各自职责，制定推动社区发展的配套措施；各群团组织要充分发挥自

身优势，积极参与社区建设，努力形成党委政府统一指挥、协调发展、民政部门职能作用得以充分发挥、有关部门密切配合、全社会共同参与的社区建设工作良好局面。

中共沈阳市委常委会党的群众路线教育实践活动整改方案

（2013 年 12 月 27 日）

按照中央、省委关于开展党的群众路线教育实践活动的要求部署，为抓好市委常委会整改落实工作，现制定如下方案。

一、整改落实工作的指导思想、目标要求和基本原则

指导思想：深入贯彻落实党的十八大、十八届三中全会和习近平总书记系列重要讲话精神，坚持党要管党、从严治党方针，紧紧围绕保持党的先进性和纯洁性，着力解决遵守党的政治纪律、贯彻执行中央八项规定和“四风”方面存在的突出问题，着力建立完善改进工作作风、密切联系群众的体制机制，着力增强自我净化、自我完善、自我革新、自我提高的能力，切实形成为民务实清廉的高度思想自觉和行动自觉，努力把市委常委班子建设成为政治坚定、作风优良、清正廉洁、务实创新的坚强领导集体。

目标要求：理想信念更加坚定，坚持党的基本理论、基本路线、基本纲领、基本经验、基本要求，切实增强中国特色社会主义道路自信、理论自信、制度自信；政治纪律更加严明，牢固树立大局观念和全局意识，始终同以习近平同志为总书记的党中央保持高度一致；落实科学发展观更加坚决，坚持求真务实，真抓实干，不断增强推动科学发展的自觉性和坚定性；作风建设更加扎实，大力弘扬优良传统，带头解决“四风”方面突出问题，为各级干部树立榜样；宗旨意识更加牢固，强化群众观点，践行群众路线，维护好、实现好、发展好广大群众的根本利益；从严治党更加有力，全面加强班子自身建设，充分发挥推动沈阳全面振兴的领导核心作用。

基本原则：一是聚焦“四风”、有的放矢。对查摆剖析出来的问题，逐项逐条梳理，一风一风治理，全面明确整改的任务书、路线图、时间表、责任人和追究制。二是综合施策、标本兼治。既着力解决存在的突出问题，更坚持用改革创新的办法着力解决深层次问题，特别是注重用制度管住干部行为、规范权力运行，形成加强作风建设常态化、长效化的工作格局。三是开门整改、接受监督。做到完善整改措施请群众参与，推进整改情况让群众知晓，各项整改成果由群众评价，切实使抓好整改的过程成为维护群众利益、赢得群众满意的过程。四是科学摆布、统筹推进。坚持以上带下，从市委常委班子和市委常委做起，构筑一级带一级、层层抓整改的工作体系，并认真抓好第二批教育实践活动，形成前后接续、化解问题的良好局面。

二、整改落实工作的主要内容和举措

（一）严守党的政治纪律，坚决在政治上、思想上和行动上与中央保持高度一致

1. 自觉坚定理想信念。始终保持对马克思主义的坚定信仰、对共产主义和中国特色社会主义的坚定信念，切实把人民群众放在心中最高位置，不断增强道路自信、理论自信、制度自信。坚持不懈加强党性修养，强化世界观、人生观、价值观改造，真正把为民务实清廉的要求内化于心、外化于行。进一步抓好意识形态和宣传思想工作，切实管好阵地、管好导向、管好队伍，牢牢把握意识形态领域的领导权、管理权、话语权，使实现共同理想转化为干部群众高度的思想自觉和行动自觉。不断强化党的意识、政治意识、责任意识，始终把沈阳的振兴发展放在全国、全省大局中思考和谋划，确保中央、省委各项决策部署不折不扣落到实处。

2. 切实加强理论武装。深入学习党的十八大、十八届三中全会和习近平总书记系列重要讲话精神，深刻领会、准确把握其中的新思想、新观点、新论断、新要求，并将其纳入全市各级“一把手”讲党课之中，纳入全市各级党校、行政学院的日常教学培训计划，纳入全市党风廉政建设和反腐败宣传教育工作计划，切实用马克思主义中国化的最新理论成果武装头脑、指导实践、推动工作。充分发挥市委理论学习中心组的示范作用，坚持集体学习制度，提高学习效果，不断加强对推动沈阳振兴发展所需的经济、文化、科技等方面知识的学习，强化学用结合、知行合一，努力把学习成果转化为推动经济社会发展的思路举措，进一步提高引领科学发展的能力水平。在全市党员干部中深入开展讲诚信、懂规矩、守纪律教育活动，与学习党章和党内法规教育活动结合起来，与廉政文化教育活动结合起来，与党员领导干部任前考试结合起来，引导广大党员干部始终做到表里如一、遵章守制、手握戒尺，永葆共产党员的先进性和纯洁性。

3. 严格党内政治生活。坚持民主生活会制度，定期召开民主生活会，听取各个方面对市委常委班子和每位常委的意见，开展经常性的谈心交流、批评和自我批评，不断增进共识、促进团结、改进工作。继承发扬党的优良传统和作风，每位常委要以普通党员身份定期参加所在党支部活动，过好双重组织生活。认真贯彻落实民主集中制，进一步完善市委常委会议事规则，充分调动每名班子成员的积极性、主动性和创造性，提高集体谋大势、议大事的能力，促进科学民主决策。带头遵守市委常委反对“四风”、加强作风建设八项承诺，倍加珍惜和维护班子的集体形象，主动接受方方面面的监督。对各级班子及其成员贯彻民主集中制的情况进行经常分析和考核评估，及时加强教育和管理。

（二）坚决反对形式主义，以求真务实精神推动振兴发展

4. 自觉践行科学发展理念。紧密结合实际，围绕完成“五大任务”、实现“三大目标”，特别是加快建设国家中心城市，进一步丰富完善推动沈阳振兴发展的思路举措。坚持以科学规划引领科学发展，进一步做优各类发展空间，促进项目按功能定位加速集聚，提高集群发展、集约增长水平。着眼于同步提升发展的速度、质量和效益，坚决纠正单纯追求速

度和总量的认识和做法，进一步加快转方式、调结构步伐，提高先进装备制造业、现代服务业和高新技术产业的发展比重，积极促进产业结构优化升级。锁定发展高端产业的取向，牢牢抓住重大项目不放，不断做强做大优势产业，大力实施创新驱动发展战略，积极培育更多的新经济增长点。

5. 牢固树立正确政绩观。大力整治“形象工程”和“政绩工程”，严肃查处弄虚作假等行为，坚决纠正急功近利、急于求成问题。更加注重抓好基础设施建设、生态环境建设，始终坚持统筹城乡、区域发展，着力解决发展中不全面、不协调、不可持续的问题。进一步完善发展成果考核评价体系，防止单纯以经济增长速度评定政绩的偏向，并强化考核结果运用，引导各级领导干部多做打基础、利长远的工作。充分发挥经济责任审计的监督作用，确保国家审计署提出的审计意见年底前全部落实，并实施好《区、县（市）党政主要领导干部经济责任同步审计办法》。

6. 加大转会风改文风力度。严格落实会议申报审批制度，少开会、开短会、开解决问题的会。严格执行“无会日”制度，非特殊情况不安排全市性会议，并严格控制参会人员，与会议无直接关系人员一律不安排参会。进一步减少发文数量，严格控制文件升格，减少党政联合行文，大幅度压缩简报，全面清理内部刊物，积极推行文件、简报网络传输和网上办理。进一步优化会议、公务活动新闻报道的内容和结构，在坚持精简务实的同时，更加突出民生和社会新闻，切实增强传播效果。

7. 改进调查研究工作。加大专题调研力度，紧扣事关经济社会发展的重大课题和群众关心的热点难点问题，突出前瞻性、针对性和实效性。不断改进调研方式，不事先安排设计，不事先踩点，多开展蹲点调研、随机调研和“微服私访”，沉到最基层，触及矛盾点，在“解剖麻雀”中了解掌握实情，总结推广典型经验。市委常委每年下基层调研时间不少于2个月，至少牵头1项对全局工作或分管工作有重要指导作用的调研课题、完成1篇调研报告，并注重加强成果交流研讨，及时把好的建议上升到决策层面。

8. 狠抓各项工作落实。继续坚持重点工作推进组和市委常委包区县制度，严格实行目标管理，加强指导，跟踪调度。进一步完善常委班子自我监督制度，坚持重要情况通报、报告，对于事关全局的重大问题，严格按照规定时限和程序向中央、省委报告和请示。对重大决策部署落实实行责任分工，明确责任主体、相关任务和目标要求，形成层层抓落实的工作体系。建立健全重大决策部署落实情况报告制度，进一步强化日常考核、年度考核、重点事项跟踪考核，并将考核结果作为干部选拔任用的重要依据。改进监督检查办法，规范明查，增加暗访，对违规违纪、工作不落实等问题，严格追究相关人员责任。加大典型案件查处和通报力度，提高监督检查的实际效果。

（三）坚决反对官僚主义，真正做到科学执政、执政为民

9. 进一步密切与群众的联系。丰富市委常委听取民意的渠道和手段，充分运用政务微博、网络论坛等现代化信息手段加强与群众的沟通，并深入开展结对帮扶等活动，不断完善直接联系和服务群众制度。建立健全重大决策出台在事前征求群众意愿、审定时听取各方意见、执行中接受各方监督的机制，切实提高决策的科学化、民主化、法治化水平。建立直接联系企业制度，定期与行业协会、各类企业召开座谈会，帮助企业解决实际问题。完善党务、政务和各领域办事公开制度，强化重要信息公开发布，切实保障落实群众的知情权、参与权、选择权、监督权。积极推进协商民主的制度化、规范化，加强中共沈阳市委同各民主党派市委和无党派代表人士的协商，提高协商效率，建立市委常委定期联系党代表、人大代表、政协委员机制，不断强化群团组织密切联系群众的重要作用。加强与分管部门、区县（市）负责同志谈心交流，完善与党员干部谈心谈话机制。

10. 着力保障和改善民生。组织实施好各项重点民生工程，继续坚持每年为群众办好事、实事，坚决纠正征地拆迁、涉法涉诉、安全生产、食品药品安全、环境保护、教育医疗等方面损害群众利益的行为，不断让振兴发展成果更多更公平地惠及广大群众。积极发展和谐劳动关系，多渠道增加收入，使城乡居民收入与经济发展水平相协调。健全促进就业创业体制机制，重点做好以高校毕业生为重点的青年就业工作和农村转移劳动力、城镇困难人员就业工作。本着更加公平、可持续的原则，不断加强社会保障体系建设，进一步提高广大群众的生活水平。大力发展教育、文化、医疗、体育等社会事业，在资金投入等方面进一步加大向农村地区的倾斜力度，促进基本公共服务均等化。

11. 着力化解社会矛盾。进一步加大工作力度，着力解决各类信访积案，切实维护好广大群众的合法权益。强化源头治理，建立健全重大决策社会稳定风险评估机制，扩大评估范围，规范评估程序，强化评估结果运用，防止因决策不当引发社会矛盾。改进社会治理方式，坚持系统治理，加强党委领导，发挥政府主导作用，鼓励和支持社会各方面参与。坚持综合治理，强化道德约束，规范社会行为，调节利益关系，协调社会关系，解决社会问题，并强化依法治理、法治保障，加强劳动争议和其他各类争议的调解，切实运用法治思维和法治方式化解社会矛盾。鼓励基层探索社会治理体制创新，提高做好新形势下群众工作的能力和水平。深入实施平安创建工程，不断提升人民群众安全感。

12. 进一步夯实基层基础。高度重视抓基层打基础工作，认真落实党建工作责任制，不断强化农村、城市社区党组织建设。深入开展“三建三送”、“四进四建”等特色活动，进一步加大非公有制经济组织、社会组织党建工作力度，不断扩大党组织和党的工作覆盖面，充分发挥推动发展、服务群众、凝聚人心、促进和谐的作用。以服务群众、做群众工作为主要任务，切实加强基层服务型党组织建设。深入贯彻落实市委、市政府关于加强社区建设的若干意见，着力解决社区负担过重、服务资源不足等突出问题，统筹抓好在职党员和自管党员的教育管理。以抓好“带头人”为重点，全面加强基层干部队伍建设，不断强化基

层党组织的战斗堡垒作用。

13. 着力加强机关作风建设。按照省委开展“机关转作风、为民四服务”的活动要求，扎实开展好“三深入三提升，做合格人民公仆”活动，引导广大党员干部进一步强化政德官德修养，切实打牢作风建设的思想根基。坚持以铁的纪律和铁的手腕纠风肃纪，深入治理门难进、脸难看、事难办、效率低等群众反映强烈的“衙门”作风问题。进一步提高服务的质量和效率，加强以治庸治懒治散为重点的机关作风建设，严肃整顿工作纪律，坚决杜绝上班时间打麻将、打扑克、打游戏等现象。坚持用制度管权管事管人，进一步规范自由裁量权，加强派驻市政务服务中心部门和人员的考核管理，坚决整治滥用职权、吃拿卡要等行为。持续开展政风行风专项治理工作，重点纠正行政执法部门、窗口单位、服务行业损害群众利益的行为。着力解决一些地区和部门特别是开发区和产业园区机构人员臃肿问题，对各种领导小组、临时机构、学会、协会、中介组织进行清理和规范，坚决杜绝人浮于事现象。

14. 不断完善选人用人机制。积极探索把作风建设与选人用人结合起来的有效办法，切实以制度的规范化保证用好的作风选人、选出作风好的人。进一步完善选人用人专项检查和责任追究办法，着力纠正跑官要官等不正之风。坚持把党管干部与发扬民主有机结合起来，充分发挥党组织领导和把关作用，强化党委(党组)、分管领导和组织部门在干部选拔任用中的权重和干部考察识别责任。不断提高干部工作的科学化水平，着力加强年轻后备干部队伍建设。改革和完善干部考核评价制度，改进竞争性选拔干部方法，防止民主测评、民主推荐中唯票取人、唯分取人现象的发生。下大气力解决超职数、超规格配备干部问题。

(四)坚决反对享乐主义，大力营造开拓进取、干事创业的浓厚氛围

15. 坚持不懈推进改革。进一步增强改革的信心和勇气，大力推进经济体制、政治体制、文化体制、社会体制、生态文明体制和党的建设制度创新，确保重点领域和关键环节改革取得突破性进展。组织举办市委常委专题读书班，深入学习十八届三中全会精神，不断完善全面深化改革的工作要点和具体措施，积极推动行政体制改革、国有企业改革、非公经济改革、统筹城乡区域改革、金融体制改革、科技创新体制改革、民主政治制度建设、教育文化卫生事业改革、创新社会治理体制、生态文明体制改革等十个方面改革。加快研究制定非公有制经济市场准入的负面清单和进入特许经营领域的具体办法，促进非公经济实现跨越式发展。进一步理顺机构职能，强化机构和职责整合，推进政府机构改革，最大限度解决部门职责交叉和分散问题。深入推进简政放权，按照《转变职能简政放权实施意见》，在已向城区下放49项行政职权项目的基础上，抓紧组织实施新一轮250项行政职权项目的下放工作。成立全面深化改革领导小组，加强改革的总体设计、统筹协调、整体推进、督促落实。

16. 严格规范公务用车配备使用管理。根据各机关单位人员编制、领导职数和工作需要，合理确定车辆编制，严禁超标超编配车、违规换车、摊派款项购车，每位常委只配备一台公务用车。非警用、军用公务用车不得使用警牌、军牌，除抢险救灾等特殊任务需要，不许配备和使用越野车。严禁公车私用，严格执行定点保险、定点维修、定点加油、车辆登记和公示、车籍档案管理等制度，不得在车辆费用中虚列名目或夹带其他费用。

17. 严格规范办公用房管理和楼堂馆所建设。强化办公用房集中管理，严格按照《党政机关办公用房建设标准》核定各单位办公用房面积。办公用房面积超标准的，要进行清理并腾退。严格按照规定标准配置领导干部办公用房，严禁超标准装修和配置高档办公家具、办公用品。严格落实中央关于党政机关停止新建楼堂馆所的规定和要求，坚决杜绝以任何名义新建、改造、扩建所属宾馆、招待所或具有接待功能的设施或者场所。

18. 严格规范因公、因私出国(境)管理。对因公出国(境)执行限量管理，决不能安排照顾性、无实质内容的出访，严格控制培训类团组。市管干部申请因私出国(境)，无特殊理由一律不予审批。不得延长国(境)外逗留时间，严禁在国(境)外考察、招商等活动中搞大型宴会或将公款用于个人消费。不得接受企事业单位资助或向同级、下级机关单位摊派转嫁出国(境)费用。

19. 严格规范国内差旅管理。认真执行关于国内公务出差的有关规定，住宿选择定点酒店，不入住豪华酒店，就餐要按标准从简安排，不得超标准乘坐交通工具，不得随意改变差旅路线和行程，严禁借机变相公款旅游。严格按照国内差旅标准报销费用和申请出差补助，不得巧立名目超标准报销差旅费用，不得变相报销应由个人承担的各项费用。

(五)坚决反对奢靡之风，始终保持克己奉公、清正廉洁的政治本色

20. 严格控制“三公”经费支出。健全严格的财务预算、核准和审计制度，加强日常监督管理，确保完成公用经费等一般性支出压缩任务。进一步规范公务接待管理，压缩公务接待数量，严禁超标准、超规格接待，遏制公款相互宴请现象。坚决查处私设账外账、小金库等违纪问题，全力杜绝公款浪费现象。推进“三公”经费向全社会公开，主动接受群众监督。严肃查处领导干部收受钱物礼品和有价证券，出入私人会所吃喝玩乐，以及用公款大吃大喝、发放福利、购买贺卡等违规违纪违法行为。

21. 清理整顿节庆论坛、评比检查等活动。深入开展专项清理工作，对没有实质意义的节庆、论坛、展会和招商引资等活动一律取消。严格控制评比达标表彰和晋级项目数量，坚决撤销不符合国家和省有关规定、失去工作意义的项目。切实纠正“一票否决”过多过滥问题。进一步规范涉企行政执法检查，除涉及安全生产、专门案件、突发事件等特殊事项外，严格控制涉企检查事项、规模和范围，禁止重复检查、多头检查。

22. 全面加强党风廉政建设。带头遵守廉政准则，自觉净化生活圈、社交圈，切实管好配偶、子女和身边工作人员，坚决抵制各种特权思想和特权现象，为全市各级党员干部作出示范表率。严格执行党风廉政建设责任制，全力支持

纪检监察机关依纪依法履行职责，并督促各级党委（党组）认真落实“一岗双责”要求。保持惩治腐败的高压态势，继续加大查办案件工作力度，坚持有案必查、有腐必惩。积极探索反腐倡廉教育新途径，将反腐倡廉教育融入干部培养、选拔、管理、使用全过程。加强基层党风廉政建设，积极探索加强农村、城市社区、国有企业、高等院校党风廉政建设的有效途径。按照省委加强“五大系统”建设的要求部署，深入查找滋生腐败现象的风险点，进一步在建立健全惩防体系上取得新突破。完善和落实领导干部问责制，完善从严管理干部队伍体系，严格落实党员干部个人有关事项报告、述职述廉、廉政谈话制度，加大对领导干部廉洁从政的监督力度。综合运用民主监督、法律监督、舆论监督等方式，加强对领导干部特别是主要领导干部行使权力的监督，加强对权力集中部门和资金、资源密集领域的监督。

（六）抓好专项治理，强化建章立制，努力实现作风建设的制度化规范化常态化

23. 深入开展各类专项治理。按照中央、省委关于开展专项整治的明确要求，紧密结合沈阳实际，紧紧抓住群众反映强烈的突出问题和损害群众利益的不正之风，进一步加大整治力度，细化整治计划，明确更为具体的整治责任、进度时限和标准要求，制定实施专项整治工作方案。对已经开展的专项整治工作，要巩固成果、防止反弹，对尚未完成的要加大推进力度、集中力量攻坚，坚决做到能量化的量化、能具体的具体，努力实现一项一项整治、一个一个突破，以重点突破不断推动作风整体好转。

24. 不断完善制度体系。全面清理现有制度和文件，认真落实《中共中央办公厅关于开展党内法规和规范性文件清理工作的意见》，开展规范性文件清理、修订和废止工作。对同党章和党的理论路线方针政策相抵触、同宪法和法律不一致、明显不适应现实需要、已被新规定涵盖或者替代和中央要求废止的制度文件，及时予以废止；对调整对象已消失、适用期已过的制度文件，宣布失效。认真执行和落实市委、市政府制定出台的一系列加强作风建设的制度性文件。根据中央、省委要求，抓紧研究加强作风建设的具体措施，特别是认真贯彻落实中共中央、国务院印发的《党政机关厉行节约反对浪费条例》和《党政机关国内公务接待管理规定》，围绕制定《党政机关厉行节约反对浪费条例》实施细则和健全完善市委常委议事决策机制、党员领导干部直接联系群众制度、规范会议文件简报、规范领导同志调查研究、干部综合考核评价、畅通群众诉求反映渠道等方面，及时研究制定相关制度和意见。认真组织开展第二批群众路线教育实践活动，注意将两个批次教育实践活动中积累的成功经验做法以制度的形式固定下来，建立改进作风、联系服务群众的长效机制。同时，根据中央、省委陆续出台的制度规定，结合实际制定我市的贯彻落实办法。

三、加强整改落实工作的保障

一要强化组织领导。省委常委、市委书记曾维同志对整改工作负总责，牵头协调解决整改中的难点问题，并坚持每项工作都由 1 名或多名常委负责，着力建立健全重点制度。其他市委常委在分兵把口抓好市委常委班子整改的同时，要抓好分管领域整改工作的落实。市教育实践活动领导小组办公室要做好服务，确保各个环节紧密衔接、各项工作有序推进。

二要坚持密切配合。各责任部门要按照分工，抓紧研究具体办法，进一步细化整改的内容、措施和要求，全力以赴抓好落实。对涉及面广的问题，要注重加强配合，及时沟通情况，切实形成联合、联动解决问题的格局。遇到难以解决的问题时，必须第一时间上报，不能掩盖矛盾，确保改一件成一件。

三要主动接受监督。切实将整改工作置于方方面面的监督之下，及时向社会通报进展情况和阶段性成果，并采取适当方式听取群众对整改工作的评价，让各个方面进一步看到市委常委班子加强整改的决心，为市委常委班子不断完善整改措施奠定坚实基础。

四要加强督促检查。市委办公厅和市教育实践活动领导小组办公室要加大对整改工作的督促检查力度，建立整改台账，完成一项销号一项，确保整改任务逐项逐条落到实处。邢凯、顾春明、马占春同志要定期对整改情况进行调度，并向市委常委会和省委督导组进行汇报。对整改工作落实不到位的责任人和责任部门，要严格问责。对那些顶风违纪的人和事，要严惩不贷、绝不姑息。

中共沈阳市委深入开展“四风”突出问题专项整治工作方案

（2013 年 12 月 27 日）

根据中央党的群众路线教育实践活动领导小组《关于开展“四风”突出问题专项整治和加强制度建设的通知》和《中共辽宁省委深入开展“四风”突出问题专项整治工作方案》要求，着眼于全面抓好《中共沈阳市委常委会党的群众路线教育实践活动整改方案》的落实，市委决定深入开展“四风”突出问题专项整治工作，现制定如下方案。

一、专项整治的重点任务

认真落实市委常委会党的群众路线教育实践活动整改方案要求，深入贯彻执行《党政机关厉行节约反对浪费条例》和《党政机关国内公务接待管理规定》，根据征求到的各方面意见建议，针对群众反映强烈的“四风”突出问题，坚持市委常委班子和领导干部带头，集中开展专项整治，推动教育实践活动整改工作取得扎实成效。重点整治以下八个方面 30 项具体问题。

（一）整治文山会海、检查评比泛滥问题

1. 从严控制会议数量、会期和参加人员规模，严禁以培训名义召开会议；简化会议程序，减少出席会议领导人数；严格会议经费管理，严禁套取会议资金。

2. 从严控制各类文件简报和内部刊物，防止以信笺头、“白头”文件等变通做法代替“红头”文件。

3. 严格清理和规范评比达标表彰活动，严厉整治授牌晋级泛滥现象，清理规范节庆、论坛、展会活动。切实纠正“一

票否决”过多过滥问题。

（二）整治“门难进、脸难看、事难办”问题

4. 坚决纠正工作人员对待群众来访态度生硬、推诿扯皮现象；坚决杜绝利用便民服务谋取不正当利益现象；坚决查处“吃拿卡要”行为；坚决整治执法监管中的作风粗暴、滥用职权行为；坚决查处在项目审批、专项转移支付资金分配等工作中搞暗箱操作、权力寻租等行为。

5. 切实整治“庸懒散”，严肃处置无故旷工、迟到早退、擅离职守等行为，坚决杜绝工作时间打麻将、打扑克、打游戏。

（三）整治干部管理中的不正之风问题

6. 完善干部选拔任用工作机制，狠刹干部选任民主推荐打招呼、发信息、拉选票和跑官要官之风。

7. 集中清理一些地方和单位超职数配备领导干部、违规设立非领导职务问题。

8. 严肃查处干部私改档案、领导干部未成年子女吃空饷问题，认真清理在编不在岗、编外大量聘用人员问题，切实解决一些事业单位严重超编问题。

（四）整治公款送礼、公款吃喝、奢侈浪费问题

9. 推进党政机关厉行节约反对浪费，建设节约型机关。

10. 严禁在公务活动中赠送或接受礼品、礼金和各种有价证券、支付凭证，严禁节日期间用公款送礼，严肃查处索取、接受或以借为名占用管理和服务对象以及其他与行使职权有关的单位或个人的财物。

11. 严禁用公款大吃大喝或安排与公务无关的宴请，坚决查处利用高档“农家乐”、企业或私人会所等场所公款吃喝行为。

12. 坚决制止豪华铺张办晚会现象，严禁使用财政性资金举办营业性文艺晚会。

13. 坚决纠正境外招商入住豪华酒店、举办奢侈宴请、赠送高档礼品等问题，坚决纠正用公款参与高消费等行为。

（五）整治超标配备公车、多占办公用房、滥建楼堂馆所问题

14. 坚决查处超编超标配车、违规换车和借车、摊派款项购车以及公车私用、滥用军车警车牌照等行为，严禁领导干部亲属和身边工作人员使用配备给领导干部的公务用车。

15. 全面清理党政机关和领导干部超面积占有、使用办公用房以及多处占用办公用房，豪华装修办公用房、配置高档办公家具及办公用品等问题，严禁领导干部长期租用宾馆、酒店房间作为办公用房。配备使用的办公用房，在退休或者调离时应当及时腾退并交原单位处理。认真清理领导干部违规多占住房。

16. 严禁党政机关违反规定建楼堂馆所、搞豪华装修，不得以任何名义新建、改造、扩建所属宾馆、招待所或具有接待功能的设施或者场所。

（六）整治“三公”经费开支过大问题

17. 严格执行预算，严禁超预算或无预算安排支出，不得报销任何超范围、超标准以及与相关公务无关的费用。

18. 严格公务接待标准，不得接待无公函的公务活动，不得以举办会议、培训等名义列支、转移、隐匿接待费开支，严禁私客公待，严禁以招商引资等名义变相公务接待。

19. 从严控制公务用车经费开支。

20. 严格控制因公临时出国（境）团组数量和规模，不得安排照顾性、无实质内容的一般性出访，不得安排考察性出访，不得由企事业单位出资或补助，不得摊派、转嫁出国（境）费用。

（七）整治形象工程和政绩工程问题

21. 坚决叫停违背科学发展、盲目铺摊子上项目的行为，坚决查处制造假情况、假数字、假典型和虚报工作业绩的问题。

22. 坚决纠正唯国内生产总值用干部问题。

（八）整治侵害群众利益行为问题

23. 坚决纠正征地拆迁中损害群众利益行为，严肃查处补偿款不按标准及时足额发放问题。

24. 坚决纠正损害涉农利益行为，严肃查处截留、挤占、挪用、骗取惠农资金等问题。

25. 坚决纠正在执法、司法过程中和重点环节上损害群众利益行为，严肃查处办“人情案”、“关系案”、“金钱案”等问题。

26. 坚决纠正安全生产方面损害群众利益行为，严肃查处不依法依规处理安全事故的问题。

27. 坚决纠正食品药品安全方面损害群众利益行为，严肃查处滥用职权、玩忽职守、徇私舞弊等问题。

28. 坚决纠正环境保护中损害群众利益行为，严肃查处出台有悖于环保法律法规的“土政策”、限制和干扰环境执法、纵容企业违法建设、违法生产和非法排污等问题。

29. 坚决纠正教育事业方面损害群众利益行为，严肃查处滥用行政权力干预职称评定等学术资源配置的问题和利用职务之便插手教材教辅选用、基建工程、校办企业、招标采购等领域的问题。

30. 坚决纠正医疗卫生方面损害群众利益行为，严肃查处医药购销和办医行医中的不正之风问题。

根据上述内容，制定专项整治任务表（详见附件），明确责任、抓好落实。

二、专项整治的方法步骤

专项整治工作从 12 月初开始到 2014 年 2 月底为一个阶段，历时三个月。

（一）制定完善方案。各牵头部门要会同有关部门、单位，根据中央和省、市委提出的专项整治重点任务和责任分工，制定工作方案，进一步细化措施，明确具体任务、标准和要求。每个专项整治工作任务都要有一个专门方案，研究制定专项整治工作方案可邀请各界代表、专家学者参与。两个以上的牵头部门要相互协商，确定第一牵头部门制定方案，其他牵头部门做好配合。方案要简明扼要，一般包括以下内容：

1. 标准要求。中央、省和我市有明确规定的，要一一列举；没有明确规定的，要结合我市实际，提出具体标准要求，能量化的量化，能具体的具体，以有利于专项整治工作可操作、可检查、可监督、可查处。

2. 推进措施。每项整治任务都要有具体的措施办法，要坚持重拳出击，拿出

硬措施,集中力量啃硬骨头,不折不扣地落实好中央和省、市委确定的专项整治任务。

3. 责任分工。每项整治任务都要进行细化分解,落实到责任单位和具体负责人。同时,做到有检查评估,有监督问责,务求取得实效。

4. 时间进度。具体时限要求由牵头部门根据实际情况确定,总体上做到及时发现问题、及时进行整治。牵头部门形成的各专项整治方案经分管市领导审改后,于1月上旬前,报市委深入开展专项整治工作协调推进组审定,并统一组织实施。

(二)进行集中攻坚。坚持以铁的手腕、铁的纪律,集中开展专项整治工作,逐个攻坚,逐个突破。对已经开展整治的,要巩固整改成果、防止反弹;尚未完成的,要加大推进力度;还未开展的,要及时组织推进。在这一过程中,要注意及时总结经验,切实把成功的做法以制度的形式固定下来,形成解决突出问题的长效机制。2014年2月底前,专项整治工作要取得阶段性成效。

(三)开展检查评估。市委督导组要把深入开展"四风"突出问题专项整治作为督导工作重点,严格把关,确保每个整治项目有细化安排、有过硬措施、有明显成效。市委教育实践活动领导小组办公室负责深入开展"四风"突出问题专项整治的指导督促工作,对专项整治效果不明显、群众不满意的要"补课"、"返工"。要充分发挥舆论宣传和监督的作用,采取情况综述、言论评论、典型引路、明察暗访等方式,推动"四风"突出问题专项整治工作深入开展。要严格责任追究,对在活动中发现的重大违纪违法问题,特别是顶风违纪的,要发现一起查处一起。同时,对工作不力的单位要严格追究有关责任人的责任。

三、专项整治的工作要求

1. 加强领导。深入开展专项整治工作,在市委教育实践活动领导小组领导下进行,成立市委深入开展"四风"突出问题专项整治工作协调推进组,组长由市委副书记邢凯同志担任;副组长由市委常委、常务副市长顾春明,市委常委、组织部部长吴汉圣,市委常委、政法委书记常明,市委常委、秘书长马占春,市委常委、市纪委书记徐兴华同志担任;成员由各牵头部门主要负责同志组成。协调推进组负责深入开展专项整治工作的组织实施。协调推进组下设办公室,办公室设在市委教育实践活动领导小组办公室,具体负责专项整治工作的推动落实。

2. 落实责任。专项整治牵头责任领导要认真履职尽责,亲自主持制定专项整治计划,及时研究解决工作中出现的难点问题。各责任部门要各司其职、密切配合,全面抓好各项工作的落实。教育实践活动领导小组办公室要加强分类指导,推动各项工作有序进行;派驻各部门的督导组要严格把关,纪检监察和督查部门要加强督促检查,促进专项整治工作扎实开展。

3. 统筹推进。对于行业系统存在的突出问题,行业系统主管部门要率先整治,以上带下、上下联动,形成一级带一级、层层抓整治的工作格局。对于涉及多个地区、部门、单位的问题,要加强沟通,整合资源,合力解决。对于基层普遍存在的突出问题,要推动第二批教育实践活动单位先改起来,以此深化第一批活动单位的整改落实工作,形成前后呼应、接续整改的良好局面。

中共沈阳市委反对"四风"改进作风加强制度建设工作方案

(2013年12月27日)

根据中央党的群众路线教育实践活动领导小组《关于开展"四风"突出问题专项整治和加强制度建设的通知》和《中共辽宁省委反对"四风"改进作风加强制度建设工作方案》要求和市委常委会整改方案,为进一步巩固我市第一批教育实践活动成果,推动反"四风"、转作风制度化规范化常态化,切实用制度规范干部行为、用机制规范权力运行,现制定如下制度建设方案。

一、制度建设主要任务

主要围绕以下4个方面进行:

(一)反对形式主义方面。重点建立健全体现群众意愿的科学民主决策机制和工作落实机制,健全干部选拔任用和考核评价体系,完善规范各类会议、文件、简报、评比表彰达标活动、调查研究等方面的制度规定,制定规范学会、协会管理规定。

(二)反对官僚主义方面。重点建立健全领导机关、领导干部以及执法监管部门和窗口单位、服务行业履职尽责的相关制度规定,完善党员干部直接联系群众制度和畅通群众诉求反映渠道制度。

(三)反对享乐主义方面。重点建立健全党政机关领导干部工作生活待遇的制度规定,规范领导干部住房、用车、办公用房、医疗、秘书配备等方面的工作生活待遇;完善公务接待制度,细化接待标准,严格审批管理,强化监督执行;完善因公出国(境)管理制度,严格任务审批,严肃外事纪律;制定国有金融企业、国有企业负责人职务消费管理制度,细化具体标准,规范职务消费行为。

(四)反对奢靡之风方面。重点建立健全党政机关厉行节约反对浪费的制度规定;建立完善楼堂馆所建设的管理制度,严格落实党政机关5年内全面停止新建楼堂馆所的要求;完善"三公"经费预算管理和公开制度。控制预算总量,严格审批程序,增强刚性约束;建立健全节庆、论坛、展会、体育运动会和招商引资活动等方面管理规定。

二、制度建设主要内容

(一)清理、修订和废止党内规范性文件,共2项

1. 清理1978年至2012年年底前以市委和市委办公厅文件形式发布的规范性文件

2. 清理1954年8月1日至1978年前以市委和市委办公厅文件形式发布的规范性文件

(二)继续抓好贯彻执行的制度规定,共30项

1. 推进科学发展方面2项

(1)《中共沈阳市委关于建立健全保障和促进科学发展长效机制的决定》的具体实施意见、细则、办法

(2)《沈阳市开展加快转变经济发

展方式监督检查工作的实施意见》

2. 提高思想政治素质改进作风方面2项

(1)《沈阳市贯彻落实中央、省委关于改进工作作风、密切联系群众有关规定的具体办法》

(2)《关于进一步加强领导班子思想政治建设的意见》

3. 推进科学民主决策方面1项

(1)《关于推进国有企业贯彻落实“三重一大”决策制度的意见》

4. 转变政府职能方面2项

(1)《关于向城区下放经济管理权限的实施意见》

(2)《关于深化政务公开加强政务服务的实施意见》

5. 队伍建设管理方面2项

(1)《关于深化干部人事制度改革的实施意见》

(2)《沈阳市区县(市)党政主要领导干部经济责任同步审计办法(试行)》

6. 党风廉政建设方面3项

(1)《关于加强行政权力运行监控机制建设的意见》

(2)《关于全面推进“五大系统”建设的意见》

(3)《沈阳市贯彻落实〈关于实行党风廉政建设责任制的规定〉实施办法》

7. 坚持规范管理方面5项

(1)《沈阳市规范评比达标表彰活动实施办法(试行)》

(2)《关于开展清理和规范庆典、研讨会、论坛活动工作的实施意见》

(3)《关于改进领导出席会议和活动新闻报道的实施意见》

(4)《关于进一步加强对各类报告会、研讨会、论坛和讲座活动管理工作的通知》

(5)《沈阳市重大突发事件新闻应急工作流程》

8. 基层组织建设方面9项

(1)《关于建立健全乡镇党委抓村党组织建设责任制的意见》

(2)《关于建立健全区、县(市)委书记抓基层党建工作责任制的实施意见》

(3)《关于广泛开展“四进四建”活动切实做好在职党员在居住地发挥作用工作的意见》

(4)《关于发展和规范社会组织的意见》

(5)《关于进一步加强和改进机关党建工作的意见》

(6)《关于实行党委书记抓基层党建项目化管理的实施意见》

(7)《关于健全和完善党组织书记抓基层党建工作专项述职制度的实施意见》

(8)《关于进一步加强和改进非公有制企业党的建设工作的意见》

(9)《关于加强社区建设的若干意见》

9. 联系服务群众方面4项

(1)《关于在全市党的基层组织全面推进党务公开的实施意见》

(2)《关于进一步规范同民主党派无党派人士政治协商的意见》

(3)《关于进一步加强新形势下侨联工作的意见》

(4)《关于建立党委新闻发言人制度的实施意见》

(三)结合实际制定落实《党政机关厉行节约反对浪费条例》实施细则,共10项

1. 有关经费管理方面的实施细则和配套办法

2. 有关国内差旅和因公临时出国(境)方面的实施细则和配套办法

3. 有关公务接待方面的实施细则和配套办法

4. 有关公务用车方面的实施细则和配套办法

5. 有关会议活动方面的实施细则和配套办法

6. 有关办公用房方面的实施细则和配套办法

7. 有关资源节约方面的实施细则和配套办法

8. 有关《党政机关厉行节约反对浪费条例》宣传教育的实施细则和配套办法

9. 有关《党政机关厉行节约反对浪费条例》监督检查的实施细则和配套办法

10. 有关《党政机关厉行节约反对浪费条例》责任追究的实施细则和配套办法

(四)根据整改任务研究制定(修订)的制度规定,共18项

1. 市委常委会议事决策规则

2. 市直党组(党委)决策重大问题议事规则(修订)

3. 进一步完善党员领导干部直接联系群众制度

4. 健全完善有关会议、文件、简报等方面的制度规定

5. 关于改进市领导同志到基层考察调研接待工作的制度规定(修订)

6. 进一步建立健全重要工作督查落实工作制度

7. 健全完善党组(党委)召开民主生活会制度

8. 关于加强和改进干部选拔任用工作若干问题的意见

9. 建立完善基层服务型党组织建设意见

10. 制定市直机关转变作风为民服务行为规范

11. 进一步完善畅通群众诉求反映渠道制度

12. 健全完善绩效考核制度

13. 制定规范执法监管部门自由裁量权的意见

14. 全市领导干部工作生活待遇标准的规定

15. 规范国有企业负责人职务消费管理的办法

16. 完善市委理论中心组以及各级党委(党组)理论中心组集中学习制度

17. 改进和加强调查研究的意见(修订)

18. 完善重要信息发布制度

同时,根据工作需要,有计划地提出其他方面制度建设计划。

根据上述内容,制定加强制度建设任务表(详见附件),明确任务,落实责任。有关制度规定,待中央、省委相关文件发布后进一步修改完善下发。

三、制度建设具体要求

(一)全面贯彻落实党的十八大、十八届三中全会和习近平总书记一系列重要讲话精神,按照体现群众意愿、体现改进作风、体现提高效率、体现工作规律的要求,用系统的思维、改革的办法加强制度建设。坚持于法周延、于事简便,把实

体性规范与保障性规范结合起来，统筹做好废、改、立工作。要结合实际，对实践证明行之有效、群众认可的制度，予以重申，着力抓好落实；对不适应密切联系群众、加强作风建设要求，与现行法规制度相抵触、不一致的，要予以废止；对与新形势新任务要求不相适应的，要予以修订完善；对制度缺位的，要抓紧研究建立新制度，切实形成便于遵循、便于落实、便于检查的制度体系。

（二）制度建设要尊重规律、符合规律，按作风建设和党员干部队伍管理的规律办事。要贴近实际、便于操作、切实管用，增强制度的针对性和操作性，体现问题导向、对准突出问题，作出明确具体、便于执行的制度规定。要有重点、重质量、讲实效，不能一味追求数量，更不能为了好看而定制度，防止用形式主义反对形式主义。

（三）实行开门建制度，把建制度的全过程置于群众监督之下。制定出台有关制度都要请群众参与，特别是对于涉及面广、政策性强、群众关注度高的制度，要通过召开各界代表、专家学者、基层群众听证会等方式广泛听取群众意见建议。制度的内容、目标、时限、责任和进展情况，要通过一定方式向群众公开，让群众看清楚、给干部以压力。要通过民主评议、民意调查等方式让群众评判，决不能用自我感觉代替群众评价。

（四）切实以严肃的态度、严格的标准、严明的纪律狠抓制度的落实，务求取得实效。加大监督检查力度，通过自查、抽查、督查等方式，及时发现制度执行中的问题，督促整改落实。进一步畅通信访、新闻、网络、电话等监督渠道，让群众监督制度执行情况。要把贯彻党的群众路线制度执行情况纳入领导班子和领导干部年度考核和党风廉政建设责任制的重要考核内容，作为领导干部选拔任用、奖励惩处的重要依据。严查违规行为，对违反制度规定的，发现一起、查处一起，依纪依法严肃处理；对顶风违纪的，要从严从快处理，决不允许有令不行、有禁不止，切实做到有规必依、执规必严、违规必究，维护制度的严肃性和权威性。

法规·规章

沈阳市人民政府关于废止《沈阳市市区户口迁移和立户分户管理暂行办法》等政府规章的决定

（沈阳市人民政府令第38号）

根据《中华人民共和国立法法》的规定，经清理，市人民政府第70次常务会议决定，废止下列政府规章：

一、沈阳市市区户口迁移和立户分户管理暂行办法沈政发〔1993〕15号

二、关于对华侨、外籍华人和港澳同胞工作统筹协调和归口管理的决定沈政发〔1993〕65号

三、沈阳市铁路道口交通安全管理暂行办法沈政发〔1994〕25号

四、沈阳市保守国家秘密奖惩办法沈政发〔1995〕3号

五、沈阳市国家行政机关工作人员违犯政纪处分权限规定沈政发〔1995〕36号

六、沈阳市关于加速海峡两岸科技工业园建设的若干规定沈政发〔1996〕22号

七、沈阳市档案鉴定销毁办法沈政令〔1996〕27号

八、沈阳市行政执法委托规定沈政令〔1996〕33号

九、沈阳市处理与外商投资企业纠纷及涉外执法中必须遵循的若干原则的规定沈政令〔1998〕10号

十、沈阳市实施《中华人民共和国防汛条例》细则沈政令〔1998〕19号

十一、沈阳市“门前三包”管理办法沈政令〔1998〕24号

十二、沈阳市人事争议仲裁办法沈政令〔1999〕34号

十三、沈阳市鼓励留学人员来沈工作暂行规定沈政令〔1999〕37号

十四、沈阳市煤炭市场管理办法沈政令〔2000〕45号

十五、沈阳市农业资源综合管理与保护实施细则沈政令〔2000〕53号

十六、沈阳市事业单位聘用合同制办法沈政令〔2000〕55号

十七、沈阳市市政府各部门保留行政审批（初审、备案）事项沈政令〔2002〕13号

十八、沈阳市义务教育投入规定沈政令〔2003〕23号

十九、沈阳市采暖费收缴管理规定沈政令〔2003〕24号

二十、沈阳市专利管理办法沈政令〔2003〕27号

二十一、沈阳市住宅物业管理规定沈政令〔2005〕44号

二十二、沈阳市再生资源回收管理办法沈政令〔2006〕55号

本决定自发布之日起施行。

沈阳市职业教育校企合作促进办法

（沈阳市人民政府令第39号）

第一条 为了促进职业学校与企业合作，培养高素质劳动者和高技能人才，增强职业教育服务沈阳老工业基地经济和社会发展的能力，根据《中华人民共和国职业教育法》等相关法律、法规，结合本市实际，制定本办法。

第二条 本办法所称的职业教育校企合作，是指职业学校（含技工院校）与企业在人才培养和职工培训、科技创新和技术服务、资源共享和共同发展等方面开展的合作。

第三条 本办法适用于本市行政区域内的职业教育校企合作及其扶持和保障。

第四条 市和区、县（市）人民政府教育行政部门负责本行政区域内的职业教育校企合作促进工作，统筹职业教育校企合作的教育教学改革、实习实训基地建设、师资培养、科技成果转化、考核评估等工作。人力资源和社会保障行政部门负责所属职业学校校企合作促进工作的组织实施。发展改革、财政、税务、国有资产、科技等部门对职业教育校企合作的规划计划、资源配置、经费保障、信息服务等给予政策支持。市和区、县

(市)人民政府应当建立职业教育联席会议制度,统筹协调本地区校企合作的规划、资源配置、经费保障、督导评估等工作。

第五条 本市职业教育校企合作实行政府主导、行业指导、企业与职业学校共同参与的多元化合作机制。校企合作应当遵循自愿协商、优势互补、利益共享的原则,坚持以需求和就业为导向,实现教学、生产(运营)和科研相结合,产业链和教育链、产品链和教学链的深度融合。

第六条 职业学校与企业应当建立行业职业教育校企合作会商机制。探索合作办学模式,为企业在实施人才发展战略过程中与职业院校建立高度融合的关系搭建好平台,担负起桥梁纽带作用。

第七条 行业协会应当充分发挥资源、技术、信息等优势以及沟通、协调作用,引导企业与相应的职业学校开展校企合作。

第八条 职业学校实行自主办学。职业学校应当按照产业发展需求调整、完善专业设置与课程内容,实行弹性学制、学分管理等教育教学改革,积极与企业开展多种形式的合作办学。

第九条 建立健全就业准入制度。企业应当优先录用取得职业学校学历证书、职业资格证书或者职业培训合格证书的人员。鼓励企业采取与职业学校合作的方式,对本单位应用技术与管理岗位人员开展在职培训及继续教育。

第十条 市和区、县(市)人民政府应当从职业教育经费中划拨职业教育校企合作发展专项资金。校企合作发展专项资金应当用于:

(一)校企共建实训基地;

(二)教师进企业实践培训;

(三)企业技师进学校培训指导;

(四)校企联合开展专业建设等项目。

第十一条 参与职业教育校企合作的企业,依法享有税法规定的税收优惠。

企业通过公益性社会团体或者县级以上人民政府及其部门,对教育事业的捐赠支出(包括设备),在年度利润总额12%以内的部分,准予在计算应纳税所得额时扣除。企业委托职业学校开发新技术、新产品、新工艺发生的研发费用可在计算应纳税所得额时扣除,取得的技术性服务收入符合规定的,可以免征企业所得税。企业因为接收职业学校学生所发生的合理工资薪金支出和职工福利费支出,应当按照《企业所得税法》规定在企业所得税前扣除。

第十二条 鼓励企业与职业学校开展多种形式的合作办学。企业可以采取设立奖学金、冠名品牌班、订单式培养,与职业学校联合建立实习实训基地,合作建设实验室或者生产车间,合作兴办技术创新机构,合作组建职业教育实体或者其他形式的产学研联合体等方式开展校企合作。

第十三条 企业应当与开展合作的职业学校签订校企合作协议,向合作的学校提供人才发展规划、用人需求信息,为人才培养提供岗位工作标准、职业培训要求等,参与职业学校技能专门人才培养方案制定、专业设置、课程开发和教材编写等工作。

第十四条 企业应当支持职业学校师资队伍建设,选派管理、技术骨干到职业学校担任兼职教师,有计划地提供实践岗位,接纳职业学校教师进入企业实践。

第十五条 企业应当支持职业学校实训基地建设,参与实训基地的设计、论证,并且提供有关的技术支持。

第十六条 企业应当接受职业学校学生顶岗实习,免收实习费并给予适当的实习报酬。实习报酬发放标准应当不低于上年度本地职工最低工资标准的80%。职业学校应当聘请有实践经验的企业管理、技术人员作为实践导师,参与学生顶岗实习的辅导与管理工作。有关聘任管理办法另行制定。

第十七条 逐步建立企业与职业学校共同研发机制。结合企业技术革新改造、产品升级换代等实际问题,校企共同申请科研立项,开展科研成果的转化研究,向行业推广研究成果。

第十八条 职业学校应当建立由企业、行业技术专家参与的专业指导委员会。根据企业生产技术、生产工艺、生产方法优化教学内容,开发专业课程,聘请企业高技能人才、工程技术人员兼任学校专业课教师或者实习指导教师。

第十九条 职业学校应当为合作企业优先推荐毕业生,配合企业建立规范有序的学生实习制度。根据企业的需求,参与企业职工培训与继续教育。

第二十条 职业学校应当加强对企业的调研,了解企业用人需求,按照企业岗位工作标准所要求的知识、技能和职业素养,制定技能型专门人才培养方案。

第二十一条 职业学校应当按照企业岗位工作标准及技术要求,调整完善专业设置、改革教学方式方法,定制课程标准,开发教学及培训课程,编写教材并形成教学内容更新机制。

第二十二条 职业学校应当提高专业教师的业务水平和教学能力,聘请行业专家和企业的管理、技术骨干担任兼职教师,建立专兼职师资库。

第二十三条 职业学校应当建立学生和教师到企业实习、实践制度,安排在校学生到企业参加顶岗实习,安排专业教师到企业实践每两年不少于两个月。职业学校应当加强对实习学生和实践教师的职业道德教育和安全教育,为实习学生统一办理意外伤害保险,并指派指导教师。实习学生和实践教师应当遵守企业规章制度和劳动纪律,保守企业商业秘密。

第二十四条 职业学校在申请和实施国家、省市职业教育建设与职业教育实训基地建设等项目时,应当联合企业按照真实工作环境进行设计、搭建,为学生创建真实的岗位训练、职场氛围。

第二十五条 职业学校应当逐步建立"工程师工作站"、"技能大师工作站",以合作企业工程师、技师为主,在参与指导学校教育教学的同时,依托职业学校教育资源,解决企业技术难题、进行技术创新。

第二十六条 职业学校实行学历证书、职业资格证书的"双证书"制,导入国家职业标准,实现专业课程内容与国家职业标准对接。

第二十七条 职业学校应当积极参与企业的技术改造、产品研发和科技攻关等项目,促进科技成果转化应用。

第二十八条 职业学校学生、教师在实习实践期间发生安全事故的,依照国家有关规定处理。

职业学校实习学生和实践教师侵害企业商业秘密的，依照国家有关规定处理。

第二十九条 企业违反本办法规定，弄虚作假，获得职业教育校企合作资助或者奖励的，由相关行政部门追回已发放的资助或者奖励，并可以取消其获得相关资助或者奖励的资格。

第三十条 教育行政部门和其他有关部门及其工作人员违反本办法规定，在职业教育校企合作促进工作中玩忽职守、滥用职权、徇私舞弊的，由上级机关或者其他有关机关责令改正，并对直接负责的主管人员和其他直接责任人员，依法给予行政处分；构成犯罪的，依法追究刑事责任。

第三十一条 本办法自2013年3月1日起施行。

沈阳市社会急救医疗管理办法

（沈阳市人民政府令第40号）

第一条 为了规范社会急救医疗秩序，提高紧急救援能力，及时有效救治伤病员，保障公民生命安全和身体健康，根据相关法律、法规的规定，结合本市实际，制定本办法。

第二条 本办法所称社会急救医疗，是指对日常急、危、重伤病员，在事发现场和转送医疗机构途中的院前医疗救治与对灾害性事件、突发公共事件中的伤者进行紧急医疗救援以及重要、大型活动现场医疗保障等行为。

第三条 本办法适用于本市行政区域内的社会急救医疗活动。

第四条 市卫生行政部门负责本行政区域内社会急救医疗工作。县（市）卫生行政部门负责本辖区内的社会急救医疗工作。公安、民政、财政等相关部门应当按照各自职责，做好社会急救医疗工作。

第五条 社会急救医疗实行统一指挥调度，统一呼号，统一标识，遵循就急、就地、就近、充分考虑及尊重病人和家属意愿等合理施救及转送的原则。

第六条 社会急救医疗事业是政府主办的非营利性公益事业，是公共卫生体系的组成部分。各级人民政府应当把社会急救医疗事业纳入本级卫生事业发展规划，负责社会急救医疗机构的急救网络建设、急救车辆和设备供给更新、人员配备和信息网络建设，保证社会急救医疗机构有效运行，促进其与社会经济同步协调发展。

第七条 各级卫生行政部门应当每年定期组织有关医疗机构进行灾害性事件、突发公共事件紧急医疗救援演练活动，提高医疗机构的应急救援能力。

第八条 社会急救医疗网络建设应当符合国家规定的标准和社会急救医疗网络建设发展规划的要求，并按照相关规定建设急救场所，配置相应的急救医疗设备、设施和医务人员。

第九条 各级卫生行政部门应当采取多种形式开展面向社区和学校、企业等单位的急救医疗知识和技能的宣传教育，增强公众的急救意识和自救、互救能力。

第十条 本市社会急救医疗网络由急救中心及其设立的急救分中心、急救站和由卫生行政部门确定的医疗机构共同组成。

第十一条 急救中心应当履行下列职责：

（一）建立、健全社会急救医疗网络制度，保证社会急救医疗网络正常运作；

（二）负责本行政区域内社会急救医疗的组织、调度工作；

（三）对急救分中心和急救站、急救医疗机构进行业务指导和管理；

（四）设立“120”呼救专线电话，24小时接受呼救，收集、处理和贮存社会急救信息；

（五）负责日常急、危、重伤病员现场救治和转送医疗机构途中的医疗救治工作；

（六）负责大型群众性活动的急救医疗保障及灾害性事件、突发公共事件的紧急医疗救援工作；

（七）培训社会急救医疗队伍，开展社会急救科研工作，进行社会急救知识、技能的宣传教育；

（八）负责对社会急救医疗用车、急救装备等紧急医疗救援资源的日常监管；

（九）法律、法规规定的其他职责。

急救分中心、急救站负责本辖区内前款规定的各项工作。

第十二条 承担社会急救的医疗机构应当履行下列职责：

（一）建立专业化急救队伍，实行24小时应诊制；

（二）服从急救中心的指挥、调度，并做好“120”急救医疗信息的登记、汇总、统计、保管和报告工作；

（三）执行急救医疗操作规范；

（四）按照国家、省和本市的有关规定，对“120”急救车辆及其急救医疗药品、器械、急救设备和医务人员等进行日常管理；

（五）建立和执行急救医师、护士岗前和岗位培训教育制度，定期对医务人员开展急救知识、技能的培训及考核；

（六）采取措施鼓励卫生技术人员从事“120”急救医疗工作；

（七）法律、法规规定的其他职责。

第十三条 社区卫生服务中心和乡（镇）卫生院应当组织其医务专业技术人员接受急救中心卫生救护培训。公安机关应当组织派出所警察、交通警察、公安消防队队员接受初级卫生救护培训，提高应急救援能力。旅客运输、旅行社、旅馆等行业的经营单位应当对其工作人员进行急救知识与现场急救技能的培训，提高工作人员的应急救援能力。

第十四条 火车站、长途汽车站、地铁、机场、风景旅游区等人群密集场所的管理单位、经营高危险性体育项目的企业和建筑施工、大型工业企业等单位，应当建立救护组织，配置必要的急救药品和器械，组织相关人员接受初级卫生救护培训，在突发事件中协助急救医疗机构进行现场救治。

第十五条 红十字会应当普及卫生救护知识，进行初级卫生救护培训，组织群众参加现场救护，提高社会急救意识和基本能力。

第十六条 “120”是本市社会急救医疗的专用呼救号码。任何单位和个人不得擅自设置任何形式的社会急救医疗应急呼救电话，不得谎报呼救信息，不得对“120”呼救专线电话进行恶意呼叫和其他干扰。急救中心应当配备“120”指挥调度人员，保障及时接听公众的呼救电话。

第十七条 “120”急救车辆应当按照规定安装、使用统一的警示灯具、报警器和急救医疗标志。急救中心和承担社会急救的医疗机构应当定期对车辆及其急救医疗器械、设备进行维护、保养、清洁和消毒，保障“120”急救车辆车况良好。

第十八条 急救中心接到呼救后，应当立即调度，在3分钟内派出救护人员出诊，以最短时间到达救治现场。

第十九条 急救医疗工作人员到达现场后应当按照急救医疗规范及时救治，需要转送医疗机构治疗的，按照有关规定执行。医疗机构应当实行首诊负责制，及时办理伤病员交接和救治。

第二十条 社会急救医疗的出车、出诊、抢救、治疗等收费，按照价格行政主管部门核定的项目和标准收取。收费标准应当向社会公示。

第二十一条 接受急救医疗服务的伤病员应当按照规定缴纳社会急救医疗费用。

参加城镇职工、城镇居民基本医疗保险和新型农村合作医疗的急救伤病员，按照有关规定报销急救医疗费用。无法确定身份、无支付费用能力的伤病员，其救治费用由急救中心和急救医疗机构先行垫付，经公安机关核实身份、民政部门确定符合救助标准的，由政府专项资金解决。

第二十二条 任何人发现需要救治的伤病员，可以向“120”专线电话呼救。“110”、“119”、“122”等应急系统接警时，得知有需要急救的伤病员，应当及时向“120”电话呼救。行人和行驶中的车辆遇到执行任务的社会急救医疗车辆应当主动让行。公安机关交通管理部门对于执行急救任务的急救车辆应当优先放行，在确保安全的前提下，急救车辆不受行驶路线、行驶方向、行驶速度和信号灯的限制，在禁停路段可以临时停放。

第二十三条 鼓励公民、法人和其他组织向社会急救医疗事业进行捐赠和援助。鼓励医护人员从事社会急救医疗工作。各医疗机构开展专业技术岗位聘用时，对符合专业技术岗位聘用条件的专业技术人员，同等条件下可以优先聘用专职从事社会急救医疗工作或者有社会急救医疗工作经历的医护人员。

第二十四条 禁止下列扰乱社会急救医疗秩序的行为：

（一）故意损毁急救通讯设施或者急救医疗设施、设备的；

（二）阻碍急救医疗工作人员救治活动的；

（三）侮辱、殴打急救医疗工作人员的；

（四）阻碍执行急救任务的救护车通行的；

（五）恶意拨打“120”特服电话，编造虚假信息干扰急救医疗工作的；

（六）盗用、冒用急救中心名义的；

（七）擅自设立急救中心，非法从事社会急救医疗活动的。

第二十五条 违反本办法规定，急救中心或者急救医疗机构有下列情形之一的，由卫生行政部门责令限期改正；逾期不改正的，由其所在单位或者上级主管部门对直接负责的主管人员、直接责任人给予处分：

（一）不执行24小时应诊的；

（二）不按照规定出诊、抢救、诊治和转送伤病员的；

（三）擅自动用社会急救医疗车辆的；

（四）不按照规定登记、汇总、统计、保管和上报急救医疗资料的。

第二十六条 违反本办法规定，单位或者个人擅自设置社会急救医疗应急呼救电话，谎报呼救信息，对“120”呼救专线电话进行恶意呼叫和其他干扰的，由通信管理部门予以关闭，并收回号码资源。

第二十七条 违反本办法规定，急救医疗工作人员到达现场后未按照有关规定及时救治、转送的，由其所在单位或者上级主管部门对直接责任人、负有责任的相关主管人员给予相应处分。

第二十八条 违反本办法规定，单位或者个人故意损毁急救通讯设施或者急救医疗设施、设备，阻碍急救医疗工作人员救治活动，侮辱、殴打急救医疗工作人员，阻碍执行急救任务的救护车通行或者恶意拨打“120”特服电话，编造虚假信息干扰急救医疗工作的，由公安机关依据《中华人民共和国治安管理处罚法》的规定给予处罚；构成犯罪的，依法追究刑事责任。

第二十九条 违反本办法规定，单位或者个人盗用、冒用急救中心名义，擅自设立急救中心，非法从事社会急救医疗活动的，由卫生行政部门责令改正，并处以3000元以下罚款；有违法所得的，没收违法所得，并处以3000元以上1万元以下罚款。

第三十条 社会急救医疗机构工作人员滥用职权、玩忽职守、徇私舞弊的，由其所在单位或者主管部门给予处分；构成犯罪的，依法追究刑事责任。

第三十一条 本办法自2013年3月1日起施行。

沈阳市电梯安全管理办法

（沈阳人民政府令第41号）

第一章 总 则

第一条 为了加强电梯安全管理，预防和减少电梯安全事故，保障人民群众生命和财产安全，根据《特种设备安全监察条 例》等法律、法规，结合本市实际，制定本办法。

第二条 本市行政区域内电梯的安装、改造、维修、日常维护保养、使用、检验检测以及相关监督管理活动，适用本办法。个人和单个家庭自用的电梯的安全管理，不适用本办法。

第三条 市质量技术监督部门是本市电梯安全监督管理工作的行政主管部门，区、县（市）质量技术监督部门负责辖区内电梯安全的监督管理工作。财政、规划、城乡建设、房产、公安、工商、安全生产监督等行政管理部门按照各自职责，做好电梯安全监督管理工作。

第四条 市和区、县（市）人民政府应当加强电梯安全工作的领导，协调解决电梯安全管理工作中的重大事项。街道办事处、乡镇人民政府应当配合质量技术监督管理部门做好电梯安全监督管理工作。

第五条 鼓励电梯的安装、改造、维修、日常维护保养使用管理单位和个人参加电梯责任保险。相关行业协会应当通过协助会员单位与保险公司协商保险费率等形式，推动会员单位购买电梯责任保险。

第二章 电梯的安装、改造与维修

第六条 电梯安装、改造、维修施工开始5个工作日前，施工单位应当将拟进行的施工地点、施工内容、电梯参数以及电梯使用管理者等情况书面告知市质量技术监督部门。

第七条 电梯安装、改造、维修前，施工单位应当编制安全施工方案，落实安全防护措施等现场安全生产条件，并按照电梯设计文件和标准的要求，检查电梯机房、井道、底坑、通道等涉及电梯施工的土建工程以及电梯制造质量，确认符合要求后方可开始施工。

第八条 电梯的安装、改造、重大维修过程应当经电梯检验检测机构进行监督检验合格后，方可交付或者投入使用。

第九条 电梯改造时，原制造单位已经注销，无法取得其委托、同意的，电梯改造单位应当在电梯改造完成后补充或者更新该电梯的产品标牌，并且在产品标牌、质量证明书上标明改造单位的名称、许可证件编号、改造日期等信息。电梯改造单位应当对改造后电梯的质量以及安全运行涉及的质量问题负责。

第十条 施工单位应当在电梯安装、改造、重大维修工程监督检验合格后30日内，将安全技术资料移交建设单位或者电梯使用管理者，办理相关移交手续；建设单位在向电梯使用管理者移交电梯时，应当同时移交安全技术资料。

第十一条 住宅电梯更换、改造、维修的，应当由市质量技术监督部门组织相关机构或者专家进行鉴定评审，并出具评审报告。住宅电梯更换、改造、维修所需资金，可以按照以下方式筹集：

（一）已建立住宅专项维修资金的，应当按照有关规定申请使用住宅专项维修资金。紧急情况下存在安全隐患、需要立即维修的，可以按照应急程序申请使用住宅专项维修资金；

（二）未建立住宅专项维修资金或者住宅专项维修资金余额不足的，相关业主应当按照其专有部分占建筑物总面积的比例承担费用。

第三章 电梯的使用管理

第十二条 电梯使用管理者，是指具有电梯管理权利和管理义务的单位和个人。电梯使用管理者按照以下方式确定：

（一）新安装电梯未移交业主的，项目建设单位为电梯使用管理者；

（二）委托物业服务企业或者其他单位管理的，受委托物业服务企业或者其他单位为电梯使用管理者；

（三）未委托物业服务企业或者其他单位管理的，电梯属于单一所有权人的，所有权人为电梯使用管理者；共有产权的，所有权人应当通过书面协议确定电梯使用管理者；

（四）出租配有电梯的场所，应当在租赁合同中约定电梯使用管理者；未约定的，比照第（三）项处理。

未明确使用管理者的电梯不得投入使用。

第十三条 电梯使用管理者是电梯安全管理的第一责任人，应当履行下列电梯安全管理职责：

（一）建立电梯安全技术档案，并建立健全电梯档案管理制度；

（二）保持电梯紧急报警装置能够随时与值班人员实现有效联系；

（三）监督并且配合电梯的更换、改造、维修、日常维护保养工作；

（四）在电梯轿厢内或者出入口的显著位置张贴有效的安全检验合格标志、维保标识，标明应急救援电话；

（五）将电梯使用的安全注意事项、警示标志置于乘客易于注意的显著位置；

（六）委托依法取得许可的单位进行电梯日常维护保养，并签订日常维护保养合同；

（七）制定出现突发事件或者事故的应急措施与救援预案；

（八）法律、法规、安全技术规范规定的其他安全管理职责。

第十四条 电梯使用管理者应当根据电梯使用状况设置安全管理机构或者配备电梯安全管理员，从事电梯安全管理的人员应当取得《特种设备作业人员证》，并承担以下管理职责：

（一）负责电梯运行日常巡视，记录日常使用状况；

（二）负责保管和按照规定使用电梯专用钥匙；

（三）检查电梯安全注意事项和警示标志，确保齐全清晰；

（四）监督并且配合电梯日常维护保养工作，签字确认维护保养记录；

（五）现场配合电梯检验检测工作；

（六）发现电梯存在事故隐患需要停止使用的，有权作出停止使用的决定，并立即报告电梯使用管理者。

第十五条 电梯出现故障或者存在其他安全隐患的，电梯使用管理者应当停止使用，并且在乘客易于注意的显著位置张贴《电梯隐患标志》，消除事故隐患后方可重新使用电梯。如因特殊原因不能及时消除电梯故障或者隐患，需停止电梯运行时间超过48小时以上的，物业服务企业或者没有物业服务企业小区所在地的社区居（村）民委员会，应当向小区业主公告。

第十六条 医院提供患者使用的电梯、直接用于旅游观光的速度大于2.5m/s的乘客电梯，以及采用司机操作的电梯，应当由取得相应特种设备作业人员资格证的电梯司机操作。

第十七条 电梯在投入使用前或者投入使用后30日内，电梯使用管理者应当向市质量技术监督部门登记。报废、停止使用1年以上的电梯或者拆除、转让电梯的，电梯使用管理者应当在30日内，到市质量技术监督部门办理相应的报停、注销、变更手续。

第十八条 公众聚集场所使用的电梯以及住宅电梯，应当配备具有运行参数采集功能的电梯运行安全监控系统，并与电梯日常维护保养单位联网；日常维护保养单位应当同时建立相应的电梯安全运行监控系统。新安装的住宅电梯应当配置安全运行监控系统并联网。市质量技术监督部门应当指导和规范本市电梯运行安全监控系统的建立和运行。

第十九条 乘客乘用电梯应当文明有序，按照安全注意事项和警示标志正确使用电梯，不得有下列行为：

（一）拆除、毁坏电梯警示标志、报警装置或者电梯零部件；

（二）采用非安全手段开启电梯层门、轿门；

（三）超过电梯额定载荷；

（四）在自动扶梯、自动人行道中逆行、玩耍打闹；

（五）其他危及电梯安全运行或者危及他人安全乘坐的行为。

第四章 电梯的日常维护保养

第二十条 在本市从事电梯日常维护保养单位应当设置固定的办公场所和配备相应的特种设备作业人员，并按照合同约定和安全技术规范的要求开展电梯日常维护保养工作，不得将业务转包、分包，或者变相转包、分包。

第二十一条 电梯日常维护保养单位与电梯使用管理者签订的日常维护保养合同，应当使用市质量技术监督部门和市工商行政管理部门联合制定的电梯日常维护保养合同文本。合同至少包括下列内容：

（一）日常维护保养项目、要求和执行标准；

（二）日常维护保养起止日期和时间频次；

（三）故障维修和应急救援抵达时间；

（四）维保单位和电梯使用管理者双方的权利、义务与责任。

第二十二条 电梯日常维护保养单位应当保证其维护保养电梯的安全技术性能，并履行以下安全管理职责：

（一）根据《电梯使用管理与维护保养规则》等安全技术规范以及电梯安装使用维护说明书的要求，制定电梯日常维护保养方案；

（二）建立电梯日常维护保养档案，档案保存期限不得少于4年；

（三）至少每15日对电梯进行一次清洁、润滑、调整和检查，并按照《电梯使用管理与维护保养规则》的要求开展半月、季度、半年和年度维护保养，记录每次维护保养情况并经电梯使用管理者签字确认；

（四）至少每6个月对维护保养的电梯进行一次自行检测，自行检测项目不得少于《电梯使用管理与维护保养规则》关于年度维护保养和电梯定期检测规定的项目及其内容，并向电梯使用管理者出具检测报告；

（五）在日常维护保养过程中发现电梯存在安全隐患的，应当及时向电梯使用管理者出具《安全隐患标志》，标明所发现的安全隐患情况以及建议采取的处理措施；

（六）协助电梯使用管理者制定电梯安全运行管理制度和电梯事故应急专项预案；

（七）设立固定电话作为值班电话，建立24小时值班制度，保证值班通讯畅通；

（八）接到困人故障报告后，30分钟内赶到现场实施救援；

（九）法律、法规、规章和安全技术规范规定的其他安全管理职责。

第二十三条 电梯日常维护保养单位应当委派本单位取得《特种设备作业人员证》的人员进行作业；对本单位的电梯作业人员进行安全教育和技术培训，并记录教育和培训情况。安全教育和技术培训记录至少保存4年。

第二十四条 电梯日常维护保养单位发现电梯使用管理者有下列情形之一的，应当及时向电梯所在地的区、县（市）质量技术监督部门报告：

（一）使用未经定期检验或者检验不合格的电梯；

（二）使用存在事故隐患、报停、报废的电梯；

（三）违规进行电梯日常维护保养、维修、改造；

（四）其他危及电梯安全使用的行为。

第二十五条 电梯行业协会应当对电梯的日常维护保养工作时间、平均日常维护保养价格、人均日常维护保养台数、主要零部件检查更换周期、保险购买等情况进行统计分析，并在行业内和向社会公开通报，促进行业有序竞争和规范运作。

第五章 电梯的检验检测和安全技术评价

第二十六条 在用电梯定期检验周期为1年，电梯使用管理者应当在电梯安全检验合格有效期届满前30日向特种设备检验检测机构提出定期检验申请。电梯当年延迟检验的，电梯的定期检验日期不变。电梯经改造、重大维修和重新启用后，电梯的定期检验日期重新确定。在安全检验合格有效期内的电梯，区、县（市）质量技术监督部门接到故障举报3次或者3次以上，并且经确认故障影响安全运行的，可以要求电梯使用管理者提前进行定期检验。未经定期检验或者检验不合格的电梯，不得继续使用。

第二十七条 特种设备检验检测机构在实施检验检测中发现电梯存在安全隐患或者事故隐患的，应当书面告知电梯使用管理者和日常维护保养单位及时采取相应措施。特种设备检验检测机构发现电梯存在严重事故隐患的，应当先行通知电梯使用管理者暂停使用电梯，并且向电梯所在地的区、县（市）质量技术监督部门报告。

第二十八条 有下列情形之一的，电梯使用管理者可以委托特种设备检验检测机构或者原电梯制造单位进行安全技术评价：

（一）使用期限超过15年的；

（二）故障频率高影响正常使用的；

（三）需要改变电梯的额定载重量、额定速度、轿厢尺寸、轿厢形式等主要参数的；

（四）遭遇水浸、火灾、地震等灾害影响的；

（五）电梯使用管理者认为需要进行电梯更新、改造或者重大维修的；

（六）其他需要进行安全技术评价的情形。电梯移装前，电梯使用管理者应当委托特种设备检验检测机构或者原电梯制造单位进行安全技术评价。市质量技术监督部门可以根据电梯的使用状况，责令电梯使用管理者进行安全技术评价。

第二十九条 特种设备检验检测机构或者原电梯制造单位进行安全技术评价时，应当组成不少于3人的专家评价组，综合考虑电梯出厂说明书中的各零部件使用年限、实际使用频率、日常维护保养工作质量等因素进行评价，并在30个工作日内出具评价意见。电梯经安全技术评价，可以达到安全运行要求的，特种设备检验检测机构或者原电梯制造单位应当出具可以继续使用的评价意见；无法达到安全运行要求或者继续使用成本过高不符合能效指标要求的，特种设备检验检测机构或者原电梯制造单位应当出具维修、改造或者予以更换的评价意见，并向市质量技术监督部门报告。特种设备检验检测机构或者原电梯制造单位及其评价组成人员对评价意见的真实性、完整性负责。住宅电梯申请安全技术评价的，电梯使用管理者应当将评价意见张贴在电梯显著位置。

第六章 监督检查

第三十条 质量技术监督部门应当不定期对电梯日常维护保养单位的维保工作质量进行监督抽查，建立年度考核制度。监督抽查可以自行或者委托相关机构进行，受委托的机构应当出具抽查检测报告，并对其出具检测报告的真实性、准确性负责。

沈阳市测绘管理办法

（沈阳市人民政府令第42号）

第一条 为了加强测绘管理，促进本市测绘事业顺利发展，保障测绘事业为经济和社会发展服务，根据《中华人民共和国测绘法》、《辽宁省测绘管理条例》等有关法律、法规的规定，结合本市实际，制定本办法。

第二条 在本市行政区域内从事测绘活动，应当遵守本办法。本办法所称测绘活动主要包括：大地测量、工程测量、摄影测量与遥感、地图编制、地理信息系统、地籍测绘、房产测绘、行政区域界线测绘、测绘航空摄影以及测绘成果提供、使用等。

第三条 市规划和国土资源行政主管部门（以下统称测绘行政主管部门）负责全市测绘工作的统一监督管理。县（市）人民政府负责测绘工作的行政主管部门，负责本行政区域内测绘工作的统一监督管理。发展改革、建设、财政等部门，按照各自职责分工，负责本部门有关的测绘工作。

第四条 鼓励测绘科学技术研究，鼓励采用先进技术和先进设备，加强测绘基础设施建设，推进地理信息资源共享，促进测绘事业发展。

第五条 市和区、县（市）人民政府应当将基础测绘纳入本级国民经济和社会发展计划及财政预算。

第六条 任何单位和个人应当对测绘活动提供便利，不得妨碍和阻挠测绘人员按照规定进行测绘活动。测绘单位和个人不得拒绝和阻碍测绘行政执法人员依法进行监督检查。

第七条 在本市从事测绘活动，应当执行国家规定的测绘技术规范和标准。根据测绘事业发展要求，市测绘行政主管部门可依法补充制定地方测绘技术规范，经上级主管部门批准后颁布实施。

第八条 市、县（市）测绘行政主管部门应当会同发展改革主管部门根据国家和上一级人民政府的基础测绘规划和本行政区域内的实际情况，组织编制本级基础测绘规划和年度计划，报同级人民政府批准后组织实施，并分别报各自的上级主管部门备案。

第九条 市、县（市）测绘行政主管部门负责组织实施本行政区域内下列基础测绘项目：

（一）建立和复测基础平面控制网、高程控制网、空间定位网和城市地面沉降监测水准网；

（二）城市基础地理信息系统的建立、更新和维护；

（三）基本比例尺地形图、影像图和数字化产品的测制和更新；

（四）建设和维护基础测绘设施；

（五）基础航空摄影，获取基础地理信息的遥感资料；

（六）地下管线的普查、整理测量；

（七）编制本行政区域地图（集、册）；

（八）上级测绘行政主管部门和本级人民政府确定的其他基础测绘项目。

第十条 基础测绘成果按照以下规定进行更新：

（一）平面坐标系统和高程控制网每3年为一个维护、监测周期；

（二）1：500和1：1000比例尺地形图更新周期不超过2年；

（三）1：2000基本比例尺地形图的更新周期不超过3年；

（四）市、县（市）行政区划图及其普通地图集更新周期不超过3年。

对经济建设、社会发展和城市规划建设及重大工程急需的基础测绘成果应当及时更新。

第十一条 市测绘行政主管部门负责组织对地下管线普查、整理测量等测绘工作，建立并维护城市地下管线数据库。在对地下管线进行普查、整理测量时，市人民政府有关部门以及管线产权单位和管理、使用单位应当做好地下管线原始资料提供、实地调查、测绘成果核实等协助工作；市测绘行政主管部门应当与市人民政府有关部门、管线产权单位和管理、使用单位沟通和联系，做好服务和信息交换等工作。

第十二条 从事测绘活动的单位应当依法取得相应等级的测绘资质，并按照资质证书规定的业务范围和作业限额从事测绘活动。

申办乙、丙、丁级测绘资质的单位，应当向市测绘行政主管部门提出申请，经市测绘行政主管部门同意后报省测绘行政主管部门审批。

第十三条 依法实行测绘项目招标投标制度。测绘单项合同估算价超过50万元的测绘项目以及依法必须进行招标的测绘项目，以公开招标或者邀请招标方式发包。依法不适宜实行招标投标的，由测绘行政主管部门确定的测绘单位实施。

第十四条 下列测绘项目，发包单位应当委托测绘监理：

（一）财政资金投资的50万元以上的测绘项目；

（二）市级以上的重点工程中的测绘项目；

（三）水下、地下隐蔽性大，专业性强的50万元以上的测绘项目；

（四）投资金额在100万元以上的其他测绘项目。

测绘项目发包单位应当委托具有相应测绘监理专业资质等级的测绘单位进行监理。测绘监理单位对其监理的测绘项目成果质量承担责任具有测绘监理专业资质的测绘单位不得对本单位承包的测绘项目进行监理。

第十五条 在本市从事测绘活动的专业技术人员应当具备国家规定的相应执业资格条件。测绘人员进行测绘活动时，应当持有测绘作业证件。

第十六条 测绘成果依法实行汇交制度。汇交程序和方式按照国家、省有关测绘成果管理的规定执行。测绘项目出资人或者承担国家投资的测绘项目的单位，应当在测绘项目验收完成之日起60日内汇交测绘成果目录或者副本。测绘行政主管部门应当在收到汇交的测绘成果目录或者副本后，出具汇交凭证。测绘单位应当对其提交的测绘成果资料的真实性和完整性负责。

第十七条 测绘成果和测绘设施依法实行有偿使用。但是，政府有关部门和军队因防灾、减灾、国防建设等公共利益的需要，可以无偿使用测绘成果。基础测绘成果和财政投资完成的其他测绘成果，用于国家机关决策和社会公益性事业的，应当无偿提供。

第十八条 使用财政资金的测绘项目和使用财政资金的建设工程测绘项目，有关部门在批准立项前应当征求测绘行政主管部门的意见，未经测绘行政主管部门同意，发展改革部门不予立项，财政部门不予拨款。已有测绘成果可供利用的，不得重复测绘。

第十九条 市测绘行政主管部门应当组织建立本市统一的基础地理空间框架，管理本行政区域的地理信息数据，制定基础地理信息数据标准，负责组织基础地理信息数据的采集、处理、发布和提供，健全交换机制，促进地理信息资源共享。

第二十条 政府部门或者财政投资建立的涉及地理信息的相关专业信息系统，应当以本市基础地理空间框架为基础平台。建立地理信息系统或者建立与地理信息系统有关的其他信息系统，应当采用本市统一的基础地理信息数据。

第二十一条 市、县(市)测绘行政主管部门应当加强对永久性测量标志的保护和管理，并按照规定组织检查、维护。乡镇人民政府和街道办事处应当做好本辖区永久性测量标志的保护工作。各专业部门应当加强对本部门设置的永久性测量标志的保护和管理工作。

第二十二条 测绘行政主管部门应当建立健全本行政区域内的永久性测量标志档案，制定本行政区域内的测量标志维修计划，并组织协调有关部门和单位统一实施。

第二十三条 建设永久性测量标志的单位，应当委托测量标志所在地有关单位指派专人保管该测量标志，签订测量标志委托保管书，并将委托保管书及记载测量标志点位情况的资料送测绘行政主管部门备案。

第二十四条 测绘人员使用永久性测量标志，必须持有测绘作业证件，接受保管测量标志的单位和人员的查询，并保证测量标志的完好。保管测量标志的单位和人员应当对其保管的测量标志经常进行检查；发现测量标志被移动或者损毁时，应当及时报告所在地的测绘行政主管部门或者当地人民政府。

第二十五条 工程建设应当避开永久性测量标志；确实无法避开，需要拆迁永久性测量标志或者使永久性测量标志失去使用效能的，在办理建设用地规划许可或者建设工程规划许可手续的同时，办理测量标志的批准迁建手续。所需迁建费用由工程建设单位承担。

第二十六条 测绘行政主管部门应当对本市范围内从事测绘活动的单位实施测绘资质监督检查，并将监督检查情况及处理意见予以记录，由监督检查人员签字后归档，并正式告知被检查单位。日常监督检查的处理意见将作为测绘单位参加年度注册的依据。

第二十七条 测绘单位必须接受测绘行政主管部门依法实施的监督检查，并应当如实提供与测绘资质监督检查有关的情况和材料。测绘单位隐瞒有关情况、提供虚假材料或者拒绝提供反映其活动情况的真实材料的，依照有关法律、法规做出处理。

第二十八条 违反本办法规定，有下列行为之一的，由测绘行政主管部门给予警告，责令改正，并处1万元以上10万元以下的罚款；对负有直接责任的主管人员和其他直接责任人员，依法给予行政处分：

（一）未经批准，擅自建立相对独立的平面坐标系统的；

（二）建立地理信息系统，未采用国家和本市标准的基础地理信息数据的。

第二十九条 违反本办法规定，未取得测绘资质证书经营测绘业务的，由市测绘行政主管部门责令停止测绘活动，没收违法所得，并处测绘约定报酬一倍以上二倍以下的罚款。?

第三十条 违反本办法规定，测绘成果质量不合格给用户造成损失的，测绘单位应当承担赔偿责任。多次测绘成果质量不合格给用户造成损失的，由市测绘行政主管部门报省测绘行政主管部门降低或者取消其测绘资格。

第三十一条 违反本办法规定，阻挠测绘行政主管部门工作人员依法执行公务，构成犯罪的，依法追究刑事责任；尚不够刑事处罚的，由公安机关依据《中华人民共和国治安管理处罚法》的规定予以处罚。

第三十二条 从事测绘管理的工作人员，应当依法行使职权，对玩忽职守、滥用职权、贪污受贿、徇私舞弊的，由有关部门给予行政处分；构成犯罪的，依法追究刑事责任。

第三十三条 本办法自2013年12月1日起施行。

沈阳大事记(2013 年)

一 月

4 日 沈阳市行政审批服务中心正式更名为沈阳市政务服务中心,并迁至浑南21世纪大厦办公,第一天对外办公共受理323件审批事项。

5—9 日 政协沈阳市第十四届委员会第一次会议在八一剧场召开。姜宏当选为政协沈阳市第十四届委员会主席,赵晓川、卢柯、李丰、孙红、李卓然、韩晓言、汪涛、刘慧鸣当选为副主席。徐大地当选为秘书长。丁洪彦等115人当选为常务委员会委员。

9 日 第十二运形象大使揭幕晚会召开,肇俊哲、孙玉洁、张宁、郎朗当选为2013年第十二届全运会形象大使。

10 日 第十六届中国沈阳国际冰雪节在棋盘山风景区冰雪大世界开幕。

6—11 日 沈阳市第十五届人民代表大会第一次会议在辽宁人民会堂召开。大会表决通过关于《政府工作报告》的决议;表决通过关于沈阳市2012年国民经济和社会发展计划执行情况及2013年国民经济和社会发展计划的决议;表决通过关于沈阳市2012年预算执行情况和2013年预算的决议;表决通过关于《沈阳市第十四届人民代表大会常务委员会工作报告》的决议;表决通过关于《沈阳市中级人民法院工作报告》的决议;表决通过关于《沈阳市人民检察院工作报告》的决议。大会选举产生沈阳市国家机关领导人员和市出席辽宁省第十二届人民代表大会代表。赵长义当选为市人大常委会主任,徐璐、卞富学、聂洪升、于波、王开军为副主任,张宁为秘书长;陈海波为市人民政府市长,顾春明、杨亚洲、祁鸣、姜军、黄凯、许文有、关志鸥为副市长;周维远为沈阳市中级人民法院院长,张东阳为市人民检察院检察长。

11 日 沈阳市精神文明建设指导委员会决定授予张振杰、杨烁、李诗、刘同霞、陈德兰、孟春玉、牟玲、曹玉兰、罗阳、沈阳医学院2011级临床医学7班等10个个人、团队为感动沈阳人物,同时授予沈阳市道德模范称号。授予2012年感动沈阳人物提名奖获得者冯平、刘羽、宋德官、张红敏、李子娟、李刚、李晓燕、李萍、郭勇、梁忠祥等10名同志为沈阳市道德模范荣誉称号。

▲ 第28届全国中学生数学冬令营在沈阳东北育才学校举行开幕式,34支代表队、600余人参加开营仪式。中国数学奥林匹克(全国中学生数学冬令营)是由教育部正式批准,全国中学生级别最高、规模最大、最有影响力的数学竞赛,承担着选拔国家集训队并代表中国参加国际数学奥林匹克竞赛的任务,从1986年起每年1月份举行,迄今已举行28届。参加冬令营的营员由全国数学联赛中获得各省赛区前几名的学生组成。

12 日 全国最大的清洁煤制气生产厂——沈阳法库科达洁能燃气公司一期工程正式投产,该项目可日产煤气500万标准化立方米。

13 日 “道德之光——2012感动沈阳人物暨沈阳市道德模范颁奖典礼”在中华剧场举行。市委副书记邢凯出席典礼并为获奖者颁奖,市委常委、宣传部部长王凤波,市人大常委会副主任徐璐,副市长姜军,市政协副主席赵晓川出席活动。

14 日 市委常委会讨论通过《沈阳市贯彻落实中央、省委关于改进工作作风、密切联系群众有关规定的具体办法》。《办法》就规范调研考察、精简会议活动、压缩文件简报、规范出访活动、改进新闻报道等方面做出明确规定。

14—15 日 2013年全国气象局长会议在沈阳召开。会议的主要任务是深入学习贯彻党的十八大和中央经济工作会议、中央农村工作会议精神,分析把握气象事业面临的新形势和新要求,回顾总结党的十七大以来五年和2012年工作,部署2013年任务。

15 日 市法制办颁布《沈阳市住宅供热室温检测及退费规定》,自2013年1月1日起施行,有效期至2017年12月31日。

▲ 沈阳首个冬捕节在棋盘山秀湖起网,首次冬捕一网打进2.5万公斤鱼,其中最大的头鱼为鲤鱼,重达10.5公斤,体长达1米。

16 日 被称为“新三板”的全国中小企业股份转让系统在北京正式揭牌。沈阳有包括中科三耐、天和电子、新松医疗、中北通磁、宝石金卡、全密封变压器、帝信通信、中科仪、中科博微、麟龙科技等20余家中小企业正式挂牌“新三板”。

17 日 国务院同意沈阳辉山经济开发区升级为国家级经济技术开发区,定名为辉山经济技术开发区。

▲ “辽宁省儿童医院”在沈阳市儿童医院正式挂牌。

▲ 康平卧龙湖大辽文化冬捕节大辽第一锅被世界纪录认证协会、大世界吉尼斯两家机构认证为目前国内容积最大的锅。该锅外口径4.67米,总容积22.97立方米。

18 日 首届康平卧龙湖大辽文化冬捕节开幕。开幕式后举行头鱼拍卖活动,以16.28万元成交。

▲ 第十三届国家最高科学技术奖颁奖仪式举行。由辽宁省推荐,中国人民解放军沈阳军区总医院完成的功能性单心室外科治疗的基础与临床项目,获得国家科学技术进步奖二等奖。

20 日 首届康平卧龙湖大辽文化冬捕节进行到第三天,渔工们一网打出13万公斤鲜鱼,创造辽宁地区单网冰下捕捞量最高纪录。其中最大一条鱼重达18.5公斤、近一米长,创卧龙湖近年来打捞单尾之最。

22 日 市长陈海波带领沈阳市对口帮扶慰问团驱车赶往阜新,送去对口帮扶款1200万元。23日辽宁省地震局召开新闻发布会,发布:23日12时18分16.5秒,辽宁灯塔市与沈阳市苏家屯区交界处(北纬41.5度,东经123.2度)发生5.1级地震,震源深度7公里,沈阳市震感强烈,楼体有晃动,持续时间30秒左右。

26日　米其林沈阳新工厂正式投产,首批高性能子午线轮胎下线。这标志着投资总额近15亿美元的"高性能子午线轮胎环保搬迁改造及扩产项目"取得里程碑式成果。

28日　总投资27亿元的"铁西宝马新城环普金杯产业园"项目成功签约。环普产业投资与沈阳金杯汽车工业有限公司合资在铁西宝马新城建设的"环普金杯产业园"项目,选址在宝马新工厂南约40万平方米地块。建设20万平方米定制厂房和20万平方米标准厂房,吸引10家以上世界知名汽车零部件企业入驻园区。

29日　住房和城乡建设部在北京召开国家智慧城市试点创建工作会议,公布首批国家智慧城市试点名单,浑南新区入选试点名单。全国共有90个城市(区、镇)入选,辽宁省有2个城区入选。

二　月

1日　市政府举办表彰2012年度纳税百强单位活动。市政府决定,授予华晨宝马汽车有限公司等10户企业"沈阳市2012年度纳税十强单位"称号,授予华润雪花啤酒(辽宁)有限公司等90户企业"沈阳市2012年度纳税百强单位"称号。市长陈海波为获奖单位颁奖,市委常委、常务副市长顾春明宣读表彰决定。

5日　市委、市人大常委会、市政府、市政协领导同志分9组走访慰问劳动模范、老红军、困难职工、低保户、农村五保户、生活困难党员、一线职工代表和驻沈部队,向他们送去节日问候,并通过他们向全市人民致以新春祝福。

▲　由全球战略经济发展委员会、世界品牌组织、中国著名品牌发展研究会等机构联合推选的"年度影响世界的中国力量品牌500强"排行榜在北京公布。其中东北制药集团、沈阳远大集团及华晨汽车荣登这一榜单。

18日　中共沈阳市委召开十二届六次全会,会议审议通过《关于市委候补委员洪运力同志递补为市委委员的决定》,票决52名市管党政正职领导干部。省委常委、市委书记曾维主持会议。

▲　沈北新区面向社会公开招聘聘任制公务员工作正式启动,此次计划公开招聘5名聘任制公务员。这种打破身份上的"铁饭碗"、职务上的"铁交椅"和分配上的"大锅饭"的公务员录用机制在辽宁尚属首次。

▲　沈阳消防部队配发的两辆101米曲臂云梯消防车正式上岗执勤。两辆车分到铁西、和平两个消防中队。车辆工作高度101米,最大喷水高度达到150米左右。

27日　沈阳市召开2013年政府绩效考评工作会议,和平区政府等7个单位列政府绩效综合考评A类单位前3名,市发改委等30个单位列政府绩效考评B类单位前3名,大东区政府等9个单位获单项工作优秀奖,肖枫等17名同志获"市长特别奖"。

▲　法库县和谐家园小区燃气正式开栓,这是沈阳燃气集团有限公司首次向法库县居民小区输送优质天然气,法库县从此结束了没有民用管道天然气的历史。

28日　市十五届人大常委会举行第一次会议。会议审议通过沈阳市第十五届人大常委会2013年工作要点;审议通过关于撤销沈阳市人大常委会换届选举工作办公室的决定;审议通过沈阳市第十五届人民代表大会常务委员会代表资格审查委员会主任委员、副主任委员、委员名单;审议关于沈阳市和区县(市)及乡镇人民代表大会换届选举工作情况的报告。会议进行人事任职事项,依法任命41名新一届市政府组成人员。

▲　市委宣传部、市旅游局和市委外宣办召开新闻发布会,确定"沈阳城市旅游形象标识"。"沈阳城市旅游形象标识"整体配色采用似宫墙的正红色和象征历史底蕴的黑色,凸显沈阳文化旅游的优势和古城浓厚的历史人文背景;主体部分采用市花玫瑰与中国传统吉祥图案祥云两大意象结合,数片绽放的玫瑰花瓣以及由祥云内部向外伸展的螺旋纹样,代表日新月异发展的沈阳,正绽放她特有的活力与魅力;图案中心为沈阳故宫标志性建筑物"故宫大政殿"的建筑剪影;以几何形状拼合而成的"活力之都"4个字,寓意"工业旅游"已成为沈阳特色旅游的一道别致的风景。

三　月

1日　由深圳宝能集团投资120亿元的沈阳宝能环球金融中心项目,在金廊沿线原北方图书城旧址奠基。该项目规划总建筑面积100万平方米,主要建设宝能环球金融中心大厦、体验式文化艺术中心等。其中,宝能环球金融中心大厦规划建设110层,高度达518米,将成为东北地区最高的建筑。

▲　辽宁省居民健康卡在沈阳正式启动。当天,省卫生厅在中国医科大学附属第一医院发放首批居民健康卡。

2日　沈阳市全国人大代表启程赴京,参加即将举行的十二届全国人大一次会议。参会代表共9名:市长陈海波,市人大常委会主任赵长义,副市长、市公安局局长许文有,沈阳评剧院副院长冯玉萍,沈阳中兴商业集团有限公司董事长刘芝旭,盛京银行股份有限公司董事长、行长张玉坤,中国工程院院士、沈阳农业大学水稻研究所所长陈温福,北方重工集团有限公司董事长耿洪臣,中国医科大学附属盛京医院院长郭启勇。

4日　沈阳市皇姑区渭河街小学正式更名为"雷锋小学"。

7日　沈阳市总工会对10个集体和个人分别授予"沈阳市五一巾帼'十佳'集体"和"沈阳市五一巾帼'十佳'标兵"荣誉称号。沈阳华润热电有限公司技术支持部化学化验班、沈阳兴隆大家庭购物中心有限公司羽绒商场和皇姑区人民法院速裁庭等10个班组科室获"十佳集体"荣誉称号,市总工会同时向这"十佳"集体颁发"沈阳五一劳动奖状"。中航工业沈阳飞机设计研究所综合强度部副部长陆华、沈阳机床股份有限公司沈阳第一机床厂装配工人张春华和沈阳水务集团运营公司纠风办纪检员贺钧等10名女职工获"十佳标兵"荣誉称号,她们也同时获得"沈阳五一劳动奖章"。

12日　法库县工商局向法库县"福源蔬菜种植家庭农场"、"三兄弟玉米种植家庭农场”、“金花蔬菜种植家庭农场”、“润农花卉种植家庭农场”和“田源水稻种植家庭农场”颁发营业执照。这是沈阳市首批经工商部门注册登记正式成立的家庭农场。

14 日　由国家文物局主办的“2012 年度全国十大考古新发现终评”入围名单揭晓。其中，沈阳中街汗王宫遗址榜上有名，这是 60 多年来，沈阳考古发掘首次进入全国十大考古新发现名单。汗王宫是努尔哈赤迁都沈阳后的早期寝宫。2012 年 5 月至 8 月，沈阳市文物考古研究所在沈河区北中街路北地块的某建筑工程用地内发掘出一组清代早期建筑遗址，发掘面积约 1600 平方米。根据清康熙年间的《盛京城阙图》所绘的“太祖居住之宫”（俗称“汗王宫”）的位置，结合出土的建筑基础和遗物，认为这组建筑址即为汗王宫遗址。

18 日　经纬长客总站搬至龙之梦新客运站运营。新客运站位于大东区珠琳路与滂江街交叉口西南侧的龙之梦公交枢纽站一侧，搬迁后，长途旅客实现与公交和地铁的无缝对接。

21 日　沈阳刮起 6—7 级的西南风，阵风达到 8—9 级。大风造成多处财产损失和人员伤亡。位于沈阳和平区南五马路上的玉麟大厦外墙墙砖被大风吹起，砸坏停在大厦楼下数辆停靠的汽车；102 国道沙岭段久春盛饭店，由于大风把房盖掀落，将一男性砸倒，当场死亡；沈阳市于洪区沈胡路恒力通液压机械设备厂，大风把厂房彩钢板掀起，将一正在行走在沈胡路的男性砸倒，当场死亡。

22 日　沈阳地铁九号线、十号线工程开工仪式在沈阳地铁九号线汪河路站—曹仲站区间施工现场举行。九号线、十号线分别为沈阳市快速轨道交通近期建设规划中的两条“L”线，共同形成地铁环线，合计总长 79.1 公里。地铁九号线工程北起怒江公园，终至建筑大学，设车站 23 座。地铁十号线工程北起丁香湖公园，终至苏家屯副城，设车站 37 座。两线预计 2018 年建成。

20—23 日　省长陈政高到沈阳市调研，先后考察铁西装备制造、沈北手机、于洪特种机床、浑南国家大学城、大东汽车及零部件等产业发展情况和在建的金廊重点项目，先后主持召开 5 个座谈会，分别就建设具有国际竞争力的世界级装备制造业基地，加快沈北手机产业发展，建设特种机床产业集群，把浑南打造成为沈阳的中关村、建设中国 IC 装备产业和知名的软件基地，以及加快汽车及零部件产业发展等专题，与 60 余户企业负责人深入探讨交流。

24 日　沈阳四维数码科技有限公司与美国 ASK4D 公司北京华创天地文化传媒有限公司签订全球《4D 无镜立体平板电脑》产业化协议，双方计划投资 3 亿元人民币，在沈建立“4D 无镜立体平板电脑”的生产基地和销售网络。4D 无镜立体平板电脑是一种无需佩戴立体眼镜，就可以获得震撼的立体体验的平板电脑。

25 日　沈阳市建筑行业召开首届一次职工代表大会，152 名职工代表以表决制，审议通过《沈阳市建筑行业工资集体合同（草案）》，确立建筑行业 11 个主要工种的工时工价标准，明确区、县行业最低工资标准，并约定年度不低于 10% 的工资增幅，开全国副省级城市和省会城市先河。

26 日　中共沈阳市委、沈阳市人民政府发布《关于表彰 2011－2012 年度非公有制经济百强企业和先进个人的通报》。授予沈阳远大铝业工程有限公司等 10 户企业“2011－2012 年度沈阳市非公有制经济百强标兵企业”，沈阳北方建设股份有限公司等 90 户企业“2011－2012 年度沈阳市非公有制经济百强企业”荣誉称号；授予康宝华等 10 人“2011－2012 年度沈阳市经济发展突出贡献奖”，李兴国等 90 人“2011－2012 年度沈阳市经济发展贡献奖”。

27 日　全市新扩建 51 所幼儿园名单公布，具体分布是：市本级 1 所、和平区 1 所、沈河区 2 所、皇姑区 5 所、铁西区 3 所、苏家屯区 2 所、于洪区 9 所、沈北新区 3 所、辽中县 1 所、康平县 8 所、法库县 9 所、新民市 7 所。

28 日　市长陈海波出席和平区 20 个重大项目集中开工仪式并为项目奠基。和平区迄今最大的保障性住房建设项目——建筑面积 45.8 万平方米的“马总花园”和涉及金融、会展、科技研发、现代商贸等高端服务业的 19 个产业项目同时启动建设。“马总花园”保障性住房项目位于长白岛地区，计划明年 8 月建成，可安置回迁居民 4145 户。

▲　于洪区举行重点服务业项目集中开工奠基仪式。五洲国际工业博览城、永辉东北交易物流中心等 6 个项目集中开工。市长陈海波出席项目奠基仪式。

▲　沈阳市举行 2012 年享受国务院政府特殊津贴人员证书暨津贴颁发仪式，沈鼓集团汪创华等 9 名专家荣获国务院政府特殊津贴。

29 日　沈阳市机械装备制造行业的企业方代表和职工方代表签订《沈阳市机械装备制造行业工资专项集体合同》，明确 16 个工种岗位的最低工资标准，确定不低于 6% 的行业职工工资增长幅度。这份工资集体合同覆盖全市 136 家机械装备制造行业企业的 70098 名员工。

四　月

1 日　《沈阳市人民政府办公厅关于进一步做好房地产市场调控工作的通知》发布。内容包括：2013 年沈阳市新建商品住房价格控制目标为其涨幅低于当年城市居民人均可支配收入实际增幅、继续执行差别化住房信贷政策、依法执行二手房交易税收政策等；在全市行政区域内，已拥有 1 套住房的本市户籍居民家庭（含购房人、配偶及未成年子女，下同），可再购买 1 套住房；能够提供在本市 1 年以上纳税证明或社会保险证明的非本市户籍居民家庭，可购买 1 套住房。购买的住房包括新建商品住房和二手住房。

▲　沈阳市职工医保参保人员符合急诊抢救的医疗保险范围内的报销比例，由 50% 提高到 70%，将减轻参保人员医疗费用负担 1700 多万元；居民医保参保人员符合急诊抢救的医疗保险范围内的报销比例，由 50% 提高到 60%，可减少参保人员此项医疗费用支出 700 多万元。

2 日　沈阳市精神文明办、市工商局和市个体劳动者协会联合召开“沈阳市推进道德信贷工程暨文明诚信个体工商户总结表彰会”，杨大明等 209 位获奖者被确定为首批“沈阳市文明诚信个体工商户”。同时获得由工商银行、邮储银行提供的“道德信贷金卡”。持工商银行金卡的市文明个体户可享 30 万元信用额度、56 天的免息还款期，符合条件者可优先快捷办理300万元至3000万元贷款等;持邮储银行金卡者,贷款可享优先受理、优惠利率、优质服务等,该行还为209户文明个体工商户设立专项贷款额度1亿元。

3日 省委书记、省人大常委会主任王珉,就沈阳三环绕城高速公路改扩建工程、四环快速路建设情况进行工作调研。

4日 清明节小长假首日,沈阳市各祭祀场所共接待85万人祭祀,比上年同期增加34万人,是有记录以来单日祭祀人数最多的一天。当天,沈丹高速沈阳收费站高峰时段8时至9时共有5000台车通过。

6日 沈阳市公布:将进一步提高城乡医疗保障水平,其中各级财政对城镇居民医保和新农合的补助标准将提高到每人每年280元,与此同步也将适当提高个人缴费金额,使人均筹资标准增至350元左右。

7日 铁西区举行重点项目集中开工暨中国(沈阳)嘉泰工业装备博览城项目奠基仪式。2013年,铁西区计划开工投资3000万元以上项目258个,总投资额2187亿元。当天开工项目总计43个,总投资额735亿元,涵盖装备制造业、汽车及零部件、现代建筑、商贸物流、城市综合体等多种业态。

12日 华晨宝马汽车有限公司携手华晨汽车与宝马汽车双方股东在北京举行华晨宝马战略发布会,宣布一个全新汽车品牌——"之诺"诞生。华晨宝马推出的新品牌"之诺",首款产品是一款用全电力驱动技术的汽车,计划在2013年底广州车展进行全球首发,并于2014年推向市场。"之诺"将在华晨宝马铁西工厂生产。

13日 沈阳市第十四个"共产党员社区奉献日",市委组织部将今年活动的主题确定为"清洁沈阳作表率,服务社区当先锋"。当日,全市共有28万余名社区党员和在职党员参加活动,共植树28000多株,清理垃圾杂物15000多吨,平整绿地11万余平方米,清除小招贴23万余张,维修改造各类基础设施2350处。

15日 海斯坦普汽车组件(沈阳)有限公司举行竣工投产仪式。西班牙海斯坦普集团是全球著名的汽车零部件制造企业,为宝马、奔驰、通用等众多世界级车企提供配套服务。总投资额达6000万欧元的海斯坦普汽车组件(沈阳)有限公司,是宝马铁西新工厂第一家正式投产的汽车零部件配套企业。

17日 沈阳市首座太阳能候车廊在浑南新区建成。该候车廊位于浑南新区营盘北街,是238、146等多条公交线路在兴隆大奥莱站的候车站点。候车廊顶部安装8块太阳能电池板,整套设备可为4盏40瓦LED灯具及0.3平方米LED显示屏持续供电10小时。

18日 由经济日报社主办的第三届中国自主创新年会在北京人民大会堂举行。本届年会的主题是"全球视野,创新驱动"。沈阳市荣获中国十大创新型城市奖,沈阳机床集团董事长、总经理关锡友荣获中国十大创新人物奖,华晨汽车集团控股有限公司荣获最具成长力创新型企业奖。

▲ 法库县获批辽宁省新型工业化和城镇化统筹发展改革试验区。

21日 第十二届全国运动会开闭幕式礼仪引导员选拔活动在东北大学启动。

▲ 哈大高铁时速提至300公里并按照夏季运行图运行。沈阳到大连用时1小时30分钟。

13—22日 以省委常委、市委书记曾维为团长的沈阳市经贸代表团赴澳大利亚、新西兰开展友好访问和经贸交流活动。代表团先后访问悉尼、墨尔本、奥克兰等城市,与当地工商界、企业界和金融界人士进行广泛接触,考察知名企业,推进辽宁辉山乳业集团同澳大利亚农牧业出口有限公司合作及全球第二大工业及物流地产开发商——澳大利亚嘉民集团在沈阳经济技术开发区宝马产业园区建设宝马物流产业园和工业地产项目等落实,取得丰硕成果。

22日 辽宁股权交易中心正式揭牌并落户沈阳金融商贸开发区。该中心紧随上海、浙江、深圳,进入全国场外市场建设第一梯队。中心首批挂牌企业达到41家,数量居全国区域性股权交易市场最前列。

▲ 17时11分53秒,辽宁省阜新市彰武县交界处发生里氏5.3级地震。震中位于东经122.4度,北纬42.9度,震源深度6公里。本次地震发生在郯庐地震带附近,距离沈阳市144公里。沈阳市区及康平、法库震感强烈。

23日 南二环路道路整修工程全面开工。工程起点为揽军高架桥东侧,终点为新立堡立交桥,工期计划为40天。

24日 全省首家城市社区书屋落户于洪区大兴街道瑞金社区。书屋由辽宁出版集团有限公司捐建,建筑面积30平方米,配有图书架(柜)10个,藏有各类图书近4000册。

25日 市人大常委会主任赵长义会见由泰国国会主席兼下议院议长颂萨率领的泰国国会代表团一行。

26日 中国黄金东北交易中心、北方国际黄金珠宝城正式开业,标志着中街商圈西延并与金廊商圈成功交汇。2011年5月,辽宁中金欧亚(国际)珠宝有限公司出资1亿元,对五交化大白楼改造,成为中国黄金东北交易中心;中心聚集全国600多个黄金珠宝生产厂家及50余个黄金珠宝著名品牌,其中老凤祥为首次入驻沈阳。

▲ 第十二届全运会组委会在沈阳召开新闻发布会,正式公布第十二届全运会奖牌、获奖证书及颁奖礼仪服装的样式。十二运奖牌取名为"新曙光",奖牌正、反面分别标注着历届全运会的举办时间和举办地,奖牌外形为12边形。

▲ 浑南新区与威立雅交通巴黎地铁中国公司签署协议,由这家法国公司运营管理浑南现代有轨电车,并提供人才培训。

28日 沈阳市庆祝五一国际劳动节暨"当好主力军、奋战十二五、实现新跨越"推进大会在八一剧场召开。省委常委、市委书记曾维出席大会,市委副书记邢凯讲话,市委常委、市总工会主席鞠秀礼宣读《关于颁发沈阳五一劳动奖状、奖章,命名沈阳工人先锋号和表彰振兴竞赛及技能竞赛先进个人的决定》,李晓亮等300人获沈阳五一劳动奖章,沈阳兴华航空电器有限责任公司等44个单位获沈阳五一劳动奖状,特变电工沈阳变压器集团有限公司大型项目公司等50个集体获沈阳工人(五一)先锋号。

▲ 中国经济女性年度人物推举活动十周年纪念大会暨2012中国经济女性年度人物揭榜典礼在北京举行,新民市周坨子镇安坨子村妇女主任马秀华荣获"2012中国优秀经济女性"称号。

五 月

1日 沈阳市全民健身中心竣工。中心包括健身大厦、室外运动场、网球馆、游泳馆等大众健身、休闲设施30余项,预计9月前正式投入使用。

3日 在第十三届电影频道电影百合奖颁奖典礼上,沈阳市委宣传部与黑龙江电影制片厂有限公司等单位联合摄制的主旋律3D电影《国徽》荣获百合奖一等奖第一名,导演邢树民获得最佳导演奖,这是继电影《抵抗! 抵抗!》之后,沈阳市二度获得百合奖。

4日 在浑南新区金水花城小区,沈阳供电公司正式启用自主研发的无线自助缴费终端,这种专门缴纳电费的无线ATM机,目前全国只有一台。无线ATM机实现1分钟缴电费,小区4300户居民在家门口就可以交电费。

5日 建设国家中心城市与推进新型城镇化建设理论研讨会在沈阳举行。

6日 东北首家景观式立体停车场在中国家具城开工启动。原本只能停放32台车的停车场,经过改造后可容纳104台车,为繁华商圈地区停车难成功解困提供良好范本。

8日 沈阳市房地产交易权属登记中心于洪分中心启动运行。该中心将为沈阳西部的于洪区、铁西区和经济技术开发区区域的百姓和开发企业提供方便快捷的登记服务。

10日 市公安局启动和深化社会治安大巡逻、大防控,打造全时空防控网活动。即日起,沈城主要街路上布置26个全天候新式"一岗双警"岗亭,交警巡警轮流值守。16个流动警务室实行24小时巡逻,20组交警夜间执勤兼顾治安查处等。

▲ 第十二届全运会"首金"产生。在男子50公里竞走比赛中,内蒙古选手吴钱龙以3小时51分35秒夺得冠军。

16日 省政协主席夏德仁到沈阳市就经济社会发展情况进行工作调研,并走访慰问部分基层企事业单位的省政协委员,看望市政协机关的同志。

18日 历经5年多的建设,位于沈阳市大东区地坛街30-3号的沈阳二战盟军战俘营旧址陈列馆正式对外开放。这里曾先后关押过美国、英国、加拿大、澳大利亚、荷兰、法国6个国家的战俘2000余名。这座建立在原侵华日军设立的奉天俘虏收容所旧址上的遗址性博物馆,是全国数千座博物馆中惟一完整与战俘有关的博物馆,并且也是世界上现存的惟一的盟军战俘营博物馆,博物馆占地面积12000余平方米,建筑面积约4000平方米。

▲ 尘封了184年的沈阳故宫戏台重新启用。观众可以在皇帝当年赐宴赏戏的嘉荫堂里,体味"宫廷"里观看京剧的乐趣。

19日 以"科技创新,美好生活"为主题的辽宁省暨沈阳市科技活动周在沈阳师范大学开幕。

20日 2013中国(沈阳)现代建筑产业国际研讨会在沈阳国际展览中心召开。本次研讨会以"新型建筑工业化与城市发展"为主题。

▲ 由住建部住宅产业化促进中心、辽宁省住房和城乡建设厅、沈阳市人民政府共同主办,沈阳市城乡建设委员会和沈阳国际展览中心承办的"第二届中国(沈阳)国际现代建筑产业博览会"在沈阳国际展览中心开幕。本届博览会共吸引德国、加拿大、意大利、韩国、日本、瑞士、英国、新加坡、美国等国家和地区,以及国内25个省市(自治区)的企业参加。展览面积6万平方米,参展企业600余家,设展位3000余个。

▲ 沈阳市启动规范电动车管理工作,对电动自行车进行注册登记。当天,全市14个交警大队共对225辆符合标准的电动自行车免费发放了牌照。

▲ 在成都东郊记忆演艺中心举行的第26届中国戏剧梅花奖颁奖典礼上,沈阳评剧院"花派传人"、著名评剧表演艺术家冯玉萍第三度获得梅花奖,成为中国戏剧界第七位"三度梅"大奖的得主,更是中国评剧史上第一位获得"三度梅"殊荣的艺术家。

23日 "十二运"开幕倒计时100天。

25日 为迎接第十二届全运会召开,十二运沈阳赛区组委会、市直机关工委在沈水湾公园举行"迎全运市直机关干部职工健步走"活动。市直机关78个单位的2000余名干部职工参加健步走活动,从沈水湾公园东入口出发,西行至三好桥西新世界花园出口,全程约4公里。

28日 第十二届全运会组委会公布十二运主题口号、宣传画和会歌。"全民健身,共享全运"被确定为十二运的主题口号;由鲁迅美术学院再创作的8幅宣传画成为十二运的宣传画;由吕威作曲,韩晴、胡宏伟作词的《梦想的翅膀》成为十二运会歌。

31日 沈阳市心理危机干预中心在沈阳市精神卫生中心正式挂牌成立。

六 月

4日 浑南新区现代有轨电车进行联调联试。设定最高时速为55公里,高峰车隔10分钟,7月中旬试运行,8月中旬正式运营。

7日 由沈阳航空航天大学自主研制的国内首款电动双座轻型运动飞机在沈阳成功首飞,实现了国内通用航空有人驾驶飞机研发领域质的飞跃。这款新型清洁能源飞机以锂电池为能源,机体结构采用全碳纤维复合材料。与传统油动飞机相比,具有造价低廉、运行成本低、安全实用的特点,除用于教学、娱乐飞行外,还可以作为工、农、林、牧等行业实用性多用途飞机。

10日 鸭绿江北街道路改造工程完成。该工程北起三环桥,南至天仙路,总长近5公里。道路整修连接15处断裂管线,清通2200延长米淤堵管道,翻建道路结构层77厘米厚。

14日 由市委宣传部、市文广局主办的"追逐中国梦想唱响幸福沈阳"第二届沈阳市社区文化艺术节暨市民合唱节在多福社区福临文化广场正式启动。

15日 沈阳绕城高速(三环)金宝台至北李官段实现简易通车。该段全长11公里,为双向8车道设计。包含金宝台站、谟家堡站、宁官站、张士站和北李官站。加上之前开通的东、南环,近三分之二的三环路已经开通;沈山与沈丹、沈大高速公路可凭借三环路实现互通。

▲ 地铁二号线市府广场站D出入口投入使用。该出入口位于市府广场西侧。

16日 国家旅游局局长邵琪伟在第五届海峡论坛大会上宣布,开放沈阳、郑州等13个城市为第三批大陆居民"台湾自由行"试点城市,包括沈阳在内的6

个城市将于6月28日正式启动。

18日 由日本丰田纺织株式会社投资3.3亿元人民币建设的丰田纺织汽车零部件项目,签约落户沈阳经济技术开发区。丰田纺织汽车零部件项目占地面积6万平方米,计划7月1日开工建设,2014年10月建成投产,主要生产汽车顶棚、门板、座椅等汽车零部件产品,为华晨宝马公司提供配套。项目达产后,预计年产值可达6亿元人民币,年利税1.5亿元人民币。

▲ 辽宁省首个医院集团——中国医科大学附属盛京医院集团正式成立,盛京医院以及集团内首批八所签约医院开始进行管理合作、资本合作、医疗资源共享。

▲ 青年大街道路改造工程全面启动,工期预计为45天。青年大街改造后将比原路普遍高出5厘米,使道路承载力大大增强。

▲ 青年大街、北陵大街燃气工程全线竣工。为配合8年后青年大街的首次大修,燃气集团在7天时间里,对青年大街、北陵大街的地下燃气管线进行了大范围改造。

▲ 全省首个党委群众工作部在沈阳市沈河区挂牌成立。作为"全国社区管理和服务创新实验区"和沈阳市社会管理创新试点区,沈河区率先成立区委群众工作部,承担加强和创新社会管理、调查收集社情民意、社会综合调研等职能。

19日 整修改造后的南二环全线开通。此次道路整修,重新铺设三层沥青混凝土,厚度达18厘米;整修路段西起大堤路立交桥东到新立堡立交桥,全长16公里。

▲ 东西快速干道进行首次大修。整修工期2个月。分期进行单向封闭整修。6月19日—7月19日,封闭西向东方向;7月19日 —8月19日封闭东向西方向。

20日 省政协主席夏德仁率部分省政协委员到沈阳新民市新民文化博览园,就农业文化遗产保护利用工作进行视察。

23日 中共沈阳市委决定追授那洪宇同志"沈阳市优秀共产党员"称号,并开展向那洪宇同志学习活动。那洪宇,1967年10月出生,中共党员,生前任沈阳浑南新城建设工作领导小组办公室副主任。2013年5月5日,因积劳成疾,在工作岗位上突发疾病,5月10日医治无效逝世,年仅45岁。

24日 沈阳市对经济适用住房货币补贴标准做出大幅度调整,其中最高由5.5万元提高到10万元,最低由1.3万元提高到4万元。

25日 全国第23个土地日,国土资源部在浙江省绍兴市召开全国第二届国土资源节约集约模范县(市)表彰会。和平区、于洪区作为沈阳市节约集约用地的代表,获得国土资源节约集约模范县(市)荣誉称号。

26日 省委书记、省人大常委会主任王珉到沈阳沈北新区进行工作调研。

▲ 沈阳地铁启动二号线进站安检工作,沈阳地铁安检进入全封闭状态。

27—28日 全国政协副主席苏荣率部分全国政协委员到沈阳,就"科技创新驱动产业发展"进行视察。视察组视察沈阳鼓风机(集团)股份有限公司、沈阳机床股份有限公司、沈阳新松机器人自动化股份有限公司、沈阳自动化研究所和沈阳飞机工业(集团)有限公司,同有关部门及部分企业负责人进行座谈。

28日 2013中国沈阳国际旅游节开幕式暨首届中国沈阳国际啤酒节在沈北新区方特欢乐世界广场启幕。

29日 由国家体育总局体操运动管理中心、中国大学生体育协会、中国中学生体育协会共同主办,沈阳大学承办的2013年全国啦啦操联赛(沈阳站)暨中国啦啦操之星争霸赛(沈阳站)正式开赛。

30日 由中国电影股份有限公司、沈阳市委宣传部、铁西区委区政府等单位联合摄制的26集电视连续剧《大路上》,在中国工业博物馆举行开机仪式。

七　月

1日 按照辽宁省要求,沈阳市调整最低工资标准,市内9区从1100元/月调整到1300元/月,四个县(市)从900元/月调整到1100元/月。

▲ 沈阳市灵活就业人员养老保险缴费基数调整为4158.33元,调整前缴费基数为3813元,上调345.33元。参保人员每月至少多缴41.5元,最多69.07元。为缓解缴费压力,灵活就业人员可以自愿选择60%、70%、80%、90%、100%当中的任一缴费档次进行缴费,缴费比例为20%。

▲ 城乡低保标准上调。其中城市每人每月增加50元,9区及开发区,四县(市)分别达到490元、420元。城乡低保边缘户标准和农村五保供养标准也同时上调。

▲ 根据市政府通告,确立环保绿标路和绿标区。新增市府大路、和平大街、建设大路"两横一纵"绿标路,确定奥体中心区域和全运村区域等为环保绿标区。

4日 国家体育总局局长刘鹏到沈阳,考察"十二运"沈阳赛区筹备工作。先后考察沈阳医学院体育馆、沈阳奥体中心体育场等场馆设施建设情况。

5日 华晨宝马汽车有限公司在铁西新工厂举行成立十周年庆典。沈阳市政府授予华晨宝马突出贡献企业奖。

▲ 2013中国沈阳韩国周暨第二届西塔美食文化节开幕。

6日 中国工程院院士,中科院沈阳应用生态研究所原所长,沈阳大学名誉校长、原校长,辽宁省科协副主席、沈阳市科协主席孙铁珩院士悼念仪式在沈阳回龙岗革命公墓举行。孙铁珩院士因病医治无效,于2013年7月2日在上海逝世,享年75岁。

▲ 北陵大街—青年大街改造工程机动车道全面竣工。机动车道宽度27米,改造面积34万平方米,近10.7公里。

8日 封闭3年多的市府广场正式向市民开放。市府广场有南北、东西两条轴线,主要由中心市民广场区、周边的2个林荫休闲广场区、南北2个主入口区、东西2个次入口区组成。改造后的市府广场总面积约为6.8万平方米,南北长约340米,东西宽约200米。

10日 沈阳东西高架桥一期西向东封闭施工结束并恢复通车。在开放西向东方向交通的同时,立即进行二期东向西方向封闭施工。

12日 市委召开全市党的群众路线教育实践活动动员大会。省委常委、市委书记曾维作动员讲话。省委第一督导组组长常卫国出席会议并讲话。市委副书记、市长陈海波主持会议。市人大常委会主任赵长义、市政协主席姜宏、省委第一督导组副组长赵东岩出席会议。中央督导组有关同志和省委督导组其他成员参加会议。

13 日　“携手绿城全运村，做谦恭有礼沈阳人”文明创建八大行动在全市启动。当天，沈城万余名志愿者在中山公园、地铁青年大街站、张氏帅府广场等处参加各具特色的“做谦恭有礼沈阳人”主题活动启动仪式。

17 日　中共沈阳市委十二届七次全体会议举行。市委常委会主持会议。省委常委、市委书记曾维代表市委常委会作题为《深入开展党的群众路线教育，全力完成今年各项工作任务》的工作报告。

24 日　改造后的沈阳站东广场开放，改造后的站前广场面积 3 万平方米、地面停车位 140 个；31 米宽的“巨型”地下通道连接东西广场，实现公交铁路的“零换乘”。

25 日　全国最大的区域性名人碑廊“辽海名人碑廊”在沈阳龙泉古园落成，并举行落成仪式向市民开放。该碑廊占地近 5000 平方米，长 203 米，上镌先秦至当代已逝的辽宁地区历史名人 2526 人，其中 523 人刻有小传。

27 日　应邀来华出席第九次中越两党理论研讨会的越共中央政治局委员、中央书记处书记、中央宣教部部长、中央理论委员会主席丁世兄，在中联部部长助理杨燕怡的陪同下，到沈阳参观访问。

▲　同日《天辽地宁绘风流——沈阳日报美术馆开馆暨辽宁百位名家书画精品展》在沈阳日报美术馆举行，省内近百位著名书画家参加展览。

28 日　沈阳市在新建成的四环路上举办“迎全运、爱家乡、四环开通”自行车健身活动，共有 2300 名骑行爱好者参加活动。

29 日　沈阳市与韩国大田广域市缔结为友好城市。市长陈海波、大田广域市市长廉弘喆分别代表两市在协议书上签字。

▲　由国家新闻出版广电总局电影频道节目中心出品，沈阳市委宣传部、法库县委和县政府、黑龙江电影制片厂联合摄制的电影《秀水河子歼灭战》在法库县举行首映式。

30 日　国家质检总局在沈阳机床集团为全国首批 9 个“国家级出口工业产品质量安全示范区”授牌。其中，“沈阳出口机床产品质量安全示范区”为惟一享受“免验”待遇的示范区。

▲　第十二届中国沈阳国际装备制造业博览会组委会会议在北京举行。会上宣布，本届制博会将于 9 月 13 日至 17 日在沈阳国际展览中心举行。本届制博会规划展位总数 3600 个，展览面积约 10 万平方米。

▲　沈阳四环快速路开始全线试通车，车辆行走四环路全程免费通行。沈阳四环是目前全市建设里程最长、投资规模最大、智能化水平最高、绿化效果最好的城市快速路。线路全长 132 公里、直径 40 公里、包围面积 1254 平方公里，贯通铁西、于洪、沈北、棋盘山、东陵、苏家屯 6 区，连接永安新城、蒲河新城、新城子新城、沈抚新城、浑南新城、佟沟新城、沙河新城、浑河新城、铁西产业新城、胡台新城 10 个新城区。距离“三环”平均 8 公里。

31 日　改扩建的三环全线通车。三环路全长 81.9 公里，是国家高速公路网的重要组成部分，连接沈山、沈新、沈四、沈吉、沈丹、沈大 6 条高速公路。

八　月

1 日　辽宁省“营改增”试点正式启动并顺利上线。

▲　东西快速干道全面开放交通，比原计划提前 18 天。整修工程从 6 月 19 日晚 9 时起开始施工，历时 42 天，工程包括东西高架桥、公和桥、沈海立交桥三部分，是建成 12 年来的首次大整修。

3 日　省长陈政高检查十二运开闭幕式筹备工作。

4 日　望花街大修工程竣工通车。工程起点为柳条湖桥南引道，终点为三家子路路中，全长约 7.1 公里。

8 日　丽水新城新建公租房开始摇号配租。此次参加摇号的房源共 1584 套，其中，41 平方米左右的单室 944 套，72 平方米左右的双室 640 套。有 5899 户无房家庭竞租，竞租者包括本市、外来务工以及大学毕业生无房家庭。基础租金：单双室每月 300 元和 400 元。

10 日　第十二届全运会火炬传递活动第一站在沈阳举行。省委书记、省人大常委会主任王珉，国家体育总局局长刘鹏，省长陈政高，省政协主席夏德仁，省人大常委会党组书记、常务副主任李峰，省委常委、秘书长陈超英，省委常委、沈阳市委书记曾维，省委常委、常务副省长周忠轩出席火炬点火起跑仪式。火炬传递路线全长 8.8 公里，起点、终点均设在沈阳奥体中心南广场，途经浑河大桥、五里河公园、富民桥和浑南中路。共有 241 名火炬手参与，其中沈阳本地的火炬手有 153 名。

11 日　北海高架桥“姊妹桥”正式竣工通车。该工程是东一环快速路改造北海高架桥加宽工程，是东一环快速路改造工程一期工程最后一段高架桥工程，北起吉祥一路，南至沈海立交桥，全长 1416.38 米。

15 日　沈阳桃仙国际机场新航站楼（T3 航站楼）正式启用，T1、T2 航站楼停止运行。新航站楼建筑面积为 24.8 万平方米，楼体建筑为地下两层，地上四层。

▲　浑南新区现代有轨电车网开始载客试运营。

16 日　横跨浑河的伯官大桥正式建成通车。伯官大桥位于高坎大桥与沈阳鸟岛之间，南接沈抚新城，北接棋盘山，全长 1113.85 米；由主桥、引桥、引道及接线道路组成，其中主桥长 430 米，引桥长 455 米，引道及接线道路全长 228.85米；桥宽 32 米，双向六车道及两侧人行道（含非机动车道），设计车速 60 公里/小时。

▲　经过一年的封闭施工改造，沈阳北站南站房正式开通。与此同时，南广场地面高架送客通道、地面进出站通道、西公交车场均投入使用。

18 日　第十二届全运会沈阳赛区组委会全运村正式开村。十二运沈阳赛区组委会主任、市长陈海波向十二运沈阳赛区组委会副主任、全运村村长、市领导杨亚洲交付全运村钥匙，并宣布开村。

22 日　沈阳首个“绿色出行日”。沈阳市承诺停驶的车辆包括 63 个市直机关的机关干部私车 3068 辆，193 个企事业单位的公车 1600 辆，市民私家车 5961 辆。

23 日　沈阳北站南广场地下通道全面开放，市民和旅客可由地下通道进入南站房。地下通道出入口连通地铁二号线“沈阳北站站”A、B出入口。

25日 第十二届全运会媒体村正式开村，媒体村可以接纳2200余名记者入住。

28—31日 中共中央总书记、国家主席、中央军委主席习近平在辽宁考察。29日下午，习近平到沈阳军区机关，接见驻沈阳部队师以上干部，听取沈阳军区工作汇报。30日上午，习近平到沈阳市铁西区，观看反映铁西今昔对比、十年巨变的电视片，考察沈阳鼓风机集团股份有限公司、沈阳远大企业集团、沈阳机床(集团)有限责任公司。30日下午，习近平专程到沈河区大南街道多福社区考察产业工人居住条件、就业再就业情况、民生保障等。习近平还考察了沈阳飞机工业(集团)有限公司、沈阳黎明航空发动机(集团)有限责任公司。

31日 中华人民共和国第十二届运动会在沈阳市奥体中心五里河体育场开幕。中共中央总书记、国家主席、中央军委主席习近平出席开幕式并宣布运动会开幕，这是近30年以来首次在白天举办的全运会开幕式。

▲ 中共中央总书记、国家主席、中央军委主席习近平在沈阳会见参加全国群众体育先进单位和先进个人表彰会、全国体育系统先进集体和先进工作者表彰会的代表，并发表重要讲话。

▲ 东北三省四城市人大常委会主任工作研讨会在沈阳召开。

九 月

1日 坐落于铁西区的中国工业博物馆向游客全面开放，截至当天15时，参观者达到3000人。中国工业博物馆经过一期、二期的建设，为目前国内规模最大的工业综合博物馆，总占地面积8万平方米，建筑面积6万平方米，共10个展馆，征集实体文物3万余件。

▲ 29岁的沈阳姑娘马英楠获全运会女子柔道52公斤级冠军，为辽宁代表团夺得开幕式后的首枚金牌。

▲ 沈阳城镇居民医保个人缴费金额上调。最低上调20元，最高上调140元。

3日 省委常委、市委书记曾维，市长陈海波会见由内蒙古自治区党委常委、呼和浩特市委书记那顺孟和，市长秦义带队的呼和浩特市党政考察团一行。

7日 由中国陶瓷工业协会、中国建筑卫生陶瓷协会、沈阳市政府主办的第七届沈阳法库国际陶瓷博览交易会闭幕。陶博会以“城镇化与中国陶瓷谷”为主题，在3天时间里，吸引国内外5万多名经销商到会洽谈合作，交易总额达45亿元。

8日 中国建筑材料联合会授予法库县政府“中国瓷谷”牌匾。法库陶瓷产业集群引进陶瓷生产及配套企业186家，建成区面积20平方公里，直接安排就业7万人.

9日 沈阳市先进典型教师事迹报告会暨2013优秀教师表彰通报大会在辽宁人民会堂举行。东北中山中学校长马红、市外国语学校校长衣鹏等11位同志被授予“沈阳市教育专家”，市教育研究院吴燕、市一二六中学冯堂骐、珠江五校李丹阳、市翔宇中学国薇等59名教师被授予“沈阳市首席教师”，南昌中学王欣强、市一四三中学李敏等99名同志被授予“沈阳市优秀校长”荣誉称号。

12日 中华人民共和国第十二届运动会闭幕式在浑南体育训练基地综合馆举行。中共中央政治局常委、国务院总理李克强宣布运动会闭幕。刘延东、杨晶、陈昌智、马培华等出席闭幕式。十二运组委会副主任、辽宁省常务副省长周忠轩主持闭幕式。山东省代表团以65枚金牌高居榜首。辽宁(56金)、广东(50.5金)、上海(45金)、中国人民解放军(45金)和江苏(45金)名列综合成绩榜前列。

▲ 天津市市长黄兴国一行考察沈阳城市建设情况。市长陈海波、市领导佟晶石陪同考察。

13日 全国政协副主席、民建中央常务副主席马培华一行到沈阳调研。省政协副主席、民建辽宁省委主委武献华陪同调研。

▲ 第十二届中国国际装备制造业博览会在沈阳国际展览中心开幕。副省长谭作钧宣布制博会开幕。市长陈海波致辞。展出面积10万平方米，设展位3626个，有15个国家和地区的731家企业参展。

15日 爱国将领、教育家冯庸先生的骨灰在沈阳龙泉古园下葬。在远离故土65年后，冯庸大学的创办者终于落叶归根。

16日 台湾玻璃中国控股有限公司与沈北新区签约，投资建设复层LOW－E及真空LOW－E玻璃厂项目；投资总额2.4亿美元，分两期建设。一期主要建设一条复层LOW－E玻璃生产线和两条真空LOW－E玻璃生产线，计划2年建成。

▲ 地铁IC卡可在111路、136路、213路、264路及800路公交车上刷卡消费。两卡合一开始试运行。

17日 下午13:23时，一架美国小型表演飞机，在财湖机场试飞时意外坠入财湖。当时机上有一名美籍飞行员和一名中国籍翻译。经救援，中国籍翻译抢救无效死亡。9月20日12时12分，经过70多个小时的紧急搜救，美籍飞行员遗体被打捞上岸。

18日 第13个全民国防教育日，“九一八”事变82周年纪念日。在沈阳“九一八”历史博物馆广场残历碑前，辽宁省和沈阳市举行勿忘“九一八”主题撞钟鸣警仪式。

20日 由沈阳市政府主办的第二届沈阳法库国际飞行大会在法库财湖机场举行开幕式。大会邀请瑞典、立陶宛、法国、匈牙利、英国、德国、美国等20多个国家近200人参加飞行表演，参与飞行表演及静态展览的航空飞行器达300余架(具)，在法库注册组建的中国第一支无限制级特技飞行表演队也在大会上亮相。

▲ 第五届中国东北文化产业博览交易会(简称东北文博会)在辽宁工业展览馆举行开幕式。东北文博会由文化部、国家新闻出版广电总局、东北三省人民政府共同主办，沈阳市政府承办。

24日 沈阳奥体中心五里河体育场所有外部体育设施向全体市民免费开放。时间为早5:00时至晚9:00时。

23—26日 第八届中国辽宁(沈阳)国际农业博览会在沈阳国际展览中心举行。本届农博会有省内及美国、澳大利亚等33个国家和地区共1300余家企业参加。观展人数累计达32万人次，其中专业观众突破5万人次。签订交易合同98个，合同交易额24.5亿元，现场交易额1.2亿元。

29日 5时40分，位于青年大街与文化路交叉口东北侧的原辽宁省气象局和东电医院主体大楼爆破拆除。省气象局大楼曾是沈阳的地标性建筑之一。

▲　由辽宁省人民政府和中国通信工业协会主办、沈阳市人民政府承办的2013中国(沈阳)国际手机博览会在辽宁工业展览馆闭幕。本届博览会共设500个展位、四大展区,参展观众突破8.6万人次,实现总交易额46.4亿元。

十　月

1日　皇姑区人民政府开始陆续搬迁至皇姑区松花江街3号(原沈阳行政学院)。原在皇姑区庐山路3号办公的所有部门和单位,将全部搬迁至新址。

▲　按照国家和省的有关规定,市政府决定对沈阳市现行失业保险金标准进行调整并施行。和平区、沈河区、铁西区、皇姑区、大东区、东陵区(浑南新区)、于洪区、沈北新区、苏家屯区、沈阳经济技术开发区、沈阳棋盘山国际风景旅游开发区累计缴纳失业保险费满1年不足10年的失业人员,失业保险金标准由每月770元调整到910元;累计缴纳失业保险费满10年以上(含10年)的失业人员,失业保险金标准由每月880元调整到1040元。

新民市、辽中县、法库县、康平县累计缴纳失业保险费满1年不足10年的失业人员,失业保险金标准由每月630元调整到735元;累计缴纳失业保险费满10年以上(含10年)的失业人员,失业保险金标准由每月720元调整到840元。

4日　沈阳正式发行"盛京通"卡,同时更换指定类型公交IC卡,现有的公交IC卡也将停止发售。面向社会发行的"盛京通"卡片共有八种类型,包括:夕阳红卡、关爱卡、普通消费卡、普通月票卡、学生消费卡、小学生月票卡、学生优惠月票卡和纪念IC卡(含异形卡)。其中,夕阳红卡、关爱卡、普通消费卡具备同时刷地铁和公交的功能,卡片的优惠政策与现行的相应的公交卡相同。普通月票卡、学生消费卡、小学生月票卡、学生优惠月票卡目前只能乘坐公交。

▲　全市首个新建成的公租房小区——丽水新城,居民开始正式办理入住,至10月8日,有近400户无房家庭领到新房钥匙。

9日　省委书记、省人大常委会主任王珉到法库县,就辉山控股集团良种奶牛繁育及乳制品加工产业集群项目建设情况进行专题调研。

10日　2013年全国副省级城市质量技术监督局中国特色质检体系建设专题研讨会在沈阳召开。

▲　建于苏家屯区东谟堡村沈阳南部污水处理厂一期工程正式竣工通水运行,这标志着沈阳市城区内的污水处理能力达到100%,结束沈阳上百年向浑河排放污水的历史。沈阳南部污水处理厂一期工程目前日处理能力为60万吨,远期规划可实现污水日处理能力80万吨。

11日　浑南现代有轨电车开始收费运营,单程线路票价2元。

12日　国际鹤类基金会正式授予法库县獾子洞国家湿地公园"环境教育基地"牌匾。獾子洞国家湿地公园位于法库县西部秀水河子镇和叶茂台镇之间,湿地面积2047.40公顷。公园内鸟类资源丰富,有国家级重点保护鸟类27种。特别是每到候鸟迁徙季节,公园内停歇、栖息的白鹤在高峰期日均超过2000只,占全球白鹤种群数量的70%以上。

▲　首届中国大学生7人制橄榄球锦标赛在沈阳农业大学体育场举行。这是农大继刚刚承办全运会橄榄球比赛后,再一次承办全国重大体育赛事。本次大赛由大学生体育协会橄榄球分会和中国橄榄球协会主办,共吸引包括中国农业大学、南京体育学院等18支高校代表队参赛。

13日　集艺术陶瓷创作、设计、展示、生产、销售、培训、服务于一体的陶瓷艺术产业基地——沈阳法库陶瓷文化创意中心在辽宁法库经济开发区落成。沈阳法库陶瓷文化创意中心于2012年6月开工建设,总建筑面积28200平方米,分为创作展示馆和标准化厂房两部分。

15日　省委常委、常务副省长周忠轩到沈,就沈阳市稳增长工作展开调研,并召开座谈会,听取沈阳市经济运行情况汇报。

▲　沈阳经济技术开发区与新加坡普洛斯集团签约,合作开发新加坡环普国际产业园二期项目。

▲　沈阳汽车城与盛京银行签署战略框架合作协议。今后,入驻沈阳汽车城的汽车零部件企业,将通过抵押、保证、信用等多种方式,得到盛京银行提供的融资服务,并享受结算业务费率优惠。

16日　陶德帕特森等10位外国专家荣获2013年度"沈阳玫瑰奖"。市长陈海波会见获奖外国专家,并为他们颁发奖章和证书。

▲　二环西南高架桥大修工程主线正式通车。位于揽军路上的二环西南高架桥建于2001年,位于沈阳二环路西南部,由高架桥、铁路跨线桥、沈辽路立交桥3个部分组成。

17日　由沈阳市政府、法国驻中国大使馆、中国法国工商会共同举办的中法"明日之城未来市场"活动在沈阳启幕。市长陈海波、法国驻华大使白林、中国法国工商会主席欧技出席开幕式并分别致辞。

▲　广东省委常委、深圳市委书记王荣,市长许勤率深圳市党政考察团到沈,考察沈阳鼓风机集团有限公司、沈阳机床集团有限公司等。

21日　市长陈海波会见由天津市委常委、市委教育工委书记朱丽萍,副市长曹小红率领的天津市考察团一行。市领导姜军参加会见。天津市考察团到沈考察十二运场馆建设管理、赛事组织运作、市容环境整治等工作,先后考察全运村以及沈阳奥体中心五里河体育场。

22日　由中国工程院院士金鉴明为组长的创建国家生态工业示范园区现场验收专家组,对沈阳经济技术开发区创建国家生态工业示范园区进行了验收考核,经过现场核查和考核,一致通过国家验收。

23日　沈阳联通公司与沈阳盛京通公司宣布联合推出"盛京通手机一卡通"业务,市民从10月25日起"刷联通手机"乘坐公交、地铁。包括市府大路营业厅在内的25家联通营业厅可以办理"盛京通手机一卡通"业务。

24日　牡丹江市市长林宽海率考察团到沈,考察沈鼓集团、北方重工、沈阳机床集团等重点骨干企业发展情况。

▲　由代市长费高云率领的常州市考察团到沈,参观考察沈阳市城市规划展示馆、沈阳艺术中心、五里河公园、市府广场,并考察沈阳市地铁建设运营情况以及华晨集团等企业。

14—25日　以省委常委、市委书记

曾维为团长的沈阳市代表团赴台湾和韩国开展经贸交流活动。代表团与当地知名人士、企业家进行广泛接触,并重点洽谈推进18个重大项目,圆满完成预定任务,取得重要成果。

26日 由国家核电工程公司主办、沈鼓集团承办的AP1000核电主泵第18次领导层IPT会议在沈阳举行。会议期间,国核工程有限公司与沈鼓集团核电公司签订"后续CAP1000核电项目部分主泵采购合同",合同总额超过25亿元。

▲ 第十届中国艺术节在山东青岛闭幕。由沈阳演艺集团、沈阳京剧院创排的大型新编历史京剧《将军道》摘取三项大奖,荣膺第十四届文华奖优秀剧目奖榜首。这也是该剧继获得第六届中国京剧艺术节金奖、第二十届曹禺戏剧文学奖最高奖、国家舞台精品工程前30名后,又一次实现了历史性突破。"文华奖"是文化部主办的国家专业舞台表演艺术政府最高奖项。

29日 经过2年多的改造修缮,铁西区投入2600万元的重点民生工程——铁西区残疾人康复托养中心正式开放,全区近2万名持有残疾证的残疾朋友均可享受免费的康复治疗、训练、教育等服务。

十一月

2日 由文化部、重庆市人民政府主办,文化部艺术司、重庆市文化广播电视局承办的第九届全国杂技(魔术)比赛在重庆举行颁奖仪式。沈阳杂技团原创、具有知识产权的节目《未来——双轨旋转飞杠》夺得中国艺术政府最高奖文华奖金奖,并捧回首次设立的"节目创新奖";魔术节目《群族翘首——变鸽子》获得银奖。

4日 著名评剧表演艺术家、筱派创始人筱俊亭,因病在河北廊坊去世,享年93岁。

4—5日 团中央书记处第一书记秦宜智到沈阳调研。秦宜智先后到沈阳市青年服务中心皇姑分中心、沈阳宜万家农副产品有限公司、沈阳机床集团,调研沈阳共青团服务青年民生、扶持青年创业及青年技能人才培养等工作,并出席第九届"振兴杯"全国青年职业技能大赛决赛闭幕式。

5日 由共青团中央、人力资源和社会保障部联合举办的第九届"振兴杯"全国青年职业技能大赛决赛在沈阳闭幕。本届"振兴杯"全国青年职业技能大赛决赛11月2日在沈阳开幕。全国29个省区市及金融、港口、煤炭3个行业(系统)的247名选手参赛。经过3天比赛,悦翔沈阳分公司的黄金玲、辽宁沈飞集团的李英全、江苏徐工集团基础公司的吴东分别夺得多媒体作品制作员、车工、机械设备安装工的第一名。

▲ 全国"最美青工"评选结果揭晓,来自沈阳机床集团的装配钳工刘刚与国内其他企业的9名青工当选"特别关注'最美青工'",来自中航工业黎明工装制造厂的高级技师洪家光当选"最美青工"。活动共评选出100名全国"最美青工",其中10名为"特别关注'最美青工'"。

6日 在文化部召开的第一批国家公共文化服务体系示范项目创建工作会议上,沈阳市的《社区文化建设"五个一"工程运作模式》(简称"五个一"模式)被正式命名为"国家级公共文化服务体系示范项目"。这标志着沈阳以社区文化建设为代表的公共文化服务体系建设已处于全国先进水平。

8日 国际四大会计师事务所之一的安永会计师事务所在沈阳正式成立办事处。新办事处位于沈阳市沈河区的中央商务区。至此,国际四大会计师事务所在沈河区中央商务区均已设立办事处。

18日 投资150亿元的东北亚箱包交易市场等20个项目,集中签约落户于洪区永安新城。永安新城总规划面积155平方公里,是未来沈阳西部的发展中心。

19日 10个重大项目集中签约落户沈北新区蒲河生态经济带。其中的东北金融后援基地项目,选址沈北新区蒲河大道888号,总规划用地393.3公顷,总规划建筑面积760万平方米,总投资额约380亿元,总投资建设周期约8-10年。

20日 华晨宝马汽车有限公司新品牌之诺的首款车型1E在广州正式亮相,并将在广州车展进行全球首发。被命名为1E的这款产品是国内第一款零排放的纯电动SAV(高性能运动型多功能车),也是国内来自豪华品牌制造商新品牌的首款新能源车。该产品充电时间为7.5小时,可持续150公里,并可达到时速130公里。

▲ 历经两年的紧张建设,营口港法库陆港正式启动运营。营口港法库内陆港项目总投资10亿元,年吞吐量3亿吨,一期年周转量为410万吨,占地面积20万平方米,由法库营港物流有限公司投资建设,主要经营范围包括货物仓储和货物装卸、集装箱拆装、集装箱运输、国内货物代理和国际货运代理、物流信息咨询等。

22日 沈阳市获批国家公交都市创建城市。沈阳市创建国家公交都市的总体目标是:到2017年,基本建成以轨道交通等为骨干,以清洁能源常规公交为主体,以公共自行车等其他交通方式为补充,设施完善、网络均衡、运行高效、政策到位、运管智能、绿色环保,多模式、一体化的现代公共交通体系,实现"五高、三低、两适应"的城市公共交通发展目标:即建设高通达、高覆盖率的一体化公共交通线网,高品质、高效率、高科技的多模式运营服务系统;低能耗、低事故率、低运营成本;适应广大人民群众日益增长的出行需求,适应沈阳建设国家中心城市的发展需求。

24日 辽宁省继大连获批72小时过境免签城市后,沈阳获批72小时过境免签城市。从沈阳桃仙国际机场和大连周水子国际机场入境的45个国家的持有第三国签证和机票的外国人,同享72小时过境免签,免签期间可在免签城市行政区域内活动。

26日 由沈阳市政府、沈北新区政府共同出资设立的沈阳恒北通讯产业创业投资基金,与主要从事移动通信终端开发的辽宁怡亚通电子通讯有限公司达成项目投资签约。前者以基金入股的形式,向后者注资4000万元,成为股东之一。沈阳恒北通讯产业创业投资基金总规模5亿元,经过专业化市场化的项目筛选,目前有投资意向的项目共14个,意向投资额3.15亿元。此次签约的辽宁怡亚通电子通讯有限公司,为其首个签约项目。

27日 沈本城际巴士线路正式开通。沈阳到本溪首班城际巴士全天共发车8个班次,单程50分钟,平均车隔78分钟,全程票价暂行11元。始发站位于浑南新区奥体中心地铁站A口，终点站位于本溪高新技术产业开发区。

28日　辽宁碳排放权交易中心交易平台，在铁西区国家级生产性服务业聚集区启动交易。沈阳千缘置业有限公司成为东北首家获得碳资产的企业。沈阳成为继深圳、上海之后，全国第三个进行碳排放交易的城市。当天，龙源集团提供了辽宁昌图石虎风电项目2000吨自愿减排量，刚一上市，便被沈阳千缘置业有限公司以每吨15元的价格，认购400吨碳排放量，交易额6000元。

▲　由沈飞民机公司承担的C919大型客机发动机FTB（飞行试验平台）吊挂成功下线。FTB吊挂试验件用于飞行状态下的发动机性能测试工作，该技术标志着C919大型客机研制取得重大阶段性成果。C919是我国自主设计的第二款国产大型客机，最大载客量为190座。

29日　沈阳师范大学举行4兆瓦光伏建筑一体化并网发电工程项目启动仪式。沈阳师范大学光伏建筑一体化并网发电工程项目2012年获得国家住建部批复，首批项目资金1540万元。该项目于2013年7月15日开工建设，11月25日正式竣工。此项目通过在校区内的教学楼、图书馆、实验楼等16栋楼宇建筑上安装光伏并网发电系统，按照“就近并网、本地消耗、低损高效”的原则，可实现年均发电450万千瓦时，使用光伏发电后，学校一年能省近50%的用电费用。

十二月

3日　沈阳产第3000万部手机在沈北新区手机产业园云狐科技（沈阳）有限公司下线。

4日　第四届新华网教育论坛“大国教育之声”活动举行，原沈阳市134中学校长、辽宁省特级教师、著名教育专家李锦韬获得2013中国教育功勋人物奖。

▲　持公交卡普通消费卡的沈阳市民开始办理更换“盛京通”卡。

5日　中国医科大学附属第一医院医院集团正式成立。该医院集团由中国医科大学附属第一医院牵头，联合辽宁省内的中国医科大学附属口腔医院、抚顺市中心医院、本钢总医院、阜新市中心医院、盘锦市中心医院、铁岭市中心医院、鞍山市铁西医院与沈阳市大东区人民医院共8家医院，几乎覆盖半个辽宁省。

▲　沈阳正式开售国Ⅳ标准汽油。沈阳地区中石油旗下的180多家加油站率先向用户提供国Ⅳ标准的97号汽油。国Ⅳ汽油价格与国Ⅲ汽油保持一致。

6日　中国国际经济贸易仲裁委员会（简称中国贸仲委）在沈设立的沈阳办事处投入使用，机构设立在沈阳市贸促会。

▲　法库东湖新城与法库镇正式合署办公。合署办公后，东湖新城区域规划面积为113.97平方公里，为项目合理布局、科学发展提供了空间保障。

10—11日　市政协组织市政协委员和部分驻沈省政协委员进行大视察活动。委员们分为4个组，分别对沈阳市工业重大项目、科技项目、文化艺术和文博项目以及交通基础设施建设等情况进行视察。

12日　中共沈阳市委召开座谈会，就市委十二届八次全会报告，听取市政协领导班子、各民主党派、工商联负责人、无党派人士代表和政协委员代表的意见和建议。

▲　2013年第十四届中国经济年度人物颁奖盛典在北京举行。华晨汽车集团董事长祁玉民作为汽车行业的惟一代表，当选十大中国经济年度人物。

14日　人和太原街新天地休闲购物广场开业运营。广场位于太原街（北）、中山路、民主路三大商业街的地下，集“吃、玩、礼、购”于一体，由韩尚街、欧风街、潮客街等八大特色商业街区构成，总建筑面积10万平方米。

15日　位于大东区和睦路新开河上的新建和睦桥，具备临时通行能力，恢复通车。新建桥梁宽度为22.5米，于9月18日正式开工建设。

16日　中共沈阳市委在市人大机关召开座谈会，征求市人大常委会领导班子和市人大代表对市委十二届八次全会报告的意见和建议。

▲　东药集团旗下控股子公司辽宁生物医药有限公司研制的乙型肝炎病毒检测试剂盒、人类免疫缺陷病毒（HIV-1）核酸（RNA）检测试剂盒（荧光探针法）取得国家食品药品监督管理总局颁发的医疗器械注册证，符合国内医疗器械市场准入规定，即将进入产业化生产。

17日　中共沈阳市委组织部发布《关于规范干部配备工作有关事项的通知》，即“六项规定”：一、严格按照规定职数配备领导干部。二、严格按照机构规格配备干部。三、严格规范市管非领导职务晋升工作。四、严格管理市管企（事）业单位领导人员人事工资关系随迁工作。五、严格清理与机构规模不相匹配的干部职数。六、要不折不扣地执行中央和省、市委有关干部配备的政策规定。

18日　沈阳年度第100万辆汽车在华晨宝马铁西工厂正式下线。伴随着一辆宝马新3系轿车从总装车间徐徐驶出，沈阳汽车发展史上一个新纪录诞生。沈阳成为继上海、重庆、长春、广州等城市之后，全国第七个汽车年产量超过百万辆的城市。

19日　沈阳军区总医院副院长、全军心血管病研究所所长韩雅玲教授当选中国工程院院士。

▲　中国科学院发布《关于公布2013年中国科学院院士增选和外籍院士选举结果的公告》，中国科学院金属研究所研究员成会明当选中国科学院院士。

20日　中共沈阳市委十二届八次全会暨经济工作会议举行。市委常委会主持会议。省委常委、市委书记曾维代表市委常委会做工作报告，市委副书记、市长陈海波就明年全市经济工作做出部署。会议审议通过市委常委会工作报告和《关于市委候补委员于振明同志递补为市委委员的决定》。

▲　东北最大的综合性大型商贸物流集散中心和流转型轻工产品交易中心——沈阳五爱市场正式开通其网上商城“五爱购”（www.wuaigo.com），实现了从马路市场到现代商城，再到网络电商的3次跨越。

▲　9时50分，沈阳—抚顺4条城际公交线路正式开通，很好地解决了沈阳、抚顺两市城际之间出行零距离换乘的需求。其中一号线为龙之梦—理工大学，二号线为四环桥—今日装饰城，三号线为四环桥—高湾公交枢纽站，四号线为奥体中心公交枢纽站—李石老城区。其中，一号线龙之梦—理工大学城际公交线路于2013年4月30日试运行，此

次四条线路共投放公交型车辆36辆，其中20辆为LNG清洁能源客车，全部安装了GPS卫星定位系统和车载视频监控系统以确保行车安全。

24日　沈阳市红十字会召开第八次会员代表大会。大会审议通过第七届理事会工作报告和《沈阳市红十字事业2014－2016年发展规划》，决定聘请省委常委、市委书记曾维，市长陈海波为市红十字会第八届理事会名誉会长。

▲　沈阳市总工会第十五届委员会第八次全体会议召开，吴汉圣代表市委宣布市总工会领导班子调整决定和主席、副主席人选情况。会议选举市委常委王翔坤为沈阳市总工会第十五届委员会主席，周荣生、张梅、曹洪、王勤为副主席，韩玉芹为兼职副主席。

25日　共青团沈阳市第十五次代表大会在八一剧场开幕。省委常委、市委书记曾维，市长陈海波，市人大常委会主任赵长义，市政协主席姜宏到会祝贺。市委副书记邢凯代表市委致祝词。为期3天的团代会将审议通过共青团沈阳市十四届委员会工作报告，选举产生共青团沈阳市第十五届委员会。来自全市各行各业的380名团代会代表参加盛会。

26日　中共沈阳市委召开民主协商会议，邀请市各民主党派、工商联主要负责人和无党派代表人士，就即将召开的政协沈阳市第十四届委员会第二次会议有关人事安排事项进行民主协商。

27日　省委常委、市委书记曾维同团市委新一届领导班子成员集体谈话，并与优秀青年代表座谈。团市委书记王志刚汇报共青团沈阳市第十五次代表大会召开情况。

28日　上午7时50分，沈阳至上海G1226次列车准时发车。G1226次高铁列车从沈阳北始发，经沈大高速线、盘营高速线、京哈线、津秦高速线、京沪高速线运行，全程1964公里，17:59终到上海虹桥站，全程运行时间10小时9分。全列为8节车厢，定员551个坐席，包括特等座、一等座和二等座。

▲　盛京银行抚顺分行开业运营，是盛京银行在辽宁省内设立的第9家分行。至此，盛京银行外埠运营分行数量已达13家。

▲　上午10时30分，五爱市场针织城对面的一栋三层楼房起火，过火面积800平方米。部分商户损失较大。

29日　6时，沈阳地铁二号线北延线（即沈铁城际铁路首开段）医学院站、师范大学站和航空航天大学站三站通车试运营。

附　　录

2013 年沈阳市新增辽宁省著名商标

商标所有人	商标名称	核定的商品/服务
沈阳澍熙航空服务有限公司	WLDS 网络都市	旅行座位预订
沈阳神龙药业有限公司	世纪神龙及图	人用药
沈阳全密封变压器股份有限公司	利林	变压器
沈阳王者陶瓷有限公司	金威廉 + 拼音	瓷砖
沈阳市艾克电缆厂	AIKE 及图	电线、电缆
沈阳不老林食品有限公司	不老林及图	糖果
沈阳市耘垦有限公司	耘垦 + 拼音及图	死家禽
沈阳啊美丽烧烤店	啊美丽 + 拼音及图	饭店
新民市福德蔬菜种植专业合作社	好年缘	新鲜蔬菜、鲜葡萄、西瓜
沈阳凯鹏电线电缆制造有限公司	凯鹏	电线、电缆
沈阳金海隆兴农牧科技有限公司	金海隆兴	动物饲料
沈阳天泽农业生产资料有限公司	天泽星	肥料
沈阳市于洪消防器材厂	冰花 + 拼音及图	消防用泡沫液粉剂
沈阳梦宝家私有限公司	梦宝 + 拼音及图	垫子、弹簧床垫
东北制药集团股份有限公司	东维力	人用药
沈阳全利达电线电缆制造有限公司	松迪 + 拼音及图	电线、电缆
沈阳兴齐眼药股份有限公司	SINQI 及图	膏剂、水剂
沈阳天通电力设备有限公司	天通	电站自动化装置
辽宁泰丰铝业装饰工程有限公司	图形	建筑用玻璃窗、玻璃钢制门窗
万雄集团股份有限公司	Winthough	替他人推销
辽宁小背篓餐饮管理有限公司	小背篓	餐馆、饭店
沈阳铁道双瑞餐饮服务有限公司	双瑞	盒饭
沈阳含饴食品有限公司	含饴食品及图	调味品
沈阳昌泰医疗科技有限公司	海龟及图	医用氧气机、呼吸机

2013年新增沈阳市著名商标

商标所有人	商标名称	核定的商品/服务
沈阳北方防爆股份有限公司	SYBF	防爆照明(动力)配电箱、防爆开关
沈阳小蜜蜂会计服务有限公司	小蜜蜂及图	会计
辽宁百特物业管理有限公司	百特	不动产出租、不动产管理
辽宁北方传媒广告有限公司	北方传媒+英文及图	广告
沈阳市其乐大帝商贸有限公司	Clacke1878	鞋
沈阳科丰牧业科技有限公司	图形	兽医用生物制剂
沈阳圣诺亚科技发展有限公司	三诺	工业用粘合剂
沈阳铁西百货大楼有限公司	百	推销(替他人)
沈阳市欣明电缆有限公司	光环+拼音及图	电线电缆
沈阳市沈西变压器厂	沈西	变压器
沈阳市明达采光板有限公司	图形	建筑用非金属砖瓦
沈阳八王寺饮料有限公司	八王寺	水(饮料)、无酒精饮料
沈阳市大东区任心普洱茶具商行	任心堂	茶、茶饮料
沈阳市长城过滤纸板有限公司	双圣及图	过滤纸板
沈阳阿凡提信息中介有限公司	图形	不动产经纪、不动产代理
沈阳蓝英工业自动化装备股份有限公司	SBS	轮胎成型机、切胶机、模压加工机器
沈阳好美迪门窗有限责任公司	菲琳·好美迪+英文及图	非金属外窗、窗框
沈阳东大冶金科技股份有限公司	图形	金属处理
沈阳永生堂贸易有限公司	中广糖	糖、白糖、红糖
沈阳大清宝泉矿泉水饮品制品有限公司	水首长	水(饮料)
沈阳永光农业专业合作社	馥郁	鲜葡萄
沈阳创新合金有限公司	创新合金	金属铸造
沈阳海泉潜水电泵有限公司	图形	泵(机器)
沈阳新飞宇橡胶制品有限公司	XFT	非金属软管
沈阳四维高聚物塑料有限公司	SW 及图	未加工塑料、未加工合成树脂
沈阳市天天想食品有限责任公司	天天想+拼音及图	腌制蔬菜、咸菜
沈阳市康力门业有限公司	海日兴及图	金属门
沈阳带锯机械有限公司	双轮及图	带锯机、截边机
沈阳兴合钛业有限公司	图形	钛、未加工或半加工普通金属

商标所有人	商标名称	核定的商品/服务
沈阳市龙盛制米有限公司	龙骋 LONGCHENG	米
沈阳奥多程粮食贸易有限公司	迈德利	大米
沈阳佰德隆食品有限公司	佰德隆	死家禽、鹌鹑蛋
新民市宝石淀粉食品有限公司	粤盛	食品淀粉
沈阳市金海木业有限责任公司	圣高 + 拼音	地板
沈阳辽滨饲料有限公司	辽滨	饲料
沈阳贝朗木业有限公司	贝朗 + 拼音及图	拼花地板
法库县淑云蛋鸡专业合作社	鑫丰	蛋
沈阳福特润滑油科技有限公司	吉诺 GINO	润滑油
康平县东关镇小甘霖纯净水厂	图形	水(饮料)、纯净水
沈阳兴齐眼药股份有限公司	SINQI 及图	膏剂、水剂
东北制药集团沈阳第一制药有限公司	其仙	人用药、片剂
东药集团沈阳施德药业有限公司	博美欣	人用药
沈阳万合胶业有限公司	新万得 NE - WONDER	胶粘剂
沈阳砚淞商贸有限公司	翠之缘及图	翡翠、珠宝、玉石
沈阳市黎明机械构件制造厂	菱丝 + 拼音及图	钢丝螺套
沈阳青年国际旅行社有限公司	沈青旅 SYQL 及图	旅行社(不包括预定旅馆)

2013 年度沈阳市名牌产品

序号	商　标	产品名称	单　位
1	沈冶机械	回转窑	中国有色(沈阳)冶金机械有限公司
2	盛洋	旋转式压缩机	沈阳华润三洋压缩机有限公司
3	中辰钢构	钢结构	沈阳中辰钢结构工程有限公司
4	九豪	塑料管件管材	沈阳市九豪管业有限公司
5	佳玉	大米	沈阳市第一粮库
6	沈飞	全钢防静电通路地板	沈阳飞机工业(集团)有限公司
7	日月新	职业装	沈阳日月新服饰有限公司
8	惠好	实木家具	沈阳惠好家私有限公司
9	冬冬	系列面食	辽宁冬冬食品有限公司

序号	商　　标	产品名称	单　　位
10	春蒙	工作服	沈阳春蒙服装服饰有限公司
11	八王寺	碳酸饮料、瓶(桶)装水	沈阳八王寺饮料有限公司
12	东方鸿运	内墙砖	沈阳新东方陶瓷有限公司
13	博雅思	鞋	沈阳市成盛鞋业有限公司
14	艺沃	工作服	沈阳市新天地制衣有限公司
15	SHVS	气体绝缘金属封闭	沈阳高压成套开关股份有限公司
16	朗诺贝尔	涂料	沈阳顺风新城建筑材料有限公司
17	易克	地板	辽宁宏基装饰材料有限公司
18	BRK	强化复合地板	沈阳德克斯顿木业有限公司
19	嘉益	香肠	辽宁金嘉益食品制造有限公司
20	老北味	白酒	沈阳老北味酒业有限公司
21	非常贝贝	果仁酥	沈阳市贝贝食品有限公司
22	创浪	涂料	沈阳顺风新城建筑材料有限公司
23	黑鹤	石油道路沥青	辽中县炼油厂有限公司
24	图标	电线电缆	沈阳沈缆四环电缆制造有限公司
25	顺赢	低中压锅炉用无缝钢管	沈阳澳利无缝钢管有限公司
26	利林	S－M 全密封节能变压器	沈阳全密封变压器股份有限公司
27	金美达	外墙砖	沈阳金美达陶瓷有限公司
28	利是	大米	辽宁华润五丰营销有限公司
29	雷明	低压流体输送用焊接钢管	沈阳雷明钢管有限公司
30	阿雷	系列食品	沈阳阿雷食品有限公司
31	图标	熟肉制品	沈阳御香园食品股份有限公司
32	阿美丽卡	糕点	沈阳阿美丽卡食品工业有限公司
33	晟瑞	太阳能霓虹灯	辽宁太阳能研究应用有限公司
34	成思	电线电缆	沈阳长顺电缆制造有限责任公司
35	新纪	荧光增白试剂	沈阳新纪化学有限公司
36	方弛	动物饲料	沈阳方正农牧科技有限公司
37	龙士达	钢结构	辽宁龙士达钢结构股份有限公司
38	圣高	强化复合地板	沈阳市金海木业有限责任公司
39	SANA	饲料	辽宁众友饲料有限公司
40	银环	电线电缆	沈阳沈缆银环企业集团有限公司

序号	商　　标	产品名称	单　　位
41	TAIFENG	输送带	沈阳泰丰胶带制造有限公司
42	碧兰	聚醚多元醇	沈阳金碧兰化工有限公司
43	古玉	香油芝麻酱	沈阳古玉清真食品有限公司
44	智胜	香肠	辽宁智胜食品有限公司
45	龙骋	大米	沈阳市龙盛制米有限公司
46	引领	家具	沈阳市引领家具有限公司
47	克达	鱼饲料	沈阳市克达饲料有限公司
48	鑫火	高 CR 高 NI 抗氧化耐热钢铸件	沈阳鑫火铸造有限公司
49	伟达	钢化玻璃、夹胶玻璃、中空玻璃	沈阳伟达玻璃加工有限公司

2013 年度沈阳市纳税百强单位

序号	纳税人名称	法人代表	纳税总额(万元)
1	华晨宝马汽车有限公司	吴小安	1315646
2	上海通用(沈阳)北盛汽车有限公司	李添泽	449500
3	红塔辽宁烟草有限责任公司沈阳卷烟厂	魏利	152197
4	盛京银行	张玉坤	144267
5	中国移动通信集团辽宁有限公司	高步文	113962
6	辽宁省电力有限公司	燕福龙	105938
7	辽宁省烟草公司沈阳市公司	王韶波	97534
8	国家电网公司东北分部	李一凡	71869
9	国家开发银行股份有限公司辽宁省分行	闫晓辉	71415
10	沈阳鼓风机(集团)有限公司	苏永强	69003
11	辽宁省电力有限公司沈阳供电公司	牟景旭	56915
12	华润雪花啤酒(辽宁)有限公司	王群	51916
13	中海地产(沈阳)有限公司	张贵清	49931
14	沈阳航天三菱汽车发动机制造有限公司	牛养慈	49169
15	沈阳华晨金杯汽车有限公司	祁玉民	45776
16	沈阳华锐置业有限公司	杨文杰	42635
17	沈阳远大集团	康宝华	41430
18	沈阳机床集团股份有限公司	关锡友	37224

序号	纳税人名称	法人代表	纳税总额(万元)
19	沈阳中海兴业房地产开发有限公司	张贵清	34668
20	北方重工集团	耿洪臣	34493
21	华晨汽车集团控股有限公司	祁玉民	33288
22	顶新国际集团	张百清	32679
23	招商银行股份有限公司沈阳分行	王宁	31785
24	新世界(沈阳)房地产开发有限公司	何耀焜	28675
25	沈阳金地长青房地产开发有限公司	郝一斌	26779
26	交通银行股份有限公司辽宁省分行	刘喜昌	26756
27	上海浦东发展银行沈阳分行	王刚	25226
28	沈阳化工集团股份有限公司	王大壮	24927
29	安斯泰来制药(中国)有限公司	黑田昌利	24351
30	特变电工集团	叶军	24081
31	沈阳造币有限公司	顾军	22316
32	沈阳万科永达房地产开发有限公司	黄凯	21978
33	中信银行股份有限公司沈阳分行	于文波	21946
34	沈阳东北制药(集团)股份有限公司	魏海军	20997
35	沈阳万科天琴湾置业有限公司	黄凯	20527
36	兴业银行股份有限公司沈阳分行	方智勇	19847
37	沈阳金地全胜房地产开发有限公司	郝一斌	18782
38	沈阳华润热电有限公司	刘萍	18747
39	沈阳农村商业银行股份有限公司	韩清	18658
40	沈阳中海新海汇置业有限公司	张贵清	18325
41	沈阳万达房地产有限公司	丁本锡	17755
42	三生医药集团	娄竞	17387
43	沈阳北方建设股份有限公司	李兴国	17331
44	中国光大银行股份有限公司沈阳分行(中国光大银行沈阳分行)	李晓远	17033
45	中国平安财产保险股份有限公司沈阳市沈河支公司	张桂静	16962
46	沈阳金杯江森自控汽车内饰件有限公司	约翰尼斯·娄特斯	16873
47	沈阳中兴商业(集团)股份有限公司	刘芝旭	16777
48	东软集团股份有限公司	刘积仁	16671
49	沈阳五爱实业有限公司	张明	16154
50	华润(沈阳)地产有限公司	王印	15922
51	华润置地(沈阳)有限公司	王印	15760

序号	纳税人名称	法人代表	纳税总额(万元)
52	中国石油天然气股份有限公司辽宁销售分公司	王学冷	15732
53	三一集团	赵想章	15566
54	辽宁成大生物股份有限公司	李宁	15406
55	国电康平发电有限公司	王慕文	15145
56	华夏银行股份有限公司沈阳分行	王广志	14829
57	沈阳万科金域蓝湾房地产开发有限公司	黄凯	14217
58	中国工商银行股份有限公司沈阳和平支行	张铁平	14172
59	沈阳飞机工业(集团)有限公司	谢根华	14080
60	沈阳延锋江森座椅有限责任公司	贾健旭	14070
61	采埃孚伦福德汽车系统(沈阳)有限公司	安德烈斯·克莱恩	13952
62	沈阳奥园新城置业有限公司	郭梓宁	13777
63	沈阳银基置业有限公司	刘成文	13756
64	东北电网有限公司	李一凡	13599
65	沈阳新世界新汇置业有限公司	刘松灿	13398
66	华润辽宁医药有限公司	陈济生	12991
67	中国南方航空股份有限公司北方分公司	孙建华	12857
68	广发银行股份有限公司沈阳分行	陈静波	12634
69	沈阳圣淘沙房屋开发有限公司	许哲财	12399
70	华润置地(沈阳)开发有限公司	王印	12365
71	沈阳印象名流置业有限公司	熊晟楼	12358
72	沈阳万怡房产置业有限公司	黄兵	12032
73	乐金电子(沈阳)有限公司	全哲完	12008
74	沈阳荣盛中天房地产开发有限公司	台文献	11991
75	中国石油天然气股份有限公司辽河油田分公司沈阳采油厂	修景涛	11990
76	中国银行股份有限公司沈阳分行	李民	11608
77	沈阳荣耀房地产开发有限公司	郝一斌	11476
78	中国联合网络通信有限公司辽宁省分公司	南新生	11448
79	中国联合网络通信有限公司沈阳市分公司	薛吉平	11223
80	沈阳五联房地产开发有限公司	陈亮	11221
81	沈阳步阳置业有限公司	徐步云	11198
82	沈阳铁路信号有限责任公司	张心植	11147
83	中国石油化工股份有限公司辽宁石油分公司	纪波	11131
84	沈阳大东方置业有限公司	伍欣	10972

序号	纳税人名称	法人代表	纳税总额(万元)
85	沈阳鑫丰富俪城房屋开发有限公司	高秀勤	10971
86	沈阳华强新城市发展有限公司	练斌	10924
87	沈阳浑南新城碧桂园房地产开发有限公司	杨文杰	10749
88	辽宁卓展时代广场百货有限公司	王乐天	10672
89	沈阳兴隆大家庭购物中心有限公司	肖红涛	10575
90	中房集团辽宁置业有限公司	赵昱	10536
91	普利司通集团	内田伸二	10477
92	恒大长基置业有限公司	梁伟康	10380
93	百胜餐饮(沈阳)有限公司	陈光全	10372
94	沈阳万科公园大道房地产开发有限公司	黄凯	10245
95	沈阳保利溪湖房地产开发有限公司	黄兵	10203
96	沈阳荣盛新地标房地产开发有限公司	台文献	10087
97	沈阳浑南置业嘉信房地产开发有限公司	钱洋	10074
98	辽宁广播电视台	徐少达	10063
99	沈阳浑南新城建设有限公司	罗钊明	9918
100	新生活集团(中国)有限公司	安凤洛	9559

沈阳市公共交通线路一览表

线路	起始站点	途 经 站 点
环路	沈阳站南——沈阳站北	沈阳站南(南一马路)、市文化宫、体育广场南、和平广场、南五马路中兴街、南五马路振兴街、南湖公园、盛京医院南湖院区、展览馆、陆军总院、南塔、省医院东门、大南边门、第二十七中学、大南街热闹路、大南门、故宫东华门、商业城(钟楼)、北中街皇城恒隆广场、中街鼓楼、小西门、市红十字会医院、中山路杏林街、辽宁日报社、中山路和平大街、中山广场东、中山路太原街、沈阳站北
101	弓匠小区——工业大学中央校区	弓匠小区、北方交通重工集团、沈鼓集团、中央大街地铁站、优诗美地、中央湖畔、中央大街沈辽路、工业大学中央校区东门
102	北李官——沈阳站西广场	北李官、沈大路金湖街、沈大路东平湖街、沈大路巢湖街、沈大路太湖街、沈大路洪湖二街、于洪新村、铁西森林公园、康利汽车公司、肇工街建设大路、南六路启西巷、南六路马壮街、南六路卫工街、南六路保工街、南六路兴顺街、景星街南六路、景星街北四路、小北三路景星街、小北三路兴华街、小北三路云峰街、小北三路兴工街、沈阳站西广场
103	长客西站——五爱市场	长客西站公交枢纽站、长客西站、仙女湖公园北、西部货运中心北、沈辽路齐贤街、沈辽路艳粉街、兴华街沈辽路、兴华街南十路、兴华公园东、铁西百货、铁西广场、建设大路云峰街东、建设大路兴工街、胜利大街南五马路、沈阳站南、中华路太原街、中华路南京街、马路湾、十三纬路光荣街、十三纬路四经街、十三纬路三经街、大西菜行、顺通食街、第七中学、五爱西区北、五爱市场

线路	起始站点	途　经　站　点
104	恒大绿洲西——兴隆大都汇	恒大绿洲西、汪河路南阳湖街、碧桂园银河城、汪河路大通湖街、大通湖街细河南路、大通湖街细河路、惠泽园东、仙女河路大通湖街、仙女河路吉力湖街南、吉力湖街仙女河北路、冶金机械公司、沈辽路赞工街、卫工街沈辽路、劳动公园东、劳动公园北、卫工街南九路、南八路卫工街、南七路马壮街、卫工街建设大路、兴隆大都汇
105	嘉华新城——沈阳北站（公交枢纽东区）	嘉华新城、嘉华学校、汇泉路文源街、文澜苑、坤泰新界、富民街浑南五东路、富民桥南、富民街银河丽湾、富民街文萃路、富民街文化东路、文化东路富民街、泉园街泉园三路、泉园街泉园二路、东陵区医院、长青街泉园一路、万泉实业公司、东方宾馆、翠园小区、热闹路东滨河路、大南门东、小河沿、大东门、东中街、小津桥、横街、天后宫路小北街、房产市场、惠工广场东、沈阳北站
106	中海城北——沈阳北站北广场	中海城北、赤山路西江街、八家子小区、绿地老街坊、武警总队、万科魅力之城北门、万科魅力之城、恒盛广场、亚都名苑、教师新村、陵西二小区、第四十中学、北方医院、第九印刷厂、沙河子小区、长江街泰山路、泰山路黄河大街、省实验中学、辽宁中医、北陵电影院、龙江广场、沈阳北站北广场
107	东方御景——龙之梦亚太城	东方御景、美林逸墅、三江紫香园、东陵路农科院、省农业技术学校、沈抚立交桥东、东北汽贸、一汽福达、良城美景、辽宁奥通、新东安居小区、新光红璎小区、和睦路新东二街、三家子、善邻路东塔街、善邻路黎明三街、善邻路地坛街、龙之梦衡园、龙之梦丽晶大酒店、龙之梦海洋馆、龙之梦小商品大世界、龙之梦亚太城
109	彩霞街临波路——大西电子市场西	彩霞街临波路、临波路夹河街、伊丽雅特湾、泛华广场、浑河堡、浦江苑、新华社、五里河公园西、夏宫、五里河茂业中心、文化路立交桥南、展览馆、盛京医院南湖院区、鲁迅美术学院、领事馆、第七医院、十一纬路二经街、大西边门、房地产大厦、大西电子市场西
109支线	浑河站——奥体中心公交枢纽站	浑河站、浑河站邮局、三山集团、长白中路胜利大街、长白二街夹河路、长白二街仙岛南路、万科鹿特丹、长白南路长白二街、长白南路长白三街、长白南路南京街、富海澜湾半岛、东北气象中心、名流幸福小区、铸造厂、后榆村、临波路夹河街、临波路彩霞街、浑河堡、浦江苑、奥体中心公交枢纽站
111	东北制药——昆山路松花江街	东北制药、昆明湖街林海路、张士果品市场、沈新路巢湖街、沈新路开发大路、沈新路洪湖二街、洪湖小区、长客西站、仙女湖公园北、西部货运中心北、沈辽路齐贤街、沈辽路艳粉街、沈辽路兴华街、沈辽路云峰街、云峰街南九路、云峰街南七路、云峰街建设大路、云峰街北四路、云峰街北三路、云峰街北二路、虹桥路爱工街、兴工街千姿汇、兴工街北一路、珠江街天山路、珠江街华山路、昆山路珠江街、碧塘公园南、第四医院南、昆山路嫩江街、沈阳有线电视台、沈阳北站北、昆山路松花江街
112	保利花园——皇姑屯火车站	保利花园、保利花园五期、新宁街东平路、新立堡、东北汽贸、一汽福达、良城美景、辽宁奥通、二〇一、民贵家园、东贸库、黎明金叶家园、沈海热电厂、珠林桥东、莱茵河畔、市骨科医院、辽沈二街东北大马路、文华园、洮昌小区、沈阳大学南门、小北边门、省高级法院、敬宾街、沈阳北站北、沈阳有线电视台、昆山路嫩江街、第四医院南、碧塘公园南、昆山路珠江街、昆山路荆江街、怒江街华山路、皇姑屯火车站
113	观音村——泉园广场	观音村、观音、观音路、德孚润滑油、空训基地、鸭绿江北街天仙路、北陵开发区、新锐防爆电器、上岗子、城建北尚、富丽阳光、中驰汽贸、剑苑小区、梨园剧场、崇山路鸭绿江东街、恒驰物流、沈阳大学西门、望花街临河路、小北关街二〇二巷、小北边门、沈阳大学南门、八王寺、八王寺街天后宫路、横街、小津桥、东中街、大东门、小河沿、大南门、大南街热闹路、第二十七中学、大南边门、省医院东门、南塔鞋城、文化东路天坛南街、出租汽车公司南、和美妇产医院、泉园广场
114	保利心语花园——沈阳北站站前	保利心语花园、铁西区体育中心、北四路重工街、美好愿景、北四路肇工街、北四路启工街、北四路卫工街、市交通技术学校、新北方装饰建材城、陶林居、北四路贵和街、兴华街北四路、铁西区政府、北三路云峰街、北三路兴工街、沈阳站西广场、沈阳站北、中山路太原街、中山广场东、中山路和平大街、辽宁日报社、八一公园东、市人大、青年北大街、沈阳北站站前
115	望花工业园——新华路	望花工业园、侍家岗子、三五四七装具厂、望花新村、上海通用北盛汽车、海鲜市场、北大营街南卡门路、合作街上园路、华美英语学校（老瓜堡）、合作街北海街、洮昌小区、沈阳大学南门、小北边门、省高级法院、虎跃快客、青年北大街、市人大、市府大路三经街、八一公园西、和平大街北七马路、中山路和平大街、中山广场东、医大一院、南京街北二马路、中山公园西、体育广场、铁路中学、新华广场西、和平区法院、新华路

线路	起始站点	途 经 站 点
116	恒大城——龙之梦亚太城	恒大城、桃源欣城、万科魅力之城、恒盛广场、亚都名苑、教师公寓、教师新村、红田地产、格林阳光、格林梦夏、怒江北街新开河、市委党校、百鸟公园、辽宁大学、宁山路北行、宁山路黄河大街、地质局、北陵电影院、龙江广场、沈阳北站北、敬宾街、省高级法院、市物价局、天后宫、小北街天后宫路、小北门、大北门、小津桥、津桥路小什字街、市群众艺术馆、龙之梦会展中心、龙之梦亚太数码、龙之梦亚太城
116支线	千山西路八家子——松山路地铁口	千山西路八家子、华邑世纪城、千山西路怒江北街、千山西路规划街、千山西路长江北街、千山西路川江街、千山西路黄河大街、黄河大街松山路、松山路地铁口
117	腾飞二街——小北边门	腾飞二街飞翔路、盛京医院滑翔院区、滑翔路腾飞一街、生日城、滑翔公园东、天华医药、诗波特小区、沈辽路兴工街、东北汽配商贸中心、南八马路太原街、南八马路海口街、沈阳急救中心、南湖公园西门、方型广场南、南湖公园、盛京医院南湖院区、展览馆、陆军总院、地王国际花园、风雨坛街西滨河路、五爱市场西区、五爱市场、热闹路大南街、大南门、故宫东华门、商业城（钟楼）、大北门、八王寺街天后宫路、八王寺、小北边门
118	文华街三号院——北中街	文华街三号院、水家西、沈阳出口加工区西区、东亚国际城、浑南东路文华街、沈阳建筑大学、音乐学院南校区、沈音南校区、在水一方社区、和泰东方园、万科花园新城、金杯汽车制造有限公司、东陵加工区、六〇六所、江东街小河沿路、小河沿路滂江街、万泉公园东门、四六三医院、魁星楼路大什字街、大南门东、大南门、故宫东华门、商业城（钟楼）、北中街
118支线	古城子——新生活广场长青店	古城子、古城子市场、牛相、麦子屯、中科院计算所（高精数控）、水家北、沈阳出口加工区西区、东亚国际城、浑南东路文华街、沈阳建筑大学、音乐学院南校区、文汇街南堤路、南堤路文汇街、和泰东方园、万科花园新城、新生活广场长青店
121	康城春天里——陵园街银山路	康城春天里、道义五街正良五路、正良五路道义四街、道义三街、蒲昌路道义二街、正良、唐轩公馆、沈阳师范大学北门、沈北巴士、郭七路口、蒲昌路盛京大街、五洲龙汽车公司、沈阳师范大学东门、梅江街文大路、万方小学、北三台子、第十中学、三台子一校、陵北街辉山路、陵北街三台子、沈飞四中、沈飞集团、航空博览园、客运出租公司、金山路陵北街、陵园街金山路、陵园街银山路
123	揽军路——五十中学	揽军路、腾飞一街南滑翔路、盛京医院滑翔院区、腾飞一街滑翔路、腾飞一街飞翔路、第十五中学、云峰街沈辽路、云峰街南七路、云峰街建设大路、建设大路兴工街、胜利大街南五马路、沈阳站南、沈阳站北、中山路太原街、中山广场东、中山路和平大街、和平大街北七马路、八一公园西、北市场东、阜新二街总站路、市行政执法局、北站路青年北大街、市建委、敬宾街、市消防局、小北关街二〇二巷、望花街临河路、沈阳大学西门、恒驰物流、五十中学
125	宏达家园——南通天街	宏达家园、朝鲜一中、向工一校、昆山路前塔湾、中海寰宇天下塔湾西、塔湾邮局、太平庄、崇山路淮河街、海华新居、延河街昆山路、小白楼、华山路怒江街、皇姑公安分局、华山路珠江街、华山路长江街、皇寺广场、北市场西、沈医二院、南京街北六马路、中山广场东、中山路和平大街、辽宁日报社、中山路杏林街、市红十字会医院、奉天街药王庙路、房地产大厦、奉天街北热闹路、五爱西区北、五爱市场、南通天街
126	奥体中心枢纽站——上园路望花南街	奥体中心枢纽站、泛华广场、浑河堡、浦江苑、新华社、五里河公园西、夏宫、五里河茂业中心、文萃路青年大街、五爱街文萃路、陆军总院东门、地王国际花园、风雨坛街西滨河路、奉天街五爱市场西区、奉天街北热闹路、房地产大厦、万寿寺街大西路、万寿寺街小西路、市信访大厅、令闻街教场路、令闻街天后宫、令闻街房产市场、市物价局、小北边门、沈阳大学南门、洮昌小区、联合路辽沈二街、北方客运公司、上园小区东、上园小区、上园路合作街、上园路望花南街
127	青山路怒江西街——龙之梦亚太城	青山路怒江西街、依云北郡A区、依云北郡、教师新村、陵西二小区、白山路川江街、北陵公园北、客运出租公司、金山小区、北陵东门、金山钢材市场、富丽阳光南区、银山路鸭绿巷、鸭绿江东街银山路、金辉天鹅湾、鸭绿江东街锡山路、崇山路鸭绿江东街、恒驰物流北门、市胸科医院、北海街联合路、市骨科医院、北海街工农路、莱茵河畔、龙之梦红星美凯龙、龙之梦大酒店、龙之梦小商品大世界、龙之梦亚太城
129	金奥新城——药王庙路	金奥新城、仙女河北路金龙湖街、仙女河路金龙湖街、仙女河路大通湖街、仙女河路吉力湖街南、仙女河路吉力湖街北、路官二街、西部货运中心东、路官一街沈辽路、路官一街红粉路、今日阳光家园、艳粉新村、红粉路艳璐街、家乐福金牛店、兴华街沈辽路、兴华街南十路、兴华公园东、铁西百货、铁西广场、北四路兴华街、北四路云峰街、兴工街北四路、兴工街北三路（沈阳站西）、兴工街北二路、沈阳站北、中山路太原街、中山广场东、中山路和平大街、辽宁日报社、中山路杏林街、市红十字会医院、药王庙路

线路	起始站点	途　经　站　点
131	七三九医院——大东门	七三九医院(沈阳医学院)、沈阳十中、百花小区、陵北街辉山路、陵北街三台子、沈飞四中、沈飞集团、航空博览园、客运出租公司、金山小区、北陵东门、武功山小区、省游泳馆、省教育厅、北塔、崇山路鸭绿江东街、恒驰物流、沈阳大学西门、望花街临河路、小北关街二〇二巷、市物价局、天后宫、小北街天后宫路、小北门、大北门、小津桥、东中街、大东门
132	沈阳工贸学校——科普公园	沈阳工贸学校、大东科技园、沈阳东站北、东北大马路明堂街、东北大马路新生二街、市骨科医院、辽沈二街如意三路、辽沈二街工农路、北边城路草仓路、东边城街珠林路、市群众艺术馆、津桥路小什字街、小津桥、大北门、小北门皇城恒隆广场、中街、故宫西华门、市环保局、五爱市场、五爱市场西区、风雨坛街西滨河路、地王国际花园、陆军总院东门、五爱街文萃路、科普公园东
133	保利花园东——东滨河路小南街	保利花园东、新宁街东平路、新立堡、东北汽贸、一汽福达、良城美景、辽宁奥通、二〇一、民贵家园、东贸库、黎明金叶家园、沈海热电厂、珠林桥东、天江老龙口、市群众艺术馆、津桥路小什字街、小津桥、东中街、大东门、大南门东、大南门西、市环保局、五爱服装城、成城花园、小南街文艺路、省金秋医院、东滨河路小南街
134	路官一街——龙之梦亚太城	路官一街、路官一街沈辽路、保工街南十四路、保工街南十二路、保工街南十路、南九路兴顺街、九路市场、兴华公园东、铁西百货、铁西广场、建设大路云峰街东、建设大路兴工街、南五马路胜利大街、南五马路民族街、铁路中学、和平广场、南五马路中兴街、南五马路振兴街、方型广场北、鲁迅儿童公园、万科春河里、华润中心北、青年公园南、风雨坛街西滨河路、五爱市场西区、风雨坛街热闹路、南顺城路风雨坛街、市环保局、大南门西、小河沿、大东门、大东车库、大东路小什字街、东边城街大东路、东边城街津桥路、龙之梦亚太城
135	沈阳机床城——南塔客运站	沈阳机床城、沈胡路东平湖街、和泰馨城、东平湖街沈大路、北李官、沈大路巢湖街、沈大路太湖街、沈大路洪湖街、于洪新村、铁西森林公园、康利汽车公司、建设大路肇工街、建设大路启工街、建设大路卫工街、建设大路保工街、建设大路兴顺街、铁西广场、建设大路云峰街西、建设大路兴工街、南五马路胜利大街、南五马路民族街、铁路中学、和平广场、南五马路中兴街、南五马路振兴街、南湖公园、盛京医院南湖院区、展览馆、陆军总院、南塔、南塔鞋城、南塔客运站
136	英守村——沈阳北站站前	英守村(丁香湖公园)、白山路丁香湖路、白山路元江街、华润橡树湾、保利上林湾南门、靓马新村、巴黎香榭、西江街白山路、万科四季花城、香炉山路西江街、香炉山路怒江北街、龙逸花园、北方医院、香炉山路黄河大街、新乐宿舍、新乐遗址、凤凰饭店、辽宁大厦、北陵公园、辽宁中医、儿童医院、松花江街崇山路、宁山路小学、省消防总队、敬宾街、家乐福北站店、惠工广场东、沈阳北站站前
138	沈阳医学院——马路湾	沈阳医学院、何氏眼科医院、百花山路、国奥现代城、赤山路黄河大街、赤山路川江街、松山小区、长江街北固山路、五彩新村、陵西二小区、第四十中学、北方医院、香炉山路黄河大街、新乐宿舍、新乐遗址、辽宁大厦、省实验中学、黄河大街宁山路、黄河大街巴山路、第四医院、皇寺广场、市检察院、八一公园西、和平大街北七马路、水务集团、和平大街八纬路、和平大街十纬路、马路湾
140	新湖小区——上木厂	新湖小区、和平家园、虹桥路爱工街、兴工街千姿汇、兴工街北一路、西塔东、市检察院、北市场、市府大路三经街、市中级法院、清真寺、太清宫东、小北门皇城恒隆广场、中街、故宫西华门、市环保局、大南门东、小河沿、大东门、大东车库、大东路小什字街、大东边门、长安路滂江街、长安小区、二四五医院、东塔机场、东塔、八里堡、方凌路凌云街、方凌路10号、上木厂
141	辽宁大学北校区——兴华公园北	辽宁大学北校区、沈阳航空航天大学、正良(唐轩公馆)、唐轩公馆(正良二路)、沈阳师范大学、四台子、黄河大街万山路、沈阳医学院、何氏眼科医院、国奥现代城、赤山路黄河大街、赤山路川江街、松山小区、长江街北固山路、五彩新村、陵西二小区、教师公寓、教师新村、红田地产、格林阳光、格林梦夏、怒江北街新开河、市委党校、怒江广场、昆山路怒江街、小白楼、第二十一中学、淮河街天山路、重型文化广场、兴华街小北一路、兴华街北二路南、铁西区政府、兴华街北四路、铁西广场、铁西百货、兴华公园北
142	新兴——新兴	新兴、新兴绿色家园、大淑市场、锦绣家园、富民小区、种子公司(林校)、香柏路、苏家屯消防中队、雪松开发区管委会、血栓医院、公园商场、金色月光、朝鲜小学、铁路医院、苏家屯区教委、劳动公园、科圣花园、铁路俱乐部、沈阳南站、老圈楼(文化馆)、商业大厦、青年桥、广特超市、维康药房、丁香小区、苏家屯工商局、种子公司(林校)、富民小区、锦绣家园、大淑市场、新兴绿色家园、新兴

线路	起始站点	途 经 站 点
143	花苑新村——花苑新村	花苑新村、圣为供热分公司、苏家屯客运站、苏家屯妇婴医院(民主市场)、598部队、老圈楼(文化馆)、沈阳南站、铁中铁小、苏白路、六库(人民路)、高楼子、湖畔绿洲、窑地、敬老院、金宝台道口、金宝花园、彩虹桥、路灯管理所、巡警大队、桂花市场、血栓医院、公园商场、轻工市场东门、青年桥、广特超市、维康药房、176中学、工人村市场、花苑新村
144	沈阳二手车交易市场——沈阳二手车交易市场	沈阳二手车交易市场、华天汽配维修中心、金昌石业、雪松开发区管委会、苏家屯消防中队、苏家屯工商局、河畔花城、苏家屯区房屋开发公司、圣为供热分公司、花苑新村、合力德电气设备厂、文成堡、沈阳通用航空公司、圣东波纹管制造公司、新生活实业有限公司、建材市场、富城国际花园西门、富城国际花园北门、598部队、民主派出所、沈阳南站、老圈楼(文化馆)、好乐多超市、华苑商场、苏家屯区医院、朝鲜小学、朝二中学、电业小区、苏家屯金山小区、青松中学、金宝花园、金宝花园北门、大川玻璃钢、隆康医疗器械、金宝台村、沈阳二手车交易市场
145	满融村——雪松开发区	满融村、满融东、吉水暖气公司、苏家屯交警大队、湖畔绿洲、第一七五中学、正大香格城南门、苏白路市场、中顺汽车、苏家屯区政府、铁路医院、朝鲜小学、金色月光、公园商场、青年桥、枫杨路丽花街、商业大厦、苏家屯妇婴医院、香杨路海棠街、大润发超市、河畔花城北门、荣成世纪嘉园、维康药房、轻工市场西门、血栓医院、桂花市场、丁香苑、雪松开发区
146	绿色家园——奥体中心枢纽站	绿色家园、华瑞家园、营城子、后桑林子、璟悦香湾、上深沟建材市场、金水湾家园、博荣水立方(大甸子)、教场、泰莱十六区、文澜苑、坤泰新界、省浑南训练基地、奥体中心南门、女人街、奥体中心枢纽站
147	小北一路齐贤街——莲花街万柳塘路	小北一路齐贤街、沈阳国际纺织服装城、小北一路景星街、小北一路兴华街、和平家园、虹桥路爱工街、霁虹、富云花都、克俭小区、珠江桥东、珠江街步云山路、珠江街华山路、昆山路珠江街、碧塘公园南、第四医院南、嫩江街昆山路、肇东街大庆路、北站路青年北大街、家乐福北站店、省高级法院、小北边门、沈阳大学南门、八王寺、八王寺街天后宫路、横街、草仓路大什字街、大悦城东、大东路小什字街、大东边门、华润万家滂江店、滂江市场、莲花街万柳塘路
148	东陵公园——沈阳北站	东陵公园、东陵路前陵堡、东陵路东三环、沈阳农业大学、农科院、省农业技术学校、沈抚立交桥东、东北汽贸、水晶城街一汽福达、水晶城街八家子、水晶城、东贸路水暖城、观泉路铁道口、国瑞商城、东毛君屯、世捷教育、铁路物资公司、工农路东建街、沈阳东站、工农路东辽街、第一四一中学、工农路北海街、市骨科医院、大东工人俱乐部、辽沈二街东北大马路、文华园、洮昌小区、沈阳大学南门、小北边门、省高级法院、家乐福北站店、惠宾街沈阳北站
149	陶林居——三菱发动机厂北门	陶林居、建设大路兴顺街、铁西广场、建设大路云峰街东、建设大路兴工街、南五马路胜利大街、太原街南五马路、太原街南八马路、太原街南十马路、胜利大街南十一马路、胜利大街砂川街、胜利大街砂阳路、胜利大街玉屏路、胜利桥北、万科城、格林生活坊、长白港湾站、下夹河、中海国际社区、沙岗子、上夹河、金家湾东、前榆树台、三菱发动机厂北门
150	三菱发动机厂北门——大悦城	三菱发动机厂北门、三菱发动机厂、新秀街沈营路、东大软件园、变压器研究所、东海电子、海外学子园、亚泰花园、东陵区(浑南新区)政府、报业印务中心、21世纪广场、辽宁移动通信、彩霞街公铁桥、彩霞街沈营路、泛华广场、浑河堡、浦江苑、奥体中心地铁站、新华公寓、艺术家园、富民街银河丽湾、富民街文萃路、富民街文化东路、和美妇产医院、泉园广场、血磁医院、万柳塘公园、大南边门、第二十七中学、大南街热闹路、大南门东、小河沿、大东门、大什字街大东路、大悦城
151	二台子街观泉路——第七医院南	二台子街观泉路、观泉路望花新村、观泉路二台子街、观泉路沈铁路、沈阳宝钢、观泉路五金建材市场、钢花小区、联合路东建街、金地铂悦、康福食品、新颖宾馆、联合路东辽街、联合路北海街、文华园、辽沈二街东北大马路、辽沈二街如意三路、辽沈二街工农路、北边城路草仓路、东边城街珠林路、市群众艺术馆、大悦城东、天龙家园、大东路小什字街、大东门、小河沿、大南门西、市环保局、风雨坛街沈州路、风雨坛街热闹路、五爱西区北、第七中学、顺通食街、大西菜行、十三纬路三经街、第七医院南
152	沈阳理工大学——沈阳北站(公交枢纽西区)	沈阳理工大学、巨子模具城、嘉华新城、嘉华学校、汇泉路文源街、文澜苑、汇泉路5号、市气象局、亿丰时代广场、女人街、五里河公园西、夏宫、五里河茂业中心、文化路立交桥南、展览馆、盛京医院南湖院区、南湖公园、南五马路振兴街、省委、市体育局、体育广场、中山公园西、市文化宫、沈阳站南(南一马路)、沈阳站北、太原街中山路、西塔、北市场西、皇寺广场、哈尔滨路肇东街、青年北大街、沈阳北站
153	胡台新城——和泰馨城停车场	胡台新城、繁荣三路、后胡台、宋岗、前七线、昂邦牛、集贤、诺木珲、沙坨、新蔡线、繁荣、爱国、西爱线、兴盛、后民屯、东民、沈胡路东平湖街、和泰馨城

线路	起始站点	途经站点
154	东大软件园—— 大润发和平店	东大软件园、变压器研究所、亿达唯美品格、东海电子、海外学子园、亚泰花园、东陵区(浑南新区)政府、报业印务中心、二十一世纪广场、彩霞街公铁桥、沈营路华园东路、融城时代、首创国际城、浑南大道、伊丽雅特湾、铸造厂、上夹河、沙岗子、中海国际社区、长白港湾站、南京街长白路、工农桥南、盛发花园、省体院、市第六医院、和平大街南七马路、和平广场、体育广场、市文化宫、大润发和平店
155	汪家—— 奥体中心枢纽站	汪家、汪家新村、前汪家、东李公路沈抚大道、沈抚立交、石庙子、石庙子东街、刘付屯、东岗子、李巴彦、恒大江湾(万家)、杨官屯、沈阳出口加工区、水家屯、东亚国际城、浑南东路文华街、沈阳建筑大学、音乐学院南校区、文汇街南堤路、南堤路长青街、长青桥南、万科金域蓝湾、南堤路朗月街、朗云街南堤路、河畔新城、艺术家园、新华公寓、奥体中心枢纽站
155 地铁专线	沈阳建筑大学—— 奥体中心枢纽站	沈阳建筑大学、音乐学院南校区、文汇街南堤路、南堤路长青街、长青桥南、南堤路朗日街、南堤路朗月街、朗云街南堤路、河畔新城、艺术家园、新华公寓、奥体中心枢纽站
157	道义大街道义—— 五爱市场西区	道义大街道义、龙腾碧玉湾、瀚博皇家御湾、太湖国际花园、瀚博皇家御院、辽宁大学北校区、沈阳航空航天大学、唐轩公馆、沈阳师范大学、四台子、黄河大街万山路、沈阳医学院、七三九医院、何氏眼科医院、黄河大街百花山路、松陵文化宫、莲花山路三台子、沈飞集团、航空博览园、客运出租公司、金山小区、北陵东门、武功山小区、省游泳馆、松花江街崇山路、宁山路小学、省消防总队、敬宾街、省高级法院、市物价局、天后宫、太清宫北、小西门、大西门、风雨坛街沈州路、风雨坛街热闹路、五爱市场西区
157 支线	雷明雅阁—— 五爱市场西区	雷明雅阁、诚信食品、沈阳航空航天大学、唐轩公馆、沈阳师范大学、四台子、黄河大街万山路、沈阳医学院、七三九医院、何氏眼科医院、黄河大街百花山路、松陵文化宫、莲花山路三台子、沈飞集团、航空博览园、客运出租公司、金山小区、北陵东门、武功山小区、省游泳馆、松花江街崇山路、宁山路小学、省消防总队、敬宾街、省高级法院、市物价局、天后宫、太清宫北、小西门、大西门、风雨坛街沈州路、风雨坛街热闹路、五爱市场西区
158	金水港湾—— 凌空一街揽军路	金水港湾、锦水街大榆桥南、塔湾欣城、锦水街苍山路、明廉路锦水街、明廉路食品公司、北一路保工街东、沈阳国际纺织服装城、景星街北一路、景星街北二路、景星街北三路、景星街北四路、建设大路兴顺街、兴顺街南六路、兴顺街南八路、南九路九路市场、南九路兴华街、南九路云峰街、腾飞一街沈辽路、市第十五中学、腾飞一街北滑翔路、生日城、滑翔路凌空二街、凌空一街揽军路
159	山水文园——皇寺广场	山水文园、毛望公路、东山嘴子、华晨汽车、陶瓷城、东望街东陶路、沈阳宝钢(钢花小区)、联合路东建街、金地铂悦、康福食品、新颖宾馆、联合路东辽街、联合路北海街、市胸科医院、恒驰物流北门、恒驰物流、沈阳大学西门、望花街临河路、小北关街二〇二巷、市物价局、天后宫、太清宫北、清真寺、市中级法院、市府广场东、市政府、哈尔滨路青年北大街、皇寺广场
159 复线	八棵树——皇寺广场	八棵树机动车考试中心、沈阳实验中学、八棵树驾校、山水文园、毛望公路、东山嘴子、华晨汽车、陶瓷城、东望街东陶路、沈阳宝钢(钢花小区)、联合路东建街、金地铂悦、康福食品、新颖宾馆、联合路东辽街、联合路北海街、市胸科医院、恒驰物流北门、恒驰物流、沈阳大学西门、望花街临河路、小北关街二〇二巷、市物价局、天后宫、太清宫北、清真寺、市中级法院、市府广场东、市政府、哈尔滨路青年北大街、皇寺广场
161	六号街十一号路 ——金沙江街北行	六号街十一号路、丽水金阳、六号街十四号路、家宁花园、宁官市场、沈辽路大明湖街、沈辽路昆明湖街、鹏程花园、山东堡、三隆碧桂园、新型建材厂、鼓风机一分厂、冶金机械公司、沈辽路赞工街、肇工街沈辽路、劳动公园西、工人村、肇工街南十路、启工机械学校、南九路卫工街、南九路保工街、南九路兴顺街、九路市场、兴华公园东、铁西百货、铁西广场、建设大路云峰街西、建设大路兴工街、兴工街建设大路、兴工街北四路、兴工街北三路(沈阳站西)、兴工街北二路、兴工街千姿汇、兴工街北一路、珠江街天山路、珠江街华山路、金沙江街北行
162	西三家子——铁西广场西	西三家子、望花三小、东机正门、老年公寓、沈阳职业技术学院、劳动广场、西门、望花新村木材市场、东方欧博城、望花立交桥北、金山路鸭绿江东街、城建北尚南、富丽阳光、中驰汽贸、剑苑小区、梨园剧场、鸭绿江街崇山路、北塔、省教育厅、华商晨报、儿童医院、辽宁中医、崇山路嘉陵江街、辽宁大学、长江街宁山路、北行、碧塘公园南、珠江街华山路、珠江街天山路、兴工街北一路、兴工街千姿汇、兴工街北二路北、兴工街北三路(沈阳站西)、兴工街北四路、兴工街建设大路、建设大路兴工街、建设大路云峰街、铁西广场、铁西广场西

线路	起始站点	途经站点
163	汾河街——省劳经学校	汾河街、虹桥中学、太平庄、崇山路淮河街、延河街岐山路、岐山路怒江街、岐山路荆江街、岐山路大渡河街、岐山路北行、北行、碧塘公园南、第四医院南、昆山路嫩江街、北站路青年北大街、沈阳北站、惠工广场东、家乐福北站店、省高级法院、小北关街二〇二巷、望花街临河路、沈阳大学西门、恒驰物流、九一八历史博物馆、通利汽车公司、上园路北大营街、上园小区、小二台子、三洋空调、沈铁路 63 号、大二台子、观泉路、化工油漆厂、前进、省劳经学校
165	苏家屯沙柳路——家乐福金牛店	苏家屯沙柳路、苏家屯客运站、民主路玫瑰街、牡丹街、铁路客车厂、雪莲街山榆路、十里锦城、木材防腐厂、大官房、可济药业、玉皇药业、加工厂宿舍、馨丽康城、九洲湾景汇、胜利南街公铁桥、环城高速、金家湾、新加坡城、马总屯、万科城、胜利桥北、胜利大街玉屏路、砂南路砂平街、砂山商店、滑翔路凌空二街、生日城、滑翔路腾飞一街、盛京医院滑翔院区、家乐福金牛店
166	阳光 100——金杯汽车制造有限公司	阳光 100、阳光 100 新城、汪河路阳光 100 一号路、凌空二街南滑翔路、生日城东、滑翔路凌空二街、砂阳路砂山街、省妇婴医院、市第六医院南、省体院、盛发花园、龙王庙公园、交通安全教育学校、东北大学南门、市交通局西门、文体路三好街、世茂百货、五里河茂业中心、文萃路青年大街、沈阳教育学院、宏伟新都、南塔公园、南塔日杂、天坛小区、文萃路富民街、溪林花园、文萃路丰乐二街、文萃路长青街、和泰东方园、万科花园新城、长青街文化东路、金杯汽车制造有限公司
167	永盛水调歌城西——三号街纺织厂	永盛水调歌城西、永盛水调歌城南、汪河路吉力湖街东、汪河路阳光 100 一号路、凌空二街南滑翔路、生日城东、凌空二街滑翔路、滑翔公园东、天华医药、诗波特小区、兴工街沈辽路、南六路兴工街、铁西区中心医院北、铁西百货、南六路勋望街、兴顺街南六路、兴顺街南八路、市第五医院、兴顺街南十二路、工业大学兴顺校区、南十三路保工街、保工街南十四路、西部货运中心北、仙女湖公园北、长客西站、洪湖小区、洪湖二街沈新路、水产市场、花海路燕塞湖街、张士开发区管委会、大明湖街星海路、沈辽路大明湖街、宁官市场、家宁花园、广全中学、四号街十号路、三号街纺织厂
168 北线	沈阳北站(公交枢纽西区)——秀湖广场	沈阳北站、市建委、敬宾街、省高级法院、小北边门、沈阳大学南门、八王寺、八王寺街天后宫路、横街、小津桥、津桥路小什字街、市群众艺术馆、天江老龙口、珠林桥东、沈海热电厂、一汽惠华、二〇一、辽宁奥通、良城美景、东北汽贸、沈抚立交桥东、省农业技术学校、农科院、沈阳农业大学、东陵路东三环、前陵堡、东陵公园、鸟岛西、盛京高尔夫、中旅国际小镇、桑提亚纳庄园、奥林匹克花园、世博园西门、世博园、海洋世界、上满堂、满族风情村、下木、中木、上木、清韵百园、棋盘山景区、冰川动物乐园、秀湖广场
168 南线(观光一线)	马路湾——秀湖广场	马路湾、十一纬路招商银行、十一纬路交通银行、十一纬路二经街、大西边门、房地产大厦、铁通公司、南顺城路风雨坛街、市环保局、大南门西、小河沿、大东门、东中街、小津桥、津桥路小什字街、市群众艺术馆、天江老龙口、珠林桥东、沈海热电厂、一汽惠华、二〇一、辽宁奥通、良城美景、东北汽贸、沈抚立交桥东、省农业技术学校、农科院、沈阳农业大学、东陵路绕城高速、前陵堡、东陵公园、鸟岛、盛京高尔夫、中旅国际小镇、桑提亚纳庄园、奥林匹克花园、世博园西门、世博园、海洋世界、上满堂、满族风情村、下木、中木、上木、清韵百园、棋盘山景区、冰川动物乐园、秀湖广场
168 支线 A(观光 2 号线)	秀湖广场——花果山神秘谷(夏季运营)	秀湖广场、影视基地、棋盘山风景区北门、毛望路、望滨派出所、望滨办事处、花果山神秘谷
168 支线 C	世博园——辽宁何氏医学院	世博园、泗水科技新城管委会、辽宁何氏医学院
169	水晶城——长白港湾站	水晶城、水晶城街八家子、水晶城街一汽福达、良城美景、辽宁奥通、新东安居小区、八里堡小学、东陵环卫所、八里堡、凌云街、方凌路、上木厂、东陵油库、第五十一中学、德氏冷饮、方方园小区、方家栏、金杯汽车制造有限公司、文化东路长青街、东北大学基础学院、文化东路富民街、出租汽车公司南、文化东路天坛一街、南塔鞋城、南塔、陆军总院、文化路立交桥南、五里河茂业中心、世贸百货、市交通局、新世界花园、三好桥北、长白东路长白四街、长白港湾站
170	恒大绿洲——沈阳站西广场	恒大绿洲、碧桂园银河城、汪河路大通湖街、省路桥二公司、汪河路吉力湖街西、汪河路吉力湖街东、汪河路阳光 100 一号路、凌空二街南滑翔路、生日城东、凌空二街滑翔路、滑翔公园东、天华医药、诗波特小区、沈后招待所、云峰街沈辽路、云峰街南七路、云峰街建设大路、云峰街北四路、云峰北街地铁站、小北三路兴工街、沈阳站西广场

线路	起始站点	途　经　站　点
171	荣盛锦绣天地——张士开发区管委会	荣盛锦绣天地、化工大学东门、工业大学中央校区北门、荣盛幸福大道、开发区行政大厦、地铁巴士西区、金色枫景、十四号路四号街、中光电子、国电东北分公司、地铁四号街站、张士灯具城、张士开发区管委会
172	荣盛锦绣天地——地铁十三号街站	荣盛锦绣天地、沈阳化工大学正门、滨河社区 B 区、滨河社区 A 区、金泰集团、十三号街十三号路、远大集团、地铁大厦、地铁十三号街站
173	长白苑——龙之梦亚太城	长白苑、万科城、格林生活坊、长白东路长白四街、三好桥北、新世界花园、华强广场、百脑汇、沈阳音乐学院、盛京医院南湖院区、鲁迅美术学院、华润中心北、青年公园南、风雨坛街西滨河路、五爱市场西区、五爱市场、热闹路大南街、大南门东、小河沿、大东门、大东车库、小什字街大东路、天龙家园、小东路小什字街、市群众艺术馆、龙之梦亚太城
175	包道屯——兴隆大都汇	包道屯、包道社区、长江街千山路、长江街赤山路、松山小区、长江街北固山路、五彩新村、陵西二小区、第四十中学、北方医院、铸铁管件厂、第九印刷厂、沙河子小区、长江街泰山路、建赏欧洲、辽宁大学、长江街宁山路、岐山路北行、岐山路珠江街、岐山路荆江街、怒江街岐山路、昆山路怒江街、小白楼、中海寰宇天下、塔湾、中海寰宇天下塔湾西、昆山路前塔湾、向工一校、飞跃实验中学、向工街明廉路、卫工街北一路、卫工街北二路、卫工街北三路、卫工街北四路、兴隆大都汇
176	砂山街玉屏路——塔湾家乐福	砂山街玉屏路、砂山街玉屏二路、万和花园、砂山商店、滑翔路凌空二街、生日城、盛京医院滑翔院区、万科花园、南滑翔路腾飞二街、艳粉新村、艳粉街沈辽路、景星街南十二路、景星街南十中路、九路市场、景星街南八路、南六路兴顺街、南六路保工街、南六路卫工街、建设西路、卫工街建设大路、卫工街北四路、卫工街北三路、卫工街北二路、卫工街北一路、向工街明廉路、飞跃实验中学、向工一校、昆山路前塔湾、昆山路塔湾西、塔湾家乐福
177	大溪地——沈阳北站(公交枢纽东区)	大溪地、东北育才双语学校、沈北路人和街、中信银行沈北支行、水木康桥、辽宁装备学院、蒲河新城管委会、闽南石材城、兴农路通顺街、奥森环境公司、赵家沟、王家沟、上王家沟、八棵树、罗家沟、南赵家沟、祥和汽校、山水文园、东山嘴子、陶瓷城、国瑞商城、中铁物资集团、万科蓝山、沈阳东站北、东北大马路明堂街、东辽街联合路、联合路东辽街、联合路北海街、联合路辽沈二街、洮昌小区、沈阳大学南门、小北边门、省高级法院、家乐福北站店、惠工广场东、沈阳北站
178	郭七——柳条湖	郭七、蒲昌路盛京大街、郭七路口、沈北巴士、沈阳师范大学北门、唐轩公馆、道义大街正良二路、沈阳师范大学、四台子、文储路黄河大街、加华小城、万山路梅江街、北三台子、第十中学、三台子一校、陵北街辉山路、陵北街三台子、沈飞四中、沈飞集团、航空博览园、客运出租公司、金山小区、银山小区、陵园街银山路、陵园街铜山路、陵园街锡山路、北塔、柳条湖
178 复线	方特欢乐世界——柳条湖	方特欢乐世界、盛京大街蒲田路、总部基地北、总部基地、碧桂园太阳城、盛京大街蒲南路、郭七、蒲昌路盛京大街、郭七路口、沈北巴士、沈阳师范大学北门、唐轩公馆、道义大街正良二路、沈阳师范大学、四台子、文储路黄河大街、加华小城、万山路梅江街、北三台子、第十中学、三台子一校、陵北街辉山路、陵北街三台子、沈飞四中、沈飞集团、航空博览园、客运出租公司、金山小区、银山小区、陵园街银山路、陵园街铜山路、陵园街锡山路、北塔、柳条湖
179	蒲河镇——五爱市场	蒲河镇、通顺街蒲河大道、泰盈九如溪谷、禾丰牧业、黄泥河子、香雪面粉、安宁医院、益海嘉里、飞龙包装、大志新村、大洼、沈阳机电市场、王家沟、榆林后村、东山公墓、大富豪家俬、榆林堡、省劳经学校、前进、化工油漆厂、大二台子、沈铁路 63 号、三洋空调、小二台子、上园小区、北方客运公司、文华园、辽沈二街东北大马路、莱茵河畔、天江老龙口、市群众艺术馆、津桥路小什字街、小津桥、东中街、大东门、小河沿、人南门、五爱市场
180	正良——辉山(大溪地)	正良、蒲昌路道义二街、道义大街蒲昌路、沈阳航空航天大学、沈北路招商银行、沈阳航空航天大学南门、辽宁美术职业学院、沈北路盛京大街、青杨林公园、国土督察局沈阳局、沈北路陵园北街、北方软件学院、光电产业园、沈阳国际科技园、沈北路鸭绿江北街、辽宁经济管理干部学院、省交校南门、兴明街蒲裕路、辽宁金融职业学院、虎石台镇政府、黄楼、虎石台管委会、蒙牛乳业、柳岗屯、沈北路月亮湖街、沈北路大望街、吉隆公司、北钢不锈钢公司、沈北路辉山大街、沈北路宏业街、泉涌新镇、沈北路人和街、沈阳二中北校区、东北育才双语学校、辉山(大溪地)

线路	起始站点	途经站点
181	西湖俪景东——腾飞二街滑翔路	西湖俪景东、西湖俪景西、世代书香、第五十六中学、红旗石材城、姚家、新塔湾钢材市场、于洪职教中心、东平湖街于洪动监、东平湖街沈胡公路、和泰馨城、东平湖街沈大路、北李官、沈大路巢湖街、沈大路太湖街、家乐福于洪店、于洪广场、于洪南里、强工二街南十路、铁西劳动局、南十二路重工街、南十二路赞工街、劳动公园北、卫工街南十二路、南十三路保工街、南十三路齐贤街、工业大学兴顺校区、沈辽路兴华街、沈辽路云峰街、腾飞一街沈辽路、市第十五中学、腾飞一街北滑翔路、盛京医院滑翔院区、腾飞二街滑翔路
182	虎石台职教园——辽宁广告职业学院	虎石台职教园、市信息工程学校南门、富城春天小区、第一一九中学、兴盛街镇小学、虎石台公园西、建设南一路省交校北门、建设南一路省金融学校、兴明街蒲裕路、省交校南门、沈北路天赋家园、辽宁经济管理干部学校、鸭绿江北街小桥子村、北方科技学院南门、蒲昌路天乾湖街、蒲昌路孝汉街、蒲昌路陵园北街、沈师大沈北附属学校、蒲昌路郭七、蒲昌路盛京大街、中央大学城、沈北巴士、工程学院正门、沈阳师范大学北门、唐轩公馆、沈阳航空航天大学、沈北路柳岸新居、沈北路雷明雅阁、香槟新坐标、郭大桥村、文林苑、辽宁广告职业学院
183	辽宁经济管理干部学院——辽宁经济管理干部学院	辽宁经济管理干部学院、天赋家园、省交校南门、兴明街蒲裕路、沈阳农大高职技术学院、省交校北门、虎石台公园西、虎石台镇政府、黄楼、矿务局中学、大古城子、首开国风润城、蒲河大道虎石台大街、市化工学校、市汽车工程学校、联东U谷、宏达驾校、鸭绿江北街蒲河大道、中国医科大学、省城建学院、辽宁经济管理干部学院北门、辽宁经济管理干部学院
184	北站北广场——兴隆大都汇	北站北广场、省公安厅、岐山路黄河大街、岐山路嘉陵江街、北行、碧塘公园西、家具广场、储备局、西塔、胜利大街北四马路、胜利大街北二马路、北二路兴工街、北二路云峰街、北二路兴华街、北二路景星街、保工街北二路、北三路保工街、圣工街北四路、北四路卫工街、卫工街北四路、兴隆大都汇
186	东湖市场——沙岭小区	东湖市场、于洪广场、依云首府北门、于洪区委、和谐广场、于洪运管处、东平湖街沈大路、和泰馨城、安捷巴士于洪分公司、洪汇路西三环、圣吉木业、宏发家具、旺达金属公司、工业园管委会、洪汇路永康街、洪汇路永兴街、索坤玻璃公司、洪汇路车桥厂、五金工业园、宝隆建材城、沙岭小区
186支线	于洪广场地铁口——凯德俪锦城	依云首府北门(于洪广场地铁口)、于洪区委、沈大路巢湖街、北李官、东平湖街沈大路、和泰馨城、安捷巴士于洪分公司、洪汇路西三环、圣吉木业、宏发家具、旺达金属公司、工业园管委会、洪汇路永康街、洪汇路永兴街、索坤玻璃公司、洪汇路车桥厂、五金工业园、中海希望小学(水木城典)、金沙二期、凯德俪锦城
187	五金工业园——碧桂园公交场站	五金工业园、洪汇路车桥厂、索坤玻璃公司、洪汇路永兴街、工业园管委会、旺达金属公司、宏发家具、圣吉木业、洪汇路西三环、安捷巴士于洪分公司、洪汇路东平湖街(和泰馨城)、东平湖街沈大路、于洪运管处、和谐广场、于洪区委、依云首府北门、于洪区政府、漾日华庭、沈新园西、洪湖小区、洪湖一街沈新路、洪湖一街、澳海西湖印象、三隆世纪城、山东堡、南阳湖街仙女河北路、于台、益格风情湾、于洪中医院、宏发天琴湾、恒大绿洲、碧桂园银河城、玛丽蒂姆酒店、碧桂园公交场站
188	百荷湾(白塔堡)——马路湾	百荷湾(白塔堡)、白塔市场、阳光新嘉园、沈营路新秀街、沈铁田园牧歌、万科新榆公馆、糖厂子、新优街世纪路、东陵区(浑南新区)政府、二十一世纪广场、浑南新区医院、沈营路华园东路、融城时代、首创国际城、浑南大道、伊丽雅特湾、浦江御品、临波路金阳大街、名流幸福小区、东北气象中心、长白南路和安街、和安街仙岛南路、合众文化公园、长白四街长白中路、翰逸华园、新世界花园、市交通局、百脑汇、沈阳音乐学院、盛京医院南湖院区、鲁迅美术学院、领事馆西、十四纬路五经街、省水利厅、光荣街十四纬路、马路湾
190	环北家园——皇姑屯火车站	环北家园、环际酒店、新北浅食品、保利溪湖林语、沈阳计算机学校、方溪湖村、恒大雅苑、沈师大学生公寓、黄河大街万山路、沈阳医学院、何氏眼科医院、国奥现代城、松山路黄河大街、松山小区、长江街北固山路、五彩新村、陵西二小区、第四十中学、北方医院、第九印刷厂、沙河子小区、长江街泰山路、建赏欧洲、辽宁大学、长江街宁山路、北行、碧塘公园南、珠江街昆山路、华山路珠江街、皇姑公安分局、怒江街华山路、皇姑屯火车站
191	沈阳师范大学——方特欢乐世界	沈阳师范大学、道义大街正良二路、唐轩公馆、沈阳航空航天大学、沈北路招商银行、沈阳航空航天大学南门、辽宁美术职业学院、郭七、盛京大街蒲南路、碧桂园太阳城、总部基地、总部基地北、盛京大街蒲田路、方特欢乐世界
192	郭七——松山路地铁口	郭七、辽宁美术职业学院、沈阳航空航天大学南门、沈北路招商银行、沈阳航空航天大学、唐轩公馆、沈阳师范大学北门、沈北巴士、郭七路口、蒲昌路盛京大街、沈阳师范大学东门、文大路梅江街、加华小城、万山路、万山路梅江街、北三台子、第九十七中学、三台子一校、沈飞一中、七三九医院、何氏眼科医院、国奥现代城、黄河大街松山路、松山路地铁口

线路	起始站点	途经站点
192 复线	方特欢乐世界 ——松山路地铁口	方特欢乐世界、盛京大街蒲田路、总部基地北、总部基地、碧桂园太阳城、盛京大街蒲南路、郭七、辽宁美术职业学院、沈阳航空航天大学南门、沈北路招商银行、沈阳航空航天大学、唐轩公馆、沈阳师范大学北门、沈北巴士、郭七路口、蒲昌路盛京大街、沈阳师范大学东门、文大路梅江街、加华小城、万山路、万山路梅江街、北三台子、第九十七中学、三台子一校、沈飞一中、七三九医院、何氏眼科医院、国奥现代城、黄河大街松山路、松山路地铁口
193	道义北(北苑绿洲) ——正良	道义北(北苑绿洲)、自来水厂、弓匠屯、俪景小区、龙腾碧玉湾、瀚博皇家御湾、太湖国际花园、瀚博皇家御院、辽宁大学北校区、沈阳航空航天大学、蒲昌路道义大街、蒲昌路道义二街、正良
194	虎石台公交枢纽 ——世博园	虎石台公交枢纽、虎石台综合大市场、一一九中学、兴盛街建设北一路、虎石台镇政府、黄楼、建设路大古城街、建设路小古城街、欧盟开发区管委会、八王寺饮料公司、大望街建设路、海尔公司、邵家河桥、李尔汽车配件、蒲南路辉山大街、禾丰牧业、泰盈九如溪谷、蒲北路人和街、沈北路人和街、沈阳二中北校区、东北育才双语学校、辉山(大溪地)、金河湾、绿地国宾府、沈棋路、中木、下木、满族风情村、上满堂、海洋世界、世博园
195	辽宁现代服务职业技术学院 ——沈北路辉山大街	辽宁现代服务职业技术学院、九如溪谷、蒲北路人和街、越秀明湖郡、皇第龙邸、天时街沈北路、东北育才双语学校、沈阳二中北校区、沈北路人和街、中信银行沈北支行、水木康桥、省装备学院、蒲河新城管委会、明珠路通顺街、翔宇中学、冯道社区、泉涌新镇、沈北路宏业街、沈北路辉山大街
197	正良—— 古城子(古城新都)	正良、蒲昌路道义二街、道义大街蒲昌路、沈阳航空航天大学、辽宁大学北校区、瀚博皇家御院、太湖国际花园、瀚博皇家御湾、信基城、盛京医院沈北分院、城市公用商业广场、蒲河大道盛京大街、蒲河大道盛京二街、三盛颐景蓝湾、蒲河大道陵园北街、龙湖香醍漫步、尚柏奥特莱斯、蒲河大道蒲南路、医大新校区西门、医大新校区南门、医大新校区、虎石台市政公用管理所、一一九中学、兴盛街建设北一路、兴明街建设北一路、兴明街建设路、黄楼、矿务局中学、多维联合集团、蒲平路小古城街、蒲升路小古城街、大润发仓储库、古城子(古城新都)
201	惠泽园西—— 沈阳站西广场	惠泽园西、临河街大通湖街、临河街宏发华城、仙女河路吉力湖街北、路官二街、西部货运中心东、沈辽路齐贤街、沈辽路艳粉街、兴华街沈辽路、兴华街南十路、兴华公园东、铁西百货、铁西广场、兴华街北四路、铁西区政府、北二路兴华街、北二路云峰街、北二路兴工街、兴工街北三路(沈阳站西)、沈阳站西广场
202	砂山街玉屏一路 ——塔南公园	砂山街玉屏一路、万和花园、砂山商店、砂山体育场、砂山街南十马路、南八马路太原街、东北汽配商贸中心、胜利大街南五马路、沈阳站南、沈阳站北、兴工街北二路、霁虹、富云花都、克俭小区、珠江桥东、天山路新安江街、皇姑屯火车站、天山路同江街、同江街步云山路、小白楼、华山路淮河街、淮河街昆山路、淮河街宁山路、太平庄、塔湾邮局、塔南公园
203	艳粉新村——沈阳北站 (公交枢纽西区)	艳粉新村、艳粉街腾飞二街、万科花园、盛京医院滑翔院区、滑翔二小区、天华医药、诗波特小区、沈辽路兴工街、东北汽配商贸中心、胜利大街南五马路、沈阳站南、中华路太原街、中华路南京街、马路湾北、和平大街十纬路、和平大街八纬路、水务集团、和平大街北七马路、八一公园西、北市场东、哈尔滨路青年北大街、哈尔滨路惠工街、沈阳北站
204	和泰馨城——沈阳站北	和泰馨城、洪汇路东平湖街、东平湖街沈大路、北李官、沈大路巢湖街、沈大路太湖街、沈大路洪湖街、于洪新村、重工街南七路、南十路重工街、南十路肇工街、启工二校、南十路卫工街、保工街南十路、保工街南八路、香江家居、市交通技术学校东、保工街北三路、北二路保工街、北二路景星街、北二路兴华街、北二路云峰街、北二路兴工街、沈阳站北
205	富山花园——沈阳站北	富山花园、富山花园西门、富丽阳光南区、陵东装饰材料市场、北陵东门、省军区北门、北陵公园、辽宁中医、崇山路嘉陵江街、辽宁大学、百鸟公园、市委党校、崇山路淮河街、太平庄、塔湾邮局、中海寰宇天下西、食品公司、第一粮库、北二路保工街、北二路景星街、北二路兴华街、北二路云峰街、北二路兴工街、沈阳站北
206	沈阳化工大学 ——沈阳站南	沈阳化工大学、沈阳化工大学东门、工业大学中央校区北门、沈辽路中央大街、翟家街道办事处、翟家开发区、家宁花园、宁官市场、沈辽路大明湖街、沈辽路昆明湖街、鹏程花园、山东堡、三隆碧桂园、新型建材厂、鼓风机一分厂、冶金机械公司、沈辽路赞工街、仙女湖公园北、西部货运中心北、沈辽路齐贤街、沈辽路艳粉街、沈辽路兴华街、沈辽路云峰街、沈后招待所、沈辽路兴工街、东北汽配商贸中心、胜利大街南五马路、沈阳站南

线路	起始站点	途 经 站 点
206 夜线	沈阳化工大学 ——马路湾	沈阳化工大学、沈阳化工大学东门、工业大学中央校区北门、沈辽路中央大街、翟家街道办事处、翟家开发区、家宁花园、宁官市场、沈辽路大明湖街、沈辽路昆明湖街、鹏程花园、山东堡、三隆碧桂园、新型建材厂、鼓风机一分厂、冶金机械公司、沈辽路赞工街、仙女湖公园北、西部货运中心北、沈辽路齐贤街、沈辽路艳粉街、沈辽路兴华街、沈辽路云峰街、沈后招待所、沈辽路兴工街、东北汽配商贸中心、胜利大街南五马路、沈阳站南、中华路太原街、中华路南京街、马路湾
207	工业大学兴顺校区 ——龙之梦亚太城	工业大学兴顺校区、齐贤街南十二路、齐贤街南十路、齐贤街南八路、齐贤街南六路、建设大路兴顺街、铁西广场、建设大路云峰街西、建设大路兴工街、胜利大街南五马路、沈阳站南、中华路太原街、中华路南京街、马路湾、中山公园东、十三纬路光荣街、十三纬路五经街、十三纬路三经街、大西菜行、第七中学、五爱西区北、西顺城街沈州路、大西门、小西门、太清宫东、小北门、大北门、小津桥、津桥路小什字街、市群众艺术馆、龙之梦亚太城
208	中铁万科——沈阳站北	中铁万科、保利上林湾东门、保利上林湾、华润橡树湾、白山路元江街、白山路丁香湖路、大成桥北、宠物市场、东北汽配城、向工北小区、向工一校、飞跃实验中学、向工街明廉路、明廉路锦水街、食品公司南、北一路保工街东、沈阳国际纺织服装城、北一路万达广场、重型文化广场、兴华街小北一路、北二路兴华街、北二路云峰街、北二路兴工街、沈阳站北
209	东北汽配城—— 沈阳北站(公交枢纽西区)	东北汽配城、向工北小区、向工一校、昆山路前塔湾、昆山路塔湾东、中海寰宇天下、小白楼、昆山路怒江街、昆山路荆江街、昆山路珠江街、碧塘公园南、第四医院南、皇寺广场、市检察院、北市场、三经街市府大路、市人大、青年北大街、沈阳北站
210	金山小区——马路湾	金山小区、北陵东门、省军区北门、北陵公园、辽宁中医、崇山路嘉陵江街、辽宁大学、长江街宁山路、岐山路北行、珠江街岐山路、珠江街华山路、珠江街天山路、兴工街北一路、兴工街千姿汇、兴工街北二路、沈阳站北、中山路太原街、医大一院、马路湾
211	东望北街——大北门	东望北街、东山嘴子、华晨汽车、陶瓷城、东望街东陶路、国瑞商城、中铁物资集团、万科蓝山、沈阳东站北、东北大马路明堂街、东北大马路新生二街、市骨科医院、大北边门、第五中学、枫合万嘉、横街、大北门
212	东机正门——科普公园	东机正门、正新路、建新街、西门、望花新村木材市场、东方欧博城、望花立交桥、圣淘沙家园、紫竹茗郡、通利汽车公司、九一八历史博物馆、恒驰物流、沈阳大学西门、望花街临河路、小北关街二〇二巷、市物价局、天后宫、太清宫北、太清宫、小西门、大西门、风雨坛街沈州路、风雨坛街热闹路、五爱市场西区、风雨坛街西滨河路、地王国际花园、陆军总院东门、五爱街文萃路、科普公园
213	纺织研究院——乐购超市	纺织研究院、宏伟新都、南塔、省医院东门、大南边门、建设大厦、成城花园、南关路小南街、辽宁奉天中医院、五爱市场西区、五爱市场、热闹路大南街、大南门、故宫东华门、商业城(钟楼)、大北门、横街、枫合万嘉、第五中学、大北边门、市骨科医院、北海街联合路、市胸科医院、恒驰物流北门、崇山路鸭绿江东街、北塔、省教育厅、华商晨报、儿童医院、辽宁中医、北陵公园、辽宁大厦、乐购超市
214	浑南管委会—— 北站北广场	浑南管委会、辽宁移动通信、彩霞街公铁桥、彩霞街沈营路、泛华广场、浑河堡、浦江苑、新华社、五里河公园西、夏宫、五里河茂业中心、文化路立交桥南、华润中心、青年公园西、彩电塔、大西菜行东、市委、市府恒隆广场、市府广场东、市政府、青年北大街、沈阳有线电视台、北站北广场
215	长江街泰山路—— 莲花街万柳塘路	长江街泰山路、建赏欧洲、辽宁大学、长江街宁山路、北行、碧塘公园南、第四医院南、皇寺广场、市检察院、北市场、市府大路三经街、市府恒隆广场、小西路、小西门、中街鼓楼、故宫西华门、市环保局、大南门西、小河沿、大东车库、小什字街大东路、省肿瘤医院、万泉公园、莲花街万柳塘路
216	保工南街(南十四路)—— 沈阳北站(公交枢纽西区)	保工南街(南十四路)、南十三路保工街、南十三路艳粉街、兴华街沈辽路、兴华街南十路、兴华公园东、铁西百货、铁西广场、建设大路云峰街东、建设大路兴工街、胜利大街南五马路、沈阳站南、沈阳站北、太原街中山路、铁路局、西塔南、市检察院、北市场、市府大路三经街、市政府东、沈阳北站

线路	起始站点	途经站点
217	北三台子——沈阳北站(公交枢纽西区)	北三台子、第九十七中学、三台子一校、陵北街辉山路、陵北街三台子、沈飞四中、松山路黄河大街、二四二医院、省中医二院、新乐宿舍、凤凰饭店、辽宁大厦南、北陵公园、辽宁中医、北陵大街宁山路、省公安厅、市残联、北站路青年北大街、沈阳北站
217支线	沈阳师范大学东门——松山路地铁口	沈阳师范大学东门、田义屯、梅江街万山路、北三台子、第九十七中学、三台子一校、陵北街辉山路、陵北街三台子、沈飞四中、松山路黄河大街、松山路地铁口
217支线2	沈阳军区现代管理学院——松山路地铁口	沈阳军区现代管理学院、沈阳警察特训支队、沈阳市公安局收容教育所、金德工业园、田义屯北、文储路梅江街、加华小城、利生华园、省工程技术学校、沈阳医学院、何氏眼科医院、黄河大街百花山路、国奥现代城、黄河大街松山路、松山路地铁口
218	东陵公园——大东门	东陵公园、前陵堡、东陵路东三环、沈阳农业大学、农科院、省农业技术学校、沈抚立交桥东、东北汽贸、一汽福达、良城美景、辽宁奥通、二〇一、一汽惠华、沈海热电厂、珠林桥东、天江老龙口、市群众艺术馆、津桥路小什字街、小津桥、东中街、大东门
219	王家沟——五爱市场	王家沟、榆林后村、东山公墓、大富豪家私、榆林堡、省劳经学校、前进、化工油漆厂、大二台子、沈铁路63号、三洋空调、小二台子、上园小区、北方客运公司、北海街联合路、市骨科医院、莱茵河畔、天江老龙口、市群众艺术馆、津桥路小什字街、小津桥、东中街、大东门、小河沿、大南门、五爱市场
220	金山小区——沈阳站	金山小区、北陵东门、省军区北门、北陵公园、辽宁中医、北陵大街宁山路、省公安厅、市残联、青年北大街、市人大、八一公园东、辽宁日报社、中山路和平大街、中山广场东、医大一院、中华路太原街、沈阳站
221	沈阳东站——沈阳站	沈阳东站北、东北大马路明堂街、东北大马路新生二街、市骨科医院、大北边门、第五中学、枫合万嘉、横街、天后宫路小北街、太清宫北、清真寺、市中级法院、八一公园东、辽宁日报社、沈阳日报社、十一纬路交通银行、十一纬路招商银行、中华路和平大街、中华路太原街、沈阳站
222	大北门——长白二街长白五路	大北门、小北门皇城恒隆广场、中街、故宫西华门、市环保局、风雨坛街沈州路、风雨坛街热闹路、五爱市场西区、风雨坛街西滨河路、青年公园南、华润中心北、鲁迅美术学院、盛京医院南湖院区、沈阳音乐学院、百脑汇、华强广场、新世界花园、三好桥北、长白东路长白四街、格林生活坊、高炮一师、长白二街长白五路
222复线	大北门——胜利南街湾景汇	大北门、小北门皇城恒隆广场、中街、故宫西华门、市环保局、风雨坛街沈州路、风雨坛街热闹路、五爱市场西区、风雨坛街西滨河路、青年公园南、华润中心北、鲁迅美术学院、盛京医院南湖院区、沈阳音乐学院、百脑汇、华强广场、新世界花园、三好桥北、长白东路长白四街、格林生活坊、高炮一师、长白二街长白五路、胜利南街公交派出所、新加坡城、胜利南街鲜族学校、金家湾、环城高速、胜利南街沙场、胜利南街公铁桥、胜利南街湾景汇北、胜利南街湾景汇
223	和泰东方园——沈阳站南	和泰东方园、万科花园新城、汽车制造厂、长青街泉园三路、长青街泉园一路、万泉实业公司、东方宾馆、翠园小区、热闹路大南街、五爱市场、五爱西区北、第七中学、顺通食街、大西菜行、十三纬路三经街、十三纬路五经街、十三纬路光荣街、十三纬路吉林路、体育广场、中山公园西、市文化宫、沈阳站南(南一马路)
224	杨官——沈阳北站(公交枢纽西区)	杨官、杨官屯、沈阳出口加工区、水家屯、东亚国际城、浑南东路文华街、沈阳建筑大学、音乐学院南校区、沈音南校区南、在水一方社区、和泰东方园、万科花园新城、汽车制造厂、东北大学基础学院、文化东路富民街、出租汽车公司南、文化东路天坛一街、南塔鞋城、南塔、陆军总院、地王国际花园、风雨坛街西滨河路、五爱市场西区、风雨坛街热闹路、西顺城街沈州路、大西门、小西门、太清宫北、天后宫、房产市场、惠工广场东、沈阳北站
224区间	张官——沈阳北站(公交枢纽西区)	张官、音乐学院南校区、沈音南校区南、在水一方社区、和泰东方园、万科花园新城、汽车制造厂、东北大学基础学院、文化东路富民街、出租汽车公司南、文化东路天坛一街、南塔鞋城、南塔、陆军总院、地王国际花园、风雨坛街西滨河路、五爱市场西区、风雨坛街热闹路、西顺城街沈州路、大西门、小西门、太清宫北、天后宫、房产市场、惠工广场东、沈阳北站

线路	起始站点	途经站点
225	东塔机场——沈阳站南	东塔机场、小河沿路江东街、小河沿路滂江街、四六三医院、省东方医院、荣昌集团、科学家花园、万柳塘公园西、大南边门、省医院、小南边门、文艺路五爱街、地王国际花园、陆军总院、展览馆、盛京医院南湖院区、南湖公园、方型广场北、十三纬路光荣街、市体育局、中山公园西、市文化宫、沈阳站南(南一马路)
226	于洪区委——和平广场	于洪区委、依云首府北门、于洪广场、于洪南里、南十路强工二街、南十路重工街、南十路肇工街、启工二校、南十路卫工街、南九路保工街、南九路兴顺街、九路市场、南九路兴华街、云峰街沈辽路、沈后招待所、沈辽路兴工街、东北汽配商贸中心、南八马路太原街、新华广场东、和平广场
227	金山小区——煤炭设计院	金山小区、北陵东门、省军区北门、北陵公园、辽宁中医、儿童医院、松花江街崇山路、宁山路小学、省消防总队、敬宾街、省高级法院、市物价局、天后宫、太清宫北、太清宫、小西门、大西门、风雨坛街沈州路、风雨坛街热闹路、五爱市场、热闹路大南街、热闹路东滨河路、煤炭设计院
228	宠物市场——小河沿	宠物市场、东北汽配城、向工北小区、向工一校、昆山路前塔湾、中海寰宇天下塔湾西、塔湾邮局、太平庄、崇山路淮河街、市委党校、怒江广场、宁山路金沙江街、宁山路北行、宁山路黄河大街、地质局、北陵电影院、宁山路小学、省消防总队、敬宾街、家乐福北站店、惠工广场东、市政府东、小西路、小西门、中街鼓楼、故宫西华门、市环保局、大南门西、小河沿
229	沈阳东站—— 沈阳北站(公交枢纽西区)	沈阳东站、沈阳东站北、东北大马路明堂街、东北大马路新生二街、市骨科医院、北海街联合路、市胸科医院、沈阳北方客运公司、恒驰物流、沈阳大学西门、望花街临河路、小北关街二〇二巷、省高级法院、惠工广场东、沈阳北站
230	新东安居小区—— 沈阳北站(公交枢纽东区)	新东安居小区、和睦路新东二街、黎明文化宫、二〇四、和睦路地坛街、地坛街和睦北二路、天江老龙口、市群众艺术馆、津桥路小什字街、小津桥、大北门、小北门、市信访大厅、清真寺、市中级法院、市政府东、惠工广场北、沈阳北站
231	金山小区——滑翔三小区	金山小区、北陵东门、省军区北门、北陵公园、辽宁大厦南、省实验中学、黄河大街宁山路、黄河大街巴山路、第四医院、皇寺广场、北市场西、沈医二院、南京街北六马路、医大一院、南京街北二马路、中山公园西、体育广场、铁路中学、新华广场、南京街南十马路、砂山公园东、省妇婴医院、砂阳路砂山街、滑翔路凌空二街、腾飞一街滑翔路、滑翔公园北、滑翔三小区
232	三台子——沈阳站	三台子、松陵文化宫、黄河大街松山路、二四二医院、省中医二院、新乐宿舍、新乐遗址、辽宁大厦、省实验中学、黄河大街宁山路、黄河大街巴山路、第四医院、皇寺广场、北市场西、沈医二院、南京街北六马路、中山路太原街、沈阳站北、沈阳站
233	中海城北—— 沈阳站西广场	中海城北、中海城、中海城南、西江街白山路、万科四季花城、太岳山路西江街、刑警学院家属区、塔湾小学、刑警学院、塔南公园、中海寰宇天下西、食品公司、北一路保工街东、沈阳国际纺织服装城、小北一路景星街、小北一路兴华街、和平家园、云峰街北二路、云峰街北三路、小北三路兴工街、沈阳站西广场
235	丁香湖畔新城 ——马路湾	丁香湖畔新城、丁香屯、丁香小学、广业西路、重工街广业路、重工街北一路、长城宾馆、东北制药厂、北二路肇工街、北二路北启工街、北二路卫工街、北二路奖工街、北二路保工街、北二路景星街、北二路兴华街、北二路云峰街、北二路兴工街、沈阳站北、沈阳站、中华路太原街、中华路南京街、马路湾
236	蒲河大道—— 沈阳北站(公交枢纽西区)	蒲河大道、盛京医院沈北分院、瀚博皇家御湾、太湖国际花园、瀚博皇家御院、辽宁大学北校区、沈阳航空航天大学、唐轩公馆、道义大街正良二路、沈阳师范大学、四台子、黄河大街万山路、沈阳医学院、何氏眼科医院、国奥现代城、松山路黄河大街、松山小区、长江街北固山路、五彩新村、陵西二小区、第四十中学、北方医院、第九印刷厂、沙河子小区、长江街泰山路、建赏欧洲、辽宁大学、长江街宁山路、北行、碧塘公园南、第四医院南、昆山路嫩江街、北站路青年北大街、沈阳北站
236 地铁专线	蒲河大道—— 松山路地铁口	蒲河大道、盛京医院沈北分院、瀚博皇家御湾、太湖国际花园、瀚博皇家御院、辽宁大学北校区、沈阳航空航天大学、唐轩公馆、道义大街正良二路、沈阳师范大学、四台子、黄河大街万山路、沈阳医学院、何氏眼科医院、国奥现代城、松山路地铁口

线路	起始站点	途经站点
237	和睦路地坛街——铁西广场	和睦路地坛街、二〇四、三家子、东塔街东宁街、航天新光集团、东塔、东塔机场、二四五医院、长安小区、长安路滂江街、大东边门、大东路小什字街、大东车库、大东门、大南门东、大南门西、市环保局、南顺城路风雨坛街、大西门、大西路奉天街、大西边门、十一纬路二经街、十一纬路交通银行、十一纬路招商银行、马路湾、中华路南京街、中华路太原街、沈阳站、沈阳站南、胜利大街南五马路、建设大路兴工街、云峰街建设大路、铁西广场
238	天泰翰宇苑——五爱市场西区	天泰翰宇苑、沈阳建筑大学西、沈音南校区南、浑南中路朗明街、军区总院浑南分院、金地国际花园、沈阳乐府艺术学校、坤泰新界、省浑南训练基地、奥体中心南门、女人街、五里河公园西、夏宫、五里河茂业中心、文化路立交桥南、华润中心、青年公园西、彩电塔、第七中学、五爱市场西区
239	康利汽车公司——泉园小区	康利汽车公司、建设大路肇工街、建设大路启工街、建设大路卫工街、建设大路保工街、建设大路兴顺街、铁西广场、建设大路云峰街西、建设大路兴工街、南五马路胜利大街、南五马路民族街、铁路中学、和平广场、南五马路中兴街、南五马路振兴街、南湖公园、盛京医院南湖院区、展览馆、陆军总院、南塔、南塔鞋城、文化东路天坛一街、出租汽车公司南、和美妇产医院、泉园二路、泉园小区
239夜车	和泰馨城——泉园小区	和泰馨城、东平湖街沈大路、北李官、沈大路巢湖街、沈大路太湖街、沈大路洪湖街、于洪新村、铁西森林公园、康利汽车公司、建设大路肇工街、建设大路启工街、建设大路卫工街、建设大路保工街、建设大路兴顺街、铁西广场、建设大路云峰街西、建设大路兴工街、南五马路胜利大街、南五马路民族街、铁路中学、和平广场、南五马路中兴街、南五马路振兴街、南湖公园、盛京医院南湖院区、展览馆、陆军总院、南塔、南塔鞋城、文化东路天坛一街、出租汽车公司南、和美妇产医院、泉园二路、泉园小区
240	华润万家重工店——马路湾	铁西教师新村(华润万家重工店)、长客西站公交枢纽站、勋业三路重工街、万聚隆超市、勋业三路肇工街、劳动公园西、工人村、肇工街南十路、肇工街南七路、建设大路肇工街、建设大路启工街、建设大路卫工街、建设大路保工街、建设大路兴顺街、铁西广场、建设大路云峰街西、建设大路兴工街、胜利大街南五马路、沈阳站南、沈阳站、中华路太原街、中华路马路湾、马路湾
241	重工街广业路——长客西站	重工街广业路、重工街北一路、长城宾馆、东北制药厂、重工街北三路、水泵总厂、北四路重工街、美好愿景、肇工街建设大路、南七路肇工街、重工街南七路、重工街南十路、重工街南十二路、重工街勋业一路、长客西站
242	金山小区——保工街南十四路	金山小区、北陵东门、省军区北门、北陵公园、辽宁大厦南、长江街泰山路、辽宁大学、长江街宁山路、北行、碧塘公园南、昆山路珠江街、昆山路荆江街、昆山路怒江街、小白楼、中海寰宇天下、昆山路塔湾东、中海寰宇天下西、食品公司、第一粮库、保工街北二路、保工街北三路、市交通技术学校东、香江家居、保工街南八路、保工街南十路、保工街南十二路、保工街南十四路
243	新东三街东陵西路——沈阳站北	新东三街东陵西路、新东三街和睦路、和睦路新东二街、黎明文化宫、二〇四、和睦路地坛街、地坛街和睦北二路、天江老龙口、市群众艺术馆、津桥路小什字街、小津桥、大北门、小北门、市信访大厅、清真寺、市中级法院、市府大路三经街、北市场、市检察院、西塔、胜利大街北四马路、沈阳站北
244	东北大学南门——沈阳北站(公交枢纽西区)	东北大学南门、交通安全教育学校、龙王庙公园、盛发花园、省体院、市第六医院、南湖公园西门、方型广场南、南湖公园、盛京医院南湖院区、展览馆、华润中心、青年公园西、彩电塔、大西菜行东、市委、市府恒隆广场、市府广场东、市政府东、沈阳北站
245	金山小区——南塔客运站	金山小区、北陵东门、省军区北门、北陵公园、辽宁中医、儿童医院、华商晨报、省教育厅、北塔、崇山路鸭绿江东街、恒驰物流北门、市胸科医院、北海街联合路、市骨科医院、北海街工农路、莱茵河畔、龙之梦红星美凯龙、龙之梦衡园、龙之梦畅园、华润万家滂江店、滂江市场、万柳塘路莲花街、万柳塘路万莲路、万泉旅社、沈空司令部、南塔电子市场、南塔客运站
246	方凌路——沈阳站南	方凌路(上木厂)、东陵油库、凌云公司、德氏冷饮、方方园小区、方家栏、东陵加工区、六〇六所、万莲小区、万柳塘路万莲路、东方宾馆、翠园小区、热闹路大南街、五爱市场、五爱市场西区、西滨河路风雨坛街、彩电塔、西滨河路三经街、领事馆西、十四纬路五经街、省水利厅、光荣街十三纬路、二〇二医院、马路湾、中华路南京街、中华路太原街、沈阳站南

线路	起始站点	途 经 站 点
247	玉屏路——家乐福北站店	玉屏路砂川街、万和花园、河北街二校、砂南路砂阳路、省妇婴医院、市第六医院、和平大街南七马路、省委、中山公园东、马路湾、和平大街十纬路、和平大街八纬路、水务集团、八一公园西、三经街市府大路、市人大、青年北大街、家乐福北站店
248	大东门——第二十一中学	大东门、东中街、小津桥、大北门、小北门、市信访大厅、清真寺、市中级法院、市府大路三经街、北市场、市检察院、皇寺广场、华山路长江街、珠江街华山路、昆山路荆江街、昆山路怒江街、小白楼、第二十一中学
249	万科四季花城——中兴街砂阳路	万科四季花城、皇姑热电厂、怒江公园西、水榭花都、淮河街崇山路、市委党校、怒江广场、昆山路荆江街、昆山路珠江街、家具广场、储备局、西塔南、铁路局、太原街中山路、中山路太原街、中山广场东、水务集团、物资局、沈阳日报社、第七医院、领事馆、五经街十四纬路、省水利厅、回民中学、方型广场南、南湖公园西门、中兴街砂阳路
250	青阳四季园——北站北广场	青阳四季园、瑞丰嘉园、青阳四季园北门、方明街方兴路、中房凌云花园、民航南路江东街、六〇六所、万莲小区、万柳塘路万莲路、市盲校万泉街、万泉公园西门、大什字街育才巷、大什字街大东路、大悦城、大什字街草仓路、小什字街中学堂路、枫合万嘉、市第一医院、清泉路八王寺街、沈阳大学南门、小北边门、省高级法院、敬宾街、沈阳北站北、北站北广场
252	于洪新城管委会——沙河子	于洪新城管委会、细河路大通湖街、惠泽园小区、仙女河路大通湖街、吉力湖街仙女河路、宏发三千院、细河路吉力湖街、东北机电五金城、南滑翔路腾飞二街、万科花园、南滑翔路凌空二街、生日城东、滑翔公园东、天华医药、诗波特小区、兴工街沈辽路、兴工街南七路、兴工街建设大路、兴工街北四路、兴工街北三路(沈阳站西)、兴工街北二路、胜利大街北二马路、胜利大街北四马路、西塔南、储备局、家具广场、碧塘公园西、北行、长江街宁山路、辽宁大学、建赏欧洲、长江街泰山路、沙河子小区、沙河子
253	东方玫瑰园——市第六医院	东方玫瑰园、和惠家园、梧桐馨园、北大营街上园路、通利汽车公司、九一八历史博物馆、恒驰物流、沈阳大学西门、望花街临河路、小北关街二〇二巷、省高级法院、家乐福北站店、惠工广场东、惠工广场南、奉天街市府大路、奉天街小西路、奉天街药王庙路、大西边门、十一纬路二经街、第七医院、五经街十三纬路、光荣街十四纬路、方型广场北、方型广场南、南湖公园西门、市第六医院
254	保利心语花园——龙之梦亚太城	保利心语花园(牛心屯五街)、铁西区体育中心、牛心屯三路重工街、美好愿景北门、北三路北启工街、北三路卫工街、北三路圣工街、北三路保工街、北三路齐贤街、北三路景星街、铁西区政府、云峰街北三路、北二路云峰街、北二路兴工街、胜利大街北二马路、胜利大街北四马路、老道口、三洞桥、皇寺广场、哈尔滨路青年北大街、华府天地南、天后宫路友好街、天后宫路令闻街、天后宫路小北街、天后宫路横街、草仓路大什字街、草仓路小什字街、东边城街珠林路、龙之梦亚太城
255	蒲河大道——沈阳站北	蒲河大道、盛京医院沈北分院、瀚博皇家御湾、太湖国际花园、瀚博皇家御院、辽宁大学北校区、沈阳航空航天大学、唐轩公馆、道义大街正良二路、沈阳师范大学、四台子、黄河大街万山路、沈阳医学院、何氏眼科医院、国奥现代城、松山路黄河大街、松山小区、松山路长江街、恒盛广场、青山路怒江街、青山路、依云北郡A区、加州花园、大禹蘭庭花园、西江街白山路、万科四季花城、皇姑热电厂、怒江公园西、水榭花都、淮河街崇山路、淮河街昆山路、小白楼、华山路怒江街、华山路珠江街、华山路长江街、储备局、西塔、铁路局、太原街中山路、沈阳站北
256	辽宁美术印刷厂——砂山街玉屏一路	辽宁美术印刷厂、北大营街南卡门路、上园路合作街、上园小区、北方客运公司、联合路辽沈二街、洮昌小区、沈阳大学南门、市物价局、天后宫、太清宫北、清真寺、奉天街小西路、奉天街药王庙路、房地产大厦、奉天街北热闹路、顺通食街、大西菜行、十三纬路三经街、五经街十四纬路、省水利厅、回民中学、方型广场南、南湖公园西门、市第六医院、市第六医院南、省妇婴医院、砂南路砂阳路、砂南路砂山街、万和花园、砂山街玉屏一路
257	于洪新城管委会——龙之梦亚太城	于洪新城管委会、惠泽园社区、临河街大通湖街、临河街宏发华城、宏发三千院、细河路吉力湖街、东北机电五金城、南滑翔路腾飞二街、万科花园、滑翔六小区、南滑翔路凌空二街、生日城东、滑翔公园东、天华医药、诗波特小区、沈辽路兴工街、东北汽配商贸中心、南五马路胜利大街、南五马路民族街、铁路中学、和平广场、南五马路中兴街、南五马路振兴街、方型广场北、鲁迅儿童公园、万科春河里、华润中心北、青年公园南、文艺路五爱街、小南边门、省医院、大南边门、第二十七中学、大南街热闹路、大南门、故宫东华门、商业城(钟楼)、大北门、小津桥、津桥路小什字街、市群众艺术馆、龙之梦亚太城

线路	起始站点	途 经 站 点
258	洮昌小区——艳粉新村	洮昌小区、联合路辽沈二街、北海街联合路、市骨科医院、大北边门、第五中学、枫合万嘉、横街、小津桥、大北门、小北门、太清宫、小西门、市红十字会医院、中山路杏林街、辽宁日报社、沈阳日报社、三经街交通银行、第七医院、领事馆、鲁迅公园、方型广场北、方型广场南、南湖公园西门、市第六医院南、省妇婴医院、砂阳路砂山街、生日城、盛京医院滑翔院区、万科花园、南滑翔路腾飞二街、艳粉新村
259	望花路北——丰乐二街	望花路北、望花新村、上海通用北盛汽车、海鲜市场、北大营街南卡门路、合作街上园路、华美英语学校、北海街联合路、市骨科医院、大北边门、第五中学、枫合万嘉、横街、小津桥、大悦城东、天龙家园、小什字街大东路、省东方医院、东滨河路热闹路、科学家花园、万柳塘公园西、南塔电子市场、南塔客运站、文化东路天坛一街、出租汽车公司南、文化东路富民街、东北大学基础学院、丰乐二街文萃路、丰乐二街
260	中海城北——南通天街	中海城北、中海城、中海城南、白山路西江街、大禹蘭庭花园、加州花园、教师新村、陵西二小区、第四十中学、北方医院、第九印刷厂、沙河子小区、长江街泰山路、建赏欧洲、辽宁大学、长江街宁山路、北行、碧塘公园南、第四医院南、皇寺广场、市检察院、北市场、市府大路三经街、市中级法院、奉天街小西路、药王庙路奉天街、大西门、南顺城路沈州路、市环保局、五爱服装城、南通天街
260支线	中海城北——松山路地铁口	中海城北、八家子小区、绿地老街坊、省武警总队、万科魅力之城、赤山路怒江街、桃源欣城南、长江街赤山路、松山小区、松山路黄河大街、松山路地铁口
261	曹后路——中山公园西	曹后路、曹家屯、翟家开发区、家宁花园、宁官市场、沈辽路大明湖街、沈辽路昆明湖街、鹏程花园、山东堡、三隆碧桂园、大通湖街沈辽路、仙女河北路吉力湖街、仙女河路吉力湖街北、路官二街、西部货运中心东、保工街南十四路、保工街南十二路、保工街南十路、南九路保工街、南九路兴顺街、九路市场、南九路兴华街、云峰街南九路、云峰街南七路、兴工四校、兴工街建设大路、胜利大街南五马路、沈阳站南、中华路太原街、中山公园西
261支线	郎家圣新园——家宁花园	郎家圣新园、大于堡、小于堡、小于村委会、浑河六街小于、浑河六街十八号路、金辉尚璟、浑河六街淀粉厂、家宁花园
261地铁支线	曹后路——张士开发区管委会	曹后路、浑河六街小于、浑河六街十八号路、金辉尚璟、浑河六街淀粉厂、家宁花园、宁官市场、沈辽路大明湖街、沈辽路昆明湖街、昆明湖街沈辽路、张士开发区管委会
262	砂南路砂平街——沈阳北站(公交枢纽东区)	砂南路砂平街、胜利大街砂川街、胜利大街南十一马路、胜利大街南九马路、东北汽配商贸中心、胜利大街南六马路、胜利大街南五马路、沈阳站南、沈阳站北、胜利大街北二马路、胜利大街北四马路、老道口、西塔、北市场西、皇寺广场、哈尔滨路肇东街、哈尔滨路青年北大街、华府天地南、惠工广场南、沈阳北站
263	御龙逸城——西塔	御龙逸城、方文路、方明街方兴路、方方园小区、方家栏、汽车制造厂、东北大学基础学院、文化东路富民街、和美妇产医院、泉园广场、血磁医院、万柳塘公园、大南边门、建设大厦、南关小区、南关路小南街、辽宁奉天中医院、五爱市场西区、五爱西区北、第七中学、顺通食街、大西菜行、十三纬路三经街、十三纬路五经街、十三纬路光荣街、十三纬路吉林路、中山公园东、马路湾、中华路南京街、中华路太原街、沈阳站北、胜利大街北二马路、胜利大街北四马路、西塔
264	长客西站公交枢纽站——沈阳北站(公交枢纽西区)	长客西站公交枢纽站、长客西站、重工街勋业一路、重工街南十二路、重工街南十路、重工街南七路、南七路肇工街、市中心医院、南七路卫工街、南七路保工街、南七路兴顺街、南七路勋望街、南七路兴华街、铁西区中心医院、云峰街建设大路、建设大路兴工街、胜利大街南五马路、市文化宫、中山公园西、南京街北二马路、医大一院、南京街北六马路、沈医二院、北市场西、皇寺广场、哈尔滨路肇东街、青年北大街、沈阳北站
265	银山小区——文萃路丰乐二街	银山小区、北陵东门、省军区北门、北陵公园、辽宁中医、北陵电影院、宁山路小学、省消防总队、敬宾街、家乐福北站店、惠工广场东、市政府东、八一公园东、辽宁日报社、沈阳日报社、三经街交通银行、第七医院、领事馆、鲁迅美术学院、盛京医院南湖院区、展览馆、陆军总院东门、沈阳教育学院、宏伟新都、南塔公园、南塔日杂、天坛小区、文萃路富民街、溪林花园、文萃路丰乐二街
266	人大附小沈阳分校——泉园小区	人大附小沈阳分校、于洪广场、于洪南里、南十路强工二街、南十路重工街、重工街南七路、康利汽车公司、建设大路肇工街、建设大路启工街、建设大路卫工街、建设大路保工街、建设大路兴顺街、铁西百货、兴华公园东、兴华街南十路、兴华街沈辽路、家乐福金牛店、盛京医院滑翔院区、生日城、滑翔路凌空二街、砂阳路砂山街、省妇婴医院、砂山公园东、南京街南十马路、新华广场、和平广场、省委、中山公园东、十一纬路招商银行、十一纬路交通银行、十一纬路二经街、大西边门、房地产大厦、五爱西区北、五爱市场、热闹路大南街、热闹路东滨河路、翠园小区、东方宾馆、万泉实业公司、泉园小区

线路	起始站点	途经站点
267	丁香屯——沈阳北站(公交枢纽东区)	丁香屯、丁香小学、重工街广业路、北一路钢材市场、北一路肇工街、博宇金属贸易集团、北启工街北二西路、卫工北街北二路、向工街明廉路、飞跃实验中学、向工一校、昆山路前塔湾、中海寰宇天下塔湾西、中海寰宇天下、东北玩具城、小白楼、华山路怒江街、皇姑公安分局、华山路珠江街、华山路长江街、皇寺广场、哈尔滨路青年北大街、华府天地南、惠工广场南、沈阳北站
267 支线	北一路钢材市场——大兴铸造厂	北一路钢材市场、东药宿舍、丁红(丁香建材市场)、红旗台、第五十六中学、创奇游乐公司、双联电子公司、陈孤家子、大兴沙岗子、大兴街道、西桥、大兴学校、新光(新房子)、大兴铸造厂
268	中海城北——砂山货运站	中海城北、中海城、中海城南、西江街白山路、万科四季花城、皇姑热电厂、怒江公园西、水榭花都、淮河街崇山路、淮河街昆山路、小白楼、昆山路怒江街、皇姑公安分局、珠江街天山路、新湖小区、北一东路 65 号、重型文化广场、兴华街小北一路、兴华街北二路北、铁西区政府、兴华街北四路、铁西广场、建设大路云峰街东、建设大路兴工街、兴工街南七路、兴工街沈辽路、凌空一街沈辽路、凌空一街北滑翔路、凌空一街滑翔路、砂山商店、砂山货运站
268 支线	华润橡树湾东——松山路地铁口	华润橡树湾东、保利上林湾二期东门、松山西路西江街、松山西路中海城、松山西路依云北郡、松山西路万科魅力之城、阳光尚城、松山路长江街、松山小区、松山路黄河大街、松山路地铁站
269	于洪新城管委会——沈阳北站(公交枢纽东区)	于洪新城管委会、细河路大通湖街、于洪新城供暖公司、细河路吉力湖街、东北机电五金城、南滑翔路腾飞二街、万科花园、盛京医院滑翔院区、生日城、滑翔路凌空二街、砂阳路砂山街、省妇婴医院、市第六医院南、南湖公园西门、方型广场南、方型广场北、回民中学、光荣街十四纬路、二○二医院、电业体育馆、八经街七纬路、水务集团、和平大街北七马路、八一公园西、市府大路三经街、市政府东、沈阳北站
271	炮兵学院——沈阳站	炮兵学院、第三干休所、省行政学院、沈抚立交桥东、新立堡、高官台、水暖城、观泉路铁道口、高官台街东望街、沈阳宝钢(钢花小区)、联合路东建街、金地铂悦、康福食品、新颖宾馆、联合路东辽街、联合路北海街、市胸科医院、恒驰物流北门、崇山路鸭绿江东街、北塔、省教育厅、松花江街崇山路、宁山路小学、省消防总队、敬宾街、惠工广场东、哈尔滨路青年北大街、皇寺广场、华山路长江街、储备局、西塔、太原街中山路、沈阳站
272	前榆新村——南十三纬路	前榆新村、制控电机厂、前榆村、铸造厂、后榆村、绮霞街浑南西路、金地檀郡、沈营路华园东路、融城时代、首创国际城、泛华广场、浑河堡、浦江苑、新华社、五里河公园西、夏宫、五里河茂业中心、文化路立交桥南、展览馆、盛京医院南湖院区、南湖公园、方型广场北、鲁迅公园、领事馆西、南十三纬路
273	沈阳东站——市第六医院	沈阳东站、工农路东辽街、第一四一中学、工农路北海街、辽沈二街工农路、北边城路草仓路、草仓路东边城街、大东交通分局、大悦城东、天龙家园、大东路小什字街、大东车库、大东门、小河沿、大南门、热闹路大南街、五爱市场、五爱市场西区、交通执法支队、彩电塔、西滨河路三经街、鲁迅公园、方型广场北、方型广场南、南湖公园西门、市第六医院
274	中房基安花园西门——五爱市场西区	中房基安花园西门、东陵西路联盛南巷、新东安居小区、和睦路新东二街、黎明文化宫、二○四、和睦路地坛街、地坛街善邻路、善邻路滂江街、龙之梦畅园、华润万家滂江店、滂江市场、万柳塘路莲花街、万柳塘路万莲路、东方宾馆、翠园小区、热闹路大南街、热闹路小南街、五爱市场西区
276	沈阳理工大学——龙之梦亚太城	沈阳理工大学、长青街孤石路、浑南实验学校、音乐学院南校区、在水一方社区、文萃路长青街、丰乐二街文萃路、摩托车城、东北大学基础学院、文化东路富民街、和美妇产医院、泉园广场、血磁医院、万柳塘公园、万柳塘公园西、科学家花园、热闹路东滨河路、大南街热闹路、大南门、故宫东华门、商业城(钟楼)、大北门、小津桥、津桥路小什字街、市群众艺术馆、龙之梦亚太城
276 复线	罗官——龙之梦亚太城	罗官屯、观象台、东方钛业、沈阳理工大学、长青街孤石路、浑南实验学校、音乐学院南校区、在水一方社区、文萃路长青街、丰乐二街文萃路、摩托车城、东北大学基础学院、文化东路富民街、和美妇产医院、泉园广场、血磁医院、万柳塘公园、万柳塘公园西、科学家花园、热闹路东滨河路、大南街热闹路、大南门、故宫东华门、商业城(钟楼)、大北门、小津桥、津桥路小什字街、市群众艺术馆、龙之梦亚太城
277	君悦美景——五爱市场西区	君悦美景、东药宿舍、北一路重工街、北一路钢材市场、北一路肇工街、博宇金属贸易集团、北一路卫工街、粮食市场、北一路保工街西、北一路保工街东、沈阳国际纺织服装城、北一路万达广场、重型文化广场、北一东路 65 号、新湖小区、兴工街北一路、兴工街千姿汇、兴工街北二路、沈阳站北、北二马路天津街、医大一院、中山广场东、中山路和平大街、辽宁日报社、中山路杏林街、市红十字会医院、奉天街药王庙路、房地产大厦、五爱市场西区

线路	起始站点	途经站点
278	北一新村东门——滑翔三小区	北一新村东门、东药宿舍、长城宾馆、东北制药厂、水泵总厂、北四路重工街、美好愿景、肇工街建设大路、肇工街南七路、肇工街南十路、启工二校、南十路卫工街、劳动公园北、保工街南十二路、南十三路齐贤街、工业大学兴顺校区、艳粉街沈辽路、艳粉新村、艳阳小区、盛京医院滑翔院区、滑翔路腾飞一街、生日城、滑翔公园东、滑翔三小区
279	居易青年城——兴华公园北	居易青年城、城建北尚、富丽阳光、中驰汽贸、剑苑小区、梨园剧场、北塔、省教育厅、华商晨报、儿童医院、辽宁中医、宁山路黄河大街、黄河大街巴山路、第四医院、皇寺广场、三洞桥、老道口、胜利大街北四马路、胜利大街北二马路、沈阳站北、沈阳站南、胜利大街南五马路、建设大路兴工街、建设大路云峰街、铁西百货、兴华公园北
280	金山小区——中兴街砂阳路	金山小区、北陵东门、武功山小区、省游泳馆、华商晨报、辽河街燕山路、北陵电影院、北陵大街宁山路、省公安厅、市残联、青年北大街、市人大、八一公园东、辽宁日报社、沈阳日报社、三经街交通银行、第七医院、十三纬路三经街、十三纬路五经街、五经街十四纬路、光荣街十四纬路、回民中学、方型广场南、南湖公园西门、中兴街砂阳路
281	七二四文化宫——沈阳站西广场	七二四文化宫、劳动广场、西门、市殡仪馆、观音屯、北陵开发区、省邮电仓库、上岗子、城建北尚、富丽阳光、富丽阳光南区、陵东装饰材料市场、银山小区、金山小区、北陵东门、武功山小区、省游泳馆、华商晨报、辽河街燕山路、北陵电影院、龙江广场、省公安厅、市残联、青年北大街、市人大、市府大路三经街、北市场、市检察院、西塔南、铁路局、太原街中山路、沈阳站北、兴工街北二路、沈阳站西广场
282	沈阳环科院——第二十一中学	沈阳环科院、纺织研究院、宏伟新都、南塔、陆军总院、展览馆、盛京医院南湖院区、南湖公园、方型广场北、回民中学、十三纬路光荣街、十三纬路吉林路、市体育局、体育广场、中山公园西、南京街北二马路、医大一院、南京街北六马路、沈医二院、西塔东、兴工街北一路、兴工街千姿汇、霁虹、富云花都、克俭小区、珠江桥东、天山路新安江街、皇姑屯火车站、天山路同江街、同江街步云山路、小白楼、第二十一中学
283	工业大学中央校区南门——万科四季花城	工业大学中央校区南门、工业大学中央校区东门、沈辽路中央大街、翟家街道办事处、翟家开发区、家宁花园、宁官市场、沈辽路大明湖街、沈辽路昆明湖街、鹏程花园、山东堡、三隆碧桂园、新型建材厂、鼓风机一分厂、冶金机械公司、沈辽路赞工街、仙女湖公园北、西部货运中心北、沈辽路齐贤街、沈辽路艳粉街、兴华街沈辽路、兴华街南十路、兴华公园东、铁西百货、铁西广场、兴华街北四路、铁西区政府、兴华街北二路、兴华街小北一路、重型文化广场、淮河街天山路、第二十一中学、淮河街昆山路、淮河街崇山路、水榭花都、怒江公园西、皇姑热电厂、万科四季花城
284	巢湖街渤海路——沈阳站西广场	巢湖街渤海路、于洪区委南、依云首府北门、于洪广场、于洪南里、强工二街南十路、建业路强工二街、建业路重工街、建业路肇工街、南八路启工街、市中心医院南、南八路卫工街、南八路保工街、香江家居、市交通技术学校东、保工街北三路、小北二路齐贤街、小北二路景星街、小北二路兴华街、小北二路应昌街、小北二路云峰街、云峰街北三路、小北三路兴工街、沈阳站西广场
286	214路停车场北门——龙之梦亚太城	214路停车场北门、彩霞街公铁桥、彩霞街沈营路、浑南大道、泛华广场、浑河堡、浦江苑、新华社、五里河公园西、夏宫、五里河茂业中心、文萃路青年大街、沈阳教育学院、宏伟新都、南塔、省金秋医院、文艺路小南街、省医院、大南边门、万柳塘公园西、科学家花园、东滨河路热闹路、荣昌集团、省东方医院、大什字街育才巷、大什字街大东路、大悦城、津桥路小什字街、市群众艺术馆、龙之梦亚太城
287	天河家园——龙之梦亚太城	天河家园、长白港湾站、南京街长白路、工农桥南、工农桥北、省妇婴医院、市第六医院南、中兴街南八马路、中兴二巷中兴街、省委、中山公园东、马路湾、十一纬路招商银行、十一纬路交通银行、十一纬路二经街、大西边门、房地产大厦、铁通公司、南顺城路风雨坛街、市环保局、大南门、故宫东华门、商业城(钟楼)、大北门、小津桥、津桥路小什字街、市群众艺术馆、龙之梦会展中心、龙之梦小商品大世界、龙之梦亚太城
288	南十二路重工街——北站北广场	南十二路重工街、重工街勋业一路、长客西站公交枢纽站、赞工街沈新路、赞工街勋业三路、赞工街勋业一路、赞工街南十二路、赞工街南十路、南十路肇工街、肇工街南七路、市中心医院、卫工街建设大路、卫工街北四路、卫工街北三路、卫工街北二路、北二路奖工街、保工街北二路、第一粮库、北一路保工街东、沈阳国际纺织服装城、北一路万达广场、重型文化广场、北一东路65号、新湖小区、西塔东、北市场西、皇寺广场、总站路阜新二街、市行政执法局、肇东街安达路、昆山路嫩江街、沈阳有线电视台、北站北广场
289	新华壹品——华强广场	新华壹品、上园小区、上园路联合路、联合路东辽街、联合路北海街、联合路辽沈二街、洮昌小区、沈阳大学南门、市物价局、天后宫、太清宫北、太清宫、小西门、大西门、大西路奉天街、大西边门、十一纬路二经街、第七医院、领事馆、鲁迅美术学院、盛京医院南湖院区、沈阳音乐学院、百脑汇、华强广场

线路	起始站点	途 经 站 点
290	包道屯——小河沿	包道屯、包道社区、辉山西路川江街、川江街千山西路、川江街赤山路、赤山路川江街、松山小区、长江街北固山路、五彩新村、陵西二小区、第四十中学、北方医院、第九印刷厂、沙河子小区、长江街泰山路、辽宁大厦、北陵公园、辽宁中医、北陵电影院、龙江广场、沈阳北站北、敬宾街、省高级法院、市物价局、天后宫、小北街天后宫路、小北门皇城恒隆广场、中街、故宫西华门、市环保局、大南门西、小河沿
290支线	银亿万万城——松山路地铁口	银亿万万城、包道屯、包道社区、辉山路川江街、川江街千山西路、川江街赤山路、赤山路黄河大街、黄河大街松山路、松山路地铁口
291	天泰翰宇苑——家乐福北站店	天泰翰宇苑、沈阳建筑大学西、沈音南校区南、浑南中路朗明街、军区总院浑南分院、朗日街浑南中路、恒达路朗日街、沈阳乐府艺术学校、河畔新城、富民街银河丽湾、富民街文萃路、富民街文化东路、和美妇产医院、泉园广场、血磁医院、万柳塘公园、大南边门、省医院、小南边门、文艺路五爱街、风雨坛街西滨河路、奉天街五爱市场西区、房地产大厦、万寿寺街大西路、万寿寺街小西路、小西路、市政府东、惠工广场东(虎跃快客)、家乐福北站店
292	铜山路(陵园街)——御龙逸城	铜山路(陵园街)、铜山路陵园街、陵园街锡山路、省教育厅、华商晨报、辽河街燕山路、北陵电影院、龙江广场、沈阳北站北、敬宾街、省高级法院、市物价局、天后宫、小北街天后宫路、小北门皇城恒隆广场、中街、故宫西华门、市环保局、大南门西、小河沿、育才巷小什字街、四六三医院、小河沿路滂江街、江东街小河沿路、六〇六所、东陵加工区、方家栏、方明街方兴路、金华苑、方文路方明街、御龙逸城
293	华润橡树湾东——南通天街	华润橡树湾东、松山路南、保利上林湾东门、靓马新村、巴黎香榭、西江街白山路、北陵法庭、万科四季花城北二门、万科四季花城北一门、北苑明珠、红田地产、格林阳光、格林梦夏、怒江街新开河、市委党校、怒江广场、宁山路金沙江街、宁山路北行、宁山路黄河大街、北陵大街宁山路、省公安厅、市残联、青年北大街、市政府、市府广场西、清真南寺、奉天街小西路、房地产大厦、奉天街北热闹路、五爱西区北、五爱市场、五爱服装城、南通天街
294	三台子——五爱市场北(南乐郊路)	三台子、沈飞四中、松山路黄河大街、松山小区、长江街北固山路、五彩新村、陵西二小区、第四十中学、北方医院、香炉山路黄河大街、新乐宿舍、新乐遗址、辽宁大厦、省实验中学、黄河大街宁山路、黄河大街巴山路、第四医院、皇寺广场、哈尔滨路青年北大街、华府天地南、天后宫路友好街、天后宫路令闻街、小北街天后宫路、小北门皇城恒隆广场、中街、故宫西华门、市环保局、五爱市场北(南乐郊路)
295	家乐福北站店——保工街南十四路	家乐福北站店、惠工广场东、市政府东、市府大路三经街、北市场、市检察院、西塔、西塔南、铁路局、太原街中山路、沈阳站北、北二路兴工街、北二路云峰街、兴华街北二路南、铁西区政府、兴华街北四路、铁西广场、铁西百货、南六路勋望街、南六路兴顺街、保工街南六路、保工街南八路、保工街南十路、保工街南十二路、保工街南十四路
296	滑翔三小区——龙之梦亚太城	滑翔三小区、滑翔公园东、滑翔路凌空二街、砂阳路砂山街、省妇婴医院、砂山公园东、南京街南十马路、新华广场、铁路中学、体育广场、市体育局、中山公园东、马路湾、十一纬路招商银行、十一纬路交通银行、十一纬路二经街、大西边门、房地产大厦、铁通公司、南顺城路风雨坛街、市环保局、大南门、故宫东华门、商业城(钟楼)、大北门、小津桥、津桥路小什字街、市群众艺术馆、龙之梦会展中心、龙之梦小商品大世界、龙之梦亚太城
297	市工人文化宫——万柳塘公园北	市工人文化宫、保工街南八路、香江家居、新北方装饰建材城、陶林居、北四路贵和街、北四路兴华街、北四路云峰街、兴工街北四路、兴工街建设大路、南五马路胜利大街、南五马路民族街、铁路中学、和平广场、南五马路中兴街、南五马路振兴街、方型广场北、回民中学、省水利厅、十四纬路五经街、领事馆西、十三纬路三经街、大西菜行、第七中学、五爱西区北、五爱市场、热闹路大南街、翠园小区、万柳塘公园北
298	东机正门——大东路	东机正门、文官街、文体中心、劳动广场、西门、望花新村木材市场、东方欧博城、望花立交桥、圣淘沙家园、紫竹茗郡、通利汽车公司、九一八历史博物馆、沈阳北方客运公司、市胸科医院、北海街联合路、市骨科医院、大北边门、第五中学、枫合万嘉、横街、小津桥、东中街、大东门、大东路
299	卫士家园——沈阳站西广场	卫士家园、上园路联合路、上园小区、上园路合作街、通利汽车公司、九一八历史博物馆、崇山路鸭绿江东街、北塔、省教育厅、华商晨报、儿童医院、辽宁中医、崇山路嘉陵江街、辽宁大学、百鸟公园、市委党校、崇山路淮河街、淮河街昆山路、淮河街天山路、重型文化广场、小北一路兴华街、新湖北国之春南、小北一路颂工街、兴工街千姿汇、兴工街北二路北、兴工街北三路、沈阳站西广场

线路	起始站点	途 经 站 点
324	苏家屯——北站北广场	苏家屯、新石代石材城、血栓医院、雪松路迎春街、苏家屯区政府、中顺汽车、苏白路市场、辽宁卫生职院、湖畔绿洲、吉水暖气公司、满融村、苏家屯区委党校、下河湾、民族开发区、浑河站、三山集团、马总屯、万科城、格林生活坊、远洋天地、工农桥南、南京街砂阳路、南京街南十马路、新华广场、铁路中学、沈阳站、沈阳站北、太原街中山路、铁路局、西塔、储备局、家具广场、第四医院南、昆山路嫩江街、北站北广场
325	虎石台——沈阳北站（公交枢纽东区）	虎石台（辽宁交通高等专科学校）、兴盛街、虎石台邮局、虎石台第一小学、老市场、市益民医院、矿务局中学、欧盟工业园（黄楼）、虎石台开发区、辽宁金融职业学院、詹屯、鑫宁家园、三〇一、朱尔屯、朱尔屯道口、西三家子、文官屯、西门、望花新村木材市场、东方欧博城、望花立交桥、圣淘沙家园、紫竹茗郡、通利汽车公司、九一八历史博物馆、崇山路鸭绿江东街、北塔、省教育厅、松花江街崇山路、宁山路小学、省消防总队、沈阳北站
326	新城子——五爱市场西区	新城子中央路北斗街、新城子电影城、新城子邮局、新城子大市场、红楼小区、五五村口、道树子东、道树子西、七家子东、七家子西、财落三村、财落二村、财落市场、姚家东、姚家西、大辛二村、全胜北、全胜西、三家子检查站、三家子、依生制药厂、道义大街大三线、自来水五厂、弓匠村、俪景小区、太湖国际花园、瀚博皇家御院、辽宁大学北校区、沈阳航空航天大学、唐轩公馆、沈阳师范大学、四台子、黄河大街万山路、沈阳医学院、何氏眼科医院、国奥现代城、黄河大街松山路、二四二医院、省中医二院、新乐宿舍、辽宁大厦、省实验中学、黄河大街宁山路、黄河大街巴山路、第四医院、皇寺广场、市检察院、北市场、市中级法院、太清宫、小西门、大西门、风雨坛街热闹路、五爱市场西区
327	苏家屯——沈阳站南	碧桂园凤凰城、苏家屯工商局、枫杨路青年桥、苏家屯客运站、玫瑰街香杨路、苏家屯火车站、玫瑰街北九路、十里锦城、木材防腐厂、大官房、可济药业、银杏路雪莲街（原加工厂）、沈阳市工业技术学校、华府丹郡、恒大名都、上河湾、王士村、前榆树台、上夹河、沙岗子、中海国际社区、长白港湾站、工农桥南、工农桥北、南京街砂阳路、南京街南十马路、新华广场、铁路中学、沈阳站南（南一马路）
328	新城子——马路湾	新城子、沈北客运站、新城子中心大市场、贵州路北斗街、新兴广场、王驿屯、西五旗、木材交易中心、崔公堡、孟家屯、大望花台、小望花台、吴三家子、中古城子、首开国风润城、大古城子、矿务局中学、虎石台开发区（黄楼）、辽宁金融职业学院、詹屯、三〇一、朱尔屯、朱尔屯南、西三家子、新楼、文官屯、西门、望花新村木材市场、东方欧博城、望花立交桥北、圣淘沙家园、紫竹茗郡、通利汽车公司、九一八历史博物馆、崇山路鸭绿江东街、北塔、省教育厅、松花江街崇山路、宁山路小学、省消防总队、市建委、沈阳北站站前、惠工广场西、哈尔滨路青年北大街、总站路阜新二街、皇寺广场、北市场西、西塔、沈阳站北、沈阳站、中华路南京街、马路湾
329	马三家子——黑龙江街武夷山路	马三家、马三教养院、马三家中街、马三桥头、兰屯、兰屯桥、小三家、铁路西站、永安桥、朝鲜小学、刘家窝棚、大转弯桥、小转弯桥、大芳士、元江街白山路、向工一校、昆山路前塔湾、中海寰宇天下塔湾西、太平庄、崇山路淮河街、宁山路延河街、怒江广场、宁山路金沙江街、宁山路北行、宁山路黄河大街、嫩江街宁山路、省公安厅、龙江广场、黑龙江街武夷山路
329支线	闸上——中海寰宇天下塔湾西	闸上、闸上村委会、嘉益食品、明星村（南线）、高力屯、阳光城、高力大棚、看守所、造化监狱、大转弯桥、小转弯桥、大芳士、元江街白山路、向工一校、昆山路前塔湾、中海寰宇天下塔湾西
333	苏家屯——沈阳北站（公交枢纽西区）	苏家屯客运站、苏家屯老客运站（大润发）、青年桥、公园商场、铁路医院、雪松路牡丹街、北国奥林匹克花园、沈阳国际会展中心、航天路、小羊安、城建学院、白塔堡、白塔市场、阳光新嘉园、沈营路新秀街、沈铁田园牧歌、万科新榆公馆、糖厂子、世纪新城、沈营路华园东路、融城时代、首创国际城、泛华广场、浑河堡、浦江苑、新华社、五里河公园西、夏宫、五里河茂业中心、文化路立交桥南、陆军总院、地王国际花园、风雨坛街西滨河路、五爱市场西区、风雨坛街热闹路、大西门、小西门、太清宫北、天后宫、房产市场、惠工广场东、沈阳北站
334	百荷湾（白塔堡）——沈阳北站（公交枢纽西区）	百荷湾（白塔堡）、白塔市场、阳光新嘉园、穗港公园里、理想新城、三环辅路、卓越平方、双E港小区、白塔河路（上深村）、飞云路金辉街、飞云路新岛街、教场、泰莱十六区、文澜苑、坤泰新界、省浑南训练基地、奥体中心南门、新华公寓、科普公园东、五爱街文萃路、陆军总院东门、地王国际花园、风雨坛街西滨河路、五爱市场西区、风雨坛街热闹路、大西门、小西门、太清宫北、天后宫、房产市场、惠工广场东、沈阳北站

线路	起始站点	途 经 站 点
335	金宝台二手车市场——二十一世纪广场	金宝台二手车市场、金宝台村、金宝花园、三十中学、桂花街北青松路、血栓医院、公园商场、铁路医院、雪松路牡丹街、北国奥林匹克花园、雪莲街山榆路、华润雪花啤酒厂、大羊安村、毡匠村、毡匠路口、火石桥、东北花卉大世界、小羊安村、城建学院、白塔堡、白塔市场、阳光新嘉园、沈营路新秀街、东大软件园、变压器研究所、高科路世纪路、高科路新明街、下深工业园、二十一世纪广场
381	石佛寺——大渡河街	石佛寺、孟家、立新、张家、鲁家、中心台、兴鲜村、兴隆台、救兵台、永丰村(粮库)、尹家(世家沈北新城)、纸板厂、下坎子、全胜、三家子(沈北)、道义工业新区、弓匠屯、瀚博小区、道义镇政府、道义中学、辽宁大学北校区、正良村、沈阳师范大学、四台子、黄河大街万山路、沈阳医学院、国奥现代城、黄河大街松山路、二四二医院、省中医二院、新乐宿舍、新乐遗址、辽宁大厦、省实验中学、辽宁大学、长江街宁山路、北行、大渡河街
382	新城子——大渡河街	新城子、五五村、道树子、七家子、德胜台、财落、七十五中学、姚家、大辛屯二村、全胜、三家子(沈北)、道义工业新区、弓匠屯、瀚博小区、道义镇政府、道义中学、辽宁大学北校区、正良村、沈阳师范大学、四台子、黄河大街万山路、沈阳医学院、国奥现代城、黄河大街松山路、二四二医院、省中医二院、新乐宿舍、辽宁大厦、省实验中学、辽宁大学、长江街宁山路、北行、大渡河街
383	依路——市骨科医院	依路、拥屯、怪坡风景区、阎家沟、万米、后腰堡、前腰堡、清水台、泥沟堡、二井、孙家洼子、蒿甸子、马家堡子、蒲河镇、华康牧业公司、好利来工业园(黄泥河子)、希杰饲料公司(转盘/百事可乐)、聚农路(千禧鹤/雨润食品)、泉涌新镇(辉山畜牧场/阳光洛可可)、冯道社区、翔宇中学、闽南石材城、奥森环境公司、赵家沟(中南陶瓷城)、王家沟、上王家沟、八棵树、罗家沟、南赵家沟、祥和汽校、山水文园(花园新城)、东山嘴子、陶瓷城、东望街东陶路、国瑞商城、中铁物资集团、万科蓝山、沈阳东站北、东北大马路明堂街、东北大马路新生二街、市骨科医院
383复线	依路——龙之梦亚太城	依路、拥屯、怪坡风景区、阎家沟、万米、后腰堡、前腰堡、清水台、泥沟堡、二井、孙家洼子、蒿甸子、马家堡子、蒲河镇、华康牧业公司、好利来工业园(黄泥河子)、希杰饲料公司(转盘/百事可乐)、聚农路(千禧鹤/雨润食品)、泉涌新镇(辉山畜牧场/阳光洛可可)、冯道社区、翔宇中学、闽南石材城、奥森环境公司、赵家沟(中南陶瓷城)、王家沟、上王家沟、八棵树、罗家沟、南赵家沟、祥和汽校、山水文园(花园新城)、东山嘴子、陶瓷城、东望街东陶路、国瑞商城、中铁物资集团、万科蓝山、沈阳东站北、东北大马路明堂街、东北大马路新生二街、市骨科医院、北海街工农路、莱茵河畔、龙之梦亚太城
384	棋盘山——白塔路	棋盘山、宋家、清韵百园、中木、下木、小东沟、上满堂、世博园(碧桂园)、上水泉、中水泉、老年公寓、下水泉、英达桥头、英达、御湖开发区、后陵、东方御景、炮校东门、金家屯、农科院、省农业技术学校、沈抚立交桥东、东北汽贸、一汽福达、良城美景、辽宁奥通、二〇一、一汽惠华、沈海热电厂、珠林桥东、天江老龙口、市群众艺术馆、津桥路小什字街、小津桥、白塔路
385	皇家极地海洋世界——白塔路	皇家极地海洋世界、晓仁镜村、砖瓦村、大仁镜村、化工厂、旧站、高坎镇桥头、三家子村、上马村、世博园南门、万科兰乔圣菲、烟台村、七间房、工人医院、司法干校、东陵公园、少林武校、前陵堡、东陵路东三环、沈阳农业大学、农科院、省农业技术学校、沈抚立交桥东、东北汽贸、良城美景、辽宁奥通、二〇一、一汽惠华、沈海热电厂、珠林桥东、天江老龙口、市群众艺术馆、津桥路小什字街、小津桥、白塔路
386	深井子村委会——白塔路	深井子村委会、深井子街、十大线、大甸子、小甸子、上伯、下伯、后汪家、前汪家、石庙子、东陵路东三环、沈阳农业大学、农科院、省农业技术学校、沈抚立交桥东、东北汽贸、一汽福达、良城美景、辽宁奥通、二〇一、一汽惠华、沈海热电厂、珠林桥东、天江老龙口、市群众艺术馆、津桥路小什字街、小津桥、白塔路
387	白清寨——南塔客运站	白清寨、顺山子、太平山、山城子、老瓜洼、上高士、下高士、祝家、常王寨、小常王寨、常家湾、红旗岭、畜牧场、李相、古城子、麦子屯、沈阳出口加工区、沈阳建筑大学、沈音南校区南、在水一方社区、和泰东方园、万科花园新城、东北大学基础学院、出租汽车公司南、南塔客运站
387区间	祝家——南塔客运站	祝家、常王寨、小常王寨、常家湾、红旗岭、畜牧场、李相、古城子、麦子屯、沈阳出口加工区、沈阳建筑大学、沈音南校区南、在水一方社区、和泰东方园、万科花园新城、东北大学基础学院、出租汽车公司南、南塔客运站

线路	起始站点	途 经 站 点
388	老塘峪——南塔客运站	老塘峪、石官屯、杏树村、馒首山、李相、邦士台、得胜屯、高八寨、永安道口、保和、施家寨、元科蜡厂、东陵殡仪馆、孙家寨、下泉水峪村道口、下泉水峪村委会、下泉水峪村、南岭村、南岭村委会、新大地公司、营城子、后桑林子、博荣水立方(大甸子)、教场、泰莱十六区、文澜苑、奥体中心南门、河畔花园、五爱街文萃路、陆军总院东门、南塔、南塔鞋城、南塔客运站
389	陈相——南塔客运站	陈相、公墓、皮家湾、下庙子、电池厂、刘后地、佟沟、佳地园、胜利、绿岛、信盟花园、荒山子、舞蹈学校、桃仙镇、万家岭、美地庄园、班家寨、前桑林子、营城子、后桑林子、博荣水立方(大甸子)、教场、泰莱十六区、文澜苑、奥体中心南门、河畔花园、五爱街文萃路、陆军总院东门、南塔、南塔鞋城、南塔客运站
390	桃仙——南塔客运站	桃仙、富家屯、荒山子、舞蹈学校、桃仙镇、万家岭、美地庄园、班家寨、前桑林子、营城子、后桑林子、博荣水立方(大甸子)、教场、泰莱十六区、文澜苑、奥体中心南门、河畔花园、五爱街文萃路、陆军总院东门、南塔、南塔鞋城、南塔客运站
393	光荣——北陵公园	光荣、茨榆、曙光、马家、穆家、新农村、全胜、三家子检查站、沟子沿、平罗、上蒲河、黄土坎、道义中学、辽宁大学北校区、正良村、沈阳师范大学、四台子、黄河大街万山路、沈阳医学院、国奥现代城、黄河大街松山路、二四二医院、省中医二院、新乐宿舍、辽宁大厦、北陵公园
394	陈相——南塔客运站	陈相、柳匠屯、胡老屯、小东沟、前三道岗子、后长岭子、沙河堡佟古家子、于家道口、沙河堡、沙河桥北、后桑栏子、鲍家、毡匠路口、火石桥、东北花卉大世界、大羊安村、小羊安村、白塔市场、阳光新嘉园、沈营路新秀街、万科新榆公馆、糖厂子、世纪新城、沈营路华园东路、融城时代、浑河堡南、五里河公园西、五爱街文萃路、陆军总院东门、南塔、南塔客运站
395	姚千——南塔客运站	姚千、上瓦房、朱家庄、刘千户、小堡屯、奉集、刘后地、佟沟、佳地园、胜利、绿岛、信盟花园、荒山子、舞蹈学校、桃仙镇、万家岭、美地庄园、班家寨、前桑林子、营城子、后桑林子、博荣水立方(大甸子)、教场、泰莱十六区、文澜苑、奥体中心南门、河畔花园、五爱街文萃路、陆军总院东门、南塔、南塔鞋城、南塔客运站
396	光辉农场——重工街北一路	光辉农场、三台子市场、光辉乡政府、三台子养鸡场、高台子、门台加油站、集体、西大林子、东大林子、曹台、范家屯、大兴、新兴村、西桥、大兴乡政府、大兴沙岗子、陈孤家子、第五十六中学、红旗台、丁红、丁香屯、丁香小学、重工街北一路
397	解放——大渡河街	解放、解放市场、于金台、万金台、大尚义、小尚义、达连屯、周家、陆家、青堆子、马家甸、监狱城、白辛台、北刘家、东二台子、西二台子、平罗镇政府、平罗市场、广告学院、关家、旺牛屯、白家、造化、中海城北、中海城、加州花园、教师新村、陵西二小区、第四十中学、北方医院、第九印刷厂、沙河子小区、长江街泰山路、建赏欧洲、辽宁大学、长江街宁山路、北行、大渡河街
397区间	监狱城——大渡河街	监狱城、白辛台、北刘家、东二台子、西二台子、平罗镇政府、平罗市场、广告学院、关家、旺牛屯、白家、造化、中海城北、中海城、加州花园、教师新村、陵西二小区、第四十中学、北方医院、第九印刷厂、沙河子小区、长江街泰山路、建赏欧洲、辽宁大学、长江街宁山路、北行、大渡河街
398	虎石台综合大市场——北陵公园	虎石台综合大市场、虎石台小学、老市场、虎石台镇政府、省金融学校、兴明街蒲裕路、省交校南门、沈北路天赋家园、辽宁经济管理干部学校、小桥子村北、小桥子村、小桥子村南、万合汽校、物流园、五金建材市场、消防训练基地、文官屯、德孚润滑油、空训基地、鸭绿江街圣安路(观音屯)、北陵开发区、新锐防爆电器、上岗子、城建北尚、烈士陵园、金山小区、北陵东门、省军区北门、北陵公园
399	虎石台——沈阳站北	虎石台、老市场、矿务局中学、虎石台开发区、辽宁金融职业学院、詹屯、三〇一、朱尔屯、西三家子、新楼、西门、望花新村木材市场、东方欧博城、望花立交桥、圣淘沙家园、紫竹茗郡、通利汽车公司、九一八历史博物馆、崇山路鸭绿江东街、北塔、省教育厅、松花江街崇山路、宁山路小学、省消防总队、市建委、青年北大街、总站路阜新二街、皇寺广场、北市场西、沈医二院、西塔、铁路局、太原街中山路、沈阳站北
501	沙岭客运站——五爱市场西区	沙岭客运站、大成公司、永森木业、家具园管委会、俪锦城、沙岭小区、粮旺集团、兰胜台、辽宁成工(金威橡胶)、高明台、共和综合市场、连云塔机、沈新路七号街、天津汽贸、张士、沈新路松花湖街、沈新路巢湖街、巢湖街渤海路、于洪区委、依云首府北门、于洪广场、于洪南里、南十路强工二街、南十路重工街、南十路肇工街、启工机械学校、南九路卫工街、南七路保工街、南七路兴顺街、南七路勋望街、铁西百货、铁西广场、建设大路兴工街、胜利大街南五马路、沈阳站南、中华路太原街、中华路南京街、二〇二医院、十三纬路光荣街、十三纬路五经街、十三纬路三经街、大西菜行、顺通食街、第七中学、五爱市场西区

线路	起始站点	途 经 站 点
503	沈阳北站(公交枢纽东区)——五爱市场	沈阳北站、家乐福北站店、惠工广场东、房产市场、天后宫北、天后宫、太清宫北、太清宫、小西门、大西门、市环保局、五爱市场(小南街)
523	东方威尼斯——沈阳站南	东方威尼斯、丰乐二街文萃路、摩托车城、东北大学基础学院、文化东路富民街、出租汽车公司南、文化东路天坛一街、南塔鞋城、省医院东门、大南边门、建设大厦、南关小区、南关路小南街、辽宁奉天中医院、五爱市场西区、五爱西区北、第七中学、顺通食街、大西菜行、十三纬路三经街、十三纬路五经街、十三纬路光荣街、十三纬路吉林路、体育广场、中山公园西、市文化宫、沈阳站南(南一马路)
718	东湖市场——解放南	东湖市场、于洪广场、于洪家乐福、太湖街、巢湖街、北李官、东平湖街、和泰馨城、沈胡公路、于洪动监、于洪职教中心、新塔湾钢材市场、姚家、红旗石材城、第五十六中学、世代书香、创奇游乐公司、双联电子公司、陈孤家子、大兴沙岗子、大兴街道、西桥、大兴学校、新光(新房子)、大兴铸造厂、范屯、西大林、集体、光辉乡、老边、南台、解放南
719	东湖市场——平罗	东湖市场、于洪广场、于洪家乐福、太湖街、巢湖街、北李官、东平湖街、和泰馨城、沈胡公路、于洪动监、于洪职教中心、新塔湾钢材市场、姚家、红旗石材城、第五十六中学、世代书香、创奇游乐公司、双联电子公司、陈孤家子、大兴沙岗子、大兴街道、西桥、大兴学校、新光(新房子)、大兴铸造厂、马三家供电所、范家屯、交通经济驾校、马三家街道、第五十九中学、马三家公铁桥、金马新村、马三家、前辛台、郝三家、平罗
720	东湖市场——解放北	东湖市场、于洪广场、于洪家乐福、太湖街、巢湖街、北李官、东平湖街、和泰馨城、沈胡公路、于洪动监、于洪职教中心、新塔湾钢材市场、姚家、红旗石材城、第五十六中学、世代书香、创奇游乐公司、双联电子公司、陈孤家子、大兴沙岗子、大兴街道、西桥、大兴学校、新光(新房子)、大兴铸造厂、马三家供电所、范家屯、交通经济驾校、马三家街道、第五十九中学、马三家公铁桥、金马新村、马三家、古城子、十里河、双树子、解放北
721	东湖市场——前进	东湖市场、于洪广场、太湖街、于洪区委、巢湖街、北李官、东平湖北街、和泰馨城、沈胡公路、沈胡路环城高速、东民、后民屯、兴盛、西爱线、爱国、繁荣、沙陀子、前进
721支线1	东湖市场——静安	东湖市场、于洪广场、太湖街、于洪区委、巢湖街、北李官、东平湖北街、和泰馨城、沈胡公路、沈胡路环城高速、东民、后民屯、兴盛、西爱线、爱国、繁荣、曹台、岔路、皮台、边台、静安
721支线2	东湖市场——曹台	东湖市场、于洪广场、黄海路、于洪区委、巢湖街、北李官、东平湖北街、和泰馨城、沈胡公路、环东物流、宏发小学、东民、后民屯、兴盛、爱国家园、光辉、大兴、全胜、曹台
722	熊家岗路——和泰馨城尚东区	熊家岗路、于洪机场、东大智慧森邻北门、东大智慧森邻南门、舒丽雅、于洪建材市场、迎宾路北、迎宾路南、洪湖社区、东湖市场、于洪人力资源市场、于洪广场、于洪家乐福、世代龙泽湾、漾日华庭、沈新园、开发大路、沈新路巢湖街、海逸综合市场、海逸购物中心、海逸诗阁、和谐广场、于洪区委、沈大路、和泰尚东区正门、和泰尚东区
800	陵园西街——三好桥	陵园西街、金山路91号、金山小区、北陵东门、省军区北门、北陵公园、辽宁中医、北陵大街宁山路、省公安厅、市残联、北站路青年北大街、沈阳北站、惠工广场南、奉天街市府大路、奉天街小西路、奉天街药王庙路、房地产大厦东、风雨坛街沈州路、风雨坛街热闹路、五爱市场西区、风雨坛街西滨河路、地王国际花园、陆军总院东门、五爱街北文萃路、文萃路青年大街、五里河茂业中心、世贸百货、市交通局、新世界花园、三好桥
K801	碧桂园凤凰城——五爱市场	碧桂园凤凰城、南营子、沙柳小学、溪畔人家、苏家屯客运站、海棠花园、苏家屯妇婴医院、苏家屯房产大厦、青年桥、公园商场、铁路医院、雪松路牡丹街、北国奥林匹克花园、十里锦城、大官房、可济药业、玉皇药业、加工厂宿舍、馨丽康城、九州湾景汇、胜利南街湾景汇北、浑河站、三山集团、马总、长白苑、万科城、格林生活坊、远洋天地、工农桥南、工农桥北、南京街砂阳路、省妇婴医院、市第六医院南、南湖公园西门、方型广场、盛京医院南湖院区、展览馆、陆军总院、南塔、省医院东门、大南边门、第二十七中学、五爱市场
K802	碧桂园凤凰城——龙之梦亚太城	碧桂园凤凰城、南营子、沙柳小学、溪畔人家、苏家屯客运站、海棠花园、苏家屯妇婴医院、苏家屯房产大厦、青年桥、公园商场、铁路医院、雪松路牡丹街、北国奥林匹克花园、十里锦城、大官房、可济药业、玉皇药业、加工厂宿舍、馨丽康城、九州湾景汇、胜利南街湾景汇北、浑河站、三山集团、马总、长白苑、万科城、格林生活坊、远洋天地、工农桥南、工农桥北、南京街砂阳路、省妇婴医院、市第六医院南、南湖公园西门、方型广场、盛京医院南湖院区、展览馆、陆军总院、地王国际花园、风雨坛街西滨河路、五爱市场西区、五爱市场、热闹路大南街、大南门东、小河沿、大东门、东中街、小津桥、津桥路小什字街、市群众艺术馆、龙之梦亚太城

线路	起始站点	途　经　站　点
铁西新区1线	张士灯具城——西塔	张士灯具城、张士开发区管委会、花海路燕塞湖街、水产市场、沈新路洪湖二街、洪湖小区、长客西站、重工街勋业一路、重工街南十二路、重工街南十路、重工街南七路、南七路肇工街、建设大路肇工街、建设大路启工街、建设大路卫工街、建设大路保工街、建设大路兴顺街、铁西广场、建设大路云峰街西、建设大路兴工街、胜利大街南五马路、沈阳站南、沈阳站北、太原街中山路、铁路局、西塔
铁西新区2线	久利公司——南湖公园西门	久利公司、七号路七号街、七号路六号街、七号路六号街东、七号路四号街、四号街开发大路、四号街十一号路、四号街十四号路、家宁花园、宁官市场、沈辽路大明湖街、沈辽路昆明湖街、鹏程花园、山东堡、三隆碧桂园、新型建材厂、鼓风机一分厂、冶金机械公司、沈辽路赞工街、仙女湖公园北、西部货运中心北、沈辽路齐贤街、沈辽路艳粉街、沈辽路兴华街、沈辽路云峰街、沈后招待所、沈辽路兴工街、东北汽配商贸中心、南八马路太原街、南八马路海口街、沈阳急救中心、南湖公园西门
铁西新区产业一线	长客西站——安川电机	长客西站、洪湖一街沈新路、洪湖一街、澳海西湖印象、星海路、昆明湖街星海路、昆明湖街(张士开发区管委会)、普力司通、云海路(东北制药)、云海路松花湖街、七号路一号街、七号路四号街、七号路六号街东、七号路六号街、七号路七号街、久利公司、开发大路七号街、施道克电力公司、中央大街地铁站、沈鼓集团南、高中压阀门、机床集团、丽都新城西、机床集团3号门、远大集团、十三号街地铁大厦、北车集团、三一重工、特变电工、申克动力、安川电机
浑南新区一线	理想新城——方荣路	理想新城、高远路东大软件园、变压器研究所、东海电子、海外学子园、亚泰花园、东陵区(浑南新区)政府、报业印务中心、二十一世纪广场、辽宁移动通信、彩霞街公铁桥、彩霞街沈营路、泛华广场、浑河堡、浦江苑、新华社、新华公寓、艺术家园、河畔新城、沈音乐府艺术学校、恒达路朗日街、金海园、长青桥、南堤路文汇街、文汇街南堤路、音乐学院南校区、在水一方社区、和泰东方园、万科花园新城、方青北路、青阳四季园、瑞丰嘉园、方荣路
预备役号专线	高炮一师西——皇姑屯火车站	高炮一师西、万科城、格林生活坊、长白东路长白四街、三好桥北、新世界花园、市交通局西门、东北大学南门、交通安全教育学校、龙王庙公园、盛发花园、省体院、市第六医院、和平大街南七马路、铁路中学、南五马路民族街、南五马路胜利大街、振工街建设大路、兴工街北三路(沈阳站西)、兴工街北二路、兴工街千姿汇、兴工街北一路、珠江街天山路、华山路珠江街、皇姑公安分局、怒江街华山路、皇姑屯火车站
旅游观光一线(观光巴士1号线)	辽宁大厦——奥体中心南门	辽宁大厦、北陵公园、省政府、辽宁中医、省公安厅、北站路青年大街、惠工广场北、市府广场西、市中级法院、太清宫东、小津桥、东中街、大东门、大南门西、房地产大厦、大西边门、彩电塔、青年公园西、华润中心、文化路立交桥南、五里河茂业中心、夏宫、五里河公园西、奥体中心南门
浑河西峡谷旅游专线	地铁中央大街站——浑河西峡谷	地铁中央大街站、荣盛幸福大道、中央大街沈辽路、工业大学中央校区东门、工业大学中央校区南门、浑河西峡谷
沈抚一号线	沈阳站——抚顺南站	沈阳站、胜利大街北四马路、三洞桥、皇寺广场、珠林桥东、二〇一、二〇五、保利花园、沈抚立交桥东、马官桥、沈阳农业大学、李石开发区、三宝屯、抚顺八纬路、石化大学、七百商店、石油研究院、海城街、大官屯、三道街、抚顺南站
沈抚三号线	沈阳北站(公交枢纽东区)——抚顺南站	沈阳北站、惠工广场南、龙之梦亚太城、珠林桥东、二〇一、二〇五、保利花园、沈抚立交桥东、马官桥、沈阳农业大学、东陵公园、赛特奥莱、奥林匹克花园、世博园南门、高坎、砖瓦村、小仁镜村、皇家极地海洋世界、热高乐园、高湾、和平桥北、石化大学、七百商店、石油研究院、海城街、永济路西、大官屯、三道街、抚顺南站
沈抚四号线	沈阳五爱市场——抚顺白云商场	沈阳五爱市场、鸿翔宾馆、莲花街、珠林桥东、二〇一、二〇五、保利花园、沈抚立交桥东、马官桥、沈阳农业大学、李石开发区、三宝屯、抚顺八纬路、石化大学、七百商店、石油研究院、海城街、大官屯、三道街、抚顺白云商场
沈抚城际公交1线	沈阳理工大学应用技术学院——龙之梦亚太城	沈阳理工大学应用技术学院、沈抚新城管委会、四方高中、锦绣澜湾、君悦地产、抚顺万科金域蓝湾、金风湾、四环桥、伯官东街、伯官大街、伯官西街、汪家、沈抚立交桥、石庙子、刘付屯、东岗子、李巴彦、恒大江湾、杨官屯、沈阳出口加工区、东亚国际城、沈阳建筑大学、音乐学院南校区、在水一方社区、和泰东方园、万科花园新城、长青街、泉园一路、万泉旅社、莲花街、华润万家滂江店、龙之梦畅园、龙之梦亚太城

线路	起始站点	途 经 站 点
沈抚城际公交2线	抚顺沈抚新城——龙之梦亚太城	沈阳理工大学应用技术学院、沈抚新城管委会、亿丰国际、顺安路、悦鑫国际、阳光丽景、开发区公安分局、顺飞广场、催化剂厂、万科金域蓝湾东门、永泰电力、化工机械、凯顺化工、抚顺职业技术学院、旺力城、四环桥、伯官东街、伯官大街、伯官西街、汪家、沈抚立交桥、石庙子、刘付屯、东岗子、李巴彦、恒大江湾、杨官屯、沈阳出口加工区、东亚国际城、沈阳建筑大学、音乐学院南校区、在水一方社区、和泰东方园、万科花园新城、长青街、泉园一路、万泉旅社、莲花街、华润万家滂江店、龙之梦畅园、龙之梦亚太城
苏家屯中环	苏家屯金山小区——苏家屯金山小区	苏家屯金山小区、路灯管理所、巡警大队、桂花市场、血栓医院、苏家屯交通局、苏家屯公安局、苏家屯消防中队、苏家屯工商局、丁香小区、维康药房、枫杨路市场、青年桥、苏家屯客运站、海棠街、苏家屯妇婴医院(民主市场)、商业大厦、玫瑰街电业局、沈阳南站、军人招待所、铁中铁小、苏白路、六库(人民路)、带锯厂、苏白路市场西门、中顺汽车、苏家屯区教委、朝鲜小学、北青松路、苏家屯金山小区
机场巴士	马路湾——桃仙机场	马路湾、桃仙机场(桃仙机场、辽宁广播电视台、马路湾)
机场巴士1号线	辽宁省快速汽车客运站——桃仙机场	辽宁省快速汽车客运站(北站虎跃快客)、桃仙机场(桃仙机场、辽宁广播电视台、辽宁省快速汽车客运站(北站虎跃快客))
机场巴士2号线	沈阳站SK客运枢纽站——桃仙机场	沈阳站SK客运枢纽站、桃仙机场(桃仙机场、马路湾、沈阳站SK客运枢纽站)
地铁一号线	十三号街——黎明广场	十三号街、中央大街、七号街、四号街、张士、开发大道、于洪广场、迎宾路、重工街、启工街、保工街、铁西广场、云峰北街、沈阳站、太原街、南市场、青年大街、怀远门、中街、东中街、滂江街、黎明广场
地铁二号线	全运路——航空航天大学	全运路、白塔河路、世纪大厦、营盘街、奥体中心、五里河、市图书馆、工业展览馆、青年公园、青年大街、市府广场、金融中心、沈阳北站、岐山路、中医药大学、北陵公园、新乐遗址、陵西、三台子、医学院、师范大学、航空航天大学
有轨电车1号线	兴隆大奥莱——会展中心	兴隆大奥莱、亿丰广场、银卡路、中国电信、新松机器人、白塔河路、月星国际城、消防总队、万丽广场、金道城、国际软件园、新松智慧园、绿城全运村、华茂中心、运行中心、尚盈丽城、府城铭邸、国际学校、光明学校、黑牛财富、城建学院、艺术中心、沈阳南站、东北大学、尚盈丽景、电车公司、会展中心
有轨电车2号线	兴隆大奥莱——桃仙机场	兴隆大奥莱、亿丰广场、银卡路、中国电信、新松机器人、白塔河路、月星国际城、消防总队、万丽广场、金道城、国际软件园、新松智慧园、国际设计谷、千锦汇酒店、美地庄园、桃仙、机场宾馆、桃仙机场
有轨电车5号线	奥体中心——沈抚新城	奥体中心、沈阳海关、金水花城、奥体游泳馆、行政服务中心、浑南图书馆、陆军总院、浑南实验学校、万科新里程、建筑大学、金地滨河国际、综合保税区、万科新城、东湖学校、温馨港湾、金地艺境、东北冷鲜港、天洁华尔街、汪家馨城、通航大厦、伯官、上伯官、沈抚新城

索　　引

一、本索引采用分析索引方法，按英语26个字母的顺序排列。
二、本索引依据编目、分目及主要条目所在的列序位置，分别注明页码（其中黑体字为编目），其后“a、b、c”表示所在栏目，供读者在检索时查阅。

A

B

C

Y

Z